Strzygowski, Josef

Die Baukunst der Armenier und Europa

Band 2

Strzygowski, Josef

Die Baukunst der Armenier und Europa

Band 2

Inktank publishing, 2018

www.inktank-publishing.com

ISBN/EAN: 9783747760031

DIE BAUKUNST DER ARMENIER UND EUROPA

ERGEBNISSE EINER VOM KUNSTHISTORISCHEN INSTITUTE DER UNIVERSITÄT WIEN 1913 DURCHGEFÜHRTEN FORSCHUNGSREISE

PLANMÄSSIG BEARBEITET VON

JOSEF STRZYGOWSKI

UNTER BENÜTZUNG VON AUFNAHMEN DES ARCHITEKTEN THOROS THORAMANIAN
MITARBEITER: ASSISTENT DR. HEINRICH GLÜCK UND LEON LISSITZIAN

MIT 828 ABBILDUNGEN SAMT EINER KARTE

BAND II

ZWEITES BUCH: WESEN. IV. FORM; V. INHALT

DRITTES BUCH: GESCHICHTE

VIERTES BUCH: AUSBREITUNG

19 18

Sachliche Gebundenheit und persönliche Freiheit (S. ?

Wir haben bisher die armenische Kunst unter dem Zwange von Baustoff und Werk, Zweck und Überlieferung betrachtet. Ihre eigentliche Tat beginnt erst jenseits dieser Richtlinien, die ihr von vornherein mit auf den Weg gegeben waren und den geistigen Zustand des Schaffenden völlig gefangen nahmen. Auf Grund dieser Äußerlichkeiten war es möglich, den Rahmen auszustecken, in welchen dieser Kunstkreis von Anfang an gehört. Nunmehr gehen wir dazu über, sein inneres Wesen aufzuzeigen. Der Kampf, den Riegl gegen Semper, besser die Semperianer führte[1]), die Rohstoff und Gebrauchszweck stark in den Vordergrund drängten, war ebenso notwendig, wie heute die Auseinandersetzung mit seinem dafür eingesetzten »Kunstwollen«[2]). Denn nicht um ein Kunst w o l l e n handelt es sich in der Entwicklung, sondern um ein M ü s s e n unter bestimmten Voraussetzungen, einen Drang, der stärker ist als aller Wille. Die Armenier wollten, wie sich zeigen wird, nur eines: den griechisch-syrischen Einfluß, den die kirchliche Bewegung des 5. Jahrhunderts heraufbeschwor, wieder ausmerzen. Das Bestimmende aber war ein Bejahendes, keine Verneinung. Sie mußten das in den Formen tun, die als ihre schon im 4. Jahrhundert errungenen nationalen gelten können. Darüber hinaus sind sie bei allem Willen nicht gekommen. Mit den von auswärts übernommenen Gestalten war noch keine armenische Kunst da, diese wuchs vielmehr unwillkürlich aus der Vereinigung aller als sachliche Voraussetzung vorgeführten Gestalten hervor: Erst in den daraufhin selbständig, aus einem bestimmten seelischen Gehalt eingegebenen Formen entstand dann das, was wir »Die armenische Bauform« schlechtweg nennen können. Ich gehe dazu über, diesen hinter aller Gestalt steckenden persönlichen Ausdruck des Armenischen, er mag nun der Masse des Volkes oder dem einzelnen Hochbegabten entsprungen sein, nachzuweisen und beginne, planmäßig von der sichtbaren Erscheinung ausgehend, mit der Form. Aus ihr erst wird dann auf den Inhalt zurückzuschließen sein (vgl. S. 206). Ich halte also auch weiter an der auflösenden Art, das Kunstwerk zu betrachten, fest, suche aber zugleich den Übergang zu finden zur Erfassung des Ganzen, des Inhaltes, wie das im Schlußabschnitte dieses zweiten, über das Wesen der armenischen Kunst handelnden Buches versucht werden soll. Das Endziel einer solchen Problemstellung, die künstlerisch bahnbrechenden Persönlichkeiten nachzuweisen, bleibt freilich vorläufig für Armenien ein frommer Wunsch. Schon die Beantwortung der Frage nach der Bedeutung der Einzelpersönlichkeit in der Entwicklung macht Schwierigkeiten. Haben wir bisher vergleichend Tatsachen mitgeteilt, so trete ich nun in die Welt der künstlerisch eigenartigen Schöpfungen, d. h. in das eigentliche Kerngebiet des Kunstforschers, das freilich stark Sache der Auffassung ist. Immerhin bleibe ich zunächst noch bei dem Nachweis von Tatsachen im Wege des Vergleiches. Erst die Zusammenfassung am Schlusse soll dem Eigenwert der armenischen Form gerecht zu werden trachten und aufbauend überleiten auf den Versuch, das vorgeführte Wesen zu verstehen; die Erklärung wäre Sache des dritten Buches, der Geschichte.

Ich hatte die Wahl, die beiden Bände des Werkes hier oder Seite 570 zu teilen, zog aber zwei gleiche Bände schon deshalb vor, weil auf diese Art zugleich wieder die Denkmäler und nicht die mit dem »Inhalt« beginnende Zusammenstellung mit den schriftlichen Quellen an die Spitze kamen. Die Feststellung der Form und ihres Werdens führt zum Kerne des armenischen Wesens der bildenden Kunst. Es wird sich zeigen, daß wir es im frühchristlichen Armenien mit einer nationalen Bewegung zu tun haben und es falsch wäre, diesem Gesichtspunkte der Betrachtung deshalb aus dem Wege zu gehen, weil er heute abgegriffen ist[3]). Vielmehr haben am Beginne der christlichen Kunst im Osten ganz allgemein die Rassen und Völker in einer Weise, die man heute kaum ahnt, den Ausschlag gegeben. Darüber in meinem Buche »Ursprung der christlichen Kirchenkunst«.

[1]) Vgl. seine »Stilfragen«, dazu mein »Altai-Iran«, S. 30, 136, 172.

[2]) Vgl. Riegl, »Spätrömische Kunstindustrie in Österreich-Ungarn« und mein »Altai-Iran«, S. 143 f. und 234 f.

[3]) Vgl. dagegen Lindner, »Geschichtsphilosophie« 3. A. S. 75.

10*

IV. Form.

Wir haben zunächst die Erscheinung der armenischen Kirche vorgeführt, dann die Voraussetzungen, aus denen sie ohne schöpferische Tat ihre Gestalten nahm. Erst jetzt treten wir an die eigentlich neuen Baugedanken der Armenier heran. Das Quadrat mit der Kuppel über Trichternischen kommt in Armenien in der einfachen iranischen Bauform gar nicht mehr in breiter Schicht (S. 72 f.) vor, wenigstens kann ich vorläufig keine größere Reihe dafür aufweisen. Umsomehr aber wird nach dem Ausweise des Typenkataloges deutlich, daß es als Baukern geradezu den roten Faden der ganzen Entwicklung bildet, jedenfalls die Mannigfaltigkeit der darauf beruhenden Bauformen weit überwiegt gegenüber den Sechs- und Achtpässen, wie dem ein- und dreischiffigen Langbau mit Tonnen. Ich werde also zunächst diese Entwicklung selbst vornehmen. Es darf jetzt gesagt werden, daß schon die Anlage des Typenkataloges auf der gewonnenen Einsicht begründet war. Hier ist nun der Ort, dafür die Belege zu geben; erst dann kann den einzelnen Werten der Form: Masse, Raum, Licht und Farbe planmäßig nachgegangen werden.

Die Armenier haben die von Iran übernommenen Grundgestalten derart fruchtbar weiterentwickelt, daß die neuen Formen völlig die Oberhand gewannen. Das einfache Quadrat mit der auf Trichtern ruhenden Kuppel ist freilich überall stillschweigend am Werke; wenn ich aber die eigenen Wege der Kirchenerbauer verfolgen will, muß ich vom Nischenquadrat als Grundform (Abb. 43) ausgehen. Daher ist zunächst die Frage zu beantworten, wie aus dem einfachen Quadrat in Armenien das Nischenquadrat entstehen konnte. Brachte diese Änderung schon das Gußmauerwerk mit sich, das auf die dicken Rohziegelmassen Irans verzichten, daher einen Aufbau finden konnte, der imstande war, die Kuppel auf dünnere Mauern zu setzen? Oder sind es Neuforderungen, die in Armenien an den Kuppelbau gestellt wurden und zu der einschneidenden Änderung den Anlaß gaben? Es handelt sich jetzt also um die Klarlegung der treibenden Kräfte in der bodenständigen Entwicklung des altchristlichen Kuppelbaues der Armenier. Ich kann hier nur einen Versuch wagen und muß ausdrücklich bemerken, daß zu einer wirklichen Bearbeitung die Kenntnis der, unserer christlichen unmittelbar vorausgehenden Baukunst auf armenischem Boden ebenso notwendig wäre, wie die des nordöstlichen Iran. Leider ist darüber so gut wie nichts bekannt. Bevor ich auf die einzelnen Bauformen und ihr Werden eingehe, seien die Grundzüge der neuen Bauart, die ich für die im 4. Jahrhundert maßgebende ansehe, hier einleitend kurz herausgehoben.

Nischenverstrebung. Die Kuppel über dem einfachen Quadrat genügte für den kleineren Hausbau. Durch Nebeneinanderordnung mehrerer solcher Kuppelzellen gewann man in Iran ausgedehnte Anhäufungen, worin Zelle neben Zelle lag, jede für sich räumlich abgeschlossen oder durch Türen verbunden. Sobald das Bedürfnis nach bedeutenderen Raumeinheiten rege wurde, wie im Palastbau, mußte man versuchen, größere Gewölbespannungen durchzusetzen oder die Kuppel durch räumlich gegen sie aufgeschlossene Nebenräume zu erweitern. Bevor ich auf die armenische Art eingehe, sei an einem Beispiel in der Persis eine Vorstufe gezeigt.

Abbildung 409 gab den Grundriß des Palastes von Sarwistan nach der Aufnahme von Coste (Flandin et Coste, »Voyage en Perse«, I, pl. 28)[1]. Man sieht darin drei Kuppelräume in der Diagonale von links unten nach rechts oben (Nordwest—Südost)[2]. Sie werden begleitet von zwei Längsälen mit Tonnengewölben von 5·15 m Breite, die durch vier Strebenischen auf jeder Seite zu einem Raum von 8 m Breite erweitert werden[3]. Abbildung 498 (nach Dieulafoy, Tafel VII) zeigt diese eigentümliche

[1]) Vgl. mein »Amida«, S. 180 und Dieulafoy, »L'art antique de la Perse«, IV, pl. III.

[2]) Coste (Abb. 409) zeichnet den Saal in der Nordwestecke als Tonne. Nach der photographischen Aufnahme bei Dieulafoy, Tafel I, mit Unrecht. Ich gab trotzdem seinen Grundriß, weil er in wichtigen Dingen mehr Einblick gibt als Dieulafoy.

[3]) Vgl. für den Gedanken auch Choisy, Histoire, II, S. 126 f.

Bauart. Die schweren, 1·5 m breiten und 1·5 m tiefen Mauerkeile werden getragen von je zwei kurzen, dicken Säulen, die durch eine Steinplatte verbunden und durch eine schmale Tonne gegen die Wand verstrebt sind; sie ermöglicht zwei etwa 90 cm breite Gänge, die auf der Südseite durch das ganze Gebäude laufen. Die in dem größeren Südsaale 3·20 m, in dem kleineren Nordsaale 2·30 m breiten Nischen sind unten eckig und gehen dann durch kleine Ecktrichter — in Abbildung 498 deutlich sichtbar — in die halbrunden Strebenischen über. Ich kann mich hier beim Vergleich dieser Verstrebung der Tonne durch Nischen mit der armenischen, auf die Kuppel gerichteten Art kurz fassen, weil ich sie bereits ausführlich in einem Aufsatze über die sasanidische Kirche besprochen habe[1]). Dort war auch von einem zweiten, mit Nischen verstrebten Tonnenbaue, der Doppelkirche auf der Zitadelle von Amida (Dijarbekr) die Rede. Das Bezeichnende für diese Art bleibt, daß die Strebenische nicht schon am Boden beginnt, sondern dort vielmehr viereckig einsetzt und erst oben durch Ecktrichter in jene Kugelschalen umgesetzt wird, die dann mit dem eigenen Gewölbe das Hauptgewölbe verstreben.

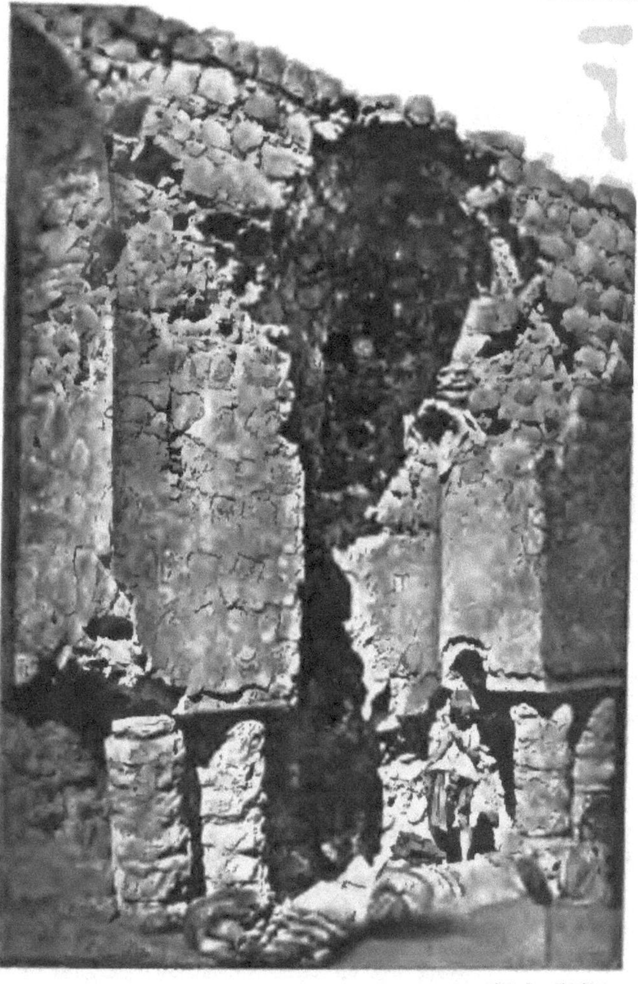

Aufnahme Herzfeld

Abb. 498. Sarwistan, Palast: Einzelheit aus den Längssälen.

Ein sehr beachtenswertes Beispiel der Verwendung dieser Art auf armenischem Boden gibt das Achteck von Warzachan, das in der Nähe von Baiburt am Oberlaufe des Tschoroch steht. Wir danken genauere Aufnahmen Bachmann[2]). Hier sei nur von der Verstrebung, nicht von dem Bauwerk als Ganzem die Rede. Abbildung 499 zeigt nach Bachmann, Tafel 42, oben, eines der Trapeze, die sich hinter den acht Pfeilern auftaten und durch Ecktrichter übergeleitet waren in das Rund kleiner Kuppeln (?), die sich nach dem Mittelraum öffneten. Abb. 490 zeigt rechts einen der Mittelpfeiler mit seinem stark ausladenden Kämpfer, über dem die Wölbung, noch in den wagrechten

[1]) Monatshefte für Kunstwissenschaft, VIII (1915), S. 352 f.

[2]) »Kirchen und Moscheen in Armenien und Kurdistan«, S. 49 f. Vgl. unten Abbildung 520 f.

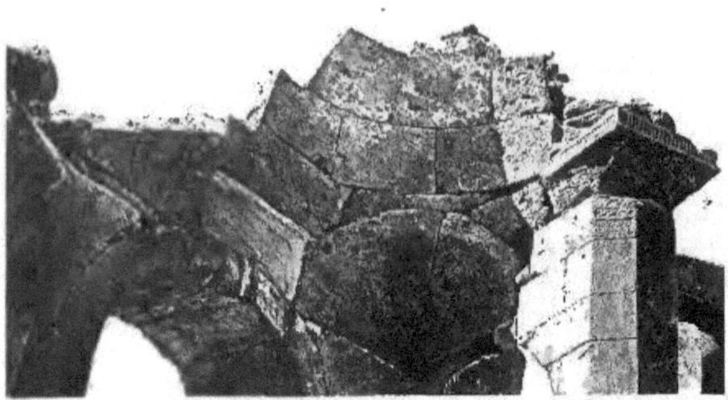

Aufnahme Bachmann.
Abb. 499. Warzahan, Achtpaß: Einzelheit aus den Strebenischen.

Belagplatten erhalten, beginnt, während unter ihr in der Ecke der Trichter sitzt. Der Hauptraum war in Warzachan nicht wie in Sarwistan und Amida eine Tonne mit Kuppelenden, sondern eine richtige Kuppel, die sich, wie wir nach verwandten Bauten schließen können (vgl. oben S. 137) auf acht Mauerkeilen, bzw. Pfeilern mit einer achteckigen Fenstertrommel erhob. Wir hätten also hier schon im Gegensatze zu den Beispielen aus dem Fars und Nordmesopotamien die armenische Bauweise im Ganzen des Baues vor uns. Und doch ist die Verstrebung durch Gewölbe über dem Trapez oder Rechteck mittelst Trichtern nicht die armenische; deren Art ist vielmehr die mit Strebenischen, die vom Boden an, im Grundriß halbrund, gestelzt oder hufeisenförmig, aufsteigen. Es könnte sein, daß diese armenische Art mit der persisch-mesopotamischen keine unmittelbare Verbindung hat. Die Frage, wie die armenische Baukunst auf die für sie übliche Form der Nischenverstrebung gekommen sei, läßt sich vielleicht heute schon beantworten. Sie ist zunächst im Gegensatz zu Byzanz eine außen sichtbare Verstrebung, also grundsätzlich von der Art der »Gotik«. Davon gleich mehr.

Fenstertrommel. Die iranische Kuppel über dem Quadrat, die zu allen christlichen Zeiten die Grundform des armenischen Kirchenbaues war und trotz des vorübergehenden Einbruches des Tonnenlangbaues auch blieb, hat in Armenien sehr früh eine einschneidende Veränderung erfahren. Die, im Zusammenhange mit Tekor erörterte (S. 371), turmartige Gestalt stand kaum allein am Anfange, eher das Achteck. Bald nämlich machten sich wohl bei den in der ältesten Kunst üblichen großen Fenstern Witterungsstörungen geltend, die an sich schon dazu drängten, die Fenster hochzulegen. Zugleich mag vom rein künstlerischen Standpunkte stillschweigend der Drang bestanden haben, die Einheitlichkeit der Massen- und Raumform in ihrer Wirkung durch eine einheitliche Beleuchtung von oben zu heben. Der gegebene Ansatzpunkt zur Verwirklichung dieser Forderungen war die Kuppel. Die Lösung selbst brachte die Einführung der Trommel, deren Fenster Wanddurchbrechungen in den unteren Bauteilen überflüssig machen. Ich gebe als Beispiel einer Fenstertrommel um 1000 (Abb. 500) die eine der beiden Grabkuppeln von Marmaschen. Ihre Außenansicht erscheint (oben Seite 8 rechts) von Osten. Der ganze Nordwestteil ist eingestürzt und dadurch der Blick frei geworden in das Innere. Man sieht, wie die Kuppel hier durch Hängezwickel unmittelbar in das Rund übergeleitet wird und die großen Fenster der Frühzeit in den Achsen unten sowohl wie in der Fenstertrommel auf das Mindestmaß eingeschränkt sind. Bagaran (S. 28 29), die Hripsime (S. 94 f.) und Irind (S. 131 f.) geben gut Einblick in die für den Anfang vorauszusetzenden Verhältnisse, wenn auch erst aus dem 7. Jahrhundert. Der Vergleich zeigt die große, im Laufe der Jahrhunderte vor sich gehende Wandlung, die beim Durchblättern der Gattungen und Arten (S. 72 f.) bestätigt wird und wiederholt hervorgehoben wurde.

Die Fenstertrommel, die in Tekor noch erhalten war, erschien außen quadratisch und zeigte in den Achsen kleine Fenster. Ihre uns Abendländern geläufige Form nimmt die Kuppel erst an in dem Augenblick, in dem sie das Turmartige, das dem Quadrat anhaftet, verliert und im Achteck, vielseitig oder rund aufsteigt. Ich habe sie bis jetzt nur bis Tekor verfolgt. An Bauten wie Mastara (S. 19) läßt sich vielleicht beobachten, wie diese Form geworden ist. Sie scheint mir auszugehen von der Trichternische im Innern. Diese schuf schon in den Bauten ihrer iranischen Heimat — ein Blick auf die Tafeln bei Dieulafoy, »L'art antique de la Perse«, IV, Tafel V und XIV)[1]), genügt als

[1]) Vgl. Flandin et Coste, »Voyage en Perse ancienne«, Atlas, I, Tafel XXIV, Schnitt CD. Dazu oben S. 368.

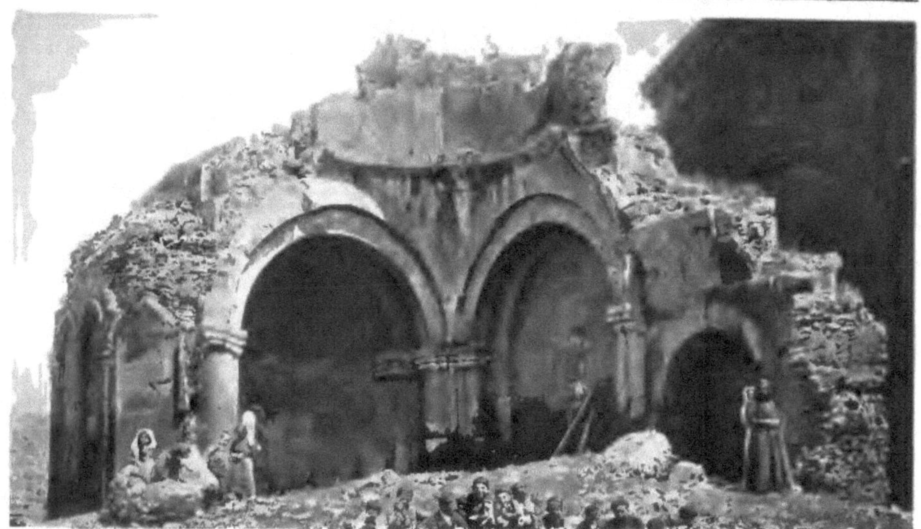

Aufnahme Thoramanian

Abb. 500. Marmaschen, Kleiner Kuppelbau an der Nordseite der Hauptkirche: Innenansicht.

Beleg (Abb. 408). — eine Zone zwischen dem Raumwürfel unten und der halbrunden Decke oben, in der neben der Trichternische bereits Fenster erscheinen[1]). Je größer nun die Räume wurden, desto weniger reichte die eine Ecknische zur Überleitung aus dem Quadrat in den Kreis der Kuppel. Es mußte das Achteck eingeschoben werden und in dieses leiten, wie oben die Innenansicht der Kuppel von Mastara besonders deutlich macht (S. 76), acht über der unteren Bogenzone liegende kleine Trichternischen über. Die Fenster mußten in Armenien schon wegen der zwischen die Haupttrichter einschneidenden Bogen der Strebenischen höher gelegt werden, und so wurde die Überhöhung der achteckigen Kuppelunterlage eine natürliche Folge.

Die Fenstertrommel von Mastara ist dadurch lehrreich, daß sie im Äußern (S. 19) noch die ursprüngliche Ängstlichkeit zeigt, über die Trichternischen eine Mauerlast zu legen. Man beachte, daß in den oberen Ecken des Mauerwürfels die großen Haupttrichter liegen, über denen keine Last ruht. An der Fenstertrommel kommen in den Ecken unten die Würfel heraus, in welche die kleineren Trichter innen eingeschnitten sind. Um diese zu entlasten, sind daher die seltsamen Dreieckschlitze ausgespart, die erst wieder durch das jetzige Kranzgesims zusammengefaßt werden. Ursprünglich blieb die Teilung in einer Art Melonenkuppel festgehalten (Abb. 501)[2]).

Nach Rivoira[3]) geht die Fenstertrommel auch wieder auf Byzanz bzw. Rom zurück. Tatsache ist, daß sie schon S. Costanza in konstantinischer Zeit aufweist[4]). Sie sitzt dort kreisrund auf kreisrund gestellten Doppelsäulen und wird vielleicht eine Anwendung der Basilikenart auf die Beleuchtung von runden Kuppelbauten sein. Armenien hat damit nichts zu tun. Rivoira (S. 225) gibt an, daß hier der älteste vollkommen runde Tambur von beträchtlicher Höhe erst in der Gruppe der Kirchen des Horomosklosters, bzw. von Choschawank, also um 1000, auftritt[5]). Sollte der noch in dieser Spätzeit von Rom aus angeregt zu denken sein[6])? Da aber auch die runde Fenster-

[1]) Ein gutes späteres Beispiel dieser Anordnung bringt in der Außenansicht das Grab des Nasir-ul-Haq in Amol, von dem Diez, »Die Kunst der islam. Völker«, Abbildung 99, eine Aufnahme gibt. Vgl. dazu seine Bemerkung, S. 74. Ich kann übrigens Diez nicht beistimmen, wenn er, S. 79, die Fenster für Nischen ansieht, »die als Vorstufe der späteren Emporenzone gelten können«. Über solche islamische Emporen: Diez, S. 81.

[2]) Vgl. dazu oben S. 75. Die Art einer solchen Kuppel zeigt 527 im Innern schon die Sergios- und Bakchoskirche in Konstantinopel.

[3]) »Architettura musulmana«, S. 195 f.

[4]) Vgl. oben S. 371, bei Rivoira, S. 194.

[5]) Vgl. oben S. 5, 195, 243 und 249.

[6]) Vgl. oben S. 309, 372, 442, 449 und unten.

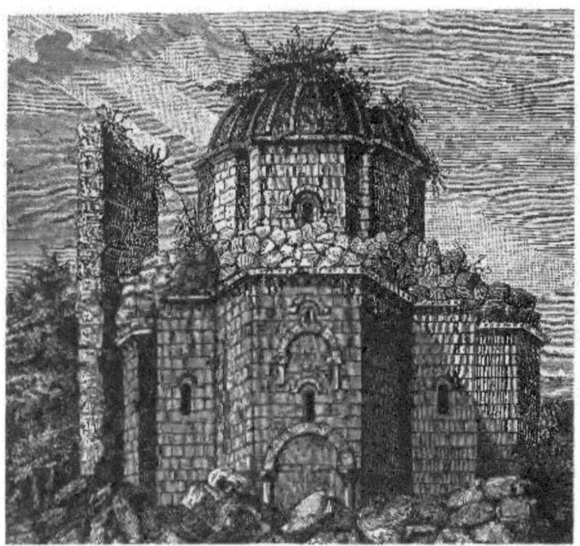

Aufnahme Alischan.

Abb. 501. Mastara, Alte Aufnahme: Melonenkuppel.

trommel älter ist, als Rivoira annimmt, so trifft eben von seiner Geschichtsmache nichts zu und ich muß ihn nur leidiger Weise immer wieder erwähnen, weil Leute ohne Kenntnisse ihn erfahrungsgemäß gern gegen mich ausspielen und damit die ruhige Entwicklung des Faches stören.

Die runde Fenstertrommel über rundem Stützenkranz und die runde oder achteckige Fenstertrommel über dem Quadrat haben gar nichts miteinander zu tun. Welche von beiden Arten — die erstere, die vielleicht von der Basilika ausgeht, oder die letztere, die aus der Kuppel über Trichternischen entsteht — nun eigentlich zur Einfügung der Fenstertrommel und der in der neueren Baukunst entscheidende Kuppel mit Hängezwickeln führt, wird nicht schwer zu entscheiden sein. Sie tritt bald neben die frühere mit Trichternischen, ihr Werden durch einfache Übertragung der Trommel von der Kuppel mit Trichternische her wäre verständlich. Die Sophienkirche weist keine Fenstertrommel auf. Da mag die Größe hindernd gewesen sein.

Dachpyramide. Das eigentlich iranische und altmesopotamische Dach kennt weder Pyramide noch Giebel, sondern ist rund oder flach. Der Islam hat diese Bauart auch im Gebiete des Mittelmeeres verbreitet. Was man auf dem Dache von St. Peter in Rom erlebt, gehört eigentlich noch hierher: dort ragen über die Dachterrasse nur die einzelnen Kuppeln des Baues hervor, wie wir es in den Kuppelhaufen iranischer Dörfer sehen und als iranischen Einschlag bisweilen auch in Armenien beobachten können. Tatsache ist, daß schon die ältesten armenischen Kirchen zwar dieses wagrechte Dach aufgeben und den Wetterverhältnissen entsprechend das schräge Dach einführen, dieses aber so wenig senken (Agrak, Mastara), daß man darauf wie auf einer Terrasse um die Kuppel herumgehen kann.

Die Kuppelpyramide hängt nicht zusammen mit dem iranischen Motiv des Übereckgewölbes. Dort bildet die Kuppeldecke (S. 362 f.) zugleich das Dach. Die Einführung des pyramidalen Daches über der Kuppel scheint im Kreise des Persischen ein im Besonderen armenischer Zug. Wenn ich den Weg Dieulafoys zur Erklärung der Entstehung der Übereckkuppel gehen wollte, dann wäre ja die pyramidale Bildung der Kuppel das Ursprüngliche [1]). Da diese Ableitung aber falsch ist, so muß auch das pyramidale Dach einen andern Ursprung haben. Ich meine, seine Notwendigkeit ergäbe sich aus der rauhen Landesnatur und daß im armenischen Hochland eben ganz anders als in Iran mit Schnee und Regen gerechnet werden muß. Deshalb setzt sich auch in Syrien die Dachpyramide z. B. auf Gräbern durch. Ebenso in Nyssa [2]). Das strahlenförmig um die Kuppel als Mitte ansteigende Dach, das aus der armenischen Kirchenbaukunst allmählich verschwindet, hängt mit der Einführung der Strebenischen zusammen, ist also mehr noch als die Kuppelpyramide eine im Besonderen armenische Form. Aus der Notwendigkeit solcher Dachschrägen erklärt sich auch die fünfeckige Ummantelung der Nischen im Äußern, die gegenüber dem inneren Rund so sehr auffällt. Tatsache ist, daß die mittlere Langseite der fünfseitigen Ummantelung nur durch eine starke Verdünnung der Mauer im Scheitel der Nische erzielt wurde.

[1]) Vgl. oben S. 269 f. und Dieulafoy, »L'art antique de la Perse« IV, Abbildung 2 auf S. 4.

[2]) Vgl. mein »Kleinasien«, S. 72 f. und oben S. 391.

1. Kuppelquadrate mit Strebenischen.

Die Nischenverstrebung geht in Armenien nicht aus von der Tonne (Sarwistan), auch nicht vom Achteck (Warzachan), sondern vom Quadrate. Die iranische Baukunst war nicht hinausgekommen über die Verwendung der Kuppel auf dem geschlossenen Mauerquadrat. Dieses war und blieb dort die übliche Wohnzelle. Im Palastbau lagen nach den Beispielen des Fars Kuppel und Tonne gehäuft neben einander, eine Erweiterung der Kuppel durch Wanddurchbrechung scheint dort nicht in Betracht gezogen worden zu sein[1]). Da kamen in Armenien, dem alten Ausbreitungsgebiete der iranischen Kunst, mit dem neuen christlichen Zweck auch neue, unabweisbare Forderungen. Die Kuppel über dem Quadrat mußte sich ihnen anpassen. Eines der dringendsten Bedürfnisse war der Zwang, die Kuppel als Einzelzelle frei zu stellen und zugleich räumlich derart in den Abmessungen zu steigern, daß die ganze Gemeinde darunter Platz finden konnte. Es spricht für das allmähliche Wachsen der Größenverhältnisse mit dem Anwachsen der Gemeinden, daß sich die Kuppel in Armenien überhaupt als Kirchenbau durchsetzen konnte. Bauten des 4. und 5. Jahrhunderts sind leider bis jetzt nicht aufgefunden (davon später), im 7. Jahrhundert bestehen jedenfalls bereits alle Gattungen und Arten nebeneinander.

Die Freistellung der Kuppel und die Steigerung ihrer Größe ging Hand in Hand mit dem Zwange, sie zu verstreben. So mußte die Aufhebung des wachsenden Kuppeldruckes bei Anbahnung von Erweiterungsmöglichkeiten für das bis dahin geschlossene Grundquadrat mitsprechen. Eine Öffnung der Wände war möglich in der Hinausschiebung der Umfassungsmauern, einmal nach den Achsen, dann nach den Diagonalen. Der erste Schritt wurde in der Achsenrichtung getan. Ich würde ohne weiteres annehmen, daß der Anlaß dazu die gottesdienstliche Forderung nach einer Apsis war, wenn sich nur nachweisen ließe, daß die Ostapsis wirklich von allem Anfang an zur Bauart der armenischen Kirche gehört habe. Thoramanian bestritt das auf unserer Reise entschieden und auch in seinen armenisch gedruckten Arbeiten nimmt er dagegen Stellung (S. 227 f.). Als Bestätigung für die Annahme Thoramanians könnte die Vision des Sahak angeführt werden, die, von Lazar von Pharpi überliefert, nach der Sprache um 460 zu datieren ist. Darin ist gleich am Kopfe von einem vierseitigen Bema die Rede. Man lese darüber oben Seite 227 und 340 nach.

Wie dem daher auch immer sei — ob die viereckige oder Rundapsis älter ist, die eine neben der andern besteht, bodenständig oder die viereckige von Mesopotamien oder dem Osten, die runde von Kleinasien eingeführt wurde — wichtig ist hier für uns nicht die Nische an sich, sondern nur ihre bauliche Verbindung mit der Kuppel. Die Kuppel nämlich, sobald sie in den Maßen wächst und nicht mehr in einer Gruppe von mit ihr zusammengeschobenen, aber für sich bestehenden Räumen, sei es anderen Kuppeln, sei es Tonnen erscheint, sondern als Einzelbau nach allen Seiten frei dasteht, bedarf der Verstrebung, weil sonst die Druckkräfte sie über kurz oder lang zu Falle bringen. Vergrößerung und Vereinzelung führen daher notwendig von sich aus zu Veränderungen des Baugefüges. Die Verstrebung ist in Armenien zunächst nicht wie später in Byzanz durch Errichtung mächtiger Pfeiler im Innern des Baukristalls oder wie noch später in der Gotik durch Verlegung derselben an die Außenseite der Mauern erzielt (vgl. S. 400), sondern — und das scheint im Besonderen armenisch — sie erfolgte zunächst durch runde gegen den Kuppelraum gerichtete Ausbuchtungen. Ob nun die kirchliche Apsis auf diesen Weg geleitet hat oder der armenische Baumeister ohne diese Anregung von Seiten eines Kultmotivs bei der Nötigung der Vergrößerung und Freistellung der Kuppel darauf gekommen war, ist Nebensache. Falls die Apsis den Anstoß gegeben hat, dann zeigt ihre Übertragung auf alle vier Achsen jedenfalls, daß die technische Seite sofort grundsätzlich klar erfaßt und sinngemäß durchgeführt wurde. Ich bezeichne diese verstrebenden Ausbuchtungen als Strebenischen (im gleichen Sinne wie wir das Wort Strebepfeiler verwenden) oder der Kürze halber als Konchen. Grundsätzlich wichtig ist dabei, daß diese Verstrebung von außen her erfolgt und dem Beschauer ohne weiteres sichtbar bleibt. Das gilt freilich nur für die Anfänge des Konchenquadrates und die reinen Konchenbauten. Erst die nordische Kunst hat diese außen sichtbare Verstrebung wieder aufgenommen. Freilich arbeitet die »Gotik« nicht mit Großnischen, sondern mit verstrebenden Pfeilern; davon später. Immerhin liegt grundsätzlich schon in Armenien der auf die nordische Art hinführende Anfang der Entwicklung vor.

[1]) Vgl. H. Glück, »Ein islamisches Heiligtum auf dem Ölberg«, Der Islam, VI (1916), S. 328.

A. Kuppelquadrate mit Strebenischen in den Achsen (Abb. 43, S. 74 f.).

Sie dürfen nicht verwechselt werden mit solchen römischen Rundbauten, in denen das Mauerrund innen und öfter auch außen durch Nischen zur Erzielung von Ersparungen im Baustoffe eingetieft ist. Die Kuppel ruht dann auf dem Mauerzylinder wie im Pantheon und das scheinbar vorliegende Konchenquadrat im Grundriß kann nie über die fehlende Nischenverstrebung hinwegtäuschen. Als Beispiel führe ich (nach Bramantino) jenen römischen Rundbau an, den schon Dehio und Bezold, Tafel 14, 9, abgebildet haben[1]. Auch in der Krypta von Saint Laurens zu Grenoble[2] aus dem 5. bis 7. Jahrhundert wird man noch kaum an bewußte Verstrebung denken können, obwohl die Westkonche nicht in der Mauerdicke verschwindet.

Es war daher, wie ich annehme, Armenien, das, von der Grundform des Quadrates als betonter Mitte ausgehend, die Kuppel zwar nach iranischer Art auf vier Mauern ruhen, aus diesen Mauern aber auf allen vier Seiten in den Achsen halbrunde Ausbuchtungen vortreten ließ. Der Raum, der auf diese Weise mit der Kuppel überdeckt werden konnte, ist ziemlich groß. Es sei gleich bemerkt, daß es sich fast nie um mathematisch genaue Quadrate handelt. So ist Mastara 12·02 auf 11·26 m groß. Das größte Maß bietet Artik mit 14·05 im Quadrat. Der Bau ist also, obwohl für sich als einzelner Baukristall nach allen Seiten frei dastehend, doch größer als die erhaltenen Kuppelbauten der persischen Paläste des Fars, die von anderen Bauten umgeben, d. h. von ihnen verstrebt sind. Der Mittelsaal in Sarwistan hat nur 12·80 m, die drei nebeneinanderliegenden Kuppelsäle in Firuzabad haben je 13·30 m im Quadrat. Wenn nun auch in ihnen keine Erweiterung der Kuppelräume stattfand — außer etwa durch flache Wandnischen — so läßt sich die Konchenverstrebung selbst doch schon in ihnen nachweisen, freilich in Verbindung mit der Tonne. Davon war bereits S. 456 f. die Rede.

Wie für die Kuppel auf Trichternischen über dem Quadrat selbst, so läßt sich auch für ihre Verstrebung durch Nischen ein Beleg an den armenischen Grenzen Nordmesopotamiens nachweisen, im vorliegenden Falle im Deir es-Zaferan bei Mardin (Abb. 502)[3]. Die Kuppel hatte ein Grundquadrat von etwa 8·50 m. Sie ist heute ersetzt durch ein jüngeres Kreuzgewölbe[4]. Auf drei Seiten treten Strebenischen aus dem Innenraum vor, auf der vierten eine über 1 m tiefe Flachnische, bei einer Mauerstärke von 2·30 m begleitet von kleinen Konchen außen und innen. Die seitlichen Strebenischen liegen mit 1·50 m Radius in den gleich dicken Seitenmauern, nur die Apsis weist bei 2 m Radius eine leichtere Bauart auf, ist aber auf allen Seiten durch Nebenräume verstrebt. Man hat den Eindruck, daß es sich hier um ein ziemlich unsicheres Tasten in Anwendung der armenischen Nischenverstrebung der Kuppel handelt. Es ist vielleicht zu beachten, daß neben der Kirche, an die Südostkapelle anschließend, ein älteres Grabmal stand, vergleichbar dem heutigen Hauptbau der Jakobskirche von Nisibis (Abb. 699). Da mag zunächst einmal ein Versuch mit der Kuppel auf Trichternischen allein und dann in der Kirche mit ihrer Nischenverstrebung gemacht worden sein. Ich

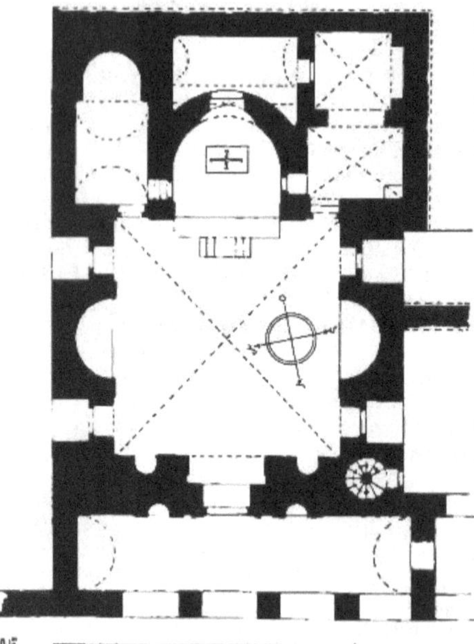

Aufnahme Preusser.
Abb. 502. Deir es-Zaferan, Kirche: Grundriß.

[1] Ich gebe diese Tafel unten im vierten Buche in dem Abschnitte über die Dreipässe (S. 828).

[2] Lasteyrie, »L'architecture rel. en France«, S. 100, Vincent-Abel, Bethléem, S. 30.

[3] Preusser, »Nordmesopotamische Baudenkmäler«, S. 49 f.; Bell, »Churches and monasteries of the Tûr 'Abdîn«, S. 96; dazu Orientalist. Lit. Zeitung. XV (1912), Sp. 195.

[4] Der Fall liegt vielleicht wie in S. Maria in Valle in Cividale. Vgl. Monatshefte für Kunstwissenschaft, I, S. 4 f.

würde Deir es-Zaferan dem 6. bis 7. Jahrhundert etwa zuschreiben.

Die Nische der Konchenquadrate Armeniens verstrebt die Mitte der Quadratseite von jenen Punkten an, in denen die Trichternische zu wirken aufhört. Die Form, die dadurch entsteht, ist nicht zu verwechseln mit dem Grundriß des sogenannten griechischen Kreuzes, bei dem die Strebenischen in der Quadratecke zusammenstoßen. Beim Konchenquadrat kommen immer die den Trichternischen entsprechenden Ecken des Quadrates in der Außenansicht zwischen den Strebenischen zu entschiedener Geltung (Abb. S. 19 und 77 f.). Diese Nischen müssen immer durch Viertelkugelschalen gedeckt sein, die Verwendung von Tonnen scheint der altchristlichen Kunst Armeniens ursprünglich nicht geläufig. Sie kennt nur die Viertelkugel über dem Zylinder. Darin tritt vielleicht erst seit dem 5. Jahrhundert eine Änderung ein.

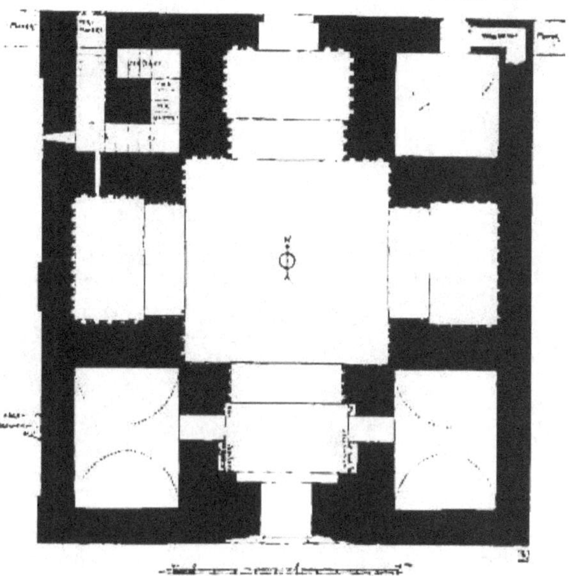

Abb. 503. Amman, Konchenquadrat: Grundriß

Die Nachricht von der ursprünglich viereckigen Apsis, die die Vision des Sahak für Edschmiatsin bringt, wird trotzdem in den Bereich der Möglichkeit gerückt durch Bauten, die diese Grundform bis auf den heutigen Tag erhalten und doch Nischen zeigen. Unter ihnen steht obenan die alte Vierpaßkirche von Matschitlu, von der oben, Seite 90, die Rede war. Leider ist nicht sicher, ob ihre Nischen auch im Innern im Grundriß viereckig und erst in der Kämpferzone durch Trichternischen in das Quadrat übergeführt sind, wie das in sasanidischen oder frühislamischen Bauten und auf dem Burgberge von Amida nachgewiesen wurde (S. 457)[1]. Ein anderer Bau mit außen auffallend aus dem Viereck geschnittenen Nischen, die Sechspaßkirche auf der Burg von Ani (Abb. 132, S. 126), legt in die massiven Rechtecke im Innern hufeisenförmige Nischen.

Hier ist nun der Punkt, ein Bauwerk in die Untersuchung hereinzuziehen, das fern vom armenischen Boden südlich am Rande der syrischen Wüste, nordöstlich etwa von der Einmündung des Jordan in das Tote Meer, in Amman, dem alten Philadelphia, steht. Ich habe den Bau in meinem »Mschatta«, Seite 350 f., nach den Aufnahmen von Bruno Schulz veröffentlicht und bereits wegen seiner Ausstattung herangezogen (S. 448 f.). Abbildung 503 zeigt den Grundriß, einen Bau in der gleichen Art wie die Kirchen, die im vorliegenden Buche vorgeführt werden[2]. Man sieht also das 10 m große Mittelquadrat von vier Nischen verstrebt, die, im Grundriß rechteckig, hinter einer Tonnenvorlage ansetzen und erst oben durch Trichternischen in das Rund übergeleitet werden. Eine Abbildung dieser in Flachrelief angedeuteten Nische habe ich »Amida«, Seite 183, gegeben und wiederhole sie hier (Abb. 504) schon deshalb, weil ich im Anschluß daran jetzt annehmen zu müssen glaube, daß nach der Art der armenischen Bauten auch das Mittelquadrat von Amman in gleicher Art mit einer Kuppel eingewölbt, der Bau also nicht, wie man bisher annahm, offen, sondern geschlossen war. Man sieht, wie die wagrecht gelagerten Steine allmählich aus der Ecke ins Rund übergeführt sind und die oval umgrenzte Trichternische noch in flachem Relief angedeutet ist. Eine schmal vortretende

[1]) Monatshefte für Kunstwissenschaft, VIII (1915), S. 356 f.

[2]) Vgl. besonders auch die Apostelkirche in Ani, S. 106. Bisher wirkte die Zusammenstellung mit der [illegible] irreführend (Journal asiatique XVII (1891), S. 427 f.). Jetzt sieht man das Denkmal gern für einen omaijadischen [illegible] an (Diez, »Die Kunst der islamischen Völker«, S. 28).

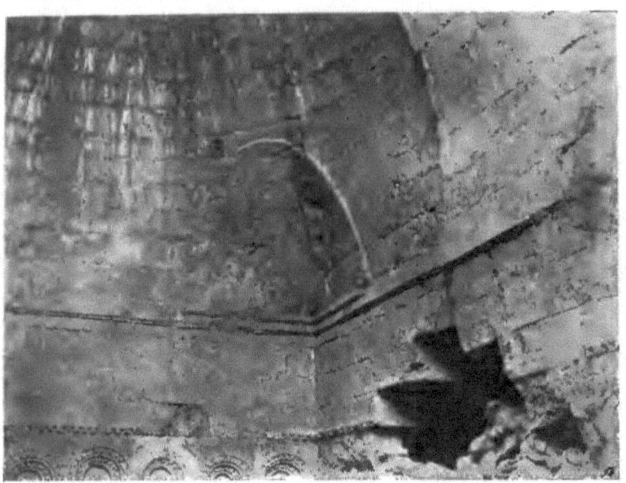

Aufnahme Puchstein.

Abb. 504. Amman, Konchenquadrat: Eckbildung der Strebenischen.

Leiste grenzt die Nische gegen die Wand ab, die am Ende der vierten Steinschicht darunter in Nachahmung der vorbildlichen iranischen Bauart über Eck gestellte Ziegel in Stein angearbeitet zeigt. Es folgt dann eine Reihe von Zwergnischen im Bogen mit dem Schmuck von Dreiecken in zwei Reihen übereinander. Was wir hier in der Trichternische erhalten sehen, das ist wahrscheinlich in genau gleicher Art auch im Mittelquadrat zu ergänzen (Abb. 490), wo die Mauern heute oben noch mit den Zwergnischen enden. Diese oberen Zwergnischen sind von den unteren, die wir in den rechteckigen Nischen sahen und die um den ganzen Bau herumlaufen, durch je eine hohe Flachnische in jeder Ecke neben den großen Tragbogen geschmückt, so, daß eine ganz einheitliche, auf der Blendnische aufgebaute Ausstattung entsteht. Davon oben S. 448 f. und später.

Daß bisher bei Betrachtung von Amman die Annahme einer Kuppel nicht auftauchte, liegt wohl an dem Nichtkennen der entsprechenden armenischen Form und vornehmlich daran, daß in den Ecken oben kein Kuppelansatz zu beobachten ist. Die Sachlage ist also die gleiche wie bei dem Kreuzkuppelbau vor den Toren von Resafa u. a.[1]). Auf das Vorhandensein einer Kuppel darf jetzt, wo die entwicklungsgeschichtlichen Voraussetzungen geschaffen sind, schon daraus geschlossen werden — abgesehen von dem Einsturzschutt, der den sogenannten Hof füllt —, daß für diesen Bautypus, d. h. das Kuppelquadrat mit reckteckigen quergelegten Kreuzarmen, eine, wie es scheint, genaue Parallele an einer Stelle nachweisbar ist, die ein wichtiger Keimboden der armenischen Kirchenbaukunst war, in Aschtischat in der Provinz Turuberan. Davon wird im geschichtlichen Teil ausführlich zu reden sein. Hier sei nur gesagt, daß der Typus von Amman dort im 8. Jahrhundert für die Stephanskirche des Klosters Johannes d. T. verwendet ist. Leider kenne ich diesen schwer zugänglichen Bau nur im Grundriß und weiß aus dem Bericht eines Reisenden nur so viel sicher, daß er eine Kuppel hat. Dagegen ist über die Art der Einwölbung der Kreuzarme vorläufig nichts bekannt. Vgl. unten S. 661.

Hier entsteht nun die Frage: hat diese Grundform vielleicht die Metropolis von Wagharschapat, die Kirche des heutigen Edschmiatsinklosters vertreten, die Mutter aller Kirchen Armeniens, wie sie gern in Übertragung dieser ursprünglich für Aschtischat geprägten Bezeichnung genannt wird? Für die Vorstellung des ursprünglichen Baues sind sowohl bei Dubois wie bei Thoramanian[2]) die alten Giebelreste an den Seitenflügeln der Nordwand der Ausgangspunkt geworden, wohl deshalb, weil sie diese für antik ansahen, daher geneigt waren, sie in die Zeit des in Rom erzogenen Tiridates zu setzen. Aber diese Giebel sind samt dem »Zahnschnittornament« öfer noch im 7. Jahrhundert bei einem Teil der erhaltenen Denkmäler üblich. Sie müssen daher nicht gerade zum ersten, überdies zweifelhaften Baue gehören. Damit zugleich ergibt sich der Schluß, daß die erste Anlage doch wohl die Mastaragattung des Konchenquadrates oder die des Vierpasses der Apostelkirche von Ani (S. 106 f.) aufgewiesen haben könnte. Rivoira würde daraufhin diese Bauform — sie blieb ihm unbekannt — erst recht von Rom herleiten. Findet sich doch unter den von den Renaissancemeistern in Zeichnungen

[1]) Guyer in Sarre-Herzfeld, »Archäologische Reise im Euphrat- und Tigrisgebiete«, II, S. 39 f. des Sonderabdruckes.

[2]) Vgl. oben S. 332 f. und bes. Abb. 381 für den Grundriß. Dazu unten Abb. 803.

aufbewahrten Ruinen des 16. Jahrhunderts eine, die ungefähr dieser Art entspricht[1]. Dort ist einer außen kreisrunden Mauer innen ein Konchenquadrat eingeschrieben. Aber die »volta« wird kaum aus einer Kuppel, sondern nach römischer Art aus einem Kreuzgewölbe bestanden haben

Wir haben uns bisher — mit Ausnahme von Amman vielleicht im Rahmen des Kirchenbaues gehalten. Ein Bauwerk anderer, etwa weltlicher Zweckbestimmung im Aufbau des Konchenquadrates ist bisher nicht nachgewiesen. Und doch eignet sich die Bauform in erster Linie für den Denkmalbau. Deshalb soll schon hier auf ein Mittelding zwischen Kirche und Grab hingewiesen werden, für das sich in Armenien sehr gewichtige Spuren nachweisen lassen, das Martyrion.

M a r t y r i o n. Ich habe über den Begriff schon in »Der Dom zu Aachen«, S. 23 f., gehandelt[2]. Im Armenischen heißt diese Bauform bisweilen »Maturn«, was später einfach gleichbedeutend mit »Kleine Kapelle« ist. Das mag vielleicht ein Fingerzeig für die Abmessungen des ursprünglichen Martyrions sein. Was dieses bedeutete, wird eine kurze Übersicht der Hauptstellen belegen.

Eusebios (Vita IV, 58—60), der zwei Jahre vor dem 337 erfolgten Tode des Kaisers in Konstantinopel war, bezeugt, daß Konstantin mit dem Martyrion der Apostel ein Mnemeion für sich selbst beabsichtigte. Gregor von Nazianz sagt in seiner Trauerrede auf seinen Vater († 374), die er in einer Kirche hält: »Da aber auch ein Andenken seiner hohen Gesinnung den Lebenden bleiben sollte, welches andere mußte ihnen verbleiben, denn dieser Tempel, welchen er Gott errichtete und uns«. In dem gleichen Sinne wird die Absicht des Gregor von Nyssa zu deuten sein, der zwischen 374 und 394 einen Brief an den Bischof Amphilochios von Ikonion richtet[3]. Er nennt den Bau Martyrion und wollte ihn wohl zum eigenen Andenken bauen, wie der Vater Gregors von Nazianz es getan hatte. Die Bauform dieser Martyrien war das Achteck, denn auch Eusebios nennt die Apostelkirche wohl nur Oktogon, weil schon Konstantin die Absicht hatte, ein solches an die Apostelkirche zu bauen, wie es Konstantios dann tatsächlich ausführte. Ähnliche Martyrien haben sich Diokletian bei Salona (Spalato) und Karl der Große in Aachen erbaut[4]. Im übertragenen Sinne nannte man jede Grabes- oder Gedächtniskirche, scheint es, Martyrion. So nennt Eusebios schon die Grabeskirche in Jerusalem Martyrion (Vita 30). Der armenische Typus ist kein Achteck. Er mag ursprünglich ein einfaches Quadrat mit Kuppel über Ecktrichtern gewesen sein, bei wachsenden Größenverhältnissen aber zur Lösung der Forderung nach Verstrebung der Kuppel durch Nischen geführt haben. Belege für diesen Entwicklungsgang liegen nicht vor. Wir kennen nur das fertige Ergebnis, die Bauform von Mastara.

Das Bezeichnende für Martyrien ist jedenfalls die Kuppel, wenn der Name später auch auf jede andere Art von Bau übergegangen ist. Ebenso bezeichnend für das Wesen des Martyrions ist aber auch, daß es offensichtlich mit dem Grab- bzw. Gedächtnisbau verbunden erscheint. Es wirft daher einiges Licht auf den Ursprung der armenischen Bauform, daß die aus der gleichen Quelle stammende islamische Kunst die Kuppel dauernd für den Grabbau verwendet hat. Die Arsakiden werden in der gleichen Art ihre Gräber aufgeführt haben (Sanatruk), die dann mit Trdat und Gregor einer der Keime geworden sein könnten, aus denen die Saat der Kirchenbauten aufging. Davon im dritten Buche. Ich bleibe hier zunächst beim christlichen Kuppelquadrat mit Strebenischen.

Für die Zeit des Auftretens dieser Bauform ist vielleicht die Tatsache der ungleichen Größe und Einzeldurchführung der Strebenischen in Artik (auch in der Ausstattung) beachtenswert. Man halte sich nur vor Augen (S. 78): die Breite ist in beiden Achsen verschieden, die Verwendung wechselt noch mehr und nach außen zeigt die Kathedrale in der Ansicht, Seite 77, das Motiv der Blendbogenverkleidung, die nach der entgegengesetzten Seite vollständig fehlt. Das alles widerspricht dem Wesen des strahlenförmigen Kuppelbaues, der alle Richtungen grundsätzlich gleich behandelt. Wir haben es mit einer Mischung zu tun, die auf Zweck und Wirkung Rücksicht nimmt. Da aber der Bau seiner ganzen Art nach mit zu den ältesten erhaltenen gehört, so zeigt sich nur wie früh das grundsätzliche Auftauchen der echtesten armenischen Baugedanken fallen muß, wenn derartige Mischungen schon im 6. bis 7. Jahrhundert möglich sind.

[1] Rivoira, »Architettura musulmana«, S. 283 nach Mongeri, »Le rovine di Roma« Studi del Bramantino. Tafel 30.

[2] Vgl. dazu Mommert, »Grabeskirche«, Heisenberg, »Apostelkirche«, Wulff, Byzantinische Zeitschrift, XVIII, S. 554 f., Egger, Jahreshefte des österr. arch. Instituts, XVI, S 223 f. und Clemen, »Rom. Wandmalerei«, S. 688.

[3] Vgl. für beide Belegestellen mein »Kleinasien«, S. 94 u. 71.

[4] Vgl. mein »Der Dom zu Aachen« und »Spalato ein Markstein«, Studien Fr. Schneider gewidmet, S. 325 f.

Das Quadrat mit Strebenischen in den Achsen steht in Armenien, soweit bis jetzt belegbar, immer frei ohne Nebenräume da. Es scheint mir der eigentliche Ausgangspunkt jener Form, die Bell als »cross-shaped church«, Millet als »croix libre« bezeichnet haben[1]). Erst der Vierpaß geht, ohne Eckräume anzufügen, auf die Einlage von Tonnenstücken zwischen Kuppel und Konche über und erst der Dreipaß verlängert eine dieser Tonnen unter Hinweglassung der Strebenische derart, daß sich die Grundform des Vierpasses völlig ändert; davon später.

B. Kuppelquadrate mit Strebenischen in den Achsen und Ecken (S. 82 f.).

Das Anwachsen der Gemeinden wird dazu gedrängt haben, den Innenraum auszudehnen, die Entwicklung des Gottesdienstes verlangte Nebenräume. Infolgedessen wird sich die Notwendigkeit eingestellt haben, nicht nur die Mitte der Quadratseite, sondern auch die bis zu einem gewissen Grade durch die Trichternische entlastete Ecke zu verstreben. In solchen Bauten wird also die Quadratecke eine Umbildung erfahren haben und es ist wahrscheinlich, daß man folgerichtig auch wieder auf das Mittel der Nischenverstrebung kam. Dazu war die räumliche Aufschließung der Ecke notwendig. Eine solche Durchbrechung war möglich, solange die persische Eckübersetzung durch die Trompe beibehalten, der Kuppeldruck nicht gerade durch Hängezwickel unmittelbar auf die Ecken übergeleitet wurde. Die Ecke wurde zum Dreiviertelzylinder erweitert, der bis zum Boden herabgeführt und zum Vorraum von viereckigen oder runden Räumen gemacht erscheint, die in die Ecken zwischen die Nischen in den Achsen gelegt sind. Ältestes erhaltenes Beispiel dieses »Hripsimetypus« Awan, zwischen 557—574 entstanden (Abb. 76, S. 89). Auffallend ist, daß die Raumabmessungen gegenüber dem Konchenquadrat ohne Nebenräume und Ummantelung kleiner geworden sind. Entgegen der Spannweite von 12—14 m beträgt sie hier nur zwischen 8 und 10 m, nämlich in der Hripsime 9·42 × 9·95 m, in Awan 8·41 m im Quadrat und in der Kreuzkirche von Mzchet 9·95 × 9·52 m (In der Hripsime ist die Südnord-, in Mzchet schon die Ostwestrichtung die größere). Das spricht gegen die Auffassung, als wenn diese Bauform dem Bedürfnisse nach Vergrößerung, vielmehr nur dem nach stärkerer Verstrebung des Konchenquadrates entsprungen wäre. Aber die Beispiele des 6. und 7. Jahrhunderts sind keine Kathedralen, sondern kleinere Martyrien: in Wagharschapat stand die Hripsime neben dem Patriarchensitz, in Mzchet die Kreuzkirche neben der erhaltenen Kathedrale des Ortes. Es könnte sich also um Zeugen handeln, die nur einen Nachklang in verkleinertem Maßstabe nach den großen Erstlingsbauten des 4. und 5. Jahrhunderts bedeuten. — Man möchte glauben, daß im Gefolge des Bestrebens nach Eckdurchbrechung der Übergang vom Quadrat zum Achteck die gegebene Lösung wäre. Es ist jedoch bezeichnend für die armenische Baukunst, daß sie vom Quadrat nicht ließ, also, wie es scheint, damit wurzelecht verwachsen war. Man sehe in den Handzeichnungen des Leonardo[2]), der über ähnliche Bauformen und ihre Erweiterungsmöglichkeiten nachdachte. Es ist dort zu beobachten, wie selbstverständlich sich die Anlage aus dem Achteck einstellt, wenn eben nicht entwicklungsgeschichtliche Gründe die Vorstellungskraft binden. Davon unten ausführlich. Rivoira[3]) leitet auch diesen »bizarren« Typus von Byzanz bzw. Rom her und glaubt besonders für die Dreiviertelnischen in den Ecken eine Parallele in einem Bau der Via Flaminia bei Bramantino[4]) nachweisen zu können. Er hätte ebensogut die Thermen von Thenae nennen können[5]). Aber diese Parallelen für eine Eckdurchbrechung haben nicht das Geringste mit der armenischen Art zu tun, ganz abgesehen davon, daß es sich um vereinzelte Beispiele handelt, während in Armenien ein in breiter Schicht herrschender Typus vor uns steht. Die römischen Beispiele (Bäder?) nähern sich eher der Art Leonardos darin, daß sie lediglich Türen, nicht Dreiviertelzylinder in die Ecken legen[6]) oder vom Achteck ausgehen[7]). Die armenische Kunst

[1]) Bell, »The thousand and one churches«, S. 340 f., Millet, »L'école grecque«, S. 70.

[2]) Richter, »The literary works«, Bd. II. Vgl. ein Beispiel in meiner »Bildenden Kunst des Ostens«, S. 47 f. und unten im vierten Buche. Dazu den Aufsatz in den Mitteilungen des Florentiner Instituts 1918.

[3]) »Architettura musulmana«, S. 198.

[4]) Mongeri, »Le rovine di Roma«, Tafel 68, bei Rivoira, a. a. O. Abb. 200.

[5]) Archäol. Anzeiger, XXI (1906), S. 158.

[6]) Mongeri, Tafel 30, Rivoira, »Architettura musulmana«, S. 281.

[7]) Montano, »Scielta«, Tafel 29, Rivoira, a. a O. S. 281. Vgl. dessen »Origini«, II, S. 602.

geht von der Nischenverstrebung, also großen, aufgeschlossenen Räumen aus, die an das Quadrat offen angefügt werden. In letzterem Falle handelt es sich um typischen Kirchen-, im ersteren um Bäderbau.

Durch die von mir angenommene Folgerichtigkeit der Entwicklung wird eine Frage der Lösung zugeführt, die von Marr aufgeworfen wurde. Er ging davon aus, daß der georgische Bau der Kreuzkirche von Mzchet schon 575—600 begonnen, die Hripsime von Wagharschapat aber erst 618 gebaut sei [1]. Letztere könne daher nicht Vorbild der ersteren, der georgischen Kreuzkirche gewesen sein. Die Sache liegt aber anders: die Bauform an sich ist in Armenien älter. Beweis dafür zunächst die Kirche von Awan bei Eriwan (S. 89), die ungefähr gleichaltrig mit der Kirche bei Mzchet ist. Aber auch diese beiden Kirchen können schwerlich für die ältesten Bauten dieser Art gelten. Der Ausgangspunkt wird vielmehr möglicherweise u. a. das Martyrion des 4. Jahrhunderts sein, das für die gottesdienstlichen Forderungen mit Nebenräumen ausgestattet werden sollte.

Der Hripsimetypus muß bereits in Blüte gewesen sein im 5. Jahrhundert, als die griechisch-syrische Strömung einsetzte. Es gibt mehrere Anzeichen, die darauf hinweisen, so die Einführung des Giebels und der zwischen Quadrat und Konche eingeschobenen Tonnen, die der Längsrichtung Bahn brechen.

Es scheint, dieser aus dem Konchenquadrat abgeleitete Bautypus bedeute das Entstehen der von Bell »cross-in-square«, von Millet »croix inscrit« genannten Bauform [2]. Freilich ist unsere armenische Form rein ebensowenig in breiter Schicht außerhalb ihres Entstehungslandes zur Verbreitung gelangt wie z. B. die mesopotamische Breittonnenkirche. Aber grundsätzlich ist doch der entscheidende Schritt getan. In der Ausbreitung hat dann freilich erst der Vierpaß die führende Rolle übernommen. Davon später.

Es ist immerhin beachtenswert, daß das Konchenquadrat mit Eckräumen noch im 10./11. Jahrhundert im Gebrauch war, als der Architekt der Sionskirche von Ateni, ein Armenier, diese Bauform zur Anwendung brachte (Vgl. oben S. 89).

G i e b e l. Die Einführung des beiderseits nach den Achsen abfallenden Giebels an Stelle der strahlenförmig nach der Kuppel ansteigenden Dächer hat eine entschiedene Wandlung zum mindesten in der Außenform der armenischen Kirchen herbeigeführt. Es ist hier der Ort, die Frage zu stellen, ob der Giebel eine unabhängig in Armenien selbst entstandene oder von Mesopotamien bzw. dem Westen übernommene Bauform ist. Der Anstoß zur Einführung des Giebels war gegeben, sobald zwischen die Strebenische und das eigentliche Kuppelquadrat kurze Tonnen eingeschoben wurden, wie es bei der Gattung mit verstrebten Ecken der Fall ist. Man nehme den Grundriß von Awan, Mzchet und der Hripsime (S. 85 f.). Das Kuppelquadrat streckt sich durch Tonnen der Länge nach von Westen nach Osten. In der vielleicht älteren Art — die heute noch Mzchet vertritt — steigen die Dächer noch in der Achsenrichtung an. Auch Awan läßt diese Anordnung der Dächer erwarten, weil noch die Dreieckschlitze am Äußern fehlen. Nur die Eckräume zeigen die Neigung auf die Hauptachse (Abb. S. 90). Bei der Hripsime ist diese Dachstellung auch schon auf die Strebenischen übertragen, so daß dadurch der Giebel entstand (S. 92). Die schrägen Dachränder sind freilich noch nicht durch die Wagrechte zum eigentlichen Giebel verbunden, vielmehr schneiden die Dreieckschlitze tief in die Dachwand ein (Abb. 590/591).

Eigentümlich ist der armenischen Kirche mit Giebel, daß das Dach nicht in einer durchgehenden Schräge aufsteigt, sondern eine Stufe aufweist. Nach abendländischen Vorstellungen würde man erwarten, diese Stufe zur Einführung von Fenstern, und seien es auch nur runde Öffnungen, verwendet zu sehen. Doch kommt das nicht oder nur ausnahmsweise vor. Woher also diese Stufe? Am auffallendsten ist der Mangel ihrer Verwendung als Lichtspender (wie an Basiliken) z. B. an der späten Kirche von Alagös [3]. Ich gebe Abbildung 505 ein anderes spätes Beispiel, die Kuppelhalle von Wschny, jenes Ortes, der bereits oben, Seite 263, vorgeführt wurde. Die Dachstufe und der Giebel treten hier neben dem Quadrat und der Kuppel sehr eindrucksvoll hervor. Doch zeigt schon die Hripsime die Dachstufe (Abb. 79 und 590/591). Sie entspricht weder der Breite des Mittelquadrates noch den Mauerzügen im Innern, wenn man den Grundriß (Abb. 81) vergleicht. Da sie aber nur in

[1]) Zapiski der kaiserlich russischen archäologischen Gesellschaft, XIX (1909). S. 90.

[2]) Vgl. oben S. 466, Anmerkung 1.

[3]) Vgl. auch Millet. »L'école grecque«, S. 37.

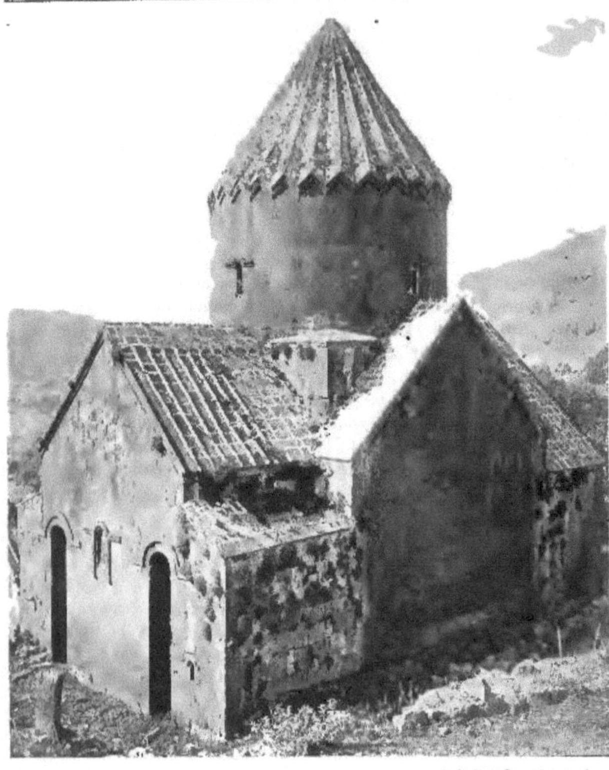

Aufnahme Jermakov 15989.
Abb. 505. Wschay, Muttergotteskirche: Südöstliche Ansicht.

der Längsrichtung vorkommt und die Dachschräge im unteren Teil abnimmt (Abb. 591), so wird es sich doch wohl um Andeutung der Baugliederung handeln.

Aus solchen Beobachtungen möchte man — bei aller Anerkennung der Bewegung vom Westen und Süden her — auf ein allmähliches Tasten in der Richtung des Giebels schließen, umsomehr, als mit seiner Einführung das gleichzeitige Durchdringen jener Schmuckform Hand in Hand geht, die den altchristlichen Bauten Armeniens am meisten Eigenart verleiht, aber nicht bei den einfachen Konchenquadraten, sondern erst in dem Augenblick auftritt, in dem durch Hinzufügung von Eckräumen und Einführung des Giebels die Möglichkeit des massigen Zusammenschlusses gegeben ist.

Dreieckschlitz. Er ist ein besonderes Merkmal der armenischen Baukunst und in andern christlichen Kunstkreisen nicht nachweisbar. Es frägt sich nun, ob er schon der vorchristlichen Zeit angehört oder erst von den altarmenischen Kirchenbaumeistern entwickelt, also für uns übernommene Gestalt oder frei geschaffene Form ist.

Diese dreieckigen Schlitze am Äußern sind die Folge des Bauens mit Strebenischen und dürften sich — nahm man bisher an — entwickelt haben, als man anfing, solche Ausbuchtungen zu dreien an die Ostseite zu legen oder, füge ich folgerichtig hinzu, sie zu sechs und acht im Kreise anzuordnen. Da entstanden jene dreieckigen Einschnitte im Äußern, die für die Phantasie eine Herausforderung wurden, sie aus Lücken in überlegte Gebilde umzuschaffen. Thoramanian bringt die Einführung dieser Nischen, wie schon die der Strebenischen selbst, erst mit dem Auftreten der Apsis, bzw. der Nebenapsiden in Zusammenhang (Tekor, S. 91—93). Er sagt ungefähr: »Was die Apsiden in den Seitenräumen (Protesis und Diakonikon) anbelangt, so sind sie eine Einführung des 10. Jahrhunderts. Wo sie an älteren Kirchen vorkommen, sind sie als spätere Hinzufügungen zu betrachten. Ihre Entstehung ist mit der immer häufiger werdenden Sitte des Seelengebetes (für die Rettung der Seelen des Stifters oder Gebers und seiner Familie) bedingt. Durch diese Apsiden werden die Seitenzimmer zu Kapellen. Die Kirchen von Schirakawan (Anfang des 10. Jahrhunderts vom König Smbat gebaut) und Surb-Minas im Kloster Horomos (vor 986) haben in den Seitenräumen noch keine Apsiden (S. 193[1]) und 196). Erst durch diese Apsiden in den Seitenräumen entsteht der Dreiapsidenschluß. Darum ist auch die bezeichnende Außennische nicht vor diese Zeit zu setzen. Sie dient zur Merkbarmachung des Dreiapsidenschlusses, ist also eine Lösung anstatt der Hervorhebung der Apsiden selbst. Außerdem hilft sie Material sparen. Die Nischen der hl. Hripsime von Edsch-

[1]) Hier stimmt etwas nicht: Schirakawan hat Nischen.

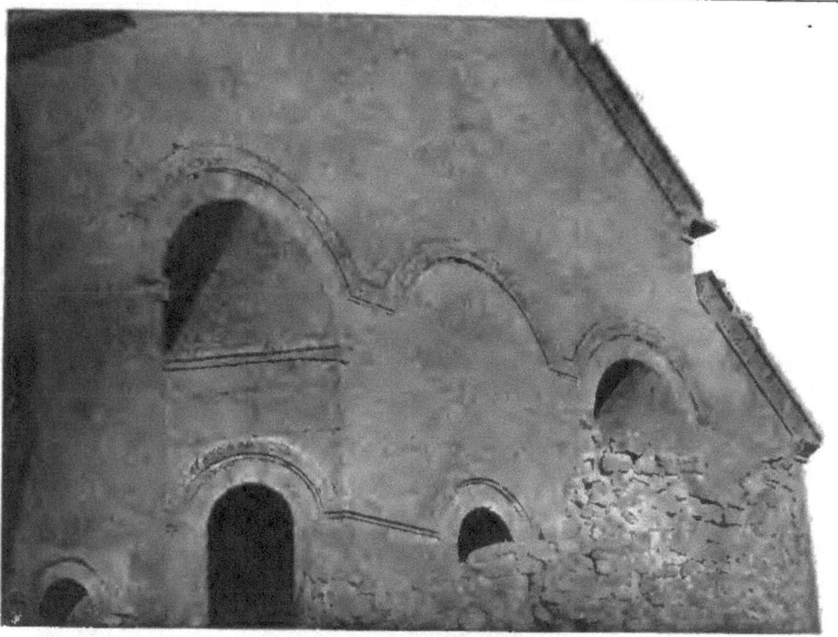

Abb. 506. Thalisch, Kathedrale, Ostseite: Einzelheiten.

miatsin (618) sind nicht vor das 10. Jahrhundert zu setzen. Die einige Jahre nach dieser Kirche ebendort erbaute Kirche der hl. Gajane hat noch keine Außennischen. Diese Nischen sind dann auch auf andere Schauseiten übertragen worden.«

Mit der Zeit des Auftretens der Trichterschlitze im Äußern haben sich auch andere Forscher beschäftigt. So Rivoira (S. 200), der für die »nicchie strombate« das älteste Beispiel in Achthamar (915—921, vgl. S. 82, 291) sieht und sich Lynch (I, S. 270) darin anschließt, daß die Hripsime jünger als das 7. Jahrhundert sei. Lynch hatte gemeint, »students of architecture may be inclined to assigne it to a later period«. Meines Erachtens liegt gar kein Grund vor, an der Zeitstellung 618 zu zweifeln, im Gegenteil; die Trichterschlitze der Hripsime sind so unförmig groß und schneiden so stark in den Giebel ein, wie später nie. Man hat daher den Eindruck, dem ersten Versuche nahe zu sein (Abb. 591).

Ich bin nicht der Ansicht Thoramanians, wenn ich auch nicht verkenne, daß die Ausgestaltung der Ostseite beim Entstehen der Dreieckschlitze mitgesprochen haben mag, wie die tiefen Einschnitte an der Kathedrale von Thalisch vom Jahre 668 deutlich für diese Frühzeit belegen (Abb. 13, 228, 506). Aber mit ihnen ist zugleich erwiesen, daß dieser Zug nicht erst im 10. Jahrhundert aufkam, wie Thoramanian annahm. Man wird daher auch gar nicht nötig haben, die Hripsime erst im 10. Jahrhundert durch Veränderung zu ihrer jetzigen Gestalt gelangen zu lassen und das alte Kondakovsche Zerrbild der armenischen Kunstentwicklung neuerdings aufzufrischen (S. 56). Die Sache liegt vielmehr so, daß die Hripsime gerade wegen der Form ihrer Außengestalt ein lebender Zeuge der Kunstentwicklung des 6./7. Jahrhunderts ist — jener Zeit, als durch das Eindringen der Basilikenform und des Giebels auch die altnationale Kirchenbauform des Konchenquadrates mit verstrebten Ecken, wie wir es in Awan und Mzchet, dann in Nachklängen in Waspurakan (S. 82 f.) kennen lernten, in seiner Zerklüftung des Äußern abzustechen anfing von der geschlossenen Bauform der Basilika und man nun deren rechteckige Ummantelung samt dem Giebel auf das Kuppelquadrat mit Nischenverstrebung in den Achsen und Ecken übertrug.

Die Einführung der Dreiecknische hängt also u. a. zusammen mit der Verwendung des Satteldaches bei Kuppelquadraten mit verstrebenden Eckbauten. Durch die Dreieckschlitze wird die Fortführung der geraden Wand über die Nischen hinweg ermöglicht, ohne daß unnütz Baustoff verschwendet würde. Bevor ich dieser Erklärung nachgehe, muß ich doch erst fragen, ob nicht vielleicht der Grundsatz der Wandbelebung, der durch die Dreieckschlitze im Äußern eingeführt ist, schon in den Armenien benachbarten Kunstkreisen in vorchristlicher Zeit bekannt war. Man nehme die Außenansicht der Hripsime (Abb. 509 u. 590/591): zu der Bewegung, die durch die tiefschattenden Nischen an der Giebelwand geschaffen wird, kommen noch die Fenster, die sie begleiten, zwischen sie eingeschoben sind.

Wenn ich für diese Art der Wandbelebung eine Parallele suche, so finde ich sie vielleicht grundsätzlich — nicht in der Einzeldurchführung — wieder an dem bekannten Rundtempel von Balbek und verwandten Bauten. Dort ist jedes geschlossene Sichtbarwerden der glatten Wand, einst der Stolz griechischer Tempel[1]), vermieden. Die Umfassungsmauer dieser Rotunde ist durch fünf halbrunde Nischen aufgelöst, dazwischen stehen überdies Säulen, die den geschweift weit vorspringenden Architrav tragen[2]). Ich sehe hier etwas von dem belebenden Drange vorliegen, der in Armenien zuerst vielleicht bei den Kuppelquadraten mit Eckräumen auftritt und dann Feste feiert an den reinen und längsgerichteten Kuppelbauten (S. 190 f.). Wir werden später als das äußerste dieser Art noch die Hirtenkirche bei Ani kennen lernen. Aber es ist in Balbek nur der seelische Gehalt verwandt, dort das Herausmüssen aus der klassisch-hellenistischen Öde; Form und Ziel sind in Armenien völlig verschieden. Und dabei muß noch die Frage offen bleiben, ob der Hellenismus nur durch Auflehnung gegen das Griechische zur Wandbelebung kam, oder diese Art im Oriente vorfand. Jedenfalls ist Armenien von seinem Vorgehen unabhängig.

Um übrigens die Ansicht Thoramanians zu widerlegen, genügt es zu zeigen, daß die Schlitze älter als das 10. Jahrhundert und nicht erst durch das Aufkommen der Nebenapsiden herausgefordert sein können, ganz abgesehen davon, wann man diese einführte. Zunächst muß darauf verwiesen werden, daß die drei nebeneinander liegenden Apsiden dem altchristlichen Kirchenbaue des mittelländischen Ostens geläufig sind, ohne jemals die Verbindung durch Dreieckschlitze zu einer äußerlichen Wandeinheit auszulösen. Vom Westen wird also diese Wandbelebung kaum eingeführt sein, wenn auch Rivoira[3]), gegen diejenigen eifernd, die das Motiv als schlechtweg orientalisch ansehen, darauf hinweist, daß es schon in der Villa Hadriana, also im Jahre 125—135 in Rom vorkomme. Dort handelt es sich (Rivoira, Abb. 191, S. 222) um Wände, die, außen durch tiefe Nischen gegliedert, in einer Ecke zusammenstoßen. Man wollte nun die Nischen auch an der Ecke herumführen, wo die Seitenwände der Nischen im Dreieck zusammenstießen. Das Motiv ist also dort in einem ganz andern Sinne verwendet als in Armenien. Wenn auch zugegeben sei, daß so in Rom zufällig einmal ein verwandtes Motiv entstand, so wird es doch kaum jemandem einfallen, zu behaupten, daß diese Art in der römischen Baukunst je zu allgemeiner Verbreitung gelangte und auf irgendwelchen Wegen von dort aus in Armenien Eingang gefunden haben könnte. Vielmehr wird hier wohl die Gewohnheit, den Übergang des Kuppelquadrates in das Achteck der Fenstertrommel und weiter des Achteckes in das Rund durch eine Trichternische zu vollziehen, dazu geführt haben, solche Trichternischen auch am Äußern des Baukörpers beim Auftauchen ähnlicher Aufgaben anzuwenden. Es handelt sich wohl um eine durchaus formkräftige, in Armenien bodenständige Einführung. Das hat auch schon Schnaase erkannt, der (III, 327 f.) diese »sehr charakteristische Vorrichtung« mit der in eine gerade Wand innen eingebauten Apsis in Verbindung bringt: »die konvergierenden Seitenwände dieser Nischen stellen mit der geraden Außenwand Winkel des Achtecks und dergestalt in Verbindung mit derselben eine polygone Ummauerung der Apsis dar. Diese oben durch eine halbkreisförmige Wölbung geschlossenen, einwärts gehenden Nischen gewährten dann nicht bloß eine erhebliche Ersparnis des Materials, sondern auch eine konstruktive Leistung, indem sie als nach innen vortretende Mauerpfeiler zur Stütze des Gewölbes beitragen konnten«. Soweit Schnaase, der, wie Thoramanian, die Ubertragung von der Ostseite auf die andern Fassaden annimmt und darin eine höchst folgerichtige Durchführung der Eigentümlichkeiten des Stiles sieht. Wenn seine Deutung

[1]) Vgl. »Amida« S. 156 und für Ba'albek oben S. 445.

[2]) Frauberger, »Die Akropolis von Ba'albek«, Tafel IV.

[3]) »Architettura musulmana«, S. 220 ff. Vgl. eine ähnliche Zwischenfüllung »Origini« II, S. 603, Abbildung 600.

auch meines Erachtens nicht in allem zutrifft, so kennzeichnet sie doch andererseits manche Züge sehr scharf.

Für meine Ableitung aus der Ummantelung des Nischenquadrates, dem vielseitigen Nischenbau und der Gewohnheit Ecktrichter zu bilden, sprechen auch gewisse Nachklänge, die sich nur verstehen lassen, wenn man annimmt, daß mit der Trichternische auch andere Züge der Innenausstattung auf das Äußere übertragen wurden. Dahin gehört z. B. die häufig aufgewiesene Tatsache, daß in den innersten Winkel des Dreieckes ein Dienst eingestellt wird (Abb. 63), von dem man gar nicht begreift, wie er an diese Stelle geraten sein kann. Nun blicke man herüber auf Zwarthnotz (Abb. 100), wo ein solcher Dreivierteldienst in die Ecke gestellt erscheint, der in die großen Trichternischen hereingeragt haben muß. Abbildung 141 zeigt das gleiche Motiv ins rein Schmuckmäßige übersetzt vom Äußern des Achtpasses von Irind.

Daß sich der Dreieckschlitz im Äußern der armenischen Bauten bleibend einbürgern konnte, liegt vielleicht nicht zuletzt im Baustoff begründet, jener Gußtechnik mit Plattenverkleidung, die dem Bauenden nahelegte, mit Füllmauerwerk in angemessener Weise zu sparen. Es zeigt aber ein bemerkenswertes Schwinden der tüchtigen Baugesinnung, daß man den Dreieckschlitz allmählich nur um seiner schmückenden Wirkung willen auch an Stellen der Schauseiten verlegte, an denen er geradezu bauwidrig ist. Das ist der Fall, wenn der Dreieckschlitz das einspringende Ende der Kuppelpfeiler bildet, was tatsächlich bei der Kuppelhalle der Fall ist (S. 193 f.), oder gar die Westwand zerschneidet (S. 199). Damit kündigt sich vielleicht am Greifbarsten der Übergang der Gesinnung vom folgerichtigen Bauen zum freizügigen Schmücken an, der am Ende jener Entwicklung eintritt, die das vorliegende Werk verfolgt.

C. Kuppelquadrate mit Strebenischen und Mittelstützen (Abb. 45 und S. 95 f.).

Mit der Verstrebung der Kuppel durch Strebenischen in der Mitte und den Ecken war die äußerste Grenze der Durchbrechung des Grundquadrates gegeben. Der nächste Schritt, den ich in der Entwicklung des Kuppelquadrates annehmen möchte, bedeutet bereits die Anwendung einer anderen Baumöglichkeit, die aber ebenso wie die Durchbrechung der Ecken in Ansehung des Dranges zur Raumeinheitlichkeit einen Rückschritt darstellt: indem in das Quadrat Stützen eingestellt werden, tritt ein Mittel in Geltung, das am Mittelmeere bei Herübernahme längsgerichteter Säle derart selbstverständlich war, daß die damit verbundene Preisgabe der Raumweite und Einheit dem christlichen Baumeister des Abendlandes eine verhängnisvolle Wiegengabe wurde. Im Lande des mit der Kuppel angeborenen Gefühls für die einheitliche Raumgröße konnte dieser Ausweg ebensowenig dauernd beibehalten werden, wie die infolge der Durchbrechung der Ecken möglich gewordene Anordnung von Kammern ohne räumlichen Zusammenhang mit der Mitte.

Die Einstellung von Stützen in das Konchenquadrat ermöglichte dem Baumeister, die Kuppel zu verkleinern und doch durch planmäßige Anordnung von Tonnen zwischen den Pfeilern — man denke an Bramantes St. Peter — den Eindruck des gewohnten Nischenquadrates, umgesetzt in die Bauform des sogenannten griechischen Kreuzes, zu erhalten. Dabei wird der eigentliche Kuppelraum kleiner, wenigstens in dem einzigen Beispiel dieser rein quadratischen Art, das ich in Armenien noch nachweisen kann, in Bagaran (S. 95 f.). Dort ist das Kuppelquadrat zwischen den Mittelstützen nur 5·45 m groß. Das Grundquadrat allerdings reicht in seiner Größe von 11·15 (OW) × 11·70 (NS) m an den ersten Typus mit 12—14 m heran. Es scheint aber, daß das Abnehmen der Kuppelgröße Hand in Hand ging mit dem Empordrängen zur Höhe. In Mastara beginnt die Kuppel unmittelbar über den 9·37 m hohen Konchen. In der Hripsime sind diese Konchen 12·37 m, die vorgelegten Tonnen schon 12·73 m hoch. Die Kuppel selbst aber beginnt erst bei 14·75 m und dürfte innen etwa 19 m hoch sein. In Bagaran sind die Konchen 10·30 m, die vorgelegten Tonnen 14 m hoch und die Kuppel dürfte bei 16 m etwa begonnen und — sie ist eingestürzt — eine Höhe von etwa 20 m erreicht haben.

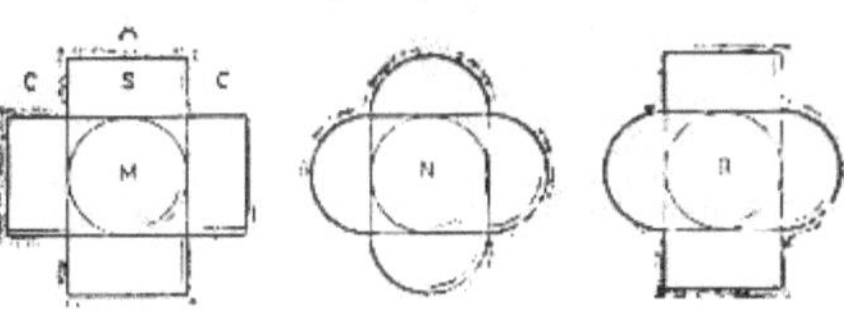

Abb. 507. Kuppelquadrate nach Choisy.

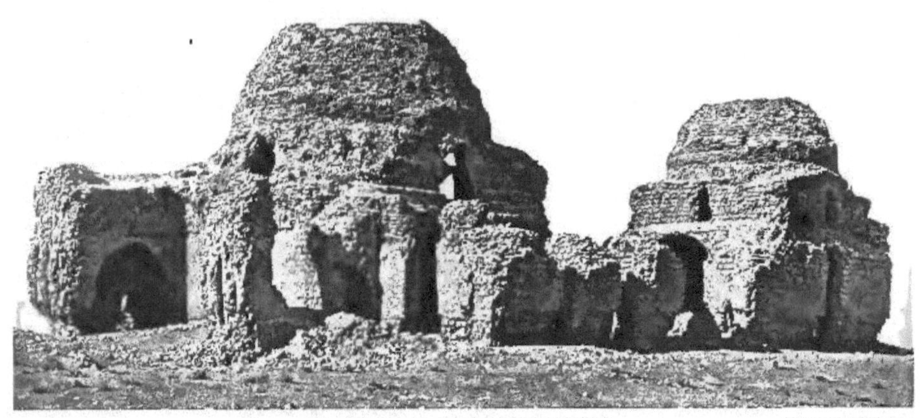

Abb. 508. Sarwistan, Palast: Südwestansicht. Aufnahme Dieulafoy.

Mit der Entstehung des Kuppelquadrates mit eingestellten Mittelstützen hat sich Choisy (Histoire II, 15) beschäftigt, und zwar im Anschluß an die den Byzantinern zugeschriebene Verstrebung der Kuppel durch Tonnen, von der unten Seite 500 f. noch ausführlich zu reden sein wird. Er geht (Abb. 507) aus vom runden (N), bzw. dem eckigen Vierpaß (M) oder einer Mischung (R), also nicht vom Konchenquadrat, sondern von Formen, wie S. 99 f. und meint — wenn ich recht verstehe — man hätte die Außenmauer in voller Ausdehnung zur Leistung heranziehen und ebenso die gekreuzten Arme durch Zuziehung der Ecken voll ausnutzen wollen. Die Bauform von Bagaran widerlegt diese Ansicht, denn darin ist ja bereits die ganze Mauer und der Gesamtraum zur Wirkung herangezogen: trotzdem erfolgte die Einstellung von Pfeilern. Es müssen also beim Übergange vom reinen Kuppelquadrat zu einem solchen mit eingestellten Mittelstützen doch andere Gründe maßgebend gewesen sein.

Es ist möglich, daß mit der Einstellung von vier Stützen in das Nischenquadrat eine aus der weltlichen Baukunst stammende Form in die kirchliche ihren Einzug hielt, eine Form nämlich des Burgenbaues, wobei es sich darum handelte, eine Art Mittelturm über umlaufende Wehrgänge emporzuheben. Seesselberg hat dafür

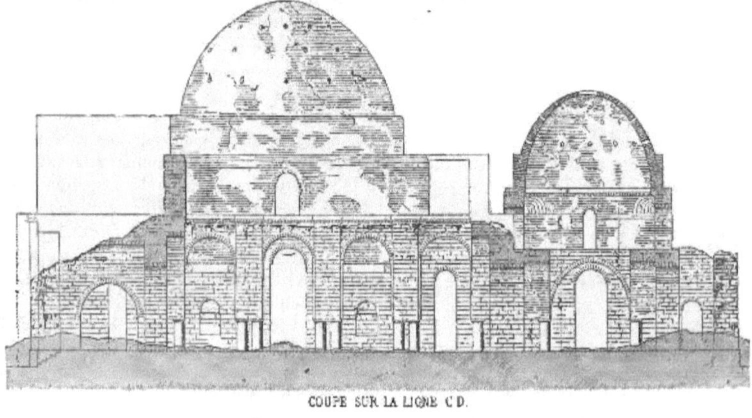

Abb. 509. Sarwistan, Palast: Schnitt C D zu Abb. 409. Aufnahme Coste.

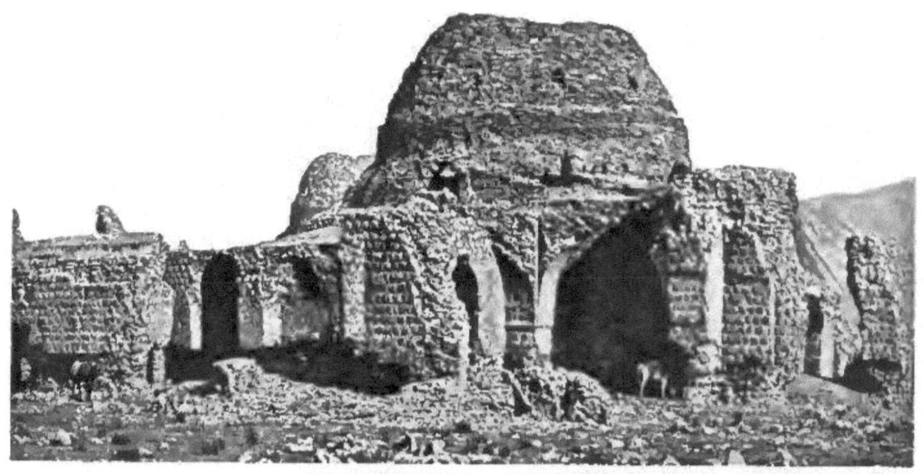

Abb. 510. Sarwistan, Palast: Nordwestansicht. Aufnahme Dieulafoy.

aus dem schwedischen Denkmälerbestande überzeugende Beispiele (aus dem Burgenbau im Übergang zu kirchlichen Rundbauten) beibringen können [1]).

Es gibt einen Beleg dafür, daß die Kuppel auf vier Stützen schon in der ersten Hälfte des 5. Jahrhunderts üblich war in der Vision, die Agathangelos dem hl. Gregor zuschreibt (S. 235; ich werde sie unten im Wortlaut zu geben haben): Vier Stützen mit Bogen und darüber eine Kuppel. Das trifft nicht nur für den Bagarantypus, sondern auch für die Bauform der Kreuzkuppelkirche zu, die mit Hilfe von eingelegten Tonnen die Längsrichtung betont (S. 178 f.). Strebenischen sind in der Vision freilich ebensowenig erwähnt, wie ausdrücklich gesagt ist, daß es sich um die Vorstellung einer Kirche, nicht etwa nur eines Ciboriums handelt. Davon später.

Mit der hier in Rede stehenden Bauform, die einer der Ausgangspunkte der Kreuzkuppelkirche geworden ist, beschäftigt sich im Anschluß an meine entwicklungsgeschichtliche Herausarbeitung »Kleinasien, ein Neuland«, Seite 132 f., ausführlich auch eine Monographie von Manfred Bühlmann [2]). Ich habe mich mit ihr bereits eingehend auseinandergesetzt in einem Aufsatze »Die Entstehung der Kreuzkuppelkirche« in der Zeitschrift für Architekturgeschichte, VII (1916), Seite 51 f. [3]). Hier sei nur gesagt, daß Bühlmann die Bauform aus der holzgedeckten Kreuzbasilika herleiten will. Die Meinungen von Rivoira und Clemen werden unten anläßlich Germigny-des-Prés zu besprechen sein [4]).

Auch für diese dritte Art des armenischen Kuppelbaues über dem Quadrat läßt sich ein Ansatz im Iranischen beobachten, ebenfalls in Sarwistan. Es ist der kleine Kuppelsaal in der Südostecke, dessen Grundriß aus Abbildung 409 zu ersehen ist, während Abbildung 509 den Querschnitt CD von West nach Ost gibt, wie er bei Flandin et Coste, Voyage I, pl. 29 zu finden ist. Der Raum rechts mißt im Grundriß von Außenmauer zu Außenmauer 7·90 m im Quadrat. Durch Mauervorlagen von 1·50 m Dicke wird er auf ein inneres Stützenquadrat von etwa 5 m gebracht. Die Abmessungen sind also die gleichen wie in dem anstoßenden Konchensaale, der oben Seite 457 besprochen wurde. Auch sind die gleichen kurzen und dicken Säulen als Stützen verwendet (Abb. 511). Seltsam ist nur, daß die Kuppel nicht auf den von ihnen getragenen Mauerbogen, sondern auf den Umfassungsmauern dahinter

[1]) »Die frühmittelalterliche Kunst der germanischen Völker«, S. 77. Vgl. dazu auch Patzaks »Die Renaissance- und Barockvilla in Italien«.

[2]) Beiheft 10 der Zeitschrift für Geschichte der Architektur, Heidelberg 1914.

[3]) Die Abhandlung, gegen eine Veröffentlichung des gleichen Verlages gerichtet, wird seit 1915 d. h. länger als es m. E. die Kriegsschwierigkeiten entschuldigen, zurückgehalten, trotzdem das Heft nur einen alten Jahrgang abschließen würde. Sie ist bis zur Stunde noch nicht erschienen!

[4]) Vgl. übrigens »Altai-Iran«, S. 290 f.

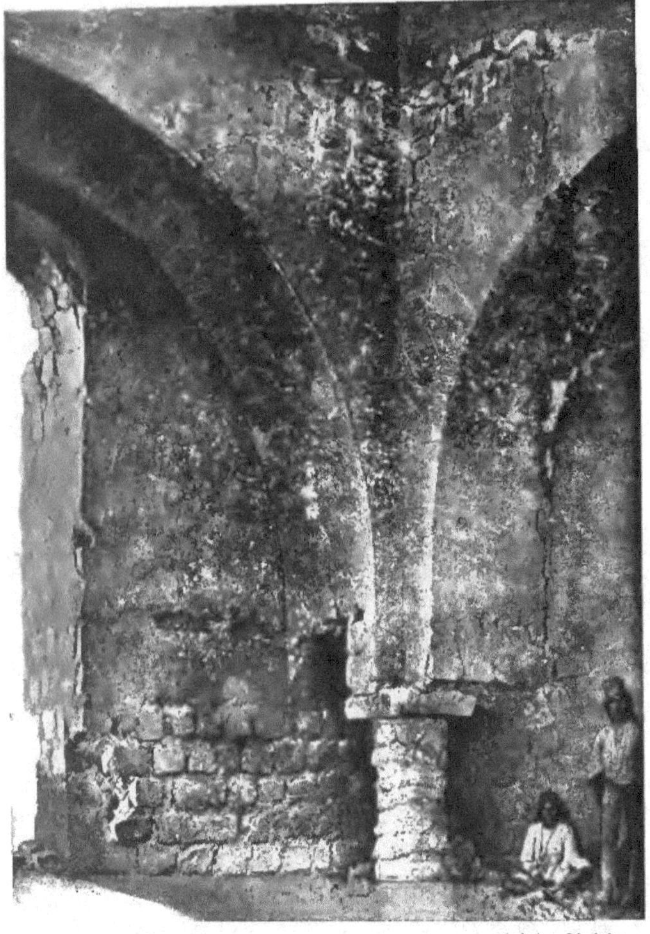

Aufnahme Dieulafoy.
Abb. 511. Sarwistan, Palast: Einzelheit aus dem Kuppelraume im Südosten.

ruht, so daß es aussieht, als wenn man lediglich die Gliederung des angrenzenden Längssaales hätte weiterführen, nicht aber einen neuen Aufbau der Kuppel über dem Quadrat mit eingestellten Stützen hätte schaffen wollen. Über den Mauerbogen entsteht in der durch vier Fenster gekennzeichneten quadratischen Fenstertrommel ein Umgang von 1·50 m Breite, dessen man vielleicht bedurfte. Sonst würde auffallen, daß man die Gelegenheit, die Bauform von Bagaran anzuwenden, in diesem etwa zu gleicher Zeit entstandenen sasanidischen Palaste nicht benutzt hat. Diese Bauart wird also in Persien wenig bekannt gewesen sein. Beachtenswert sind die Höhenmaße, die Coste mit 6·05 bis zum Umgang und 9·55 m bis zum Kuppelanfang angibt, so daß also auf die Trompen- und Fensterzone 3·50 m Höhe kommt. Die Höhe der Kuppel nimmt Coste mit etwa 15·50 m an. Dieulafoy muß Einzelmessungen gemacht haben, er veröffentlicht aber, wovon im Formproblem zu reden sein wird, nur die Proportionen und ihren Modulus. Abbildung 508 gibt eine Gesamtansicht der beiden Kuppeln des Palastes, dazwischen den Längssaal. Abbildung 510 eine Ansicht von Nordwest, die einen Einblick in die Verstrebung der Hauptkuppel geben und das oben Seite 368 f. Gesagte ergänzen soll. Links der Längssaal mit Strebenischen, rechts die verstrebenden Iwane und Eckräume. Die dritte Art ist eben die mit eingestellten Stützen. Es kommen also dem Grundsatz nach in Sarwistan schon alle drei armenischen Arten von Aufbau der Kuppel und Verstrebung vor: Nische, Tonne und Stützeneinstellung.

Der Eckraum von Sarwistan, so unvollkommen und vielleicht nur durch den davor liegenden Längssaal veranlaßt auch die Verbindung der Kuppel auf eingestellten Säulen ist, gibt doch jedenfalls eine Spur dafür, daß der Ansatz der Entwicklung auch auf iranischem Boden und unabhängig von Armenien im Auge zu behalten sein wird. Darauf weist ferner die Tatsache, daß in der Gründungsinschrift von Bagaran der sasanidische Herrscher genannt ist und in den Bogenformen Züge sasanidischer Art (Eiform) vorliegen. In Armenien selbst sind leider ältere Beispiele des

Bagarantypus nicht erhalten. Das wird zum Teil zu erklären sein durch die im Gefolge der Empörung der Armenier im Jahre 571 einsetzenden Kriegsstürme, die durch fast zwei Jahrzehnte wüteten und das Land ganz zerstört zurückließen. Immerhin haben wir die Vision des Agathangelos und außerhalb Armeniens, im Süden, zwei Belege, die bezeugen, daß die Kuppel auf eingestellten Ecksäulen die Zeit beschäftigt hat. Der eine liegt im zentralen Syrien, der andere der armenischen Grenze näher am Euphrat.

Zunächst wird mit dem Eckraum von Sarwistan zu vergleichen sein das einzige Beispiel aus der Antike, das inzwischen zerstörte, aber noch von M. de Vogüé aufgenommene Prätorium von Mismiyeh, dem alten Phaena, das inschriftlich in die Zeit der Kaiser Marc Aurel und Lucius Verus (160—169) datiert war. Es ist (Abb. 512)[1] die gleiche Bauart ins Hellenistische übersetzt und in der Technik Zentralsyriens ausgeführt. Auch hier die Kante des inneren von den Bogen gebildeten Quadrates bis über deren Zenit emporsteigend. Erst über einem Kranzgesims setzte die Wölbung ohne Hängezwickel ein und man kann nach den Andeutungen von Vogüé im Zweifel sein, ob es sich um ein Gewölbe aus Kappen oder eines auf Trichternischen[2]) handelte. In Sarwistan ist die Kuppel noch über das äußere, nicht über das innere Mauerviereck gesetzt, so daß über den Bogen ein Umgang entsteht. Im übrigen sind Spuren der Kreuzkuppel, die in diesen beiden Bauten deutlich durch die tiefen Tonnen in den vier Achsen angedeutet ist, vor Konstantin nicht nachweisbar. Möglich, daß die Spur, die wir hier berührten, in der zweiten Reihe von Kuppelbauten, denjenigen mit mehreren Kuppeln weiter zu verfolgen ist, wie in der Apostelkirche von Konstantinopel. Die drei in der Haupt- bzw. Querachse nebeneinander liegenden Kuppeln sind schon im Palaste von Firuzabad gegeben, dort freilich noch in der unförmigen Technik des Rohziegelbaues[3]). Wenn

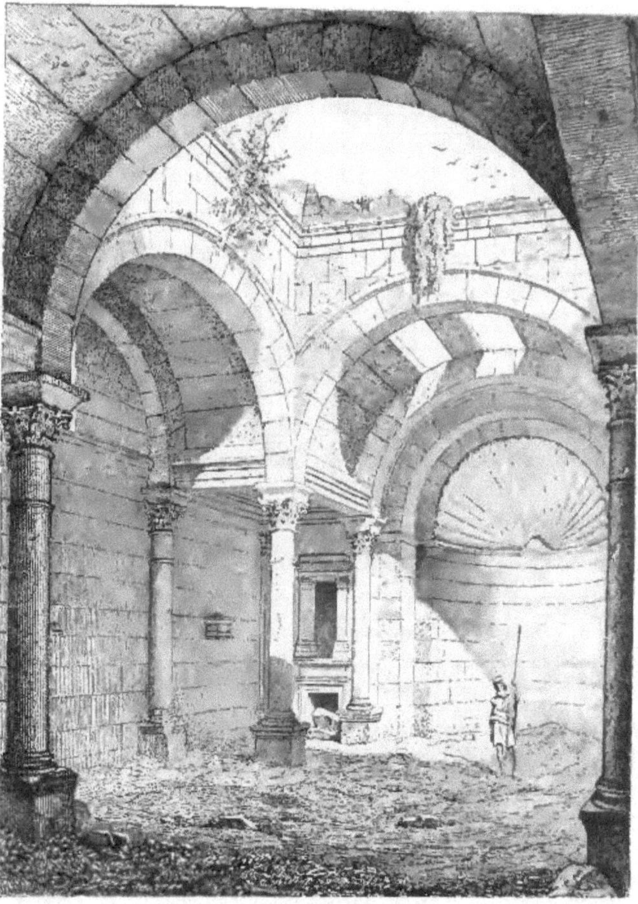

Abb. 512. Mismiyeh, Prätorium: Innenansicht. Aufnahme de Vogüé.

[1]) Nach de Vogüé, »La Syrie centrale«, Tafel 7.

[2]) Bzw. ein Übereck- oder Kreuzgewölbe. Man wird überlegen müssen, ob das Kreuzgewölbe nicht mit dem mesopotamischen Tonnenfeld aus vier Dreiecken (Abb. 420) in Zusammenhang stehen könnte. Auch die byzantinische Kappenkuppel hält die Art des letzteren fest.

[3]) Dieulafoy, a. a. O. Tafel VIII f. Der Bau selbst ist in Gußwerk ausgeführt. Vgl. oben Abbildung 445.

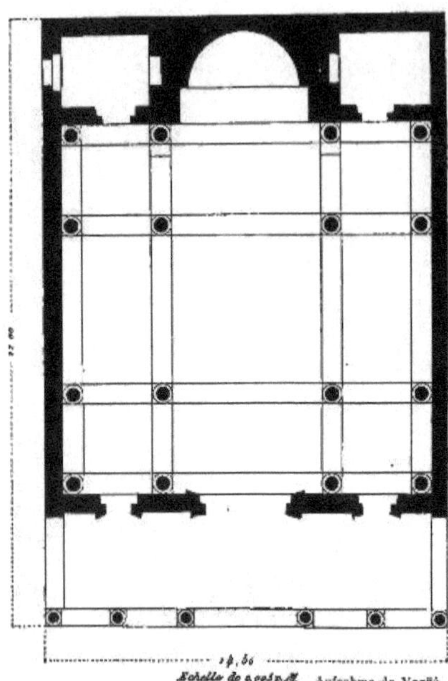

Aufnahme de Vogüé.
Abb. 513. Mismiyeh, Prätorium: Grundriß.

Guyer mit seiner Ergänzung der Medrese el-Halawije in Aleppo[1]) recht hat — was ich vorläufig noch bezweifle — dann wären ja die drei Kuppeln in der Längsachse auch am syrischen Rande von Mesopotamien nachweisbar[2]) und es hätte umsoweniger Schwierigkeiten sich vorzustellen, wie die in Konstantinopel aus dem ganzen Reiche zusammenströmenden Baumeister dort eine Ausgestaltung des Längs- bzw. Querbaues mit drei Kuppeln vornahmen, in der beide Arten, die von Aleppo und die ursprüngliche von Firuzabad, vereinigt wären. Dabei könnten immerhin die Voraussetzungen mitgewirkt haben, die ich in meinem »Amida«, Seite 135 f., herauszuarbeiten suchte.

Das zweite Beispiel einer Übersetzung der iranisch-altarmenischen Kreuzkuppelform ins Syrische liegt aus der zweiten Hälfte des 6. Jahrhunderts in Resafa vor. Abbildung 514 gibt den Grundriß nach der Aufnahme von Sarre-Herzfeld[3]). Man sieht die vier Pfeiler, hier kreuzförmig entwickelt, in das Quadrat gestellt und die vier Tonnen, die die Kuppel verstreben, auch hier — von der Apsis abgesehen — ohne die Nischen. Diese Pfeiler führen die einspringende Kante zwischen den Tragbogen weit empor (Abb. 515). Dazu bemerkt Guyer (S. 39 f. bei Sarre-Herzfeld): »Das Mittelquadrat war, wie man aus dem Fehlen jeglichen Schuttes zu schließen gezwungen ist, überhaupt nicht gewölbt; auch zeigen die Hochmauern (deren obere Kante erhalten ist!) keinerlei Ansatz zu irgendeiner derartigen Konstruktion.« Da stehen wir nun bei dem Punkt, wo Guyer in das Fahrwasser von Bühlmann einmündet, indem er annimmt, es komme nur eine Holzeindeckung in Betracht. Bei einer Bauform, die die Möglichkeit ihrer Entstehung ausschließlich in der Kuppel hat! Dabei war Guyer weiter gekommen als Bühlmann; er nennt Mismiyeh als Parallele trotz des Gewölbes. Ich führe in Abbildung 344 ein typisch armenisches Beispiel nach einem Baue des 7. Jahrhunderts (Mren, vgl. S. 182) vor, von dem überdies unten ausführlicher zu reden sein wird. Man sieht hier das Wölbesystem in allen seinen Teilen vor sich. In der Mitte rechts erscheint der kreuzförmige Kuppelpfeiler mit dem Ansatze der Tragbogen, zwischen diesen die Hochmauern, die genau wie in Resafa und Mismiyeh emporsteigen bis zum Scheitel der Tragbogen, die Quadratecke geht womöglich noch darüber hinaus. Und doch sitzt darüber die Wölbung; aber eben nicht als Kuppel nach der vermeintlich hellenistisch-byzantinischen Art durch die Zwickel der umschriebenen Kugelschale übergeleitet, sondern durch den iranischen Trichter, der unmittelbar auf der Quadratecke, diese übersetzend, aufliegt. Ich denke solchen Belegen gegenüber sollten Herzfeld und Guyer doch endlich einmal ihren Widerstand, der sie in einer verlorenen Sache

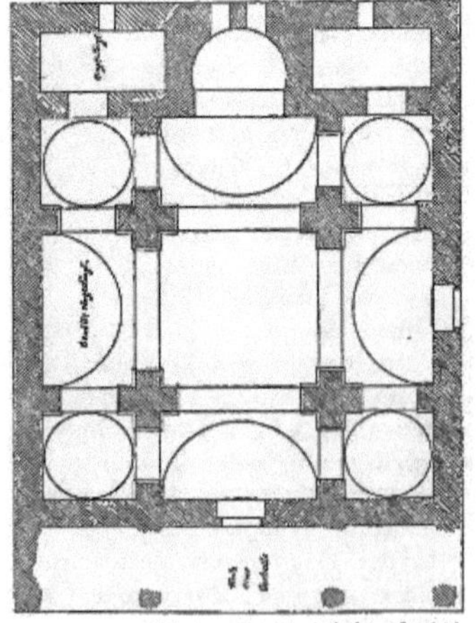

Abb. 514. Resafa, Aufnahme Herzfeld, Vierpfeilerbau vor den Mauern: Grundriß.

[1]) Vgl. darüber mein »Amida«, S. 199 f.

[2]) Bulletin de l'Institut français d'archéologie orientale, Band XI, S. 218 f. und Tafel IV.

[3]) »Ärchologische Reise im Euphrat- und Tigris-Gebiet« II, S. 39 f. des Sonderabdruckes.

zu immer neuen Ausflüchten führt, aufgeben und die wissenschaftliche Forschung (an der vorläufig nur wenige, die den Stand klar überblicken, mitwirken) nicht länger beunruhigen und in falscher Richtung aufhalten.

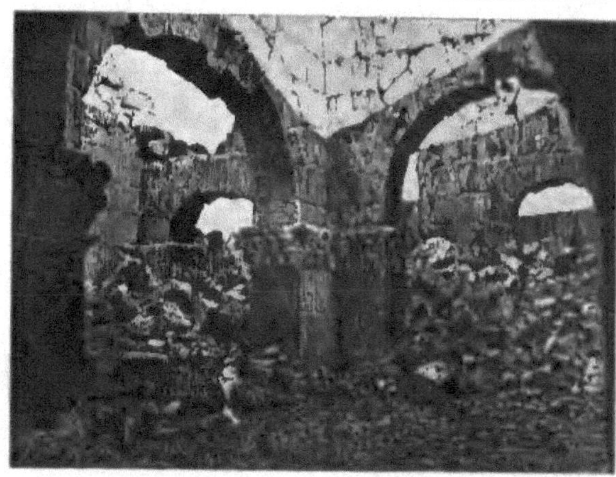

Aufnahme Herzfeld.
Abb. 515. Resafa, Vierpfeilerbau vor den Mauern: Innenansicht.

Der zweite Grund, den Guyer gegen die Wölbung geltend macht, das Fehlen jeglichen Schuttes, würde nur beweisen, daß dieser zu irgend einer Zeit weggeräumt worden ist. Wir haben Beispiele genug, daß die Kuppel nach ihrem Einsturz in Holz ersetzt und der Bau weiter benützt wurde. Guyer selbst führt dafür das bekannte Beispiel des konstantinischen Oktogons in Antiochia an. Dieser Fall spielt in den Jahren des Entstehens der Sophienkirche. Glaubt Guyer wirklich, daß damals in Antiochia die Schaffung einer Stein- oder Ziegelkuppel Schwierigkeiten gemacht hätte? So kann es sich also bei der Ergänzung in Holz nur offenkundig um eine vorläufige Wiederherstellung handeln. Und eine solche sollte man angewendet haben, als in der Zeit al-Mundhir (569—582) die kleine Kreuzkuppelkirche vor den Toren Resafas erbaut wurde, die so niedrig ist, daß es einer besonderen Verstrebung durch Konchen gar nicht bedurfte? Übrigens gibt es noch einen zweiten Bau, der durchaus geeignet ist, die Vorstellung von der Kirche Mundhirs zu ergänzen, die Kirche Nr. 3 in Anderin[1]). Man sieht (Abb. 517) einen Bau mit nur zwei freistehenden Pfeilern, also der oben Seite 178 besprochenen Bauform. Hier nun fand Butler noch den ganzen Kuppelschutt vor und ergänzte auf diese deutlichen Spuren hin den Bau so wie ihn Abbildung 516 zeigt, d. h. mit der Spitzkuppel aus sonnegebrannten Ziegeln. Die zeitlich sichergestellten Bauten von Anderin gehören dem 6. Jahrhundert, also der Zeit der Mundhirkirche an. Da es sich den Gegnern nur um die Kuppel, nicht um die Bauform handelt, so werden sie vielleicht auch die Erzengelkirche von Falul vom Jahre 526/7 neben Bosra und Esra, die in jedem Handbuche zu finden sind, gelten lassen[2]).

Die Kreuzkuppelkirchen im altchristlichen Armenien sind im Gegensatze zu den syrischen Beispielen so hoch, daß man sofort erkennt: dort in Syrien ist die Kuppel gewiß nicht heimisch, dort herrscht der Lang- und Breitbau. Aber auch nach Ägypten kann der ausgesprochene Raumbau, wie er in den Schenuteklöstern und im Deir es-Surjani vorliegt, nur aus persischem oder armenischem Gebiet eingeführt sein, trotzdem zum mindesten in den Schenuteklöstern das Durchschlagen der Höhendimension unleugbar deutlich zutage liegt, wie ich aus wiederholtem Verkehr mit diesen Bauwerken an Ort und Stelle weiß[3]). Das Vorschlagen des Höhenwertes ist im Osten an die Kuppel gebunden. Diese führt den Weg zum Raumbau, den die griechische Kunst, so lange der Massen- und Steinbau sie wie ein semitischer Alp festhielt, nie betreten konnte. In den hellenistischen Großstädten und Rom wirkt sicher der iranische Gewölbebau ein.

Ich verfolge hier den Typus der Kreuzkuppelkirche nicht weiter, das wird unten mehrfach zu geschehen haben. Er wurde vorläufig nur herangezogen, soweit er den armenischen Nischenbau beeinflußt hat. Tatsache ist, daß mit der Einführung der Kuppel auf Mittelstützen, die dann durch Tonnen verstrebt werden mußten, die Nischenverstrebung zurücktrat. Ich gehe an dieser Stelle zunächst nur dieser an sich nach. Die im Süden von Armenien nachweisbaren Kuppelquadrate mit Mittelstützen entbehren der Strebenischen. Doch gibt es dort auch einen Bau, der diese in seltsamer

[1]) Butler, Publications of the Princeton University arch. expedition II. B. 1, S. 56.
[2]) Butler, ebenda S. 95 f. Vgl. übrigens auch Glück, »Der Breit- und Langhausbau in Syrien«, S. 74.
[3]) Vgl. W. de Bock »Matériaux« S. 49 f. und meine »Byz. Denkmäler« III, S. XVII f., dazu Somers Clarke »Christian antiquities in the Nile valley«.

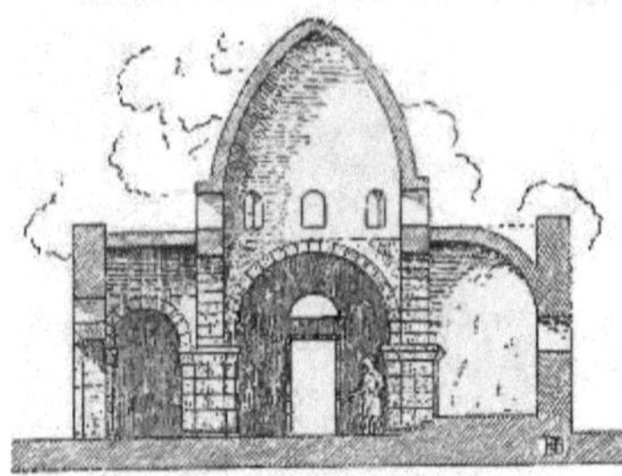

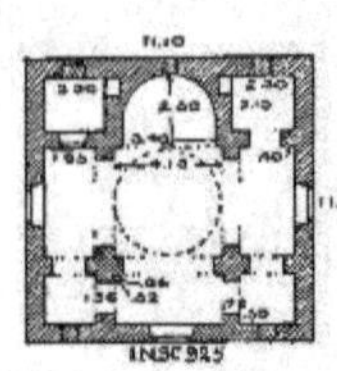

Abb. 516 und Abb. 517. Anderin, Kirche: Längsschnitt und Grundriß.

Umbildung zeigt, die sogenannte Zentralkirche in Resafa; ich beschäftige mich mit ihr und der nach den neuesten Feststellungen verwandten Marienkirche von Amida erst unten gelegentlich der Bauform des Vierpasses mit Umgang.

Die Grundform des Konchenquadrates mit Mittelstützen hat in der Entwicklung des Kuppelbaues eine entscheidende Rolle dadurch gewonnen, daß sie dazu zwingt, zwischen Kuppel und Strebenische ein Tonnenstück einzulegen. Das geschieht viel entschiedener als beim Konchenquadrat mit Strebenischen in den Achsen und Diagonalen. Dort führte erst das Anschlagen der Längsrichtung oder das Bestreben, die Nischen außen in einen Baukristall zusammenzufassen, zum Einlegen der Tonnenstücke, beim Konchenquadrat mit Mittelstützen aber wurde diese Einlage zur unausweislichen Forderung. So erst entstand die Neigung zu dem, was man gern das »griechische Kreuz« nennt. Die Tonneneinlage war der erste Schritt zur Auflassung der Strebenische, deren Arbeitsleistung eben allmählich die Tonne selbst übernahm.

2. Reine Strebenischenbauten (S. 99f.).

Ich habe die Kuppelquadrate mit Strebenischen den reinen Strebenischenbauten in der Anordnung der Gattungen und Arten (S. 70f.) vorausgeschickt, ohne damit der geschichtlichen Anordnung vorgreifen zu wollen. Auch jetzt noch bleibe ich rein bei dieser Annahme. Die Nische wurde zunächst, scheint es, als Verstrebung nur an das Quadrat angeschoben. Wie sich in diesem Rahmen die Ausgestaltung vollzogen haben mag, ist eben besprochen worden. Man kam aber wohl bald auf den Gedanken, das neue Motiv auch unabhängig vom Mauerquadrat zum Ausgangspunkt von Baugedanken zu machen. Das geschah, indem man die Strebenischen unmittelbar aneinanderrückte, d. h. die trennenden Quadratecken ganz ausschaltete. Deshalb blieb doch das Quadrat zunächst stillschweigend als Kern bestehen. Man könnte in diesem Übergange den Ansatz zur Entwicklung des reinen Rundnischenbaues vermuten. Ob die Annahme geschichtlich haltbar ist, wird im dritten Buche (Geschichte) zu behandeln sein.

Zunächst mag, könnte man annehmen, die unmittelbare Zusammenstellung der bereits üblichen vier Nischen darauf geführt haben, auch mehr solche Konchen um einen Mittelpunkt anzuordnen, z. B. im Sechseck. Für das Achteck mag eine eigene Anregung schon in den Konchenquadraten mit verstrebten Ecken gelegen haben. Der Übergang vom Quadrat auf das Achteck ergab sich da von selbst. Ich folge zuerst dieser angenommenen Entwicklungsreihe in ihren beiden Gattungen (ohne oder mit Umgang) und gehe dann erst auf die äußerlich weniger auffallenden, aber für die Entwicklung der armenischen Baukunst vielleicht wichtigeren Folgen ein, die aus dem Weglassen der der Trichternische entsprechenden Mauerecke des Quadrates eingetreten sein mögen. Wie der Kuppelbau aus der Strahlenform in die Längsrichtung übergeleitet wurde, soll den Schluß bilden.

Auch für die unmittelbare Aneinanderreihung von Rundnischen um eine mittlere Kuppel liegen bereits den Ursprung dieses Baugedankens betreffende Äußerungen vor. Rivoira, »Architettura musulmana« S. 234[1]), leitet diese Formen mit Ausnahme der Dachbildung nach Grundriß und Aufbau von den Gräbern und Nymphäen des kaiserlichen Rom her. So sagt er von der Erlöserkirche zu Ani (S. 134) vom Jahre 1035/36: »l'architetto si inspirò, nell'insieme, alle rotonde funerarie pagane romane«. Rivoira muß sich vorstellen, daß die armenischen Architekten um das Jahr 1000 nach Rom gingen. Oder denkt er an die Vermittlung durch Konstantinopel, woher der Stifter der Kirche kurz vorher zurückgekehrt war? Ich gehe auf diese Annahme hier um so weniger ein, als darauf öfter zurückzukommen sein wird.

[1]) Vgl. seine Abbildungen S. 67.

Weiter hat Choisy (Histoire II, S. 15) gesehen, der sich freilich auf Bauten mit quadratischer Mitte beschränkt. Er schreibt die Einführung solcher Bauwerke der Einsicht der Byzantiner zu: »D'une manière générale, la voûte byzantine affecte une forme en calotte qui entraine des efforts de poussée sur tout le périmètre: il faut donc que la voûte soit enserrée, bridée sur ses quatre faces; et l'épaulement qu'elle exige, les Byzantins l'obtiennent par l'une ou l'autre des combinaisons indiquées (Abb. 507): Ils emploient soit des niches de butée (plan N), soit des arceaux de tête (plan M) ou bien (plan R) ils associent les deux systèmes.« Was Choisy hier den Byzantinern zuschreibt, ist tatsächlich schon vorher von den Armeniern gefunden worden. Von diesen hat Choisy (II, S. 21) eine sehr verschwommene Vorstellung. Daß er übrigens nicht nur an die einfachen Bauformen des griechischen Kreuzes und Vierpasses, bzw. beider Mischung denkt, wird dadurch belegt, daß er, nach M die Sophia in Salonik, nach R die Sophia in Konstantinopel erbaut sein läßt. Ich bleibe zunächst bei den einfachen Formen.

Es gibt zwei Arten von Strebenischenbauten, einfache und solche mit Umgang. Die Aneinanderreihung solcher Nischen unter Wegfall der trennenden Quadratecken führt zunächst zu ähnlichen Baugedanken wie in der Gruppe der Kuppelquadrate, mit der ja ihre erste Art, die der Vierpässe, leicht zu verwechseln ist (S. 70f.). Man sucht den gottesdienstlichen Anforderungen durch Angliederung von Nebenräumen gerecht zu werden und ummantelt daraufhin den Bau. Auch vollzieht sich im Innern eine auffallende Steigerung der Höhenverhältnisse. Alles das geht mehr oder weniger die gleichen Wege wie in der Gruppe der Kuppelquadrate. Eine einschneidende Neuerung aber hat das unmittelbare Aufeinanderstoßen der kuppeltragenden Bogen in den Quadratecken zur Folge, die Entstehung von durch Überkragung hergestellten Zwickeln an Stelle der Trichternischen beim Übergange vom Grundquadrat der Kuppel zum Achteck oder Rund der Fenstertrommel. Es könnte scheinen, als wenn hier der eigentliche Ursprung des Hängezwickels (Pendentifs) zu suchen wäre. Jedenfalls sind im Vierpaß grundsätzlich die Vorbedingungen für die Auflassung der Trichternischen gegeben, im Sechs- und Achtpaß fallen sie denn auch nahezu regelmäßig weg.

Die andere Neuerung, Strebenischenbauten mit Umgang, ist für die Entwicklung der Kuppelbauformen nicht minder beachtenswert. Die reinen Strebenischenbauten laden geradezu ein, die Stützen, wie es in Bagaran im Rahmen des Kuppelquadrates geschehen ist, freizustellen. Es geschieht dies aber nicht, ohne daß dadurch die Außenform der Bauten wie in Bagaran verändert würde, sondern in der Art, daß um den ganzen Bau ein Umgang gelegt wird, der ähnlich wie beim Hripsimetypus die innere Bauform unter Umständen ganz verschleiern kann. Hatte man dort keine Freistellung der Innenstützen versucht, so wird diese bei den reinen Strebenischenbauten mit Umgang Regel. Freilich ist in Armenien selbst nur eine solche Schicht, die Zwarthnotzgattung, nachzuweisen. Aber es sprechen Anzeichen dafür, daß es auch Sechs- und Achtpässe mit Umgang gegeben habe. Die reinen Strebenischenbauten sind in dem, was wir im vorliegenden Abschnitt im Auge haben, in der Form, am stärksten ausgeprägt armenisch. Es ist wohl kaum eine andere Kunstschicht außerhalb der Kaukasusländer nachzuweisen, die im Bauen an sich und in der Ausstattung dieser durchaus persönlich im Sinne völkischen Geschmackes gerichteten Gattung nahe käme. Aber freilich gehört sie nicht eigentlich zu den streng abgemessenen Formen wie das Konchenquadrat, sondern bietet dem Schaffenden Freiheit in Anwendung von Spielarten und wechselndem Schmuck. Wir werden noch die Hirtenkirche in Ani als Hauptbeleg dafür kennen lernen (Abb. 244).

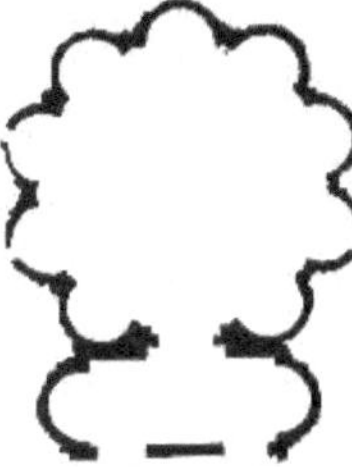

Aufnahme Rivoira.
Abb. 518. Rom, Minerva medica: Grundriß.

Wenn man Abb. 518, die Art wie Rivoira, Seite 73, die »Minerva medica« genannten Reste eines Zehnnischenbaues in Rom gibt, ansieht, möchte man glauben, es handle sich um die üblichen Eintiefungen in eine runde Umfassungsmauer, wie etwa beim Pantheon. Das wäre dann freilich römische Arbeit, und so hat den Bau tatsächlich auch noch Wulff »Altchristliche und byzantinische Kunst« Seite 246 eingeschätzt. Da war schon Sybel »Christl. Antike« II, Seite 313 weitergekommen, indem er ihn als Übergangsglied zu einer leichteren Bauart wertet, nachdem er Seite 309 die Beispiele römischer Art zusammengestellt hat. Ich komme Seite 488f. darauf zurück.

A. Einfache Vierpässe (S. 99f.).

Es ist vorläufig nicht durch Tatsachen zu belegen, daß das Kuppelquadrat mit Strebenischen am Anfange der armenischen Bauentwicklung gestanden und sich dann erst daneben der Vierpaß durchgesetzt habe. Ich nehme lediglich an, daß die Entwicklung so verlief, weil ich wohl verstehen kann, wie man beim Freistellen des Kuppelquadrates und der Notwendigkeit seiner Verstrebung zum Quadrat mit Strebenischen, nicht aber, wie man ohne diese Voraussetzung zum Vierpaß gelangen konnte. Mir scheint vielmehr gerade diese Aufeinanderfolge wichtig, weil sie als erste Spur auf eine Wesenseigentümlichkeit der armenischen Baukunst führt: die Folgerichtigkeit ihrer Entwicklung. Wir werden diesen inhaltlichen Zug später eingehend zu besprechen haben. Bezeichnend ist daran, daß ein folgerichtiger Schritt den nächsten auslöst, also jeder künstlerischen Tat eine andere als Ursache vorausgeht und ebenso eine andere als Wirkung folgt. Im gegebenen Falle liegt zur Annahme dieser Art des armenischen Geistes Anlaß genug vor; denn wie ich annehme, daß dem Vierpaß als Ursache das Konchenquadrat vorausgegangen sei, so scheint mir auch die Wirkung der neuen Bauform nicht auszubleiben: das Auftreten des Hängezwickels (Pendentifs) an Stelle der Trichternische (Trompe).

a) Bogenquadrat und Hängezwickel.

Führte das Mauerquadrat vom Übereckgewölbe zur Kuppel mit Trichternischen (S. 365f.), so scheint der Zusammenschluß von vier Strebenischen im Bogenquadrat zur Hängekuppel und darüber hinaus zur Kuppel mit Hängezwickeln geführt zu haben. Die Kuppel auf Hängezwickeln ist undenkbar, solange das Quadrat, ohne sich in den Wänden zu Bogen umzubilden, eine Kuppel tragen soll. Man darf sie in Persien nicht erwarten, weil dort Bogen höchstens als Nischen in die Wand eingelassen auftreten. Dagegen drängten sie sich auf, wenn — wie im armenischen Vierpaß — die Bogen in den Quadratecken aufeinanderstoßen. Für Armenien kommt erst in zweiter Linie eine andere Ursache des Entstehens der Hängezwickel in Betracht, die Kreuzung zweier Tonnen, die entweder zur Lösung durch das Kreuzgewölbe oder zu der durch die Hängekuppel führte. Da aber in Armenien sehr bald vor die Strebenischen Tonnenstücke gelegt wurden, besonders gern, wenn es sich um die Herstellung der Längsrichtung z. B. bei den Kuppelquadraten mit Strebenischen in den Achsen und Ecken handelte (S. 82f.), so muß hier auch die zweite Art der Entstehung des Hängezwickels gleich mit besprochen werden.

Iran kennt den Hängezwickel in vorislamischer Zeit nicht, wohl aber die Hängekuppel. Dieulafoy gibt dafür Belege aus volkstümlichen Häusern in Kum[1]. Ich brachte oben, Seite 360, ein Beispiel aus dem römischen Syrien. Dagegen vermag ich bei Diez, Seite 108f. (Ferahabad), keine Hänge- oder gar Pendentifkuppel zu sehen, wie dort angenommen wird. Anders in Armenien. Hier sind Kuppeln mit Hängezwickeln schon aus dem 7. Jahrhundert erhalten, so Thalisch (S. 15). Die Kuppel sitzt auch dort eingeschrieben über der Bogenmitte, hebt sich nicht umschrieben wie in Persien und Syrien aus den Ecken heraus. Bei den verhältnismäßig kleinen Abmessungen der armenischen Kirchen ließ sich diese Lösung aus freier Hand ohne Berechnung durchführen. Bei Übertragung in andere Gebiete, in denen die Gußtechnik zurücktrat, wird man den Zwickel in wagrecht vorkragenden Schichten ausgeführt haben[2]. Erst wo es sich um bedeutende Größenverhältnisse wie in den hellenistischen Großstädten und Bauten gleich der Sophienkirche handelte, dürfte die mathematische Berechnung und die keilsteinförmige Anordnung platzgegriffen haben.

In Armenien könnte, wie gesagt, der Ersatz der Trichternische durch den Hängezwickel begonnen haben beim Vierpaßtypus, als die Nischen nicht mehr auf die Mitte des Quadrates beschränkt und durch dessen Ecke getrennt waren, sondern in dieser unmittelbar aufeinanderstießen. Das gleiche gilt für alle Formen, in denen die Kuppel auf einem Tonnenkreuz sitzt. Tatsache ist, daß Hängezwickel nie über einem Konchenquadrate vorkommen, dagegen finden sich als Nachklang öfter Trichternischen da, wo man Hängezwickel erwarten würde. So z. B. in den Vierpässen von Agrak (S. 102) und der Marienkirche von Chtskonk (S. 105). Die seltsamste Bildung aber fand ich im Horomoskloster, wo in die richtigen Hängezwickel die Bogen der Trichternischen eingelegt sind

[1] »L'art antique de la Perse« II, Tafel 1, und Diez, »Die Kunst der islamischen Völker«, Abb. 103.

[2] So im Johanneskloster des Tûr 'Abdin. Vgl. »Amida«, S. 229.

und zwar sowohl in Surb Gework wie in Surb Minas, beide aus dem 10. Jahrhundert. Ich gab Abbildung 235 eines der beiden Beispiele. Es handelt sich nicht um Vierpaßbauten, sondern um Kuppelhallen. Dieses Einfügen von Bogen in Hängezwickel läßt sich wiederholt in Georgien beobachten[1]).

Daneben kommen Trichternische und Hängezwickel nebeneinander in dem Sinne vor, daß die Nische die Ecken des Quadrates übersetzt, der Hängezwickel aber aus dem Achteck ins Rund überleitet. Diese Art auch in der islamischen Baukunst, so noch in der blauen Moschee in Täbris[2]). Unter Berücksichtigung der neuen Gesichtspunkte möchte ich zur Vorsicht mahnen in Fällen, wie einer in Lykien vorliegt (Aladscha Jaila), wo Millet, »L'école grecque«, S. 72, die Kalotte zum erstenmale, d. h. im 5. Jahrhundert auftreten zu sehen glaubt[3]).

b) Nebenräume.

Im Gegensatze zum Mauerquadrat hat bei den reichen Strebenischenbauten die Weiterentwicklung vom Quadrat aus nicht mit der Durchbrechung in der Diagonale begonnen; diese wird durch die nach innen vorspringende statt der einspringenden Quadratecke ausgeschlossen. Die Entwicklung geht (S. 101 f.) überhaupt nicht vor sich unter Wahrung des Bedürfnisses, einen Baugedanken folgerichtig weiterzuspinnen, sondern scheint ausschließlich zunächst durch die kirchliche Forderung nach einem bzw. zwei und mehreren Nebenräumen bestimmt. Es begegnen häufig rücksichtslose Lösungen und es fällt auf, daß die Anbringung von drei Räumen fehlt, der Sprung vielmehr von zwei auf vier Räume geht, wodurch erst der Übergang zur künstlerischen Einordnung gekennzeichnet erscheint.

Diese für die Vorbereitung des Gottesdienstes oder als Priesterwohnungen (S. 231 f.) notwendigen Nebenräume wurden vom armenischen Baumeister zunächst, wie auch späte Beispiele noch zeigen, als für das Baugefüge nicht in Betracht kommende Zugaben empfunden. Daneben aber muß man frühzeitig begonnen haben, sie mit in den Gesamtentwurf zu ziehen und einheitlich mit dem Kuppelraum durchzudenken. Es wird solche Lösungen mit zwei Osträumen — wir werden sie später in der Gattung der Kuppelhallen finden — gegeben haben, wie tatsächlich solche mit vier Räumen erhalten sind. Man legte dem Eigengesetz der strahlenförmigen Anordnung wenig entsprechend, Türen seitlich in die Strebenischen. Der Grundsatz der sternförmigen Lösung hätte dabei immer noch gerettet werden können, sobald man in jeder Strebenische zwei einander gegenüberliegende Eingänge zu Seiten der vier Kuppelpfeiler brach, was umso näher lag, als an den Vierpässen (gegenüber den Kuppelquadraten mit solchen Eckräumen) das strenge Festhalten an der gleichen Länge der Kreuzarme auffällt (S. 105 f.). Es war aber trotzdem nicht möglich, weil man die Freistellung der vier Kuppelträger vermied, so lange nicht ein selbständiger Umgang den ganzen Vierpaß geradezu freistellte. So blieben die Nebenräume in unorganischer Anordnung (Abb. 105, 381).

Umsomehr Beachtung verdient die Frage nach der Ummantelung. Sie geschah in Chtskonk (S. 105) durch das Vieleck, bei der Apostelkirche (S. 106) durch die bereits an den Kuppelquadraten beobachtete Art der Umschließung durch das Rechteck. Hätte die armenische Baukunst sich nach dem 10. Jahrhundert noch baulich weiter entwickelt im Sinne freilich einer Auflösung der Raumeinheit, so würden daraus Lösungen, wie sie Leonardo in seinen Handzeichnungen ausgesponnen hat, entsprungen sein. Davon im vierten Buche. In der frühchristlichen Zeit selbst trennte man die Ummantelung ganz von den Stützen und schuf einen Vierpaß mit Umgang. Davon gleich mehr.

Auch in dieser Gruppe läßt sich, wie beim Hripsimetypus, die Einwirkung des Giebels auf die Gestaltung des Bauganzen beobachten. Den ältesten Beleg würden die Giebelreste an den Seiten der Nordfront der Kathedrale von Edschmiatsin bieten (S. 333 f.). Thoramanian setzt sie im Gegensatz zu Dubois nicht in die Zeit des Trdat, sondern in die des Wiederaufbaues nach der Zerstörung von 380 und meint, die Metropole habe 484 etwa den Typus von Awan (S. 89) oder der Apostelkirche von Ani (S. 106) vertreten. Ich komme darauf zurück, wenn von der Fünfkuppelkirche, d. h. der von vier Kuppeln in den Diagonalen begleiteten Hauptkuppel die Rede sein wird. Gerade Awan und die Apostelkirche in Ani sind Hauptbelege dieser früh ausgestorbenen Gattung, die aber eine große Rolle in der Ausbreitung gespielt hat.

[1]) Uwarov, »Materialien«, XII, Tafel XVI. Vgl. auch Kluge, Abb. 49 u. 119. Ein Beispiel auch unten im vierten Buche.

[2]) Texier, »Description de l'Arménie«, Tafel 44/45. Diez, »Die Kunst der islamischen Völker«, S. 93.

[3]) Vgl. Rott, »Kleinasiatische Denkmäler«, S. 318.

c) Höhe.

Was den Innenraum anlangt, so bleibt er, vom Wegfall der zwischen den Strebenischen einspringenden Quadratecken abgesehen, ziemlich unverändert, soweit der Grundriß in Betracht kommt. Dagegen vollzieht sich in den Höhenabmessungen eine bemerkenswerte Wandlung. Die beiden der Blüte um 1000 angehörenden Bauten dieser Gruppe, die den Vierpaß in der Vollendung zeigen, die Sergioskirche in Chtskonk und die Apostelkirche in Ani, streben ausgesprochen hoch empor, während die älteren erhaltenen Beispiele, Agrak vor allen, daneben fast noch als Breitbauten erscheinen. Man möchte daraus schließen, daß die folgerichtige Entwicklung des Kuppelbaues zur durchschlagenden Höhe sich überhaupt erst im christlichen Armenien vollzogen habe. Davon später.

Diese Verstärkung der Höhenwirkung setzt nicht erst in der Bagratidenzeit ein. Wenn ich die anläßlich Bagarans (S. 96) gemachten Beobachtungen mitsprechen lasse, so werden auch in der Gruppe der Vierpässe Bauten mit durchschlagender Höhenwirkung schon im 7. Jahrhundert und früher dagewesen sein, nur sind eben keine derartigen alten Vertreter erhalten.

Hält man nun die drei Vorstöße nach der Höhe, der Angliederung von Nebenräumen und einer entsprechenden Ummantelung in runder oder rechteckiger Art zusammen, so ergibt sich ein reiches Quellgebiet von Kräften, die vereinigt einen wunderbaren Strom erkennen lassen. Wann er anhebt, ist leider unmittelbar nicht zu bestimmen, im 7. Jahrhundert ist er jedenfalls da und um 1000 noch in voller Blüte.

B. Vierpässe mit Umgang (S. 108 f.).

Die auffallendste Erscheinung der armenischen Baukunst ist die Zwarthnotzgattung, ein Vierpaß mit Umgang. Es frägt sich, ob nicht auch Sechs- und Achtpaßbauten, in den Konchen durchbrochen und mit Umgängen versehen, aufgeführt wurden. Die oktogonalen Konchenbauten würden besondere Aufmerksamkeit fordern, weil sie, durchbrochen in den Rahmen quadratischer (Sergios und Bakchos in Kpel) oder oktogonaler Umfassungsmauern eingestellt (S. Vitale in Ravenna), zu den reichsten und eindrucksvollsten Bauformen geführt hätten, vorausgesetzt, daß armenische Schöpfungen dieser Art überhaupt auf die in Betracht kommenden Vertreter des Mittelmeerkreises einen Einfluß geübt haben. Erhalten hat sich jedenfalls davon in Armenien nichts, soweit meine Denkmälerkenntnis reicht.

Es fällt zunächst auf, daß der Bau, der wie die Sophienkirche im Gebiete der byzantinischen Kulturwelt die Höhe der künstlerischen Leistungsfähigkeit der Kirchenbaukunst in Armenien bezeichnet, das Vierstützenvieleck von Zwarthnotz scheinbar gleich am Anfange der ganzen Entwicklung steht, die Höhe also erreicht wäre, bevor noch recht Denkmäler nachzuweisen sind, die die Möglichkeit einer solchen Leistung zu erklären vermögen. Die armenische Baukunst christlicher Zeit hat meines Wissens nichts Bedeutenderes geleistet, als diese Gattung, vertreten durch den Bau des Katholikos Nerses um 650. Was später kommt, ist entweder Nachahmung (S. 119 f.) — wie die Türken die Sophia nachahmten — oder (S. 118 f.) zweckmäßige Bauform, die aus ganz anderen Wurzeln hervorgeht, als Zwarthnotz sie verlangt. Man möchte glauben, daß diese Blüte der Baukunst getrieben ist in dem Augenblicke, in dem die Kirche an eine vorausliegende große Entwicklung anknüpft, dieselbe Kirche, die später selbst als Baumeister auftritt und lediglich den kultlich zweckmäßigen Anforderungen (Kanon 182) genügt. Davon Seite 508 f. und im dritten Buche über die Geschichte.

Stufenunterbau, Gußmauerwerk und Gewölbe sind auch bei Zwarthnotz Voraussetzung, ausschlaggebender Eigenbesitz aber ist die kühne Art, in der die Kuppel auf vier diagonal in den Ecken eines Quadrates angeordneten Stützen ruht. Am Grunde des Entwicklungskegels finden wir dafür den einfachen Vierpaß.

Die Entstehung des Kuppelquadrates mit Nischen dürfte folgerichtig aus dem Bedürfnis der Freistellung und Erweiterung zu erklären sein, dem die iranische Grundform unterworfen werden mußte, sobald daraus das Gemeindehaus der christlichen Kirche entstehen sollte. Ebenso begreift man die Möglichkeit der zweiten Gruppe, der reinen Strebenischenbauten aus der schöpferischen Ausgestaltung des einmal entdeckten Grundsatzes der Nischenverstrebung. So weit und immerhin auch noch bei Einführung der Längsrichtung in den Viernischenbau geht alles folgerichtig zu. Der Zwarthnotztypus allein scheint aus dieser Entwicklungsreihe herauszufallen. Es ist nicht zu begreifen, wie man folgerichtig auf den Gedanken kommen konnte, den Vierpaß mit durchbrochenen Nischen — denn das ist im Grunde der innere Aufbau von Zwarthnotz — in einen Kreis zu stellen. Der Raum, der damit gewonnen wurde, beschränkt sich auf einen schmalen Gang, der keinerlei künstlerischen oder räumlich zweckmäßigen Wert hat. Denke ich mir das innere Kuppelquadrat mit den Nischen freistehend, so wird es mit in sich geschlossenen Kräften aufrecht bleiben. Es kann sich also bei der Außenummantelung kaum um Sicherung, eher um Raumabschluß handeln. Der eigentliche Grund dieser Verbindung muß außerhalb der streng folgerichtigen Bauentwicklung zu suchen sein. Ich komme darauf im geschichtlichen Teile zurück. Daß man für die Ummantelung des nach drei Seiten geöffneten Denkmals ein Rund bzw. ein Zweiunddreißigeck nahm, ist sehr auffällig, weil das Altarmenische ja kaum über das Quadrat hinausgeht und sich nur im Falle der reinen Nischenverstrebung bis auf sechs oder acht Nischen, in der Gregor Abughamrentzkirche zu Ani (S. 126) auf zwölf, in der Sargiskirche von Chtskonk auf zwanzig Außenseiten einläßt. Es muß bei dem richtunggebenden Zwarthnotztypus auch hierin ein außerhalb des sonstigen Gedankenkreises der armenischen Baumeister liegender Grund hereinspielen. Man geht zur Erklärung gern aus von der Tatsache, daß der Erbauer von Zwarthnotz Nerses Schinogh aus der Provinz Taik stammte und die Bauform von dort, d. h. aus dem Westen mitgebracht habe.

In dem Berichte über die 1905 vorgenommene Ausgrabung der Gagikkirche von Ani (oben S. 121 f.)[1]) heißt es an der Spitze: »Es gelang uns, die Geschichte der ausgegrabenen Kirche des hl. Gregor zu skizzieren, indem wir die Entstehung dieses Typus in Armenien mit der bis jetzt noch verschwiegenen religiösen Bewegung unter den Armeniern — d. h. mit dem Chalcedonismus im Zusammenhang brachten und somit in dieser Kirche — als Ganzes genommen — eine Äußerung des früh-byzantinischen kirchlichen Einflusses, aus welchem Teile von Byzanz er auch kommen sollte, erblickt haben, im Gegensatze zu der Theorie von Strzygowski, welcher in der Architektur κατ' ἐξοχήν »Armenisches« sah, jedoch nur insofern im Gegensatz zu dieser Theorie, als ihr Autor unter dem Terminus »armenisch« — nach allem zu urteilen — ein national abgesondertes christliches Kulturmilieu verstand oder Anderen Anlaß zu seiner Annahme gegeben hatte, d. h., inwieweit anachronistisch er in jene Epoche die starke Nationalisierung der kirchlichen Lehre, welche erst später vollkommen in Armenien siegte — übertrug: die des Antichalcedonismus. . . . Nach der Richtung der Verbreitung dieses Kirchentypus zu urteilen, wären die Armenier, unter welchen er Verbreitung fand, Chalcedoniten, oder sie standen mit den Chalcedoniten in enger Verbindung. Außer der Gregorkirche von Ani wurde ein ähnlicher Tempel, wie es scheint, einige Dezennien vorher westlich in Kars vom armenischen König Abbas erbaut (vgl. oben S. 80 f.) und hundert Jahre vorher wird dem Bischof Kwirike vom georgischen Kuropalaten Adarnasse[2]) — 75 Werst westlich — Bana aufgetragen (vgl. oben S. 121 f.), d. h. in der armenochalcedonitischen Eparchie, welche zu dieser Zeit am Anfang des 10. Jahrhunderts, schon grusiniert und dem grusinischen Katholikat von Mzchet unterstellt war. Und 200 Jahre früher noch westlicher Ischchan — Heimat und Wohnort desselben Katholikos-Chalcedoniten Nerses dem Erbauer. Die von ihm in Ischchan erbaute Kirche haben vom Ende des 8. Jahrhunderts die Georgier besetzt und vielmals umgebaut, doch hat die Altarapsis eine von den halbrunden Exedren bewahrt, welche so charakteristisch für die in Rede stehenden Kirchen sind.«

Über den Chalcedonismus und die ablehnende Haltung der Armenier wird unten zu reden sein; hier bleiben wir zunächst ganz auf dem Boden der rein kunstgeschichtlichen Tatsachen. Die Kirche von Kars hat mit Zwarthnotz nichts zu tun, sie ist ein Kuppelquadrat, nicht einmal ein einfacher Vierpaß. Dagegen weist Ischchan in der Provinz Taik tatsächlich heute noch eine durchbrochene Apsis auf. Darauf muß nachfolgend eingegangen werden. Zuvor aber sei gleich gesagt, daß Marr an Rivoira einen radikalen Partner findet. In seiner »Architettura musulmana«, Seite 237, nennt er den Grundriß von Zwarthnotz römisch-ravennatisch, römisch wegen des ringförmigen Mantels und der Vorbauten, ravennatisch wegen der Exedren, die sich ähnlich in S. Vitale öffneten. Seine Phantasie spiegelt ihm dann auch gleich S. Angelo in Perugia vor, daß aber eher dem hl. Grab in Jerusalem als S. Vitale und Zwarthnotz gleicht.

Ich bespreche zunächst Marrs Taikhypothese. Die Provinz Taik hat ihren Namen von einem unarmenischen Volke, das erst durch Artaxias an Armenien kam. 387 blieb es bei dem Anteil des

[1]) Texte und Untersuchungen zur armenisch-georgischen Philologie, X (1907), S. 2 f.

[2]) Auf Grund der »Georgischen Chroniken« herausgegeben von Brosset, I, S. 194. »Hist. de la Georgie«, I, S. 273.

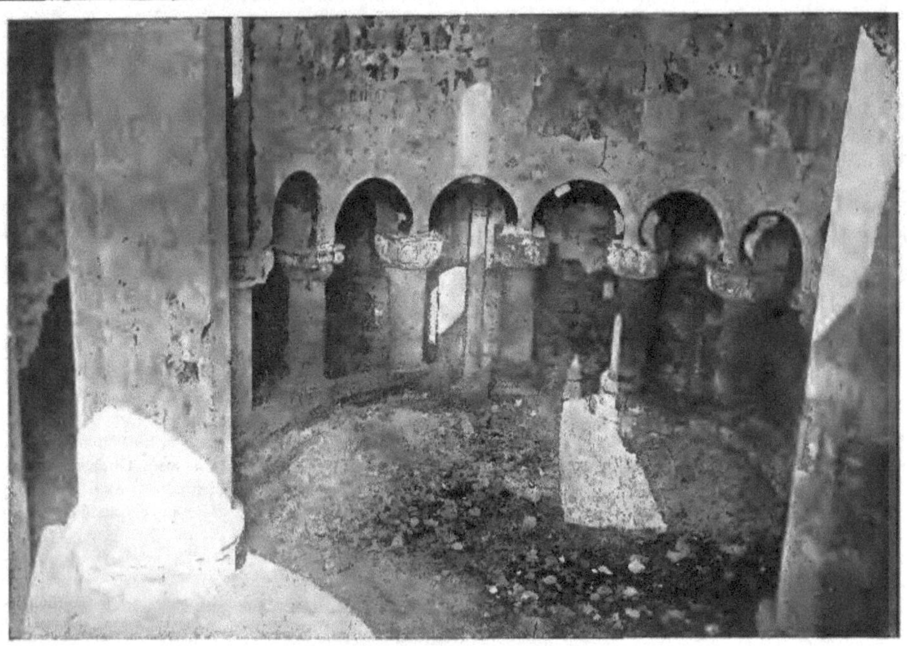

Abb. 518. Ischchan, Kirche: Alte Säulennische. Aufnahme Jermakov.

Chosrav, kam auch 428 unter persische Oberhoheit und wurde erst 591 Byzanz unter dem Namen »Tiefes Armenien« eingeordnet[1]). Daher wohl rührt der Glaube, daß es Byzanz besonders nahe gestanden haben müßte. Die Baukunst gibt dafür keine Belege. Im Gegenteil; wie sich im geschichtlichen Teile zeigen wird, ist gerade das westliche an die Provinz Taik anstoßende Armenien am Euphratknie in der Gegend des heutigen Ersinghian ein Hauptsitz national-armenischen Kultes gewesen. Dort in Thordan stand das Grab des hl. Gregor, dessen Verherrlichung ich in Zwarthnotz sehe (davon im dritten Buche). Nicht darauf also kommt es bei der von Marr richtig empfundenen Bedeutung der Provinz Taik an, daß dort in Ischchan noch eine durchbrochene Apsis in einem jüngeren Umbau erhalten ist. Ischchan liegt in der Gegend von Tortum. Es ist der Geburtsort Nerses III., der auch zeitweise dort Bischof war. In der heutigen Kirche ist noch eine alte Exedra erhalten, aus der auch Takaischwili schließt[2]), daß sie einst der Typus — vielleicht sogar das Prototyp der andern Kirchen der Zwarthnotzgattung geworden sei. Ich führe diese Apsis hier gleich vor, um ihr Alter durch Augenschein nachzuprüfen (Abb. 518). Wir sehen zwischen zwei mächtige Achteckpfeiler[3]) eingespannt die kurzen dicken Rundpfeiler, auf denen wie in einer romanischen Krypta die Obermauer der Apsis ruht. Auf einer Fußbank und eigener Platte stehend, tragen sie überaus schwere Würfel mit Halbkreislappen, auf denen Rosetten zu sehen sind. Einmal links auch ein Knauf mit Spiralen. Die Verbindung geschieht durch Hufeisenbogen. Es sieht nicht so aus, als wenn diese Apsis ein besonders hohes Alter hätte oder gar älter als Zwarthnotz wäre. Man wird daher gut tun, diese Exedra nicht für einen Beleg aus der Ursprungszeit der Bauform anzusehen und sich für diese Frühzeit eher an die Ausstattung zu halten, die oben Seite 110 f. und 317 gebracht wurde und gar nichts mit Ischchan zu tun hat. Selbst Bana (um 900) scheint älter.

Bei der kunstgeschichtlichen Einordnung von Zwarthnotz entscheidet nicht, ob die Bauform von

[1]) Hübschmann, Indogermanische Forschungen, XVI (1904), S. 276 f.

[2]) Uwarov. »Materialien«, XII, S. 113 f.

[3]) Vgl. Abb. 522 Warzachan.

Nerses herübergebracht ist, sondern wo sie entwicklungsgeschichtlich ihren Boden hat. Zwarthnotz ist als Bauform nur möglich unter Voraussetzung der quadratischen, von einer Kuppel gekrönten Mitte, die durch vier Nischen verstrebt wird. Daß das keine hellenistische, römische oder ursprünglich byzantinische Bauform ist, wurde zur Genüge betont. Wenn die nach einem Umgang mittels Säulen offene Strebenische wiederholt in der Zeit des Justinian bei seinen Hofkirchen: an der Sophia, der Sergios- und Bakchoskirche und an S. Vitale vorkommt, so muß hier noch durchaus keine von Konstantinopel ausgehende Gattung vorliegen, viel eher ist möglich, daß der national-armenische Kunstkreis auf Antiochia, Ravenna und Konstantinopel übergegriffen hat. Davon im vierten Buche über die Ausbreitung. Die Zwarthnotzgattung müßte dann schon im 3. bis 5. Jahrhundert entstanden sein[1]). Hier ist nur zu untersuchen, ob das möglich ist.

Der Beweis kann nicht so überzeugend für den Vierpaß, als für den Achtpaß geliefert werden. Doch sei hier schon auf S. Lorenzo in Mailand verwiesen, das ja Zwarthnotz, aber mit einer andern Form des Umganges ist. Wie man nun auch S. Lorenzo zeitlich ansetzen mag, der Bau stellt doch jedenfalls außer Zweifel, daß er an eine große Entwicklung vor dem 6. Jahrhundert anschließt. Ich gehe nun zunächst auf den Sechs- und Achtpaß über und werde dort erst wieder die Frage nach dem Aufkommen des Umganges aufnehmen.

C. Sechspässe (S. 126 f.).

Dieser Grundriß kommt so häufig vor, besonders auch in Georgien, daß man annehmen möchte, es liege nicht nur der Reiz der einfachen Aufteilung, sondern auch eine Beziehung, vielleicht zum Christusmonogramm vor. Freilich ist dieses vorläufig in seiner sechsteiligen Gestalt in Armenien nicht nachgewiesen[2]). Der sechsseitige Grundriß an sich ist in altchristlicher Zeit auch im Gebiete des Mittelmeeres häufig, besonders bei Taufhäusern, die Umschließung mit Nischen aber darf im Besonderen für armenisch angesehen werden, besonders wenn sie im Äußern durch Dreieckschlitze u. dgl. kenntlich gemacht ist. Einen Sechsnischenbau, außen rund abgeschlossen, zeigt ein Zubau zur altchristlichen Basilika im Asklepieion von Milet, das Wiegand[3]) in vorjustianische Zeit setzt. Die Nischen sind dort aus der Rundwand ausgeschnittene Dreiviertelkreise und treten in Keilen ohne Vorlagen zusammen. Die Westnische ist von einer Tür durchbrochen. Wiegand hält den Bau für ein Martyrion; er liegt südlich neben der Hauptapsis. Auch in Rom gab es solche Sechsnischenbauten, erhalten ist keiner. Die Nischen stießen (Abb. 519) meist ohne künstlerische Ausgestaltung zusammen[4]) oder erhielten eine wirkungsvolle Außenarchitektur durch halbrunde Nischen, die in die Mauerkeile zwischen den Konchen tiefe Schatten zusammenzogen[5]). Auf die armenischen Dreiecknischen, die gerade im Sechspaßbau so häufig wiederkehren, verfielen die Römer nicht. Dazu war, möchte ich glauben, die Kenntnis der Trichternische die anregende Voraussetzung.

Wir haben oben Seite 89 f. bei den rechteckig ummantelten Kuppelquadraten mit Strebenischen in den Achsen und Ecken die eine Art der Entstehung der Wand mit Dreieckschlitzen unter dem Giebel kennengelernt. Die Sechspässe führten einen etwas anderen Weg zur Verwendung dieser Bauform. Man hätte die Sechspässe jedenfalls durchaus ohne Ausgleich in der Dachregion lassen und wie bei dem einen Beispiel mit Blendbogen (Abb. 136) ohne Dreieckschlitze lassen können. Wenn man diese doch anwendete, so zeigt das nur erstens die Neigung zur geschlossenen Massigkeit der Außenwirkung, zweitens wie sich das Motiv des für die Kuppel verwendeten Trichterschlitzes dem Baukünstler bei jeder dargebotenen Gelegenheit zur Anwendung empfahl. Auch hier also Folgerichtigkeit in der Anwendung einer einmal gefundenen Lösung.

Vorläufig sind uns nur Sechspässe mit Dreieckschlitzen aus der Zeit um

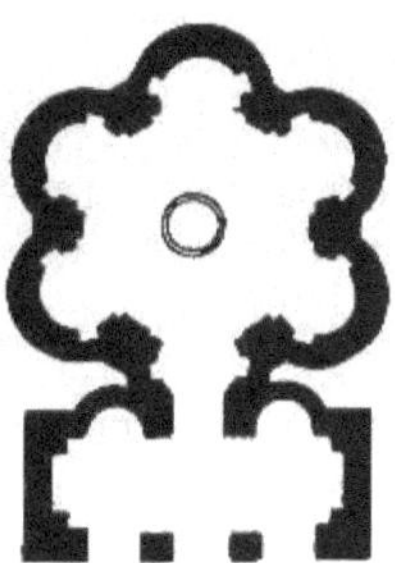

Aufnahme Serlio.
Abb. 519. Rom, Sechspaß.

[1]) Vgl. über das Alter von S. Vitale, »Byzantinische Denkmäler«, III, Einleitung.

[2]) Vgl. das »Edschmiatsin-Evangeliar«, S. 8 und 21. Erwähnenswert ist die Vorliebe der islamischen Vieleckmuster für die Sechseckordnung.

[3]) Abhandlungen der königl. preußischen Akademie der Wissenschaften, 1908, S. 30 f.

[4]) Serlio, »Opere di architettura«. Montano, »Raccolta«, Tav. 21; Vgl. Rivoira, »Origini«, I, S. 72 und »Arch. mus.«, S. 68.

[5]) Montano, »Scielta«, Tav. 43; Rivoira, »Arch. mus.«, S. 76.

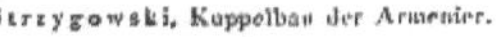

1000 bekannt geworden. Ich zweifle nicht daran, daß sie ebenso alt sind, wie die Vier- und Achtpässe, für die ja Belege aus dem 7. Jahrhundert vorliegen. Für das hohe Alter spricht, daß diese Bauform keine feste Verarbeitung der Nebenräume mit dem Bauganzen aufweist, die Forderung nach solchen Räumen also zu einer Zeit aufgetreten sein dürfte, als der Sechspaß als Bauform bereits feststand. Das müßte vor dem 5. Jahrhundert geschehen sein, wie sich noch zeigen wird.

Man macht sich Gedanken über die Möglichkeit der Anwendung einer solchen Bauform für gottesdienstliche Zwecke und kommt vielleicht stärker als sonst zu dem Eindruck, daß da eine bei Entstehung des christlichen Kirchenbaues neben dem Kuppelquadrat für bestimmte Zwecke üblich gewordene Bauform übernommen wurde. Als einen solchen Zweckkreis könnte ich mir Badeanlagen, dann auch wieder Gräber oder schließlich Taufhäuser denken, bin aber vorläufig nicht in der Lage, für den Sechspaß einen handgreiflichen Beleg vorzuführen. Sehr seltsam sind in diesem Zusammenhange die späteren Spielereien in Georgien, von denen oben S. 130 einige angeführt wurden. Davon unten mehr.

D. Achtpässe (S. 131 f.).

Es ist hier wohl der Ort, zunächst auf den in der Anwendnng von Strebenischen unarmenischen Achtpaß von Warzahan einzugehen. Abbildung 520 gibt den Grundriß nach Bachmann, »Kirchen und Moscheen in Armenien und Kurdistan«, Seite 50. Man sieht, die hufeisenförmige Strebenische, wie sie in den armenischen Sechspaßbauten üblich ist, kommt in Warzahan ausgesprochen nur in der Ostapsis vor. Alle sieben andern Ausbuchtungen der Kuppel sind Trapeze, deren Überleitung in die Konchenverstrebung oben Seite 457 f. besprochen wurde. Das Baugefüge ist also hier ein ganz anderes als das übliche armenische, es weist über Amida eher auf den persischen Süden. Auch die Durchbrechung der Mauerkeile durch hohe Bogen begegnet dort und nicht in den entsprechenden Sechs- und Achtpaßbauten Armeniens. Abbildung 521 nach Bachmann, Tafel 41, unten gibt davon eine Vorstellung: man sieht durch die Bresche in der Umfassungsmauer im Nordosten auf den einzig stehen gebliebenen Pfeiler vor dem Westportal hin. Dieser achtseitige Pfeiler wäre im Armenischen dem Mauerkeil vorgeblendet, nach Abbildung 522 steht er frei, so daß ein Oktogon mit Mittelstützen entsteht[1]). Nur im Oberbau ist die Verbindung durch Rundbogen wieder hergestellt. In dieser Höhe liegen über den in den Achsen angebrachten Türen Doppelfenster und über ihnen noch ein einzelnes drittes, die sich in der bezeichneten Weise der Spätzeit (10./11. Jahrhundert) schießschartenartig verengen. Das Äußere (Abb. 521) bestätigt diesen späten Ansatz. Es verbindet die Dreieckschlitze mit den Blendbogen, die in zwei Säulchen von Streifenart zusammenlaufen und oben wie die Kirchen von Trapezunt die Verknotung zeigen[2]). Ich habe dieses Oktogon weder oben im Typenkataloge noch unten in der Gruppe georgischer Nachahmungen besprochen, weil ich hier keine der üblichen Bauweisen und auch keine in deren Art weitergehende, hohe persönliche Leistung sehe, sondern den Einfluß eines anderen Kunstkreises. Die Außenansicht Abbildung 521 gibt diesen im Rahmen des Armenischen fremdartigen Charakter gut wieder. Man muß sich nur noch die auf den achteckigen Pfeilern und den sie verbindenden Konchen bzw. Gurten sitzende Kuppel denken. Dabei ist freilich die Mauertechnik die üblich armenische, während sich in der Ausstattung des zusammenfassenden Bogens über dem dreiteiligen Apsisfenster seldschukische Elemente darin ankündigen, daß die Verschiedenfarbigkeit des Tuffsteines zur Herstellung eines Musters verwendet wurde[3]). Vgl. für die Gesamterscheinung Seite 250.

Die beiden armenischen Achtpäße von Irind und Ani (S. 131,

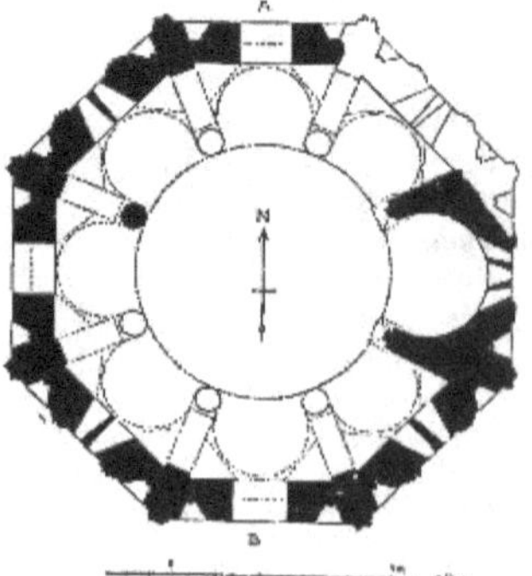

Aufnahme Bachmann.

Abb. 520. Warzachan, Achtpaß: Grundriß.

[1]) Man vgl. damit Abb. 518 aus Ischchan.

[2]) Vgl. meinen Aufsatz Bulletin de corr. hell. XIX, (1895). S. 517. Die Wandarme — auf denen einzelne Dienste sitzen (Abb. 321, rechts) — erinnern an die Burgkirche von Ani vom Jahre 622 (S. 137 f.).

[3]) Wie übrigens schon Bachmann bemerkt hat.

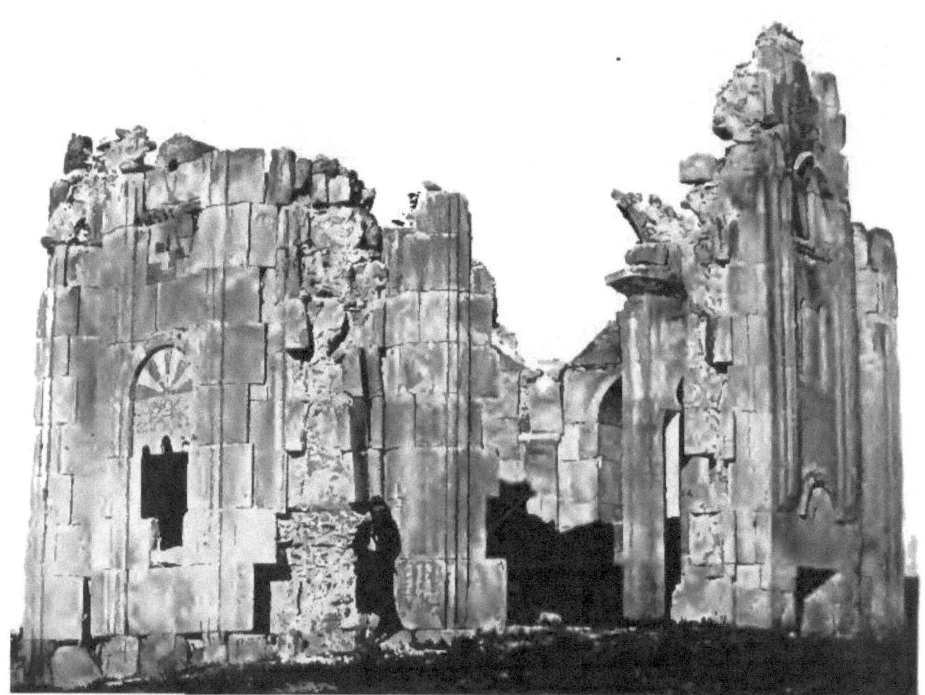

Abb. 521. Warzachan, Achtpaß: Außenansicht. Aufnahme Jermakov, 307

134) unterscheiden sich von dem fremdartigen Warzahans durch die vom Boden aus rund aufgemauerten Strebenischen im gestelzten Rundbogen oder breiten Segment. Eine Übersetzung durch Trichternischen ist in ihnen nicht nötig. Das frühe Irind zeigt einen völlig einheitlich auf alle Bedürfnisse, wie Eingang und Nebenräume, Rücksicht nehmenden Plan, während die späte Erlöserkirche in Ani mit Notlösungen arbeitet. Da die beiden Denkmale in der Art des Ausbaues völlig verschieden sind, so möchte man glauben, daß die eine Art (mit gliedernden Dreieckschlitzen) früh ausreifte, während die andere (mit der vieleckigen Blendarkadenwand), sich mit Notlösungen befriedigt und mehr auf den äußeren Schein eingestellt blieb. Immerhin beachte man, daß die Kuppel nicht auf der Umfassungsmauer ruht.

Für den Achtpaß liegen verschiedene Beispiele auch am Mittelmeere vor. Das bekannteste ist der »Minerva medica« genannte Bau [1]), eine Ziegelruine, die nicht für sich allein, sondern verstrebt durch Nebenräume dastand; dann viele Bauten, die untergegangen sind und die mannigfachsten Lösungen aufwiesen, von denen sich aber keine mit dem Armenischen enger berührt [2]). Sie alle sind durchaus unrömisch und gehen auf die hellenistische und von Osten her nach Rom vordringende Bauweise zurück. Für die im Besonderen italische Art hat W. Altmann »Die italischen Rundbauten« der Forschung feste Grundlagen gegeben. Er sieht ganz deutlich, daß die sogenannte

[1]) Vgl. Giovannoni, La sala termale della villa Liciniana e le cupole romane. Annali della società degli Ingegneri e degli Architetti italiani 1904.

[2]) Vgl. Mongeri, Le rovine, Montano Scielta, Sangallos Zeichnungen in der Barberina u. a. Dazu Rivoira, »Arch. mus.«, S. 64 f. und »Origini« I, S. 55, 73, 341, ferner mein »Kleinasien«, S. 70 f. und Sybel, »Christl. Antike« II, S. 313 f.

32*

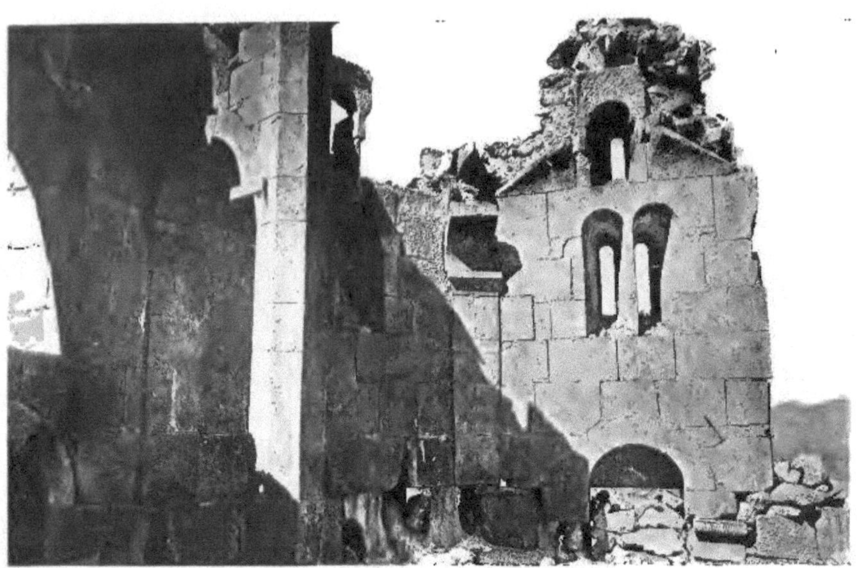

Abb. 522. Warzachan, Achtpaß: Innenansicht. Aufnahme Bachmann.

Minerva medica ebensowenig wie S. Constanza als römisch gelten können, beide vor allem deshalb nicht, weil sie die Kuppel nicht auf die Umfassungsmauern legen, sondern eine Fenstertrommel einführen. Hier nun setzt die Bewegung ein, die wir in breiter Schicht im armenischen Kuppelbau nachweisen konnten. Im vorliegenden Falle wird ein genauer Vergleich mit der »Minerva medica« genannten Ruine weiter führen. Ich halte mich dabei an die genannte Schrift von Giovannoni. Man vergleiche immer die Aufnahmen von Irind, Seite 131 f.

Abbildung 523 gibt den Grundriß[1]). Man sieht ein Zehneck mit Strebenischen von etwa 23·90 m Durchmesser, ungefähr von Norden nach Süden führender Hauptachse, die Westnische wie in Irind, durch einen Torbau ersetzt und die Nische gegenüber weiter (6·90 m gegen 6·25) gespannt. Wie in Irind sind auch in Rom die Strebenischen gestelzt, in Rom so viel als die Kuppelmauern Stärke haben. Auf diesen Bogen ruht die Fenstertrommel. Abbildung 524 gibt den Schnitt nach den Radien OC und OB. Die Strebenischen sind bis zur Trommel 7·23 m hoch, diese steigt dann noch mit ihren zehn großen Fenstern bis 12·06 m auf, dann folgt die Kugelschale, das Ganze in dem üblichen römischen mit dem armenischen Gußwerk verwandten, aber durch die Verwendung des Ziegels und der Mauerrippe unterschiedenen Werk aufgeführt. Man möchte glauben einen armenischen Bau in römischen Ziegelwerk vor sich zu haben. Und doch ist, wenn Giovannoni recht hat, der römische Bau ein Bädersaal des Licinius Gallienus (260—268), der bald darauf in konstantinischer Zeit durch die außen angelegten Strebepfeiler und die beiden halbrunden Zubauten an der Ost- und Westseite gestützt wurde.

Giovannoni sieht nun ganz richtig: der Baumeister verfügte über eine in allen Teilen von Druck und Zug vollendete Bauform; aber er ist unsicher in der Anwendung von Baustoff und Werk, wie er sie in Rom vorfand. Die Folge davon sind alle die bald darauf erfolgten verstrebenden Zubauten. Giovannoni (S. 20) erkennt auch, daß es sich um ein »concetto nuovo o quasi per l'arte romana ed affine invece ai metodi moderni ed alle ricerche della uniforme resistenza«. Und doch läßt er sich durch Rivoira verführen, dieses Werk als ein römisches auszugeben. Daraufhin kann Giovannoni dann freilich die byzantinische Baukunst von der römischen ableiten und ebenso die Renaissance.

[1]) Vgl. auch Dehio und Bezold, Tafel 4/5 und I, S. 27. Die Aufnahme Rivoiras oben S. 479 wirkt wie eine jener römischen Rundbauten mit Innennischen, die Sybel, a. a. O., S. 309 zusammengestellt hat.

Dieser Kuppelbau mit Strebenischen hatte in Italien keine Nachfolger, denn das Jahrhunderte später entstandene S. Vitale hat schon nach seiner ganzen Ausstattung die sog. Minerva medica war mit Marmor und Stuck in der in Rom eingebürgerten hellenistischen Art geschmückt — nichts mit Rom zu tun und entspricht auch in der Anwendung der Emporen eher dem für die Konstantinische Zeit bezeugten Oktogon von Antiochia als dem Bau in Rom. Es war also wohl ein syrischer Baumeister, der den Kuppelbau mit Strebenischen ausführte — oder unmittelbar ein Armenier? Denn auch in Syrien steht das Oktogon des Konstantin allein. Es hatte wohl schon jene mit Säulen durchbrochenen Strebenischen wie in Zwarthnotz, eine Bauform, die zwar in Ravenna und Konstantinopel Nachahmung fand, nicht aber in Syrien. In breiter Schicht weiterzeugend sehen wir die Gattung nur in Armenien. Sollte sie also nicht armenischen Ursprunges sein? Die auf römischem Boden neuen Züge dieser Bauweise hat Giovannoni, Seite 34 f. zusammengestellt: 1. Das Zehneck mit Strebenischen, 2. das bewußte Gleichmaß des Ganzen, wobei die Baumasse im Verhältnis zum gewonnenen Raum auf das Mindestmaß eingeschränkt ist, 3. die Verwendung der Fenstertrommel. Ich sehe von den römischen Zugaben ab. Hätte Giovannoni eine Ahnung der in Armenien vorliegenden genau entsprechenden Tatsachen gehabt, er würde vorsichtiger in seinen Schlüssen gewesen sein.

Das »Minerva medica« genannte Bauwerk war, wie Giovannoni zeigte, wahrscheinlich ein Baderaum. Es ist nun sehr beachtenswert, daß auch das Oktogon in Antiochia Beziehungen zu dieser Zweckgruppe aufweist, insofern, als um dafür Platz zu machen, ein Bad des Philipp Arabs niedergerissen wurde[1]). Möglich demnach, daß man auf den Grundmauern eines alten Baderaumes baute,

[1]) C. O. Müller, Antiquitt. Antioch. II, 25 S. 102 f. Dazu Unger, Encyclopädie der Wissensch., Erste Sektion LXXXIV, S 336.

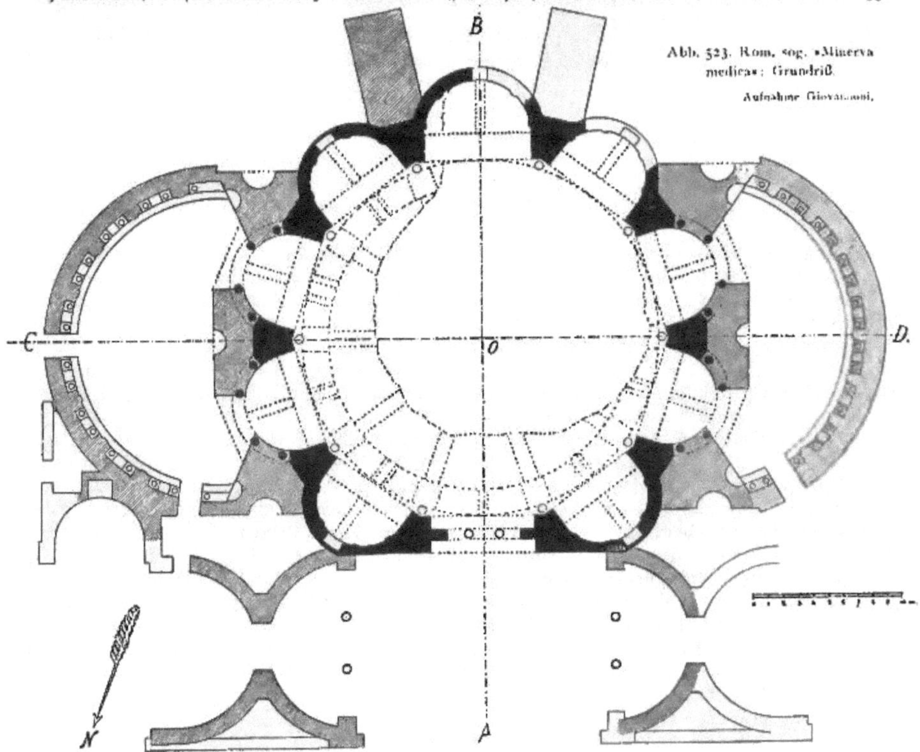

Abb. 523. Rom, sog. »Minerva medica«; Grundriß.

Aufnahme Giovannoni.

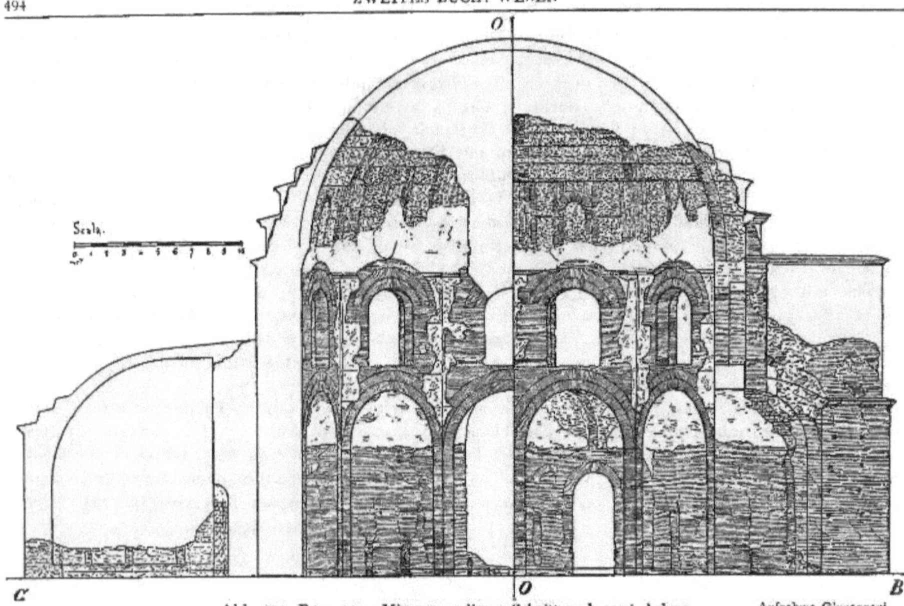

Abb. 524. Rom, sog. »Minerva medica«: Schnitt nach zwei Achsen. Aufnahme Giovannoni.

oder diesen selbst in die Kirche umgestaltete. Es scheint also die Zweckgruppe der Bäder zu sein, die zur Verwendung des Achtpasses geführt hat. Das kann für Armenien ebenso gelten, wie in Antiochia. Wir werden aber sehen, daß in Armenien noch, scheint es, ein ganz besonderer Grund dafür geltend zu machen ist, den Vierpaß mit einem Umgang zu versehen. Davon im dritten, geschichtlichen Buche.

Wenn ich mit der Tatsache rechne, daß nur in Armenien der Achtpaß sich dauernd im Kirchenbau eingebürgert hat, so ergibt sich immerhin die Möglichkeit, daß schon die 331 begonnene Kirche in Antiochia von einem Armenier ausgeführt wurde und so, da S. Vitale, eine Wiederholung des Oktogons von Antiochia scheint, die bei der Einführung des Christentums durch Gregor und Trdat in Armenien um 300 üblich gewordene Kirchenbauform den Weg nach der syrischen Metropole und Italien fand. Die Bauten von Bana und Ischchan, die den weit häufiger als den Achtpaß verwendeten Vierpaß, überdies mit Umgang zeigen, liegen unfern den Gräbern des Gregor, Trdat und ihrer Nachfolger in der Nähe einer der Hauptverkehrsstraßen aus den Kaukasusländern nach Antiochia. Georgien stand bis zum Jahre 545 unter dem Patriarchen von Antiochia [1]). Die Sechs- und Achtpässe zeigen gegenüber den Quadraten mit Strebenischen insofern eine beachtenswerte Eigenart, als sie die Kuppel nicht nur über den offenen Raum in der Mitte, sondern weit über die Strebenischen setzen und dadurch eine solche Steigerung des an sich engen Kuppelraumes erzielen, daß man zunächst nicht begreift, wie diese verhältnismäßig kleinen Bauten so mächtig im Innenraum wirken können. Irind ist der bedeutendste alte und erhaltene Zeuge dafür. Vielleicht wird sich ihm der Achtpaß in Eghiward würdig an die Seite stellen. Die Erklärung dieser Eigenart liegt darin, daß die Strebenischen des Vierpasses zu groß sind, als daß ihre selbständige Wirkung beeinträchtigt werden könnte. Mit dem Sechs- und noch mehr mit dem Achtpaß aber werden die Nischen immer kleiner, ihre Tiefe wird gleich der Mauerdicke der Fenstertrommel, so daß die Kuppel durchaus im Eindruck vorherrscht. Die oben Seite 71 gebotene Zusammenstellung der Gattungen und Arten gibt darüber gut Auskunft.

[1]) Feist, »Das georgische Volk«, S. 97. Vgl. dazu Zagarelli, »Historische Skizze der Beziehungen Grusiniens zum hl. Lande und zum Sinai«, Zeitschrift des deutschen Palästina-Vereines, XII, 1889, S. 35 f.

3. Der längsgerichtete Kuppelbau (S. 159 f.).

Die Kuppel ging ursprünglich ihre eigenen Wege ebenso wie die längsgerichtete Tonne. Die Versuche, beide zu vereinigen, scheinen erst auf armenischem Boden zielbewußt und folgerichtig so durchgeführt worden zu sein, daß damit der Welt etwas dauernd Gültiges gegeben wurde. Voraus geht vielleicht nur, wenn auch von dem gleichen Brennpunkt, Iran, abhängig jene Form der »Kuppelbasilika«, die wir heute von Meiafarqin bis Salonik mit Beispielen belegen können, die Kuppelbasilika mit Emporen, ferner der einfache Typus der einschiffigen Kreuzkirche, wie sie in Kleinasien nachgewiesen wurde und im Mausoleum der Galla Placidia wie in Casaranello vor uns steht, und ich sie mit der orientalischen Form der tektonisch gegliederten Katakombe zusammengebracht habe[1]). Beide Arten der Verbindung von Kuppel und Tonne haben auf Armenien keinen oder untergeordneten Einfluß geübt. Die Kuppelbasilika mit Empore kommt — außer man rechnet Meiafarqin zum armenischen Kunstkreise — dort rein überhaupt nicht vor, und die einschiffige Kreuzkuppel ist wahrscheinlich auch in der Hauptsache als selbständige armenische Kirchenform entstanden.

Es ist kaum richtig (Rivoira, S. 202), zu glauben, die Armenier hätten in der Zeit Gregors des Erleuchters noch keine aus Kuppel und Tonne bestehende Baukunst verwenden können, weil man in Rom-Byzanz erst im 6. Jahrhundert zu solchen Grundrissen gelangt sei. Richtig ist vielmehr, daß schon die Iranier auf diese Bauform gekommen waren, wie der gleich vorzuführende Bau von Taq Eiwan erweist. Bevor ich auf diesen ohne Nischenverstrebung aufgeführten Bau eingehe, seien zunächst die Bauformen des längsgerichteten Kuppelbaues besprochen, die an der Konche festhalten. Sie gehen, glaube ich, von der Kuppel nicht vom Längsbau aus.

A. Dreipaß-Kirchen (S. 159 f.).

Es gibt wohl kaum eine Bauform des Ostens, deren Auftreten im Abendlande so viel Tinte ausgelöst hat, wie der Dreipaß. Abgesehen von der älteren Literatur, die ausging von den cellae trichorae über den römischen Katakomben und meiner Untersuchung gelegentlich Mschatta (S. 232 f.), sind neuerdings gleich drei Arbeiten erschienen, die sich mit dem Ursprung des Trikonchos beschäftigen: Rahtgens, »Die Kirche S. Maria im Kapitol zu Köln« 1913, Fresfield, »Cellae trichorae, christian antiquities in the byzantine provinces of Sicily etc.« 1913, und Weigand, »Das Theodosiuskloster bei Jerusalem« (Byzant. Zeitschrift XXIII, 1914, S. 167 f.). Keine dieser Arbeiten hat das armenische Material herangezogen. Ich habe daher auf dessen ausschlaggebende Bedeutung schon in der Zeitschrift für christliche Kunst XXVIII (1916), S. 181 f. hingewiesen. Hier wird es sich zunächst darum handeln, den Dreipaß im Rahmen der armenischen Baukunst selbst und ihrer Quellgebiete vergleichend zu behandeln. In einem späteren Abschnitte soll dann versucht werden, den Weg seiner Ausbreitung nach dem Abendlande hin zu verfolgen. Hätte Sybel[2]) mehr an die Kuppel als an den Kleeblatt-Grundriß gedacht, so würde er die Bauform nicht für »jedenfalls« hellenistisch angesehen haben.

Der Dreipaß ist in Armenien immer an die Kuppel gebunden, die ursprünglich durch Nischen verstrebt auftritt, natürlich immer über dem Quadrat. Wir werden hier nur den freistehenden Dreipaß zu verfolgen haben; es ist aber möglich, daß er eine zum Teil ältere Entwicklung durchmachte, wobei die Kuppel nicht so sehr durch die Nischen als durch umschließende Nebenbauten verstrebt wurde. In dieser Richtung besteht die Möglichkeit, daß Dreipaßkuppeln fertig aus dem Osten übernommen wurden. Ein solcher Träger wäre der Palastbau gewesen, wie ich »Mschatta«, Seite 231 f., andeutete. In den Thomasakten — die uns unten noch beschäftigen werden, scheinen sie doch in jenem iranischen Nordosten entstanden, der die Keimformen des altchristlichen Kuppelbaues in Armenien hervorbrachte — wird ein Palast beschrieben, unter dessen Räumen auch ein »trichorum« vorkommt. Die ganze Einteilung läßt sich mit Mschatta, das als Hauptraum eine solche Dreipaßkuppel aufweist, in Einklang bringen[3]). Es ist vorläufig nicht zu durchschauen, wie die Zusammenhänge liegen. Auf der einen Seite konnte ich nach dem salomonischen Palaste hinweisen, auf der

[1]) »Orient oder Rom«, S. 11 f., »Kleinasien«, S. 135 f. — [2]) »Christliche Antike« II, S. 308.

[3]) Vgl. mein »Mschatta«, S. 231 f.

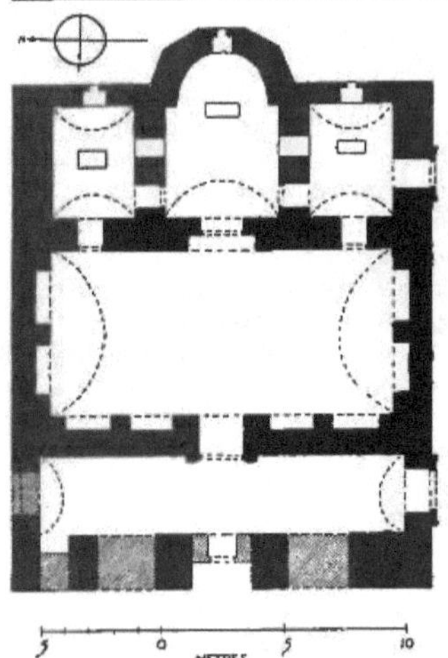

Aufnahme Bell.
Abb. 525. Salah, Jakobskirche: Grundriß.

andern zeigt sich, daß Anklänge an gewisse Teile des Idealpalastes und Mschatta auch in Armenien und in den Bauten von Chinesisch-Turkestan zu finden sind. So vergleiche man für das Torgebäude die Ruine T I in Chodscho (S. 363[1]). In Armenien scheint der Palastbau hoch entwickelt gewesen zu sein. Das wenige, was ich oben Seite 266 f. beibringen konnte, gibt eine Ahnung davon. Ich meine also, es sei wohl denkbar, daß die Dreipaßkirchen von daher angeregt sein könnten.

Es gebe noch eine Möglichkeit für die Entstehung des Dreipasses, die hier erwähnt werden soll, weil sie vom Grenzgebiete zwischen Armenien und Nordmesopotamien ausgeht. Sie ist bisher nicht beachtet worden. Wenn ich zwei Grundrisse wie den der Jakobskirche in Salah und den der Marienkirche in Khakh[2]) nebeneinanderhalte, dann scheint es wahrscheinlich, daß Abbildung 526 nichts anderes ist, als eine Durchsetzung des tonnengewölbten Querbaues von Abbildung 525, der in mesopotamischen Boden wurzelt, mit der vom Norden oder Osten vordringenden Kuppel. Statt der breiten, das Hauptschiff überdeckenden Tonne wäre nach iranisch-armenischer Art der Versuch gemacht, die Kuppel einzusetzen. Man vergleiche die beiden Außenansichten »Amida«, Seite 237 und 259. Dort der breite Quergiebel, die Fassadenwirkung fast in chinesischer Art beherrschend, hier die Kuppel (Abb. 488), die sich ähnlich hoch in einem Würfel emporhebt, wie es in Tekor einst der Fall war. Und wie in Tekor kommt über dem quadratischen Turm noch ein schmaler Streifen des Achtecks heraus, über dem das einst auch in Khakh pyramidale Dach — man vergleiche die Wiederherstellung bei Bell, »Churches and monasteries of the Tûr 'Abdîn«, S. 82 — aufsteigt. Konnte die Kuppel von Khakh im Grunde als Ersatz für die eingestürzte Kuppel von Tekor gelten und wurde auf ihren Schmuck durch Bogen auf Doppelsäulchen bereits oben, S. 445, eingegangen, so sei hier festgestellt: in die Mitte der altmesopotamischen Quertonne trat die Kuppel; sie hätte ruhig zu beiden Seiten durch Tonnen zum Rechteck ergänzt werden können. Tatsache aber ist, daß man in Khakh mit der Kuppel einheitlich vorging, d. h. neben die mittlere Vollkuppel die Nischenverstrebung einsetzte. Dies geschah in Khakh nicht durch richtige vom Boden zylindrisch aufsteigende Nischen, sondern wie im Tonnensaal von Sarwistan (Abb. 498) und dem Kuppelachteck von Warzahan (Abb. 520) durch Kugelschalen über eckigem Mauergrundriß. Die Überleitung aus dem Rechteck ins Rund erfolgte auch nicht wie in der Hauptkuppel durch Trichternischen, sondern durch Überkragung der Ecken mittels Steinbalkens. »Amida«, Seite 262, gibt darüber Auskunft.

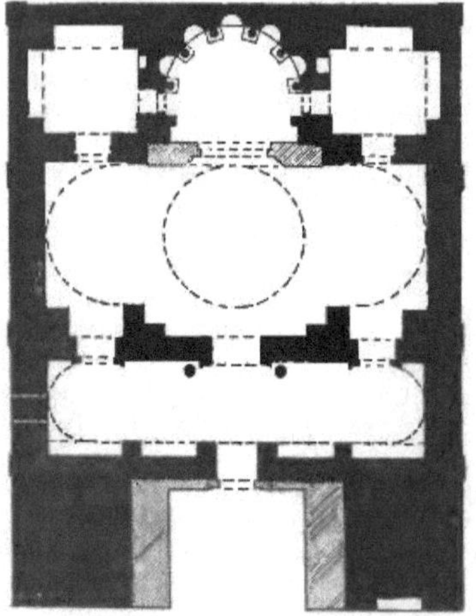

Aufnahme Bell.
Abb. 526. Khakh, Marienkirche.

Der Dreipaß von Khakh — die Apsis ergänzt die beiden seitlichen Nischen zum Kleeblatt — muß in Nordmesopotamien nicht selten gewesen sein, er hätte sonst nicht in Ägypten zur geradezu herrschenden Bauform der Klöster werden können. Das weiße und das rote Kloster bei Sohag, das Simeonskloster bei Assuan und das syrische Kloster der nitrischen Wüste bringen dafür Belege. Da ich unten darauf einzugehen habe, sei hier nur auf »Byzantinische Denkmäler«, III, Seite XVII, verwiesen, wo ich ja auch den Übergang des Typus auf Kon-

[1]) Vgl. auch die Zeitschrift für Gesch. d. Architektur VII, S. 56.
[2]) Vgl. mein »Amida«, S. 236 und 260.

stantinopel im Auge hatte, ohne damals noch den Ausgangspunkt an der armenisch-mesopotamischen Grenze zu kennen. Bei dieser Art Dreipaß ist der Westteil mit der Kuppelmitte zu keiner einheitlichen Raumform verbunden. Vielmehr schiebt sich dann gewöhnlich eine feste Wand oder ein triumphbogenartiges Zwischenstück ein. Doch gehe ich dieser Art hier nicht weiter nach, weil sie ja nur ein Übergreifen der armenischen Kuppel auf den Breithausbau bedeutet, in Armenien selbst aber nicht zu finden ist. Ich werde daher erst im vierten Buche über die Ausbreitung darauf zurückzukommen haben, doch sei schon hier auf den Anbau der Basilika von Tebessa in Nordafrika verwiesen.

In Armenien selbst wirft zunächst eine verneinende Tatsache Licht auf die Herkunft des Dreipasses. Es ist auffallend, daß er bei jenen Kuppelbauten mit Längstonnen fehlt, deren Mittelstützen nicht frei stehen, d. h. gerade bei der später am meisten verbreiteten endgültigen Gattung, der Kuppelhalle (S. 188 f.). Daraus möchte man bestimmte Schlüsse für den Ursprung des Dreipasses ziehen. Er hat keinesfalls etwas mit den tonnengewölbten Längskirchen zu tun, denen der neben den Nischen für den Dreipaß entscheidende Zug, das Querschiff, ausnahmslos fehlt. Der Dreipaß dürfte daher von der quadratischen Kuppel ausgehen und dadurch entstanden sein, daß die Westnische durch das seit dem 5. Jahrhundert immer entschiedener geforderte Langhaus ersetzt wurde. Nur so ist auch zu verstehen, wie die Kuppel bei den einschiffigen Bauten aus der Mitte geraten konnte. Das Aufkommen des Dreipasses dürfte einsetzen mit der Anfügung einer Tonne statt der Nische an der vierten, der Westseite. Kürzere Tonneneinlagen zwischen der Kuppel und den Nischen sind ja schon an den Konchenquadraten und den Vierpässen beobachtet worden. Zum guten Teil wirkt dabei der Tonnenbau mit, wie er von Mesopotamien und Kleinasien im 5. Jahrhundert vordrang, vielleicht einschiffig auch in Armenien schon in vorchristlicher Zeit bekannt war.

a) Einschiffige Dreipässe und verwandte Kuppelbauten.

Unter ihnen stehen typisch solche mit richtigen Strebenischen als Grundform obenan. Das beste Beispiel Alaman (Abb. 160). Dieser Bau vom Jahre 637 ist eine ganz folgerichtige Lösung, die sich ergab, sobald die Forderung auftrat, die quadratische Konchenkuppel mit einer westöstlichen Richtung zu durchsetzen. Diese Forderung aber wurde lebendig durch die von Mesopotamien und Kleinasien vordringenden längsgerichteten Tonnenbauten, es sei denn, daß die einschiffigen Dreipässe älter sind als der Kirchenbau. Dafür käme in erster Linie die Ausstattung der kreuzförmigen Katakombe (bei ihrer Übertragung auf Grabbauten über der Erde) mit der Kuppel in Betracht; da aber ist — wenigstens bei der morgenländischen Form der Katakombe — kein Grund vorhanden, der die Anwendung

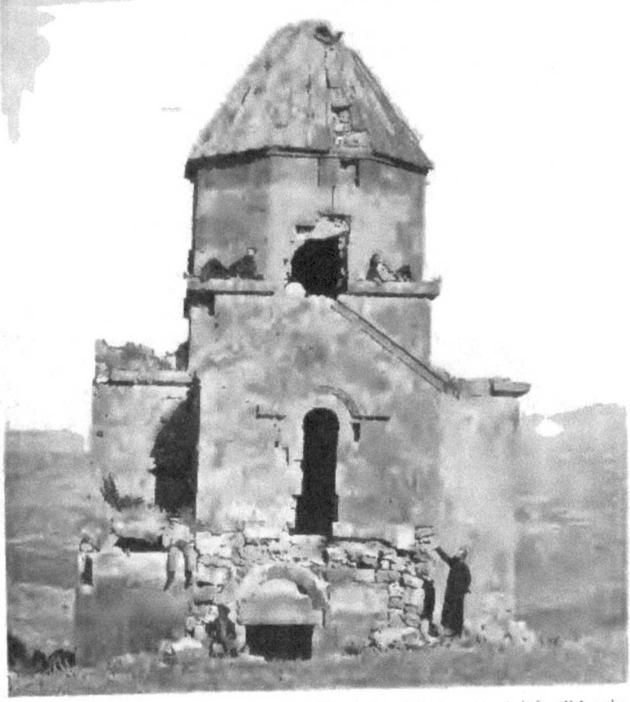

Abb. 527. Lmbatawank, Stefanskirche; Westansicht. Aufnahme Nahapetian.

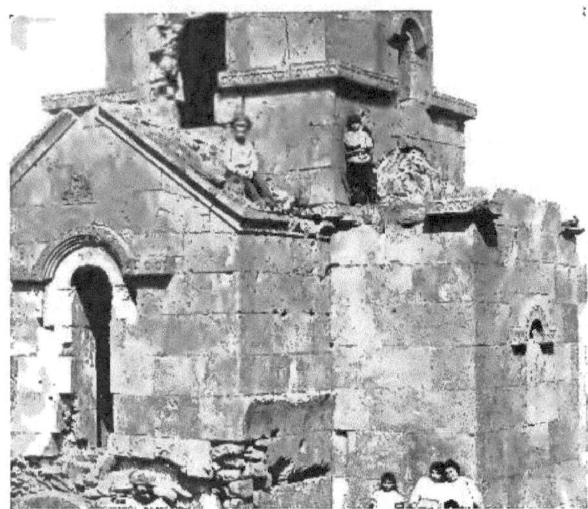

Aufnahme Thoramanian.
Abb. 528. Lmbatawank, Stefanskirche: Einzelheiten der Südwestansicht.

der Nische statt der hergebrachten Tonne erklären würde. Gehe ich aus von der Katakombe von Palmyra, entstanden vor dem Jahre 259[1]), so zeigt sich, daß die Einfügung der Nische statt des geraden Abschlusses der Kreuzarme geradezu widersinnig wäre. Man kann daher wohl einschiffige Bauten in Kreuzform, die geradlinig, nicht aber solche, die in Nischen enden, auf diese Quelle zurückführen, um so mehr, als dafür nicht nur die bekannten Beispiele des Grabmals der Galla Placidia und von Casaranello, sondern ähnliche Bauten auch im ganzen Osten, vor allem in Kleinasien[2]) und sonst vorliegen. Ich gebe dafür aus Armenien zwei weitere Beispiele.

Lmbatawank bei Artik. Diese Stefanskirche ist inschriftlich vor 1191, wahrscheinlich schon im 7. Jahrhundert entstanden. Abbildung 527 zeigt den kleinen Bau hoch auf den Abhängen südlich von Artik mit dem tiefliegenden Eingange, darüber das große Westfenster und den Giebel. Seitlich die bis auf das Gußmauerwerk abgeräumten Dächer der Querarme, darüber hinausragend das Kuppelquadrat mit der achteckigen Fenstertrommel und dem massigen pyramidalen Dach. Der Bau stimmt in der Bauform mit der Marienkirche von Thalin überein (S. 161), nur sind die Verhältnisse nicht unwesentlich verschoben. Vor allem liegt ein Unterschied im Grundriß darin vor (Abb. 529), daß Lmbatawank die Tonne nicht nur im verlängerten Westarm zeigt, sondern auch wie in Ravenna in den Querarmen. Das ganze Gebäude ist an den Abhängen mit drei Stufen emporgehoben und gut erhalten. In der Nordwestecke ist eine jüngere Kapelle eingebaut, in der als Türsturz ein älteres Relief mit menschlicher Gestalt und Weinranke an der Unterseite verbaut ist (Abb. 433). Am Hauptgesims außen eine sehr eigenartige Folge tiefliegender gewölbter Kreise (Abb. 528), eine Art

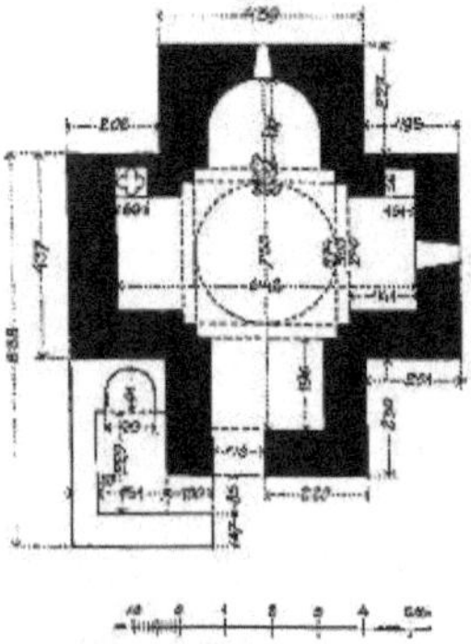

Abb. 529. Lmbatawank, Stefanskirche: Grundriß.

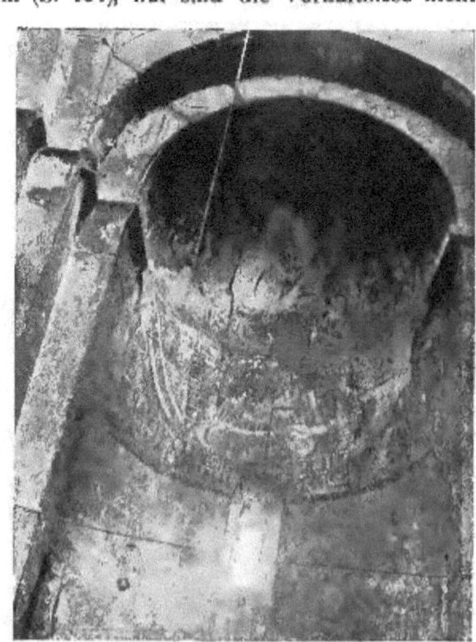

Abb. 530. Lmbatawank, Stefanskirche: Apsis.

[1]) »Orient oder Rom«, S. 11 f. Vgl. dazu andere ältere Parallelen bei Wulff, »Altchristl. und byz. Kunst«, I, S. 20 f.

[2]) Vgl. »Kleinasien, ein Neuland«, S. 135 f., Rott, »Kleinasiatische Denkmäler«, Bell, »The thousand and one churches« u. s. f., Uwarov, »Materialien«, an verschiedenen Stellen. Man lese dazu auch Millet, »L'école grecque«, über Georgien nach.

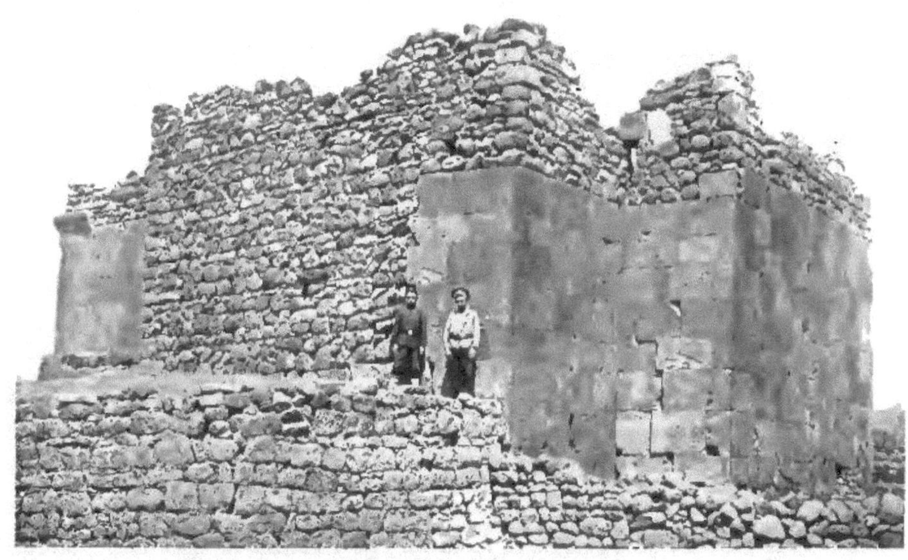

Abb. 531. Artik. Marienkirche: Ansicht von Südosten.

Rundbogenleiste (vgl. Abb. 27), in die Fläche übersetzt. Die gleiche Verzierung auch an den üblichen Fenstern mit Bogenbändern; am Giebel das Profil mit steiler Hohlkehle. Rechts neben dem Westarm Spuren eines gewölbten Anbaues. Abbildung 530 zeigt die Apsis innen mit den Doppelbogen und steilen Hohlkehlen-Kämpfern wie in Thalin. In der Höhlung in Malerei ein Pantokrator auf perlenbeschlagenem Thron in großer Mandorla über Flammen. Seitlich die Räder (Throne) und Spuren von weißen Cherubim. An den östlichen Seitenwänden der Querarme Reiterheilige und an der Tonne der Eingangsseite ein großes Reliefkreuz.

Artik, Kleine oder Marienkirche. Eine ganz eigenartige Übergangsform des einschiffigen Längsraumes mit Tonne zum Kuppelbau stellt eine zweite, nahe bei der Kathedrale liegende Kirche

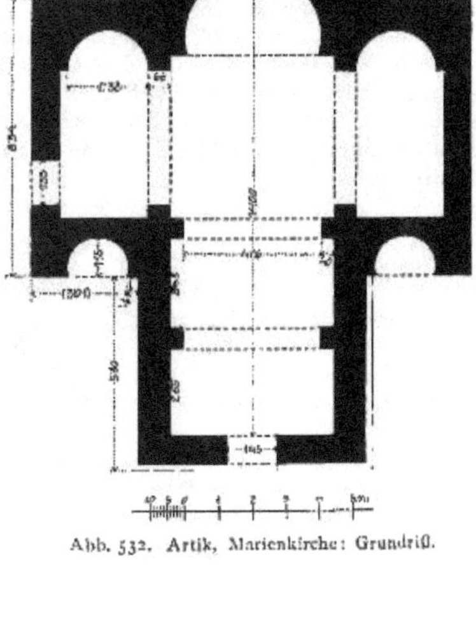

Abb. 532. Artik, Marienkirche: Grundriß.

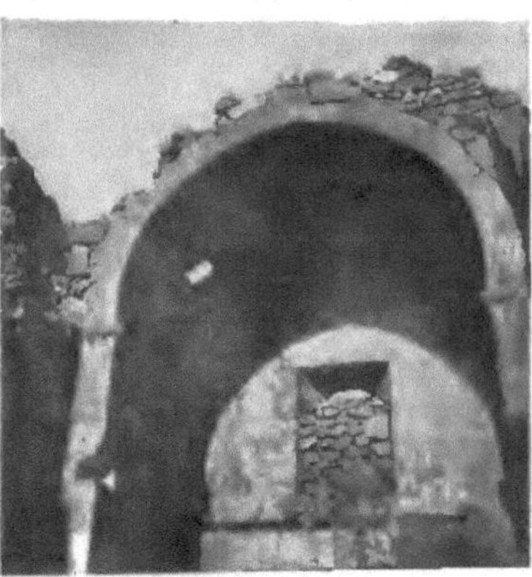

Abb. 533. Artik: Marienkirche: Gewölbe im Westen.

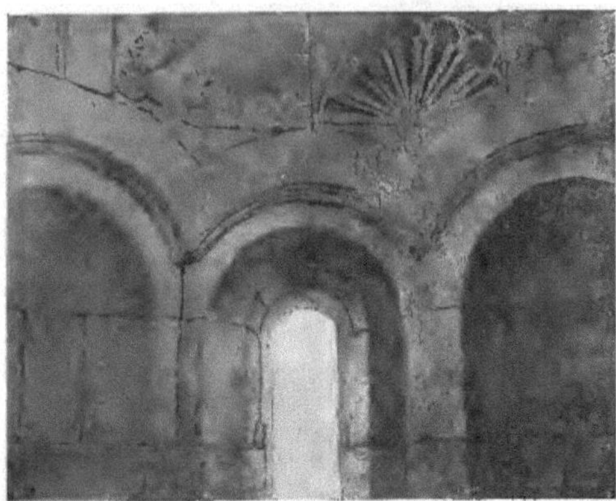

Abb. 534. Mahmudschuk, Kirche: Innenansicht der Fenstertrommel.

von Artik dar, die, nordöstlich, oberhalb dieses Baues (S. 76 f.) stehend, in mannigfacher Hinsicht unsere besondere Beachtung verdient. Sie läßt sich keiner bestimmten Gattung einreihen. Abbildung 531 zeigt sie von der Südostseite; das Gewölbe ist eingestürzt, die Südwand in der Mitte eingebrochen und durch Feldsteine ergänzt, der ursprüngliche Bestand der Ruine immerhin aber noch in allen Teilen feststellbar. Wir sehen im Grundriß (Abb. 532) zwar die einschiffige kreuzförmige Gattung, aber so eigenartig, daß der Bau doch wieder aus der Reihe von Alaman, Thalin und selbst Lmbatawank herausfällt. Am ehesten wäre er noch mit dem zuletzt genannten, ebenfalls in der Nähe von Artik gelegenen Baue vergleichbar, weil auch dort die Quernischen fehlen. Aber erstens sind schon die Abmessungen der Marienkirche mehr als doppelt so groß wie in den üblichen einfachen Kreuzkirchen und dann herrscht im Aufriß der Hufeisenbogen derart vor, daß die Beispiele mit dem Rundbogen erst recht als zusammengehörig erscheinen und die Marienkirche von Artik daneben umsomehr als andersartig auffällt. Der Innenraum ist 14 m lang und über 10 m im Querschiff, 4·06 m im Langschiff breit. Vom Kuppelquadrat (4·40 m²) sind durch Gurtbogen seitlich Tonnen abgegrenzt, die zusammen mit ihren 2·38 m breiten Ostapsiden wie selbständige Kapellen aussehen. Das Länghaus wird durch einen Gurtbogen in zwei Felder geteilt, deren Gewölbe das einzige noch erhalten ist (Abb. 533). Daran läßt sich nun feststellen, daß die Gewölbe spitzbogig und zugleich hufeisenförmig waren. Man sieht in Abbildung 533 auch ein vermauertes Fenster, das außen rund, innen rechteckig, doch nicht — wenn es sich auch von 0·87 auf 0·34 m verengt — wie in der Spätzeit außen schlitzförmig wirkt. Man möchte den Bau wegen der persischen Gewölbeform mit Bagaran auch zeitlich zusammenstellen, ihn also der Zeit um 630 zuweisen. Seine Eigenart kennzeichnen noch zwei Apsiden, die in die westlichen Außenmauern des Querschiffes gelegt sind; sie weisen eine Tiefe von 1·15 m auf, sind also bedeutend größer als die gewöhnlich an der Außenseite angebrachten dreieckigen Schlitze und halbrund. Die Eingänge liegen im Westen und in der Westecke des nördlichen Querschiffes. Der Bau weist keinerlei Schmuck auf, die Kämpfer sind in der steilen Hohlkehle gegeben. Die linke, ebenfalls im spitzen Hufeisenbogen gewölbte Seitenapsis zeigt Reste eines Gemäldes, das einst vielleicht die Beweinung Christi darstellte. Auf weißem Grunde sieht man links sechs Frauen, rechts den Kopf des liegenden Christus, mit dem zu seinem Antlitz gebeugten Kopf Mariae. Darüber in der Mitte eine stehende Gestalt (Christus?) in einer Mandorla, die einst am Rande Goldknöpfe aufgesetzt zeigte. — Das eigentlich Fesselnde dieses aus aller typischen Reihe fallenden Baues sind die persischen Gewölbeformen. Seine Kuppel ist leider, ohne Spuren zurückzulassen, eingestürzt.

In der Marienkirche zu Artik sind eigentlich drei einschiffige Tonnenbauten durch die Kuppel zu Einheit verbunden (vgl. Skripu), das mittlere Hauptschiff ist dabei durch Gurten verstärkt und erinnert durch die Umziehung mit Hallen, deren Endapsiden erhalten sind, an Ereruk, Tekor und Odzun. Die Neigung zu derartigen Bildungen besteht wie in Armenien auch in Kleinasien; doch wird man beim Durchlesen des einschlägigen Abschnittes bei Miß Bell, »The thousand and one churches«, Seite 340 f. sowohl das Bodenständige wie den persischen Einschlag der Marienkirche stark empfinden.

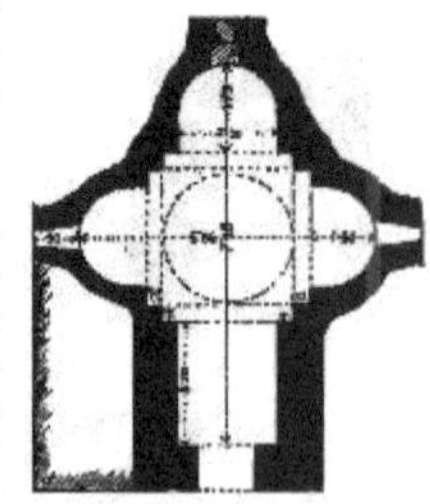

Abb. 535. Mahmudschuk, Kirche: Grundriß.

Mahmudschuk. Ein Bau, den ich vielleicht schon oben Seite 160 f. hätte einfügen können, der aber durch einen eigenartigen Außenbau und reichen

Schmuck auffällt, ist Mahmudschuk, südlich nahe bei Artik gelegen[1]). Der Grundriß (Abb. 435) zeigt den reinen Dreipaß mit den gestelzten Konchen und dem Westschiff. Die Ummantelung ließ sich wegen der Anbauten nicht feststellen. Sie scheint quadratisch mit vorstehendem Westarm. Die achteckige Trommel zeigt vier Fenster, dazwischen Nischen (Abb. 434), über allen profilierte Bogensegmente und in den Ecken darüber allerhand Schmuck: eine halbe Rosette, daneben eine Häufung kleiner Rosetten u. s. f. Die Kuppel selbst ist eingestürzt. Das Nordfenster (Abb. 436) zeigt eine Folge kleiner Hufeisenbogen über dem Wulstprofil und je zwei Tropfen unter einem Pfeil zwischen den Bogen. Darüber mehrere Tabulae ansatae(!) Die Westtür ist vermauert. Über ihr innen in einem 1·07 × 0·85 m großen Flachbilde eine Maria mit dem Kinde, darüber seitlich fliegende Engel, unten der Stifter. Die Kirche erweckt den Eindruck hohen Alters, eine genauere Untersuchung wäre sehr erwünscht.

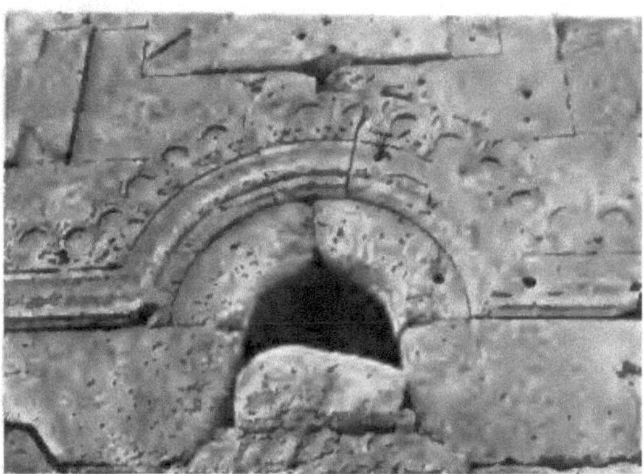

Abb. 436. Mahmudschuk, Kirche: Nordfenster.

Der einschiffige Dreipaß ist auch von Rivoira behandelt und natürlich auf Rom zurückgeführt worden[2]). Aber ich denke, ein Blick auf seine gute Zusammenstellung aus Mongeri und Montano genügt, um zu überzeugen, daß davon nicht die Rede sein kann. Auch die Beispiele, die er »Arch. mus.«, Seite 283 f. bringt, begründen diese Ableitung nicht, weil, soweit die Mitteldecke eingezeichnet ist, diese das Kreuzgewölbe zeigt. Vielmehr scheint mir bei dem Grabmal der Galla Placidia und der spanischen Kirche von Bande[3]) ein Motiv, von dem später zu sprechen sein wird, auf den Osten zu weisen: der Ansatz des quadratischen Kuppelturmes.

Merkwürdig ist, daß an allen vorgeführten einschiffigen Dreipässen also sowohl an Alaman wie an Thalin II, an Lmbatawank wie Artik II die Seitenkammern fehlen. Die Bauten gehören vielleicht schon aus diesem Grunde der Frühzeit an oder haben eine eigene Bestimmung. Aus dem 11. Jahrhundert etwa stammt der einschiffige Dreipaß von Waragwank, den man oben Seite 83 neben dem Kuppelquadrat sieht. Er hat die beiden Seitenräume und ist überhaupt völlig rechteckig ummantelt. Es sieht fast aus, als hätte die daneben rechts stehende Kuppelhalle in der Anordnung einer Vorhalle einen Einfluß auf den Dreipaß ausgeübt (vgl. S. 492 und Choschawank Abb. 236).

b) Dreischiffige Dreipässe (S. 163 f.).

Es sind oben Seite 163 f. drei Bauten dieser Art: Dwin, Thalin und die georgische Kathedrale von Kutais vorgeführt worden, die ersteren beiden aus der Frühzeit, die letztere aus dem Jahre 1000 etwa. Von einer engeren Übereinstimmung kann nicht die Rede sein, es ist gerade nur der Bautypus, ein dreischiffiger Längsraum mit dem in Strebenischen endigenden Kuppelquerschiff in der Mitte der gleiche. Der georgische Bau steht, wie bemerkt wurde, Dwin nahe, Thalin geht ganz eigene Wege und darf als am reinsten armenisch bezeichnet werden. Bei Dwin läßt sich leider ein bestimmtes Urteil nicht fällen, bevor die Ausgrabungen nicht zu Ende geführt sind.

Ich habe den Eindruck, als zeigten die drei Bauten deutlich ein Schwanken, das in Armenien, d. h. in Dwin und Thalin auf die Übergangszeit selbst, in Kutais auf Einflüsse zurückzuführen ist, die ebenso von armenischer wie von anderer Seite ausgehen könnten. Man lege Thalin neben Bagaran (Abb. 197 und 84): es ist grundsätzlich der gleiche Bau, nur sind die Tonnen in der Westostrichtung bedeutend mehr gestreckt als in der Nordsüdrichtung. Im Westen fiel überdies die

[1]) Vgl. die Karte oben, Abbildung 5.
[2]) »Origini« S. 27 f. und bes. »Arch. mus.«, S. 263 f. Wulff »Altchristl. und byz. Kunst« S. 225 leitet ihn aus Alexandria her.
[3]) Lamperez y Romea, Hist. de la arquitectura, I, S. 453 f.

Nische weg und es entstand dafür das Langhaus; das gehört zur Gattung. Aber auch im Osten ist der Apsis ein so großer Längsraum vorgelagert, daß da eine zweite Kuppel hätte Platz finden können. Noch größer ist die Streckung in Dwin (Abb. 192). Dort ist im Osten ein ebenso langes Schiff entstanden wie im Westen, die Kuppel also derart von der Apsis abgerückt, daß der künstlerische Zusammenhang der drei Strebenischen ganz verloren ging. Man wird also sagen dürfen, Thalin halte die armenische, in Bagaran am reinsten verkörperte Gesinnung immerhin noch aufrecht, in Dwin dagegen siege der Mittelmeergeist, trotzdem die Kuppel samt den Konchen übernommen ist; aber das Langhaus ist geradezu gangartig geworden und die Kuppel ist zu klein und vermag daher nicht, wie noch in Thalin, die Räume zur Einheit um die Mitte zusammenzufassen.

Diese Tatsachen leiten auf einen bemerkenswerten Drang armenischer Baugesinnung, dem später näherzutreten sein wird. Man halte neben die armenischen Dreipässe die syrischen (Mschatta, Bethlehem), die ägyptischen (Klöster bei Sohag) oder die abendländischen Dreipässe (am Rhein): sie alle stellen den Dreipaß samt der Kuppel an das Ende der Längsachse, so daß die Apsis mit den beiden Seitennischen um das Kuppelquadrat beisammenbleiben. Nur die armenische Kunst reißt diesen einst von ihr im Tetrakonchos geschaffenen Zusammenhang auseinander. Warum? Das oberste Gesetz ist ihr der Grundsatz: »Der Kuppel die Mitte«. Eine solche Gesetzmäßigkeit scheint nur erklärbar daraus, daß dem armenischen Künstler die Kuppel, und nichts anderes, Rückgrat seines Denkens war. Im Wesen der Kuppel aber liegt eben als Eigengesetz, daß sie die Mitte behaupten muß. Nur in Gegenden wie dem Mittelmeergebiet, in denen nicht die Kuppel der Ausgangspunkt der Baugesinnung war, kann sie aus dieser beherrschenden Lage gedrängt werden oder wenn, wie beim einschiffigen Dreipaß, die eine Konche durch die Tonne ersetzt wird.

Solche Erwägungen werden dann eine besondere Rolle spielen, wenn ein auf außerarmenischem Boden auftretender Dreipaß durch literarische Angaben als armenischen Ursprungs vermutet werden darf und der Kunstforscher entscheiden soll, ob wirklich nicht nur der Besteller, sondern auch die ausführenden Kräfte armenische waren. Abgesehen von allen anderen Bestimmungsmerkmalen wird die Stellung der Kuppel ein nicht zu übersehendes Beweismittel abgeben. Man betrachte daraufhin Abbildung 537, den Grundriß der neuerdings freigelegten Kirche des Theodosiosklosters bei Jerusalem. Der Bau ist um 460 gegründet, das Kloster war von Griechen, Armeniern und Bessern bewohnt. Theodosios selbst baute eine große Kirche und sein Nachfolger, der Armenier Sophronios († 543) fügte eine herrliche Marienkirche zu. Spätere Berichte sprechen von einer Wölbekirche und daß die Wölbung eingestürzt sei. Wird man daraufhin nicht den in Abbildung 537 gegebenen Bau für diese Kirche des armenischen Bestellers annehmen dürfen und geneigt sein, weil die Kuppel trotz der Einschiffigkeit die Mitte wahrt, auch die ausführenden Kräfte für armenische anzusehen? Davon im vierten Buche über die Ausbreitung[1]).

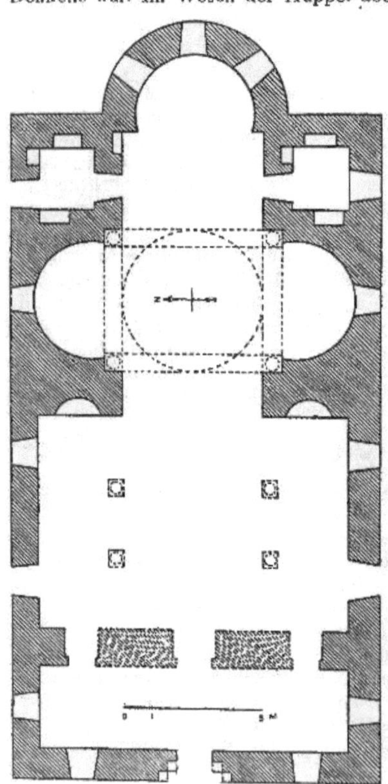

Aufnahme Weigand.
Abb. 537. Theodosioskloster bei Jerusalem, Kirche: Grundriß.

Die Zahl der dreischiffigen Dreipässe ist in Armenien spärlich. Gegen die alte Nischenverstrebung kämpft eine neue Art an, die der Pfeiler und Tonnenverstrebung. Die für die Gattung bestimmenden Strebenischen verlieren seit Einführung der neuen Werkarten ihre Berechtigung,

[1]) Vgl. dagegen Weigand, Byzantinische Zeitschrift XXIII (1914), S. 167 f., und meine Richtigstellung in der Zeitschrift für christl. Kunst XXVIII (1916), S. 181 f.

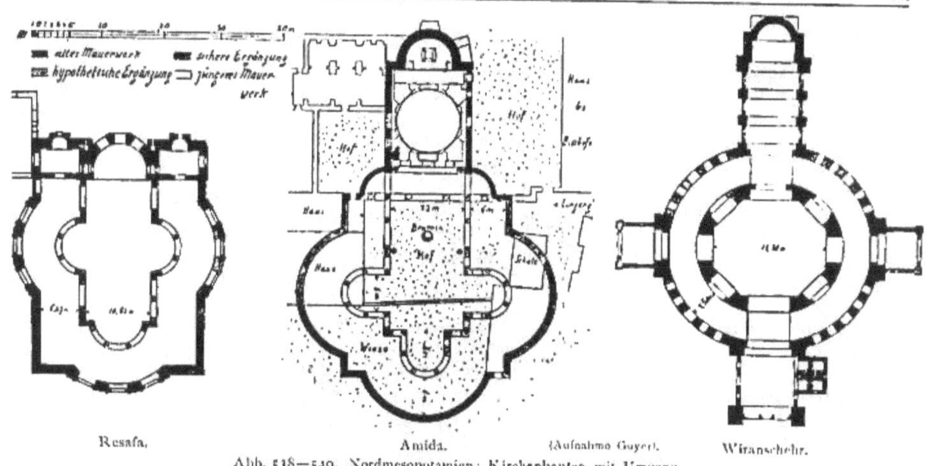

Resafa. Amida. (Aufnahme Guyer). Wiranschehr.

Abb. 538—540. Nordmesopotamien: Kirchenbauten mit Umgang.

sind lediglich allmählich veraltenden Neigungen zu verdanken. Die Strebenische leistet dem Pfeiler eine Hilfe, die ebensogut hätte umgangen werden können. Vielleicht haben eine Zeitlang Gründe der Kirchenmusik für die Beibehaltung der Konchen gesprochen[1]). In byzantinischen Klosterkirchen, besonders auf dem Athos wird die Konche dauernd als Sängerchor verwendet[2]).

Die dreischiffigen Dreipaßkirchen haben am längsten an der alten Form der Konchenquadrate dadurch festgehalten, daß sie im Ostteil keine geschlossene, durch Dreiecknischen gegliederte Masse aufkommen ließen. Die Blendbogenreihen von Thalin (Abb. 202) erinnern unmittelbar an die der Kathedrale von Artik (Abb. 61) und man möchte sich die Kuppel von Artik nach der von Thalin ergänzen.

Auffallend ist an den beiden armenischen Dreipässen (Abb. 192/197) die Enge der Seitenschiffe. In Dwin ist das Verhältnis 3·60 : 8·10 m, in Thalin 3·09 : 7·52 m, also in beiden Fällen weniger als die Hälfte. Daß diese Abmessung nicht nur mit der Rücksichtnahme auf die Kuppel erklärt werden kann, belegt ein Blick auf die dreischiffigen Längstonnen (S. 144 f.): auch dort das gleiche Verhältnis. Es wird wohl durch die Einwirkung der die Längsrichtung einführenden Tonnenbauten bedingt sein.

D r e i s c h i f f i g e D r e i p ä s s e m i t U m g a n g. In Armenien selbst ist kein solcher Bau erhalten. Dafür gleich zweimal im nördlichen Mesopotamien. Ich gebe Abbildung 538/540 die Zusammenstellung nach Guyer bei Sarre-Herzfeld, »Archäologische Reise im Euphrat- und Tigrisgebiet« II, Seite 32 d. S. A. Es geht nicht an, diese Bauten als solche einer Kunst zu bezeichnen, »der die mit dem Kuppelbau zusammenhängenden Probleme fremd waren«. Vielmehr sind sie eben nur als Rückschlag der Bauweisen, die wir in Armenien kennen lernten, auf die Nachbargebiete zu verstehen. Wir sehen in Resafa einen in der Art von Dwin basilikal langgestreckten strahlenförmigen Bau, der auch an der Westseite eine Nische ansetzt[3]), und in der Marienkirche von Amida[4]) ein Quadrat mit vier Strebenischen als Umgang gelegt um einen einschiffigen Dreipaß. Es ist also die Art von S. Lorenzo in Mailand, die hier an der armenischen Grenze auftaucht, wenn Guyer die Spuren richtig aufgefaßt hat. Freilich legt er einen Hof in die Mitte; aber das sind alles Annahmen, die erst im Zusammenhang mit den armenischen Denkmälern durch Ausgrabungen sichergestellt werden müssen. Wiranschehr gibt daneben das einfache Achteck ohne Strebenischen in einer Bauart, die jeden Zweifel daran ausschließt, daß hier eine richtige, keine Holzkuppel angebracht war.

[1]) Vgl. z. B. Stephan von Taron III, 7 (Gelzer-B., S. 127).

[2]) Vgl. auch Wellesz, Österr. Monatsschrift für den Orient 1916, S. 302 f. Wulff, »Altchristl. u. byz. Kunst«, S. 226.

[3]) Vgl. dazu den Palast von Kasr ibn Wardan in meinem »Amida«, S. 223.

[4]) Vgl. mein »Amida«, S. 192.

Die neue Baugesinnung (Tonnen- und Pfeilerverstrebung).

Die Dreipaßkirchen sind nur das augenfälligste Anzeichen eines in der armenischen Baugesinnung zu beobachtenden Umschwunges. Sie entstehen unter Festhaltung der alten Konchenverstrebung; aber bereits in ihnen macht sich — nehme ich an — der Einfluß jener Gruppe geltend, die ich in dem Abschnitt über die längsgerichteten Tonnenbauten, Seite 137 f., zusammengestellt habe. Die strahlenförmige Anordnung um die Kuppelmitte weicht, wenn auch die Kuppel gesetzmäßig die Mitte behauptet, der Längsrichtung. Diese wahrscheinlich einer kirchlichen Forderung nachkommende Wandlung hat andere Änderungen im Baugefüge der armenischen Kirchen zur Folge. Allmählich gestaltet sich das ganze Bild der äußeren Erscheinung um, es treten neue Formen auf, die wohl an der Kuppel festhalten aber die alte Nischenverstrebung ganz beiseite lassen. An ihre Stelle treten zwei auf armenischem Boden neue Arten der Verstrebung, die Pfeiler- und Tonnenverstrebung.

Schon beim Konchenquadrat mit verstrebten Ecken (Hripsimegattung S. 82) schieben sich bisweilen zwischen Konche und Quadrat Gurten, bzw. schmale Tonnengewölbe ein. Sie werden beim Konchenquadrat mit eingestellten Mittelstützen (S. 95) zur Notwendigkeit. Allmählich muß man erkannt haben, daß eine tiefere Tonne die verstrebende Nische überflüssig mache. Die Folge davon war das Auftreten von Bauformen, die der ursprünglich zum Wesen des armenischen Kuppelquadrates gehörenden Nische ganz entbehren. Der gleichzeitig durchdringende Zug zur Längsrichtung, der auf diese Art den Weg vorbereitete oder vorbereitet fand, trug dazu bei, die armenische Kirchenbaukunst auf ganz neue Wege zu leiten. Dazu kam ein anderes.

Pfeilerverstrebung. Wie die Erweiterung des quadratischen Kuppelraumes zur Nischenverstrebung, so hat die Übertragung der Kuppel auf den Längsbau zur Pfeilerverstrebung und der Bauform der armenischen Kuppelhalle geführt. Der Weg dazu mag etwa folgender gewesen sein.

Halten wir uns vor Augen: die armenische Baukunst ist Gewölbewerk. Sie geht aus von zwei nebeneinander bestehenden Werkformen, der im letzten Ende iranischen Übereckkuppel über dem Quadrat und dem in Mesopotamien bevorzugten Tonnengewölbe. Wir haben die Entwicklung beider in dem Abschnitt über die Gestalt gesondert betrachtet und insbesondere festgestellt, wie die Kuppel über dem Quadrat sich durch Öffnung der Wände erweitert und durch Anwendung der Nische verstrebt, ferner — unabhängig davon — wie der ursprünglich einschiffige Längsraum, der vielleicht schon vor dem Einbruch des Griechischen und Mesopotamischen in Armenien heimisch war, sich durch den Einfluß der hellenistischen Basilika in den dreischiffigen tonnengewölbten Längsraum umsetzt. Ein wesentlicher Fortschritt in der Entwicklung wurde nun aber vor allem erreicht, indem man begann, Kuppel und Tonne nicht nur zum Zwecke kleiner Raumdehnungen, sondern derart baulich zu verbinden, daß sich Druck und Zug ähnlich wie bei der Konchenverstrebung im Gleichgewicht hielten und die Tonne zugleich zur Befriedigung der durch die Neigung der christlichen Kirche für den Längsbau gestellten Forderung herangezogen wurde. Damit Hand in Hand ging eine andere sehr wichtige Änderung im ganzen Charakter des armenischen Bausystems, die Verstrebung durch Tonnen und Pfeiler.

Man betrachte Abb. 541 eine Ruine von der Burg zu Ani[1]), gewöhnlich Grabstätte der königlichen Kinder genannt. Wir sehen die kleine Kuppelhalle von Nordosten. Die Apsis ist abgestürzt[2]), die südliche Seitenkammer noch deutlich im Gewölbe erhalten. Man sieht rechts an der Nordseite, daß die Strebenische fehlt, die verhältnismäßig mächtige Kuppel (auf Spitzbogen) also lediglich durch Pfeiler und Tonnen verstrebt ist. Es ist daher nicht verwunderlich, daß der Bau steht, obwohl mit der Apsis die östliche »Strebenische« weggefallen ist[3]).

Bisher hatten sowohl im Kuppel- wie im Tonnenbau die Umfassungsmauern ausgesprochen tragende Bedeutung. Ohne sie war die Einwölbung der Bauten undenkbar. Das wird nun anders. Sobald Tonne und Kuppel zusammenwirken, man die ursprüngliche Konchenverstrebung aufgibt und dazu übergeht, innerhalb der Umfassungsmauern Verstrebungen der Gewölbe untereinander aufzuführen, die an die Umfassungsmauern als tragende Teile selbst keine Ansprüche stellen, es

[1]) In meinem Plane S. 64 da eingetragen, wo die Spitze des Einsers von »13« erscheint. Vgl. Orbeli, Führer Nr. 114, S. 17.
[2]) Vgl. die Aufnahme von Brosset, »Ruines d'Ani«, Atlas Tafel XIII.
[3]) Von diesem Bau stammt das unten S. 509 abgebildete Tor. Vgl. Lynch I, S. 380, Abb. 83.

sei denn die, den Raum zu umgrenzen, werden diese Mauern überflüssig. Die Gewölbe erscheinen in dieser Art Längsbauten aus Kuppel und Tonne von Strebepfeilern getragen, die im Baukristall derart untergebracht sind, daß dieser auch stehen würde, wenn die Umfassungsmauern wegfielen. Man kann sagen, daß diese auch schon zwischen dem 4. bis 6. Jahrhundert fertig entwickelte Art von Bauwerken in der zweiten Blüteperiode des armenischen Kirchenbaues durchaus die Führung übernimmt, die armenische Kunst in ihnen die Grenze ihrer Entwicklungsfähigkeit erreichte und im weiteren Verlauf entweder in bauliche Verstiegenheiten verfiel (sobald sie, wie z. B. in der Hirtenkirche von Ani, von der neuen kirchlichen Grundform der Kuppelhalle abging) oder den Nachdruck auf die Ausstattung der gewonnenen Formen legte.

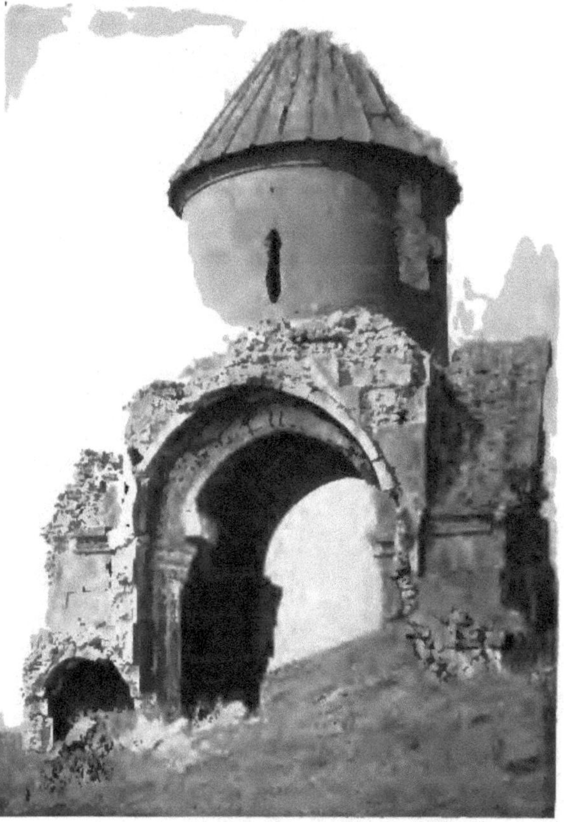

Aufnahme Thoramanian.
Abb. 541. Ani, Burg, Kuppelhalle: Ansicht von Nordosten.

Dabei sind verschiedene Arten zu trennen. Wir sahen die dreischiffige Bauweise mit der Basilika vom Süden und Westen her ihren Einzug in Armenien halten. Sie wurde ausschließlich gewölbt verwendet, das Holzdach blieb unbekannt. Insofern schied Syrien aus und es blieben als Einfuhrgebiete lediglich Mesopotamien und das innere Kleinasien übrig. Es lag nahe, daß sehr bald der Versuch unternommen wurde, diese eingewanderte Form mit der schon vorher einheimisch gewordenen Kuppel zu verbinden. Dabei ist nun wohl zu unterscheiden zwischen zwei Möglichkeiten: der einen, in der man von der Basilika ausging und darauf die Kuppel übertrug, und der anderen, in der man vom Kuppelbau ausging und ihn der basilikalen Bauform zu nähern suchte. Die eine Art wäre die Kuppelbasilika, die andere die Kreuzkuppelkirche. In dieser Gattung von Bauten wird also im Gegensatz zu Bagaran immer die Neigung bestehen, der Längsrichtung zur Vorherrschaft zu verhelfen. Der von der Basilika gänzlich unabhängig entstandene Bagarantypus (Abb. 84) bot für eine Weiterbildung leicht begreiflich den geeigneten Ansatz. Es scheint denn auch, daß die Kreuzkuppelkirche in Armenien weit häufiger war als die Kuppelbasilika; ja, letztere ist vielleicht überhaupt nicht unzweifelhaft sicherzustellen. Entscheidend ist dabei die Wölbung. Leider ist in Dwin (Abb. 192) gerade davon keine Spur erhalten. Am ehesten möchte man noch bei Odzun (S. 177) an der Bezeichnung Kuppelbasilika, besser »Kreuzkuppelbasilika«, festhalten.

Die eine Art der Kuppelbasilika — mit Empore — habe ich in meinem Buch »Kleinasien, ein Neuland der Kunstgeschichte«, Seite 104 f., in verschiedenen Vertretern vorgeführt. In den letzten Jahren sind neue Belege im Gebiete des Euphrat und Tigris bekannt geworden. Ich lasse diese Art vorläufig beiseite. Sie wurde nicht von Armenien übernommen, vielmehr von dort aus angeregt. Davon im vierten Buche. Sie bleibt immer dem Zentralbau nahe, ist nicht wie die armenische Kuppelbasilika ausgesprochener Längsbau. Ich habe die von mir seinerzeit aus Kleinasien hergeleitete, von Wulff als byzantinischen Ursprungs hingestellte Art kurz in einem eigenen Aufsatze »Monatshefte für Kunstwissenschaft« VII (1915), Seite 51 f., behandelt[1]).

In Armenien wurde der Versuch, die Kuppel tatsächlich auf die gewölbte Basilika zu setzen, ohne jedes Vorbild von außen her gemacht. Odzun ist das beste Beispiel dafür und es geht nicht an, diesen Bau als von »gewohnt byzantinischem« Grundriß zu bezeichnen, wie Rivoira (S. 210) das tut. Der unmittelbare Zusammenhang mit der Basilika ist in Odzun gegeben dadurch, daß noch die Umgänge außen mit herübergenommen sind. Doch dürfte der Fall nicht liegen wie in Tekor, wo eine Basilika umgebaut wurde, sondern so, daß man gleich beim Neubau auf die Bauform von Ereruk eine Kuppel setzte. Die Annahme Rivoiras (S. 211), daß Kuppel und Umgang später hinzugekommen seien, wiederlegt sich von selbst, weil zum Kuppelbau kein äußerer Umgang und zum Umgang die Basilika gehört.

B. Die längsgerichtete Kreuzkuppelkirche.

Wir haben schon in Bagaran eine Kreuzkuppelkirche kennen gelernt. Der Typus, der jetzt in Betracht kommt, scheint nicht eine Weiterbildung diese Typus, trotzdem schon dort die zwischen Nische und Kuppel gelegten kurzen Tonnen die Gattung eigentlich fertig entwickelt zeigen. Bezeichnend ist vielmehr der Wegfall der Nischen. Wo solche da sind, wie an der Kathedrale von Thalin, da mag allerdings eine Nachwirkung der verstrebenden Nischen vorliegen, die sich als Überschuß an die jetzt allein die verstrebende Arbeit leistenden Pfeiler und Tonnen angliedern.

Ich habe oben (S. 178 f.) nur einige reine Vertreter dieser Gattung zusammengestellt. Entwicklungsgeschichtlich scheint eine Abart von Bedeutung, als deren Vertreter die Kirchen von Akori und Astapat (S. 178 f.) vorgeführt wurden. Wären nicht die eng an die Umfassungsmauern herantretenden Pfeiler, die die Bildung von Seitenschiffen unterbinden, so möchte man schon bei dieser Art an eine Ableitung vom tonnenüberdeckten Pfeilerbau denken, wie ihn Thoramanian tatsächlich in Tekor annimmt (vgl. oben S. 335 f.). Aber freilich wäre damit nicht erklärt, warum die Kuppel in diesen beiden Kirchen nicht über der Mitte, sondern wie bei den einschiffigen Dreipaßkirchen (S. 159 f.) unmittelbar vor die Kuppel ohne die trennende Zwischentonne der eigentlichen Kreuzkuppelkirchen (S. 180 f.) gesetzt ist. Ich möchte also glauben, daß die in Tekor angenommene Aufeinanderfolge nicht verallgemeinert werden darf.

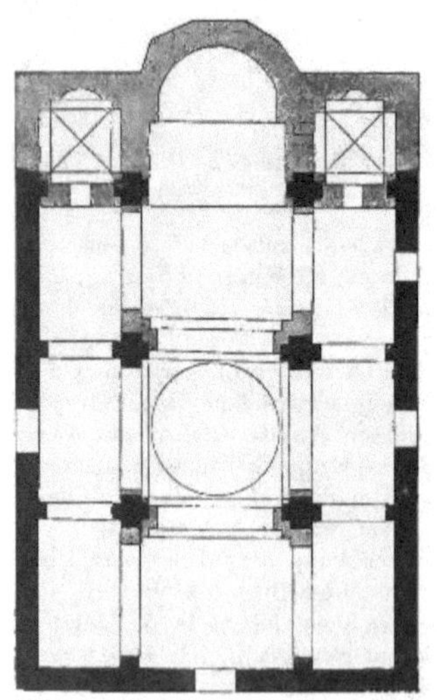

Abb. 542. Mren, Kathedrale: Entstehung nach Thoramanian.

So hat Thoramanian auch für Mren (S. 182 f.) eine Umbildung aus einer dreischiffigen Längskirche angenommen. Ich gebe zunächst die anschauliche Skizze, wie er sich auf den ursprünglichen Längsbau von Tekor die Kuppel aufgesetzt denkt (Abb. 543). Man sieht sie mit Tonnen quer über die Mitte der älteren Kirche gesetzt. Ähnlich denkt er sich auch den Vorgang in Mren (Abb. 542). Ich kann dieser Annahme nicht zustimmen. Mren steht so einheitlich aus einem Guß vor uns, daß für mich an Stelle der Verallgemeinerung

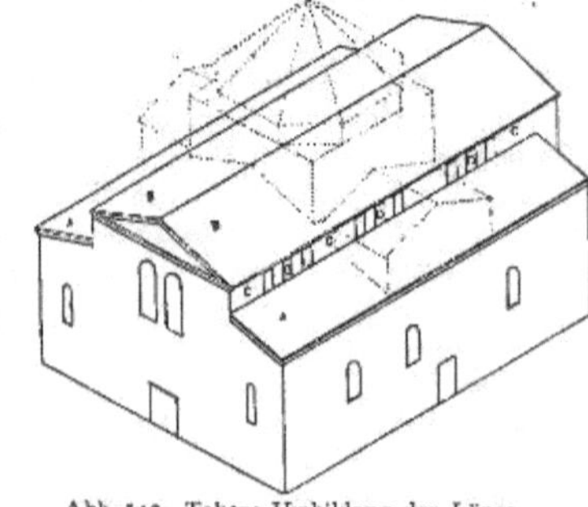

Abb. 543. Tekor: Umbildung des Längs- in einen Kuppelbau nach Thoramanian.

[1]) Sie lebt noch später im persischen Islam in Bauten nach wie der Blauen Moschee von Täbris und der Madschid-i-Schach in Meschhed, letztere aus dem Jahre 1451. Vgl. Texier, »Description de l'Arménie«, Tafel 42 und Diez, »Die Kunst der islamischen Völker«, S. 93 f.

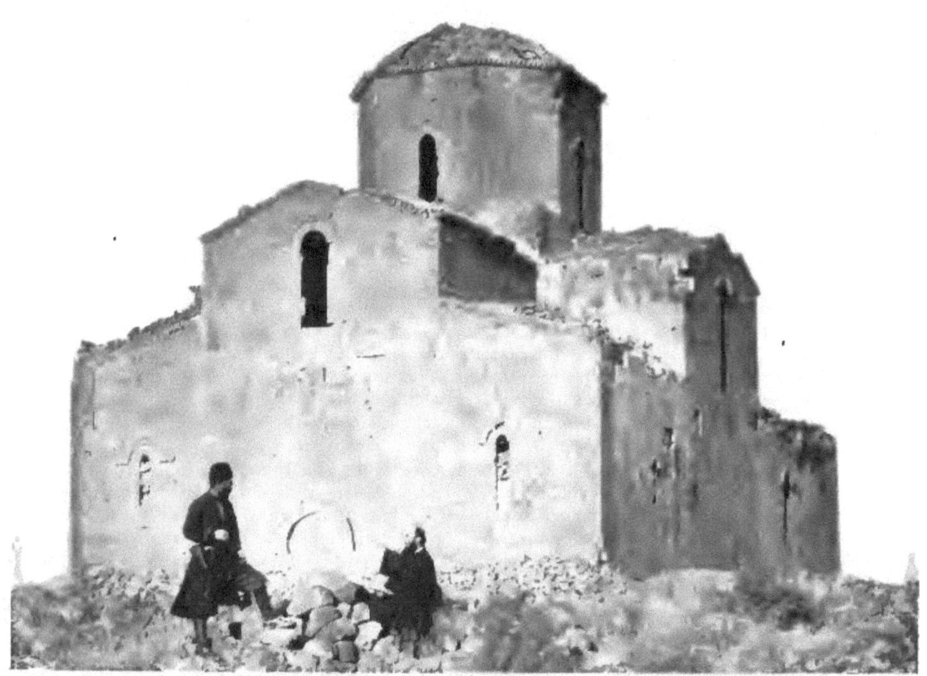

Abb. 544. Mren, Kathedrale: Südwestansicht. Aufnahme Nahapetian.

des Falles Tekor eher eine zweite Entwicklungsreihe tritt, die ohne Zusammenhang mit dem Längsbau rein aus dem strahlenförmigen Kuppelbau heraus dadurch entstanden ist, daß man, bei Bauten wie Bagaran die Überflüssigkeit der Strebenischen erkennend, diese wegließ und dem Längsbau nur insofern einen Einfluß bei der Umbildung ließ, als man auf die Längsrichtung, von der in Bagaran noch keine Spur zu bemerken ist, einer kirchlichen Forderung nachkommend, Rücksicht nahm.

Abbildung 544 gibt die Kathedrale von Mren vom Jahre 638—640 (S. 41 f.) in einer weiteren Aufnahme, diesmal von Südwesten (vgl. oben S. 182 die Ansichten von Osten). Der Bau ist weit entfernt von der Schwerfälligkeit, die Tekor (Abb. 24) anhaftete. Die Kuppel hebt sich frei und leicht im Achteck über dem Quadrat aus dem Tonnenkreuz, auch die großen Fenster in diesen oberen Teilen sprechen für die Bauzeit 638—640. Ein Blick auf den Grundriß und die Innenaufnahmen Seite 182 f. und 308 wird diesen Zeitansatz durchaus bestätigen. Vor allem spricht meines Erachtens der Wert, der dem Höhenmaße gegeben ist, für das Entstehen aus dem Gedanken des Kuppelbaues heraus. Ein vorausgehender Längsbau würde sich wie in Tekor in den gedrückten Verhältnissen des Innern (Abb. 385) ankündigen. So muß also doch bei der Kreuzkuppel am Ursprung von der Kuppel selbst, etwa vom Bagarantypus her, wenn auch unter der Einwirkung der Pfeilerlängsbauten festgehalten werden. Übergangsformen sind ja in mannigfacher Art nachgewiesen. Insbesondere dürften die Kreuzkuppeln oder eigentlich Kreuzkuppelbasiliken mit drei Pfeilerpaaren, wie sie Dwin, Odzun und Kutais aufweisen, stärker von den längsgerichteten Tonnenbauten beeinflußt sein.

Millet, »L'école grecque«, Seite 73, ist dieser Entwicklung mit feinem Verständnis gerecht geworden, was umso höher einzuschätzen ist, als er die tatsächlichen Voraussetzungen nicht kannte. Auch das Ausmünden dieser Bewegung in die Kuppelhalle hat er erkannt. Anders Rivoira[1]. Er ist

[1]) »Architettura musulmana«, S. 192.

35*

mit der Herleitung rasch fertig. Für ihn liegt unzweifelhaft byzantinischer Einfluß vor. Prokop, de aed., III, 4 (Dindorf, S. 253/254), spreche von Kirchenbauten Justinians in Armenien, sie hätten den Anstoß gegeben. Die Byzantinier selbst aber seien wieder von Rom abhängig. Man sehe seine Parallelen durch; die römischen kennen die quadratische Kuppel nicht und Byzanz lernt die Bauform der Kreuzkuppel erst Jahrhunderte später kennen.

C. Die Kuppelhalle.

Diese Bauform ist als Gattung für die Spätzeit der armenischen Kunst ebenso bezeichnend wie die Konchenquadrate und die reinen Strebenischenbauten für ihren Anfang. In der altchristlichen Kunst finden sich dafür in andern Kunstkreisen keine genau entsprechenden Parallelen. Die Kuppelhalle hat sich in der armenischen Kunst nach dem Jahre 1000 etwa derart eingebürgert, daß sie für die spätere Zeit als die armenische Bauform schlechtweg gelten kann. Jedenfalls treten alle anderen Gattungen neben ihr allmählich zurück, ähnlich etwa wie sich neben den dreischiffigen und Rundbauten der Renaissance siegreich nur die einschiffige Barockhalle durchsetzt.

Die Entstehung der neuen Bauform kündigt sich schon in Kirchen der Hripsimegattung an. Dort ist die Längsrichtung stark betont durch im Osten und Westen eingeschobene Tonnenstücke, ebenso in Awan und Mzchet. Trotzdem geht die Neuerung nicht von den Konchenbauten aus, sondern von dem einschiffigen Tonnenbau mit Gurten und dem Wunsche, seine Längsrichtung mit der Kuppel über dem Quadrate zu verbinden. Der Versuch führte zur Entdeckung einer Bauform, in der sich die bedeutendsten Großraumwirkungen erzielen ließen. War mit dem Fortschritt des Konchenbaues zur Durchbrechung des Quadrates in der Diagonale und zu freistehenden Mittelstützen einerseits eine Raumzersplitterung eingetreten, andererseits beim Aufgeben des Quadrates und dem Übergang zum strahlenförmigen Konchenbau dem Streben nach der Längsrichtung ein unüberwindbarer Riegel vorgeschoben, so zeigte sich auf dem neuen Wege sehr bald, daß er allen Forderungen in der großzügigsten Weise entsprach.

Die grundsätzliche Neuerung liegt darin, daß die Kuppel jetzt nicht mehr auf der von der Nische verstrebten Wand, sondern auf Pfeilern ruht, die untereinander durch Tonnen gesichert und samt der Wand so tief sind, daß der Kuppeldruck in ihnen den Boden erreicht. Die Umfassungsmauern mögen immerhin mithelfen, notwendig sind sie nicht mehr. Ja, der baulich klarsehende armenische Meister wagt es sogar, die Wand gerade an der Stelle aufzuheben, an der sie eigentlich die Aufgabe des Kuppelpfeilers am stärksten unterstützen müßte: er fügt gern da, wo innen der Pfeiler an die Wand tritt, außen die Dreiecknische ein. Man sehe daraufhin den Grundriß der Kirchen seit dem 9. Jahrhundert an — die älteste Halle von Thalisch, aus dem 7. Jahrhundert, kennt dieses Kunststück noch nicht —, seit Schirakawan (Abb. 232) aber sind die Dreiecknischen bei allen erhaltenen Vertretern der Gattung »Kuppelhalle« zum ständigen Hausrat geworden.

Für den Ursprung der Kuppelhalle aus dem einschiffigen tonnengewölbten Raum mit Gurten spricht, daß die Sicherung des Gewölbes durch Innenstreben und nicht wie einst durch die Nischenverstrebung der Kuppel von außen her geschicht. Die natürliche Weiterentwicklung des reinen Kuppelbaues zum Längsbau wäre gewesen, daß man bei der Außenverstrebung blieb, also auf die Wege der »Gotik« geriet. Daß das nicht geschah, wie oben Seite 232 besprochen wurde, ist für den Ausgangspunkt der Entwicklung bezeichnend.

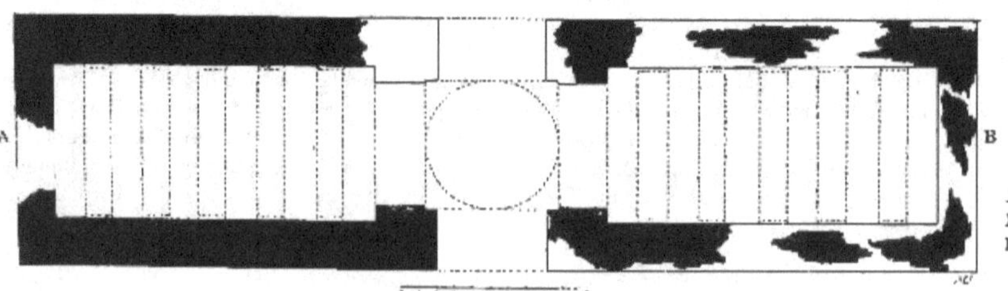

Aufnahme Dieulafoy.

Abb. 545. Taq Eiwan, Doppelhalle mit Mittelkuppel.

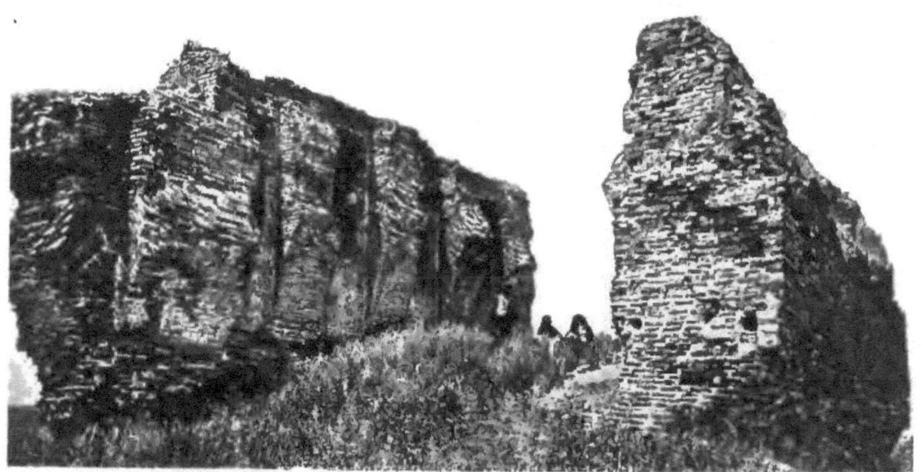

Abb. 546. Taq Eiwan: Blick vom Kuppelraum in den einen Flügel. Aufnahme Dieulafoy

Auch für das Bauschema der Kuppelhalle, d. h. die Verbindung von Kuppel und Tonne zu einem einschiffigen Längsbau, findet sich in der älteren iranischen Baukunst ein, wenn auch nicht dem Kirchenbau angehöriger, so doch grundsätzlich verwandter Vorläufer, der Taq Eiwan oder die Halle von Eiwan-i-Kercha. Sie liegt an einem Orte, den man in den Karten nahe bei Susa, nördlich am Kerchafluß eingetragen findet. Dieulafoy[1]) hat ihn unter dem Namen Taq Eiwan aufgenommen. Zwei (Abb. 545 und 546) durch Gurten mit quergelegten Tonnen gebildete Längsräume von etwa 8·80 m Breite laufen auf einen mittleren Kuppelraum zu, der nur 7·30 m lichte Weite im Quadrat hat, infolge der von etwa 2·80 auf 3·70 m verstärkten Umfassungsmauern, die durch vier Tragbogen in Pfeiler umgebildet werden. Der Wiederherstellungsversuch von Phené Spiers[2]) (Abb. 547) gibt vom Inneneindruck eine gute Vorstellung. Die Kuppel stieg über den Tragbogen noch so hoch quadratisch empor (Abb. 546), daß man nur Trichter als Eckübersetzung annehmen kann.

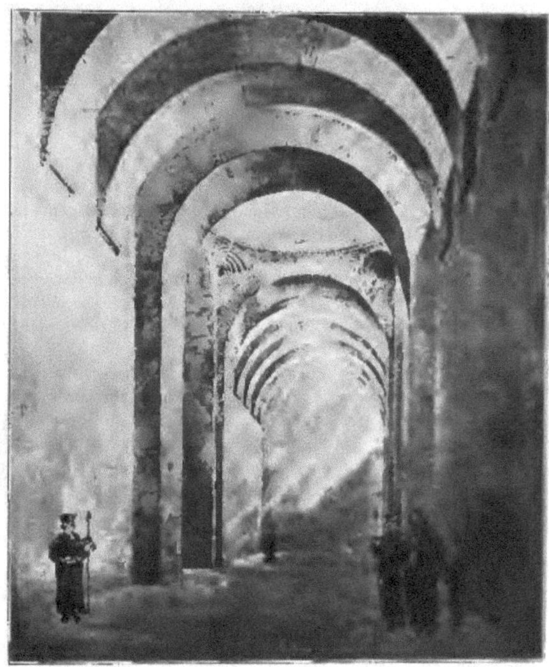

Abb. 547. Taq Eiwan: Wiederherstellungsversuch von Phené Spiers.

[1]) »L'art antique de la Perse« V, S. 80 f. und Tafel VII bis IX. — [2]) »Architecture East and West«, p. 82.

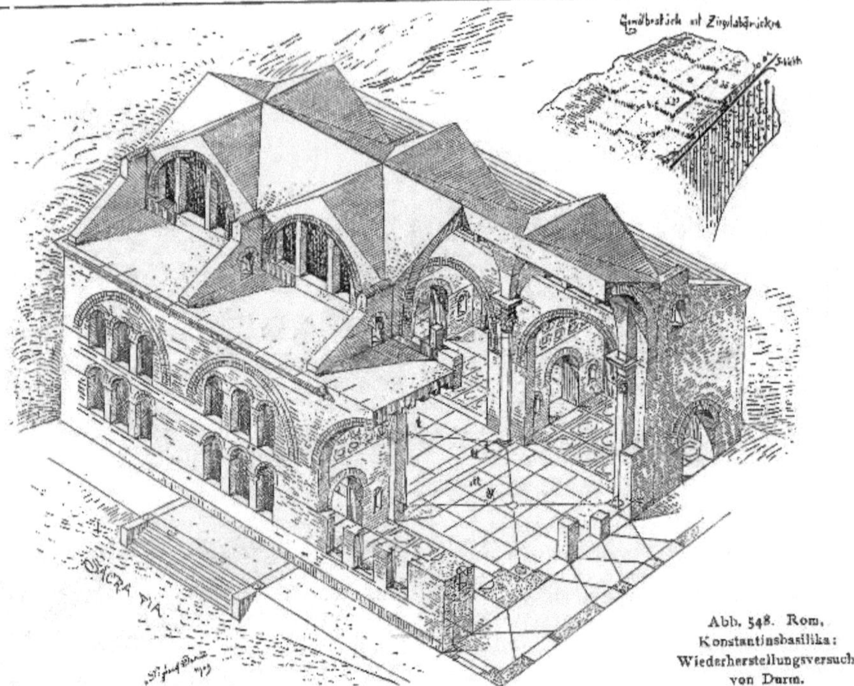

Abb. 548. Rom, Konstantinsbasilika: Wiederherstellungsversuch von Durm.

Diese Bauform lebt im Islam nach in Moscheen von der Art der großen Moscheen von Damaskus, Dijarbekr und Harran[1]). Ich nahm an, daß vielleicht christliche Voraussetzungen zu der merkwürdigen Anordnung einer Kuppel zwischen zwei dreischiffigen Flügeln geführt haben könnten. Immerhin wäre unter Beziehung auf den Taq Eiwan die Ursprungsfrage auch in diese Richtung auszudehnen[2]). Die Moschee in Damaskus ist durch Walid gleich nach 705 erbaut, Amida erst im 12. Jahrhundert[3]). Man sieht also, daß die Bauform an der Südgrenze Armeniens lebendig bleibt. Geht man von der besonders deutlich bei Thalisch im Grundriß hervortretenden Längseinteilung der Kuppelhallen in drei Raumteile aus, dann begreift man, wie Rivoira (S. 192 und 226) auf den Einfall kommen konnte, diese Bauform von römischen Thermen abzuleiten: »In un ricinto rettangolare è ricavata la pianta del tepidario romano — un corpo centrale avente sei ambienti laterali.« Man kennt diese Bauform von der Konstantinsbasilika auf dem Forum her (Abb. 548/49), in der sie für sich allein dasteht. In ihren Räumen könnte man bequem neun armenische Kuppelhallen unterbringen. Aber diese ungeheuren Größenverhältnisse dürfen doch nicht verführen, die aus Tonne und Kreuzgewölbe gewordene Bauform mit der in Kuppel und Tonne wurzelnden zusammenzuwerfen und die armenische Kuppelhalle entwicklungsgeschichtlich von dem römischen Bau abzu-

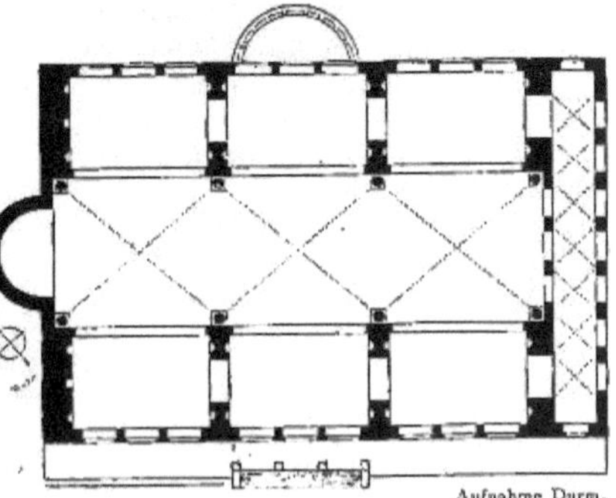

Aufnahme Durm.

Abb. 549. Rom, Konstantinsbasilika.

[1]) »Amida«, S. 328 f.

[2]) Vgl. M. Hartmann, Orientalist. Literaturzeitung, XX (1917), Sp. 246.

[3]) Bell, »Palace and mosque at Ukhaidir«, S. 159.

leiten. Eher wäre möglich, daß die Art von Taq Eiwan sich einst im vorderen Orient ausbreitete, dort in den hellenistischen Großstädten die später in Rom üblich gewordenen Maße annahm und so im Wege der Thermen als letzter Markstein der großen Entwicklung auf das Forum in Rom gelangte. Die armenischen Vertreter können, wenn sie nicht selbständig aus der Verbindung des einschiffigen Tonnenbaues mit der Kuppel hervorgingen, unmittelbar mit dem iranisch-vorderasiatischen, nach dem Mittelmeer abfließenden Strom im Zusammenhang stehen, es liegt gar kein Grund vor, eine rückläufige Bewegung von Rom her anzunehmen. Die römischen Säle sind ganz gleichmäßig mit drei Kreuzgewölben hintereinander im Mittelschiff eingedeckt, wissen nichts von der Kuppel, die den armenischen Baukörper beherrscht, indem sie immer über dem mittleren Teil aufragt. Auch ist das selbständige Werden auf armenischem Boden zu durchsichtig, als daß die römische Art daneben für den Ursprung ernstlich in Betracht käme.

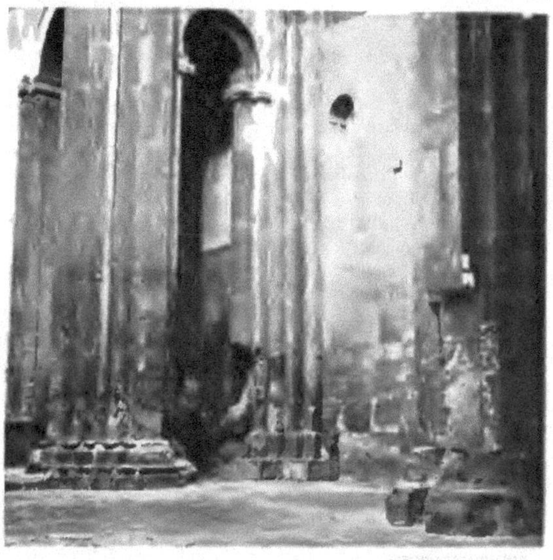

Aufnahme Thoramanian

Abb. 550. Ani, Kathedrale: Südöstliche Bündelpfeiler.

Eine eigentümliche Beobachtung macht man beim Verfolgen der Entwicklung des Bündelpfeilers. Die Basilika kennt in Armenien nur den Pfeiler mit rechteckiger Vorlage. Auch die zwischen Basilika und Kuppelbau vermittelnden frühen dreischiffigen Übergangsbauten halten noch an diesen eckig abgestuften Pfeilern fest. Nur in Thalin findet sich einmal im Vorraum des Chores eine Halbsäule (Abb. 197). Um so auffallender ist dem gegenüber die überreiche Gliederung der Pfeiler in der Kathedrale zu Ani. Hier ist der Bündelpfeiler bereits vollkommen ausgebildet (Abb. 21). Man beachte, daß zwischen diesem Dom und allen andern der gleichen Gattung etwa dreihundert Jahre liegen. In diese Zeit dürfte also wohl die Entwicklung des Bündelpfeilers fallen, rund in die Zeit zwischen 700—1000. Es scheint, daß der eigentliche Träger dieser Entwicklung die Kuppelhalle war. Man blättere daraufhin Seite 188 f. die vorgeführten Beispiele durch: Thalisch, aus dem Jahre 668 zeigt bereits einen Dienst in die einspringenden Ecken der Kuppelpfeiler eingefügt. Ebenso Schirakawan und die Menaskirche des Horomosklosters. Im 10. Jahrhundert sind dann in Marmaschen und der Kyzyl Kilisse des Dorfes Choschawank schon zwei Halbsäulen an die Kuppelpfeiler gelehnt und die Kathedrale von Ani treppt endlich den freistehenden Pfeiler nach allen Seiten gleichmäßig ab, stellt also in jede Stufe einen Dienst, indem sie zugleich auch noch die Bogen nach den Wandpfeilern zu auf solche Halbsäulen legt (Abb. 550). Für die spätere Entwicklung hat dann wieder Millet a. a. O. Seite 76 f. einige Beispiele zusammengestellt.

Ich habe die Kathedrale von Ani in der Reihe der Gattungen und Arten nicht an den Schluß der Entwicklung gestellt, weil ich ja dort nicht die letzte Höhe, sondern den Gesamtverlauf im Auge hatte. Hier aber gehört sie an den Schluß, trotzdem sie keine ausgesprochene Kuppelbasilika ist. Jedenfalls bezeichnet sie wie Zwarthnotz im 7. Jahrhundert, so die großzügigste Leistung der Bagratidenzeit. Es wird wohl kaum noch jemand daran denken, daß ihre »gotische« Art vom Abendlande her erklärt werden müßte (S. 56). Sie ist folgerichtig aus der national-armenischen Kunst erwachsen. Es ist daher wichtig, daß wir ihren Meister kennen. Von ihm gleich mehr.

4. Ausstattung (S. 310 f.).

Oben Seite 403 f. wurden nur jene Teile der Ausstattung besprochen, die, mit anderen Kunstkreisen zusammenhängend, vom christlichen Kirchenbau Armeniens mehr oder weniger fertig übernommen wurden. Es sind das die Friese, der Dienst mit seinen Endigungen und die Verblendung des Äußern mit Blendbogenreihen. In der Weiterbildung dieser Züge und im Hinzufügen neuer eigener Zierformen hat nun aber Armenien so entschiedene Schritte getan, daß man einen armenischen Bau kaum mit einem andern verwechseln, ihn vielmehr um seiner ausgesprochenen Eigenart willen sofort erkennen wird, im Äußern sowohl wie im Innenbau. Bevor ich darauf eingehe, muß erinnert werden daran, daß die durch Giebel und Dreieckschlitz herbeigeführte Blockform (S. 82 f.) der Bauerscheinung nicht die ursprüngliche vor dem 5. Jahrhundert gewesen sein dürfte, diese erste durchaus nationale Art vielmehr nur den strahlenförmigen Kuppelbau ohne Nebenräume gekannt haben dürfte, die dann seit dem 5. Jahrhundert infolge der kirchlichen Forderung nach der Längsrichtung die Wandlung zur geschlossenen Bauform durchgemacht hat. Von der räumlich durchaus aufgelösten Bauerscheinung des 4. Jahrhunderts können wir uns nur an der Hand der Kuppelquadrate mit Strebenischen in den Achsen und solchen Weiterbildungen, die nicht die geschlossene Blockform anstreben, eine Vorstellung machen (S. 74 f.). Was von ihr besonders in der Torbildung auf die durch die kirchlichen Forderungen umgebildete Bauform nach dem 5. Jahrhundert übergegangen ist, wird unter einem mit deren Merkmalen besprochen werden.

A. Block und Wand.

Es ist jedoch möglich, daß die später so bezeichnenden Züge der Ausstattung armenischer Bauwerke, wie Blendbogen und Dreieckschlitz, schon im 4. Jahrhundert an den rein strahlenförmigen Kuppelbauten vorkamen, wie die Blendbogen an der Kathedrale von Artik (Abb. 61) oder die Dreieckschlitze an Achtpässen wie Irind (Abb. 137 f.). Ich vernachlässige diese geschichtliche Frage vorläufig und behandle hier nur diese Schmuckformen um ihrer selbst willen.

a) Dreieckschlitze.

Die sonderbarste Schöpfung sind wohl die Dreieckschlitze am Äußern, von denen schon oben Seite 311 f. gesprochen wurde. Ihr Aufkommen auf armenischem Boden scheint unzweifelhaft. Sie entstanden, als man begann, die Kuppel mit Strebenischen außen rechteckig oder vieleckig zu ummanteln (S. 91 f.). Da kam es in den Mauerkeilen zwischen den Strebenischen zu einer derartigen Verschwendung von Baustoff, daß man als natürliche Lösung des Bedürfnisses nach Ersparung zwischen den Strebenischen Tangenten in die Tiefe führte, die sich dann im Winkel trafen. Ob das nun zuerst bei der Gattung von Konchenquadraten mit Strebenischen in den Achsen und Ecken oder den Vier-, Sechs- oder Achtpässen geschah, ist eben berührt worden, jedenfalls war der Grund der Einführung des mauersparenden Dreieckschlitzes der gleiche. Diese Lösung ist dann auch auf die Ostseite der Kuppelhalle übergegangen (Thalisch, Abb. 227). Darauf erst trat die Freude am Schmuck in ihre Rechte; die Übertragung der Dreieckschlitze auf die Längs- oder gar auf die Westseite (S. 199 f.) ist nicht anders als aus dieser auf das Bauganze und seine gleichmäßige Ausstattung gerichteten Gesinnung zu erklären.

Das Bedürfnis, das in Armenien zum Dreieckschlitze geführt hat, zeitigte bereits im Hellenismus eine ähnliche Form[1]): die halbrunde Nische, an der zusammen mit der antiken Säulenordnung auch Leonardo festhielt. Der Dreieckschlitz blieb durchaus armenische Eigenart, ist weder vorher, noch bei Ausbreitung der armenischen Formen in breiter Schicht nachweisbar (vgl. oben S. 470).

Einen Schritt weiter führt die Auszierung des Dreieckschlitzes, den man wohl zunächst kaum als Kunstform, sondern eher als eine Notlösung empfand. Bald wurde aus der Not eine Tugend gemacht. Die Einstellung von Diensten und die Füllung des Trichters mit Schmuck laufen gleicher Weise auf diese Umwandlung einer Zwecklösung in eine Kunstform hinaus. In der Hripsime ist

[1]) Vgl. über das Grundsätzliche Lindner, »Geschichtsphilosophie« 3. A., S. 210.

die Lösung für den Ursprung vielleicht noch am meisten durchsichtig (S. 92/93). An der Ostseite (Abb. 591) ziehen sich die Bogenbänder der Fenster ebenso in die Dreieckschlitze hinein wie andererseits das Kämpfersims der Schlitze um die ganze Giebelwand herumgeführt ist. In Thalisch (Abb. 228) die gleiche Erscheinung wieder an der Ostseite, nur sind hier die Schlitze (Abb. 506) von Bogenbändern wie die Fenster darunter umrahmt und haben unter der Kämpferleiste jene dick werdenden Stäbe mit Laubverzierung, von denen schon Seite 191 die Rede war. Abbildung 231 gab eine Einzelheit, die zeigt, wie sauber gefügt die Platten in der Nische sind. Den reichsten Schmuck weisen von den alten Bauten wohl Artik und Irind auf. Beide stellen Dienste in die Nische, Artik sogar vor eine besondere Höhlung (Abb. 63) und Irind weiß sich erst recht nicht genug zu tun (S. 133). Der Dreieckschlitz muß also seine Entwicklung wohl vor dem 7. Jahrhundert durchgemacht haben, wenn die genannten Bauten dieses Jahrhunderts schon eine so reiche Abwechslung bieten. Bezeichnend ist der Gegensatz des georgischen Mzchet (S. 86 f.), das mit dem Motiv gar nichts anzufangen weiß (Abb. 69). Der Formenwert in Licht und Schatten, von dem später zu reden sein wird, ging dabei ganz verloren.

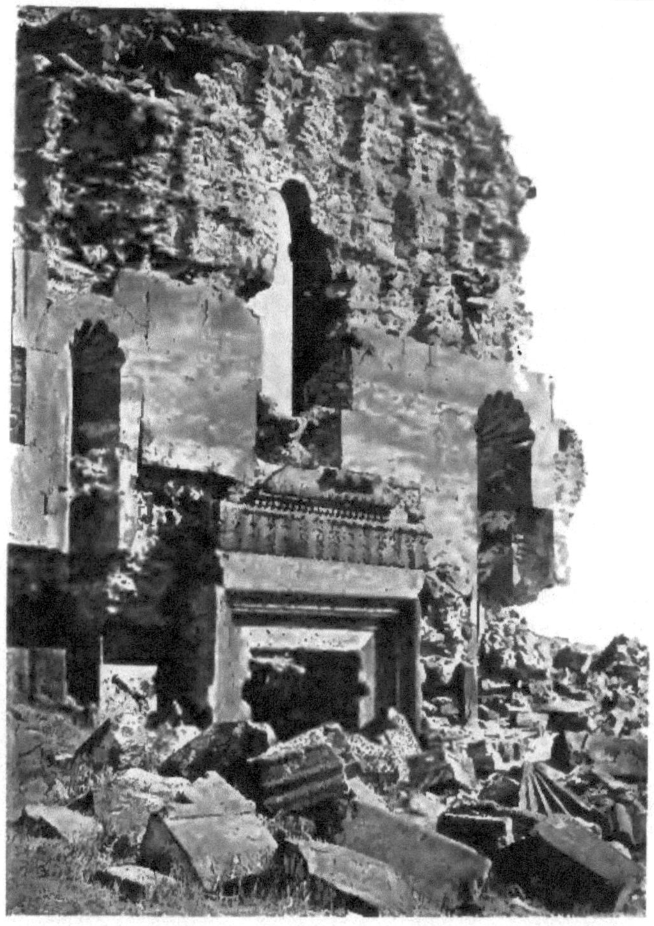

Aufnahme Thoramanian

Abb. 551. Ani, Burg, sog. Grabstätte der königlichen Kinder: Südseite.

Um 1000 haben sich bestimmte Arten des Schmuckes festgesetzt, so in erster Reihe die muschelartige Füllung des oberen Schlitzendes, wie man sie schon in Schirakawan (S. 193) und Ughuzly (S. 216), dann in den Kirchen von Horomos (S. 5, 195, 253), Ketscharus (S. 570) und sonst sieht. Als besonders bezeichnendes Beispiel gebe ich hier eine Einzelaufnahme der westlichen Schauseite jenes Baues südlich auf der Burg in Ani (S. 504 f.)[1], einer kleinen Kuppelhalle des 10. oder 11. Jahrhunderts[2], die man gern als »Grabstätte der königlichen Kinder« bezeichnen hört. Die oberen Platten sind abgefallen, die untere Verblendung noch gut erhalten. Die Dreieckschlitze mit ihren Muschelendigungen kommen

[1]) Vgl. über die in antiker Art ausgestattete Tür oben S. 323.

[2]) Vgl. Brosset, »Ruines d' Ani«, Tafel XIII, Lynch I, Abb. 83 zu S. 380.

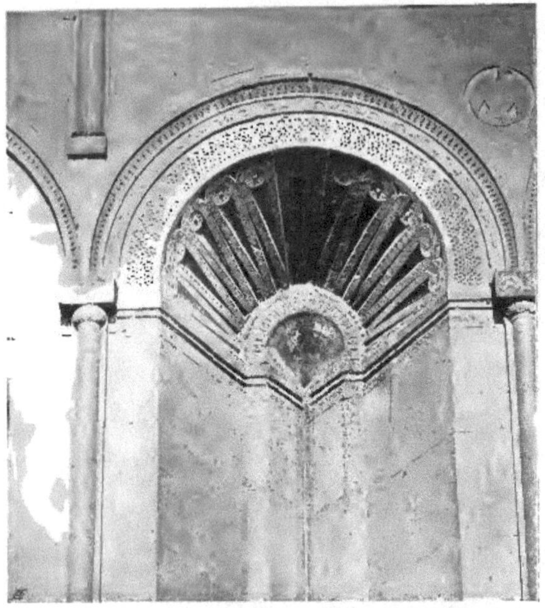

Abb. 552. Ani, Kathedrale, Dreieckschlitz: Einzelheit. Aufnahme Kürkdschian.

prächtig gliedernd zu seiten des Tores und Mittelfensters zur Geltung. (Abb. 551).

Die reichste Ausstattung weist die Kathedrale von Ani auf. Es begegnen dort Bildungen, die an die Rosetten der Mschattafassade anklingen[1]): in der Mitte jene konischen Rollen wie an Thalisch, ringsum in Streifen Palmetten, Ranken, Tropfen, Flechtbänder, eckig wie rund u. s. f. Ich gebe ein ganz eigenartiges Beispiel in Abbildung 552: um der mit einer Stufe in der inneren Ecke absetzenden Nische sitzen strahlig Schlingen, in deren Ende Rosetten gelegt sind, alles über- und umzogen mit zweistreifigen Flechtbändern. Daneben kommen wie in Marmaschen (S. 200) Schlitze vor, die nur durch Profilierung in Licht und Schatten wirken und endlich Kunststücke wie in Geghard (S. 288), wo Dreiblätter über den Rand frei herabhängen und dann im Sinne der Spätgotik durch das Tiefendunkel wirken. Am weitesten getrieben werden solche Spielereien in der georgischen Kunst. Ich gebe dafür ein Beispiel im vierten Buche.

b) Dreieckschlitze und Blendbogen.

Wir haben die Blendbogenausstattung des Äußern oben Seite 442 f. verfolgt bis zu ihrer Ausbildung in einer Art, die ich an der Hand eines späten Denkmals in Erinnerung bringe (Abb. 145), dem Achtpaß der Erlöserkirche von Ani, mit der Tür im Vordergrunde, über der ein Kreisfenster den Hauptbogen füllt. An ihn schließt sich die lange Reihe der übrigen mit ihrer fast strengen Einfachheit, besonders in den kräftig abgestuften Bogen. Anders die gleiche Folge an der Kuppel. Hier ist alles zierlicher mit reichem Ornament an den Bogen. Zweistreifige Bandgeflechte auch an der breiten Borte darüber. Dafür das Kranzgesims in glatter einfacher Hohlkehle. Es liegt Maß und Abwägen in diesem Aufbau, der durch die Zwischenzone des Daches mit glatter Schräge unten und dem wulstigen Flechtband darüber gegliedert wird.

Der nächste Schritt ist nun, daß die Dreieckschlitze mit den Blendbogenreihen zu einer Einheit zusammenwachsen und um 1000 etwa in den Domen von Ani und Marmaschen zu etwas überzeugender Urwüchsigem werden als z. B. an der etwas jüngeren toskanischen Baugruppe verwandter Art, die sich um die Dome zu Pisa und Lucca bilden läßt. Davon später. Dabei ist den armenischen Bauten trotz allen Schmuckes nicht das einheitlich bauliche Gepräge genommen. Ich bespreche hier einige Beispiele dieser vollendeten Art und gehe näher nur auf die Kathedrale von Ani ein.

Abbildung 553 eine Gesamtansicht von Marmaschen. Das Doppeldach der längsgerichteten Halle durchsetzt vom Quergiebel, alle diese Dächer begleitet von den schrägen Kranzgesimsen, die halb im Schatten liegen: immerhin kann man deutlich die Bandgeflechte erkennen. Die Wände unten mit den Dreieckschlitzen, die das Fenster in die Mitte nehmen. Dieses umrahmt von Doppeldiensten, die das spitzbogige Bogenband tragen. Im übrigen die Wand übersponnen mit den Blendbogen: Paare von Diensten mit den Fußstücken und Knäufen aufstehend auf den Stufen des Unterbaues und emporschießend zu den Bogen, die in ausgewogener Folge mit betonter Mitte[2]) den ganzen

[1]) Vgl. mein »Mschatta«, S. 294.

[2]) Vgl. dazu Millet, »L'école grecque«, S. 173.

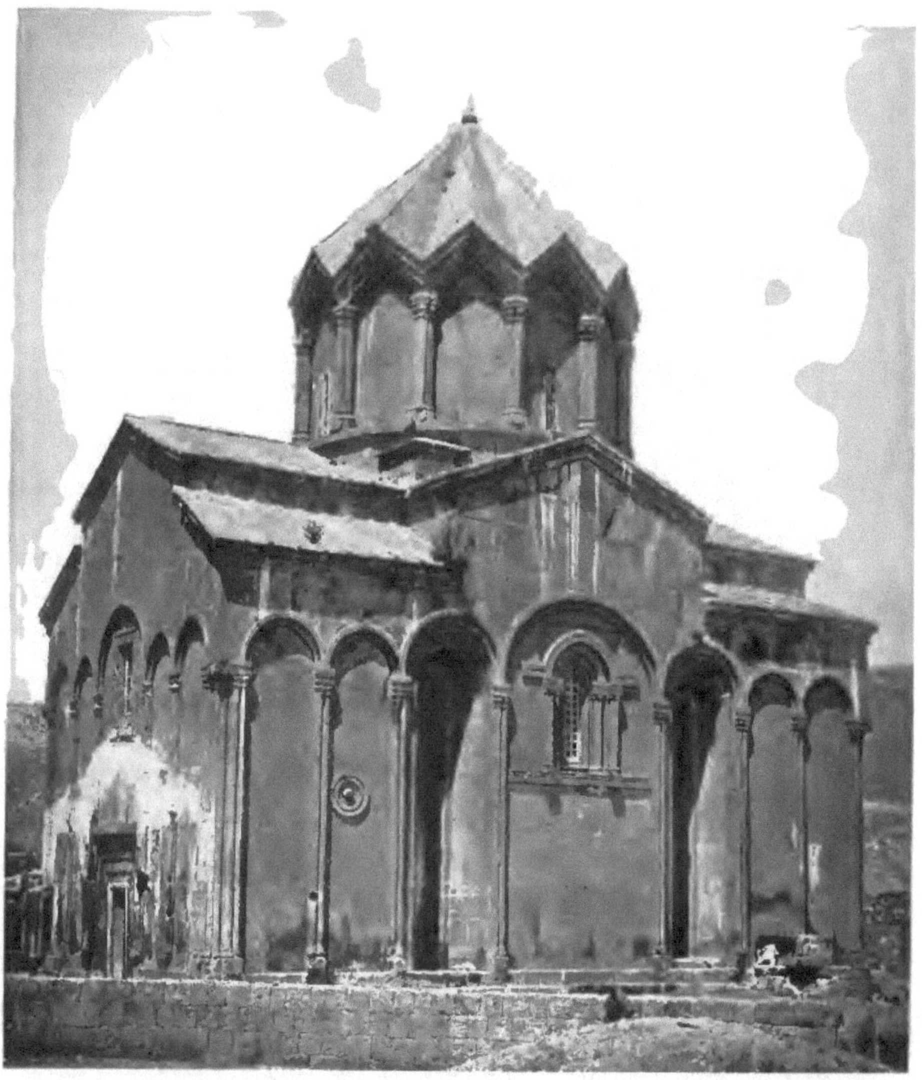

Abb. 553. Marmaschen, Hauptkirche: Ansicht von Südwesten. Aufnahme Thoramarian.

Bau umziehen. Auch die Kuppel prangt in der gleichen Ausstattung und endet in Giebel, die das Faltendach tragen. Über dem ganzen liegt würdiger Ernst.

Abbildung 554 der Mittelteil der südlichen Schauseite der Kathedrale von Ani[1]). In den beiden bisher vorgeführten Beispielen bildeten die Blendbogen fortlaufende Reihen mit Betonung der Mitte und (in Marmaschen) der anstoßenden Dreieckschlitze durch Verbreiterung. In Abbildung 554 ist

[1]) Nach Nahapetian, Album I, Tafel 7.

die Reihe ganz unterbrochen und die Mitte völlig eigenartig behandelt. Man wird aus allen diesen Anzeichen schließen, daß ein Drang besteht, in der Verteilung der Schmuckbogen am Äußern Rücksicht zu nehmen auf die rein bauliche Wandgliederung und damit auch auf die Gestalt des Innenraumes. Millet, »L'école grecque«, Seite 156 nennt diese Art der fausses colonnades »l'arcade structurale« und weist sie im Besonderen Konstantinopel bzw. (wo sie sonst auftritt) byzantinischem Einfluß zu. Mit Unrecht; denn wenn auch in den vorgeführten armenischen Bauten der Zeit nach byzantinischer Einfluß möglich wäre, so schließt ihn doch der Vergleich mit den erhaltenen älteren armenischen Bauten aus. Es trifft für das 7. Jahrhundert nicht zu, daß »dans le domaine oriental, l'architecture, purement décorative, vient s'appliquer sans lien avec la structure sur des surface«. Die Kathedrale von Artik (Abb. 61) zeigt die Blendbogen entsprechend dem Vieleck nur an den Apsiden, die Kathedale von Thalin (Abb. 202) betont sie noch besonders in ihrer rahmenden Bedeutung durch die großen Fenster, Zwarthnotz setzt ganz regelmäßig je vier Doppeldienste zwischen die Tore (Abb. 119), ebenfalls als Rahmung der Fenster an Stelle der Bogenbänder, die sonst hier zu erwarten wären. Der Schmuck ist also nicht rein »dekorativ«, sondern in innigster Verbindung mit dem ganzen Baugefüge gedacht. Was Millet sieht, gilt nur für die Spätzeit.

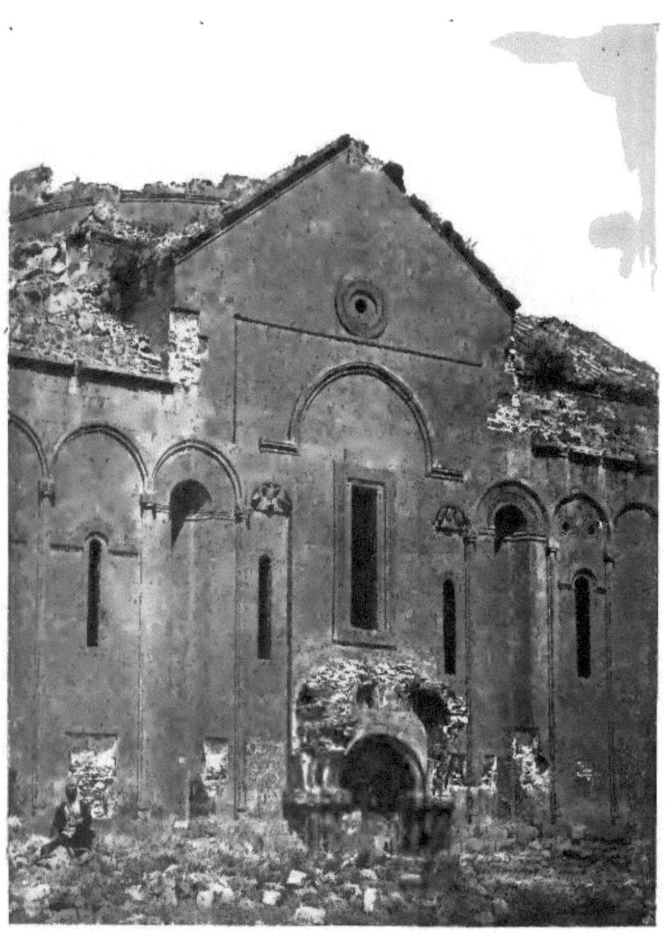

Abb. 554. Ani, Kathedrale, Südseite: Mittelteil. Aufnahme Nahapetian.

Ich kehre nun wieder zur Südansicht der Kathedrale von Ani zurück. Hier beginnt tatsächlich ein freizügiges Schmücken, von dem gleich auch bei Besprechung des Torbaues zu reden sein wird. Zunächst sei nur gesagt, daß der Oberarchitekt von Ani, Trdat, um 1000 einen Anstoß gegeben zu haben scheint, der dann in den folgenden Jahrhunderten geradezu Wucherungen im Gefolge hatte. Hierher erst gehören jene Schauseiten, die Millet, Seite 155 und 157, heranzieht, um seine Ansicht zu stützen: die Gregorkirche des Honentz in Ani (Abb. 247, 358) und die Muttergotteskirche in Amaghu (Abb. 395). Doch ist es nicht Sache dieser Arbeit, ihm in diese Spätzeit zu folgen. Einiges darüber wird unten vorzubringen sein.

c) Kuppelausstattung.

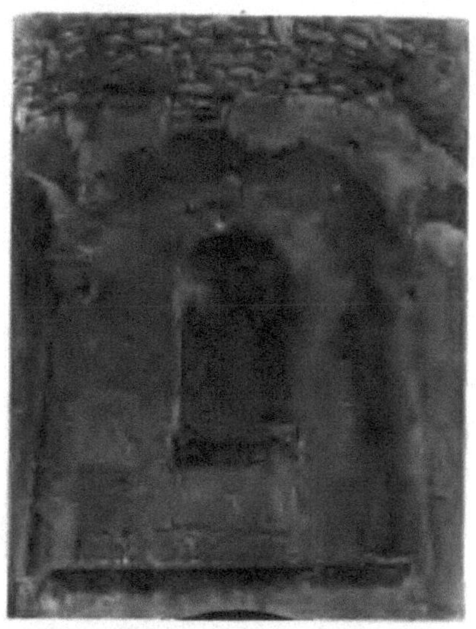
Abb. 555. Artik, Kathedrale, Westseite: Blendbogen und Fenster.

Wie der Baukörper selbst, so wird auch die Kuppel mit Blendbogen geschmückt, und zwar wie Reste der Kuppel von Thalin (S. 170 f.) bezeugen, schon in der frühen Zeit. Sie bildeten auch da mit Doppeldiensten und dreifach abgestuften Bogen die Rahmung der großen Fenster. Im 10. Jahrhundert wurden die Fenster zu Schlitzen (Abb. 145) und die Bogenzahl verdoppelt oder die Fenster auf vier beschränkt (Abb. 99). In Marmaschen ist diese Ausstattung durch die Vermehrung der Dienste zu Bündeln und die zum Zickzack aneinandergereihten schweren Giebel, die zugleich das Faltdach tragen, zu einem lastenden Abschlußmotiv geworden, daß auf die leicht aufstrebenden Schiffe drückt [1].

Die Übertragung der Blendbogen auf die Kuppeltrommel läßt sich schon für die altchristliche Kunst in Thalin (S. 170 f.) nachweisen und Thoramanian nimmt sie auch für Zwarthnotz an [2]. Im übrigen herrscht in dieser frühen Zeit ausschließlich die glatte Fenstertrommel. In der Ausnahme von Thalin tragen Doppeldienste an den acht Ecken glatte Würfelköpfe und dreifach abgestufte Bogen, auch diese ohne jeden Schmuck. Vielleicht schloß sich die eingestürzte Kuppel von Artik an. Ein Blick auf Abb. 482 wird das wahrscheinlich erscheinen lassen. Das Quadrat selbst bleibt wie das Langhaus in Thalin von dem Blendbogenschmucke frei, nur die Strebenischen zeigen jene schwere altertümliche Art, die als frühestes erhaltenes Beispiel unserer besonderen Beachtung wert ist. Ich gebe Abb. 555 den mittleren Blendbogen der Westseite über der Tür: es könnte sein, daß die Kuppel eine ähnliche Wirkung gemacht haben mag. Es ist das jenes Fenster über der Westtüre, von dem oben Seite 78 die Rede war. Der Kreuzstein und die Inschriften sind natürlich jünger.

In der Bagratidenzeit breitet sich die Vorliebe für Kuppeln mit Blendbogen sehr aus. Dabei ist eine doppelte Art zu unterscheiden. Einmal die Ausstattung in der alten Art von Thalin mit Rundbogen auf Doppeldiensten und Würfel- oder Knaufkapitellen, wobei die Trommel rund oder vieleckig über die Bogen hinausgeführt ist, das Dach also von der Bogenverblendung ganz unberührt bleibt. Beispiele sind die Gagikkirche in Kars (Abb. 66), wo Engelfiguren die Zwickel füllen und die Bogen Ornamente aufweisen, dann der Sechspaß auf der Burg von Ani (Abb. 133) und die Kuppelhalle von Uguzly (Abb. 253), endlich aus dem Jahre 1215 die Gregorkirche des Tigran Honentz. Eine Ausnahmestellung in dieser Gruppe beansprucht die Gregorkirche der Abughamrentz in Ani (Abb. 319), die den gleichen überreichen Schmuck an der Kuppel zeigt, wie an den unteren Wänden (Abb. 130), an der statt der Dienste durchlaufende glatte Doppelwülste verwendet wurden, in die gedrehte Doppelwülste um die Fenster gelegt sind. Die zweite Gruppe zeigt ein Übergreifen der Blendbogen in das Dach, das gefaltet wird zu Giebeln, gewöhnlich zwölf [3],

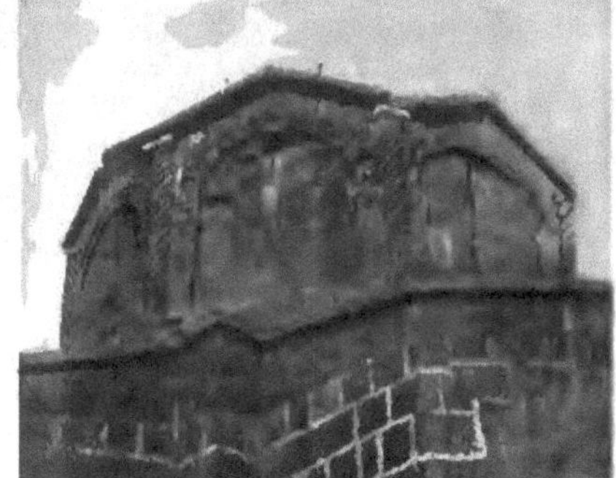
Abb. 556. Sarintsch, Kirche: Kuppel.

[1] Vgl. Millet a. a. O., S. 200.

[2] Vgl. seinen Wiederherstellungsversuch oben S. 117.

[3] Vgl. den Grundriß der Kuppel der Sargiskirche in Chtskonk (Abb. 102).

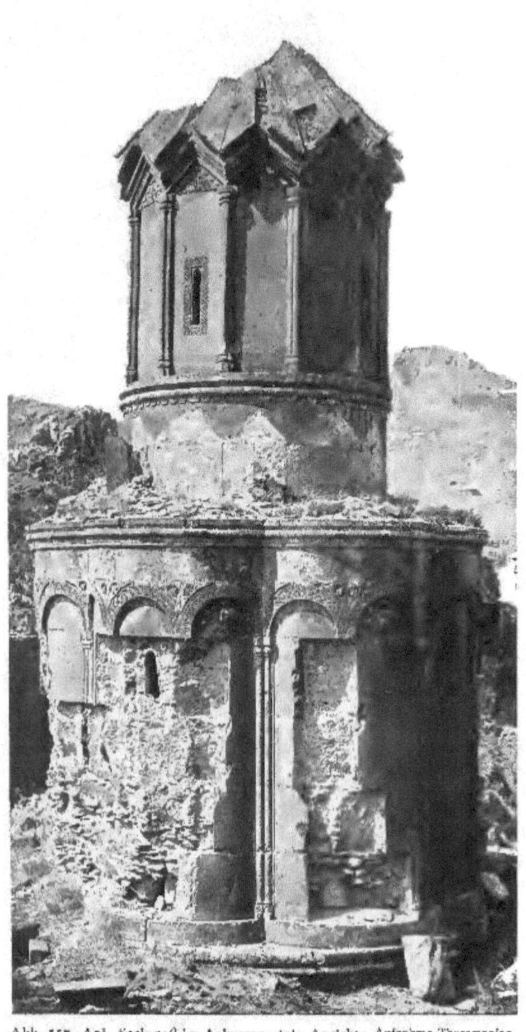

Abb. 557. Ani, Seelenpaß im Achureanertal: Ansicht. Aufnahme Thoramanian.

die zumeist auf Bündelpfeilern ruhen. Ich stelle die Ausnahmsart von Sarintsch (Abb. 556) an die Spitze. Dort sind acht breite Giebel genommen, die auf je einer gedrehten Säule mit Würfelbasis und einer Platte oben gebildet sind. Die Blendbogen liegen auf Pfeilervorlagen und tragen unter den Dachgiebeln profilierte Rundbogen, die über den Säulen in die Wagrechte umbrechen. Die allgemein übliche Art vertreten dieser Ausnahme gegenüber die beiden Vierpässe in Chtskonk (Abb. 99), die Kathedrale von Marmaschen (Abb. 553) und die kleine Kapelle des Hripsimeklosters in Ani (Abb. 557). Vielleicht hat auch die Kuppel der Kathedrale von Ani hierher gehört, doch ergänzt sie Thoramanian nach der Art der ersten Gruppe. Die Giebel liegen öfter in reichster Profilierung sehr schwer auf den dünnen Bündeln von Diensten und die Dächer zeigen zumeist in Fischgrätenart gelegte Rippung. Sollte die Kuppel von Marmaschen erneut sein, so wäre die etwas eigenartige Form der Muttergotteskirche von Chtskonk mit Bogen um die Fenster das älteste mir bekannte Beispiel dieser Art. Ganz eigenartig ist die einstige »Melonenkuppel« von Mastara (Abb. 501)[1].

In dieser Bereicherung der Kuppelausstattung sehe ich das Anzeichen der beginnenden Wucherung des Schmuckes nach Abschluß der folgerichtigen Bauentwicklung. Zum Aufkommen dieser Art mögen die durchbrochenen Glockentürme und Aufsätze über den Zamatuns (S. 243) beigetragen haben. Im wesentlichen aber handelt es sich wohl um eine Übertragung der Blendbogen der unteren Kirchenwände auf die Kuppel. In Georgien vor allem hat diese Art der Kirchenausstattung wahre Feste gefeiert[2]. Aber auch in Armenien kommen Kuppeln mit Blendbogen und in das Dach einschneidenden Giebeln in der Spätzeit häufig vor.

d) Blendbogen im Innern.

Bemerkenswert ist die Tatsache, daß die in der Blendbogenausstattung des Äußern reichsten Bauten, die Kathedralen von Marmaschen und Ani (Abb. 533/534 und 20) die Neigung zeigen, diese Nischenbildung auch auf das Innere zu übertragen. Marmaschen vom Jahre 988—1029 zeigt in der Hauptapsis (Abb. 559) sieben, Ani (Abb. 221 und 223) 1001 vollendet, zehn Nischen. Sie laufen

[1]) Vgl. dazu das Innere von S. Sergios und Bakchos in Konstantinopel.

[2]) Vgl. die Zusammenstellung bei Millet, »L'école grecque«, S. 200.

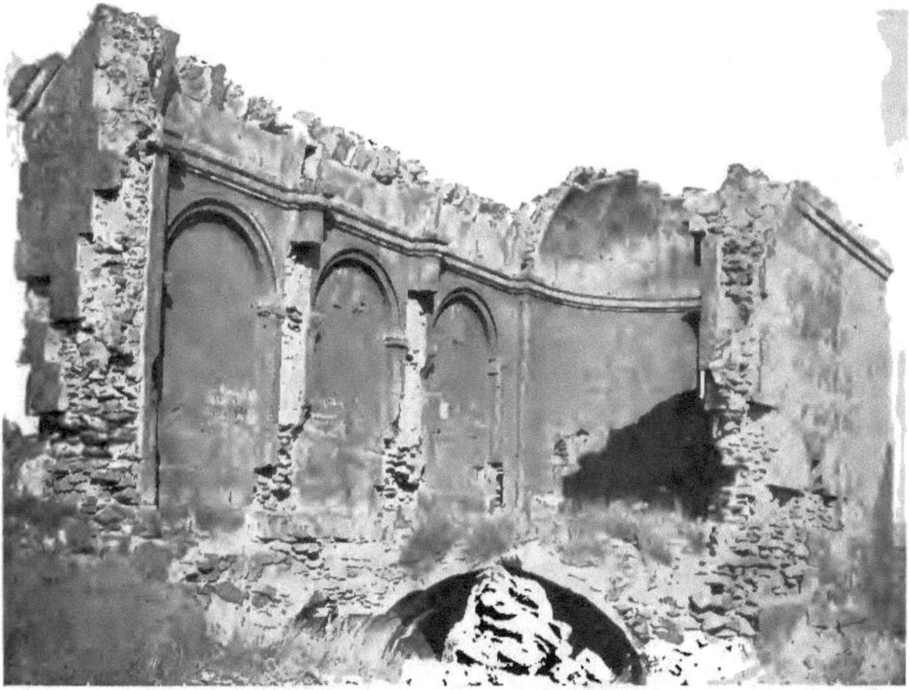

Abb. 558. Ani, sog. Georgische Kirche: Ansicht von Südwesten. Aufnahme Thoramanian

durch Doppelsäulen getrennt, im Halbrund die Altarbühne entlang, sind oben halbrund geschlossen und ebenso halbrund in die Wand eingetieft. In diesen um 1000 liegenden Beispiele ziehen sie sich als niedrige Zwerggalerien am Fuße und unter dem Fenster der Apsiswände hin. Sie sind kaum zu verwechseln mit dem um 600 liegenden Beispiele in Khakh im nördlichen Mesopotamien, wo sechs Einzelsäulen fünf bis an die Wölbung der Apsis reichende, also die ganze Wand architektonisch verkleidende Nischen trennen, sagen wir etwa als Vertreter jener sechs Säulen, die in Zwarthnotz die durchbrochenen Konchen bilden [1]).

Eine Ausstattung der Längswände mit Blendbogen, wie sie schon in der Burgkirche von Ani vom Jahre 622, allerdings sehr eigenartig unarmenisch vorliegt [2]), hat sich in der späten »georgischen Kirche« von Ani, die oben Seite 143 angeführt wurde, erhalten. Abbildung 558 gibt eine Ansicht der Trümmerstätte. Über einem tonnengewölbten Unterbau erhebt sich der einschiffige Haupt-

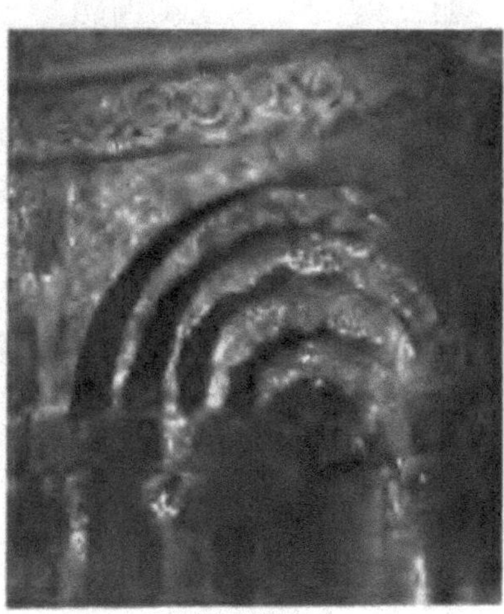

Abb. 559. Marmaschen, Hauptkirche: Bogenstellungen in der Apsis.

[1]) Vgl. für Khakh »Amida«, S. 260 und Tafel XXIII, 2; Bell, »Churches«, S. 82 f. — [2]) Vgl. Abbildung 150, 449 und 450.

raum mit seinen Gurten, deren Dienste durch ein Kämpferwulstband zur fortlaufenden Einheit verbunden sind. Die Wand dazwischen ist in Flachnischen aufgelöst, deren Wulst- und Stufenabschluß auf eingestellten Diensten mit Würfelenden ruht. Ob hier eine Urform in einem späten Vertreter nachklingt, wird unten zu erörtern sein. Möglich ist, daß die Tonnen der Kuppelhalle darin nachträglich wieder in die Wand eingezogen erscheinen.

Von dieser Art Innenausstattung wird noch unten zu reden sein. Ich erinnere hier nur an die Säle neben der Johanneskirche von Choschawank [1]), von denen oben Seite 238 die Rede war oder an die Aufnahmen von Rott im Innern der Höhlenbauten in Kleinasien [2]).

[1]) Stereoskop-Album von Kürkdschian, Tafel 39.

[2]) Zeitschrift für Geschichte der Architektur I (1907/1908), S. 150 f.

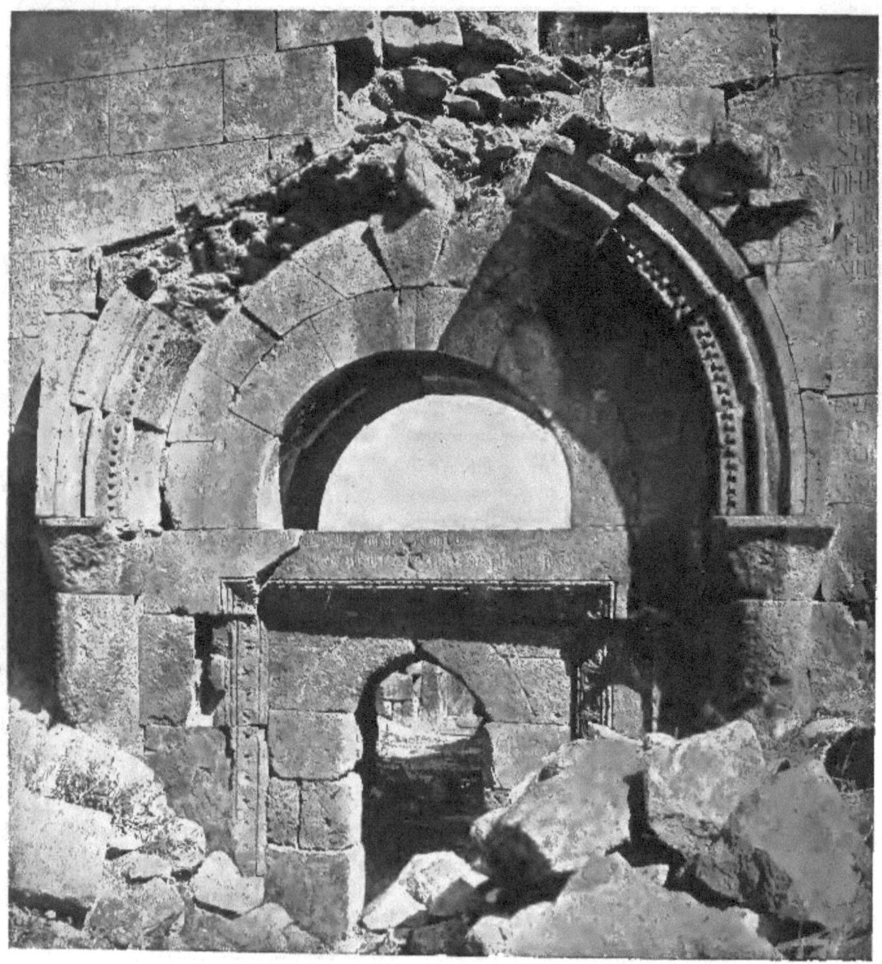

Abb. 560. Awan, Kirche: Tor der Westseite.

B. Tür und Tor.

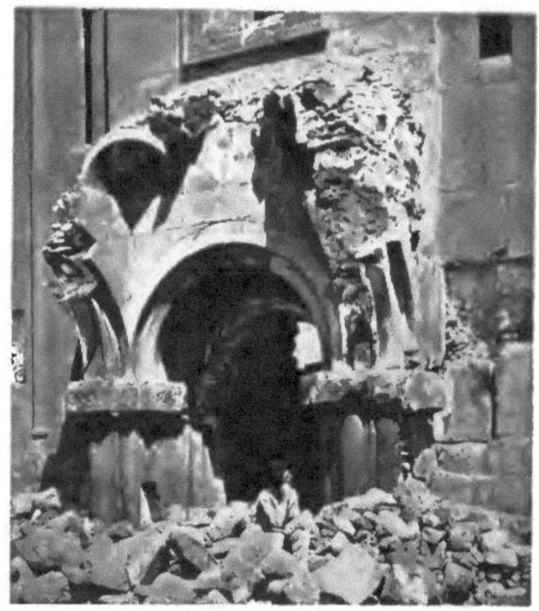

Abb. 561. Ani, Kathedrale, Südtor: Ansicht. Aufnahme Kürkdschian.

Es besteht ein tiefgreifender Gegensatz zwischen der südlichen Art der antiken Türbildung mit rechtwinkligen Pfosten[1]) und der nordischen, jenen romanischen und gotischen Kirchentoren, die sich dem Nahenden entgegen öffnen und ihn sozusagen in das Innere hereinziehen. Es scheint, daß Armenien für diese letztere, die nordische Art in der christlichen Kunst die Bahn gebrochen hat. Ich behandle die Türbildung an der Grenze der Betrachtung von Außen- und Innenbau; sie ist im wesentlichen noch wie das Innere rein baukünstlerisch gelöst, während ihre Außenausstattung Träger einer immer reicher werdenden Belebung wird. Die einzelnen Gattungen von Türen bzw. Toren sind bereits oben S. 322 f. und S. 414 f. besprochen. Auffallend sind die vortretenden Türwangen und Doppeldienste. Ich gebe hier von dem oben, Abbildung 77, ersichtlichen Tor von Awan eine Einzelaufnahme (Abb. 560). Tür und Tor liegen getrennt, erst die Einschiebung von Zwischenstufen sollte daraus eine neue Einheit bilden. Auf den jüngeren Einbau in die Tür könnten sich die Inschriften von 1219 und 1285 beziehen[2]). Der profilierte Hufeisenbogen mit dem Zahnschnitt ruht hier noch auf einem Einzeldienst. Im übrigen halte ich mich zunächst an ein einziges Denkmal.

Die Tore der Kathedrale von Ani. Die drei Tore dieses Domes beanspruchen hervorragende Beachtung, weil sie um 1000 drei verschiedene Lösungen des werdenden Stufentores mit eingestellten Diensten bringen. Das Haupttor, die Königstür, an der Südseite (Abb. 554) bietet die reichste Fassung. Abbildung 561 gibt den noch stehenden Rest dieses Vorbaues. Er dürfte quadratischen Grundriß gehabt haben[3]). Rundbögen schlossen ihn nach allen vier Seiten auf. Neben der Eingangstür steht in der Ecke ein Dreivierteldienst (Abb. 563). Dann springt das Gewände vor (vgl. Abb. 111) und es folgen vier Dienste, nach innen zwei[4]), nach außen einer und vorne der am meisten vortretende. Alle diese »Dienste« haben als Fuß einen hohen Wulst mit Plättchen auf einer Fußplatte, als Kopf einen ganz flachen Wulst, über dem sich jedem Dienst entsprechend abgestuft ein hoher Kämpfer erhebt, der mit Rosetten in Kreisen und Quadraten zwischen Flechtbändern geschmückt ist. In dem Hufeisenbogen darüber eine Profilierung mit Eckwülsten, dann das Quadrat emporsteigend bis zu den Ecktrichtern, die die Decke trugen[5]). Dieser stattliche Vorbau hatte eine Höhe von etwa 6 m und war etwa 6·30 m breit. Die beiden andern Tore (Abb. 562, 564/565) weisen lediglich vortretende Türgewände ohne freistehende Stützen auf.

Der Westeingang (Abb. 564) ist 1·72 m breit und erweitert sich durch Abstufung mittelst zweier 2·40 m vor die Wand vortretender Wangen bis auf 5·25 m außen gemessen. Diese Wangen durchschneiden den umlaufenden Stufenunterbau und sind außen glatt gelassen. Innen setzen zunächst zwei

[1]) Vgl. für den Typus noch in der Spätzeit Millingen, »Byz. churches«, Tafel XXI.

[2]) Vgl. Alischan, »Airarat«, S. 293; Kostaniantz, »Vimakan taregirk«, S. 293.

[3]) Vgl. dafür den Grundriß bei Grimm, Monuments 1964, Tafel 37; oben Abb. 221 fehlt die Andeutung dieses Vorbaues.

[4]) Einer scheint heute ausgefallen.

[5]) Man vgl. dazu die einspringenden Portale des Bet el-Khalifa in Samarra, entstanden im 9. Jahrhundert, Abb. 100 f. in meinem »Amida«, S. 181.

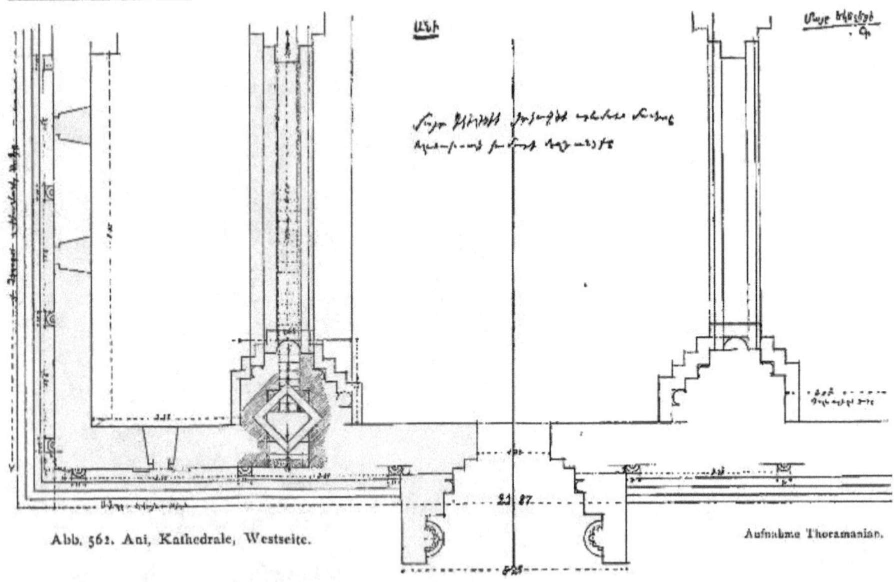

Abb. 562. Ani, Kathedrale, Westseite.

Aufnahme Thoramanian.

dicke Dienste, aus je 5 Wülsten zusammengesetzt, an, ein schmälerer Dienst füllt auch noch die Ecke einer der vier ungleichen Abstufungen nach der Türe zu. Das Tor ist heute fast ganz weggebrochen, Thoramanian konnte seinen Aufbau nur durch Schürfungen feststellen. (Vgl. den Grundriß Abb. 562.)

Der Nordeingang (Abb. 223), die sog. Patriarchentür, ist das richtige nach abendländischer Art in einem Stufentrichter dem Nahenden sich entgegenbreitende Tor (Abb. 565). Man sieht aus der Wand über der Tür eine hohe Platte vortreten, an die unten vorspringend das Gewände anschließt. Der Kirchengrundriß (Abb. 222) zeigt gleich am Eingang eine große Abstufung mit eingestelltem Dreivierteldienst, dann zwei kleinere Stufen, die nach dem vorderen Dienst überleiten. Diese Gliederung schloß oben entsprechend mit Hufeisenbogen, nur die 3·55 m hohe Tür selbst zeigt den Halbkreis (Abb. 565). Auch an diesem Tore trennt Bogen und Gewände ein schwerer Kämpfer, der an der Schräge zweistreifige Knöpfe ansetzt und zu dem auch der schmale Wulst gezogen ist, der am Südtor rund mit den Diensten verbunden erscheint. Die beiden Dienste schließen unten mit Würfelbasen. Alle diese Tore drängen auf die gleiche Endlösung hin.

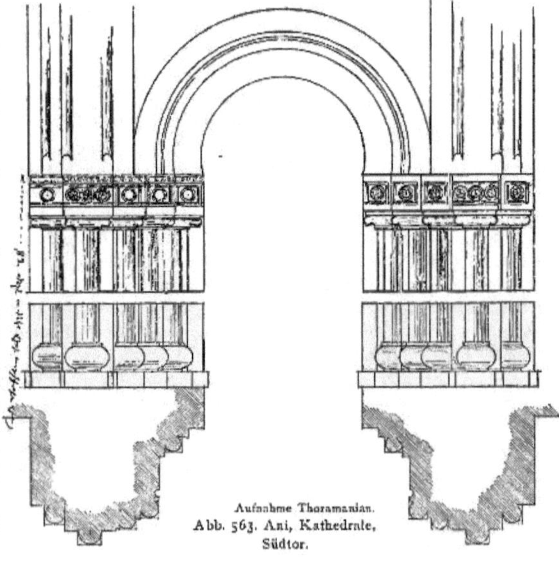

Aufnahme Thoramanian.
Abb. 563. Ani, Kathedrale, Südtor.

Das Stufentor mit eingestellten Diensten. Es fällt auf, daß die armenische Kunst die hohe Pforte im Sinne der islamischen Kunst nicht kennt. Dafür hat sie, scheint es, jene Schmuckform geschaffen, die später im Abendland eine reiche Weiterentwicklung erfahren hat, das abgestufte Tor mit in die Ecken gestellten Diensten. Es ist die Frage, ob diese Form eine bodenständig armenische Schöpfung ist oder einem östlichen Kunstkreise übernommen wurde.

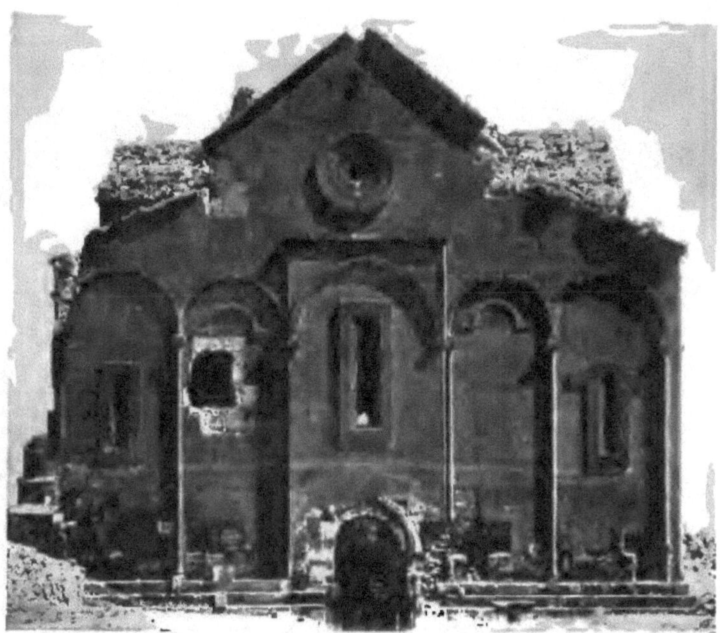

Abb. 564. Ani, Kathedrale: Westseite. Aufnahme Thoramanian.

Der wichtigste außerarmenische Beleg dieser Art im Westen wäre das Mihrab der Tulun-Moschee in Kairo vom Jahre 872 [1]). Dort sind zwei antike Säulenpaare in eine zweistufige Nische gestellt. Diese Art aber hat nichts mit der Entwicklung des Torbaues zu tun. In Armenien scheint sich der Typus erst in der Bagratidenzeit aus dem älteren mit zwei, einen Hufeisenbogen tragenden Diensten allmählich durch Zusammenziehung des Türgewändes mit dem Vorbau entwickelt zu haben.

Diese Entwicklung läßt sich vorläufig kaum an reinen Beispielen nachweisen, ist aber an einem Portal wie dem von 1033 der Gregorkirche von Ketscharus (Daratschitschak) noch ziemlich durchsichtig. Abbildung 566 zeigt alle bezeichnenden Merkmale vereinigt. Zunächst das einfache Türgewände, darüber die Hufeisenbogen, dann vorne die beiden Dienste mit den Knauffüßen. Dazwischen vermittelnd eingeschoben drei Stufen mit den eingestellten Diensten ohne Fuß, vereinigt durch ein Kämpfergesims, das auf jeder Seite anders, aber in beiden Fällen von einer auch sonst nachweisbaren Art ist. An diesem Tor fällt wie am Nordtor der Kathedrale von Ani besonders jener Seite 307/308 erwähnte beliebte Zug auf, die Bogen sich immer bauschiger erweitern zu lassen. Zuerst ein Rundbogen, dann ein zweiter, höher ansetzender, dann der Hufeisenbogen, endlich außen ein Bogen mit eingezogenen Enden.

Ist hier in Ketscharus der Ursprung aus Gewände und Vorbau noch deutlich, so zeigen andere zum Teil ältere Beispiele das Drängen nach Formen, die den alten Bestand ganz verwischen und sich schließlich in dem ausgesprochenen einheitlich schrägen Stufentor befriedigen (Abb. 371). Millet hat Seite 181 f. einige der jüngsten Beispiele aus dem 17. und 18. Jahrhundert zusammengestellt.

Es kann kaum ein Zweifel darüber bestehen, daß um 1000 schon das übliche Tor der mittelalterlichen Kirchen des Abendlandes erreicht ist, zu dem nicht nur die Abstufung der Wände mit eingestellten Diensten, sondern vor allem auch die trichterförmige Abtreppung des krönenden Bogens gehört, die den Nahenden in das Innere hereinziehen hilft. Wir beobachteten die darauf gerichtete Absicht schon an den Apsisbogen im Innern (S. 397) in der gleichen Reihenfolge: Rund-

[1]) Vgl. die Abbildung »Amida«, S. 289.

31*

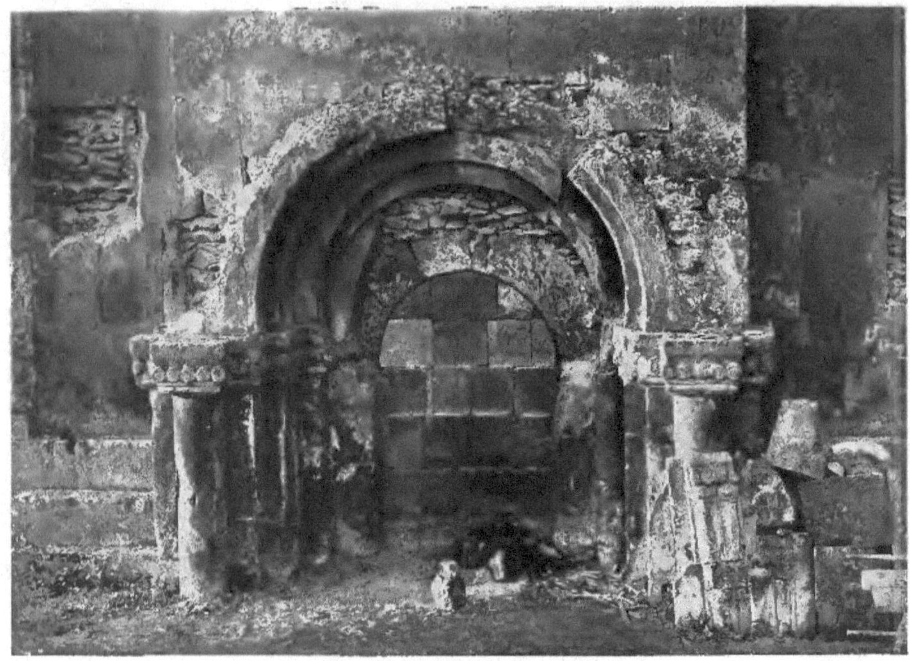

Abb. 565. Ani, Kathedrale, Nordtor: Ansicht. Aufnahme Thoramanian.

bogen, Stelzung, Hufeisenbogen und Bauschung. Die armenische Baukunst erreicht die volle Höhe dieser Entwicklung um die Zeit, wo sie im Abendlande einzusetzen beginnt. Dort wird sie aufgenommen und, durch Einstellung von Bildhauerarbeit ergänzt, weitergeführt. In Armenien aber läßt sich ihr allmähliches Werden in der zweiten Hälfte des ersten Jahrtausends Schritt für Schritt in der Zusammenziehung von Vorbau und Gewände verfolgen. Über die Herkunft beider später.

C. Das Fenster.

Es ist in der armenischen Kunst von vorneherein eine verhältnismäßig kleine Durchbrechung der breiten Wandfläche und wirkt, da es unverschlossen blieb, als schwarzer Fleck im rotbraunen Felde. Wie bald die Entwicklung seiner künstlerischen Bedeutung unterbrochen und sein allmähliches Zurückdrängen ersetzt wurde durch die gleichzeitige Zunahme der Flächenbelebung, wie Trichterschlitze, Blendbogen und Verzierungen, wurde S. 325 f. erörtert. Und doch war der Sinn für die Wirkung der tiefendunklen Gliederung der Wandfläche in Armenien ursprünglich lebendiger und beliebter als sonst irgendwo, z. B. in Italien. Dort hat erst Galilei 1734 in der Schauseite von S. Giovanni in Laterano die hergebrachte Öde der schreinerartig aufgebauten Wand großzügig zu überwinden vermocht[1]).

In Armenien wirkten der künstlerischen Entwicklung offenbar Tatsachen entgegen, wie sie sich schon in der Unterdrückung von Türen und Fenstern an der Nordwand und im Hochlegen der Fenster in die Trommel ankündigen: Rücksichten auf die rauhe, an Gegensätzen reiche Witterung des Hochlandes sowohl, wie rein kirchliche Erwägungen, die auf die Steigerung des Helldunkels im Innern hinauslaufen mögen. Bisher wurde nur immer wieder die Tatsache des Kleinerwerdens der

[1]) Vgl. Gurlitt, »Geschichte d. Barockstiles in Italien«, S. 522 f.

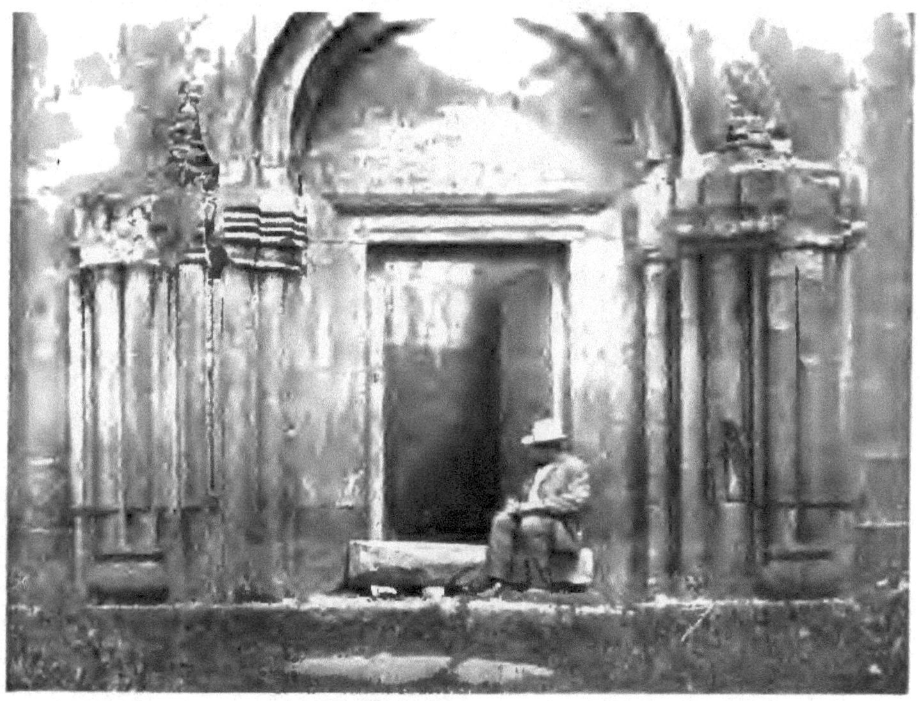

Abb. 566. Kloster Ketscharus, Gregorkirche: Südtor. [illegible]

Fenster hervorgehoben. Vielleicht haben sie von vorneherein in den Konchenquadraten und reinen Strebenischenbauten nur in der Kuppeltrommel Anwendung gefunden und erst die längsgerichtete Hallenkirche auf die Anlage von Fenstern in den Seitenwänden wie in den Basiliken hingedrängt. In den Kuppelbauten lassen sich daher große Fenster in den Wänden erst mit dem Eindringen der Längsrichtung feststellen.

Beachtenswert sind die Spuren einer einheitlichen Zusammenziehung der Wirkung, wie sie sich durch die Anordnung der Fenster um das Mittellot unter der Giebelspitze allein oder zusammen mit Tür und Tor vereinzelt beobachten lassen. Die auffallendsten Beispiele schon im 7. Jahrhundert in Thalisch und Thalin. In Thalisch beobachten wir (S. 14), daß das Tor der Südseite von zwei hohen Fenstern in die Mitte genommen wird und darüber, nach der Giebelspitze vermittelnd, ein Doppelfenster sitzt. An der Westseite von Thalin (S. 170, Abb. 199) sitzen über dem Tore vier Fenster breit in wagrechter Reihe, darüber ein Rundfenster wie später im Abendlande die Fensterrose unter dem Giebel. Zu Seiten, den Seitennischen im Innern entsprechend, tiefer gelegene Fenster mit dem Rundfenster darüber. Man hat den Eindruck, als wenn hier der Ansatz zur Entwicklung der abendländischen Schauwände zu suchen sei. In Armenien selbst wird dieser Entwicklungs-

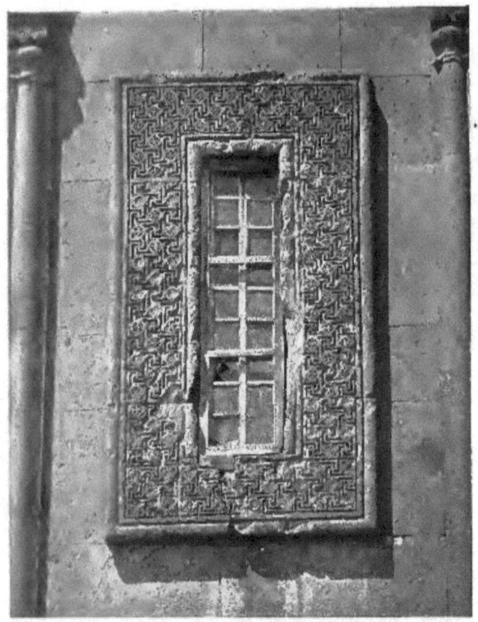

Aufnahme Thoramanian.
Abb. 567. Marmaschen, Hauptkirche: Ostfenster.

ansatz nicht durchgeführt wegen der bald wieder einsetzenden Unterdrückung großer Fenster. Wir sahen in Ani, daß da an der Kathedrale ganz andere Grundsätze maßgebend wurden. Ich komme auf diese Erscheinung unten im vierten Buche über die Ausbreitung noch zurück und wiederhole nur: es scheint, daß die kleinen Fenster in Armenien das Ursprüngliche sind, vorübergehend unter auswärtigem Einfluß große Fenster in den Wänden auftreten, dann aber mit dem Erstarken des Örtlichen und Nationalen wieder ausgestoßen werden. Für die Kuppel vgl. Irind (Abb. 138).

Ich gehe nun auf den Schmuck der Fenster über, der schon oben S. 327 behandelt wurde. Hier sei nur ein Zug nachgetragen, der als im Besonderen armenisch gelten kann.

D a s r e c h t e c k i g g e r a h m t e F e n s t e r. Es gehört erst der Zeit der Bagratidenblüte an. Das älteste mir bekannte Beispiel an Schirakawan (Abb. 233): zwei Fenster inmitten der Südseite über dem Torbau. An der gleichen Stelle kommt das rechteckige und gerahmte Fenster an drei Schauseiten der Kathedrale von Ani (Abb. 20, 223, 564) und in Marmaschen (Abb. 484, 567, dagegen 553) vor. Die gleiche Anbringung später an der Gregorkirche von 1215 in Ani (Abb. 338, 350 und 575). An diesen Bauten weisen die anderen Fenster Bogenbänder auf, es dürfte also das Aufkommen des rechteckigen und gerahmten Fensters irgendwie mit der Mittellösung der Schauseiten zusammenhängen, und zwar hauptsächlich, wenn ich nach Schirakawan urteile, mit den Breitseiten. In Ani freilich ist diese Art Fenster an der Westseite auch schon für das Fenster neben der Ecke der Westseite links verwendet (Abb. 564), rechts ein Fenster mit Bogenband, eine auffallende Unregelmäßigkeit. Der Rahmen links zeigt in tiefendunkler Flacharbeit ein zweistreifiges Muster ohne Ende zwischen glatten Randstegen. Ein Fenster in Marmaschen (Ostseite, Abb. 567) legt um diese Ränder noch Wülste. Das Muster selbst besteht hier aus dem flächenfüllenden Hakenkreuz mit eingeschlungenen, kreuzgefüllten Kreisen, ist also an diesem Apsisfenster vielleicht in symbolischer Absicht gewählt. Das gleiche Fenster auch an der Ostwand einer Grabkirche in Herher, einem Dorfe in Sisakan[1]). Man sieht, Abbildung 568, die kleine Kuppelhalle inmitten eines Friedhofes und das große Fenster zwischen den kleinen ungleich hohen Fenstern der Nebenkammern. Dieser Hakenkreuz-Mäander ohne Ende wurde »Amida«, S. 158 f. in seiner Ausbreitung bis nach Ägypten hin besprochen. Jetzt kommt noch sein Vorkommen in Indien an dem Stupa von Sarnath dazu[2]).

Es sieht aus, als wenn solche Rechteckfenster vor allem für Kathedralkirchen gewählt worden wären, denn wie in Ani und Marmaschen ist es auch an der Kathoghike von Ketscharus verwendet, obwohl die größte Kirche dieses Klosters die Gregorkirche von 1033 es nicht hat[3]). Mit der Bildung dieses Mittelfensters Hand in Hand geht eine andere Einführung, die vielleicht die rechteckige Form des Fensters erklärt, der ⊓-förmige Aufsatz, auf den ich gleich eingehe. Ich habe das Bogenband hier übergangen, weil es mesopotamischen Ursprungs sein könnte, also für die rein armenische Form nicht unmittelbar in Betracht käme. Es wird im geschichtlichen Teile, d. h. im dritten Buche, darauf zurückzukommen sein. Man beachte Abbildung 367 die eigenartige Verbindung von Rechteckfenster und Bogenband.

[1]) Vgl. Alischan, »Sisakan«, S. 111 f. [2]) Vgl. Monatshefte für Kunstwissenschaft, 1918. [3]) Vgl. dazu auch oben, Seite 288, das Fenster der Südseite von Geghard.

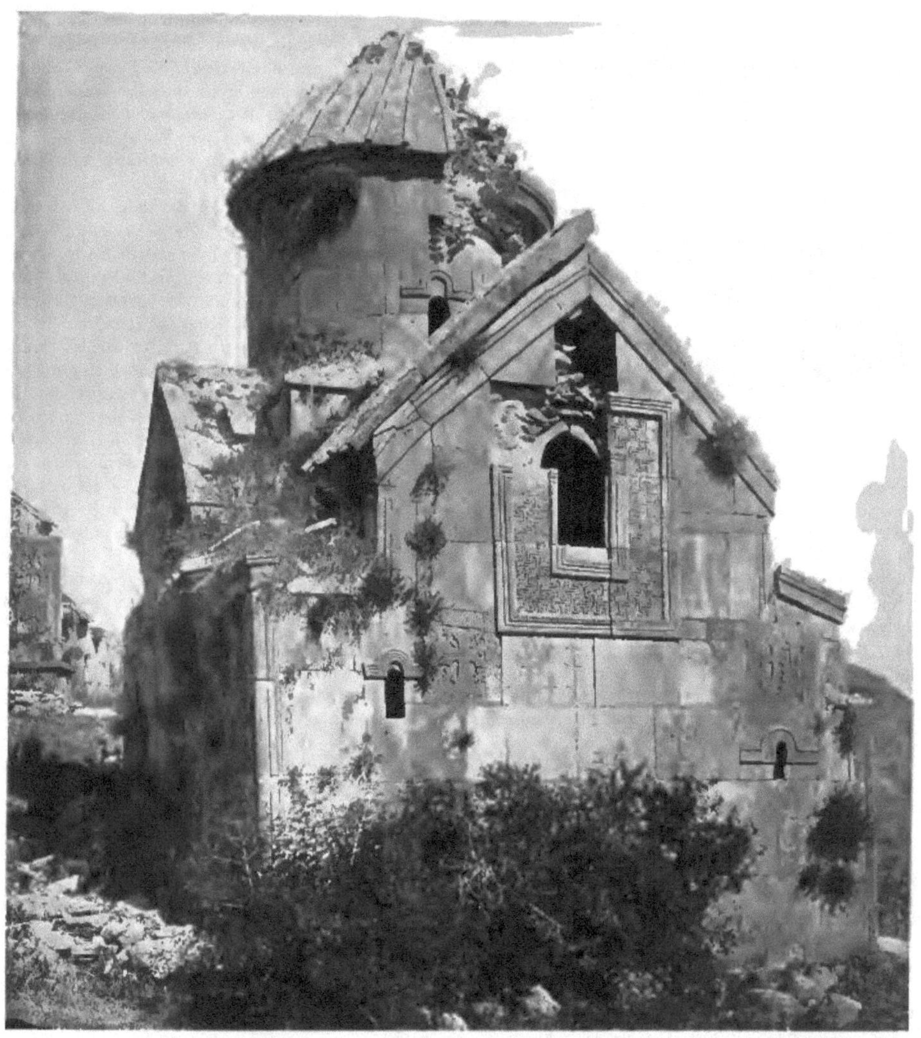

Abb. 568. Choschawank (Herher), Grabbau: Nordostansicht. Aufnahme Jermakov 1913.

D. Der rechteckige oder ⊓(Pi)-förmige Aufsatz.

Ich gebe eine Vorstellung davon an Abbildung 569, einem Schmuckstück, das wir an einem Hause von Mahmudschuk neben der Tür verbaut fanden. Es mag aus dem 11./12. Jahrhundert stammen und zeigt einen Zweipaß auf Bogenansätzen in der bezeichnenden ⊓-förmigen Umrahmung, die Zwickel reich gefüllt mit der geometrischen Ranke, von dem Zweipaß abgegrenzt durch eine zweistreifige Linie. Von dem Ursprung des ⊓-förmigen Aufsatzes war schon Seite 449 die Rede. Amman gibt den Schlüssel.

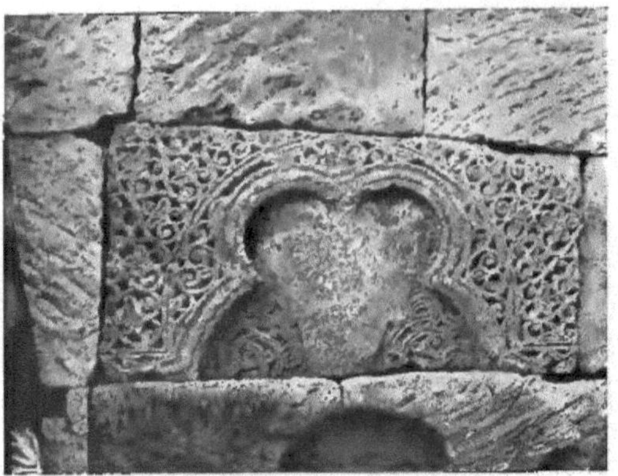

Abb. 569. Mahmudschuk: Schmucktafel, an einem Hause verbaut.

Dieses Lieblingsmotiv der armenischen und byzantinischen Miniaturen in der Zeit ihrer persischen Neubildung und ebenso des islamischen Grab- und Bauschmuckes[1]) hat auch in der armenischen Baukunst Verwendung gefunden. Wenn man die fünfeckigen Strebenischen von Artik und Thalin u. s. w. (Abb. 61 und 202) mit ihren aufgelegten Blendbogen und der darüber zum Kranzgesims aufsteigenden Kante ins Auge faßt, so könnte man an eine einheimische Entwicklung denken. Doch liegen für die ausgebildete Form erst Belege aus der zweiten Blütezeit vor. Es sind die Mittellösungen der Schauseiten des Domes zu Ani. An der Westseite (Abb. 564) nehmen drei weitere Bogen zwei engere in die Mitte. Der mittlere hat die größte Spannung. Er ist außerdem durch den ⊓-förmigen Aufsatz betont, ferner durch eine vertiefte Kreisfüllung darüber, die als Ansatz zur Ausbildung der Fensterrose gelten könnte. An der Südseite ist der ⊓-förmige Aufsatz ganz merkwürdig gehandhabt. Dort liegt (Abb. 554) Tor und Fenster auf einer vortretenden Fläche, die oben durch Bogen mit Adlern auf die Breite der nächsten Dienste gebracht ist. Darüber steigt eine ⊓-förmig vortretende Fläche so auf, daß sie links und oben ausgeführt, rechts jedoch mit der Kante nur bis zu dem Bogenband aufsteigt, das die Mitte zusammenfaßt, die dann noch durch ein kleines Kreisfenster betont ist. Auf der Nordseite (Abb. 223) wieder eine andere Lösung. Der ⊓-förmige Aufsatz über dem Tore wird von einer Fenstergruppe begleitet und von einem breiten Bogen überspannt, darüber wieder das Kreisfenster.

Eine andere Art der Verbindung des ⊓-förmigen Aufsatzes mit dem Bogen bietet die Kirche Gregor Abughamrentz in Ani (Abb. 130). Dort liegt eine Verdachung über den in der Fläche aufsteigenden Lotrechten, die eine vorgelegte Wand in der Breite des Bogenbandes kennzeichnen. Das Zusammenwirken von Bogen und ⊓-förmigem Aufsatz erfährt eine Erweiterung an einem der Tore von Ketscharus (Abb. 371). Es ist freilich erst im 13. Jahrhundert entstanden und gehört eigentlich nicht mehr in die Zeit des vorliegenden Buches. Immerhin ist es doch notwendig, an die daran zu beobachtende Einstellung des Stufenportals in den bis zum Boden herabsteigenden ⊓-förmigen Aufsatz die Bemerkung zu knüpfen, daß sich damit die entscheidende Wendung zum Portalbau der Seldschuken vollzieht und die im übrigen nach der Form des Abendlandes drängende Entwicklung unterbunden wird.

Das Hauptbeispiel eines Eindringens des Schmuckes von ⊓-förmigen Aufsätzen, in so überreichlicher Fülle aus den armenischen Handschriften bekannt (vgl. oben S. 65), ist die Kirche Gregor Honentz von 1215 in Ani. Dort sind die Aufsätze in eine fortlaufende Reihe zusammengezogen (Abb. 350). Einen Vorläufer dafür bieten freilich Zwarthnotz (Abb. 119) und Bana (Abb. 128). Wie das Motiv des ⊓-förmigen Aufsatzes später weitergebildet wird, zeigt die Kathedrale (Kathoghike) von Ketscharus an ihrer Südseite (Abb. 570). Der die rahmenden Bogen der Dreieckschlitze verbindende Mittelbogen ist ganz weggelassen und das Rechteckfenster allein mit dem ⊓-förmigen Aufsatze zu der einfacheren, aber um so wirkungsvolleren Anordnung eines Stufenaufsatzes mit durch das Fenster betonter Mitte umgebildet. Der Stufenaufsatz steigt als hohe Profilleiste über den Diensten hoch in den Giebel auf. Ein weniger einfaches Beispiel wird unten in der Doppelkirche von Amaghu zu geben sein. Diese späten armenischen Belege finden weit ältere Vorläufer in der koptischen, syrischen und islamischen Kunst. Ich habe darüber »Amida«, Seite 239—242, gehandelt und nahm dort schon ohne Heranziehung der aus Armenien vorgelegten Beispiele an, daß es sich um Anzeichen des persischen Vorstoßes handeln dürfte. Auf Grund der Untersuchungen in »Altai-Iran« und im vorliegenden Werke wird als Quellgebiet wohl Nordiran zu bezeichnen sein.

[1]) Vgl. darüber »Altai-Iran«, S. 219, ferner 215 und 283. Dazu oben S. 65 und besonders zum Vergleich von Mahmudschuk, S. 205.

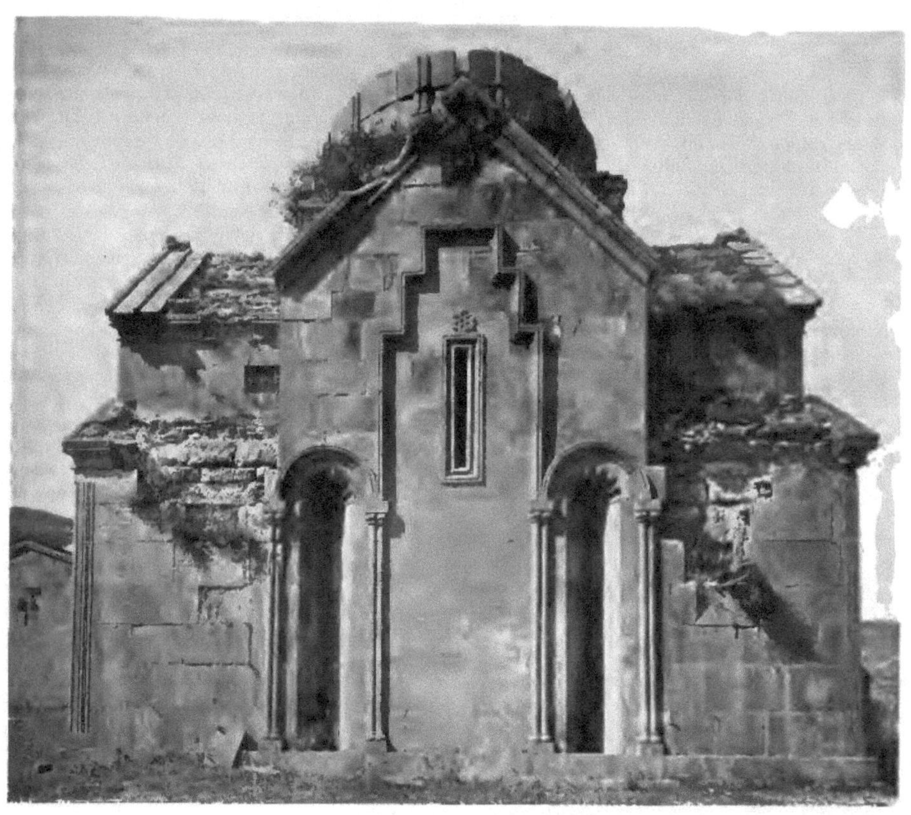

Abb. 570. Kloster Ketscharus, Kathoghike: Südansicht. Jermakov 1891.

E. Die Innenausstattung der altarmenischen Kuppelkirchen. Eine Annahme.

Waren die altarmenischen Kirchen im Innern farbig oder sonst irgendwie ausgestattet und wie haben wir uns diese Ausstattung vorzustellen? Wir konnten in einer ganzen Reihe von Kirchen Reste von Malereien nachweisen. Sie sind bei Beschreibung des einzelnen Baues S. 184, 192 f., 405 f. und S. 297 f. zusammenfassend gegeben worden. Alle diese Malereien sind darstellend. Aber gerade die Darstellung ist es, die ihren jüngeren Ursprung wahrscheinlich macht. Für das 4. Jahrhundert kann, wenn die Kirchen überhaupt im Innern bemalt oder sonst ausgestattet zu denken sind, m. E. nur gelten, daß sie keine Darstellung aufwiesen. Erst mit den längsgerichteten Bauten, d. h. vom aramäischen Süden und griechischen Westen aus, kann im 5. Jahrhundert die Darstellung in Armenien Eingang gefunden haben. Dann aber entbrannte auch der Kampf zwischen der bildlosen nationalen Richtung und den neuen Bilderfreunden. Er füllte das 5. und 6. Jahrhundert, war im 7. im wesentlichen zugunsten der Bilderfeinde entschieden, die erst mit dem Vordringen des byzantinischen Einflusses zurückwichen, um dann in seldschukischer Zeit wieder vorzustoßen. Es ist bezeichnend, daß Marr die Malereien der Gregorkirche des Honentz in Ani, entstanden nach 1215, nur als chalkedonitisch zu verstehen mag (S. 299 f.).

a) Bildlosigkeit und Bilderfeindschaft der Armenier.

Man kennt die immer wieder in der Entwicklung des Christentums auftauchende Strömung gegen das Überhandnehmen der Bilderverehrung. Diese Bewegung hat ihren ständigen Halt außer bei den Juden im iranischen Nordosten und auch für Armenien gibt es Gründe, anzunehmen, daß es von vornherein auf Seiten dieser Strömung stand. Die Armenier haben das Christentum in ihrer Sprache kennen gelernt und von der Zeit an, in der diese Religion ins Volk zu dringen begann, d. h. seit dem 5. Jahrhunderte für ihre heiligen Schriften ein eigenes Alphabet geschaffen, so daß das Wort selbst zum Volke sprach. Es war nicht, wie in einzelnen Gebieten am griechischen Mittelmeere und im lateinischen Abendlande, wo die bildende Kunst denen, die nicht lesen konnten, Sprache und Schrift durch Darstellung ersetzen mußte. Ganz abgesehen von den bekannten Aussprüchen, die darüber belehren, wie man dem Syrer und Ägypter, dem Gallier und Nordländer, d. h. den der griechischen, bzw. lateinischen Sprache Unkundigen, die die heiligen Schriften nicht lesen konnten — von den Analphabeten griechischer und lateinischer Zunge selbst ganz abgesehen —, durch den Anblick der Malerei Kunde zu geben suchte[1]), hat sich ein besonders bezeichnender Ausspruch bei Moses von Kaghankatuk (S. 54) in seiner Geschichte der Albanier aus dem 7. Jahrhundert erhalten, worin er berichtet, daß, während die Armenier und Byzantiner in Streit und Wetteifer lagen, in Albanien[2]) Ruhe herrschte, bis die Nachricht auftrat, daß etliche die Bilder nicht annehmen wollten. Da habe sich Bischof David an Johann Mairagomier wegen der Bilder und Zeichnungen gewendet und folgende Auskunft erhalten: »Diese Sekte[3]) ist nach der Zeit der Apostel aufgekommen und zuerst bei den Rhomäern zu Tage getreten, weswegen eine große Synode in Caesarea gehalten wurde und man Bilder im Hause Gottes zu malen empfahl. Daher wurden die Maler übermütig und wollten, daß ihre Kunst über allen kirchlichen Künsten stehe. Sie sagten: »Unsere Kunst ist Licht, denn durch sie wird alt und jung gleicherweise aufgeklärt, während wenige die hl. Schriften lesen«[4]). Darauf sei jener Streit entstanden, der, nun auch nach Albanien vorgedrungen, nicht mehr nur Maler und Schriftsteller, sondern ganze Sekten Bilderstürmer und Bilderfreunde gegeneinander im Kampfe zeige.

In Armenien mußte der Streit gegen die Maler ausfallen, weil das Land im Kern bildlos war und seine eigene Schrift besaß. Dazu kam noch der erbitterte Streit gegen Byzanz und die kirchliche Trennung in Abwehr des Chalcedonense. Das Konzil von Chalcedon, 451[5]), hat für die Kunstgeschichte weittragende Bedeutung gewonnen. Die Monophysiten und mit ihnen die Armenier verhielten sich ablehnend[6]) und betrachteten die Anhänger des Dogmas als ihre ärgsten Feinde. 491 wurden auf dem Konzil zu Wagharschapat die Satzungen von Chalcedon ausdrücklich verdammt. Treffend äußert sich dazu Topdschian[7]). »Die Armenier haben alles geopfert, um ihre auf dieser Basis begründete Nationalkirche zu bewahren, die als ein wichtiger religiöser und politischer Faktor für die Erhaltung der Nationalität bis heute von hervorragender Bedeutung ist.« Ein Bilderkreis, der angeblich den Beschlüssen des Konzils von Chalcedon Ausdruck gibt und wie ihn Corippus im Anschluß an das, dieses Symbol bestätigende Konzil von 553 in der Sophienkirche zu Konstantinopel beschreibt[8]), kann daher schon aus diesem Grunde in Armenien vor der byzantinischen Zeit, also vor dem 10. bis 11. Jahrhundert, kaum Eingang gefunden haben. Es hat freilich eine Zeit von 69 Jahren gegeben — zwischen dem Konzil von Karin, 630, bis zu dem von Manazkert, 719 — in der sechs Patriarchen der »schändlichen Lehre von Chalcedon« folgten[9]) (darunter auch Nerses der Erbauer), bis Johann der Philosoph (717—728) wieder die monophysitische Ordnung herstellte. Da er aber zugleich Stellung nahm gegenüber der Sekte der Paulikianer, so ist seine Zeit in der

[1]) Vgl. »Amida«, S. 273.

[2]) Das Land am Kaspischen Meere im Mündungsgebiet des Kur.

[3]) Die Bilderfreunde. Also gilt die Bildlosigkeit als das Landesübliche. Vgl. darüber das dritte Buch »Geschichte«.

[4]) Ich entnehme diese Übersetzung Ter-Mkrttschian, »Die Paulikianer im byzantinischen Kaiserreiche«, S. 52. Auch für das Folgende ist dieses Buch meine Quelle.

[5]) Vgl. Harnack, »Dogmengeschichte«, S. 267 f.

[6]) Vgl. z. B. Stephan von Taron II, 6 (Gelzer-B., S. 104 f.).

[7]) Zeitschrift für armenische Philologie, II (1904), S. 58 f.

[8]) Vgl. Heisenberg, »Xenia zum Athener Universitätsjubiläum«, S. 153.

[9]) Vgl. Wartapet Wartan bei Saint-Martin, »Mémoires«, II, S. 425 u. 435. Dazu Ter-Mkrttschian, »Die Paulikianer«, S. 73 f.

Frage, die wir hier behandeln, eine sehr bewegte. Wollte man nun aus den erhaltenen Mosaikresten und dem Vorkommen von Malereien in den Ruinen, ferner aus einzelnen Nachrichten der Historiker ganz allgemein schließen, daß in den altchristlichen Kirchen Armeniens die Ausstattung mit Gemäldezyklen üblich war, so würde man zu einer Annahme gelangen, die Armenien in eine Reihe mit dem Mittelmeer und dem Abendlande stellte. Es will mir aber scheinen, daß gerade hier einer der entscheidenden Gegensätze der uns bisher naheliegenden Kunstkreise zum Armenischen grell aufleuchtet. Ter-Mkrttschian kommt in dem oben angeführten Buche, Seite 57 f. zu dem Schlusse, daß, wenn sich die armenischen Patriarchen im 12. und 13. Jahrhundert gegen die Vorwürfe der byzantinischen Kaiser, die armenische Kirche nehme die Bilder nicht an, verteidigten und schon Patriarch Wahan (968—970)[1]) abgesetzt und verurteilt wurde, weil er Bilder bringen ließ und von allen Altären die Herrlichkeit des Kreuzes verbannte, während »Ikonen« sie schmückten, das alles kein Grund sei zu denken, die Armenier wären im 6. und 7. Jahrhundert günstiger für die Bilder gestimmt gewesen. »Sie haben sie wahrscheinlich in ihrer Kirche weder gehabt, noch sind sie veranlaßt gewesen, sich darüber auszusprechen. Diesen Anlaß haben dann erst die Angriffe der Griechen gegeben, und in den Bilderstürmern zur Zeit des Moses (574—604) ist eine Partei entstanden, welche die Bilderverehrung als eine unchristliche Neuerung bekämpfte und vielleicht, von den schon vorhandenen Sekten beeinflußt, ihren Gegensatz bald auch auf alles Kultliche ausdehnte. Je verhaßter nun die Griechen wurden, und je weiter der Kultus bei ihnen sich entwickelte, um so allgemeiner und stärker mußte dieser Gegensatz werden. »Im allgemeinen kann gelten, daß die figürliche Darstellung im Innern der Kirchen ein Zeichen aramäischen oder griechischen Einflusses ist.«

Wie aber kann Schmuck und Farbe sonst im 4. Jahrhundert, der grundlegenden, nationalarmenischen Zeit, Eingang in das Innere der Kirchen gefunden haben? Ich vermag mir sie nie in byzantinisch-orthodoxer Art, sondern, wenn ich an farbigen Schmuck denke, nur wie am Äußern der ältesten norwegischen Stabkirchen (Urnes) oder in jener Art ausgemalt denken, die von Amman und der Mschattafassade her bekannt ist, in meinem »Altai-Iran« ausführlich in ihrer geometrischen Art behandelt wurde und Spuren vor allem in den armenischen Handschriften hinterlassen hat.

Die Farbe ist da auf das innigste verknüpft mit dem Spiel von Linien zu dem Zwecke, Flächen bzw. Streifen geometrisch zu füllen. Zunächst führen in diese vorläufig noch leider völlig versunkene Welt Spuren in der plastischen Ausstattung ein. Die Armenier sind wie die Iren[2]) lebende Zeugen der künstlerischen Gesinnung des Ostens im 4. Jahrhundert geblieben, und zwar noch zu einer Zeit, in der der ganze Mittelmeerkreis bereits von Byzanz und Rom ins Schlepptau jenes am deutlichsten von Nilus gekennzeichneten Umschwunges genommen war, der die Darstellung an Stelle des Schmuckes setzte. Ich habe den Brief dieses Mönches vom Sinai an den Präfekten Olympiodoros in den ersten Jahren des 5. Jahrhunderts in meinem »Amida«, Seite 273, einzuführen gesucht[3]). Er wäre an dieser Stelle erst recht am Platze, weil er belegt, wie um jene Zeit der Umschwung vom einfachen Schmuck zur Darstellung sich vollzog. Ich will hier nicht nochmals darauf eingehen. Die Hauptsache ist, daß die Armenier diesen Umschwung nicht mitmachten und soweit sie national, d. h. von Syrern und Griechen unabhängig schufen, bei der zierenden Ausstattung des Innern, von der wir gute plastische Parallelen vom Äußern der erhaltenen Bauten kennen lernten, blieben. So wurde Armenien dauernd der feste Halt einer Bewegung, die schon um 300 bis nach Spanien herübergewirkt hatte, wo 306 das Konzil von Elvira im 36. Kanon erklärte: »Placuit picturas in ecclesia esse non debere, ne quod colitur et adoratur in parietibus depingatur«[4]). Wie stark diese Richtung in Ravenna lange zur Geltung kam, habe ich Oriens christianus, N. F., V (1915), S. 104 f., zu zeigen versucht und wie sie im Bildersturm nachwirkte im Anschluß an die Malereien von Amra in der Zeitschrift für bildende Kunst, N. F., XVIII, Seite 213 f. Ein besonders lehrreiches Beispiel habe ich dann in den Werken der Volkskunst (Wien), I, Seite 13 f., veröffentlicht. Eusebios war gegen die Bilder, von Epiphanios später. In Armenien war es der Bau an sich, dem man die Wirkung überließ, ohne sich in das Gemüt mit kirchlichen Dingen einzudrängen, wie in dem Kunstkreise, den man gern unter

[1]) Vgl. die Katholikosliste im dritten Buche. Danach 967—972.

[2]) Vgl. »Kleinasien«, S. 231, und »Altai-Iran«, S. 293.

[3]) Vgl. auch »Werke der Volkskunst«, I (1913), S. 13 f.

[4]) Vgl. Hefele, »Konziliengeschichte«, I, S. 170 und Funk, »Kirchengeschichtliche Abhandlungen und Untersuchungen«, I, S. 346 f. Dazu Schwarzlose, »Der Bilderstreit«, Erstes Kapitel, und Wilpert, »Die römischen Mosaiken«, S. 3 f. Dagegen meint freilich Kaufmann, Handbuch d. christl. Archäologie, 1. A., S. 277, es handle sich lediglich um eine kluge Bestimmung der Arkandisziplin.

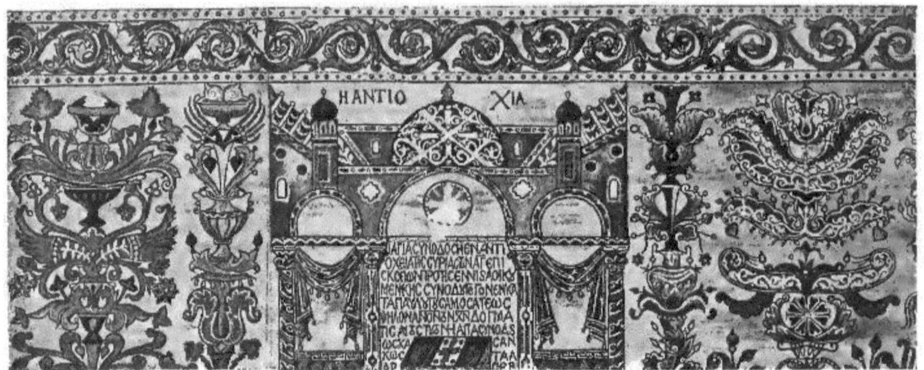

Abb. 571. Bethlehem, Geburtskirche: Mosaiken der Längswände. Aufnahme R. W. Schultz.

dem Namen »Byzanz« zusammenfaßt. Es wird Gegenstand eingehenderer Untersuchungen sein, zu ermitteln, wie, wo und wann die selbst in den altchristlichen Mosaiken von Rom und Ravenna noch offenkundig durchschlagende Art der ursprünglich herrschenden bildlosen Ausstattung von der »Darstellung« überwunden wurde. In Armenien geschieht das sicher erst vom Süden und Westen her. Der Osten hatte dem Christentum andere Wege gewiesen als der Alte Orient und das Mittelmeer. Davon wird im geschichtlichen Teile und in einem Buche über den Ursprung der christlichen Kunst zu reden sein.

Der 656 in Armenien eingedrungene Islam wird diese unter Zurückdrängung der Darstellung auf Schmuck allein losgehende Richtung jedenfalls noch verstärkt haben, wie er ganz allgemein die Partei der Bilderfeinde gestützt hat, auch in Byzanz. Er, der Erbe der flächenschmückenden Nord- und Nomadenkunst ist ja bis auf den heutigen Tag der hervorragendste Vertreter dieser Richtung gegenüber der von Europa wieder aufgenommenen Südkunst und ihrer auf Darstellung losgehenden Art geblieben.

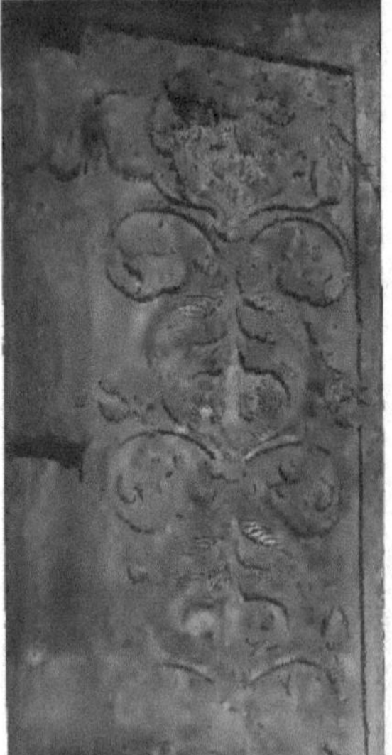

Aufnahme Sarre.
Abb. 572. Taq-i-Bostan: Seitenschmuck der Nische.

Da ich in den vorausgehenden Abschnitten von diesen Dingen nicht zu reden hatte, so ist damit gesagt, daß sich Belege für diese Auffassung der farbigen Ausstattung des Innern altarmenischer Kirchen in breiter Schicht oder auch nur in einem ausschlaggebenden Beispiele nicht erhalten haben. Ein anderes ist die Frage, ob eine solche farbige Ausstattung überhaupt anzunehmen und vielleicht mittelbar Spuren solcher Belege nachzuweisen seien. Für das Äußere wurden ja oben Seite 312 und 442 f. die Belege ausführlich zusammengestellt. Hier nur einige Andeutungen bezüglich des Innern.

Kuppel. Seite 75, 93, 172 wurde gesagt, daß die Kuppel mit nach Scheibenenden laufenden Strahlen — bisweilen vielleicht nach der Stundenzahl — geschmückt sei. Diese strahlenförmige Aufteilung ist die natürliche, solange nicht theologischer Geist wie in der Gregor Honentzkirche in Ani (Abb. 339), die Wände und Decken des Kircheninnern mit seinen dogmatisch aufgebauten Bilderkreisen zur Belehrung der Gläubigen vollmalt. Es ist bezeichnend, daß die Mosaiken von S. Costanza in Rom und der beiden Baptisterien in Ravenna die in Armenien plastisch erhaltene Aufteilung in radialen Rankenstämmen durchgeführt zeigen.

Apsis. Was in den Apsiden der armenischen Kirchen an Ausstattung erhalten ist, gehört alles, in Malerei ausgeführt, der späteren darstellenden Art an. Und doch muß es auch wie in den Kuppeln

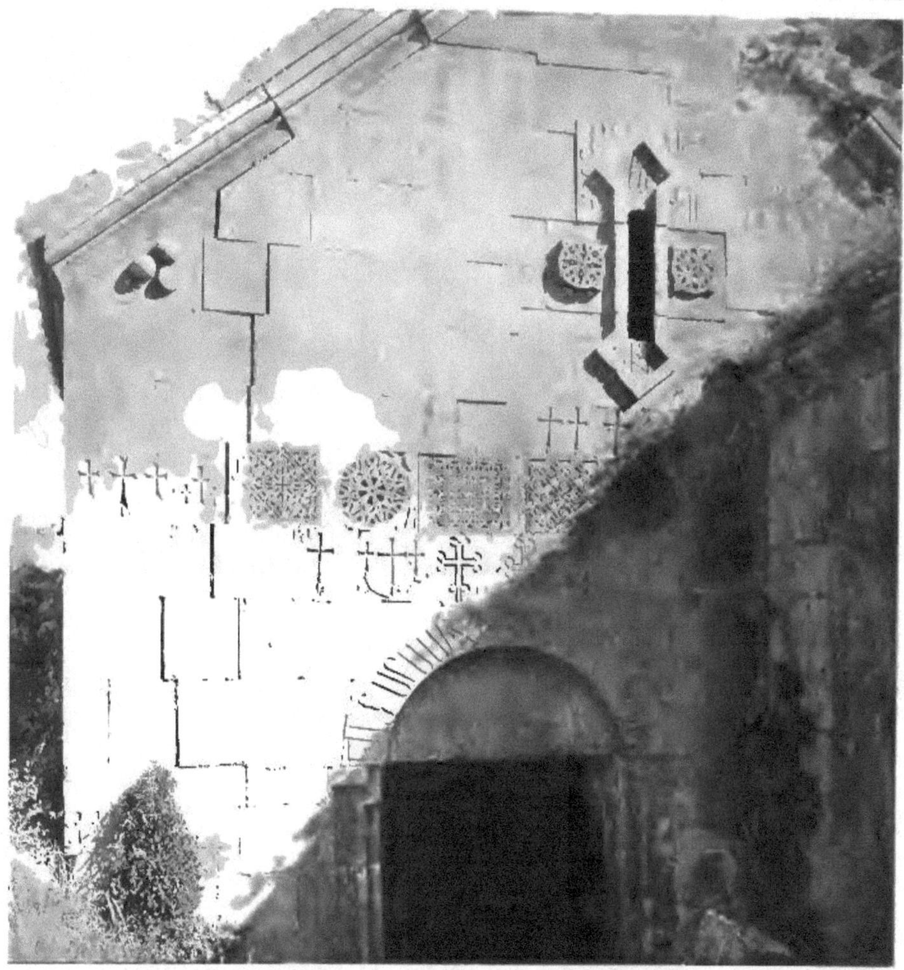

Abb. 573. Amaghu, Karapetkirche: Westwand des Tarsaidsch-Martyrions. Aufnahme Jermakov

eine der bildlosen Art entsprechenden Schmuck gegeben haben. Ich denke dabei an Apsiden, wie sie in S. Maria Maggiore und S. Clemente, in S. Giovanni in Laterano und sonst[1]) erhalten oder zu ergänzen sind: das Kreuz im Mittellot mit sternförmiger Betonung der Mitte oben und Füllung durch Rankenwerk an den Seiten. Auch rein geometrische Muster wie in einer der Apsiden der Oase el-Kharge sind denkbar[2]). Vor allem wird in den Apsiden wie in Mesopotamien das Kreuz einen hervorragenden Platz eingenommen haben[3]). Das Mosaik der Irenenkirche zu Konstantinopel

[1]) Vgl. die Zusammenstellung bei Wilpert, »Die römischen Mosaiken«.

[2]) Vgl. De Bock, »Matériaux«, Tafel VII und Johann Georg von Sachsen, »Streifzüge durch die Kirchen und Klöster Ägyptens«, Abbildung 138.

[3]) Vgl. mein »Amida«, S. 273.

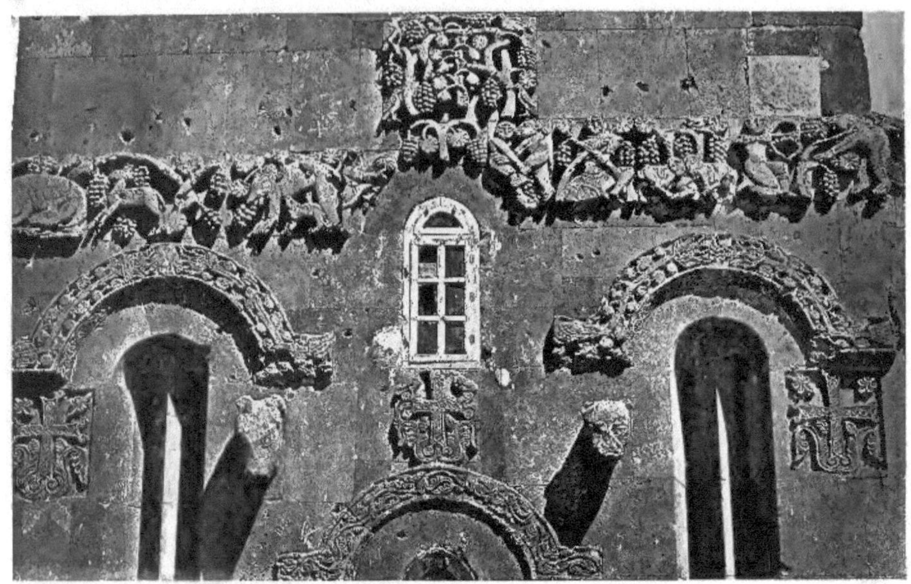

Abb. 374. Achthamar, Westseite: Einzelheit von Abb. 330. Aufnahme Lalajan.

bietet dafür einen andern guten Beleg. Auch die Apsis der Basilika von Resafa mit ihren in Stuck ausgeführten Radien, unten durch Halbkreise verbunden, gehört hierher [1]).

Tonnengewölbe. Ich denke bei der Ausstattung dieser Deckenteile an die Beispiele, die in Chinesisch-Turkestan erhalten sind, von wo sich Fäden über Iran nach Rom spinnen [2]). Das Mausoleum der Galla Placidia gibt mit seinen geometrischen Rankenfüllungen eine gute Vorstellung. Von all dem ausführlich später. Hier sei nur noch auf Oriens christianus, N. F., V. (1915), S. 104 f. verwiesen, wo für die Basilika Ursiana in Ravenna Gewölbe mit der in Rede stehenden Ausstattung wahrscheinlich gemacht werden. In Lmbatawank (S. 499) in der Tonne ein Kreuz.

Wände. Eine Art des Schmuckes altarmenischer Kirchenwände scheint mir in dem wiederholt (S. 446 und 463) herangezogenen Vierpasse von Amman erhalten, freilich nicht in Malerei, sondern wie in Mschatta in Stein übertragen. Jedenfalls handelt es sich um Innenausstattung. Man wird sich die Art von Amman leicht in Malerei und in eines der Konchenquadrate wie Mastara übertragen denken können. Unten an den Wänden bis zur Höhe der Altarbühne etwa die Zwergnischen, dann in den Ecken des Quadrates die hohen Bogen zwischen Diensten (Artik) und darüber zu seiten der Tragbogen der Kuppel wie in Amman so auch in den Kirchen unter den Trichternischen neuerdings eine Art von Zwergbogen. Soweit kann ich diese Art Schmuck in eine Reihe mit den Blendbogen setzen, die an der Außenseite der Kirchen in Steinmetzarbeit ausgeführt sind (S. 442 f.). Vielleicht lebt in der sogenannten Stephanskirche in Ani (S. 143 und 515) noch ein Nachklang dieser Ausstattung. Die Füllung geschah durch Kreuze, Tiere, baumartige Bildungen und eine Mischung von allen drei Arten, die übrigens auch für sich allein ohne die Blendbogen verwendet worden sein mögen. Ich gebe für jede Art einige Beispiele.

Kreuze. Das Kreuz dürfte entsprechend dem Nilusbrief in der Innenausstattung der ältesten armenischen Kirchen nicht nur in der Kuppel und der Apsis eine vorherrschende Rolle gespielt haben. Wir sahen Reste eines solchen in dem Mosaik aus Zwarthnotz (S. 297). Eine der Apsiden des Weißen Klosters in Oberägypten, das der armenische Maler Theodoros im Jahre 1124 gemalt

[1]) Vgl. Sarre-Herzfeld, Arch. Reise III, Tafel LIX.

[2]) Vgl. mein »Altai-Iran«, S. 36 und Österreichische Monatsschrift für den Orient, XL (1914), S. 77 f.

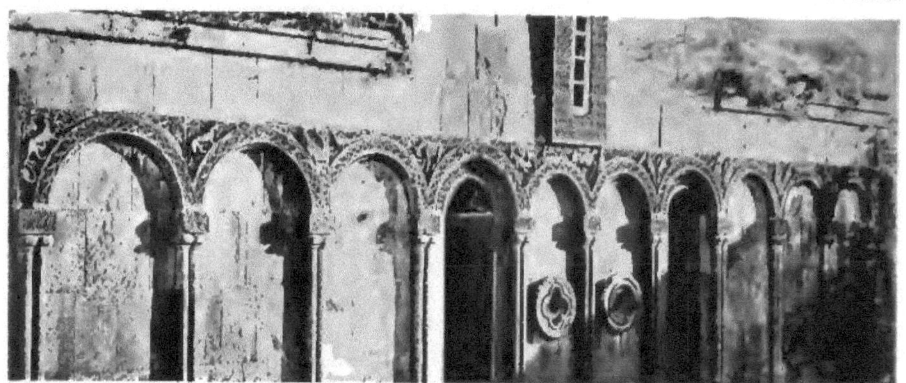

Abb. 575. Ani, Gregorkirche des Honentz: Blendbogen mit Tieren als Zwickelfüllung. Aufnahme Thoramanian

hat, stellt das Kreuz ähnlich in einem Kreise groß in die Mitte [1]) wie die Apsismosaiken von S. Giovanni in Laterano oder S. Apollinare in Classe oder in der Irenenkirche und die Briefe des Nilus [2]) und Paulinus von Nola [3]). Dieser Brauch läßt sich also als Unterströmung bis nach Italien und von der Hand eines Armeniers noch in der Spätzeit nachweisen. Die Kreuzsteine und die zahlreichen Kreuze dieser Art, die an der Außenseite vieler armenischen Kirchen, besonders an der Westseite von Mren (Abb. 38) und in Achthamar (S. 291 f.) angebracht sind, bestätigen die alte Vorliebe. Ich gebe Abbildung 574 den Mittelteil der Westseite, an dem die Friese von beiden Seiten zusammenlaufen und Kreuze mit Knopfansätzen an den Armenden und Halbpalmetten als Träger darunter erscheinen. Dazu kommen die unzähligen Kreuze, die fromme Gläubige ohne Rahmung in die Verkleidungsplatten der Außen- und Innenwände ritzten. Ihre Vorstellung vom Seelenheil scheint mit diesem Zeichen völlig erfüllt (Abb. 290). Es wird wohl in den armenischen Kirchen nicht so bald üblich geworden sein, das ursprünglich in der Apsis angebrachte Kreuz nachträglich durch eine Darstellung zu ersetzen, wie es für die Apsis von Nikäa wahrscheinlich ist, wo ursprünglich im 7. Jahrhundert ein Kreuz mit Engeln zu sehen war und erst im 8. Jahrhundert eine Muttergottes dafür eingesetzt wurde [4]). Über ein Reliefkreuz in der Westtonne von Lmbatawank Seite 499.

Ich gebe Abbildung 573 noch ein Beispiel für die Sitte, überall Kreuze anzubringen und die gelegentlich reiche Anwendung des Bandgeflechtes. In Abbildung 573 bilden fünf Platten nebeneinander, gefüllt mit reichen dreistreifigen Flechtbändern, einen Schmuckfries über der Tür einer Grabstätte mit der Inschrift im Torbogen: »Ich Tarsaidsch, Fürst der Fürsten, habe gebaut diese Gruft für meinen Bruder König Smbat. Darum bitte ich, sich meiner zu erinnern. Im Jahre 723 (1274) [5])«. Das Grabmal stößt an die Kirche des Klosters Amaghu, auf die der Bau in Anlage von Tür und Fenster Rücksicht nimmt. Das Fenster ist auf merkwürdige Art in ein Kreuz umgebildet und begleitet von der Inschrift »Herr Gott Jesus Christus hilf dem Tarsaidsch«. Auch sonst sind überall Kreuze und spätere Inschriften eingeritzt, so oben über den drei Kugeln am Dachrande »Johannes Bischof«, rechts ein Priester Stephanus, links unten Jakob Esayas (? neu), ein Priester von Margare und Khetir.

Tiere. Wie häufig sie, seit die Völker des Nordens und Ostens sich in Bewegung zu setzen begannen, auftraten und dann im Gebiete des Mittelmeeres in Sinnbilder umgesetzt an den Kirchen wiederkehren, wurde Seite 283 f. im gegenständlichen Abschnitte behandelt. Die türkische Bewegung hat dafür neue Anregungen gegeben [6]). In Armenien kehrt das Tier sehr häufig nicht nur gegenständlich (Adler), sondern vor allem zierend wieder. Außer der Gregorkirche des Tigran

[1]) Vgl. mein »Der Dom zu Aachen« Tafel I Südapsis.

[2]) Vgl. mein »Amida«, S. 273. Dazu die zahllosen Kreuze am Gewölbe der Sophienkirche bei Salzenberg.

[3]) Vgl. Wickhof in der Römischen Quartalschrift, III, 1889, S. 158 und meinen Aufsatz im Oriens christ., N. S. (1915), S. 93. Dazu auch Kraus, Gesch. I, S. 391.

[4]) Ähnlich wohl auch in der Sophia zu Saloniki. Vgl. Wulff »Altchristl. und byz. Kunst«, S. 545.

[5]) Vgl. Alischan, »Sisakan«, S. 190 f.

[6]) Vgl. v. Berchem »Amida« an vielen Stellen. Dazu Glück »Die beiden sasanidischen Drachenreliefs«, S. 34 f.

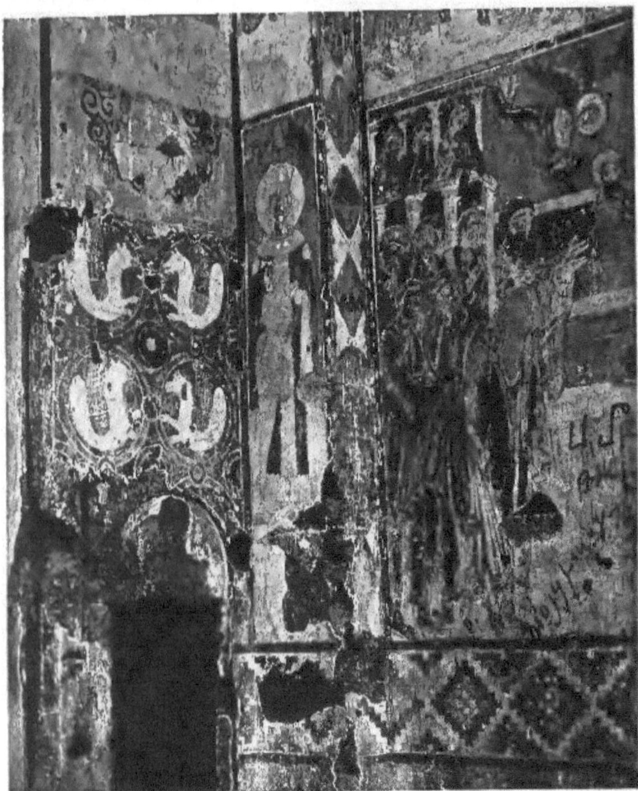

Abb. 576. Ani, Gregorkirche des Honentz, Inneres: Südostecke.

Honentz von 1215 (S. 201 f.) wurden von Marr in Ani noch Reste gleicher Art ausgegraben, die im Christ. Wostok, I (1912), S. 212 f. abgebildet und besprochen sind[1]). Die Verwandtschaft mit der Hofkirche von 622 (S. 137 f.) wird hervorgehoben und syrisch-sasanidische Einflüsse betont. Ich verweise auf mein »Amida«, Seite 354 f. und möchte hier nur eine Einzelaufnahme von der Gregorkirche des Honentz von 1215 bringen, die ergänzen mag, was oben Seite 300 von der Westvorhalle und S. 285 von der Kuppel beigebracht wurde; man sieht (Abb. 575) Tiere und Vögel in reichster Abwechslung in Ranken verstreut in einer Vorderfläche gegeben, die sich von dem zarten zweistreifigen Ranken im Grunde abhebt. Über diese Mehrflächigkeit vgl. »Altai-Iran«, S. 204 f. Im Innern dieser Gregorkirche ist an der Wand rechts neben der Apsis noch der Rest einer Wandbemalung erhalten, die vielleicht als ein Beleg der vor der Bemalung mit »Darstellungen« beliebten Art gelten kann (Abb. 576). Man sieht über der Tür die Nachahmung eines Drachenstoffes und darüber den unteren Teil einer Rankenrosette [2]).

Die üppigste Phantasie entwickelt in dieser Richtung schon der Flachbildner von Achthamar 915—921 (Abb. 283 f.). Daran ist ein so unerschöpflicher Reichtum aller Art von Tierbildung zu sehen, daß der Forschung weite Ausblicke in die Welt, die ich »Altai-Iran« erschloß, und zugleich in der Richtung des nachwirkenden Mazdaismus eröffnet werden. Man hat den Eindruck, der Künstler wende die ganze Fülle des mit der Flutwelle vom Osten kommenden Tierschmuckes an: 1. die Hasenfriese unter den Dächern [3]), 2. den Jagdfries, symbolisch in eine Ranke von Weinlaub und Granaten verlegt, wie in Mschatta und an der Maximianskathedra, 3. unter dem Titel »Alle Tiere und Bestien« von Adam ausgehend eine Reihe von Tieren als Kragsteine aus der Wand vortretend. Weitere Belege dieser in Armenien sonst nicht mehr nachweisbaren Richtung im dritten Buche. Der Nachweis des Zusammenhanges aller dieser Tierbilder hier wie in Syrien mit dem Osten und Norden wird ein wichtiger Gegenstand eingehender Forschung werden.

Rankenstämme (Kandelaber). Die dritte Gruppe, die baumartigen Bildungen, ist in Amman

[1]) Vgl. auch Otschet der arch. Kommission von 1892, S. 78 f.

[2]) Vgl. »Altai-Iran«, S. 134 f. Dazu oben S. 290 f. und Glück a. a. O.

[3]) Vgl. dafür islamische Kästchen, wie das in Florenz. Migeon, Manuel d'art mus. II, S. 132.

so ausgiebig und ausschließlich verwendet, daß man ihr eine führende Rolle im üblichen Innenschmuck zuschreiben möchte. Ich gab Seite 448 einige Proben. Zunächst Abbildung 490 die Südwestecke: rechts ein zweistreifiger, in Lappen umgesetzter Stamm, neben dem beiderseits, mit ihm stellenweise verbunden, je sieben Rosetten aufsteigen. Sie werden zweistreifig umrandet, sind untereinander verknotet und auf die mannigfachste Art abwechselnd mit eingerollten Blättern und gesprengten Palmetten gefüllt. Im Hufeisenbogen oben eine Krönung aus Palmettenhalbblättern. Abbildung 493 von der Südwand rechts ein Stamm, der beiderseits Zweige treibt: Trauben und Wein- neben gefiederten Blättern, dazu zwei Knöpfe an kurzem Stiel. Die Arbeit ist überall so flach, daß das Lichtbild kaum nachkommt. Endlich Abbildung 577 von der Nordwand rechts: der Stamm fehlt, die Füllung des Blendbogens erfolgt einfach durch vier »Konchenquadrate« d. h. zweistreifige Rahmen von der Art, wie sie Ghiberti noch an seiner ersten Tür verwendet hat und sie in der Gotik üblich geworden waren. Woher? In Amman wird die Füllung besorgt durch gefiederte Bäumchen.

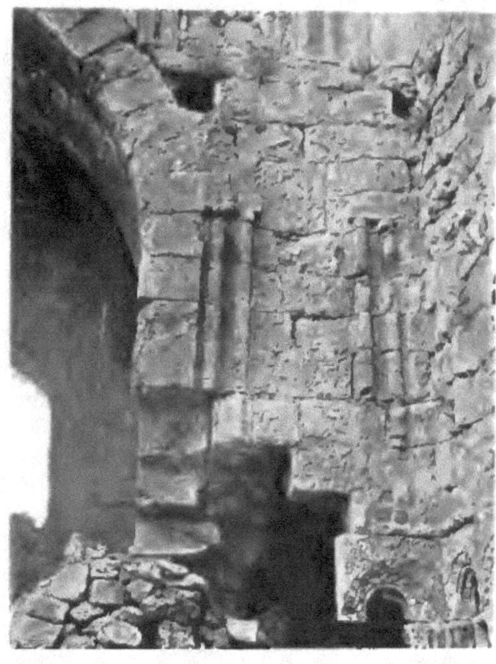

Abb. 577. Amman, Konchenquadrat: Einzelheit von der Nordwand.

Für den Zusammenhang dieser Art Ausstattung mit Armenien, — das aber durchaus nicht der Ausgangspunkt der Gattung sein muß — sprechen mehrere Spuren. So hat Miß Bell an der armenischen Befestigungsmauer von Anazarba in Kilikien zwei Felder aufgenommen, die Amman schon in dem ähnlich flachen Relief nahestehen. Sie dürften aus der Zeit Thoros I. (1100—1129) stammen, von dem noch zu reden sein wird. Die Aufnahmen Abbildung 578 und 579 sind leider, von fern aufgenommen, unscharf. Ein rechteckiges Feld mit Rankenrahmen, dem oben in der Mitte eine halbrunde Erweiterung aufgesetzt ist, erscheint gefüllt mit dem aus hoher Vase entspringenden Stamme, dessen reiche Zweige hier vorwiegend Granatäpfel tragen.

Ein zweiter Beleg führt uns in den Innenraum der oben Seite 289 f. und 299 besprochenen Kirche von Achthamar aus dem Jahre 915—921. In die Südkonche ist eine kleine Empore eingebaut (Abb. 580), deren Schranke mit rundbogigen Öffnungen

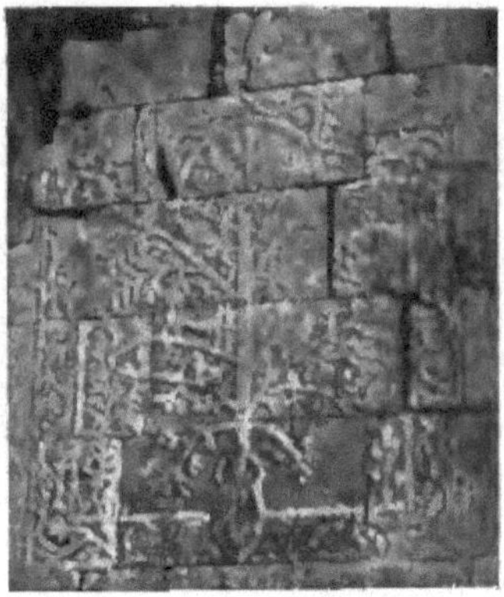

Aufnahme Bell.
Abb. 578. Anazarba, Stadtmauer: Flächenzier.

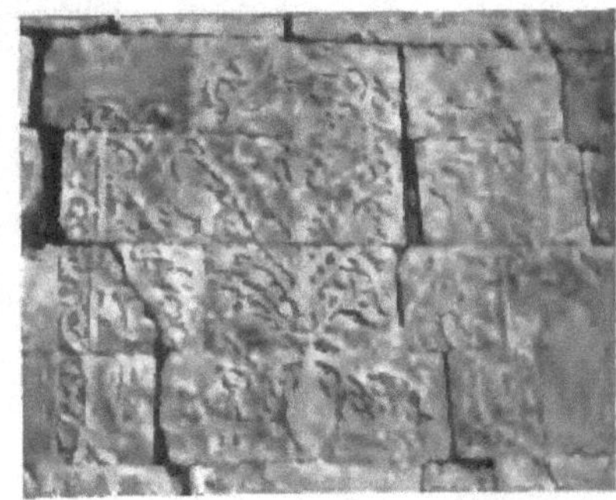

Aufnahme Bell.
Abb. 579. Anazarba, Stadtmauer: Flächenzier.

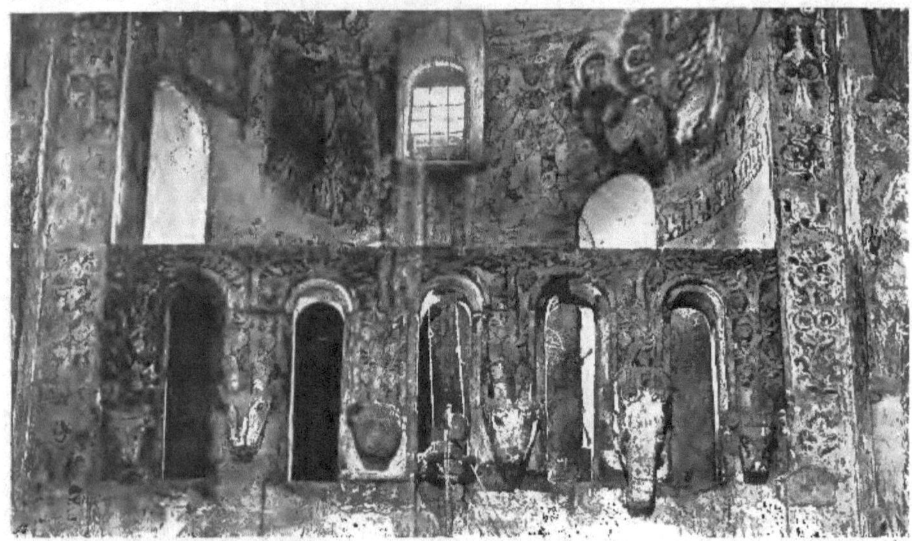

Abb 580. Achthamar, Kreuzkirche: Empore der Südkonche. Aufnahme Lalajan.

versehen ist. Auf den Zwischenpfosten sind Tierköpfe wie am Äußern gemeißelt, aus denen Stämme mit Granatäpfeln emporwachsen, die sich oben in breiten Zweigen auseinanderlegen. Man denke an Zwarthnotz (Abb. 113) und beachte, daß neben dieser Steinmetzarbeit an den Wänden der Achthamarkirche Rankenkandelaber gemalt aufsteigen, die an manche der Blendbogenfüllungen von Amman erinnern, aber ihren Ursprung im Osten haben.

Die Verwendung solcher Rankenstämme zum Schmuck des Innern einer Kirche wird belegt durch die in Mosaik ausgeführten Wandstreifen in der konstantinischen Basilika von Bethlehem (Abb. 577). Sie mögen nach einer an anderer Stelle erhaltenen Inschrift 1167 entstanden sein, gehen aber wahrscheinlich auf ältere Voraussetzungen zurück. Man sieht, sie sind den armenischen Rankenbäumen zum Verwechseln ähnlich[1]. Zeitlich sichergestellte Beispiele der Frühzeit bieten die indisch durchsetzten Rankenstämme an dem sasanidischen Denkmale von Taq-i-Bostan (Abb. 572). Sie werden dorthin, nach dem persischen Süden bei Kermanschah, aus der gleichen Quelle gekommen sein, woher ich sie auch in die armenischen Kirchen des 4. Jahrhunderts gelangen lassen möchte, aus dem östlichen Iran. Für Indien vgl. »Altai-Iran« Seite 72.

Solche baumartige Bildungen sind auch in der georgischen Kunst häufig; ich beschränke mich auf zwei Beispiele, eines Abbildung 581 von der Kathedrale zu Mzchet, das zugleich deutlich macht, wie Kreuz, Baum und Tier, dazu vereinzelt noch der Reiterheilige leicht zu einem mehr oder weniger einheitlichen Ganzen zusammengebracht werden können. Die beiden Rankenstämme stehen auf Granatäpfeln und setzen Palmetten an, bald mit Trauben, bald mit Granaten gefüllt. Abbildung 582 von der Südseite der Kirche zu Anamur, vielfach erneut; das mächtige Kreuz wird von den über Engeln stehenden Rankenstämmen begleitet und von Löwen, die an eine Kette gekettet sind. Ich weiß sehr wohl, daß manche dieser Reliefs an den Außenseiten der Kirchen erst der seldschukischen und sogar einer noch jüngeren Zeit angehören. Aber die armenischen Buchmalereien sind Zeuge dafür, daß dieser Geschmack doch schon sehr wesentlich früher in Armenien heimisch gewesen sein muß. Solche Tierbilder zusammen mit unzähligen Kreuzen gehören zum ständigen Vorrat des armenischen Handschriftenschmuckes. Ich habe in meinem »Edschmiatsin-Evangeliar«, dann »Amida«, Seite 362 f. und »Altai-Iran«, Seite 215 f. und 283 ausgiebigen Gebrauch von diesen wertvollen Belegen

[1]) Vgl. R. W. Schultz, »The church of the nativity« und meinen Aufsatz »Werke der Volkskunst«, I (1913), S. 12 f.

gemacht und verweise hier noch auf meine »Kleinarmenische Miniaturenmalerei«[1]), dann auf die Veröffentlichung des Mlke-Evangeliars aus dem Kloster Warag von 902[2]) und Maclers »Miniatures arméniennes« und »Etudes sur la miniature arménienne«. Eine eingehende kunsthistorische Bearbeitung des Riesenbestandes auf philologischer Grundlage wäre dringend notwendig. Ich möchte außer den Belegen, die ich im vorliegenden Werk, Seite 65 f. u. 205, aus dem Evangeliar von 1272 in der Jakobskirche zu Jerusalem gebracht habe, hier nur ein einziges Beispiel vollständig aus dem Lemberger Evangeliar vom Jahre 1198, entstanden in Kilikien, bringen[3]). Abbildung 583 zeigt das Titelblatt zum Marcus: über den Initialen mit dem Marcuslöwen erhebt sich der rechteckige Aufsatz, in den ein Kleeblattbogen geschnitten ist, die Zwickel gefüllt mit der Palmettenranke, und Vögeln, die an Trauben picken. Darüber als Aufsatz das Salomonssiegel und zu beiden Seiten Tiere, links der Drache, der sich in den Schwanz beißt, rechts der Greif über einem Hunde (?). Am Blattrande rechts das Kreuz über dem baumähnlichen Gebilde, das sich aus persischen Palmetten, Bandgeflecht und Weinblättern zusammensetzt. Nun habe ich freilich gezeigt, daß diese Art der Ausstattung von Handschriften erst nach 1000 in die Miniaturenmalerei eindringt als Ersatz der älteren syrischen Art, die ich »Das Edschmiatsin-Evangeliar« Seite 53 f. und Huschardzan Seite 347 f. besprochen habe. Aber es scheint doch, daß sie in der Kirchenausstattung älteren Ursprunges ebenso ist wie die Bogen der Kanonesarkaden, von denen oben Seite 446 im Zusammenhange mit den Blendbogen an der Außenseite armenischer Kirchen die Rede war. Mit solchen Bogen würde ich mir die Apsiden und Konchen ausgemalt denken. Diese ganze Art der Innenausstattung, zusammen mit Motiven von Jagd und Fischfang ist dann in der armenischen Volkskunst heimisch geblieben, wie im Zusammenhang mit Achthamar ausgeführt werden soll.

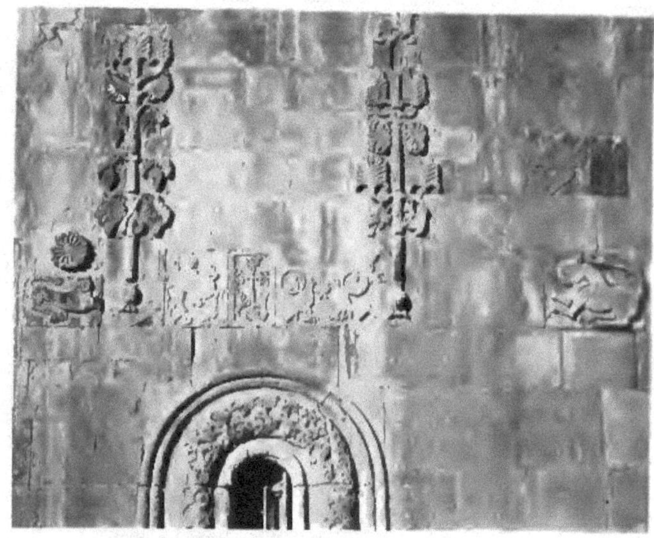

Abb. 581. Mzchet, Kathedrale: Einzelheit von der Südseite. Jermakov 2252

Achthamar. An diesem Baue von 915—921 ist manches im Äußern festgehalten, was ursprünglich vielleicht für den Schmuck des Innern der armenischen Kirchen verwendet war. Ich meine damit in erster Linie den Weinlaubfries mit Jagd- und Tierdarstellungen (Abb. 574), der die Außenwände wie die ältesten Gürtelinschriften in einer bestimmten Höhe wagrecht umzieht. Es ist ein Jagdfries, wie ihn Nilus für die Innenausstattung verwirft, um dafür das Alte und Neue Testament anzuempfehlen[4]). Dieser Schritt, den die syrische Kirche am Anfang des 5. Jahrhunderts von der rein schmückenden Art weg tat, ist in Armenien nicht erfolgt — soweit der dortige Kirchenbau in der alten nationalen Art ausgestattet wurde; sie bleibt bei dem, was Nilus verwirft. Beispiele dieser Ausstattung habe ich »Werke der Volkskunst«, I (1913), Seite 12 f. vorgeführt und wiederhole hier nur eine armenische Stickerei aus der Bukowina (Abb. 584). Sie hält die alte Art der Jagddarstellung, wie sie auf sasanidischen Flachbildern des Taq-i-Bostan vorkommt noch annähernd fest. Man sieht

[1]) Veröffentlichungen der k. Universitätsbibl. in Tübingen Nr. 2, Handschrift von 1113 bzw. 893.

[2]) Hgg. von S. Lazzaro. Vgl. Byzant. Zeitschrift, XIV (1905), S. 728 f.

[3]) Vgl. Einzelheiten in den Satzanfängen von S. 3 und unten am Anfange des dritten und vierten Buches.

[4]) Vgl. »Amida«, S. 273.

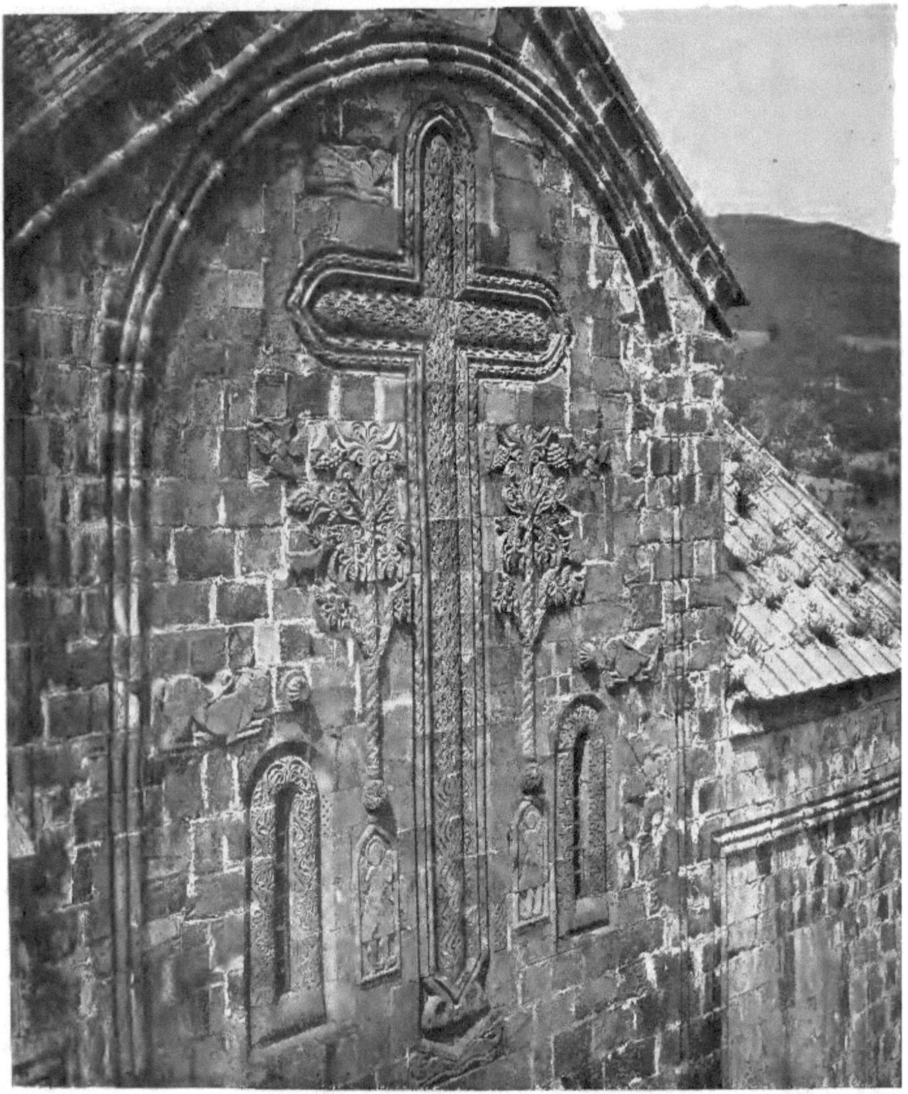

Abb. 582. Anamur, Kirche, Südseite: Ausstattung. Aufnahme Jermakov 5816.

in der Mitte Reihen von Reitern übereinander, unten endigend in springende Tiere, an deren Spitze Schützen, ursprünglich wohl mit Bogen, hier mit Pistolen auf einen Greif schießen. Daneben noch ein Mann mit dem Falken auf der Hand. Soweit deckt sich die Darstellung z. T. wenigstens mit dem, was in Achthamar der umlaufende Weinlaubfries enthält. Die Hausdarstellung oben, bei der

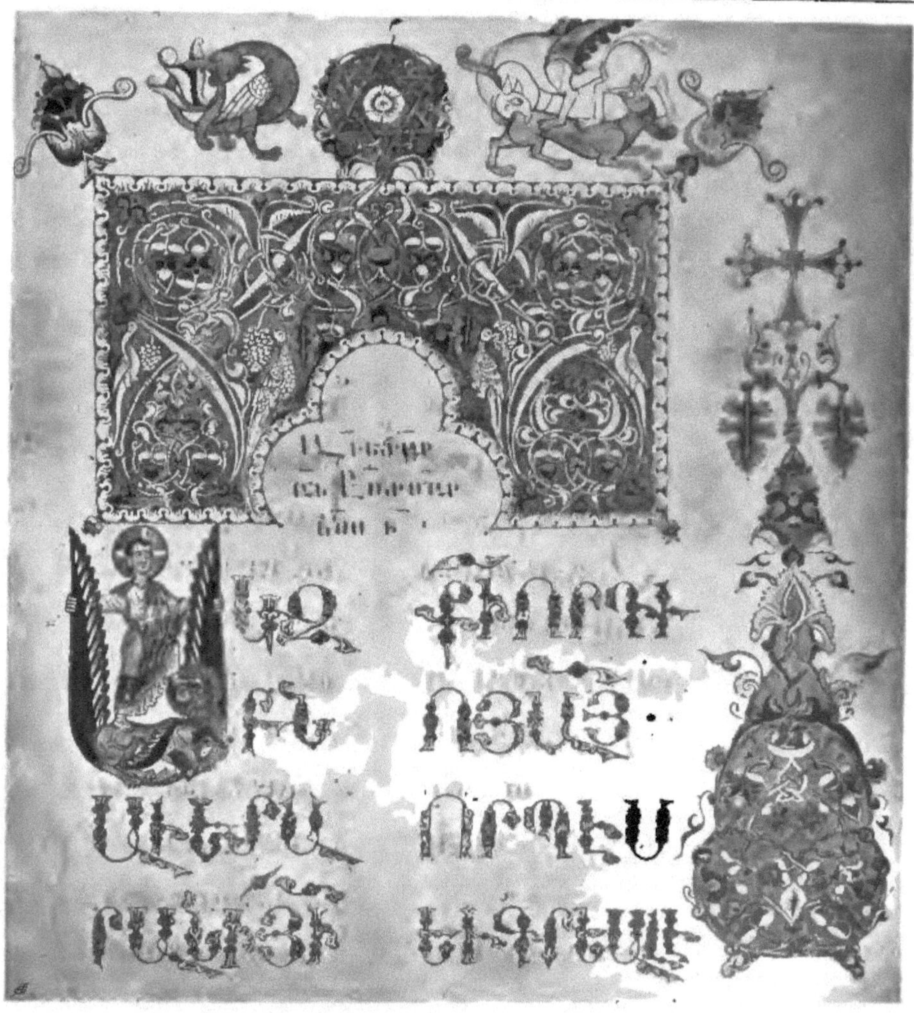

Abb. 583. Lemberg, Armenisches Evangeliar: Anfang des Marcus.

das Haus mit dem Dach in der Breitenansicht erscheint, wie an mesopotamischen Kirchen[1]) und in China, ist verändert. Sie könnte ursprünglich eine alttestamentarische gewesen sein, sie Adam mit den Tieren in Achthamar möglich erscheinen läßt, etwa die Arche, aus der Tiere hervorgehen. Wichtig sind dann die seitlich an beiden Rändern stehenden Rankenstämme. Es sind solche von der Art, wie sie eben besprochen wurden und auch in Achthamar unter dem Fenster der Südseite vorkommen (Abb. 331). Die Vögel und Tiere sind bisweilen so gehäuft, daß sie an die lotrecht übereinander geordneten Tiere von Achthamar erinnern.

[1]) Vgl. mein »Amida« S. 265 f.

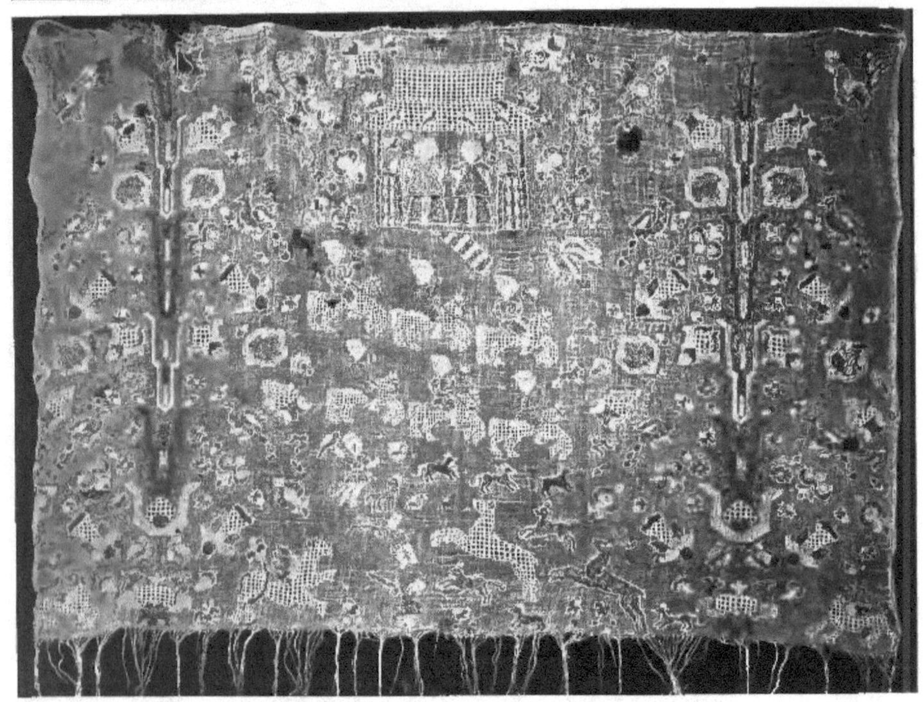

Abb. 584. Wien, Karlsmuseum: Armenische Stickerei aus der Bukowina.

Um eine Vorstellung des Kunstkreises zu geben, mit dem Achthamar in Verbindung zu bringen ist, gebe ich Abbildung 585 eine Seite des Elfenbeinkästchens in Burgos in Spanien, das 1026 von Muhammed ibn Zeiyan gearbeitet ist[1]). Es darf ebensowenig mit einer bodenständigen Kunst in Verbindung gebracht werden, wie der Mimbar in Kairuan oder die Stuckaturen des Deir-es-Surjani an den Natronseen, stammt vielmehr seiner ganzen Art und dem Elfenbein nach aus dem fernen Osten. Iran wäre wie für Achthamar jener dritte Kunstkreis, aus dem ebenso die islamische Kunst Spaniens wie die christliche Armeniens schöpft. Wir sehen an den Ecken die knieenden Bogenschützen, wie öfter in dem Jagdfriese von Achthamar, zwischen ihnen Ranken und Rankenstämme. Es folgen Reihen von Tieren auffallend gleicher Art, wie sie oben S. 283 f. vorgeführt wurden. In Armenien trat freilich mit der Zeit ein diese Richtung zurückdrängender Wandel ein.

In das ursprünglich rein auf den religiösen Raum und die denkmalartige Masse eingestellte Empfinden zog, von der griechischen Kirche, wie wir gesehen haben, eingeführt, der leibhaftige Gott und seine Heiligen ein. Auch in Armenien wie später in der »Gotik« wurde der fromme Beschauer allmählich auf die figürlich umgebildete Wand eingestellt, die ihm das »Religiöse« handgreiflich machen sollte. Damit ging die Erkenntnis reiner Kunst und des an sich künstlerisch Großen verloren. Wie in der Renaissance die Wissenschaft sich nach der großen Blüte, besonders im 16. Jahrhundert, an Stelle der Kunst drängte, so schob sich in Armenien — und besonders in Georgien — die Ausstattung der Kirchen mit Darstellungen im Innern in den Vordergrund. Nur so ist das Innere der Gregorkirche des Honentz von 1215, wo kein Fleckchen Wand von Darstellung verschont ist, denkbar.

[1]) Vgl. über die Literatur Migeon, Manuel d'art musulman II, S. 135. Ich verdanke Lichtbilder dem einstigen Austauschvereine von Elfenbeinaufnahmen.

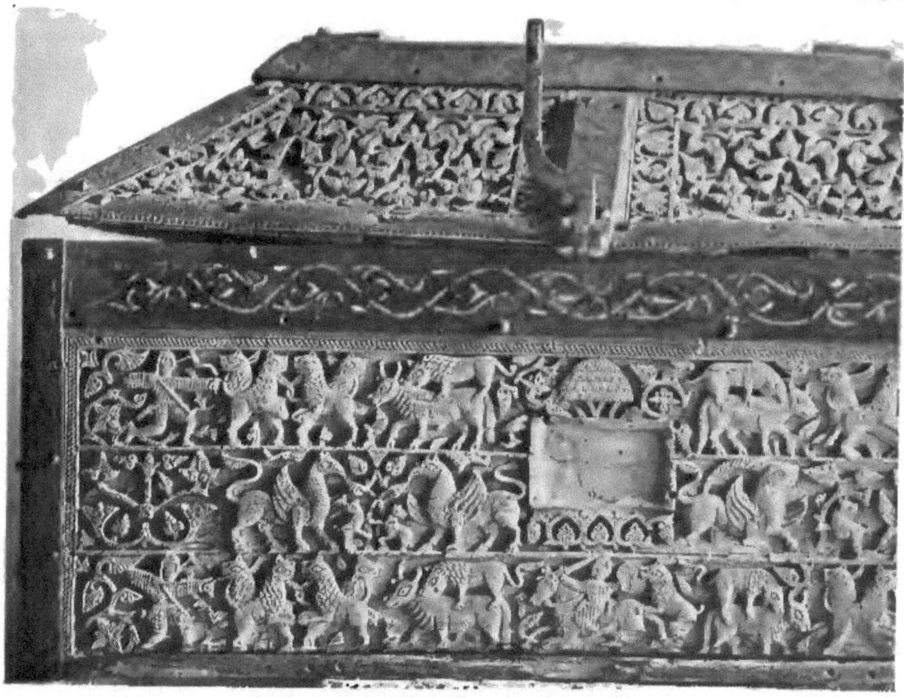

Abb. 585. Burgos, Elfenbeinkästchen: Vorderseite (Ausschnitt). Aufnahme [illegible]

b) Form ohne Gestalt.

Sie ist grundsätzlich möglich und in Armenien insofern erreicht, als der Zweck, zusammen mit Stoff und Werk die ursprüngliche Bauform geschaffen haben ohne jede Einmischung von Darstellung im Sinne von Natur oder Wachstum. In den beiden anderen arischen »Stilen«, dem Griechischen und Nordischen (Gotischen), wirkt die Natur bei der Formenbildung der Baukunst insofern mit, als einmal im Griechischen die Verhältnisse der menschlichen Gestalt und dann sehr bald der Akanthus in die Bildung der Säule eingreift, ganz abgesehen davon, daß der Tempel von der Gestalt des Holzhauses ausgeht und diesen Ursprung bis in die Einzelheiten hinein dauernd festhält. In der nordischen Kirchenkunst erwächst die Form ursprünglich rein aus dem Geiste des Wachstums, in den der Hochdrang die folgerichtige Ausbildung der Streben und Rippen bringt; aber sehr bald führt dieses neue Gefühl auf die Beobachtung der Natur: die Streben setzen dem Wachstum der Natur abgelauschte Krabben, Kreuzblumen, mit Blättern belaubte Friese an den Diensten an und beleben die Schlußsteine mit Blattwerk. In Armenien blieb eine solche natürliche Belebung des rein formal gedachten Bauwerkes ein für allemal ausgeschlossen. Die wenigen, Naturgestalten angeglichenen Pflanzen- und Tiermotive, die Seite 283 f. besprochen wurden, führen doch nie zur Nachahmung, am wenigsten zur Hereinziehung der Menschengestalt im Sinne etwa des Griechischen oder Nordischen. Trotzdem das Armenische wölbt, also Mauer und Decke als ineinandergreifende Kräfte schafft, kommt doch nie jener Wachstumsdrang zu Stande, wie später im Norden, weil Mauer und Decke aus einem gegossenen Kern bestehen, der unsichtbar bleibt, die Verblendung aber als Fläche, ohne Raum und Masse empfunden, daher nie Ausdruck von aufstrebenden oder lastenden Kräften werden kann.

Die armenische Baukunst übernimmt Gestalten nie unmittelbar aus der Natur — das Stifterbild in einzelnen Fällen ausgenommen (Abb. 471) — wohl aber solche aus älteren, benachbarten oder durch ihr Königshaus in Beziehung gebrachten Kunstkreisen. Ihre eigene, aus diesen Voraussetzungen hervorwachsende Form ist, soweit nicht das Ringen mit dem Griechisch-Syrischen Einschläge gestaltlicher Art mitbringt, Form ohne Gestalt. Was an Bauformen im Laufe der Entwicklung entsteht, ist rein aus dem Drange nach Geschlossenheit der Masse, dem Suchen nach einem baulich und künstlerisch befriedigenden Raum, einheitlicher Beleuchtung u. dgl. Zielen entstanden. Ebenso hat in der Ausstattung weder eine Naturgestalt noch eine gleichzeitige Schmuckart des Westens Einfluß gewonnen. Davon kurz in einem zusammenfassenden Überblick.

Vorher aber sei schon hier die Frage aufgeworfen, ob dieser Geist, den der Westen und Süden nicht kennt, etwa im Osten seine Wurzeln haben könnte. In Indien und China finden wir davon freilich ebenso wenig, wie auf den ersten Blick in dem Zwischengebiete beider Kunstkreise, in Chinesisch-Turkestan; und doch gibt es einen arischen Religionskreis, der, um ein halbes Jahrtausend älter als das Christentum, ihn im Osten heimisch gemacht haben dürfte; eben das Land und der Glaube, denen auch das armenische Fürstengeschlecht der Arsakiden und ihre Staatsreligion angehörte, Iran und die Religion des Zarathuschtra. Davon später.

5. Zusammenfassung: Die armenische Bauform.

Wir haben der Betrachtung der einzelnen Denkmäler nach Gattungen und Arten planmäßige Untersuchungen über Stoff und Werk, Zweck und Erscheinung folgen lassen, indem wir bei letzteren zunächst der Gestalt, dem Übernommenen, nachgingen und dann versuchten, in das Werden der Formkräfte, die im christlichen Kuppelbau Armeniens am Werke waren, einzudringen. Wie wir dem Gestaltproblem eine Zusammenfassung der Erscheinungstatsachen vorangehen ließen, so muß das Formproblem gipfeln in einer zusammenfassenden Herausarbeitung der künstlerischen Werte, die die armenische Bauform ausmachen.

Das methodische Vorgehen bei einer solchen Untersuchung hält sich im weiteren Ausbau des Seite 206 vorangestellten Planes, um der üblichen Einseitigkeit zu entgehen, an eine Einteilung, die ich seit länger als einem Jahrzehnt für die Behandlung des Formproblems anwende[1]). Ich teile die Form nach Raum, Masse, Licht und Farbe. Dabei fällt die Trennung des Bauens an sich und der Ausstattung weg und ebenso werden die bisher nach Gattungen und Arten auseinandergehaltenen Reihen nun auf ihre künstlerische Zusammengehörigkeit hin als Einheit betrachtet.

Da es sich um die rein künstlerischen Werte der altarmenischen Architektur handelt, muß vor allem ein Urteil Schnaases richtiggestellt werden, das vielleicht nachträglich gegen die unten vorgebrachte Schätzung ausgebeutet werden könnte. Schnaase hat nie einen armenischen Bau in Wirklichkeit gesehen, er urteilt lediglich nach den völlig unzulänglichen Abbildungen, die er in der Reiseliteratur bis zum Jahre 1869 vorfand, vor allem bei Grimm, Dubois und Brosset. Auch bringt er Armenisches und Georgisches durcheinander und scheidet nicht zwischen den schlichten Monumentalbauten der altchristlichen und den dekorativen der späteren Zeit. Hätte er auch nur die eine Kathedrale von Ani gesehen, dann wäre ihm nie eingefallen, sie — wenn auch nur um der Größenverhältnisse willen — mit einer »unserer etwas bedeutenderen Dorfkirchen« zu vergleichen (III, S. 330). Und würde Schnaase eine Ahnung von dem reichen Denkmälerschatze gehabt haben, den ich hier als Nachklang der großen altchristlichen Blüte des armenischen Kirchenbaues im 4. bis 6. Jahrhundert vorlegen konnte, so hätte er wohl noch stärker betont, daß diese Architektur an die Strenge abendländischer Bauten des Mittelalters erinnere, und sie an einfacher Regelmäßigkeit noch übertreffe. Zugleich aber hätte Schnaase ihnen gegenüber den Vorwurf zurückgehalten, die Verzierung sei in dem willkürlichen, abenteuerlichen Geschmacke der Araber gehalten. Das mag ja teilweise für die Spätzeit und manche georgische Bauten im Besonderen gelten, nicht aber für unsere

[1]) Vgl. »Die Zukunft der Kunstwissenschaft« (Beilage zur Münchener Allgemeinen Zeitung, 1903, III, Nr. 55); »Die Kunstgeschichte an der Wiener Universität« (Österreichische Rundschau, XXI, 1909, S. 393 f.); »System und Methode der Kunstbetrachtung« (Volksbildungsarchiv, III, 1912, S. 44 f.).

in der Einschätzung entscheidende Gruppe. Für diese kann auch unmöglich sein abschließendes Urteil bestehen: »Der Eindruck der Gebäude im ganzen ist daher keineswegs ein bedeutender, der Mangel an kräftigen Gliedern, an dem Wechsel von Licht und Schatten gibt ihnen bei aller Eleganz der Verhältnisse, bei aller Zierlichkeit der Ornamentation etwas Schwächliches und Nüchternes. Das Innere ist wenig beleuchtet und eng, das stärkste Licht kommt aus der Kuppel her, die Wände sind meistens mit Malereien bedeckt.« Es ist, als wenn Schnaase, den ich sonst als den besten älteren Vertreter der Richtung ansehe, die zunächst von der planmäßigen Erfassung des künstlerischen Wesens ausging, Anlaß geben wollte, ihn in methodischer Weise z. T. Wort für Wort zu widerlegen. Er kommt eben vom Griechischen her, dem struktiv gegliederten Äußern der Mittelmeerbauwelt, das ursprünglich vom Innenraum künstlerisch ganz absieht, weiß daher das außen Massige, aber zugleich innen Raumvollendete, das der armenischen Architektur eigen ist, nicht zu schätzen, umsoweniger als ihm die Kenntnis und Anschauung der ältesten, reinsten Vertreter des Armenischen gefehlt hat.

Mit der Feststellung des Gegensatzes in der Erscheinung griechischer und armenischer Bauart, Gliederbau gegen Zusammenströmen von Raum und Masse, ist ausgesprochen, in welchem Rahmen der armenische Architekt sich persönlich frei fühlte. Seine Sinne waren im Gegensatze zum Griechen und dem später darin noch weitergehenden Nordländer nicht eingestellt auf die Verlebendigung des Äußern, er hatte bei Vorstellung des geplanten Bauwerkes nicht Einzelgestalten vor sich, die formal zu läutern waren, sondern sah im Äußern unmittelbar die Masse selbst, also etwas vor sich, das von vornherein jede der Natur, im engeren Sinne der Menschengestalt an sich oder deren Verhältnissen nachstrebende Annäherung ausschloß. Überdies lag der Nachdruck auf der Raumbildung, also auf der Wirkung des Innern. Darin nähert sich die armenische Architektur dem kaiserrömischen Profanbau. Die durchschlagende Rolle der Kuppel als Grundwert erklärt den Gegensatz und zugleich, warum zwischen der armenischen und nordischen (gotischen) Baukunst, die ja auch in erster Linie Raumkunst ist, keine augenfällige Berührung besteht. Diese ist längsgerichteter Gliederbau, die armenische dagegen immer auf die Kuppel als Mitte zustrebender Mauerbau. Auch die Säule in ihren antiken Verhältnissen ist dort nicht zu finden. An ihre Stelle tritt in Armenien wie im Norden der hoch emporlaufende, lotrechte Dienst. Unter solchen Voraussetzungen ist die armenische Architektur ursprünglich mehr als die griechische und nordische reine Bauform, weniger plastisches Gebilde. Nach meiner Überzeugung ist sie in ihren Anfängen, die wir hier behandeln, geradezu ein ganz einziges Beispiel von Baukunst schlechtweg, wie es die Architektur der Gegenwart wieder zu werden versucht[1]), eine Bauform ohne semitischen bzw. antiken Gestalteinschlag. Sie bleibt zunächst in engem Zusammenhange mit dem iranischen Mutterboden. Dann wandelt sich die Grundform der durch Nischen verstrebten, quadratischen Kuppel auf Ecktrichtern zunächst nach den ihr innewohnenden entwicklungsfähigen Kräften und tritt dann unter den Einfluß des Langhausbaues mit seinem hellenistischen Formeneinschlage. Vieles davon wurde freilich bald wieder ausgestoßen, anderes räumlich verarbeitet, der Schluß ist jedenfalls, daß die armenische Baukunst trotzdem ihre nationale Eigenart bewahrt, allerdings unter immer stärkerem Vordrängen der von Iran aus wirkenden Neigung zum Überspinnen der Wände mit Schmuck.

Die Kuppel hat durch Sonderstellung, Vergrößerung und den Zuwachs der Strebenischen zum Quadrat im Innenraum sowohl als auch in der Außenwirkung den Anstoß zu einer hochwertigen Entwicklung bekommen, die von bahnbrechender Bedeutung für die Kunst des Abendlandes wurde. Denn dadurch, daß dem Raumvollen des Innern, das oben mit der Kugelschale schloß, sich weitere Kugelschalen mit rundem Unterbau anschoben, kam ein Schwingen in die Raumform, das zum Abwägen der Verhältnisse in den günstigsten Maßen führen mußte. Ebenso forderte das geschlossene Raumganze der massigen Außenform zu ähnlichen Erwägungen bezüglich der wirkungsvollsten Größenverhältnisse im Anblick des Bauwerkes heraus. Man betrachte daraufhin nur Mastara, Artik u. s. w. und halte unter anderem die Sophienkirche von Konstantinopel an den Schluß.

Die Frage, ob die armenische Kirche des 4. Jahrhunderts die Richtung, sei es auch nur in der Betonung der Ostkonche als Altarraum gekannt hat und nicht vielmehr ähnlich wie der konfuzianische Staatstempel Chinas und die hinterindischen Tempel, sich zunächst rein strahlenförmig entwickelt hat, ist vorläufig kaum zu lösen. Man beachte das Schwanken der Richtung zwischen dem Osten und Jerusalem in Georgien (S. 223). Die Ostung mag freilich durch den Mazdaismus angeregt sein.

[1]) Vgl. meine »Bildende Kunst der Gegenwart«, S. 24 f.

Dem Kuppelbau entspräche grundsätzlich eine anfängliche Anschauung des Einzelbaues als Raumausstrahlung von der Mitte, wie sie Ostasien, freilich rein von der Masse als Kern ausgehend, gegeben hat. Die ruhige, auf sich selbst gestellte Entwicklung wurde leider sehr bald unterbrochen durch den Einfluß des Längsbaues und das Giebeldach. Es ging wie mit der durch Leonardo, Bramante und Peruzzi begonnenen und in der Peterskirche gipfelnden Bewegung der Renaissance: das Blühen im Sinne eines ungehinderten Auslebens der bahnbrechenden Ideen wird fast schon im Keime erstickt durch die gleichen Elemente, dazu in Italien noch durch die Säule und das gelehrte Nachbilden ihrer Ordnungen.

Auch der Bedeutung von Baustoff und Werk für die Bauform muß hier einleitend gedacht werden. Der griechische Tempel birgt immer einen Widerspruch in sich dadurch, daß er ursprünglich in Holz gedacht war und die darin ausgebildeten Formen später in Stein übertragen wurden. Die nordische Kunst (Gotik) verlebendigt die rein baulichen, dazu religiös drängenden Kräfte fast in indischer Üppigkeit derart, daß der Stein ein seinem Wesen ganz fremdes Wachstum annimmt. Nur die armenische Kirche ist von vornherein eine Einheit von Baustoff und Form. So sehr auch die Entwicklung, besonders der Ersatz der Nischenverstrebung durch die Pfeilerverstrebung (S. 500) in die Richtung der nordischen Kunst drängte, hat sie doch nie den festen Boden des gegebenen Baustoffes verlassen, ist immer bei der Wand geblieben. Die räumliche Durchsetzung bewegt sich dauernd (Dreieckschlitz, Tür und Tor) im Rahmen der stofflichen Einheit der Form. Ja, die Zusammenziehung von Türvorbau und Tür zum Stufentor zeigt den Drang, den anfänglichen Widerspruch auszugleichen. Der Baustoff der armenischen Kirchen ist das vulkanische Gestein, das die Bodendecke des Landes bildet. Es werden nicht fern im Gebirge liegende Steinbrüche — in Griechenland sogar solche von den Inseln — herangezogen, man greift nicht wie in Hellas zum Marmor, so hier etwa zum Basalt, sondern begnügt sich mit der naheliegenden Tuff- und Lavaschicht, wie im römischen Becken mit dem Travertin. Es fällt daher doppelt auf, daß man nicht wie in Rom zwei Bauarten, Gußmauerwerk und Steinbauten getrennt nebeneinander findet, sondern eben Gußkern und Steinplatte zu einer Einheit verbunden. Darin liegt vielleicht der wichtigste Grund zur Annahme einer von außen eingedrungenen Bauform, der iranischen Kuppel, die gewiß nicht im altarmenischen Steinbau hätte aufkommen können (vgl. oben S. 358 f.). Den Schlüssel dieser Herübernahme bietet von diesem Gesichtspunkt aus am ehesten der Palastbau, und daß man ihm die darin übliche Art des Versammlungsraumes entnahm.

A. Masse.

Ich betrachte die Masse, die Wirkung der Außenerscheinung als Ganzes einmal auf ihre Körperhaftigkeit, dann auf den Umriß und seine Füllung hin. Die armenischen Kirchenbauten wirken durch die starke Geschlossenheit ihrer Masse und deren gleichmäßige Ausstrahlung vom Mittellot aus bedeutender als es ihre Abmessungen erwarten ließen. Sie lösen die ruhige Feierlichkeit dieser Wirkung im Laufe der Zeit durch eine Ausstattung, die der Massigkeit des Ganzen Feingliederigkeit im einzelnen entgegensetzt.

a) Körperhaftigkeit.

Die Kirche bildet mit ihrer Kuppel den Mittelpunkt der Siedelung, für die sie bestimmt ist. Wir können das eher aus den erhaltenen Klosterbauten schließen, besonders Edschmiatsin (Abb. 275) und allen anderen, in denen allerdings neben die eine Kathoghike bald noch andere Kirchen treten, wie in Sanahin (S. 6 f.), Ketscharus (S. 248) u. a. Über die alten Städte (S. 275 f.) ist es weniger leicht, Auskunft zu geben. Jedenfalls ist die armenische Kirche nicht oft wie der griechische, indische und chinesische Tempel Teil der Landschaft, sondern, wie die abendländische Kathedrale es immer mehr wurde, Kern einer Siedelung.

Der Bezug zur Umgebung. Die Kirchen von Agrak, Mzchet, Aschtarak, Tekor u. a. sind offenbar an den höchsten Punkt der Siedelung gelegt. Immer aber ragt der Baukörper auch in der Ebene aus seiner Umgebung durch Höhe und Geschlossenheit über die Häusermasse hervor. Während das armenische Haus sich mit flachem Dach breit hinlagert, steigt die Kirche mit ihrer Kuppel zur Höhe empor. Ich gebe als Beispiel (Abb. 586) die Stadt Mzchet, deren Dom ich wegen

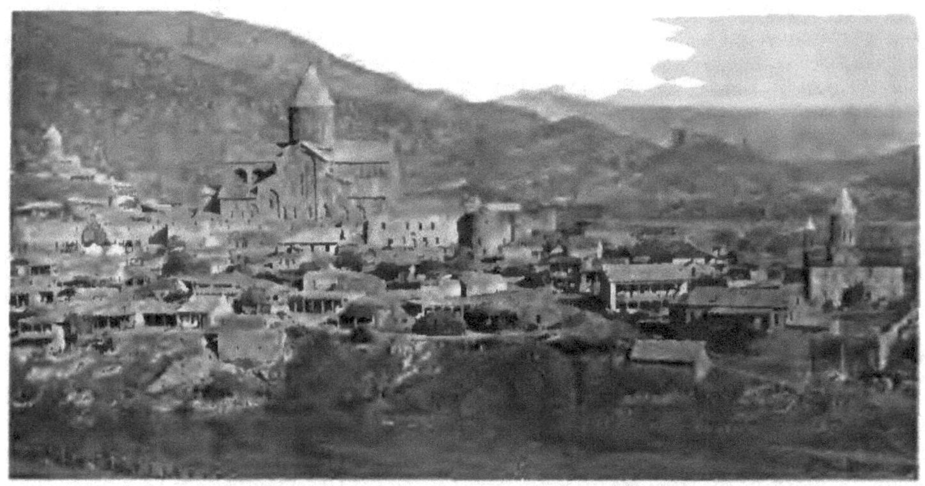

Abb. 586: Mzchet, Ansicht der Stadt: Wirkung des Domes. Jerm. Kos 12.38

zahlreicher Erneuerungen in diesem Werke nicht weiter behandelte[1]). Die Wirkung der Kuppel muß gegenüber der altchristlichen Basilika, die sich mit ihrem Vorhof in die Breite hinlagert, betont werden. Ich sehe in diesem Gegensatz eine Neigung, die sich weit zurückverfolgen läßt. Das wagrecht Hingelagerte der ägyptischen Tempel wird vom griechischen Tempel festgehalten. Beide behandeln die Schmalseite als Vorderansicht im Gegensatze zum chinesischen Tempel, der dauernd beim Holz bleibt und dem Blick die Breitseite, also die Dachfläche darbietet wie die mesopotamische Breitkirche, und noch die armenischen Längsbauten mit ihrer Vorliebe für die Südseite. Im Gegensatze zu diesen Kreisen stehen die Schöpfungen der Nordarier, sie mögen sich nun strahlenförmig um die Kuppel oder in der Längsrichtung aufbauen, wie in der »Gotik«, immer ist der Hochdrang das Entscheidende. Die Sophienkirche in Konstantinopel ist grundsätzlich ein »nordischer« Bau mit nach innen verlegter Pfeilerverstrebung, nur nach armenischer Art auf die Kuppel mit ihren Strebenischen begründet. Noch entscheidet wie in Armenien die geschlossene Masse des Baukristalls, nicht die Zerklüftung, die später im Norden üblich wird. Der Eindruck westeuropäischer Städte mit dem die Häuser wie eine Gluckhenne unter ihre Flügel nehmenden Dome muß schon im altchristlichen Armenien herrschend gewesen sein.

Die Leitform dieser Wirkung ist die Kuppel. Dadurch, daß — wenigstens bis zum Jahre 1000 etwa — immer nur eine solche Kuppel sich aus den sie umlagernden Strebenischen und Tonnen mit deren ebenen oder Giebelsteindächern zur pyramidalen Spitze emporhebt, ist die Einheit gewahrt, erst später werden die kleinen durchbrochenen Glockenstühle über den Vorhallen oder Strebenischen allgemein beliebt und dadurch der ursprünglich geschlossene bauliche Ernst spielerisch zersetzt. Ähnliches läßt sich in der Anwendung der schmückenden Ausstattung feststellen. Trotzdem bleibt die pyramidale Spitze der Kuppel, bzw. später der Hauptkuppel immer der Gipfel in der Auswägung der Masse. Was sich wandelt, ist die Bildung der unteren Dächer.

M a s s i g k e i t. Ich könnte mir denken, daß zuerst in Armenien neben diesem Verhalten des kirchlichen Bauwerkes zu seiner Umgebung auch die dem Griechischen und Nordischen gegenüber so eigenartige Geschlossenheit der Masse im Einzelbau zur vollen Ausbildung gelangte. Es wird dort formal das »Romanische« geboren, nur handelt es sich eben nicht um die Basilika, sondern um Kuppelbau. So sehr verwandt die beiden Kunstkreise daher auch im Wesen sind, darf man doch nie eine völlige Übereinstimmung erwarten. Der armenische Kuppelbau bietet in seinen ältesten nationalen Formen, dem strahlenförmigen (S. 70 f. und S. 461 f.), von allen Seiten geschlossene

[1]) Oben, Seite 84 f., wurde die Kreuzkirche besprochen, die in der Nähe dieser georgischen Stadt liegt.

Bilder. Entweder tritt die Nische oder Quadratecke, die bei den Vier-, Sechs- und Achtpässen durch die Zwischenansichten mit den Dreieckschlitzen ersetzt wird, in den Vordergrund, die Krönung bildet immer die Kuppel. Der Florentiner Dom gibt dafür im Abendlande im Chorschluß eine gute Vorstellung. Nie findet eine Durchbrechung dieser Geschlossenheit statt. Es macht den Eindruck, als hätte man ein »Mal« oder Denkmal von Großabmessungen wie die ägyptische Pyramide vor sich, wobei der Raumwert zurückträte.

Die rechteckige Ummantelung des Baukörpers wurde, ohne daß man mit Baustoff wüstete wie etwa in Awan (Abb. 76), ermöglicht durch die Einführung der Dreieckschlitze am Äußern. Daß es sich hiebei um eine besondere armenische Erfindung handelt, zeigt sich in der Gruppe der Kuppelquadrate mit verstrebten Ecken, in der die georgischen Bauten bei der Zerklüftung des Äußern bleiben — trotz schüchterner Versuche eines Ausgleichs der Einschnitte an der Nord- und Südseite —, während die armenischen ganz ausnahmslos die Zusammenfassung in einer Wandflucht durchführen. Es läßt sich schwer entscheiden, was eigentlich den Anstoß zu dieser Zusammenschließung der Masse in einen quadratischen oder rechteckigen Wandblock gab: der nur vorübergehend durch die Einführung der Strebenischen aufgegebene Drang zu solcher Blockform oder die Einfügung von Eckräumen neben den Nischen, wodurch schon mit Rücksicht auf die Dachbildung eine Vereinfachung der Wandbewegung notwendig wurde.

Die ausgesprochene Massigkeit der armenischen Bauform nimmt mit der fortschreitenden Entwicklung nicht ab. Manches steigert die Wirkung noch, so das Kleinerwerden der Fenster[1]). Die schießschartenartigen Schlitze lockern kaum noch das massige Gefüge. Mit Recht hebt daher Millet hervor: »La sobre nudité de ces parois pleines, de cette masse homogène, bien close par la taille impeccable de la pierre produit une impression de force et de majesté[2])«. Der Eindruck wächst bei älteren Bauten, denen noch der Giebel fehlt. Mit ihm tritt eine neue Linie in den oberen Abschluß der Masse, die den armenischen Kirchen etwas von ihrer ausgesprochenen Einheit um die Mitte nimmt. Wie sich dadurch auch der ursprünglich einfache Schmuck ändert, zeigt die Kathedrale von Ani, besonders aber jüngere Bauten in Armenien sowohl als auch besonders in Georgien. Von solchen nun geht Millet aus, wenn er ein zweites Mal, Seite 154, sagt: »Sans abside saillante, sans narthex, sans ressaut dans la toiture, l'édifice massif et simple produit un effet sévère et parfois prend un air de majesté.« Die ältesten Bauten ohne Giebel mit Nischenverstrebung (die Millet ganz unbekannt blieben) und Dachabsätzen, die von den Nischen zum Mittelquadrat und von da über die Fenstertrommel zur Kuppelpyramide ansteigen, werden wohl seinen Schlußsatz, Seite 293, fallen machen: »En Arménie rien ne laisse deviner l'aménagement intérieur, ni ressaut sur la toiture, ni saillie sur les murs: l'abside même se trouve masquée sous cette gaine rigide. Les fenêtres, espacées et petites, échappent presque à l'oeil, qui reste étonné devant ces étendues sévères et ces frontons tranchants.« Fasse ich nur die älteste armenische Kunst bis zum 7. Jahrhundert ins Auge, so muß gesagt werden: genau das Gegenteil besteht zu Recht. Man mag übrigens, da das Urteil für die Spätzeit richtig ist, bei dieser Gelegenheit ermessen, wie groß der Wandel ist, den die armenische Kunst im Laufe der Zeit durchmachte.

Zum Schlusse sei hier noch auf ein Bauwerk von Ani verwiesen, daß in bezug auf die Massenwirkung einen ungewohnten Anblick geboten haben muß. Vier in den Ecken eines Quadrates stehende runde Mauermassen von 1·42 m Durchmesser scheinen durch innen 1·86 m breite vier Nischen verbunden, so daß innen wie außen ein sehr bewegter Grundriß entsteht. Man denkt dabei an das »la connocchia« genannte Grabmal des 2. Jahrhunderts bei S. Maria Capua vetere[3]). Nach der Ausstattung handelt es sich um einen Bau christlicher Zeit. Man wird sich in der Außenwirkung wie in Capua eine hohe Kuppel zwischen vier Rundpfeilern denken müssen. Das Innere ergibt als größte Ausdehnung 4·88 m. Eine turm- oder minarettartige Ergänzung ist auch hier ausgeschlossen. Die Kuppel bleibt wohl unbedingt ausschlaggebend.

Im Kirchenbau spielt schon in der Entwicklung der Massenwirkung der Übergang vom Viernischen- zum Viertonnenbau deshalb eine durchschlagende Rolle, weil dem einheitlich schräg nach

[1]) Eigentümlich wirkt der Gegensatz der ablehnend geschlossenen Nordseite und der einladend geöffneten Südseite, wie er sich besonders auffallend an den dreischiffigen Längskirchen von Kassach und Ereruk kundgibt. Beachtenswert bleibt die Betonung der Südseite bis in die Spätzeit (Abb. 581/582). Vgl. dazu oben S. 393 f.

[2]) »L'école grecque«, S. 39. — [3]) Abbildung bei Rivoira, »Arch. mus.«, S. 230.

der Mitte ansteigenden das in Doppelschrägen nach den vier Achsen abfallende Dach folgt. Es entsteht so erst (Bagaran) jene Erscheinung, in der sich aus der Baumasse die Kuppel über einem Giebelkreuz heraushebt, das von niedrigeren Dächern umzogen ist. Noch mehr spricht diese Wandlung im Umriß. Er lockert die Masse nach oben. In den unteren Seiten war das ursprünglich durch die verstrebenden Rundnischen, später durch die einspringenden Dreieckschlitze geschehen. Die zuletzt vor die maßgebenden Schauseiten, die West- oder Südseite gelegten Glockenstühle wirken unarmenisch und können hier bei Behandlung der nationalen altarmenischen Grundform übergangen werden.

b) Der Umriß.

Man gehe aus von dem Gegensatze von Agrak-Mastara und der Hripsime: die mächtige pyramidenförmig abschließende Kuppel in beiden vorherrschend, in Mastara aufsitzend auf dem Würfel mit seinen Ausbuchtungen, die sich mit flachen Dächern strahlenförmig an die Kuppel schließen, an der Hripsime aber eine völlig andere Art: kaum wird noch der Würfel unter der Kuppel sichtbar; die Hauptwirkung tun unten jedenfalls die Giebel mit den Dachschrägen, deren Enden sie bilden. Ein vergleichender Blick auf den Grundriß führt weiter. Aus der Dachbildung von Mastara mit Schrägen nach der Mitte erklärt sich die auffallende Ummantelung der Nischen (vgl. oben S. 75 f.), die fünfseitig mit einer Geraden endet und in ihrer langen zur Mauerflucht des Quadrates parallelen Tangente die Mauer gerade im Scheitel sehr dünn werden läßt. Diese im Bausinne nicht befriedigende Lösung, die auf eine Lockerung der Verstrebung an einer wichtigen Stelle hinausläuft, erklärt sich zum Teil wenigstens durch die Rücksicht auf die künstlerische Wirkung des Dachbildes im Äußern. Es kommt so eine Beruhigung der Richtungen durch Parallelführung zustande, die der Wirkung Einheit gibt. Im Gegensatz dazu die Hripsime. Der Grundriß zeigt das Streben nach dem eckigen Baublock, das in Armenien wohl erneut mit dem Langhausbau Eingang fand. Daraus entstanden Schwierigkeiten für die Dachbildung. Die Neigung der Dächer nach der Baumitte, d. h. das Fortführen der Schrägen des Kuppeldaches nach unten wird aufgegeben, es schiebt sich ein neues, vielleicht von der Kathedrale zu Edschmiatsin im 5. Jahrhundert ausgehendes, nach meinem Empfinden fremdes Denken in die Richtungen ein, die senkrecht auf die radialen Schrägen der ursprünglichen Dachform von Mastara stehen. Die Lösung mit dem Giebel wurde schließlich möglich gemacht durch die dreieckigen Schlitze. Die Strebenischen werden so in eine durchlaufende Mauerflucht zurückgedrängt.

Ursprünglich aber wird die Wirkung der Baumasse, wie im oberen Teile durch die Kuppel, so im unteren durch die Strebenischen bestimmt. Man muß daher eine Bemerkung von Millet, Seite 121, ausdrücklich zurückweisen, soweit die älteste armenische Kirche in Betracht kommt: »L'école arménienne n'admet sur les larges façades unies aucune saillie: ni absides, ni narthex.« Ich spreche an dieser Stelle nur von den Strebenischen. Sie quellen in den unteren Teilen vor und einigen sich erst oben. Eine seltsame Übergangsform ohne Giebel gibt die Kreuzkirche bei Mzchet (S. 85 f.).

Durch die Einführung des Giebeldaches wandelt sich nun der Umriß der Baumasse der armenischen Kirche sehr wesentlich. Dadurch erst nähert sie sich im Äußern der gewohnten europäischen Art, die sie ursprünglich vermissen ließ. Es ist bezeichnend, daß sich damit erst die Betonung der Längsrichtung durchsetzt, trotzdem ja der gleiche Giebel auch über dem Querarm der Kreuzkuppel sitzt. Das Dach steigt immer in zwei Stufen auf, doch ist das dazwischen vermittelnde Wandstück — soweit Beispiele erhalten sind — nie von Fenstern durchbrochen, obwohl es mit der Zeit höher zu werden scheint. Man vergleiche die Hripsime (Abb. 62) mit der Kathedrale von Ani (Abb. 186) und Bauten wie Wschny u. a. (Abb. 505, 568). Trotzdem darf daraus kein zeitliches Merkmal gemacht werden, weil andere Bauten wie Mren (Abb. 215, 544) schon im 7. Jahrh. den hohen Absatz zeigen neben Thalisch mit ganz niedriger Stufe (Abb. 192). Aber dabei mögen Erneuerungen mitsprechen, weshalb vorläufig keine bindenden Schlüsse gezogen werden können. Dieser Wandel in der Höhe der Dachstufe scheint Hand in Hand zu gehen mit der Wandlung, die sich an drei anderen Stellen beobachten läßt: der Höhe der Fenstertrommel, dem Hervortreten des Grundquadrates und dem Punkt, in dem der Giebel an dieses Grundquadrat ansetzt. Thoramanian schon hat darüber in seiner Arbeit über Tekor Seite 67 f. gehandelt. Ich möchte darauf hier nur in dem Sinne hinweisen, als damit die Veränderung im Eindrucke der Kuppel zusammenhängt, ob diese nämlich als Turm über der Vierung zur Geltung kommt (Tekor, Abb. 413) oder als richtige Fenstertrommel wirkt.

Eine Tatsache darf bei Einführung des Giebels nicht übersehen werden. Er entsteht nicht durch Überkleidung der Gewölbe mit einem Holzdachstuhl, sondern bildet mit dem Gewölbe eine einheitliche Gußmasse, kann also schon aus diesem Grunde nie die im Abendlande üblichen Größenverhältnisse annehmen [1]). Schon dieser rein werkmäßige Grund verhindert einen Wettstreit zwischen Giebel und Kuppel, letztere behält immer unbedingt die durchschlagende Wirkung.

d) Die Ausstattung.

Lynch hat die Beobachtung gemacht, daß die Bauten nicht immer gleichmäßig von allen Seiten ausgestattet sind. So sei der Nachdruck bei der Kathedrale von Ani auf die Süd- und Westseite gelegt (angeblich wegen der Palastansicht), bei der Gregorkirche des Abughamrentz auf die Stadtseite; das mag immerhin in einzelnen Fällen (Artik!) zutreffen, im allgemeinen aber sieht der armenische Meister den Bau als Ganzes und von allen Seiten gleich.

Fläche. Ich gehe nun auf die Außenwände und die Füllung ihres Umrisses über. Die armenische Baukunst ist nie von ihrem Grundwesen, dem des Mauerbaues, abgegangen. Immer blieb man sich bewußt, daß der Stein nur die Verkleidung des Gußkernes sei. Deshalb war die Entwicklung von Formen, wie dem Muskel- und Gelenk- oder Gliederbau der nordisch-germanischen Architektur, die wir gewöhnlich »Gotik« nennen, unmöglich. Die materialgerecht bleibende Gesinnung spricht sich am deutlichsten in der Ausstattung der Wände aus. Sie ist umsomehr hervorzuheben, als immerhin ein Anlaß für den Übergang zu einer gliedernden Ausgestaltung vorgelegen hätte, im Zusammenhang nämlich mit der Entstehung der Kuppelhalle. Daß die armenische Baukunst trotzdem streng bei der Ausstattung in der Fläche blieb, zeigt nur, wie tief gewurzelt die übernommene iranische Art der Bauausstattung im Gegensatz zum Griechischen und Nordischen war.

Der armenische Baumeister hat über den für ihn in erster Linie bestimmenden Fragen der Raumwirkung des Innern doch nie den Massenaufbau des Äußern übersehen. Die Einheit von Mauer und Gewölbe durch das Festhalten an Tonne und Kuppel scheinen ihn geradezu im Bewahren dieser Gesinnung bestärkt zu haben. Das Kreuzgewölbe leitete den nordischen Baumeister ebenso zur Auflösung der Wand, wie der Mangel der Wölbung den griechischen Architekten zur Vernachlässigung der Raumgröße. Aber auch auf den Weg der alten Mesopotamier konnte der armenische Baudenker nicht kommen, weil er einen einheitlichen Gemeinderaum zu schaffen hatte, nicht wie jener in den die ganze Entwicklung bestimmenden Palästen den Mittelhof als Versammlungsraum vorsicht und im übrigen für verschiedene Personen und Bedürfnisse vorzusorgen hatte.

Eine Schauseite, »Fassade«, im Sinne der abendländischen Kunst kennt der armenische Baumeister nicht. Es ist — wenigstens ursprünglich — die Baumasse als Ganzes, die er sieht, nicht die verschiedenen Wandansichten. Auch diese Einstellung seines Blickes rührt von der Kuppel als Ausgangspunkt des ganzen Baudenkens her, ihrer allseitigen Verstrebung durch Nischen und der Neigung zur strahlenförmigen Ausdehnung. Diese geistige Einstellung des Baukünstlers wird auch nicht wankend gemacht, als durch den Längsbau mit Tonnenwölbung die Neigung zur Herübernahme einer Stirnseite stillschweigend auftritt. Man kann an Bauten wie Ereruk oder Kassach schwache Ansätze dazu beobachten. Sie wirken nicht nach, weil die Versuche an sich kraftlos genug waren. Die Stirnbildung in Europa geht aus von der griechischen Tempelfassade, die Säule und der Giebel sind dabei entscheidend. Beides fehlt ursprünglich in den kernarmenischen Bauten, die sich auf der Kuppel mit Trichternischen über dem Quadrat als Grundform aufbauen.

Diese Bauten weisen auch anfangs lediglich ihre Verhältnisse als künstlerischen Einschlag in der vorherrschend zweckmäßigen Gestaltung auf, höchstens daß Dachansatz, Tür und Fenster mit schmalen Rahmungen versehen werden. Erst seit vielleicht die Nischenverstrebung aus der Gewohnheit heraus, den Bogen auf einem Paar von Vertikalen zu sehen, die Geneigtheit fördert, diese Nischen nach iranischer Art mit dem Bogen auf Diensten zu verblenden, setzt jene Entwicklung ein, die zu einer reicheren

[1]) Später ändert sich auch das. Vgl. Wschny, Abb. 505.

Ausstattung führt. Wie diese dann in den späteren Blüteperioden der armenischen Baukunst und besonders im Georgischen ausartet, geht uns in diesem grundlegenden Werke nur in zweiter Reihe an. Es wird hier nur so viel festzustellen sein, daß, da die Ausstattung kaum gleichzeitig mit dem Kuppelquadrate übernommen wurde, sondern erst allmählich einsetzte, der Strebenischenbau auch nach dieser Seite hin als selbständige armenische Schöpfung bestätigt wird.

Eine Schauseite im Sinne von Hellas und Gotik konnte sich in Armenien schon deshalb nicht entwickeln, weil dort nicht die Westseite die Haupteingangsseite war, sondern die Südseite. Es hat sich denn auch keine von beiden herrschend durchgesetzt, sondern es blieb immer der Gesamtbau, also alle vier Seiten, in der Baugesinnung entscheidend. Wenn an einer Seite, wie im Osten, eine Art der Ausstattung, z. B. die Dreieckschlitze (zur Kennzeichnung der Apsis in der Gattung der Kuppelhalle) aus den reinen Strebenischenbauten beibehalten wurde, so ging sie sehr bald auf die andern Seiten über (S. 190).

[Im Innern stehen große Wandflächen für den Schmuck zur Verfügung. Sollten sie wie im griechischen Tempel leer gelassen worden sein? In Armenien verwendete man nicht in der Farbe gleichmäßigen Marmor, vielmehr sehr verschieden zwischen braun, gelb und schwarz schwankende Tuffe. Daraus entstand dann eine fleckige Innenwirkung wie sie Thoramanian in seinem Schnitt des Domes zu Ani (Abb. 224) angedeutet hat. Ob darüber Tünche und Bemalung gezogen wurde? Ich glaube in Amman in dieser Richtung Andeutungen zu sehen (S. 529 f.)].

Linie. Dem armenischen Baukünstler gilt offenbar ursprünglich schon die Plattenverkleidung seines Gußkernes als die künstlerische Tat. Seine Gesinnung ist da eine ähnliche wie sie im heutigen Fahrwasser etwa der Wiener Otto Wagner vertrat, der sich ebenfalls damit begnügte, seinen zweckmäßig aufgebauten Mauerkern außen mit Platten edleren Materials zu überziehen (vgl. S. 1 f.). Man wird sich also nicht wundern dürfen, die frühesten erhaltenen Bauten wie Mastara lediglich durch die Verhältnisse ihrer Massen mit ganz spärlicher Betonung von Stellen wie Dachansatz, Tür und Fenster wirkend zu finden. Abbildung 17 zeigt den Bau auf seinen drei 1 m hohen Stufen in der Würfelunterlage, etwa doppelt so hoch aufsteigen wie in der Kuppel[1] (etwa 11·30 : 5 m, das obere Ende der Tamburfenster liegt 12·70 m über dem Innenboden). Aus diesen Verhältnissen ergibt sich zwar ein Vorwiegen der Höhenabmessung, doch verhindert die Mächtigkeit der Kuppel, daß der Bau turmartig wirken könnte. Zudem ist die Breitenausdehnung betont vor allem dadurch, daß die Dächer der Ecken des Quadrates sowohl als auch die der Ausbuchtungen in der Wagrechten bleiben.

Mit der Zeit gewinnt nun freilich die lotrechte Linie an Bedeutung neben der breit hingelagerten Mauermasse dadurch, daß die Blendbogen in geschlossener Reihe um den ganzen Bau herum geführt werden. Es bildet sich dann ein künstlerisch ungemein bezeichnender Gegensatz, der derbe Urwüchsigkeit des Ganzen mit zarter Belebung im Einzelnen verbindet. Ursprünglich waren Bogenbänder über den Fenstern und Türen das einzige, was getrennt einzelne Stellen, in denen die Wand durchbrochen war, beleben sollte. Eine Vereinigung fand nur in den von Syrien her beeinflußten Bauten ähnlich Kassach in durchlaufenden Bändern statt.

Der Umschwung ging nicht von dieser Art, sondern ausschließlich von den Blendbogen aus, jenem Gespinnst, das schwerlich eine rein bauliche Ursache hatte, sondern zunächst lediglich als Flächenschmuck übernommen war. Sein Herumführen um den ganzen Bau ist bezeichnend für die Auffassung der Baumasse als einheitlichem Körper. In dieser Richtung hatte schon die Behandlung der Kante vorbereitet. Die Ecke biegt öfter nicht im rechten Winkel ab, sondern ist durch einen Dienst, der sie rundet, von einer Seite in die andere umgebogen. Beispiele dafür oben Abbildung 229 (Thalisch) und oben Abbildung 435 (Tekor). Abbildung 426 zeigt den Eckdienst, der von der Nord- auf die Westseite herüberleitet. Die Ecke ist hier noch auffallend unorganisch gelöst durch einen Wulst an der Südwand, an den die Verblendung der Westwand ohne rechten Übergang stößt. Ganz verschieden davon ist die Lösung an der Nordostecke (Abb. 435) und die Ausstattung der Ostwand (Abb. 380). Das wirkt fast wie Frührenaissance: Flache Vorlagen an den Ecken der Apsis, durch eine schöne attisch profilierte wagrechte Leiste geteilt, säumen die breiten Flächen, die nur im Mittelfelde oben durch ein Fenster mit seinen Bogenbändern belebt werden. Diese Art kann als Ausnahmsfall selbst an einem Bauwerke gelten, das an sich vom Westen abhängig war.

[1] Leider sind meine mit vieler Mühe aufgenommenen Höhenmaße des Äußern im Skizzenbuche Thoramanians (der sie notierte, während ich maß) mir jetzt während des Krieges unzugänglich.

Das Überspinnen der unteren Wandflächen mit Blendbogen setzt sehr früh ein. Artik und Zwarthnotz lassen keinen Zweifel darüber, daß die dahin zielende Bewegung schon vor dem 7. Jahrhundert abgelaufen sein muß. Die feinen lotrechten Doppellinien der Dienste auf der breiten Mauerfläche bedeuten ähnlich wie die wagrechten Zierleisten an Mastara einen künstlerischen Wert, wie er sich ähnlich auch in dem Verhältnis von Muster und Grund im persischen Teppich kundgibt. Der von mir oben Seite 442 f. angenommene iranische Ursprung dieser Ausstattung wird dadurch nur bestätigt. Die beste erhaltene Auswertung dieser Schmuckart zeigt die Kathedrale von Ani[1]), wo freilich zugleich durch die tiefschattenden Dreieckschlitze ein kräftiger Nachdruck auf die Mitte der Wand gelegt wird. Im Gegensatz dazu steht die Verdrängung des Grundes durch das Muster, wie ihn alttürkische Stuck- und Holzarbeiten zeigen und ihn schließlich die sogenannte Arabeske zum dauernden Gesetz erhebt[2]).

d) Gleichmaß.

Überblicke ich den hier in seinen Einzelheiten besprochenen Wert »Masse« in der altchristlichen Baukunst Armeniens, so bleibt das Entscheidende der Gegensatz zu den beiden anderen arischen Kunstströmen, dem griechischen und nordischen. In beiden wird die Masse außen aufgelöst in Gestalt, sei es die Säule, sei es aufstrebende Glieder mit Belebung durch die menschliche, Tier- und Pflanzengestalt. Beides fehlt im Armenischen vollständig. Mauer und Fläche, also die geschlossene Masse bleiben unzerklüftete Form; wo die Säule oder menschliche Gestalt trotzdem auftritt, ist sie durchaus vorgeblendetes Flachbild. Eine Spur dieses Bauempfindens war im Wege des Hellenismus mit dem gewölbten Mauerbau bis nach Rom vorgedrungen, aber dort so vielfach vom Griechischen durchsetzt worden, daß die Reinheit der grundsätzlich anderen Art nicht zur Geltung kommen konnte. Möglich, daß in den hellenistischen Stammgebieten Vorderasiens reinere Bauformen üblich waren. Die Paläste von Firuzabad und Sarwistan können vorläufig als seltene Andeutungen dafür gelten. Die Überladung am Taq-i-Kisra aber dürfte durch Nachwirkungen des Hellenismus zu erklären sein[3]).

Die Masse umschließt im Armenischen immer auf das knappste die innere Raumform, deckt sich ursprünglich durchaus mit ihr und erhält erst durch die Einführung des Giebels eine gewisse Selbständigkeit. Damit wird ein Symmetriemotiv von zwei Schrägen, die das Lot in die Mitte nehmen, eingeführt in eine Bauweise, die sonst nur mit dem zwischen Lotrechten und Wagrechten eingespannten Bogen zu rechnen gewohnt war und damit, daß das Mittellot räumlich nicht wie im Griechischen in der Fläche der Schauseite, sondern aus der Mitte der Kuppel herabging und die strahlenförmige Anordnung des ganzen Baues in Raum wie Masse und Licht vollständig beherrschte. Mastara gibt dafür wie immer, wenn es sich um den armenischen Grundcharakter handelt, das beste Beispiel, ähnlich die Hripsime und Bagaran. Im Giebel liegt zum Teil schon eine Einwirkung des Westens vor, die im Gefolge der Längsrichtung auftritt. Man sehe wie sich diese in der Hripsime zugleich mit dem Giebel ankündigt. Von Kleinasien und aus den aramäischen Gebieten strömt dann der Basilikenbau ein und es geraten so die beiden arisch am freistehenden Einzelbau entwickelten Grundsätze der Gesinnung: strahlenförmige und längsgerichtete Symmetrie aneinander.

Auffälligkeit der Mitte. Die strahlenförmig von der Kuppelspitze nach unten und den Seiten bestimmte Anordnung der Baumassen wird nicht wie die Längsrichtung im Abendlande durch vorgelagerte Lotrechten gestört. Die einzige Auffälligkeit ist die Kuppel selbst und sie läßt sich auch in der Zeit, in der vom Mittelmeere her die Längsrichtung durchdringt, nicht vom Platze rücken. Die Vierung liegt in solchen armenischen Bauten nicht am Ende der Bewegung unmittelbar vor dem Chore, so daß die Längsrichtung erst am Schluss eine Gruppe um die Kuppel ansetzt und zum Stehen gelangt (wie im Abendlande), sondern die Kuppel bleibt auch da noch in der Mitte. In diesem Zuge prägt sich Untergrund und Wesen der armenischen Baukunst am deutlichsten aus.

Ruhe. Die armenische Baukunst, soweit sie sich im nationalen Fahrwasser hielt, ist durchaus auf Ruhe gerichtet. Das liegt im Wesen der Kuppel. Auch als das Langhaus von außen her Einfluß gewann, wurde es von der Kuppel im Sinne der Ruhe unterworfen. Dadurch daß sie über der

[1]) Lynch I, Seite 372, rühmt ihre Ausstattung: »In no case do we discover any trace of barbarism; the designs are sober and full of grace, the execution is beyond praise«.

[2]) Vgl. »Altai-Iran«, Seite 88 und 175 f.

[3]) Vgl. Sarre-Herzfeld, »Arch. Reise ins Euphrat- und Tigrisgebiet«, Tafel XLI.

Mitte verblieb, wurde sie nicht in die Tiefenbewegung gegen die Apsis zu hineingezogen und behielt so, was Burckhardt von der Peterskuppel rühmt, das ruhige Schweben. Damit hängt ein weiteres zusammen.

Bezeichnend für die armenische Kirchenbaukunst ist der Mangel des Turmes. Er fehlt auch im Stadtbilde. So haben sich in Ani Spuren nur in den beiden Minaretten erhalten. Weder der zur Mauerverstärkung aufgeführte Turm überragt derart die Befestigung, daß er als einzelne Höhenauffälligkeit irgend ausschlaggebend im Stadtbilde in Betracht kommt (S. 277), noch der dem Westeingang vorgelegte oder selbständig dastehende Glockenstuhl (S. 243 f.)[1]). Der Höhendrang lebt sich in der Kuppel aus. Eine andere Frage ist es, ob diese selbst in den befestigten Kirchen und Klöstern der Frühzeit nicht turmartige Gestalt hatte. Davon später im Anschluß an gewisse Erscheinungen des karolingischen Abendlandes und den quadratischen Vierungsturm (S. 371).

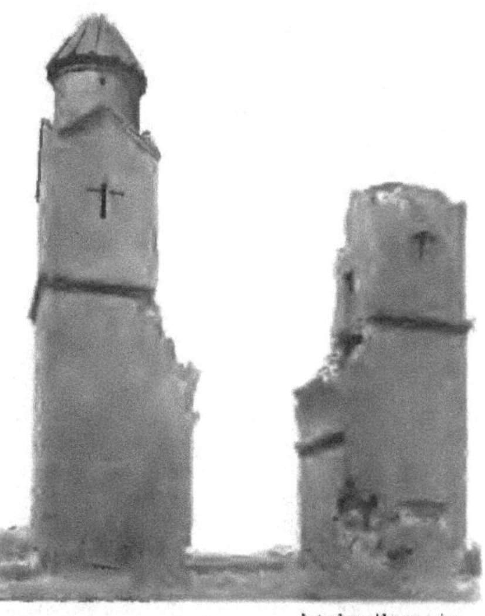

Abb. 587. Turmtor zwischen Ani und dem Horomoskloster

Dennoch ist der freistehende Glockenturm, von dem oben Seite 243 die Rede war, ein Motiv, das wegen seines Vorkommens neben den Holzkirchen der Ukraina und in Skandinavien auch in Armenien Beachtung verdient. Er erhebt sich nie über die Kuppel der benachbarten Kirche hinaus. Daß aber doch eine gewisse Neigung zu turmartigen Gebilden auch im Armenischen stillschweigend vorhanden war[2]), scheint eine seltsame Ruine vor den Toren Anis zu bezeugen, die man auf dem Wege vom Horomoskloster nach der Stadt antrifft. Abbildung 587 gibt davon eine Ansicht. Es ist eine Art Triumphbogen[3]), der freilich jünger als unsere für dieses Buch angenommene Zeitgrenze ist, etwa dem 13. Jahrhundert angehört[4]). Ein mittlerer Rundbogen ist eingestürzt. Seine dicken Pfeiler tragen Turmaufsätze mit Giebelabschlüssen an allen vier Seiten und einem kuppelartigen Abschluß. Man sieht, ohne das Kuppelmotiv geht es nicht. Dem mittelländisch Gesinnten wird diese Art Schönheit unverständlich sein und bleiben, er zieht die gerade Attika vor: aber der Armenier verstrebt den in Gußmauerwerk ausgeführten Bogen durch mächtige Massen und setzt einen kleinen Kuppelbau über dem Quadrat darüber, um dem Seitenschub durch das Gewicht von oben her zu begegnen. Es ist die Masse ohne Säulen und Pfeilerschmuck, in der er denkt: wenn diese schon einmal eine bekannte Gestalt annimmt, so ist es eben die Kuppel.

e) Feierlichkeit.

Die armenische Kuppelkirche der ältesten Zeit muß trotz ihrer geringen Abmessungen nicht nur groß, sondern vor allem feierlich gewirkt haben. Die strahlenförmigen Kuppelbauten sind streng gesetzmäßig im Aufbau, ja, die Notwendigkeit, den Bau zu umgehen, statt ihn nur von seiner Schauseite zu nehmen, wie im Abendlande, erhöht noch den Eindruck seiner allseitigen künstlerischen Abgeschlossenheit. Man sehe daraufhin nochmals Mastara oder Zwarthnotz an.

Der armenische Dom — ich schließe dabei die reinen Langbauten aus und rechne nur mit dem Kuppelbau — ist außen immer Denkmal, weil er in seiner Gesamtheit mit mächtig betonter Mitte im Gleichmaß aufgebaut ist. Ich erinnere an Böcklins Ausspruch über die feierliche Wirkung seiner Toteninsel: »Das Symmetrische ist entweder langweilig oder feierlich«. Man nehme jeden

[1]) Abb. 270 zeigt ihn groß, weil er im Bilde vorne steht.

[2]) Vgl. auch Faustus IV, c. LXIX und V, c. XXXVI.

[3]) Vgl. Brosset, »Ruines d'Ani«, S. 60 f.

[4]) Ich urteile nach den verwandten Grabbauten im oberen Horomoskloster (S. 253 f.).

strahlenförmigen Kuppelbau: so klein er ist, wirkt er doch groß. Das verlor sich im Innern auch dann nicht, als die Kuppel mit dem Langbau vereinigt wurde. Ich habe nie so sehr den Eindruck des Großen und Feierlichen gehabt, wie in der Ruine von Thalisch oder dem noch vollständig erhaltenen Innern von Mren. Vergleicht man damit den gotischen Dom, so verliert er sehr wesentlich an Wert, trotz aller Größe und der reichen Aufmachung: er wirkt der Masse nach eigentlich nur da feierlich, wo der Turm die Ansicht im Gleichmaß beherrscht.

B. Raum.

Die Formkraft, in deren Dienst die Kunst der armenischen Baumeister in der ersten Blütezeit der Entwicklung vor dem Jahre 1000 steht, ist trotz aller Wirkung der Masse doch offenbar im Hinarbeiten auf eine bedeutende, möglichst einheitliche Raumwirkung zu suchen. Dabei sind es neben den rein künstlerischen und kultlichen Gründen (die christliche Kirche als Gotteshaus, Opferstätte und Versammlungsraum), Ursachen der geographischen Lage Armeniens, die zu einer Gestaltung und Ausbildung des Innenraums führten. Nicht überall, wo der Kult größere Versammlungen forderte, kam es zu einer solchen Raumkunst. In Armenien zwang das Klima, zum Schutze gegen die Witterung größere Innenräume zweckdienlich zu schaffen. Besonders an der Entwicklung und Art der Beleuchtung kommt dies zum Ausdruck. Genügte am Mittelmeere zuerst die Türe, so war mit der Einführung des iranischen Fensters in Armenien bei dem Mangel an lichtdurchlässigem Material doch noch der Übelstand zu beseitigen, daß Wind und Wetter den Versammelten allzu lästig wurden. Das Vermeiden der Öffnungen an der der Witterung stärker ausgesetzten und zudem für den Lichteinlaß weniger in Betracht kommenden Nordseite ist auch sonst bekannt. Hier half man sich noch dadurch, daß man die Fenster, soweit sie im unteren Teile nötig waren, mit der Zeit möglichst in ihrer Größe beschränkte und ihnen die schlitzförmige, nach innen sich erweiternde Form gab, die an den späteren armenischen Denkmälern so bezeichnend ist (S. 127). Ein weiteres Mittel zu diesem Zwecke, schon in den Basilikalbauten des Mittelmeerkreises bekannt, war die Hochlegung der Fenster, die aber hier wohl zum ersten Mal auch auf den Kuppelbau angewendet wurde und zu der bedeutsamen Ausbildung der Fenstertrommel führte. Immerhin beachte man S. Constanza bei Rom (S. 377) und die Minerva medica (S. 487 f.).

a) Grundriß.

Der rein künstlerische Anstoß der Raumentwicklung liegt im Ausgehen vom quadratischen Kuppelhause bzw. der Vergrößerung einer einzelnen derartigen Zelle. Unter den auftauchenden Möglichkeiten wird offenkundig nur die Form beibehalten und weiterentwickelt, die dem Ziele der Raumeinheitlichkeit am nächsten kommt. Das Konchenquadrat ist eine solche vollkommene Lösung, nicht minder die Kuppel, auf die sich im Vier-, Sechs- und Achtpaß Nischen öffnen: In strahlenförmigem Gleichmaße nach der Höhe abgestaffelt legt sich da der Raum derart auseinander, daß er in allen seinen Teilen mit einem Blick erfaßt werden kann. Diese Art Bauform bleibt für das Innere Ausgang und Ziel des Denkens. Was immer an neuen Entwicklungsmöglichkeiten auch auftauchen mag, wird an dieser Vorstellung als Gesetz gemessen. Der entscheidende Augenblick war deshalb der, als die Längsrichtung auch in Armenien sich durchzusetzen trachtete und andere damit zusammenhängende Innenformen auftauchten.

Strahlenform (S. 70 f. und 456 f.). Die bestimmende Grundlage des altchristlichen Kirchenbaues in Armenien war, daß die Kuppel über dem Quadrat zur Keimzelle der ganzen Entwicklung gemacht wurde. Ich habe den Eindruck, es könnte für den Forscher ein Merkmal der Zeitstellung sein, wie weit der Kuppelraum vom reinen Quadrat abweicht und der Längsrichtung Einfluß gewährt. Schon in Mastara (Abb. 59), in welcher Kirche ich einen der reinsten Vertreter der Grundform sehe — wenn auch erst aus dem 7. Jahrhundert — dehnt sich das Quadrat fast um einen Meter in der West-Ost-Richtung. Im 4. Jahrhundert war das Quadrat wahrscheinlich rein. Das Gleiche gilt von den Bauten der Hripsimegattung. Am reinsten quadratisch ist Artik (Abb. 63), das ohne schriftliche Zeitbestimmung schon wegen dieses einen Zuges als besonders alt gelten darf, obwohl die Ausstattung des Äußern reich ist.

Durch die Anordnung des Quadrates mit der Kuppel als Mittelzelle unterscheidet sich die armenische Kunst von vornherein nicht nur von der basilikalen, sondern vor allem auch von den Kuppelbauformen des Mittelmeeres. Das Quadrat ist ihr derart angeboren, daß sie darauf immer wieder zurückgreift, wenn auch einmal — z. B. bei Verfolgung der Möglichkeiten des Strebenischenbaues — die Neigung zum Achteck auftaucht. Der grundsätzlich auf Richtung zielende Einfluß des Westens und Südens bleibt da ohne Wirkung. Denn wenn man sich angesichts der reichen Fülle von Grundrißlösungen fragt, welche Möglichkeiten der Verbindung von Kuppel, Tonne und Strebenische von der armenischen Kunst eigentlich ohne Beachtung blieben, dann stellt sich heraus, daß es gerade die vom Mittelmeere her bekannten Typen sind, die fehlen. Im reinen Zentralbau, dem Rund, Vieleck, Achteck und Sechseck ohne Mittelstützen fehlen alle Lösungen, bei denen unter Verzicht auf umlaufende Strebenischen, die Außenmauer glatt den inneren Raum umschließt und mittels der Halbkugel oder von Kappen überdeckt ist. Die Kuppel sitzt in solchen armenischen Bauten nie auf der Umfassungsmauer, sondern immer auf den inneren Enden der Mauerkeile, d. h. sie tritt immer gegen die Außenmauer um eine Stufe zurück. Man halte neben die armenischen Beispiele etwa das Pantheon oder die Baptisterien von Ravenna, Florenz u. s. f. und wird sich des großen grundlegenden Gegensatzes eindringlich bewußt werden. Wie vereinzelt steht dann die »Minerva medica!«

Weiter fehlt durchaus jener Typus des reinen Zentralbaues mit Mittelstützen, der, im Abendlande durch S. Vitale in Ravenna, den Dom zu Aachen u. s. f. vertreten, im Orient seine Urform im Oktogon Konstantins d. Gr. in Antiochia hatte: das Achteck mit Emporen auf acht freistehenden Mittelstützen. Liegt hier ein »Ablehnen« vor? Warum haben die Armenier, die doch Längsrichtung, Innenstützen und Giebel vom Südwesten übernommen haben, gerade diese Lieblingsformen des Mittelmeeres auf dem Gebiete des Kuppelbaues vermieden? Denn kennen gelernt haben sie diese jedenfalls. Es muß doch eben daran liegen, daß die Grundform des Quadrates ihnen im Blute lag und sie nur dem von ihnen eingeführten Rundausbau zuliebe davon vorübergehend, als sie Sechs- und Achtpässe bauten, absahen, nicht zu gunsten irgend einer Strömung vom Mittelmeere her, wie man gewiß im Zusammenhange mit der Minerva medica annehmen wird. Es könnte sein, daß die Empore bei ihnen keine Bedeutung gewann, weil sie vom einfachen Quadrate mit Strebenischen ausgingen. Schon in der Strahlenform vollzog sich der Übergang vom Viernischen- zum Viertonnenbau, der dann bei Betonung der Längsrichtung zur Notwendigkeit wurde und die Nische vollständig verdrängte. Die Raumform verlor freilich, je länger die Tonne wurde, an Einheitlichkeit (St. Peter!).

Längsrichtung. Immerhin lag die Gefahr eines Einbruches des vom Mittelmeerkreise gehandhabten Achtecks nahe, ich nehme an, schon im 4. Jahrhundert. Aber das Schicksal der armenischen Baukunst wurde gerade damals, mit dem Beginne des 5. Jahrhunderts, nicht so sehr durch rein künstlerische Neigungen und Einflüsse bestimmt als durch klerikale Machenschaften, wie der geschichtliche Teil zeigen wird. Damals setzt der Einbruch der syrischen und griechischen Strömung ein, die gewölbte Basilika tritt neben die herrschende Kuppel. Auch da wieder hat nur die Möglichkeit, die von Iran übernommene Kuppel über dem Quadrat mit der Längsrichtung in Verbindung bringen zu können, eine Aussöhnung des national-armenischen Kirchenbaues mit der westlichen Strömung des 5. Jahrhunderts zugelassen. Auch sie schloß die Empore aus, wollte man die Kuppel nicht seitlich einschnüren.

Diese Auseinandersetzung des ursprünglich strahlenförmigen Grundrisses mit dem längsgerichteten verläuft so, daß die quadratische Zelle als Kuppelunterlage schließlich ganz allgemein siegt, weil sie allein eine ganz einwandfreie Verbindung von Kuppel und Tonne zuläßt. Lösungen mit dem Achteck wie die des Domes zu Florenz sind ausgeschlossen, damit auch die Beibehaltung des dreischiffigen Längsbaues. Die Zusammenordnung von Kuppelquadrat und Langhaus verhinderte vielleicht überhaupt das Aufkommen von Bauformen, die gegen die Raumeinheitlichkeit verstoßen.

Abwege. In der Entwicklung der armenischen Bauform tritt dreimal die Gefahr einer Zersplitterung des Innenraumes auf, damals zuerst, als die Form der Hripsime entsteht und in die Ecken Nebenräume gelegt werden, die mit dem mittleren Kuppelraum nicht anders als durch eine Tür verbunden sind. Dieser Abweg könnte auch veranlaßt sein durch die Forderung von Nebenräumen und wir hätten für das Konchenquadrat eine Entwicklung wie beim Vierpaß mit einem, zwei und vier Nebenräumen vorauszusetzen (S. 101 f.). Es ist bezeichnend, daß diese Form sehr bald wieder zurücktritt, ähnlich übrigens wie die Versuche des Leonardo und seiner unmittelbaren

Nachfolger in der Renaissance. Davon später. Das zweite Mal besteht die Gefahr als — sicher schon vor der Einwirkung des Westens (Visionen!) — die Verstellung des Innenraumes durch Pfeiler in Armenien auftritt. Doch hat sich weder der Bagarantypus, noch der dreischiffige Längsbau mit Kuppel auf die Dauer halten können. Das verdankt die armenische Baukunst wohl nur ihrem mit dem Quadrat entwickelten Sinne für Raumeinheitlichkeit, und daß das Quadrat zugleich einen klaglosen Anschluß der Tonne gestattete.

Die dritte Gefahr drohte mit der Neigung, den Konchenbau vom Außenquadrat unabhängig zu machen, und wurde noch dahin erweitert, daß man den Vierpaß in einen Umgang stellte. Man nehme Zwarthnotz (Abb. 112): was geht da an Raum durch die Ummantelung mit der Folge von Winkeln hinter den Kuppelpfeilern verloren. Auch diese Gefahr wurde gebannt. Seite 484 wurde erwähnt, daß hier vielleicht eine Heiligung des Gregorgrabes den Anlaß gab. Man ahmte Zwarthnotz in Verehrung für das Alte und den Ort nach, aber die entscheidende Bauentwicklung der armenischen Kirche liegt in ganz anderer Richtung. Bevor ich darauf eingehe, führe ich die eben geltend gemachten beiden ersten Gesichtspunkte etwas näher aus.

Wir sind bei Vorführung der Bauformen ausgegangen von dem Konchenquadrate ohne Mittelstützen und hatten da dem Innern von Mastara gegenüberzustellen Artik, dem Typus mit glatten Eckwänden (Abb. 59) den mit an die Wandecken gelehnten Diensten (Abb. 63). Rein räumlich genommen, scheint es, daß damit zugleich ein Ansatz zur Entwicklung der nächsten Bauform mit verstrebten Ecken gegeben war, wie er in der Hripsimegruppe vorliegt. Denn die durch Einführung der Pfeilervorlagen eingetretene Absonderung der Ecken hat wahrscheinlich dazu geführt, diese Winkel mit der Trichternische zusammen als gesonderte Bauform zu empfinden. So käme also vielleicht zur Verstrebung der Ecke durch die Dreiviertelkreisnische aus Anlaß größerer Kuppelspannungen (vgl. oben S. 466) auch noch ein rein künstlerisches Drängen, das mit der Neigung zur strahlenförmigen Anordnung Hand in Hand gegangen sein mag. Das Ausspinnen der Gedanken über die Ecklösung führt sogar zur Durchbrechung des Grundsatzes der Raumeinheit dadurch, daß die Eckkonche zum Vorraum eines selbständigen Eckraumes gemacht wird. An Stelle der Raumeinheit war damit Raumvielheit getreten, wie das bei Leonardo und in den Plänen für St. Peter so deutlich in Beispielen vorliegt. Diese Gefahr scheint der Drang nach Raumeinheit gebannt zu haben. Zunächst freilich half man sich mit der Einstellung von vier Pfeilern, anderseits mit dem Übergang zum rein strahlenförmigen Konchenbau. In solchen Überlegungen liegt die Begründung der Anordnung meines Typenkatalogs: ich glaube in der Tat, daß dessen Reihung bis zu einem gewissen Grade der entwicklungsgeschichtlichen Abfolge entspricht, wenn nicht auch örtlich verschiedene Keime mitsprechen.

Der Kuppel die Mitte. Die dem armenischen Denken ursprünglich fremde Art einer Längsrichtung kam in die Entwicklung durch die Einwirkung des von Syrien, Mesopotamien und Kleinasien im 5. Jahrhundert eindringenden Langbaues. Er hätte alle nationale Gesinnung von Kuppel, Mitte, Einheit und strahlenförmiger Anordnung über den Haufen werfen können. Aber Armenien blieb Sieger, weil seine christliche Kunst bereits im 4. Jahrhundert gefestigt war. Das nächste Ergebnis des Kampfes war das Langhaus mit Dreipaßabschluß, der Trikonchos. Man betrachte Thalin (Abb. 197) und vergleiche diese Kathedrale etwa mit St. Maria im Kapitol zu Köln[1]). Der Raum strahlt gleichmäßig von der Mitte aus, endet dreimal in Konchen und nur auf der vierten, der Westseite, gibt der Baumeister dem Drängen des Westens und Südens nach dadurch, daß hieher der Haupteingang verlegt und statt der Konche ein richtiges Langhaus mit Schauseite eingelegt ist. Eine stärker armenische Lösung des Langhausproblems liegt in der »Zentralkirche« von Resafa vor[2]), dort ist trotz der Längsrichtung die strahlenförmige Anordnung durch Beibehaltung der Konche auch an der Westseite gewahrt. Ich muß auch hier wieder die Möglichkeit streifen, daß der Altar ursprünglich die Mitte behauptete (vgl. Edschmiatsin, S. 233).

Kuppel und Apsis. Überblickt man die vorgeführte Entwicklung der Raumform und damit im Zusammenhange die in der Reihe von Gattungen und Arten zutage tretenden Tatsachen, so verstößt nur eine Raumform ähnlich wie die Basilika gegen den Grundsatz »Der Kuppel die Mitte«, der einschiffige Dreipaß, den die Reihe Alaman, Marienkirche von Thalin, Lmbatawank u. a. darstellt. Dadurch, daß hier die Kuppel nicht über der Mitte sitzt, sondern an das Ende der Längsrichtung

[1]) Vgl. Zeitschrift f. christl. Kunst XXVIII (1916), S. 188/89. Eine Abbildung unten im vierten Buche.
[2]) Vgl. mein »Amida«, S. 221 und oben S. 503.

vor die Apsis zurückgeschoben erscheint, gibt sie sich eigentlich ausgesprochen unarmenisch. Ich habe ihr Entstehen aus dem reinen Vierpaß zu verstehen gesucht[1]), aber es bleibt doch immer ein Rest von Zweifel, ob hier nicht wie in der Basilika selbst der Vorstoß einer im Westen und Süden überaus beliebten und vom Christentume schon wegen ihrer symbolischen Nebenbedeutung, der Kreuzform[2]), beliebten Bauform vorliegt.

Für diese einschiffigen Dreipässe und insbesondere für die Marienkirche von Artik gilt allein, was Lynch I, Seite 372, fälschlich von der Kathedrale zu Ani sagt, der Eindruck der Größe sei dem Innern durch die Apsis mitgeteilt »and the apse becomes, by a happy inspiration of the architect, indeed the head and soul of the church«. Er übersieht die Kuppel, sie war zu seiner Zeit schon eingestürzt. Es steht außer Zweifel, daß sie in rein armenischen Bauten zu allen Zeiten der Apsis den Vorrang nimmt. Erst das Abendland hat hier die Lösung, die in den kleinen einschiffigen Trikonchen Armeniens vorliegt, dort aber nie zur freien Entwicklung gegen die Gesetze der armenischen Raumform gelangen konnte, gebracht, indem sie Kuppel und Apsis zu einer Wirkung zusammenzog.

Die Kuppelhalle. Die Lösung und damit die dauernde Bannung der Gefahr brachte die Kuppelhalle. Darin ist Längsrichtung und Kuppel[3]) durch das Mittelquadrat zur räumlichen Einheit verbunden. Man beachte: durch das Mittelquadrat! Das ist der entscheidende Gegensatz zum Abendlande: die Längsrichtung stößt die Kuppel nicht aus der Mitte, sondern die Kuppel zwingt die Längsrichtung unter ihr Gesetz. Man nehme die Beispiele von Thalisch (Abb. 228) und Thalin (Abb. 197) und vergleiche damit die abendländischen längsgerichteten Kuppelbauten, sei es des Mittelalters oder der Renaissance. Dort ist die alte Vierung, also ein aus dem Längsbau ohne Kuppel geborener Kreuzungspunkt[4]) der Ort der Einführung geworden. Sie kommt so an das Ende der Längsrichtung vor die Apsis, nicht in die Mitte.

Die Kuppelhalle zwingt nicht nur die Längsrichtung unter das Gesetz der Kuppel, sondern auch die Dreischiffigkeit der Längsbauten. Hier wirkt nicht das Gesetz der herrschenden Mitte, sondern das damit eng verbundene der Raumeinheit. Die Seitenschiffe werden entweder ganz unterdrückt (Thalisch) oder so schmal (Thalin), daß sie neben dem breiten Kuppelraum mit seinen Haupttonnen geradezu verschwinden, niemals jedenfalls durch Pfeiler- oder Säulenreihen vom Hauptraum abgesondert werden (vgl. Ani, Kathedrale, Abb. 222).

Mit der Zusammenlegung von Kuppel und Längsrichtung kommt ein seltsamer Zwiespalt in die Bauform insofern, als die künstlerische Zuspitzung in der Kuppel der kirchlichen in der Apsis entgegenarbeitet. Das war anders, solange in den Kuppelquadraten Kuppel und Apsis unmittelbar nebeneinander lagen, die Altarbühne womöglich unter den Kuppelraum vortrat (Zwarthnotz). In den längsgerichteten Kuppelkirchen bleiben die beiden Forderungen unversöhnt als ein deutliches Zeichen widerstreitender Anfänge aus der Zeit der ältesten Entwicklung nebeneinander bestehen.

b) Aufriß.

Für die armenischen Bauten gilt, was kürzlich für Bramantes St. Peter gesagt worden ist[5]): »Wir sollen nicht langsam eintreten und uns der Mitte schrittweise nähern, sondern mit einem Sprunge durch Zauberkraft in den Mittelpunkt gelangen und von dort aus jene einsame Ruhe, jene weltabgeschiedene, heitere Unabhängigkeit erleben, die in solchen geometrischen Gebilden verwirklicht erscheint.« Mehr noch als beim Grundriß ist das leitende Gesetz des altchristlichen Kuppelbaues von Armenien im Aufriß: Einheit des Raumes um die Kuppelmitte. Was dort die strahlenförmige Anordnung war, ist hier die Abstaffelung nach der Höhe.

Kuppelscheitel. Die Wirkung des Innern als Raumeinheit hängt davon ab, ob der Blick des Eintretenden sämtliche entscheidenden Raumteile zugleich umfaßt oder der Beschauer sich erst in Bewegung setzen muß, um sie nacheinander zu entdecken. In meiner Erinnerung gibt es keinen überwältigenderen Eindruck als den von Mastara, Thalisch, Mren oder der Kathedrale von

[1]) Zeitschrift f. christl. Kunst a. a. O., S. 184.

[2]) Vgl. mein »Kleinasien«, S. 137.

[3]) Vgl. dagegen die Konstantinsbasilika in Rom (S. 506).

[4]) Vgl. die planmäßige Studie von Schmarsow, »Kompositionsgesetze in der Kunst des Mittelalters«. Dazu Theol. Lit. Zeitung 41 (1916), S. 514 f.

[5]) Frankl, »Entwicklungsphasen der neueren Baukunst«, S. 44.

Ani — soweit nach dem Kuppeleinsturz letztere noch als Beweis gelten kann. Die Größenverhältnisse sind bei allen nach unseren Begriffen nicht bedeutend[1]) und doch wirken sie im Innern groß, grundsätzlich in verwandter Art etwa wie Michelangelos Madonna an der Treppe oder Dürers Christus am Kreuz in Dresden. Diese Größe wirkt bezeichnend gleich beim ersten Schritt in das Innere, nicht wie in St. Peter erst nach Durchschreiten des Langhauses. Hier ist die Forderung erfüllt, daß der Raum an sich, nicht erst seine Ausstattung den Besucher auf die Kniee zwingen soll.

Leider konnte kein Bau im Besonderen auf die Werte, die diese Wirkung hervorrufen, untersucht werden, das müßte mit Ruhe und den nötigen Arbeitsbehelfen geschehen. Ich will auch nicht in der Art von Dieulafoy nachträglich am grünen Tisch Verhältnisse feststellen[2]). Eines nur scheint mir ohneweiters für einen so durchschlagenden Eindruck maßgebend, daß der Blick des Eintretenden sofort auch den Scheitel der Kuppel erreicht. Alle alten Konchenquadrate und reinen Konchenbauten erfüllen diese Forderung. Es muß also die Höhe und Breite der Fenstertrommel daraufhin bemessen sein. Bei der Kuppelhalle von Thalisch, die ja ein Längsbau ist und den Haupteingang im Westen hatte, ist eine solche Erreichung des Scheitelpunktes der Kuppel schon schwerer denkbar und noch weniger in Mren und Ani wegen der eingestellten Stützen. Im allgemeinen kann gelten, daß die westlichen Einschläge, Längsrichtung und freistehende Kuppelstützen der einheitlichen Erfassung des Innenraumes entgegenwirken. Es wird Gegenstand eingehender Untersuchungen an den Denkmälern selbst sein müssen, zu prüfen, wie es den armenischen Baumeistern trotzdem gelang, den Eindruck einfach zwingender Größe durchzusetzen.

Höhendrang. Die Überhöhung der Kuppel durch die Fenstertrommel scheint von vornherein da zu sein als das sprechendste Zeugnis des Höhendranges, der für diesen arischen Kunstkreis ein Ausdrucksmittel kennzeichnendster Art ist. Sie bedeutet die Lösung eines Drängens, das in der niedrigen Trompenzone (mit einem kleinen Fenster in den Achsen) in den Kuppeln des Fars noch schlummert (S. 368). Die Kuppel mit ihrer Trommel vollendet die gesetzmäßige Aufeinanderfolge (Rythmus) der unteren Teile: Mit der halbrunden Kugelschale auf die lotrechten Wände der Fenstertrommel herabsteigend, ruht die Kuppel ursprünglich auf einem Kreise, bzw. Achtecke, die durch größer werdende Trichternischen übergeleitet sind auf das Mauerquadrat, in das auf allen vier Seiten wieder Kugelschalen auf lotrechten Wänden einschneiden. Diese Abstaffelung des Raumes ergibt ein Gleichmaß des Höhenauftriebes, das nur noch überboten wird durch die Licht- und Schattenwirkung im Zusammenklingen der gleichmäßig in dem von oben einströmenden Lichte gekrümmten Flächen. An dieser Wirkung des Höhenauftriebs in den Konchenquadraten ändert sich bei den Vier-, Sechs- und Achtpässen wenig. Viel dagegen, sobald der Westen zu wirken beginnt und diese Staffelung durch Tonnen von wachsender Länge unterbrochen wird, bis endlich die Konchen mit Ausnahme der Apsis ganz aufhören. Die Kuppelhalle bietet ein ganz anderes Höhenbild. Immerhin übernimmt die halbrunde Fläche in der Wagrechten, was früher die Konche dem Auge in der Lotrechten bot. Der Bau wächst nicht mehr als Gewölbe über Gewölben auf, sondern bietet mehr den gewohnten Anblick des Mittelmeerkreises, wo die Decke als Last über den in der starren Geraden aufstrebenden Wänden ruht. Die Bauten runden sich nicht mehr zur Höhe, sondern steigen in Lotrechten und Wagrechten zu ihr an.

Der Höhendrang, wie er in Bauten wie Bagaran (S. 96) und Thalin (Marienkirche, S. 161) beobachtet wurde und an die Gotik erinnert, weicht später der breit hingelagerten Tonne; die Verhältnisse lenken in einen Ausgleich von Lot- und Wagrechter ein. Das wird wohl durch die Einführung der Basilika und den Ausgleich mit dem strahlenförmigen Kuppelbau zu erklären sein. Die Kuppelhalle läßt die Höhe gegen ein Gleichmaß aller Raumerstreckungen zurücktreten.

Wir sahen Seite 471 wie der Drang nach der Höhe nicht ohne weiteres und von vornherein da ist, sondern sich z. B. in der Gruppe der Vierpässe allmählich entfaltet. Erst die Trommel, dann das Emporrecken der Wände, endlich wie alle Verhältnisse sich strecken, so das Quadrat über die Dächer, und dann die Trommel selbst. Auch da können nur Messungen und der Vergleich an Ort und Stelle über die Äußerung von Meinungen hinausführen zu festen Grundlagen. Keinesfalls verliert sich der Armenier ins Unbegrenzte wie die nordische Kunst: die Wand bleibt unverrückbarer Raumabschluß.

[1]) Vgl. Schnaasse III, S. 330.

[2]) Revue gén. d'architecture 1883 (nach Mauss?) Vgl. Diez, »Die Kunst der islamischen Völker«, S. 83 f. Dazu oben S. 369 und Zeitschrift f. Gesch. d. Architektur I (1907/1908), S. 150.

c) Ausstattung.

Es ist eine seltsame Tatsache, daß der Beschauer weder im Äußern noch im Innern der armenischen Bauten das Grundquadrat der Kuppel je als gerade Wand vollständig zu sehen bekommt, dieses vielmehr zumeist durch Dreiecknischen im Äußern und Ausbuchtungen im Innern aufgelöst, also durch Brüche, Buchten und Ausladungen allseitig in Bewegung erscheint. Die Ausstattung der Wände durch verzierte Blendbogen ist somit im letzten Ende aus folgerichtiger Empfindung geboren, nicht nur rein zufällig von irgendwoher übernommen. Sie ist ja auch bereits am Konchenquadrat (Artik) da.

Für einen Ausfluß des schöpferischen Raumempfindens sehe ich die Neigung an, die Bogen in der Wirkung aufzubauschen wie es tatsächlich der Fall ist, wenn ein Rund- oder Spitzbogen von einem Hufeisenbogen umfangen ist, der, womöglich außer dem Mittelpunkte geschlagen, dann noch von einem dritten Bogen umspannt wird, dessen Enden wieder unten eingezogen sind, so daß die ganze Bogenhäufung wie eine geblähte Haube wirkt. Ein Beispiel wurde oben Abbildung 343 aus Ketscharus 1033 gegeben, ein anderes in dem Portal der gleichen Kirche Abbildung 566.

Mit diesem Aufbauschen des Tores wird dem Eindruck des Innern vorgearbeitet; er hätte etwas Überraschendes ohne solche einleitende Vorbereitung. Wo solche Tore fehlen und die innere Raumgliederung auch nach außen womöglich durch eine einheitliche Blockform verdeckt ist, da bleiben verblüffende Wirkungen nicht aus wie z. B. bei den Vier-, Sechs- und Achtpässen, die außen rund oder als Vieleck erscheinen und dann innen sich in ganz unerwarteten Raumausbuchtungen auftun. Es entsteht dadurch eine Spannung zwischen Außenmasse und Innenraum, die dem Ernst des altchristlichen Kuppelbaues der Armenier eigentlich fernliegt und sich nur erklärt aus den Lockungen, die aus dem Widerspiel von Ummantelung und Verstrebung, Raumbewegung und zusammenfassender Dachbildung hervorgehen.

Was die Strebenische für den Innenraum, das bedeutet der Dreieckschlitz in gewissem Sinne für das Äußere: er dient nicht nur zur Stoffersparnis, sondern damit der Grundsatz des Kuppelbaues auch im Einzelraum anklinge. Mit diesen Worten hat Burckhardt das Vorkommen der halbrunden Nische am Außenbau des Achtecks von Brunelleschi zu kennzeichnen gesucht[1]). Der Dreieckschlitz läßt eine altiranische Bauform, die Trichternische des Innern unter der Kuppel, auch im Äußern wiederklingen. Er ist gerahmter Hohlraum.

Schon die Blendbogen bedeuten im Grunde Rahmen, nämlich räumliche Umgrenzung einzelner Wandfelder der fünfseitigen Strebenischen. In dem Augenblick, in dem man anfängt, darin nicht nur einen zufälligen, womöglich durch die Antike angeregten Schmuck, sondern die Spur einer grundsätzlichen Neigung nordischer Art zu sehen, gewinnt die ganze Frage erst die Bedeutung, die ihr meines Erachtens zukommt. Dabei leiten folgende Erfahrungen allgemeiner Art, die zuerst in meinem »Altai-Iran« angedeutet wurden: Der afrikanische Kontinent, dessen Kunstauffassung aus der Art der Buschmänner und der altägyptischen Kunst geläufig ist, steht auf das engste zusammen mit der ersten Steinzeit, bekannt durch die Malereien und Schnitzereien in Spanien und Südfrankreich; beide gehen vor allem auf Darstellung los. Diesem Kreise steht ein anderer, der des eurasiatischen Nordens gegenüber, der die Darstellung so gut wie überhaupt nicht kennt und ausgeht vom Handwerk. In historischer Zeit sind die in Streifen angeordneten Darstellungen und das gerahmte Muster ohne Ende der schärfste Ausdruck dieses Gegensatzes. Armenien, das die Darstellung so gut wie überhaupt nicht bodenständig kennt, zeigt eine ausgesprochene Vorliebe für die Rahmung in der Fläche, gehört also durchaus der Nordkunst an. Die armenische Kunst muß als reine Raumkunst am längsten der Vertreter jener altchristlichen Richtung geblieben sein, die sich in den Bilderstürmen immer wieder auch in Byzanz und dem Abendlande durchzusetzen suchte, d. h. der, im Gegensatze zur darstellenden Richtung des Mittelmeerkreises, auf zierende und sinnbildliche Ausstattung der Kirchen losgehenden Art. Das Hochland am Fuße des Ararat trug damit unter Führung parthischer Arsakiden eine Gesinnung in das christliche Mittelalter hinüber, wie sie der Islam dauernd zur seinigen machte, ebenfalls unter der Nachwirkung des Geschmackes der Nomaden und Nordvölker aus der Ecke von Altai-Iran her. Es ist bezeichnend, daß diese Richtung der Ausstattung an den Kuppelbau geknüpft ist. In der zweiten Bauform, den tonnengewölbten Längsbauten stirbt sie aus, sobald um 500 die Darstellung sich zur Belehrung solcher durchsetzt, die nicht lesen konnten, bzw. die Kirchensprache nicht verstanden.

[1]) Vgl. Fabriczy, Brunelleschi, S. 239.

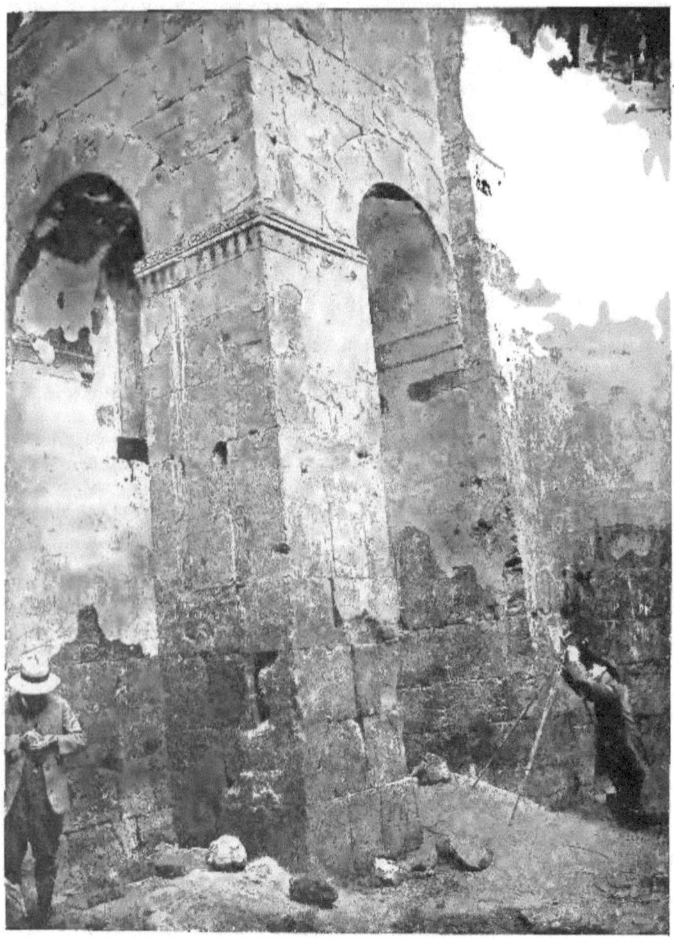

Abb. 588. Bagaran, Kathedrale: Ausstattung des Innern.

Ich sehe in der Neigung zum Rahmen und der Abneigung gegen die Darstellung Äußerungen einer und derselben Gesinnung und bringe sie hier beim Raumproblem vor, weil ich glaube, daß sie beide formal aus dem Wesen der Verblendung und der Ablehnung des Gliederbaues zu verstehen sind. Die nordische Kunst füllt ursprünglich gegebene Flächen mit geometrischen Mustern, besonders solchen ohne Ende, sei es in der Fläche selbst oder in der Breite oder Höhe allein.

Abbildung 588 gibt noch eine Aufnahme aus dem Innern von Bagaran und soll an die oft hervorgehobene Tatsache erinnern, daß das Innere plastisch fast schmucklos blieb. Man sieht an dem Pfeiler lediglich über dem Ablauf ein zartes Band aus einem zweistreifigen Zickzack mit Knopffüllung; am Pfeiler selbst jüngere Inschriften. Alles übrige muß, wenn überhaupt Schmuck da war, der Malerei überlassen gewesen sein. Davon war bereits oben Seite 547 f. und ausführlich Seite 525 f. die Rede.

C. Licht und Schatten.

Der Vorwurf Schnaases, die armenische Baukunst leide unter dem Mangel des Wechsels von Licht und Schatten, konnte nur erhoben werden auf Grund der völlig unzulänglichen Strichzeichnungen, die ihm eine unvollkommene Vorstellung der Denkmäler vermittelten. Hätte Schnaase Lichtbilder, geschweige denn die Bauwerke selbst gekannt, dann hätte er ein derartiges Urteil nie ausgesprochen, weil das gerade Gegenteil zu Recht besteht. Sowohl in der Raumgliederung des Innern, wie im Massenaufbau des Äußern sprechen Licht und Schatten in der Wirkung entscheidender mit als jemals in der italienischen Renaissance. Nur die Gotik und z. B. Galilei in seiner Schauseite von S. Giovanni in Laterano haben Raum und Masse mit ähnlich kräftigen tonigen Wirkungen durchsetzt und sie so auffallend zur Geltung zu bringen vermocht, wie die armenischen Bauwerke.

a) Innenraum.

Die Entwicklung der Baukunst vom einfachen iranischen Kuppelquadrat zum armenischen mit Strebenischen mag zum Teil wenigstens dem Bedürfnis entsprungen sein, der einheitlichen Massen- und Raumform des Kuppelbaues eine einheitliche Lichtform an die Seite zu stellen, das Licht sich gleichmäßig von der Mitte und oben her ausbreiten zu lassen. Die armenische Kirche ist ohne die Fenstertrommel undenkbar. Notlösungen wie in der Sophienkirche, in der die Fenster ohne Trommel in Stichkappen am Fuße der Kugelschale untergebracht sind, gibt es in Armenien nicht.

Beleuchtung. Das Fenster tritt im Oriente zum ersten Mal eigentlich — soweit der Gewölbebau in Betracht kommt — künstlerisch wirksam in Armenien in Tätigkeit. Für den holzgedeckten Palastbau gehen die achamanidischen Bauten zeitlich freilich weit voran. Ob sich darin eine vom Norden durch die Arier mitgebrachte, vom Klima geforderte Notwendigkeit im Süden durchsetzt? Die Lichtzufuhr mittels Trommel von der Höhe her kannten die Achamaniden, scheint es, nicht.

Da in Armenien Fenster vorhanden sind, tritt der Gegensatz zum Griechischen, da diese unverschlossen sind, zugleich der Gegensatz zum Nordischen (der Gotik) hervor. Ursprünglich strömt das Licht in großen Massen ein, allmählich freilich setzt sich die Absicht auf einen gegen Wind und Wetter schützenden Verschluß durch, der — ungewollt vielleicht — ein verblüffendes Helldunkel im Gefolge hat.

Der reine Kuppelbau bekommt sein Licht von oben und der Mitte her. Die Form der Lichtzufuhr wurde, soweit der Kuppelbau in Betracht kommt, erst fraglich, als die Kuppelhalle die Lösung der Auseinandersetzung zwischen Langhaus und Kuppel brachte. Den Ausgangspunkt mag nicht nur das Drängen zur Kuppel, sondern u. a. auch die Tatsache gebracht haben, daß die armenische Basilika vorwiegend in der Art der mesopotamischen und der meisten kleinasiatischen Bauten ohne Lichtgaden war, also ein Mittelschiff aufwies, das des Eigenlichtes entbehrte, eine »basilique à nef aveugle« war, wie Millet die orientalische Basilika treffend bezeichnet[1]. Das Bedürfnis nach Licht, das den armenischen Kirchenbaumeistern des 7. Jahrh. viel mehr eigen war, als den späteren, führte nun dazu, nicht die Mittelmeerform der Überhöhung des Mittelschiffes zu übernehmen, sondern sich nach landesüblicher Art mit der Kuppel auch beim Längsbau zu helfen. Die Fenstertrommel wurde der Lichtspender auch im Längsbau; aber nicht genug damit. Bei der Kuppelhalle bekommt die breite Tonne vor und hinter der Kuppel und die Querarme der Kuppel selbst ihr Licht nicht nur von der Kuppel, sondern ursprünglich auch durch eine überraschend reiche Durchbrechung der raumabschließenden Wände. Man betrachte daraufhin Thalisch (S. 191) oder den trikonchen Längsbau von Thalin (S. 169) und gehe bei der Beurteilung vielleicht aus von der Bauform der entsprechenden Barockkirche des Abendlandes. Dort sind es die in das Tonnengewölbe einschneidenden Stichkappen, die der Tonne ebenso Licht von oben zuführen, wie die Trommel dem Kuppelraume. In Armenien tritt neben die Kuppelbeleuchtung des 4. Jahrhunderts, das Seitenlicht im 5. Jahrhundert, dann beide vereint schon in frühchristlichen Bauten vom 6. bis 7. Jahrhundert. So kann man in Thalisch und Thalin bereits die Neigung zur Gruppierung der Wandfenster beobachten. Abbildung 229 zeigt Doppelfenster oben in die Mitte zwischen die unteren Einzelfenster bzw. Fensterreihen gestellt (wie in Aschtarak Abb. 168). Thalin (Abb. 199) bildet an der Westseite einen fein ausgewogenen Satz mit drei großen Fenstern und einem Rund unter dem Giebel über dem Tor, dazu tiefer gelegener Begleitung von Fenster und Rund an den Flügeln. Dieser Ansatz kam nicht wie im Norden zur Entwicklung.

Später mit dem Kleinerwerden der Fenster bis zum Mauerschlitz kommt die Kuppel wieder mehr zur Geltung, soweit nicht auch sie neben der Forderung nach Einheit auch der wachsenden Vorliebe für das mystische Dunkel Rechnung trägt. Ob hier ein auf Verblüffung der Gläubigen berechneter Übergang vom Freiraum zum tiefsten Dunkel (bzw. vom dunklen Zugang zu dem im Freiraum stehenden Mal wie im alten Ägypten) vorliegt oder eine dem Übergang von der Renaissance zum Barock ähnliche Erklärung zu suchen ist?

Es ist möglich, daß die Frage der Belichtung durch Fenster von der Zweckbestimmung des Baues aus zu lösen sein wird, Grabbauten und Taufhäuser von vornherein kleine oder keine Fenster hatten[2], Kirchen dagegen im Innern in volles Licht gesetzt wurden. Irind ist das beste Beispiel einer voll beleuchteten alten Kuppelkirche (S. 132). Leider sind vorläufig keine alten Grab- und Taufbauten sicher nachzuweisen.

[1] »L'école grecque«, S. 36 f.

[2] Wenn es aber wahr wäre, daß man das Taufen bei Nacht vornahm, dann wäre freilich die Erklärung naheliegend.

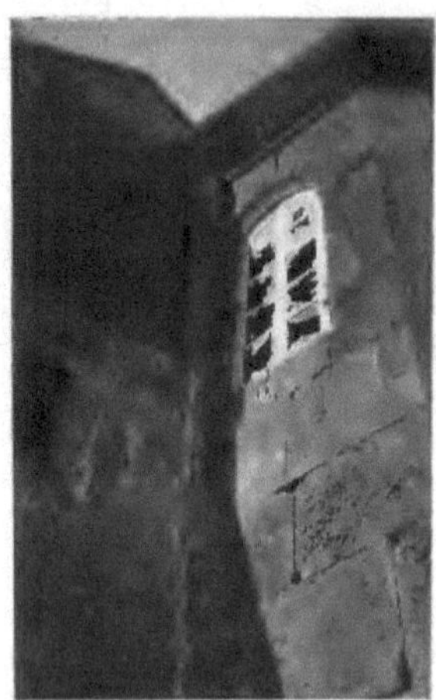

Abb. 589. Haridscha, Georgskirche: Südkonche.

Tonige Behandlung. Das Licht sammelt sich zunächst unter der Kugelschale der Kuppel. Eine einheitliche Tonmodellierung bringen dann von vornherein die mit der Rundung der Kuppel zusammenstimmenden Ausbuchtungen der strahlenförmigen Gattungen und Arten hervor. Wenn diese Art wirklich, wie ich annehme, die ursprüngliche ist und sie erst später vom hellenistischen Südwesten her durch den ein- und dreischiffigen Längsbau zurückgedrängt wurde, so muß dadurch der armenischen Kirchenbaukunst eine starke Empfindung für die tonige Behandlung des Innenraumes mit auf den Weg gegeben worden sein. Man bedenke, daß zu diesen großen Raumformen auch noch die kleineren der verschiedenen Trichternischen hinzukommen, die in der Grenzzone zwischen Erdgeschoß und Kuppel auftreten. Es kam so zu einer von der Kuppelmitte und der Höhe ausgehenden Abstaffelung des Lichtes durch Teile von Kugelflächen, die ganz einzig dasteht und als national armenisch gelten kann.

Dieser ältesten Behandlung der Licht- und Schattenwerte gegenüber wird man empfinden, wieviel gerade in dieser Hinsicht der Längsbau, die Einführung der Pfeilerverstrebung und infolgedessen der Wegfall der Konchen dem armenischen Kuppelbau von seiner ursprünglich streng einheitlichen Innenwirkung nahm, besonders auch in der Hinsicht, daß die Einheitlichkeit des Lichtraumes durch die Einstellung von Stützen zu leiden hatte.

b) Außenbau.

Der Außenbau wird sowohl in der Wagrechten wie der Höhe nach durch Licht- und Schattenlinien und -Massen gegliedert. In der Breite sind es die Kranzgesimse, die durch Schattenschläge unter den Dachrändern wirken. Freilich bleibt es immer mehr oder weniger bei Linien, nie tritt das Dach so weit vor, daß ganze Massen von Schatten entstehen. Ich gebe hier (Abb. 589) noch die Aufnahme des ältesten Teiles der Gregorkirche von Haridscha, Fenster und Schräggesims mit dreistreifigem Bandgeflecht von der Südkonche. Daneben links ein neuer Zubau. Das große Fenster wird ohne den jetzigen Einsatz als tiefendunkle Öffnung, das Kranzgesims aber wegen der Schräge niemals als starke Schattenwagrechte gewirkt haben. Ein richtiger Schattenschlag ist ausschließlich der Lotrechten vorbehalten, einmal im Tiefendunkel der Fenster — nicht in den Türen, die nur bisweilen flächig nach der Höhe ergänzt werden — und dann in dem besonderen, nur Armenien eigenen Zuge, dem Dreieckschlitze.

Das Fenster gewinnt auch im Außenbaue nie die entscheidende Bedeutung wie z. B. in der Gotik oder schon in der Sophienkirche, die beide die Wand auflösen, nachdem die Verstrebung nicht mehr auf der Wand beruht. Im Armenischen bleibt die Wand immer bestehen, auch wenn sie nicht mehr notwendig ist, wie in der Kuppelhalle. Diese Wirkung wird hauptsächlich dadurch erzielt, daß das Fenster, ursprünglich groß, sich verkleinert, nach Thoramanian (Tekor) sind die äußeren Öffnungen im 10. und 11. Jahrhundert öfter dreimal, im 13. und 14. Jahrhundert bis zu zehnmal kleiner als die inneren. Dadurch wird belegt, daß Licht und Schatten im Äußern ihre Formkraft nicht in der Fensterbildung äußern und im Innern nicht in dem Sinne vom Fenster ausgehen, daß man dieses möglichst groß und wie etwa im Islam und der Gotik durchlässig für Farbe macht. Über eine Füllung der Rahmen mit Stein, Glas oder anderem Stoff ist vorläufig für die altchristliche Zeit nichts bekannt. Wir haben keine alten Fensterverschlüsse vorgefunden[1]). In Thalisch sind die unteren Teile etwa 30 cm hoch durch eingelegte Platten verlegt.

Der Dreieckschlitz. Der Nachdruck der lotrechten Licht- und Schattengliederung im Außenbau liegt auf einem anderen Gebiete. Nehme ich Mastara als Grundtypus (S. 19), dann fehlt allerdings ursprünglich die tonige Belebung der dicht gedrängten Massen — falls ich von der Abtönung der wechselnden Flächenführung und den auffallenden Einsprüngen in den acht Ecken der

[1]) Vgl. Abbildung 325 für die Spätzeit.

Fenstertrommel absehe. Mir wollen aber gerade diese Einsprünge als deutliche Vorläufer desjenigen Motivs erscheinen, das für die tonige Qualität des Äußern in erster Linie in Betracht kommt, der Dreieckschlitze, die nicht nur wie in Artik und Thalisch die Ostseite, sondern schon an der Hripsime alle vier Seiten des Rechteckbaues lebhaft in Licht und Schatten furchen und durch reiche Gegensatzwirkungen derart Leben in die Fassaden bringen, daß Schnaase entschieden Lügen gestraft wird. Ich gebe Abb. 590 eine Aufnahme der gleichen Ansicht der Hripsime wie Abb. 79, aber nach einer inzwischen durchgeführten Wiederherstellung. Man sieht, es ist manches verändert worden, so wieder wie an Edschmiatsin (S. 304 f.) der Stufenunterbau. Die Schattenwirkung der Schlitze kommt in der neueren Aufnahme besser zur Geltung.

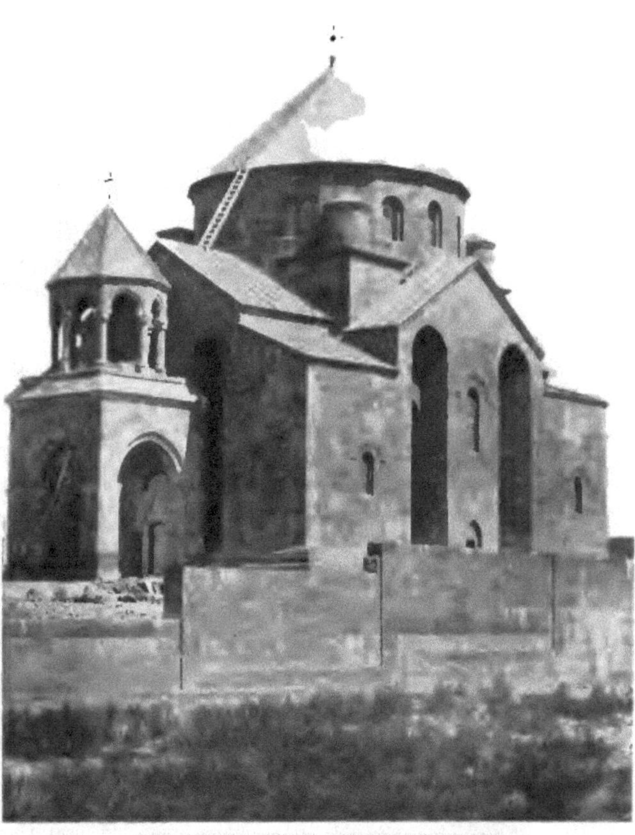

Abb. 590. Wagharschapat, Hripsime: Südwestansicht.

Ich möchte hier die Beispiele, die der Typenkatalog bringt, ergänzen durch einige für Licht- und Schattenwirkung besonders bezeichnende Aufnahmen. Es wird sich vor allem darum handeln, die Entwicklung der für den Giebel und die Ummantelung notwendigen Überbrückung der Strebenischen in den Achsen zu den Eckräumen, eine zunächst rein zweckmäßige Lösung, zum Licht- und Schattenmotiv zu verfolgen. Ich stelle daher gegenüber die Nischen der Hripsime und die Dreieckschlitze der Kathedrale von Ani (Abb. 591 und 592). Bei der Hripsime, deren Südostansicht (Abb. 591) man mit dem Grundriß (Abb. 81) vergleichen möge, fehlt noch das Zusammentreffen der Schrägen in einer Linie; infolgedessen sieht man in der Tiefe noch die Grundfläche und die oben einschneidende kleine Nische. Aber schon 668 in Thalisch ist das reine Dreieck im Schnitt da (Abb. 191 und 506). Wie das nun als Tonwert wirkt, gibt Abbildung 592, die Südostecke des Domes von Ani. Eine tiefe Dunkelheit durchzieht die Mauern lotrecht und wird noch gehoben durch das helle Licht, das daneben an der Wandschrägen zur Geltung kommt (vgl. auch S. 288 und 314).

Es ist ein entwicklungsgeschichtlich beachtenswerter Fall, daß die Nischenverstrebung, die ursprünglich in altarmenischer Zeit zur Entstehung des Schlitzes geführt hat, später ausstirbt, ihre Folgeerscheinung, dieser Schlitz aber auf die Kuppelhalle übergeht, und zwar in ganz unorganischer Art, ja eine immer bedeutendere Rolle in der Außenerscheinung der armenischen Bauten spielt (S. 100 f.). Es

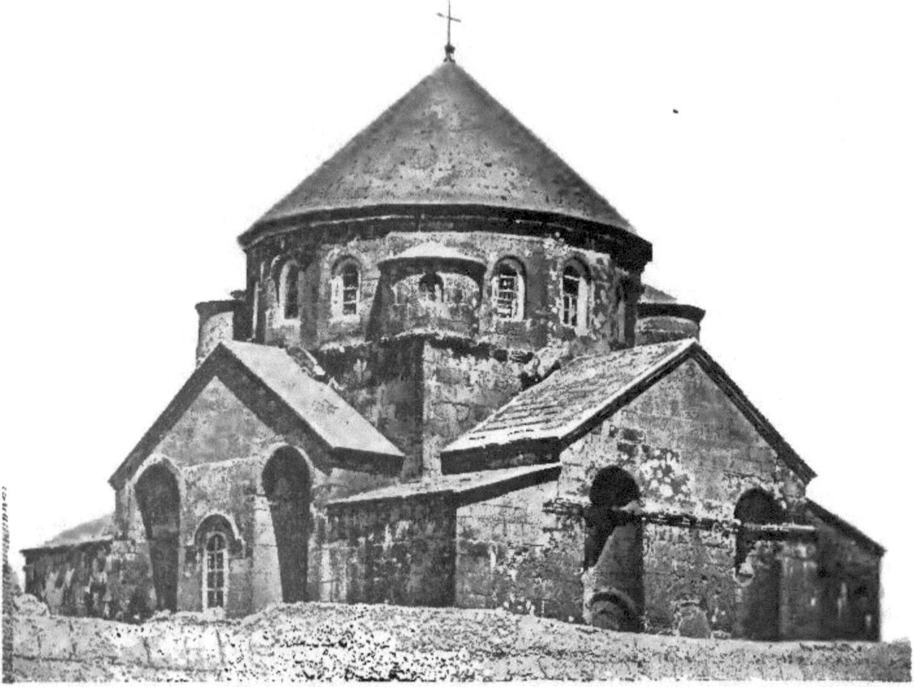

Abb. 591. Wagharschapat, Hripsimekirche: Ansicht von Südosten. Aufnahme Grimm 1911.

kommt dabei zu geradezu maßlosen Übertreibungen. Das stärkste Beispiel dieser Art sei hier vorgebracht.

Ani, Hirtenkirche (Tschoban Kilisse oder Howi—Jekeghetzi genannt)[1]. Eine künstliche Mache ersten Ranges, die ganz außerhalb der gesunden, landläufigen Typen fällt. Es ist eine kleine Kapelle, die etwa eine Viertelstunde nördlich vor den Mauern Anis im freien Felde liegt und nur dank einer von Thoramanian eingezogenen Stütze heute noch aufrecht steht. Inschriften sind nicht vorhanden, Thoramanian setzt den Bau in das 11. Jahrhundert.

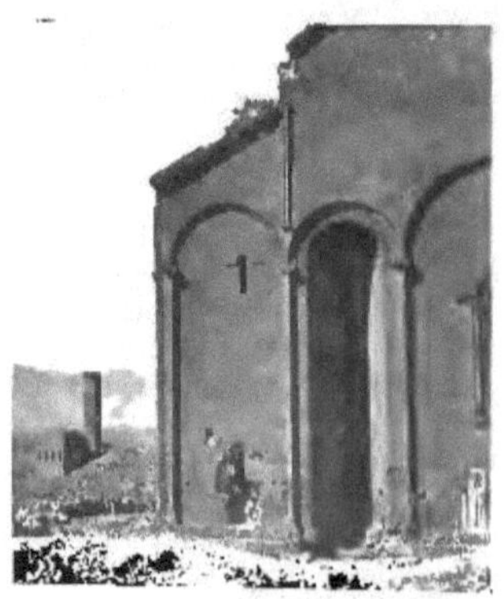

Aufnahme Thoramanian.
Abb. 592. Ani, Kathedrale, Ostseite: Südecke.

Abbildung 244 zeigt den Zustand vor der Wiederherstellung. Dazu Abbildung 245, die Maßaufnahmen. Auf einer kreisrunden Plattform von 6·80 m Durchmesser, zu der man mit Stufen von je 30 cm aufsteigt, erhebt sich der aus dem üblichen Gußmauerwerk mit Plattenverkleidung errichtete und in der Umfassungsmauer durch zwölf größere und sechs kleinere Dreiecknischen im Erdgeschoß derart zerklüftete Bau, daß nur im sechseckigen Obergeschoß und dem kreisrunden Kuppelaufsatz die Wand selbst zur Geltung kommt. Aber auch das Obergeschoß, das im Gegensatz zum radial schräggedeckten Erdgeschosse mit Giebeln versehen war, wird belebt in der Wirkung dadurch, daß die

[1]) In meinem Plan oben S. 64, Nr. 16. Vgl. Brosset, »Ruines d'Ani«, S. 60.

Ecken mit einspringenden Dreieckschlitzen (Abb. 593) — wie in Mastara (Abb. 27) — ausgestattet sind und darüber kleinere Giebel mit größeren wechseln. Das Motiv der Trichterschlitze ist auf diese Weise geradezu ins Lächerliche übertrieben. Der Grundriß gibt Auskunft, wie es auch im Innern dadurch entsteht, daß die Konchen bei der Kleinheit der Räume einfach in Trompennischen umgebildet sind. In 3·70 m Abstand stehen Paare von Doppelsäulchen, begleitet von je zwei weiteren Säulenvorlagen. Dazu in der Wandschräge noch je eine Nische. Abbildung 596 gestattet einen Blick ins Innere; man sieht die aufsteigende Wandgliederung, die Dreiecknischen und die Gurtbogen, die in einem Gewölbe mit hängendem Schlußstein flamboyant zusammenlaufen. Über den vergossenen Platten ein oberes Gemach.

In der Zerklüftung kann dieser kleine Bau kaum durch einen »gotischen« überboten werden. Aus ihm spricht die Freude des Ariers an der folgerichtigen Durchführung einer Form bis zur letzten Möglichkeit.

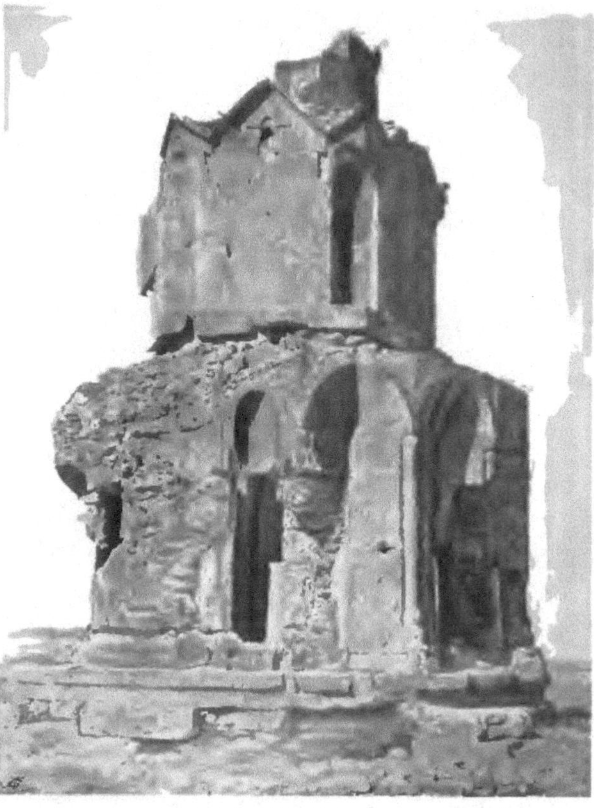

Abb. 593. Ani, Hirtenkirche: Äußeres. Aufnahme Thoramanian.

e) Ausstattung.

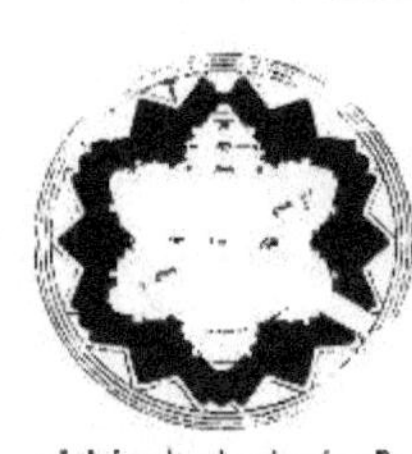

Aufnahme Thoramanian.
Abb. 594 u. 595. Ani, Hirtenkirche.

Der armenischen Kunst ist die Modellierung in Licht und Schatten zusammen mit der Darstellung und jedem Einschlag der griechischen Bildhauerei in breiter Schicht unbekannt geblieben. Die Naturgestalt kommt in der nationalen Baukunst nur insoweit vor, als von Osten her Stammeszeichen von Tieren oder Vögeln Eingang fanden. Es ist daher nicht richtig, zu sagen: »In den türkischen Reichen blieben die Figuren auf die Profanarchitektur beschränkt, wogegen armenische, russische und westeuropäische Kirchenfassaden mit ihnen gepflastert wurden«[1]. In Armenien gibt es dafür nur den einen Beleg von Achthamar.

[1] Diez, »Die Kunst der islamischen Völker«, S. 125.

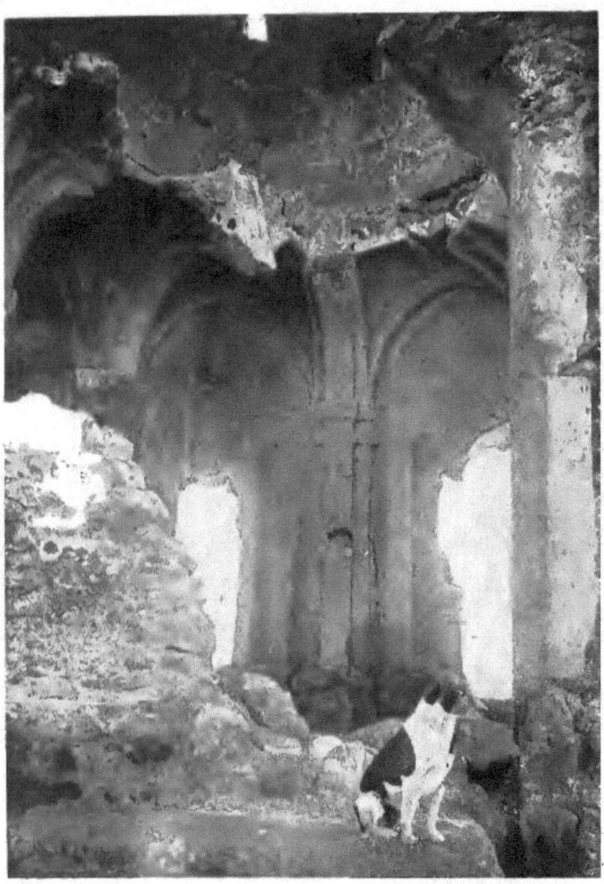

Aufnahme Thoramanian.

Abb. 596. Ani, Hirtenkirche: Innenansicht.

der im Lande selbst durchaus fremdartig wirkt.

Die Zierformen kommen zur Wirkung entweder im Tiefendunkel, wie beim Bogenzahnschnitt, oder im Schrägschnitt, wie beim Bandgeflecht, dessen Streifung immer durch im Dreieck zusammenlaufende Flächen erzeugt wird[1]). In welcher Zeit diese Änderung eigentlich eintritt ist unklar, jedenfalls schon vor dem 7. Jahrhundert. Sie läßt sich am besten erfassen in dem Nebeneinander von Bauten wie Mastara und Agrak mit ihren Zahnschnittfriesen und Thalisch-Zwarthnotz mit den mehrstreifigen Kranzgesimsen. Entscheidend scheint das Aufkommen der hohen Blendbogen, wo sie da sind, findet sich nie die kleine Bogenleiste (S. 435 f.), sondern immer das Bandgeflecht, also schließen Blendbogen und Bogenleiste einander aus? Hier habe ich nur die beiden Arten der Licht- und Schattenverwendung im Auge: Tiefendunkel und Schrägschnitt. Sie bleiben dauernd nebeneinander bestehen, wenn auch in den Dachfriesen die Bogenleiste vom Flechtband auf der Schräge abgelöst zu werden scheint. Daneben finden sich Licht- und Schattenstreifungen (Profile), am reichsten an Zwarthnotz (Abb. 115, 457 f.). Über ihren Ursprung »Amida«, S. 335 f.

D. Farbe.

Die Ausgrabungen von Zwarthnotz haben, als die Baustücke aus dem Boden kamen, noch frische Farbspuren zu Tage gefördert. So sah P. Aubry damals noch Farbreste an den Adlern[2]), Kluge weiß zu berichten, daß sie rot auf blauem oder schwarzem Grund bemalt waren[3]).

Außenbau. Eine sichere Nachricht über die Verwendung von Farbe bietet die oben Seite 292 mitgeteilte Stelle über die Gagikkirche von Achthamar aus dem Jahre 921. Die Reliefs der Außenseite waren farbig und vergoldet. Sie sollen mit einer Decke gegen die Witterung geschützt worden sein. Auch aus der Tatsache der Nichtbeachtung der farbigen Anregungen, die das

[1]) Vgl. darüber »Altai-Iran«, S. 136 f. und 273 f.
[2]) Macler, »Hist. d'Heraklius«, S. 111.
[3]) »Versuch«, S. 57.

zwischen schwarz, braun und gelb wechselnde Material dem armenischen Baumeister für die Ausstattung des Äußern bot, möchte man fast schließen, das nicht nur das Innere, sondern bisweilen auch das Äußere der armenischen Kirchen getüncht war. Es gibt zwei Fragen, die dadurch einer Beantwortung näher rückten. Das ist einmal in Armenien selbst das auffallende Alleinstehen von Achthamar, dessen Außenbilder sich als Ersatz für die sonst etwa vorkommenden Malereien verstehen ließen. Zum zweiten würde auf diese Art erklärlich, woher die Malereien am Äußern der Klosterkirchen in der Bukowina stammen könnten, die vorläufig ganz einzig in ihrer Art dastehen. Ich gebe als Beispiel (Abb. 507) die Kirche des Klosters von Suczawitza von der Nordostseite gesehen, etwa aus dem 16. Jahrhundert. Im Osten, bzw. in einem Iran und Mesopotamien naheliegenden Lande aber kann die farbige Ausstattung der Außenwände keinerlei Erstaunen erregen, sie muß dort sogar die Regel gewesen sein. Nur darf man sie sich freilich zunächst nicht wie in der Bukowina figürlich denken. Eher bietet Achthamar Anhaltspunkte. Aber da wiegt noch das Aramäisch-Figürliche vor. In Armenien selbst sind eher auch in der Malerei Blendbogen mit Füllung zu erwarten. Auf das alles wird unten, bzw. dann einzugehen sein, wenn erst einmal reicheres Studienmaterial vorliegt. Hier sei nur kurz auf die Fragen hingewiesen.

Innenraum. Da Fensterverschlüsse fehlen, scheint die farbige Belebung des Innenlichtes wie im Islamischen und Nordischen (Gotischen) ausgeschlossen. Doch wäre die andere Frage zu prüfen, ob die Farbe nicht, trotz der Abneigung gegen die bildliche Darstellung vielleicht durch farbigen Schmuck in das Innere der armenischen Kirchen getragen worden sei. Ich konnte (S. 529) mancherlei über die Motive sagen, die ich mir an den Wänden in nationaler Zeit denke, leider aber nichts über die Farbe selbst — weil eben nichts erhalten ist — mit einer wenig in die Augen fallenden Ausnahme (Abb. 576), auf die ich schon »Altai-Iran«, S. 134 f., hingewiesen habe. Man sieht neben den die Gregorkirche des Honentz von 1215 in Ani füllenden Malereien darstellender Art (S. 299 f.) in der Südwestecke über der Tür des Apsisnebenraumes einen Drachenstoff gemalt, wie er uns am besten vom Gewandmuster des sasanidischen Königs in den Flachbildern des Taq-i-Bostan bekannt ist[1]). Stoffe werden nun immer wieder in der Ausstattung der armenischen Kirchen neben Gold- und Silbergeräten genannt (S. 302 f.). Es ist leicht denkbar, daß sie häufig auch in Malerei nachgeahmt wurden und so neben den Blendbogen, Rankenstämmen und Tierfüllungen, von denen Seite 282 f. die Rede war, auch farbige Muster ohne Ende die Innenräume belebten. Die Farben des Stoffes in der Honentzkirche in Ani — ein Rotbraun als Grund, die Drachen hell mit blaugrünen Flügelansätzen — hat Marr in den Texten und Untersuchungen zur arm.-grus. Philologie X (1907), Tafel XV, wiedergegeben.

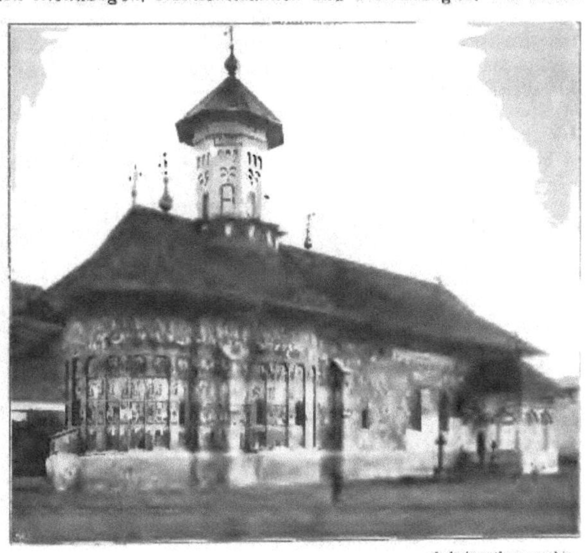

Aufnahme Strzygowski.
Abb. 507. Suczawitza, Klosterkirche: Ansicht von Nordosten

Die figürlichen Darstellungen syrischer oder byzantinischer Abstammung, von denen noch manches vorhanden ist, dürfen nicht für die Feststellung armenischer Werte herangezogen werden. So kann leider über die Farbe vorläufig nichts gesagt werden. Daß aber mit der Zeit noch Belege kommen können, mag zum mindesten folgende Überlegung dartun.

Es nähme Wunder, wenn eine in ihrem Ursprung eng mit Iran

[1]) Sarre-Herzfeld, »Iranische Felsreliefs«, S. 208, Abb. 96.

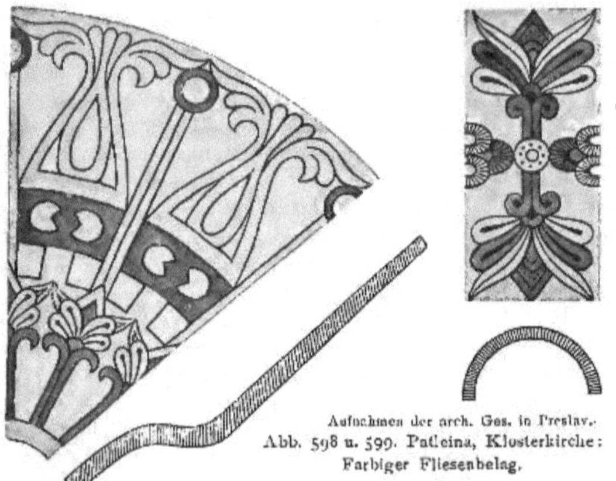

Aufnahmen der arch. Ges. in Preslav.
Abb. 598 u. 599. Patleina, Klosterkirche: Farbiger Fliesenbelag.

verknüpfte Baukunst keine andere Mauerverkleidung gekannt haben sollte, als die mit Tuffplatten. Man möchte glauben, daß in den Burgen und Palästen farbige Täfelungen und Einlagen üblich gewesen sein müßten. Über ganz Südrußland nun bis nach dem Balkan gehen Tonwaren, die jetzt in dem bulgarischen Patleina bei Preslav ihr künstlerisches Hauptwerk gefunden haben[1]). Sie stammen aus dem 9. Jahrhundert etwa. Ich möchte nun damit eine Notiz in Zusammenhang bringen, von der unten noch zu reden sein wird, wonach das Grab des hl. Gregor aus Marmor »mit Gläsern« darauf ausgeführt war. Die Notiz stammt freilich erst aus dem 8./9., das Grab selbst aber war schon im 4. Jahrhundert entstanden. Wenn dort keramischer Belag neben solchem aus Tuffstein verwendet war? Dann wäre das farbige Äußere ebenso sicher wie die Reste der Palastausstattung von der Burg zu Ani, die sich jetzt im Museum der Moschee von Ani befinden und die farbige Ausstattung des Innern bezeugen (S. 452).

Ich stelle in Abbildung 598 bis 601 einige aus den Resten der bulgarischen Kirche von Patleina zusammengesetzte Belagstücke nebeneinander. Da ist zunächst einmal Abb. 598 eine durchbrochen gearbeitete Rosette, die sich vollständig in den Kreis von Zierformen fügt, die ich in meinem »Altai-Iran«, S. 101 f. und 198 f. behandelt habe: um den Mittelkreis stehen Palmettenstäbe wie im Felde O von Mschatta[2]), am Mimbar von Kairuan[3]) und den Mosaiken der Kubbet es-Sachra[4]). Die Schlitzung der Palmettenlappen durch Beistriche wie auf den ungarischen Taschenblechen[5]). Dann folgt ein roter Querstreifen, von Bohnenmotiven durchbrochen, endlich ein Dreieck, daß sich oben in Halbpalmetten zwischen Kreisstäbe legt und durch ein flaschenförmiges Motiv gefüllt ist. Die Ränder der Zierformen sind alle auf dem weißen Grunde schwarz umrissen und rot oder blau gefüllt. Man vergleiche für die Schweifung der Rosette die Dreieckfüllungen »Mschatta«, Seite 294. Die gleichen Zierformen sind auch auf dem kleinen Wulste, den Abbildung 599 zeigt, verwendet: ein »Schließenband« verbindet Halbpalmetten, in der Mitte ein Ring mit seitlichen Schuppenmotiven. Man vergleiche Randornamente armenischer Handschriften, wie ich sie »Kleinarmenische Miniaturenmalerei«, Seite 14 f. zusammengestellt habe. Dann in Abbildung 600, die ausgesprochene persische Palmette mit beachtenswerten Einzelheiten und 601 gesprengte Halbpalmetten, ω-förmig durch eine Heftel vereinigt, wie ich sie »Altai-Iran«, Seite 39, Nr. 35, besprochen habe, und gesäumt durch Bänder, die schwarz auf glasiert gelbem Grunde, rote Halbbogen mit schwarzer

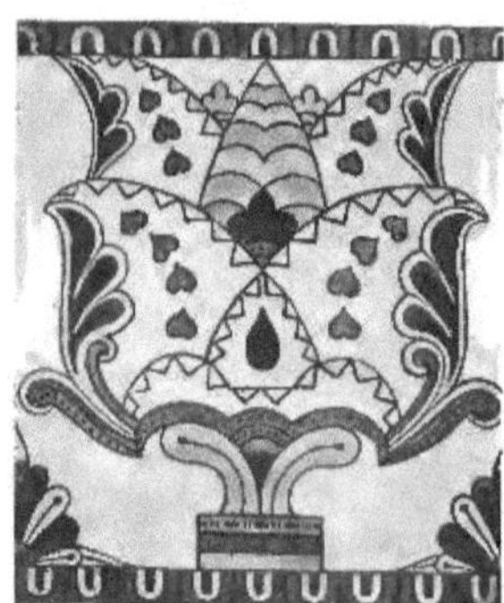

Aufnahmen der arch. Ges. in Preslav.
Abb. 600 u. 601. Patleina, Klosterkirche: Farbiger Fliesenbelag.

[1]) Vgl. Izvjestija der archäol. Gesellschaft in Bulgarien IV.

[2]) Vgl. Jahrbuch der kgl. preuß. Kunstsamml. XXV (1904), S. 314 f.

[3]) »Altai-Iran«, S. 198 f.

[4]) De Vogüé, »Le temple de Jérusalem«, Tafel XXI f., und »Altai-Iran«, S. 232.

[5]) »Altai-Iran«, S. 101 f. und Cividale.

Füllung, getrennt durch Kolben zeigen, ein Randmuster, wie es schon in der Ibn Tulun-Moschee als oberer Abschluß aller Wände in Stuck verwendet ist. Ich kann mich bei diesen beachtenswerten Patleina-Fliesen, die etwa 4 mm dick sind, nicht aufhalten, sie verdienen die genaueste Einzeluntersuchung. Hoffen wir, daß die bulgarische Regierung bald Besseres bietet als den vorläufigen Bericht von Gospodinov. Diese in ihrer Art einzig dastehenden Fliesen gehören zweifellos dem iranisch-armenischen Kunstkreise an und füllen zeitlich jene empfindsame Lücke, die zwischen den altorientalischen Fliesen und den islamischen klafft. Von letzteren hat das Museum in Ani eine gute Sammlung aus dem Palaste der Burg aufzuweisen, von der man Stücke neben der Gagikstatue in Abbildung 471 sieht. Eine späte Fassade dieser Art am Nordpalaste (S. 273). Die farbige Welt, die sich in Patleina etwa aus dem 9. Jahrhundert auftut, stimmt in ihren Ziermotiven durchaus mit dem, was ich mir als Innenschmuck altchristlicher Kirchen Armeniens denke. Es sind wohl wandernde iranische oder armenische Künstler gewesen, die die Ausstattung der bulgarischen Klosterkirche besorgten. Man vergleiche dazu, was einst über Cividale[1]) und, Seite 448, über Amman gesagt wurde.

Im allgemeinen kann abschließend von der vorgeführten armenischen Bauform gesagt werden, daß sie allein — denn Byzanz bietet ein höfisches Chaos — in einer Zeit des völligen Zusammenbruches des Gewölbebaues im westlichen Mittelmeergebiet und der Einführung des Holzdaches alle die volkstümlichen Errungenschaften und Erfahrungen der einen Hälfte der damaligen Kulturwelt, der persischen, aufrecht hält und auf die christliche Kunst überleitet. In Kleinasien ist sowohl im Tonnen- wie im Kuppelbau fremder Einfluß, Mesopotamien und Armenien am Werke, in Syrien nicht minder. Ursprungsländer erster Ordnung sind in der Zeit der entstehenden Kirche Mesopotamien und Armenien, hinter denen Iran allmählich als beachtenswerter volkstümlicher Quell auftaucht. Die armenische Kuppel über dem Quadrat geht von dort aus, wird aber in Armenien in allen Werten derart durchgearbeitet, daß griechischer Geist sie zur Sophienkirche, italienischer zur Peterskirche weiterbilden konnte. Es ist wiederholt gesagt worden, daß der griechischen und nordischen Kunst nunmehr in der armenischen eine dritte arische Richtung zugewachsen sei, die in ihrer Einheit mit jenen um Anerkennung ringt. Die vornehme Ruhe, die sie atmet, wirkt baulich stärker als die beiden anderen, die zu stark bildhauerisch durchsetzt sind, als daß Raum und Masse in jener Ausgeglichenheit im Äußern und Innern zur Wirkung kommen könnten, wie in einer Baukunst, die ursprünglich nur in der vollkommenen Deckung dieser beiden Werte gedacht hat. Die Verstrebung durch Nischen war aus einem Grundzuge der führenden Kuppel geboren, die Bauten des 4. Jahrhunderts müssen darin einzig dagestanden haben. Als im 5. Jahrhundert die Basilika zu wirken begann, war es auch in Armenien mit dieser selbstverständlichen Klarheit vorüber. Die rechteckige Ummantelung und der Giebel sind schon mehr oder weniger unarmenische Züge. Daß es den Armeniern gelang, trotzdem zu einer neuen Einheit, der Kuppelhalle, durchzudringen, ist ein Zeichen nationaler Kraft, wie sie kaum sobald eine andere Strömung aufweist. Schade, daß sie in der Innenausstattung nachher völlig dem Byzantinischen anheimfiel.

Damit berühren wir nochmals einen Punkt, auf den im nächsten Buch eingehend zurückzukommen sein wird: den ursprünglich arischen Grundzug der armenischen Kunst, der Abneigung gegen die Darstellung. Armenien bleibt reiner in den Bahnen des Nordischen als Hellas, Rom und Byzanz. Die armenische Baukunst altchristlicher Zeit ist, wie oft hervorgehoben, Baukunst schlechtweg. Sie verzichtet auf jeden in ständiger Wiederholung vorkommenden Einschlag der darstellenden Bildhauerei oder Malerei und stellt sich so würdig jenen Zierströmen an die Seite, die ich »Altai-Iran« herauszuarbeiten suchte. Unsere Maler der Gegenwart: Kubisten, Futuristen, Expressionisten und wie sie sonst genannt werden, tasten sich in Übertreibungen und Unverstand wieder in diese Richtung hinein. Die Lösung und bewußte Richtungnahme wird ihnen erst die Erkenntnis des Gegensatzes nordischer und südlicher Art bringen. Die Baukunst der Gegenwart ist ihnen in diesem Verzicht auf jede südliche Schauspielerei weit voraus.

Es entsteht nun die Frage, wie sich dieses Wesen der armenischen Kunst hat bilden können inmitten eines von Semitismus, Iraniertum und Hellenismus seit einem halben Jahrtausend über-

[1]) Monatshefte für Kunstwissenschaft I, (1908), S. 16 f.

schwemmten Vorderasien. Es wird wohl daran liegen, daß die Armenier doch weder ganz dem Mittelmeerkreise noch Iran angehörten und am Anfange der Zeit, mit der wir uns beschäftigen, gerade daran waren, einen selbständigen Staat im Wege der neuen Religion gegen die Sasaniden und durch arsakidische Einschläge zugleich einen solchen gegen die Griechen und Syrer zu schaffen, im Ganzen aber bald darauf aus waren, sich von überallher eine der Zeit entsprechende Kultur zu geben. Es war also im Augenblicke der Entstehung der Bauformen nichts Festes im Volke und da auch der Staat nie zur Dauer geriet, blieb ihre ursprünglich nationale Religion und deren Ausdruck in der bildenden Kunst schließlich der einzige Halt. Daraus wohl erklärt sich, daß nichts so sehr armenische Eigenart widerspiegelt als gerade die Baukunst. In seinen Bauwerken entwickelte der Armenier nationale Eigenart, wir können zusehen, wie dies geschah. Seine Kultur war im übrigen viel zu bunt zusammengewürfelt, als daß darin ganz allgemein ein einzig fest ausgeprägter Charakter hätte entstehen können. Die Baukunst war seine früheste nationale Tat. Im 5. Jahrhundert hätte sie nicht mehr entstehen können. Davon nunmehr ausführlich. Die weitere Frage wird sein, wie dieses eigenartige Wesen, das da umschlossen geradezu von älteren Kulturkreisen an der Nordgrenze des Südens entstand, auf diese alle zurückwirkte und ob es bei Entstehung der neuen mittelalterlichen Kultur, der europäischen, nicht einen maßgebenden Einfluß gewann. Diesen Fragen sollen die beiden geschichtlichen Schlußabschnitte dieses Buches gewidmet sein. Vorher noch der Versuch, dem Inhaltsproblem nachzugehen.

Es wird vielleicht hier der Ort sein, auf den Versuch von H. Glück, »Der Breit- und Langhausbau in Syrien« auf kulturgeographischer Grundlage 1916 bearbeitet[1]), hinzuweisen, worin gezeigt wird, wie eine örtliche, mit Südarabien in Zusammenhang zu bringende Bauart durch den Hellenismus ähnlich umgebildet wird wie dies im 5. Jahrhundert auch in der nationalen Bauweise der Armenier versucht wurde, ohne einen anderen Erfolg freilich, als daß der Kuppelbau des 4. Jahrhunderts mit der Längsrichtung vereinigt, die nationale Art aber im übrigen völlig gewahrt blieb. In Syrien brach die Entwicklung der christlichen Kunst mit der arabischen Eroberung jäh ab und der Islam hat dort kaum noch bodenständige Eigenart zu entfalten vermocht. Aber die kurze Blüte des ostsyrischen Christentums und die schon aus der ersten Hälfte des 4. Jahrhunderts erhaltenen Denkmäler belegen doch deutlich, welch große Bedeutung solche örtliche Bauweisen in der Entwicklung der christlichen Kunst gewinnen konnten. Syrien wirkte vor allem durch die Übertragung des auf jenem Boden üblichen arabischen Bogens über dem Pfeiler auf die Basilika des Mittelmeeres zurück: erst von dort aus erfuhr die Verbindung von Säulen und Bogen ihren eigentlichen Halt[2]). Armeniens Bedeutung für die Entwicklung der christlichen Kunst ist unendlich viel größer. Aber beide Ströme, der ostsyrische wie der armenische zeigen wieder, wie hoch an der Zeit es ist, daß der Kunstforscher endlich über den Hellenismus und Rom hinaus zu blicken beginnt. Meine Arbeiten über Kleinasien, dann »Mschatta«, »Amida« und »Altai-Iran« hatten längst den Weg gewiesen.

[1]) Bd. VI der Arbeiten des Institutes meiner Lehrkanzel, (Beiheft 14 der Zeitschrift für Architekturgeschichte):
[2]) Vgl. meinen Aufsatz »Spalato ein Markstein der Entwicklung«, Festschrift Fr. Schneider gewidmet, S. 325 f.

Bedeutung, Zweiter Teil: Persönliche Freiheit.

Oben Seite 206 ist der Plan mitgeteilt worden, nach dem ich bei der Wesensuntersuchung vorgehe. Seite 221 wurde begonnen mit jenem Teil der Bedeutungstatsachen, die als sachlich gebunden unter dem Schlagworte »Gegenstand«, bzw. da es sich um Baukunst handelt, als »Zweck« zusammengefaßt werden können. Dieser Gruppe steht eine künstlerisch wesentlich höher geordnete Bedeutungsgruppe, die des »Inhaltes« gegenüber, d.h. Fragen nach dem seelischen Gehalte, die nur da bejaht werden können, wo eine persönlich freie Kunst zur Entfaltung kam. Die Beantwortung einer solchen Gewissensfrage kann natürlich erst erfolgen, wenn der Denkmälerkreis nach allen Richtungen hin zur Kenntnis genommen ist und die Eindrücke besonders im Gebiete der Form so starke waren, daß sich der Versuch einer Erklärung der beobachteten Wesenstatsachen — freilich bei Inanspruchnahme aller einem solchen Unternehmen zuzubilligenden Nachsicht — aufdrängt. Es scheint mir als Fachmann im Gebiete der Forschung über bildende Kunst Pflicht, einem solchem Versuche nicht auszuweichen, selbst auf die Gefahr des Irrens hin. Nur so kann diese leider völlig brach liegende Forschungsrichtung allmählich in Gang kommen. Sie ist das, was den denkenden Forscher in erster Linie und immer wieder beschäftigt, darf nur nicht vorweg als stimmende Milieuschilderung gegeben werden. Vielmehr hat sie die große Aufgabe, die Denkmäler und ihr Wesen rein sachlich zu erklären und damit eigentlich erst für die Gegenwart verständlich und nutzbar zu machen.

Es ist ein seltenes Beispiel vom Werden einer religiösen Bauform, wie aus dem iranischen Kuppelquadrat die armenische Konchenkuppel wird, indem die vom Kult geforderte Vergrößerung und Freistellung der Einzelzelle zur Verstrebung führt, zunächst durch Nischen. Man erhält nicht oft so genauen Einblick in eine Entwicklung. Aus ähnlichen Gründen wurde von den Hellenen das Antenhaus freigestellt und auf allen Seiten mit Säulen umzogen oder beim gotischen Dom die Verstrebung und jene den Hochraum des Innern vorbereitenden Turmbauten der Westseite durchgeführt, die zugleich die in das Innere hineinziehende Tür in die Mitte nehmen. Es scheint mir ziemlich durchsichtig, wie dann der Konchenbau sich weiterentwickelt, die Längsrichtung die Einheit um die Kuppelmitte zu zerstören droht und der nationale Geist doch in der Kuppelhalle die vermittelnde Lösung findet. Man sieht, was da geschieht, weist darauf, in Armenien ein Neuland arisch schöpferischer Kraft zu sehen. Sie entdeckt die Welt jenes Kuppelbaues über dem Quadrat, dem Europa zuerst vereinzelt, seit der Renaissance in breiter Schicht folgt und die in Zukunft ohne den hemmenden Einschlag der antiken Säulenordnungen vielleicht in der verwandten Werkart des Betonbaues der Gegenwart noch eine große Blüte vor sich hat. Es ist daher nicht Nebensache, verstehen zu wollen, woher die selbständige Kraft kam, die Armenien gegen den übermächtigen Einfluß des Mittelmeeres schützte.

Zur Methode. Ich habe bisher streng vermieden, mehr als Angaben über die Zeitstellung der einzelnen Kirchen aus den schriftlichen Quellen zu entnehmen. Nur in dem Abschnitte über den Gegenstand wurde ausgiebiger davon Gebrauch gemacht. Gestalt und Form suchte ich ausschließlich auf Grund der Denkmäler allein im Wege des Vergleichs zu erfassen. Hier nun, im zweiten Teile der Bedeutungsfragen, muß ich wieder die schriftliche Überlieferung stärker heranziehen und leite damit über auf das dritte Buch, die Geschichte selbst, die sich wie das vierte Buch über die Ausbreitung stärker auf die allgemein-geschichtlichen Quellen und die kunstgeschichtlichen Schriftquellen im Besonderen stützen müssen. Ich habe daher am Schlusse dieses Abschnittes und vor den beiden letzten Büchern die Listen der armenischen Katholikoi und Könige untergebracht. Ihre Chronologie ist für die älteste Zeit viel umstritten. Was Seite 598/600 gegeben wird, beruht auf den Überzeugungen, die P. Nerses Dr. Akinian im Laufe seiner Lebensarbeit gewonnen hat. Im Text wird bisweilen auf andere Ansätze hingewiesen werden.

37*

V. Inhalt.

Es entstand die Frage: was hat dem armenischen Kirchenbaue jene Formkraft eingehaucht, die ihn zum Werden der großen erhaltenen Leistungen des 7. Jahrhunderts befähigte und ihn einst zu einer Entfaltung brachte, die bis auf den heutigen Tag lebendig blieb und — wie wir sehen werden — ganz Europa mit sich fortriß? War es Glaubenseifer, nationale Glut, rein künstlerisches, in einzelnen genialen Persönlichkeiten aufflammendes Drängen oder was sonst? Ist die armenische Kunst eine in vor- oder frühchristlicher Zeit fertig vom Auslande übernommene Schöpfung der geistlichen oder weltlichen Macht, die ohne Leben besteht, oder sieht man wenigstens in der Zeit bis 1100 etwa, die uns hier beschäftigt, auf Schritt und Tritt Spuren einer Gesellschaft, die in den Massen oder einzelnen überragenden Persönlichkeiten immer wieder neue Keime, Sprößlinge, Knospen und Blüten treibt? Kommen diese auf armenischen Boden selbst oder vielleicht erst in die Fremde übertragen zur Entfaltung? Solche Fragen sollte die inhaltliche Forschung behandeln. Ob es mir gelingen wird, auch nur eine Ahnung der Sachlage zu geben — jetzt, da wir am Anfange der Arbeit stehen — bleibe dahingestellt. Man erwarte nicht viel mehr als die Absteckung eines Rahmens, der erst mit der Zeit wird ausgefüllt werden können.

Abb. 602 zeigt eine Einzelheit von der Ostseite der 637 erbauten Kirche von Alaman mit jenem Teil der oben (S. 36 f.) besprochenen, gürtelartig um die Wände laufenden Gründungsinschrift, der die Worte enthält: »Wir haben gebaut die heilige« .... Damit sei erinnert an den um der Fürbitte willen auftretenden Besteller, als Vertreter der Masse des Volkes. Der Baumeister ist nicht genannt. Trotz der rein baulichen Schlichtheit seiner Schöpfung ist doch gerade er es, auf den sich der Inhaltsabschnitt in erster Reihe richten sollte.

Den wesentlichsten Anteil an der Begründung einer einheitlich zusammenwirkenden Kulturmasse in den politisch zwischen Römern, bzw. Romäern und Persern, geographisch zwischen Mesopotamien und den Kreis des Schwarzen und Kaspischen Meeres, Kleinasien und Iran eingekeilten Gebieten am Fuße des Ararat, die sich südlich über die Seen von Wan und Urmia in das Ursprungsgebiet des Tigris herab, andererseits mit dem weitausgedehnten Stromgebiete des Euphrat nach Kleinasien und Syrien, durch den Araxes nach Medien hinüberziehen, hatten in dieses durch Schluchten und Gipfel zerrissene Hochland zuerst die Arsakiden, dann das Christentum, zugleich aber das Durchdringen nationalen Empfindens Einheit gebracht. Als der in Rom erzogene Arsakide Trdat das Land der Väter wiedergewann, brachten noch unter seiner Regierung Gregor und Hripsime die Idee einer mit Hof und Staat verbundenen christlichen Kirche nach Armenien. Um 300 trat Trdat in der Tat zum Christentum über und machte es zur Staatsreligion. Mit der Einführung einer eigenen Schrift durch Maschtotz 407 gewann 100 Jahre später die nationale Bewegung in Armenien anscheinend festeren Boden. Das Land hatte ihn bald nötig. In den Kämpfen mit Persien und dem Islam einer-, mit Byzanz und der herrschsüchtigen Kirche von Ktesiphon andererseits wurde die Nation der einzige feste Halt des Grenzlandes. Die nationale Kraft läßt sich nirgends so ausgeprägt greifen, wie in der Baukunst; dieses völkische Drängen ist es, das in den Bauformen Ausdruck fand. Der eigentliche Sitz des frühesten nationalen Lebens, die Burgen der Nacharars sind, wie es scheint, planmäßig zerstört worden. Immerhin sei neuerdings darauf verwiesen, daß der Kirchenbaukunst Armeniens ein unkirchlicher Zug so lange anhaftet, als die Längsrichtung nicht zum Durchbruche kam. Es ist wie später in den Zeiten der Hochrenaissance als Leonardo theoretisch und Bramante mit Peruzzi praktisch reine Zentralbauten im Sinne hatten. Für unsere Gewohnheit entspricht diese Art mehr dem Denkmalbau als der Kirche. Mag sein, daß in Armenien tatsächlich solche Voraussetzungen den Schlüssel der Entwicklung geben; davon später. Hier ist nur die Tatsache dieses Gehaltes festzustellen.

Vom altchristlichen Kuppelbau Armeniens kann mehr als für Italien zur Zeit des Bruches mit der Gotik gelten, was Burkhardt davon sagt, daß dies den Anfang einer neuen Zeit bedeute[1]), in Armenien einer neuen Zeit gegenüber den bekannten Bahnen des semitischen Orientes und des griechischen Mittelmeeres. Das oben Seite 330 f. mitgeteilte gänzliche Fehlgreifen Schnaases in der Beurteilung der armenischen Kunst wird zum Teil schon von Lynch I Seite 372 abgeschwächt. Er sagt von der Kathedrale zu Ani: »That element of grandeur which we miss in Armenian churches is here made manifest in a high degree.« Die Kathedrale von Ani aber kann sich in der Größe des Eindrucks nicht mit den einfacheren Bauten des 7. Jahrhunderts wie Thalisch, Mastara oder Mren messen, die Lynch ebenso wenig kannte wie Schnaase. Übrigens sagt er zum Schluß: »The impression which we take away from our survey of these various features is that we have been introduced to a monument of the highest artistic merit, denoting a standard of culture which was far in advance of the contemporary standards in the West«. Lynch, der kunsthistorisch unbefangene Laie, sieht also den hohen künstlerischen Wert der armenischen Bauten und stellt sie über die gleichzeitigen abendländischen. Wenn er wie wir, den Weizen der Frühzeit von der Spreu des Späteren geschieden hätte, so würde er und auch Schnaase erkannt haben, daß die armenische Kunst verdient, neben die griechische und nordische (Gotik) gestellt zu werden als eine dritte, in arischer Art zu höchster Wirkung entwickelte Einheit.

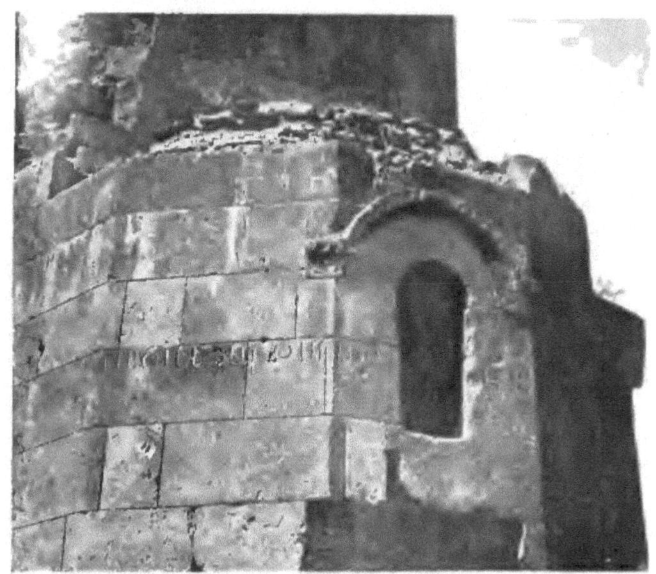

Abb. 602. Alaman, Dreipaß: Inschrift der Ostseite.

Durch die planmäßige Betrachtung ist für die einzelnen Gebiete versucht worden klarzulegen, was die armenische Kunst tatsächlich ist und wie sie etwa geworden sein dürfte. Dabei wurde aber, indem wir vom Gegebenen ausgingen, nur das ins Auge gefaßt, was dieses bejaht. Wir stellten so Ursprungsmöglichkeiten fest: wie dieser oder jener Zug in sie von außen her oder bodenständig, bzw. aus beiden Wurzeln hereingekommen sein mag und weiter entwickelt worden sein könnte. Erst durch den Vergleich mit den beiden arischen Kunstströmen, dem griechischen und nordischen, erfahren wir, was die armenische Baukunst verneint. Darin aber liegt ihre Eigenart nicht minder stark ausgeprägt, als in dem, was sie bejaht. Man erkennt, daß diese von der Kunstgeschichte der letzten Jahrzehnte so gut wie vollständig vernachlässigte und früher mißverstandene Kunstströmung eine sehr bedeutungsvolle Stellung im Gesamtbilde der Kunstentwicklung einnimmt und unter allen Umständen einen unerwartet wichtigen, ja unentbehrlichen außereuropäischen Maßstab für die Beurteilung der gewohnheitsmäßig bei Vergleichen zur Verfügung stehenden Kunstströme abgibt.

Das wichtigste ist wohl, sich vor Augen zu halten, daß die armenische Baukunst altchristlicher Zeit Verkleidungs-, nicht wachsende Architektur ist. Was wir im Innern und Äußern an Formen sehen, ist nicht aus der Gliederung stützender und lastender Balken untereinander geboren, sondern Verblendung von an sich kräftelosen Wänden. Baustoff und Werk sind der andern, älteren arischen Baurichtung, der griechischen, ganz entgegengesetzt gebraucht. Zwar übertrug Hellas eine Bauart von

[1]) »Geschichte der Renaissance« 4. A. S. 39.

Holz in Stein und hielt an diesem Grundeinschlag Zeit ihrer Lebensdauer fest; aber sie blieb dann doch bei dem einheitlichen Baustoff, dem durchgehenden, scheinbar organisch wachsenden Steine. Die armenischen Kirchenbauer dagegen verkleiden von Anfang an den gegossenen Kern mit vulkanischen Platten. Sie übernehmen, scheint es, eine in anderem Baustoff entstandene Form und schaffen sie auf Grund ihres eigenartigen Baustoffes und Zweckes um. Die schärfste Beleuchtung erhält diese Voraussetzung der armenischen Art zu bauen gegenüber Hellas durch die Tatsache, daß in Zwarthnotz ebenso wie an den Kathedralen von Edschmiatsin und Ani (S. 304) der Bau nicht auf dem hohen Stufenunterbau steht, sondern in diesen eingesenkt ist, d. h., die Tore die Stufen durchsetzen, die Stufen also außen als Verkleidung aufsteigen, nicht nur Grundmauern sind, auf denen sich der Bau erhebt.

Ähnlich ist von weittragender Bedeutung, daß in der national-armenischen Baukunst die Darstellung und damit die menschliche Gestalt so gut wie ganz ausgeschlossen blieb. Was das heißt, wird klar, wenn man die beiden andern arischen Kunsströme, den griechischen und nordischen daneben stellt und beobachtet, was am Giebel und den Friesen des Tempels, an den Portalwänden und Strebepfeilern der nordischen Kirchen an Bildhauerarbeit Platz findet, indem einmal im Wege des Ägyptischen, das anderemal z. T. durch den weiterzeugenden Einfluß der Antike die menschliche Gestalt in den Außenbau der Architektur füllend bzw. wachsend eindrang und die Masse in lebendige Form umsetzte. Die armenische Baukunst allein unter den selbständigen arischen Kunstströmen hat sich dauernd diesen Einfluß des Südens zu entziehen gewußt, ist beim reinen Bauen mit schmückendem Zierrat geblieben. Das scheint selbst für das Innere zu gelten (S. 567).

Der armenische Kirchenbau ist wie der griechische und nordische ursprünglich Bekenntnis und nicht darauf gerichtet, den Andächtigen im Hinblick auf die den Bau schaffende geistliche oder weltliche Macht oder beide vereint zu verblüffen. Er bedient sich daher auch nicht der international zur Anwendung gebrachten Mittel, vor allem nicht eines mit dem Religiösen kaum vereinbarenden Prunkes der Ausstattung, sondern bleibt bei schlichter Wirkung von Raum, Licht und Masse. Dieser Verzicht auf Ausstattung mit wertvollen Rohstoffen ist ein Zeichen sittlicher Nüchternheit für den Augenblick des Entstehens des christlichen Staates in Armenien, der später mit der Reformation wiederkehrt. Die Armenier sind Arier, bilden ein örtlich abgegrenztes Volk und begründeten jene Baukunst, mit der wir uns hier beschäftigen, mit der Annahme des Bekenntnisses zu Christus. Die Kirche drang nicht allmählich wie die Religion von außen ein, sondern wurde von Gregor und Trdat als Staatskirche neu geschaffen. Genügen die im Zusammenhange mit dem Grab-, Palast- und Bäderbau geltend gemachten Anregungen zum Verständnisse der Tatsachen, die wir im Anschluß an Baustoff und Werk, Gegenstand, Gestalt und Form klarzustellen suchten? Bleibt neben der geistigen Seite aller dieser Werte nicht noch ein seelischer Rest, der sich nur aus dem Eingreifen von Persönlichkeiten, ihrer Gesinnung als Rasse, Volk und Einzelwesen verstehen lassen? Der armenische Mensch auf den Hochebenen um die großen Vulkane herum, seit der Einwanderung preisgegeben dem politischen Kampf zwischen zwei arischen Mächten, hat doch trotz aller späteren, auch in der bildenden Kunst deutlichen Eingriffe von Seiten der sasanidischen und griechischen Staatskirchen eine so bedeutende Eigenart zu wahren gewußt, daß daraus auf starke seelische Kräfte geschlossen werden muß, die den Eroberungsgelüsten von Ost und West erfolgreich Widerstand leisteten. In dem Wesen der altchristlichen Baukunst Armeniens steckt eine ruhige Einheit, die durch keine der offenkundigen Einflußnahmen beirrt wurde. Es können nur starke Persönlichkeiten gewesen sein, die diesem Ansturm Halt zu bieten vermochten. Die Kunst Armeniens ist nie zum Herold und Schauspieler im Dienste eines übermächtigen Hofes geworden und wurde nie einer ganz fremden, alle Eigenart niedertretenden Kirche ausgeliefert. Nur so erscheint die armenische Tat möglich. Ihre Bedeutung für die Kunstentwicklung ist unermeßlich. Was Rom-Byzanz und Ktesiphon-Bagdad nie leisten konnten, ist in dem armseligen Lande — unbeachtet natürlich von der Hof und Kirche auf dem Fuße folgenden Geschichte — geworden: eine Kunst, die an Formkräften mit Hellas und dem Norden um die Palme arischer Versuche wetteifert, sich im Wege der bildenden Kunst mit einer tiefen Lebenshoffnung auseinander zu setzen.

Es ist seelisch von Bedeutung, daß (wie als wahrscheinlich angenommen werden kann) das räumlich aufgerichtete Grabdenkmal einen Ausgangspunkt der Entwicklung bildete, der Palast und andere weltliche Versammlungsräume denAnstoß mancher Formenwandlung gaben und das Gotteshaus in einer erhöhten Bühne in den zweckmäßig umgebildeten Grabraum, das Martyrion, eingebaut wurde. Grabdenkmal und Kirche flossen so in eine Einheit zusammen, an der die Persönlichkeit des Stifters dauernd Anteil behielt. Nur so ist die reiche Mannigfaltigkeit in der Entstehung von Bauformen zu begreifen. Erst seit dem 5. Jahrhundert griff die Kirche selbst ein, ohne jedoch gegen das bereits im 4. Jahrhunderte gefestigte nationale Bauempfinden aufkommen zu können. Wir sehen später neben dem Martyrion gewöhnlich das Grab des Stifters nicht als eigenen Bau sondern als Kreuzstein in mehr oder weniger denkmalmäßiger Aufmachung stehen (S. 251 f.). Die Kirche bleibt dann als Opfer- und Andachtsraum zum Gedächtnisse um der Fürbitte willen getrennt von der Grabstätte.

Einleitung: Der arische Grundzug.

Die Armenier sind von Haus aus Arier; es scheint, daß die beobachtete Entwicklung ihrer christlichen Baukunst damit zusammenhängt. Mit zwei andern verhältnismäßig reinen und geschlossen arischen Kunströmen, dem griechischen und dem nordischen (gotischen), teilt sie im Gegensatz zu Mischstilen wie dem römischen, romanischen, byzantinischen, der Renaissance und dem Barock den Vorzug, daß sie, nachdem einmal die Anfänge gegeben waren, sich trotz eines später einsetzenden fremden Einschlages folgerichtig weiter entwickelte. Die drei ersten der letztgenannten »Stile« erhielten immer wieder neue Nachschübe von Osten, die beiden letzteren von der Antike her. Da den beiden verhältnismäßig selbständigen Einheiten, der griechischen und nordischen, von nun ab als dritte die armenische zuzurechnen sein wird, gewinnen wir weiteren wichtigen Vergleichsstoff für die Bestimmung arischer Eigenart[1]) und es entsteht die Frage, inwieweit die Rasse bei der Entstehung dieser Stile und der armenischen Baukunst im Besonderen mitbeteiligt war. Sie durfte u. a. eben in der Durcharbeitung der grundlegenden Baugedanken bis in die letzten selbst ungesunden Möglichkeiten hinein zu suchen sein, zugleich auch darin, daß zunächst unter Verzicht auf allen reicheren Schmuck nur das Bauen an sich die Form bestimmt.

Der Arier baut, soweit er auf sich gestellt ist und nicht wie im Griechischen und Indischen in vorarischen Baugewohnheiten fußt, Raum — Raum, der an sich wirken soll, so daß schon durch ihn allein beim Betreten des Bauwerkes das Gefühl von etwas Bedeutendem geweckt wird[2]). Darin ist die armenische Baukunst noch überraschender und einfacher vielleicht als die »Frühgotik«. Auch in ihr entwickelt sich die schmuckvolle Ausstattung erst allmählich, bis sie schließlich die Bauten geradezu überwuchert. Das vorliegende Buch geht dem Armenischen nur bis zu der Grenze nach, die den Schmuck immer noch hinter dem Bauen zurückstehend zeigt.

Das Betreten eines Baues wie Mastara, Thalisch, Mren und des Domes zu Ani, ja selbst der Hripsime bleibt jedem geschulten Beobachter unvergeßlich: er empfindet unwillkürlich die Einfachheit eines Baugedankens von weltgeschichtlicher Entwicklungsmöglichkeit und es erfüllt ihn der heiße Drang, dieses arische Wesen zu verstehen, wie in den Tempeln von Pästum oder in einem der Werdebauten des Nordischen auf französischem Boden. Die Keime scheinen dem Schauenden noch greifbar und ebenso entfalten sich ahnungsreich die Möglichkeiten des Werdens in seiner Vorstellung. Es ist ein Glück, das noch Bauten der armenischen Kunst des 7. Jahrhunderts erhalten sind. Später überwuchert weitaus die Kuppelhalle und läßt die ihr vorausliegenden getrennten Reihen der quadratischen Kuppel und des Langbaues bzw. der Verbindung beider kaum noch vermuten. Dieser Zufall ermöglicht es, einzelnen Zügen im seelischen Gehalt des armenischen Bauwesens nachzugehen, besonders dem der arischen Folgerichtigkeit ihrer Entwicklung und des Eingreifens einzelner Persönlichkeiten.

Folgerichtigkeit. Ich suche zu begreifen, wie das Dorische, Nordische und jetzt das Armenische geworden sein können und sehe als wichtigste Triebkraft die Folgerichtigkeit, die am Anfange wohltätig, später verderblich wirkt. Ich nehme als Beispiel die nordische Art in Europa, die auf dem Boden Nordfrankreichs zu einer Zeit zu wirken beginnt, wo im Süden Burgund einen

[1]) Vgl. »Die bildende Kunst der Arier«, Deutsche Warschauer Zeitung Nr. 58/9 und 61/2 vom 28. II. und 1./3. III 1918.

[2]) Vgl. dazu Theodor Fischers gegenwärtige Forderung in meinem »Die bildende Kunst der Gegenwart«, S. 24, ferner »Altai-Iran«, S. 191 f.

Weg von der Art der späteren italienischen Renaissance gefunden hatte und die Normanen in Sizilien vielleicht einen anderen Weg z. T. aus dem Orientalischen heraus genommen hätten.

Ausgangspunkt der nordischen Entwicklung ist der unter den Zwang des Hochdranges geratene Pfeiler mit seinen in die Gewölberippen ausmündenden Diensten. Hier muß eine Persönlichkeit grundsätzlich mit dem Gefühl eingegriffen haben, in diese im Südorientalischen und Griechischen nach Stütze und Last zusammengestellte Gliederung Wachstum bringen zu wollen, wie er sie an der pflanzlichen Natur als waltend empfand. Ohne zunächst die Natur gestaltlich nachahmen zu wollen, kam dieser Nordländer in der Ausstattung zu Formen, die sich nur aus dem Wachstumsdrange ergeben. Die Last wird vollkommen aufgehoben, die freie Endigung der sehnig umgebildeten Dienste in einem Schlußstein, der später sogar nach unten herabhängt (vgl. S. 564 f.), wird ebenso folgerichtig durchgeführt wie das Emporsprossen der im Aufbau lebendigen Kräfte im Äußern; wie die Streben Fialen, diese wieder Krabben ansetzen und schließlich in Kreuzblumen endigen, das hat seinen Anstoß durch eine Wachstum anstrebende Persönlichkeit bekommen. Die breite Masse hat dann in folgerichtiger Entwicklung bis zum Äußersten geradezu vollendet, was in dem Anstoße als Keim gegeben war. Die Naturnachahmung ist aus dieser Bewegung hervorgegangen, war nicht ihr Erreger. Erst nachdem der Künstler sich ein Gebilde, das grundsätzlich nach dem Wachstum der Natur gebaut war, erschaffen hatte, war der Trieb zum Vergleich und zur »Darstellung« erwacht. Erst da hielt die Nachahmung der verschiedenen Arten von Naturgebilden ihren Einzug, damit vom Süden her zugleich die Wiedereinführung der menschlichen Gestalt, aber freilich auch der geometrischen und farbigen Gestalten des Islams bzw. des Altai-Iran-Stromes.

Ähnlich brachte eine bedeutende künstlerische Persönlichkeit in die Entwicklung des armenischen Kirchenbaues gleich von allem Anfang an den Gedanken der Verstrebung durch Nischen bei gleichzeitiger Beleuchtung durch eine zwischen Kugelschale und Mauerquadrat eingeschobene Fenstertrommel. Es ist gezeigt worden, welch reiche Saat dieser Gedanke aufsprießen ließ und wie fest er im 4. Jahrhundert oder früher Wurzel griff, so daß auch der kirchliche Drang zum Langhaus sich ihm gegenüber nicht mehr rein durchzusetzen vermochte. Es muß wieder ein bedeutender Meister gewesen sein, der die Lösung in der Kuppelhalle fand und so die Forderungen des national-armenischen Geistes mit der dreischiffigen Längskirche auszusöhnen wußte. Wie sich zeigen wird, wissen wir nichts von diesen Meistern, erst im 10. Jahrhundert lassen sich erhaltene Meisternamen mit bestimmten erhaltenen Werken verbinden und so wenigstens an einer Stelle der Entwicklung die treibende Persönlichkeit erfassen. Es wird sich zeigen, wie Meister Trdat auf durchaus folgerichtigem Wege in die Bahnen der nordischen Kunst (Gotik) einlenken konnte und wie sein Hauptwerk, die Kathedrale von Ani, trotzdem nicht eigentlich gotisch erscheint, weil er sich nicht loszulösen vermochte von den Baugegebenheiten seines Landes und Volkes: der Mauer, der Tonne und der Kuppel. Der Gedanke des Wachstums tritt bei ihm wohl im Keim auf, bleibt aber wie in der Folgezeit ohne jedes Ausreifen. Der Schritt des europäischen Nordländers, die Wand nach Teilen im rechten Winkel zu drehen und so senkrecht auf die Achse zur Verstrebung heranzuziehen, ist im Armenischen beim Aufkommen der Kuppelhalle stillschweigend da. Wenn er sich nicht »gotisch« auslebte, so liegt es daran, daß dort keine Persönlichkeit gleich am Anfange den Einfall hatte, besser haben konnte, den Bau in der Art des Baumes etwa wachsen zu lassen. Die Mauer blieb, die Verstrebung spielte sich folgerichtig verdeckt im Innern ab.

Eine seltsame Tatsache, auf die ich schon in »Amida«, Seite 343, hinwies, ist im seldschukischen Kleinasien zu verzeichnen. Abbildung 291 gibt dort das Westportal der großen Moschee von Diwrigi, in der Nähe von Siwas, dem letzten Sitz einer armenischen Dynastie. Es ist 626 d. H. (1228/29) von der Königin Turan-Malik erbaut[1]). Man sieht, daß im einzelnen Fall aus den Vorbedingungen, die Armenien und der Islam geschaffen hatten, etwas durchaus im Sinne der Gotik Wirkendes entstehen konnte. Ich bin auch in diesem Falle überzeugt, daß kein abendländischer Meister an der Schaffung dieser in profilierten Sehnen aufwachsenden Spitzbogennische mitgewirkt haben muß.

Im Arier lebt der Drang nach Folgerichtigkeit. Ist einmal ein Anstoß gegeben, so führt ihn die Volksmasse zunächst als gesunden Grundsatz weiter und schreckt schließlich auch nicht vor den unerhörtesten Übertreibungen zurück, im Indischen und Nordisch-Europäischen liegt dafür Beobachtungsstoff genug vor. Auch im Armenischen, wie die Hirtenkirche in Ani zeigte (S. 564 f.). Den Anstoß

[1]) Vgl. Van Berchem, »Corpus inscr. arab.«, III, 1, S. 55 f.; dazu Ritter, »Erdkunde« X, S. 795 f.

muß ein Künstler geben und Künstler sind es natürlich auch, die die einzelnen Stufen der Entwicklung legen.

Die Einführung der im Äußern frei vortretenden Strebenische war die erste bahnbrechende Tat, die zweite die Einführung der Pfeilerverstrebung im Gefolge der Bemühungen, die Längsrichtung mit dem Kuppelbau in Einklang zu bringen. Taten untergeordneten Ranges waren die Umbildung des Verlegenheitsdreieckes mit Hilfe der Trichternische in den Dreieckschlitz. Das sind Einfälle, die dem folgerichtig denkenden Einzelnen kommen, der stumpfen Masse nur ein hilfloses Raten abnötigen.

Religiöse Gesinnung. Es scheint, daß auch die Auffassung des Religiösen im arischen Wesen eine Macht ist, die an sich bahnbrechende Taten auf dem Gebiete der bildenden Kunst zeitigt, wobei dieses Religiöse nicht so sehr von der Kirche als von der Laienwelt der Künstler selbst ausgeht (vgl. Michelangelos sixtinische Decke und Dürers drei Kupferstiche von 1514).

Wir stehen vor der Frage, ob die altchristliche Kirchenbaukunst des armenischen Hochlandes, die wir in diesem Buche behandelt haben, eine rein kirchliche Machenschaft oder getragen war von dem religiösen Drang eines ganzen Volkes. An die arische Religionsschöpfung der Griechen kann zum Vergleich von vornherein nicht gedacht werden. Es kommen nur Religionen als Maßstab der Beurteilung in Betracht, die ihr Entstehen aus zweiter Hand herleiten, wie z. B. der Buddhismus in Mittelasien und China oder das griechische und lateinische Christentum, das dann auf die Germanen übertragen wurde. Man vergesse nicht, um den Vergleichswert richtig einzuschätzen, daß ein Teil der Germanen wie die Armenier — und erstere ein halbes Jahrhundert früher sogar — eine nationale Schrift, die gotische, besaß, die sie über dem Lateinischen aufgeben mußten. Die Verschiedenheit der Religiosität äußert sich bei den Ariern im Bauen sehr merklich: Vom Inhaltsstandpunkte heißt armenisch bauen um der Fürbitte willen Versammlungsräume für die Abhaltung des Gottesdienstes, nach germanischer Auffassung himmelanstrebende Räume zum Preise Gottes aufrichten. Die Griechen hatten Schirmdächer für die Cella mit dem Kultbilde des Gottes geschaffen. Der Einzelne, das Volk, die Stadt traten in sehr verschiedener Richtung als Stifter hervor. In Armenien stehen die eigentlich drängenden sozialen Triebe sehr in Frage. Der bedeutendste Träger religiöser Gesinnung wurde der Raumwert an sich, sobald er mit der armenischen Einkuppel überhaupt geboren war. Man lese unter diesem Gesichtspunkte Sybel, »Christliche Antike« II, Seite 29, der an meine Ansicht von der Bedeutung der hellenistischen Großstädte durch Steigerung der Größenverhältnisse anschließend ausruft: »Also ist der Raumbau unter Gewölbe griechische Schöpfung .... Wo immer wir in einen Raumbau unter Wölbung eintreten, vom Pantheon bis zur Sophia, begrüßt uns die griechische Psyche«. Man setze für griechisch »arisch« ein und seine verschiedenen Stufen im Iranischen, Armenischen, endlich Griechischen und wird einen Weg gefunden haben, auf dem die Sehnsucht der klassischen Philologen, das Land der Griechen mit der Seele zu suchen, gesunden kann.

Der Ewigkeitsgedanke. Bei der immer wieder zu streifenden Frage nach der religiösen Gesinnung wird ein religiöser Hauptwert zu beachten sein. Er hängt zunächst schon am Baustoff. Die armenische Kunst ist darin der griechischen und vor allem der gleichzeitigen altchristlichen des Westens voraus: sie tritt — wenn ich mit meiner Überzeugung vom Entwicklungsverlauf Recht behalte — von vornherein mit einem Baustoffe von Dauer in die Entwicklung ein. Der hellenische Tempel war noch am Beginne der geschichtlichen Zeit Holzbau und die Kirche, wie sie von Rom und Italien ausging, kannte ausschließlich Holzdecke und -dach. Beiden fehlte ursprünglich jener am Baustoff hängende Inhaltswert des Bauens »für die Ewigkeit«, der für die Entwicklung der religiösen Kunst so wichtig ist. Man beachte nur, welchen Aufschwung die abendländische Kunst von dem Augenblicke an nahm, in dem man die Kirche zu wölben und unter dieser Voraussetzung der Ewigkeitsgedanke das Schaffen zu beflügeln begann. Die nordische Kunst (Gotik) ist ohne ihn undenkbar.

Der äußere Anlaß beim Übergange zur Wölbung — im Abendland angeblich die Sorge um Schutz gegen Brand oder die Erinnerung an das Pantheon und was man sonst noch an Gründen geltend gemacht hat — spielt bei Feststellung der religiösen Gesinnung keine Rolle, wie denn überhaupt beim Entstehen einer religiösen Bauform zumeist Zwecke und nicht religiöses Empfinden maßgebend waren. Erst später setzt dann die seelische Durchdringung des Gegebenen ein. In Armenien war jedenfalls meines Erachtens der Wölbungsbau von vornherein da, vielleicht in seinem Ewigkeitswert bestimmt durch den Grabbau als Ausgangspunkt. Man beachte vorläufig den aus einem Nachbargebiete eindringenden Gedankenkreis der Flachbilder von Achthamar. In Armenien war noch ein anderer Grund für die Entwicklung von vornherein günstig: die Freistellung des Baukörpers.

Man blättere wieder die Reihe der Gattungen und Arten (S. 70 f.) durch: die armenischen Kirchen stehen ursprünglich nach allen Seiten frei. Erst die wachsende rein kirchliche und klösterliche Strömung führt zu einer unkünstlerischen Häufung von Nebenbauten um den Freibau. In den stärker vom semitischen Süden abhängigen Kunstströmungen, der christlichen Mittelmeerkunst und dem Islam gehört zum mindesten das Atrium, der Waschraum, zum Kirchenganzen. Erst der Norden hat sich allmählich, und zwar nur in den Städten davon befreit. Auch in Hellas war die Entwicklung vom Zweckbau zur rein religiösen Durchbildung erst mit der Freistellung gegeben, dann erst konnte sich das Herumziehen des Säulenschirmdaches durchsetzen. In Armenien muß die Kuppel schon im 4. Jahrhundert frei dagestanden haben. Nur so ist die Entwicklung überhaupt zu verstehen (S. 456 f.).

Dieser Auffassung des religiösen Bauwerkes als eines von aller Alltagsumgebung Getrennten, entspricht auch das Emporheben durch den Stufenunterbau. Der Freistellung gesellt sich damit ein Höhenwert, der um der wirtschaftlichen Forderungen, die er stellt, allein schon hoch angeschlagen werden muß. Die in den mit den machtverbündeten Priesterstaaten des Orients dafür ausgebeuteten Volksmassen kamen in Armenien kaum anders in Betracht als durch religiöse Begeisterung wie in Hellas in Bewegung gesetzt. Der Bericht über die Erbauung der Heiligtümer von Wagharschapat durch Gregor (davon unten) gibt dafür einen Beleg.

Wir sahen Seite 223 f., daß der Innenraum sich in drei Teile gliedern dürfte, die Bühne, die Kuppel und die Vorhalle. Erstere ist als das eigentliche Gotteshaus emporgehoben und durch die Apsis mit dem Kreuz gekennzeichnet. Die Kuppel ist als Versammlungsraum der Gemeinde von den Strebenischen und später von den Tonnenräumen, die den Frauen und Büßern zum Aufenthalt dienen mochten, abgesondert, weisen daher häufig eigene Eingänge auf. Alles umfaßt ein Baublock.

Ausdruck. Die armenische Kirche kennt, vom Stifterbilde abgesehen, nur Schmuck. Achthamar kann nicht als armenisch gelten, soweit darin das Flachbild Vorgänge der Bibel und einzelne Heilige vorführt. Das Bauwerk an sich, seine Wirkung in Raum, Masse, Licht und wahrscheinlich auch Farbe gibt die religiöse Stimmung. Daher ordnet sich der Schmuck durchaus der Bauform unter. Bogenleiste und Schräge mit Bandgeflecht, die Bogenbänder über den Fenstern, wie Tür und Tor nehmen nie selbständige Ausdrucksformen an, einzig der tiefschattige Dreieckschlitz und das Gespinst der über die Wände gebreiteten Blendbogen bahnen eine Entwicklung an, die das Bauwerk etwa im Sinne der nordischen Kunst (Gotik) der Höhe zuführt, doch hat man nie den Eindruck jenes aus dem Gefühl geborenen Höhendranges, der im Norden alle Schwere überwindet. Bauten wie Marmaschen, die Kathedrale und die Erlöserkirche, endlich die Gregorkirche des Honentz in Ani bleiben in der Außenwirkung doch immer trotz der nach der Höhe strebenden Bogenreihen und Schlitze ausgewogen in Höhe und Breite. Ein Überschwengliches liegt dem nüchternen Denken des Armeniers fern.

Von Bedeutung für das Verstehen des armenischen Kunstwerkes nach der inhaltlichen Seite hin ist das Stifterbild. Es ist so bescheiden über der Tür (Abb. 429 f.) oder – seltsam – im rückwärtigen Giebel[1]) untergebracht (Abb. 349), daß dadurch die Gabe, die der Stifter darbringt, die Kirche selbst, in keiner Weise in ihrer Alleinwirkung beeinträchtigt wird. Der Stifter handelt um der Fürbitte willen, er baut die heilige Kirche um seines Seelenheiles und der Erlösung willen. Man gedenkt der altiranischen Lehre von der leiblichen Auferstehung: »Jeder Mensch wird an dem Orte auferstehen, wo seine Seele von ihm gegangen ist, Fromme und Gottlose werden dann an demselben Orte versammelt sein, die Menschen werden sich untereinander erkennen und jeder wird seine guten und bösen Taten sehen. Es wird dann die Versammlung Çatvaçtrân gehalten, die Bösen werden sich da von den Frommen unterscheiden wie die schwarzen Schafe von den weißen[2]). Dann trennt man die Frommen von den Bösen, die ersteren gehen in das Paradies, die letzteren in die Hölle u. s. f. ein«[3]). Es könnte sein, daß diese mazdaistische Vorstellung, unter dem Einflusse des Hellenismus in Darstellung umgesetzt, schon in vorchristlicher Zeit zur Entstehung des Stifterbildes geführt hat. Die christliche Auffassung, mit der mazdaistischen auf das engste verwandt, würde dann im Stifterbilde nur ein Herkommen der heidnischen Vorzeit übernommen und so zu einem »Gegenstande« gekommen sein, obwohl der nationale Armenier im übrigen die Darstellung durchaus

[1]) Also über dem Altar. — [2]) Vgl. das Mosaik in S. Apollinare nuovo in Ravenna, in Farben eindrucksvoll wiedergegeben bei Wilgert, »Die römischen Mosaiken«. — [3]) Spiegel, »Erânische Altertumskunde«, II, S. 161.

verwarf. Er sichert sich wie der Altägypter mit dem Ka durch sein Bild den leiblichen Fortbestand als Einzelmensch und zugleich die Fürsprache der hl. Kirche beim jüngsten Gericht. Er baut also auch in diesem Sinne ausgesprochen für die Ewigkeit (S. 222).

Die Hauptsache ist, daß die Darstellung nie im Sinne der sasanidischen, byzantinischen und abendländischen Kunst dazu benutzt wird, um dem Beschauer die Verleihung der Macht durch Gottes Gnade vorzuführen, sondern rein religiös im Gehalte bleibt. Treffend hat schon 1844 ein feinfühliger Laie wie Abich (vgl. S. 6 und 187) von der Kathedrale zu Ani gesagt: »Durch den Eindruck der Erhabenheit, der stillen, frommen Größe, mit welchen sie dem Beschauer ihres Innern siegend entgegentritt, ist ihr der Stempel echter und wahrer Kunst aufgedrückt, welcher als unbewußter Ausfluß des göttlichen Genius im Menschen weit erhaben ist über alles Schulraisonnement von Stil u. dgl.«.

1. Die in der Menge treibenden Kräfte.

Die in Boden und Klima wurzelnden Voraussetzungen für den Baustoff, das Werk und die Zweckmäßigkeit, ergänzt durch die gegenständlichen Forderungen und die für die Gestalten vorliegenden Anregungen benachbarter Kunstkreise machen noch keine Einheit, wie sie im Armenischen unzweifelhaft vorliegt. Einheit konnte in dieses Vielerlei nur die seelische Geschlossenheit bringen, d. h. in der Masse gleichartig nach Ausdruck drängende Kräfte, die dann in einzelnen Persönlichkeiten ihre Blüte trieben. An der Form, jenen von Natur, Zweck, Stoff und Werk zum Teil unabhängigen, aber in Masse, Raum, Licht und Farbe hervortretenden Neigungen war die Richtung dieses Verlangens nach seelischem Behagen abzulesen. Es soll nun der Versuch gemacht werden, der armenischen Persönlichkeit beizukommen. Eine wissenschaftliche Methode ist von der Kunstforschung für solche Feststellungen nicht herausgearbeitet. Das wird erst dann möglich sein, wenn die Kunstgeschichte Hand in Hand mit der Wesensforschung über andere Teilgebiete des jeweiligen geistigen Zustandes arbeitet, bzw. diese Forschungen zu jener Höhe gediehen sein werden, die dann auch im Gebiete der Kulturwesenheit »Bildende Kunst« (als einem ihrer Zweige) Fragen der weit über alle Beschreibung hinausgehenden Erklärung ermöglichen kann. Ob jemand, der nicht in langer Lebensarbeit mit einem Kulturkreise in allen seinen Äußerungen vollkommen vertraut wurde, eine solche Erklärung überhaupt versuchen darf, ist freilich die Frage. Ich gehe das Wagnis nur deshalb an, weil ich es zu den engeren Pflichten des Universitätslehrers rechne. Ein Anfang muß gemacht werden. Burckhardt und Justi haben für die Renaissancekunst des Abendlandes und ihre Ausläufer in ihrer Art Bahn gebrochen. Ohne mich mit ihnen vergleichen zu wollen, möchte ich ihnen doch auf meine Art nachfolgen. Sie sind noch mehr geschichtlich als dem Wesen der bildenden Kunst nach planmäßig vorgegangen.

Armenien spielt im christlichen Osten etwa die Rolle von Hellas im Altertum oder der späteren Stadtkulturen im nördlichen Europa: Es ist nicht der Sitz einer Weltmacht. Die Kunst befriedigt sich infolgedessen in einer Gesellschaft, die nicht über den Rahmen des Heimischen hinausgreift, dieses dafür aber voll ausschöpft. Auch in Hellas und dem christlichen Norden liegen Anregungen von außen her vor; aber sie werden vollständig verdaut und zu Eigenbesitz umgewandelt. Man geht nicht darauf aus, wie im alten Rom und dem christlichen Byzanz oder später im Barock der Welt eine verblüffend großartige Machtentfaltung durch die Kunst aufzuzwingen, sondern entwickelt in jahrhundertelanger Stetigkeit die Züge eines Wesens, das in einem bestimmten Zeitabschnitte, seit 300 etwa, in Armenien durch die Vereinigung der arsakidischen Dynastie mit dem nationalen Armeniertum und dem staatlichen Christentume geworden ist und dann trotz aller Gegenströmungen nie mehr zu wirken aufgehört hat.

A. Die Oberschicht als nationale Persönlichkeit.

Die breite Unterschicht des armenischen Volkes ist an der bildenden Kunst des Landes scheinbar wenig beteiligt. Was auf uns kam, geht selten auf Volksverbände, Städte oder Gemeinden zurück, sondern soweit Inschriften sprechen, auf einzelne Feudal-, Landes- oder geistliche Herren oder armenische Beamte des byzantinischen oder persischen Herrschers. Trotzdem kann die armenische Baukunst als Volkssache bezeichnet werden, weil diese Stifter sowohl, wie die Baukünstler Armenier waren und letztere sehr wohl aus der Unterschicht hervorgegangen sein können. Der fremdchristliche Einfluß, der im 5. Jahrhundert nachweisbar wird, ist in der Baukunst schon im 7. Jahrhundert ebenso national überwunden, wie er leider in der darstellenden Kunst zunahm.

Die armenischen Kirchen stehen nicht im Dienste der Macht, sondern sind in der breiten Schicht Gaben um der Fürbitte willen, Gaben der einen oder anderen großen Familie, die in ihren Häuptern opfert. Sie sind also nicht prunkvolles Herausstellen dessen, was die Herrschaft über die Welt vermag. In dieser Richtung haben Rom, Byzanz, Bagdad, indem sie dazu die Kräfte ihrer Weltreiche einspannten, Kunst gemacht. Armenien bleibt auf sich beschränkt und zieht aus dem heimischen Boden Kraft und Eigenart, wie einst Hellas und später der Norden. Man möchte wissen, wie die einfache Dorfgemeinde ihr schlichtes Bedürfnis nach einem religiösen Versammlungsraum befriedigte. Davon aber hört man weder etwas in der Literatur, noch haben wir auf unserer Forschungsreise diesen Dutzend-Landkirchen besondere Beachtung zugewendet. Es sieht aus, als wenn sich das Volk mit den Stiftungen seiner Vornehmen begnügt hätte. Dann wären aber eigentliche Gemeindekirchen etwas in Armenien Unbekanntes. Die Kirche von Bagawan freilich könnte einen frühen Beleg (639) liefern, falls die Inschrift wirklich besagt, daß sie aus den Gaben des Ortes erbaut sei[1]). Die Kirche scheint im Armenischen doch immer mehr Martyrion geblieben zu sein, die von Syrern und Griechen eingeführte Art der Gemeindekirche, der tonnengewölbte Langbau, wurde sehr bald wieder ausgestoßen. Das Streben, dem Zweck von Martyrion und Versammlungsraum gerecht zu werden, hat dann die eigenartigen armenischen Mischformen wie Dreipaß, längsgerichtete Kreuzkuppel bzw. Kreuzkuppelbasilika und Kuppelhalle gezeitigt.

Es sind also immerhin auch in Armenien wie in Rom und Byzanz öffentliche Zwecke und Vertreter eines höheren Standes, die in altchristlicher Zeit das Wesen mitbestimmen, nicht das Volk allein, wie z. B. im österreichischen Süden im 4. bis 6. oder im schwedischen Norden im 12. Jahrhundert[2]).

a) Der Hof.

Einen armenischen Hof gab es bis 428, als die Arsakiden sich noch gegen die Sasaniden zu behaupten wußten. Dann trat der persische Statthalter, der Marzpan, an dessen Stelle und erst mit dem Emporkommen der Bagratiden und der ihnen 885 verliehenen Königswürde bahnte sich wieder ein Hofleben an, das aber durch Zersplitterung in mehrere kleine Höfe auf die Stufe der Betätigung des Feudaladels gelangte und bald von den Byzantinern zuerst, dann von den Seldschuken gekauft und aufgehoben wurde. Die Perser hatten immerhin noch einen Schein von Selbständigkeit geduldet. Die armenische Baukunst wurde dadurch nur insofern berührt, als man weniger baute. Und so blieb es auch unter den Byzantinern und Seldschuken. Ich ziehe die nach 1056 entstandenen Bauten nicht mehr als Schicht in den Rahmen dieses Buches, möchte aber sagen, daß wenn überhaupt gebaut wurde, die alte nationale Art durchaus herrschend blieb bei wachsender Bedeutung freilich der schmückenden Ausstattung. Ein von außen abhängiger Hof und Adel hätte vielleicht nicht so viel Widerstandskraft aufzubringen vermocht. In Armenien aber gab den Ausschlag, daß der Hof der Arsakiden, wenn er auch früh (428) von der Bildfläche verschwand, doch für alle Zukunft als nationales Vorbild wirksam blieb und vom Adel dauernd als solches gepflegt wurde.

Die oben öfter hervorgehobene mehr weltliche als ausgesprochen geistliche Erscheinung der von mir an die Spitze der Entwicklung gestellten strahlenförmigen Reihen und Arten von Kuppelbauten geht, wie sich im geschichtlichen Teile wahrscheinlich wird machen lassen, vom Arsakidenhause und den beiden Bahnbrechern des Christentums Gregor und Trdat aus, sei es, daß man bestimmte Versammlungsräume in Palästen, sei es, daß man Grabbauten zum Ausgangspunkte des Kirchenbaues machte, soweit er nicht schon früher fertig vom Osten übernommen war.

Ich schiebe Abb. 603 zwischen die Behandlung von Hof und Adel den Kopf eines armenischen Königs ein, zugleich eines Nacharars aus dem Hause Bagratuni, jenes Gagik, der um 1000 Zwarthnotz in Ani wiederholte und dessen ganze Gestalt Seite 431 (das Modell S. 72) gegeben wurde. Es ist wahrscheinlich, daß er auch in der Vorführung der eigenen Erscheinung das Stifterbild von Zwarthnotz nachahmte, aber wohl nur in der Haltung; die Tracht dürfte die nach der islamischen Eroberung

[1]) Orbeli, Christ. Wostok II, S. 132 f. Vgl. unten S. 586.

[2]) Vgl. darüber Egger, »Frühchristliche Kirchenbauten im südlichen Noricum« und Roosval, »Die Kirchen Gotlands«. In beiden Werken ist freilich die grundsätzliche Bedeutung der wertvollen Denkmäler nicht beachtet.

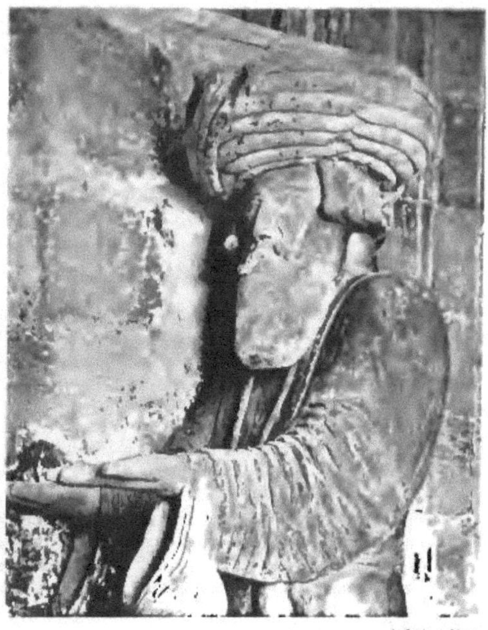

Aufnahme Marr.
Abb. 603. Ani, Gregorkirche des Gagik: Kopf des Königs.

üblich gewordene sein. Oder haben sie schon die Arsakiden vor 428 getragen und Nerses Schinogh sie bereits nach dem Stifterbilde des Gregor oder Trdat in Thordan nachgebildet?[1]) In jedem Falle gibt die Statue eine Vorstellung der führenden Persönlichkeit am Hofe: Gemessene Würde ohne Prunk, genau wie in der Baukunst, in der auch der Schmuck gegen den Bau selbst zurücktritt. Dazu Abkehr vom Beschauer.

b) Der Adel.

Der Almanach des armenischen Adels, der Nacharars, würde einen stattlichen Band füllen. Wenn wir trotzdem kunstgeschichtlich wenig von seiner Art wissen, so liegt das einmal daran, daß seine Sitze zerstört sind, vor allem aber daran, daß er sich literarisch wenig betätigte[2]) und die Klöster, aus deren Schreibstuben die Geschichte Armeniens, wie sie erhalten ist, hervorging, sich um Kirchen und Klöster, nicht aber um Adelssitze kümmerte. Das Land muß mit einem dichten Netz von Burgen überzogen gewesen sein. Die Literatur ist voll davon. Die wenigen Paläste freilich, die ich oben Seite 266 f. nachweisen konnte, sind solche der Katholikoi und Könige, Adelssitze sind nicht darunter, nicht ein Grundriß einer solchen Burg, obwohl sie in der Geschichte eine hervorragende Rolle spielen. Ich habe nur an einem Beispiel zeigen können, wie etwa die Ruine einer solchen Burg aussieht (S. 263 f.).

Die Nacharars bilden einen sehr bedeutungsvollen Einschlag in dem volklichen Bestand Armeniens. Chalatiantz hat versucht[3]), sie zum Teil wenigstens als Reste der urartischen um die Wan'schen Könige gruppierten Fürstengeschlechter nachzuweisen, die sich zur Zeit der arischen Einwanderung in ihre unzugänglichen Berge zurückzogen und dort ihre Unabhängigkeit bewahrten. Er zählt darunter die Artsruni[4]) und Amatuni auf, die tatsächlich Assyrer bzw. Perser nach ihrem Ursprunge genannt werden. Daneben die Apahuni, Rschtuni u. a. Die Bagratiden gab Moses von Chorene für Juden aus, angeblich schon 600 v. Chr. also auch kurz nach der arischen Eroberung eingewandert. Wie weit da Legendenbildung hereinspielt, hat Marquart klarzustellen gesucht[5]). Immerhin fällt auf, daß die jüdischen Zusammenhänge im Osten bei Entstehung des Christentums bis nach Churasan eine hohe Rolle spielen und dauernd hoch eingeschätzt wurden. Aus dem Osten kamen bes. die Mamikonier; sie gelten für »chinesischen«, d. h. vielleicht ostparthischen Ursprungs[6]). Sie sind mit den arsakidischen Königen verwandt und nach dem Falle des Partherreiches eingewandert. Unter den bodenständigen Familien seien besonders hervorgehoben die haikanischen Fürsten von Siunik[7]) (Sisakan), von deren Ursprung Moses von Chorene[8]) berichtet. Diese Familie stand auf Seiten der Perser, daraus er

[1]) Vgl. den Fürsten auf der Silberschüssel »Altai-Iran«, S. 157.

[2]) Das Geschichtswerk des Feldherrn Prinzen Schapuh Bagratuni aus dem 9. Jahrhundert, das, in der Vulgärsprache verfaßt, die Zeit von 750 bis 820 umfaßt hat, ist leider verloren gegangen.

[3]) Verhandlungen des XIII. internationalen Orientalisten-Kongresses 1912, S. 126 f.

[4]) Vgl. Ritter, »Erdkunde« X, S. 586.

[5]) »Osteuropäische und ostasiatische Streifzüge«, S. 391 f. Vgl. Ritter, »Erdkunde« X, S. 586 f.

[6]) Vgl. Ritter a. a. O. S. 590 f.

[7]) Ritter a. a. O. S. 585.

[8]) Lauer, S. 23 f. Vgl. Ter-Mowsessian, Mitteilungen der anthropologischen Gesellschaft in Wien, N. F. XII (1892), S. 129 f.

klärt sich der Gegensatz von Wasak Siuni um 451 zu dem Fürsten Wahan Mamikonian, der sich den Griechen anschloß. Diese Geschlechter bildeten den erblichen Adel und besaßen große Ländereien und Rechte, so daß einige zusammen die Macht des Königs zu beugen vermochten[1]). Man denke an die deutschen Feudalherren des Mittelalters. Die Nacharars waren gesucht und gefürchtet als Reitertruppen. Es wäre doch verwunderlich, wenn diese Besitzenden keine Profankunst ausgebildet hätten. Tatsache ist, daß vorläufig nichts davon zutage gekommen ist.

Das Vorhandensein dieser Geschlechter, die zu Beginn der christlichen Zeit längst zu einer nationalen Einheit verschmolzen waren, trennt die armenische Kultur wohl am stärksten von der byzantinischen und nähert sie neuerdings der iranischen, die durch den Islam und über Spanien auch auf das Abendland gewirkt hat. So kam es, daß, als Kreuzfahrer und Armenier sich in Kilikien trafen, die Verbrüderung wie von selbst eintrat. Wir werden die Folgen für das Abendland noch kennen lernen.

In Armenien selbst sind unzählige Kirchen als Gaben um der Fürbitte willen und Grabstätten von den einzelnen Adelsgeschlechtern erbaut worden; nie ist ein tonnengewölbter Längsbau darunter. Der Adel übernahm eben die Arsakidenüberlieferung und hielt an ihr fest, bis die Kirche durch Gesetz eine Bauform als die allein neben der Nachbildung alter Formen erlaubte durchzusetzen wußte. Ich fasse Hof und Adel zusammen als den für Armenien maßgebenden Kern der Nation. Dieser Oberschicht hat es die bildende Kunst zu danken, wenn von Armenien aus Persönlichkeit in die Entwicklung der Kunst zu einer Zeit einströmt, in der mit dem Einsetzen der Völkerwanderung die alte Ordnung untergeht und Byzanz die Überlieferung der alten Welt aufsaugt, ohne selbst schöpferisch auftreten zu können. In diesem Augenblicke steht Armenien auf und wirkt die bahnbrechende Tat.

Die armenische Nation, die den altchristlichen Kuppelbau geschaffen hat, greift zur Annahme des Christentums, um sich vor den habgierigen Großmächten Rom und Persien frei zu machen. Erst nachdem diese Tat vollzogen war, wird auch Rom christlich und sucht mit seinen Wahrzeichen, Basilika und Darstellung, durchzudringen. In Armenien gelingt das nicht wie bei den Germanen, weil eben die Nation sich, zum mindesten im Kirchenbau, bereits in ihrer eigenen Bauform, der Kuppel, durchgesetzt hatte, bevor Rom, bzw. Byzanz Macht gewannen.

Diese armenische Persönlichkeit tritt, heute noch greifbar, nur in der bildenden Kunst und der Baukunst im Besonderen hervor. Auf allen anderen Gebieten, besonders dem der Literatur, ist sie seit dem 5. Jahrhundert durch die griechische, wie vorher schon durch die syrische Bewegung unterdrückt worden; auch die sogenannten Übersetzer des »Goldenen Zeitalters« der Literatur leisteten dieser Entwurzelung des nationalen Geisteslebens Vorschub. Es will mir scheinen, als wenn man dem, was Armenien zur Zeit seines nationalen Königtums an Persönlichkeit besaß, nur noch durch die Baukunst beikommen könne. Insofern betrachte ich den Versuch des vorliegenden Werkes im gegenwärtigen Augenblick als über die rein wissenschaftliche Bedeutung hinausgreifend.

Die Großtat der Armenier, die Einkuppel in den Kirchenbau eingeführt zu haben, ist ein entscheidender Schritt auf dem Wege, der Kuppel die Welt zu erobern. Treffend hat De Morgan[2]) hervorgehoben, daß das Hoffähigwerden der Wölbung lange mit einem rein ästhetischen Vorurteil zu ringen hatte. Noch die Achamaniden und Griechen verwendeten sie nur für Nutzzwecke (vgl. oben S. 341 f.). Ob dieser Widerstand nun gerade erst, wie Diez meint[3]), durch die Römer auch im Orient überwunden wurde, ist sehr die Frage. Sie übernahmen ja die Wölbung zum Teil wenigstens vom Osten[4]), erst nachdem sie dort im Palastbau längst herrschend gewesen war. Wie Mesopotamien die Tonne[5]), so führte Armenien die Kuppel in den Kirchenbau ein. Edessa war schon im 2. Jahrhundert ein christlicher Staat und Armenien jedenfalls zu einer Zeit, wo Rom noch im Heidentume steckte. Wie das zuging, wird im geschichtlichen Teil zu besprechen sein. Hier muß nur betont werden, daß schon in der einfachen Tatsache der Übertragung der Kuppel auf den Kirchenbau eine rein persönliche Tat der Armenier vorliegt.

Es ist ganz klar, der Armenier, der die altchristliche Kuppelkirche schuf, sah nicht wie der

[1]) Vgl. Chahnazarian, »Histoire par Gévond«, S. 9 A.
[2]) Mission scientifique en Perse IV.
[3]) »Die Kunst der islamischen Völker«, S. XII.
[4]) Delbrück, »Die hellenistischen Bauten in Latium« und oben S. 360 f.
[5]) Vgl. mein »Amida« und für das Alter der Tonne Stuhr in der Polytechnischen Zeitschrift VIII (1911), S. 234 f.

Grieche eine fast im Sinne der Bildhauerei ausgestattete Wand, sondern im Äußern die geschlossene Masse, das durch die Kuppel gekrönte Denkmal (Martyrion), im Innern den im Mittellot allseitig der Höhe zustrebenden Raum, der von dorther einheitlich mit Licht durchflutet wird. In dieser Einheit spricht sich die armenische Persönlichkeit aus. Sie ist hier mindestens ebenso vorhanden wie im griechischen Tempel und dem nordischen (gotischen) Dome. Das sind die drei Bauformen, in denen arische Volksstämme sich seelisch in der religiösen Kunst durchsetzten. Von Rom oder Byzanz aus konnte das nie geschehen, weil dort Persönlichkeit im Sinne eines einheitlichen Volkstums durchaus fehlte. Es gibt in der Zeit, in der das Christentum sich durchrang, keinen Boden der durch den Kampf um Macht und Besitz stärker zermürbt und geistig zeugungsunfähiger geworden wäre als diese Machtmittelpunkte. Bagdad sollte bald nachfolgen.

Man wundert sich, wie in dem unzugänglichen, ja von Natur wilden Armenien ein »Stil« entstehen konnte, einer gar, der sich den beiden als selbständig anerkannten, dem griechischen und nordischen, als dritter anreihen läßt. Wie diese beiden — ja mehr noch als sie — ist auch der armenische nur infolge älterer von auswärts übernommener Gestalten denkbar. Wie dort der alte Orient und das »Mykenäisch-Kretische«, im Norden das »Romanische«, sind es in Armenien östliche Voraussetzungen, aus denen diese Arier in abgeschlossener, nationaler Entwicklung unter dem seelischen Ansporn einer Religion sich deren anschauliches Kleid in einer Bauform schufen. Dabei ist folgende Überlegung nicht unwichtig. Es wurde gesagt, daß der Armenier von vornherein, vielleicht freilich nur genötigt durch den zur Verfügung stehenden Baustoff, für die Ewigkeit baute. Sein religiöses Gefühl begnügte sich nicht damit, das Haus Gottes für sich allein zu stellen und durch einen Stufenunterbau wirksam zu machen; er hatte überdies einen Baustoff zur Verfügung, der geradezu unvergänglich ist. Das muß mit Bewußtsein gerade nur für die Kirchen oder für diese in erster Linie neben einzelnen Palästen geltend gewesen sein, denn in den alten Städten hat sich kaum mehr als eben die Kirche erhalten, am auffallendsten in Ani, Mren und Bagaran, von Orten, die ich nicht selbst gesehen habe, zu schweigen. Ganz anders z. B. in Syrien, wo immer gleich die ganze Stadt erhalten ist.

Dabei mag ein Wetteifer unter den Stiftern mitspielen. Man fühlt sich schon durch die Bauformen: Kuppel, Strebenische, Tonne und ihre Zusammenstellung, an einen uns naheliegenden Kreis erinnert. Es ist das von der Renaissance her geläufige Denken, das die Baumeister der altarmenischen Kirchen kennzeichnet, nicht das der gleichzeitigen altchristlichen Baukunst. Leonardo in seinen Handzeichnungen, dann Bramante und seine Nachfolger beim Baue der Peterskirche haben die Probleme wieder erwogen, die in den Reihen des vorliegenden Materials so eindrucksvoll nebeneinanderstehen: den quadratischen Kuppelraum, durch absidiale Anbauten nach allen Seiten erweitert und verstrebt, diese Kuppel dann durch eine Längstonne an der vierten Seite auf ein anderes dem Bramante ursprünglich ferneliegendes Geleise geschoben und endlich in dem einschiffigen Gesù von Vignola zur selben Vereinigung von Kuppel und Langhaus gebracht wie in der armenischen Kuppelhalle. Man möchte glauben, daß auch in Armenien zwischen dem 4. bis 6. Jahrhundert so geniale Künstlerarchitekten gelebt haben müßten, wie wir sie in der Zeit der großen Renaissance- und Barockpäpste und Fürsten dem italienischen Boden entwachsen sehen. Sollten in Armenien Fürst und Adel ebenso entscheidend als Auftraggeber eingegriffen haben? Es macht den Eindruck, als wenn die aus dem Grundelemente der quadratischen Kuppel heraus entwickelten Formen zum guten Teile wie später in Italien durch den Wetteifer von Bauherren und Künstlern gezeitigt worden wären. Darüber im geschichtlichen Buche.

c) Die Kirche.

Adel und Hof haben als Vertreter des nationalen Haltes im 4. Jahrhundert den Kuppelbau durchgesetzt; die Kirche ist es gewesen, die dagegen im 5. Jahrhundert den tonnengewölbten Längsbau einzuführen suchte. Den Sieg hat das Völkische davongetragen, es zwang dem Längsbau die Kuppel auf. Wie schließlich die so entstandene Bauform dann, etwa im 10. Jahrhundert, von der Kirche zum Gesetz erhoben wird, soll nachfolgend ausgeführt werden. — Die Wirkung, auf die der altarmenische Kirchenbau hinsteuert, ist schlichte Würde in naheliegendem Baustoff ohne baulich kostbaren Schmuck, geschlossene Einheit der Masse im Äußern, des Raumes im Innern, gipfelnd in der über die Mitte gelegten Kuppel, die zugleich Lichtspenderin wird. Es ist ein klares Zufassen und Beharren, das selbst durch die unkünstlerische Forderung der Längsrichtung nicht dauernd beeinträchtigt wird. Diese formkräftige Einheit muß von großen Künstlern geschaffen sein. Es ist nicht einmal sicher, ob in dieser ursprünglichen Form die Richtung nach Osten bei der Gleichheit der Strebenischen besonders hervorgehoben war. Jedenfalls aber lagen wohl damals schon die Achsen in den Hauptrichtungen. Man muß sich diese nationale Bauform vor Augen halten, um ganz zu verstehen, was die Kirche tat, als sie im 5. Jahrhundert, ungefähr gleichzeitig mit der Bewegung der Übersetzer an Stelle dieser Einheit um die Kuppelmitte den Tonnenbau mit Längsrichtung einführte. Sie verstößt damit gegen den Geist der Nation. Die Folge davon war, daß sich der strahlenförmige Kuppelbau nicht weiter entwickelte, sondern auf den Weg des Halben geriet: man suchte eine vermittelnde Bauform und fand sie in der Kuppelhalle. Es dauerte denn auch nicht lange und die Kirche erklärte diese, scheint es, für die allein zulässige Kirchenform.

Der Kanon 182 und die Kuppelhalle. In den Kanones, den Rechtsbüchern der armenischen Kirche, steht eine sehr beachtenswerte Vorschrift, auf die mich P. Mesrop hinweist. Handschrift 256 der Wiener Mechitaristenbibliothek, Blatt 33, heißt es im Kanon 182 (Kanon der Apostelnachfolger 22): »Den Grundriß der Kirche[1]) wage nur der Bischof zu zeichnen mit echtem Glauben oder der Chorepiskopos oder der Peredut mit Erlaubnis des Bischofs. Wenn man es ohne den Bischof oder den Chorepiskopos wagt, so haben wir befohlen, jene Grundrisse zu zerstören. Wenn man es aber zuläßt, wurde erneute Begutachtung befohlen. So wird die Ordnung der Kirche tadellos.«

Die Kanones sind ohne fortlaufenden inneren Zusammenhang aneinandergereiht, es läßt sich für den einzelnen kaum sagen, wann und wo er entstanden ist. Jedenfalls vor 719, dem fünften Konzil zu Dwin. Da der angeführte Kanon aber ein Apostelkanon ist, müßte er in die ersten Jahrhunderte des Christentums zurückgeführt werden, entstand aber kaum vor dem 5. Jahrhundert. Ein anderes ist die Frage, ob der Kanon auch wirklich in der armenischen Kirche beachtet wurde. Zwar zeigt schon Agathangelos CIII (Langlois, S. 103) den hl. Gregor mit dem Maßstab oder dem Bleilot der Bauführer (niveau des maçons) in der Hand, die Grundmauern der Martyrien von Waharschapat legend. Vielleicht läßt sich auf diesem Wege auch der Beiname Nerses III. (»Schinogh«, der Bauende) am einfachsten erklären, ganz abgesehen von der reichen Bautätigkeit, die er entfaltete. Das sind immerhin beachtenswerte Spuren, die einen starken Anteil des Bauherrn, in unserem Falle der Kirche und ihrer Häupter, verraten (vgl. oben S. 219).

Es könnte sein, daß im Wege dieser kirchlichen Vorschrift die Tatsache zu erklären ist, warum die Kuppelhalle zur allgemeinen Annahme gelangte und schließlich fast alle anderen Bauformen verdrängte. Noch im 8. Jahrhundert muß die Form auch in der Auffassung der Kirche schwankend gewesen sein, denn Johann der Philosoph (Katholikos 717—728) gibt als Typus der Kirche an[2]): »Quattuor columnae erectae sunt... atque fornicum unio in unum copulat virtutis charitatis distinctionem... duodecim autem lapidum fundatio... Forum vero cupolae ad instar tabernaculi exaltata, in summitate verticis habens florens Crucis signum...« Später muß sich das, wie gesagt, geändert haben. Dem Baumeister blieb nur die Ausstattung und diese gedieh infolge dessen bis zur Überladung. Dies kann aber erst nach dem Jahre 1000 etwa geschehen sein, noch in Ani stehen die mannigfachsten Bautypen nebeneinander. Daß aber der Kanon später tatsächlich zu Recht bestand, bestätigt Mechithar Gosch († 1213) in seinem 1184 geschriebenen Gerichtsbuche, das in dem Abschnitt »Über das Recht Kirchen zu gründen« sagt: »Nach der Rechtgläubigkeit kann den Grund einer Kirche nur der Chorepiskopos oder Peredut aufzeichnen«[3]).

Die armenische Baukunst hat sich nicht wie die Bewegungen des Mittelalters in Europa voll ausleben können. Einmal, weil das Land im Bauen, ähnlich wie in der Zeit der Gegenreformation im Abendlande in die Knechtschaft der Kirche fiel, diese neben dem Althergebrachten nur die Bauform der Kuppelhalle zuließ und dabei durch Unterdrückung der Fenster dem kräftigen Ansatz zur Ausgestaltung der Schauseiten, wie wir sie in Thalisch und Thalin beobachten konnten,

[1]) Das heißt eigentlich Grund der Kirche; da aber nachträglich vom Zeichnen die Rede ist, kann es sich nicht gut um anderes als den Grundriß handeln.

[2]) Ed. Aucher, S. 311. Vgl. die Visionen des Gregor und die des Sahak.

[3]) Vgl. Lissitzian oben S. 34.

unterdrückte. Dann aber, weil das Land selbst von Fremdvölkern unterjocht wurde und einer nationalen Verelendung anheimfiel, wie wir sie ähnlich auch auf dem Balkan beobachten können. Mit Flächenschmuck ohne großzügige Empfindung für das Bauganze läßt sich kein Vorwärtsgehen erzielen.

Vor dem Eintritte der Verfallszeit treten noch im 10. Jahrhundert zwei Meister auf, deren erhaltene Werke ihre gegensätzliche Richtung zu erfassen gestatten. Ich betrachte sie im Zusammenhange mit der Frage nach dem armenischen Künstler.

2. Der Künstler.

Die Frage nach dem Künstler wird von der auf den Orient gerichteten Forschung vernachlässigt, kaum Anthemios und Isidoros, den Schöpfern der Sophia, schenkt man Beachtung. Ich habe mich »Mschatta«, Seite 363 f., bemüht, dem Schöpfer dieses Schlosses beizukommen, fand aber den Boden lediglich durch Sagen vorbereitet, die zum guten Teil schon Josef von Hammer in seinem persischen romantischen Gedichte »Schirin«, 1809, verwertet und in den Anmerkungen behandelt hat. Mani, Ferhad, Sinimmar haben noch keinen Kunstforscher monographisch beschäftigt. Vielleicht läßt sich solchen Fragen jetzt von der armenischen Seite aus näher treten. Daß in Armenien nicht nur die breite Masse sich vorwärts schob, sondern Einzelpersönlichkeiten an den bedeutungsvollen Punkten den Fortschritt bedingen, bezeugt der eine vor dem Jahr 1000 als führender Meister genannte Trdat. Aber hat es solche Meister nicht auch in der eigentlich altchristlichen Zeit gegeben?

Man wird keinen Künstler erwarten, der ein einmal und einzig Erlebtes gibt. Vielmehr fügt sich die Einzelpersönlichkeit in Armenien wohl ganz dem herrschenden geistigen Zustand ein, erlebt die religiösen Stimmungen wie jeder andere Christ. Aber in diesem Rahmen hat man doch deutlich den Eindruck neu auftauchender Versuche, des Festhaltens einzelner Lösungen (Dreieckschlitz) und des Fallenlassens anderer (Nischen in den Diagonalen). Eine Leistung wie die des Apollodoros in Rom oder des Anthemios und Isidoros in der Sophia ist schon wegen des feudalen Grundzuges bzw. der Unmöglichkeit des Auftretens einer überragenden Bestellerpersönlichkeit wie des Hadrian oder Justinian in Armenien ausgeschlossen. Ein Ausspruch wie der des letzteren bei Eröffnung der Sophia, 537, »Ehre sei Gott, der mich gewürdigt hat, solch ein Werk zu vollbringen; ich habe Dich übertroffen, o Salomon!«[1]) konnte in Armenien kaum jemals fallen. Auch hören wir nie von der Tätigkeit eines fremden Baumeisters auf armenischem Boden wie in Rom und Byzanz

Da keine Namen erhalten sind, könnte man irre werden an der Vorstellung, die da einen Künstler als Schöpfer annimmt, wo ein neuer Baugedanke zur Wirklichkeit wird. Waren das keine Bahnbrecher, die das iranische Kuppelquadrat durch die Konchenverstrebung fähig machten als Gemeindehaus, d. h. trotz des Anwachsens der Grössenverhältnisse, für sich allein zu stehen? Oder jene Künstler, die in der Art der Baumeister von St. Peter alle Möglichkeiten der strahlenförmigen Raumanordnung um eine Mittelkuppel versuchten und schließlich wie später Vignola auch den Ausgleich mit der Längsrichtung fanden? Oder waren es keine Meister, die den Giebel mit dem Dreieckschlitz zusammenbrachten, dann die Verkleidung mit Blendbogen u. dgl. selbständig oder vom Ausland einführten, ähnlich, wie ich annehme, daß die neulich für Byzanz entdeckten Eulalios, der große Chenaros und der berühmte Chartoularis, die Fürsten der Maler, nichts anderes taten, als daß sie den Zyklus der Theologenschulen von Edessa und Nisibis nach Konstantinopel übertrugen[2]). Nerses Schinogh muß eine bedeutende künstlerische Persönlichkeit an der Seite gehabt haben. Warum kommt der Name der großen Bahnbrecher weder in Inschriften noch bei den Historikern jemals vor? Ob dieses Totschweigen mit der gesellschaftlichen Stellung des Baumeisters zusammenhängt und diese sich erst in der Bagratidenzeit gehoben hat? Und gerade die Meister der altchristlichen Zeit wären doppelt wichtig, weil sie nach der Gesinnung des Ostens auch für die Spätzeit und für diese erst recht von Bedeutung blieben insofern, als die bahnbrechenden Schöpfungen der Urzeit für kanonisch angesehen und nachgeahmt wurden, im selben Sinne wie man alte Handschriften

[1]) Cedren, 1, 651. Vgl. Unger, Allg. Encyclopädie, 1. Sekt., LXXIV, S. 317.

[2]) Vgl. Heisenberg, »Xenia der Universität Athen«, S. 124, dazu Bees, Repertorium für Kunstwissenschaft, 1917/18.

kopierte, d. h. in erster Linie wohl, um mit der Wahl alter, guter Vorbilder sicher das Gottgefälligste zu treffen und bei der Kirche keinen Anstoß zu erregen. Das Hauptbeispiel ist die Nachahmung von Zwarthnotz durch König Gagik, worüber Stephan von Taron III, 47 (Gelzer-B., S. 214) berichtet: »Im Jahre 1000 faßte Gagik, der König der Armenier, den guten Vorsatz in seiner Seele, die prächtige Kirche, welche (einst) zu Ehren des hl. Grigor in dem Umkreise der Stadt (Wagharschapat) gebaut worden war und welche (damals) in Trümmern lag und verwüstet war, in denselben Maßen und in derselben Bauweise in der Stadt Ani aufzurichten.« Die Nachbildung geschah wohl um den Glanz, der die Ruine noch immer umgab, auf Ani zu übertragen. Auf dem gleichen Wege mußten Bauten von Jerusalem auf die Basiliken des Abendlandes wirken oder die Kaaba auf den Felsendom.

Es wird wohl erst für die Spätzeit gelten, daß Kirchen ohne eigentlich künstlerischen Beirat aufgeführt wurden, ein Mönch oder sonst ein künstlerischer Laie wie der Bischof oder Herrscher den Grundriß nach den Vorschriften der Kirche oder der ihm geläufigen Überlieferung aufzeichnete und durch die zur Verfügung stehenden Handwerker ausführen ließ (S. 219). Für die ältere Zeit, mit der wir uns hier beschäftigen, darf wohl noch im allgemeinen gelten, daß ausgebildete Fachleute Plan und Ausführung in Händen hatten. Daneben soll freilich die Teilnahme des Bestellers nicht unterschätzt werden, seit darin Gregor und Trdat mit ihrem Beispiel vorangegangen waren. Und trotzdem fehlen Künstlernamen aus dem 4. bis 6. Jahrhundert ganz! Es ist schon oben Seite 572 in dieser Richtung gefragt worden, ob die bahnbrechenden Künstler, die im 4. bis 6. Jahrhundert eine national armenische, in ihrer folgerichtigen Entwicklung echt arische Baukunst schufen, von innerem, religiösem Drange zu ihren schöpferischen Taten gelangten oder lediglich im Dienste der Kirche rein kirchliche Forderungen zu erfüllen verstanden. Im Zusammenhange mit dem Einbruch des Längsbaues ist ein Wandel wahrscheinlich, etwa in der Art, daß das 4. Jahrhundert eine wirklich religiöse Begeisterung auch bei der einzelnen künstlerischen Persönlichkeit auslöste, die dann im 5. Jahrhundert abflaute und zur Verkirchlichung der Kunst führte. Erst im 6. Jahrhundert scheint wieder die Einzelpersönlichkeit, aber mehr im nationalen als religiösen Sinne führend zu werden. Aus dem 7. Jahrhundert steht uns das Ergebnis dieser Bewegung noch vor Augen. Daß selbst ein Nerses Schinogh, der stark zu den Griechen hielt, als Bauherr doch im großen und ganzen ausgesprochen Armenier blieb, ist ein sprechender Beweis für die Kraft dieser Bewegung.

A. Die Meister des 7. Jahrhunderts.

Aus dem 7. Jahrhundert erst ist ein Baumeister mit Namen bekannt, der Schöpfer der Kirche von Bagawan vom Jahre 639 (S. 177). In der von Orbeli kritisch besprochenen Inschrift liest dieser: »Es wurde vollendet die Fertigstellung dieses Werkes mit heimischen (örtlichen) Mitteln in allem. Durch die Arbeit des Meisters Israel Goroghtschetzi (aus Goroghtsch)« [1]). P. Mesrop übersetzt: »Diese Arbeit wurde vollendet durch die Gaben (Wzenak)[2]) des Ortes mit aller Meisterschaft des Israel Karodschetzi.« Dieser Meister Israel aus Gorogh oder Karotsch könnte auch andere Bauten aus der Mitte des 7. Jahrhunderts errichtet haben, so die des Nerses Schinogh. Später, im 10. Jahrhundert waren die Künstler öfter — wie der besprochene Kanon begreiflich macht — Mönche. Für die allerfrüheste Zeit ist das deshalb nicht zu erwarten, weil ja die Baukunst älter ist als die Klöster und vom Hofe ausging. Trdat und Gregor bauten die Kirchen bevor noch in Armenien Klöster bestanden und — wenn ich recht sehe — in einer Form, die dem weltlichen Bäder- und Palastbau bzw. dem Grabbau entnommen war. Wir müßten sehen, der Art der schöpferischen Persönlichkeiten aus der breiten Schicht der erhaltenen Bauten des 7. Jahrhunderts beizukommen. Kirchen wie Mastara, Artik, Thalin, Agrak, Alaman und Mren sind untereinander so verwandt, daß es vorläufig kaum möglich scheint, sie nach Urhebern in Gruppen zu bringen[3]). Dazu kommt, daß schon im 7. Jahrhundert eine feste Handwerkerschulung bestand, die später (nach dem S. 584 angeführten Kanon) in der Hand der Kirche leistungsfähig schaffend auftreten konnte. Die großen Künstler von Beruf würde ich für die Werdezeit im 4. bis 6. Jahrhunderte suchen. Ob eine Persönlichkeit, wie der »Erbauer« Nerses III., Bauherr und Künstler in einer Person gewesen sein kann, bleibe dahingestellt. Solche Ausnahmsfälle sind auch in anderen

[1]) Vgl. Christianskij Wostok, II, S. 110. Vgl. oben S. 580.

[2]) Ein persisches Lehnwort, das Gabe, Tribut heißt.

[3]) Eher könnte man sie einem Meister zuweisen.

Kunstkreisen umstritten[1]). Auf der anderen Seite sind gerade im Orient die Baulegenden zahlreich, die den Bauherrn eifersüchtig und auf den Untergang des Künstlers bedacht zeigen[2]). Das würde den Mangel an Nachrichten zum Teil erklären.

a) Der Meister des Zwarthnotztypus.

Eine Persönlichkeit, die vor allen anderen herauszuheben ist und auf Grund der Ausgrabungen und unserer Untersuchungen bezüglich der Bauform, S. 108 f., und der Ausstattung, Seite 421 f., eindrucksvoll vor uns steht, ist der Schöpfer des Zwarthnotztypus. Über ihn sei hier kurz ein zusammenfassendes Wort gestattet. Der Meister geht aus, wie ich wahrscheinlich zu machen suchen werde, vom Grabe des Gregor in Thordan, einer Gegend, aus der ja auch noch der Besteller Nerses im 7. Jahrhundert stammt. Er hebt dieses Grab durch die Ummantelung als besonders geheiligt hervor und überträgt so die Verehrung, die das Urbild genoß, auf Wagharschapat bzw. die neue Residenz des Katholikos, ähnlich, wie später Gagik mit der Wiederholung von Zwarthnotz dessen Würde auf Ani übertrug. Insofern könnte man auch glauben, daß Zwarthnotz eine Neuschöpfung, nicht selbst schon die Wiederholung eines älteren Vorbildes war (S. 482). Achtpaßbauten mit Umgang oder Vierpässe mit Vierpaßumgang mögen älteren Ursprunges sein. Die Art, wie der Meister das Werk durchführt, scheint in den wesentlichen Gelenken immerhin selbständig. Ein Vergleich mit Bana und den später zu besprechenden Wiederholungen in Europa macht das wahrscheinlich. Jedenfalls ist der Typus vom Westen unabhängig, trotz der Säulenstellungen in den Strebenischen. Ihre Einführung lag bei der Absicht, das Grab in einen Umgang zu stellen, nahe.

Auch die Ausstattung ist vorzugsweise armenisch. Die Korbkapitelle (S. 112, 318 und 421 f.) klingen freilich an Byzantinisches an und die griechischen Monogramme wären eine Bestätigung dafür. Aber der Knauf mit Rosetten unter der Deckplatte ist doch im Armenischen da (S. 320), ja, selbst die Spirale zur jonischen Volute ausgestaltet, kann (man denke an Garni, Abb. 360, 430) selbständig auf armenischem Boden übertragen sein (S. 378). Wir werden, bisher immer nur im Byzantinischen wurzelnd, bei Beurteilung der in der Prokonnesos werkstattmäßig hergestellten »byzantinischen« Kapitellformen doch vielleicht in Zukunft anfangen, von Iran und Armenien auszugehen, wollen wir die Möglichkeit der Entstehung der neuen Formen begreifen[3]). Der Adler an den vier trapezförmigen Kapitellen des Umganges muß ebensowenig aus Byzanz übernommen sein, wo er freilich am goldenen Tore schon früh als Symbol an einem Großbau verwendet ist[4]). Aber sind auch die späteren Adler an der Kathedrale von Ani und im seldschukischen Amida noch byzantinisch? Ich denke Amida hat deutlich gemacht, woher diese Tierzeichen dort eigentlich kommen (vgl. auch oben S. 284 und Khakh Abb. 428).

Nimmt man nun diese vielleicht fälschlich auf Byzanz zu deutenden Motive heraus, so bleibt in der Ausstattung neben dem Armenischen noch ein sehr starker »syrischer« Einschlag übrig, der sich besonders in der Verwendung des Weinlaubes und Granatapfels ausspricht. Aber wer sagt uns denn, daß darin gerade syrische Züge stecken? Wir kennen Vorderasien vorläufig nur von Byzanz und Syrien her. Ich habe nun »Altai-Iran«, Seite 72 f., neuerdings die Herkunft der Weinranke besprochen[5]). Danach käme sie gerade aus jener Gegend, aus der ich auch die Kuppel über dem Quadrat herleite, dem östlichen Iran. Wir tun daher gut, mit dem Urteil zuzuwarten, bis in die aufgeworfenen Fragen das nötige Licht kommt. Der Zwarthnotzmeister kann gerade wegen dieser scheinbar syrischen Motive erst recht als ein im Besonderen mit den Quellgebieten der armenischen Kunst in enger Fühlung stehender Künstler erscheinen. Das Zusammengehen von Wein- und Granatenlaub mit der Jagd am Hauptfriese von Achthamar ist dafür besonders bezeichnend. Oben Seite 286 wurden die Beispiele für beide Sinnbilder zusammengestellt, man vergleiche Reste von Granatbäumen auf Platten, die bei Ausgrabungen in Cherson gefunden wurden[6]). Es scheint nicht unmöglich, daß Weinlaub und Granate mazdaistische Hvarenah-Sinnbilder sind.

[1]) Ich erinnere an Hadrian, Konstantin Porphyrogennetos u. a.

[2]) Goldzieher, »Orientalische Baulegenden«, Globus LXXXI (1904), S. 89 f.

[3]) Vgl. mein »Mschatta«, S. 354 f., dann Bell, »Churches of the Tûr 'Abdin«, S. 92.

[4]) Vgl. Jahrbuch d. deutschen archäol. Instituts VIII (1893), S. 14 f.

[5]) Vgl. »Mschatta«, S. 297 f. Dazu jetzt Volbach, »Germania«, Korr.-Blatt der röm.-germ. Kommission 1918, S. 23 f. Vgl. dagegen Sybel, »Christl. Antike« II, S. 30.

[6]) Otschet der russ. arch. Kommission 1897, S. 109.

b) Der Schöpfer der Kuppelhalle.

Das erste gesicherte Beispiel, Thalisch, stammt aus dem 7. Jahrhundert (S. 190 f.). Deshalb könnte die Bauform doch schon im 6. Jahrhundert entstanden sein. Jedenfalls war es nationale Kraft, eine große Persönlichkeit, die der armenischen Nation aus dem Widerstreite von Kuppel und Langhaus diese erlösende Tat brachte. Es handelte sich dabei darum, die gegen den armenischen Geschmack verstoßende Einstellung von Stützen in den Innenraum zu umgehen und doch die Kuppel zu mächtiger Größe steigern zu können. Der Armenier verlangte wie der Iranier ein Haus, in dem sich die äußere Schale mit dem inneren Raum deckte, aber da es ein Versammlungs-, kein Wohnhaus sein sollte, so mußte er mit der Größe auch an die Verstrebung denken. Die erste geniale Tat war die Anfügung der Strebenischen, die weder im Äußern etwas zufügten, was innen nicht Gesamtraum bedeutete, noch innen Stützen einführten, die außen nicht sichtbar gewesen wären. Dann kamen die verschiedenen Versuche mit dem neuen Bauteil alle Möglichkeiten auszuprobieren, die Vier-, Sechs- und Achtpässe, Zwarthnotz entstand. Aber inzwischen erfolgte der Gegenstoß von Seite des wahrscheinlich durch die griechisch und syrisch Gesinnten durchgesetzten Kanons 182. Ich kann nicht nachweisen, daß man schon die dreischiffige Längskirche mit Hilfe dieses Gesetzes zur Herrschaft zu bringen versuchte. Möglich aber wäre der Fall. Die Armenier bäumten sich auf. Lösungen wie Dwin und Odzun sind dafür bezeichnend. Die Großtat kam durch den Schöpfer der Bauform von Thalisch: wieder wie bei den Konchenquadraten und Pässen deckten sich Masse und Raum, das Äußere und das Innere. Denn wenn auch unten die Wände im Rechteck stehen, so weisen doch die Dreiecknischen, sonderbar zwar, auf den inneren Einsprung hin, und das Dach sprach überdies klar aus, was innen vorging. So verstehe ich, wie es möglich war, daß die Kuppelhalle schließlich über alle anderen Bauformen siegte und die Kirche mit ihrer Erklärung zur gesetzmäßigen Bauform nach Kanon 182 die Gemüter befriedigen konnte. Die Lösung gelang einem Meister des 6./7. Jahrhunderts, ihre Erhebung zum Gesetz aber erfolgte wohl erst in der späteren Bagratidenzeit, rund seit 1000.

B. Die Meister der Bagratidenzeit.

Im Gegensatze zu den Baumeistern der Frühzeit scheinen die der zweiten Blüte Mönche gewesen zu sein, ob auch der Hofarchitekt Trdat, ist die Frage. Jedenfalls nennt Thomas Artsruni III, 37, den Architekten Manuel, der für Gagik von Waspurakan den Palast und im Jahre 915—921 die Kirche von Achthamar erbaute, einen Mönch. Nach der Inschrift war auch Samehan, der Erbauer der Kyzylkilisse im Dorfe Choschawank, ein Mönch (S. 199). Im Kloster Ketscharus (Daratschitschak) findet sich ein Grabstein des Wardapet (Mönch) Wetzik. Auf seiner Rückseite steht: ».....Wetzik, Baumeister, der die neue Kirche erbaute....« Keine Jahreszahl. Auch ist unbekannt, welche der vier Klosterkirchen gemeint ist (vgl. oben S. 248). Vielleicht die des hl. Gregor, an deren Ostseite das Grabmal sich befindet. Dann wäre Wetzik zeitlich 1030 etwa anzusetzen, spätestens jedenfalls 1220[1]). Über den georgischen Baumeister der Kathedrale von Kutais, Maisa, ist nichts Näheres bekannt, auch konnte Brosset die von Dubois gelesene Inschrift nicht mehr finden[2]). Auf die späteren Baumeister wie Meister But, der 1301 die Kirche Astwadsadsin zu Spitakawor erbaute (südöstlich des Göktschai-Sees) gehe ich hier nicht mehr ein. Ebensowenig auf die georgischen Namen wie Pharela, den Architekten von Safara[3]), Siaoch von Samthavis[4]), und den späten Thodosa der Kathedrale von Tiflis[5]). Die Persönlichkeit, die in dieser Zeit im Vordergrunde steht, ist Trdat. Um sie recht zur Geltung zu bringen, schicke ich ein Wort über Manuel voran.

Ich kann an dieser Stelle nicht den Wunsch unterdrücken, es möchten die Armenier selbst anfangen, ihren alten Meistern nachzugehen. Hoffentlich wird auch in dieser Richtung die vorliegende Arbeit anregend wirken. Schriftquellen und Denkmäler scheinen Erfolg zu versprechen.

[1]) Vgl. Alischan, »Airarat«, S. 266 f.
[2]) Dubois I, S. 421, Brosset, »Voyage« XI, S. 2.
[3]) Brosset, »Voyage« II, S. 122.
[4]) Ebenda VI, S. 123.
[5]) Ebenda VI, S. 21.

a) Manuel von Achthamar.

Thomas Artsruni berichtet III, 38 (Brosset, S. 240) vom König von Waspurakan Gagik I. (904—938), der seine Schätze durch die Hände der Künstler auf die Wiederherstellung der Befestigungen verwendete und seine Hauptstadt (Ostan) am Wansee (vgl. S. 280) durch Paläste schmückte, von denen S. 271 f. die Rede war, daß er auch die oben S. 82 beschriebene Kirche von Achthamar erbaut habe: »Nun hatte er den oben erwähnten[1]) Architekten Manuel zur Hand. Er hatte ihm schon bei Erbauung des Palastes von Achthamar (oben S. 271 f.) geholfen, einen Mann von Wissen und großer Geschicklichkeit, der mit der Kirche ein Hauptwerk seiner Kunst schuf. Der genannte Mönch unterstützte ihn mit seiner Begabung, um dort durchaus treffend die Bildnisse von Abraham bis David und unseren Herrn Jesus Christus die Folge der Propheten und Apostel, jeden nach der Regel, bewunderungswürdig zu geben« u.s.f. Wir sehen also an der Seite des Königs einen Mönch als Baumeister »nach der Regel« arbeitend. Das ist der Eindruck, den nicht nur das Bauwerk an sich, sondern vor allem auch dessen Ausstattung macht. Es fällt auf, daß Thomas bei der Darstellung Christi bemerkt, der Erlöser sei »als Mensch sichtbar« (S. 201). Ich sehe darin eine Spur der im Allgemeinen bilderablehnenden Richtung der Armenier und daß »die Regel« doch nicht ohne weiteres und in allem die armenische war.

Die Kirche von Achthamar greift zunächst einmal eine in der Zeit 915—921 durchaus veraltete Gattung noch dazu in einer Art auf (S. 82 f.), die diese nicht zu ihrer vollen Reife, etwa wie die Hripsime entwickelt zeigt, sondern uns in der späten Zeit noch den Beleg für das einstige Werden der Gattung liefert. Es scheint möglich, daß das Martyrion eines Ortsheiligen zum Ausgangspunkt genommen wurde oder das eines Nacharars von der Bedeutung etwa des Theodoros Rschtuni († 654)[2]), wurde doch auch alter Baustoff aus dem zerstörten Cotom über den Wansee herübergebracht. Es kann auch sein, daß der Mönch Manuel die einst in Waspurakan übliche Gattung wiedergibt, nicht ein einzelnes altes Denkmal nachahmt, wie der Bagratide Gagik in Ani um 1000 Zwarthnotz, oder Bagrat III. in Kutais die Kathedrale von Dwin (S. 164). Das Kloster Warag mit dem Grabe Senekerims (1003—1027)[3]) weist ebenfalls eine Kirche mit Strebenischen in den Achsen und Ecken auf. Doch ist dort die Gattung so verkümmert, daß man nicht auf eine Leistung der schöpferischen Zeit schließen, sondern auch eher eine späte verkümmerte Nachahmung annehmen möchte. Bachmann wird nicht ohne Grund die Bauzeit später angesetzt haben, als die des danebenstehenden einschiffigen Dreipasses und der Kuppelhalle (Tafel 28, oben Abb. 83). Der Mönch von Achthamar geht jedenfalls bei der Bauform wie bei den Bildwerken »nach der Regel« vor, ist ein Altgläubiger, kein Neuerer.

Noch bedeutsamer kennzeichnet den Meister Manuel die Ausstattung seiner Kirche von Achthamar. Er leistet darin etwas, das für den Kunstforscher heute, wo die Belege für die Voraussetzungen der wissenschaftlichen Arbeit jenseits des Tigris verloren oder besser noch nicht wieder gefunden sind, ungemein wichtig ist. Wir haben eine Ausstattung vor uns, wie sie nicht in Armenien, wohl aber zum Teil in Iran, zum Teil im aramäisch-hellenistischen Mesopotamien als die geläufige der altchristlichen Zeit angenommen werden muß. Bis heute kannten wir nur ihre Spuren in dem Briefe des Nilus, in den Miniaturen des Rabula von 586 und in den Nachrichten des Agnellus über die Mosaiken der Basilika Ursiana in Ravenna. Vier Meister, Euserius und Paulus, Satius und Stephanus, arbeiten dort: »et hinc atque illinc gipseis metallis diversa hominum et quadrupedum enigmata inciserunt et valde optime composuerunt[4]).« Die aufgegebenen Rätsel scheinen mazdaistischen Ursprunges. Das könnte ebensogut von Manuel und dem Äußern der Kreuzkirche von Achthamar gesagt werden. Ich habe darauf in meinem Aufsatze über Ravenna als Vorort aramäischer Kunst noch keinen Bezug genommen[5]), sondern nur den Einklang mit dem Briefe des Nilus vom Sinai betont, nachdem ich vorher die verwandte Ausstattung der Wände von S. Apollinare nuovo mit den Rabulas-Kanones aufgezeigt hatte. Jetzt bietet Achthamar zu alldem den Schlüssel. Da haben wir eine von dem Armenier Manuel nachgebildete altiranisch-aramäische Kirchenausstattung, wie sie

[1]) Nicht dem Namen nach III, 36 (Brosset, S. 238). Vgl. oben S. 290.

[2]) Vgl. Sebeos XXXVIII (Macler, S. 146).

[3]) Oben S. 83, vgl. Lynch I, S. 359.

[4]) Agnellus, Script. rerum lang. 289, 2 f.

[5]) Vgl. Oriens christianus N. S. V. (1915), S. 104.

zum Verständnis der zerstreuten Spuren notwendig erscheint. Manuel nimmt in den drei bzw. vier Tierfriesen: den beiden unter den Dächern hinlaufenden, dann dem Jagdfriese mit Trauben und Granaten, endlich den Tierkragsteinen, die alle Tiere und Bestien um Adam gruppiert zeigen, Überlieferungen auf, wie sie in Iran schon in mazdaistischer Zeit als üblich vorausgesetzt werden dürfen; der Bildersturm hatte wie der Islam diese Art einfach zu neuem Leben gebracht[1]). Dagegen zeigt sich Manuel als Vertreter einer altchristlichen vom Ostrande des Mittelmeeres ausgehenden Strömung in den unteren Flachbildern. Die Auswahl der Szenen des Alten Testamentes deckt sich mit den Zyklen der Katakomben und Sarkophage, wie wir sie in Rom und Gallien erhalten haben: sie ist bedingt durch die Sterbegebete oder, wie Holl jetzt nahelegt, durch die Auswahl der Textstellen für die Ostervigilie[2]). Der Grundton, der auf das »Christ ist erstanden« gelegt ist, verträgt sich gut mit dem Martyriencharakter der national-armenischen Kirchenbauten.

b) Meister Trdat.

Wie der Zwarthnotzmeister in der ersten, so bezeichnet Trdat zur Zeit der zweiten Blüte der armenischen Baukunst um das Jahr 1000 den Höhepunkt der künstlerischen Schöpferkraft. Da ich den Eindruck habe, als wenn er bzw. seine Zeit der Schöpfer »gotischer« Baugedanken sein könnte, muß ich ihn schon im Hinblick auf diese Bedeutung für das Abendland etwas ausführlicher behandeln. Es seien zuerst die Schriftquellen zusammengestellt. Bauinschriften nennen den Meister, soviel mir bekannt, leider nicht[3]). Sein Zeitgenosse aber, der öfter angeführte Stephan von Taron, erwähnt den Trdat an zwei Stellen seiner armenischen Geschichte:

Buch II, 13 (Gelzer-B., S. 138) erzählt er vom Tode des Königs Aschot im Jahre 977, der Nachfolge seines Sohnes Smbat, der 13 Jahre regierte (977—989) und die Stadt Ani befestigt habe. Dann heißt es weiter: »Er ließ auch in derselben Stadt Ani durch den Oberarchitekten (Baumeister) Trdat, der schon die Katholikatskirche von Argina gebaut hatte (baute), das Fundament zu einer prächtigen Kirche legen«[4]).

Buch II, 27 (Gelzer-B., S. 190) erzählt Stephan von dem Erdbeben des Jahres 989: »Und sogar in der kaiserlichen Stadt Konstantinopel selbst wurde der herrliche und glänzende Schmuck der prächtigen Säulen und Bilder und großen Kirchen zerstört und vernichtet, und selbst die Sophien(kirche), welche die Katholikatskirche ist, zerbarst durch einen Riß von oben bis unten. Deswegen wurde viel Mühe darauf verwandt, sie durch tüchtige griechische Bauleute wieder herzustellen. Und es traf ein der armenische Architekt Trdat, der Steinhauer, der einen Plan des Gebäudes, ein Modell als Vorbereitung, das er mit weisem Verstande vorbereitet hatte, herausgab, (nach welchem) er auch zu bauen begann. Sie wurde herrlich (wieder) gebaut und prächtiger denn zuvor.«

Nach diesen Nachrichten des Stephan ist das entscheidende Jahr, um das sich unsere Kenntnisse über den »Oberarchitekten« bzw. »Steinhauer« Trdat gruppieren, das Jahr 438 (989 n. Chr.). Damals starb König Smbat, für den er die Kathedrale von Ani begonnen hatte und Trdat ging nach Konstantinopel zur Wiederherstellung der in diesem Jahre durch ein Erdbeben beschädigten Sophienkirche. Von der Kirche von Argina, die wohl die früheste der genannten Arbeiten war, spricht Stephan nochmals bei Verzeichnung des Todesjahres des Patriarchen Chatschik 439 (990 n. Chr). »Er wurde zu seiner Ruhe gelegt in der Nordseite der Kirche von Argina, die er selbst erbaut hatte« (II, 31, Gelzer-B., S. 196). Dieser Bau wäre also vor 990 anzusetzen, etwa vor oder gleichzeitig mit dem Beginn des Baues der Kathedrale von Ani. Es folgt die Tätigkeit in Konstantinopel, dann wohl die Vollendung der Kathedrale von Ani, wofür aber sein Name nicht nochmals ausdrücklich genannt ist. Ich bespreche zunächst die einzelnen bisher genannten Bauwerke.

1. Der Sitz des Patriarchen Chatschik (972—992), Argina, liegt nahe nordöstlich von Ani am Arpatschai[5]). Stephan hatte von diesem Orte schon früher gesprochen, als er den Antritt des

[1]) Vgl. darüber meinen Aufsatz »Amra und seine Malereien«, Zeitschrift für bildende Kunst N. F. XVIII (1907), S. 213 f.

[2]) Sitzungsber. der kgl. preuß. Akademie der Wiss. XXXV (1916), S. 862 f.

[3]) Lynch I, S. 373, setzt dieser Tatsache den Ausruf bei: »Sic vos non vobis!«

[4]) P. Mesrop übersetzt: »Er legte auch den Grund der großartig gebauten Kirche in derselben Stadt Ani durch den Baumeister Trdat, welcher die Kirchen des Katholikatshauses von Argina baute.«

[5]) Vgl. die Karte von Alischan, »Schirak« und oben Abb. 5.

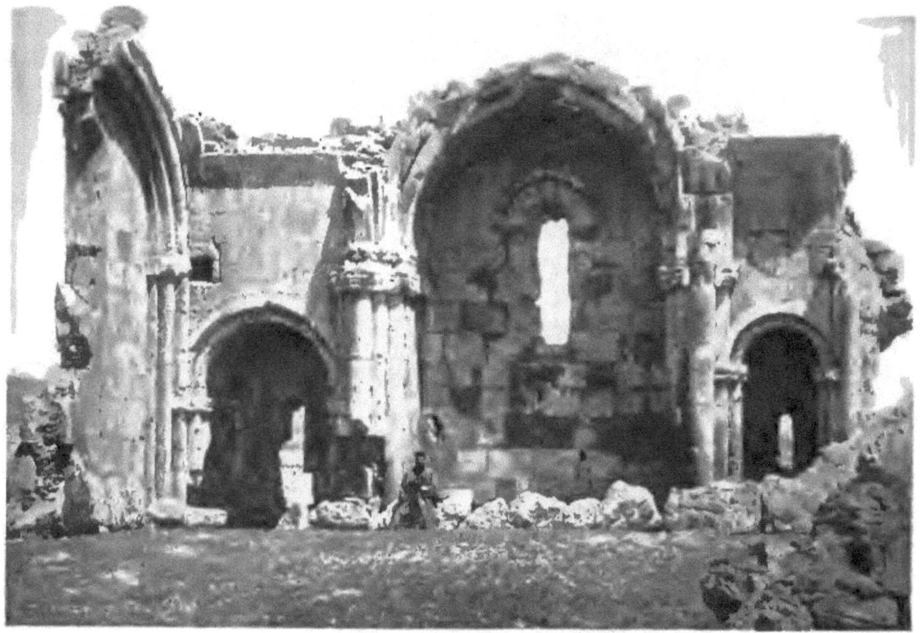

Abb. 604. Argina, Kathedrale: Ansicht der Trümmerstätte von Süden. Aufnahme Nahapetian.

Katholikos Chatschik 421 (972 n. Chr.) meldet. III, 9 heißt es (Gelzer-B., S. 130): »Er stellte wieder her die Katholikosresidenz in der Provinz Schirak, in der Komopolis Argina, an dem Ufer des Flusses Achurean, bei der Grabstätte Ter Ananias, des Oberhirten der Armenier. Und in demselben Dorfe baute er aus schön behauenen Steinen die heilige Katholikatskirche, und stützte den gekuppelten himmelgleichen Bogen durch Pfeiler[1]). Ferner baute er noch drei andere Kirchen von gleicher Gestalt, wunderbar anzusehen mit prächtigen Mosaiken. Und er schmückte sie herrlich ...«[2])

Ich habe von dem stehengebliebenen Nordteil der Kathedrale von Argina schon Seite 194 gesprochen. Hier sei dazu die Abbildung 604 gegeben. Es scheint sich danach um eine Kuppelhalle zu handeln, die Träger im Spitzbogen aufwies, also wie die Kathedrale von Ani. Daneben wie dort der Rundbogen. Ein großes Fenster, nur wenig verjüngt, führte Licht zu. Rechts im Osten der kleinere Nischenbogen, der vor dem Chorbau lag, links nach der Westwand zu ein breiterer Rundbogen, in beiden Nischen kleine Fenster. Quer vor diesem seitlichen Bogen das hochaufsteigende Tonnengewölbe, dessen Anstieg noch gut in dem Bogen an der Innenseite der Eingangswand erhalten ist. Alles als reinste Architektur ohne reicheren Schmuck ausgeführt. Nur an den Kämpferfriesen über den Pfeilerbündeln wird Zier sichtbar. Die Apsisseite ist samt der zweiten Hälfte des Baues eingestürzt, die riesigen Trümmer sind sauber aufgeräumt.

2. Die Kathedrale von Ani. Oben Seite 56 f. wurde die Gründungsinschrift vorgeführt. Sie wird ergänzt von Stephan von Taron durch die Nennung des Schöpfers, des Oberarchitekten Trdat. Stephan bestätigt aber an einer anderen Stelle geradezu wortgetreu, was die Bauinschrift meldet.

[1]) Gelzer-B. übersetzen »Säulen«.

[2]) Es hat sich noch kein Fachmann mit der armenischen Bauterminologie beschäftigt. P. Mesrop übersetzt die Stelle: »In demselben Dorfe baute er die hl. Kathedralkirche aus behauenen Steinen, starren Säulen (Steinblöcken) zu einer gewölbten himmelgleichen Kuppel. Ferner (baute er) noch drei andere Kirchen in gleichförmigen, wunderschönen, prächtigen Konstruktionen und schmückte sie mit herrlichen, purpurgeblümten, goldgestickten Webereien, (angepaßt) dem Gold- und Silberschmuck und dem Glanze der lichtstrahlenden Gefäße«. Asoghik, Geschichte. II, 9 (arm. S. 185). Vgl. wegen der »Mosaiken« auch oben, S. 297.

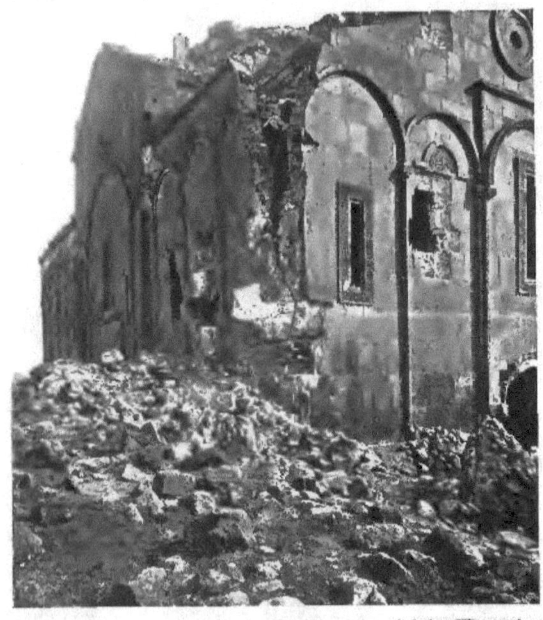

Aufnahme Thoramanian.
Abb. 605. Ani, Kathedrale: Nordwestecke.

II, 30 (Gelzer-B., S. 195) erzählt er im Anschluß an die Nachricht vom Tode Smbats im Jahre 438 (989 n. Chr.) und die Thronbesteigung seines Bruders Gagik (989—1020) in Ani: »Aber sein Weib, die Königin Katramide, die fromm war, die Tochter Wasaks, des Fürsten von Siunik, baute die Kirche, zu der Smbat (noch) den Grund gelegt hatte, mit einer alles überstrahlenden Pracht aus, indem sie die sehr hohen Bogen mit einer himmelgleichen Kuppel wölbte; auch stattete sie dieselbe aus mit dem purpurgeblümten Schmucke golddurchwirkter und bunter Gewebe sowie mit silbernen und goldenen Gefäßen und mit der helleuchtenden Pracht der (verschiedenen) Gefäße, durch welche die heilige Katholikatskirche der Stadt Ani gleich dem Himmelsgewölbe leuchtete«. Ich ergänze die oben Seite 22 f., 185 f. gegebene Vorführung, wozu Seite 317 der Schmuck der Dienste, Seite 327 ein Fenster, Seite 507 eine Einzelheit der Bündelpfeiler, Seite 510 und 560 solche von den Dreieckschlitzen, Seite 512 und 517 f. Aufnahmen der Schauseiten und Tore kommen noch durch zwei Abbildungen, von denen die eine (Abb. 605) zwischen Abbildung 223 und 564 hineingehört und die vom Kuppeleinsturz zerstörte Nordwestecke mit dem Trümmerschutt davor und den beiden angrenzenden Schauseiten, die andere (Abb. 606) aber eine Gesamtaufnahme des Nordtores (Abb. 565) zeigt, dessen ⊓-förmiger Aufsatz bei der Besprechung auf Seite 524 nicht genügend anschaulich belegt war. Auch Tür und Tor selbst (Abb. 505) kommen nämlich nur im Zusammenwirken mit den tiefschattenden Dreieckschlitzen daneben eindrucksvoll zur Geltung.

3. Haghbat, Kreuzkirche. In seiner Monographie von 1863 über die beiden Klöster Haghbat und Sanahin[1]) berichtet Brosset (russisch): »Als Architekten dieses bedeutenden Gebäudes nimmt man den bekannten Trdat an, der berühmt war in der Kunst vom Ende des 10. und dem Anfange des 11. Jahrhunderts, der auch die große Kathedrale in der Stadt Ani errichtete und eine andere, die bekannte Kirche in Argina am Patriarchensitze, in der Zeit des Patriarchen Chatschik, ebenfalls einen bedeutenden Bau, der keinem zweiten in der Kunst nachsteht.« Grimm[2]) wiederholt diese Nachricht: »L'église principale d'Haghbat, sous l'invocation de la Sainte Croix, a été commencé sous Achot-le-Miséricordieux, qui mourut en 977, et achevée en 991 à ce que l'on croit, par Trdat qui fut aussi l'architecte de la cathédrale d'Ani; endomagée par un tremblement de terre, elle fut réparée en 1016 par un certain prince Honavar«.

Den Grundriß der Kreuzkirche von Haghbat haben Grimm 1864 und Grimm 1904 veröffentlicht (Abb. 608). Sie ist von jüngeren Bauten eingeschlossen, so kam der Zamatun erst 1183 dazu. Ich betrachte nur die Kuppelhalle selbst. Die Pfeiler stehen fast frei wie in Ani, sind lediglich durch Arme mit den Außenwänden verbunden, nicht eigentlich mit ihnen verwachsen. An der Stelle ihrer Abzweigung die typischen Dreieckschlitze. Die Pfeiler lösen sich in überreiche Bündel auf, die den mehrfach abgestuften kuppeltragenden Bogen entsprechen. In den Ecken vier abgesonderte Kapellen,

[1]) Description des monastères arméniens d'Haghbat et Sanahin (Mémoires de l'académie imp. des sciences de St.-Pétersbourg VII. Serie, Tome VI, Nr. 6), S. 3.

[2]) »Monuments d'Architecture« (1864), S. 6.

lediglich durch sehr verschieden angelegte Türen mit dem Hauptraum verbunden. Daß die Kuppel als Raum und Masse mächtig den Ausschlag gibt, bezeugt die Außenansicht des Klosters (Abb. 607) und die oben Seite 313 gegebene Aufnahme mit den Dachverkreuzungen, aus denen sie sich heraushebt. Sie unterscheidet sich sehr wesentlich von der Art, wie wir uns die Kuppel der Kathedrale von Ani vorstellen dürfen[1]). Vielleicht ist sie nach dem Erdbeben von 1016 erneut worden[2]). Genauere Untersuchungen fehlen. Immerhin wird ein Blick auf die Einzelheiten der Abbildungen zeigen, daß der Nachdruck der künstlerischen Leistung keinesfalls auf das Äußere gelegt ist.

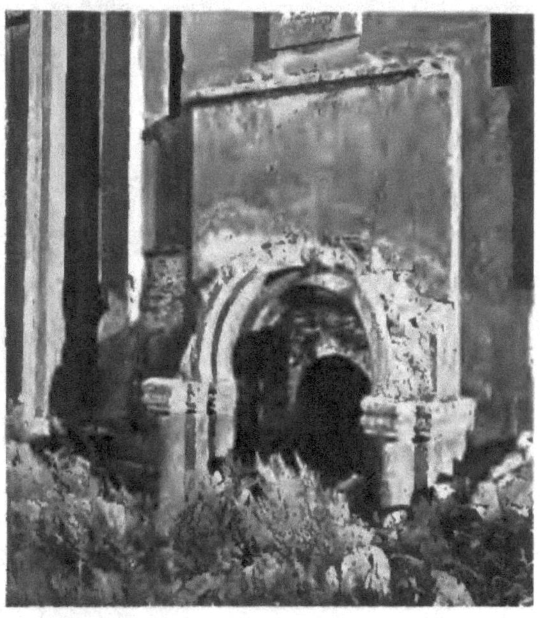

Aufnahme Nahapetian.

Abb. 606. Ani, Kathedrale: Nordtor.

4. Die Wiederherstellung der Sophienkirche in Konstantinopel. Sie findet statt nach dem Erdbeben von 989, nach griechischer Zählung von 986[3]). Darüber berichten zunächst griechische Quellen, freilich ohne Trdat zu nennen. So Leo Diac. X, 10[4]): »Bei Anbruch des Abends, an dem man das Gedächtnis des großen Märtyrers Demetrius zu feiern pflegte, geschah ein Erdbeben, wie kein anderes in diesen Zeiten stattgefunden hat ... Aber nicht dies allein, sondern auch jene Hemisphäre der Kuppel der großen Kirche mit dem westlichen Tragbogen warf es herab und zu Boden, welche Kaiser Basilius in sechs Jahren wieder baute.« Cedren II, 438: »In der 15. Indiktion aber des Jahres 6494 im Monat Oktober geschah ein großes Erdbeben und es stürzten viele Häuser und Kirchen ein und ein Teil der Kuppel der großen Kirche Gottes, die der Kaiser freigebig wieder herstellte, indem er bloß auf die Gerüste, auf denen die Bauleute standen, um das heraufgeschaffte Material in Empfang zu nehmen und das Eingestürzte zu bauen, zehn Centenarien verwendete.« Konstantin Porphyrogennetos, Basiliken 54, erzählt[5]), Basilius Makedon (867—886) habe den westlichen Bogen, der stark gerissen war und in nicht langer Zeit einzufallen drohte, fest und sicher gemacht, indem er ihn nach der Erfahrung der Baumeister mit Bändern versah und erneuerte. Er verschweigt also das Erdbeben ebenso wie Trdat und berichtet nur von dem neuen Mosaik der Muttergottes zwischen Petrus und Paulus.

Überblickt man diese Nachrichten, so erscheint die Katholikatskirche von Argina an der Spitze, dann der Beginn der Kathedrale von Ani vor 989, in welchem Jahre der Künstler in Konstantinopel bei Wieder-

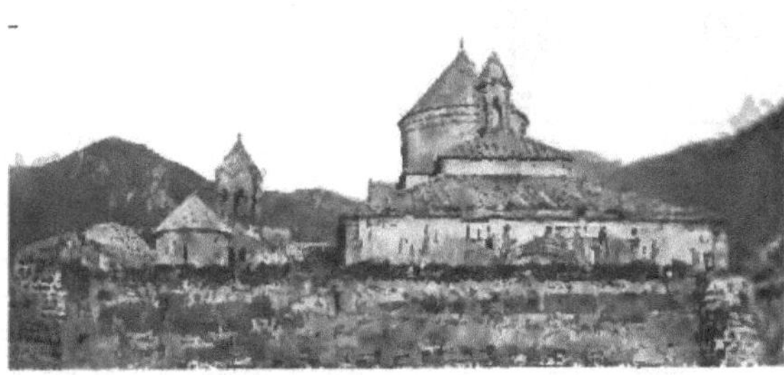

Abb. 607. Kloster Haghbat: Westansicht.

[1]) Vgl. Schnaase, III, S. 327.

[2]) Vgl. für die oberen Teile die Kuppel von 1035/1036 in Abb. 145.

[3]) Die Angaben schwanken. Unger, »Quellen«, S. 397, gibt an 987; Lethaby and Swainson, »The church of Sancta Sophia«, S. 123, 279 f. und ebenso Heisenberg, »Apostelkirche«, S. 146: 975. Vgl. Rivoira, »Arch. mus.«, S. 213.

[4]) (Ed. Bonn, S. 176). Nach der Übersetzung bei Unger, »Quellen der byzantinischen Kunstgeschichte«, S. 97, Nr. 223/24.

[5]) Unger, a. a. O., S. 59, Nr. 68.

herstellung der Sophia tätig ist. Ob er selbst noch die Kathedrale von Ani 1001 beendet, ist nirgends ausdrücklich gesagt. Woher die Nachricht von der Erbauung der Kreuzkirche in Achpat durch Trdat stammt, ist mir nicht bekannt. Man setzt sie gern in das Jahr 967. Dieser Bau würde dann an den Anfang zu stellen sein.

Heute, wo die Forschung völlig in den Anfängen steht und es sich darum handelt, zunächst nur Richtlinien zu ziehen, läßt sich über die künstlerische Persönlichkeit des Trdat kaum viel Greifbares sagen. Ich habe den Eindruck, als sei er es gewesen, der die in der älteren Kunst verstreut auftauchenden Züge, die an seiner Kathedrale den Eindruck des Nordischen (Gotischen) machen, aus einem innern Drange heraus zur Einheit zusammenschloß. Den Weg dazu mag er folgendermaßen gefunden haben.

Es war die Rede davon (S. 584), daß die Kirche (Kanon 182) schließlich nur eine Gattung als erlaubt gelten ließ, die Kuppelhalle. Man sehe nun die drei auf Trdat zurückgeführten Bauten an: es sind alle drei im Gegensatz zu Achthamar Kuppelhallen. Daraus könnte abzuleiten sein, daß Trdat versuchte, aus der Not eine Tugend zu machen, mit dem Zwang in der Gesamtform Freiheit im Einzelnen und innerhalb der Gattung das äußerste an Durchbildung der Ausstattung im Äußern und Innern zu vereinigen. Man wäre dann geneigt, die einfache bauliche Schöpfung an den Anfang, die Kathedrale von Ani an den Schluß seiner Tätigkeit zu setzen. Doch kann darüber nur die genaueste vergleichende Untersuchung an Ort und Stelle entscheiden. Man übersehe dabei nicht Marmaschen.

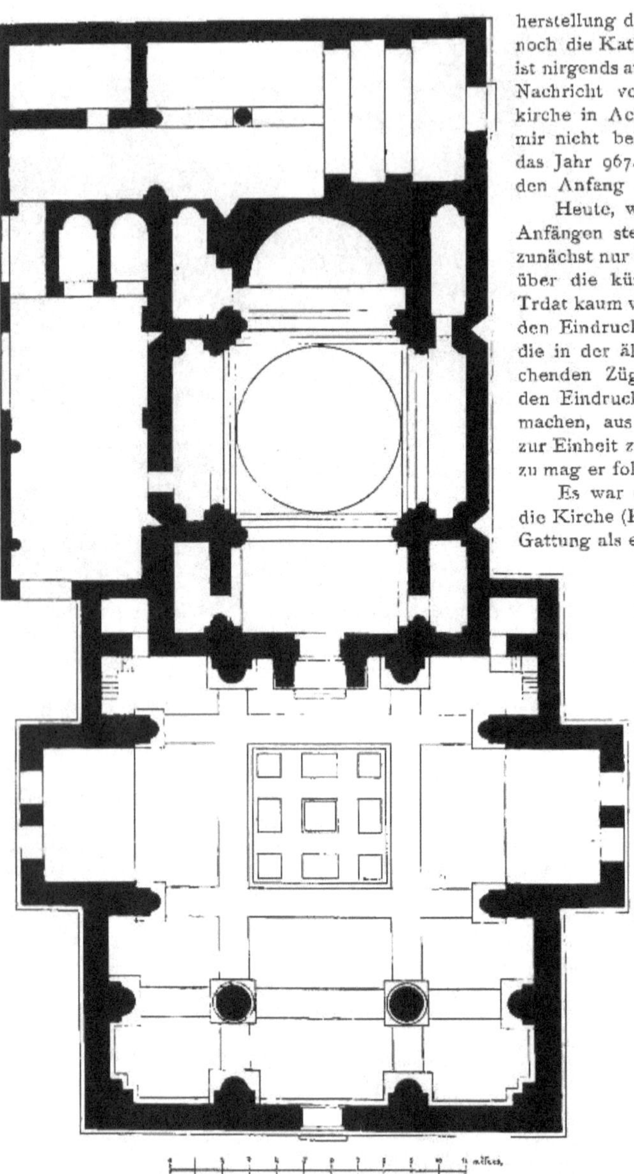

Abb. 608. Kloster Haghbat, Kreuzkirche: Grundriß. Aufnahme Grimm.

Der Zeit nach könnte Trdat der Schöpfer jener vom Hofe zu Konstantinopel in Chios, Daphni und Hosios Lukas erbauten Kirchen sein, die den armenischen Typus darin zeigen, daß sie in die Mitte ein Quadrat legen, das durch vier Trichternischen in die Kuppel übergeleitet und durch Nischen oder Tonnen verstrebt ist. Sein Aufenthalt in Kpel läßt eine solche Annahme möglich erscheinen. Als einen Mann des Fortschrittes mußte ihn der Zwang der Heimat nach auswärts drängen und er dort zu verwirklichen suchen, was ihm die armenische Kirche versagte: Bauten zu schaffen, die auch im Gesamtaufbau selbst eigene Wege gingen. Die heute noch im hellenischen Kreise nachweisbaren, um 1000 von Byzanz ausgehenden Klosterbauten sind ihrer Art nach armenischen Ursprunges und im Grundgedanken nicht die Schöpfung eines byzantinischen Hofkünstlers. Über die Bauform selbst »Amida«, Seite 176 f. und unten.

3. Der Armenier als Beschauer.

Im allgemeinen läßt sich sagen, daß die Armenier vor 1889 kaum eine Schätzung für ihre alten Denkmäler hatten, es sei denn antiquarische, wie etwa Alischan. Seither hat sich das wesentlich gebessert und eine Aufopferung wie sie von seiten Thoramanians (S. 7 f.) vorliegt, der ja trotz des Aufenthaltes in Europa Orientale geblieben ist, steht einzig da.

Uns beschäftigt hier nicht so sehr der Armenier von heute, wir fragen vielmehr, wie sich die Erbauer der Kirchen selbst und ihre Zeit zu diesen Schöpfungen gestellt haben. Denn das Urteil, das sie fällen, wird mehr für die urteilende Persönlichkeit, als sachlich für das Denkmal selbst bezeichnend sein. Ich greife z. B. Stephan von Taron heraus, einen geistlichen Schriftsteller (Mönch), der vom Patriarchen Ter-Sargis vor 1004 den Auftrag für sein Werk erhielt. Der Umkreis seines Kunstverständnisses reicht nicht weit. Ich drucke hier einige Stellen nebeneinander ab, soweit es sich um Bauten seiner eigenen Zeit handelt. III, 7 (Gelzer-B., S. 125) berichtet er über die Erbauung der Kathedrale von Kars (vgl. oben S. 80) »mit steinernen Säulen aus behauenen Granitblöcken und mit Kuppeln ringsherum, die in hellem Schmucke himmelsgleicher Bögen (prangten).« Diese Angaben fallen sehr auf gegenüber dem Nachsatze: »Er (Abas 928—951)[1]) baute auch noch die kleine Katholikatskirche von Ani[2]) und (die Kirche) des hl. Grigor im Stadtgefilde.« Hat Stephan die Kirche von Kars gesehen, die beiden in Ani aber vielleicht nicht? Denn »Säulen« aus behauenem Stein, Kuppeln und himmelgleiche Bogen hatten sie ebenso[3]). Fast genau die gleichen Worte verwendet er für den Bau der Kathedrale von Argina III, 9 (S. 136): »Und in demselben Dorfe baute er aus schön behauenen Steinen die hl. Kathedralkirche und stützte den gekuppelten, himmelgleichen Bogen durch Säulen.« Auch bei der Kathedrale von Ani erwähnt er (oben S. 592), daß Königin Katramide »die sehr hohen Bogen mit einer himmelgleichen Kuppel wölbte«. Die immer gleichen Phrasen bezeugen nur, daß sie ihm eben aus Mangel an richtigem Verständnis bequem waren. Es fällt schon sehr auf, wenn er von der Wiederholung der Zwarthnotzkirche durch Gagik in Ani sagt (oben S. 119): »Nachdem er die Fundamente von der Seite des Tales von Całkocodzor, an einer erhöhten Stelle gelegt hatte, leuchtete sie sehr lieblich für diejenigen, die sie sahen, mit großbehauenen, felsenähnlichen polierten Steinen, mit einem Streifen von Skulpturen geschmückt, mit ihren Fenstern, ihrer dreifachen Türöffnung und ihrer dem hohen Firmament des Himmels ähnlichen Wölbung einen prächtigen Anblick gewährend.« Man möchte glauben, er beschreibe am Schlusse seines Werkes einfach, was er beim Schreiben unmittelbar vor Augen hatte. Das Innere berührt er hier mit keinem Wort.

Mehr sachliche Angaben liefern Sebeos und Thomas Artsruni. Wir konnten daher von ihnen wiederholt mit dem Eindruck Gebrauch machen, Dinge zu erfahren, die Hand und Fuß haben. Auch sie beschreiben wie Stephan von Taron Geschehnisse der eigenen Zeit. Der Gegensatz, der sich zwischen der Höhe der baulichen Leistungen, die wir betrachteten, und dem Standpunkt des gleichzeitigen Schriftstellers geltend macht, bleibt immerhin auffallend. Anders Johannes Katholikos vor allem, wie schon Agathangelos und Faustus von Byzanz. Sie berichten über eine der Abfassung um ein oder mehrere Jahrhunderte voraus liegende Zeit und geraten, wenn sie nicht ganz offenkundig in kirchenpolitischer Absicht erfinden, ins Unbestimmte und berichten auf Grund des Wenigen, das wir heute schon nachprüfen können, falsch. Dabei liegt ihnen eine künstlerische Stellungnahme gänzlich fern.

[1]) Vgl. die Königsliste S. 600, wo die Regierungszeit 984—1029 angegeben ist. [2]) Die Apostelkirche. Vgl. oben S. 106. — [3]) Ich sehe davon, ob die Übersetzung richtig ist, ab.

Man bekommt auch von dieser Seite her die Überzeugung, daß die entscheidende Zeit für die Entstehung des Geistes, der die gesamte Entwicklung der christlichen Baukunst in Armenien beherrscht, am Anfange lag, d. h. das 4. Jahrhundert war. Aus dieser Zeit liegt leider nicht eine einzige Schriftquelle vor. Damals wirkte man Taten und schrieb nicht über sie. Agathangelos und Faustus strotzen schon von kirchlicher Einseitigkeit, die bildende Kunst ist ihnen ausschließlich Mittel zum Zweck, dazu ein gänzlich unverstandenes. In den vorchristlichen Jahrhunderten muß es besser gewesen sein, vgl. S. 275 wie man die Schönheit der Stadt zu schätzen wußte.

P. Nerses Dr. Akinian macht mich nach Kenntnisnahme meiner Arbeit darauf aufmerksam, daß die Blüte der Baukunst im 4. Jahrhundert mittelbar bestätigt werde durch die Reichhaltigkeit der Sprache des 5. Jahrhunderts an Worten, die sich auf das Bauen beziehen. Man lese z. B. die Beschreibung des salomonischen Tempelbaues 1 Könige 6—8 nach. Alle Schwierigkeiten werden in der Übersetzung spielend überwunden. Die klassische Sprache sei nicht nur reich an technischen Stammwörtern, sondern auch an Zusammensetzungen und Homonymen, was ein starkes Einleben in die bautechnische Tätigkeit verbürge. Es seien neben gmbeth, kamar (S. 634), choran (S. 224) hervorgehoben Worte wie kozak (Holzanker), chojak (Pfeiler mit Widderverzierungen), dschakat (Fassade), kiw (Bauecke), drandi (Türbogen), sem (Türschwelle), hark (Dach), erdik (flaches Dach), die drei Worte für Decke: arastach, zuk und dzeghun, zwei für Fenster: patuhan und luis idschuitzk, dann achaweghages für Kapitell, niuth und ataghdz für Baustoff u. a. m.

Der armenische Beschauer, wie wir ihn aus der Literatur kennen, ist geistig nicht aus den Kreisen hervorgegangen, die einst und laufend ihm seine Kunst gaben. Der Kuppelbau und das Christentum sind überdies nicht auf armenischem Boden gewachsen. Die Folge davon ist — wie im Norden überhaupt, zu dem ich die armenische Baukunst mehr zählen möchte, als z. B. die dorische — ein Geheimnisvolles, das dem altarmenischen Kunstwerk schon deshalb anhaftet, weil dem Beschauer keine bekannte Naturgestalt oder auch nur etwas entgegentritt, das in seinen Verhältnissen nach diesem Maßstab aufgebaut wäre. Da die armenische Kirche auch nicht wie der griechische Tempel aus einem bodenständigen Hausbau entstanden ist, so fehlt jede Grundlage einer einfachen Auseinandersetzung. Die Aussage eines armenischen Baumeisters über seine Kunst könnte allein Auskunft geben. Die Schrift des Wrthanes Kerthogh über die Hripsime (S. 92 f.) ist verloren gegangen. Des »seligen Ananias, des geistlichen Philosophen Lobreden über die Kathoghikekirche in Nor Kaghak, jetzt Wagharschapat genannt« aus dem 10. Jahrhundert, ist ausführlich, aber schwer verständlich und ohne eine klare Vorstellung von der Kirche zu geben[1]). Trotzdem wäre eine Übersetzung erwünscht.

Es begreift sich, wenn zwischen der Höhe des Kunstwerkes, das im vorliegenden Werke behandelt wird, und den Urteilen der erhaltenen armenischen Schriftsteller darüber im allgemeinen ein Abstand klafft, der einer völligen künstlerischen Unbildung gleichkommt. Dieses Rätsel löst sich auch wieder nur dadurch, daß die armenische Kirche in einer national bewegten Zeit entstand, die nach den wenigen Beispielen, die literarisch lediglich bei Moses von Chorene erhalten sind, dem geistigen Zustande nach eine hohe gewesen sein muß[2]). Der kirchliche Rückschlag des 5. Jahrhunderts brachte auch hierin einen Wandel hervor. Erst in dieser Zeit aber setzt die erhaltene armenische Literatur ein.

Das Verhältnis, das der Armenier im Laufe der Jahrhunderte zu den Denkmälern seines Landes einnahm, ist aus den Schriftquellen abzulesen. Dazu wird der Philologe und Historiker wertvolles Material beibringen können. Die Kunstgeschichte hat sich mit solchen Fragen kaum noch im Zusammenhange zu beschäftigen begonnen, obwohl ihre Lösung für die Beurteilung des geistigen Lebens der Jahrhunderte deutlichere Maßstäbe bieten würde, als manche politischen oder kirchlichen Parteigeschichten. Die Tatsache, daß Denkmäler bestehen, kann sehr leicht lediglich Schaustellung fremder Art durch die weltliche Macht (Salomo, Justinian) oder Überhebung der Kirche gegenüber der Einfalt religiösen Empfindens sein. Eine Kunst, die aus der nach einer höheren Welt dürstenden Volksseele entstanden, d. h. natürlich gewachsen ist, wird nicht nur in großsprecherischen Preisliedern von Bettlern um Hof- und Priestergunst besungen werden, sondern den starken Drang und tiefen Nachhall im Volksleben bei irgendeiner Gelegenheit deutlich erkennen lassen.

[1]) Gedruckt »Analekta«, Konstantinopel 1747, S. 441 f. und in der Zeitschrift »Dschrakagh«, Moskau 1859, S. 259 f.

[2]) Vgl. darüber Vetter »Die nat. Gesänge der alten Armenier« (Tübinger Theol. Quartalschrift. 76 (1894), S. 48 f. u. im dritten Buche.

Zwischen der altchristlichen Kirchenkunst Armeniens und den Berichten der Kirchenhistoriker klafft ein Widerspruch, der, scheint mir, darauf zurückzuführen ist, daß die bildende Kunst aus dem Volke entsprang und sich allen Bemühungen der Kirche gegenüber, sie in das syro-byzantinische Fahrwasser zu lenken, widerstandsfähig erwies, die Geschichte aber nachträglich von der Kirche gemacht und von dieser auch als Glaubenssache durchgesetzt wurde. So gestattet die bildende Kunst, die Aufstellungen der Kirche nachzuprüfen. Als sich im Jahre 451 ein Gegensatz zwischen Byzanz und Armenien herausbildete, war die kirchliche Satzung bereits durchgedrungen und die Grundlage, die die »Übersetzer« in der goldenen Zeit geschaffen hatten, nicht mehr zu ändern.

Seither ist die Kirchengeschichte der Armenier zum guten Teil ausgefüllt durch den Streit um das Chalcedonense, also um ein Dogma, d. h. kirchliche, nicht religiöse Fragen. Die Kunst wird davon zu ihrem Vorteil nur in einem Punkt, der Ausstattung der Kirchen durch Schmuck oder figürliche Malerei betroffen. In Armenien fiel glücklicherweise der Grund für die Ablenkung von rein künstlerischen Zielen weg: man brauchte keine Kunst zur Belehrung des Lesens unkundiger Beschauer[1]), stellte nicht dar, sondern baute und schmückte. Darin liegt die einzigartige Größe dieser der griechischen entgegengesetzten arischen Kunst, mit der sich dieses Buch beschäftigt. In der bildenden Kunst haben wir, glaube ich, wirklich den Armenier vor uns, nicht jene Macht, die ihn dogmatisch vergewaltigen wollte. Was hier für Armenien angenommen wird, gilt nicht gerade für viele Kunstströmungen.

Wenn der armenische Stifter sein Bauwerk um der Fürbitte willen, wie die Inschriften melden (S. 222 f.), darbringt, so ist damit auch sein Maßstab der Einschätzung des Kunstwerkes gegeben: Die Künstler hätten im Rahmen des im 4. Jahrhundert ehrwürdig Gewordenen durch Zeit und Gewohnheit Geheiligten zu schaffen. So erklärt sich für die Folge der Bauentwicklung die so überaus hohe Bedeutung des Grabes Gregors, die ich annehme, damit aber auch, wie zufällig die religiöse Bauform — und das gilt ja für die meisten Religionen — geworden ist. Was am Anfange Geltung gewann, wurde damit Gesetz, so die Basilika im Abendlande. Der spätere Versuch, diese andere, inzwischen am Mittelmeer gesetzmäßig gewordene Form in Armenien einzuführen, hatte nur den Erfolg, daß die Kirche nicht den reinen Kuppelbau, sondern die Verbindung mit der Längsrichtung, die Kuppelhalle, zur Leitform erklärte.

Ein Verständnis für den Ausdruckswert der Kuppel, etwa in dem Sinne, daß sie als Symbol des einen Gottes genommen wurde, hatten die Armenier kaum. Eine seltsame Stelle findet sich bei Thomas Artsruni III, § 36 (Brosset, I., S. 238). Er beschreibt dort den Palast des Gagik mit seinen Kuppeln und sagt: »Celui qui veut les contempler doit d'abord, comme pour faire honneur à un monarque, ôter la coiffure couvrant sa tête.« Die Kuppel fordert ihrem Wesen nach das Alleinherrschen; Thomas streift diese Empfindung, ohne daß behauptet werden soll, die feudalen Armenier hätten ursprünglich damit gerechnet. Aber vielleicht dringt diese Empfindung von Byzanz und Baghdad aus auch bei ihnen allmählich durch, wie sie Leonardo in Chambord und Bramante in St. Peter wohl bewußt anwendeten und der Barock in diesem Sinne mit ihr wirtschaftete[2]).

Auf den Armenier als Beschauer wirft es ein Streiflicht, wenn oben S. 32 f. festgestellt wird, er habe seine Kirchen als Archive in dem Sinne benützt, deren Wände im Äußern wie im Innern mit Inschriften zu überziehen, die zumeist nichts mit dem Bauen, dem Schmuck oder der engeren Bestimmung der Kirche als Gotteshaus zu tun haben, sondern lediglich Rechtsurkunden der Gemeinde bedeuten. Dabei mußte natürlich die ursprünglich auf künstlerische Werte eingestellte Empfindung schwinden und das Bauwerk schließlich wie der griechisch-römische Tempel eine unveränderliche Gestalt gewinnen, mit dem sich das Empfindungsleben lediglich als einer Stätte beschäftigte, an der man durch die Zeugenschaft der Inschriften ständig seiner Vertragsverpflichtungen Gott und Menschen gegenüber erinnert wurde. Damit wird allmählich auch der letzte Rest freier und damit künstlerisch gerichteter Religiosität geschwunden sein.

Diese Zeit setzt ein in dem Augenblicke, in dem das ursprünglich nur auf dem Papier stehende Gesetz des Kanon 182 tatsächlich durchgeführt und beachtet wurde. Wir sahen schon in Ani, daß der Masse von Kuppelhallen eine Reihe von Vier- bis Achtpässen gegenübersteht, die nichts Neues, sondern, wie die Apostelkirche und die Gregorkirche des Gagik zeigen, die Nachahmung der alten

[1]) Vgl. dazu den Nachklang bei Thomas über Achthamar oben S. 290 f.

[2]) Was von Frankl, »Entwicklungsphasen der neueren Baukunst«, der alle Inhaltswerte beiseite läßt, übersehen wird.

Heiligtümer von Wagharschapat, der Metropolis und von Zwarthnotz sind. Nach dem Jahre 1000 erst beginnt die ausschließliche Verwendung geradezu der Kuppelhalle und damit die Ödigkeit, die sich lediglich in einer häufig überladenen Verzierung auszuleben weiß. Inzwischen hatte ja auch die darstellende Kunst das freireligiöse Schaffen in die schauspielernde Auffassung der Kunst von Byzanz und Rom umgesetzt. Damit wird auch der Geschmack der Armenier allmählich eine Wandlung erfahren haben. Achthamar zeigt im Äußern die altchristliche vor Nilus liegende Art, im Innern jene Ausstattung, für die Nilus an dem Wendepunkte um 400 eintritt. Armenien war dauernd bei der alten Art geblieben — soweit es national gesinnt war.

Liste der Katholikoi der Armenier

(Nach einer Zusammenstellung von P. Nerses Akinian)

Aschtischat.

Gregor I., der Erleuchter 302—325
Aristakes I. 325—333
Wrthanes 333—341
Hussik I. 341—347
Paren 348—350
Schahak, Albianer 350—353
Nerses I. der Parther 353—373/4
Tschonak (Gegenkatholikos 359)
Hussik II. 374
Zaven, Albianer, Manazkert 374—377
Schahak, Albianer aus Kordschek 378—380
Aspurakes, Albianer 381—402

Wagharschapat.

Sahak I. der Parther 403—438, 7. September
Maschtotz, 407 Erfindung d. Schrift † 439, 18. Febr.
Surmak, Gegenkatholikos aus Artske, Albianer
Brkischo, Gegenkatholikos aus Artske, Albianer
Josef I., Priester in Siunik aus Hoghotzim 440—452
Melite aus Manazkert 452—456
Moses I. aus Manazkert 456—461

Dwin.

Giut aus Arahez in Taik 462?—472?
Kristaphor 472?—480
Johannes I., Mandakuni 480?—502?
Babgen aus Othmsu in Wanand 503?—510?
Samuel aus Artke 510?—521?
Musche aus Alaberd 521?—530
Sahak II. aus Ughk 530—538
Christaphor I. aus Tiraridsch 538/539—544/545
Ghewond I. aus Erast 545—548
Nerses II. aus Aschtarak 548—557
Johannes II. Gabeghian 557—574
Moses II. aus Eghiward 574—604

Dwin.

Johannes aus Bagaran (in Awan, Katholikos in Römisch-Armenien) 591—611
Wrthanes Kerthogh als Stellvertreter 604—607
Abraham I. aus Aghbathan 607, Apr. 30—611
Komitas aus Aghtzk 611—628
Christaphor II. Apahuni 628—630
Ezr I. aus Paraznakert 630—641
Nerses III. Schinogh aus Ischchan 641—661
Anastas I. aus Akori 661—667
Israyel aus Othmsu 667—677
Sahak III. aus Dzorapor 677—703
Eghia aus Ardschesch 703—717
Johannes III. Philosoph aus Odzun 717—728?
Konzil von Manazkert 726
David I. aus Aramonk 728—741
Trdat I. aus Othmsu 741—764
Trdat II. aus Dasnawork 794—767
Sion I. aus Bawonk 767—775
Essai I. aus Eghipatrusch 775—788
Stephanos I. aus Dwin 788—790
Hovab (Job) 790—791 (6 Monate)
Soghomon I. aus Garni 791—792
Georg I. aus Oschakan 792—795
Joseph II. aus Parpi 795—806
David II. aus Kakagh 806—833
Johannes IV. aus Owaik 833—855
Zacharia I. aus Dzag 855—877
Georg II. aus Garni 877—898
Maschtotz I. aus Eghiward 898—899 (13. Okt.)
Johannes V. (der Geschichtschreiber) aus Draschanakert 899—931

Achthamar.

Stephanos II. aus Rschtunik' 931—932
Theodoros I. aus Rschtunik' 932—938

Achthamar.

Eghische I. aus Rschtunik' 938—943

Argina.

Anania aus Mokk (gewählt in Achthamar, Sitz seit 959 in Argina) 943—965

Vahan I. aus Siunik, gewählt 965, abgesetzt 967, † 972 in Wan

Stephanos III. aus Sewan 967—972

Chatschik I. aus Arscharunik 972—992

Ani.

Sargis I. aus Sewan 992, abgesetzt 1019, † 1022

Petrus I. 1019—1054

Deoskorus aus Sanahin, Gegenkatholikos, 1036—1038, 6. Jänner

Chatschik aus Ani als Coadjutor 1049—1054

Chatschik II. als Katholikos 1054—1060

Sedisvakanz 1060—1065

Gregor II. Wkayaser (früher Vahram genannt, Sohn des Gregor Magistros († um 1058) 1065—1105, 3. Juni

Georg III. aus Lori als Coadjutor 1069—1072

Honi.

Sargis, Neffe des Petrus, Gegenkatholikos, 1076—1077

Theodoras, Gegenkatholikos, 1077, abgesetzt 1090

Barsegh aus Ani, Neffe von Gregor II., als Coadjutor 1081—1105

Marasch.

Poghos aus Warag, Gegenkatholikos, 1085—1087, † 1091

Barsegh aus Ani als Katholikos 1105—1113

Übersiedelung nach Kilikien

Tsowk.

Gregor III., Neffe von Gregor II. 1113—1166, Juli

Hrom-Kla.

Nerses IV., Bruder von Gregor III, 1166 17. April—1173 13. August

Hrom-Kla.

Gregor IV. Tgha, Neffe von Nerses IV., 1173—1193 16. Mai (Brudersohn)

Gregor V. (Wahram, genannt Karawez, Neffe von Gregor IV., 1193—1194 (Schwestersohn)

Gregor VI., Neffe von Nerses IV., 1194—1203 (Brudersohn)

Barsegh II. aus Ani, Gegenkatholikos, 1195—1206

Johannes VI., »Metsabaro«, 1203—1221

Anania aus Sebastea, Gegenkatholikos in Sebastea, 1204—1207

David III. aus Arkakaghni, Coadjutor in Sis, 1204—1206

Konstantin I. aus Bardzrberd 1221—1267, 9. April

Jakob I. aus Hrom-Kla 1267—1287

Konstantin II. aus Katuk, genannt Cesarcer, 1287 5. April—1289 abgesetzt

Stephanos III. aus Chach (bei Erzindjan) 1290—1293

1292 Eroberung Hrom-Klas durch die Seldschuken

Sis.

Gregor VII. Anawarzetzi aus Anarzaba 1293—1307

Konstantin III. aus Cesarea 1307, 19. März—1322

Konstantin IV. aus Lambron 1322—1326

Jakob II., Neffe von Gregor VII., 1327—1341 (Schwestersohn)

Mchithar I. aus Grner 1341—1355

Jakob II. nochmals 1355—1359

Mesrop I. aus Artaz 1359—1372

Konstantin V. aus Lambron 1372—1380, 15. August

Theodoros II. 1381, 1. Jänner—1392

Karapet II. aus Kghi »Bobik« 1393—1408

Jakob III. 1408, 1. November—1412

Gregor VIII. »Chandzoghat« 1412—1416 abgesetzt († 1420)

Paul I. aus Garni (Patriarch von Jerusalem) 1416—1429

Konstantin VI. aus Wahka 1429—1439

Gregor IX. Musabegean 1439—1441 abgesetzt

Katholikosat von Achthamar

David I. 1113—1165?

Stephanos I. 1165—1185?

Anonymi 1185—1250

Stephanos II. —1272

Stephanos III. 1272—1296

Zacharia I. 1296—1336

Stephanos IV. 1336—1346

David II. 1346—1368

Zacharia II. 1369—1393

David III. 1393—1433

Zacharia III. 1433—1464

Könige der Armenier

Artasches I. 190—161 v. Chr.
Artawazd I. 160—96
Tigran I. 160—96
Tigran II. der Große 95—55
Artawazd II. 55—34, † 30
Artasches II. 34—20
Tigran III. 20—19
Tigran IV. und seine Gemahlin Erato 19—1

Ariobarzan (Medier) 2—3 n. Chr.
Artawazd III. (Medier) 3—vor 11
Tigran V. (Jude) 11—13
Erato zum zweitenmal (Arm.) 14—15
Vonon (Parthe) 16—17
Artasches III. (Pontier) 18—34
Arschak I. (Parthe) um 34
Mihrdat (Georgier) 35—51
Hradamizd (Georgier) 51—52

Arsakiden

Trdat I. (wirklich von 52 an) 66—75
Tigran VI. (Jude) um 60—61
Sanatruk zwischen 75—110
Aschchadar 110
Parthamasir 110—115

Armenien römische Provinz 115/116

Vagharsch 116—140/143
Soyem aus Emesa 140/143—160
Bakur 160—163
Soyem zum zweitenmal 164—185
Anonym, Vater Trdats II. 216
Trdat II. 217—222
Chosrov I. 222—250

Persischer Einfluß 250—287

Trdat III. der Große 287—336/337
Chosrov II. 337—342
Tiran 342—350
Arschak II. 350—367
Pap 368—374
Varazdat 374—377
Interregnum: Artavan-Suren, Manuel Mamikonier, Zarmandukht, Königin 377—378
Arschak III., Vagharschak 378—386

Zweiteilung Armeniens 387 [1])

Chosrov III. 383—391
Vramschapuh 391—414
Schapuh der Perser 415—419
Interregnum 419—422
Artasches IV. 422—425

Bagraditen

Aschot I. (859) 886—890
Smbat I. 890—914
Aschot II. Schahnschah 914—928
Aschot (III.) Feldherr 921—936
Abas 928—952
Aschot III. 952—977
Smbat II. 976—989
Gagik I. Schahnschah 990—1020
Johannes Smbat 1020—1040
Aschot IV. 1021—1039
Gagik II. 1042—1045, † 1079

Bagraditen in Kars

Muschegh 962—984
Abas 984—1029
Gagik 1029—1064

Artsruniden in Waspurakan

Aschot I. 835—874
Gregor Derenik 874—886
Sargis Aschot II. 886—904
Chatschik Gagik 904—938
Derenik Aschot III. 938—953
Apusahl I. Hamazasp 953—972
Aschot IV. Sahak 992—983
Gurgen Chatschik 983—1003
Senekerim Johannes 1003—1027
David 1027—1037
Atom und Apusahl II. 1037—1080

[1]) Nach Güterbock »Römisch-Armenien und die römischen Satrapien im 4. bis 6. Jahrhundert« in der Festgabe der Königsberger juristischen Fakultät zum Doktorjubiläum für Geheimrat Dr. Th. Schirmer. Königsberg i. Pr. 1900.

DRITTES BUCH:

GESCHICHTE

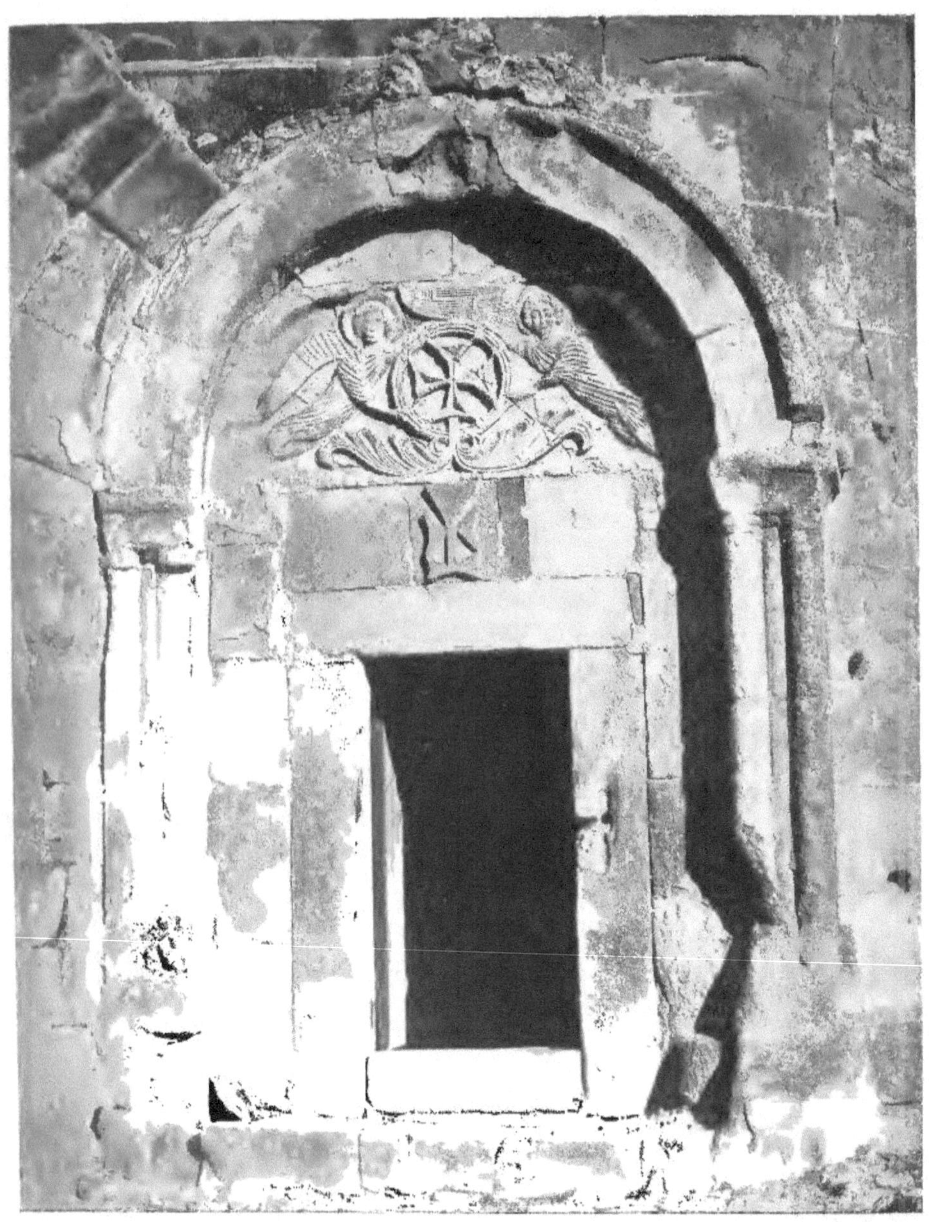

Abb. 609. Mzchet, Kreuzkirche, Eingang der Südseite: Siegeskreuz. Aufnahme Jermakov 2694.

Einleitung.

Es ist für jemanden, der als Fachmann der bildenden Kunst sich nicht zeitlebens mit dem armenischen Kulturkreise beschäftigt hat, schwer, diesen unerläßlich notwendigen Abschnitt zu schreiben. Meiner Überzeugung nach muß ich diesen Versuch dennoch wagen, will ich die Tat nicht auf halbem Wege unvollendet lassen. Schließlich habe ich ja einen Maßstab, eben mein eigenes Fach, die Forschung über bildende Kunst, wirklich aus langjähriger Erfahrung in der Hand und als gute Freunde die Wiener Mechitaristen zur Seite, die mich auf sprachlichem Gebiete gern beraten. Ich muß hier zum mindesten zeigen, in welcher Richtung sich die geschichtlichen Probleme der altarmenischen Baukunst meines Erachtens bewegen. Mag ich auch fehlgehen, so ist der Widerspruch immer noch wünschenswerter als das unfruchtbare Totschweigen der entscheidenden Frage nach dem tatsächlichen Werden dessen, was war.

Es soll der Versuch gemacht werden, die im ersten Buch aufgewiesenen Denkmäler und die Ergebnisse der im zweiten daraufhin angestellten Wesensuntersuchung mit den allgemein-geschichtlichen Tatsachen in Einklang zu bringen. Bisher wurde jede Regung, die Geschichte Armeniens zusammenhängend heranzuziehen und was wir in den Denkmälern sahen, mit ihr zu verbinden, unterdrückt, um die kunstgeschichtliche Forschung durchaus auf eigene Füße, d. h. die Ergebnisse auf einen Boden zu stellen, der lediglich aus den Denkmälern selbst gewonnen war. Es ist selbstverständlich, daß bei dieser nach meiner Überzeugung bei einem selbständigen Fache einzig zulässigen Art des Vorgehens nicht ohne weiteres das Gleiche herauskommen muß wie in der bisherigen, lediglich auf der Sprachkenntnis aufgebauten Geschichtsforschung, die aus ihren Quellen ebenso Annahmen gemacht und sich eine Gesamtauffassung zurechtgelegt hat, wie ich es hier der einen Kulturwesenheit »Bildende Kunst« gegenüber getan habe. Die politische und Kirchengeschichte stand dabei im Vordergrunde, vom künstlerischen Standpunkt ist der armenische Volksgeist nie behandelt worden, aus dem sehr einfachen Grunde, weil seine geistige Betätigung im Wege der Sprache eben kaum über den geschichtlichen Bericht hinaus bearbeitet worden und die vorchristliche Dichtung leider zugrunde gegangen ist[1]). Die bildende Kunst allein läßt durch die reichlich erhaltenen Denkmäler Rückschlüsse auf die Volksseele des 4. Jahrhunderts tun. Es ist kaum zu erwarten, daß da gleich alles mit der bisherigen Geschichtsauffassung stimme. Tatsächlich besteht denn auch zwischen meinen Ergebnissen und den landläufigen Anschauungen über Werden und Entwicklung der altchristlichen Kultur Armeniens ein so tiefgehender Unterschied, daß sich ein Einklang kaum ohne weiteres herstellen lassen dürfte. Er ist so groß, daß ich nicht gewagt hätte, die selbständig gewonnene Einsicht in diesem geschichtlichen Schlußabschnitte zu verwerten, wenn mir nicht der 1895 leider an schwer zugänglicher Stelle abgedruckte Aufsatz von Gelzer »Die Anfänge der armenischen Kirche«[2]) zur rechten Zeit den Mut gegeben hätte. Gelzer hat, was mir die anschaulichen Quellen sagten, schon aus der Literatur herausgelesen.

Der armenische Kirchenbau ruht auf ausgesprochen iranischen Grundlagen, hatte im 4. Jahr-

[1]) Vgl. S 596 und unten.

[2]) Berichte der sächs. Ges. d. Wiss. zu Leipzig, phil.-hist. Kl., XLVII, S. 109 f.

39*

hundert mit dem Syrischen und Griechischen gar nichts zu tun. Wenn man liest, wie sich z. B. Finck[1]) im Anschluß an die Erscheinungen des goldenen Zeitalters der Literatur im 5. Jahrhundert das Werden der christlichen Kultur der Armenier vorstellt, so wäre es lediglich das Auflehnen gegen die syrische Umklammerung und ein absichtliches Anlehnen an die griechischen Kirchenväter, das zur Schaffung des armenischen Schrifttums geführt hätte; das Arsakidische selbst bleibt ganz aus dem Spiele. Dabei ist Voraussetzung, daß es wohl ein syrisches und griechisches, dagegen kein eigentlich arsakidisches Christentum gegeben habe. Den Kunsthistoriker drängt dagegen vieles darauf hin, ein solches anzunehmen und es nicht einfach mit dem syrischen zusammenzuwerfen[2]). Er muß sich ferner wundern, daß z. B. Weber in der Bearbeitung der Anfänge der armenischen Kirche auf diese Frage keine Rücksicht nahm[3]). Er hat eben den Kirchenbau vollständig außer acht gelassen. Man stelle sich einmal vor, daß ein christlicher Archäologe die Geschichte der abendländischen Kirche ohne Berücksichtigung der Bauform der Basilika schreiben wollte! Auch da macht eben der Standpunkt den Wert der Geschichtschreibung aus. Ich glaube fast, Weber wollte Gelzer vergessen machen.

Bevor ich nun auf die Frage nach der iranischen Kirchenform eingehe, muß vorerst die Möglichkeit erwogen werden, ob nicht schon die heidnische Zeit in Armenien Bauten von der Art des späteren Kirchenbaues gezeitigt haben kann. Oben Seite 361 f. wurde ausgeführt, daß die Kuppel mit Trichternischen über dem Quadrat auch im Palastbau Südpersiens vorkomme und mit aller Wahrscheinlichkeit auf das östliche Iran, Churasan etwa, zurückzuleiten sei. Wie, wenn es in der Geschichte von Armenien Anzeichen genug gäbe, die auf diese Entwicklungsrichtung hinweisen?

Dabei wird freilich mit einer beliebten Vorstellung zu brechen sein, die zuletzt Rivoira, »Architettura musulmana«, Seite 203 f., vertritt (vgl. oben S. 353): Moses von Chorene (den er übrigens in die zweite Hälfte des 4. Jahrhunderts setzt)[4]), erzähle, II, 59 (Lauer, S. 117), daß die Künste und Wissenschaften in Armenien zwischen 78 und 120 n. Chr.[5]) eingeführt worden seien. Man müsse daher annehmen, die Armenier wären um die Zeit des Tiridates (287—336/37) und Gregor (302—325) nicht fern davon gewesen, halbe Barbaren zu sein, daher unfähig, Baumeister zu liefern oder gar in der Art der Kathedrale von Edschmiatsin zu bauen. So sei denn auch Garni nicht von armenischer Hand errichtet. Gewiß nicht, denn es ist ja ausgesprochen römisch-syrisch (S. 342 f.). Aber damit den Bestand einer von Rom unabhängigen, armenischen Kunst leugnen wollen, heißt doch das Kind mit dem Bade ausgießen. Moses von Chorene sieht um 640 oder noch später die Dinge in der Art seiner Quellen, d. h. vom Mittelmeerstandpunkte, beurteilt also die Armenier als Erster so, wie sie es vom Abendlande seither zu allen Zeiten gewohnt sind. Das vorliegende Buch will dieser falschen Geschichtsauffassung mit aller Entschiedenheit entgegentreten. Ganz abgesehen übrigens von dem Märchen an sich, das Moses von Chorene auftischt, spricht er an der angeführten Stelle gar nicht von bildender Kunst, sondern von »arwest«, d. h. von Zivilisation im Allgemeinen und den technischen Fertigkeiten im Besonderen.

Der Krieg hat darüber belehrt, was man unter Umständen mit der Bezeichnung »Barbar« meint. Die Armenier des 4. Jahrhunderts waren es, wie die Iranier überhaupt, im gleichen Sinne wie heute nach dem Feldgeschrei der Feinde die Deutschen und Deutschösterreicher. Sie hatten zu der Zeit, als das Christentum bei ihnen auftrat und dann um 300 ihre Staatsreligion wurde, noch völkische Urkraft und wehrten sich bald dagegen, diese gegen die Treibhauskultur der Griechen bzw. Syrer und Südperser aufzugeben. Wenn auf irgendeinem Gebiete, so zeigt sich auf dem der bildenden Kunst, was wir, Europa, dieser arischen Volkskraft zu danken haben.

Mit der von Moses von Chorene aufgebrachten Geschichtsauffassung hängt die bisher übliche geschichtliche Gliederung des Denkmälerstoffes zusammen. Thoramanian unterscheidet in seinen »Epochen der armenischen Architektur«[6]) vier Abschnitte der Entwicklung. Der erste umfasse das 5. und 6. Jahrhundert, der zweite gehe vom Ende des 6. Jahrhunderts bis 650 ungefähr. Dann folge

[1]) »Geschichte der armenischen Literatur«, 1909 (Literaturen des Ostens, VII, 2), S. 75 f.

[2]) Vgl. auch meinen Aufsatz »Die sasanidische Kirche und ihre Ausstattung«, Monatshefte für Kunstwissenschaft, VIII (1915), S. 349 f.

[3]) »Die katholische Kirche in Armenien«, Freiburg, 1903.

[4]) Vgl. oben S. 54 und Krumbacher S. 406 (Gelzer).

[5]) Die Zahlen stammen vom falschen Ansatz des ersten arsakidischen Königs. Vgl. die Liste S. 600.

[6]) In der armenischen Zeitschrift »Anahit«, Paris 1911.

eine Pause von etwa 300 Jahren (650—950). Die dritte, die Bagratidenepoche, dauere vom Anfange des 10. Jahrhunderts bis zum Jahre 1040. Dann folge eine zweite Unterbrechung von 150 Jahren. Erst mit dem Jahre 1198 beginne die vierte, die Zacharidenepoche und dauere bis etwa 1400. Ich scheide diesen letzten Abschnitt im vorliegenden Buche ganz aus, behandle nur die Kunst bis zur Eroberung durch die Seldschuken (1056). Leider kann ich mit Thoramanian in einem Hauptpunkte nicht übereinstimmen, darin nämlich, das 4. Jahrhundert auszuschalten. Ich nehme vielmehr an, daß gerade damals die eigentlich ausschlaggebende Strömung, die nationale, in der bildenden Kunst so fest Wurzel schlug, daß sie durch keine Gegenbewegung mehr verdrängt werden, vielmehr nur durch dieses frühe Ausreifen dann nach den Jahrhunderten, in denen die Kirche Anschluß an den Westen suchte, dem 5. und 6., erst recht wieder obenauf kommen konnte. In der arabischen Zeit, wie man die erste Bewegung des Islams gern bezeichnet, tritt in Armenien wohl die Kirche zurück, nicht aber der nationale Adel. Er hält die Kunstentwicklung so aufrecht, daß ich keine Pause von 300 Jahren in dem schroffen Sinne wie Thoramanian gelten lassen kann. Dann erfolgt die Blüte unter den Bagratiden und der byzantinische Schluß, der von der seldschukischen Eroberung abgelöst wird. Nach diesen Überlegungen teile ich nachfolgend ein und lege dabei das Hauptgewicht auf die weitaus entscheidenden Anfänge. Da ich die arischen bzw. ostiranischen Voraussetzungen der armenischen Kultur auch noch in christlicher Zeit für ausschlaggebend ansehe, sende ich überdies zwei Abschnitte über die vorchristliche Zeit voraus.

Welt und Mensch, wie sie den Begriff »Armenien« ausmachen und in der Seele des schaffenden Künstlers anschaulich lebendig wurden[1]), sind an gewisse Bodeneigentümlichkeiten gebunden, die klargestellt sein müssen, bevor an die Betrachtung der Geschicke des Volkes selbst herangetreten werden kann. Wenn es auch heute keinen armenischen Staat im vollen Umfange gibt — möge er noch wie die Ukraina als Zwischenstaat nach Iran hin entstehen! — so zeugen doch die bisherigen Bezeichnungen »Russich-, Türkisch- und Persisch-Armenien« für die Einheitlichkeit eines Volkes, das aus der eigentümlichen Natur eines als Einheit abgrenzbaren Gebietes sein Wesen, seine geistigen und rein künstlerischen Formen erhielt. Die Dreiteilung lehrt aber auch von vornherein, daß die innere Einheit nicht immer stark genug war, als solche nach außen hin in Wirksamkeit zu treten, das jeweilige Erstarken einer der umliegenden Mächte vielmehr immer wieder ein Eingreifen in die Schicksale dieser Einheit mit sich brachte. Diese beiden Gründe, die innere Einheit und die jeweilige äußere Abhängigkeit sind die Angelpunkte des geschichtlichen Lebens von Armenien. Ihre Voraussetzungen, die Eigennatur und die natürliche Stellung dieses Landes zu seiner Umgebung erweisen gerade in den Kunstdenkmälern ihre stärkste Wirksamkeit. Daher wird nachfolgend als Einleitung der Versuch gemacht, die Volksseele aus den geographischen Voraussetzungen darzustellen. Das Hochlandsgepräge, die tief einschneidenden Flußtäler und vor allem die oasenhafte Sonderung der einzelnen Siedlungsgebiete haben das Entstehen jener Voraussetzungen verhindert, die eine von Anfang an selbständige Entwicklung geistigen Lebens ermöglicht hätten. Es wird daher nicht wundernehmen, wenn von vornherein die Macht, sei es die weltliche oder kirchliche, die beide von auswärts in Armenien eindrangen und dort auf das Engste mit dem Volke verschmolzen, als Träger der Kunstformen auftreten und mit ihnen fremder Einschlag im Lande Eingang fand. Daß das Ostarische dabei von allem Anfang an und schließlich nach Überwindung des Griechisch-Syrischen für immer in der bildenden Kunst den Ausschlag gab, sollte nicht unbeachtet bleiben.

Ich muß nochmals betonen, daß der nachfolgende Versuch unternommen wird, weil er hier gemacht werden muß. Die Geschichte Armeniens in christlicher Zeit ist unter dem Gesichtspunkte der Beachtung aller Lebenswesenheiten kaum durchgearbeitet. Gelzer hat für die Anfänge Bahn gebrochen, für die Bagratidenzeit nahm dann Hagop Topdschian einen Anlauf, indem er für Aschot I. (886—896) und Smbat I. (890—914) neben der politischen und Kirchengeschichte auch die inneren Verhältnisse: Verwaltung, Münz- und Steuerwesen, Militär, Handel, Industrie und Landwirtschaft behandelt hat[2]). Mit solchen Untersuchungen wird der Kunstforscher der Zukunft zu rechnen haben. Meine schwache Kraft reicht dafür nicht aus. Ich habe mich bemüht, wenigstens für die entscheidenden Anfänge tiefer zu greifen, für die spätere Zeit konnte ich nicht mehr bieten als einen allgemeinen Überblick. Mir kommt es eigentlich nur auf das 4. bis 6. Jahrhundert an.

[1]) Vgl. oben S. 206 und den Abschnitt S. 572 f. über den Inhalt.

[2]) Mitteilungen des Seminars für orientalische Sprachen zu Berlin, zweite Abteilung, 1904/05.

I. Die Natur des Landes als Voraussetzung seiner künstlerischen Entwicklung[1]).

Von Heinrich Glück.

Wie das armenische Volk mit seiner unter dem segensreichen Einflusse des Christentums schon so früh erlangten höheren Ausbildung überhaupt zu den wichtigsten Erscheinungen in der Weltgeschichte gehört, so ist auch seine ganze Geschichte, so sind die vielfachen Schicksale, die es erlebt, ja, der ganze Verlauf seiner eigentümlichen geistigen Entwicklung um so merkwürdiger und lehrreicher, als sie notwendige Folgen der Weltstellung wie der physikalischen Natur der Länder sind, welche die Heimat dieses Volkes seit der Mythezeit unserer Geschichte begreifen.

H. Abich, »Aus kaukasischen Ländern« 1896, I, S. 176.

Durch das Vorhandensein oder Fehlen von Meeren, Wasserläufen und Gebirgen und die daraus folgenden geographischen und klimatischen Grenzen werden auf der Oberfläche der Erde Einheiten geschaffen, denen sich das Menschengeschlecht anpaßt und deren Gültigkeit keine willkürlichen politischen Grenzen beseitigen können.

Innerhalb der großen Hochlandzone, die von den Küsten des Ägäischen Meeres bis zum Pamir als ein ununterbrochener Gürtel streift, ist das armenische Plateau schon durch seine größere Höhe (absolut ca. 1500—2000 m) als ein selbständiges Glied ausgezeichnet. Der relative Höhenunterschied von ca. 500—1000 m gegen die anschließenden Hochlandgebiete Kleinasiens und Persiens hebt diese höchste Massenerhebung von Vorderasien wie eine Insel heraus und ist die erste Grundlage für ein selbständiges Leben, das bei der Steilheit der Plateauränder nur um so abgeschlossener in Erscheinung treten muß. Im Norden und Nordosten bilden hohe Randgebirge die Grenze gegen die beiden Flußebenen des Kur und des Rion, die längs der kaukasischen Kette das Schwarze und das Kaspische Meer verbinden und einen breiten Einschnitt bedeuten, dessen Überschreiten dem vom Kaukasus kommenden Reisenden einen Wechsel in der Landschaft erleben läßt, wie er schärfer kaum zum Ausdrucke kommen kann. Im Osten bildet die Ebene des Araxesunterlaufs den Kontrast zu den hohen Randgebirgen. Längs des Mittellaufes dieses Flusses schneidet die Ebene in einem breiten Keile von Südosten her in die Hochlandmasse ein und dringt bei Eriwan und Edschmiatsin bis an dessen Rand vor. Im Süden ist die Tauruskette die Schranke gegen das Bergland, das zur mesopotamischen Ebene überleitet. Nur im Westen ist die Grenze weniger scharf. Lynch[2]) — danach die Umgrenzung auf der Denkmälerkarte (Abb. 5) — läßt sie dem Oberlauf des Euphrat nach Norden folgen bis zu dessen Knie bei Pingan; dann in einem Bogen gegen Westen bis Olti, sodann nördlich über das Quellgebiet des Kur bis zum Abfall gegen die Ebene von Kutais. Wenn auch diese Linie im Westen keine so scharfe Grenze abgibt wie im Norden, Süden und Osten, so findet sie doch in dem geographisch-physikalischen Bilde ihre Berechtigung und scheidet vor allem im Nordwesten das Randgebirge gegen das Schwarze Meer als ein Gebiet aus, das klimatisch und hydrographisch an dem Hochland keinen Anteil hat.

Durch diese Abgrenzung haben wir ein durch die natürlichen Voraussetzungen ziemlich abgeschlossenes Kerngebiet vor uns, das nur im Westen als eine Fortsetzung des kleinasiatischen Hochplateaus gelten kann. Wenn dieses Gebiet auch in der Gesamtgeographie Asiens eine Art Knotenpunkt bildet, so daß sich hier die Naturtatsachen der umliegenden Länder vereinigen (siehe Lynch, »Armenia« I, 428), so muß ihm doch ein eigener einheitlicher Charakter zuerkannt werden.

[1]) Siehe Denkmälerkarte, Abb. 5.

[2]) »Armenia«, Travels and studies I, 452.

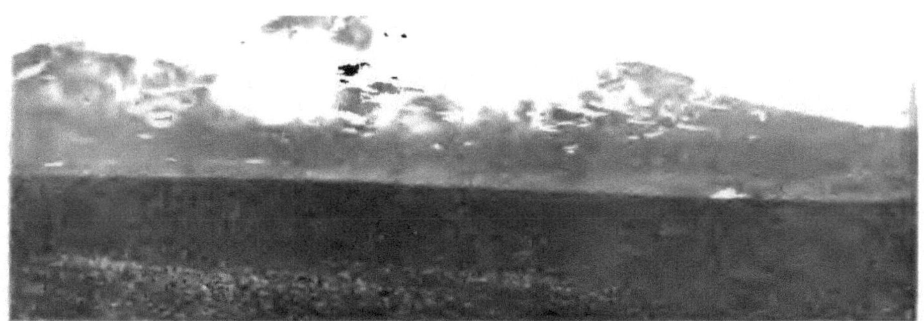

Abb. 610. Ansicht des Vulkans Alagös. Aufnahme Nahapetian.

Schon durch die relative Höhenlage erscheint es gegen die umliegenden Gebiete besonders des Nordens und Ostens klimatisch und wirtschaftlich scharf abgegrenzt. Im Norden gegenüber den Wäldern und grünen Fluren des Kaukasus und des oberen Kurtales, im Süden gegen die mesopotamische Ebene, im Südosten und Osten gegenüber den reichen Wein- und Obstgefilden der Ebenen, erhält das Hochland sein Gepräge durch seine fast durchaus vulkanische Beschaffenheit. Das Plateau, über dem die mächtigen alten Vulkane als monumentale Kegel (Ararat) oder gewaltige Gebirgsstöcke (Alagös) (Abb. 610) emporragen, bietet dem Auge weite, mit Lavabrocken übersäte, baumlose Halden, deren Gräser und Kräuter den Schafherden spärliche Nahrung geben. Doch vermag die durch die Ausdünstung der großen und kleineren Binnenseen (Wansee im Südosten, Göktschaisee im Osten, Tschyldirsee im Norden[1]) entstehende Luftfeuchtigkeit sowie die zahlreichen Wasserläufe dem Lande trotz seiner kontinentalen Lage strichweise eine große Kulturfähigkeit zu verleihen, die manchmal sogar üppig genannt werden kann. Allerdings ist diese höhere Kulturfähigkeit örtlich verhältnismäßig beschränkt. Denn die Seen sind als vulkanische Stauseen fast durchwegs von steilen Gebirgsketten umlagert, so daß nur wenig Platz für bebaubares Land an ihren Rändern vorhanden ist. Ebenso bilden die Flüsse dadurch, daß sie meist in tiefen kanonartigen Tälern in die vulkanischen Überlagerungen des Hochplateaus einschneiden (Abb. 19, 22 und 611), nur selten breitere Täler und gewähren sonst nur in beschränktem Maße Fruchtland zur Ernährung kleinerer Siedlungen. Das eigentliche in höherem Maße kulturfähige Land erscheint somit nur in Form von kleinen Inseln, die durch die Plateauflächen, deren Vegetation im allgemeinen nur einem ärmlichen Hirtenvolke Existenz gewähren kann, voneinander getrennt werden.

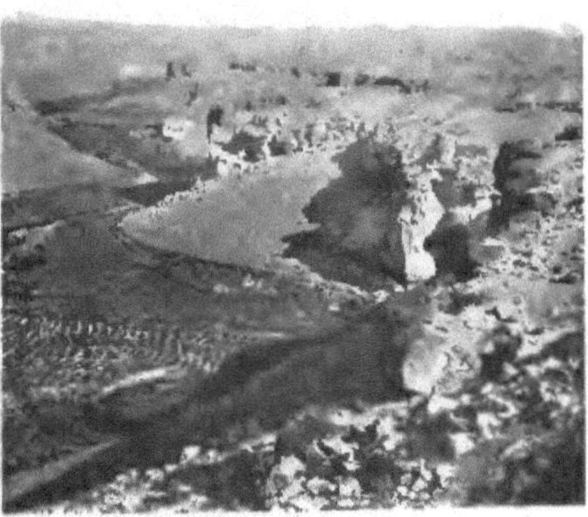

Abb. 611. Das Blumental bei Ani.

[1]) Mit dem Urmiasee hat auch der nördlichste Teil des persischen Hochlandes Anteil an dieser Seenplatte.

Bei den durch die tief einschneidenden und steilen Flußtäler oft sehr schwierigen Wegverbindungen führen die einzelnen Siedlungen oder Siedlungsgruppen ein getrenntes voneinander unabhängiges Dasein. Diese natürliche Gesondertheit und Beschränktheit der Kulturflächen ist eine der wichtigsten Voraussetzungen für die gesellschaftliche und geschichtliche Entwicklung Armeniens. Denn dadurch konnte ein politischer Zusammenschluß und eine gemeinsame Wirksamkeit nach außen nicht entstehen, es sei denn durch das Einwirken äußerer Faktoren. Selbst in der Blütezeit des armenischen Reiches kommt dies in den Konkurrenzkämpfen der Dynastien der einzelnen Teilgebiete und in deren Abhängigkeit von den auswärtigen Großmächten (Byzanz, Sasaniden- und Kalifenreich) zum Ausdruck. Aus sich selbst konnte es Armenien nie zu einem höheren Kulturleben bringen, wenn auch die gleichartigen Naturvoraussetzungen der einzelnen Kulturinseln eine gemeinsame Grundlage der Lebensformen bedingte.

Dafür ist vor allem ein Moment bezeichnend, das im sozialen Charakter Armeniens hervortritt und sich in seinen Kunstdenkmälern widerspiegelt: Eine Hauptbedingung für die Schaffung einer eigenen Kultur und damit auch einer eigenen Kunst, deren Schöpfer und Träger das Volk selbst wäre, ist die Möglichkeit der Ausbildung städtischen Lebens, d. h. der Bildung von Zentren, die mit dem Umlande in dem Verhältnis gegenseitiger wirtschaftlicher Abhängigkeit stehen. Denn nur dadurch, daß die Stadt der Mühe der Selbstbeschaffung ihrer Nahrung und primitiven Lebensbedürfnisse enthoben ist, werden die geistigen Energien frei, die in höheren Wirtschaftsformen, die, in Kunst und Wissenschaft verwirklicht, den Städter in den Stand setzt, an das Land in Form von höheren Produkten abzugeben, was er von diesem zu seiner Nahrung erhält. In diesem Sinne konnte Armenien nie aus sich heraus städtisches Leben erzeugen, da die Abgeschlossenheit und Selbständigkeit der Einzelsiedlung das Bedürfnis nach höheren Lebensformen weder wach noch möglich werden ließ. Wenn wir trotzdem von armenischen Städten hören, so sind darunter ganz andere soziale Gebilde zu verstehen als wir sie vom europäischen Standpunkt aus zu nehmen gewohnt sind. Das typische Bild einer armenischen Siedlung (Abb. 279 und 612) veranschaulicht auch heute noch ihre soziale Zusammensetzung. Die Kirche überragt als einziger monumentaler Bau, der ohneweiters auf eine höher ausgebildete Baukultur schließen läßt, ein Gewirre primitiver Häuser, die ohne jede architektonische Ausgestaltung meist zum großen Teil in das Terrain eingegraben sind und sich nur wenig über den Boden erheben. Im Einzelfalle wird das Ganze von einer mächtigen Burg überragt (Abb. 297), deren großzügiger Aufbau und prunkvolle Ausstattung ebenso wie die Kirche in schärfstem Gegensatz zu der Armseligkeit der eigentlichen Siedlung steht. Wir müssen diesen Gegensatz auch für jene Zeit voraussetzen, in der diese Monumentalbauten als die Wahrzeichen einer großen Blüte entstanden. Ein bezeichnender Beleg dafür ist die Bagratidenstadt Ani (Abb. 18). Auf dem riesigen Gebiete der ehemaligen »Stadt« sind es nur die religiösen, die Palast- und Festungsbauten, die für die frühere Existenz derselben Zeugnis geben. Die Stadt selbst ist verschwunden. Das Wenige, was von ihr zutage gefördert wurde, wie einzelne ausgegrabene Straßenzüge und Grundmauern, läßt im Gegensatze zu dem Bestehenden auf dasselbe armselige Bild der Wohnbauten schließen, wie wir es heute noch in den armenischen Siedlungen antreffen. Nur der in der Nähe der Moschee und an die späten Palastbauten anstoßende Teil kann auf Grund des Vorhandenseins eines Bades und von Bazaranlagen (?) als ein Viertel gelten, in dem eine mohammedanische Bevölkerung den Hof mit Handelsartikeln versorgte. Hier war also der Fremde der Vertreter und Träger städtischen Lebens. Sonst mag wohl die »stadt«bildende Schicht eine ländliche Bevölkerung gewesen sein, die nur hier gegenüber anderen Orten, wo die Siedlung auf natürlichen Voraussetzungen beruhte (Bagaran), einer künstlichen Bewässerung der Hochlandsfläche ihre Ernährung verdankte und in dem Momente zugrunde gehen mußte, in dem mit dem Herrschersitz auch die Bewässerungsanlagen der Zerstörung anheim fielen[1]). Nur die großartigen Monumentalbauten überdauerten die Zeiten. — Der tiefe soziale Kontrast, der sich somit in diesen Stadtanlagen spiegelt, sagt alles. Nie konnte der armenische Bauer oder Hirte von selbst zu Leistungen gelangen, wie sie uns in den Denkmälern überkommen sind. Versagt ihm doch die Natur die Städte, in denen ein regeres geistiges Leben, Wissenschaft und Kunst hätten gedeihen können, die über

[1]) Eine ähnliche auf dem Plateau künstlich angelegte Siedlung war Mren (siehe S. 182). Auch hier ist der Ort fast ganz verschwunden, nur der mächtige Bau der Kirche, der ganz gut einer europäischen Mittelstadt als Kathedrale dienen könnte, ragt einsam über die weite Ebene empor.

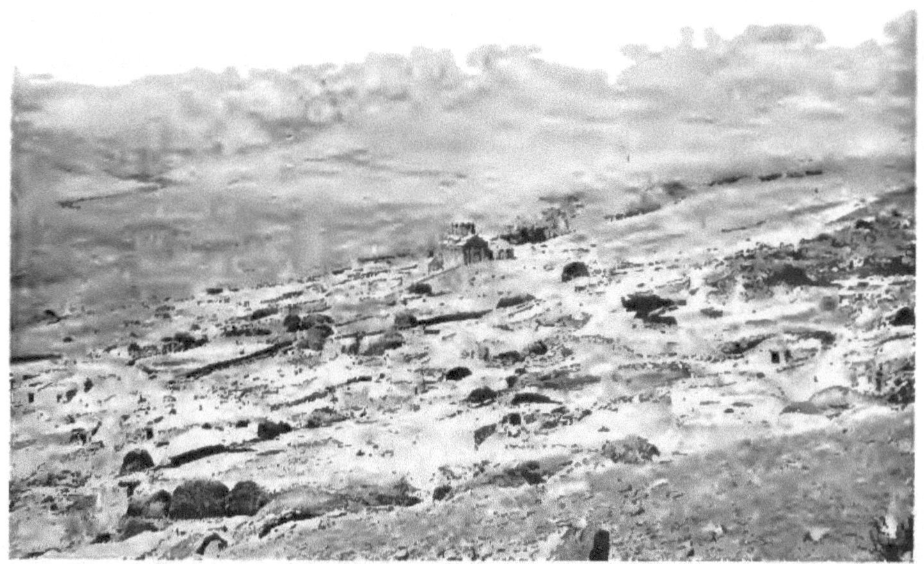

Abb. 612. Marmaschen: Die Siedlung mit der Kirche. Aufnahme Cwanov.

das kärgliche Muß des Daseins erheben[1]). Neben und über dem armenischen Landvolk aber stand die Kirche und der Herrscher. Diese beiden Faktoren spielen vom Beginn der armenischen Staatsgeschichte an die Rolle der Kulturbringer und Kulturträger. Diese höhere Kultur mußten sie, soferne sie nicht selbst von außen kamen, von außen übernehmen.

Aus dem Bisherigen ergeben sich somit schon deutlich jene beiden Momente, die einleitungsweise als die Angelpunkte des historischen Lebens Armeniens bezeichnet wurden: So selbständig dieses Land auf Grund seiner natürlichen Sonderstellung gegenüber den benachbarten Gebieten in Erscheinung treten mußte, so unselbständig und von außen abhängig mußte es auf Grund seiner Siedlungsverhältnisse sein, sobald es sich darum handelte einer höheren Kultur Aufnahme zu gewähren.

Nur wenige Stellen können als Einfallstore fremden Wesens für Armenien in Betracht kommen. Außer jener Linie, die im Westen eine verhältnismäßig schwächere Grenze gegen das kleinasiatische Hochland bildet, sind es jene Punkte, an denen größere Wasserläufe die natürlichen Schranken des Hochplateaus durchbrechen. Diese werden von um so größerer Bedeutung als Armenien das Ursprungsland der großen Ströme ist, die die Lebensadern seiner Umländer bilden, des Euphrat und Tigris, des Araxes und des Kur. Von diesen kommt der Tigris weniger in Betracht, da seine Quellen schon am Südabhange des Taurus liegen, so daß er an der eigentlichen Hochfläche keinen Anteil hat. Nur wenige schwierige Pässe werden durch seine Zuflüsse über den Taurus vermittelt, die für einen regeren Kulturaustausch kaum in Betracht kommen können. Nur dem Übergang bei Bitlis, der direkt in das kulturreiche Becken von Mush führt, muß eine größere Bedeutung zugesprochen werden. Der Euphrat beherrscht mit seinen beiden Quellflüssen, dem Frat-Su und Murad-

[1]) Um so auffallender ist es, daß der Armenier, sobald er sein Land verläßt oder mit fremder Zivilisation in Berührung kommt, durch seinen regen Handelsgeist ein bedeutender Vermittler städtischer Formen wird.

Su den ganzen südwestlichen Teil Armeniens und stellt die einzige natürliche Verbindung nach den syrisch-mesopatamischen Nachbarländern her. Während dieser Durchbruch aber nur eine schmale Straße bedeutet, öffnet sich das Tal des Araxes gegen Persien hin in der weiten Ebene von Eriwan, von der aus die Hochebene in verhältnismäßig leicht zu ersteigenden Terrassen erreicht werden kann. An diesen Hängen verbrüdert sich die Natur Persiens mit der Armeniens. Hier ist die natürliche Pforte von Iran nach dem Westen. Wie der Euphrat den Westen, so beherrscht der Araxes mit dem ganzen Flußgebiete seines Oberlaufes den Osten des armenischen Hochplateaus und wird durch den Arpatschai nach Norden mit dem Herzen des Landes verbunden. Den äußersten Norden aber hat der Kur inne, der in seinem Oberlaufe die wasserreichen Ebenen von Akhaltzykh und Akhalkalaki durchströmt und durch seine Nebenflüsse südwestlich von Tiflis die waldreiche Natur Georgiens bis weit in das Hochland hinein (Lori) vermittelt[1]).

Durch diese von den Flußsystemen geschaffenen Verbindungsmöglichkeiten zerfällt das Land in drei Einflußsphären, deren Begrenzung im allgemeinen mit den Wasserscheiden zusammenfällt:

1. Der südwestliche Teil, der von dem ganzen Flußgebiet des Frat-Su und Murad-Su beherrscht wird und nordöstlich ungefähr von einer Linie Erzerum-Ararat begrenzt wird. Wie sich diese Linie auch heute noch (1913) ungefähr mit der Grenze der westsüdlichen Macht (Türkei) deckt, so spielte sie seit jeher sowohl für das innere Leben Armeniens als auch bei den Aufteilungen an äußere Mächte immer eine ausschlaggebende Rolle. Dieser Teil mußte vor allem zur Zeit der Aufnahme des Christentums in Betracht kommen, das im nördlichen Syrien und Mesopotamien, sowie in Kleinasien bedeutende Zentralen hatte. Zudem bot gerade dieser Teil günstigere Siedlungsverhältnisse durch die fruchtbaren Becken, die längs der reichen Wasseradern den vulkanischen Charakter stark zurückdrängen (Taron, Musch-Karakilissa). Leider ist das Gebiet von kunsthistorischer Seite so viel wie gar nicht erforscht, so daß kaum ein Denkmal als Anhaltspunkt für den südlichen und westlichen Strom genommen werden kann, der in diesen Gebieten seine größte Intensität gehabt haben mußte. Von hier aus ist er auch in die zentralen Teile des Hochlandes vorgedrungen, wie die von unserer Expedition beigebrachten, Seite 373 ff. behandelten Denkmäler zeigen. Daß aber gerade in dem südwestlichen Teile des Hochlandes mit einer stark syromesopotamisch und kleinasiatisch beeinflußten Kunstschichte zu rechnen sein wird, dies ist abgesehen von der Wirksamkeit der natürlichen Grundlagen schon auf Grund der Geschichte der Entstehung und Ausbreitung des armenischen Christentums anzunehmen. Vor allem war es das Taronbecken, das höchstwahrscheinlich zu den von Syrien aus am frühesten christanisierten Gebieten gehörte[2]). Hier gründete nach Agathangelos der von Kleinasien kommende Gregor der Erleuchter das erste christliche Gotteshaus in Aschtischat, das nach den Zeugnissen der Geschichtschreiber die Mutterkirche Armeniens wurde[3]). So wie Syrien und Kleinasien (Kappadokien und Kleinarmenien) in der armenischen Kirchengeschichte immer wieder als Emissionsländer des Christentums zu erkennen sind[4]), so ist es vor allem der südwestliche Teil des Hochlandes, in dem die ersten Kirchengründungen und Massenbekehrungen stattfinden und in den die Legende zahlreiche Martyrien verlegt[5]).

2. Der östliche Teil. Er umfaßt das Flußgebiet des oberen Araxes von Eriwan aufwärts und findet nördlich ungefähr in dem Parallelkreise von Alexandropol, südlich in der Linie Erzerum-Ararat seine Begrenzung. Längs des Mittellaufes des Araxes dringt er in einem Keile nach Südosten vor. Dieser keilförmige Teil hat durchaus gebirgigen und zerklüfteten Charakter und steht damit in ziemlich scharfem Kontrast zu dem plateauartigen zentral gelegenen Teil, auf dem sich der Alagös als beherrschender Vulkan erhebt. Nur der Göktschaisee bildet gewissermaßen ein Übergangsglied vom Tafelland zum Gebirgsland. Trotzdem der südöstliche Keil an seinen beiden Flanken ganz von persischer Natur umgeben ist, kommt er doch vermöge seines zerklüfteten, schwer besiedelbaren Charakters für eine befruchtende Beeinflussung weit weniger in Betracht als das

[1]) Gegenüber diesen Flußgebieten Transkaukasiens hat der Rion und der Tschoroch keinen Anteil am armenischen Hochlande. Sie gehören ganz dem Bereiche des Schwarzen Meeres an und ihr Quellgebiet bildet die Wasserscheide zwischen Kaspischem Meer und Persischem Golf.

[2]) Gelzer, Anfänge der armenischen Kirche; Verhandlungen der königlich sächsischen Gesellschaft der Wissenschaft zu Leipzig, philologisch-historische Klasse, I, II. (Leipzig 1895), S. 172.

[3]) Weber, »Die katholische Kirche in Armenien«, Freiburg i. Br. 1903, S. 176 ff.

[4]) l. c. Kapitel II. und III.

[5]) Ebenda, S. 89 f. u. a. O.

Plateaugebiet, zu dem die Eriwanebene und die größeren Zuflüsse, der Arpatschai und der Abarantschai (Kassach) vermitteln. Für diese Zweiteilung ist das Alter und der Charakter der vorhandenen Denkmäler bezeichnend. In den Gebirgsschluchten südlich des Göktschaisees treffen wir einsam gelegene Klöster (Abb. 273) in Stil und Lage Wahrzeichen einer Zeit, in der das Mönchstum in diesen Einsiedeleien Zuflucht vor den Stürmen der türkischen Horden suchte. Das erste Jahrtausend hat hier keine Spuren zurückgelassen, wie denn überhaupt diesem Teile eine größere Kulturbedeutung nie zukommen konnte. Wohl aber waren es die Gebiete rund um den Alagös, etwa innerhalb des Dreiecks Alexandropol-Kars-Eriwan, die von Natur aus dazu ausersehen sein mußten, das intensivste Kulturleben hervorzubringen. Dies mußte am stärksten zu jener Zeit der Fall sein, in der im Osten die persische, im Westen die christlich-hellenistische Macht ihren Höhepunkt erreichten, im 4. bis 7. Jahrhundert. Unsere Expedition bewegte sich nur in diesem Gebiete. Das Ergebnis des gesammelten Materials rechtfertigt diese Beschränkung in unserer Route, da es der Ausdruck dessen ist, was die natürliche Lage erwarten läßt: Hier ist nicht nur der Armenien eigene Charakter am klarsten ausgeprägt, hier werden auch alle jene Kräfte sichtbar, die als grundlegende Faktoren bei der Bildung der armenischen Kultur- und Kunsterscheinungen in Betracht kommen mußten. Vor allem ist es hier das Persische, das seinen Einfluß geltend machen mußte. Bezeichnend dafür ist die Lage und Bedeutung von Edschmiatsin-Zwarthnotz. Am Rande des armenischen Hochlandes gelegen, bildet dieser Punkt zugleich den Übergang zu der fruchtbaren Ebene von Eriwan, deren Natur als ein Ausläufer des persischen Hochlandes ihm seine Lebensbedingungen gewährt. Diese Stelle mußte für die Schaffung eines armenischen Kulturzentrums die geeignetste sein, da das Land selbst erst der Befruchtung durch eine höhere Kultur bedurfte. Denn wenn auch das Christentum vom Mittelmeer kommend sich zuerst im Westen festsetzte (Aschtischat) und von dort auch in das zentrale Gebiet eindrang, so konnte es dort doch keine festen und dauernden Wurzeln schlagen. Der Geist, den es aus seinen Emissionsländern mitbrachte, war der hellenistische. Dieser hatte aber in dem Lande, das durch seine natürliche Abgeschlossenheit und Eigenheit ganz andere Grundlagen für eine kulturelle Entwicklung bot, nie dauernden Einfluß gewinnen und nie die Bedeutung erlangen können wie in jenen Gebieten, in denen er seine großen Zentralen schuf, die das Christentum übernahm (Kleinasien, Syrien, Nordmesopotamien). Solange das armenische Christentum von diesen abhängig war (Gregor der Erleuchter), konnte es keinen festen Fuß fassen. Zur Zeit Nerses des Großen (6. Jahrhundert) tritt dies deutlich aus der Überlieferung hervor[1]). Schon damals regt sich aber das Streben nach einer Nationalisierung. Es beginnt der Kampf gegen das hellenistische Christentum von Caesarea (Pap), der schließlich unter Mesrop nnd Sahak zur Verselbständigung der armenischen Kirche (491) führte. Wenn in diese Zeit die Verlegung des Katholikatssitzes nach Edschmiatsin fällt, so ist dies kein Zufall und die Wahl des Ortes nur allzu bedingt. Denn die Nationalisierung konnte nur von einem Zentrum ausgehen, das außerhalb der hellenischen Einflußsphäre lag, zugleich aber an einer Stelle, wo dem armenischen Christentum eine kulturelle Basis für eine Eigenentwicklung gegeben war. Diese Basis konnte in jener Zeit nur Persien bieten. Hier war die Gefahr einer religiösen Abhängigkeit nicht vorhanden. Von Persien mußte die armenische Kirche all das übernehmen, was der eigene Boden nicht schaffen konnte und mit dem Schwinden des eingedrungenen Hellenismus eines Ersatzes bedurfte. Wie dies in der künstlerischen Kultur Armeniens zum Ausdruck kam, dafür finden wir die sichtbaren Zeichen in den Denkmälern, die in diesem Werke vorgelegt werden.

3. Für den nördlichen Teil des armenischen Hochlandes, der das Quellgebiet und den Oberlauf des Kur umfaßt, fehlt wie für den südwestlichen fast jede Denkmälerkenntnis.

Dieser Teil hat gegenüber den beiden anderen schon infolge der Natur der ihn umgebenden Länder, mit denen er durch seine Wasseradern verbunden ist, eine eigene Stellung. Während die Umländer der südlichen Gebiete der meerfernen Stellung gemäß ihrer Natur nach durchaus orientalisch sind, tragen diese in Klima und Vegetation den maritimen Charakter der Mittelmeerländer. Man lese die Schilderungen, die Abich in seinen Reisebriefen von der reichen subtropischen Naturfülle der östlichen Küstenländer des Pontus, den Flußgebieten des Tschoroch und Rion, entwirft[2]) und vergegenwärtige sich die anmutige Landschaft der südlichen Kaukasushänge, in der

[1]) Weber, »Die katholische Kirche in Armenien«, S. 287 ff., und 298.

[2]) l. c. S. 323 u. a. O. oder Koch, »Reise in Grusien, am Kaspischen Meere und im Kaukasus« II interim.

man sich in unsere südlichen Alpenländer versetzt glaubt, schließlich im Westen unseres Gebietes das durch seine grünen Wälder und fruchtbaren Fluren hochgepriesene Lori (Abb. 613), dann hat man den Rahmen, der wie ein grüner Kranz die Hochebene von Akhaltzikh und Akhalkalakhi umgibt. Sie selbst durchaus vulkanischer Natur, führt wohl am schärfsten jene Gegensätze des hocharmenischen Landschaftsbildes vor Augen, die Abich mit den Worten schildert: »Auf den Hochebenen, 5000—6000 Fuß über dem Meere, herrscht eine nordische Natur, steigt man in die Täler hinab, so erblickt man eine andere Welt. Die Luft ist hier mild; schöne Gärten voll saftiger Früchte umgeben dort dichtbevölkerte, liebliche Dörfer, von allen Seiten durch hohe felsige Berge geschützt, welche die Hochebene beherrschen; friedvoll, einsam, der Welt entrückt, bergen sie sich wie ein Zauber auf dem Boden der tiefsten Abgründe. Die Extreme berühren sich hier, aber die Wirkung ist eigenartig.« Es ist kein Wunder, wenn man hier »auf jedem Schritt den Spuren alter, bewohnt gewesener Stätten begegnet: Kirchen, Kapellen, zum Teil in Ruinen, zum Teil noch wohl erhalten, Festungen auf Felsvorsprüngen, welche drohend über tiefen Abgründen hängen, welche die Flüsse in die vulkanischen Massen und in die Lavaströme unermeßlicher Ausdehnung eingeschnitten haben«. Die Schätze, die sich nach diesen Schilderungen für den Kunstforscher erwarten lassen, sind noch zum kleinsten Teil gehoben. Was davon in (russischen) Veröffentlichungen vorliegt, oder durch private Mitteilungen in Erfahrung gebracht werden konnte[1]), gibt ein Bild, das nach den Naturverhältnissen dieses Gebietes vorauszusetzen ist. Das Gemein-Armenische bildet auch hier die Grundlage, sowohl in Technik und Konstruktion, sowie auch in der Form und Gestalt der Bauten, unter denen alle in diesem Werke vorgebrachten Typen in größter Auswahl erscheinen. Aber auch der Reichtum jener glücklichen Gebiete, die diesen Teil des Hochlandes umgeben, und mit denen er durch seine Wasserläufe verbunden ist, muß in diesen Denkmälern zum Ausdruck kommen. An ihnen werden die beiden Hauptfragen reiches Material finden, die besonders von russischer und national-georgischer Seite ausgespielt wurden, einmal die Frage nach dem Verhältnis der armenischen Kunst zu Byzanz, und die Frage nach der Priorität der georgischen oder der armenischen Kunst. Für beide Fragen konnten in diesem Werke einige Richtlinien gegeben werden. Auf Grund der natürlichen Voraussetzungen ist dabei Folgendes zu beachten: Daß die Pontusküste mit ihrem milden Klima für eine Ansiedlung und Kolonisierung von Seiten der Mittelmeerkulturen (Wein und Öl) geeignet war, ja geradezu verlockend sein mußte, ist nicht nur naheliegend, sondern wird schon durch die griechischen Ansiedlungen des Altertums (Kolchis) bewiesen. Diese Ansiedlungen reichten längs des Rion weit bis zu dessen Oberlauf hinauf, haben aber im Wesentlichen das Scheidegebirge zwischen Kolchis und Iberien sicherlich nicht überschritten (Funde von Urbnissi[2]). Um so weniger konnten sie aber die Grenze des Hochlandes überschreiten, das mit seinen ganz anderen Lebensbedingungen einem Handels- und Kolonialvolke kaum von Nutzen sein konnte[3]). Wie weit griechische Kultur in dem in Betracht kommenden Gebiete (Mingrelien) in den letzten Jahrhunderten vor der Einführung des Christentums wirksam war, darüber ist so viel wie gar nichts überliefert. Wie weit dann Byzanz Einfluß gewann, das werden erst eingehendere über bloße Vermutungen hinausgehende Forschungen feststellen müssen. Immer aber wird man sich jene scharfe Grenze vor Augen halten müssen, die nicht nur hydrographisch (s. S. 610, Anm. 1) sondern auch geologisch[4]), klimatisch und ethnologisch ausgeprägt ist, und die das Hochland von den Flußgebieten des Tschoroch und Rion trennt. Viel stärker als dieser westliche Teil der Umländer mußte aber der östliche, das Kurtal in Wirksamkeit treten, das von jenem durch einen den Kaukasus mit dem armenischen Hochlande verbindenden Gebirgsknoten getrennt ist. Hier tritt ein zu der Vermittlung, die der Araxes im Südosten übernimmt, analoger Fall ein. Wie dort Eriwan-Edschmiatsin das Einfallstor der persischen Kultur und der Araxes die Vermittlung zum armenischen Hochland bedeutet, so spielt hier Tiflis-Mzchet dieselbe Rolle; denn auch das Kurtal ist bloß ein Ausläufer des persischen Hinterlandes, das hier wie ein Arm das Hochland umfaßt, während der Fluß mit dem Innern vermittelt. Wenn gerade an diesen Stellen und fast gleichzeitig auch analoge Kunst-

[1]) Wir verdanken den Einblick in das noch unveröffentlichte Material dem Direktor des georgischen Museums in Tiflis, Herrn Takaischwili, und dem Maler Fedwardschan in Tiflis, der besonders den Bauschmuck dieser Gebiete in einer reichhaltigen Folge gesammelt hat.

[2]) »Materialien zu Archäologie des Kaukasus« IV. p. 141.

[3]) Siehe die historische Karte Pl. XII (Ser. I) bei Dubois, »Voyage en Crimée« etc.

[4]) Siehe Carte géologique internationale de l'Europe, Feuille 34 (Dietrich Reimer, Berlin).

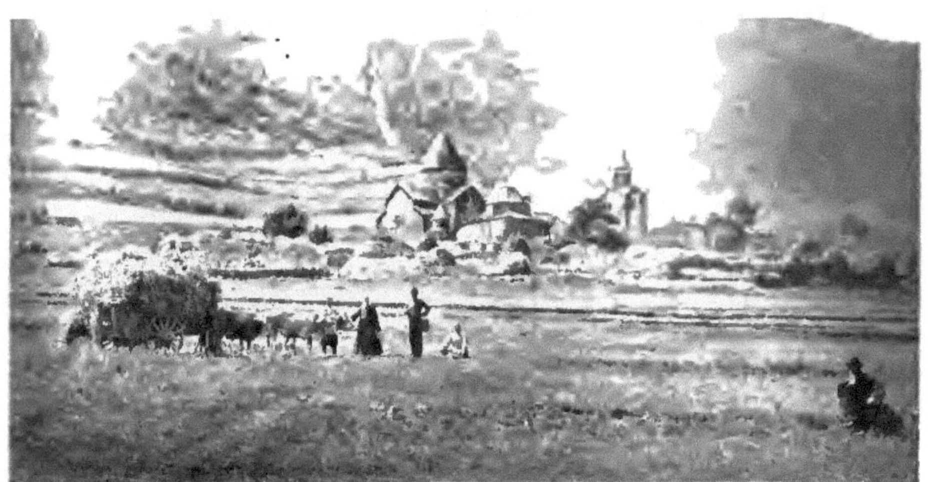

Abb. 613. Kloster Sanahin: Vegetationsbild der Landschaft Lori. Aufnahme Nahapetian.

denkmäler auftreten, so ist dies nicht Zufall, sondern eine aus der Gleichartigkeit der Naturverhältnisse geborene notwendige Folge. Die Frage nach der Priorität des einen oder andern Lokals kann dabei kaum von Bedeutung sein. Von Bedeutung ist aber, daß auch an dieser Stelle, wo — wie im Südosten — die Ebene ins Gebirge und ins Hochland übergeht, die ersten Zentren der georgischen Kirche lagen (Mzchet, Urbnissi, Bolnissi), und daß von hier aus die Kunst dieser Zentren auch in den beiden Flußebenen im Westen und Osten mit dem Christentume Verbreitung fand. Erst mit dieser Ausbreitung wird die georgische Kunst jene eigenen Züge aufgenommen haben, die sie von der armenischen unterscheidet. Diese Züge können nur solche sein, die aus der geographischen Stellung der beiden Flußebenen hervorgehen. Im Westen mochte die vermittelnde Stellung des Schwarzen Meeres Byzanz eine gewisse Rolle zuteilen, im Osten war das persische (später türkische) Element ein bestimmender Faktor für die Eigenart der Kunst sowie für das ganze historische Leben der Georgier, dessem Einflusse sie sich bis in die neueste Zeit nicht entziehen konnten[1]. Daß diese Eigenart bei der natürlichen Verbindung, die das Kurtal mit dem armenischen Hochland schafft, auch dort (in dem nördlichen Teile) einigermaßen Geltung gewann, ist naheliegend.

So werden durch die natürlichen Voraussetzungen des Landes die geschichtlichen und damit auch die künstlerischen Ereignisse bestimmt. Der natürlichen und kulturellen Anteilnahme Armeniens an seinen Umländern steht seine Abgeschlossenheit und Eigenart gegenüber, die alles Fremde zum Eigenen macht. Wie dieser Vorgang in den künstlerischen Erscheinungen zum Ausdruck kommt, darüber geben die einzelnen Abschnitte des Buches Aufschluß.

[1]) Siehe dazu A. Leist, »Das georgische Volk«, S. 93 f.

II. Arische Urzeit und Mazdaismus.

Es sind in diesem Buche oft Zusammenhänge gestreift worden, die Ahnungen jener großen Völkerbewegung erwecken, von der mein »Altai-Iran« ausführlich handelt. Klar blicken kann da vorläufig niemand, aber die Denkmäler der bildenden Kunst sollten nicht länger zurückstehen, wenn es sich darum handelt, Zeugen für die arische von Südrußland als Mitte nach Skandinavien wie nach Indien reichende Achse dieser Bewegung beizubringen. Was in jenem Werke für die Zierkunst versucht wurde, wird hier nach der reinen Bauform hin ergänzt. Armenien, das so ausgeprägt absticht von der Art des Mittelmeeres, erhält seine Eigenart durch das offenkundige Durchschlagen neuer Züge. Es scheint, das sie nur aus dem Leben der nordisch-östlichen Völkermasse der Arier verstanden werden können. Dabei ist gegenüber dem Griechisch-Römischen und dem Romanisch-Germanischen ausschlaggebend jenes Fehlen einmal des reinen Steinbaues, der da mit der Säule als Deckenträger arbeitet, wo der Ostarier die Wand selbst oder den Pfeiler verwendet und in zweiter Reihe das Fehlen der »Darstellung«, jener schauspielerhaften Vortäuschung menschlichen Gehabens, dem die Ost- und Nordarier, wo sie unberührt von den südlichen Treibhauskulturen blieben, den flächenfüllenden Zierat entgegenstellen. In letzerer Hinsicht habe ich in »Altai-Iran« die neuen Geleise zu legen gesucht, nachfolgend soll ausschließlich von der religiösen Seite an die Frage herangetreten werden und zunächst die mit der Kuppel arbeitende Baukunst zur Sprache kommen[1]).

Die Forschung hat hier etwas andere Wege zu gehen als in der Zierkunst. Zierformen wandern leichter als Bauformen, erinnern an Märchenmotive. Sie laufen wie diese über die ganze Welt, man steht ihnen gegenüber zunächst vor einem Uferlosen. In der Bereitwilligkeit zur Aufnahme entscheidet vor allem das Vorhandensein einer stillschweigenden Neigung zur Phantasietätigkeit, beim kleinkünstlerischen Zierat die Neigung zum Schmücken, wobei im Einzelnen die verfügbaren Rohstoffe zu Umbildungen führen. Anders in der Baukunst. In ihr als Großkunst entscheiden stark rein wirtschaftliche Voraussetzungen und ein geistiger Zustand der Gesellschaft, der die Anspannung aller Kräfte einer Gemeinschaft zur Erzielung höherer Zwecke fordert. Wir werden sehen, wie das Volk der Armenier sich im Christentum ein Werkzeug seiner Unabhängigkeit von den Großmächten Rom und Persien zu schaffen geglaubt hatte und diese Gesinnung in der Baukunst Ausdruck fand.

Wenn Armenien in der kurzen Zeit nationalen Hoffens eine Bauform zu schaffen vermochte, die zunächst als Abwehr des Griechisch-Aramäischen und Sasanidischen diente, dann in der Heimat den Sieg gewann und seine Art schließlich am Mittelmeer und in Europa, wie wir sehen werden, allmählich durchdrang, so ist dies ein Zeichen, daß da ein anderer, vom Mittelmeerkreise, zu dem Südpersien zum Teil zu rechnen ist, unabhängiger Geist am Werke war. Ich bin nur von Armenien aus zu meinem »Altai-Iran« gekommen und habe dies dort auch im Vorworte betont. Was in jenem Buche im Gebiete der Kleinkunst herausgearbeitet wurde, der Gegensatz zwischen Nord- und Südkunst, das wurzelt in den Erkenntnissen, die sich mir in der Großkunst Armeniens aufdrängten. Dem Mittelmeer als Vertreter der Südkunst gegenüber steht Ostiran als Vertreter des Nordens und jener Wandervölker, die noch im Islam den Ausschlag gaben. Wenn die Armenier in Masse, Raum, Licht und Farbe, den von der Gestalt unabhängigen Formwerten, eigene Wege gingen, so hängt das nicht nur von dem neuen Zweck, den ihre Kirchen verkörpern, oder vom Baustoff ab, sondern in erster Linie davon, daß sie als Volk sowohl in ihrer Ober- wie in der Unterschicht dem Mittelmeere völlig abgewandt waren und der Hellenismus sie nicht zu beugen vermochte. Auch müssen die Arsakiden, ihr Herrscherhaus, sich anderer Wirkungsformen für die Geltendmachung von Macht und Besitz bedient haben, als sie am Mittelmeere, von Ägypten und Mesopotamien ausgehend, üblich waren. Ihr Geschlecht weist ganz unmittelbar auf Ostiran. Die Grenze zwischen Ost- und Westariern liegt

[1]) Vgl. das Vorwort zu »Altai-Iran«.

südlich des Kaukasus zwischen Kleinasien und Armenien. Dorthin ist weder der trennende semitische Keil vom Süden her vorgedrungen, noch hat Hellas vermocht, diese Grenze nachhaltig zu überschreiten. Im Gegenteil; von hier aus hat der Mazdaismus Eingang in das römische Weltreich gefunden.

So schwierig die Aufgabe ist, die Seite 70 f. in der Aufstellung von Gattungen und Arten vorgeführten Bauten und ihren Seite 329 f. angedeuteten Ursprung geschichtlich zu begründen, so scheint ein Versuch heute doch schon möglich. Gewagt muß er jedenfalls werden, da sich die Forschung sonst mit den vorgeführten Tatsachen wieder lediglich nach dem Mittelmeermaßstabe abzufinden suchen und kaum aus diesem antiken Fahrwasser in ein allgemein vergleichendes hinübergleiten würde. Die armenische Baukunst scheint die durch eine Oberschicht herbeigeführte Blüte einer älteren iranisch-arischen auf der Kuppel begründeten Volkskunst, die nichts zu tun hat mit dem semitischen Tonnenbau in Ziegel und dem Steinbau des Mittelmeerkreises. Für diese, sich mir aufdrängende Erkenntnis sollen im vorliegenden Abschnitte die Beweise, soweit sie mit den zur Zeit zugänglichen Mitteln von Wien aus und während des Krieges zu beschaffen sind, vorgelegt werden.

1. Ursprung der quadratischen Kuppel mit Trichternischen im arischen Holzbau.

Ich glaubte, sagen zu können, daß in der Zeit, in der das Christentum in Armenien seine Bautypen schuf, der Holzbau nicht mehr entscheidend eingriff (S. 349 f.). Anders steht die Sache, sobald man fragt, ob sich die armenisch-iranische Art der Kuppel nicht ursprünglich, etwa zu einer Zeit, die viele Jahrhunderte vor dem hl. Gregor liegt, aus dem Holzbau entwickelt haben könnte.

Die armenische Kuppel mit Trichternische über dem Quadrat geht zunächst zurück auf das ostiranische Haus, in dem das in Armenien mit Steinplatten verblendete Gußmauerwerk im ursprünglichen Baustoff, d. i. dem luftgetrockneten Ziegel bis auf den heutigen Tag in der einfachen Art des Übereckgewölbes in Gebrauch ist (S. 365). Der Ursprung der Kuppel über dem Quadrat läßt sich aber, sieht man von der in Stoff und Werk begründeten Trichternische ab, noch weiter zurück verfolgen. Konnte die Übereckkuppel mit einiger Wahrscheinlichkeit als im Besonderen iranisch bezeichnet werden, so führen andere Spuren darauf, daß die Decke über dem Quadrat ganz allgemein arischen Ursprunges sein könnte. Bei Begründung dieser Mutmaßung wird auszugehen sein von dem in meinem Buche »Altai-Iran und Völkerwanderung«, Seite 148, hervorgehobenen Gegensatz der Arier und Altaier, von denen die ersteren in (fahrbaren?) Holzhäusern, die letzteren in Zelten wohnten. Das Holzhaus nun liefert die Voraussetzung für die Entstehung unserer Kuppelbauart insofern, als es die eine ihrer Grundformen, das Viereck bzw. Quadrat als Unterbau fordert. Das ist aus unserer ländlichen Umgebung so allgemein bekannt, daß es dafür keiner weiteren Belege bedarf. Anders, soweit jene Grundform, die uns im Besonderen beschäftigt, die Übereckung als Decke über dem quadratischen Unterbau in Betracht

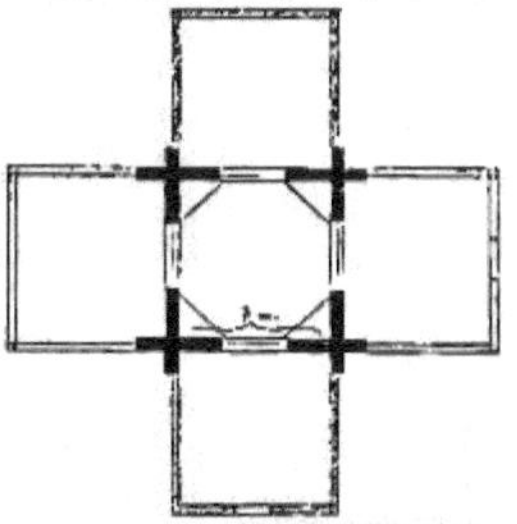

Aufnahme Pelenskyj.
Abb. 614. Wyschenka welyka, Holzkirche; Grundrißskizze.

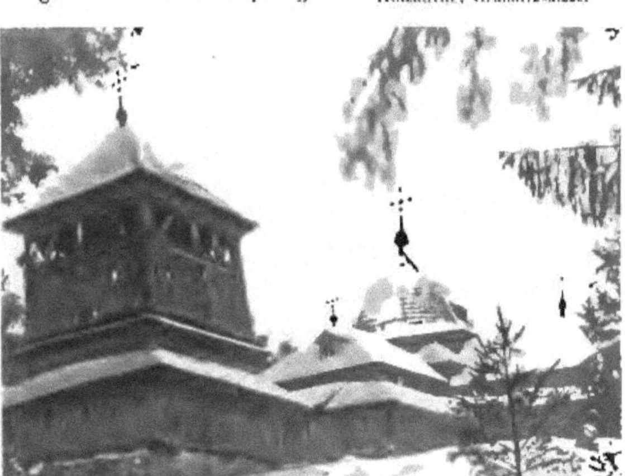

Abb. 615. Wyschenka welyka, Holzkirche: Gesamtansicht. Aufnahme Pelenskyj.

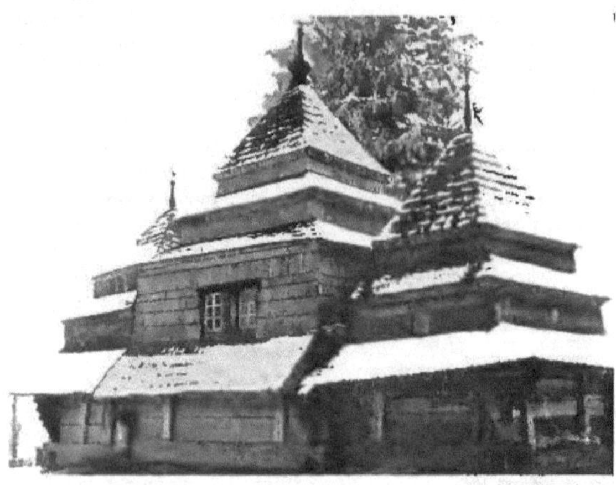

Aufnahme Pelenskyj.
Abb. 616. Ustje jepyskopske, Holzkirche: Ansicht.

kommt. Sie ist bei uns nicht üblich, ebensowenig im Mittelmeerkreise und es wird daher notwendig sein, sie überhaupt erst einmal in ihren Voraussetzungen nachzuweisen. Für diesen Nachweis kommen als Ausgangspunkt zwei Kunstkreise in Betracht, der ukrainische und der indische.

A. Die ukrainische Holzkuppel.

Über den ganzen Süden Rußlands und so weit in Österreich-Ungarn ukrainisches (ruthenisches) Gebiet reicht, ist eine Art Holzkirche in breiter Schicht zu finden, die seltsamerweise trotz ihres Baustoffes eine Form zeigt, die wir bisher als für den Ziegelbau bezeichnend anzunehmen geneigt waren. Ich beschreibe eine Kirche, die nach Angaben von Dr. Pelenskyj[1]) eine der ältesten ist, die noch bestehen, um 1400 erbaut. Der Grundriß, Abbildung 614, ist aus der Erinnerung gezeichnet, die Kriegszustände ließen keine bessere Wiedergabe zu. Die einzige Maßangabe, 7 m, besagt, die Seite des Grundquadrates dürfte 7 m nicht übersteigen. Es ist die aus Eichenholz erbaute Kirche von Wyschenka welyka bei Lemberg. Eine Außenaufnahme (Abb. 615) 1908/9 im Schnee gemacht, zeigt die mittlere Kuppel, die über dem aus den Dächern hervortretenden Grundquadrat auf kurzer Achteckstrommel sitzt und deren Flächen in Kappen beibehält. An diesen Blockbau schlossen sich dann im 17. Jahrhundert Erweiterungsquadrate im Osten und Westen, im 18. Jahrhundert an der Nord- und Südseite. Vor der Westseite steht ein Glockenturm, der in seiner Form, quadratisch mit offener Galerie, ebenso üblich ist wie die Art der Kirche selbst.

Es liegt im Wesen dieser Bauart und ihrer Erweiterungsmöglichkeiten, daß sie entweder aus einer Kuppel oder aus dreien in der Längsform oder aus fünfen im Kreuz besteht. Erstere Gruppierung gibt gut eine andere von den ältesten Holzkirchen Ostgaliziens, die ehemalige Kloster-, jetzige Dorfkirche aus dem 16. Jahrhundert in Ustje jepyskopske bei Mykolajiw, am Zusammenfluß der Schubra mit dem Dniester. Ich danke die Aufnahme, Abbildung 616, ebenfalls

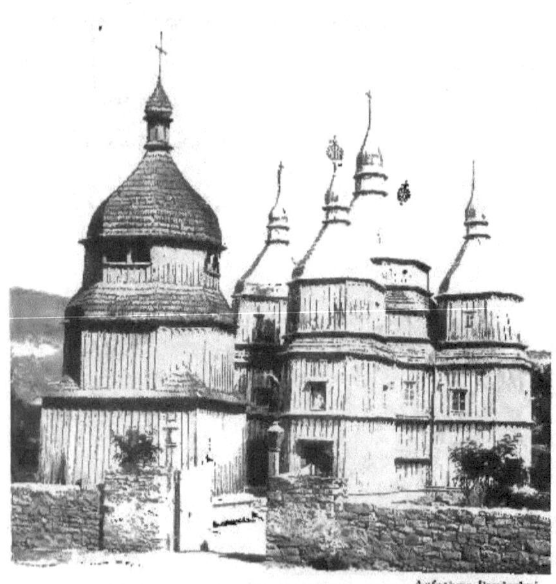

Aufnahme Pawluckyj.
Abb. 617. Jaryschev, Himmelfahrtskirche: Ansicht.

[1]) Vgl. für sein Urteil das Buch »Halicz in der Kunstgeschichte des Mittelalters« 1914.

Dr. Pelenskyj. Die Kuppeln sind hier anders gebildet als in Wyschenka. Sie steigen in drei quadratischen Stufen an, deren Verjüngung nur denkbar ist dadurch, daß dazwischen eingelegt Balken über Eck die Unterlage bilden, auf deren Mitte die nächste quadratische Stufe aufliegt. Ein anderes ruthenisches Beispiel einer Holzkirche aus Mylije habe ich in meinem »Die bildende Kunst des Ostens«, Abbildung 17, gebracht. Die Kuppeln haben daran gemischte Form, unten die quadratischen Stufen, oben den achteckigen Abschluß. Die Dächer sind vorgezogen, das Blockwerk mit Schindeln gedeckt und unten Umgänge angelegt, um die Wände gegen die Witterung zu schützen. Über diesen Umgängen Fenster. Weitere Beispiele solcher ein- und dreikuppeliger Kirchen findet man abgebildet bei Schtscherbakivskyj »L'art d'Ukraine«. Ich komme darauf noch zurück.

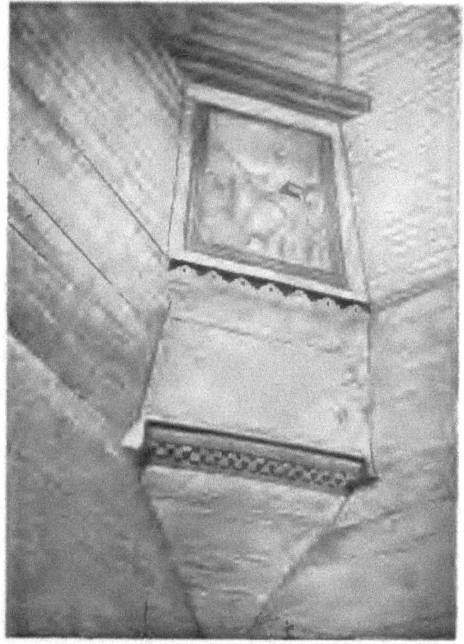

Abb. 618. Aufnahme Pawluckyj.
Ecklösung in der Holzkuppel einer ukrainischen Kirche von 1778.

In dem Hauptgebiete der Ukraine sind neben den vorherrschenden Drei- auch Fünfkuppelkirchen in Eiche oder Fichte zuhause. Die Belege sind zusammengestellt in der grundlegenden Arbeit von G. G. Pawluckyj, »Altertümer der Ukraine I: Holz- und Steinkirchen« (russ.) 1905. Sie stammen zumeist aus dem 17. und 18. Jahrhundert und bezeichnen die volkstümliche Unterschicht gegenüber den Stein- und Ziegelkirchen. Pawluckyj sieht in ihnen die Spuren eines alten Stiles mit dem bezeichnenden Höhendrange bei gleichmäßiger Ausbildung aller vier Seiten d. h. ohne »Fassade«[1]). Aus dem reichen Schatze von Belegen greife ich zwei Beispiele heraus. Die Himmelfahrtskirche zu Jaryschev bei Mogilev (am Dnjester) im südlichen Podolien[2]), entstanden um 1768. Der Grundriß (Abb. 619) zeigt die große quadratische Hauptkuppel mit abgeschrägten Ecken und vier im Kreuz anschließenden kleineren Kuppeln, die im Quadrat ansetzen, aber sich umbilden in Konchen mit drei Seiten. Die Kuppeln entwickeln sich wie der Glockenturm (Abb. 617) immer in Stufen aus dem Quadrat mit abgeschrägten Ecken. Der Aufbau ist auch im Innern nicht klar ersichtlich, weil ihn Bretterverschalungen verdecken. Ich gebe ein Beispiel von 1778 nach Pawluckyj, Seite 12 (Abb. 618). Man sieht die fortlaufende Übereckung und muß sich hinter den Brettern die tragenden Balken denken. Abbildung 620 noch eine zweite Fünfkuppelkirche von etwas anderer Bildung, die ebenfalls 1768 entstandene Kirche von Chodorov, südöstlich von Kiew am Dnjepr. Die Mittelkuppel ist quadratisch, die Kreuzräume schließen sich wie richtige Konchen an (Abb. 622) und zeigen (Abb. 620) pyramidale Dächer über die sich die Mitte herrschend emporhebt[3]). Abbildung 621 gibt noch die Innenansicht einer anderen Holzkuppel (Pawluckyj, S. 10), in der man gut die Aufeinanderfolge der Verjüngungen und den Abschluß

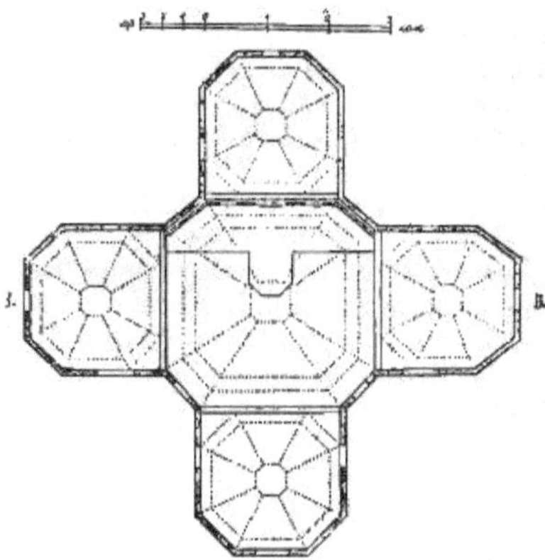

Aufnahme Pawluckyj.
Abb. 619. Jaryschev, Himmelfahrtskirche: Grundriß.

[1]) Vgl. meine Wesensbestimmung der armenischen Kuppelkirche oben S. 544 f.

[2]) Geschichte des Ortes und Einzelaufnahmen bei Pawluckyj, S. 32 f. Danach meine Abbildungen.

[3]) Pawluckyj S. 42 und Tafel II, 1.

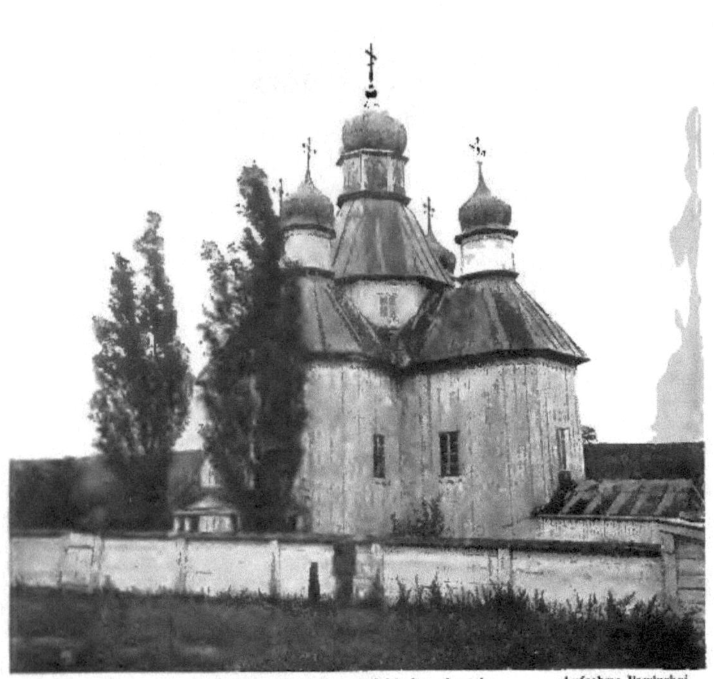

Abb. 620. Chodorov, Holzkirche: Ansicht. Aufnahme Pawluckyj.

der oben zu außenlaufenden Kappen in einem flachen Schlußstück beobachten kann.

Ich denke, man wird längst mit Staunen die Verwandtschaft dieser späten Holzkirchen mit den armenischen Gußbauten vom Typus der Konchenquadrate (oben S. 75) oder Vierpässe (S. 101 f.) wahrgenommen haben. Die bisherigen Bearbeiter, ein Pawluckyj, Moklowski, Schtscherbakiwskyj, Suslow u. a. haben den Typus der ukrainischen Holzkirchen bis ins 15. oder 14. Jahrhundert zurück verlegt, Pelenskyj hielt ihn auf Grund alter Eigentümlichkeiten nicht für viel jünger als die Einführung des Christentums in der Ukraine, dessen Anfänge er in seinen Arbeiten einige Jahrhunderte vor 988, der offiziellen Christianisierung ansetzte. Ich gehe noch weiter, indem ich annehme, die heute noch in der Ukraine volkstümliche Bauart weise in vorchristliche Zeit zurück und sei arischen Ursprunges. Beweis dafür ist mir erstens die Tatsachenreihe, die ich in Armenien aufgedeckt habe, mehr noch ein zweiter Kunstkreis, den ich bisher nicht heranzog, der indische.

[Über die Holzkirchen in der Ukraine und Galizien besteht eine so reiche Literatur, daß ich außer den bereits genannten Werken nur noch auf zwei Versuche einer Sichtung des Stoffes hinweisen möchte. Moklowski, »Volkskunst in Polen« (polnisch), Lemberg 1903, und vor allem Moklowski und Sokołowski, »Zur Geschichte der Kirchenbaukunst in Ostgalizien« (»Sprawozdania komicyi«, Krakau VII), dann Schtscherbakiwskyj, »Die Holzkirchen der Ukraine und ihre Typen« (Mitt. d. Ševčenko-Ges. d. Wiss. in Lemberg LXXIV [1906], S. 10 f. Vgl. auch CXIV [1913], S. 1 f.). Alle diese Arbeiten mit sehr reichen Abbildungen].

Seit jeher wissen wir, daß im ganzen Norden am Anfange der christlichen Kunst der Holzbau steht. Vergleichende Überlegung zeigt, daß die meisten religiösen Kunstströme des Erdkreises davon ausgingen und Ausnahmen, wie in Mesopotamien etwa, selten sind. Iran greift in arischer Zeit, wenn auch nicht unmittelbar darauf zurück. Die Holzbauten der Slawen tragen also einen Zustand, der einst auch bei den Germanen der herrschende gewesen sein muß, als unschätzbare Handhabe für die Wissenschaft, bis in unsere Zeit herein. Ich hätte gern mit einigen Mitgliedern meines Institutes und ukrainischen Freunden eine Forschungsreise in die uns jetzt zugänglichen Gebiete gemacht, doch sollen leider die Verhältnisse der in Betracht kommenden Gebiete nicht danach sein, die freie Bewegung einzelner Personen im Lande zu gestatten, so daß eine ersprießliche Tätigkeit kaum zu erwarten wäre. Vielleicht wird die vorliegende Arbeit in der Ukraine selbst die Anregung geben, den Denkmälern und ihren Zusammenhängen auf die Einzelheiten ihrer Bauart hin planmäßig nachzuforschen.

B. Die Spuren in Indien und Kaschmir.

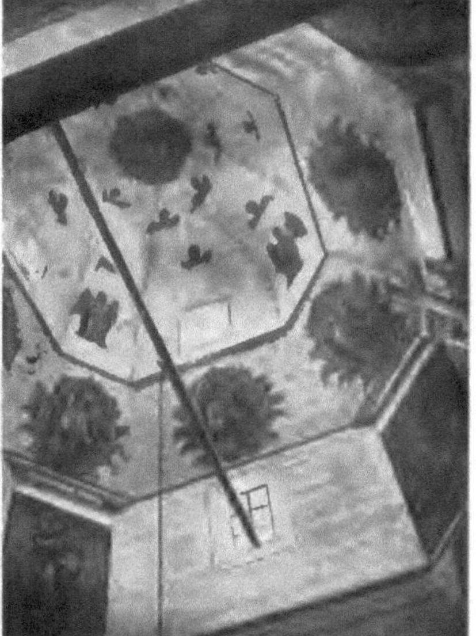

Aufnahme Pawluckyj.
Abb. 621. Innenansicht einer ukrainischen Holzkirche vom Jahre 1795.

Die Geschichte der indischen Architektur ist leider gerade für die älteste Zeit, die der arischen Einwanderung und der Entwicklung vor dem Eindringen des Islams völlig im Unklaren. Und doch liegt zweifellos ein ungeheuer reiches Material vor, das nur in einer genauen Lebensarbeit lebendig gemacht zu werden brauchte, um Großes in unseren Ideen vom Werden der bildenden Kunst zu wirken. Fergusson hat kräftig damit gerungen[1]). Der geistvolle Havell behandelt leider nur die Spätzeit seit der islamischen Eroberung[2]). Man lese bei Smith[3]) den Abschnitt über die Hindu-Stile nach oder Le Bon »Les monuments de l'Inde« (1893). W. Cohn hat in seinem Aufsatz über die Probleme der indischen Kunst auf die klaffende Lücke der wissenschaftlichen Forschung zur Genüge aufmerksam gemacht[4]). Was ich hier bringe, soll nur eine Anregung im Anschluß an die Spuren sein, die sich dem Forscher von Armenien aus aufdrängen. Der ursprüngliche Untertitel des vorliegenden Werkes »Vier Bücher arischer Kunstgeschichte« suchte Mitarbeiter in allen Kreisen zu werben[5]).

Die Beschäftigung mit der altindischen Baukunst scheitert freilich vorläufig daran, daß Texte wie »Silpasastram« (Baukunst) »Wastuwidijam« (Lehre von den Gebäuden) und zwei Kapitel des zweiten Buches des Kautilija Arthasastra nicht bearbeitet, ja kaum leicht zugänglich herausgegeben und übersetzt sind[6]). Hoffen wir, daß nach dem Kriege diese Lücken ausgefüllt werden und die von Victor Golubev u. a. begonnenen Denkmälerveröffentlichungen auch in dieser Richtung bald brauchbare Arbeiten darbieten.

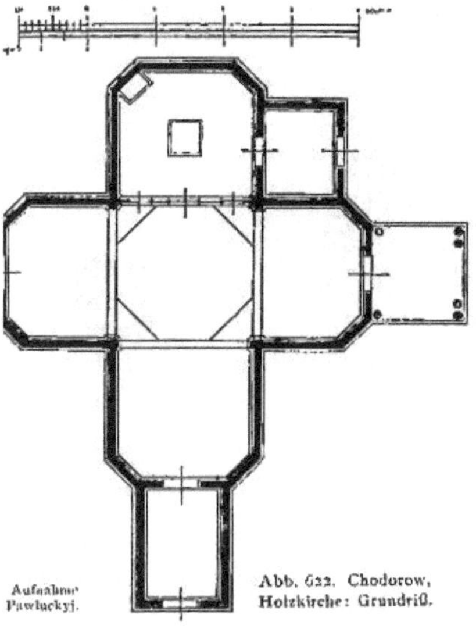

Die indische Baukunst wurzelt im Holzbau, wenn natürlich auch nur Steinbauten erhalten sind. Das ist einwandfrei deutlich sowohl in den ältesten buddhistischen Stupen mit ihren Zäunen und Balkentoren, wie in den Grottenfassaden von Adschanta[7]). Erst die vordringende hellenistische Kunst durchsetzt diese Holz-

Aufnahme Pawluckyj.
Abb. 622. Chodorow, Holzkirche: Grundriß.

[1]) History of indian architecture, 2 Bde., 2. Auflage von Burgess und Phene Spiers 1910.

[2]) Indian architecture 1913.

[3]) A history of fine art in India (1911), S. 13 f.

[4]) Zeitschrift für bildende Kunst N. F. XXV (1914), S. 253 f.

[5]) Vgl. ältere Ankündigungen wie »Altai-Iran«, Rückseite des Vorsetzblattes.

[6]) Wie mir Prof. Jolly-Würzburg freundlich mitteilt, bereitet Dr. Oertel eine englische Übersetzung des Silpasastram vor und erhofft von diesem Werk eine sichere Grundlage für das Verständnis der schwierigen Sanskritausdrücke über Architektur. Der Sanskrittext Wastuwidijam ist vor einigen Jahren in Südindien gedruckt worden, aber wegen der vielen Kunstausdrücke schwer verständlich. Vom Kautilja II, in welchem der Verfasser die Erbauung der kgl. Burg und der darin befindlichen Gebäude bespricht, gibt es die englische Übersetzung von Shama Sastri. Ein Schüler Jollys hat in einer Dissertation (J. Soralyi, Some notes on the Adhyathska-Pracara, Allahabad 1914) gerade das 2. Buch dieser Übersetzung mehrfach ernstlich verbessert. Vgl. Weber, Ind. Literaturgesch. 2, S. 292 f. (Berlin 1876) und Schroeder, Indiens Literatur und Kultur (1887), S. 763 f. Dazu unsere geläufigen Handbücher besonders Gurlitt, Woermann u. a.

[7]) Vgl. ebenfalls die Handbücher Woermann, Gurlitt u. s. f.

40*

Abb. 623. Pandrethan, Tempel: Grundrisse und Wiederherstellung. Aufnahme Cole.

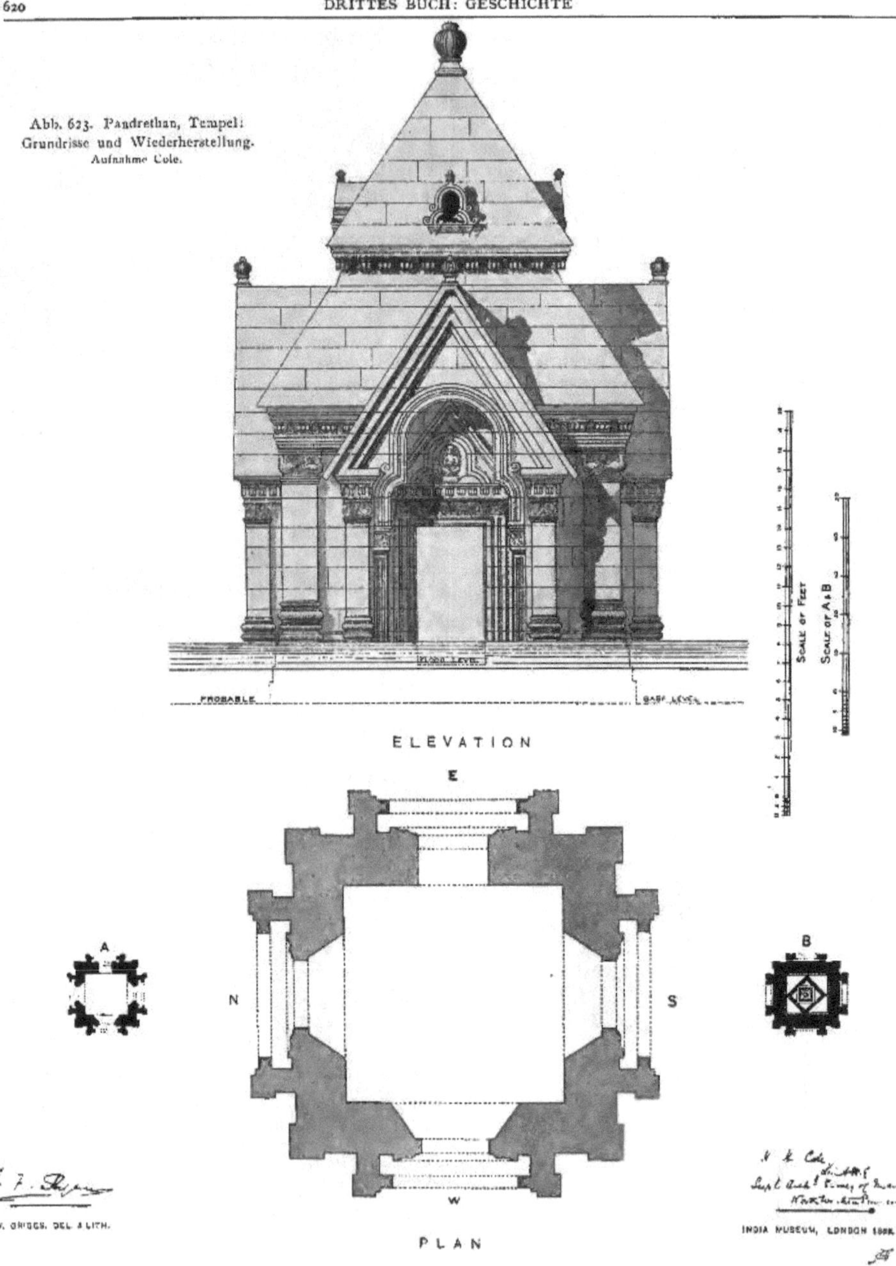

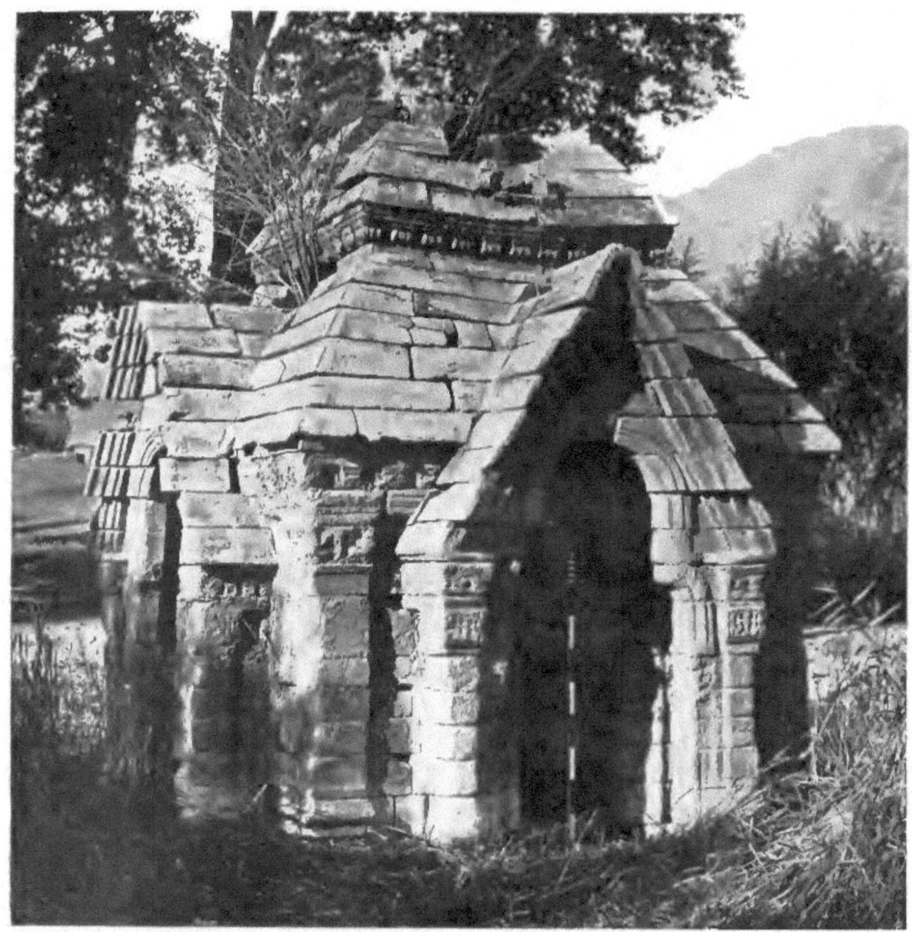

Abb. 624. Pandrethan, Tempel: Ansicht. Aufnahme Cole.

formen im Norden mit den uns geläufigen Bildungen. Die Gandharakunst gibt dafür überreiche Belege. Ich sehe davon ganz ab und wähle mein Beispiel aus einem der am reinsten ostarisch gebliebenen Gebiete, dem am Oberlauf des Indus zwischen Awghanistan und Turkestan südöstlich des Pamir liegenden Kaschmir[1]).

a) Das Übereckgewölbe von Kaschmir[2]).

In diesem Gebiete Mittelasiens blühte ungefähr gleichzeitig mit der Kunst Armeniens, die wir in diesem Buche betrachten, eine Steinkunst, von der noch zahlreiche brahmanische Tempel, leider

[1]) Beachtenswert sind die Grabpfeiler von Ya-tscheou an der tibetanischen Grenze Chinas vom Jahre 209 n. Chr. Vgl. die anregende Untersuchung von Dieulafoy, Comptes rendus de l'Académie des inscr. et belles lettres 1910, S. 362 f. — [2]) Cunningham, An essay on the Arian Order of Architecture, as exhibited in the Temples of Kashmir (Journal of the asiatic society XVII (1848) II, S. 241 f. Dazu das Autotypalbum des Arch. Survey of India von H. H. Cole »Illustrations of the ancient buildings in Kashmir« (1869). Über die geschichtlichen Unterlagen vgl. M. A. Stein, Kalhana's Rajatarangini, a chronicle of the kings of Kaśmir, 1900.

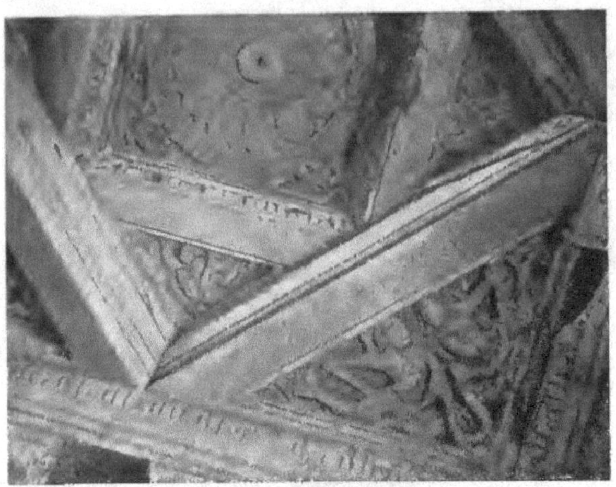

Abb. 625. Pandrethan, Tempel: Decke. Aufnahme Foucher.

gewaltsam zerstört, in Ruinen erhalten sind. Ich muß als Beispiel eines der jüngsten Gebäude heranziehen, weil daran allein die Decke noch erhalten ist, den kleinen Tempel von Pandrethan, südöstlich von Srinagar[1]). Er dürfte mit dem vom Radschatarangini V, 266 f. erwähnten als vom Minister Meru Varddhana 913—921 errichteten Bau eins und erhalten geblieben sein, weil er als muhammedanisches Grab verwendet und die Reliefs mit einem Bewurf versehen waren. Abbildung 624 gibt die Ansicht nach Cole 40, 68: ein Mauerwürfel mit vier in den Achsen vorgelegten Tonnen trägt in zwei Absätzen ein pyramidales Dach, dessen Spitze abgebrochen ist. Abbildung 623 oben bietet einen Wiederherstellungsversuch, in dem auch Angaben über die mutmaßliche Ausdehnung nach unten gemacht sind. Danach überwiegt die Höhe. Der Grundriß (Abb. 623)[2]) zeigt das 11′ 7″ (ca. 3·50 m) große Innenquadrat umschlossen von 0·85 m dicken Mauern, wohlgeeignet, das verhältnismäßig schwere Dach zu tragen. Über dessen Aufbau (Abb. 623 rechts unten) gibt eine Photographie von Foucher[3]) (Abb. 625) gut Aufschluß. Die Decke besteht aus acht Balken und neun Platten. Sie beruht in Stein auf dem gleichen Grundsatz, den wir in der Ukraine in Holz, in Iran und Turkestan in Luftziegeln, in Armenien in Gußmauerwerk mit Plattenverkleidung angewendet sahen: dem der Übereckung. Über die Ecken des Mauerquadrates liegen von Mitte zu Mitte auf Gehrung geschnittene Balken, die den Flächenraum auf die Hälfte verringern. Man vergleiche damit oben Abb. 405 aus Sebsewar[4]). Durch Anwendung der Überreckung, das zweite Mal mit nur halb so kleinen Balken, wird ein Mittelquadrat herausgebracht, dem in der Außenansicht die Stufe in der Dachpyramide entspricht — man vergleiche die gleiche Art in den ukrainischen Holzkirchen Abbildung 618 und 621. Im Innern schließt eine Platte diesen Flächenrest. Dieser und die dreieckigen Felder sind in indischer Art gefüllt.

Fergusson hat diese Art von Kuppelbau ausführlich für Südindien beschrieben[5]). Ich verweise darauf und möchte nur noch an einem Beispiel zeigen, wie sich diese auf den Bau mit kurzen Hölzern zurückgehende Werkform noch im ursprünglichen Baustoff volkstümlich bis auf den heutigen Tag erhalten hat. Die Aufnahme Abb. 626 stammt von Sir M. A. Stein, der sie in einem Hause in Miragram (Mastudj) machte, also in einem Gebiete, das Kaschmir benachbart, da liegt, wo sich südlich des Pamir die Flußgebiete des transkaspischen und indischen Kreises berühren[6]). Die Decke der Halle wird getragen von vier Eckpfosten, zwischen die andere Pfosten mit weit ausladenden Sattelhölzern gestellt sind, alle diese Träger mit allerhand Mustern ohne Ende[7]) und indischen Lotosrosetten reich geschmückt. Uns beschäftigt hier ausschließlich die Decke. Nach dem Grundsatze der Übereckung sind fünf Balkenschichten übereinandergelegt bis zur kleinsten Mittelöffnung, die wie das Opaion im Pantheon als einzige Lichtquelle waltet. Es ist die Einheit der Lichtzufuhr von oben und der Mitte her wie im Kuppelbau durch die Fenstertrommel gewahrt.

[1]) Cunningham a. a. O., S. 283 f., Cole, S. 29 f.
[2]) Nach Cole 9, 68, vgl. Cunningham, Tafel XXI.
[3]) L'art grécobouddique du Gandhare I, S. 145.
[4]) Zeitschrift f. Geschichte der Architektur VII, S. 60, Abb. 7.
[5]) History of ind. arch. 2 A. I, S. 312 f.
[6]) Vgl. Stein, Ruins of desert Cathay I, S. 48.
[7]) Vgl. dazu den Stupa von Sarnath. Abbildung in meinem Aufsatze »Der persische Hellenismus in der Zierkunst«, Repertorium für Kunstwissenschaft, 1918.

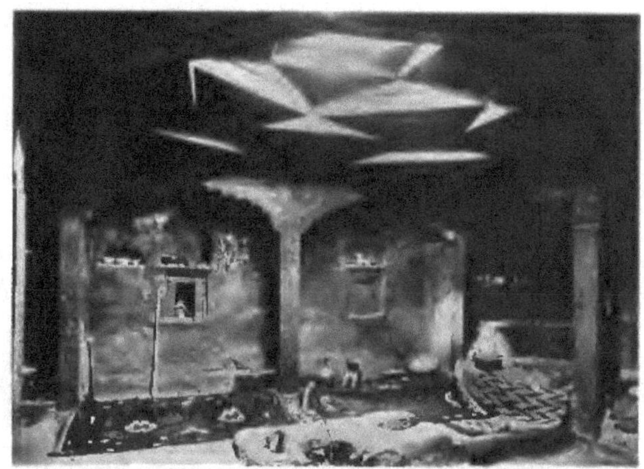

Abb. 626. Miragram, Wohnhaus: Innenansicht. Aufnahme Stein.

b) Ausbreitung des Übereckgewölbes.

Diese Bauart ist in Spuren im Osten bis nach Turkestan, im Westen bis nach Karien zu verfolgen. Ich gebe für jede Richtung ein Beispiel. Abb. 627 zeigt die einzige Farbentafel, die Grünwedel seinem Werke »Altbuddhistische Kultstätten in Chinesisch-Turkestan« beigab. Sie stellt die besterhaltene Decke einer Reihe von Höhlen in Ming-Oei bei Qyzyl dar, denen er wegen dieser eigenartigen Malereien, S. 129 f., den Namen »Kassetten-Höhlen« gegeben hat. Er glaubt, daß das in Abbildung 627 gegebene Muster Kassetten darstelle. In Wirklichkeit handelt es sich um einen 4 m im Quadrat messenden Raum, dessen Decke in Malerei trefflich jene Übereckbauart in Hölzern wiedergibt, mit der wir uns hier beschäftigen. Man sieht die Fügung der Balken bei Grünwedel in ihrer tatsächlichen Licht- und Schattenmalerei wiedergegeben, die in der farbigen Zusammenstellung der Verzierung der Deutlichkeit der Muster halber weggelassen ist. Für uns haben auch die letzteren Bedeutung, es sind Muster ohne Ende von aller Art, wie wir sie verwandt in Armenien verwendet finden, dazu den Doppeladler mit der Schlange, von dem schon im Amidawerke wiederholt die Rede war (vgl. auch oben S. 284). Diese Ausstattung weist ausgesprochen zurück nach Iran.

Das andere Denkmal im Westen findet sich in Mylasa (Abb. 628) und stellt ein Grabmal in Stein dar, das auf quadratischem Sockel mit dem Eingang einen Aufbau aus vier Eckpfeilern zeigt, die je zwei Säulen in die Mitte nehmen und zusammen einen geraden Architrav tragen. Die Ordnung ist korinthisch. Uns beschäftigt nur das durchaus ungriechische Dach. Man sieht fünf Reihen von Steinen übereinander und wird in Abbildung 628 bemerken, daß sie nicht bis an die Ecken reichen. Es handelt sich nämlich wieder um die Decke, von der wir reden: die Balken sind also in immer kleiner werdenden Quadraten bzw. Rauten über Eck gelegt. Man vergleiche die Abbildung bei Fergusson, History of architecture 1865 I, Seite 334, der schon diesen »dome« vergleicht mit den Jaina domes in Indien und dazu bemerkt, »it is so completely and perfectely what we find reappearing ten centuries afterwards in the far east, that we are forced to conclude that it belongs to a style once prevalent and long fixed in these lands, though this one now stands as the sole remaining representative of its class.«

Ich kehre nun wieder zur maßgebenden Mitte zwischen Ost und West zurück und mache darauf aufmerksam, daß das, was wir in Kaschmir heute noch vor uns sehen, nichts anderes ist als das Haus, das schon Q. Curtius Rufus[1]) im 1. Jahrhundert nach Christus in benachbarten holzarmen Gegenden in Ziegel beschreibt: »Tuguria latere ab imo struunt et, quia sterilis est terra materia [in] nudo etiam montis dorso, usque ad summum aedificiorum fastigium eodem laterculo utuntur. Ceterum structura latior ab imo paulatim incremento operis in artius cogitur, ad ultimum in carinae maxime modum coit. Ibi foramine relicto superne lumen admittunt«. Es ist ganz deutlich die gleiche oder eine äußerst verwandte Bauart, einmal in Holz, das andere Mal in Ziegel, je nachdem der Hindukusch (Parapanisus) die Mittel lieferte. Und nun erinnere man sich, daß ich oben Seite 365 f. bereits diese Bauart in Ziegel eingehend beschrieben habe als die in den iranischen Dörfern bis auf den heutigen Tag herrschende. Man sehe sich die Beispiele nochmals an und lese dazu die Beschreibung des Curtius Rufus. Von diesen arischen Grundtypen der Übereckung geht, scheint mir,

[1]) Hist. Alex. M. VII, 3, 8 (Vogel, S. 157).

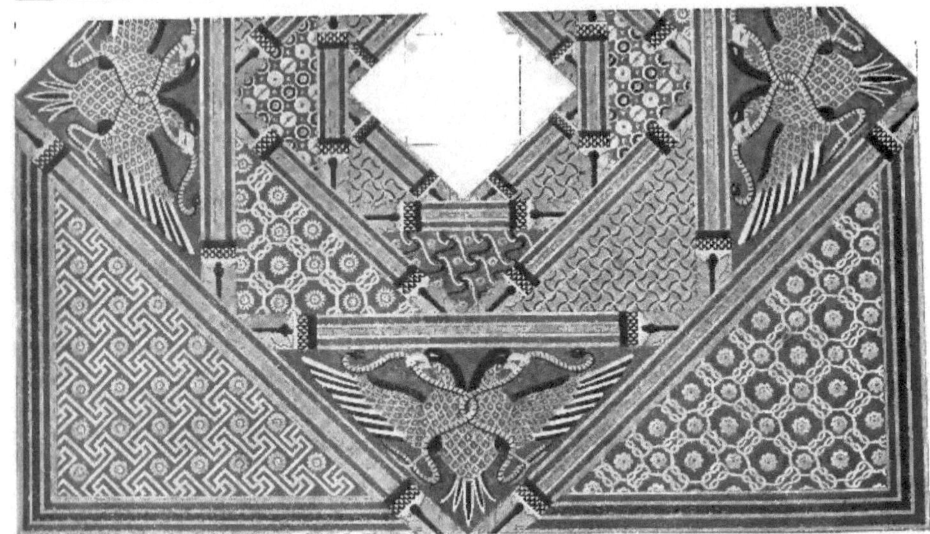

Abb. 627. Ming Oei, Höhle: Deckenmalerei (Teilansicht). Aufnahme Grünwedel.

diejenige mit dem Ziegeltrichter bis Armenien, die andere mit geraden Balken bis Südindien einerseits und Südrußland bzw. Galizien andererseits.

c) Das islamische Zellenwerk.

Es ist selbstverständlich, daß von der altarischen Holzarchitektur nur wenige Spuren erhalten sind, weil die Vergänglichkeit des Materials und die womöglich nur für die Lebenszeit des Erbauers berechnete Bestimmung die Palastbauten in Indien, Mittel- und Vorderasien längst vom Erdboden hat verschwinden lassen. Nur in Spanien sind wunderbarerweise noch Belege erhalten, einmal in der Alhambra und dann in der Moschee von Cordova, wo die Kapelle Villa Viciosa und die Maksura unmittelbar neben die armenischen Rippengewölbe der Zamatune gehalten (davon unten) sich als überlebende Endglieder der vorgeführten Entwicklungsreihe ergeben [1]).

Es scheint nun, daß sich aus dem Grundsatz der Übereckung mit kurzen Hölzern eine Bauart am ehesten verstehen läßt, für die seit langem eine Erklärung gesucht wird, das Zellenwerk der islamischen Kuppeln, das an jener Stelle sitzt, wo wir im Armenischen die Trichternische feststellten. Diese »Stalaktiten« sind erstens in Holz gedacht und zumeist auch darin ausgeführt; sie beruhen zweitens auf dem Grundsatz der Übereckung und nehmen drittens tatsächlich ihren Lauf nach Westen mit der islamischen Kuppel, dürften also das Holzwerk neben den oben Seite 349 nachgewiesenen Nischen in Stein oder Ziegel dauernd beibehalten haben. Ich gehe auf diese Dinge hier als zu fernab von der armenischen Frage liegend nicht näher ein [2]).

Die Decke mit fortschreitender Abschrägung der Ecken, die in Indien zu den unerhörtesten Bildungen geführt hat, scheint also ihren Weg vom Norden her genommen zu haben. Wir verfolgen sie über die iranische Form, in der sie, in Ziegel übersetzt, als Trichternischengewölbe auftritt (die türkische ist die mit schräg ansteigenden Dreiecken), bis nach der Ukraina, in deren Holzkuppeln sie heute noch verwendet erscheint. Das ist der arische Weg, der sich an der Altai-Iran-Ecke mit dem türkischen kreuzt. Ich möchte also zweifeln, daß, wie Havell annimmt, die Kuppel erst in Indien als religiöses Symbol entstanden sei [3]). Vielmehr schreibt sie sich eher aus dem

[1]) Vgl. Saladin, »Manuel d'art musulman« I, S. 204 f. Diez, »Die Kunst der islamischen Völker«, S. 53.

[2]) Vgl. Franz, »Die Baukunst des Islam«, 2. Aufl., S. 52 f., Rosintal, »Pendentifs, Trompen und Stalaktiten« und Diez, »Die Kunst der islamischen Völker«, S. 144.

[3]) Vgl. Diez, a. a. O. S. 161.

arischen Holzbau her. Es ist eine bezeichnende Tatsache, daß sie überall da zu finden ist, wo die am weitesten nach Osten vorgedrungenen Arier nachzuweisen sind; doch bildete sich die alte Holzform bei der Übertragung in andere Baustoffe wie Rohziegel, gebrannte Ziegel, Stein und Gußmauerwerk ganz verschiedenartig um. Die indische Kuppel hat unmittelbar nichts mit der armenischen zu tun, eher geht sie mit der der ukrainischen Holzkirchen zusammen.

Das merkwürdigste Ergebnis dieser Umbildung fand ich in den Kuppeln der rumänischen Klöster in der Bukowina. Dort sitzt die Kuppel über einer doppelten Übereckzone[1]). Es ist ganz unmöglich, in diese offenbaren Zusammenhänge heute schon Klarheit zu bringen. Ich spreche denn auch die Annahme eines arischen Zusammenhanges mit allem Vorbehalt aus.

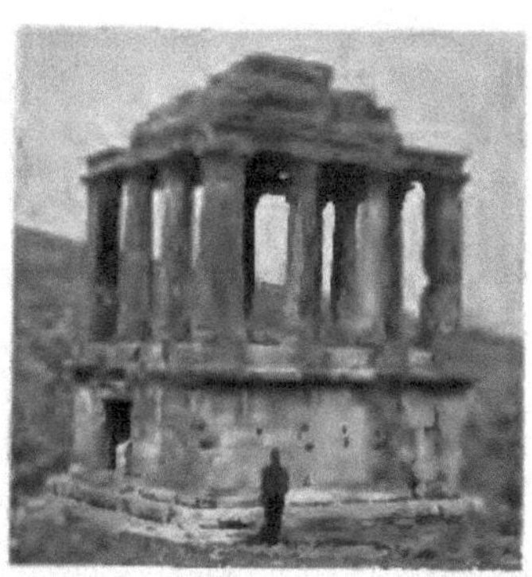

Aufnahme Hell.
Abb. 628. Mylasa, Grabmal: Ansicht

Mein Wiener Institut hat nicht die Mittel, diesen hochwichtigen Spuren durch Forschungsreisen nachzugehen, auch hat der Krieg vorläufig jede Verbindung mit den in Betracht kommenden Gebieten unterbunden. Die jetzt herrschende Ansicht ist, daß die Armenier nicht jenem arischen Strome angehören, der über den Kaukasus oder um das Kaspische Meer nach Iran und Indien gelangte, sondern eher aus Kilikien einwanderten[2]), wodurch einmal der Zug zurück nach Kleinarmenien und ebenso die große Bedeutung des Euphratknies bei Ersinghian (Erez) für das nationale Armeniertum eine Erklärung fände. Die armenisch-christliche Kunst läßt sich nicht als das Ergebnis einer solchen Einwanderung und auf dem Boden zwischen Kaukasus und Taurus, dem Schwarzen und Kaspischen Meere beginnenden Entwicklung vom Westen her verstehen, sondern nur durch das Einmünden eines ostarischen Zustromes, der in die drei Kernprovinzen von Iran und Medien aus stattfand. Leider sind wir für die älteste Geschichte auf griechisch-römische Quellen gewiesen, die einheimischen Berichte sind spät entstanden. Für das Altarmenische stehen nur einige Nationalgesänge bei Moses von Chorene zur Verfügung[3]). Das Land stand zuerst unter medischer, dann unter persischer, endlich unter parthischer Oberhoheit. Es ist dieser Einschlag der herrschenden Oberschicht, den wir in der bildenden Kunst erstchristlicher Zeit, soweit der Kuppelbau und seine Ausstattung in Betracht kommt, vor uns sehen. Das stimmt zu der Tatsache, wonach Fürst und Adel dauernd parthisch gesinnt blieben, die Römer dort ebensowenig wie die Sasaniden und Byzantiner jemals Sympathien erringen konnten.

C. Andere Spuren des ostiranischen Zustromes.

Aber nicht nur die Grundform des Kuppelbaues geht auf ostiranische Voraussetzungen zurück, auch Einzelzüge der armenischen Kirchenbaukunst lassen sich gut aus solchen Zusammenhängen erklären, vor allem solche, die im Holzbau ihren Ursprung haben dürften. Ich habe sie oben Seite 434 f. durchgesprochen: die Bogenleiste unter dem Dachrande, das dreistreifige Bandgeflecht, den Dienst mit Würfel- oder Knaufende u. s. w. und gehe hier nicht nochmals darauf ein. Erst wenn wir einmal den Norden, soweit er mit Armenien in Berührung gekommen sein kann, entwicklungsgeschichtlich betrachten gelernt haben und, von den skandinavischen Stabkirchen wie den Nachklängen in den östlichen und nordischen Strömungen des Westens (romanisch, gotisch) ausgehend, durch Ausgrabungen weiter gekommen sein werden, dürfte die Zeit für die Trennung von Norden und Osten in dem weiten Gebiete von Eurasien da sein. Vorläufig fasse ich beide unter dem Begriffe des Arischen zusammen und gehe kurz auf einzelne Züge ein, die oben noch nicht im Zusammenhange mit dem Holzbaue betrachtet worden sind.

Hufeisenbogen. Wenn es schon vom Spitzbogen heißt, er sei indischen Ursprungs und ein

[1]) Vgl. die Aufnahmen von Romstorfer, »Die moldauisch-byzantinische Baukunst« (Allgemeine Bauzeitung 1896).
[2]) Vgl. Jensen nach Gelzer R-E. f. prot. Theol. II, 64, Hüsing, Mitt. d. Anthrop. Ges. in Wien, XLVI (1916), S. 199 f.
[3]) Vgl. oben S. 596 und 603.

Architekt aus Ferghana habe den Nilmesser 715/16 in Kairo, an dem er vorkommt, erbaut[1]), so wird vielleicht mit mehr Recht der Hufeisenbogen diesen Weg vom Osten hergeleitet. Jedenfalls wurzelt seine Form im Holzbau[2]). Man betrachte die Beispiele von den Fassaden indischer Grottentempel, die in jedem Handbuche zu finden sind[3]). Man nehme das bekannte Beispiel vom Tempel 7 der Grotten von Adschanta. Die Holzform ist hier dem anstehenden Fels als Schauseite aufgeprägt, die Höhlung im Mittelschiff des dreischiffigen Innenraumes erscheint mit ihren Fugenleisten festgehalten, man sieht, daß sie sich wie ein Faß, das unten abgeschnitten ist, nach außen schiebt und hier von einer in Stein nachgebildeten Bretterverschalung umkleidet ist.

Ebenso findet man den Hufeisenbogen aber auch in den skandinavischen Holzkirchen[4]). Hier sei nur ein norwegisches Beispiel von der Kirche zu Gol besonders erwähnt, das auf die Zeit von 1150—1160 etwa zurückgeführt wird[5]). Der Hufeisenbogen kommt dort, in Aal und sonst dann gern vor, wenn es sich um Verspreizung von Pfosten, sei es der das Dach tragenden gegen ihr oberes Ende zu oder der Dachbalken selbst handelt[6]). Seine erste bauliche Anwendung in Stein freilich geht wohl von Armenien aus und dringt von dort in Nordsyrien[7]) und Kleinasien[8]), aber auch nach den angrenzenden Gebieten, endlich mit den Goten bis nach Spanien vor. Darüber unten.

Türbildung. Im Holzstil scheint eine Neigung für die aus fünf auf Gehrung geschnittenen Leisten zusammengesetzte Tür zu bestehen, die nicht auf Armenien übergegangen ist, aber in den ukrainischen Kirchen sowohl wie in Kaschmir vorkommt. Pawluckyj gibt S. 14 einige Beispiele, danach Abbildung 629. Man sieht die lotrechten Leisten durch drei Seiten eines Achteckes — wie der Grundriß der Konchen — geschlossen. Sie weisen ständig wiederkehrende Holzzierate auf, den gedrehten Wulst, den Zahnschnitt und Eierstab, darunter die (Meister und Zeit nennende) Inschrift. Abbildung 630[9]) aus Kaschmir gibt das gleiche Motiv mehrmals übereinander in den Giebel eingelegt, dazu unten den Kleeblattbogen und an allen Leisten den Zahnschnitt, zum Teil mit den bezeichnenden kleinen Bogen, die im Armenischen so oft an den Dachrändern vorkommen. Das Beispiel stammt aus Marttand vom Sonnentempel, den Cunningham, S. 262, zwischen 370 bis 500, Cole 490 bis 555 ansetzt[10]).

Wichtiger und für Armenien unmittelbar mehr von Bedeutung als dieser lotrechte Rahmen ist eine andere Türbildung: der im Grundriß ausladende Vorbau. Der Plan des Tempels von Pandrethan, der oben Abbildung 623 gegeben wurde, diene als Ausgangspunkt. Man sieht hier auf allen vier Seiten Vorbauten, die, wie an den Kathedralen von Thalisch oder Ani, zuerst im rechten Winkel vorspringen und dann vor das kleinstufig abgeschrägte Türgewände eine Bogen- und Giebelarchitektur legen, die um so mehr Beachtung verlangt, als sie im Zusammenhange mit dem quadratischen Kuppelbau

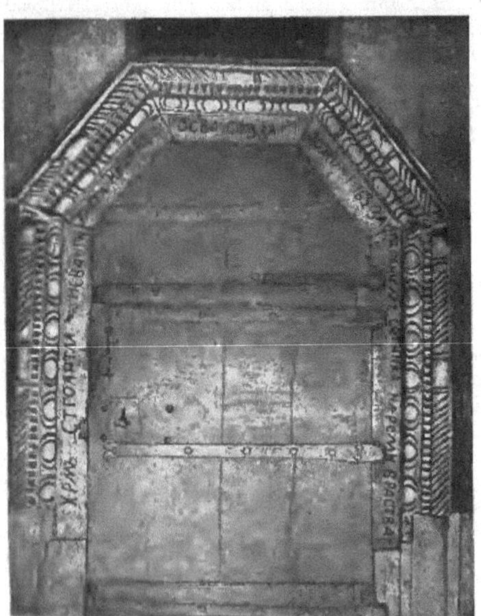

Aufnahme Pawluckyj.

Abb. 629. Kirchentür aus der Ukraine.

[1]) Vgl. mein »Mschatta«, S. 246, Lane Poole, »The art of the Saracens«, S. 54 und Diez, »Die Kunst der islamischen Völker«, S. 158.

[2]) Vgl. Haupt, »Die älteste Kunst der Germanen«, S. 93.

[3]) So bei Gurlitt und Woermann. Vgl. auch Rivoira, »Arch. mus.«, S. 113 f., 137 f.

[4]) Dittrichson und Munthe, »Die Holzbaukunst Norwegens«.

[5]) Seeselberg, »Die frühmittelalterliche Kunst der germanischen Völker«, S. 73.

[6]) Vgl. dazu auch Seeselberg, S. 71.

[7]) Glück, »Der Breit- und Langhausbau«, S. 77 und 122. Dazu Dana von 540 nach Texier and Pullan, »Byz. arch.«, S. 173 f., Butler, »Architecture and other arts«, S. 142.

[8]) Vgl. mein »Kleinasien«, S. 56 f. und 149 f. und Bell, »Churches and mon.«, S. 49, 72, 97. Dazu die Arbeiten von Rott.

[9]) Nach Cole (vgl. S. 621, Anm.), Nr. 1568.

[10]) Bei dieser Gelegenheit sei wieder hingewiesen auf das Vorkommen ähnlicher gebrochener Bogenbildungen in den Stuckfriesen von S. Giovanni in fonte in Ravenna. Sie sollten zusammen mit den Stuckarbeiten in S. Maria in Valle zu Cividale bearbeitet werden. Vgl. Monatshefte für Kunstwiss. I (1907), S. 3 f.

auftritt. Abbildung 623 gibt darüber Auskunft. Es ist der gleiche Portaltypus, den ich oben Seite 521 erörtert habe, und der in Armenien, allmählich zum Stufenportal ausgebildet (S. 523), dann auf Europa einen so maßgebenden Einfluß ausgeübt hat.

Der Glockenturm. Es konnte oben Seite 242 f. lediglich an der Hand später, spärlicher Beispiele in diese Zweckform eingeführt werden. Immerhin scheint es, daß die Vorrichtungen für Glockengeläute in Armenien entgegen dem Brauch der griechischen Christen in die Zeit vor 1000 zurückgehen könnten. Vorläufig waren freilich keine altchristlichen Belege vorzuführen. Aber die Sache erhält ein anderes Gesicht, sobald man den entwicklungsgeschichtlichen Standpunkt einnimmt und die Fäden, die die Werkform der Kuppel in die Hand gibt, auch für den Glockenturm verfolgt. Ich gehe dabei getrennt vor für die beiden Arten, die oben vorgeführt wurden.

Der freistehende Glockenturm gehört im Nordgebiete der Arier zu den auffallendsten Erscheinungen neben den Kirchenbauten selbst. Ein Beispiel ist in Abbildung 615 aus der galizischen Kirche von Wyschenka welyka gegeben worden. Er ist quadratisch, hat die Galerie der Schallöffnungen und das pyramidale Dach, alles in der für die Ukraine bezeichnenden Holztechnik und mit dem Umgange unten ausgeführt [1]). Bisweilen kommen auch mehrere Reihen und Schallbogen übereinander vor, wobei dann, wie bei den indischen Pagoden, Abstufungen durch schräge Dächer vermittelt auftreten [2]).

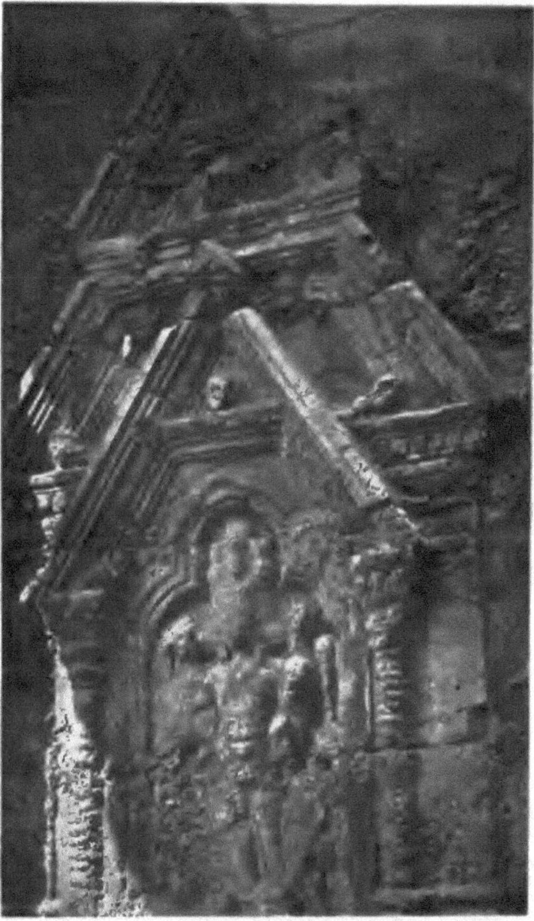
Abb. 630. Marttand, Tempel: Schmucknische. Aufnahme Cole.

Für die Säulentürmchen ergibt eine merkwürdige Tatsache eine beachtenswerte Spur, der Vergleich nämlich eines aus Schriftquellen und Zeichnungen nachweisbaren Bauteiles der karolingischen Zeit mit den erhaltenen Vertretern in Armenien. Das bekannteste Beispiel dafür liefert die alte Abbildung von Centula (St. Riquier), die solche hölzerne Aufsätze nicht nur auf den beiden Kuppeln und den Glockentürmchen des Hauptbaues zeigt, sondern auch auf dem Turme der Marienkirche. Man lese darüber die Monographie von W. Effmann [3]) nach und wird finden, daß diese als arx ascendens per arcus von Venantius Fortunatus für die Kathedrale von Nantes bezeugten Aufsätze mehrfach in Gebrauch waren und nach einer anderen Stelle tristegum, d. h. trium tripodum ordinibus errichtet waren. Daneben kamen, wie gerade Centula bezeugt, auch einfache Aufsätze vor. Sie waren, glaubt man, aus Holz verfertigt.

[1]) Vgl. auch Abb. 617 und Pelenskyj, »Die Glocken der Ukraine« in der Zeitschrift »Dilo« 1909/10. — [2]) Vgl. Pawluckyj a. a. O., S. 19. — [3]) »Forschungen und Funde«, herausgegeben von Jostes, Bd. II, Heft 5, Münster i. W. 1912.

In Armenien nun stehen solche Kioske, wie oben Seite 243 gezeigt wurde, als Aufsätze auf Kuppeln, Türmen und Apsiden heute noch in vielen Beispielen aufrecht, wohl nur deshalb, weil sie in Stein ausgeführt sind. Ob ihnen ältere aus Holz vorangingen, läßt sich vorläufig nicht belegen. Die ältesten erhaltenen Beispiele stammen aus dem 10./11. Jahrhundert. Es läge also hier ein ähnlicher Fall vor wie für die Fisch-Vogelinitiale[1]) und die Grabkreuze[2]), daß im Abendland aus karolingischer, bzw. merowingischer Zeit bezeugte Motive[3]) in Armenien erst nach dem 10. Jahrhundert erhalten und bis auf den heutigen Tag in Gebrauch sind. Ich möchte glauben, daß in diesem Falle die Goten Träger der Bauform waren, die sie in Südrußland vorfanden oder von Armenien, bzw. Iran[4]) übernommen hatten. Voraussetzung wäre, daß diese Holzaufsätze für Glocken im arischen Gebiete um das Schwarze Meer herum, bzw. im Umkreise des Kaspischen Meeres schon im 4. Jahrhundert etwa gebräuchlich waren. Der Beweis würde an der ältesten arischen Holzarchitektur vielmehr ihren Nachklängen in den Gebieten vom hohen Norden bis nach Indien zu erbringen sein.

Der Ursprung des Glockenturmes stellte sich dann in einem etwas anderen Lichte dar, als ihn Thiersch in seinem Pharosbuche geschildert hat[5]). Wegen der Feuergefährlichkeit im Holzbau ursprünglich freistehend, träte er dann im Steinbau mit dem Baukörper zu einer Einheit zusammen und würde so das bestimmende Merkmal im Äußern der nordischen Kirchenbaukunst ebenso wie in Armenien die Kuppel und im Islam das Minarett. Immer handelt es sich formal um die Geltendmachung des Höhenwertes, die Steigerung der aufstrebenden Wirkung.

Die Glocken, deren Einführung in Armenien und dem Osten überhaupt man so gern auf das Abendland zurückführt[6]), sind in China und Indien uralt. Schon Albrecht Weber hat 1857 in seinen »Indischen Skizzen« aufmerksam gemacht auf die Ähnlichkeit des buddhistischen Ritus mit dem christlichen und führt dabei auch den Gebrauch der Glocken an. Im vorliegenden Werke sind öfter Untersuchungen in der Richtung angestellt worden, das frühe Christentum des mesopotamischen und iranischen Ostens vor unseren Augen wieder erstehen zu lassen. Es würde nicht wundernehmen, wenn sich in ihm auch indische Einschläge fänden[7]). Weber, Seite 92, meint ganz allgemein bezüglich des christlichen Ritus, die Ähnlichkeit, die im Mittelalter zu den Sagen vom Priester Johannes Veranlassung gegeben habe, sei in der Tat eine so bedeutende, daß es schwer falle, keinen Zusammenhang beider anzunehmen; »dahin gehört[8]) das Kloster und Mönchswesen, das Zölibat, die Reliquienverehrung, der Kirchturmbau (der an die buddhistischen Topen erinnert), der Gebrauch der Glocken, der Rosenkränze, die Tonsur, und wohl noch manches andere; Hardy's verdienstvolles Werk (Eastern Monachism, London 1850) ist hierfür von hohem Interesse«. Ich denke, es wird allmählich Zeit, diesen Dingen wieder ernstlich nachzugehen. Ich habe »Amida« Seite 263 und oben Seite 244 f. auf die Ausbreitung der Höhlenklöster im Besonderen hingewiesen.

Zum Schlusse wäre noch zu überlegen, ob nicht auch die Blendbogen durch die Holzbaukunst insofern angeregt sein könnten, daß sie sich z. T. herleiten von den Lauben, die den Holzbau zu begleiten pflegen. Sie sind in der Ukraine ebenso üblich wie in Skandinavien. Ins Mittelmeerländische übersetzt sind das die Säulenhallen, die den Bau außen umziehen (Ereruk, Tekor, Odzun).

Auch die Vorliebe für Batikstoffe in armenischen Kirchen ist vielleicht beachtenswert. So alte Beispiele wie die ägyptischen, die ich »Orient oder Rom« Seite 90 f. veröffentlicht habe, kann ich vorläufig aus Armenien nicht beibringen. Wie ich Seite 303 zeigte, stammen die erhaltenen Belege aus den letzten Jahrhunderten. Aber möglich wäre, daß Armenien schon in altchristlicher Zeit zusammen mit Nordmesopotamien Vermittler von Indien her nach dem Mittelmeere war[9]). Ich gebe hier den oben Seite 303 erwähnten Stoff von 1714 aus Edschmiatsin. Die Inschrift besagt, daß er aus dem Dorfe Schoroth und einem Kloster stammt, dessen Vorstand und Bischof neben dem Spender Kolas, seinen Eltern Mkrtitsch und Katarine samt anderen Vorfahren genannt werden. Man hat ein Gemisch persisch-indisch-chinesischer Motive vor sich und gedenkt vielleicht der oben Seite 303 gegebenen Nachricht von der Einfuhr indischer Perlen nach Armenien.

[1]) »Byz. Denkmäler« I, S. 90 f., »Der Dom zu Aachen«, S. 53 f., »Altai-Iran«, S. 292. [2]) Davon unten.

[3]) Ich gedenke bei dieser Gelegenheit des Vorstoßes, den Mâle mit Hilfe von Centula gegen die Selbständigkeit der rheinischen Dombauten unternimmt. Vielleicht wird sich manches aus der gemeinsamen Wurzel im Holzbau erklären. Über Mâle im vierten Buche.

[4]) Vgl. mein »Der Kiosk von Konia«, Zeitschrift f. Geschichte der Architektur I (1907), S. 3 f.

[5]) Vgl. meine Anzeige in den Jahrbüchern für das klass. Altertum 1909, I. Abt. XXIII, S. 354 f.

[6]) Vgl. oben S. 242. [7]) Vgl. meinen Aufsatz im Repertorium für Kunstwissenschaft 1918.

[8]) Vgl. v. Bohlen, »Altes Indien« I, 334 f. [9]) Vgl. mein »Orient oder Rom« a. a. O.

2. Der Mazdaismus.

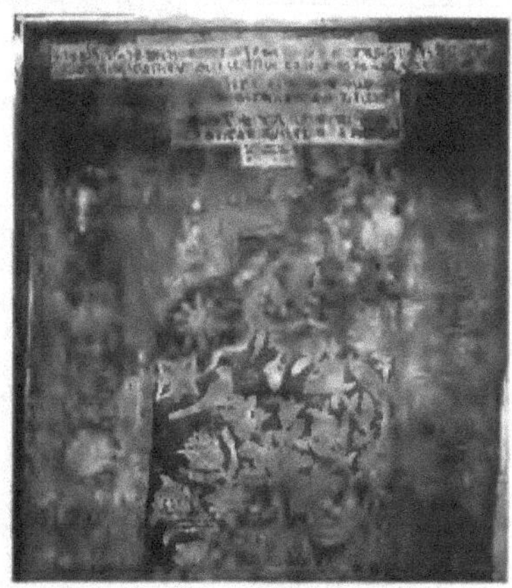

Abb. 631. Edschmiatsin, Museum: Batikstoff v. J. 1714

Der Kreis des Arischen, mit dem später Armenien unmittelbar zusammenhängt, wurde zu einer geistigen Einheit gebracht durch die Religionsstiftung, die unter dem Namen des Zarathuschtra geht. Daß der Mazdaismus bildlos war, ist allgemein zugegeben, erst der Hellenismus und dann die Sucht der Sasaniden, die Verleihung ihrer Macht durch Gottes Gnade darzustellen, führte auf andere Wege. Heißt Bildlosigkeit aber, daß der Mazdaismus überhaupt keine bildende Kunst besaß?

Die Kunstgeschichte hat sich bisher mit dem Mazdaismus deshalb nicht beschäftigt, weil alle Denkmäler fehlen. Gewohnt nur mit dem Gegebenen zu rechnen, hat sie die Lücke überhaupt nie empfunden. Und doch haben alle Religionen sich der bildenden Kunst als Ausdrucksmittel bedient und die Kirche sie mindestens ebenso ausgiebig in den Dienst ihrer Machtbestrebungen zu stellen gewußt wie Herrscher und Staat. Ich will gar nicht von den großen Religionskreisen des Südens: Ägypten, Babylon, dem Hellenismus und Indien reden; was sie an religiöser Kunst geleistet haben, ist ohnehin in aller Munde. Selbst im bilderfeindlichen Judentum hat Salomo zu dem bei den Nachbarn so bewährten Mittel eines verblüffend auf die Menge wirkenden Tempelbaues gegriffen. Endlich hat der Islam, noch später als das Christentum aus ungefähr der gleichen Gegend, aber als Schöpfung arabischer Wanderhirten entstehend, sich auffallend stark mit bildender Kunst durchsetzt, trotzdem sein Stifter ebensowenig wie Christus oder Buddha Fühlung mit dieser Lebenswesenheit hatte. Sollte gerade nur die Religion des Zarathuschtra darauf verzichtet haben? Und ist es nicht seltsam, daß die Forschung nie an die Möglichkeit eines Einflusses dieser iranischen Religion auf die entstehende christliche Kunst dachte?

Als ich mein »Altai-Iran« schrieb, ging ich lediglich den großen wirtschaftlichen und Rassengrundlagen der Kunstentwicklung, und zwar in der Zeit nach, in der die Nomaden- und Nordvölker in engere Fühlung mit den Südkulturen traten, kündigte aber dort schon (S. IX) an, daß die durchgeführten ziergeschichtlichen Untersuchungen »nach der architektonischen Seite hin ergänzt und wieder in das gewohnte Fahrwasser der großen religiösen Kulturen zurückgeleitet werden sollen«. Das vorliegende Werk löst diese Ankündigung ein und gipfelt nunmehr in der Frage: hat von Altai-Iran her nur die große Völkerbewegung des Nordens und Ostens auf den Westen gewirkt oder zugleich auch jene religiöse Gesinnung, die ein Zarathuschtra um 600 v. Chr. begründet hatte? Ich bleibe lediglich auf meinem fachmännischen Wege, wenn ich mich nachfolgend an den Versuch einer Beantwortung dieser Frage wage. Mögen Kenner der Awestakultur bald klärend eingreifen.

Die mazdaistischen Denkmäler, seien es religiöse selbst oder solche aus der Zeit dieser religiösen Strömung müssen in einem Baustoff und einer Ausstattung ausgeführt gewesen sein, die keine Dauer hatten, daher ohne Ausgrabungen nicht nachweisbar sind. Den Schlüssel bietet das vorliegende Werk, welches im Falle der Kuppel über dem Quadrate gezeigt hat, daß diese zwar in Iran zuhause, von älteren Belegen aber dort nichts erhalten ist, weil die Bauwerke in Lehmziegel ausgeführt waren. Wir dürfen die Vertreter der mazdaistischen Kunst auch nicht in den Steinbauten von Persepolis oder Pasargadae sehen, weil diese durchaus fremde Formen verwenden und das Volkstümliche, eben den Gewölbebau, völlig vernachlässigen. Was davon in literarischen Spuren nachweisbar ist (S. 367), verschwand vom Erdboden. Wenn daher der Kunstforscher den Versuch wagt, die iranische Ausstattung aus ihren späteren Nachwirkungen wieder lebendig zu machen, so muß er ausgehen von den für die Großkunst bezeichnenden Bauformen, nämlich von der Kuppel, der Tonne und der Strebenische, die ja alle nebeneinander vorkommen, man vergleiche daraufhin nur den Palast von Sarwistan (S. 369 und 476 f.). Nun wird aber ein solcher Versuch nicht nur nahegelegt von der persischen Seite her; vielmehr drängt sich die Annahme eines Kunstkreises, der ergänzend neben den griechisch-römischen tritt und neben der christlichen Antike beachtet sein will, schon demjenigen auf, der von den ältesten Mosaiken in Rom und Ravenna herkommt. Dort gibt es eine Zierschicht, die unzweideutig ebenso auf Persien weist, wie die literarischen Spuren und die erhaltenen Denkmäler der byzantinischen Welt. Aber nicht genug damit. Diese Mittelmeerschicht berührt sich wieder vereinzelt derart mit den neuerdings in Chinesich-Turkestan gemachten Funden, daß sich die Annahme des in der Mitte liegenden Iran als des schöpferisch gebenden Kernes schon einstellt, ohne daß erst die Notwendigkeit des Bestandes einer mazdaistischen Kunst angerufen werden müßte. Aber wie soll ein großer Religionskreis 1000 Jahre ohne Kunst bestanden haben? Dazu kommt endlich, daß diese mazdaistische Kunst, wie wir wissen, die Darstellung nicht kannte, also die gleichen Wege ging wie die religiöse Kunst des Islams, von der sie an ihrem Orte zeitlich abgelöst wurde.

Ich sehe also im Gebiet der religiösen Kulturen eine bildlose Strömung schon in der Zeit vor Christus in Iran am Werke und finde, daß von dort aus nach Christus die bilderfeindlichen Strömungen über Armenien gehen, das ursprünglich auch keine Darstellung kannte und zusammen mit dem Islam alle Schleusen öffnet für das Eindringen der schon mit der Völkerwanderung und in der Spätantike vom Osten nach dem Mittelmeere vordringenden Art der Nomaden und Nordvölker. Als Methode für die Erforschung der mazdaistischen Kunst ergibt sich — solange Ausgrabungen nicht Denkmälerreste nachweisen — der Weg des Rückschlusses vom Altchristlichen, Mittelasiatischen und Islamischen her.

A. Tier- und Pflanzenschmuck.

Es scheint, daß schon der Mazdaismus jene von Norden und Osten wie aus einem Trichter zwischen Altai und Iran in Vorderasien ausmündende Flutwelle des Tierschmuckes im symbolischen Sinne ausgewertet hat, ähnlich wie der Buddhismus und später das Christentum. Den Kern dieser Ausdeutung scheint das Hvarenah, die Herrlichkeit Gottes gebildet zu haben, der beste Besitz des Hauses, der Unheil fernhält und das Gedeihen fördert[1]). Immer wieder werden Tierbilder als Träger des Hvarenah genannt. »In der Sage und im Volksglauben ist das Hvarenah bald ein fliegender Vogel, bald ein schwimmendes oder tauchendes Wesen, bald tritt es in anderer Tiergestalt auf und folgt dem Auserkorenen — nach dem Karnamak und dem Schahnama kam der Königsglanz zu Ardeschir in Gestalt eines großen Widders und ritt neben ihm auf dem Pferde — bald sitzt es im Schilfgras im See und geht in die Milch einer Kuh über, die es frißt (Bundehesch 31, 32). Das hohe Ansehen der Kuh in Iran wie in Indien machte sie geeignet, die Vermittlerin der Herrlichkeit zu werden«. So die Religion des Zarathuschtra. Man nehme nun Ausstattungen wie die Berliner in Stuck[2]) mit dem Widder oder Steinbock, Vögeln zu Seiten des Lebensbaumes (Haoma) und dem Symbol der Flügel, das auch die sasanidische Königskrone schmückt (»Mschatta«, S. 322): das ist doch mazdaistisch! Oder Amman (S. 448, 537), Mschatta, Teile der alten Fassade von Amida, wie die verkröpften Gebälke mit Tierpaaren (»Amida«, Tafel IX—XI), alles Nachbildungen in Stein nach iranischem Verkleidungswerk wie es — freilich ohne Tierschmuck an dem großen Stupa von Sarnath auf der indischen Seite vorliegt[3]). Man nehme dann aber vor allem auch die zahlreichen Fluß- und Sumpflandschaften, die in der hellenistisch-römischen ebenso wie in der Malerei von Chinesisch-Turkestan eine große Rolle spielen: immer stellt sich der Eindruck ein, daß zwischen Ost und West das Ausgangsgebiet in Iran zu suchen sei[4]). Jagd und Fischfang gehören zu den Freuden des iranischen Paradieses und des Jenseits.

Ich rechne also mit der Möglichkeit, daß der Tierschmuck auf armenischem Boden schon in mazdaistischer Zeit heimisch geworden und z. T. daraus seine weite Verbreitung in den Kirchen zu erklären sein dürfte. Wie weit er im christlichen Sinne umgedeutet wurde, werden andere besser beurteilen; es scheint, daß Mazdaismus und Christentum schon in Persien die reiche Ernte hielten wie am Mittelmeere. Auch lassen Achthamar und Amman die Möglichkeit einer Ausstattung auch des Innern

[1]) Vgl. Söderblom, »Das Werden des Gottesglaubens«, S. 285 und 292. [2]) Vgl. mein »Altai-Iran«, S. 220.

[3]) Vgl. für den Westen mein »Orient oder Rom«, S. 5 f., für den Osten die Veröffentlichungen von Grünwedel und Stein, dazu meine Aufsätze »Der große hellenistische Kunstkreis im Innern Asiens«, Ztsch. f. Assyriologie, XXVII (1912), S. 139 f. und »Zentralasien als Forschungsgebiet«, Österr. Monatsschrift für den Orient, XL (1914), S. 68 f.

[4]) Vgl. Repertorium für Kunstwissenschaft, 1891. Ich komme auf diese Dinge ausführlicher in meinem Buche »Ursprung der christlichen Kirchenkunst« zurück.

zu, die dann in dem Briefe des Nilus (S. 53) und den Nachrichten über die Basilika Ursiana (S. 531) ihre Bestätigung fänden. Ich will mich hier bei diesen Dingen nicht weiter aufhalten[1]) und möchte nur noch darauf hinweisen, daß der Mazdaismus auch die Voraussetzung für zwei Strömungen der christlichen Kunst in den östlichen Mittelmeerländern geschaffen hat, von denen die eine in Armenien, die andere bei Ephraim dem Syrer, angeblich einem geborenen Armenier, greifbar vor uns steht.

B. Mazdaistische Vorstellungen als Grundlage christlicher Darstellung.

Vorausgeschickt sei, daß Zarathuschtra sich in Gegensatz zur Alten Welt stellt und Wege geht, die durchaus ostarisch sind und später mit der Reformation auch im Norden nach Anerkennung im Rahmen der Südreligion ringen: nach der Reinheit einer sittlichen auf Gut und Böse gestellten Weltauffassung[2]). Erst die Sasaniden haben diese in gewissem Sinne christliche Lehre im Geiste der älteren Mittelmeerkulturen in den Dienst von Macht und Besitz gestellt. Vorher bedurfte der Mazdaismus keiner »Darstellung«. Daraus allein schon, wie aus seinem Baustoff, dem Rohziegel mit Wandverkleidung, wird verständlich, daß wir keine für die Ewigkeit errichteten Denkmäler von ihm erwarten dürfen und seine nordische und Nomadenart sich ohne Zwang im Schmuck ausleben konnte. Zwei andere arische Religionen, die buddhistische und hellenische, haben in einem ähnlichen Sinne, aber freilich mit der menschlichen Gestalt eine von Macht und Besitz unabhängige Kunst geschaffen, fanden dann aber seit Asoka und Alexander dem innersten arischen Wesen nach ihr Ende und wurden zu Religionen der Weltherrschaft. Die ältere persische Theologie, darin vielleicht die Wege der altarischen Volksreligion weitergehend, kannte keine Bilder ihres Gottes; auch in jüngerer Zeit sind sie selten und vielleicht unter fremden Einflüssen entstanden[3]). Die Versuche seiner Darstellung aus achamanidischer Zeit führen auf solche Vorbilder und können füglich vernachlässigt werden, da sie keinerlei Einfluß auf die Spätzeit hatten, um die es sich hier handelt. Auf den reitenden Gott gehe ich später ein. Auch die Gestalten der Götter und Zarathuschtras in den Felsreliefs z. B. von Taq-i-Bostan[4]) kommen als sasanidische Beispiele nicht in Betracht. Von einer volkstümlichen religiösen Darstellung kann im Mazdaismus, scheint es, nicht die Rede sein. Die höfische Kunst aber bedarf freilich der sichtbaren Gestalt, um die Verleihung der Macht durch Gottes Gnade vor Augen stellen zu können. Die assyrisch-babylonische zuerst und später die hellenistische Kunst boten der persischen die Gestalten dafür.

a) Der Reiterheilige.

Der Kampf des Guten und Bösen ist uns in der christlichen Kunst des Ostens geläufig aus der Darstellung des Reiterheiligen. Die Untersuchung wird hier in zwei Richtungen zu führen sein: Erstens wann und wo der Gott zuerst zu Pferd gesetzt und zweitens, wann der Reiter zum Kämpfer gegen das Böse gemacht wird.

Die Arier sind in der Urzeit Fahrer, nicht Reiter. Doch begegnen wir schon im Rigweda dem Reiter, auch das Schachspiel hat den Beweis bis auf unsere Tage augenscheinlich erhalten, indem der Springer auf die Reiter ebenso hinweist, wie der Turm auf den Elephanten und der Läufer auf den Wagen. Im mazdaistischen Religionskreise werden nach Vollers[5]) die sechs großen, guten Geister, Amescha spenta, auf Pferden reitend vorgestellt. Die Nachprüfung dieser Angabe, die ich von Kollegen Bernhard Geiger erbat, ergab freilich nur e i n e n ausdrücklichen Beleg.

»Im Zarātušt-Nāmeh (einem in neupersischer Sprache abgefaßten Parsenwerk, beendigt 1278 n. Chr.) erscheinen[6]) zwei Amšaspands (gute Geister, Engel etwa) und zwei heilige Feuer bei dem König Guštāsp in der Gestalt von Reitern (suvārān), mit zum Kampf geeigneten Waffen, jeder einzelne gleichend einem schreitenden Berge, bekleidet mit Kriegsgewand und Panzer . . . Alle grün[7]) gekleidet

[1]) Vgl. auch Rott, Zeitschrift für Geschichte der Architektur, I (1907), S. 153 f.

[2]) Sybel, »Christliche Antike«, S. 38 f., hat diesen Wesenszug viel zu wenig beachtet.

[3]) Vollers, »Die Weltreligionen«, S. 82; Spiegel, »Erânische Altertumskunde«, I, S. 817.

[4]) Sarre-Herzfeld, »Iranische Felsreliefs«, S. 200.

[5]) »Die Weltreligionen«, S. 83.

[6]) ed. F. Rosenberg, St. Petersburg, 1904, Vers 1133 ff.

[7]) Grün: heilige Farbe, Farbe der Engel.

und mit Waffen versehen; sie schwangen die Lanzen vor dem Könige . . ., ein jeder in solcher Weise auf dem Pferde sitzend.«

Die Stellen der mittelpersischen (Pählävī-) Texte, die von der Erscheinung der Amšaspands vor Guštāsp handeln, enthalten keinen Hinweis darauf, daß die Amšaspands reiten. So Dēnkart, VII, 4, 75: »Das Niederfahren (frōd vazidan) der Amšaspands vom Himmel auf die Erde und ihre Hinfahrt (andar vazidan) zum Hause des Vištāsp . . .« Ōharmazd sprach zu ihnen . . .: »Gehet vorwärts (frāž roved) . . . zum Hause des Vištāsp . . .« ibid. VII, 6, 13: »Das Kommen (madan) der Amuhrspands . . . vom Himmel zur Erde vor Vištāsp«.

Im Awesta, Yasna, 50, 7: »Ich will Euch durch das Anregen Eures Lobpreises die schnellsten Renner anschirren, breite und gewaltige, o Mazdā (im Verein) mit Aša (Urta) und Vohu Manah (des guten Geistes), damit Ihr auf ihnen daherkommet. Zu meiner Hilfe möget Ihr bereit sein!«

Die Vorstellung des Reiters ist nach diesen Stellen, wenn sie auch nicht jedesmal greifbare Gestalt bekommt, doch offenbar vorhanden[1]).

Den augenscheinlichen Beleg für den reitenden Gott bieten im Gebiete der bildenden Kunst die sasanidischen Felsreliefs, die die Belehnung des Herrschers darstellen, wobei Ahuramazda ebenso wie der Fürst selbst einander zu Pferd gegenüberstehen[2]). Das Roß ist so untrennbar vom Arier, daß eben auch der arische Gott damit im Zusammenhange gedacht wurde.

Viel zwingender aber ist ein Beweisstoff, den ich seit Jahrzehnten im Auge habe. Zuerst in Ägypten (1901) stieß ich auf die Tatsache, daß nicht nur wie im Abendlande Georg zu Pferde dargestellt wird, sondern jeder Heilige, selbst Christus[3]). Damals schon nahm ich an, daß für den Ursprung des Typus »alle Wege in dieselbe Richtung weisen, aus der das Pferd selbst von Iran aus nach dem Westen vorgedrungen sei«[4]). Dann hat das Reiterrelief von Suweda in Syrien Anlaß zu Auseinandersetzungen gegeben[5]). Inzwischen aber ist die Zahl der Belege derart gewachsen, daß die ursprüngliche Vermutung allmählich zur Gewißheit wird[6]). Zunächst hat Preusser eine ganze Reihe solcher Reiterheiligen aus dem christlichen Mesopotamien beigebracht[7]) und jetzt finden wir sie in Armenien wieder in breiter Schicht (S. 287 f.), einmal im Stifterbilde(S. 428 f.), dann an Achthamar (S. 296) für verschiedene Heilige verwendet. Es handelt sich also um die Vorstellung von guten Geistern als Reiter, wie sie tatsächlich im Mazdaismus nachweisbar ist. Ob nun freilich schon die persische Volksreligion ihre Vorstellung in Darstellung übersetzt hat oder dies erst durch die christliche Kunst auf persischem Boden geschah, wie in der Hofkunst, ist eine andere Frage. — Soweit handelt es sich um den Reiter und vielleicht noch um seine Rüstung. Aber auch die Vorstellung des Reiterheiligen als Kämpfer gegen das Böse (Εἷς θεὸς ὁ νικῶν τὰ κακά) möchte ich auf den Mazdaismus zurückführen. Die bildende Kunst leitet hier weiter als die Legende[8]). Für den Alexander des pompejanischen Mosaiks, den Herakles Maximian von Suweda und den Horus des Louvre ist bezeichnend, daß er gerüstet ist und die Lanze trägt wie die Amescha spenta. Eigentlich sollte er mit dieser, wie in jenen Fällen einen Feind niederstoßen. Es scheint nachweisbar, daß das ein in nachkonstantinischer Zeit gebräuchlicher Gegenstand für den symbolischen Schmuck von Kirchenportalen war. In den untengenannten Schriften[9]) bildete ich das Portal einer Moschee ab, an dem sich das Reiterrelief verbaut findet. Man erkennt, daß der Türbogen offenbar unverändert von einer christlichen Kirche auf die arabische Moschee übertragen ist. Derartig ausgestattete Kirchenportale nun lassen sich, wenn auch

[1]) Bei dieser Gelegenheit sei verwiesen auf die Vorliebe für die Darstellung der Engel an Kirchentüren und Fenstern, wie Abbildung 609 in Ergänzung früherer Belege in Erinnerung bringt. Schwebend mit dem Siegeskreuze oder Christus, wie zweimal in Mzchet (S. 86), erscheinen sie auch in Odzun (Abb. 205), stehend in Mren (Abb. 467). Es könnte sein, daß sie z. B. in Abbildung 329 oder 465 in den Reitern zuseiten des Baumes oder neben Maria unter einem anderen Paare schwebender Engel zu sehen wären. Auch die fünfteiligen Diptychen des Edschmiatsin-Evangeliars sind daraufhin zu beachten. Vgl. die Genien am Taq-i-Bostan.

[2]) Sarre-Herzfeld, »Iranische Felsreliefs«.

[3]) Die Belege sind zusammengestellt in meinem Aufsatze »Der koptische Reiterheilige und der hl. Georg«, Zeitschrift für ägyptische Sprache, XI (1903), S. 49 f. Vgl. dazu meine »Koptische Kunst«, S. 105, 116, 128, u. s. f. (Register!), »Hellenistische und koptische Kunst in Alexandria«, S. 21 f. und 91, und »Der Dom zu Aachen«, S. 6 f.

[4]) Vgl. V. Hehn, »Kulturpflanzen und Haustiere«, 4. A., S. 191.

[5]) Vgl. Maas, »Die Tagesgötter«, S. 224 und Clermont-Ganneau, »Revue arch.«, 1896, S. 201 f. und »Études«, I, S. 190.

[6]) Vgl. auch »Altai-Iran«, S. 58.

[7]) »Nordmesopotamische Baudenkmäler«, Tafel 6 und 9/10.

[8]) Vgl. Krumbacher, Abh. der bayrischen Akademie der Wissenschaften, phil.-phil. und hist. Kl. XXV (1911), S. 296 f. Dazu Hengstenberg, Byz. Zeitschrift, XXI (1911), S. 237 f.

nicht im Original, so doch in der Literatur in Syrien nachweisen. Eine von alten Koran-Kommentatoren dem Mohammed selbst zugeschriebene arabische Tradition berichtet das für Lydda. Jesus selbst — Clermont-Ganneau nimmt an, es läge eine Verwechslung mit dem Ortsheiligen, dem hl. Georg vor — sei auf einer Stute reitend dargestellt gewesen, wie er den Antichrist tötete. Dieselben Kommentatoren lassen es wahrscheinlich erscheinen, daß an einem Portal in Jerusalem in ähnlicher Weise das Niederstoßen eines Wildschweines dargestellt war[1]). Mit diesem Brauch läßt sich dann auch die Nachricht des Eusebios zusammenbringen[2]), wonach Konstantin sich über dem Eingange zum kaiserlichen Palaste habe malen lassen mit dem Kreuze über dem Haupte und einem Drachen unter den Füßen. Die Deutung gibt Eusebios selbst; es handelte sich wieder um eine Art Andeutung des Glaubenssieges, wie sie im vierten Jahrhundert in Ägypten so beliebt war[3]). Im gegebenen Falle, wo dieser Sieg durch die Tötung eines Tieres symbolisiert wird, geht der Typus wohl zurück auf die bekannte mazdaistische Vorstellung vom Siege des Guten über das Böse.

In Armenien kehrt diese Auffassung immer wieder. Von dort aus wird eine eingehende Untersuchung am ehesten unmittelbar den Weg zurück nach Iran finden. Ich kann damit den Rahmen dieses Buches nicht überschreiten. Wie immer ist auch in der Darstellung des Reiterheiligen Ägypten am stärksten im iranisch-armenischen Zuge geblieben, man vergleiche den Christus zu Pferd, den ich ins Berliner Museum gebracht habe[4]). Im Abendlande lebt sie im hl. Georg weiter[5]) und erhebt sich in Dürers »Ritter, Tod und Teufel« noch einmal zu gewaltiger künstlerischer Höhe. Es ist als hätte der deutsche Meister die altarische Vorstellung geahnt; er gibt damit in der Zeit des Heranreifens der nordischen Reform in der Südkirche des Westens dem Gedanken des christlichen Ritters ergreifenden Ausdruck.

b) Die letzten Dinge.

Gelegentlich der Bearbeitung der Miniaturen des serbischen Psalters der kgl. Hof- und Staatsbibliothek in München[6]) hatte ich drei seltsame Darstellungen zu besprechen: »Der Kelch des Todes«, »Der Baum des Lebens« und »Die Entblößung der Knochen«, von denen die mittlere auf die Barlaam- und Joasaphlegende und letzlich auf indischen Ursprung zurückgeht. Da mir im altchristlichen Kuppelbau der Armenier keine Spuren dieser Bilderreihe entgegentraten, so sei hier nur im Vorbeigehen darauf hingewiesen. Die literarischen Quellen für den iranischen Kreis findet man 1902 gesammelt bei Böklen »Die Verwandschaft der jüdisch-christlichen und parsischen Eschatologie«. Ich verweise im Besonderen auch auf den Streit um die Seele. Manchem wird übrigens beim Versuch einer Bearbeitung des Bildes im Camposanto zu Pisa »Der Triumph des Todes« eine entfernte Ahnung der Zusammenhänge aufgegangen sein.

c) Das Jüngste Gericht.

Gern würde ich dabei verweilen, wenn es der Rahmen des Buches erlaubte. Lese ich die Zusammenstellung über den Unsterblichkeitsglauben und die Eschatologie bei Wilh. Geiger, »Ostiranische Kultur des Altertums« 1882, S. 278 f. und vergleiche ich damit die uns Kunstforschern durch Voß[7]) erschlossene Ausmalung des Jüngsten Gerichtes bei Ephraim dem Syrer, so verstehe ich wie der kaum durch Dante überbotene Reichtum an Einzelzügen schon im 4. Jahrhunderte feststellbar ist und dann von Muhammed wie beim Übertritt der Bulgaren so ausgiebig in Wirksamkeit treten konnte; er war eben schon in der Vorstellung vom Mazdaismus mit allen Zügen ausgestattet, bevor die christliche Kunst einfach die Darstellung dazu lieferte. Ich gehe auf diese Dinge, die z. T. in die Kunst der Apsismosaiken von Rom und Ravenna hereinspielen, etwas ausführlicher in einem Buche über den Ursprung der christlichen Kirchenkunst ein, das zuerst in schwedischer Sprache im Anschluß an Vorlesungen in Upsala erscheinen wird.

[1]) Vgl. über all das Clermont-Ganneau, Revue arch., 1876, II, p. 201 f. und »Études«, I, p. 190.

[2]) Vita Const. III, 3.

[3]) Vgl. mein »Orient oder Rom«, S. 83 f. und Byz. Zeitschrift, X (1901), S. 726.

[4]) Eine Abbildung »Hell. und kopt. Kunst in Alexandria«, S. 91.

[5]) Vgl. übrigens Gutschmid, »Die Sage vom hl. Georg als Beitrag zur iranischen Mythengeschichte«. Ber. d. Ges. d. Wiss., Leipzig, phil.-hist. Kl, XIII (1861), S. 175 f. Er setzte Georg gleich Mithra.

[6]) Denkschriften d. Kais. Akad. d. Wiss. in Wien, LI, S. 10 f. Vgl. auch Dobbers Repertorium für Kunstwissenschaft IV, (1880), S. 1 f.

[7]) »Das Jüngste Gericht in der Kunst des frühen Mittelalters«, 1884.

III. Die heidnische Vorzeit in Armenien.

Das Herrschergeschlecht, das im Verein mit Gregor das Christentum in Armenien einführte, waren die parthischen Arsakiden, die in Persien selbst 247 v. bis 226 n. Chr., also fast ein halbes Jahrtausend regierten. Die Parther saßen ursprünglich an der Südostecke des Kaspischen Meeres, die Arsakiden kamen aus Asaak (Gutschan) nordwestlich von Meschcd in Churasan[1]. In Armenien ging ihre Herrschaft noch zweihundert Jahre weiter bis 428. Es läßt sich daher erwarten, daß sie auf das Werden der christlichen Kunst in Armenien einen einschneidenden Einfluß ausübten.

Im Banne der Vorstellung, daß die parthische Kunst eine rein hellenistische gewesen sei[2], blicken wir in hellenistischer und römischer Zeit gar nicht mehr nach dem Osten, sondern nehmen an, daß die Tempel der parthischen Götter in Iran ebenso wie in Armenien hellenische Tempel waren. Und doch sollte die Ausbreitung der Bauformen von Hatra, des quadratischen »Sonnentempels« von Chinesisch-Turkestan bis in das südliche Arabien, der offenen Iwane im sasanidischen und islamischen Persien, dazu der Kuppeldreipaß von Mschatta aufmerksam gemacht und die Möglichkeit des Werdens der islamischen Kunst in die Richtung einer ganz anders gearteten Sachlage geleitet haben. Ebenso die Kunstschätze, die jenseits des Pamir zutage kamen. Darf es daher heute noch wundernehmen, wenn die christliche Kunst Armeniens dieser Annahme einer Herrschaft des Hellenismus völlig widerspricht und Iran dort Formen zum Keimen bringt, die mit der Antike nicht das geringste zu tun haben? Wie sehr Iran den Ausschlag gibt, hat schon Gelzer erkannt: »Die bedeutendste und nachhaltigste Einwirkung hat die armenische Kultur von seiten der iranischen erfahren, so daß man nicht mit Unrecht von einer völligen Iranisierung des Volkes gesprochen hat«[3]. Die in Armenien eingedrungene und dort zur Herrschaft gelangte Kultur war durch und durch parthisch. Die Sprache schon, das Altarmenische, ist überwuchert von persischen Lehnwörtern[4]. Gerade die Fachausdrücke für Kuppel »gmbeth« und Gewölbe »kamar« führt Hübschmann unter diesen an[5].

Einen Fingerzeig für den Weg, den die durch die Verwendung der Trompenkuppel über dem Quadrat vom Syrischen und Griechischen so sehr abweichenden altarmenischen Typen gegangen sind[6], bieten Umstände nationaler und religiöser Art, die bisher in der Beurteilung der armenischen Kunst unbeachtet gelassen wurden. Entscheidend ist, um es kurz zu sagen, die Tatsache, daß die Armenier dem Ostiranischen treu blieben und nicht den vom 3.—7. Jahrhundert herrschenden Südiraniern folgten. In Armenien lebt sich die Arsakidenkultur aus, die Sasaniden werden als natürliche Feinde behandelt. Das liegt tief begründet einmal in dem arsakidischen Ursprunge des Herrschergeschlechtes, dann aber auch darin, daß die heidnische Religion, auf deren Trümmern sich das Christentum in Armenien emporrang, nicht der zur Staatsreligion erhobene Mazdaismus der Sasaniden, sondern eine von der Ausbeutung durch die herrschende Macht freiere Form war, die den Haß zwischen den beiden Gruppen nur noch stärker wirksam machen mußte. Trdat (287—336/7)[7], der als erster armenischer König zum Christentum übertrat und es etwa 295 f. zur Staatsreligion machte, heißt im Cod. Theod. XI 1, 1 Arsaces, weil er »offenbar in seiner Titulatur wie im Zeremoniell, Hofstaat und

[1]) Vgl. Diez, »Die Kunst der islam. Völker«, S. VIII, und Sykes, The Geogr. Journal XXXVII, S. 18 f.

[2]) Vgl. dagegen schon Chapot, »Les destinées de l'hellénisme au delà de l'Euphrate« (Mémoires de la société des Antiquaires de France LXIII, 1912).

[3]) Vgl. Lagarde, »Symmicta«, S. 33. Gelzer, »Zur arm. Götterlehre«, Berichte d. kgl. sächs. Ges. d. Wiss. 1896, S. 100.

[4]) Vgl. Hübschmann, »Armenische Grammatik«, S. 127 und 164 und Lagarde, a. a. O.

[5]) Den Ursprung von siun (Stütze) anlangend vgl. Ter-Mowsessian, Mitt. d. anthrop. Ges. zu Wien, N. F. XII (1892), S. 143.

[6]) Vgl. die Gegenüberstellung bei Benoit, »L'Architecture, l'Orient«, S. 68 f.

[7]) Ich folge wie immer in der Chronologie der armenischen Könige und Patriarchen P. Akinian (S. 600). Die gewöhnliche Annahme setzt den Tod Trdats in das Jahr 331/332.

Adelsordnung die Ahnen, die alten pahlavidischen Könige der Könige, genau kopierte«[1]). Bis zum Jahre 428 hielt man streng daran fest, daß der König der Armenier ein Arsakide sein müsse, so oft man sich auch an die Sasaniden wandte, um die Einsetzung eines anderen Herrschers von Armenien zu erreichen. So unter Artaschir (380—384)[2]). Noch der letzte König Armeniens im christlichen Altertum Artaschir IV. (422—428) war Arsakide. Die nationale Unabhängigkeit war dadurch bedingt, wie noch der hl. Sahak (Katholikos 403—438) klar sah. Als das Königshaus der Arsakiden im Kampf gegen das sasanidische Persien unterging, war es auch mit der nationalen Selbständigkeit Armeniens, Persien gegenüber, zu Ende.

Man versteht dieses Verhältnis nur, wenn man sich vergegenwärtigt, daß Armenien im Reiche der Parther der dritte, ja dem Westen, Rom gegenüber, wichtigste Teil des Gesamtreiches »Persien« war[3]). Wollte man Moses von Chorene glauben, so führte, als die Parther sich dem seleukidischen Einflusse unter Mithridates I. (170—139 v. Chr.) entzogen, dieser seinen Bruder Walarsakes als König in Armenien ein, dessen Nachfolger fortan dieses Land beherrschten und parthische Staatseinrichtungen, Religion und Sitte dort einführten. Die Römer bemühten sich vergebens, dieses Grenzgebiet dem parthischen Einflusse zu entziehen, Jahrhunderte lang blieben die Arsakiden dort im Adel und der Person des Königs herrschend, erst 428 gewannen, wie gesagt, die Sasaniden die Oberhand. Inzwischen aber war die christliche Kirche unter der Fürsorge der Arsakiden derart erstarkt, daß sie den Bestrebungen der Sasaniden, sie durch die sasanidische Staatsreligion, den Feuerkult, zu verdrängen, siegreich Widerstand leisten konnte. So ist also hier in Armenien die seltsame Tatsache zu verzeichnen, daß das Ostiranische am Christentum erstarkte und so die Südiranier zurückdrängen konnte. Am grellsten wird diese Lage gekennzeichnet durch die allmählich der Gewißheit nahekommende Tatsache, daß der Apostel der Armenier, der hl. Gregor der Erleuchter selbst, einem heidnisch-armenischen Priestergeschlecht entstammte. Nur so ist der ganz eigenartige Typus der armenischen Bekehrung zu verstehen. Davon später.

Das Christentum knüpft also in Armenien nicht an die sasanidischen, sondern an die alten, in dem schwer zugänglichen Hochlande bewahrten Überlieferungen der Parther an. Ist es da nicht begreiflich, daß wir oben S. 361 f. den im Besonderen armenischen Zug im christlichen Kirchenbau, die Trompenkuppel über dem Quadrat, aus Ostiran herleiten mußten? In der bildenden Kunst blieb eben der wahre Sachverhalt noch ganz deutlich erkennbar. Es möchte demnach scheinen, daß wir es da mit einem parthischen Bautypus — ob gerade mit einem religiösen, ist noch fraglich — zu tun haben, der vom Christentum nur übernommen und weitergebildet wurde. Was nun kann der Träger dieser Bauform von den Parthern nach Armenien bzw. ins Armenisch-Christliche gewesen sein? Am Mittelmeere knüpft die christliche Kirche an den antiken Versammlungsraum, die Basilika, also nicht an eine ältere religiöse Bauform an. Sollte, soweit der gleiche Zweck, das Gemeindehaus, in Betracht kommt, nicht das parthische Wohnhaus, das in den Burgen und Palästen Versammlungsraum wurde (S. 266 f.), ein mit der Kuppel versehener quadratischer Saal, der Ausgangspunkt gewesen sein? Oder war es eine der heidnischen Kultformen, die sich durchsetzte, entgegen dem Mittelmeerkreise, wo der Tempel auf die Entwicklung des christlichen Kirchenbaues weder im Jüdischen, noch im Griechisch-Römischen einen Einfluß gewann, abgesehen etwa von Richtung, Giebeldach und Mangel der Wölbung? Oder war es, wie öfter angedeutet, eine Form des arsakidischen Grabbaues? Voraussetzung für eine gründlichere Kenntnis der parthischen Einschläge wäre eine umfassende Bearbeitung der parthischen Altertümer und der mazdaistischen im Besonderen. Ich kann nur tastend versuchen, diese große Lücke auszufüllen. Vor allem wäre wichtig, dem Wesen des Hvarenah, von dem oben, Seite 630, die Rede war, nachzugehen. Mir scheint vieles darauf hinzudeuten, daß darin der Schlüssel zur Klärung der mazdaistischen Einschläge in die früheste bildlose Kunst des östlichen Christentums zu finden wäre. Ich werde in meinem Buche »Ursprung der christlichen Kirchenkunst« neben den Tiersymbolen vor allem die sinnbildlichen Landschaften mazdaistischen Ursprunges zu besprechen haben, die in den altchristlichen Apsismosaiken Italiens eine weite Verbreitung fanden und in S. Cosma e Damniano künstlerisch zur höchsten Blüte gediehen.

[1]) Gelzer, »Die Anfänge der armenischen Kirche«, S. 168. Weber, »Die katholische Kirche in Armenien«, S. 190.

[2]) Weber, S. 270 f. Vgl. die Königsliste S. 600: Arschak IV (378—380).

[3]) Vgl. F. Justi, »Geschichte der orientalischen Völker im Altertum«, S. 442 f.

41*

1. Bildwerke.

Es ist schon oben Seite 65 f. hervorgehoben worden, daß das eigentliche Kernland des armenischen Volkes zunächst die Provinzen Airarat und Turuberan waren, eben jene, die wohl kaum zufällig auch der ausgesprochene Keimboden des christlichen Kirchenbaues wurden. Airarat ist das Land am mittleren Araxes, der als Richtlinie den tief in das armenische Hochland einschneidenden iranischen Kulturgolf durchfließt[1]). Hier lag seit jeher die jeweilige Hauptstadt des Reiches. Als Artasches I (190—161) nach der Schlacht von Magnesia im Jahre 190 v. Chr. König wurde, erhielt er das Land um Artaxata, d. h. Airarat. Artaxata (Artaschat) folgten als Hauptstädte Tigranocerta, Wagharschapat, Dwin[2]), während der ursprünglich geistliche Mittelpunkt Aschtischat in Turuberan lag. Auch als Armenien geteilt wurde, blieb Airarat iranisch, nur ging es aus den Händen der Arsakiden in die der Sasaniden über und kam so 428 unter die Herrschaft persischer Marzpane. Bei der letzten Teilung 591, die den westlichen Teil an Byzanz kommen ließ, blieb doch der östliche mit Dwin bei Persien[3]). Ähnlich Taron, in dem die Hauptstätte des heidnischen Gottesdienstes lag. Ein dritter Mittelpunkt des altheidnischen Götterdienstes auf armenischem Boden, der auch noch am Beginne der christlichen Zeit eine Rolle spielte, ist im Westen beim heutigen Ersinghian (Erez), dem alten Gau Ekeghiatz (griech. Akilisene) zu suchen. Dort lag die Königsburg Ani, nicht zu verwechseln mit dem Ani der Kamsarakanen bzw. Bagratiden, dort auch die Tempel von Thordan und Thil, Stätten, von denen noch öfter als den Grabstätten der ersten christlichen Könige und Katholikoi zu reden sein wird. Unter ihnen ragt aus vorchristlicher Zeit Ani hervor, nach Agathangelos die königliche Stätte der Ruhe, der Gräber der Könige Armeniens, die Tempelburg zugleich, fügt Gelzer hinzu, des Aramazd.

Die armenische Glaubenslehre ist nicht die rein mazdaistische, sondern die Vereinigung uralten armenischen Glaubens mit den durch die Parther übermittelten iranischen Vorstellungen, wozu sich noch syrische Einschläge gesellen. National-armenischen Ursprungs war nach Gelzer der Gott Vanatur mit seinem Heiligtum in Bagawan[4]), dazu die Verehrung von Sonne und Mond. Die iranische Trias bildeten Aramazd, Vahagn und Anahit, syrisch waren Baršamin, Astghik und Nana. Gelzer (S. 142) meint, der Kult der Armenier werde erst durch das Einfluten der hellenistischen Zivilisation unter den philhellenischen Reichsgründern und Königen Artaxias und Tigranes zur Annahme des religiösen Bilderdienstes geführt worden sein, und zwar nicht ohne Kampf. Ich muß hinzusetzen, daß mit dem Christentum die Tünche wieder verschwand. Man darf daher nicht zu viel Gewicht darauf legen, daß in den armenischen Tempeln nach Agathangelos und Moses Statuen verehrt wurden. Carrière hat sich bemüht, Klarheit in die Berichte zu bringen[5]), aber erst Gelzer hat auch dazu den Schlüssel geboten durch die Trennung zweier Berichte bei Moses von Chorene, II, 12 (Lauer, S. 71), wonach die Statuen einmal aus Asien, das anderemal aus Griechenland kamen.

Die Tempel, in denen diese Statuen aufgestellt waren, müssen nicht griechisch, etwa ähnlich in griechischer Art, wie später der Podientempel von Garni in römischer Bauweise gehalten gewesen sein. Die Untersuchung im Einzelnen genauer zu führen, ist leider nicht möglich[6]). Agathangelos' Nachrichten geben keinerlei Vorstellung weder von der Bauart der alten Tempel noch von den Götterstatuen, die in ihnen aufgestellt waren[7]), die Tempel selbst wurden ja von Trdat und Gregor planmäßig zerstört.

Beachtenswert ist, daß diese Kultstätten später der Standort der berühmtesten Kirchen Armeniens

[1]) Vgl. oben Glück, S. 606 f.

[2]) Vgl. oben S. 275 f.

[3]) Hübschmann, S. 279 und besonders dessen Karte, in der die Grenze eingezeichnet ist. Vgl. Gelzer in seiner Ausgabe des Georg. Cypr. p. I. ff.

[4]) Vgl. oben S. 177, 580 und 586.

[5]) Vgl. Carrière »Les huit sanctuaires de l'Arménie payenne« (Akten des XII. Orientalistenkongresses in Rom), der den Bericht des Moses für eine freie Rekonstruktion nach Agathangelos ansieht. Für die Parther bezeugt Strabo einmal (p. 520) den Gebrauch eines Götterbildes, indem er vom feierlichen Aufzuge eines solchen des Omanos (Vohumano) spricht. Vgl. Grundriß der iran. Philologie, II, S. 39. Die griechischen Götter kommen natürlich auf »parthischen« Münzen vor.

[6]) Wenn Thoramanian mit der Angabe recht hätte, daß Trdat und Gregor Tempel in Kirchen verwandelten, dann wäre nach meiner Typenaufstellung freilich leicht auf den Kuppelbau zurückzuschließen.

[7]) Oder auf Türmen (Säulen)? Vgl. Thomas Artsruni I, 7 (Brosset, S. 46) und schon im 5 Jahrhundert die Vision des Gregor Gelzer, »Anfänge«, S. 127). Vgl. auch Alischan, »Der alte Glaube der Armenier« (arm.) und Mkrtitsch Emin. Dazu auch Weber, a. a. O. S. 25 f.

wurden. Aramazd (Dios), der oberste Gott, hat seine Hauptkultstätte in der Burg Ani[1]) in Westarmenien. Sein Sohn Mihr (Mithras) in Bagayaridsch. Die eine seiner Töchter, die wichtigste Gottheit Anahit, die »Goldmutter«, hatte ihren Hauptsitz in Erez (Ersinghian). Dort und in den Tempeln von Artaschat und Aschtischat standen ihre goldenenStandbilder. Die andere Tochter Aramazds, Nune, besaß ihren Tempel in Thil bei Ersinghian. Der Sonnengott Baršamin wurde in Thordan[2]) in der Nähe der Burg Ani, d. h. ebenfalls westlich bei Ersinghian, verehrt, sein Bild war aus Elfenbein, Kristall und Silber verfertigt. Die Göttin Astghik hatte neben Anahit und Vahagn einen Tempel in Aschtischat, einen andern am Wansee. Ihr war die Rose heilig. Die Legende des Kriegsgottes Vahagn wurde vielleicht auf den hl. Athanagines übergeleitet. Er hatte noch andere Tempel im Lande. Ein Tempel des Gottes der Wissenschaft Tiur stand an der Straße zwischen Wagharschapat und Artaschat. Der Gott des neuen Jahres Vanatur besaß die Götterstadt Bagawan. Dorthin waren nach Moses auch die Standbilder von Sonne und Mond aus Armavir gebracht worden, die dann weiter nach Artaschat kamen.

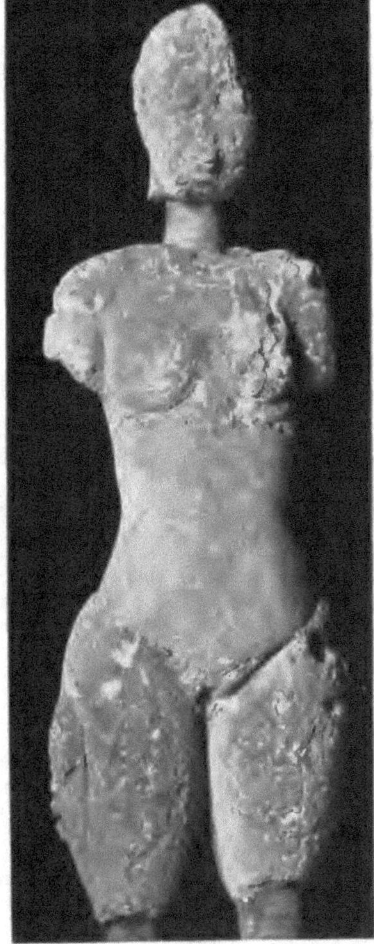

Abb. 632. Berlin, Kaiser Friedrich-Museum: Standbild aus Mschatta.

Es waren jedenfalls noch viel mehr Tempel da, die wichtigsten sind die gewesen, die Gregor zerstörte und in denen die Statuen standen. Ich möchte auf das Bild der Anahit etwas näher eingehen, weil es in anderem Zusammenhange von Wichtigkeit ist. Ihre goldene Statue in Erez wurde zweimal zerstört, eine andere stand inmitten der Tempelburg von Aschtischat. Von diesen Standbildern kann man sich vielleicht eine Vorstellung machen an der Hand einiger erhaltenen Wiederholungen. Sie stand nackt mit geschlossenen Beinen da, trug ein Kopftuch und Armringe und preßte mit den Händen die Brüste. So die altiranische Überlieferung[3]). Es scheint, daß uns ein solches Standbild in Mschatta erhalten ist. Da ich es 1904 nicht abbilden durfte, hat es in der Datierungsfrage jener Ruine leider immer weniger Beachtung gefunden, trotzdem ich es »Mschatta« Seite 370 erwähnte. Damals schon dachten wir an Anahit[4]). Abbildung 632 zeigt die weibliche Gestalt in voller Nacktheit. Haar, Hals, Unterarme und Füße, gerade die Teile, die weggeschlagen sind,

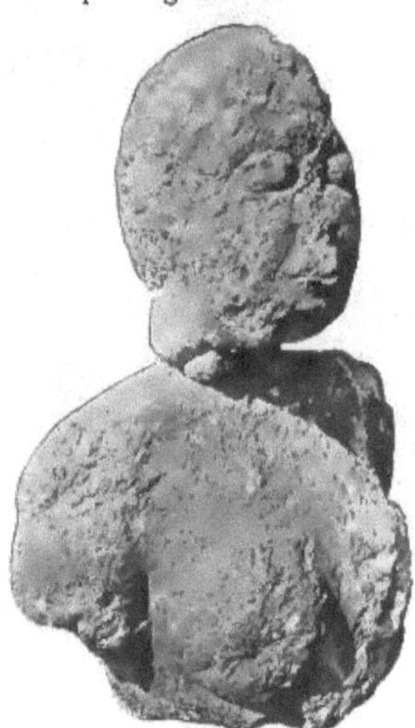

Abb. 633. Berlin, Kaiser Friedrich-Museum: Einzelheit von Abb. 632.

[1]) Vgl. Hübschmann, S. 284.

[2]) Vgl. Hübschmann ebenda.

[3]) Vgl. auch die Tonfigürchen von Susa bei Dieulafoy, »L'acropole de Suse«, S. 435. Windischmann, »Die persische Anahita«, Abb. d. bayer. Ak. 1. Cl. VIII, 1 (1856), sieht S. 30 noch manches andere.

[4]) Vgl. Jahrbuch der kgl. preußischen Kunstsammlungen XXV (1904), S. 370.

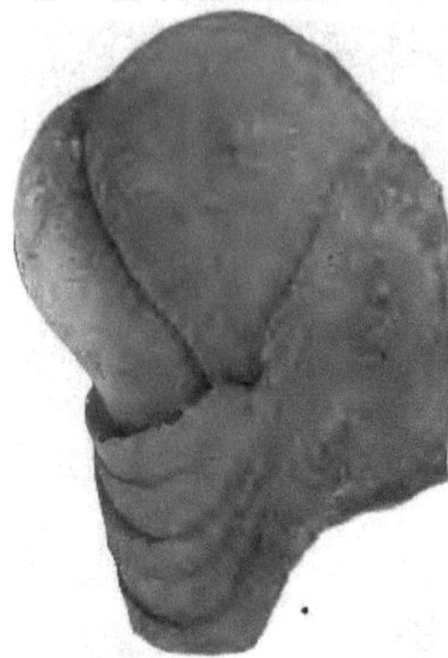

Abb. 634. Berlin, Kaiser Friedrich-Museum: Bruchstück aus Mschatta (in verkehrtem Licht).

werden wohl Schmuck in Gold und Edelstein getragen haben. Ich stelle Teile und einen verwandten Statuenfund aus Mschatta daneben[1]). Abbildung 633 zeigt Kopf und Büste der Anahit von Abbildung 632 nochmals in der Seitenansicht. Sie läßt die in der Gesamthaltung frontal symmetrisch aufgebaute Gestalt (der Leib ist ergänzt) sofort im Sinne der Antike erscheinen. Richtig aufgenommen ist aber wohl Abbildung 632, die Hervorhebung der Geschlechtsmerkmale bestätigt den Eindruck eines orientalischen Kultbildes. Auf dem linken Schenkel Spuren einer Inschrift. Abbildung 634 gibt die Rückansicht des Bruchstückes eines zweiten weiblichen Standbildes aus Mschatta, diesmal mit einem um die Beine geschlungenen Gewande.

Ich kann ein vollständiges Bronzefigürchen aus meinem Besitz — es stammt aus Mesopotamien — zur Ergänzung daneben zeigen (Abb. 635/636). An einem rückwärts am Halse befestigten Blatte (?) hing es von irgend einem Gerät oder Gefäße herab. Das 6·04 cm hohe Figürchen steht auf rechteckiger Fußplatte, unter der eine Kugel über einem Wulst und einer Spitze erscheint. Die Gestalt ist nackt in Vorderansicht mit geschlossenen Beinen gegeben. Der linke Arm ist in die Seite gestützt, die rechte Hand, jetzt abgebrochen, lag wohl auf der Brust. Bezeichnend ist auch der Schmuck: schwere Ringe an Fuß- und Armgelenken. Dann die seltsame Haube über dem Diadem in zwei Wülsten diagonal auseinandergehend[2]). Man gedenkt der seltsamen Kopftracht gewisser byzantinischer Kaiserinnen (u. a. Amalasuntha), die Gräven zusammengestellt hat[3]). Ich fasse bezüglich der Verwendung von Standbildern in Armenien zusammen.

Es scheint außer Zweifel, daß die Bildhauerei, wie sie sich schon in vorchristlicher Zeit mit vom Auslande eingeführten Bildwerken behalf, in christlicher Zeit völlig zurücktrat. Immerhin muß einer Statue, wie der des Gagik gegenüber (S. 431) eine Möglichkeit offen gelassen werden. Wenn auch die religiöse Kunst die Darstellung verwarf, so kann doch im Betriebe der Höfe und Fürstenhäuser der Gebrauch von Bildwerken aufrecht geblieben sein wie ursprünglich auch im Islam. Das Stifterbild (S. 427 f.) spricht für eine solche Annahme.

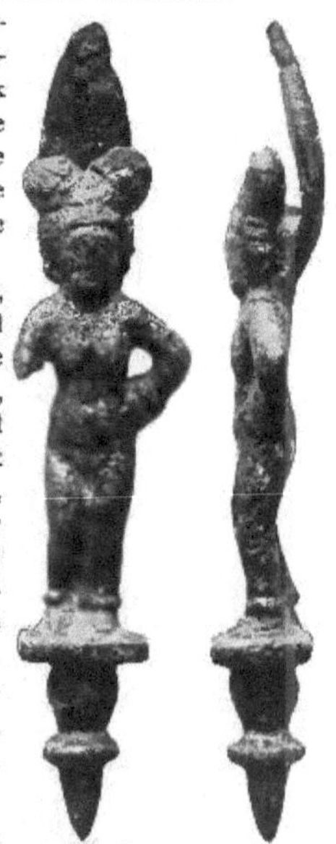

Abb. 635/636. Wien, Privatbesitz: Bronzefigürchen aus Mesopotamien.

Mir fällt im Zusammenhange mit Achthamar (S. 291 f.) eine Stelle bei Gelzer, »Zur armenischen Götterlehre« Seite 108 f. auf. Vahagn erscheint als Jagd- und Siegesgott. Bereits Gutschmid[4]) habe die merkwürdigen Züge aus der Legende des hl. Athenogenes, des Rechtsnachfolgers des Vahagn, zusammengestellt, welche ihn deutlich als Schutzherrn der Tiere des Waldes und der Jagd kennzeichnen. Die anmutige Legende von der Hindin, die den Heiligen begleitet und freiwillig an seinem Gedächtnistage ein Hirschkalb als Opfer darbringt, sei offenbar ein alter Göttermythus in christlichem Gewande. Es scheint mir nicht unmöglich, daß damit der Jagdfries von Achthamar (Abb. 330, 331 und 574) zusammenhängt und eine der Heiligengestalten, die an der Ost- und Westseite in den Giebel und mit dem Kopfe in den Hasenfries hineinragen (Abb. 330 und 334), auf den hl. Athenogenes Bezug nehmen könnte. Auch möchte ich die Angabe, daß die Rose der Astghik heilig war, mit der in iranisch beeinflußten Denkmälern oft vorkommenden Blüte aus vier Herzformen zusammenbringen und als Sinnbild des Hvarenah dieser Göttin betrachten (vgl. »Mschatta«, S. 279 f.).

[1]) Sie sind geeignet, den immer wieder auftauchenden Versuchen, Mschatta in omaijadische Zeit zu setzen, Einhalt zu tun. Vgl. mein »Altai-Iran«, S. 72.

[2]) Ich sah sie schon an hockenden Frauenfigürchen in Ägypten.

[3]) Jahrbuch der kgl. preußischen Kunstsammlungen XIX, 1898. — [4]) Kleine Schriften III, S. 414.

2. Das Bauen an sich.

Die Anordnung der Seite 70 f. vorgeführten Gattungen und Arten und ihre Seite 450 f. versuchte Begründung macht es wahrscheinlich, daß die nationale Bauart der Armenier der Kuppelbau ist. Es ist nun an der Zeit, die gemachten Andeutungen über ihren Ursprung zusammenzufassen und auf ihre geschichtliche Zulässigkeit zu prüfen.

A. Tempelbau.

In Mschatta wurden die Statuen (Abb. 632 f.)[1]) inmitten eines palastähnlichen Gebäudes gefunden, dessen Mittelpunkt ein Kuppelbau in Dreipaßform bildet[2]). Es könnte die Frage entstehen, ob wir darin nicht vielleicht einen Tempel zu erblicken hätten. Die Anlage von Mschatta mit einem Hof in der Achse zwischen dem Torbau und dem durch Säulen eingeleiteten Tempelinnern wiederholt sich entfernt verwandt in den Resten eines altpersischen Anahita-Tempels in Susa, also aus dem Anfange des 4. Jahrhunderts v. Chr. bei Dieulafoy, »L'acropole de Suse«, Seite 413, Abbildung 264[3]). Es handelt sich (Abb. 637) um einen quadratischen Hof, der auf drei Seiten einen von starken Mauern umschlossenen Umgang und an der vierten einen kleineren quadratischen Innenbau mit Vorraum hat, ebenfalls mit Umgängen, im Innern aber mit einem quadratischen Raume, in dem vier Säulen standen. So mögen auch die Feuertempel angeordnet gewesen sein, deren es berühmte gab und von denen außer den Namen nichts erhalten ist[4]).

Im Gegensatze zu Thoramanian könnte ich mir die armenischen Tempel als solche quadratische Räume denken, in denen unter der Kuppel die Statuen aufgestellt waren. Solche Anlagen waren in ganz Vorder- bis Mittelasien weit verbreitet und ich will nur das bekannteste darüber hier zusammenstellen. Der Anahita-Tempel von Susa gäbe den südpersischen Typus. Eine Ahnung der vorherrschenden Art vermag schon der Palast von Hatra zu bieten. Dort ragt westlich hinter dem Südiwan des Hauptpalastes ein quadratischer Bau (11·80×11·95 m) auf, aus einem inneren, nur durch eine Tür im Osten zugänglichen Raume bestehend, der auf allen Seiten von einem Umgang umschlossen ist. Nach mesopotamischer Art war nicht nur der Umgang, sondern auch das Mauerquadrat mit einer Tonne überwölbt. Die Bestimmung des Raumes wird vielleicht gegeben durch den Schmuck der reichen Eingangstür, in dem u. a. der Kopf des Sonnengottes erscheint[5]). Ob nicht auch die armenischen Tempel aus solchen quadratischen Räumen bestanden? Dann wären sie landesüblich mit der Kuppel ausgestattet zu denken.

Es ist diese Tempelform, die mit wechselnder Decke von Chinesisch-Turkestan bis ans Rote Meer nachzuweisen ist. Man wird eine ganze Gruppe bei Grünwedel[6]) aus Iliköl bei Hami veröffentlicht finden. Dort steht eine Buddhastatue in der Mitte der Rückwand, dem Eingange gegenüber. Ähnlich könnte man sich die Aufstellung der Standbilder in Armenien denken. Hauptsache für uns ist, daß die Bauten von Iliköl über dem Quadrat die Kuppel mit Trichternische trugen. Ähnlich dürften auch einzelne Tempel des Klosters Bäzäklik bei Murtuq zu ergänzen sein, worüber Le Coq, »Chotscho«, Seite 14 nachzusehen ist. Ich bemerke, daß diese Tempelart in Chinesisch-Turkestan Ausnahme ist, die herrschende Form ist eine andere. In Armenien käme bei Herübernahme einer solchen heidnischen Tempelform in Betracht, daß Trdat nicht nur die heidnischen Tempel zerstört, sondern wie Thoramanian meint, einzelne auch in Kirchen umgewandelt haben soll, was ich freilich nicht bestätigen kann.

Thoramanian nimmt nun an, die armenischen Tempel seien tonnengewölbte Längsräume gewesen. Seine Schrift über Tekor gipfelt Seite 74 darin, Gregor der Erleuchter habe solche Basiliken in großer Masse zu Kirchen geweiht. Manche von ihnen ständen bis jetzt noch aufrecht, freilich mit christlichen Zubauten und Veränderungen. Wenn wir von den Kirchen in Tekor, Kassach, Ereruk, Mren, Aschtarak und Odzun die zum christlichen Ritus gehörigen Teile, wie die Apsis mit ihren Seitenkammern wegließen, so bekämen wir einander vollkommen gleiche Bauten: lange, viereckige Hallen, durch drei Paar Pfeiler

[1]) Neben anderen, auch männlichen, von denen »Mschatta«, S. 370 berichtet wird.
[2]) Vgl. mein »Mschatta«, Tafel I f.
[3]) Vgl. auch Benoit, »L'architecture, Antiquité«, S. 397.
[4]) Spiegel, »Erânische Altertumskunde« II, S. 47.
[5]) Vgl. Andrae, »Hatra« I, S. 17 f. und Tafel VII und X/XI.
[6]) »Altbuddhistische Kultstätten«, S. 217 f.

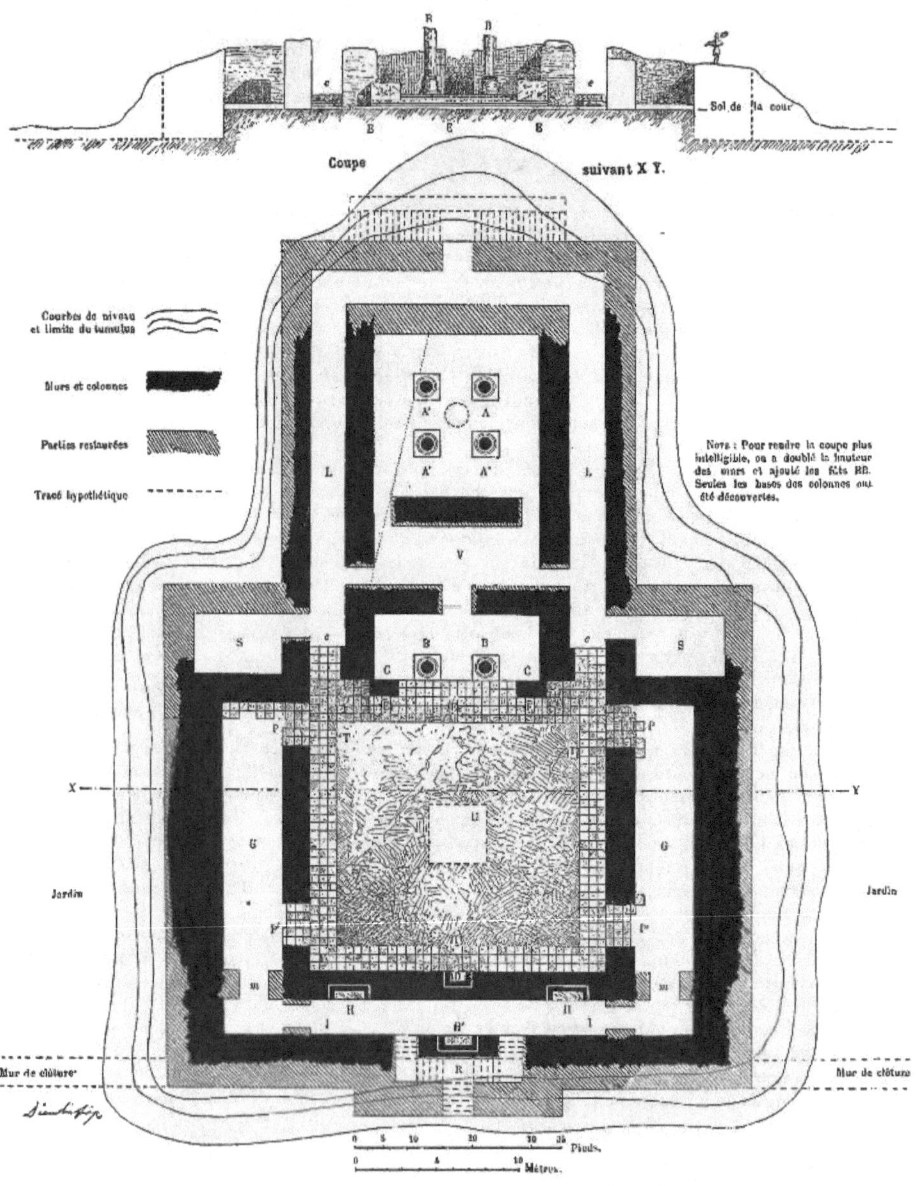

Abb. 637. Susa, Reste eines achamanidischen Tempels: Grundriß. Aufnahme Dieulafoy.

in drei Schiffe geteilt, wovon das mittlere breit, die Seitenschiffe eng seien, die Pfeiler durch Bogen verbunden, das Ganze gewölbt; das Mittelschiff überdeckt mit einem erhöhten Giebeldache, die Seitenschiffe mit niedrigeren, geneigten Dächern, jedenfalls ohne Kuppel und außen bisweilen mit Portiken[1]). »Ich glaube,« sagt Thoramanian[2]), »daß Tekor und Kassach einfach heidnische Tempel waren, andere Bauten wenn nicht Tempel, so jedenfalls nach ihrem Muster gebaute älteste Kirchen. Wahrscheinlicher freilich ist, daß auch sie heidnische Bauten sind, nur später als Tekor und Kassach zu Kirchen gemacht.«

Ich kann diese Ansicht Thoramanians nicht teilen. Erstens finde ich, wie gesagt, keine Schriftstelle, die von der Verwandlung eines Tempels in eine Kirche spräche und dann ist, wie die Untersuchung von H. Glück oben Seite 373 f. auf Grund des von mir u. a. in Mesopotamien und Kleinasien nachgewiesenen Materials ausgeführt hat, ganz deutlich, daß die längsgerichteten tonnengewölbten Kirchenbauten Armeniens nicht von heidnischen, sondern von christlichen, aus diesen Nachbarländern kommenden Strömungen ausgehen. Freilich, der Stufenunterbau ist in seiner für Armenien typischen Art, nicht im christlichen Süden und Westen nachweisbar; aber einerseits ist sein Ursprung im persischen Gebiete deutlich (S. 347 f.) und andererseits kommt er ja in gleicher Art auch an den Kuppelbauten vor, kann vielleicht von ihnen als der älteren, bereits eingebürgerten Kirchenform übernommen sein.

Ich kann in diesem Buche nur Fragen aufwerfen und die europäische Forschung auf die auch für sie nicht unwichtigen Probleme aufmerksam machen. Wenn erst einmal in Armenien planmäßig gearbeitet und Nachgrabungen an entscheidenden Stellen, vor allem im Kreise von Ani-Thordan-Thil, in Aschtischat, Bagawan, Edschmiatsin und Artaschat gemacht werden, dann wird die Zeit da sein, die Fragen einer Beantwortung zuzuführen. Vorläufig scheint es mir leichter, die altarmenischen Tempel als quadratische Kuppelbauten vorzustellen, die durch Stufenunterbauten erhöht waren, als anzunehmen, daß nicht der armenische Kuppelbau, sondern der längsgerichtete Tonnenbau an den vorchristlichen Tempel anknüpft — vorausgesetzt, daß ein solcher Zusammenhang überhaupt bestand.

Einer unter den armenischen Tempeln bildete insofern eine Ausnahme, als in ihm nicht eine, sondern drei Statuen aufgestellt waren. Es ist jener der »Goldmutter«, auf dessen Ruinen später die Mutter der Kirchen erbaut wurde und den Gregor erst auf seiner Rückreise von Caesarea zerstörte, nachdem alle anderen bereits vorangegangen waren. Er stand in »Aschtischat«, dem »Orte der Opfer« der Könige von Groß-Armenien. Dieser Tempel war daher voll von Schätzen in Silber und Gold. In ihm standen drei Altäre, einer des Vahagn, der zweite der Goldmutter (Anahit), der dritte der Astghik. Ich könnte mir denken, daß zur Aufnahme dieser Standbilder ein Dreipaß wie in Mschatta diente, wo ja tatsächlich neben der weiblichen Göttin auch Reste von männlichen Statuen gefunden wurden. Ein solcher Dreiverein von Göttern ist schon in Achamaniden-Inschriften genannt, so in einer solchen Artaxerxes II. Mnemon (404—359) auf einer Ruine in Susa: »Nach dem Willen Ahuramazdas, Anahitas und Mithra baute ich dieses Apadana wieder auf«[3]). »Diese Säulenhalle baute ich nach dem Willen Ahuramazdas, Anahitas und Mitaras. Ahuramazda, Anahita und Mitara mögen mich schützen vor allem Widerwärtigen und dies, was ich gebaut habe, nicht [zerstören]«[4]). Auch für Armenien ist ein solcher Dreiverein: Aramazd, Anahit und Vahagn in dem Dekret des Königs Tiridates bezeugt[5]). Gelzer (S. 107), der die Unklarheiten bei Agathangelos über Aschtischat, ob drei Tempel oder drei Altäre gemeint seien, zu klären sucht, sagt: »Möglicherweise lassen sich diese Widersprüche vereinigen durch die Annahme, daß das Tempelgebäude in drei Zellen zerfiel; der Mittelbau war das Heiligtum des Vahagn, die beiden Seitenkapellen waren dem Dienste der beiden Göttinnen gewidmet.« Bei dieser Annahme hatte Gelzer noch keine Ahnung vom armenischen Konchenbau und den Dreipässen.

Mschatta bietet noch einen anderen Anlaß, sich entsprechend eine altarmenische Tempelstätte vorzustellen, und zwar in seiner Gesamtanlage. Ich könnte daraufhin nämlich eine Nachricht des Moses von Chorene II, 66 verstehen, die er dem Bardesanes entnommen zu haben angibt. Dieser hätte in der Tempelgeschichte der Burg Ani gelesen, daß König Tigran, der letzte dieses Namens (der sechste also um 60 n. Chr., der Vorgänger Sanatruks), als er das Grabmal seines Bruders Maschan,

[1]) »Tekor« S. 52 f. dazu Abb. 15.

[2]) Ebenda S. 77. Vgl. oben S. 341.

[3]) Weißbach, »Die Keilinschriften der Achämeniden«, S. 123 f. in einer Inschrift von Hamadan.

[4]) Weißbach a. a. O. S. 127.

[5]) Gelzer, »Zur armenischen Götterlehre«, S. 111 und 144 f.

des Oberpriesters der Götzenstadt[1]) im Kantone Bagrewand habe ehren wollen, einen Altar[2]) über dem Grabe erbaut, damit alle Reisenden (Pilger) an dem Opfer sich ergötzten und die Fremdlinge in die Herbergen aufgenommen würden[3]).

Das Grab des Oberpriesters wird sich wohl im oder beim Tempel von Bagawan befunden haben[4]) damit im Zusammenhange auch die Herberge. Mschatta aber ist eine solche Art von Tempel, Palast und Herberge zugleich. Einen ähnlichen Beleg werden wir S. 648 f. noch in Tasch-Rabat im Osten kennen lernen; ich behandle hier nur die Beispiele vor Eintritt des Christentums in Armenien. Über den Zeitansatz von Mschatta habe ich neuerdings in meinem »Altai-Iran« Seite 73 gehandelt.

B. Palastbau.

Eine zweite Möglichkeit für das Vordringen quadratischer Kuppelräume nach Armenien geben die Burgen und Paläste der parthischen Fürsten auf armenischem Boden. Was in der Persis (S. 369)[5]) möglich war, kann auch in Armenien der Fall gewesen sein. Freilich ist uns von den Palästen von Artaxata und Wagharschapat nichts erhalten. Wohl aber erkannten wir oben Seite 270 f. aus den Ruinen der Burg von Ani und in Tsikhedarbaši so viel, daß einen ständigen Teil des Palastes der kreuzförmige Kuppelsaal, also eine Bauform bildete, die in den Kuppelsälen des Fars vorgebildet ist. Auch Thomas von Artsruni läßt über das Vorhandensein von Kuppelsälen keinen Zweifel und es frägt sich, ob nicht vielleicht in Zwarthnotz am Südende ein Dreipaß- oder sonst ein Kuppelraum zu ergänzen ist wie in Mschatta. In Aschtischat als dem Stammsitze der Gregoriden standen Tempel und Paläste nebeneinander (S. 266). Gregor errichtete dort eine Christuskirche, das heilige Zentrum des christlichen Armeniens[6]). Es können dabei sehr wohl Baumeister den nötigen Versammlungsraum nach der Art geschaffen haben, die sie in den Palästen unterzubringen gewohnt waren. Im Zusammenhange mit dem Profanbau ist noch einer andern Möglichkeit zu gedenken.

C. Bäderbau.

Eine Gruppe darf nicht unerwähnt bleiben, die besondere Zweckbauten mit Versammlungsräumen verband und dabei vom Kuppelbau mehr als eine andere Gruppe Anwendung machte, die Bäder. Wir werden ein Bad noch in Ani kennen lernen[7]). Hier ist nur die Frage, wie sie in vorchristlicher Zeit ausgesehen haben mögen und ob nicht von da aus einer der Wege zum christlichen Kirchenbau geführt haben kann. Nun war Seite 491 f. vom Bädersaal der Villa des Licinius (260—268) in Rom die Rede, der sog. Minerva medica. Sie ist das vollendete Beispiel eines rein armenischen Strebenischenbaues. Zugleich ist nachgewiesen, daß der Bau, wenn er sehr bald gestützt werden mußte, keinen Fehler im Entwurf aufwies, die Schuld vielmehr lediglich in der Anwendung von Baustoff und Werk lag[8]). Die armenische Bauform war eben im römischen Ziegelmauerwerk mit Puzzolanerde nicht erprobt. Für uns ist vor allem wichtig, daß die Bauform bereits im 3. Jahrhundert bestand und bis nach der Reichshauptstadt vorgedrungen war. Dabei bleibe unentschieden, ob nur im Bäder- oder auch im Palastbau oder sonst einer Zweckform. Wichtig ist nur, ob diese geschichtliche Tatsache — vorausgesetzt, daß die römische Ruine wirklich schon dem 3. Jahrhundert angehört — mit den Ergebnissen der vorliegenden Arbeit in Einklang zu bringen ist. Ein anderes Bad bildete in Antiochia die Grundlage, auf der eine Hauptkirche, das Oktogon Konstantins entstand (vgl. S. 493). Solche Baderäume kommen in erster Linie für die Anlage von Taufhäusern in Betracht.

1) Carrière, S. 28. übersetzt »Bourg des autels« (Bagawan). Ebenso Gelzer, »Zur armenischen Götterlehre«, S. 155: »Burg der Altäre«.

2) Gelzer: »oder Sanctuarium«.

3) Nach Lauer S. 126. Carrière übersetzt: »fit construire sur ce tombeau un autel, ou tout les voyageurs devaient avoir leur part des sacrifices et trouver un abri pour la nuit«. Ebenso Gelzer: »... ein Nachtlager erhielten«.

4) Gelzer nimmt an, Vanaturs Heiligtum in Bagawan sei zum Grabe eines Oberpriesters aus dem Königsgeschlechte gemacht worden.

5) Vielleicht schon in achamanidischer Zeit.

6) Gelzer, »Anfänge«, S. 129 nach Faustus von Byzanz.

7) Vgl. inzwischen den Plan S. 64, Nr. 7 und oben S. 282.

8) »Non in errori di concetto, ma in incidenti ed in deficienza nella materiale esecuzione«. Giovannoni, a. S. 487 a. O. S. 26.

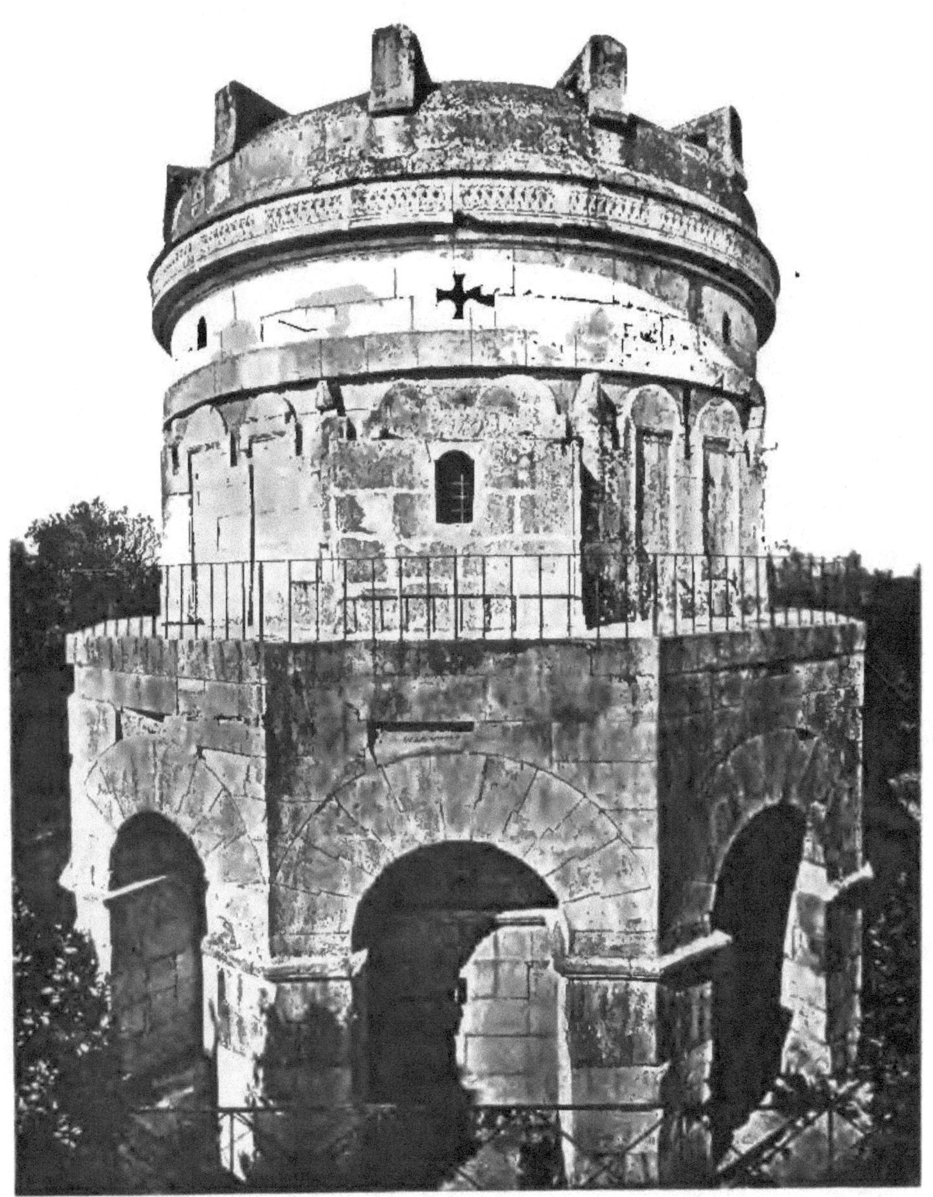

Abb. 638. Ravenna, Grabmal des Theoderich: Ansicht. Aufnahme Haupt

D. Grabbau.

Die wichtigste Voraussetzung für die Entwicklung der altchristlichen Baukunst kann der schon in der heidnischen Vorzeit hochentwickelte Grabbau gewesen sein. Die Totenklage wurde noch in christlicher Zeit derart übertrieben, daß Nerses der Große (353—373/4), wie Faustus IV, 4 berichtet, auf einem Konzil festsetzen ließ, man solle die Toten nicht heidnisch beklagen. Man lese, was Faustus V, 36 über das Begräbnis des Muschegh Mamikonian berichtet. Schon vor Jahren wurde ausgesprochen, daß ich mir den armenischen Grabbau vorstelle etwa nach der Art des Theodorichgrabes in Ravenna[1]). Leider ist von vorchristlichen Grabbauten in Armenien selbst nichts erhalten. Wenn man sich aber etwa — nach dem im Horomoskloster erhaltenen Grabe des Aschot (oben S. 262) zurückschließend — diese Gräber lediglich als einfache Steine vorstellt, dann geht man sehr irre. Es muß sich vielmehr um bedeutende Bauleistungen, gerade etwa in der Art des Theodorichgrabes, gehandelt haben, wie nach einer wertvollen Stelle bei Faustus von Byzanz IV, 24 (Langlois S. 261) festzustellen ist. Er berichtet dort von der Zerstörung der Arsakidengräber in der Burg Ani[2]) durch Merudschan zur Zeit der Kämpfe zwischen Arschak II (350—367) und dem Sasaniden Schapur II (310—379). Die Perser bemächtigten sich, nachdem sie die Mauern der Tempelburg zerstört hatten, der Schätze, die in dem Schlosse verwahrt waren. »Sie öffneten die Gräber der früheren Könige Armeniens, der tapferen arschakunischen Männer und führten die Gebeine der Könige in Gefangenschaft weg. Nur allein das Grabdenkmal (der Ausdruck unklar) des Königs Sanatruk vermochten sie nicht zu öffnen wegen der maßlosen, riesenhaft festgebauten, meisterhaft gearbeiteten Schöpfung.« Marquart, dessen Übersetzung ich hier folge[3]), verlegt diesen Zerstörungsversuch in das Jahr 359. Bis zu diesem Zeitpunkt also standen diese Denkmäler noch nahe bei denen des Trdat und Gregor in Thordan aufrecht und das des Sanatruk noch darüber hinaus. Die geraubten Gebeine der andern Könige wurden den Persern übrigens im Gau Ararat von Wasak Mamikonian abgejagt und im festen Dorfe Aghzk am Aragats (Alagöz) beigesetzt[4]). Ich könnte mir das Grabmal Sanatruks etwa in der Art des Theodorichgrabes in Ravenna vorstellen (Abb. 638), sowohl wegen der Bauform, als in seiner festen Fügung und besonders wegen des Riesensteines, der die Decke bildet[6]). Dazu kommen die den Bau umziehenden Blendbogen und der dreistreifige Bandfries, der den Kuppelstein am Rand als Kranzgesims umzieht[5]).

Bei der wiederholt (S. 469, 488 und 574) in Betracht gezogenen Ableitung der Grundform des armenischen Kirchenbaues aus dem Grabbau erhielte vielleicht noch eines seine Erklärung, die Verwendung des Stufenunterbaues. Die Stufen sind so hoch, daß sie nicht immer bequem zu ersteigen sind. Nun läßt sich aus der gleichen Nordiranecke, aus der ich die Grundform des Kuppelquadrates herkommen sehe, auch der islamische Grabbau herleiten. Dort sind es zwar nicht Stufen, die eine Parallele bieten, wohl aber, wie Diez zeigt[7]), die altiranische Neigung, den Körper des Verstorbenen möglichst hoch über der Erde unterzubringen. Es gibt Anzeichen, die dafür sprechen, daß man ihn bisweilen sogar in der Kuppel beisetzte. Das Kyrosgrab in Pasargadae (oben S. 34 f.) aber zeigt bereits die Lösung, die später in Armenien mit dem Kuppelbaue verbunden wurde.

Soweit, was sich über die Vorläufer des altchristlichen Kuppelbaues in Armenien mutmaßen läßt. Ob nun die heidnischen Tempel, die Säle der Paläste, Bäder, Grabbauten oder alle zusammen mehr oder weniger die Veranlassung für die Übernahme des Kuppelbaues in die christliche Kirche waren, läßt sich vorläufig nicht entscheiden. Auch darüber, ob eine dieser Zweckformen schon die Verstrebung durch Konchen aufwies oder sonst die Wege ging, die vor Eintritt des längsgerichteten Tonnenbaues, besonders des dreischiffigen, im 4. Jahrhundert herrschend waren, läßt sich vor-

[1]) Zeitschrift für Geschichte der Architektur I (1908), S. 247 f. und »Die bildende Kunst des Ostens«, S. 16. Dazu »Altai-Iran und Völkerwanderung«, S. 289.

[2]) Vgl. Agathangelos S. 456 und oben S. 636.

[3]) Südarmenien und die Tigrisquellen S. 93 f. Wörtlich genommen: »Nur aber das Grab der Gruft (gerezman schirmi) des Königs Sanatruk konnten sie nicht aufmachen, wegen des ungeheuren, gigantischen (von den Giganten gebauten), festgefügten (hastaschinats), künstlerischen (von den Künstlern gemachten oder künstlerisch gebauten) Baues (Gebäude, Herrichtung)«.

[4]) Vgl. über den Ort Hübschmann S. 397/8, Alischan, »Airarat«, S. 147.

[5]) Vgl. oben S. 445 f.

[6]) Vgl. für alles Nähere Haupt, »Das Grabmal Theodorichs d. Gr. zu Ravenna«.

[7]) »Die Kunst der islamischen Völker«, S. 71.

läufig nicht einmal eine Annahme aufstellen. Ein Bindeglied zwischen Iran und Armenien ist bei alledem unberührt geblieben, weil sich vorläufig keinerlei bauliche Spuren der ältesten Zeit nachweisen lassen: das Klosterwesen, das freilich seine Ausgestaltung erst am Ende des 4. und 5. Jahrhunderts erfuhr. Ich habe schon »Amida«, Seite 263 und 380, angedeutet, daß ich ein Übergreifen der buddhistischen Strömung nicht für ausgeschlossen halte und der Weg nicht gerade allein von Ägypten ausgehen muß. Vor allem kommen, wie Seite 244 f. gesagt wurde, die Höhlenklöster in Betracht. Noch früher wohl die Zellen der Einsiedler[1]). Der hl. Gregor, auf den gleich näher einzugehen sein wird, stand dieser Bewegung nicht fern (Agathangelos CXXI f. Langlois, S. 161 f.). Die Mamikonier, eines der bedeutendsten Adelsgeschlechter wird nach übereinstimmenden Angaben von Faustus, Pseudo-Sebeos, Zenob von Glak u. a. aus China, d. h. wohl aus dem Osten hergeleitet (vgl. oben S. 581). Die wichtigste Verbindung mit dem Osten aber blieb die parthische Oberschicht Armeniens unter Führung des Herrschergeschlechtes der Arsakiden[2]). Sie bedingt den Gegensatz zu den Sasaniden, die immer wieder in Armenien einbrechen, die Götter- und Heroenbilder wie später die christlichen Kirchen zerstören und dafür ihre Feuertempel aufrichten[3]).

3. Ausstattung.

Über die Verzierungskunst der Bauten in der heidnischen Vorzeit Armeniens wissen wir nichts. Der Tempel von Garni (S. 342) kann dafür nicht Wegweiser sein. Es scheint aber, daß die Bauwerke der altarmenischen und mazdaistischen Zeit schon ebenso einfach ausgestattet waren, wie nachher die christlichen, ja wahrscheinlich noch einfacher, sonst müßte man öfter auf Bruchstücke vorchristlichen Schmuckes in Armenien stoßen. Ich habe davon auf meinen beiden Reisen nichts gefunden. Es scheint mir vielmehr, daß die Ausstattung der Kirchen (zugleich mit der Kuppel, dem Gußmauerwerk und seiner Verkleidung) vom Osten in einer auf das Äußerste beschränkten Auswahl übernommen und dann in Armenien nur folgerichtig im Anschluß an die neuen Bauformen weiterentwickelt wurde. Die Kunstwelt um Armenien herum war unendlich viel reicher in der Ausstattung ihrer Bauten. Ich bringe hier die Schauseite von Mschatta (Abb. 639) und die Reste von Zwarthnotz (Abb. 640) in Erinnerung: dort die reichste Steinnachahmung der in Iran und Mesopotamien bis nach Indien hin aufgekommenen Schmuckarten: antike Friese, wie sie von den antiochenischen Kolonien in Babylonien, Susiana und der Persis in fortlaufende Bänder umgebildet wurden, dazu das flächenfüllende Weinlaub bis zur Arabeske in der Art von Altai-Iran geometrisiert. In Zwarthnotz dagegen eine im Verhältnis dazu einfache, Kleinasien und Syrien gegenüber aber

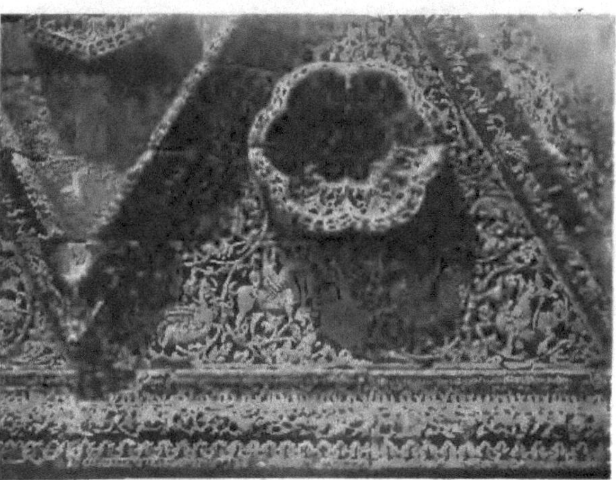

Abb. 639. Berlin, Mschattafassade: Einzelaufnahme.

[1]) Das armenische Martyrologium berichtet im Leben des hl. Sukias (hgg. von Aucher), daß in den Kämpfen des Artasches mit den Alanen, in denen die Alanenfürstin Sathenik durch das Eheangebot Frieden macht, Sukias mit seinen Gefährten nach Armenien kommt, das Christentum annimmt und sich als Einsiedler ins Gebirge zurückzieht. Bis heute zeigt man einen Berg in Basen als Wohnort des Heiligen und seiner Gefährten (Mitt. von P. Mesrop). Es kann nur an Artasches III (18—34) gedacht werden und an eine Übertragung innerasiatischer Bräuche nach Armenien.

[2]) Vgl. Chalatiantz, Die armenischen Arsaziden nach Moses von Chorene (russ., arm. Übersetzung von Simonian, Wien 1906).

[3]) Vgl. Gelzer, »Zur arm. Götterlehre«, S. 118 und 147.

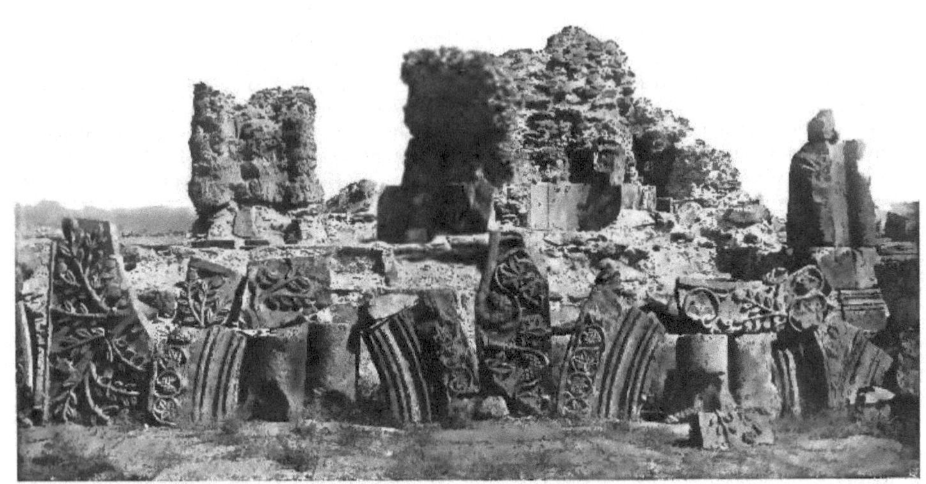

Abb. 640. Zwarthnotz. Gregorkirche: Reste der Außenausstattung.

— soweit der Kirchenbau in Betracht kommt — immerhin noch auffallend reiche Ausstattung mit Blendbogen. Für die Zwickel sind Weinlaub und Granate in einer Art verwendet, wie sie von Iran und Armenien ausgehend, bis nach Ägypten zu verfolgen sind[1]) — immer am Außenschmuck der Kirchen. Ich kann auf alle diese Dinge hier nicht näher eingehen. »Mschatta«, »Amida« und »Altai-Iran« haben ja dafür zur Genüge vorgearbeitet. Übrigens werde ich zusammenfassend in meinem Buche über den Ursprung der christlichen Kirchenkunst darauf zurückzukommen haben.

Hier sei nur soviel gesagt, daß diese beiden pflanzlichen Motive Hvarenah-Sinnbilder sind und zum Schmuck von Häusern der Mazdagläubigen verwendet worden sein dürften — neben den Blendbogen mit Rankenbaum und Tieren. Ich würde dann die Schauseite des Mschattapalastes, die die Flügelwände zu Seiten des Eingangstores mit Weinlaub, Tieren und Vögeln ausstattet, als Hvarenah verstehen, das den Schutz der mazdaistischen Gottheit, die Macht und Herrlichkeit der Geister für den Palast ebenso vorsieht wie die Innenausstattung des Vierpasses auf der Burg von Amman. Damit werden die guten Geister eingeladen (Yasna 60, 4), mit ihren vielfachen Gaben in das Haus und Heim des Frommen zu kommen, um glückbringend die Macht und die Herrlichkeit zu fördern. In Armenien scheint das für das 4. Jahrhundert bezeugte Wort »chojak«, d. h. Pfeiler mit Widderverzierungen (S. 596), den Gebrauch des Widdersinnbildes (vgl. S. 630) und damit den Bestand mazdaistischer Anfänge der Baukunst zu bestätigen. Kennern wird auffallen, daß solche Kapitelle in der byzantinischen Kunst eine Rolle spielen[2]). Für ihren Ursprung wäre jetzt eine wertvolle Spur gefunden. Sie deckt sich mit der Richtung, aus der ich den Umschwung in der Kapitellbildung von der spätrömischen zur byzantinischen Kunst überhaupt herleite[3]).

[1]) Vgl. meinen Aufsatz im Repertorium für Kunstwissenschaft, 1918.

[2]) Vgl. v. Alten, »Geschichte des altchristlichen Kapitells«, S. 82.

[3]) Vgl. mein »Mschatta«, S. 353 f.

IV. Das Eindringen des Christentums.

Armenien ist das erste Land, in dem das Christentum, etwa gegen Ende des 3. Jahrhunderts Staatsreligion wurde. Zwar war ihm darin bald nach 202 die Osrhoëne vorangegangen, als sich Abgar IX. von Edessa taufen ließ; aber dieser Staat war schon 216 wieder römischer Verwaltung unterstellt worden[1]). Immerhin gewann Edessa einen nachhaltigen Einfluß auf die Gestaltung der Kirche in Mesopotamien, wovon noch zu reden sein wird. In Armenien jedenfalls blieb die einmal begründete nationale Kirche bestehen. Der Kunstforscher vermag ihre Selbständigkeit vielleicht überzeugender darzulegen, als es auf jedem anderen Gebiete möglich ist. Der syrische und griechische Einschlag wurde in der bildenden Kunst fast vollständig wieder überwunden. In Georgien, wo das Christentum später als in Rom, aber noch im 4. Jahrhundert Staatsreligion wurde, ist der byzantinische sowohl, wie der mittelpersische Einschlag viel stärker als in dem bis 428 unter einer arsakidischen d. h. parthischen Dynastie stehenden Armenien.

A. Die Anfänge.

»Die Anfänge des Christentums in Armenien sind viel älter, als Gregor der Erleuchter und Trdat, welche es zur Landesreligion erhoben haben. Auch wenn man die Möglichkeit eines apostolischen Ursprunges der armenischen Kirche beiseite läßt, muß man doch in Betracht ziehen, daß die Legenden die Christianisierung Armeniens mit der Einführung des Christentums in Edessa in Zusammenhang bringen. Von Edessa wissen wir aber, daß es gegen Ende des 2. Jahrhunderts bereits christlich war. Von dem bedeutendsten Gnostiker Bardesanes (Ende des 2., Anfang des 3. Jahrhunderts), den Hippolyt schwerlich ohne Grund einen Armenier nennt, ist bekannt, daß er auch in Armenien missioniert hat. Schon um die Mitte des 3. Jahrhunderts gibt es in Armenien fest organisierte Gemeinden unter bischöflicher Leitung (Dionysius von Alexandrien schreibt einen Brief an Bischof Meruzanes den Armenier; Eusebios, »Kirchengeschichte«, VI/46). Das alles darf man als Ertrag der Tätigkeit der syrischen Mission in Armenien ansehen«[2]).

Dem Kunstforscher, der die große Bedeutung der Trompenkuppel über dem Quadrat in Armenien wie in Ostiran beobachtet hat, liegt nahe, zu fragen, ob nicht schon in den ersten Jahrhunderten auch an einen Zustrom christlicher Anregungen nach Armenien von Osten, nicht nur vom syrischen Mesopotamien her, zu denken sei. Freilich möchte es bei der Art, in der die Geschichte der Valeria (die Lactantius erzählt) bei Überarbeitung der Zeittafeln des 4. Jahrhunderts im 5. Jahrhundert auf Hripsime (die mit der Oberin Gajane aus einem Kloster in Rom stammen sollte)[3]), zugerichtet wurde, als vergebliche Mühe erscheinen, den Dingen noch auf den Grund sehen zu wollen. Ist doch selbst die Gestalt des Gregor mit byzantinischem Rankenwerk umsponnen worden. Man erwarte sich also fürs Erste nicht mehr als verwehte Spuren, denen erst beizukommen sein wird, wenn man die Forschung im parthischen und Altai-Iran-Gebiet ernstlich aufnimmt.

In der Folge der Sprachen, die die Apostel nach dem Pfingstwunder redeten[4]), wird die parthische und medische obenan genannt. Es waren also Juden aus diesen Gegenden zu jener Zeit in Jerusalem. Können solche nicht auch Träger des Christentums nach ihren Wohnsitzen geworden sein, ganz abgesehen von der Mission selbst? Man erinnere sich, daß einem der hervorragendsten Geschlechter

[1]) Vgl. Harnack, »Mission und Ausbreitung«, II, S. 117 f. und Baumstark, »Sprache, Nation und Kirche im christlichen Orient« (Hist.-pol. Blätter für das katholische Deutschland, CLVI, 1915), S. 635.

[2]) Ter-Minassiantz in »Die Religion in Geschichte und Gegenwart«, I, Sp. 703.

[3]) Vgl. Langlois in seiner Agathangelos-Ausgabe, I, S. 137.

[4]) Vgl. über die Entstehungszeit der Apostelgeschichte u. a. A. Bauer, »Vom Griechentum zum Christentum«, S. 103 f.

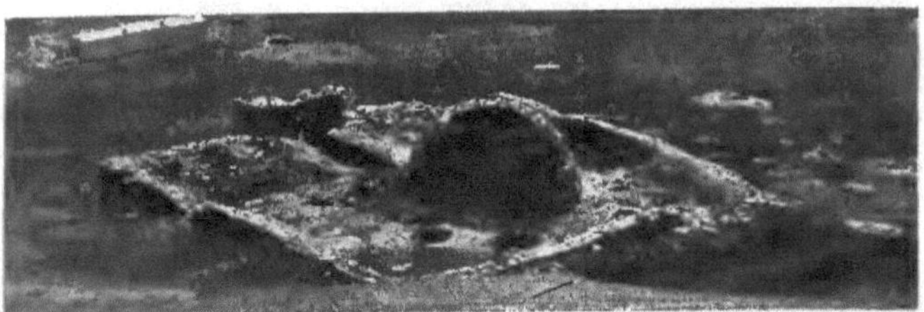

Abb. 641. Tasch-Rabat, Befestigter Bau: Gesamtansicht. Aufnahme Pantusov.

in Armenien, den Bagratiden, von Moses von Chorene jüdischer Ursprung zugelegt wird[1]).

Die Missionstätigkeit bei den Parthern wird mit dem Namen des Apostels Thomas in Verbindung gebracht, und zwar spätestens seit dem 3. Jahrhundert. Das älteste Zeugnis für das parthische Apostolat dürfte sich bei Origines und in den »Klementinischen Rekognitionen«, Seite 29, finden[2]). Oben Seite 495 war bereits von dem Bericht über einen Palast die Rede, der Thomas als Architekten im Dienste des parthischen Fürsten Gondopharos nennt. Einen sehr wertvollen Beleg dafür, wie hoch die christliche Kultur schon in parthischer Zeit, also vor 224 in Nordostpersien entwickelt gewesen sein könnte, liefert der »Hymnus von der Seele«, der sich in denselben Thomasakten erhalten, mit diesen aber kaum etwas zu tun hat. Die Heimat des Helden ist das Partherreich, sein Vater ist der König in Hyrkania, nahe dem Kaspisee oder in Rhages, nahe Teheran. Die Schätze liegen in Elymas und den Bergheiligtümern des Armenien benachbarten Atropatene, dem heutigen Aderbaidschan. Der Königsohn zieht aus, in Ägypten die von einem Drachen gehütete Perle zu holen. Die Einkleidung in die Thomasakten legt die allegorische Ausdeutung nahe[3]). Wenn sie für die ursprüngliche Bedeutung des Gedichtes zutrifft, so müßte der Dichter tief in den Ideengehalt des Christentums eingedrungen sein und wir könnten für Ostiran mit einer ähnlich frühen Blüte rechnen wie in Edessa.

Im Sasanidenreiche hat dann das Christentum bis auf Konstantin den Großen und das Jahr 345 eine gleichmäßig ansteigende Entwicklung genommen. Erst 313 hatte sich die Lage durch seine Erhebung zur römischen Staatsreligion wesentlich geändert. Als um diese Zeit der Bischof von Seleukeia-Ktesiphon des Einverständnisses mit dem Römerreiche verdächtigt wurde und die große Christenverfolgung, der bis 380 währende »Schapursturm« ausbrach, da zeigte sich erst, was die Christen bereits in Besitz hatten[4]). Sie wurden damals auch ihrer Kirchen beraubt, die der Zerstörung anheim fielen. Wir müssen also mit einem ausgebildeten persischen Kirchenbau schon im 4. und den vorhergehenden Jahrhunderten rechnen. Im Jahre 421, als der fanatische Bischof Abdas von Seleukeia nach einer längeren Friedenspause (in der 410 die Synode von Seleukeia stattfand) einen Feuertempel zerstörte, begann neuerdings die Zerstörung der Kirchen. Das persische Christentum hatte also jedenfalls schon vor 431 geblüht, in welchem Jahre sich die

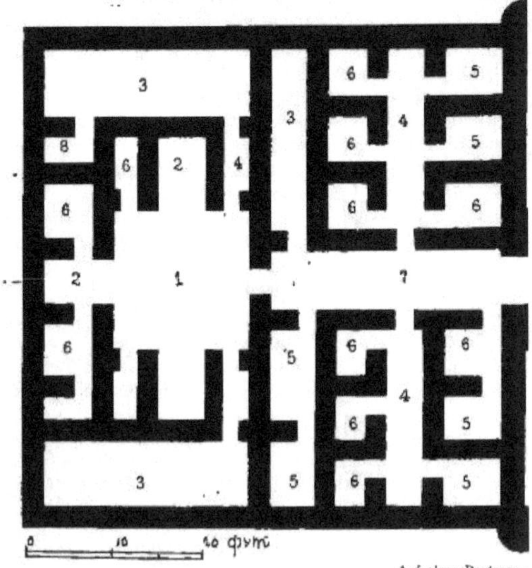

Abb. 642. Tasch-Rabat, Befestigter Bau: Grundriß. Aufnahme Pantusov.

1) Vgl. dazu Marquart, oben S. 581, ganz abgesehen von Faustus, IV, c. LV.

2) Vgl. Eusebius, »Hist. Eccl.«, 3, 1, 1. Smith, »Early history of India«, S. 203. Dahlmann, »Die Thomaslegende«, S. 3.

3) Vgl. Burkitt, »Urchristentum im Orient«, deutsch von Preuschen, S. 148 f.

4) Vgl. die Märtyrerakten bei Ruinart, »Acta mart. sincera«, S. 584 f., 621 f. und Görres, Zeitschrift für wissenschaftliche Theologie, XXXI (1888), S. 456 f.

Nestorianer unabhängig von Byzanz machten, die Christenverfolgungen der Sasaniden aufhörten und der christliche Gottesdienst im persischen Reiche wieder freigegeben wurde[1]). Es ist daher durchaus wahrscheinlich, daß sich schon auf persischem Boden ein eigener Kirchenbau entwickelt hat. Wir wissen über ihn freilich nichts. Erst von der weit nach Indien und China wirkenden nestorianischen Kirche besitzen wir Nachrichten, die den Bestand einer hochentwickelten Kirchenbaukunst bezeugen. In meinem Aufsatze über die sasanidische Kirche (Monatshefte für Kunstwissenschaft, VIII) habe ich nicht eigentlich den iranischen Nordzweig, als vielmehr die sasanidisch-hellenistische Südgruppe im Auge gehabt. Dem gegenüber ist es erst recht wahrscheinlich, daß die so sehr eigenartigen Typen von der Art von Mastara, die Vierkonchenkuppeln, die ihrerseits wieder in Byzanz nicht vorkommen, auf nordiranischem Boden vorgebildet und von dort aus nach Armenien gekommen sind.

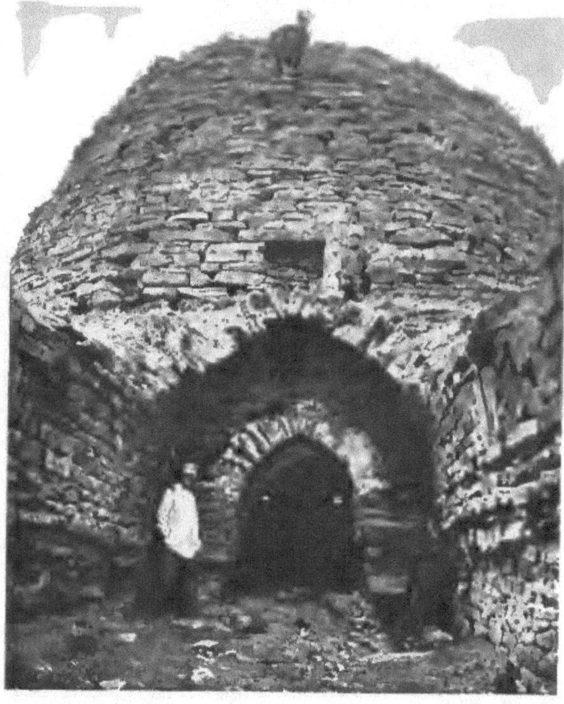

Aufnahme Pantusov.
Abb. 643. Tasch-Rabat, Befestigter Bau: Kuppel vom Tor aus.

Frühchristliche Bauten aus den iranischen Ländern wurden bis jetzt nicht bekannt. Wir können nur aus den späteren Nestorianerbauten zurückschließen, ob es dort jemals Vierkonchenkirchen gegeben habe oder nicht. Tatsache ist nun, daß bis jetzt kein solcher Bau zutage kam, vielmehr bezeugen die freilich erst spärlich nachweisbaren Vertreter des nestorianischen Kirchenbaues ziemlich unzweideutig, daß der Vierkonchentypus erst in Armenien entstanden sein dürfte. Auch legen sie, wie gesagt, eine andere Annahme nahe.

Durch die Forschungsreisen von Miss Bell und Bachmann sind einige nestorianische Kirchen bekannt geworden. Die einen zeigen den mesopotamischen Tonnen-, die andern den iranischen Kuppeltypus, zumeist allerdings beide vereinigt. Bezeichnende Beispiele liefern Mar Tamazgerd in Kerkuk[2]), dann das Heiligtum des Scheich Adi in Kurdistan, die Felsenkirche von Duri und die Kirche von Lizan, die man bei Bachmann zusammengestellt findet. Die Räume sind, ob tonnen- oder kuppelgedeckt, zumeist lediglich in Einzelzellen aneinandergereiht, also in der Bauweise weitergeführt, die für den mesopotamischen Haus- und Palastbau in Tonnen einerseits, für den iranischen andererseits in Kuppeln üblich ist. Was den quadratischen Kuppelbau im Besonderen und den Vergleich mit Armenien anbelangt, so haben die

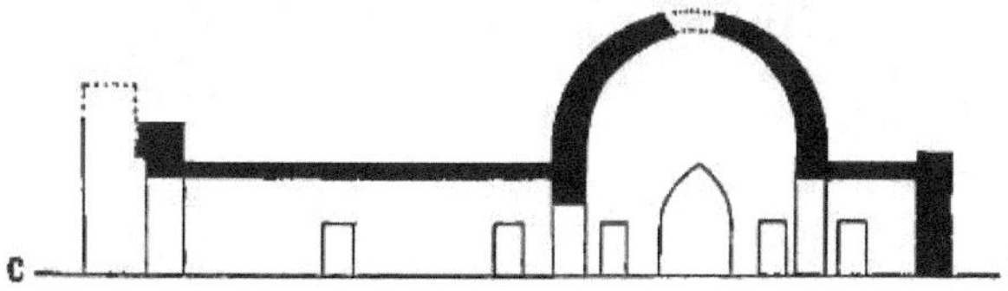

Abb. 644. Tasch-Rabat, Befestigter Bau: Schnitt C—D. Aufnahme Pantusov.

[1]) Vgl. »Die Religion in Geschichte und Gegenwart«, IV, Spalte 730 f. und die dort angegebene Literatur.

[2]) Bell, »Churches and monasteries«, S. 100 f., Bachmann, »Kirchen und Moscheen«, S. 18 f.

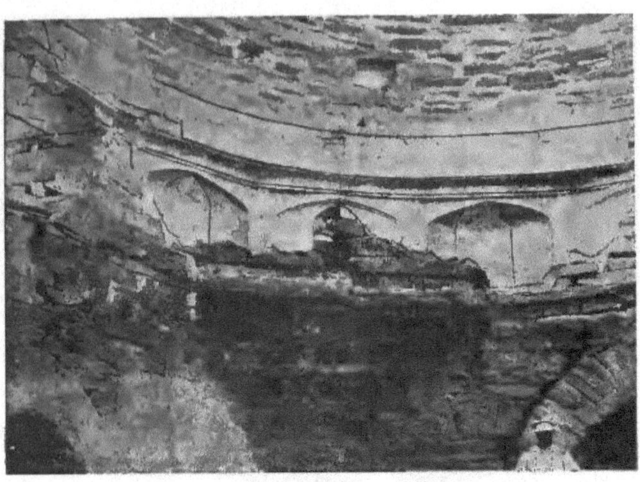

Aufnahme Pantusov.

Abb. 645. Tasch-Rabat, Befestigter Bau: Inneres der Kuppel.

genaueren Untersuchungen eines altchristlichen Baues, der in der heutigen Medrese el Hallawije in Aleppo steckt, gezeigt, daß dort vielleicht drei Kuppeln, wie in Firuzabad, aber in der Längsachse zusammengestellt, den Kirchenraum bildeten[1]). Hierin könnte also — wenn man die oben über den iranischen Hausbau gemachten Angaben vergleicht — noch der ursprünglich südiranische Kirchentypus erhalten sein und es wäre daran abzumessen, wie groß die Unterschiede der armenischen Bauart sind: wichtig ist, daß keine Spur von Mauerkonchen da ist, selbst die Apsis erscheint mit Säulen in einen eckigen Mauerzug eingestellt[2]).

Auch ein weitaus jüngerer Bau, der sich im alten Ferghana erhalten hat, spricht gegen die Annahme, wonach sich schon in Iran die Verstrebung der freistehenden Einzelkuppel mittelst Konchen durchgesetzt hätte — ganz abgesehen davon, daß die islamische Baukunst des Ostens davon nichts weiß. Es handelt sich um eine Tasch-Rabat genannte festungsartige Ruine (Abb. 641), die jenseits der Pässe von Kaschgar nach Narynskoje liegt und in guten Aufnahmen veröffentlicht ist[3]). Ein 32 m großes Mauerquadrat mit je sechs Wohnräumen in der Westhälfte (Abb. 642, Grundriß), zwischen denen hindurch von dem einzigen Eingangstor her ein breiter Gang nach einer quadratischen Kuppel führt, die den Mittelraum der Osthälfte bildet (Schnitt, Abb. 644). Nach der genauen Orientierung nach Osten möchte man einen christlichen Bau annehmen, die Bearbeiter schließen denn auch aur ein nestorianisches Kloster, das zugleich Herberge war. Uns beschäftigt an dieser Stelle nur der Kuppelraum. Er ist in der in den Palästen Armeniens (vgl. oben S. 270 f.) üblichen Art in Kreuzform durch Tonnen, nicht wie in den armenischen Kirchen durch Konchen verstrebt.

Ich gebe hier nur einige der Aufnahmen von Pantusov. Man sieht Abbildung 643, wie die mächtige Kuppel das flache Dach und die umschließenden Mauern überragt; nur das Tor steigt hoch über sie empor. Es vertritt den Typus der persischen hohen Pforte, ist also unarmenisch, während die Beschränkung auf eine einzige Kuppel der armenischen Art (S. 554) entspricht, aber freilich in der Häufung stecken bleibt, nicht für sich allein steht. Die Bauart ist die von den Palästen des Fars bekannte aus Feldsteinen (Abb. 508/509), die in Bindern wagrecht geschichtet, also unarmenisch verwendet sind. Die Tonne scheint durch Guß zum wagrechten Dach umgebildet gewesen zu sein, was wieder z. T. armenisch ist. Auffallend ist der Spitz-

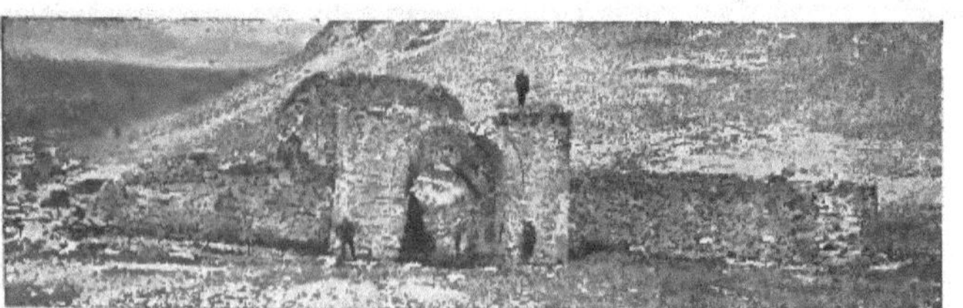

Abb. 646. Tasch-Rabat, Befestigter Bau: Toransicht. Aufnahme Pantusov.

[1]) Vgl. Guyer im »Bulletin de l'institut franç. d'archeologie oriental«, XI (1914), S. 217 f.

[2]) Vgl. mein »Amida«, S. 199 f.

[3]) Vgl. Pantusov, Nachrichten der kaiserlich russischen archäologischen Kommission von 1902, S. 15 f., danach A. Meyer im »Globus«, LXXXVI (1904), S. 41 f., Diez, S. 99 und 150.

bogen am Kuppeleingang (Abb. 643). Im Innern (Abb. 645) wird die Überleitung aus dem Quadrat ins Rund der Kuppel durch vorkragende Zwickel, jene auch im Armenischen nachweisbare Vorstufe der Hängezwickel, erzielt, die oben mit Flachnischen im Perserbogen, wohl in Gipsstuck vorgeblendet, abschließen. Der ganze Bau ist schon deshalb beachtenswert, weil er jenen auch für Armenien wahrscheinlichen Typus des Pilgerklosters wie in Mschatta vertritt, der dann mit den Seldschukenchanen eine ständige Erscheinung der islamischen Kunst wurde. Bestes Beispiel der Sultanchan in Kleinasien[1]).

Folgt man also den vorläufig noch sehr spärlichen Andeutungen über den iranischen Kirchenbau im Wege der nestorianischen Kirchen[2]), so ergibt sich neuerdings die Wahrscheinlichkeit, daß Armenien die quadratische Kuppel wohl von Iran übernommen, die Konchenverstrebung der alleinstehenden Kuppel aber erst fand, als es sich darum handelte, die freigestellte Einzelzelle zum Versammlungsraum von wachsender Größe umzubilden.

Es sei bemerkt, daß es eine nestorianische Kirche (Zoghowaran, Versammlungsraum) in Dwin gegeben hat, die Nerses II (548—557) zerstörte. Sie war auf den Namen des Märtyrers Manadschihr Rajik (der etwa 558 mit dem christlichen Namen Gregor starb) erbaut, kann also nur ganz kurz bestanden haben. Die Manichäer in Armenien, später Nestorianer genannt, waren schon um die Mitte des 5. Jahrhunderts als Kaufleute eingewandert, und zwar, was Beachtung verdient, aus Nordpersien. Sie bildeten in der ersten Hälfte des 6. Jahrhunderts in Dwin eine eigene Gemeinde. Nach der Ausrottung durch Nerses tauchen sie in Georgien unter dem Katholikos Kyrion im Jahre 598, dann noch im 8. Jahrhundert und später wieder auf[3]).

Kommen also die nestorianischen Kirchen auch zeitlich nicht als unmittelbare Belege für die iranische Ursprungsform der armenischen Kirchen in Betracht, so weisen sie doch jene entscheidende Raumform auf, die wir nach Prüfung aller Spuren in Iran erwarten dürfen, die quadratische Kuppel. Und noch eines legen die eben zitierten armenischen Quellen nahe, die Frage nämlich, ob nicht auch manichäische Tempelbauten mit in die Ursprünge verwickelt sein könnten. Darüber vergleiche man die Nachweisungen, die Grünwedel[4]) aus Chinesisch-Turkestan veröffentlicht hat.

In jedem Falle bestätigt, was wir über den iranischen Kultbau auf Grund der wenigen Spuren aussagen können, daß für den Kirchenbau die gleichen Grundsätze maßgebend gewesen zu sein scheinen, wie im Palastbau, nämlich räumlich uneinheitliche Aneinanderschiebung einzelner Kuppelzellen, durch Tonnenräume ergänzt und sich gegenseitig verstrebend.

Es besteht eine Spur, die darauf hinweist, daß die Kuppel in Armenien Eingang gefunden haben mag von Medien (Atropatene) aus. In Syrien und Kleinasien, Gebieten, die wir jetzt bereits einigermaßen kennen, ist die quadratische Konchenkuppel in altchristlicher Zeit nicht nachzuweisen. Schon diese Tatsache leitet auf ein anderes Einfallstor. In den Gebieten am Unterlaufe des Araxes zwischen dem Sewan- und Urmiasee muß eines der ältesten christlichen Zentren angenommen werden. Die Überlieferung bezeichnet hier das Thaddäuskloster im Distrikt Artaz bei Täbris als die älteste Siedelung und seine Kirche als eine der ältesten Kirchen in Armenien. Der heutige Bau wurde 1329 vom Bischof Zacharia und 1664 von Esaja Wartapet hergestellt. Es fällt auf, daß die Kilikier noch in der Spätzeit vom Süden her über das Thaddäuskloster nach Großarmenien gelangen[5]). Eine Aufnahme, die eine Vorstellung von dem heutigen Zustande der Kirche des Thaddäusklosters gibt, findet sich »Der christliche Orient« 1897, Seite 497. Es handelt sich um keinen ärmlichen Bau, sondern um ein unvollendetes Prachtstück armenischer, neupersisch durchsetzter Architektur. Es scheint sich in der Abbildung um den Westvorbau zu handeln, dem der Glockenstuhl fehlt. Von der Kirche her kommen Fassaden in zwei Geschossen, unten mit Blendbogen, oben mit Kreuzstäben geschmückt; Spitz- und Rundbogen wechseln, dazu reiche Profilierungen und ein hoher Sockel, das Ganze kräftig heraushebend. Es kann manches Wertvolle in dieser Kirche stecken. Der Hilfsbund der Deutschen Missionen im Orient hat das Kloster 1897 für zehn Jahre gepachtet. Es liegt hoch

[1]) Vgl. Sarre, »Reise in Kleinasien« (S. 71 f.), und für den Ursprung des Typus Diez, S. 99.

[2]) Vgl. über deren Einrichtung im allgemeinen Isaac Adams »Persia by a persian«, London 1906, S. 234 f. Über die Ruine eines nestorianischen Klosters vgl. auch The geogr. Journal XXVIII (1906), S. 439 f.

[3]) Vgl. über all das u. a. Baumstark, Hist.-pol. Blätter f. d. kath. Deutschland CLVI (1915), S. 633 f. und Akinian, Kyrion, S. 175 f.

[4]) »Altbuddh. Kultstätten« und Le Coq, »Chotscho«.

[5]) Vgl. die Nachschrift in einer Hs. von 1291 im Thomaskloster von Agulis im »Azgagrakan Handes« XII (1905. Nach Mitteilungen von P. Akinian). Vgl. »Ararat" XXX (1898), S. 38 f. (Aufsatz von Chatschik Dadian), ferner »Mschak«, Tiflis XXX, Nr. 52.

im Gebirge, im Fürstentum Maku in Persien, nahe der türkischen Grenze. Der Name, den es trägt, ist der des Apostels Thaddäus, der gewöhnlich genannt wird, wenn es sich um die Zurückführung des Christentums in Armenien auf die apostolische Urzeit handelt. Bisher hat man ihn gern mit der syrischen Mission oder der kleinasiatischen in der Zeit des Königs Sanatruk (etwa 75—110)[1]) zusammengebracht[2]). Das Kloster dieses Namens weist eine andere Richtung.

Das Vorhergehende war geschrieben, als mir die im Jahre 1907 erschienene Chronik von Arbela in die Hand kam[3]). Darin ist die Frühgeschichte der Kirche in Persien gegeben[4]). Uns beschäftigt vor allem der Teil, der die parthische Zeit betrifft. Immer wieder wird die ruhige Entwicklung im Gegensatz zu den Christenverfolgungen des Westens betont. Jerusalem und die jüdische Diaspora, dann Antiochia und Nisibis sind die Erreger in der jenseits des Tigris liegenden Adiabene, deren Hauptstadt Arbela war. Der Gesichtskreis des Verfassers Mesihazekha, der darin seinen vorgesetzten Erzbischof Pinchas über seine Vorgänger bis 540 (551) unterrichtet, reicht bis zur Reichsresidenz Ktesiphon und bis an die armenische und parthische Grenze. Doch berichtet er über Kirchenbauten nur in Arbela selbst. Es ist nun sehr wichtig, festzustellen, daß er schon für das 2. Jahrhundert die Erbauung von Kirchen meldet — der Anfang des Werkes ist leider verloren. Seine Quellen waren der Lehrer Abel aus der ersten Hälfte des 3. Jahrhunderts, das Bischofsarchiv von Arbela und die örtliche Überlieferung. Bischof Isaak (136—151 oder 166) hatte danach »eine große, wohldisponierte Kirche« erbaut[5]), die noch zur Zeit des Schreibers, also in der Mitte des 6. Jahrhunderts bestand (Sachau, S. 48). Unter Bischof Abel (171 — etwa 200) baute man zum Gedächtnis seines Vorgängers Noah »eine Kirche und benannte sie nach ihm. Ihre Stätte war bis zur Zeit Mesihazekhas noch bekannt« und diente als Ort des Gebetes um Fürbitte (Sachau, S. 54). Bischof Sahlupha (um 235—241) wurde in ihr »der kleinen Kirche, welche den Namen jenes Noah erhielt«, begraben. Auch sonst werden Beisetzungen »in der Kirche« gemeldet, so mit großer Feier bei Abel (um 200, Sachau, S. 58) und bei Seri'a (316, Sachau, S. 72). Im übrigen berichtet die Chronik über die nächste Zeit von den ausbrechenden Verfolgungen, sagt aber wenig von den Kirchen. Nur bei Abbusta, dem 18. Bischof (450—498), macht der Verfasser eine Ausnahme. »Man sagt, dieser Vater habe seit Beginn seines Prinzipats 25 Kirchen gebaut« und »Er erneuerte den Bau der Kirche von Arbela, die bis auf unseren Tag existiert und schmückte sie aus mit allen möglichen Ornamenten[6]), so daß jeder Zuschauer staunt und Gott für all die Gnade, die er über ihn ausgegossen hat, dankt« (Sachau, S. 86/7). Der geistige Mittelpunkt der Kirche von Adiabene war Nisibis »die Quelle der Wissenschaften«, über dessen Schulen ausführlich berichtet wird. Sachau kommt auf Grund der Chronik von Arbela zu dem Schlusse (S. 16), daß »das Christentum jenseits des Tigris viel älter ist, als man bisher wissen konnte und vermutete, und daß seine ersten Anfänge ungefähr bis zu dem Jahre 100 n. Chr. hinaufreichen«. Der Kunstforscher muß noch weiter nach Osten in das eigentliche Parthergebiet vorstoßen, aber er freut sich, in der Chronik von Arbela den ausdrücklichen Beleg dafür zu finden, daß jenseits des Tigris wie in Edessa Kirchen schon im 2. Jahrhundert gebaut wurden, und zwar in Arbela große neben kleinen. Es mag, wie gezeigt wurde, die jüdische Ausbreitung (Diaspora) gewesen sein, die den Keim des Christentums zu den Parthern brachte. Daß es aber dort aufgenommen, ja den Boden besser vorbereitet fand als am Mittelmeere, liegt doch an der Tatsache einer reineren Fassung arisch-religiösen Denkens in Iran und Indien. Der griechische

[1]) Nach anderen 178—196. Vgl. die Listen S. 600.

[2]) Vgl. Gelzer, R.-K. prot. Theol. II (1897), S. 74 f. u. Daschian, »Zur Abgarsage«, W Z K M IV, S. 17 f., 144 f., 177 f.

[3]) In deutscher Übersetzung hgg. und als »Ein Beitrag zur Kenntnis des ältesten Christentums im Orient«, einbegleitet von Eduard Sachau (Abhandlungen d. k. preuß. Ak. d. Wiss. 1915, phil.-hist. Kl. Nr. 7).

[4]) Vgl. dazu auch Labourt, »Le christianisme dans l'empire perse«, 1904.

[5]) Dazu schrieb mir M. Bittner: Die Stelle bei Sachau, S. 48 (»wohldisponierte«) lautet bei A. Mingana, Sources syriaques Vol. I, S. 86, unten in der französischen Übersetzung: ......avait bati une église grande et ordonnée qui existe de nos jours..... Im Syrischen steht mtalekasta d. i. Fem. des Part. pass. von tákkes (nach Payne Smith, Thesaurus syriacus, Col. 1466/69, ordinavit, in ordine collocavit; disposuit, statuit, instituit, composuit (libros etc.). Ich möchte einfach übersetzen: Und es hatte gebaut dieser..... ein großes und ordentliches (wohleingerichtetes) Gotteshaus, das existiert bis.....

[6]) Dazu bemerkt M. Bittner: Die Stelle bei Sachau, S. 87 (»Ornamenten«) lautet bei Mingana, S. 148 oben in der französischen Übersetzung: .....et l'embellit de toutes sortes d'ornamentations.... Im Syrischen steht šuphrîn d. i. Plural von šuphrā = pulchritudo, venustas, decor, splendor, gloria, virtus« (gewöhnliche Wurzel für schön und gut, wie pulcher und bonus!) Ich möchte einfach übersetzen: Und er schmückte es (das Gotteshaus) mit allem Schönen (Guten) in der Art, daß .... (eventuell »mit allen Schönheiten«).

Geist war durch Alexander zu weit in die Umklammerung der alten Machtkulturen geraten, als daß sein arischer Kern noch die alte Kraft hätte bewahren können. Hellas starb in des semitischen Orients Umarmung.

Das Christentum, ohne Zarathuschtra und Buddha als Vorläufern, in seiner Ausbreitung nach Osten undenkbar, fand bei dieser Ausbreitung in Medien und Persien bis nach Indien und China hinüber fruchtbaren Boden. Erst die hl. Schrift und später der Koran haben die von den Sasaniden in der Zend Awesta zusammengetragenen Lehren vergessen machen.

B. Das Christentum als arsakidische Staatsreligion.

Das Christentum ist in Armenien kaum lediglich aus religiösem Bedürfnis, sondern in erster Linie wohl als politische Waffe gegen die Sasaniden und Römer zur Staatsreligion erhoben worden. Man darf nicht vergessen, daß auch Rom heidnisch war, als Trdat und Gregor als Stifter auftraten. Freilich änderten sich die Verhältnisse bald. Man glaubte einen Bau zu schaffen, der nach allen Seiten Unabhängigkeit verbürgte und sah sich in der eigensten Schöpfung bald überholt von Rom und Byzanz, so daß die Waffe nur noch Persien gegenüber wirksam blieb. Aber die Grundlagen waren nun einmal ebenso gegen Rom gerichtet und das blieb entscheidend, vor allem auch in der Baukunst. Erst als dieses national arsakidisch-armenische Christentum sich den südpersischen Machthabern gegenüber als zu schwach erwies, rief man im 5. Jahrhundert neuerdings Syrien und das inzwischen christlich gewordene Rom-Byzanz zu Hilfe, gegen die man sich freilich zugleich durch Einführung eines armenischen Alphabetes sicherte. Das 4. Jahrhundert, mit dem wir uns in diesem Abschnitte beschäftigen, war in Armenien ein durchaus nationales. Unter den Gründen, die für die Übernahme eines ostiranischen Bautypus für den christlichen Kirchenbau in Armenien geltend zu machen sind, wird wohl in erster Linie eben die Tatsache stehen, daß es ein Arsakide, König Trdat (261—317)[1] war, der das Christentum zur Staatsreligion erhob. Die neue Lehre wurde seither in Armenien auch in armenischer, d. h. der Landessprache gelehrt[2]. Als der König übertrat, war eine parthisch-christliche Einheit gegen die sasanidische und römische Gewalt geschaffen. Die neue Staatskirche war zunächst zwar nicht Volkssache, lag aber trotzdem ganz in den Händen der Armenier selbst, nämlich des Adels und der Priester. Sie trat den Besitz der alten wohlorganisierten und kriegskundigen Oberschicht in deren Burgen an. Die Tempel wurden durch Kirchen ersetzt, das ist alles[3]. »Als exklusive Religion war es (das Christentum) viel mehr als jeder hellenische oder als der altnationale Kult geeignet, die Armenier gegen die Perser zu schützen«[4]. So erklärt sich, wie die neue Religion dort rascher als im Römerreiche Staatskult werden konnte. War es auch eine Abwehr gegen Rom und die Südperser, so wurde damit die Pforte gegen Osten nicht geschlossen. Im Gegenteil, die Arsakidenfürsten blieben auch jetzt an der Spitze. Daß die Christianisierung anfangs eine ganz oberflächliche, nur den Adel und die Geistlichkeit umfassende sein konnte, ist selbstredend. Das Volk wurde erst durchgreifend gewonnen durch die Klöster. Diese Bewegung aber gehört einer späteren Zeit an.

Es ist daher begreiflich, wenn Gregor der Erleuchter seine Bautätigkeit damit begann, die hl. Stätten zum Schutz gegen die heidnische Volksmasse in den Städten und Dörfern sowohl, wie in den Schlössern und auf dem Lande sämtlich ähnlich den alten Tempelburgen mit Wällen zu umgeben[5]. Als Wrtanes, Gregors Sohn, der dritte Katholikos, in der von seinem Vater erbauten Kirche von Aschtischat die Messe las, belagerten 2000 Heiden die große Mauer[6]. Sie war dort wohl noch vorchristlich. Diese Art Christianisierung von oben her durch den arsakidischen Hof und die Nacharas weist auch wieder auf den Osten. Konstantin ging dann nach diesem Beispiele von Edessa und Armenien vor.

Die bisherige Geschichtsforschung vernachlässigt gern diese Wurzel und hält den Blick aus-

[1] Sonst 287—330. Vgl. die Liste S. 600.

[2] Agathangelos CXXIII (Langlois I, S. 182).

[3] Vgl. Gelzer, »Anfänge«, S. 132 f.

[4] Harnack, »Mission und Ausbreitung« II, S. 170.

[5] Agathangelos CVIII (Langlois, S. 166), Gelzer, »Anfänge«, S. 133.

[6] Faustus III, 3 (Langlois, S. 211).

schließlich auf die an Mesopotamien, Syrien und Kleinasien grenzenden Gebiete und die rein kirchliche Bewegung des 5. Jahrhunderts gerichtet. So auch Harnack[1]). In der Tatsache, daß Armenien bereits am Ende des 3. Jahrhunderts ein aus politischer Erkenntnis offiziell christianisiertes Land war, liegt eine selbständige Kraftäußerung, die ihre Gründe nicht im Einflusse des Westens allein haben kann. Neben den Missionszentren Caesarea in Kappadokien, Sebaste in Kleinarmenien, Antiochia, Edessa und Nisibis müssen im 3. und 4. Jahrhundert noch andere, und zwar vom Osten kommende Zuflüsse mitgewirkt haben. Bevor ich mich also nachfolgend wie üblich mit dem syrischen Kreise und dem griechischen, mit Melitene und Sebaste im Westen beschäftige, sei das Material zunächst entwicklungsgeschichtlich auf den parthisch-arsakidischen Kern hin geprüft. Das Syrische und Griechische ist erst Ende des 4., anfangs des 5. Jahrhunderts z. T. wohl genau aus demselben Gesichtspunkte stärker herangezogen worden wie ursprünglich das Ostarische, d. h. um der Abwehr des nach der Macht strebenden Südpersischen willen. Unter allen Umständen wird man sich vor Augen halten müssen, daß weder der syrische, noch der griechische Zuzug rein zur Geltung kommen konnte, sondern daß an allen den Stätten, in Taron (Aschtischat) sowohl wie in der Hauptstadt Wagharschapat, wo Trdat und der hl. Gregor wirkten, und in Artaschat das Arsakidische ursprünglich den Ausschlag gab, vor allem auch an der Stätte bei Ersinghian[2]), an der die beiden Begründer des nationalen Christentums begraben wurden.

a) Gregor.

Gregor der Erleuchter dürfte um 250 geboren sein und starb um 325[3]). Die armenische Überlieferung gab ihn für einen Sohn des parthischen Königsmörders Anak (des Bösen)[4]), also für einen Arsakiden aus[5]). Lazar von Pharpi, der 505—510 schreibt, bringt seinen arsakidischen Stammbaum. Gelzer (Anfänge, S. 151) meint, er habe dem Hause der alten heidnischen Priesterfürsten von Taron, die in Aschtischat ihren Stammsitz hatten, angehört[6]). Mit ihm gingen die alten Überlieferungen in das Christentum über. So vielleicht gleich sein kirchliches Amt als Oberpriester[7]). Es läge nahe, es nicht aus der alttestamentlichen Würde, sondern aus dem Anahitakulte herzuleiten, für den es z. B. in Kappadokien bezeugt ist[8]). Dort in Kleinasien wurde Gregor auch christlicher Missionär und später von dem Metropoliten von Caesarea zum Katholikos geweiht[9]). Der Titel »Oberpriester« (Kahanayapet) zeigt zwar eine nahe Ähnlichkeit mit dem des Katholikos der persischen Reichskirche in Seleukeia-Ktesiphon[10]), Gregor selbst darf aber in keiner Weise mit dem Sasanidischen zusammengebracht werden. Sein Leben und Wirken spielt sich vornehmlich in den Persien abgewandten Teilen ab, sein Grab liegt an einer der Hauptstätten altnationalen Kultes, in Thordan im Kreise Ersinghian.

Leider sind die Spuren aus Gregors eigener Zeit nur literarisch und auch da sehr unklar erhalten. Man wird sich immer die aus den Denkmälern deutlich als eigentlich ausschlaggebende Form der ostiranischen Kuppel und dazu die Reihenfolge der Taten des Gregor vor Augen halten müssen. Zuerst weigert er sich, der Anahita zu opfern[11]). Zur Strafe folgt der dreizehnjährige Aufenthalt in der Grube bei der Residenz Artaschat. Dann aber führen Trdat und Gregor die Christianisierung des Landes geradezu planmäßig durch. Der Tempel der Anahita in Artaschat wird zerstört, seine

[1]) »Die Mission und Ausbreitung des Christentums« II, S. 166 f.

[2]) Vgl. darüber Agathangelos CV (Langlois, S. 125).

[3]) Gelzer, R.-E. für prot. Theologie, II (1897), S. 75. Vgl. die Liste, S. 598.

[4]) Vgl. Agathangelos II (Langlois, S. 118 f.).

[5]) Vgl. dagegen Macler, »Nouv. archives miss. scient.«, IV, S. II (1910), S. 22.

[6]) Dazu bemerkt P. Akinian: Die Ansicht Gelzers ist nicht wahrscheinlich. Der hl. Gregor ist entweder ein griechischer Armenier aus Kappadokien (oder Klein-Armenien) oder ein Parther. Für den letzteren sprechen folgende Tatsachen: 1. Die Überlieferung. 2. Der Name seines ältesten Sohnes ist ein gräzisierter parthischer Name, nämlich Werthanes, d. h. aus »Warthan«. 3. Die intimen Familienbeziehungen sowohl zum königlichen Hofe (Tiran gibt seine Schwester den Söhnen Hussiks dem Pap und Athanagines [Faustus, c. III, 15. Jahrhundert] zur Braut) als auch besonders zu den Mamikoniern, die ohne Zweifel Parther waren.

[7]) Gelzer, R.-E. für prot. Theologie, II, 77, nimmt an, Aschtischat sei dadurch an die Mamikonier gekommen, daß Schahak die Familiengüter des Gregor seinem Schwiegersohn, einem Mamikonier, hinterließ.

[8]) Vgl. »Handes Amsorya«, 1911, Sp. 531, 2.

[9]) Der Titel Katholikos kommt in Armenien erst nach dem 5. Jahrhundert auf.

[10]) Vgl. Baumstark, a. a., S. 638.

[11]) Gelzer, »Zur armenischen Götterlehre«, S. 116 f.

Güter der Kirche überwiesen. Dann folgt die Zerstörung der Tempel in Hocharmenien, darauf die vom Adel begleitete Reise nach Caesarea und die Weihe zum Katholikos. Mit den Reliquien Johannes des Täufers und des Athenogenes von dort zurückkehrend, werden die Tempel in Aschtischat zerstört und dafür dort die Mutter der Kirchen und ein Palast des Katholikos gebaut. Auf der Reise nach der Provinz Ararat kommt Gregor nach Bagawan, wo er den König, dessen Familie und viel Volk im Euphrat tauft und am Neujahrstag in der Kirche, die er dort vorher für den Rest der Reliquien Johannes des Täufers begründet hatte, ein Fest gefeiert, wie es bis dahin zu dieser Zeit dem Gotte Vanatur gegolten hatte. Dann baut Gregor in allen Provinzen, Städten, Burgen, Dörfern und auf dem Lande Kirchen, setzt für jeden Altar einen Priester ein und bestellt Bischöfe. So ist der Hergang nach Agathangelos. In diese Zeit fällt die Hripsimelegende. Zur Heilung der Folgen wird Gregor aus seinem Gefängnis nach Wagharschapat geholt. Er bekehrt den König und baut infolge einer Vision die drei Martyrien der Hripsime und ihrer Gefährtinnen.

Der heutige Mittelpunkt der armenischen Kirche ist Edschmiatsin. Dieses Kloster liegt neben der alten Königsstadt Wagharschapat, die selbst zu einem Dorfe herabgesunken ist. In ihr allein aber stehen noch eine größere Anzahl altchristlicher Kirchen Armeniens aufrecht. Das ist nicht Zufall. Die alte Stadt am Fuße des Ararat bildete mit Artaschat, der älteren Residenz, zusammen den dauernden Mittelpunkt der armenischen Kernprovinz Ararat, die, im Osten und Norden um den gleichnamigen Berg herumziehend, am Ende des tief in das Land einschneidenden persischen Kulturgolfes liegt. Wagharschapat wurde auch eine Hauptstätte des christlichen Kultus nach Faustus III, 14 neben Aschtischat und Thordan eben dadurch, daß Trdat und der hl. Gregor dort mit eigener Hand unter Beihilfe des ganzen Volkes die Gräber der hl. Hripsime, Gajane und ihrer Gefährtinnen aufrichtete. Es ist zu beachten, daß dabei der heutige Mittelpunkt Edschmiatsin, neben Wagharschapat liegend, nicht genannt wird, außer Agathangelos, CXX (Langlois, S. 180) unter Bezugnahme auf eine Vision, die wir jetzt näher betrachten müssen[1]). Die Tätigkeit Gregors in Wagharschapat beginnt mit dieser seltsamen Vision, die auch in das Gebiet des Kunstforschers gehört. Agathangelos CII, 114 (Langlois, S. 157) erzählt (vor 450)[2]): »Und ich sah inmitten der Stadt beim königlichen Palast ein rundes Fußstück (Untersatz) aus Gold, auf welchem sich eine ungeheuere Feuersäule erhob, mit Wolken als Haupt (thakaghagh)[3]), überragt von einem Flammenkreuz. Und ich bemerkte und sah drei andere Fußstücke, eines an dem Orte, wo die hl. Gajane mit ihren beiden Begleiterinnen, ein anderes, wo die hl. Hripsime mit ihren dreißig Begleiterinnen den Märtyrertod erlitt; das dritte an dem Ort der Kelter (in der Gregor die Leiber vorläufig untergebracht hatte). Und diese Fußstücke waren rot wie Blut, und die Säulen waren Wolken und die Häupter Feuer. Und auf den drei Säulen leuchteten Kreuze des Herrn. Und die Kreuze dieser Säulen waren ähnlich dem Haupt (thakaghagh) der Lichtsäule, die höher als alle anderen war. Und über den Kreuzen dieser vier Säulen vereinigten sich vier wunderbare Bogen (gmbeth) und über den Bogen sah ich eine Kuppel, in Form eines Würfels (choranard)[4]), gebildet aus Wolken ... und unter diesem Zelt (choran) über den Bogen sah ich die 37 hl. Märtyrer, alle glänzend in ihren weißen Gewändern von unaussprechlicher Schönheit. In der Höhe des Gebäudes sah ich einen göttlichen und bewunderungswürdigen Thron, ganz aus Feuer, worauf sich das Kreuz des Herrn erhob, das alles mit Licht erfüllte[5]).«

Diese Vision, die über die drei Martyrien ein übergeordnetes Heiligtum, eben »Edschmiatsin« setzt, wird wohl erst entstanden sein, als der Oberpriester seinen Sitz nicht mehr in Aschtischat, sondern in Wagharschapat hatte. Gelzer[6]) sagt, schon in der ersten Hälfte des 5. Jahrhunderts bestehe eine Sage, wonach Christus selbst der Gründer der Kathedralkirche von Wagharschapat gewesen sei und dem hl. Gregor im Gesicht den Plan derselben vorgezeichnet habe. Seltsam ist

[1]) Vgl. oben S. 235 und 477.

[2]) Gutschmid, »Kleine Schriften«, III, 393, versetzt sie zwischen 452 und 456. Man lese dort auch seine Ausdeutung. Er hält einen Geistlichen von Wagharschapat für den Verfasser.

[3]) Vgl. über die Wortbedeutung Norair N. Byzandatzi, »Französisch-armenisches Wörterbuch«, Konstantinopel, 1884, unter »entablement«. Es ist bezeichnend, daß man die Worte nach den antiken Bauformen deutet, thakaghagh also als Gebälk (Kapitell), id est: Teil eines Baues auf dem Haupt der Säule, zusammengesetzt aus Architrav, Fries und Corniche.

[4]) Diese Stelle spricht für eine quadratische Fenstertrommel. Vgl. S. 371.

[5]) Man erinnert sich bei dieser Beschreibung (einer Vorstellung der Kuppelbelebung mit Heiligen) der Innenausstattung des orthodoxen Baptisteriums in Ravenna mit der Hetoimasia oder der Kuppel zu Aachen, wo heute statt des bereiteten Thrones der Pantokrator erscheint. Vgl. mein »Der Dom zu Aachen«, Tafel II.

[6]) R.-E. für prot. Theologie, II, S. 77.

nur, daß die Ausführung dieses Planes von den Schriftquellen nicht geschildert, wohl aber die Errichtung der drei Martyrien eingehend ausgemalt wird. Wenn daher Thoramanian eine von Gregor erbaute Kathedrale annimmt, so stößt das auf Widersprüche, mehr noch, wenn er ihr die Form eines tonnengewölbten Langhauses gibt[1]): die Vision verlangt am Schluss ausdrücklich die Kuppel. Die Visionslegende wird wohl im Anschluß an eine am Ende des 4. oder im 5. Jahrhundert, und zwar nicht als tonnengewölbter Längsbau, sondern wie die Martyrien als Kuppelbau errichteten Kathedrale entstanden sein.

Über die Erbauung der Martyrien von Wagharschapat berichtet ausführlich Agathangelos c. CIII, von dem hl. Gregor sprechend[2]):

»Dies sagte er und befahl, das Material des Baues sogleich herzurichten. Als die Menge das hörte, beeilte sich ein jeder, die Materialien vorzubereiten. Und sie sammelten an den vorgeschriebenen Orten einer Felsen (wem), einer Stein (kar), einer Ziegel (aghüs), einer Zedernholz (mayr phayt); sie bereiteten das alles mit freudigem Eifer und großer Ehrfurcht. Er selbst, der hl. Gregor, den Maßstab (lar dschartaruthian, Bleilot) der Bauführer (Maurer) in die Hand nehmend, legte die Grundmauern der Martyrienruhestätte der Seligen. Ein jeder aus der Menge half mit in schöner Anpassung an den Gründer (Grundleger) und baute bis zur Vollendung des Baues. Jeder arbeitete mit, sogar die Frauen, nach ihrer weiblichen schwachen Kraft; auf diese Weise verrichteten sie gemeinschaftlich mit Glauben und großer Ehrfurcht die Arbeit, damit niemand, der Gnade des Heiles unteilhaft, von der Heilung (beraubt) ausgeschlossen werde. Und sie erbauten drei Kapellen, eine auf der Seite der Stadt zwischen Norden und Westen, da wo Hripsime mit ihren 33 Begleitern das Martyrium erlitt und sie bauten das andere im Süden derselben Stadt, dort wo die Oberin Gajane das Martyrium erlitt und die dritte bei der Kelter inmitten des Weingartens, wo sie früher bestattet waren. C. IV. Und er (Gregor) befahl für eine jede (der Jungfrauen) einen kistenartig gebauten (vgl. oben S. 260), aus Brettern gearbeiteten, aus Zedernholz mit Nägeln befestigten, festgenagelten, mit Eisen beschlagenen Sarg zu verfertigen.« Agathangelos spinnt die Legende nun sehr weit aus: wie die Särge vor die Kelter getragen wurden, Gregor allein sich mit ihnen in das alte Grab zurückzog und die Leichname hineinlegte, der ganze Hof farbige Seiden-, Purpur- und Goldstoffe vor die geschlossene Tür legte, der König geheilt wurde und selbst in den neugebauten Kapellen die Erde für die Unterbringung jedes Sarges ausschaufelte, wobei ihm die Königin Aschchen und seine Schwester Khosrowiducht halfen, wie Trdat Riesensteine vom Ararat herbeitrug und endlich die Särge in den drei Kapellen im Westen, Süden und Norden der Stadt beigesetzt wurden. Überall wurde das Kreuz aufgestellt, so auch an einem Ort, den eine Feuersäule auf goldenem Fuß zeigte und den man mit einer Mauer umschloß. Man nimmt an, damit sei der Ort der späteren Metropolis, des heutigen Edschmiatsin, gemeint. Von einem Kirchenbau an dieser Stelle durch Gregor ist jedenfalls nicht die Rede.

Was an dem ganzen Berichte geschichtliche Wahrheit, was Ausschmückung des 5. Jahrhunderts ist, vermögen wir heute kaum noch sicherzustellen. Über die Form der drei Kapellen erfahren wir leider nichts Näheres, genug, daß die Baustoffe angegeben sind: Stein, Felsen, Ziegel und Holz, wobei ich zweifle, daß mehr als die Absicht etwa im Stile eines Eusebios zu reden, dabei maßgebend war. Die Verwendung von synonymen Wörtern ist damals üblich.

Auf den Beginn der Tätigkeit Gregors in der Kernprovinz Großarmeniens, Airarat, folgt seine Wirksamkeit in Hocharmenien. Diese lag freilich nahe der römischen Grenze. Aber als Sitz altheidnischen Kultes werden hier schwerlich griechische Formen den Ausschlag gegeben haben[3]). Dagegen fällt sehr schwerwiegend ins Gewicht, daß hier die Stätte der arsakidischen Königsgräber war und auch Trdat und Gregor dort bestattet wurden, ebenso ihre Nachfolger.

Möglich, daß gerade diese Grabstätten den Grundtypus der späteren Kirchen lieferten. Thordan lag im Kanton Daranaghi[4]), das schon Faustus, III, 14, am Ende des 4. Jahrhunderts als Grab des hl. Gregor nennt. Nach der Geographie des Wartan (13. Jahrhundert) lag es auf dem Berge Sepuh[5]), während in Thordan selbst seine Söhne und Enkel lagen[6]). Ein Fragment, das Alischan in der

[1]) »Epocheus«, S. 6 f.

[2]) Deutsche Übersetzung von P. Mesrop.

[3]) Vgl. auch Gelzer, »Zur armenischen Götterlehre«, S. 117 f.

[4]) Hübschmann, S. 283 f. Vgl. Lynch, Karte westlich von Ersinghian. Dazu oben Abbildung 5.

[5]) Lynch, I, S. 348 und Karte. Er verzeichnet dort ein Kloster Surb Lusarovitsch.

[6]) Wartan weiß über die Gegend sehr viel zu berichten. Vgl. Saint-Martin, II, S. 433.

Bibliothek von S. Lazzaro fand, betitelt »Über den Tod von Trdat dem Großen und Tapferen und Tugendreichen« wird gesagt, daß auch Trdat in Thordan beigesetzt wurde[1]). Übrigens nimmt das auch Faustus, III, 14, stillschweigend an. Die anonyme Beschreibung des Grabes in S. Lazzaro ist sehr merkwürdig: »man baute ein königliches Grab aus Marmorsteinen und gab darauf Gläser (apaki)«. Das Fragment stammt nach den Mitteilungen des P. Akinian aus dem 8. bis 9. Jahrhundert. Auf die Technik bin ich schon oben Seite 568 eingegangen[2]).

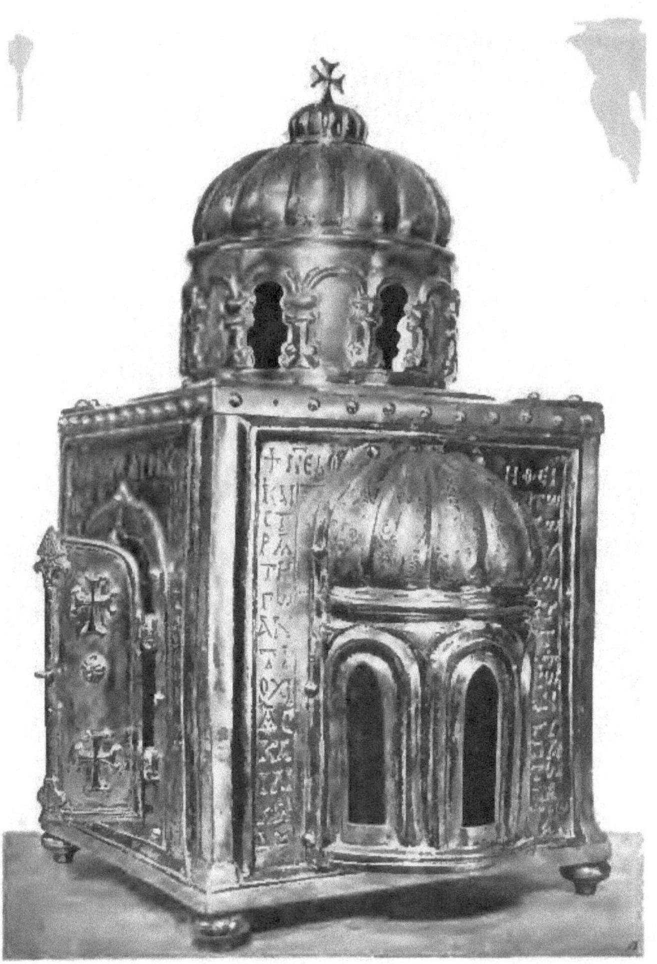

Abb. 647. Aachen, Domschatz: Metallgefäß. Aufnahme Beissel.

Faustus erwähnt (III, 14) auch das Grab des Trdat unter den ersten Heiligtümern des armenischen Volkes. Einen Fingerzeig für die Bauform gibt vielleicht folgende Überlegung. Die einfachen Konchenquadrate bzw. Vierpässe sind öfter Gregorkirchen. Man möchte daraus schließen (S. 79, 99), daß das Martyrion des Heiligen diesen Typus aufwies und er so für diese Titelkirchen feststehend wurde. Und weiter würde man begreifen, warum diese Bauform in Zwarthnotz in ein Gehäuse gestellt und so die einzigartige Steigerung ins Großzügige erfuhr. Man wollte eben die Urform festhalten, hat sie aber in eine vielseitige Umfassungsmauer gestellt. Das Grab Gregor des Erleuchters würde als Vorbild in erster Reihe in Betracht kommen, dazu die Absicht, die Würde, die an dem Denkmal haftete, auf andere Orte zu übertragen. Im Falle Zwarthnotz wollte Nerses III. die Weihe mit der Wiederholung auf Wagharschapat, seine neue Residenz übertragen, ähnlich wie Gagik durch die neuerliche Wiederholung um 1000 auf Ani. Wann die Bauform des Vierpasses mit Umgang (S. 108) aufkam, läßt sich nicht mehr sagen.

Es erscheint möglich, daß uns eine Nachbildung des Grabes Gregors in einem Metallgefäß

[1]) Vgl. Langlois, I, S. 193 f.

[2]) Vgl. dazu auch Ritter, »Erdkunde«, X, S. 789: in der Nähe wurde durchsichtiger Marmor (Alabaster) und Marienglas gefunden.

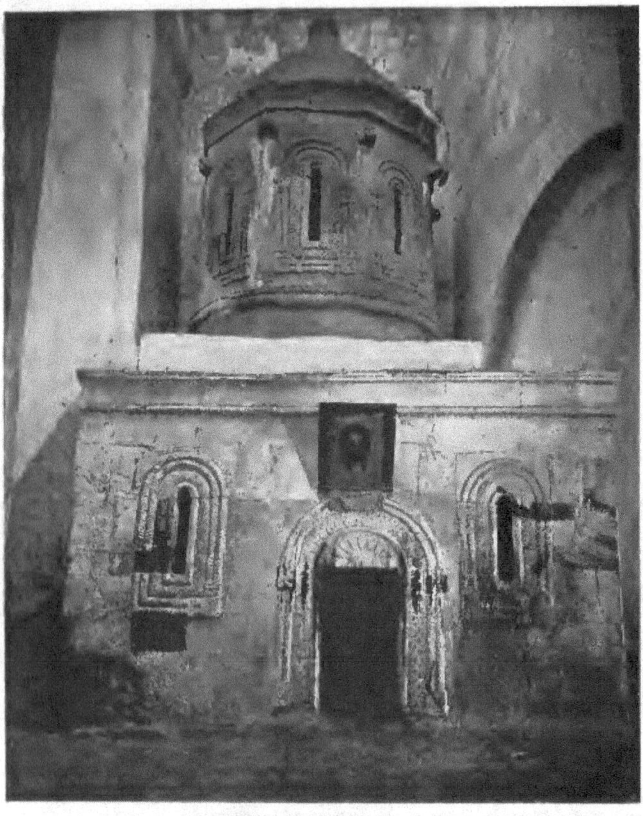

Abb. 648. Mzchet, Kathedrale: Grab. Aufnahme Jermakov 15406.

erhalten ist (Abb. 647), das in der Schatzkammer des Aachner Domes aufbewahrt ist[1]). Es wird dort die griechische Anastasiuskapelle genannt, weil es heute das Haupt dieses Heiligen birgt. Ursprünglich war es vielleicht zur Aufbewahrung der Eucharistie angefertigt. Man sieht einen Würfel, dem eine Kuppel mit Melonenhaube über einer Fenstertrommel mit Blendbogen aufgesetzt ist. Solche Bauten findet man häufig in den Elfenbeinschnitzereien dargestellt, die das Grab Christi vorführen[2]). Was die Aachner Arbeit anbelangt, so unterscheidet sie sich von den andern durch die frei heraustretende Apsis, deren spitzbogige Öffnungen später ausgeschnitten sein sollen; darüber ebenfalls die Melonenbildung. Man vergleiche nun dieses Silbergefäß mit Mastara, es ist in der Bauform die gleiche Gattung und wenn man die alte Abbildung Seite 460 heranzieht, wies Mastara ursprünglich auch die bezeichnende Melonenkuppel auf. Ich meine also, das Aachener Silbergefäß könnte sehr wohl eine entfernte Nachbildung des gesuchten Grabes des hl. Gregors sein. Die griechische Inschrift zu Seiten der Apsis lautet: »Herr, hilf Deinem Diener Eustathios, dem Prokonsul, Patrizier und Feldherrn von Antiochia und Likandos« und stammt aus dem 10. Jahrhundert. Im Dome zu Mzchet ist eine kleine Kapelle eingebaut (Abb. 648), die als Grab Christi bezeichnet wird. Sie zeigt das Kuppelquadrat ohne Strebenischen. Ihrer Ausstattung nach ist sie freilich völlig im späteren georgischen Stil gehalten, kann aber immerhin dazu dienen, zu erkennen, wie man sich die Art eines alten Grabes nach der Überlieferung in Armenien bzw. Georgien vorstellte.

Ein weiterer Ort des Gebietes von Erez (Ersinghian), Thil, wird als Grabstätte der armenischen Hohenpriester, d. h. der Nachfolger des hl. Gregor genannt. Aristakes (325—333), Werthanes (333—341) und Nerses d. Gr. (353—373/4) sollen dort bestattet worden sein[3]). Nerses d. Gr. (der Parther) war aus diesem Thil gebürtig. Nach seiner Ermordung wurde er, wie Faustus V, 24 (Langlois, S. 291) sagt, von Pap eingewickelt und in der »martyrischen Wohnung« beigesetzt[4]). Wie der Typus solcher

[1]) Vgl. Beissel, »Kunstschätze des Aachner Kaiserdomes«, Tafel XI und Text S. 5. Die ältere Literatur zusammengestellt in dem unten anzuführenden Werke von Pokrowski. Vgl. auch Schlumberger, »L'épopée byz.«, I, S. 461.

[2]) Vgl. dazu die Beschreibungen und Darstellungen des Grabes Christi (besonders im Trivulzi-Museum in Mailand und auf der Münchner bekannten Tafel) in der Revue de l'art chrét., 1897.

[3]) Faustus III, 2 (Langlois, S. 211), Saint Martin I, S. 72, II, S. 433.

[4]) Vgl. dazu Gelzer, »Zur armenischen Götterlehre«, S. 115.

Martyrien vorzustellen sei, davon war Seite 469 die Rede. Leider ist diese ganze Gruppe nicht auf die alten Reste hin abgesucht.

b) Aschtischat.

Das dritte Gebiet, das für die Entstehung des arsakidischen Christentums in Betracht kommt, ist Taron, der Syrien am nächsten liegende Südgau. Zunächst fanden sich auch dort Gräber. So berichtet Faustus von Byzanz III, 16 (Langlois, S. 228) vom Katholikus Paren (348—350): »Les prêtres de l'église du camp (royale) enlevère son corps, partirent pour le district de Daron et dans le village appartenant à la célèbre église du prophète saint Jean-Baptiste, lieu de son séjour d'autrefois, ils construisirent un magnifique tombeau et y ensevelirent ses ossements.« Die Johanneskirche war dort ein wichtiger Mittelpunkt religiösen Lebens. Agathangelos[1]) berichtet ausführlich über die Christianisierung des Gaues, die er dem Gregor selbst zuschreibt. Dieser finde dort einen Tempel des Vahagn auf dem Berge Karke, reich an Schätzen, als Ort der Opfer (Aschtischat). Neben dem Vahagn-Tempel stand der Tempel der »Gottesmutter« (Anahit) und als dritter ein Tempel der Astghik (vgl. darüber S. 641). Gregor zerstörte alle drei und erbaute dafür Kirchen Christi, der Trinität und Baptisterien. Faustus von Byzanz III, 14 (Langlois, 224) weiß von der Errichtung dreier Kirchen zu berichten: 1. der Mutter aller Kirchen, 2. der Kirche des Propheten (Johannes d. T.) und 3. der Apostelkirche. Der ersten Kirche muß von seiten der Kunstgeschichte hervorragend Beachtung geschenkt werden. Sie heißt »die große und erste Kirche, Mutter aller armenischen Kirchen, die erste und vorzüglichste und Hauptstätte der Verehrung«. Wenn man noch im Zweifel sein könnte, ob nicht vielleicht nur Aschtischat als Kirchensitz gemeint sein dürfte, so läßt ein Nachsatz keinen Zweifel: »Denn zu allererst hier wurde eine heilige Kirche gebaut und ein Altar im Namen des Herrn errichtet.« Ob das nun tatsächlich die erste auf armenischem Boden errichtete Kirche war, möchte ich dahingestellt sein lassen, wohl aber wird es die erste Kirche gewesen sein, die Gregor baute[2]). Über die Bauform erfahren wir wieder nichts, was um so verdrießlicher ist, als es sich nicht um ein Martyrium, sondern um eine richtige Kirche handelte. Eine solche wurde aber später auch in der Metropolis von Wagarschapat aufgeführt — nach dem Muster der Mutter aller Kirchen in Aschtischat möchte man annehmen. Dann aber müßte man zurückschließen, diese »große und erste Kirche« sei ebenfalls ein Vierpaßbau mit Kuppel in der Art der Apostelkirche in Ani oder ein Kuppelquadrat in der Art von Mastara etwa gewesen. Es erscheint wohl möglich, daß der Typus der »Christuskirche« von Aschtischat[3]) allgemein gültige Bedeutung gewann und man ihn mit der Vorstellung der von Christus selbst eingesetzten Kirche »Edschmiatsin« übernahm. Von der Hauptkirche von Aschtischat weiß man, daß sie von Abderrahim zerstört worden ist[4]). Das Fest der Ortsheiligen, Johannes d. T. und Athenogenes[5]) vereinigte dort bald die Oberbischöfe Armeniens, gemeinsam mit den Königen, den Magnaten und Satrapen und der Volksmasse der Umlande. Die Kirche Johannes d. T. und des Athenogenes galt noch im 10. Jahrhundert als von Gregor Illuminator erbaut[6]). Das Heiligtum wird an Bedeutung noch gewonnen haben, als der hl. Sahak (403—438) darin beigesetzt wurde[7]). In der nebenstehenden Karte von Mannisadjian, die ich P. Mesrop verdanke[8]), ist Aschtischat links oben verzeichnet. Gewöhnlich gelten Aschtischat, Surb Karapet und Matnawank für die Orte der drei Kirchen. Die Gegend müßte einmal gründlich auf Baureste hin abgesucht werden[9]). Hübschmann hat das Material für ihre Lage zusammengestellt (S. 400 f.). »Nach Agathangelos 606 lag Aschtischat auf dem Gipfel des Berges Karke über dem Fluß Euphrat, der dem großen Gebirge Taurus gegenüberliegt. Nach Faustus von Byzanz 115 kam man, wenn

[1]) CXVI (Langlois, S. 173).

[2]) Vgl. dazu auch Ter-Minassiantz, »Texte und Untersuchungen« N. F. XI, Heft 4, S. 5 f.

[3]) Vgl. Gelzer, »Anfänge«, S. 129.

[4]) Note von Langlois zu Agathangelos, S. 175.

[5]) Vgl. meine »Hellenistische und kopt. Kunst in Alexandria«, S. 39 und Cumont, »Textes et monuments figurés de Mithra« II, S. 187 (Artagnes?). Dazu oben S. 638.

[6]) Thomas Ardzruni I, 9 (ed. Brosset, S. 53).

[7]) Thomas Ardzruni I, 10 (ed. Brosset, S. 66).

[8]) Sie stammt vom revolutionären Komitee der Armenier (Daschnaktzuthiun) in Genf und ist zu vergleichen mit Lynch.

[9]) Vgl. Harnack, »Die Mission und Ausbreitung des Christentums«, 2. Aufl., II, S. 171 und 176.

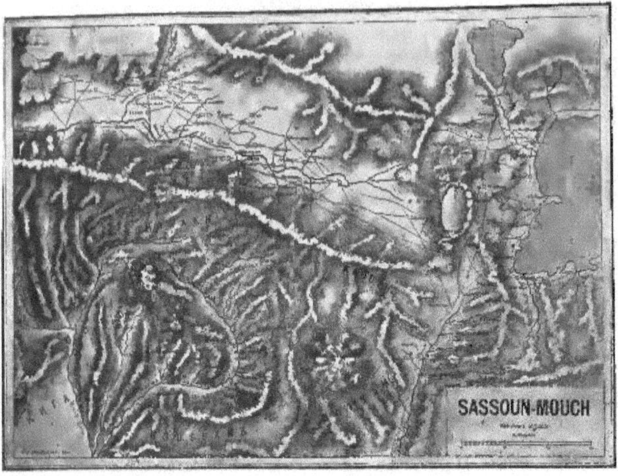

Abb. 649. Karte der Gegend von Aschtischat (links Musch, rechts der Wansee).

man von Aschtischat herabstieg, an das Ufer des Euphrat, da, wo zwei Flüsse sich vereinigen, bei der alten von König Sanatruk erbauten Stadt Mtsurk[1]). Injijean, Geographie, S. 193/4, identifiziert es mit dem Dorfe Surb Sahak, 6 Stunden östlich vom Dorfe Surb Karapet, am Fuße eines Berges; die Kirche und das Kloster des hl. Sahak (des Parthers Inj. 93) brach Timurleng ab, um aus den Steinen die zerstörte Euphratbrücke aufzubauen; die Entfernung von S. Sahak bis zur Brücke betrug etwa 2 Stunden. Danach sucht Cuinet, La Turquie d'Asie 2, 578, den Ort in dem jetzigen Dérig(?), wo die erwähnte Euphratbrücke sei, während Lynch I, 296 Anm. Aschtischat ohne weitere Begründung nach dem jetzigen Kloster S. Karapet (S. Garabied) verlegt«[2]). Vielleicht haben Fachgenossen, denen das Arbeiten und Reisen leichter gemacht wird als mir, bald Gelegenheit, diesen Dingen an Ort und Stelle nachzugehen.

Bis dahin müssen wir uns an das Kloster Johannes d. T. (Surb Karapet) halten. Von ihm wahrscheinlich berichtet ein Nachtrag aus dem Anfang des 13. Jahrhunderts zu Aristakes Lastivertatzi (Venedig, Kap. XXI, S. 94—95): »In diesem Jahre (1158/9) steckten die Seldschuken auch das schöne Haus (Palast) des hl. Vorläufers in Brand, das Hrahat, einer von den Prokuratoren des großen Gregor (Magistros)[3]), Sohn des Wassak, mit großer Mühe gebaut hatte, als sie (die Pahlawunier) noch Herren des Landes waren; auch die Vorhalle (Zamatun), welche vor dem hl. Vorläufer liegt, die er mit schönpassender (wohlüberlegter) Vorbereitung zu Ehre und Ruhm des großen Zeugen und Vorläufers Christi aufrichtete; noch andere Bauten und die aus Holz gebaute Kirche, die man hl. Gregor nennt (steckten sie in Brand). Es war das Jahr 507 unserer Ära (= 1058 n. Chr.), als dies geschah« (Übersetzung von F. Mesrop).

Von diesem Kloster hat schon Karl Koch 1846 in seiner »Reise im Pontischen Gebirge und Türkisch-Armenien«, S. 383 f., eine Beschreibung gegeben. Man betrat den festungsartigen Bau durch eine niedrige Tür und fand im Vorhof eine alte, kleine Kapelle. Im eigentlichen Klosterhof dahinter lag die Kirche gegen die Ostseite. Ihr Grundriß, den Koch andeutet, ist nachzuprüfen an der Aufnahme, die S. Astvatsaturean in seinem »Album der Altertümer von Edschmiatsin und Umgebung« II (1913), S. 42/3) gibt und den ich hier, Abbildung 650, wiederhole. Wenn ich die Planbeschreibung von Koch und Astvatsaturean zusammenhalte, dann stellt sich mir folgendes Bild dar. Den alten Kern bildet, nach Koch 27 Fuß im Quadrat messend, die Kapelle des Täufers (14) mit dessen Grab (13) und der angrenzenden, nur 3 Fuß breiten Bußkapelle (18), die Koch als die des Trdat bezeichnet. Neben ihr lag noch eine ebenso kleine zweite, die nach dem hl. Gregor benannt war. Sie ist inzwischen niedergerissen zusammen mit der viersäuligen Georgskirche, die Koch im Ausmaß von 40×25 Fuß da fand, wo heute eine offenbar neue Kirche des hl. Gregor (17) steht. Zu ihr gehörte wohl »eine sehr alte Inschrift, die von einem Gregor Sarkis spricht«, wie sie Koch in der Trdatkapelle sah. Ich

[1]) Vgl. oben, S. 272.

[2]) Vgl. Gelzer, S. 129. Dazu auch P. N. Andrikian in einer Besprechung von Thoramanians Arbeit über Edschmiatsin Basmawep 1911, S. 94 f. Er glaubt sich bei Musch im Dorfe Zeba in der Kirche »Matnawank« an den Tiber versetzt. Die Kirche sei viereckig, mit zwei Säulenpaaren und dreieckiger Apsis. Was Thoramanians Annahme vom heidnischen Tempel im römischen Stil da für einen Gläubigen gezeitigt hat!

[3]) Von Gregor Magistros besitzen wir philosophische Übersetzungen und Briefe aus dem 11. Jahrhundert. Er war Gründer verschiedener Kirchen in Airarat und später Herr von Taron († 1058).

nehme an, daß ein anderer Stifter, der Fürst Stephan — dessen Grab (8) auf der andern Seite der Kirchengruppe in der Kapelle 7 sich befindet und die Koch Stephansgrab, Astvatsaturean nach der Mutter Gottes benennt — wohl die Stephanskirche auf der Nordseite der alten Johanneskapelle nach Koch 32 × 27 Fuß messend erbaut hat (11). Dieser und der alten Johanneskirche wurde später eine sechzehnsäulige Vorhalle von 64 Fuß im Quadrat vorgelegt, schließlich der Glockenturm (1). Eine schlechte Gesamtansicht findet man bei Astvatsaturean, S. 43.

Unsere Aufmerksamkeit erweckt natürlich vor allem die alte Johanneskirche mit der anstoßenden Bußkapelle (14/18). Sie scheint keine Kuppel zu besitzen, denn Koch sagt ausdrücklich: »Weder das große noch das kleine Schiff der Kirche besitzen eine Kuppel, wohl aber sind die beiden Kapellen des hl. Gregor und des hl. Stephanos damit versehen und laufen sogar in zugespitzte, aber sonst unbedeutende Türme aus.« Die eine Kuppel sitzt also jedenfalls über der kreuzförmigen Stephanskirche (11). Der Fürst Stephanos, dessen Grab heute neben der Kirche untergebracht ist, ist der Sohn des Patriziers Ward und der Enkel jenes Theodor Rschtuni, von dem Sebeos im 7. Jahrhundert wiederholt zu berichten weiß. Danach würde man Kirche und Grab etwa ins 8. Jahrhundert setzen. Über den genannten Fürsten Stephan berichtet sehr ausführlich Johann Mamikonian (Langlois I, S. 362 f., bes. 369, 375 und 378).

D i e S t e p h a n s k i r c h e. Sie ist ein Bau, der mit seinen vier Eckkapellen im Grundriß an die Apostelkirche von Ani erinnert (S. 106 f.). Ob über den länglich quergelegten Kreuzarmen Konchen oder Tonnen sitzen, ist unsicher[1]). Zu Kochs Zeiten waren die Westkapellen dieser Stephanskirche verbaut, denn er spricht von zwei bedeutenden Strebepfeilern, die ich nicht anders unterzubringen wüßte. Wo aber befand sich nun die zweite Kuppel, die Koch über die »Gregorkapelle« legt? Diese zweite, jetzt verschwundene Bußkapelle von 3 Fuß Breite kann doch nicht gemeint sein, ebensowenig die viersäulige Georgskirche seiner Zeit oder das große Schiff, die Vorhalle. Bleibt meines Erachtens nur übrig, einen Irrtum anzunehmen, indem er die Johanneskirche (11) meinte und Gregorkirche schrieb. Tatsächlich zeichnet er sie quadratisch und sagt, sie habe 27 Fuß »ins Quadrat«. Bei Astvatsaturean mißt sie 3·12 auf 2·50 m und ist durch eine 50 cm-Pfeilervorlage getrennt von dem 1·20 tiefen Vorraum mit dem hl. Grab. Ich könnte mir also vorstellen, daß dieser nahezu quadratische Raum eine Kuppel trug, trotzdem deren Südseite sich auf keine Mauer, sondern die kleine, wohl tonnengewölbte Bußkapelle stützte. Vorläufig läßt sich keinesfalls auf solchen Schlußfolgerungen bauen. Da müssen neue Maßaufnahmen an Ort und Stelle erfolgen; aber die Möglichkeit, daß da in der Johanneskapelle ein einschiffiger Kuppelraum vorliegt (vgl. Salomon Qala, oben S. 73), ist nicht abzuweisen. Wir hätten es dann mit jener arischen Zelle zu tun, aus der durch Vergrößerung und Isolierung die konchenverstrebte Kuppel entstand. Diese stände daneben, wenn die Stephanskirche tatsächlich dem Grundriß der Apostelkirche von Ani in der Anwendung der Konchen nahekäme. Ich würde dann um so eher verstehen, wie die älteste

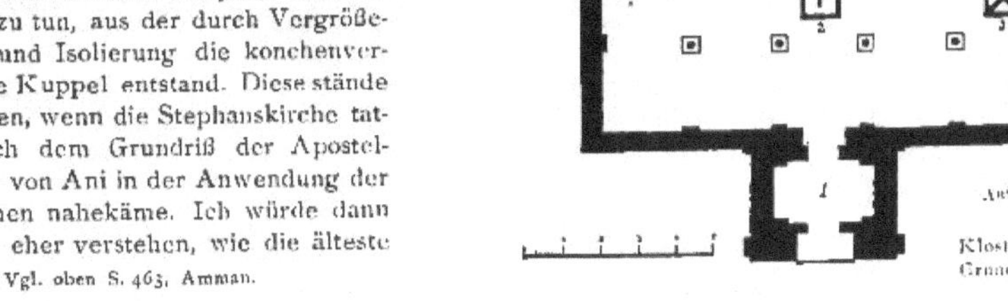

Aufnahme Astvatsaturean.
Abb. 650.
Kloster Surb Karapet:
Grundriß der Kirche.

[1]) Vgl. oben S. 463, Amman.

Katholikoskirche bei Wagharschapat, das spätere Edschmiatsin, zu diesem Typus gekommen sein kann. Jedenfalls wurde er von Aschtischat, der Burg Ani, Thordan und Wagharschapat aus kanonisch und der im 5. Jahrhundert beginnende Einbruch des Mesopotamischen hat dagegen dauernd nichts mehr ausrichten können.

Im einzelnen scheint der Verlauf der Entwicklung so, daß in Wagharschapat die parthische Grundlage von Aschtischat und Ani-Thordan zusammenläuft, in der Kathoghike nämlich die kirchliche Überlieferung des Taron, in den Martyrien der Hripsime und Gajane aber die der Gräber des Trdat und Gregor. Es ist möglich, daß der Ursprung des Viernischenbaues aus dem Grabmal den frühesten Kirchen Armeniens jene Denkmalerscheinung aufprägte, die den Abendländer so sehr überrascht. Wird er doch in Italien für Kirchen erst seit Michelozzo und Leonardo-Bramante heimisch. Die altchristliche und mittelalterliche Kunst hatte ihn ähnlich nur an Grabbauten wie den Mausoleen des Diokletian und Karls d. Gr. oder an Taufhäusern gekannt. So würde sich — als kirchliche Zutat zu einer bereits bestehenden Bauform — auch der etwas unorganische Einbau des »Gotteshauses« in Form der Altarbühne erklären, die dann dauernd beibehalten wurde, weil sie sich in dem rein nationalen 4. Jahrhundert bereits eingebürgert hatte.

c) Nerses d. Gr. und Pap.

Schon im 4. Jahrhundert machte ein Katholikos, der ganz unter griechischen Einfluß geriet, den Versuch, diese nationale bzw. arsakidisch-parthische Grundlage zu erschüttern. Das gelang ihm nicht; aber im 5. Jahrhundert, als diese Bewegung tatsächlich durchdrang, wurde er durch Faustus von Byzanz zurückgreifend zum großen Bahnbrecher gemacht. Es war der Katholikos Nerses d. Gr. (353—383/4)[1]), der in Armenien jene griechische Gesinnung der klerikalen Partei geschaffen hat, deren Beachtung wesentlich ist, will man die Entwicklung des 5. Jahrhunderts verstehen. Sie hat später immer neue Nahrung bekommen durch das Bestreben von Byzanz, sich Armenien anzugliedern, womit ja tatsächlich 1056 die Entwicklung des Staatswesens abschloß, bevor es noch die Seldschuken unterwarfen[2]). Im 4. Jahrhundert aber — und mit diesem allein haben wir es hier zu tun — ist das Auftreten des Katholikos Nerses ein guter Prüfstein für die Vorstellung, zu deren Bildung sich der Kunstforscher entschließen muß, will er die Möglichkeit des Entstehens einer national-armenischen Kirchenbaukunst überhaupt begreifen: Nerses und die hierarchische Partei büßen ihre Popularität ein eben wegen ihrer Anlehnung an die großen Kappadozier und ihrer Griechenfreundlichkeit[3]). Der Armenier, mit seinem arsakidischen Fürstengeschlecht an der Spitze, lehnt im 4. Jahrhundert noch jede politische Einflußnahme der Griechen ab. Erst die Übersetzer haben das Volk mürbe gemacht, so sehr die Schöpfung einer eigenen Schrift ursprünglich das Gegenteil bezweckte. Wenn Marquart recht hätte und nicht schon Gregor, sondern erst Nerses den Süden mit Aschtischat zum Sitze des Katholikats machte, würde dieses in der ersten Hälfte des 4. Jahrhunderts eine gewisse Selbständigkeit gegenüber Armenien gehabt und mit Bagawan in Bagrewand und der Reichshauptstadt rivalisiert haben[4]).

Faustus IV, 4 berichtet auch, Nerses hätte griechische und syrische Schulen errichtet. Seine Hauptschöpfung aber, die mehr als alles übrige nachwirkte, war die Einführung der Klöster, die nach basilianischer Art geistig tätig waren. Der Kunstforscher wird nach Agathangelos damit rechnen müssen, daß es schon vor Nerses Einsiedler gab, die vielleicht mehr mit dem Buddhismus und seiner östlichen Art in Verbindung gestanden haben mögen (S. 244). Für die geistige Kultur Armeniens hatten sie jedenfalls sehr viel weniger dauernde Bedeutung als möglicherweise für die Baukunst. Es scheint mir doch für die Zukunft der Überlegung wert, ob nicht durch sie Bautypen aus dem Osten nach Armenien gebracht wurden. Der quadratische Kuppelraum wurde auch in Chinesisch-Turkestan mit Vorliebe verwendet[5]). Den Ausschlag im Gebiete des Klosterbaues gab dann aber die neue Bewegung des Nerses, aus der die Übersetzer des 5. Jahrhunderts und die »goldene Zeit Armeniens« hervorgewachsen sind. Damit begann die Christianisierung von unten her, die Gregor und Trdat versäumt hatten, damit aber auch ein Kampf zwischen Kirche, Hof und Adel, der bald die eine,

[1]) Vgl. über ihn Gelzer, »Anfänge«, S. 151 f. und R.-E. für prot. Theologie II, S. 76 f.

[2]) Gelzer, »Anfänge«, S. 151.

[3]) Vgl. Gelzer bei Krumbacher, S. 973.

[4]) Vgl. Marquart, »Handes Amsorya« 1911, Spalte 533.

[5]) Vgl. Grünwedel, »Altbuddhistische Kultstätten«, Le Coq, »Chotscho« und dazu mein »Amida«, S. 263 und 280, ferner oben, S. 361.

bald die andere Partei oben sah, bald auch zwei von ihnen vereinigt. Nie kam in Armenien jener zähe Dogmatismus zur Alleinherrschaft, der die religiöse Entwicklung in Byzanz wie im Abendlande trotz der kirchlichen Blüte so oft völlig lahmlegte.

Die nationale Gegenströmung gegen Nerses d. Gr. führte König Pap (368—374). Sie macht klar, wie stark die nationale bzw. parthische Gesinnung am Hofe wie in der Kirche war und warum das äußere Zeichen dieser geistigen Oberschicht, die Baukunst, den Forscher entschieden zur Annahme einer parthischen Grundlage hindrängt, sobald er von den Nachrichten und den erhaltenen Bauten des 7. Jahrhunderts zurückschließt. Die Kunstgeschichte vermag also hier bestimmend in eine Zeit hineinzuleuchten, von der die Schriftquellen nur ein ganz unbestimmtes Bild liefern[1]. Pap leitet eine neue kurze Blüte des nationalen Christentums in dieser frühen Zeit Armeniens ein. Sie erreicht unter der Regentschaft des Adelshauptes Manuel, des Mamikoniers, und der Teilung des Reiches durch Theodosios 385 ihr Ende.

Die letzte Tat dieser im 4. Jahrhundert vorherrschenden Strömung war die Schöpfung einer eigenen Schrift für jene Sprache, die bis dahin die Kirche des Hochlandes mündlich beherrscht hatte, die armenische. Dieser Großtat allein verdanken die Armenier, daß von ihrer im 4. Jahrhundert nationalchristlichen Kultur auch im Gebiete von Sprache und Schrift etwas übrigblieb, wenn auch vielfach eben nur das Äußere der Sprache. Sie hätten sonst wie manche Teile des Abendlandes auch diese verloren. In der bildenden Kunst aber hat sich der kirchliche Geist des Griechischen und Syrischen nie so dauernd durchsetzen können wie in der Literatur. In den Kirchenbauten sind Seele und Geist der nationalen Anfänge nach einem kurzen Einbruche von Syrien und Kleinasien her dauernd wiederhergestellt worden und herrschend geblieben.

Manche sind geneigt, die selbständige Teilnahme eines Volkes an der Kultur überhaupt erst von dem Tag an zu rechnen, an dem es eine eigene Schrift erlangt[2]. Die bildende Kunst lehrt ein anderes. Innere Kultur ist Wesen (Charakter); durch das, was die materielle Kultur bringt, kann die innere Kultur zerstört werden. Die bildende Kunst spiegelt womöglich besser den geistigen Zustand eines Volkes wider, als die Sprache. Die Kunstgeschichte kann daher manches schiefe Urteil, zu dem die Philologen und rein in der sprachlichen Überlieferung fußenden Historiker gelangt sind, richtigstellen. So auch im Falle der Armenier. Diese besaßen schon, bevor sie eine eigene Schrift erlangten, eine hochentwickelte Sprache — sie kommt im 5. Jahrhundert den Übersetzern zugute — und vor allem eine bildende Kunst, die bald alle christlichen Kreise befruchten sollte[3].

Es scheint nicht ausgeschlossen, daß neben der syrischen Mission in Armenien auch schon vor Trdat und Gregor eine Einflußnahme des östlichen Christentums möglich war. Sie würde ausgehen von jener armenischen Nationalpartei, die vor und neben der syrischen und griechischen in früherer Zeit den Ausschlag gibt[4]. Es ist dieselbe Partei, die dann zum Träger der Staatskirche wurde. Was nun eigentlich bei der Bauform selbst ursprünglich den Ausschlag gab, die Form des heidnischen Tempels oder der Typus des arsakidischen Versammlungsraumes, das Grab des Erleuchters, der Kanon der in Aschtischat erbauten Mutter der Kirchen, oder endlich die Klöster, jedenfalls ist beachtenswert, daß in Wagharschapat — auch in den Visionen — kein anderer Typus als der der Kuppel über dem Quadrat, die ich das arsakidische Leitmotiv nennen möchte, vorkommt. Man könnte die Frage aufwerfen, ob vielleicht im 4. Jahrhundert eine andere Bauart in vergänglichem Stoff und Werk gebraucht wurde, die es verschuldet, daß sich nichts aus dieser Zeit erhalten hat bzw. bisher nachgewiesen werden konnte. Oder liegt es nur daran, daß unsere Kenntnis erst in den Anfängen ist, vielleicht sogar im Erhaltenen und Bekannten der älteste Kern noch nicht erkannt wurde?

Sehen wir auf Stoff und Werk hin das Wenige durch, was die Schriftsteller mitteilen. Oben

[1]) Wie mir P. Nerses Akinian mitteilt, stimmt, was ich im Wege der Kunstforschung sehe, mit dem Ergebnis seiner eigenen letztjährigen Forschungen auf literarischem Gebiet überein. Im 4. Jahrhundert hat es von den Schriftquellen, die wir nach Faustus von Byzanz und Agathangelos benennen, nur Zeittafeln, etwa in der Art der eusebianischen Chronik und des späteren Samuel von Ani gegeben, in denen unter den nebeneinandergestellten Zeitangaben kurze Ausführungen standen. Sie wurden erst im 5. Jahrhundert, etwa 420 zu einer fortlaufenden Geschichte umgearbeitet, die Bücher über Gregor d. Gr. aber ganz neu geschrieben, vielleicht von Koriun. Vgl. dazu auch Gutschmid, Kl. Schriften III, S. 394 f. und Gelzer, R.-E. f. prot. Theol. 11, S. 67.

[2]) Vgl. bezüglich der Bulgaren Krumbacher, S. 971.

[3]) Ich nehme hier bewußt Stellung gegen Gelzer »Zur armenischen Götterlehre«, Seite 147, der die Armenier, weil sie bis zum 5. Jahrhundert angeblich Analphabeten und kulturlos waren, Barbaren nennt.

[4]) Vgl. dazu auch Ter-Minassiantz, »Texte und Untersuchungen zur Gesch. d. altchristl. Literatur«, N. F., XI. Heft 4, S. 4.

(S. 655) ist der Bericht des Agathangelos über die Erbauung der drei Martyrien in Wagharschapat durch den hl. Gregor gegeben worden: Felsen, Stein, Ziegel und Zedernholz werden verwendet, Gußmauerwerk ist nicht genannt. Was an dem Bericht Rhetorik ist, mag der Philologe entscheiden. Sehr merkwürdig ist die Angabe des 8. bis 9. Jahrhunderts über das Grab Trdats, es sei aus Marmor mit Glasbelag erbaut gewesen (oben S. 657). Hier ließe sich schon eher an Gußmauerwerk mit Marmor, bzw. keramischem Belag denken (S. 568). Ein anderer Nachtrag aus dem Anfange des 13. Jahrhunderts (oben S. 660) spricht von einer in Holz gebauten Kirche, in Aschtischat, die man den hl. Gregor nenne und die 1158/9 verbrannt wurde. Man denkt an die ukrainische Holzkuppel. Der erste, der von Gußmauerwerk berichtet, ist Sebeos, dann Johannes Katholikos.

Man muß sich vor Augen halten, daß Trdat und Gregor eine Kirche aufrichten wollten, die Armenien von den Sasaniden und Rom unabhängig machen sollte. Daß auch Rom übertreten würde, konnten sie nicht voraussehen. Gregor riß die alten Statuen und Tempel nieder und schuf an ihrer Stelle etwas Neues. Wie die von ihm erbauten Kirchen aussahen, wissen wir freilich nicht; es scheint aber, daß die angewendete Bauform sich in der bildenden Kunst behauptete. Dagegen haben schon die Übersetzer des 5. Jahrhunderts sich nicht mehr so kräftig wie Pap gewehrt, die ursprünglich national gedachte Kirche in den breiten Strom des zur Weltreligion des Westens erwachsenen griechisch-syrischen Christentums einmünden zu lassen; im Gegenteil. Immerhin gelang dieses Nachgeben nicht, trotzdem die Hierarchie Kappadokien untergeordnet war. Gerade der Kunstforscher kann dies feststellen. Die Typen des reinen Kuppelbaues, sowohl die über dem Konchenquadrat, als auch die Vier- bis Achtpaßformen müssen schon im 4. Jahrhundert zur vollen Entwicklung gelangt sein, sonst hätten sie den Ansturm des 5. und 6. Jahrhunderts, d. h. die Einführung der Bauform des Mittelmeerkreises, den Langhausbau, nicht so entschieden überdauern, ja schließlich sich ihn unterordnen können. Das 7. Jahrhundert bringt die völlige Wiederherstellung der nationalen Art des 4. Jahrhunderts, der tonnengewölbte Längsbau tritt wieder völlig zurück. Ich meine also, wir seien schon aus diesem allgemeingeschichtlichen Grunde berechtigt, auf das hohe Alter der reinen Kuppelbautypen zu schließen.

Die Entstehung des gottesdienstlichen Gemeindehauses in Armenien fällt in eine Zeit, in der ein Weltverkehr sondergleichen zwischen dem inneren Asien und dem Mittelmeere hin- und herflutete, eine stetige Entwicklung aus uranfänglichen religiösen Vorstellungen heraus wie in Ägypten aus dem Grabmal kaum noch denkbar ist. Gregors erste Kirchen mögen einschiffige Tonnenräume oder Kuppelbauten gewesen sein, jedenfalls scheint es nach den Inschriften, daß sich sehr bald das Bauen als Gabe um der Fürbitte willen im Anschluß an den Grabbau, wahrscheinlich die ersten Gräber in Thordan[1]) üblich wurde. Die Vision des Gregor (vgl. S. 235, 655) setzt eine Vorstellung der Kirche voraus, die sich nur an einem herrschenden Kuppelbau entwickelt haben kann. Hier ist nun der Ort zu fragen, ob es sich in dieser Vision um die Vorstellung einer Kirche oder nur um die eines Ziboriums handle. Es war S. 227 davon die Rede, daß es nach der anderen Vision des Sahak (um 460) solche Altargehäuse mit gewölbter (kuppel- oder zeltartiger) Decke gab. Ob diese nun wirklich Kuppeln hatten, ist zweifelhaft, das »Edschmiatsin-Evangeliar« entscheidet leider nicht (Tafel II meiner Ausgabe), später ist freilich (Hripsime, S. 228) eine Kuppel da. Aber sie war meines Erachtens nicht denkbar, bevor sie nicht im Kirchenbau selbst aufgekommen war[2]). Immer und immer wieder werde ich durch meine Arbeiten gedrängt, die eigentlich schöpferische Tat der christlichen Kunst an den Anfange, besonders in das 4. Jahrhundert zu legen. Die Einführung der Kuppel aus parthischen Voraussetzungen für die Bauform der Kirche scheint mir auf diese Zeit zurückzugehen. Die Angaben der Vision decken sich mit dieser Annahme.

[1]) Möglich, daß Gregor und Trdat sich ihre Grabdenkmale nach der später auch in Armenien üblichen Sitte schon zu Lebzeiten errichteten. Angeblich sollen sie sich in die Einsamkeit zurückgezogen haben. Ihre Martyrien mögen bei den Erdbeben von 1458 und 1482 zerstört worden sein. Vgl. Arakel von Täbris (1670), Geschichte c. 56 (159 b). Ob daran die Reise Leonardos anschloß?

[2]) Ich freue mich, mit meiner Beweisführung P. Alexander Dr. Matikian überzeugt zu haben. Auch er sieht die Vision jetzt für den wichtigsten Beweis der Verwendung des Kuppelbaues im 4. und 5. Jahrhundert an. »Es ist nicht zu leugnen, daß mit der ersten Säule (Stütze) die Kathedralkirche von Wagharschapat bezeichnet wird, welche höher steht als die drei anderen. Aber dies alles spielt in unserer Frage eine untergeordnete Rolle. Das Wichtigste ist das Gesamtbild der Vision. Nun ist es einleuchtend, daß bei der Darstellung der Vision dem Geiste des Autors eine Kuppelkirche mit gleichmäßigen Stützen vorschwebte, und zwar wie auch ich glaube, nicht eine bestimmte Kirche, sondern im allgemeinen eine Kirche im Kuppelbau. Sie heben mit Recht hervor, daß der ganze Ideengang der Vision ein allgemeiner ist. Es liegt also der Schluß nahe, daß die Kuppelform mit Stützen sowohl im 5. als auch im 4. Jahrhundert die allgemein anerkannte (übliche) Bauform in Armenien gewesen ist.«

Daß Armenien auch sonst im 4. Jahrhundert eine Zeit nationaler Blüte war[1]), dafür liegt eine Bestätigung auf literarischem Gebiete vor. Die klassisch-armenische Sprache, die in der Literatur der ersten Hälfte des 5. Jahrhunderts gleich nach der Erfindung der Schrift (407) grammatikalisch und stilistisch so erhaben und vornehm auftritt, muß mündlich in den vorhergehenden Jahrhunderten durch einen Kulturgeist gezeitigt worden sein, sei es in den Adelsschulen, im Kriegswesen oder am Hofe[2]), daß sie mit dem Klassisch-Griechischen oder Lateinischen in Vergleich gesetzt werden kann. Gregor von Nazianz erzählt (Funebris oratio in laudem Basilii Magni), daß in Athen armenische Studenten mit griechischen disputiert hätten. Man denke auch an Prohairesios, einen armenischen Rhetor in Rom, auf dessen Denkmal man schrieb: »Regina rerum Roma regi eloquentiae«[3]). Es war parthischer Geist, der Athen und Rom vorgearbeitet hatte. Die breiten Volksschichten blieben freilich davon unberührt[4]). In der Oberschicht hörte das unmittelbare Wirken des Ostens auf, als die Christenverfolgungen in Persien begannen und 428 der letzte Arsakide vom Throne entfernt wurde.

d) Ausstattung.

Wenn die Entstehung der christlichen Kunst in Armenien in der Art, wie ich sie eben darzustellen suchte, richtig ist, dann würde sich daraus auch die Abneigung gegen die Bilder erklären lassen, von der oben (S. 529f.) die Rede war. Die heidnischen Hauptheiligtümer umschlossen Statuen. Die Kirchen setzten an ihre Stelle das Gotteshaus, den Altar am Ende des Versammlungsraumes. Die antiken Bildwerke, die man nach den gefundenen Beispielen[5]) auch in Armenien als in reicher Zahl vorhanden annehmen muß, wurden von der durch das Christentum einsetzenden starken arsakidischen Strömung (zugleich mit der Zerstörung der Götterbilder) zu Gegenständen des Abscheus, der altarmenische bildlose Zustand gewann wieder die Oberhand. In Kleinasien war das anders, dort wurde die Antike von den Christen übernommen und weitergeführt[6]). Schon in Palästina und Syrien äußerte sich im 4. Jahrhundert scharfer Widerstand, wie die eine Gestalt des Epiphanius bezeugt[7]). Ihm ist die Statue reiner Götzendienst und Malerei der nächste Schritt dazu. Epiphanius schreibt am Ende des 4. Jahrhunderts, schon Eusebios und das Konzil von Elvira[8]) hatten in gleicher Art gesprochen. Es darf daher von vornherein nicht wundernehmen, auch in Armenien ähnlich Bilderfeinde nachweisen zu können. Dort kommt noch die nationale und die vom nordöstlichen Iran abhängige Strömung dazu.

In der Tat scheinen Bilder erst im 5. Jahrhunderte von den Griechen eingeführt worden zu sein. Bezeichnend dafür ist, was Wrthanes Kerthogh, der 604—607 Vikar der Kirche war, die Ikonoklasten gegen die Bilder einwenden läßt[9]), diese Sitte sei in Armenien im Altertum unbekannt gewesen und erst König Pap (eigentlich wohl Nerses d. Gr.) habe sie von Griechenland her eingeführt. Wrthanes bestätigt, daß bis zu seiner Zeit niemand in Armenien ein Bild anzufertigen wußte und man die Bilder von den Griechen brachte.

An Stelle der Bilder traten in den Kuppeln, was wir in der Hripsime, zu Mren und Mastara feststellten: radiale Rippen mit Scheiben oder in Thalin ein Kreuz mit solchen Scheiben an den Enden der Kreuzarme. Das aber ist eine typisch bildlose Art der Kirchenausstattung[10]). Daß sie schon am

[1]) Es ist beachtenswert, wie Faustus von Byzanz III, 3, von den Regierungsjahren des Königs Chosrov (337—342) und Wrthanes (333—341) berichtend, die Volkswirtschaft beschreibt: »In den Jahren (und) Tagen dieser (Männer) wurde Friede (Ruhe) und Erbauung, Menschenvermehrung und Gesundheit, Fruchtbarkeit und Besitzreichtum, der Handelsbetrieb (oder die Bodenbenutzung), und der große Gottesdienst ausgebreitet, sich zu angenehmer Blüte entwickelnd (Zusatz von N. Akinian).

[2]) Vgl. dazu Hübschmann, Armenische Grammatik, S. 9 f.

[3]) Eunapii vitae sophistarum ed. Boissonade, S. 485 f.

[4]) Vgl. Abeghian, »Der armenische Volksglaube«, 1899.

[5]) Sie sind in den Werken von Alischan abgebildet.

[6]) Man gedenke des Berliner Christusreliefs, »Orient oder Rom«, Tafel II. Es geht durchaus im Stile der antiken sogenannten Sidamarasarkophage. Bei dieser Gelegenheit sei gegen die gleich zu nennende Schrift von Holl, S. 864, gesagt, daß der langhaarige Christus nur dann kleinasiatisch ist, wenn er zugleich als bartloser Jüngling erscheint. Bärtig, mit langem Haar ist der aramäische, von Edessa ausgehende Typus. Vgl. »Der Thürmer« IX (1907), S. 505 f.

[7]) Vgl. K. Holl, »Die Schriften des Epiphanius gegen die Bilderverehrung.« Sitzungsber. der preuß. Ak. d. Wiss., phil.-hist. Klasse XXXV (1916), S. 828 f.

[8]) Vgl. über die Beziehungen von Spanien und Antiochia Lapôtre, »Recherches de science religieuse«, 1912, Nr. 6.

[9]) Der Wortlaut unten S. 678.

[10]) Vgl. Millet, »Les iconoclastes et la croix«, Bull. de corresp. héllenique XXXIV, S. 96 f.

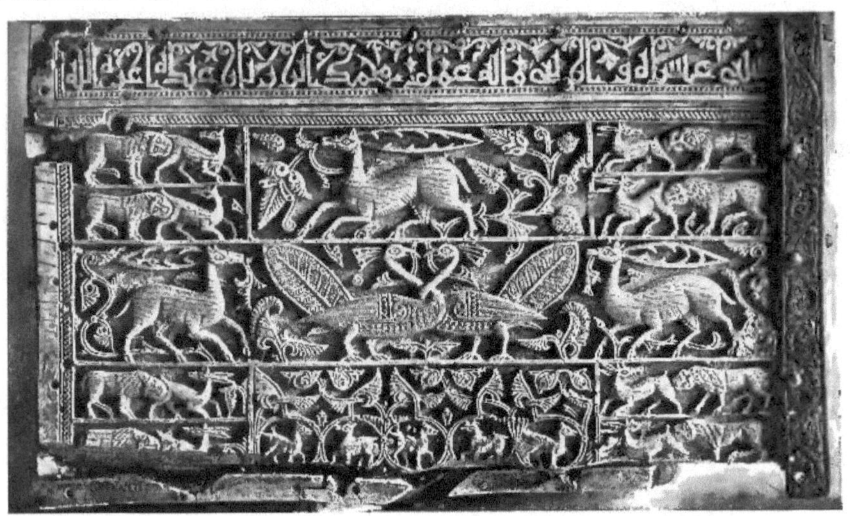

Abb. 651. Burgos, Elfenbeinkästchen: Längsseite. Aufnahme Tauschverein.

Beginn des 5. Jahrhunderts üblich war, belegt Nilus[1]), für ihre Ausbreitung bzw. ihre Herkunft aus dem Osten sprechen außer den Belegen in armenischen Kuppeln vor allem die Apsiden der mesopotamischen Kirchen (Vgl. »Amida«, S. 250 und sonst)[2]). Die Wände könnten, soweit sie innen überhaupt ausgestattet waren, jene Blendnischen in der Art von Amman (S. 537) und außen symbolische Jagdfriese von der Art von Achthamar gezeigt haben, die ich Seite 638 mit Athenogenes zusammenbrachte. Irgend etwas Sicheres wissen wir vorläufig nicht. Nilus weist vielleicht in erster Linie für Armenien den Weg. Mag sein, daß die von ihm bestrittene Art der Ausstattung aus Iran über Armenien kommt. Jedenfalls ist sie gleichzeitig mit Achthamar auch noch im spanischen Islam lebendig, so daß die Annahme der gemeinsamen Quelle in Iran naheliegt. Ich habe oben S. 526 f. darüber ausführlich gehandelt und bringe Abbildung 651 noch eine zweite Aufnahme des Kästchens von Burgos. Man vergleiche die Motive mit Achthamar (S. 283 f. und 291 f.) oder den Zwickelfüllungen der Gregorkirche des Honentz in Ani (Abb. 575) oder armenischen Miniaturen (S. 541). Es kann gar kein Zweifel sein, daß die christliche Kunst Armeniens und der Islam aus der gleichen Quelle schöpfen. Man erinnere sich des Wortes »chojak« (S. 596) in der Sprache des 4. Jahrhunderts.

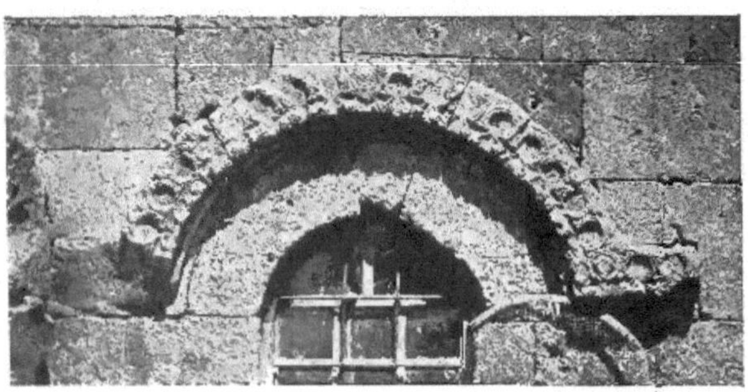

Aufnahme Thoramanian.

Abb. 652. Artik, Kathedrale: Fenster der Südseite.

Das Ausstatten der Kirchen mit Gold- und Silbergefäßen und kostbaren Stoffen scheint aus der heidnischen Tempelkunst übernommen. Agathangelos berichtet, daß König Chosrov, der Vater Trdats, an den sieben Altären der Tempel Weihegaben darbringen ließ, darunter goldene und silberne Schmucksachen mit glitzernden Fransen, Seidenzeug mit Fransen und Borten geschmückt, goldene Kronen[3]) und

[1]) Vgl. mein »Amida«, S. 273.

[2]) Oder in der Apsis von Resafa, Sarre-Herzfeld, Arch. Reise III, Tafel LIX.

[3]) Vgl. auch den Brauch bei den Goten (Guarrazar).

silberne Gerätschaften, Gefäße mit Gold und Silber, prachtvolle Gewänder und köstliche Schmucksachen[1]).

Klassische Philologen und Archäologen sind neuerdings mit anerkennenswertem Eifer am Werke, das Werden dessen, was sie die »Christliche Antike« nennen, klarzustellen. Ich erwähne die Kirchenväterausgaben und Sybels Vorgehen auf dem Gebiete der Denkmälerforschung im engeren Sinne[2]). Es ist wieder nur aus der Einseitigkeit unserer auf die Antike allein eingestellten Erziehung und Gesinnung zu begreifen, daß bei dieser neuen Einsstellung auf die Erforschung der Grundlagen des Christentums und der christlichen Kunst im Besonderen immer nur das Mittelmeer, im besten Falle die sogenannte Alte Welt herangezogen und übersehen wird, daß das Christentum die Grenzen des persischen Reiches — wie später der Islam — vielleicht kräftiger und anfangs wenigstens kulturell bestimmender überschritt, als die des Westens. Dort und nicht zuletzt in Armenien ist jene Kunst entstanden, die wir in den Flußlandschaften mit Rankenstämmen in Rom vor uns haben: einst in der Kuppel von S. Costanza und in Resten heute noch erkennbar in den Apsiden von S. Maria Maggiore und S. Giovanni in Laterano[3]).

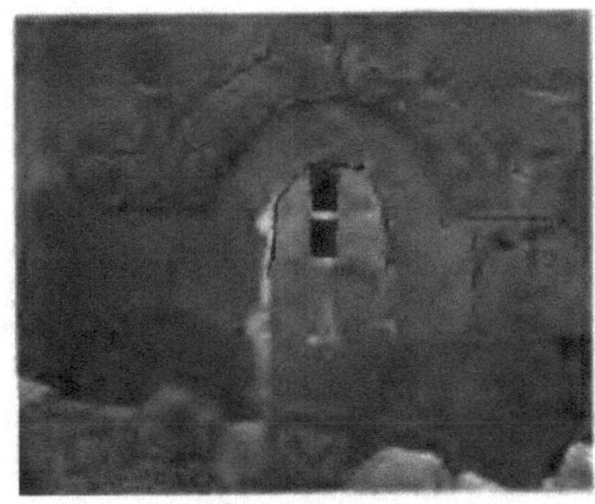

Abb. 653. Artik, Kathdrale: Fenster der Nordnische.

An die Grenze zwischen die iranischen und mesopotamischen Einschläge in die armenische Baukunst möchte ich die eigenartigen Bogenbänder (S. 327) stellen, die sich um die Fenster ziehen. Die Kranzgesimse, sowohl die überhängende Bogenleiste, wie die Schräge mit Bandgeflecht sind eingehend (S. 435 f.) besprochen und als nordisch bzw. iranisch bestimmt worden. Die Bogenbänder aber scheinen in ihrer Grundform mesopotamischen Ursprunges, tragen jedoch Zierformen, die wieder eher auf Iran weisen. Ich gebe hier noch einige Beispiele. Zwei von der Kathedrale in Artik (S. 78), also aus dem 6. bis 7. Jahrhundert, Abbildung 652 von der Südseite zeigt den Bogen in zwei Stufen um die Keilsteine des Fensterbogens gelegt und in wagrechte Enden umbiegend. Seine Oberfläche wird durch die richtige Bogenleiste (S. 435 f.) mit angehängten Beistrichen geschmückt. In Abbildung 653 von der Nordnische ist das Band mehr flach mit einer Stufe in die Steinverkleidung eingefügt und auch im Schmuck etwas anders, aber im wesentlichen doch auch an die Bogenleiste anschließend. Anders in Abbildung 654, das Bogenband hat hier die Schräge des zweiten Kranzgesimses (S. 436 f.) und auch seinen Schmuck, das Bandgeflecht übernommen. Es stammt aus der Zeit um 1000 von der Kathedrale zu Ani. Neben diesem Schmuck der beiden Arten der Kranzgesimse kommen freilich eine Fülle anderer Zieraten vor; man möge auf sie hin die beiden Bände durchblättern. Die Grundform, der in die Wagrechte umbrechende Bogen ist schon der altorientalischen Verkleidungskunst Mesopotamiens in der Ausbildung des Torbogens geläufig, tritt dann in breiter Schicht in Ostsyrien auf und gelangt in der üblichen Art (mit dem gewölbtem Langhaus) auch nach Armenien (S. 149 f.). Ob er aber in seiner im Kuppelbau von vornherein etwas anderen Form (vgl. z. B. S. 295) nicht eigene Wege ging, bleibe vorläufig dahingestellt. Mzchet (Abb. 659 a) wird weiterführen.

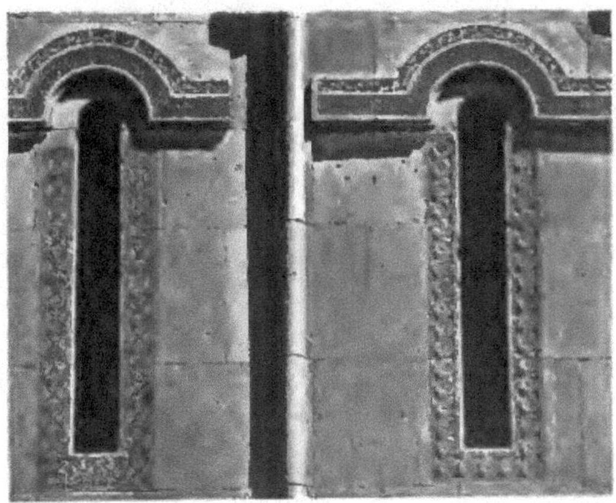

Aufnahme Kürkdschian.

Abb. 654. Ani, Kathedrale: Fenster.

[1]) Vgl. Gelzer, »Zur armenischen Götterlehre«, S. 144 f. — [2]) Vgl. dazu meinen Aufsatz »Christliche Antike«, Beilage zur Münchener Allgemeinen Zeitung, 1907, vom 16. März Nr. 64, S. 505 f. — [3]) Vgl. meinen Aufsatz »Zentralasien als Forschungsgebiet«, Österr. Monatsschrift für den Orient, XL, S. 80 f.

43*

V. Das Einströmen des Syrischen und des Griechischen (428—571).

Der Drang, der die Arsakiden in die Arme des Christentums getrieben hatte, veranlaßte die inzwischen entstandene Kirche weiter zur Abwehr gegen Seleukeia mit Hilfe einer kirchlichen aus Edessa-Nisibis und Byzanz bezogenen Kultur, wie sie schon Nerses d. Gr. beabsichtigt hatte. Seinem Sohne, dem Katholikos Sahak (403—438) erst gelang es in dieser Richtung Klarheit zu schaffen, ihm, dem letzten aus dem arsakidischen Priestergeschlechte der Gregoriden. Nach ihm nahmen Mönche den Thron des hl. Thaddäus ein. Für den Kunstforscher ist wichtig, damit zu rechnen, daß das Parthisch-Arsakidische im 4. Jahrhundert bereits völlig im armenischen Christentum eingebürgert war, als im 5. Jahrhundert der syrische und griechische Vorstoß nachdrücklicher einsetzte. Neben die Nationalpartei trat nun eine syrische und eine griechische Gruppe. Was sie einigte, war die Abwehr der sasanidischen Macht, was sie trennte, daß die eine es mit Byzanz hielt und trotz der gewonnenen Autokephalie Caesarea als kirchlicher Ausgangspunkt verehrte, die andere vom Süden her im Anschluß an Edessa und Nisibis den geistigen Gesichtskreis der dortigen Theologenschulen durchzusetzen suchte. Es beginnt jene Zeit des Sahak und seiner Mönche, da mit der Erfindung einer eigenen Schrift einerseits die nationale Unabhängigkeit geistig gesichert schien und anderseits auf dem Wege, die beste syrische und griechisch-christliche Literatur in Übersetzungen zugänglich zu machen, ein starkes Einströmen dieser beiden Kulturkreise in das ostpersisch-nationale Armeniertum begann. Die Führung glitt vorübergehend aus den Händen von Hof und Adel in die der Priester und Mönche. In der Kirchenbaukunst trat damit ein Rückschlag nach dem Mittelmeere zu ein, der sich vor allem in der Einführung des Langhausbaues äußerte. Er scheint einmal von einer schon im 4. Jahrhundert bestehenden Strömung des Taron, von den Aghbianiden und Manazkert im Süden ausgegangen zu sein (davon ist, wie gesagt, wohl zu trennen das zweite und Hauptzentrum des Taron, Aschtischat), dann von den zwischen Armenien und Caesarea liegenden Gebieten im Westen.

Man nennt die Zeit, in die wir mit dem 5. Jahrhundert eintreten und im Besonderen die Jahre 407—440 gern das goldene Zeitalter; vom Standpunkt der bildenden Kunst aus mit Unrecht. Soweit die Sprache (Grammatik und Stil) in Betracht kommt, mag diese von Philologen eingeführte Bezeichnung zu recht bestehen. Im übrigen hat das 5. Jahrhundert die armenische Kirche aus der nationalen Selbständigkeit in die Richtung der griechisch-kirchlichen Bildung gedrängt, ohne zugleich den belebenden Quell altgriechischen Geistes sprudeln zu lassen. Die ursprünglich selbständige Kirche wurde mit Elementen durchsetzt, die trotz aller Kämpfe der Könige und Nacharars immer mehr die Oberhand gewannen[1]). In der bildenden Kunst gelang es dem National-Armenischen, sich nach einer Vermittlungszeit im Wege des Ausgleiches zu behaupten. Doch davon wird erst im folgenden Abschnitte zu reden sein.

A. Der syrische Einfluß.

Die Armenier saßen im Süden zum Teil noch jenseits der Tauruskette, jedenfalls bestanden zwischen den Landstrichen westlich vom Wansee am Muradsu und den Tigrisgebieten: der Adiabene, Amida und dem Klosterland des Tûr 'Abdin enge Beziehungen. Einst hatte sich ja sogar die armenische Hauptstadt jenseits des Taurus in Tigranocerta befunden. Es läßt sich daher begreifen,

[1]) Vgl. dagegen den Brief des Lazar von Pharpi unten S. 677.

daß in diesen Südgebieten Armeniens der aramäische Einschlag bedeutend war.

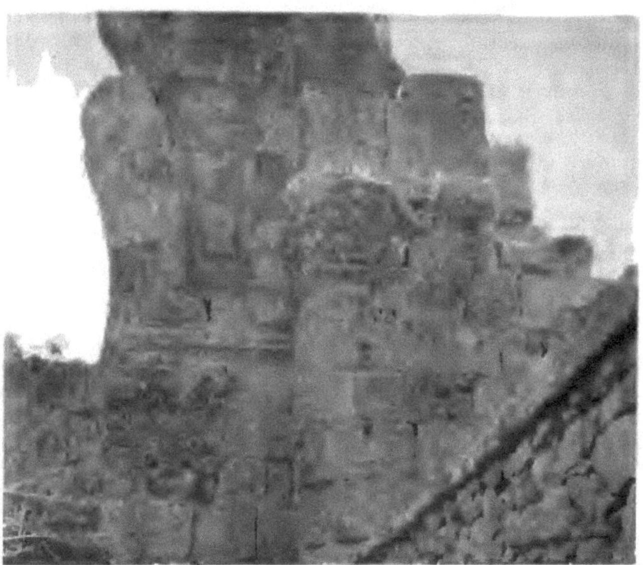

Abb. 655. Meiafarqin, Basilika: Triumphbogen. Aufnahme Bell.

Ich habe oben im Typenkataloge die alte südarmenische Residenz Tigranocerta, das heutige Meiafarqin[1]), beiseite gelassen, obwohl dort bedeutende Kirchenbauten stehen und es noch in christlicher Zeit im Zusammenhange mit Armenien eine Rolle spielt. Der Einsiedler Epiphan gründete dort »auf dem großen Berge an der Stätte der Götzen«[2]) nach Faustus V, 27, im 4. Jahrhundert eine Märtyrerkapelle und in den umgebenden Gauen Tsopk und Aghdznik Klöster. Trotzdem wird Tigranocerta immer mehr ein Teil des aramäischen Kreises selbst, obwohl Bischof Marutha, der 410 dorthin die Reliquien der persischen Märtyrer bringt, Armenier war, wenigstens sicher der Mutter nach. Die Basilika, die Miss Bell dort fand[3]), geht nicht in den Größenverhältnissen (27.75 × 38.05 m), wohl aber in der Anwendung der Säule mit Holzdach von vornherein andere Wege als Armenien nicht nur, sondern auch Mesopotamien; es ist eine bezeichnend hellenistische Schöpfung und hat mit dem Hinterlande kaum in Einzelheiten etwas zu tun. Ich gebe Abb. 655 eine Aufnahme vom Triumphbogen, dessen Ausstattung sich ganz in der »persisch-hellenistischen Ausstattung«, der von mir »Amida« S. 163 f. behandelten Kirchen bewegt[4]). Dagegen ist die jüngere Marienkirche[5]) schon eher, besonders darin, daß sie eine, und zwar eine einzige Kuppel aufweist, und in den Kapitellen mit Armenien in Verbindung zu bringen, folgt aber in ihrer Art als Kuppelbasilika mit Emporen ganz einer Strömung, die auch an den übrigen Grenzen Armeniens (Kasr ibn Wardan, Kodscha Kalessi) nachweisbar ist. Davon unten mehr. Meiafarqin hat also mit der Entwicklung der Kunst in Armenien selbst in christlicher Zeit kaum noch etwas zu tun. Der mesopotamische Einschlag ist dort andere Wege gegangen.

Ich muß hier nochmals auf das 4. Jahrhundert zurückgreifen, weil der syrische Einfluß darin und schon in viel früheren Jahrhunderten seinen Ursprung hat. Seit der Reichsteilung im Jahre 386 war die Bedeutung des Syrischen noch gestiegen, weil die persische Regierung, seit das Christentum römische Staatsreligion geworden war, um jeden geistigen Zusammenhang mit dem römischen Reich und der griechischen Kultur zu unterbinden, die griechischen Bücher verbrennen und den griechischen Sprachunterricht verbieten ließ. Die einzige Quelle christlich geistiger Nahrung vom Mittelmeere her blieb daher der für die Perser politisch ungefährliche Süden. Die vermittelnden Persönlichkeiten waren in der Zeit als das Christentum Staatsreligion wurde, der Missionär Daniel und der Bischof Aghbianos[6]).

[1]) Vgl. über die Gleichsetzung jetzt Marquart, Südarmenien und die Tigrisquellen, S. 86 f.

[2]) Vgl. Gelzer, »Zur arm. Götterlehre«, S. 115.

[3]) »Churches and monasteries«, S. 86 f. und Tafel XI f.

[4]) Vgl. dazu meinen Aufsatz im Repertorium für Kunstwissenschaft 1918.

[5]) Bell a. a. O. S. 88 und Tafel XV f.

[6]) Vgl. auch Macler, Nouv. archives miss. scient. N. S. II (1910), S. 207.

Aghbianos war einer jener syrischen Bischöfe, die, wie der spätere Bischof Daniel (dem der erste Versuch eines armenischen Alphabetes zu danken ist, vgl. oben S. 29), in unmittelbarer Verbindung mit den großen kirchlichen Kulturzentren in Edessa und Nisibis stehend, die völlige Durchsetzung der südlichen Gebiete Armeniens mit der vom Volke unverstandenen syrischen Kultur tagtäglich vor Augen hatten. Bei ihnen zuerst scheint sich das Bedürfnis entwickelt zu haben, der armenischen Christenheit ein eigenes Schrifttum zu geben. Man muß, um diese Tat richtig einschätzen zu können, mit Marquart des Gegenbeispiels der Germanen gedenken, denen das Lateinische aufgezwungen wurde und die sich darüber zum guten Teil selbst verloren. Die Tätigkeit des Aghbianos liegt freilich noch weit vor der Zeit der Begründung der geistigen Unabhängigkeit Armeniens im Anfange des 4. Jahrhunderts, in der Zeit des heiligen Gregor. Damals war die Landschaft Taron und lange noch nicht die Gegend am Nordfuße des Ararat das geistliche Zentrum der Armenier. Es ist die Gegend zwischen dem Euphrat und dem Westufer des Wansees, da, wo heute Musch liegt[1]). Aschtischat bildete, wie oben Seite 659f. gezeigt wurde, schon in heidnischer Zeit den Landesmittelpunkt. War dort der Hauptsitz des armenischen Heidentums, so war Manazkert der Hauptsitz des Adelgeschlechtes der Manavazier, nach deren Niederwerfung Aghbianos dort Bischof wird[2]). Aghbianos war neben dem hl. Gregor, dem ersten Katholikos von Armenien, Hofbischof und hatte als solcher seinen offiziellen Sitz in Wagharschapat. Die Würde blieb in seinem Hause ebenso erblich, wie das Katholikat in dem der Gregoriden[3]). Die Aghbianiden stammten aus Manazkert[4]), dort blieb auch der Sitz der Familie[5]). Diese Stadt liegt nördöstlich von der Muscher Gegend an jenem Knie des Euphrat, mit dem er sich zum Durchbruch der Höhenzüge zwischen Bingöl und Ararat nach Norden wendet. Von dem heutigen Melaskert gibt Lynch II, S. 274/5 eine Beschreibung[6]). Das alte Manazkert ist nun kunstgeschichtlich ein Schlüssel der Entwicklung insofern, als seine Kirchenbauten (S. 152), scheint es, durchaus unarmenisch, keine Kuppelbauten, sondern die tonnengewölbte Pfeilerbasilika in Gebrauch zeigen. Wir finden diese Bauart also gerade an der Stelle, an welcher der Einbruch gelegentlich des Versuches, syrische Formen zur Einführung zu bringen, zu erwarten war. Der wesentlichste Unterschied wurde, daß in Armenien nur das Langhaus zur Anwendung kam, nie das mesopotamische Breithaus und auch nie das Ziegelgewölbe, sondern immer Gußmauerwerk. Dafür setzte sich im Schmuck des Äußern mancherlei, besonders die Bogenbänder von Mesopotamien und die profilierten Bänder von Syrien her durch, wie wir sie in Ereruk und Kassach (S. 150 und 157) nachweisen konnten. Im übrigen ist der Langbau in Armenien nicht von Syrien allein eingeführt worden (vgl. Artsathi, S. 152).

Die sasanidischen Könige förderten begreiflicherweise die syrische Bewegung, weil hinter ihr kein Hof und keine Macht stand wie hinter der griechischen. Als die letzten Arsakiden, der König Artasches IV. (428) und der Katholikos Sahak (403—438) von ihren Sitzen entfernt waren, erstarkte der Einfluß des Syrischen, das nach Lazar von Pharpi Kirchensprache gewesen war[7]). Die Antwort hierauf war die Schaffung einer eigenen Schrift und der Anschluß der Übersetzer an Byzanz. Sahak legte so den Grundstein einer neuen Zeit.

Damit war dem Vordringen des Syrischen wohl im Gesamtgebiete der armenischen Kirche, nicht aber in jenen Südgebieten ein Riegel vorgeschoben, die unmittelbar an das aramäische Gebiet und zwar derart grenzten, daß in ihnen Syrisches und Armenisches auf das Innigste verschmolzen

[1]) Vgl. über die Gegend Ritter, »Erdkunde« X, S. 676.

[2]) Faustus III, 4. Vgl. Gelzer, »Anfänge«, S. 144 f.

[3]) Über den Wettstreit beider Parteien vgl. Macler a. a. O.

[4]) Weber, S. 433 vgl. oben S. 152.

[5]) Die Aghbianiden gelangten nach dem Tode Parens, als das Haus des Gregor bis auf Nerses keinen Nachfolger stellte, mit Schahak (Faustus IV, 17) und später nach dem Tode Nerses I. († 373) mit Zawen zum Katholikat. Bis ungefähr 403, d. h. bis zum Katholikos Sahak, war das Katholikat in den Händen der »Aghbianosiden« aus Manazkert (Zawen, Schahak, Aspurak, vgl. Faust. Byz. VI, 2—3), die selbstverständlich, mit Sahak nicht einverstanden, sogar bei Lebzeiten Sahaks (vgl. die Gegenkatholikoi »Surmak«, »Brkischo« aus Artske bei Manazkert, welche Lazar Pharpetzi aufzählt), wie auch nach dem Tode alle Hebel in Bewegung setzten, um den Thron wieder an sich zu reißen, was ihnen auch gelang (vgl. Melite und Moses bei Lazar Pharpetzi. Diese Aghbianiden sind oft »Manazkerter«, Artskeer und »Syrer« genannt worden. Die Geschichte nennt leider nicht ausdrücklich die Residenz dieser Katholikoi. Es ist aber anzunehmen, daß Manazkert eine Zeitlang Stammsitz des Hauses Aghbianos war. Hier wurde die Synode von 726 abgehalten (Anmerkung von P. Akinian).

[6]) Vgl. auch Hübschmann, S. 328 und 449.

[7]) Gelzer, R.-E. f. prot. Theologie S. 77 geht noch weiter.

erschienen. Dieses Grenzgebiet reicht eben bis nach Taron und Manazkert, auch das spätere Achthamar wird in gewissem Sinne noch dazu zu rechnen sein. Schon in meinem »Edschmiatsin-Evangeliar«, Seite 81, ist im Besonderen auf das Kloster Surb Karapet hingewiesen, das auch den Namen Glak führt und dessen Schicksale bei Zenob von Glak und Johannes Mamikonian in ihrer Geschichte des Taron überliefert blieben[1]).

Ich gehe der aramäischen Strömung hier nicht weiter nach, weil sie eine durchaus vorübergehende war. Schon der einschiffige, tonnengewölbte Längsraum war (S. 137 f.), trotzdem er vielleicht auch in Armenien selbst Vorläufer hat, in engere Beziehung zum Süden zu bringen; die weitaus bedeutendere Rolle aber in der Entwicklung hat jedenfalls die dreischiffige Kirche gespielt. Sie geht von der kleinasiatischen mehr als von der mesopotamischen und küstensyrischen Seite aus (S. 144 f.). Den wichtigsten Einschlag dürfte das aramäische Mesopotamien nach Armenien durch das Klosterwesen[2]) gebracht haben. Von Sahak und Epiphan war die Rede (S. 669). Faustus von Byzanz IV, 16 (Langlois, S. 310) berichtet auch ausführlich über die Bewegung, die an Ginth aus dem Taron, einen Schüler des großen Daniel, anknüpft. Trotzdem ist die Klosterbewegung ein Hort der national-armenischen Kunst geworden. Davon später.

Der syrische Einschlag führt nie zur Annahme des für das nördliche Mesopotamien so bezeichnenden Typus der Breittonnenkirche, von der ich Beispiele »Amida«, Seite 232 f. gegeben habe. Wenn wir daher ein Einwirken dieser Bauart, wie Millet, Seite 47 f. über Kreta bis nach der Adria verfolgen können, so ist die Tatsache, daß Armenien dem Drucke des südlichen Nachbars nicht wich, ein Beleg für die ganz anders gerichtete Entwicklung auf armenischem Boden. Immerhin könnte man fragen, ob nicht vielleicht das Kuppelquerschiff in die Richtung einer solchen Anregung fällt (vgl. oben S. 406).

Ein syrischer Einschlag scheint die Verwendung von Außenhallen. Freilich sind Bauten von der Art von Ereruk weder in Syrien noch in Mesopotamien nachweisbar, diese als Bauform vollendetste altchristliche Gewölbekirche steht vielmehr einzig da. Ihre Westseite ist in der Anordnung einer Säulenhalle zwischen Türmen freilich syrisch, aber die Anordnung von Seitenhallen scheint doch von Mesopotamien aus angeregt, weil dort die Aufführung von Apsiden im angrenzenden Hofe zuhause ist[3]). So würden wir hier auf armenischem Boden eine wertvolle Vereinigung beider Richtungen vor uns haben. Die anderen Bauten mit auf drei Seiten umlaufenden Hallen wie Tekor und Odzun verzichten auf die Türme. Ich möchte gleich hier aufmerksam machen auf die von Millet, »L'école grecque«, Seite 131 nachgewiesene Analogie in S. Menas in Salonik, einst mit 11 umlaufenden Säulen[4]). Millet meint, »il ne faudrait point céder au mirage oriental et faire honneur de ce motif tout hellénistique aux constructeur d'Arménie, ils l'ont reçu, a une date ancienne, de leur maitres syriens«. Konstantinopel (Klisse Djami), die Stadt der Emboloi, habe dort keine Anlehen machen brauchen und die Hallen nach dem Athos und an Mistra weitergegeben. In Georgien verweist er auf das Kloster Zarzma aus dem 11. Jahrhundert[5]).

Auf Syrien ist vielleicht auch die Einführung der Nebenräume der Apsis zurückzuführen. Sie werden dort im 5. Jahrhundert allgemein[6]). Im übrigen wurden ja oben S. 373 f. die Merkmale dieses Einflusses im allgemeinen an den dafür in erster Linie sprechenden Langhausbauten erörtert.

Ausstattung. Auf aramäischen Zustrom möchte ich einen Teil der Ausnahmen darstellenden Kunst in Armenien zurückführen, wie sie uns an den Kathedralen des 7. Jahrhunderts in Mzchet, Mren und später in Odzun begegneten. Eindruck wird in dieser Richtung das Südtor der Kreuzkirche von Mzchet machen (Abb. 612), das am Ende eines tonnengewölbten Vorbaues (vgl. den Grundriß S. 86) erscheint. Zwei Dienste tragen in der üblichen Art den Torbogen, unter dem man im Flachbilde zwei Engel einen Kranz mit dem Kreuze tragen sieht[7]). Es steht auf einem Stabe, aus dem

[1]) Vgl. oben S. 54, Langlois I, S. 337 f.

[2]) Vgl. H. Thopdschian, »Die Anfänge des armenischen Mönchtums« (mit Quellenkritik), Z. f. Kirchengeschichte, Band XXV (1904), S. 1—32.

[3]) »Amida«, S. 245, 248 und 256.

[4]) Vgl. dazu was unten S. 739 über die Reste von Tierdarstellungen gesagt ist.

[5]) Uwarov, »Materialien« IV, S. 48. Für die Datierung vgl. Viz. Vremenik XII, (1906), S. 441. Über Khopi (Kondakov — Tolstoi (russ. Ausgabe) IV, S. 62.

[6]) Vgl. Glück, »Der Breit- und Langhausbau in Syrien«, S. 78.

[7]) Eine ähnliche Darstellung auch auf dem Türsturze der Nordseite mit Christus im Mittelfelde. Jermakov 15398.

nach unten palmettisierte Akanthusblätter sich seitlich entwickeln. Der rohe Türbau ist wohl jüngeren Ursprunges, während das Flachbild mit den der Gründungszeit angehörigen Stifterbildern (S. 87, 431 f.) zusammengeht. Man wird bemerken, daß das Kreuz an den Armenden kleine Kreise ansetzt und die Engel jene reichfaltigen Gewänder tragen, die auch sonst in Mzchet, Mren und Odzun auffallen. Vergleicht man nun dieses Flachbild mit dem Deckel des »Edschmiatsin-Evangeliars«[1]), so wird man bemerken, daß es dem Oberstück dieser fünfteiligen Diptychen sehr nahe steht. Ich möchte daher meinen, daß auch die andern Werke an den Türen und Fenstern der drei genannten Kirchen dem aramäischen Kreise nahestehen. Sehr bezeichnend für die Nähe Mesopotamiens sind auch die 915 bis 921 entstandenen Flachbilder am Äußern der Surb Chatschkirche von Achthamar (S. 291 f.). Sie sind noch durchaus im altchristlichen Sinne gehalten und »Ninive« als Ausgangspunkt deutlich. Die neutestamentliche Parallele dazu in der Bibel von 586 bestätigt die Annahme dieses Zusammenhanges. Einen Einfluß auf die armenische Kunst im allgemeinen hat diese Richtung nicht gewinnen können, weil sie eben, soweit sie darstellt, gegen den armenischen Geist und die Bildlosigkeit verstößt. Vielmehr wird Achthamar in Zukunft eine wichtige Quelle für die Beurteilung des mesopotamischen Stromes der altchristlichen Kunst bilden, so daß wir vom armenischen Boden aus auch in dieser Richtung die reichsten Anregungen erfahren (S. 292 f.), als Ergänzung dessen, was hier, dann in meinem »Amida«, und dem Aufsatze über die sasanidische Kirche über Baukunst[2]) und einem weiteren Aufsatz im Repertorium für Kunstwissenschaft 1918 im Anschluß an Mschatta und Amida über den persischen Hellenismus in der altchristlichen Zierkunst beigebracht wurde. Was an Achthamar iranisch ist, wurde bereits oben Seite 534 f. besprochen.

B. Der griechische Einfluß.

Wir haben in Hocharmenien als Stützpunkt des Nationalen die Gegend von Erez (Ersinghian) nachgewiesen. Seit Theodosius aber das östlich davon gelegene Karin (Erzerum) zum Sitz des griechischen Einflusses machte, war die Burg Ani, Thordan und Thil umgangen und Byzanz im Rücken der arsakidischen Hauptstellung eingenistet. Dazu kam die Tätigkeit der Übersetzer, die die Wohltat einer nationalen Schrift dadurch lahmlegten, daß sie die nationalen Erzeugnisse vollständig vernachlässigten — eine Spur bei Faustus III, 13 (Langlois, Seite 223 und bei Moses Chorenatzi[3]) — dafür aber die griechischen Kirchenschriftsteller in den Volkskörper einströmen ließen. So kam es, daß geistig weder die von Medien aus vordringende und durch das Thaddäuskloster vertretene iranische Bewegung, noch die syrische des Aghbianos von Manazkert sich endgültig in Armenien in der kirchlichen Literatur durchsetzten, vielmehr die griechische Bewegung literarisch wenigstens im 5. Jahrhundert vorübergehend den Sieg davontrug. Die Folge davon war, daß man dann auch versuchte, die anderen Lebenswesenheiten auf Caesarea und Byzanz zurückzuführen. Der Geschichtsforscher muß hinter diese griechische Schiebewand blicken und wohl keine Lebensbetätigung zwingt so sehr wie die Baukunst, die Dinge in ihrem ursprünglichen, vom 5. Jahrhundert verfälschten Lichte zu sehen. Die ostpersischen Elemente stehen hier im 4. Jahrhundert weitaus obenan, die syrischen folgen und ganz zuletzt, im 5. Jahrhundert erst, kommt der griechische Einfluß zur Geltung.

Über diesen Verlauf könnten die Denkmäler aus der Übergangszeit vom Heidentume zum Christentum Auskunft geben. Leider sind nicht nur die Schätze der Literatur aus der heidnischen Zeit Armeniens von den geistlichen Begründern des nationalen Schrifttums vernachlässigt worden, sondern ebenso die Nachrichten über die älteste bildende Kunst ihrer eigenen Zeit. Wir sind also für die Kunstbewegung im 5. Jahrhundert ganz auf die Denkmäler selbst gewiesen, die älteste Literatur hatte zu viel mit sich und den heiligen Schriften zu tun, um sich mit Tatsachen, die für uns Wert haben könnten, zu beschäftigen. Die auf griechische oder griechisch gefärbte Schriftquellen zurückgehende Geschichtsforschung, die andere Quellen als die Tatsachen der bildenden Kunst

[1]) Vgl. mein »Das Edschmiatsin-Evangeliar«, Tafel I.

[2]) Monatshefte VIII (1915), S. 349 f.

[3]) Koriun (Langlois II, S. 9 f.) berichtet sogar von absichtlicher Austilgung durch Maschtotz. Vgl. P. Vetter, »Die nationalen Gesänge der Armenier« (Tübinger Theolog. Quartalschrift, 76 (1894), S. 48 f.

heranzog, kam zu dem Ergebnis, daß Byzanz in Dingen der Kultur ausschlaggebend gewesen sei und ich selbst habe, ihr gläubig folgend, bei Abschluß meiner ersten Armenienreise im Jahre 1889 im »Edschmiatsin-Evangeliar« noch diesen Standpunkt vertreten. Erst die nachfolgenden Erfahrungen im Gesamtoriente und die neuerliche Reise 1913 haben mir mit den daraufhin angestellten Untersuchungen die Augen geöffnet[1]). Es ist, da für die neue Einstellung das Beweismaterial nicht von hundert Händen vorbereitet und anerkannt vorliegt, klar, daß es der Arbeit von Generationen bedürfen wird, um auch hier den Weg einer überzeugenden Beweisführung zu ebnen und für solche, die keine Erfahrung besitzen, gangbar zu machen.

Gregor Lusaworitsch (der Erleuchter) wurde im 5. Jahrhundert zum Träger dieser griechischen Bewegung gemacht. Die Streitschrift des Wardapet Eznik von Koghb »Wider die Sekten«, geschrieben 445—448[2]) beleuchtet trefflich die feindlichen Gruppen, gegen die sich seine Richtung nach der Ansicht des 5. Jahrhunderts durchzusetzen hatte. Da sind zuerst als stärkste Macht die Heiden Armeniens selbst. Dann folgen die Perser und ihr Mazdaismus, dann der Hellenismus, endlich die halb gnostische Sekte der Marcioniten. Der Kern der Schrift aber ist entlehnt aus griechischen Werken, insbesondere dem des Bischofs Methodios von Olymp »Über den freien Willen«. Eznik selbst, der zuerst nach Edessa gegangen war, um dort die Unterlagen für die Übersetzertätigkeit seiner Genossen zu beschaffen, fand, was er suchte, erst in Byzanz. Damit setzte sich der geistige Zustand der griechischen Reichshauptstadt und ihres Kreises auch in Armenien durch. Inzwischen aber waren glücklicherweise seit Einführung des Christentums als Staatsreligion anderthalb Jahrhunderte vergangen und die ursprüngliche Grundlage wenigstens in der Kirchenbaukunst nicht mehr umzustoßen.

Die von Nerses d. Gr. eingeleitete und von seinem Sohne Sahak d. Gr. (403—438) durchgeführte Bewegung (S. 662 f.) erlangte vollständig den Sieg. Ursprünglich wohltätig, hat sie sich noch im 5. Jahrhundert einseitig entwickelt und die aus dem 4. Jahrhundert überlieferten Nachrichten nach ihrer neuen, klerikalen Gesinnung umgearbeitet. Das Ergebnis ist, was wir bei dem sogenannten Agathangelos und Faustus von Byzanz lesen. Die alten Spuren sind nicht ganz verdeckt, aber Nerses d. Gr. mit seiner auf Caesarea gerichteten Verehrung tritt durchaus in den Vordergrund. Leider ist das erste Buch über Thaddäus und Sanatruk nur in einer Redaktion späterer Zeit vorhanden[3]). Selbst über Gregor, den Erleuchter, lassen die Schriftquellen teilweise im Unklaren, so daß manche ihn für einen Griechen aus Caesarea ausgeben konnten[4]).

Agathangelos (vgl. oben S. 654 f.) drängt die Nachricht über seinen arsakadischen Ursprung zurück und Faustus von Byzanz schweigt ganz darüber. Die lokale Hripsimelegende[5]) wurde mit der griechischen Strömung verbunden und Edschmiatsin zum Mittelpunkte dieser von nun ab in der Kirche tonangebenden Richtung gemacht. Aus dem Zudecken der älteren Grundlagen sind dann alle Unklarheiten der Forschung über die älteste Entwicklung der christlichen Kirche und ihrer Baukunst in Armenien entstanden. Im Kleinen spielte sich hier also ein Prozeß ab, der im Abendlande durch das planmäßige Voranstellen von Rom gegenüber den hellenistisch-orientalischen und germanischen Grundlagen seine ausgesprochene Parallele hat.

Die griechische Bewegung hatte ursprünglich ihren Ausgangspunkt auf armenischem Boden naturgemäß im Westen. Caesarea als Mittelpunkt der Missionsbewegung und der kirchlichen Wühlereien, von dem Armenien bis zum Tode des Katholikos Nerses 373/74 abhängig war, dann Melitene (Malatia) und Sebaste (Siwas). Auf armenischem Boden selbst bildete Karin, das heutige Erzerum, den Mittelpunkt[6]). In diesen Orten und nicht erst in Edschmiatsin sind die Griechen ursprünglich am Werke. Die von Theodosios II. gegründete Stadt Theodosiupolis, deren alter Name Karin (Karno-Kaghak) war[7]), liegt nahe den Quellen des Euphrat, die näher durch die Stadt Artsathi bezeichnet werden[8]).

[1]) Vgl. bezüglich der Miniaturenmalerei meine »Kleinarmenische Miniaturmalerei«, Tübingen. Dazu »Die bildende Kunst des Ostens« 1916, und »Altai-Iran« 1917.

[2]) Deutsche Ausgabe von J. M. Schmid, Wien 1900, Vgl. S. 54.

[3]) Vgl. »Gesch. d. Apostels Thaddäus und der Jungfrau Sanducht«. Aus dem Altarmenischen übersetzt. Z. f. arm. Philologie I, (1903), S. 67 f.

[4]) Vgl. Macler, Nouv. archives miss. scient. II, (1904), S. 21 f. Er betont, daß sich Gregors Leben und Wirken ganz im Kreise von Erzerum abgespielt habe und Edschmiatsin erst im 5. Jahrhundert in den Vordergrund trete.

[5]) Vgl. das Bild des vatikanischen Menologiums, farbig bei Alischan, »Airarat«, S. 236/37 und »Il menologio di Basilio II«, Torino 1807.

[6]) Vgl. darüber auch Gelzer, »Anfänge«, S. 125 f.

[7]) Hübschmann, »Indogermanische Forschungen«, XVI (1904), S. 288. Vgl. oben S. 278.

[8]) Vgl. Hübschmann, S. 404.

In diesem Orte hat P. Daschian jene alte Kirche aufgenommen, die in ihrer Gründung (nach der Bauform) noch bis ins 5. Jahrhundert hinaufgehen könnte, aber vielfach umgebaut ist[1]).

So waren im 4. und in der ersten Hälfte des 5. Jahrhunderts die Verhältnisse herangereift, die dann bestimmend für die Weiterentwicklung der armenischen Kunst wurden. Die »goldene Zeit«, der Rückschlag nach der ersten national-armenischen Kulturblüte geriet kurz nach 450 in schwere Gefahr. Die ausgebreitete Tätigkeit des Katholikos Sahak und des Wardapet Maschtotz (Mesrop) hatten zusammen mit der Tätigkeit der Übersetzer (vgl. oben S. 29) den armenischen Christentum immerhin zu einem mächtigen Aufschwunge verholfen. Da kam der Gegenstoß von Seiten der Perser. Jezdegerd II. (439—457), der Julian Armeniens, versuchte, der Bewegung Herr zu werden und den Mazdaismus, diesmal in der Form des Feuerkultes der Sasaniden, durchzusetzen. Wardapet Elisäus und Lazar von Pharpi haben diesen 451 beginnenden Wardanerkrieg beschrieben, er endete erst 484. In ihm traten die Mamikonier, die Erben Sahaks und der Familiengüter der Gregoriden (Aschtischat) in den Vordergrund, zuerst durch den Feldherrn Wardan, später durch den Marzpan Wahan.

Das Christentum blieb Sieger, Armenien blühte von neuem auf, unter den Forderungen, die von den Persern bewilligt wurden, befand sich auch die Freigabe des Kirchenbaues. In der Zwischenzeit war der einflußreiche Katholikos Giut (462—472?) seit 472 längere Zeit in Persien. Von dem ersten Marzpan nach dem Friedensschluß, Wahan, sagt Sebeos (Macler, S. 3—4): »(Il) reconstruisit les très grandes églises que les Perses avaient détruites à Vałaršapat, à Dwin, à Mzraykh et en beaucoup d'autres lieux. Il organisa et restaura le pays«. Etwas anders lautet der Bericht bei dem späten Stephanos von Taron, II, 2 (Gelzer-B., S. 58): »Aber Wahan brachte in Glanz und erneuerte die Kirchen Gottes, ehrte ihre Priester und brachte unser Land zur Blüte. Und unter seiner Regierung wurde die große Hauptkirche Armeniens (damals Dwin) nochmals prächtig erneuert, (auch) vermehrte er die Anzahl der Mönche von Surenay-Anapat (Wüste des Surenas) und gab ihnen zum Oberhaupt den Redner und Geschichtschreiber Lazar Pharbeci.« Giut bezog die neuerbaute Kirche, Wahan den wiedererstandenen Palast von Dwin. Inzwischen hatten auch die Beziehungen zu Byzanz eine Lockerung erfahren. Die Unterstützung, die die Übersetzer von Byzanz aus fanden, bildete zwar ein festes Band zwischen den beiden Kulturen; nur darf man nicht glauben, daß deshalb Byzanz auf allen Gebieten ausschließlich die Oberhand gewann. Gewiß nicht in der Baukunst, weil diese längst ausgebildet war, bevor der byzantinische Einfluß mit der Literatur durchdrang[2]). Die Einführung des tonnengewölbten Langhauses konnte sich nicht durchsetzen oder gar dauernd behaupten.

Auch trat kirchlich bald ein Riß ein. Gleichzeitig mit dem Ende des Perserkrieges ungefähr fällt die Lossagung der Armenier von Byzanz. Schon am Anfange des 5. Jahrhunderts gibt Lazar von Pharpi in seinem Briefe an Wahan wie im Spiegel aufgefangen das Bild der Wendung, die sich von Syrien aus in Armenien durchsetzte. Alles, was griechisch war, wurde neuerdings zurückgedrängt, Lazar selbst, obwohl ein Vertreter der griechischen Kultur, mußte Zuflucht in Amida suchen. Die Folge davon war, daß Armenien unter dem Einfluß der syrischen Missionäre gegen die Zweinaturensatzungen des Konzils von Chalcedon von 451 Stellung nahm und unter Katholikos Babgen (503—510?) 507 ein Konzil zu Wagharschapat stattfand, das diese wichtige Trennung zwischen der armenischen und byzantinischen Kirche vornahm[3]).

Die Lockerung, die dadurch gegenüber Byzanz eintrat, wurde später unter Katholikos Nerses II. (548—557) verstärkt. Die Armenier blieben strenge Monophysiten, d. h. echte Orientalen von der unterliegenden Partei der Theodora. Trotzdem spitzten sich die Beziehungen zu Byzanz nicht feindlich zu. Denn als der Führer des im Jahre 571/72 gegen die Perser ausbrechenden Kampfes, Wardan, zu Justinos II. (565—578) — es heißt fälschlich bei Stephan (Gelzer-B., S. 60) »zu Yustianos, demselben, der die hl. Sophia gebaut hatte[4]) — floh, da trat dieser mit ihm in Unterhandlungen und benannte die Hauptpforte der Sophia danach, die »bis auf diesen Tag (Anfang 11. Jahrhunderts) die Pforte der Armenier heißt«. Doch blieb der Chalcedonismus das rote Tuch für die Armenier, wie die Aussage des Katholikos Moses (574—604) »οὐ μὴ γὰρ παρέλθω τὸν ποταμὸν 'Αζάτ (den griechischen Grenzfluß), οὐδὲ μὴ

[1]) Vgl. oben S. 152.

[2]) Vgl. Gelzer bei Krumbacher, S. 916.

[3]) Vgl. Ter-Minassiantz, »Die armenische Kirche in ihren Beziehungen zu den syrischen Kirchen« (Texte und Untersuchungen, N. F., XI, 1904), S. 32 f.; Akinian, »Kyrion«, S. 91 f.

[4]) Vgl. Stephan von Taron a. a. O. S. 58.

φέρω φορηγηφόρον, οὐ μὴ πίω θερμόν.«[1]) glauben läßt und die Drohung der Fürsten der Abkhasen an König Abas (928—952) zeigt. Letzerer hatte nach Stephan von Taron, III, 7 (Gelzer-B., S. 125 f.), in der Stadt Kars eine hl. Kathedralkirche erbaut und wollte sie nach dem Ritus des hl. Gregor weihen. Das verbot der Abkhase, er werde selbst kommen und die Kirche nach der Vorschrift von Chalcedon weihen. Darauf Krieg und Gefangennahme des Abkhasen, der nach Kars vor die Kirche gebracht wird: »Sieh dir noch die wohlgebaute Kirche an, weil du sie (hinfort) nicht mehr sehen wirst«, worauf er geblendet wurde.

Gehe ich nun nach dieser kurzen Darlegung der kirchlichen und politischen Strömungen des 5. Jahrhunderts auf die bildende Kunst über, so muß leider gesagt werden, daß wir nicht ein zeitlich sichergestelltes Denkmal aus diesem Jahrhunderte rein erhalten haben. Und doch muß es sie selbstverständlich gegeben haben. In den Schriften des Elisäus und Lazar von Pharpi wird das Land voll von Kirchenbauten vorgestellt, und es begegnen Vergleiche, die Kirchen als einen festen Bestand der Phantasie voraussetzen. Wardapet Elisäus läßt z. B. die gefangenen Satrapen zum Könige sagen (c. 3, Langlois, S. 197): »Die Kirchen sind nicht Geschenke der Könige, noch das Werk von Künstlern, noch die Erfindung der Gelehrten, noch die von den Soldaten genommene Beute, noch ein Werk von Dämonen: und was du auch von dem gesagt hast, was irdisch, himmlisch oder verdammt ist, die Kirche zieht nicht daher ihr Dasein« u. s. f. Und c. 3 (Langlois, S. 202) heißt es bei demselben Wardapet, da die Tore der Kirchen verschlossen und versiegelt worden seien, hätten die Armenier ihre Häuser in Kirchen verwandelt und verrichteten überall ihre Bräuche; sie hielten sich selbst für Märtyreraltäre und schätzten den Bau des menschlichen Tempels höher als jenen der Kirchen aus Stein. Leider gestatten diese Stellen keinen Rückschluß auf die Form dieser Kirchen.

Auf die griechische Strömung wird wohl in erster Linie der dreischiffige Langhausbau zurückzuführen sei. Die Verhältnisse liegen in Armenien ähnlich wie im ostsyrischen Kirchenbaue, wo ganz deutlich der Eintritt dieser griechischen Bauform in den arabisch gerichteten Breitbau festzustellen ist. Dort setzte sich gleichzeitig die Holzdecke gegen die landesübliche Steindecke durch, wie das Glück im VI. Bande der Institutsarbeiten ausgeführt hat[2]). Nicht so in Armenien, das ausschließlich wie Mesopotamien und Kappadokien das gewölbte Langhaus kennt. Die Dreischiffigkeit spricht eher für Kleinasien. Doch darüber ist oben S. 388 f. ausführlich gehandelt worden.

In diese Zeit fällt nach der Ersatzinschrift am Westtore von Tekor die Gründung dieses Martyrions des hl. Sergios durch Sahak Kamsarakan (Vgl. oben S. 39 f. und 335 f.). Wenn der ursprüngliche Bau von 486 auch umgestaltet ist, so fällt damit doch ein weiteres wertvolles Streiflicht in eine Zeit, aus der wir heute nur noch wenige Denkmäler der bildenden Kunst in Armenien als erhalten nachweisen können. Es ist der Vertreter eines der berühmtesten Geschlechter, der hier um der Fürbitte willen für sich und das ganze Volk, seine Frau und seine Söhne als Stifter auftritt, also nicht die Kirche selbst bzw. einer ihrer Vertreter. Es ist daher verwunderlich, daß trotzdem die kirchliche Strömung der Zeit durchschlägt: nicht ein Vierpaß- oder Kuppelquadrat soll zur Ausführung gebracht sein, sondern, wie die genaue Untersuchung zeigen zu können glaubt, ein tonnengewölbter, auf drei Pfeilerreihen ruhender Längsbau, der erst später in einen Kuppelbau umgewandelt wurde — falls Thoramanian recht behält[3]).

Es ist natürlich vorläufig nicht mit Sicherheit zu ermitteln, ob dieser erste Bau von Tekor auf den syrischen (Manazkert) oder den kleinasiatischen Einfluß (Karin) zurückzuführen ist. Letztorer Strömung gehört wohl die kleine, leider vielfach erneute Kirche von Artzathi bei Erzerum an (S. 152)[4]). Es ist leicht möglich, daß die dreischiffige Bauart von dieser Seite her — der Typus ist ja ausgesprochen kleinasiatisch — mit den Gregoriden auch nach der Provinz Ararat herüberkam.

An die heute nur noch durch diese wenigen Spuren greifbare Bauform der syrischen und kleinasiatischen Einflußsphäre schließen sich nun jene Pfeiler-Längskirchen an, die oben Seite 144 f. vorgeführt wurden, und aus deren schriftlichen Nachweisungen man schließen möchte, daß die Katholikoi des 5. und 6. Jahrhunderts in ihren Geburtsorten solche tonnengewölbte, dreischiffige

[1]) Migne, Patr. gr., 132 col. 1248/49. Vgl. Akinian, »Kyrion«, S. 120.

[2]) Beiheft 14 der Zeitschrift für Gesch. d. Architektur, 1916.

[3]) Vgl. die Kirche von it-Tuba zwischen dem syrischen Hama und dem Euphratknie, erbaut 582. Butler, II, B. 1, Tll. 17 und Glück, »Breit- und Langhausbau in Syrien«, S. 73. Die Gegend zeigt vielfach armenische Einschläge, so in Anderin (S. 478), Kasr ibn Wardan (S. 490) und Resafa (S. 476). Man könnte an irgend welche kirchliche Beziehungen denken.

[4]) Auch in Ersinghian soll es tonnengewölbte Hallenkirchen mit drei Pfeilerpaaren geben.

Längsbauten wie in Tekor zu errichten pflegten, so Movses II. (574—604) in Eghiward und vielleicht Nerses II. (548—557) in Aschtarak. Zeitlich am frühesten scheinen die Bauten der Aghbianiden in Manazkert, die Melite oder Movses I. (452—461) oder schon dem Katholikos Zaven (374—377), einem der Nachfolger Nerses d. Gr. angehören könnten. Nicht unmöglich erscheint auch ein sehr früher Ansatz der einschiffigen Kirche von Garni (S. 143), wird doch dort schon im 4. Jahrhundert ein Bischof genannt. Der Katholikos Soghomon 1. (791/92) und Georg II. (877—898) stammten aus Garni. Bischöfliche Kirchen waren aber nicht immer Längskirchen. Davon gleich mehr. Man darf also nicht nach dem Stande des Stifters, ob geistlich oder weltlich, auf die Bauform schließen, wohl aber scheint es, eher vom Zweck aus, ob wir nämlich einen reinen Kultbau oder zugleich auch eine Grabstätte vor uns haben. Ersterer bevorzugt im 5. Jahrhundert den Längsbau, letztere offenbar die Kuppel. Danach wären also Ereruk und Kassach vielleicht als Hauptbeispiele der einen Gruppe zu betrachten. Ob auch die erste Kirche von Dwin, die ungefähr gleichzeitig mit Tekor 485 erbaut und von Johann Mandakuni (480—502) bezogen wurde (S. 163) hierhergehörte, bleibe dahingestellt, jedenfalls läßt die benachbarte wohl bischöfliche Längskirche von Garni dies nicht unmöglich erscheinen.

Neben diesen dreischiffigen Längsbauten bleibt die Gruppe der einschiffigen Längsbauten entwicklungsgeschichtlich einzuordnen übrig. Solche Bauten sind in Mesopotamien in breiter Schicht erhalten[1]). Sie haben Pfeilervorlagen an den Innenwänden, wie die Burgkirche in Ani vom Jahre 622 (S. 137 f.). Ob sie in Armenien nun auf mesopotamische Anregungen zurückgehen oder bodenständig sind, hat Glück oben Seite 373 f. erörtert. Die Spuren ihrer Herkunft, die er auf Schritt und Tritt darlegen konnte, fügen sich gut in die geschichtlichen Zusammenhänge, wie sie jetzt zutage kommen.

Neben diesen im 5. und 6. Jahrhundert von Syrien und Kleinasien durch die kirchliche Strömung zur Einführung gelangten Längskirchen wurden aber immer die alten Kuppeltypen weitergebaut. Dem Zeitabschnitt, in dem wir hier stehen (428—571) gehört vielleicht noch die erwähnte Ruine von Awan (S. 89 f.) aus der Zeit des Katholikos Johann (591—611) an. Der Bau belegt, daß die arsakidischen Bautypen in dieser Zeit zum mindesten für Martyrien im Gebrauche blieben. Im gegebenen Falle nämlich berichtet Sebeos c. XXIII (Macler, S. 63), daß der Katholikos Johann, nachdem er von Chosrav II. mit den Bewohnern von Karin (und den kirchlichen Gefäßen) nach Ahmatan (Ekbatana) gefangen geführt worden war, dort starb, sein Körper aber nach dem Dorfe Awan gebracht und dort in der Kirche beigesetzt wurde, die er selbst hatte erbauen lassen. Im übrigen gehören in diese Zeit eine Reihe von Umbauten auf dem Boden der alten Hauptstadt Wagharschapat.

Von einem Neubau der Hripsimekirche durch den Katholikos Sahak (403—438) erfahren wir gelegentlich des Berichtes bei Sebeos XXV (Macler, S. 76) über den heutigen Bau von 618. Es heißt dort[2]), der Bau des Sahak sei zu klein und zu dunkel gewesen, bei seiner Abräumung habe man den Körper der hl. Hripsime gefunden. Es handelte sich also bei dem damals zerstörten Bau um ein richtiges Martyrion, für dessen Form von vornherein eher der Kuppel- als der Längsbau in Betracht kommt. Bei dieser Gelegenheit wäre außerdem zu erwägen, ob nicht schon in dieser Frühzeit auch in der Baukunst der Grundsatz bestand, der so oft in der armenischen Miniaturenmalerei festgestellt werden kann, daß es — wie übrigens auch schon in Babylon[3]) — üblich war am Alten festzuhalten und lieber dieses zu wiederholen als Neuschöpfungen zuzulassen. Dadurch kommt der auffallend an den Anfängen festhaltende Zug in die ganze Entwicklung der armenischen Kunst, der ihr im allgemeinen und so auch der Baukunst anhaftet. Im Edschmiatsin-Evangeliar habe ich Seite 21 zeigen können, daß der Kalligraph Johannes sich rühmt, das Evangeliar von 998 »nach echten und alten Originalen« kopiert zu haben. Die Miniaturen entnahm er gar z. T. einem syrischen Evangeliar. Die Kopie des Edschmiatsin-Evangeliartypus in Jerusalem zeigt, wie diese Miniaturenfolge als Vorbild genommen und kopiert wurde[4]). Der Miniator des Mlke-Evangeliars von 902 hat sicher ältere Vorlagen benutzt, wie allein schon die Nillandschaft der einen Kanonestafel bezeugt[5]). In dem Tübinger Evangeliar von 1113 findet sich eine Eintragung, die bezeugt, daß die Vorlage aus dem Jahre 893

[1]) Vgl. mein »Amida«, S. 227 f., und S. 265, Bell, »Churches«, S. 75 f.

[2]) Vgl. Stephan von Taron II, 3 (Gelzer-B., S. 83), und Johann Katholikos (St. Martin, S. 64).

[3]) Vgl. Koldewey, »Das wiedererstehende Babylon«, S. 61.

[4]) Vgl. Huschardzan, Festschrift der Mechitaristen-Kongregation in Wien, S. 345 f. Dazu gehört auch das Evangeliar von Ortakjöi bei Macler, Nouv. archives miss. scient. 2 (1910), S. 115.

[5]) Vgl. Byz. Zeitschrift XIV (1905), S. 728 f.

stammte[1]), die ihrerseits wieder der Schreiber Mkrtitsch nach dem wahren und auserwählten Exemplar des hl. Übersetzers Sahak schrieb. Die Zeit der Übersetzer, das 5. Jahrhundert, lieferte die Vorlagen der Schreiber, vielleicht auch der Miniaturen. Für die Baumeister mögen die Bauten des 4. Jahrhunderts, vor allem die Martyrien des Gregor, Trdat und ihrer Zeitgenossen die gleiche kanonische Bedeutung gehabt haben. Einen bezeichnenden Beleg aus etwas jüngerer Zeit liefert die Tatsache, daß von Gagik in Ani um 1000 die Kathedrale von Zwarthnotz, in Kutais wahrscheinlich Dwin kopiert wurde. Auf diese Weise mögen die alten arsakidischen Bautypen für die Folgezeit in Armenien vorbildlichen Wert in ähnlicher Weise gewonnen haben, wie Konstantins d. Gr. Schöpfungen für die Kunst des Mittelmeeres. Zwarthnotz wieder bildete wahrscheinlich das Grab des hl. Gregor nach, versah die alte Bauform nur mit einem Umgange.

Anders als bei der Hripsime liegt der Fall bei der Kathedrale von Edschmiatsin (S. 332 f.), die ja kein Martyrion war. Auch dort erfahren wir erst gelegentlich des Neubaues von Wahan Mamikonian 484 von einem älteren Bau: »er brachte Gaben und die üblichen Gelübde dar in der hl. Metropolis; er ließ dieses Gebäude, das seine Vorfahren gebaut hatten, das aber vor Alter zusammenfiel[2]), mit glänzendem Prachtaufwand wiederherstellen. Nachdem er die Kapellen der Märtyrer besucht und für die Armen gesorgt hatte, überließen sich die armenischen Prinzen der Freude« (Lazar von Pharpi, S. 73, Langlois, S. 352). Von Wagharschapat begaben sie sich dann nach Dwin, der Residenz des Marzpan und seit 452 auch des Katholikos. Nach Sebeos c. I (Macler, S. 3 f.) ließ derselbe Wahan auch dort, in Mzraykh (?) und vielen anderen Orten die großen, von den Persern zerstörten Kirchen wiederherstellen (S. 674). Das sind die wichtigsten Stellen, die wir über diese Zeit haben. Die Metropolis von Wagharschapat, die im Verfall war, setzt einen älteren Bau voraus. Lazar und Sebeos[3]) berichten, daß dieser etwa 484 erneuert wurde. Thoramanian nimmt an, ein ursprünglicher Langhausbau — an den ich nicht glaube (S. 340 f.) — sei damals durch einen Kuppelbau ersetzt worden. Von seinem Wiederherstellungsvorschlage — nach Art der Apostelkirche von Ani — war oben S. 334 die Rede: es wäre ein Vierpaß mit Kuppeleckräumen und Giebeldächern, von denen noch Reste mit alten Ornamenten erhalten sind. Über diesen Bau Wahans gibt ein Brief Lazars von Pharpi vom Jahre 505 etwa einigen Aufschluß. Wahan ernannte diesen, seinen Freund Lazar zum Vorsteher und gab ihm die erhabene und berühmte Stätte in Neu-Stadt, deren Name Surb Kathoghike ekeghetzi (heilige katholische Kirche) samt dem Kloster[4]). Er empfahl ihn seinen Verwandten, den Herren Hamazasp, Nerseh und Hrahat, den Kamsarakanen, welche ihm sogar Jahreseinkünfte zukommen ließen. Lazar feierte die Einweihung der Kirche und trachtete wie eine Biene, sie und das Kloster in Ordnung zu halten, vermehrte die Zahl der Mönche u. s. f. Er brachte sein Kloster zu solcher Blüte, daß es mit seinem Glanze die seit zweihundert Jahren bestehenden Klöster überragte, obwohl ein- oder zweimal die ganze Einrichtung (Möbel) zerstört wurde, weil der Bau nicht fest und haltbar war (wasn anhastatathean teghwojn)[5]). Nach dem Vorworte Seite 186, »weil das Holzwerk (paitakert) der Kirche von boshaften Leuten beschädigt wurde«. Diese unklaren Stellen würden bezeugen, daß der Bau Wahans nicht gediegen durchgeführt war. Immerhin kann ich mir nicht denken, daß dessen Kuppel schon im Entwurf aus Holz gedacht war. Entweder muß der Bau von vornherein im Hinblick auf die Steinkuppel verstrebt worden sein — schleuderhaft vielleicht — aber doch so, daß sie später ohne Neubau aus Stein ersetzt werden konnte. Man kann auf einen Bau, der für eine Kuppel gedacht ist, nachträglich ein Holzdach legen, nicht aber auf einen Bau, der eine Holzdecke hat, ohne weiteres eine Steinkuppel. In Tekor ist daher der Übergang und Umbau ganz deutlich festzustellen, in Edschmiatsin nicht. Wann immer also die Holzkuppel auf den Bau des Wahan gekommen sein mag, er muß jedenfalls von vornherein für eine Steinkuppel berechnet gewesen sein.

Ich habe die mit 428 beginnende Zeit bis 571 geführt. Diese Grenze darf lediglich als eine grundsätzliche gelten, denn nur bis um 500 reicht der griechische Vorstoß ungeschwächt. Hält er auch noch im folgenden Jahrhundert vereinzelt an, so ist doch seine Hauptkraft gebrochen. Wir werden von diesem Grundsatz aus geneigt sein, Längsbauten der Zeit vor 571 zuzuweisen, trotzdem es

[1]) Vgl. meine »Kleinarmenische Miniaturenmalerei«, S. 38 f.

[2]) Die Vorfahren des Wahan Mamikonian sind bis in die Zeit des Trdat zurück zu verfolgen (nach Faustus).

[3]) c. I (Macler, S. 4). Er nennt nur Wagharschapat und läßt die große Kirche von den Persern zerstört worden sein.

[4]) Vorwort des Briefes aus dem 6. Jahrhundert.

[5]) Der Brief ist hgg. Tiflis 1904, S. 195/96.

mindestens einen sicher im 7. Jahrhundert festgestellten Bau, die Burgkirche von Ani in Schirak gibt, die sicher erst 622 entstand (S. 137 f.) Sie ist aber zum mindesten in der Ausstattung derart mit persischen Elementen durchsetzt (S. 419 f.), daß man schon daraus auf eine Zeit schließen möchte, in der das Syrisch-Griechische nicht mehr wie im 5. Jahrhundert den Ausschlag gab. Historische Quellen über das 6. Jahrhundert fehlen leider fast ganz, der Kunsthistoriker darf sich also über den Mangel an Nachrichten nicht wundern.

Ausstattung. Mit Griechen, Syrern und ihrer Basilika hielt auch der Bilderdienst seinen Einzug in Armenien. Die beste Vorstellung von seiner im 5/6. Jahrhundert erreichten Ausbreitung gibt die Abhandlung des Wrthanes Kerthogh »Gegen die Bilderstürmer«[1]). Da die Kenntnis seiner Persönlichkeit gut in die geistigen Zustände seiner Zeit einführt, sei zunächst ihm selbst einige Beachtung geschenkt. Er war Bagratide aus Dwin, wo er auch seine höhere Ausbildung erhalten hatte, und im Dienste der Katholikoi Movses II. (574—604) und Abraham I. 607—611), von 604—607 selbst in der Führung der Geschäfte tätig war. Als Wardapet (Doktor) und Sekretär war er genau in den kirchlichen Verhältnissen der Zeit zu Hause. Für uns hat Bedeutung, daß er eine Schrift »Die Geschichte des Aufbaues der Märtyrerkapelle der Hripsimen von Katholikos Komitas« herausgab, was beweist, daß er 618 noch tätig gewesen sein muß. Sie ist leider verloren. Nicht minder wichtig ist seine Schrift »Das Gespräch gegen die Bilderstürmer«. Nachdem er die Zeugenschaft der Bibel und der Kirchenväter für die Bilder angerufen hat, fährt er fort: »Es stand geschrieben, als ob die Bilder in den Kirchen erst von Pap eingeführt wurden[2]). Nun, einem jeden ist klar, daß ihr lügt; weil ja bis heutzutage niemand in Armenien ein Bild anzufertigen weiß, man vielmehr die Bilder von den Griechen brachte, welchen wir unsere Bildung verdanken; und diese Bilder sind jetzt verloren gegangen; es waren schon andere Könige vor Pap (368—374), welche in den Kirchen Bilder und Malereien im Namen Christi aufstellten, und ebenso nach Pap andere Könige und Patriarchen, so z. B. der selige Sahak und Mesrop, Eznik, Ardzan, Koriun und deren Gefährten, durch die den Armeniern von Gott auch die Literatur gegeben wurde, und keiner von diesen hat Einspruch gegen die Bilder und Gemälde in den Kirchen erhoben, sondern allein der lasterhafte und fanatische Thaddäus und Jesai und deren Gefährten, welche mit sich manche verführten, so wie euch«[3]). Es ist bezeichnend, daß Wrthanes Ende des 6. Jahrhunderts als Zeugen die Übersetzer anruft, die den Armeniern zwar eine kirchliche Literatur, aber eben eine landfremde gaben. Von diesen Anhängern der syrisch-griechischen gelehrten Kirchenliteratur läßt sich allerdings erwarten, daß sie die darstellende Art des Mittelmeerkreises der nationalen, auf einfachen Schmuck gerichteten des 4. Jahrhunderts vorzogen. Die bildende Kunst hat ihrem Drängen aber besser als die Literatur widerstanden, sie blieb bilderfeindlich. Ich würde mich nicht wundern, wenn eine Basilika entdeckt würde, die noch deutliche Spuren eines ausgedehnten Bilderkreises an ihren Wänden trüge. Daß aber auch in den längsgerichteten Tonnenbauten die alte bildlose, dafür öfter wohl auch reich auszierende Richtung sich durchsetzte, ist belegt durch die seltsame Ausstattung der Burgkirche von Ani aus dem Jahre 622. Zwar gehört deren Schmuck kaum der rein armenischen Art jener frühen Jahrhunderte an. Der Vergleich mit den zahlreichen Spuren des Sasanidisch-Mesopotamischen[4]), das wir so gut auch aus den koptischen Kirchen Ägyptens kennen, zeigen, daß im Jahre 622 neben dem Syrisch-Griechischen auch die altiranische Volkskunst in Armenien ihren Boden behauptete. Die Schrift des Wrthanes Kerthogh ist von ungefähr 574—604, als die Partei der Schismatiker siegte[5]) und eine ausgesprochene Kampfschrift vor allem gegen den lasterhaften Thaddäus und Jesai, unter deren Anführung damals der Bildersturm in Armenien schrecklich wütete. Die Burgkirche in Ani könnte gut für die Art genommen werden, gegen die sich Wrthanes wendete. Von einem Bilderkreise, der die von ihm vertretene Richtung der Griechen wiedergäbe, ist leider nichts erhalten; man müßte sich denn eine Art denken, die zwischen der des Rabula von 586 und den Flachbildern aus dem Alten Testamente von Achthamar 915—921 liegt.

[1]) Vgl. den Aufsatz von P. Polykarp Samuel in der Wiener Zeitschrift für die Kunde des Morgenlandes XXVI (1912), S. 275 f.
[2]) Was wohl richtig sein dürfte!
[3]) Vgl. mein »Das Edschmiatsin-Evangeliar«, S. 77 f.
[4]) Vgl. mein »Amida« und den Aufsatz über den persischen Hellenismus im Repertorium für Kunstwissenschaft, 1918.
[5]) Vgl. die Liste der Katholikoi, S. 598.

VI. Der Sieg des Nationalen.

(7. Jahrhundert.)

Im allgemeinen kann vielleicht gelten, daß die Konchenquadrate und reinen Konchenbauten im 4. Jahrhundert vorherrschen, die tonnengewölbten Längsbauten im 5. daneben traten und mit dem Ende des 6. und im 7. Jahrhundert die Kuppel sich dann allgemein auch in den von Griechen und Syrern übernommenen Längsbauten durchsetzte Wohlgemerkt, das ist Annahme! Aus dem 4. und 5. Jahrhundert ist überhaupt vorläufig kaum ein Bau rein erhalten, aus dem 6. Jahrhundert einige wenige. Breite Schichten liegen erst aus dem 7. Jahrhunderte vor und da gleich alle Gattungen nebeneinander. Wir mußten also die Kunstgeschichte, von den Denkmälern und den Nachrichten der armenischen Geschichtsquellen zurückschließend, wieder zu finden suchen und bauen bei unseren Annahmen darauf, daß im 4. Jahrhundert zunächst das höfisch-staatliche Loslösen von dem sasanidischen Persien im arsakidischen Fahrwasser die treibende Kraft war, im 5. und 6. Jahrhundert dagegen schon die Kirche führend obenan stand. Damals lehnte sie sich mit Vorliebe an die ihr inzwischen über den Kopf gewachsenen christlichen Hochkulturen im nordmesopotamischen Städtedreieck und im byzantinischen Kleinasien. Seit aber mit dem Jahre 571 Armenien auf Jahrhunderte hinaus wieder als Puffer zwischen die kriegerischen Verwicklungen von Byzanz und Persien geriet und die alten Reichsteilungen, die die ruhige Entwicklung einer kirchlichen Kultur ermöglicht hatten, über den Haufen geworfen wurden, traten die nationalen Teilfürsten wieder leitend in den Vordergrund. Die Kirchenbauten, die die Bischöfe nach syrischem und kleinasiatischem Muster erbaut hatten, wurden in ihrer fremdländischen Gestalt wieder zurückgedrängt durch die schon im 4. Jahrhundert entwickelte nationale Art des Kuppelbaues, der von da an ausschließlich herrschend blieb.

Die Stärkung des Nationalgefühls durch die neuen Kämpfe erklärt aber noch nicht die — nach den erhaltenen zahlreichen Bauten zu urteilen — so überaus fruchtbare Zeit des 7. Jahrhunderts. Es wird immer wieder aufgefallen sein, wie außerordentlich reich heute noch der Bestand an altarmenischen Kirchenbauten gerade dieser Zeit ist. Weder aus den Jahrhunderten vorher noch unmittelbar nachher lassen sich mehr als vereinzelte Denkmäler nachweisen, während aus dem 7. Jahrhundert eine ganze breite Schicht erhalten ist. Sie bildet den festen Halt der vorliegenden Arbeit. Erst nach Jahrhunderten, im 10. und 11. Jahrhundert, wiederholt sich dieser Fall. Der Unterschied ist, daß die Bauten der Blüte um 1000 zur Not auch bisher bekannt waren, die Feststellung der Tatsache des ausgedehnten Denkmälerbestandes aus dem 7. Jahrhundert, bisher angezweifelt, zwar durch meine Entdeckung der Kapitelle von Zwarthnotz mit den Monogrammen Nerses III. in Fluß geraten, aber bis heute noch kaum recht zur Kenntnis der Kunsthistoriker vorgedrungen ist. Ernstlich gerechnet hat damit niemand, an eine Zurückführung der reinen Kuppelformen auf das 4. Jahrhundert hat daher überhaupt nicht gedacht werden können. S. 56 f. wurde diese Lage der Forschung darzustellen versucht.

Für die lebhafte Bautätigkeit im 7. Jahrhundert scheinen zunächst ziemlich äußerliche Gründe die Ursache. Einmal gingen im Perserkriege 571—591 viele Kirchen zugrunde. Im Jahre 571 erhoben sich die Armenier, gereizt durch die Erbauung eines Feuertempels in ihrer Hauptstadt Dwin, gegen die Sasaniden. Der Krieg dauerte zwanzig Jahre bis 591 und wogte zwischen den die Armenier einkeilenden Großmächten, dem oströmischen und dem persischen Reiche, hin und her[1]. Kunsthistorisch ist diese Zeit deshalb von Bedeutung, weil damals die älteren christlichen Denkmäler Armeniens zerstört worden sein dürften. Dazu kommt als zweiter Grund für die im 7. Jahrhundert einsetzende allgemeine Baulust der Umstand, daß die alten Heiligtümer aus der Zeit der Einführung des Christentums von selbst zusammenstürzten. In der Tat berichtet Johann Mamikonian in seiner Geschichte des Taron[2], zum

[1] Vgl. Gelzer bei Krumbacher S. 942 f.

[2] Ausgabe Langlois I, S. 381 f, arm. Ausgabe S. 61/62.

Jahre 637 (?): »In diesem Jahre fiel die Kirche von Haschtitzwank (Aschtischat), die vom hl. Gregor begründet war, zusammen, sowie auch die hl. Karapetkirche bei den neun Quellen und von Matrawank in Taron und die große Kathoghike in Astghaberd[1]) und die Kathoghikekirche von Nerses dem Katholikos in Thiln im Gaue Ekegheatz«[2]). Das sind mit Ausnahme der letzten alles Kirchen im südlichen Armenien, von denen oben die Rede war. Seit der Erbauung dieser Kirchen waren rund dreihundert Jahre vergangen. Sie waren während des Kriegssturmes vielleicht überdies vernachlässigt worden, und so erklärt sich der Verfall, der wahrscheinlich nicht nur die genannten Bauten, sondern alle alten Kirchen überhaupt traf. Das 7. Jahrhundert wurde auf diese Art eine Zeit völliger Erneuerung.

Obenan steht auch zeitlich (606/7) die große Kathedrale von Dwin (S. 163 f.)[3]). Der Marzpan Smbat Bagratuni war Bauherr. Die Oberaufsicht des Baues hatte der Katholikos Abraham (607—611). Er war dadurch so beschäftigt, daß er, trotz seines Wunsches seine Herde nicht besuchen konnte. Abraham schreibt darüber in seinem ersten Schreiben: »Wir wollten mit eigener Stimme zu den Ohren Euerer Frommen sprechen, allein wir wurden daran durch die Arbeit am Baue der Kirche aller Armenier, der Kirche in Dwin, gehindert«[4]). Es ist bemerkenswert, daß der Katholikos selbst den Bau leitete. Man erinnert sich der Vorschrift (S. 584), die den geistlichen Oberbehörden die Entscheidung über den Bauplan vorbehielt. Eine bestimmte Bauform scheint damals kirchlich noch nicht festzustehen. Die Kathedrale zeigt ein Suchen in der Richtung einer Vermittlung zwischen Langhaus und Kuppel. Das Landfremde zeigt sich nicht nur im Durchschlagen der Längsform, sondern auch in der Tatsache, die Chatschik Dadian, der Ausgräber, mitteilt[5]), daß auf dem Boden der Nordapsis ein Marienkopf in Mosaik (aus Steinchen, nicht aus Glasmasse) gefunden wurde (S. 297), dazu neben der südlichen und westlichen Türe Reste von Fußbodenmosaiken aus bunten Steinen. Über das ebenfalls von Chatschik ausgegrabene Sergios-Martyrium sagt dieser leider nichts, doch stammen die Kapitelle (Abb. 361) daher. Es mag ein Bau gewesen sein, der sich in der Ausstattung an Zwarthnotz anlehnte.

Neben Dwin stehen in erster Linie die Heiligtümer von Wagharschapat. Es war der Katholikos Komitas (611—628), in dessen Zeit die Kathedrale von Dwin vollendet wurde (S. 164), der auch die Kuppel der Kathedrale von Edschmiatsin in Stein ausführte (S. 332 f.). Man kann kaum noch an der alten Übung dieser Bauart zweifeln, wenn man erfährt, daß derselbe Komitas die Hripsime in ihrer heutigen Form geschaffen hat. Diese Hripsime (S. 92 f.) ist keine Neuschöpfung eines erfinderischen Kopfes, sondern, wie die Vorführung ihrer Gattung (S. 82 f.) ganz deutlich machte, ein durch Jahrhunderte gewordener Typus, dessen Möglichkeit durch die von vornherein leitende Idee der Kuppel bedingt ist. Über ihre Zeitstellung geben Inschriften Auskunft. Auf der Westseite außen, über dem Fenster, jetzt hinter dem Glockenturm, steht: »Ich — Komitas — Kirchenwächter der hl. Hripsime, wurde zum Throne des hl. Gregor gerufen (zum Katholikos gewählt) (und) habe den Tempel der hl. Zeugen Christi (Märtyrerinnen) erbaut.« Eine zweite Inschrift des Komitas findet sich in der Apsis, hinter dem Tisch oben (veröffentlicht von Garegin Howsepian, Ararat 1898, S. 142): »Gott — Christus gedenke des Komitas — Katholikos von Armenien, Erbauer der hl. Hripsime.« Howsepian, der jetzt der noch im Gebrauch befindlichen Kirche vorsteht, erzählt, er habe von seinem Vorgänger gehört, daß noch eine griechische Inschrift von Komitas da war, die jedoch von den Arbeitern abgehauen wurde, da sie fürchteten, die Russen würden den Stein wegschleppen.

Was die Inschriften sagen, bestätigt noch im 7. Jahrhundert Sebeos, der auch das genaue Datum, 618, angibt. Sebeos c. XXXV (Macler S. 76 f.) erzählt: »Im 28. Jahre des Apruez Chosrav (618), riß der Katholikos Komitas das Martyrion der hl. Hripsime in der Stadt Wagharschapat nieder, denn dieses Gebäude, das der Patriarch, der hl. Sahak, der Katholikos der Armenier, der Sohn des hl. Nerses, erbaut hatte, war zu niedrig und dunkel.« Der weitere Bericht bezieht sich auf die Auffindung der Leiche der hl. Hripsime mit den Siegeln der hl. Gregor und Sahak. »Er baute die Kirche und ließ die Selige wegen der Feuchtigkeit der Mauer in freier Luft, bis der Kalk[6]) getrocknet

[1]) Vgl. Hübschmann S. 405.

[2]) Vgl. Hübschmann S. 286.

[3]) Wie kräftig die nationale Bewegung schon zur Zeit des Perserkrieges unter Justinian II. (572—574) war, belegt das Verhalten der Armenier anläßlich der durch die Byzantiner veranlaßten Feuersbrunst dieser Kathedrale. Vgl. Stein, »Studien zur Gesch. d. byz. Reiches«, S. 38.

[4]) »Buch der Briefe«, Tiflis 1901, S. 190—191. Vgl. P. N. Akinian, Kyrion, Katholikos der Georgier (arm.) Wien 1910, S. 150.

[5]) Ararat 1907, S. 658 f. — [6]) »Kir«, nach Macler: la chaux.

war; dann wurde sie an ihrem Ort vermauert.« Über die Erbauung der Hripsime lag noch ein ausführlicher Bericht eines zweiten Zeitgenossen, des oben Seite 678 und erwähnten Wrthanes Kerthogh vor, dessen Schrift »Geschichte der Erbauung der Märtyrerkapelle der Hripsimien durch Katholikos Komitas« von den Mechitaristen noch bei Bearbeitung des großen Wörterbuches benutzt wurde, inzwischen aber verschollen ist[1]). Hoffentlich gelingt es, diese für den Kunstforscher vielleicht ausschlaggebend wichtige Schrift wieder aufzufinden. Handschrift Nr. 1712 (1753) der Edschmiatsiner Bibliothek (nach dem Kataloge Karineantz) enthält eine anonyme Schrift »Entdeckung der Reliquien der hl. Hripsime«. Da sie inhaltlich nichts Neues zu berichten weiß (P. Akinian hat sie bei seiner Reise 1912 durchgeblättert), so ist anzunehmen, daß sie mit der Schrift Wrthanes' nichts zu tun hat.

Unter dem zweiten Nachfolger des Komitas, dem Katholikos Ezr (630—641) entstand dann der Neubau der Gajane (S. 179). Im Anschluß an die Nachricht von der Steinkuppel der Metropolis und von der Ausführung der Hripsime in Gußmauerwerk ist die ausdrückliche Bestätigung dieser Werkart für die Gajane und die Zeit des Ezr wichtig. Johann Katholikos (Tiflis 1912, S. 80):..... »Und dann hat Katholikos Ezr das Martyrium der hl. Gajane, welches vorher finster (ehrthin, kann auch schmucklos heißen) und dunkel (mthin) erbaut war — zerstört und hat es größer und heller (von neuem) erbaut, mit behauenen Steinen und mit Mörtel zusammengefügt. Und außen hat er die Wohnstätte für die Priesterklasse des göttlichen Altars (aswadsazn chorau) eingerichtet.«

Die Zeit der beiden Katholikoi Komitas und Ezr verbindet dann die Erbauung von Bagaran 624—631 (S. 95 f.). Wenn noch irgend ein Zweifel an dem Alter der erhaltenen Kuppelkirchen und der Entstehung ihrer Typen in früheren Jahrhunderten möglich wäre, so würde er durch dieses wertvolle Denkmal behoben. Neben den Vierpaß der Kathedrale, das Kuppelquadrat der Hripsime mit Strebenischen in den Achsen und Ecken und die Kreuzkuppelkirche der Gajane ohne Nischen tritt damit das Konchenquadrat mit Strebenischen und Mittelstützen. Alle die wichtigen Arten also gleichzeitig nebeneinander! Es ist kaum denkbar, daß da nicht eine jahrhundertelange Entwicklung offenkundig und gar in dieser Zeit erst die Steinkuppel in Armenien eingeführt sein sollte. Ich denke, man wird sich überzeugt haben, daß es Unrecht ist, die Bedeutung der altchristlichen Kuppelkirchen Armeniens durch Zweifel an ihrem Alter herabzusetzen. Die Folgen der zeitlichen Sicherstellung aber sind unübersehbar. Das letzte Buch über die Ausbreitung der armenischen Bauformen wird einiges davon anzudeuten suchen. — Ich gehe nachfolgend etwas rascher vorwärts.

In die Zeit zwischen 630—40 wären die beiden Kirchen in Thalin (S. 161 f. und 167 f.) anzusetzen, wenn der Stifter der Marienkirche, Nerses Apohypat doch der ersten Hälfte des Jahrhunderts angehören sollte (S. 50 f.). Es spricht dafür die Verwandtschaft der Ausstattung des großen Dreipasses mit dem Konchenquadrat von Artik, die öfter hervorgehoben wurde (S. 78).

Aus dem Jahre 639, also auch noch aus der Zeit Ezrs, stammt inschriftlich die Kirche von Bagawan[2]) in jenem Johanneskloster, das Gregor begründet hatte, als er nach der Taufe Trdats dort das christliche Fest an Stelle des Neujahrs und des Gottes Vanatur feierte[3]) (S. 637). Dieses Bagawan (S. 177) ist auch eine von jenen Kirchen des 4. Jahrhunderts, die eingestürzt waren und jetzt neu gebaut wurden. Sie trägt eine Kuppel, im übrigen ist ihre Art leider nicht sicher. Auffallend sind die in syrischer Art in Fensterhöhe umlaufenden Bandfriese.

Aber abgesehen von diesen aus dem Verfalle neu erstehenden Bauten ist es doch der inmitten des Wettwerbens von Byzanz einer- und den Sasaniden bzw. der Omaijaden anderseits hell aufflammende Nationalismus, der in Armenien eine richtige Baublüte herbeiführt. Der Wetteifer, der um die Neigung der Armenier buhlenden Großstaaten macht sich am besten geltend in den Titeln, die einerseits die Stifter von Bagaran von Chosrav II. anderseits in Alaman und Thalisch vom byzantinischen Kaiser tragen, wofür diese Herrscher dann auch selbst genannt werden (vgl. S. 33 f.). Der Sieg des Nationalen zeigt sich auf den ersten Blick im Äußern der Bauten. Die Kuppel tritt von da ab geradezu ausschließlich die Herrschaft an. Zeitliche Grenzerscheinungen, wie die Burgkapelle von 622 in Ani, wurden schon am Schlusse des vorhergehenden Abschnittes behandelt.

Die entscheidende Tatsache beim Betrachten der dem 7. Jahrhundert angehörenden Denkmäler ist jedenfalls, daß der syro-griechische Einschlag überwunden ist; es werden keine rein tonnen-

[1]) Vgl. Akinian, Wrthanes Kerthogh und seine Schriften, »Handes Amsorya« 1910, S. 1 f.

[2]) Vgl. über den Ort auch Hübschmann S. 411. Oben S. 33 ist der Name statt Bagawan leider Bagaran gedruckt.

[3]) Agathangelos c. XVI, § 145 f.

gewölbten Langhausbauten mehr in breiter Schicht errichtet; die Kuppel siegt, wenn sie auch mit dem Langhausbau in Verbindung tritt. Die jetzt herrschenden Bautypen lassen keinen Zweifel darüber, daß die fremdländische Art überwunden und der alte arsakidische Geist völlig die Oberhand gewonnen hat, wenn auch kein König des ostiranischen Geschlechtes mehr an der Spitze steht.

Überblicke ich die Folge der Bauten des 7. Jahrhunderts, so ist die überraschendste Tatsache die, daß keiner mit dem andern übereinstimmt, nicht nur die Art, sondern auch die Gattung wechselt. Wie ist das zu begreifen? Von den frühen Bauten der Hauptstädte Dwin und Wagharschapat war in dieser Richtung bereits die Rede. Sie haben nichts zu tun mit Bagaran von 624—631, das wieder ganz verschieden ist von Alaman 637 und Mren 638—640 Schöpfungen aus der Zeit des Heraklios (610—41), endlich den Schöpfungen des »Erbauers« Nerses und den Bauten der zweiten Hälfte des Jahrhunderts. Es ist ein Reichtum an Formen des Kuppelbaues, der fast den ganzen Schatz in Gattungen erschöpft, die oben Seite 70 f. im Typenkataloge vorgeführt wurden. Nur die reinen Konchenbauten fehlen, soweit ich mit zeitlich durch Inschriften gesicherten Bauten rechne. Aber Agrak und Irind gehören doch sicher in diese Zeit und auch Sechspässe dürften vielleicht noch nachgewiesen werden. Dieser Reichtum kann nicht ausschließlich auf Neuschöpfung im 7. Jahrhundert zurückgehen. Es entspricht vielmehr dem am Alten hängenden Orient, daß die Hauptmasse der Bautypen, die wir nebeneinander nachweisen können, zum guten Teil mit dem Festhalten bzw. Wiederaufleben der Überlieferung aus der Zeit der Einführung des Christentums zusammenhängt. Vor allem war es das Grab des hl. Gregor, waren es die Martyrien von Wagharschapat, die als in Ehrfurcht hochgehaltene Muster nachwirkten. Mastara mag ihre Art mit Agrak zusammen in zwei Beispielen am treuesten festgehalten zeigen.

In dieser Zeit verschärfte sich der Gegensatz zu Byzanz immer mehr. Nachdem Heraklios die Perser niedergeworfen und das geraubte Kreuz 629 wieder in Jerusalem aufgerichtet hatte, versuchte er eine Einigung mit den Monophysiten und wurde darin vom Patriarchen Ezr (630—641) unterstützt. Das Chalcedonense setzte sich trotzdem in Armenien nicht durch. Daraus erklärt sich die offenkundige Ablehnung alles Griechischen in der Baukunst ebenso wie der Kampf gegen die figürliche Malerei. Genaueren Einblick in diese für die Baukunst so wichtige Zeit (630—719) liefert die Persönlichkeit des schon von seiner Zeit durch den Ehrentitel eines großen Bauherrn ausgezeichneten Katholikos Nerses III. Wie Ezr wollte auch er mit den Griechen ein Einvernehmen erzielen, fand aber, wie sein Vorgänger in Johann Mairagomier, so in Theodor Rschtuni den schärfsten nationalen Gegner. Hatte ersterer als Aufseher der Hauptkirche des Patriarchats und Mönch dem geistlichen Stande angehört[1]), so war letzterer einer der hervorragendsten Teilfürsten. Diese Führer des Volkes vertraten in erster Linie Armenien, nicht die Patriarchen Ezr und Nerses, obwohl auch sie geborene Armenier (aus Hocharmenien und Taik) waren. Und doch hat sich selbst in ihren Bauten das Griechische nicht durchsetzen können, das Nationale war bereits zu tief gewurzelt.

Für die Zeit kurz vor dem Regierungsantritte des Nerses Schinogh lese man oben Seite 41 f. die Ausführungen über die Bauinschrift von Mren, 639/640. Diese Kathedrale (S. 182 f.) kann, rein baulich genommen, als der Ausdruck der nationalen Stimmung und der Auflehnung gegen alles Byzantinische gelten. Die Kuppel über der Mitte des dreischiffigen längsgerichteten Baukörpers läßt das Sieghafte der einheimischen Art über die Forderungen einer schwankenden Kirche deutlich hervortreten.

A. Nerses III. Schinogh (641—661).

Über ihn berichtet Sebeos c. XXXV (Macler, S. 136): »Er war gebürtig aus Taik und dem Dorfe, das Ischchan heißt[2]) und wurde von Kindheit auf im Lande der Griechen erzogen; er hatte die Sprache und Literatur der Romaier studiert. Und er war in diesen Ländern gereist, indem er sich als Krieger betätigte[3]); er hatte mit Überzeugung die Lehren des Konzils von Chalcedon angenommen« u. s. f. Das wird erzählt als Einleitung zu der Tatsache, daß Nerses 652, bei dem Versuche

[1]) Ter-Mkrttschian, »Die Paulikianer«, S. 67.

[2]) Vgl. Johann Katholikos, in seinem Katholikosregister bei Samuel von Ani, S. 275, Nr. 32, »Herr Nerses aus dem Kanton Taik aus dem Dorfe Ischchan«.

[3]) Vgl. meine »Byzantinische Denkmäler«, I, S. 11.

des Kaisers Konstans II. (641—668), in der Kathedrale von Dwin das Glaubensbekenntnis nach dem Chalcedonense bei den Armeniern durchzusetzen, das Abendmahl mit dem Kaiser zusammen nahm. Seither war er bei den Armeniern als Ketzer gehaßt und mußte sich insbesonders vor Theodor Rschtuni hüten. Er blieb daher in seiner Heimat Taik, wohin er sich mit dem Kaiser begeben hatte.

Es ist auch für den Kunstforscher notwendig, diese Dinge zu wissen, weil daraus Schlüsse auf den Ursprung des Bautypus von Zwarthnotz, der Hauptschöpfung Nerses »des Erbauers«, gezogen wurden. Über diesen Bau schreibt wieder Sebeos c. XXXIII (oben S. 110): »Um diese Zeit (652) faßte der armenische Katholikos Nerses den Plan, sich eine Wohnung in der Nähe der hl. Kirchen der Stadt Wagharschapat auf dem Wege zu bauen, den, nach der Überlieferung, der König Trdat zur Begegnung mit dem hl. Gregor ging. Er baute dort auch eine Kirche im Namen der Engel des Himmels, der himmlischen Heerscharen, die dem hl. Gregor im Traum erschienen waren. Er baute die Kirche mit hohen Mauern und jeder Art von Bewunderungswürdigem, würdig der göttlichen Ehre, der er sie weihte[1]). Er führte Wasser des Flusses (Kassach) zu, machte das ganze steinige Land fruchtbar, pflanzte Weingärten und Obstanlagen und umgab den Wohnsitz mit einer hohen und schönen Mauer zur Ehre Gottes.« An einer andern Stelle c. XXXVIII führt dann Sebeos fort (Macler, S. 146 f.): Wie ich oben sagte . . . ging Nerses mit dem Kaiser nach Konstantinopel . . . kehrte dann nach Taik zurück, wo er sich bis zum Tode Rschtunis (654) aufhielt. »Und der Raubzug der Tadschiken stellte sich ein, dann aber, nach dem 6. Jahre der Verfolgung kehrte er in seinen Ort zurück[2]), befestigte sich im Katholikat und beeilte sich den Bau der Kirche zu beenden, die er auf der Straße der Stadt Wagharschapat zu bauen begonnen hatte.«

Was Sebeos, ein Zeitgenosse des Katholikos, hier meldet, wird wohl die einfache Wahrheit sein. Die Späteren haben allerhand dazugedichtet. So schreibt der Katholikos Johannes (899—931[3]): »Außerdem legt er (Nerses), auf den Herrn hoffend und ungeachtet der Invasion feindseliger Insurgenten, mit lobenswertem Eifer den Grund zum großen und wunderschönen Hause Gottes im Namen des hl. Gregor, die Vollendung der Weisheit Christi des Erbauers überlassend. Als er den Grund zur göttlichen Wohnung der vernünftigen Herde Christi legte, brachte er, unter den vier kolossalen Stützen (siun) verteilt, die Reliquien der Gebeine des hl. Gregor unter, damit dieser himmlische Schatz auf immer unberührt bleibe von den verheerenden Horden zur Glorie des Christentums. Das Haupt hat er aber nicht in die Mauern gegeben, sondern offen in einem Sarkophag in dem göttlichen Aufbewahrungsort aufgestellt[4]).«

Ein Fortsetzer von Nerses' Zeitgenossen (?), Moses Kaghankatuatzi, schreibt in seiner »Geschichte der Albaner«, III[5]), c. 15 (Moskau 1860, S. 255): »Im 19. Jahre von Konstans (660/61) ist Ter Nerses zwanzig Jahre lang (seit 641) und die armenische Zahl war 111 (662)[6]). Dieser war der Schützling (Erzieher?) Konstans und hat mit dem Schatze desselben den prachtvollen Stall der vernünftigen Herde Christi aufgebaut im Stadtdorfe (genannt) „hl. Gregor" und hat zur Kirchenweihe den König der Griechen eingeladen, der sehr erstaunt über den Bau, den Maurern befahl, ihm zu folgen, damit er etwas Ähnliches in seinem Palast aufbauen lasse. Er konnte aber nicht in sein Haus gelangen und starb auf dem Wege[7]).

Nerses erlebte noch die große Nationalversammlung, die nach Ghevond in der Gregorkirche stattfand und in der sich die armenischen Teilfürsten unter seinem Vorsitze der Herrschaft Moawias (661—680) unterwarfen[8]). Gregor der Mamikonier und Smbat der Bagratunier wurden an die hohe Pforte gesandt. Der erstere ist jener erste Statthalter, von dem noch als Erbauer von Arudsch zu reden sein wird.

[1]) Vgl. auch meine »Byzantische Denkmäler«, I, S. 12.

[2]) Macler übersetzt diesen Satz »Lorsque l'invasion des Arabes eu pris fin, six années après sa expulsion, il retourna en son siège, se . . .«

[3]) »Geschichte Armeniens«, Moskau 1853, S. 48.

[4]) Jetzt angeblich in Neapel. Vgl. dazu auch oben S. 230.

[5]) Dieses dritte Buch ist im Gegensatze zu den beiden ersten, bis zum Jahre 685 reichenden, von einem andern in den Jahren 980—1000 weitergeschrieben (Mitteilungen von Dr. Kalemkiar. Vgl. dazu oben S. 54).

[6]) Vgl. meine »Byzantinische Denkmäler«, I, S 12.

[7]) Im Jahre 645 fand unter seinem Vorsitze die Synode von Dwin statt. Vgl. »Kanones der Synode von Dwin«, Wagharchapat 1906.

[8]) Vgl. Chahnazarian, »Histoire . . . par Ghevond«, S. 13.

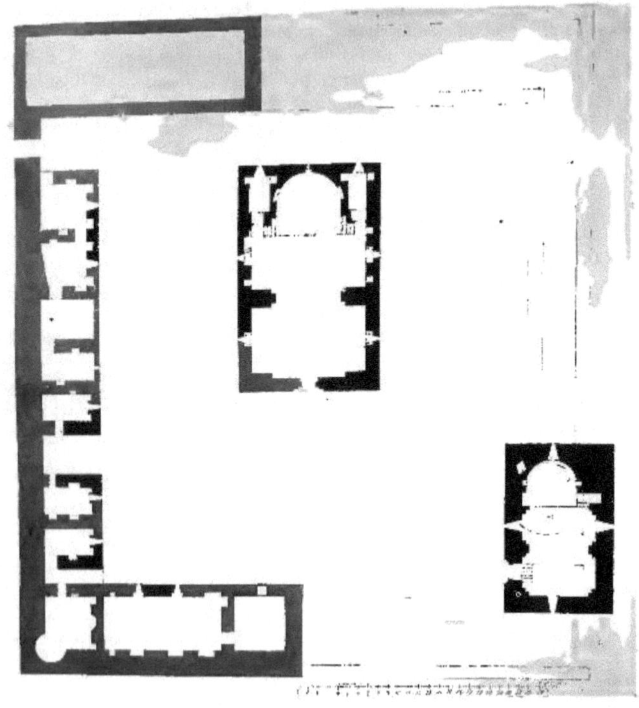

Abb. 656. Kloster Chorwirap: Grundriß. Jermakov 1818.

Näheres über die Bauzeit von Zwarthnotz lese man in der von Ter-Mowsessian in den Izvjestija der kaiserlich russisch-archäologischen Kommission, VII, herausgegebenen Monographie nach. Der Bau scheint 645—649 begonnen und dann nach einer Unterbrechung 651 bis 660 vollendet. Die Reliquien waren wohl in einem Zubau des Altars untergebracht. Die Anlage ist zwischen 930 und 1000 zerstört worden[1].

Der Zwarthnotzmeister. Wir sind um der Höchstleistung der altchristlichen Baukunst Armeniens beizukommen, Seite 108 f. und 486 f., der Bauform von Zwarthnotz nachgegangen. Ein zweiter Weg wäre der, den Schöpfer nachzuweisen. Einen Fingerzeig könnte vielleicht zunächst liefern, daß der Auftraggeber, Katholikos Nerses, den Beinamen Schinogh, d. h. Erbauer führt, also auf dem Gebiete des Bauens sehr tätig gewesen sein muß. Ob er ohne Meister aus eigenem Kopfe den Entwurf anfertigte, wie von anderen Bauherren (S. 219) berichtet wird? Wir werden gleich noch eine zweite Persönlichkeit kennen lernen (S. 689), die am Ende des 7. Jahrhunderts als »Schinogh« bezeichnet wird. Ich glaube daher von vornherein nicht an die angedeutete Lösung der Frage. Johann Katholikos (S. Martin, S. 72) und Stephan von Taron II, 2 (Gelzer-B., S. 63) sagen von Nerses, daß er auch zwei andere Kirchen, eine zu Chorwirap, die andere zu Dwin erbaut habe[2]). Es wird daher vielleicht angezeigt sein, diesen beiden Bauwerken nachzufragen.

In Chorwirap (Tiefe Grube) bei Artaschat, wo Gregor 13 Jahre in einer Grube gefangen gehalten wurde[3]), steht jetzt über einer Grube Kirche und Kloster. Ob sie auf die Gründung von Nerses III., Schinogh, zurückgehen, erscheint sehr fraglich, hier müssen fachmännische Untersuchungen an Ort und Stelle einsetzen. Ich habe den Ort leider nicht besucht. Doch liegen mir Aufnahmen vor, die ich beim

[1]) Zur Zeit der Zerstörung der Kirche: Thomas Artsruni, S. 231, erzählt, daß, nachdem die berühmte Kirche des hl. Gregor von Dwin am Ende des 9. Jahrhunderts durch Erdbeben zerstört wurde, der Katholikos Georg II. (977—998) aus Dwin in die von Nerses III. erbaute Neue Stadt bei der Kirche des hl. Gregor (Zwarthnotz) übersiedelte. Die Geschichte des Thomas Artsruni reicht bis 930. Er weiß über die Zerstörung von Zwarthnotz noch nichts zu erzählen. Johann Katholikos, dessen Geschichte bis 925 reicht, weiß davon ebensowenig etwas zu berichten. Stephan von Taron III, 47 (Gelzer-B., S. 214, vgl. oben S. 119) aber erzählt, daß im Jahre 1000 zur Zeit des Basilius, König Gagik den Entschluß gefaßt habe, nach dem Muster der großen Kirche, welche sich in Khagakudascht befindet und dem Namen des hl. Gregor gewidmet ist (Zwarthnotz), und welche zerstört und gefallen war, in gleicher Größe und Form in Ani eine Kirche zu errichten (vgl. auch Samuel von Ani, S. 104). Mchithar von Airiwank berichtet, Zwarthnotz wäre von Arabern zerstört worden. Er erzählt auch, daß die Kirche des Gagik in Ani im 13. Jahrhundert zusammengefallen sei (S. 65, § 4; vgl. auch Kirakos Gandzaketzi, S. 34.)

[2]) Vgl. Macler, Nouv. archives, N. S. 2 (1910). S. 83.

[3]) Vgl. Hübschmann, S. 435.

Photographen Jermakov erwarb. Abbildung 656 zeigt den Grundriß des Klosters. Innerhalb einer festungsartigen Mauer, an die sich in der Nordwestecke die Mönchszellen anlehnen, liegt die Hauptkirche, eine Art Kuppelhalle und südwestlich davon die Kapelle über der Grube des hl. Gregor. Die erstere, etwa 10 × 16·3 m groß, zeigt ein etwas altertümliches Aussehen darin, daß jede Dreiecknische im Äußern fehlt, auch die beiden der Ostseite in Thalisch vom Jahre 668. Die Apsis öffnet sich ähnlich weit wie dort, doch fehlt der vorgelagerte Chorteil, und die Fenster sind klein, was auf spätere Zeit weist[1]). Immerhin könnte sie umgebaut und Nerses als Gründer doch nicht gänzlich ausgeschlossen sein. Die Grubenkapelle ist nur etwa 7·60 × 12 m groß und erhebt sich über der kreisrunden Grube von etwa 5 m Durchmesser als ein einschiffiger Tonnenbau mit trennender Gurte und nach Norden verschobener Apsis. Auch dieser Bau scheint mir kaum alt[2]). Abbildung 657 gibt den Schnitt. Eine Treppe führt vom Eingange herab in die runde Grube, die ihr Licht durch einen schrägen Kanal vom Apsisfenster aus erhält. Mit Zwarthnotz scheinen diese Bauten schwerlich etwas zu tun zu haben, so daß die Annahme, es habe dort der Meister von Zwarthnotz gebaut, vorläufig kaum auch nur als Vermutung geäußert werden kann.

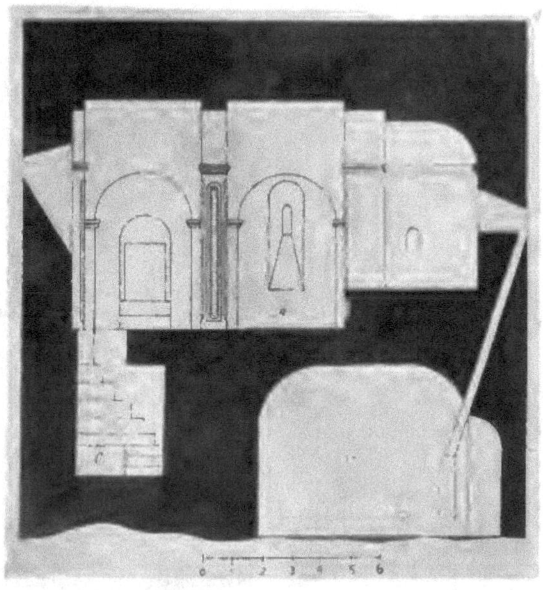

Jermakov 1813.
Abb. 657. Kloster Chorwirap: Schnitt der Kirche über der Grube.

Über einen weiteren Kirchenbau Nerses III. berichtet Johann Mamikonian in seiner Geschichte des Taron[3]), indem er nebenbei erwähnt, daß der aus Taik stammende Katholikos Nerses die Muttergotteskirche von Wagharschakert erbaut habe. Der Ort heißt heute Alaschkert oder Toprak Kalawand und liegt im Ursprungsgebiet des Murad-su in Bagrewand[4]).

In der Hauptsache wird es sich bei Nerses Beinamen »Schinogh« wohl darum handeln, daß er das seit 452 vom Katholikos verlassene Wagharschapat wieder zu Ehren brachte und dort die Bautätigkeit der Katholikoi Komitas und Ezr fortsetzte. So soll er auch die neue Schoghakathkirche erbaut haben, deren Name ursprünglich den Ort des heutigen Edschmiatsin bezeichnete[5]). Aus der Person des Nerses nun und seinem Geburtsort Taik glaubt Marr den Ursprung des Typus von Zwarthnotz aus Byzanz herleiten zu können. Nerses sei chalcedonitisch (d. h. byzantinisch) gesinnt und die Bauform in den chalcedonitischen Gemeinden beliebt gewesen[6]). Er meint wohl mit Byzanz nicht Konstantinopel selbst, sondern nach französischer Art das byzantinische Reich[7]). In der Einführung von Säulen zum Zwecke der Durchbrechung der Konchen liegt nun freilich scheinbar die Anwendung eines Mittels der Mittelmeerkunst vor. Aber weder die Säulen noch ihre Formen sind von Konstantinopel bezogen, noch muß die Anregung für die Anwendung der Säulen an sich gerade vom Westen ausgegangen sein. Der Geburtsort des Nerses, Ischchan, bietet aber allerdings einen

[1]) Dubois de Montpéreux, »Voyage autour du Caucase«, III, S. 481, sagt (1839), die Kirche sei nicht älter als 150—160 Jahre.
[2]) Nach Dubois, a. a. O., ist er ebenfalls modern.
[3]) Armenische Ausgabe, S. 58 (Langlois, S. 380). Vgl. oben S. 54.
[4]) Vgl. Hübschmann, S. 468 f.
[5]) Vgl. darüber oben S. 188. Thoramanian schreibt ihm auch den Umbau der Kathedrale, die Herausschiebung der Strebenischen und die Freistellung der vier Stützen zu (S. 332 f.).
[6]) Texte und Forschungen zur armenisch-grusinischen Philologie X (1917).
[7]) Vgl. Schmit, Byz. Zeitschrift XXVII (1908), S. 282.

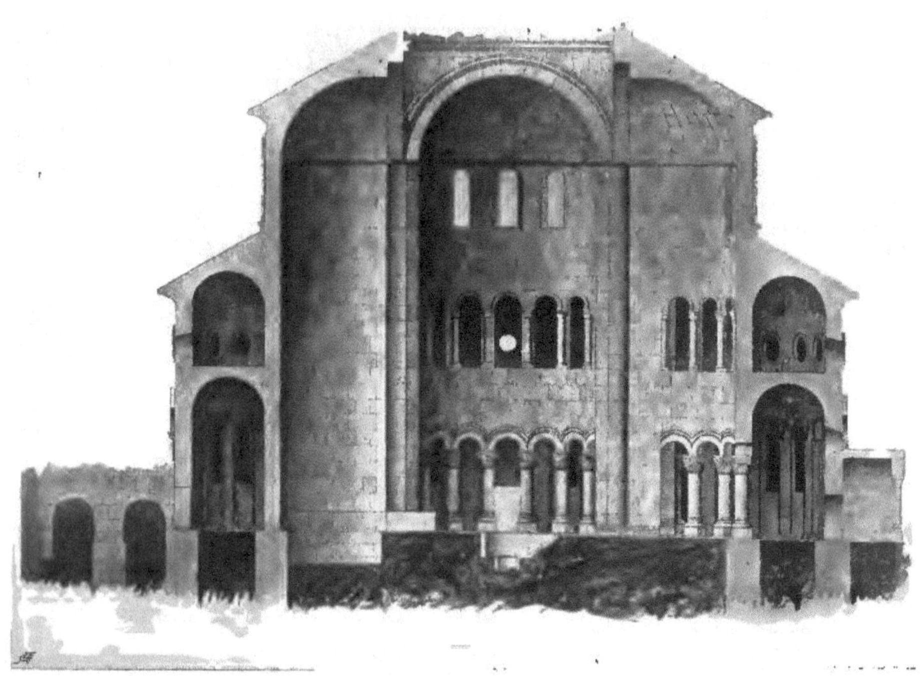

Abb. 658. Zwarthnotz, Gregorkirche, OW-Schnitt: Wiederherstellungsversuch von Thoramanian nach dem Ergebnis der Ausgrabungen und seiner geschichtlichen Einsicht.

Anlaß, ihn mit Zwarthnotz auch baugeschichtlich zusammenzubringen, deshalb, weil Ischchan heute noch eine ähnlich mit Säulen durchbrochene Apsis aufweist (S. 488) wie Zwarthnotz und auch der Typus des Baues selbst in jener Gegend in Bana (oben S. 121 f.) wiederkehrt. Da aber beide Bauten wesentlich jünger sind als die Zeit des Nerses, so wird es sich wohl wie bei dem Baue des Gagik in Ani (S. 119 f.) eher um Nachahmungen handeln. Es wäre daher mehr nach einer Erklärung zu suchen, warum Zwarthnotz nachgeahmt wurde, als anzunehmen, daß die Provinz Taik gerade den Mittler zwischen Byzanz und Zwarthnotz abgegeben habe.

Oben Seite 469 und 488 ist bereits die Meinung geäußert worden, das Grab des hl. Gregor in Thordan habe den Anlaß zur Entstehung des Zwarthnotztypus gegeben, indem man das Kuppelquadrat in eine Umfassungsmauer stellte, was wieder die Durchbrechung der Strebenischen durch Säulen notwendig machte. Das mag die Tat des Zwarthnotzmeisters oder seines Vorbildes gewesen sein, keinesfalls hat ein Byzantiner etwas damit zu tun. Daraus, daß Nerses Chalcedonite war und aus Taik stammte, läßt sich also kunstgeschichtlich vorläufig nichts machen. Außerdem sei bedacht, daß Taik jenem urnationalen Westgebiet Armeniens angehört, von dessen südwestlichem Teil mit Ersinghian (Thordan, Ani und Thil) wiederholt die Rede war, und daß nach Faustus III, 18 (Langlois, S. 228) die Mamikonier sich zur Zeit des Königs Tiran (342—350) nach Taik als ihrem Besitz zurückzogen. Möglich, daß sich die Verbreitung in Bana und Ischchan aus der Nähe von Thordan erklärt. Man sehe in Ergänzung der Außenansicht Seite 117 hier den Wiederherstellungsversuch des Innenaufbaues von Thoramanian an (Abb. 658): falls die Empore richtig wäre, würde auch daraus eher die Rücksicht auf die Bestimmung als Reichsversammlungshalle (darüber im vierten Buche), nicht unbedingt byzantinischer Einfluß sprechen.

Ich möchte also glauben, daß Nerses wohl byzantinische Art gekannt habe, sein Baumeister aber durchaus selbständig oder nach altheimischen Bauformen vorgegangen ist. Wir haben in Zwarthnotz eine Bauschöpfung vor uns, die nur insofern über die üblichen Gattungen und Arten hinausgeht, als sie eine derselben, den Vierpaß, in einen Umgang stellt, wobei der mächtige Kuppelraum durchaus beherrschend bleibt, der Umgang in keiner Weise in der Raumwirkung mitspricht. Wir hätten es also wie im Hripsime- und Bagarantypus mit einer Abirrung vom Grundgesetz des altchristlichen Kirchenbaues in Armenien insofern zu tun, als nicht der ganze Raum innerhalb der Umfassungsmauern zur Wirkung herangezogen ist, ein umlaufender Gang vielmehr, wie früher die mehr oder weniger abgetrennten Eckräume, räumlich ein wirkungsloses Sonderdasein führt. Die Erklärung liegt, wie ich annehme, darin, daß hier eine gegenständliche Forderung, der Wunsch, das Grab des hl. Gregor großzügig auf den Sitz des Katholikos zu übertragen, den Ausschlag gegeben hat.

Die Ausstattung weist zwar Züge auf, die da und dort an Byzantinisches anklingen, aber damit ist ihnen nichts vom armenischen Grundzug genommen. Vielmehr wird gerade Zwarthnotz als die Verkörperung armenischer Bauweise gelten können. Vielleicht, daß die Ausstattung des Innern, gemäß den chalcedonitischen Neigungen des Katholikos darstellende Mosaiken aufwies (Vgl. S. 297). Ich gebe (Abb. 659) noch einige Maße der Blendbogen des Äußern im Erdgeschoß (vgl. oben Seite 114 f. und 423 f.): der Dienstpaare mit ihren Würfelendigungen oben und unten und der Blendbogen mit dem reichen Profil, das später auch im Islam wiederkehrt[1]). Die naturferne Weinranke, die Granate und die steghafte Zerlegung des Faltenwurfes der Zwickelmännchen, alles weist auf Iran[2]).

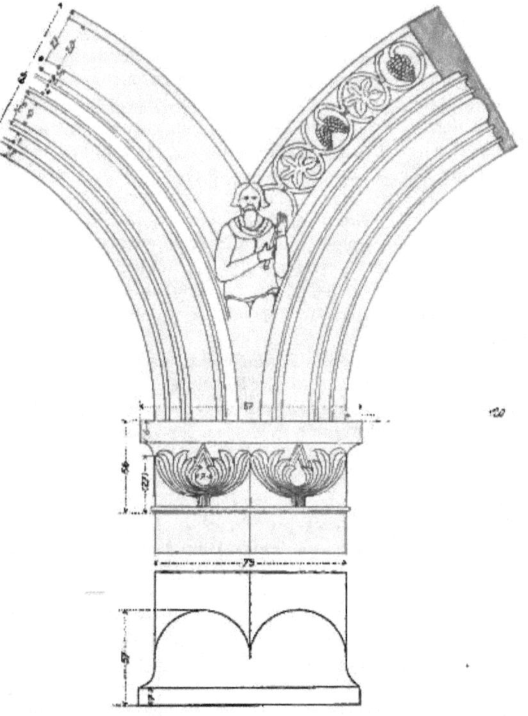

Aufnahme Thoramanian.
Abb. 659. Zwarthnotz, Ausstattung: Erdgeschoß.

Entschieden unbyzantinisch ist dann vor allem der Palast von Zwarthnotz (S. 267 f.). Er ist geradezu ein Musterbeispiel orientalischer Art, vor allem in der Anordnung der neun Räume, die seinen Kern bilden. Aber auch in den Sälen schlägt durchaus persische Art vor. Der Zwarthnotzmeister kann so als ein ausgesprochen armenischer Vertreter der Baukunst gelten, dem freilich weder die Kenntnis des Iranischen wie des Byzantinischen abgeht.

B. Die Zeit der Kämpfe mit dem Islam.

656—885.

Die Eroberung Armeniens durch die Araber lief anfangs glimpflich ab. Zwar hatte Okba bereits Befehl gegeben, alle Kirchen durch Brand zu zerstören, doch brachte ihn der Katholikos

[1]) Vgl. »Amida« S. 114 f. und 423 f.

[2]) Vgl. Glück, »Die beiden sasanidischen Drachenreliefs«, S. 48 und oben S. 411. Dazu Repertorium f. Kunstw. 1918.

Sahak (677—700) wieder davon ab. Man lese die rührende Geschichte bei Stephan von Taron II, 2 (Gelzer-B., S. 73)[1]. Später freilich kamen Mord und Raub vor, so im Gregorkloster (wovon unten) und als im Jahre 704 die Fürsten der Armenier unter dem Vorwande von Verhandlungen in den Kirchen von Nachdschewan und Chram versammelt und verbrannt wurden (Ghevond, S. 32 und Stephan von Taron, S. 91). Damals war es auch, daß ein Armenier auf dem Throne von Byzanz, Kaiser Philippikos (711—713), den Armeniern in dem verödeten Brückenkopf des Euphrat, Melitene (Malatia), und in Armenien IV neue Sitze anwies[2]. Damit begann der Zug der Armenier nach Kleinasien, der später in der Begründung des kilikischen Kleinarmeniens seine bedeutendste Folge haben sollte. Karin und Melitene wurden die Angelpunkte in dem Kampfe zwischen Byzanz und dem Islam, der sich unter den Abbasiden verschärfte.

Leider setzten die Adelsgeschlechter auch in dieser schweren Zeit ihre Eifersüchteleien fort, so die Mamikonier gegen die Bagratiden, was zu Mißtrauen und dem Siege des andersgläubigen Feindes führte. Als die Armenier in der Schlacht von Bagrewand 772 den Tod wählten, da schwuren sie: »Unsere Augen sollen nicht den schmählichen Feind die Heiligtümer, in denen wir den Herrn anbeten, zertreten sehen«. Tatsächlich wurden nachher die Kirchen an manchen Orten niedergerissen[3].

Auf die Vernichtung der Nacharars und die Zerstörungen nach der Schlacht von Bagrewand trat in Armenien Totenstille ein. Bei dem Vorgehen des Islam gegen das armenische Christentum[4]) wurden natürlich die Kirchengeräte geraubt, die Reliquien zerstört und die Geistlichen verfolgt. Aber die Kunst hat mehr durch den ewigen Kriegszustand selbst als durch Zerstörungen Schaden gelitten. Einen König gab es nicht, jeder Teilfürst sah lediglich auf die Festigkeit seiner Burg, während Werke des Friedens und der Kunst seltener wurden. Achthamar z. B., das später unter den Artsruniern eine Blüte feierte, war damals der Stützpunkt der Macht des Theodor Rschtuni, Garni der Ort, wo er seine Beute unterbrachte. In dieser Zeit war Dwin der Sitz der islamischen Macht und des Handels ebenso, wie Theodosiupolis-Karin (Erzerum) den Griechen als Sammelpunkt diente. Von Bauten hört man nicht seltener als vorher.

Eine wichtige Folge des islamischen Sieges in Armenien ist bereits oben berührt worden, das Abbrechen der Fäden, die das Land mit dem christlichen Syrien verbanden. Das Aufhören des reinen Längsbaues scheint das heute noch nachweisbare Kennzeichen dafür. Damit war eine der einschneidendsten Hemmungen für das Durchdringen des Nationalen entfernt, aber freilich erst zu einer Zeit, in der dieses Landfremde schon auf die nationale Bauweise Einfluß genommen hatte. Hören auch die längsgerichteten Tonnenbauten auf, so verschwindet doch damit nicht zugleich die Längsrichtung selbst. Vielmehr nehmen die längsgerichteten Kuppelbauten, und zwar sowohl die dreischiffigen, wie die einschiffige Kuppelhalle derart überhand, daß sie die alten Konchenquadrate fast verdrängten. Nur die Vier-, Sechs- und Achtpässe behaupten ihre, wie ich annehme, alte Beliebtheit, in Ani geben sie noch um 1000 zahlenmäßig den Ausschlag.

Der Nachfolger des Nerses Schinogh, Anastas I. (661—667), war nach Johann Katholikos 12 (Saint-Martin, S. 79) dessen Kammerherr und von ihm mit der Bauleitung der »prachtvollen« Kirche während seiner Verbannung in die Provinz Taik betraut. Gemeint ist wohl Zwarthnotz. Als er selbst Katholikos wurde, baute er, aus Akori gebürtig, an der Stelle seines väterlichen Hauses die dortige Kirche inmitten eines Klosters. Wir haben sie oben S. 178 f. besprochen: ein Zweipfeilerbau, dessen Kuppel in den Ostpfeilern mit der Apsis verbunden ist[5]. Seiner Zeit schreibt Johann Katholikos auch den Bau von Thalisch und den Bau des dortigen Palastes (S. 190 f.) zu. Ferner habe er bei Eghiward ein Kloster mit einer reich geschmückten Kirche erbaut (S. 131).

Die Kirche von Thalisch ist tatsächlich erst 668 gebaut durch Gregor Mamikonian, der 662 von Moawija zum Fürsten von Armenien ernannt worden war. Es fällt daher doppelt auf, daß die Bauinschrift nach dem byzantinischen Kaiser rechnet (S. 46 f.). Die Kathedrale zeigt die armenische Kunst auf ihrer Höhe. Thalisch ist der älteste erhaltene Vertreter der Bauform der Kuppelhalle

[1]) Vgl. dagegen Ghevond, bei Chahnazarian, S. 8.

[2]) Gelzer bei Krumbacher, S. 959.

[3]) Daghbaschean, Gründung des Bagratidenreiches, S. 63/64.

[4]) Vgl. Ghazarian, »Armenien unter der arabischen Herrschaft«, Zeitschrift für armenische Philologie II (1904), S. 200.

[5]) Vgl. Chamich, History of Armenia I, S. 360. Das Dorf wurde 1840 durch ein Erdbeben zerstört. Vgl. Chahnazarian, Histoire... par Ghévond S. 23.

und von einer einfachen Größe, die ein kerngesundes Schaffen verrät. Mit ihr erscheint der Entwicklungsgang der armenischen Kirchenbaukunst vollendet. Freilich ist es nicht sicher, ob sie der älteste Vertreter der Gattung als solcher ist (S. 100 und S. 501 f.).

Von Nerses Kamsarakan, der von Justinian II. (685—695)[1]) zum Fürsten von Armenien ernannt wurde und die kleine, wahrscheinlich auch die große Kirche von Thalin erbaute (S. 161 und 167), sagt die kurze Redaktion der Denkschrift des Sokrates (S. 51): »O Herr Nerses Kamsarakan, Exkonsul und Patrizier, der Du Erbauer (Schinogh) der Kirchen bist ... es soll der Frieden Christi in Dir und Deinen Kirchen und in Deinem Lande reichlich gedeihen.« Es scheint also als wenn die reiche Bautätigkeit des Katholikos Nerses Schinogh und seines Nachfolgers auch bei den Fürsten der Folgezeit angehalten hätte. Immerhin ist zu bemerken, daß Howsepian die Inschrift der kleinen Kirche von Thalin schon in die erste Hälfte des 7. Jahrhunderts setzt (S. 52). Die Kathedrale ist die bedeutendste Dreipaßkirche Armeniens. Es ist beachtenswert, daß Ghevond, der die Geschichte dieser Zeit (etwa 632—788) geschrieben hat[2]), die armenischen Statthalter, die anfangs armenische Teilfürsten waren, als Bauherren aufführt. So sagt er mit Bezug auf Gregor Mamikonian und die Kathedrale von Arudsch (Thalisch), sie sei un temple superbe, orné d'une manière élégante et splendide[3]). Von diesem Gregor Mamikonian rührt auch jener Achtpaß bei Eghiward her, von dem oben unter Katholikos Anastas die Rede war und den wir leider nicht untersuchen konnten (S. 131). Chatschik Dadian sagt, daß die Inschrift des Erbauers vorhanden sei. Alischan a. a. O., S. 199, bringt nach Schahchathunian eine Inschrift vom Jahre 1191. Auch Wardan d. Gr. (S 397) berichtet.... zu dieser Zeit errichtete Gregor Mamikonian die Kathedrale von Arudsch und das Kloster von Eghiward.

Der Nachfolger des Gregor Mamikonian, Aschot Bagratuni, ein Freund der Wissenschaften und Künste, baute in Darunik, dem heutigen Bayazid, südlich des Ararat, wo seine Residenz war, eine reich geschmückte Erlöserkirche, in der er ein Wunderbild unterbrachte[4]). Bisher ist von dieser Kirche nichts bekannt[5]). In ihr wurde später (nach Ghevond, S. 121) auch Aschot beigesetzt. Darunik war das Familienbegräbnis der Bagratiden jener Zeit. Derselbe Ghevond berichtet aber auch von Zerstörungen der Denkmäler durch die Byzantiner (S. 16) und Plünderung des schätzereichen Gregorklosters durch die Truppen Abd el-Meliks (685—705)[6]), ferner von der Rettung einer Kirche am Wansee durch den Sohn des Statthalters Aschot vor den Armeniern selbst, die sie mit 280 gefangenen Moslim verbrennen wollten (S. 25 f.). Aus dem 8. Jahrhundert bringt Ghevond keine Nachrichten über Kirchenbauten, es scheint, daß in seiner eigenen Zeit das Interesse dafür nicht mehr lebendig war.

Aus dem 8. Jahrhunderte besitzen wir vorläufig zeitlich sichergestellt nur den einen Kirchenbau von Odzun (Usunlar), entstanden zwischen 717—728, d. h. unter jenem Katholikos Johann dem Philosophen, aus Odzun gebürtig, der das Griechentum geistig überwand, indem er seine starken Seiten sich aneignete, seine Schwächen aber vermied. Auf der Synode von Manazkert (726) wurden die Gegensätze zwischen Armeniern und Syrern (Jakobiten) beseitigt und Johann versuchte auch die Bestimmungen der trulanischen Synode in Armenien durchzusetzen, aber wie sein Eingreifen gegen die Paulikianer ohne Erfolg[7]). Seine Bauschöpfung in Odzun (S. 174 f.) ist eigentlich das genaue Ebenbild dieses Verhaltens. Sie macht im Grundriß den Eindruck der Basilika in ihrer ausgesprochenen Längsrichtung und der Säumung mit äußeren Hallen. Trotzdem trägt sie eine Kuppel. Auch in der Ausstattung mit figürlichen Reliefs nähert sie sich wie Mren (S. 182 f.) dem georgischen Mzchet (S. 87 f.)[8]) und weicht von der armenischen Durchschnittsart ab.

Die nachfolgende Zeit bis zur Aufrichtung des Bagratidenreiches ist — soweit Baudenkmäler

[1]) Vgl. S. 50 I.

[2]) Französische Übersetzung von Garabet V. Chahnazarian, Histoire des guerres et des conquêtes des arabes en Arménie. Vgl. oben S. 54.

[3]) Chahnazarian, S. 14 f.

[4]) Nach Chahnazarian, S. 16, ein Werk des hl. Lukas, das noch heute in Edschmiatsin aufbewahrt werden soll.

[5]) Vgl. auch Stephan von Taron II, 4 (Gelzer-B., S. 99).

[6]) Chahnazarian, S. 19 f.

[7]) Vgl. Akinian, »Handes Amsorya« 1905/6, Ter-Minassiantz, Texte und Untersuchungen XI, (1904) und Ter-Mkrttschian, »Die Paulikianer«, S. 75 f.

[8]) Vgl. auch Alischan, »Sisakan«, S. 267.

in Betracht kommen — dunkel. Über ein 844 von Orbelian erwähntes Kloster Dsitzernawank vgl. »Azgagr. Handes«, II, 1898, S. 47 f. Einen anderen Bau erwähnt Thomas Artsruni II, § 7 (Ausgabe Brosset, I, S. 105), wo er von der im Jahre 852 erfolgenden Ermordung des Marzpan (persischen Statthalters) Jusuf zu Taron (Musch) berichtet[1]: »Celui qui se croyait marzpan se réfugie sur une haute église, construite par le prince Bagrat sous le vocable du Sauveur, avec notable dépense de 3000 dahécans. La en rampant, au risque de sa vie, il se glissa et se cacha au milieu de la coupole; mais les aventuriers cernèrent l'église, quelques-uns escaladèrent, pour l'atteindre, la couverture de la coupole, et l'un d'eux le frappa de sa lance qu'il enfonça jusqu'aux poumons.......« Es handelte sich also um eine Kuppelkirche. Derselbe Thomas III, 2, (Brosset, S. 112) berichtet auch von der Niederbrennung der großen Kirche von Artamid (zwischen Wan und Achthamar) durch Jirak im gleichen Jahre 852.

Die Niederringung der armenischen Teilfürsten unter Mutawakkil (847—861) und die Betrauung des Bagratiden Aschot schuf die Voraussetzung für das Entstehen der zweiten Blüte unter den Bagratiden, die im allgemeinen freilich nichts anderes ist als ein letztes Aufflackern des Nationalen nach schwerer, vielbewegter Zeit, in der die Träger dieses Völkischen, die Nacharars, planmäßig vernichtet worden waren, so daß am Ende nur einige große Fürstentümer nebeneinander bestanden, unter denen das Haus Bagratuni seit langer Zeit die Hauptrolle spielte[2].

Ausstattung. Man kann sich denken, daß in der Zeit der Kämpfe mit dem Islam der Bilderdienst kaum einen Fortschritt gemacht haben mag, die Moslim vielmehr eher die nationale Richtung verstärkten. Trotzdem fällt auf, daß wie Mren auch Odzun eine reiche Fülle von figürlichem Schmuck, an den Fenstern besonders, zeigt, wobei immer an das ältere Beispiel von Mzchet zu denken ist (Abb. 742). Dazu kommt die Seite 431 f. besprochene Nachricht, daß man Bilder der Katholikoi an die Wand der Kathedrale malte. Es besteht also ein Brauch ähnlich dem, der auch in altchristlichen Bischofskirchen des Westens nachweisbar ist. Im übrigen bezeugt die ausführlich besprochene Ausstattung des Äußern der großen Bauten des 7. Jahrhunderts den Bestand jener bildlosen Schmuckart, die als die ausgesprochen armenische gelten kann.

Wir behandeln hier ausschließlich die innere Geschichte der armenischen Kunst. Es ist aber vielleicht gut, schon hier auch auf ihre Ausbreitung hinzuweisen, die nicht zuletzt durch die arabische wie später durch die seldschukische Eroberung gefördert wurde. Es kann nicht kunstgeschichtlich ohne Bedeutung geblieben sein, daß ein baukünstlerisch so vorzüglich beanlagtes Volk wie die Armenier in alle Welt wanderte. Die Folgen werden im vierten Buch über die Ausbreitung ausführlich zu behandeln sein. Ihr Auftreten wurde deshalb so überaus fruchtbar, weil es in eine Zeit fällt, in der die Kunst der christlichen Gebiete des Mittelmeeres keine festausgeprägten Bahnen geht, selbst in Byzanz nicht. Gerade dort und ebenso in Oberitalien und dem Frankenreiche mußte die tüchtige Werkarbeit der Armenier im Wölben überhaupt und dem Kuppelbau im Besonderen Eindruck machen, nicht minder die Formen ihrer Ausstattung, die allmählich vereinzelt überall auftauchen.

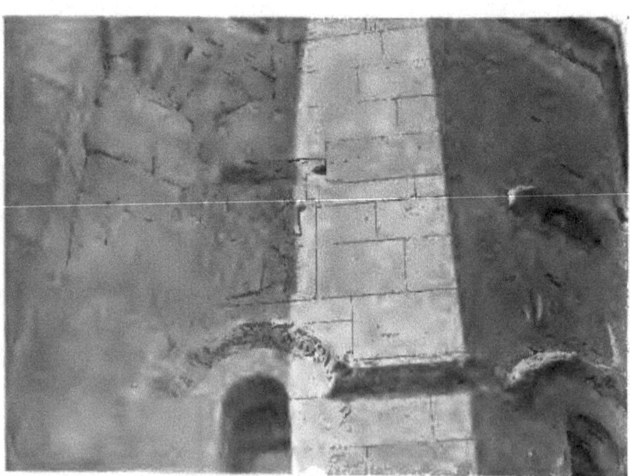

Abb. 742[3]. Mzchet, Kreuzkirche: Einzelheit von der Ostapsis.

[1]) Vgl. Daghbaschean, S. 19.
[2]) Vgl. Ter-Mkrttschian, »Die Paulikianer«, S. 9 f.
[3]) Vgl. S. 783.

VII. Die Zeit bis um 1000.

Die Blütezeiten der national-armenischen Baukunst liegen im 4. Jahrhundert, als das arsakidische Geschlecht alle Kräfte zu einer großen Tat, eben der Einführung des Christentums zusammenfaßte, dann im 7. Jahrhundert als Byzanz und Persien müde gekämpft waren und der Islam der völkischen Bewegung noch freien Spielraum ließ, endlich um 1000, als einheimische Geschlechter ihre neuen Hofsitze durch Großbauten zum Range richtiger Städte zu erheben suchten und Ani vor allem fast großstädtisches Ansehen gewann. Aus dieser Zeit sind uns die Namen der führenden Baumeister eines Manuel und Trdat erhalten, von denen oben Seite 589 f. die Rede war. Es gilt nun zusammenfassend diese Meister auf dem Hintergrund ihrer Zeit erscheinen zu lassen.

A. Die Bagratiden (vgl. Die Königsliste, S. 600).

Als mit Basileios I. (867) ein Armenier den byzantinischen Kaiserthron bestieg, wurde auch Armenien unter den Bagratiden wieder teilweise selbständig. Der Khalif machte Aschot, der sich 855 zum Fürsten der Fürsten aufgeschwungen hatte, zum Könige, ebenso tat Basileios[1]. Er und sein Nachfolger Smbat (889—914) waren noch in einem Lehensverhältnisse zum Khalifat, die sieben andern Bagratiden (913—1043) aber unabhängig. Aschot hatte[2] seine Residenz in Bagaran, wo die Hochzeit seiner Tochter mit dem Artsrunier Derenik 862 und 885 wohl auch die Krönung gefeiert wurde[3]. Als Aschot 890 starb, wurde er in der für ihn bereiten Gruft ebenfalls in Bagaran beigesetzt[4]. Wir kennen bis jetzt nur einen Kirchenbau in Bagaran, die Kathedrale vom Jahre 624—631. Aschot selbst hat dort, scheint es, keinen Neubau aufgeführt. Doch hören wir bei Johannes Katholikos c. 39, S. 245, von einer Kirche, die Aschot Sparapet, der Sohn Schapuhs aufführte unter Zuweisung kostbarer Gegenstände[5]. Ich bilde hier (Abb. 660) die Reste einer zweiten Kirche ab[6], die wohl auf die Nordwestecke eines Baues zu deuten sind, der im Westen ein hohes tonnengewölbtes Schiff aufwies. Die Gurtbogen liegen auf Wandpfeilern, die, weit vor die Außenmauer vortretend, tiefe Nischen bildeten. Über ihnen außen merkwürdig hoch, die an das Mittelschiff angelehnten Pultdächer mit der Bandgeflechtschräge. Nach der Einfachheit der steilen Hohlkehlen-Abschlüsse der Pfeiler würde eine frühe Zeit anzunehmen sein. Bagaran zeigt noch andere Ruinen. Einige sind bei Nahapetian I, Blatt 38, zu sehen.

Von Aschot I. und seinem Sohne sagt der hundert Jahre später schreibende Stephan von Taron III, 3 (Gelzer-B., S. 117 f.): »Und so wuchsen die Dörfer zu Städtchen an und die Städtchen zu Städten infolge der Menschenmenge und des Reichtums, so daß sich sogar die Hirten und Bauern in Gewänder von Seide kleideten«. Hauptstadt war Schirakawan (S. 193). Schon Aschots Vater soll dort 834 eine Kirche erbaut haben. Aschot I. selbst hat keinen Neubau aufgeführt, doch wurden die vorhandenen Kirchen reich beschenkt. Dafür traten sein Enkel Gregor Supan und seine Mutter Maria ein. Ersterer erbaute eine Muttergotteskirche im Städtchen Koth, sein Bruder eine

[1]) Gelzer bei Krumbacher, S. 981.

[2]) Vgl. dafür und das Nachfolgende Daghbaschean, »Gründung des Bagratidenreiches durch Aschot Bagratuni« Berlin 1893, S. 41 f. und Thopdschian, »Politische und Kirchengeschichte Armeniens unter Aschot I. und Smbat« (Mitteilungen des Seminars f. orient. Sprachen zu Berlin, II. Abt. (1905), S. 88 f. Über den Ursprung der Bagratiden u. a. auch Chahnazarian, Histoire par Ghevond, S. 11 6 f.

[3]) Thomas Artsruni III, § 14, (Brosset, S. 166).

[4]) Nach Johann Katholikos. Vgl. Daghbaschean, S. 76.

[5]) Thopdschian, S. 212.

[6]) Nach Nahapetian, I. Phot. 39.

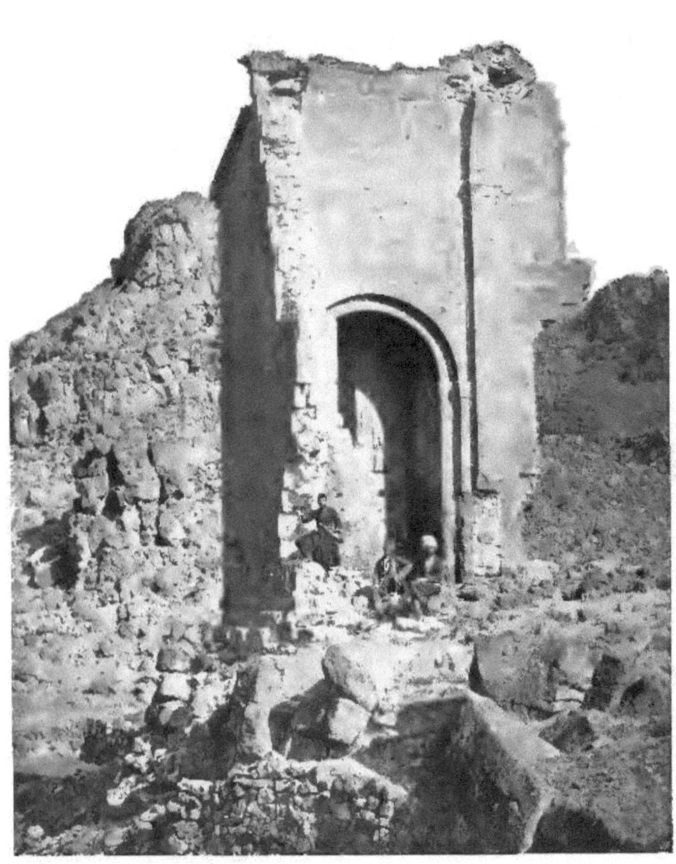

Abb. 660. Bagaran, Rest einer zweiten Kirche. Aufnahme Nahapetian.

Kirche im Dorfe Noratus. In erster Linie war die Fürsorge des Hofes auf die Klöster gerichtet. Die Hauptstätten der Wissenschaft in der Zeit Aschots I. waren Sewan und Tathev. In Sewan, wo der spätere Katholikos Maschtotz (898/99) eine Schule gründete[1]) wurden 874 von der Fürstin Maria zwei Kirchen erbaut, eine Apostel- und eine Muttergotteskirche[2]). Ihr Sohn erbaute eine Kirche in dem seit dem 7. Jahrhundert berühmten Kloster von Makenotzak. Die Kirchen von Sewan erscheinen in Abb. 662 nebeneinander auf den Felsen über dem Meere stehend. Es genüge hier die Feststellung, daß beide Kuppelhallen sind[3]). Im übrigen hat Topdschian Nachrichten über andere Bauten dieses Gebietes (Siunik oder Sisakan) zusammengestellt, wie vorher schon Alischan in seinem »Sisakan«. Topdschian sagt[4]): »Auch die Siunier bauten eine Menge Kirchen; so der Schwestersohn Smbats I. die Kapelle des hl. Šimēon, wo er auch begraben wurde. Die Herrin von Siuniq, die Schwester Smbats I. baute die Kirche von Šałaqā (in Artzach) und wurde ebenfalls hier begraben. Nach Stephanos Orbelean baute dieselbe (sie hieß Mariam) im Dorfe Chołowak, welches sie von den Mohammedanern um den Preis von 60.000 Dirham gekauft hatte, zum Gedächtnis ihres verstorbenen Mannes Wasak Siuni Gabourn eine Kirche auf den Namen des Apostels Petrus. Sie schenkte dieser Kirche noch das Dorf Gner im Gau Mazaz, welches sie zu 3000 Dahekan — 3000 Dirham erworben hatte. Gregor Soupan hatte nach Orbelean auch die Kirche (Kloster) von Maqenocq gebaut (St. Astvatsatsin) und vermachte ihr Äcker und Weingärten in Garni und Eriwan. Der Bruder Gregors, Sahak Siuni, baute die Kirche von Noratus. Auch Šapouh Bagratuni baute nach Stephanos Orbelean eine Kirche

[1]) Vgl. auch Stephan von Taron, III. 2 (Gelzer-B., S. 117 f.).

[2]) Daghbaschean, S. 100, Vgl. Alischan, »Sisakan«, S. 51.

[3]) Vgl. dazu Alischan, »Sisakan«, S. 78 f.

[4]) »Politische und Kirchengeschichte Armeniens unter Aschot I. und Smbat I.«, Mitteilungen des Seminars für orient. Sprachen zu Berlin, II. Abt. (1905), S. 213. Dort auch Belege.

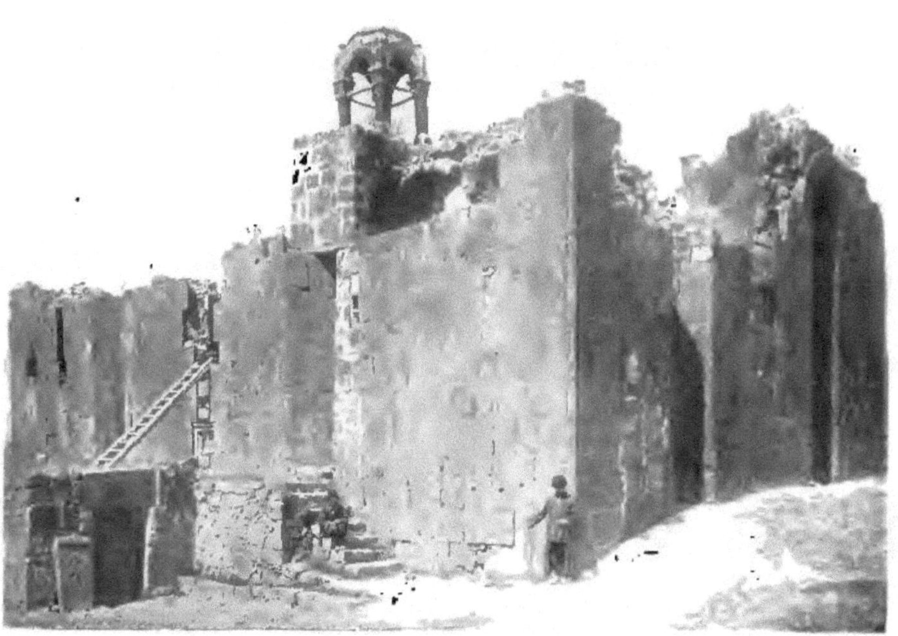

Abb. 661. Noratus. Kirche: Südostansicht.

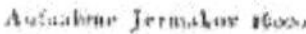

Aufnahme Jermakow 1605.

in Wanewan-Ktanotz und machte ihr viele Geschenke«. »Das armenische Mönchtum hatte seit Maschtotz einen enormen Aufschwung genommen. Das war der Anfang der großartigen Entwicklung des armenischen Mönchtums im 10. Jahrhundert«. Ich gebe hier eine Südostansicht der Reste der Kirche von Noratus Abb. 661), die Sahak erbaute[1]). Man sieht, daß es sich ganz offenbar um eine Kuppelhalle handelt. Die Kuppel und die Dächer sind eingestürzt, der Rest ist notdürftig hergerichtet. Auf allen Seiten sind Dreiecknischen angebracht, zwischen ihnen rechts die Apsis. Die Ecke ist mit einem Rundstabe ausgestattet. Wir haben schon oben Seite 256 von den in der Nähe gelegenen Friedhöfen gesprochen.

In diese Zeit gehört auch die Kirche von Ughuzlü (Ughuzli. Oghuzli), die oben Seite 216 vorgeführt wurde. Sie trägt an der Südseite eine Bauinschrift. in der Hassan, Sohn des Chakan Guthuni, wie es scheint ein Zeitgenosse Smbats I., genannt wird[2]). Eine Erneuerungsinschrift vom Jahre 1001. Abbildung 252 zeigt den im

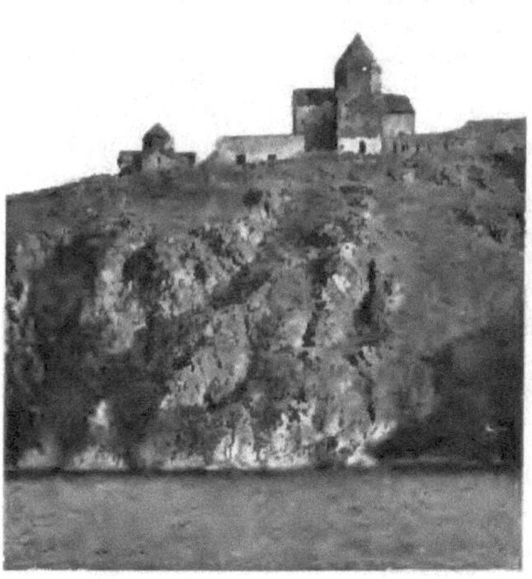

Aufnahme Jermakow 15068

Abb. 662. Kloster Sewan im heutigen Zustande.

[1]) Alischan, »Sisakan«, S. 45 f.

[2]) Alischan, »Schirak«, S. 15 f., Sargissian, S. 174.

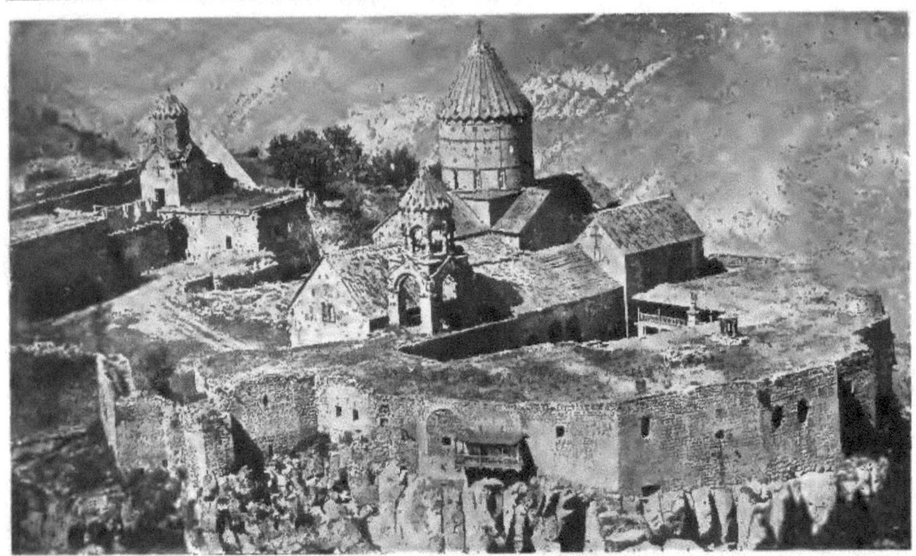

Abb. 663. Kloster Tathev: Gesamtansicht. Jermakov 11568.

allgemeinen gut erhaltenen Bau mit der erneuten Ecke. Es ist eine Kuppelhalle, wieder mit den üblichen Dreiecknischen wenigstens an drei Seiten. Die Fenstertrommel verhältnismäßig niedrig mit Doppelbogen auf Doppeldiensten verziert. Im Türbogen das Reiterrelief, von dem Seite 428 die Rede war. Der alte Schmuck des Fensters darüber und der Trichterschlitze beiderseits ist sehr reich: über dem Rande der Muschel ein vortretender Bogenfries. Der Nachfolger Aschots war sein Sohn Smbat I. (890—914), unter dem das Königreich wieder an den Rand des Abgrundes geriet und dann wesentlich verkleinert weiterlebte. Smbats Residenz blieb Schirakawan. Er ließ dort einen Palast bauen, der jetzt verschwunden ist. Der Hofkirche schenkte er goldgestickte Gewänder, seidene Vorhänge und einen goldenen, mit kostbaren Steinen gezierten Gürtel für den Kirchengebrauch[1]). Die Erlöserkirche von 897/98 wurde oben Seite 193 f. unter den Kuppelhallen besprochen. In ihrer einfachen Schmucklosigkeit macht sie im Äußern durchaus den Eindruck, noch der älteren Art anzugehören. Schirakawan blieb bis 961 Residenz.

Die Hauptstütze der nationalen Bewegung waren in dieser Zeit die Klöster. Smbat I. gründete 895 das Kloster Haridscha (S. 10 und 16) an einer Stelle, die schon früher eine Rolle spielte, wie die älteste Gregorkirche belegt. Der Hauptbau ist eine Kuppelhalle (Abb. 64 f.), die innen und außen die Kuppel zur alleinherrschenden Wirkung bringt. Auf der Rückseite noch im Giebel das Stifterrelief. Eine Abbildung bei Alischan, »Schirak«, S. 160. Es stehen sich zwei Männer in Kaftane gehüllt, mit hohen persischen Mützen gegenüber und reichen sich, einander anblickend, die Hände.

Unter Smbat I. wurde auch die Metropolitankirche des Klosters Tathev erbaut[2]). Zur Einweihung erschienen die Könige und Katholikoi[3]). Abbildung 663 zeigt das Kloster in einer Gesamtansicht. Es krönt die Spitze eines Hügels, um den sich die Umfassungsmauern festungsartig (vgl. S. 247) herumziehen. An sie legen sich die Wohnungen der Mönche mit ihren nach dem Kirchenhofe zu offenen Galerien. Die stattliche Kirche ist, aus verschiedenen Zeiten stammend, mit mächtiger Kuppel im Norden vorgelagert. Auf dem Grundquadrat sitzt zunächst die Fenstertrommel, dann aber steigt diese noch hoch empor und ist mit Kreuzen in Bandgeflecht geschmückt. Neben der Westseite ein

[1]) Joh. Katholikos c. 36, S. 231, Thopdschian, S. 212.
[2]) Vgl. Stephan Orbelian, »Hist. de la Siounie« (öfter), Sargis Djalalian, »Reisen nach Groß-Armenien«, Alischan, »Sisakan«, S. 222 f.
[3]) Vgl. Daghbaschean, S. 99.

Glockentürmchen der oben Seite 243 gekennzeichneten Art. Im Hintergrunde noch ein kleiner Kuppelbau von der Art der Bagratidengräber im Horomoskloster (S. 253 f.).

Im Klosterhofe ein achteckiger Pfeiler (Abb. 664), hoch über die Dächer emporragend (die Spitze in Abb. 663 rechts vorn), in der Mitte von zwei Schnurbändern umzogen und mit allerhand Kreuzen und Rosetten unregelmäßig bedeckt. Als Krönung ein vorkragender Bandfries mit Aufsatz und quergerippter Kugel, worauf ein Kreuz unter einem im Eselsrücken zugespitzten Bogen steht, der halbrund umzogen ist Über dieses Denkmal, angeblich eine Dreifaltigkeitssäule, neben der einst noch zwei andere gestanden haben sollen, vgl. Alischan »Sisakan«, S. 245 f.[1]). Es wird sich wohl um einen Grabstein handeln. Jüngere obeliskenartige Denkmäler dieser Art finden sich öfter. So ist eines im Hofe von Edschmiatsin, ein anderes aus Dschulfa in Tiflis aufgestellt. Ein solcher Pfeiler auf drei Stufen auch im »Azgagr. Handes« VII/VIII (1911), S. 348.

Das merkwürdigste Denkmal dieser Art stammt aus der Zeit Smbats II. (914—928). Es ist der Doppelbogen von Odzun (Usunlar, S. 174 f.), der zwei Obelisken auf einem hohen Stufenunterbau umrahmt (Abb. 665). Er steht neben der Nordostecke der Kirche etwa in der Flucht ihrer Ostseite. Auf zwei allseitig stärker vortretenden Stufen (vgl. den Grundriß Abb. 667), die den rechteckigen Unterbau von 5'50 auf 4'13 m bilden, steht seitlich mit einer Schräge abschließend ein Aufbau, zu dem von der Westseite fünf Stufen emporführen zu einer Wand, die sich ausnimmt wie zwei von drei Pfeilern getragene Bogen eines Langschiffes. Die Pfeiler enden mit der Hohlkehle, die verbindenden Bogen sind rund, darüber eine Bogenleiste, stark vortretend über zwei Zäpfchenreihen. Über dieser Wand Spuren weiterer kleiner Aufbauten. In den Rundbogen stehen zwei Obelisken von 0'33 m im Quadrat, etwa 4 m hoch in grünlichem Stein, der gegen den roten Aufbau stark absticht. Sie sind an der Westseite in Streifen übereinander bedeckt mit Flachbildern (Abb. 666), freilich zum Teil stark zerstört, besonders unten. Eine Bearbeitung bereitet Kalantar vor, sie mag vielleicht während des Krieges bereits erschienen sein. Ich sah den Nordobelisken auf seine Darstellungen hin an. Auf seiner Ostseite sieht man oben ein Kreuzmedaillon; dann folgt ein Heiliger nach links stehend mit Schwert und Stabkreuz. Im nächsten Streifen erscheint ein Mann in persischem Gewand und eine Orans, dann dieselben einander zugewandt betend, dann drei Felder leer, schießlich unten zwei Gestalten vor drei Bogen und ein Rautenfeld mit Rosettenfüllung. Es scheint sich um Szenen des alten Testamentes zu handeln. Die Westseite zeigt oben, soweit ich sehen konnte, das Noli, dann die thronende Muttergottes, die Geburt (Maria links, Josef sitzend rechts), die Taufe (Johannes rechts groß stehend, Christus als kleine Halbfigur in der Mitte mit langem Haar, links ein Stabkreuz auf Stufen, darüber die Taube groß und die aus dem Halbkreise ragende Hand[2]). Die unteren Felder zerstört. An der Nordseite desselben Obelisken Zierfelder mit dreilappigen Blüten, an der Südseite fortlaufend

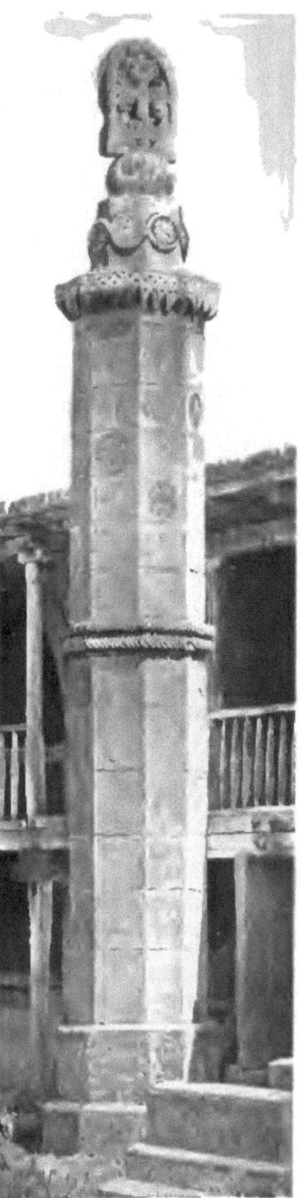

Jermakov 13576.

Abb. 664. Kloster Tathev: Denksäule.

[1]) Über das Schwingen der (wie die Kirche) vom Metropoliten von Sunikh Johannes (895—906) errichteten Säule vgl. Kalemkiar, Wiener Zeitschrift für die Kunde des Morgenlandes, XII (1898), S. 367 f.

[2]) Vgl. meine »Ikonographie der Taufe Christi«.

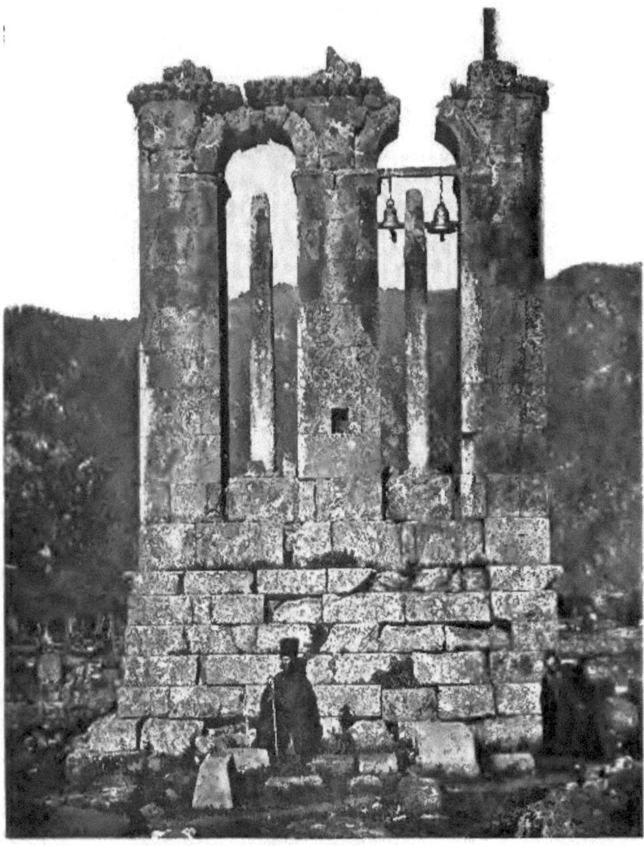

Abb. 665. Odzun: Denkmal. Aufnahme Grimm.

ineinandergeschlungene Halbbogen mit Zapfenfüllung.

Ich habe das Denkmal oben S. 255 f. unter den Grabmälern ausgelassen, obwohl es gewöhnlich als solches angesehen wird und in der Tat aufgebaut ist wie die altarartigen Gräber mit der Kreuzplatte. Ob es sich um das Grab Aschot II. handelt[1]), weiß ich nicht. Dieser hatte sich 922 in das Kloster Sewan zurückgezogen. Auf diese Dinge wird wohl Kalantar eingehen. Ich möchte hier nur zur Form sagen, daß das Denkmal neuerdings den Eindruck verstärkt, den die Kirche von Odzun macht: sie hat Zusammenhang mit einer Pfeilerbasilika und es sieht aus, als wären Reste des alten Baues bei Aufrichtung des Denkmals verwendet worden. Freilich hat wieder die Bogenleiste nichts mit der Basilika zu tun, gehört durchaus zu den bezeichnenden Zügen des Kuppelbaues. Nicht unerwähnt bleibe, daß die heute neben dem einen Obelisken hängenden Glocken auf eine andere Bestimmung des Denkmals hinweisen[2]). In Rußland sind noch Glockenstühle im Gebrauch, die der Form des Denkmals von Usunlar nahekommen. Ich verweise z. B. auf die Verklärungskirche in Wiasemi aus dem 16. Jahrhundert[3]).

Ich fasse zusammen. In der Zeit, in der die Bagratiden in Schirakawan saßen, ist offenbar ihre Lieblingsbauform die Kuppelhalle. Was vorstehend an Bauten vorgeführt wurde, gehört ausschließlich dieser Gattung an. Um so auffallender ist der Reichtum der Typen, die die Bagratiden seit 971, d. h. seit der Übersiedlung nach Ani verwenden, zu denen wir nun überzugehen hätten. Diese Bauten sind oben S. 103 f. in der Reihe der Gattungen und Arten so vielfach herangezogen, daß eine Rückverweisung wohl genügt. Man kommt ihrer, nach der vorherigen Öde auffallenden Mannigfaltigkeit gegenüber auf die Frage, ob vielleicht als reine Kirchenformen jetzt überhaupt nur die Kuppelhalle oder Übergangsbauten, wie die ihr nahe stehende Kathedrale von Ani, gelten können und alles andere als Sondergruppe, etwa als Martyrion zu führen sei. Danach hätten wir in Ani außer der Kathedrale noch die Gregorkirche des Honentz und die auf dem Jungfernfels außerhalb

[1]) Vgl. übrigens oben S. 261 f.
[2]) Vgl. Giut Aghaniantz, Reisebeschreibung (Hultz-Noritz, Tiflis 1900), S. 23 f.
[3]) Suslov, Monuments de l'ancienne architecture russe II, Tafel 3.

der Stadtgrenze als eigentliche Kirchen anzusehen. Einen Fingerzeig gibt jener Vierpaß mit Umgang des Gagik, der Zwarthnotz nachgeahmt ist. Wenn auch die anderen Kirchen, die ältere Typen vertreten im gleichen Sinne Wiederholungen — bei der Apostelkirche ist ja S. 334 darauf verwiesen worden, daß sie den älteren Bau der Metropolis von Edschmiatsin wiederholen dürfte — vorlägen? Die Bagratiden und die ihnen nahestehenden Geschlechter würden also Gewicht darauf gelegt haben, ihren neugegründeten Hauptstädten Würde zu geben, indem sie die alten Heiligtümer aus der Zeit der Entstehung des Christentums nachahmten. Wir hätten es dann mit einer Renaissance der vorgriechisch-syrischen Zeit zu tun, ganz absichtlich und zweckbewußt durchgeführt. Dann fällt auch die Verwunderung über die späte Entstehung von Bauten, die wir im Wesentlichen ihrem Bautypus nach womöglich dem 4. Jahrhundert zuschreiben möchten. So erklärten sich auch die in ihrer Ausstattung zu beobachtenden Züge antiker Herkunft (S. 322). Meister Manuel von Achthamar, ein Mönch, ist der Vertr eter dieser Richtung Anders Trdat, wie oben S. 588 f. ausgeführt wurde.

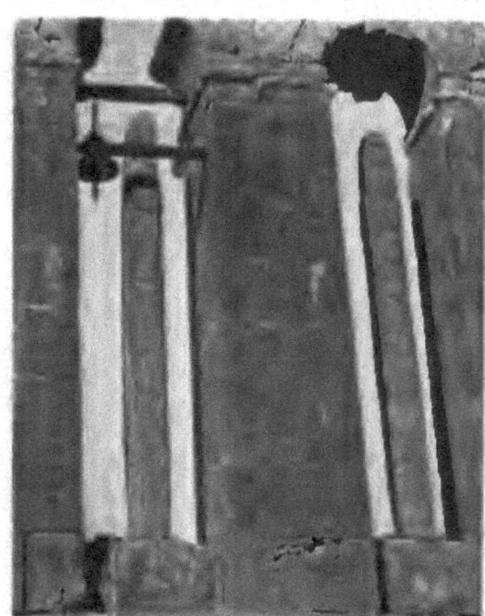

Abb. 666. Odzun, Denkmal: Einzelheit.

Die Sachlage um die Wende des Jahres 1000 wäre also die: Der Kanon 182 bestimmt die Kuppelhalle als geltenden Typus. Daneben aber sind solche Bauten zugelassen, die sich als Wiederholungen der alten nationalen Heiligtümer des Landes geben. Es würde dann verständlich, daß solche Wiederholungen nicht nur in Ani, sondern vereinzelt auch an andern Orten auftauchen. Von Waspurakan wird unten die Rede sein. Aber auch Chtskonk würde auf diesem Wege verständlich. Dort fallen die Vierpässe der Bagratidenzeit neben den Kuppelhallen auf (S. 26, 105 f., 196 f.), so die in der Art von Zwarthnotz bzw. des Grabes des hl. Gregor gebaute Sargiskirche (S. 105). Eine Inschrift nennt den Katholikos Petrus I. (1019—1054) und Johannes Smbat (1020 bis 1040), unter denen dem Kloster Äcker geschenkt wurden. Also muß die Kirche selbst älter sein. Wir kommen so wieder auf die Zeit, mit der wir uns hier beschäftigen und das gilt auch für den anderen Vierpaß von Chtskonk (S. 104). Ebenso wird uns die Möglichkeit der Wiederkehr eines Konchenquadrates, wie in den späten Kirchen von Kars (S. 81) und Ateni (S. 89), falls meine Annahme sich bewahrheitet, nicht wundernehmen.

In diese Zeit gehört auch das auf den Zwarthnotztypus, und wenn ich recht habe, mittelbar auf das Grab des hl. Gregor in Thordan zurückgehende Bana. Ich ergänze die oben, Seite 121 f., gegebenen Aufnahmen durch Abbildung 668, die einen Einblick in die leichte und kühne Bauart des Innern gewährt. Die im Vordergrunde sichtbare Säule würde der sechssäuligen Exedra angehören, die heute zum Teil vermauert, zum Teil eingestürzt ist. Das zwischen Kämpfer und Würfel stehende Kapitell kehrt in der spätbyzantinischen Kunst öfter wieder. Auffallend ist der derbe Akanthus, nicht minder der Aufsatz über dem Kapitell, der fast im Sinne der Frührenaissance wirkt. Ich gebe zum Vergleich noch eine Aufnahme

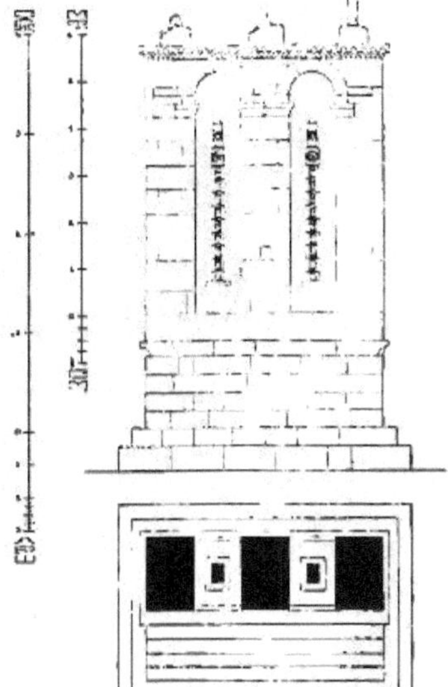

Abb. 667. Odzun, Denkmal: Maßaufnahme von Grimm.

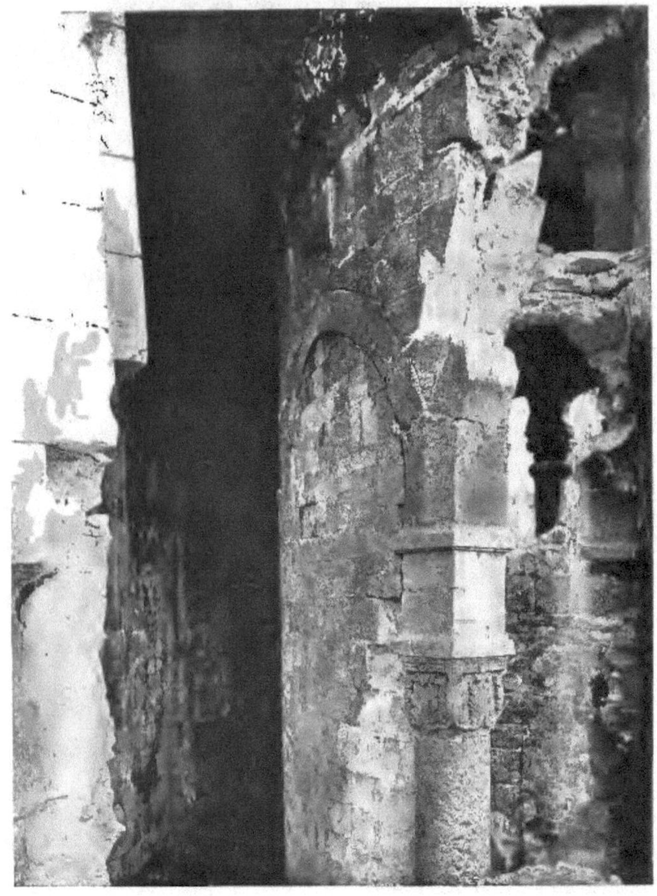

Aufnahme Jermakov 1247 I.
Abb. 668. Bana, Kirche: Einzelheit des Innern (Linke Ecke von Abb. 359).

aus den Ausgrabungen der Gregorkirche des Gagik in Ani (Abb. 669)[1]. Dieser Nachahmer von Zwarthnotz um 1000 hält sich doch, wenn er auch in der Ausstattung manches im Zeitgeschmack ändert, an die altarmenische Überlieferung. In Bana haben wir es mit einem Grenzgebiet, in Ani mit dem Kernland Ararat zu tun.

Im übrigen scheint, wie gesagt, wirklich im Zusammenhang mit dem durch den Kanon 182 (oben S. 584) festgestellten Grundsatz, daß den Bauplan der Bischof zu bestimmen habe, vom Jahre 1000 etwa an nur ein Kirchentypus, der der Kuppelhalle, zugelassen. Bezeichnend ist das Vorgehen des Katholikos bei Verlegung seiner Residenz nach Argina. Stephan von Taron, ein Zeitgenosse, schreibt darüber (9, III, Gelzer-B., S. 135 f.)[2]: »In den Tagen Kiur-Žans[3], des Kaisers der Griechen und zur Zeit von König Aschots Regierung in Armenien im Jahre 421 (973) der Ära wurde...... Katholikos der Armenier Ter-Chatsch, der Bischof von Arscharunik (972—992) ..... Er stellte wieder her die Katholikosresidenz in der Provinz Schirak in der Komopolis Argina, an dem Ufer des Flusses Achurean, bei der Grabstätte Ter Ananias, des Oberhirten der Armenier. Und in demselben Dorfe baute er aus schön behauenen Steinen die heilige Kathedralkirche und stützte den gekuppelten, himmelgleichen Bogen durch Stützen (siun)[4]. Ferner baute er noch drei andere Kirchen von gleicher Gestalt, wunderbar anzusehen in prächtiger Bauart[5], und er schmückte sie herrlich mit purpurgeblümten, golddurchwirkten Webereien, die (sehr schön) paßten zu dem Gold- und Silberschmuck und der Pracht der glänzend leuchtenden Gefäße.«

Die Übersetzung hat kein Kunstverständiger gemacht. Ich habe sie an entscheidenden Stellen geändert, aber trotzdem benützt, um zu zeigen, wie notwendig im einzelnen Falle reine Philologenarbeit

[1]) Vgl. oben S. 119 f., 321 und 435.

[2]) Vgl. oben S. 194 und S. 591. Ich gebe die Stelle hier nochmals im Zusammenhange, weil erst jetzt manches aufgeklärt werden kann.

[3]) Johannes Tzimiskes (969—976).

[4]) Nicht wie in der Übersetzung »Säulen«. Vgl. oben S. 591.

[5]) Im armenischen Texte »Konstruktion«, was nicht wie bei Gelzer-B. mit »Mosaik« übersetzt werden kann. Dazu oben S. 297.

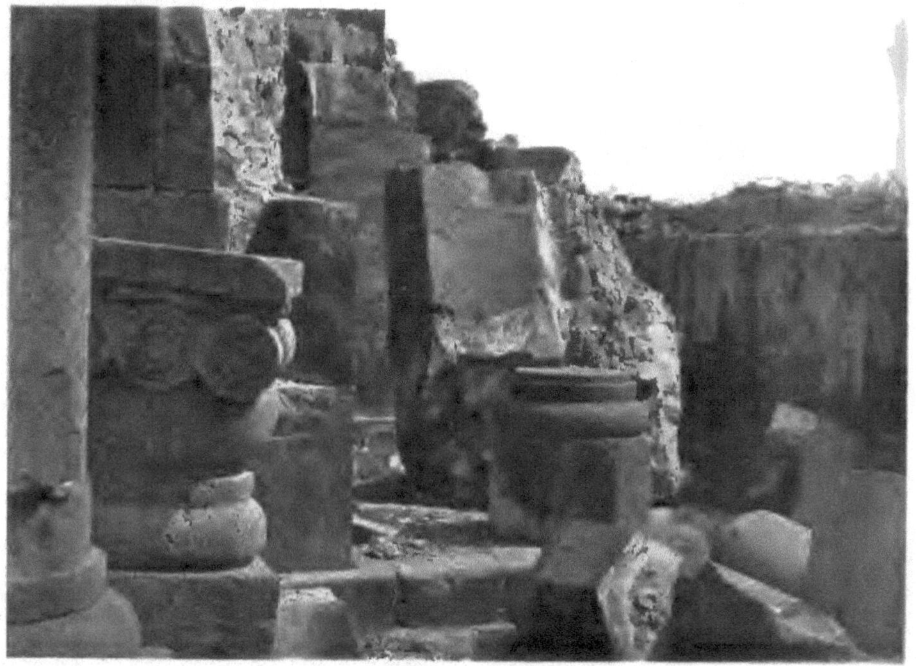

Abb. 669. Ani, Gregorkirche des Gagik: Einzelheiten. Aufnahme Marr.

nachgeprüft werden muß. Die Kathedralkirche von Argina ist erhalten; von einem Bogen, der durch Säulen gestützt wird oder von Mosaiken, kann schon nach der ganzen Grundart der armenischen Kirchen keine Rede sein (Abb. 684). Die Übersetzer haben sich von ihrer ungefähren Kenntnis byzantinischer Kirchen leiten lassen, in denen tatsächlich bisweilen die Kuppel auf Säulen ruht und Mosaiken vorkommen.

Argina war die früheste Schöpfung des Hofarchitekten Trdat (S. 590 f.). Er setzt also mit der Kuppelhalle ein und gibt diese Bauform auch der Kreuzkirche von Haghbat, falls sie überhaupt von ihm ist. Sein Ruhm, die Kathedrale von Ani, entfernt sich etwas vom Kanon dadurch, daß die Pfeiler freigestellt sind. Dabei handelt es sich nicht eigentlich um die Erfindung einer neuen Bauform, sondern lediglich um eine großzügige Durchbildung des längsgerichteten Kuppelraumes und darum, daß Trdat ihn in Werk und Ausstattung bis an die Grenze der Frühgotik geführt hat.

Tatsache ist, daß die Kuppelhalle, wie wir durch Bauten aus der Folgezeit nachweisen können, weitaus vorherrscht. Sie wird für alle Zwecke, große und kleine Kirchen, Martyrien u. s. f. verwendet; die Form läßt sich offenbar in jedes Maß bringen, höchstens, daß man, wie bei der Kathedrale von Ani bei Großbauten die Pfeiler freistellt. Ich gehe ganz kurz einige Beispiele durch. Da ist Kyzyl Kilisse, 985 vom Mönch Samehan im Dorfe Choschawank erbaut (S. 198 f.), da sind vor allem zwischen diesem Dorfe und Ani die Kirchen des Horomosklosters (S. 5, 195 f. und 249). Sie gehören alle zusammen zu Ani, die Dorfkirche ist von den Äbten des Klosters Sargis und Soghomon erbaut, das Kloster selbst wurde von den Bagratiden aus dem Tale (Abb. 278) auf die Höhe verlegt, immer aber blieb die angewandte Kirchenbauform die Kuppelhalle (Abb. 266, 270). Dann die Hauptkirchen der Klöster Haghbat und Sanahin (Abb. 608 und 42), Marmaschen (Abb. 200 f.) u. s. w. (vgl. S. 197 f.), alle sind sie Kuppelhallen. Und das blieb so bis auf den heutigen Tag. Ich halte mich dabei nicht länger auf.

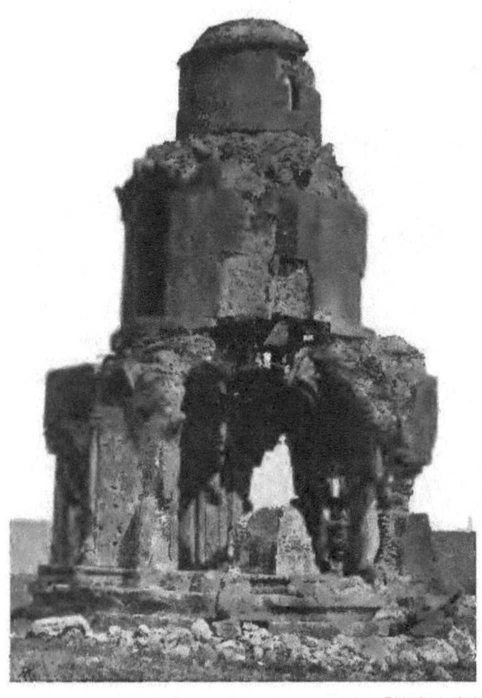

Jermakov 4069.

Abb. 670. Ani, Hirtenkirche: Außenansicht.

Außergewöhnliche Formen kommen vereinzelt noch im Grabbau vor, obwohl im allgemeinen auch dort die Kuppelhalle herrscht. Ich verweise nochmals mit Abbildung 670, auf die Hirtenkirche von Ani. Die alte Bauform des Sechspasses, die in der Anordnung einer oberen Kammer an das Grabmal des Theoderich erinnert, erscheint hier in einer maßlosen Übertreibung in Anwendung des Dreieckschlitzes, wie oben auf Seite 564 f. ausgeführt wurde. — Die spätere Grabstätte der Bagratiden lag nicht in Ani selbst, sondern in dem benachbarten Kloster Choschawank[1]). Ich habe von ihnen oben S. 253 f. gesprochen und ihre seltsame Abart betont. Das Kloster hieß selbst ursprünglich Horomoswank, d. h. Kloster des Rhomäers und war eine jener Gründungen, die armenische, von den Griechen aus Kleinasien vertriebene Mönche, Gegner des Chalcedonense, errichtet hatten[2]).

B. Artsrunier[3]).

Neben dem Reiche der Bagratiden von Ani bestand ein Königreich Waspurakan[4]). Die Gegend spielte früh eine Rolle und trat seit dem 8. Jahrhundert besonders hervor, erwähnt wird eine Stadt Ardschesch, auf die in Rumänien öfter Bezug genommen wird. Gagik Artsruni hat uns wiederholt beschäftigt (S. 292 und 432 f.). Er war der Auftraggeber des Historikers Thomas, den wir immer wieder anzuführen hatten. Thomas Artsruni hat es denn auch nicht unterlassen — soviel er sonst von den Geschehnissen verschweigt — alles anzuführen, was zum Ruhme seines Hauses beitragen konnte, darunter auch die zahlreichen Kirchenbauten. Der Kirche von Achthamar wurde oben wiederholt ausführlich gedacht. Hier sei eine Zusammenstellung abgedruckt, die Thopdschian[5]) vorgenommen hat. Gagik Artsruni I. ließ 1. die Kirche von Ostan, die nach dem Namen der Gottesmutter »Astvatzatzin Mariam« genannt wurde, renovieren und schenkte ihr ein großes, kostbares silbernes Kreuz[6]). 2. In Wan baute er die Kirche von Amarakan und nannte sie nach dem Namen des hl. Georg. Er schenkte dieser Kirche nicht nur Gewänder, sondern auch silberne Weihrauchgefäße und silberne Kreuze[7]). 3. Am Fuße des Amrakan baute er eine Kirche aus gemeißelten Steinen[8]) und benannte sie mit dem Namen Sion. Auf der rechten Seite des Hauptaltars ließ er zur Erinnerung an die Kreuzigung Christi auf Golgatha eine Kapelle-Kirche bauen und auf dieser Kapelle eine andere zur Erinnerung des Hauses, in welchem Christus mit seinen Jüngern das letzte Osterfest feierte. Auf der linken Seite des Hauptaltars ließ er wiederum eine Kirche zur Erinnerung an die Auferstehung und auf derselben eine andere zur Erinnerung an die Himmelfahrt Christi

[1]) Brosset, »Les ruines d'Ani«, S. 61.

[2]) Vgl. Thoramanian, »Das Horomoskloster« (arm.) 1911.

[3]) Vgl. die Königsliste S. 600.

[4]) Vgl. Thopdschian, »Pol. und Kirchengeschichte Armeniens« (Mitt. d. Seminars f. Orient. Sprachen, Berlin, II. Abt. 1905), S. 143 f.

[5]) A. a. O. S. 212, wo auch die Literatur angegeben ist, zumeist Thomas Artsruni.

[6]) Thomas III, 27, S. 244 f.

[7]) Thomas III, 29, S. 252.

[8]) Thopdschian meint, aus dieser besonderen Hervorhebung sei zu schließen, daß manche Kirchen auch von rohen Steinen gebaut waren. Vgl. S. 357 f.

bauen[1]). 4. Er baute weiter an Stelle eines Palastes des Rschtuni das Kloster von Mahrascht, wo unter Führung des Priesters Johannes sich viele Mönche sammelten. Er nannte diese Kirche nach dem Namen des Apostels Paulus, welcher »der unbesiegbare Führer der Hölle« genannt wird. Auf der rechten und linken Seite des Altars dieser Kirche baute er wiederum zwei andere Kirchen[2]). 5. Sein Bruder Gurgen baute die Kirche von Adamakert aus gemeißelten Steinen mit zwei Kapellen zu seiten des Altars[3]). Alle diese Kirchen wurden in Anwesenheit ihrer Begründer und deren Gäste von der Geistlichkeit des Ortes feierlich geweiht[4]).

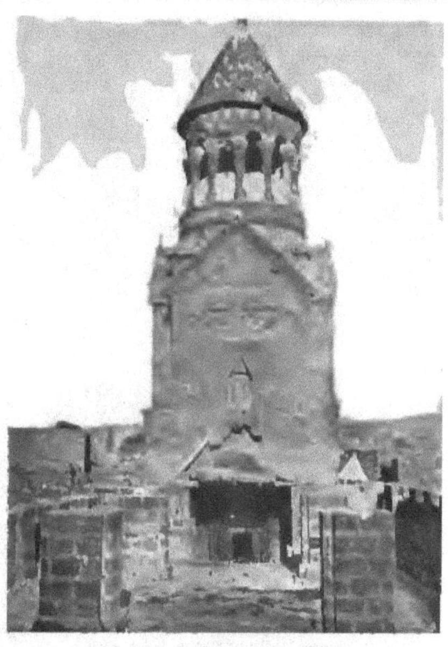

Abb. 671. Eghiward, Doppelkirche.

Auffallend ist an diesen Nachrichten einmal die Bezugnahme auf die heiligen Stätten von Jerusalem[5]) und dann die häufige Wiederkehr von zwei Kirchen übereinander. Ich glaubte nicht, daß es sich dabei um zwei richtige Kirchen gehandelt hat, sondern um die öfter vorkommenden Stockwerke über den Nebenräumen der Hauptapsis, also um kleine Kapellen. Am deutlichsten sind solche Aufbauten in Ereruk und Resafa erhalten[6]). Sie wurden auch oben S. 157 erwähnt. Immerhin scheinen zweigeschossige Kirchen in Armenien nicht unbekannt. Ich sah solche in Garni, Eghiward und Amaghu, alle aus jüngerer Zeit, bilde aber trotzdem zwei davon ab. Abb. 675 gibt die Marienkirche des Klosters Amaghu, das südlich des Sewansees in der Richtung des Wansee in einem Felsentale liegt[7]) und auch Warawank (Neues Kloster) genannt wird. Auf rechteckiger Unterkirche steht eine kleine, überaus zierliche Kuppelhalle, die inschriftlich 1215 oder früher datiert ist. Eine überaus schmale, steile Treppe führt an der Westseite über dem untern zum oberen Eingang. Alle Teile sind in der Art der Spätzeit auf das reichste geschmückt[8]). Die Kuppel ist eingestürzt. Neben der Kirche ein Kreuzstein. Der zweite Bau steht in Eghiward. Ich gebe (Abb. 671) unsere Aufnahme. Auch hier führt die schmale, jetzt zum größten Teil abgebrochene Treppe zum oberen Eingange. Die kleine Kuppelhalle trägt eine sehr hohe offene Kuppel. Man sieht innerhalb des herrschenden Typus werden in der Spätzeit die Spielformen sehr reich. Es lohnte, diesen Bau mit seiner Umgebung aufzunehmen[9]). Man sieht im Vordergrunde von Abb. 671 Pfeiler unvollendet.

Die noch vor dem Jahre 1000 enstandene Kirche von Achthamar (S. 82) des Mönches Manuel (vgl. oben S. 589f.) zeigt einen Typus, der seinem Ursprunge nach älter sein könnte als die Hripsime, ähnlich das Waragkloster (S. 83), wo Konchenquadrat, Vierpaß und Kuppelhalle nebeneinander

[1]) Thomas III, 29, S. 253. — [2]) Thomas III, 29, S. 255.

[3]) Thomas III, 29, S. 256.

[4]) Thomas IV, 8, S. 299. Möglich daß eine der aufgezählten Bauten in der Kirche von Helu (südlich von Wostan im Wangebiet) aufrecht steht. Sie ist ganz aus gemeißelten Steinen prächtig gebaut (10., 11. Jahrhundert), hie und da sieht man große Ziegelstücke; die mächtige Kuppel gibt ihr eine große Festigkeit. Man findet keine Spur einer Inschrift oder Datierung. Bald hier bald dort sieht man auf den Steinen Buchstaben, die vielleicht eine Numerierung oder Steinmetzzeichen darstellen. Sie ist ohne Altäre und Säulen, mit drei Bogen; die rechtsseitige Tür führt auf kleine Kammern oder Altäre hin, die einmal vierzig an der Zahl waren, jetzt aber kaum 10 bis 15 sein dürften. Das Becken ist in der Mitte des Bema am Rande des Tisches gebaut. Nach Chatschik G. Leonian im Tagblatt Byzantion, IV (1900), Nr. 1191 (Konstantinopel).

[5]) Über die Beziehungen der Armenier zu Jerusalem unten. Die Berichte armenischer Pilger werden für die Topographie der Stadt öfter herangezogen.

[6]) Vgl. Sarre-Herzfeld, »Arch. Reise« II, S. 29 f. (Guyer) und für Armenien Haridscha nach Alischan, »Schirak«, S. 159.

[7]) Alischan »Sisakan«, S. 185 f. und S. Martin II, S. III.

[8]) Eine Einzelheit oben S. 355.

[9]) Man empfindet bei beiden Kirchen wie im Kloster Howannawank u. a. Schöpfungen der späteren Zeit, daß der Nachdruck nicht mehr auf dem Bauen, sondern auf der Ausstattung liegt.

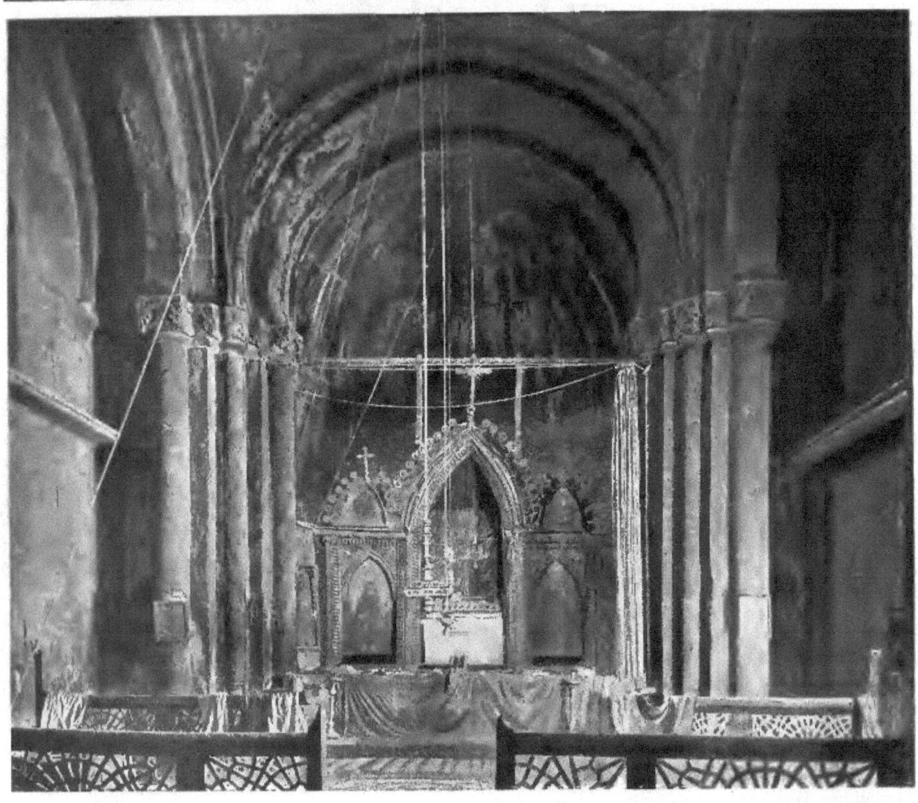

Abb. 672. Wschny, Muttergotteskirche: Innenansicht von Abb. 505. Jermakov 15990.

stehen. Im übrigen herrscht auch in Waspurakan nach dem Jahre 1000, scheint es, die Kuppelhalle. Ich gebe als Beispiel die Kirche von Wschny, einer Wansee-Insel (Abb. 505). Schon das Äußere zeigt die Bauform vollkommen rein, vielleicht hat die Kuppel mit dem hohen Tambur, den überaus kleinen Fenstern und dem Faltdach ohne Dienste Eigenart. Die seitlichen Dreieckschlitze fehlen. Das Innere (Abb. 672) bestätigt die Bauform der Kuppelhalle: Wir sehen die Tragbogen der Kuppel in Hufeisenform und wie sich die Bogen darüber in der oben S. 308 geschilderten Art am Eingange zur Apsis aufbauschen. Die Dienste an den Pfeilern mit durchlaufendem schmalem Wulst und hohen Aufsätzen, die mit Bandgeflecht geschmückt sind. Der neue Altar überbietet an Geschmacklosigkeit noch manche Leistung unserer abendländischen Altarfabriken. Im übrigen blättere man Bachmanns Kirchen und Moscheen in Armenien und Kurdistan durch, der ja besonders das Gebiet von Wan berücksichtigt hat[1]).

Die Bagratiden und Artsrunier waren die beiden bedeutendsten Nacharargeschlechter der Armenier, die nach den Vernichtungskriegen der Omaijaden und Abbasiden übrig geblieben waren. Sie wetteiferten untereinander und überboten sich gegenseitig in Werken der Kunst. Neben diesen Königsfamilien standen einige andere, die nicht viel hinter ihnen zurückblieben. Ich führe von ihnen nur ein Geschlecht an, das einige bedeutende Bauten hinterlassen hat.

[1]) Vgl. für das Waragkloster auch »Azgagrakan Handes« XXI (1911) S. 59 f.

C. Pahlawunier.

Dieses Geschlecht spielte seit dem 11. Jahrhundert die Rolle etwa der Mamikonier am Anfange der christlichen Zeit. Auch die Pahlawunier leiteten sich von den Arsakiden, Gregor dem Erleuchter und Suren Pahlav her. Wahram, der Sohn des Gregor Magistros (1058), der sich als Katholikos Gregor nennt (II., 1065—1105) leitet eine Art Dynastie auf dem Patriarchenthrone ein, die nach der seldschukischen Eroberung 1147 von den Kreuzfahrern Hromkla kaufte (vgl. die Liste S. 599), das dann bis 1293 der Sitz der Katholikoi blieb. Den Historiker der altarmenischen Kunst beschäftigen mehr die Mitglieder der Familie, die schon im 10. und 11. Jahrhundert durch Inschriften in Ani und Marmaschen als Bauherren genannt werden.

In Ani gehen die Kirchen Gregor Abughamrentz (vor 994) und die Erlöserkirche von 1035 36 auf die Pahlawunier zurück, also zwei zentrale Konchenbauten, ein Sechs- und ein Achtpaß (Vgl. oben S. 126 f. und 134 f.). Abughamr, nach dem die eine Gregorkirche heißt, war der Großvater des Marzpan Ablgharib, der die Erlöserkirche und 1040 im Norden der Kirche ein Familiengrab erbaute, dazu eine Stephans- und eine Christophoroskapelle.

Von diesen Kirchen in Ani unterscheiden sich sehr wesentlich die Kirchen, die ein anderes Mitglied der Pahlawunier in Marmaschen errichtete (S. 8, 200 f., 443 und 515). Es sind drei eine Kathoghike begleitende kleinere Kirchen vom Typus der Kuppelhalle. Ich gebe die lange Gründungsinschrift des Marzpan Wahram Pahlawuni, des Heerführers von Ani, hier im Wortlaut in einer Übersetzung von Lissitzian, weil sie gut Einblick in den Geist solcher Stiftungen und die Zeit um 1000 gewährt[1]). »Dank Gottes Hülfe. Ich Wahram — Fürst der Fürsten, Prokonsul und Patrizier, Sohn des Gregor — Fürsten von Groß-Armenien, aus dem Stamme (2.) Pahlawuni und von den Nachkommen des heiligen Gregor — dem Erleuchter der Armenier — (ich Wahram habe) in der Hoffnung auf Christus die heilige und (3.) allgemeine Kirche (heißt eigentlich »heilige Stätte«) Marmaschen im Jahre 437 der armenischen Zeitrechnung (988) angefangen, zur Zeit des Smbat — des Sohnes von Aschot, des Königs der Armenier (4.) bis zu der Zeit des Hovannes (Johannes) — des Sohnes von Gagik, dem Schahinscha der Armenier, dem weisen Manne, Erbauer und (5.) Friedensstifter. Und im Jahre 478 (1029) haben wir (die Kirche) fertiggebaut mit großer Mühe und vielen Kosten — ich und meine Mutter Schuschik, (6.) Herrin der Herrinnen der Armenier und meine Brüder: Wassak, Fürst der Fürsten, der den Tod im Kriege mit den Türken gefunden hat und Ablgharib (7.), der Marzpan (Statthalter) der Armenier und der Knabe Hamze. Die wir alle mit unserem ganzen Hause und Stamme treu unseren Herren (8.) waren und die sich mit ihrer und ihrer Söhne Arbeit und Blut für das armenische Haus (Reich) opferten. Und mit der Fülle des Schatzes (9.) und mit allen Mitteln forderten wir den Frieden unseres Landes und Erbauung von Kirchen. Wir haben auch (10.) viele andere Kirchen und Klöster erbaut; aber die Stätte unserer Ruhe (Grabstätte) haben wir zu besonderer Ehre erhoben und haben sie (11.) beschenkt mit allerlei Gegenständen, mit Bergen und Tälern, haben geschenkt Dörfer und Felder: Das Dorf von Bagaran und sein Feld, Godis und Portang, (12.) Aragetsch und Asmanes von Azat und Eznka; in Oschawan (haben wir geschenkt) Gärten und drei Wassermühlen; und zwei Wassermühlen in Dokhs; (13.) in Aschtarak einen Garten, im Tale von Karb einen Garten, in Serkevil einen Garten, in Wschan einen Garten, in Mren Gärten, in Ani Häuser und Magazine. (14.) Und wir haben sie (die Kirche) mit allerlei Schmuck geschmückt zur ewigen Erinnerung an uns und unsere Kinder. Und wir haben vereinbart mit dem heiligen Vater (15.) Eremia und seinem Nachfolger und Adoptivsohne Sosthenes (und) als Gegenleistung (haben wir bekommen) vom Klerus (16.) der heiligen Stätte jährlich sechs »Vierziger Gebete« unverbrüchlich bis zur Wiederkunft Christi. Nun, falls ein Großer von den Unsrigen oder von Fremden unsere Gaben an die heilige Stätte (17.) vermindern oder ein Vater (Priester) unser Seelengebet stören würde — möge er selbst getrennt werden von Christus und Satan möge sein Richter werden und er möge die Pracht Gottes nicht sehen. Wer aber unsere Gebote (18.) festhalten wird, soll gesegnet sein«.

In dieser Inschrift von 988—1029 ist also Marmaschen ausdrücklich als Grabstätte der Familie Pahlawuni bezeugt, ausgeschmückt zur ewigen Erinnerung der Stifter und ihrer Kinder. Von der

[1]) Vgl. über diese unter dem Südfenster der Kathoghike stehende und andere Inschriften von Marmarschen Brosset, »Voyage«, III, S. 86, »Les ruines d'Ani«, S. 63 f. und über die beiden Kirchen in Ani, S. 36 f. Dazu »Alischan«, Schirak, S. 148 f.

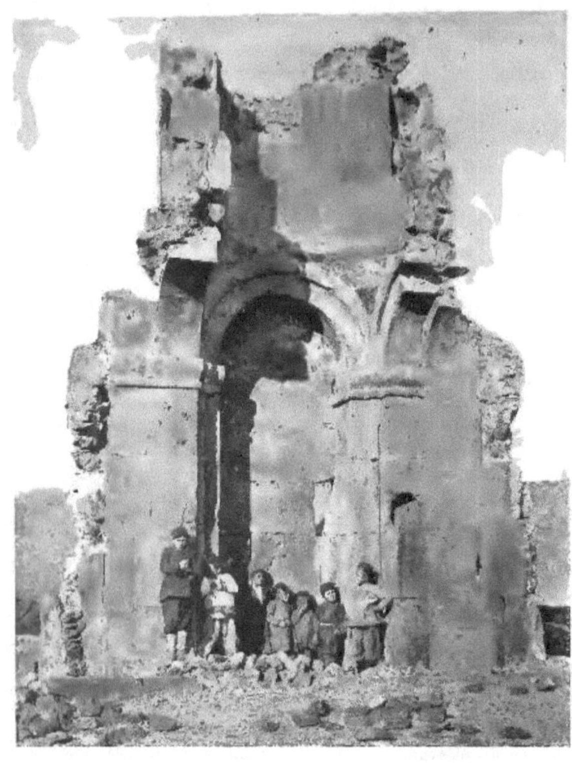

Aufnahme Thoramanian.
Abb. 673. Marmaschen, Friedhofskirche: Rest der Nordhälfte.

Hauptkirche, einer Kuppelhalle, war oft genug die Rede (S. 260 f.). Daß aber wenigstens auch der nördlich daneben stehende Grabbau diese Bauform aufweist, belegt Abb. 500. Die Kuppel und die ganze Nordwestecke sind eingestürzt. Die Mauern fangen links mit der östlichen Trichternische an, rechts innen mit dem Bogen, der das Westschiff begleitet. Die Dienste mit den Spiralknäufen tragen einen Rundbogen, über dem sich der zweite abgestuft aufbauscht, dann folgen die vorkragenden Zwickel und über einem schrägen Kranzgesims die runde Kuppel. Außen Blendbogen auf Doppeldiensten. Auch von der Friedhofkirche, die zu einem »oberen« Kloster gehörte, ist weniger als die Hälfte erhalten. Sie scheint die Form eines einschiffigen Kuppelkreuzes gehabt zu haben. Abbildung 673 gibt den heutigen Rest, die stehen gebliebene Nordseite. Man sieht die im Innern auch in der »Spätzeit« noch einfache Art mit den glatten Wänden, dem schrägen Abschluß der Pfeiler, den Zwickeln und der Rundkuppel. Am besten erhalten ist der kleine Südbau (Abb. 7, links), er ist fast quadratisch und hat eine sehr hohe runde Kuppel mit pyramidalem Dach.

Ausstattung. Schon oben Seite 453 f. wurde die Art der Ausstattung für das Jahr 1000 einem Vergleich unterzogen. Es fällt auf, daß gerade in die Jahrtausendwende so viele wichtige Bauten fallen: die Kathedrale von Ani (S. 180 f. und Schlagwortreihe), die Nachbildung von Zwarthnotz durch Gagik ebenfalls in Ani (S. 149 f.), endlich die von Dwin in der Kathedrale von Kutais (S. 165 f.). Im Abendlande würde man glauben können, die Jahrtausendwende an sich habe eine Rolle gespielt, in Armenien kann eine solche Annahme kaum in Betracht kommen. Für uns sind in erster Reihe die Kathedrale von Ani und die Versuche maßgebend, sie ins 13. Jahrhundert herab zu drücken, um jede Möglichkeit einer Abhängigkeit der nordischen Kunst auszuschließen, dafür aber umsomehr einen abendländischen Gotiker als Baumeister annehmen zu können. Über den geschichtlich einwandfreien Zusammenhang des Baues an sich mit den gleichzeitigen und vorausgehenden Denkmälern Armeniens ist wohl kein Wort mehr zu verlieren. Es kann sich nur darum handeln, daß die Ausstattung des Äußern angezweifelt wird. Nun bedenke man aber, daß die Kathedrale nicht anders ausgestattet ist, als die gleichzeitige Gregorkirche des Gagik, die wieder abhängig ist von der um 650 entstandenen Palastkirche von Zwarthnotz. Überall da ist der Blendbogen auf Doppeldiensten durchaus in Gebrauch, so daß auch von dieser Seite ein Einwand höchstens in der Richtung möglich wäre, daß Trdat statt der Doppeldienste einen einfachen Dienst verwendet. Aber gerade in dieser Neuerung, die den persönlichen Einschlag bedeutet, bieten die späteren Bauten, wie z. B. die Gregorkirche des Honentz (S. 201 f.) keine Bestätigung der Annahme eines jüngeren Ursprungs der Kathedrale, da sie alle wieder die Doppeldienste aufweisen.

VIII. Armenien als byzantinische Ostmark.

1004–1064.

862 fand in Schirakawan ein Konzil statt, das eine Union der Armenier und Griechen anstrebte. Byzantinischer Vertreter war der Bischof Johannes von Nikaia, ein gebürtiger Armenier. Die Einigung scheiterte an der neuerlichen Weigerung, das Chalcedonense anzuerkennen. Doch fand immerhin eine Annäherung statt.

Als der in byzantinischen Diensten stehende armenische General Kurkuas in zwanzigjährigen Kämpfen (920–942) die Reichsgrenze von Byzanz wieder vom Halys bis an den Euphrat und Tigris vorschob und Melitene dem byzantinischen Einfluß erlag, schüttelten die Armenier und Georgier das islamische Joch ab und blieben bis zum Vordringen der Seldschuken unabhängig – soweit Byzanz ihnen Freiheit gönnte[1]).

Die byzantinische Herrschaft über Armenien scheint keinen tiefgreifenden Einfluß auf die Kunst des Hochlandes ausgeübt zu haben, außer in der Richtung, daß erst seit dieser Zeit die Bilder Eingang in die bis dahin immer noch vorwiegend, wie ich annehme, arisch rein auf Architektur und Zierkunst eingestellten Kirchen fanden. Freilich darf nicht vergessen werden, daß schon mit dem ersten syrisch-griechischen Vorstoße im 5. Jahrhundert eine Wendung eintrat und die Schrift des Wrthanes Kerthogh (oben S. 678) Stellung für die Bilder nahm. Der Streit selbst wird gut beleuchtet durch den Brief des Wardapet Mairagometzi bei Moses Kaghankatuatzi III, 46, Seite 211, von dem ebenfalls die Rede war (S. 530). Ein offenkundiger Beleg für die Anwendung von Bildern bietet auch die Antwort des Katholikos von 791 (S. 433). Doch handelt es sich dabei immer um Strömungen gegen die herrschende Bilderlosigkeit. Auch der Patriarch Wahan (968–970) war durch eine Synode in Ani abgesetzt worden, weil er »mit den Georgiern sich verbündete . . . und Bilder bringen ließ, um die chalcedonensische Häresie zu erneuern«[2]). Stephan von Siunik sagt über diese Absetzung in einer Rede gegen die Anhänger von Chalcedon: »Wieder eine Synode in Ani, in der man durch eine genaue Untersuchung den Patriarchen Wahan von Baghk (Balk) als Gesinnungsgenossen der Georgier überführte: weil er die Bilder in die armenische Kirche eingeführt hatte und dadurch von allen Altären die Herrlichkeit des Kreuzes aufgehoben worden war, während die »Ikonen« sie schmückten, so stieß man ihn mit Verdammnis aus und setzte einen gewissen Stephanus an seine Stelle.« Daraufhin schließt Karapet Ter-Mkrttschian a. a. O., daß die Armenier, die in späterer Zeit solche Anschauungen hatten[3]) wohl kaum im 6. und 7. Jahrhundert günstiger für die Bilder gestimmt waren. Sie hätten sie wahrscheinlich in ihrer Kirche weder gehabt, noch wären sie veranlaßt gewesen, sich darüber auszusprechen.

Wie die Bilder in den Kirchen Armeniens Eingang fanden, darüber gibt Stephan Orbelian gut Auskunft[4]); er berichtet von einer im Jahre 930 geweihten Kirche des Klosters Tathev: »Metropolit Jakob hat Maler und Zorachen, d. h. Bilderverfertiger aus dem fernen Lande der fränkischen Nation gerufen und hat die ganze Kirche von oben bis unten mit ungeheuren Kosten ausmalen lassen. Das Bild Christi wurde in schrecklicher Gestalt gerade über dem Altar auf der ganzen Decke des Hauptbogens (der Kuppel) dargestellt und unter demselben die Gestalten der Propheten, Apostel und Patriarchen; und das Ganze hat er so ausgeschmückt, daß die Augen der Beschauer entzückt waren und niemand glaubte, daß es mit Farben gemalt sei, sondern daß es wirklich lebende Gestalten wären, wovor erschreckt die Zuschauer flohen«. Wenn es noch eines Beweises bedürfte,

[1]) Daghbaschean, Gründung des Bagratidenreiches. S. 106.

[2]) Vgl. Kirakos von Gandzak, Geschichte S. 49. ed. Venedig 1865 (nach Karapet Ter-Mkrttschian, »Die Paulikianer im byzantinischen Kaiserreiche«), S. 59.

[3]) Stephan von Siunik ist geschrieben im Jahre 1302, gedruckt Konstantinopel 1755 f. Vgl. ebenda S. 59.

[4]) Vgl. Brosset, Histoire de la Siounie, S. 150 und mein »Edschmiatsin-Evangeliar«. S. 86 f.

wie noch im 10. Jahrhundert die »Darstellung« von Byzanz auf armenischen Boden, und zwar nicht in künstlerischer, sondern ausgesprochen um ihrer erschreckenden Wirkung auf die Gläubigen willen verpflanzt wurde, dann ist er hier erbracht. Was in Tathev gemalt wurde, ist der noch im Malerbuche vom Athos vorgeschriebene Bilderkreis der Kuppel, den man in unzähligen Beispielen in den byzantinischen und rechtgläubigen Kirchen des Ostens angewendet findet[1]). Seit 1000 etwa vollzog sich also ein zweiter Vorstoß des Westens in Armenien, dem ähnlich, der im 5. Jahrhunderte mit Einführung der dreischiffigen Tonnenkirche vor sich gegangen war. Man darf sich daher nicht wundern, auch in den älteren erhaltenen Kirchen Bilder zu finden. Die vorher bestandene Ausstattung des Kircheninnern ist im Laufe der Jahrhunderte bis auf wenige Spuren verwischt worden. Trotzdem sind Bilder auch heute nicht gerade beliebt. Man lese Setrakian, »Die Bilderstürmerei in Armenien«, ein unkritisches Werk, dessen Standpunkt durch diese Abneigung bestimmt wird und stelle am Schlusse dieses Abschnittes die beiden Stiftergestalten des Gagik von Ani und des Gagik von Achthamar nebeneinander. Die »Statue« des Königs Gagik I. Schahinschah (990—1020), wie sie beim Ausgraben seiner Zwarthnotznachahmung in Ani gefunden wurde (Abb. 471), gibt den Armenier in einem Kaftan mit weiten Ärmeln (kandusch?)[2]) und dem Turban. Ob da islamischer Einschlag oder arsakidische Überlieferung vorwiegt, werden Sonderforscher auf dem Gebiete der Tracht zu entscheiden haben. Der Unterschied von der des Chatschik Gagik von Waspurakan (904—938), den Abbildung 474 vorführt, ist jedenfalls so groß, daß man für beide kaum die gleiche Quelle wird annehmen können. Wir nennen seine Tracht byzantinisch, dürfen aber nicht vergessen, daß diese einst persischen Ursprunges war. Im 10. Jahrhundert ist sie aber in Achthamar gewiß der byzantinischen Kaisertracht nachgebildet und ein Zeichen des Umschwunges, der sich vollzogen hatte. Es scheint, daß die Tracht des Gagik von Ani die üblich armenische war, wenigstens spricht ein Vergleich mit Haghbat (Abb. 349) dafür. Sollte auch die Statue des Gagik mit dem Modell (Abb. 55) ursprünglich unter dem Dache aufgestellt gewesen sein und sich daraus erklären, daß Statue und Modell aus vielen Scherben zusammengesetzt werden mußten? Im Ostgiebel von Haghbat tragen die beiden Gestalten hohe Mützen, aber die gleichen Kaftane[3]).

Im 11. Jahrhundert nahm Byzanz allmählich einen Teil des armenischen Gebietes nach dem andern in Besitz, zuerst das Reich der Artsruniden in Waspurakan; 1021 übergab Senekerim sein Gebiet am Wansee und erhielt dafür Sebaste (Siwas) in Kleinasien[4]), seine Nachfolger in Waspurakan wurden 1080 getötet; 1045 mußte Gagik von Ani sein Reich übergeben und erhielt dafür Pizu, wurde aber 1079 getötet; um 1064 überließ Gagik von Kars diesen Bagratidenbesitz dem Kaiser[5]).

Im Jahre 1080 gründete ein Sproß der Bagratiden, Ruben, das kilikische Reich, nachdem schon Jahrhunderte früher armenische Flüchtlinge sich dort angesiedelt hatten. In enger Beziehung zu den Kreuzfahrerstaaten entwickelte sich das Reich zu einem halbfranzösischen Feudalstaate. 1198 wurde Leon II. zum Könige gekrönt, der letzte König, Leon VI. mußte 1375 den ägyptischen Mameluken weichen und starb 1391 in Paris. Über die armenische Kunst in Kilikien später.

Unsere Bearbeitung der Kirchenbaukunst der Armenier hört auf mit der Eroberung des Landes durch ein türkisches Volk, dessen Ahnen wenige Jahrhunderte früher einen Hymnus auf ihre gebirgige Heimat an der chinesischen Grenze angestimmt hatten, in dem sie warnten vor dem Luxus der umliegenden Kulturländer[6]). Die Bewohner Armeniens hätten sich ähnlich hüten sollen: So lange sie die schlichten Hochlandsbewohner waren, standen sie jedem Feinde tapfer im Felde entgegen, sagt mit Recht Ter-Mkrttschian, »Die Paulikianer«, S. 94. Durch die Berührung mit byzantinischem Luxus verweichlichten sie und unterlagen. Wurden sie so auch politisch abhängig, so hat doch ihre Kirchenbaukunst weiter bestanden und noch manche herrliche Blüte hervorgebracht. Die alten Bauformen blieben in Ansehen und wurden vereinzelt nachgebildet; den Ausschlag gab jedenfalls die Kuppelhalle (S. 202). Wie sehr man dauernd die verfallenen Stätten des christlichen Altertums schätzte, bezeugt die Nachricht auf dem Grabstein des Wardapet Gregor in Haridscha, daß er 1185

[1]) In der gleichen Richtung bewegen sich die Grabsteine von Sisnik (S. 252) und die Holztüren (Sewan, S. 253). Vgl. auch über eine Holztür in Musch die Zeitschrift Byzantion 1908. Es werden darauf zwei Meister Sahak und Kyrakos genannt.

[2]) Vgl. »Altai-Iran«, S. 260 f.

[3]) Eine Abbildung bei Alischan, »Schirak«, S. 160.

[4]) Die Stadt soll halb armenisch wirken. Vgl. Gelzer bei Krumbacher S. 997. Für die Seldschukenbauten van Berchem, Corpus insc. arab. III, 1, S. 1 f.

[5]) Vgl. oben S. 600 die Königsliste. — [6]) Vgl. »Altai-Iran«, S. 298.

die Kirche des hl. Gregor wiederherstellte, nachdem sie hundert Jahre ganz vernachlässigt worden war [1]).

In den anderthalb Jahrhunderten nach der seldschukischen Eroberung scheint das Kunstleben in Armenien zu ruhen, manche Kirchen, wie Edschmiatsin dienten als Moscheen, andere wurden zerstört, Ani sah, nachdem der Großteil seiner Bevölkerung sich in alle Welt zerstreut hatte, Minarets in die Lüfte steigen, von denen sich zwei erhalten haben, eines aufrecht (Abb. unten), das andere gestürzt (S. 20). Thoramanian läßt mit dem Jahre 1198 einen letzten Abschnitt in der Entwicklung der armenischen Kunst eintreten, den der Zachariden (1198—1400)[2]). Als Grundzüge stellt er auf: an die Form der Gajane und der Kathedrale von Ani werden westliche Seitenzimmer angefügt (Kzqala 13. Jahrhundert)[3]). Der Vierpaß wird nicht mehr verwendet, dagegen kommen Sechs- und Achtpässe vor (Hripsimekloster in Ani, S. 130). Eine einschiffige Kirche mit Pfeilervorlagen ist in der Gregorkirche Nachschli von Api aus dem 13. Jahrhundert erhalten. Der freistehende Glockenturm breitet sich aus: Sanahin (S. 244) und Haghbat. Die Außenöffnung der Fenster wird bis zu acht- und zehnmal enger als die Innenöffnung. Das Bandgeflecht wird in der Zacharidenzeit von der geometrischen Ranke, Tier- und Vogelmotiven durchsetzt (Gregor Honentz in Ani S. 300 und 535). Dieser Zeit im Besonderen eigen ist die Verkleidung der Wände und Decken mit bunten Mustern, besonders bezeichnend die Decken der Vorhalle der Apostelkirche in Ani und vor der Johanneskirche in Choschawank (Abb. später). Sie gehe wohl wie das Netzwerk (Stalaktiten) auf den Einfluß islamischer Kunst zurück. Die Kreuzsteine kommen lebhaft in Gebrauch. Die Blüte der Zeit entwickle sich in Schirak (mit Ani) und dem Berglande von Siunik. Über letzteres Gebiet füge ich hinzu: Um die Zeit als in Kilikien das armenische Königreich zum Sinken kam, bildete sich in Siunik (um 1250) unter dem Schutze der Georgier ein Fürstentum der armenischen Orbelier, der Familie Tarsaidsch, welche sich etwa ein Jahrhundert gegen die Türken tapfer wehrte. Durch die Freiheit begünstigt, entstanden in dieser Gegend in kurzer Zeit neue Kirchen und Klöster. Näheres bei Stephanos Orbelian und Alischan, »Sisakan«. Wir lernten Belege dieser Blüte in Amaghu (Abb. 675)[4]) selbst und der Schauseite mit der Tarsaidsch-Inschrift kennen (S. 533). Bei dieser Gelegenheit sei auf ein zwar spätes, aber beachtenswertes Denkmal hingewiesen, einen Grabstein in der Gregorkirche von Amaghu vom Jahre 1308 (Abb. 674). Die Inschrift lautet: »Ich Thamtha Khathurn habe errichtet dieses Kreuz zum Heile

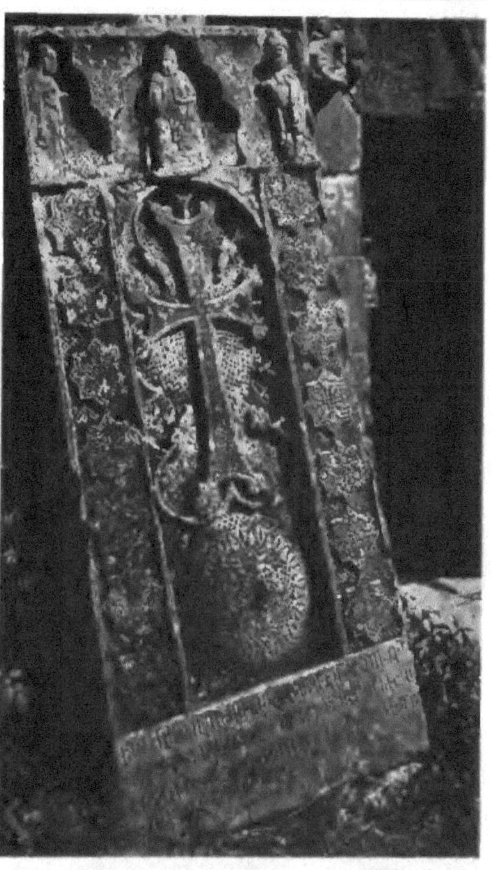

Aufnahme Jermakov.

Abb. 674. Kloster Amaghu, Gregorkirche: Tarsaidsch-Grabstein.

[1]) Vgl. die armenische Schrift über Haridscha (oben S. 79), S. 9.

[2]) »Ani, eine Stadt oder eine Festung« (Azgagrakan Handes 1912, S. 18 f.) und »Epochen der armenischen Architektur« (Anahit 1911, S. 1 f. bes. 19 f.).

[3]) Kzqala ist der Jungfernfels, von dessen Kirche S. 208 die Rede war.

[4]) Vgl. über Kloster und Kirche Alischan, »Sisakan«, S. 185 f., dazu Millet, »L'école grecque«, S. 154.

der Seele des Athapek Tarsaidsch und zum Lebewohl von meinen (Kindern) Söhnen Bitthel und Bughda. Im Jahre 757. Erinnert Euch meiner, des Wartapet Mamik«[1]). Zweierlei ist den Flachbildern abzusehen. Fürs Erste, daß sie in Stein eine Filigranarbeit aus Metall nachahmen und dann, daß die Gestalten oben in den Nischen in Gewand und Kopfbildung seltsam chinesische Züge hervortreten lassen. Ich erinnere an den »chinesischen« Ursprung der Mamikonier und verstehe nach »Altai-Iran«, Seite 260 f., wie China noch in dieser späten Zeit eingewirkt haben kann. Seidenstoffe in abendländischen Sammlungen belegen ähnliche Zusammenhänge.

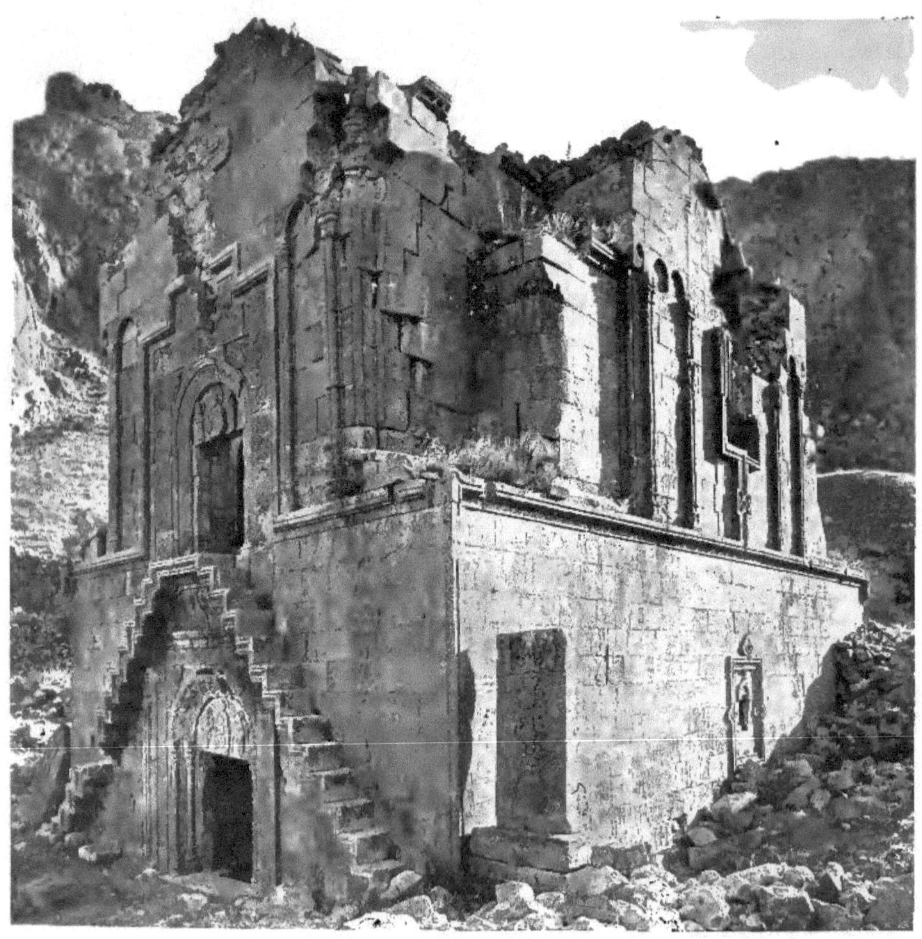

Abb. 675. Kloster Amaghu, Marienkirche: Südwestansicht. Aufnahme Jermakov.

[1]) Vgl. Alischan, »Sisakan«, S. 195 f.

VIERTES BUCH:

AUSBREITUNG

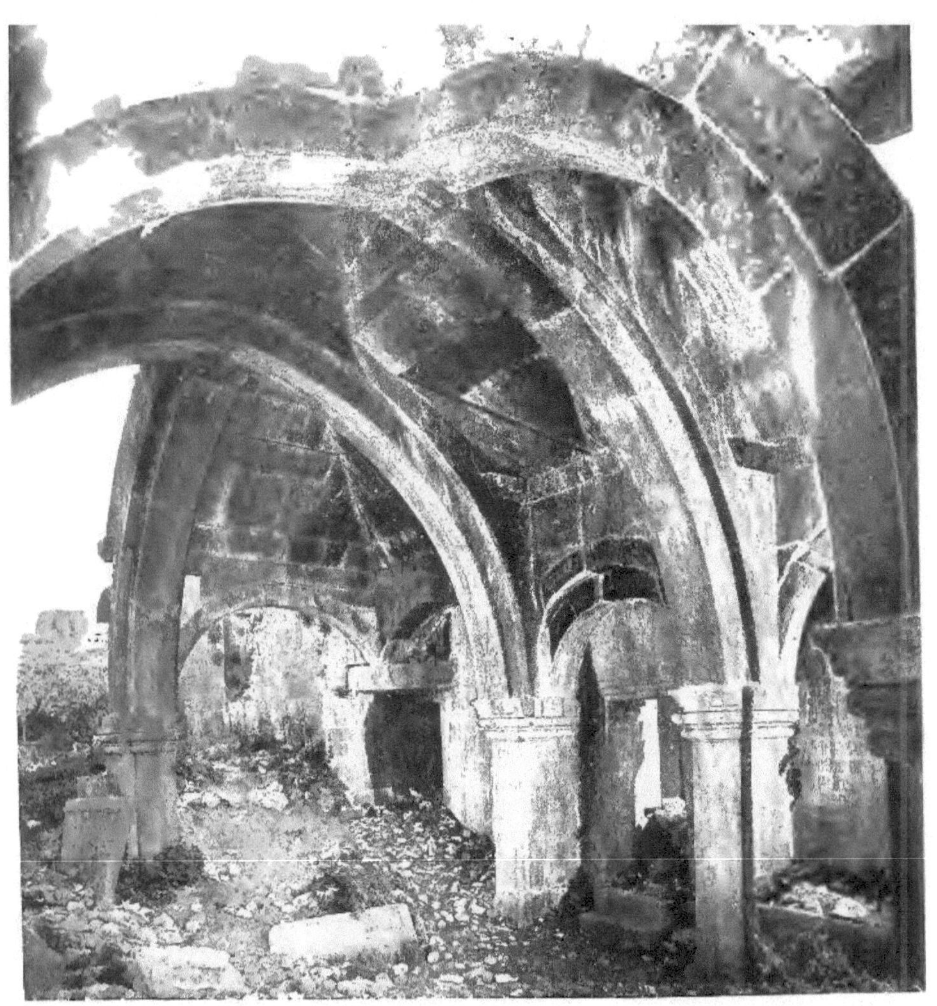

Abb. 676. Aisasi, Zamatun der Kirche: Armenisches Rippengewölbe. Aufnahme Jermakov 16043.

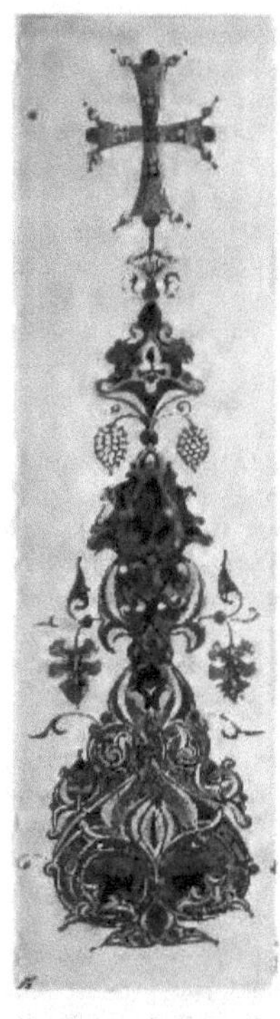

Einleitung.

Es ist im Verlaufe der Untersuchung wohl zur Genüge deutlich geworden, daß im altarmenischen Kirchenbau der am weitesten nach Nordwesten vorgeschobene Zeuge eines Kunstkreises vor uns steht, mit dem wir bisher nicht gerechnet haben: des ostiranischen. Die Anfechtungen, die ich erfuhr, seit ich auf seine Spuren geriet und in »Mschatta« wie »Amida« mit allem Nachdruck auf die Bedeutung dieser bisher der Kunstgeschichte so fernliegenden Kunstwelt hinwies, sind der deutlichste Beweis dafür, wie völlig außerhalb des Gesichtskreises der Kunstforschung die Annahme eines ostiranischen Zweiges lag. Und doch war gerade er der Ausgangspunkt der großen auf Mittelalter und Renaissance überleitenden Elemente: der Kuppel und des neuen geometrisch flächenrahmenden und füllenden Schmuckes[1])

Die planmäßige Untersuchung hat schon im Gestaltproblem ergeben, daß der Stufenunterbau, die Gußtechnik und der Gewölbebau jene Grundvorstellungen der schaffenden Phantasie der christlichen Architekten Armeniens sind, mit denen von vornherein zu rechnen ist. Im Gewölbebau sind die Ausgangsmotive der Entwicklung Kuppel, Strebenische und Tonne. Was zunächst den Nachweis anbelangt, daß die altchristlichen Kirchen aller Hinterländer der mit dem Holzdach wirtschaftenden hellenistischen Mittelmeerküsten das Tonnengewölbe verwendeten, so laufen ja darauf meine Arbeiten über »Kleinasien« und »Amida« hinaus, teilweise auch »Mschatta«[2]). Es war vorauszusehen, daß gegen diese überraschende, der herrschenden Ansicht vom Vortritt des Abendlandes auf dem Gebiete der gewölbten Basilika im »romanischen Stil« widerstreitende Feststellung von allen Seiten Sturm gelaufen werden würde. Man hatte sich, als die syrischen Denkmäler bekannt wurden, nur noch fester in die alte Schulmeinung verstrickt, daß die romanische Kunst unter Einwirkung des römischen Gewölbebaues aus der holzgedeckten Basilika entstehe. Da sich aber das Bestehen alter, tonnengewölbter Kirchen seit mein »Kleinasien« und »Amida« erschienen, nicht wegleugnen ließ, so richtete sich der Gegenstoß hauptsächlich gegen ihre Datierung in altchristliche Zeit, ob es sich nun dabei um wirklich erhaltene Bauten oder auch nur um das Alter der von ihnen vertretenen Typen handelte. Es ist bezeichnend, festzustellen, daß sich in erster Linie Nichtkunsthistoriker gedrängt fühlten, für die alte Anschauung von der führenden Rolle des Mittelmeeres und die jüngere Datierung der Hinterlandskunst Partei zu nehmen. So zunächst William Ramsay, der beste Kenner des altchristlichen Kleinasiens.

Sir William hat zuerst im »Athenaeum«, Nr. 3968 (1903), Seite 656 f., Bedenken gegen die hohe Zeitstellung der Bauten ausgesprochen, dann aber »The Expositor«, IV (1907) auf Grund eigener Nachforschungen an Ort und Stelle die Datierung in die Frühzeit der christlichen Kunst also ins 4. bis 6. und 7. Jahrhundert zugegeben[3]). Damit war natürlich nicht gesagt, daß nicht jüngere Bauten vorhanden seien; die ältesten erhaltenen Kirchen aber und insbesondere die Bautypen als solche müssen in die erste Blüte der christlichen Baukunst zurückgehen. Nicht so leicht zur Einkehr sind jüngere Kunstfreunde, wie die Gruppe Herzfeld-Guyer und die Heisenberg-Schule zu bringen. Erstere arbeitet in der Hauptsache gegen die Thesen von Kleinasien-Mschatta-Amida, letztere gegen die Einstellung

[1]) Vgl. mein »Altai-Iran und Völkerwanderung«.

[2]) Wie die Ausnahme in Ostsyrien vom Arabismus her zu begründen ist, hat Glück »Der Breit- und Langhausbau in Syrien« gezeigt.

[3]) Vgl. Ramsey-Bell, »The thousand and one churches«, 1909.

auf den Orient überhaupt[1]). Ich könnte ja damit zufrieden sein, wenn die jüngere Generation sich nicht mehr bequem mit der Lehrzeit eines römischen Ragazzo zufrieden gibt, sondern im Oriente zu suchen beginnt. Zu bedauern ist nur, daß sie statt Denkmäler zu veröffentlichen und in ihr Wesen einzudringen, gleich Geschichte machen will, womit ich 1901 nach über fünfzehnjähriger Arbeit begonnen hatte. Was ihr dabei eigentlich im Sinne liegt, ist die alte Erbsünde der deutschen Sprach- und Geschichtswissenschaft, das Land der Griechen mit der Seele zu suchen. Und doch sind wir Nordländer, wenn auch von Kirche und Humanismus angekränkelt. Ein Ausgleich mit dem den Semitismus arisch veredelnden Hellas ist unmöglich; vielleicht wird man weiterkommen auf den Wegen der östlichen Arier.

Eine ähnliche Bewegung wie im Falle »Kleinasien« hat sich nun auch angesponnen im Anschluß an meine »Amida«-Arbeit, in der ich den mir bekannt gewordenen Stoff über das nördliche Mesopotamien zusammengefaßt hatte. Besonders haben sich die Herren Guyer und Herzfeld seit zehn Jahren darin vereinigt, die Datierungen möglichst herabzudrücken und ausschließlich Rom und Byzanz zu betonen, der erstere auf dem Gebiete der christlichen[2]), der letztere auf dem der islamischen Kunst[3]). Ich könnte dagegen einwenden, daß die Herren als Nichtfachleute sich keineswegs in ihrem Urteil von der Macht der Beobachtungen an den Denkmälern — trotzdem sie sich mir gegenüber darauf berufen, wiederholt im Lande gewesen zu sein —, sondern durch verbreitete Schulmeinungen bestimmen ließen. Aber das hält jeder für eine Ausflucht meinerseits in einer ungemütlichen Lage. Ein durch ein volles Dritteljahrhundert und mehr in steter, schrittweise vorgehender Beobachtung gereiftes Fachurteil wird in den Wind geschlagen, umso eher, als die Masse der Kunsthistoriker mir ja gar nicht in ernsten Studien folgt, sondern lediglich vom gewohnten Standpunkt aus mitspricht, sich also von vornherein den Nichtfachleuten anschließt[4]).

Unter diesen Umständen gab es nur zweierlei Haltung: abwarten oder selbst hingehen und neue Beweise suchen. Ich habe notgedrungen beides getan. In der neuesten Literatur findet sich eine solche Masse von Beiträgen für oder gegen meine Aufstellungen, daß man von einer Mode der Kunstwissenschaft reden kann[5]). Dabei wird freilich das Wesentliche erreicht: man verläßt die gewohnten engen Grenzen des bisherigen Gesichtskreises und bekommt allmählich eine Ahnung von der Fülle und Bedeutung der Denkmälerschätze, die im Norden und im Osten der Hebung und Bearbeitung harren. Vielleicht werden sich nach und nach einige bereitfinden, auch das, was in meinen Arbeiten zunächst falsch scheint, nicht von vornherein abzulehnen, sondern zunächst das grundsätzlich Bahnbrechende der neuen Gesichtspunkte anzuerkennen und selbst mit der Arbeit zu beginnen. Das vorliegende Werk wird vielleicht einige davon überzeugen, daß meine in »Kleinasien, ein Neuland« und »Amida« angenommenen Datierungen für das Alter der tonnengewölbten ein- und dreischiffigen Längsbauten im wesentlichen richtig waren. Denn wie hätte sonst diese Bauform schon im 5. Jahrhundert auf Armenien einwirken können? Und das wird wohl jedem, der dieses Buch ernstlich durchgearbeitet hat, klar sein, daß die tonnengewölbten, dreischiffigen Längsbauten nicht in Armenien selbst aufgekommen, ihre Form vielmehr von Nordmesopotamien bzw. Kleinasien eingewandert ist. Und ähnlich wird, hoffe ich, »Altai-Iran« bezüglich meiner Mschatta-Arbeit wirken, soweit die Zierkunst in Betracht kommt[6]).

Die dauernd auf das Mittelmeer allein gerichtete humanistische Vorbildung hat uns blind gemacht für die Fragen des Weltverkehres. Der akademisch gebildete Deutsche muß notgedrungen seinen einseitigen Dünkel fallen lassen und wie der Kaufmann an das Ganze des Erdkreises zu denken beginnen. Die Kunstforschung dürfte dazu ein guter Führer werden. Meine Arbeiten sind allmählich dem altorientalischen Gebiete, mit dem sie, von Rom ausgehend, über Byzanz nach Kleinasien, Syrien, Ägypten und Mesopotamien Fühlung nahmen, entwachsen. Heute steht nicht mehr die orientalische, sondern unsere eigene arische Sache obenan. Die Frage ist nicht mehr »Orient oder Rom«, und »Orient

[1]) Vgl. die Arbeiten von Weigand und v. Alten.

[2]) Vgl. meine laufenden Berichte in der Byzantinischen Zeitschrift und den Aufsatz Repertorium für Kunstwissenschaft, 1918.

[3]) Vgl. den fortlaufenden Streit in der Zeitschrift »Der Islam«. Dazu mein »Altai-Iran«.

[4]) Bis zu welcher ausgesprochenen Gehässigkeit, die dabei sachlich völlig versagt, einzelne gehen, hat eben Julius von Schlosser bewiesen. Vgl. »Graphische Künste«, Mitteilungen 1918, S. 48f.

[5]) Vgl. Wilpert, »Die römischen Mosaiken«, S. 1. — [6]) Falls man sich nicht auch hier durch »Kritiken« wie die eines Chinagläubigen beirren läßt, für die die Wiener Gesellschaft für vervielfältigende Kunst ihre Zeitschrift »Die Graphischen Künste« hergegeben hat. Vgl. Monatshefte für Kunstwissenschaft, 1918, S. 101 und 173f.

oder Byzanz«, sondern, ob wir noch länger am Gängelbande des Mittelmeerkreises bleiben wollen oder uns endlich wieder den alten asiatischen Wegen unserer nach Iran, Indien und bis an die Grenzen Chinas ziehenden indogermanischen Vorfahren zuwenden wollen. Der Zug nach dem Mittelmeere hat den Deutschen immer nur schwach gemacht und enttäuscht. Es wäre Zeit, seelisch zu erstarken und wieder größere, von Politik unabhängige Ziele ins Auge zu fassen.

Einen Schritt in dieser Richtung habe ich in meinem Buche »Altai-Iran« gemacht. Es behandelte einen Abschnitt aus der Geschichte der Zierkunst. Dabei wurden die Beobachtungen, die ich Armenien verdanke, ein wichtiger Ansatz zur Neueinstellung[1]. Im vorliegenden Buche tritt die Zierkunst hinter die baukünstlerischen Fragen zurück und spielt nur soweit mit, als Armenien auch auf diesem Gebiete Mittler geworden ist. Die grundlegenden Voraussetzungen sind in »Altai-Iran« abgehandelt. Man vergesse nie, daß das »Mittelalter« Blut von unserem Blut, die »Renaissance« ein Vordringen des Südens gegen den angestammten Norden war[2]. Der Weltkrieg wird hoffentlich einigen die Augen darüber geöffnet haben, daß die Mißachtung der »mittelalterlichen« Kultur, wie sie von den Italienern ausgeht und von Kirche, Hof und Humanismus des Nordens nachgeäfft worden ist, eine ganz verkehrte Gesinnung geschaffen hat. Die äußeren Lebensformen mögen bessere geworden sein, der Kern zeigt gegenüber der Freiheit, zu der sich die Städte durchgerungen hatten, ein Zurücksinken in jene Machtanbetung, die einst der orientalische Süden schuf[3])

Im Laufe eines 35jährigen Arbeitslebens hat sich bei mir folgende Vorstellung von der Entwicklung der christlichen Kunst herausgebildet: Im persischen Reichsgebiete hatte sich der Kirchenbau bis zu dem Zeitpunkte, in dem das Christentum römische Reichsreligion wurde, frei entfalten können. In den einzelnen Landgebieten waren drei Kirchenformen entstanden; im Norden die Einkuppel, im Süden die Vielkuppel, in Mesopotamien die einschiffige Tonnenkirche in Längs- und Breitform. Als man im römischen Reiche seit 313 überall Kirchen zu bauen anfing und dafür den reinen Zweckbau für Versammlungen, die holzgedeckte Basilika verwendete, die sich auch in der hellenistischen Form der Synagoge bewährt hatte[4]), da hörten die örtlich getrennten Kunstkreise des Ostens nicht zu bestehen auf, sondern wurden erst recht in zeitlicher Aufeinanderfolge in Armenien, Kleinasien und dem Mittelmeergebiete wirksam, einzeln oder als Schicht, zuerst in Byzanz, Ravenna und Mailand, dann in der Lombardei, am Rhein und in Frankreich, endlich mit der Renaissance in Italien. Was also im 4. Jahrhundert in örtlichen Schichten des Ostens nebeneinander lag, das bildet die Grundlage der zeitlichen Aufeinanderfolge der »Stile« des Abendlandes. Ich gehe im Sinne vorliegenden Werkes von Armenien aus[5]).

Der entwicklungsgeschichtliche Wert der armenischen Baukunst tritt sofort in ein bedeutendes Licht, wenn man den Standpunkt der Zeit Schnaases und seiner Nachfolger aufgibt, d. h. aus der Ähnlichkeit mit abendländischen Bauten nicht schließt, daß Armenien von Byzanz und dem Westen abhängig war, sondern umgekehrt sich überzeugt, daß Byzanz und das Abendland in ihrer Entwicklung zum guten Teile von Armenien bestimmt wurden. Man ist so fest überzeugt von der Selbstständigkeit der Bauentwicklung am Mittelmeere, bzw. in Europa, daß das Verständnis für die großen arischen Probleme ganz ausgestorben ist. Armenien bietet eine der wichtigsten Brücken zum Vordringen der Wissenschaft in die asiatischen Schöpfungen der vom Norden her über den Kaukasus und um das Kaspische Meer herum vordringenden Indogermanen, Schöpfungen, die sehr bald auf den Norden und Westen zurückzuwirken beginnen mußten. Ich habe diese Arbeitsrichtung mit meinem Buche über »Die bildende Kunst des Ostens« allgemein verständlich eingeleitet und in meinem »Altai-Iran und Völkerwanderung« wissenschaftlich zunächst im Gebiete des Ornamentes in Gang zu bringen gesucht. Jetzt gehe ich nun daran, diesen Plan auf dem Gebiete der Baukunst fortzuführen.

Wir sind gewohnt, die Kunstentwicklung nach Art des Neubaues der Kultur des Abendlandes vorzustellen, wo die germanischen Völker, plötzlich in das südliche Leben eintretend, zerschlagen, was sie vom Hellenistisch-Römischen vorfinden und dann erst eine allmählich ansteigende Entwicklung einsetzt. Es überrascht uns in solchen Vorstellungen Aufgwachsene daher immer wieder aufs Neue.

[1]) Vgl. »Altai-Iran«, S. 1.

[2]) Vgl. »Altai-Iran«, S. 238 f. und 297 f.

[3]) Vgl. dazu »Altai-Iran«, S. 306 f.

[4]) Vgl. Die Religion in Geschichte und Gegenwart I, S. 381 f.

[5]) Vgl. für den Gesamtaufbau mein Buch »Ursprung der christlichen Kirchenkunst«, das 1919 wohl zuerst schwedisch erscheinen dürfte.

wenn im Oriente die umgekehrte Sachlage festzustellen ist, d. h., das Bedeutende am Anfange der nationalen Entwicklung steht und in der Zeit, in der mit Karl dem Großen bzw. den nationalen Herrschergeschlechtern im Abendlande der äußerliche Aufschwung einsetzt, im Oriente bereits der Verfall eintritt. Das liegt daran, daß das Einströmen der Nomaden und Nordvölker sich im Osten bereits in antiker Zeit vollzogen hatte, im Abendlande dagegen erst in christlicher Zeit erfolgte, so daß wir bei uns das Herausarbeiten aus dem Primitiven miterleben und dabei übersehen, wie im Oriente die »mittelalterliche« Reife sich längst herausgebildet hatte[1]).

Diese Erkenntnis betrifft in erster Linie jenes Leitmotiv der armenischen Baukunst, das im Abendland erst seit der römischen Zeit auftritt, im Osten aber auf die arische Wanderung zurückgeht, die Kuppel. In Armenien steht sie dem Mittelmeerkreise als Spitze des iranischen Kreises ähnlich führend gegenüber, wie in Mesopotamien und Kappadokien der Tonnenbau. Nachdem ich in früheren Arbeiten Kleinasien ins Auge gefaßt und in Mesopotamien das Ursprungsgebiet des Tonnenbaues in christlicher Zeit vorgeführt hatte, suche ich nun die Ausbreitung des Kuppelbaues von Armenien aus zu verfolgen und frage zuerst nach den Trägern dieser Bewegung, die freilich zugleich auch für die Ausbreitung der Tonnenkirche in Betracht kommen. Dazu sei ganz allgemein Folgendes bemerkt.

Wir sind so sehr gewöhnt, bei der Ausbreitung von Kunstformen der christlichen Zeit immer nur mit dem Wege von Westen nach Osten zu rechnen, daß jeder Versuch, die entgegengesetzte Entwicklung nachzuweisen, auf den heftigsten Widerstand stößt. Ich denke hier weniger an Rivoiras »Architettura musulmana, sue origini e suo sviluppo«, Milano 1914, ein schönes Buch, das unter diesem maskierenden Titel eine von italienisch-römischem Patriotismus geschwellte Antwort auf mein »Amida« darstellt[2]). Mehr berührt die Stellungnahme von Wulff in seinem Handbuche »Altchristliche und byzantische Kunst«. Darin ist Berlin verkörpert, also jener Arbeitsmittelpunkt, in dem ich selbst bei Begründung der altchristlich-byzantinisch-islamischen Abteilungen des Kaiser Friedrich-Museums und vor allem durch die Anregung zur Überführung der Mschatta-Fassade den stärksten Rückhalt für meine Forschungsrichtung zu schaffen hoffte. Wulff ist mit Sarre Vorstand dieser Abteilungen geworden, er, Herzfeld und Guyer verfügen über die Mittel, die ich mit den von Ägypten, Syrien und Konstantinopel aus gelegten Grundlagen für die Forschertätigkeit in den Gebieten des Ostens flüssig machen wollte. Und gerade diese Gruppe ist es, bei der ich den heftigsten Widerstand finde. Die gedeihliche Entwicklung meiner manchen Kunsthistorikern heute leider immer noch fern liegenden Forschungsrichtung wird dadurch derart beeinträchtigt, daß sich viele ganz abschrecken lassen oder nur zögernd Stellung nehmen. Ich sehe von der eigentlichen Kampfliteratur ab, empfehle nur ein genaues Lesen der Abschnitte über Architektur und dekorative Plastik in dem zitierten, an sich wertvollem Werke von Wulff. Man wird dann feststellen können, daß Wulff, am Scheidewege stehend, immer wieder lieber den Mittelmeerkreis als den Osten schöpferisch gebend erscheinen läßt. Bisweilen gerät er dabei fast in das Fahrwasser von Rivoira. In dem nachfolgenden Abschnitte wird darauf wiederholt einzugehen sein. Da hat schon Diehl einsichtiger im Anschluß an meine Arbeiten geurteilt. Unter anderem sagt er Manuel Seite 315 von den Armeniern: Voyageurs infatigables, prompts à se déplacer, ils ont propagé au loin leurs méthodes. Parmi les influences diverses qui au IXe et au Xe siècle agiront sur la Renaissance byzantine, celle de l'Arménie ne sera pas la moins considérable«. Der sehr wesentliche Unterschied dieser Auffassung von der meinigen liegt darin, daß auch Diehl erst verhältnismäßig spät an ein Eingreifen Armeniens in die Kunstentwicklung denkt. Ich führe den gesamten Einkuppelbau auf quadratischer Grundlage auf Armenien zurück, gehe bis in das 4. Jahrhundert im Kirchenbau und in das 3. im weltlichen Zweckbau zurück und sehe im übrigen einen zweiten, zum Teil älteren Strom, der von Iran unmittelbar nach dem Mittelmeer führt. Immer ist es der Gewölbebau, Kuppel und Tonne, die auf diesem Wege in ihrer Entwicklung gefördert werden.

[1]) Vgl. über die Begriffe »Mittelalter« und »Renaissance« mein »Altai-Iran«, a. a. O.

[2]) Vgl. Österr. Monatsschrift für den Orient XLI (1951) S. 64. Rivoira würde, wenn das nur irgendwie anginge, ruhig auch Hellas von Rom herleiten.

I. Träger der Ausbreitung.

Neulich ist einmal gefragt worden, ob wohl Juden- und Christentum je weltgeschichtliche Faktoren geworden wären, wenn Jerusalem etwa in der Gegend des Wan- oder Urmiasees gelegen hätte?[1]) Man sieht aus der Fragestellung, daß uns heute nichts ferner liegt als die Annahme, diese armenischen Gebiete wären zu irgend einer Zeit Ausgangspunkt einer weltgeschichtlichen Ausbreitung gewesen. Und doch kann gelten, daß neben dem semitischen Breithaus- und dem mittelmeerländischen Langhausbau von Armenien jene dritte Kirchenbauform ausgegangen ist, die sich zuerst Byzanz, dann die orthodoxe Kirche, seit der Renaissance und erst recht in unserer Zeit die Welt erobert, der quadratische Einkuppelbau. Armenien gibt damit freilich nur eine arische, von Nordostiran erhaltene Anregung weiter. Der persische Einschlag in die europäische Kultur ist dadurch sehr wesentlich verstärkt worden. Aber wer kümmerte sich bisher um diese Dinge? Wenn man erst einmal anfangen wird, Liebe und Wahrheit nicht zu verwechseln, Hellas und Rom etwas zurückzuschieben und alte natürliche Zusammenhänge wieder zu beachten, dann dürfte einige Überraschung darüber eintreten, was alles auf Persien und den arischen Osten zurückzuführen ist[2]). Im Gebiete der Baukunst ist Persien der Stützpunkt für die Ausbreitung der Kuppel ebenso gewesen, wie Mesopotamien für das Tonnengewölbe, China, Indien und das Mittelmeer für das Holzdach. Man könnte versuchen, eine Geschichte der Baukunst zu schreiben, die den Bauformen unter alleiniger Berücksichtigung derartiger Annahmen nachgeht. Hier soll das lediglich für den Kuppelbau in christlicher Zeit zu dem Zwecke geschehen, den Anteil Armeniens an der Kunstentwicklung festzustellen. Ich setze damit nur neuerdings meine gegen die Irrlehre von der in sich geschlossenen Entwicklung der europäischen Kunst gerichteten Arbeiten fort. Sie begannen einst mit »Orient oder Rom« und drangen zuletzt mit »Altai-Iran« zu jenem Gebiete vor, in dem auch die christliche Kunst Armeniens wurzelt. Der enge Gesichtskreis unserer klassischen Philologie und auf Europa eingestellten Geschichtsforschung wird dadurch hoffentlich zu zeitgemäßer Erweiterung, vielleicht sogar — sehe ich von meinem Drängen ab — auch für das Gebiet der Forschung über bildende Kunst gebracht werden[3]).

Ein Beispiel, wie zunächst persische Kultformen nach dem Abendlande wanderten, bietet der Mithraskult[4]). Es waren Soldaten und Sklaven, die den persischen Kult einmal die Donau und Rhone entlang, dann über die Häfen einschleppten und weit über ganz Europa verbreiteten. Hier ist die Ausbreitung also sowohl den See-, wie den Landweg gegangen. Auch bei Ausbreitungsfragen in christlicher Zeit wird man beide Möglichkeiten im Auge behalten müssen. Übrigens sei bei dieser Gelegenheit bemerkt, daß wir in Armenien, im Besonderen z. B. in Marmaschen in den Bauernhäusern Säle fanden, die mit dem zwischen Lagerstätten auf eine Schlußwand zuführenden Mittelgang lebhaft an die Einrichtung der Mithrasheiligtümer erinnern.

Der Nachfolger des Mithraskultes in christlicher Zeit war der Manichäismus. Mani wurde 275 von Bahram I in Gundeschapur hingerichtet. Im Jahre 274 schon war seine Lehre in Palästina angelangt und überschwemmte ganz Vorderasien zwischen dem buddhistischen Mönchtum und Ägypten vermittelnd[5]). Über Nordafrika ging er nach Spanien und Gallien, wo ihn Ende des 4. Jahrhunderts die Häresie des Priscillian verrät, und in Rom entdeckte ihn Papst Miltiades schon gegen 312. Im Handumdrehen bedrohte diese »babylonische Religion« Kirche wie Staat und wühlte trotz aller Ausrottung von Armenien bis nach Frankreich im Mittelalter ebenso weiter wie nach Chinesisch-Turkestan und dem Osten hinüber.

[1]) E. Brandenburg, Neue jüdische Monatshefte I, (1916), S. 72.

[2]) Vgl. mein »Altai-Iran« und die Skizze von Paul Horn, »Was verdanken wir Persien« (Nord und Süd, XCIV, 1900, S. 277 f.).

[3]) Vgl. dazu »Altai-Iran«, S. 3.

[4]) Vgl. Cumonts zahlreiche Schriften und Grill, »Die persische Mysterienreligion im römischen Reich und das Christentum«, 1903.

[5]) Vgl. Cumont, »La propagation du manichéisme dans l'empire romain«, Revue d'hist. et de litt. religieuses 1909.

46*

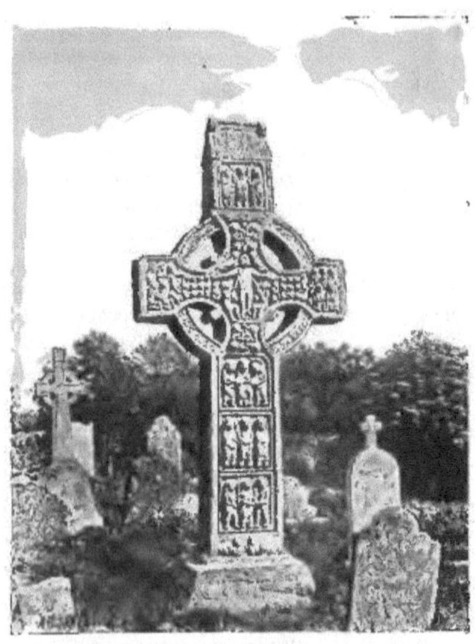

Abb. 677. Monasterboice: High Cross of Muredach.

Der armenische Kuppelbau ist hinter dieser Ausbreitung weder zeitlich noch örtlich zurückgeblieben. Er war geradeso wie Mithraskult und Manichäismus ein arischer Sprößling und wurde am Mittelmeer und in Europa einmal nach dem Gesetz des Gegensatzes, im gegebenen Falle zum griechisch-römischen und romanisch-germanischen Längsbau, auf der andern Seite um gewisser gemeinsamer Züge willen mit nach unseren heutigen Begriffen von Kunstentwicklung unbegreiflicher Schnelligkeit aufgenommen. Das wird zum Teil durch folgende Überlegung zu erklären sein.

Das Werden der armenischen Kunst fällt gerade in die Jahrhunderte, die für Europa als die dunklen bezeichnet werden können, die Zeit, in der die alte Kultur durch innere Schwäche und die Überflutung mit nordischen und aus dem Osten vorbrechenden Völkern überschwemmt, kaum im Stande ist, festen Boden für eine Neugestaltung des geistigen Zustandes zu gewinnen. Während in Europa alles drunter und drüber geht, ist dagegen in Armenien trotz der Gegenströmungen, die von Byzanz und Persien aus Boden zu gewinnen suchen, ein stetiges Anwachsen der nationalen Bewegung zu beobachten, das von Bedeutung für die übrige Welt werden mußte, schon deshalb, weil es eben in eine Zeit fällt, in der die Mittelmeerwelt zusammenbricht, dann aber weil in Armenien weder wie in Byzanz noch wie in Baghdad ein Hof die für seine Geltendmachung notwendigen Kräfte aus aller Herren Ländern anzieht. Die Entwicklung einer national eigenartigen Strömung wird also dort nicht durch das Streben nach Weltgeltung des Herrschers hintangehalten. Endlich wetteifern die jung in die Kultur eintretenden neuen Völker mit dem Osten und nehmen gern alles bei sich auf, was ihnen von dort zuströmt. Unter solchen Umständen mußte die starke Bewegung, die wir in Armenien nachgewiesen haben, gedeihen und im Westen auf fruchtbaren Boden fallen.

Staat und Kirche gehen im 4. Jahrhundert in Armenien auf das engste Hand in Hand, sind beide national unter Führung der Arsakiden. Auf diese Art wird eine Gesinnung gezeitigt, und über die trüben Jahrhunderte, vom 4. bis um 1000 hinweg in Armenien lebendig erhalten, die, während alle andern Staaten und Kirchen der Macht von Rom und Byzanz bzw. dem Islam verfielen, es ermöglichte, daß dort sich eine Eigenart entwickeln konnte, die einmal durch das allgemeine Vordringen des Ostens nach dem Westen, dann aber auch im umgekehrten Wege als Rückwirkung von Pilgerfahrten, Handelsverkehr und Kreuzzügen nach Europa vordrang und noch spät in der Renaissance durch Vermittlung auswandernder Künstler einen letzten bestimmenden Einfluß gewinnen konnte. Nimmt man dazu, daß diese nach Westeuropa durchsickernden Einflüsse in Osteuropa im Wege des Schwarzen Meeres zu allen Zeiten gleichmäßig wirksam waren, so läßt sich von vornherein verstehen, daß die bisher übersehene Bedeutung der armenischen Kunst keine geringe war. Im vorliegenden abschließenden Buche soll dieser Ausbreitung im Einzelnen nach-

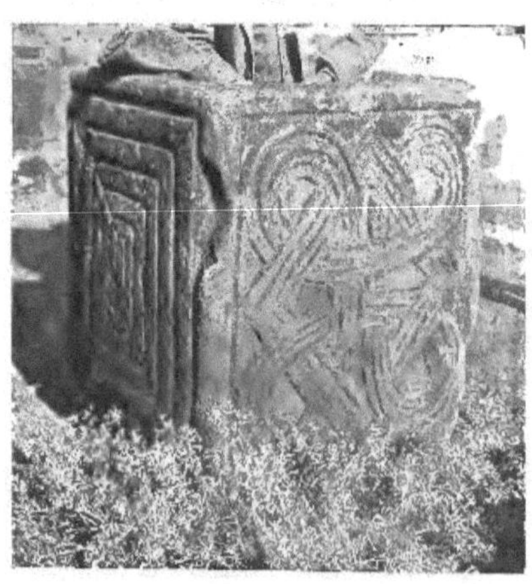

Abb. 678. Thalin: Andere Ansicht von Abb. 679.

gegangen werden. Als Ergebnis dürfen nicht feste Tatsachen, sondern mehr Anregungen erwartet werden, die unsere, in Einseitigkeit erstickende Kunstforschung befruchten sollen.

Das Mittelalter bedeutet künstlerisch im Allgemeinen ein Vordringen von Kunstformen der Nord- und Wandervölker nach dem Süden und Westen[1]). Der armenische Kirchenbau, unmittelbar hervorgegangen aus dem Hausbau der iranischen Ostarier, bezeugt, indem er sich durchsetzt, einen solchen Einschlag ebenso wie als Zierform das Bandgeflecht. Die Ausbreitung findet schon in altchristlicher Zeit statt, einmal durch die Auswanderung der Armenier und armenischer Künstler im Besonderen, dann durch die Wanderungen der Goten von der südrussischen Steppe durch ganz Südeuropa bis nach Gallien und Spanien, endlich durch die Ausbreitung der paulikianischen Lehre von Armenien aus über den ganzen Süden von Europa. Diesen einzelnen Wegen soll hier zunächst nachgegangen und dann erst jene nach dem Jahre 1000 einsetzende Gegenbewegung behandelt werden, die Europa nach dem Osten führte, aber in ihren Anfängen doch wieder nur auf dem Heimwege Güter des Ostens nach dem Westen brachte.

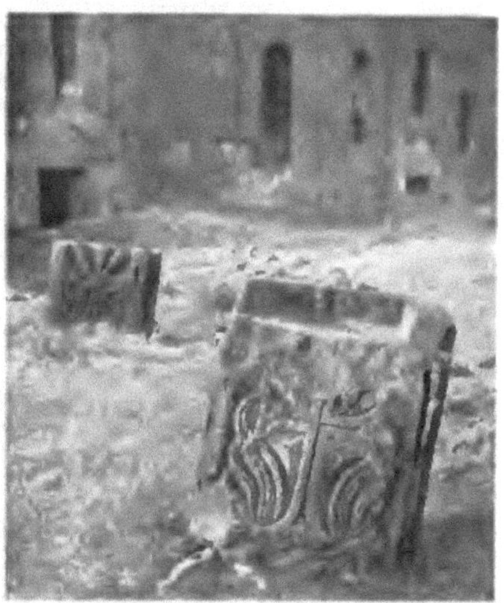

Abb. 679. Thalin: Untersatz eines Kreuzes.

A. Der arische Weg und Rußland.

Es dürfte noch in christlicher Zeit ein Nachwirken der alten arischen Zusammenhänge zwischen dem Osten und Norden gegeben haben. Der Andeutungen, die ich darüber in meinem »Altai-Iran« machen konnte, muß hier beim Eintritt in die Frage nach der Ausbreitung des Armenischen gedacht werden. Es läßt sich vorläufig noch durchaus nicht sagen, wie die Wege gegangen sein mögen, sicher ist nur, daß in ähnlicher Weise, wie wir im Süden den Islam als Träger einer von der Altai-Iran-Ecke ausgehenden Strömung beobachten können, so auch im Norden immer wieder ein Hin- und Herfluten im Gebiete der bildenden Kunst in Spuren auftaucht, für die es vorläufig keine geschichtlichen Unterlagen zu geben scheint. Ich habe bereits auf die auffallend verwandten Verzierungen an den im Osebergschiff in Norwegen gefundene Holzmöbeln aus dem 8. Jahrhundert hingewiesen[2]). Sie dürften ohne weiteres erklärbar sein durch die regen Handelsbeziehungen und werden bestätigt durch jene dicke Schicht ostpersischer Silbermünzen, die über ganz Skandinavien ausgebreitet gefunden wurde[3]). Zu der Literatur, die ich dafür anführen konnte, ist neuerdings ein zweites Werk von Arne (Det stora Suitjod) gekommen, daß die Beziehungen zu Rußland in den Vordergrund stellt. Nachstehend einige in meinem »Altai-Iran« nicht näher besprochene Spuren.

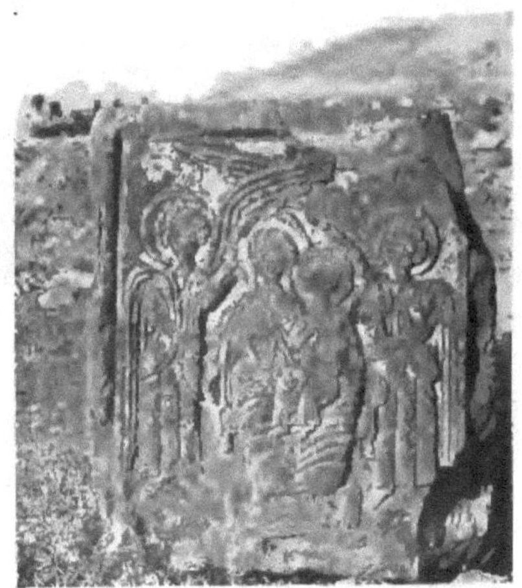

Abb. 680. Thalin: Vierte Seite von Abb. 679.

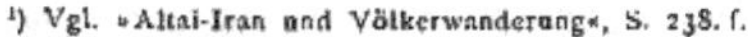

[1]) Vgl. »Altai-Iran und Völkerwanderung«, S. 238. f.

[2]) »Altai Iran«, S. 207 f.

[3]) Ebenda S. 210.

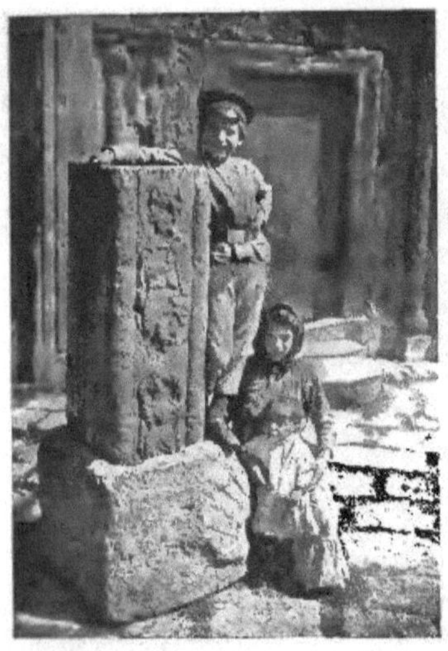

Abb. 681. Haridscha: Rest eines Hochkreuzes.

Hochkreuze. Ich habe hier bezüglich Armeniens nicht nur Tatsachen auf dem Gebiete der Zierkunst im Auge, sondern vor allem solche, wie sie in der bereits oben S. 257 berührten Verwandtschaft von Grabsteinen in Armenien und dem Norden vorliegen. Ich meine im Besonderen eine Gruppe, die ich bisher beiseite ließ, weil sie das Kreuz mit Flachbildern überzogen zeigt, die zwar in der Verwendung der »Darstellung« unarmenisch sind, aber in der Art, wie sie den Menschen nach der Übung des mehrstreifigen Bandgeflechtes behandeln, die Umbildung einer von auswärts übernommenen Gestalt deutlich hervortreten lassen.

Bevor ich auf sie eingehe, sei auf die bemerkenswerte Übereinstimmung hingewiesen, die den oben S. 256f. aus Oschakan beigebrachten Kreuzstein mit ähnlichen Bildungen in Nordengland, Schottland und Irland verbindet. Man beachte das obere Ende: ein Kreuz frei herausgearbeitet aus einem Kranze. Dieser Abschluß ist allgemein üblich an den Hochkreuzen der britischen Inseln im Mittelalter. Ich gebe als Beispiel eines der Kreuze von Monasterboice, das High Cross of Muredach[1]), datiert 924. Man sieht einen Pyramidenstutz als Untersatz, darin verzapft den Schaft, der oben mit dem Kreis im Kranz endigt. Ich kenne nun keine Denkmälergruppe, die diesen Hochkreuzen in einem Punkte näher käme als eine armenische, jene nämlich, die die Kreuze ganz überzogen zeigt mit Flachbildern. Das ist die Gruppe, die ich erst hier vorführen will. Einige Proben mögen genügen. Da ist zunächst nordöstlich der Hauptapsis von Thalin ein Würfeluntersatz, der 0·82 m hoch, oben 0·76 auf 0·72 m groß ist, mit einem Loch von 0·52 auf 0·47 m Größe zum Einlassen eines Schaftes. Auf einer Seite (Abb. 678) durchsetzt eine vierstreifige Raute eine vierteilige Schlinge ohne Ende, auf der anderen (Abb. 679) ist ein Kreuz zwischen aufstrebenden Palmetten gegeben; auf der Vorderseite erscheint (Abb. 680) Maria mit dem Kind im linken Arme, thronend zwischen zwei Engeln, die ihre Arme nach ihr ausstrecken und die Flügel über sie breiten. Die formale Durchführung ist die gleiche wie an den Zwickelfiguren von Zwarthnotz (S. 425f.). Die Gegenseite dieses Reliefs bildet (Abb. 678) eine Einritzung: sechs ineinandergelegte Quadrate, die von den Diagonalen gekreuzt werden.

Was dieser merkwürdige Untersatz bedeutet, zeigt klärlich ein anderes Denkmal in Haridscha (S. 79f.). Dort dient dieser 0·70 × 0·56 m große Untersatz zur Aufnahme eines 1 m hohen Prismas (Abb. 681), das oben in der 0·40 × 0·385 m großen Fläche ein 15 cm tiefes Loch zeigt, also irgend eine Krönung trug. Auf dem Untersatze (Abb. 682) Daniel in persischer Tracht in der Löwengrube, wobei die Löwen, genau so wie die Adler in Zwarthnotz (Abb. 111) um die Ecke gelegt, die Seitenflächen füllen. Die Rückseite zeigt das Kreuz mit vier Flügelansätzen (Abb. 683). Man wird an sasanidische Bildungen dieser Art erinnert. Über Daniel (Abb. 682) auf dem Prisma der bärtige Christus, die Rechte über das geöffnete Buch streckend, das er mit der Linken vor sich hält. Auffallend ist die glockenförmige Perücke, das fast wie in langobardischen Reliefs oder in irischen Miniaturen in Streifen aufgelöste

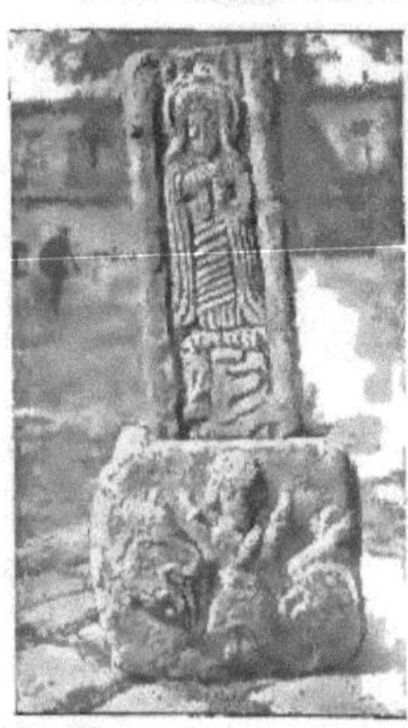

Abb. 682. Haridscha: Vorderseite von Abb. 681.

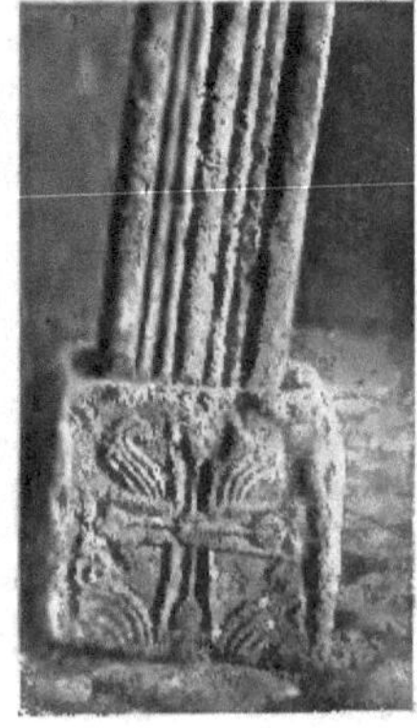

Abb. 683. Haridscha: Rückseite von Abb. 681.

[1]) Vgl. auch Stokes, Early Christian art of Ireland II, S. 18f., und Kraus, Gesch. d. christl. Kunst I, S. 614.

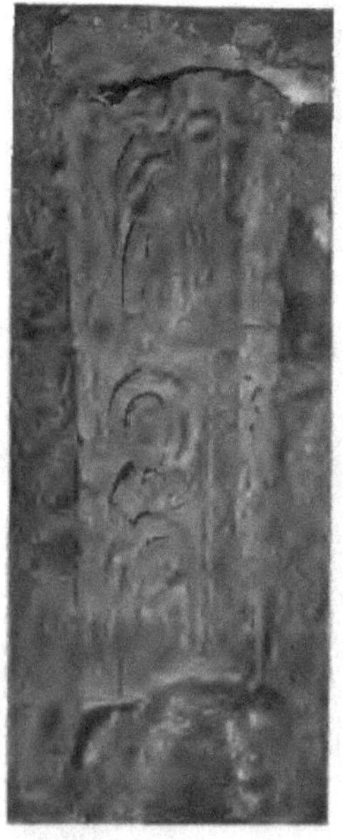

Abb. 684.
Thalin: Rest eines Hochkreuzes.

Gewand und das seltsame Gebilde zu Füßen Christi: eine Gestalt, scheint es, die mit emporgestreckten Händen nach den Füßen des Erlösers greift. Auf der linken Seitenfläche Maria thronend mit dem bärtigen Christus vor sich im Schoße, beide die Rechte seitlich erhebend, die Linke übereinander vor Christi Brust. Auf der rechten Seitenfläche zwei stehende Männer übereinander, auf der Rückseite (Abb. 683) drei lotrechte Wülste durch je zwei Linien im Schrägschnitt getrennt.

In Thalin wie in Agrak sah ich auf Steinen, die gestürzt am Boden liegen (Abb. 684) öfter die Gestalt des Trdat in Tiergestalt zwischen Heiligen mit Lanzen, Christus und Maria, Engeln, Kreuzen und Palmettengebilden. Von Trdat gebe ich ein Beispiel Abbildung 685 aus Thalin. Der König mit Nimbus und Schweinsrüssel wendet sich in langem Gewand nach links, ein Stabkreuz in der Rechten haltend. Auf der Seitenfläche erscheint bisweilen Maria mit dem Kinde, darüber ein Engel, über Trdat und auf der Seite rechts von ihm persische Palmetten über einem Kreuze.

Ich denke, es werde als keine zu gewagte Annahme gelten, wenn man sich diese Schäfte nach dem Muster von Oschakan und den irischen Hochkreuzen mit einem Kreis im Kranze gekrönt ergänzt. Ein solches liegt am oberen Ende des Trdat-Kreuzes in Abbildung 685. Dann aber treten sich die beiden Gruppen derart nahe, daß man in Zukunft bei Lösung der viel umstrittenen Frage nach Ursprung und Zeitstellung der britischen Beispiele sich des armenischen Vergleichsstoffes kaum wird entschlagen können.

Die formale Behandlung der Flachbilder ist in beiden Kreisen eine sehr verwandte. Die Beispiele aus Armenien, die ich abbildete, übertragen die gewohnte Flacharbeit der dreistreifigen Flechtbänder auf die menschliche Gestalt. Aber auch die Modellierung ist nicht ganz ausgeschlossen. Ich will dafür zurückgreifen auf die Stifterbilder von Mzchet, von denen schon oben S. 86 f. und 431 f. die Rede war. Ich gab eine dieser über den Fenstern eingesetzten Tafeln Abb. 472. Sie ist bereits beschrieben, ich mache hier besonders auf die strenge Vorderansicht Christi und die Art des Faltenwurfes aufmerksam. Der Erlöser hält das Buch auf der bedeckten Rechten, die Falten seines langen Gewandes fallen in parallelen Lagen herab. Zu seinen Füßen in Seitenansicht der Unterkörper des Stifters. Ich gebe Abbildung 686 ein anderes Beispiel einer ähnlichen Anordnung und Behandlung. Diesmal ist die Blutflüssige an Stelle des Stifters getreten und die Darstellung keine armenische; sie stammt vielmehr von dem bekannten Ruthwell-Kreuz in Northumberland[1]). Mehr will ich in diesem einführenden Werke nicht sagen. Die Frage ist eine äußerst schwierige. Jahrelange Studien können nur dann zu einem abschließenden Urteile führen, wenn die armenischen Denkmäler gesammelt und im Einzelnen mit denen im Norden der britischen Inseln verglichen werden. Man erlaube mir nur noch eine Bemerkung.

Sowohl auf den irisch-schottischen wie den armenischen Steinkreuzen wechselt die Darstellung mit Kreuzen, die ausschließlich mit Zieraten geschmückt sind. Ich habe dafür oben S. 252 f. einige Beispiele aus Armenien gegeben und möchte hier zum Vergleich wenigstens ein solches aus Schottland daneben stellen. Es ist der »Nigg-Stone« in

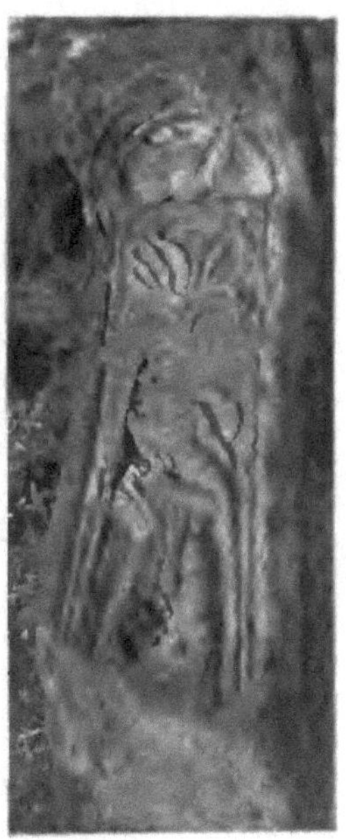

Abb. 685.
Thalin: Rest eines Hochkreuzes.

[1]) Vgl. darüber zuletzt Cook, The date of the Ruthwell and Bewcastle cross (Transactions of the Connecticut Academy of fine arts and sciences XVII 1912) Fig. 6 und dazu die Besprechung von Viëtor im Beiblatt zur Anglia XXVI (1915), S. 1 f.

Rosshire auf den westlichen Inseln. Also auch hier die rechteckige Platte mit dem Kreuz als Füllung, das Ganze mit einer überaus reichen Masse von Bandgeflechten jeder Art überzogen, zum Teil mit Nachbildung von Metallarbeit, wie sie auch Abbildung 674 zeigte.

Nicht minder nahe stehen sich armenische Grabkreuze und skandinavische Runensteine. Ich gebe Abbildung 689 einen Stein aus dem Dorfe Martiros in Waiotzdzor, der am Rande die Inschrift trägt: »Im Namen Gottes und der Macht des Amir Hassan, ich Mat(t)heos Wardapet habe dieses Zeichen mir und Petrus und meinen Eltern errichtet. Ihr, die Ihr niederknieet, saget, daß Gott sich Ihrer erbarme. Im Jahre 724 (1275)«[1]). Die Mitte füllt ein Kreuz im Schrägschnitt eingegraben und unten begleitet von Rankenausgeritzten Halbpalmetten. Man blättere nun etwa Wimmer, »De danske Runemindesmaerker I: Skane« durch und wird diese Art — die Inschrift als Band am Rande herumlaufend, in der Mitte das geritzte Kreuz mit den Halbpalmetten am Fuße — immer wiederkehren sehen. Abbildung 668 das Beispiel Wimmer III, S. 283, eine Stele aus Ny-Larsker. Es gibt wohl auch welche, die dem armenischen Beispiele noch näher stehen. Mir sind jetzt während des Krieges die Veröffentlichungen nicht zur Hand. So bedauere ich ganz besonders, daß ich Stephens, »Old Northern Runic monuments of Scandinavia and England« nicht auftreiben kann, weil ich weiß, daß dort auch Seitenstücke zu jenen Widdersteinen aus Skandinavien abgebildet sind, die ich oben, Seite 260 f., aus Armenien vorgeführt habe.

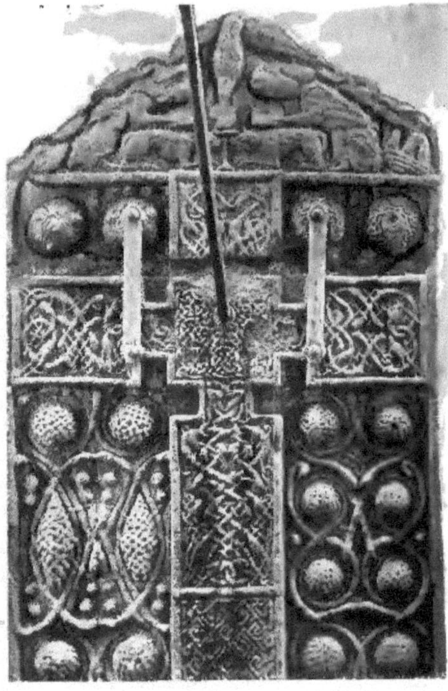

Abb. 687. Nigg-Stone: Einzelheit.

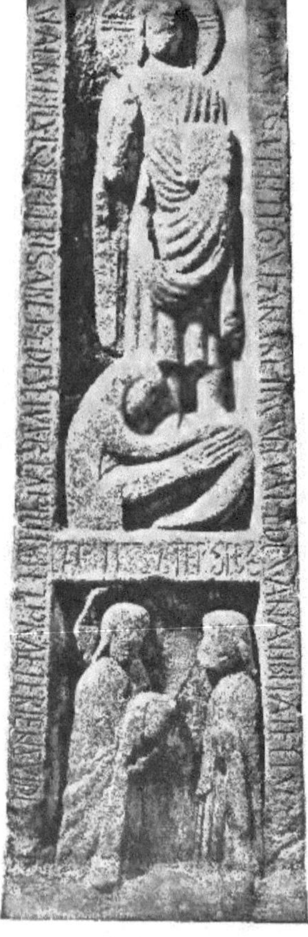

Abb. 686. Ruthwell-Kreuz: Einzelheit.

Als der arische Weg nach dem Norden stellen sich die Rußland von Süden nach Norden durchziehenden Flußläufe dar, und zwar nicht nur die in das Schwarze Meer einmündenden, sondern vor allem auch die über die Wolga und das Kaspische Meer gehenden, ganz abgesehen von der Uralpforte. Die Flußläufe begegnen sich mit andern, die nach der Ostsee ziehen. Die Waräger sind Träger dieser Beziehungen noch in geschichtlicher Zeit.

Die Kirchen von Susdal. Der südrussische Boden bildet die natürliche Landverbindung Europas mit Georgien und mittelbar auch mit Armenien. Für letzteres aber dürfte wahrscheinlich bedeutungsvoller der Verkehr über das Schwarze Meer gewesen sein.

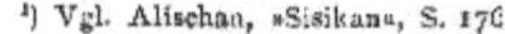

[1]) Vgl. Alischan, »Sisikan«, S. 176.

Wir werden gleich auf den einst lebenden Beleg in der Person des Wulfilas zu sprechen kommen; die Goten sind die ersten Vermittler armenischer Bauformen nach dem Abendlande in christlicher Zeit geworden. Für Rußland selbst aber ist der zweite Übertritt des Landes zum Christentum im 9. Jahrhundert wichtiger insofern, als sich das, was in dieser Zeit dort Wurzel faßte, trotz des Mongolensturmes bis auf den heutigen Tag als maßgebend behauptet hat. Auf Zweierlei stützt sich die Forschung nach dem Träger armenischer Formen in Rußland, einmal auf die mit der Sophienkathedrale in Kiew deutlich werdende Übertragung georgisch-armenischer Bauart auf die Ukraine und den Norden. Im Augenblick kann ich, da jeder Verkehr unterbunden ist, der Sache literarisch nicht weiter nachgehen und möchte nur einer Legende Erwähnung tun, die mir in Alexandropol von Herrn Nubajdschian mitgeteilt wurde, dahingehend, daß es in Kiew u. a. heiße, die Kathedrale sei von Persern erbaut worden, wobei man an die Tondrakier denken könnte. Von ihnen ist ja oben wiederholt die Rede gewesen. Auf die Bauform selbst gehe ich unten ein. Dagegen möchte ich hier schon der zweiten Tatsache einige Beachtung schenken, dem Nachweis nämlich, daß eine bestimmte Ausstattungsgruppe, die wir besonders in dem Beispiele von Achthamar kennen lernten, im Kreise von Wladimir-Susdal im 12./13. Jahrhundert Nachwirkungen zeitigt, die sehr auffallend sind. Man findet die ganze Gruppe behandelt bei Grabar, »Geschichte der russischen Kunst« I, S. 303 f. Sie liegt im Flußgebiete der Wolga nordöstlich von Moskau[1]). Ich gebe Abbildung 690 eine Ansicht von der in ihrer Ausstattung am besten erhaltenen Georgskirche in Jurjev polskij von 1230—1234. Es ist ein Vierpfeilerbau in der Art von Bagaran (S. 95), nur sind die Strebenischen ersetzt durch kurze Tonnen mit rechteckiger Ummantelung. Davon später. Die Außenwände waren nach armenischer Art mit Bogen ringsum ausgestattet, die im Laufe der Zeit mannigfache Veränderungen erfahren haben. Abbildung 690 zeigt einen noch verhältnismäßig gut erhaltenen Teil der Nordseite. Man sieht die Dienste an der Wand emporsteigen und die Flächen dazwischen überzogen mit Reihen von Flachbildern und Büsten in Wulstkreisen. Hält man dazu eine der Ansichten der Kirche von Achthamar (S. 291 f.), so besteht kein Zweifel, daß wir hier einen

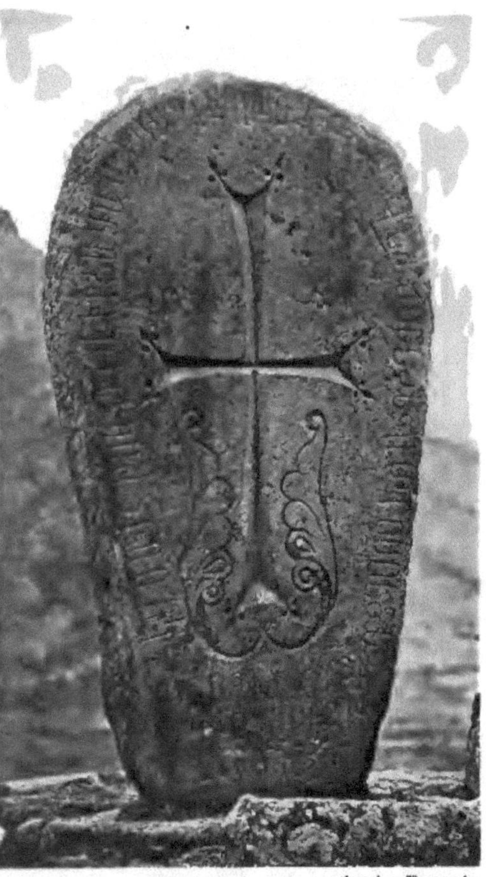

Aufnahme Thoramanian.

Abb. 689. Martiros: Kreuzstein.

Abb. 688.
Ny Larsker: Kreuzstein.

[1]) Eine Sonderarbeit über diese Denkmäler, die in meinem Institute ausgeführt ist, kann leider vorläufig nicht erscheinen, weil wir der Ermächtigung russischer Fachgenossen zur Veröffentlichung ihrer photographischen Aufnahmen bedürfen. Vgl. auch die Arbeit von Kondakov nach Byzantinische Zeitschrift IX (1900), S. 599 f.

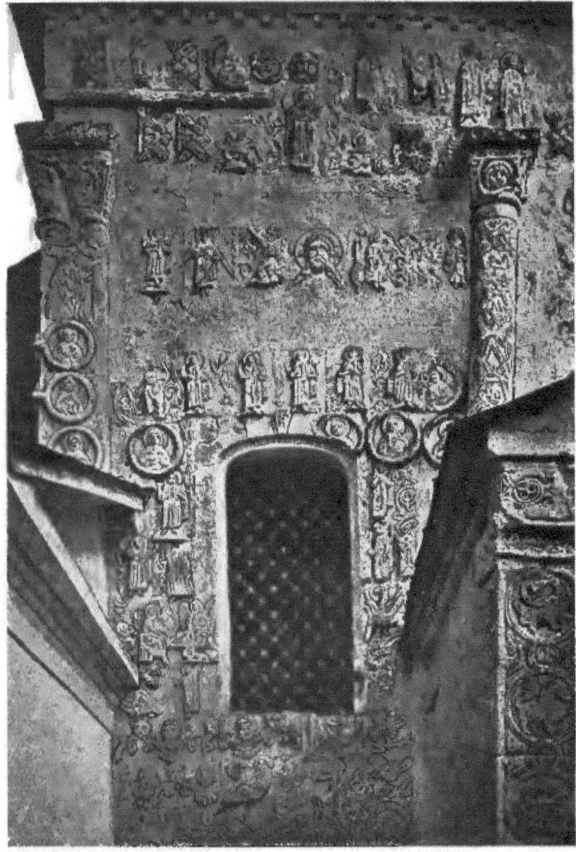

Aufnahme Grabar.

Abb. 690. Jurjev polskij, Georgskirche: Einzelheit der Außenausstattung.

Vertreter des gleichen Kunststromes vor uns haben, dem diese Kirche im Wansee als bisher einziges bekanntes Beispiel im Gebiete der Bildhauerei angehört. Immerhin kann auch die Sophienkirche in Trapezunt in beschränktem Maße hieher gezählt werden. Ich gebe Abbildung 691 eine Ansicht des Abschlußbogens ihres Südvorbaues. Die Kirche entspricht im Grundriß[1]) ungefähr der Anlage von Jurjev polskij, die vorgeführten Flachbilder dürften etwa der gleichen Zeit angehören. Es muß also, was wir in Achthamar 915—921 ausgeführt sehen, doch seine Wege weitergegangen und einmal die Wolga entlang, das anderemal nach dem Schwarzen Meere bis ins 13. Jahrhundert fortentwickelt worden sein. Näheren Einblick in diese Richtung haben wir vorläufig nicht.

In Jurjev polskij ist der Anschluß an Achthamar viel deutlicher als in Trapezunt. Man vergleiche bei Grabar Seite 316 auch noch eine Aufnahme des Südtores mit seinen in Stufen eingestellten Diensten; dazu sind oben rundbogige Verbindungen zu ergänzen. Das Tor entspricht also durchaus der in Armenien herrschenden Art (S. 521 f.), nur sind alle Glieder wie die Wände mit zweistreifigem Zierat von ausgesprochen iranischer Durchbildung überzogen. Diese Bauten sind schon in den siebziger Jahren der Gegenstand wissenschaftlichen Streites gewesen zwischen Butowsky und Busslajev. Damals sah man z. T. weiter als heute, wo leichthin lombardischer, bzw. romanischer Einfluß angenommen wird. Ich glaube, daß wir die Wurzel dieser Kunst da finden werden, woher auch Achthamar zu erklären sein wird, also in einem Kunststrome, den wir vorläufig noch nicht im Zusammenhange erkennen können. Eine Chronik spricht nur von »Fremdländern«, die der Erbauer von Jurjev polskij verwendet hätte. Ich komme auf die Meister, die hier tätig sind, nochmals zurück, wenn unten von Pavia zu reden sein wird. Immer kommt lediglich Außenschmuck in Frage. Ich habe den Eindruck, daß es sich ursprünglich um Lehmziegelbauten mit Stuckverkleidung gehandelt haben könnte, also eine Werkart, für die wir Belege aus christlicher Zeit erst bei Nachgrabungen in Mesopotamien (im gegebenen Falle scheint mir Iran ausgeschlossen) erwarten dürfen. Neben Stuck käme Malerei in Betracht, wie etwa an den Klosterkirchen der Bukowina (Abb. 597). Ich komme auf Gruppe kurz im Zusammenhange auch in meinem Buche »Ursprung der christlichen Kirchenkunst« zurück.

[1]) Eine Aufnahme Bull. de corr. hell XIX, S. 449. Vgl. Texier und Popplewell Pullan, Byzantine architecture, S. 199 f.

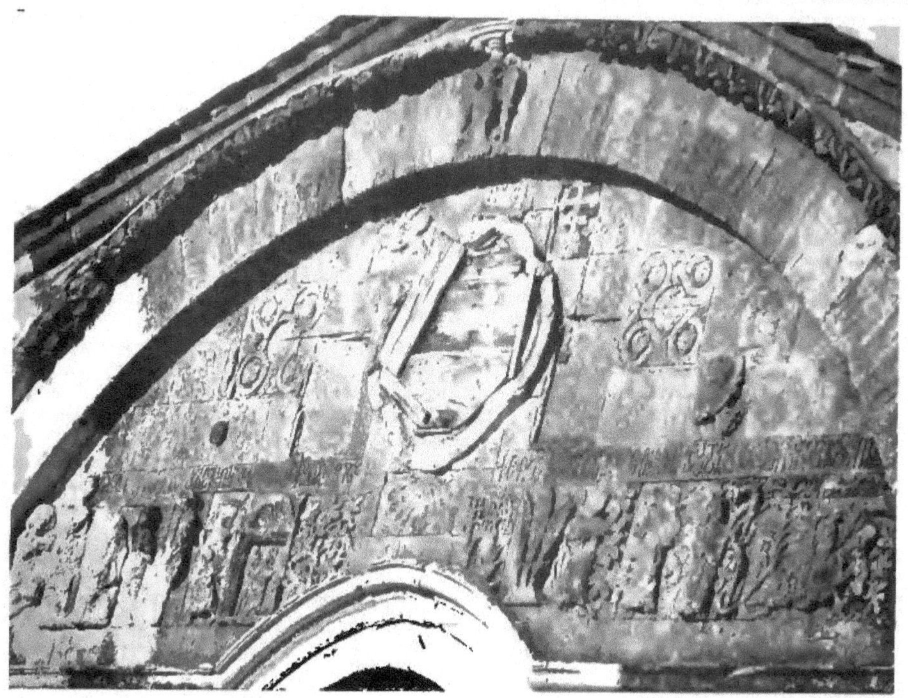

Abb. 691. Trapezunt, Sophienkirche: Einzelheit vom Südvorbau. Aufnahme Jermakov.

B. Der Islam.

Bei der Ableitung der armenischen Bauformen wurde suchend ausgegangen von parthischen Voraussetzungen Leicht ist der Nachweis nicht gewesen, weil zweifellos ein Wechsel des Baustoffes stattgefunden hat. Die Parther benutzten vorzugsweise den Rohziegel, die Armenier kannten diesen, scheint es, nicht. Hier bedingte eben die Natur des Landes einen tiefgehenden Unterschied. Will man die parthische Kunst in ihrer Weiterentwicklung im Ziegelbau verfolgen, dann muß man den islamischen Bauten dieser Art in ihrer unerschöpflich reichen farbigen Ausstattung nachgehen[1]).

Die islamische Kunst nimmt ihr Wesen nicht in Arabien und nicht am Mittelmeer an, auch nicht in Mesopotamien. Erst als die Bewegung auf dem Boden von Iran anlangt, beginnt schon die vom Hause Mohammeds herkommende Moscheeform sich durchgreifend zu wandeln. An Stelle der Säulen- (Mittelmeer) und Pfeilerhallen (Mesopotamien) treten vier Iwane in den Achsen, eine Form, die dann mit der Medrese durch türkische Stämme nach Kleinasien und Ägypten getragen wird. Die Iwane erinnern in mancher Beziehung an die vier um die Kuppel gelegten Strebenischen der armenischen Kunst, nur ist an Stelle des Innen- der Freiraum getreten. Die islamische Kuppel selbst kennt diese Art der Verstrebung nicht. Die Fenstertrommel, wenn sie, wie an Grabbauten, überhaupt vorkommt, ist so massig und ungegliedert mit dem Unterbau verbunden, daß das leichte Schweben, das ihr in armenischen Bauten eigen ist, durchaus fehlt.

Es ist lehrreich zu beobachten, wie die altiranische Trompenkuppel im islamischen Grabdenkmal

[1]) Dieser Seite der islamischen Kunstart war mein »Altai-Iran« gewidmet. Hier habe ich das Bauen an sich im Auge. Vgl. auch Diez, »Die Kunst der islamischen Völker«, S. 69 f.

weiterwirkt[1]). Dort im Ziegelbau sind die Formen, wie gesagt, wesentlich andere als in Armenien, wenn auch die Grundform ursprünglich die gleiche war. Diez hat den vielleicht ältesten erhaltenen Bau auf der Forschungsreise unseres Institutes in Churasan, und zwar in Sängbäst nachgewiesen[2]). Ob er freilich aus der Zeit des Mahmud von Ghasna (998—1030) stammt (Yate), ist zweifelhaft. Die Inschrift enthält keine Zeitangabe, die Buchstabenformen weisen eher auf spätere Zeit. Das Grab scheint den Mittelpunkt einer größeren aus mehreren Höfen bestehenden Anlage wie in Tasch-Rabat, Aschtischat oder Mschatta gebildet zu haben, Kloster, Medrese und Rasthaus zugleich bildend. Wie großzügig sich die Bauform weiterentwickelt, zeigen die Kuppelgräber des 12. Jahrhunderts in Merv und Tus, sowie die unerhört durch Abmessungen und Prunk wirkungsvollen Schöpfungen der Mongolen in Vorderasien und der Pathanen und Mogulen in Indien. Armenien blieb daneben als ein armes, auf die bescheidene einheimische Wirtschaft gestelltes Land zurück. Seine Großtat lag mehrere Jahrhunderte vor dem Auftreten des Islam.

Die islamische Kunst steht rein baulich, soweit nämlich die Ausbildung des Innenraumes und die Geschlossenheit der Massenwirkung im Äußern in Betracht kommt, entschieden hinter ihrer älteren Schwester, der armenischen, zurück. Die Moschee tritt als Freiraum ganz aus der Reihe und die Grabkuppel bleibt ungegliedert im Mauerquadrat, wobei freilich das Verwachsensein der im gebrannten Ziegel ausgeführten Mauern mit einem schweren Tambur und der Decke einen in der Masse wirkungsvollen Eindruck machen. Das Aneinanderfügen von räumlich zusammenhanglosen Zellen, wie es bezeichnend für das iranische Kuppelhaus und die nestorianische Kirche ist (S. 365 und 649), blieb dauernd in einer Zweckform, die ich oben Seite 642 nur einmal gestreift habe, herrschend: in den Bädern. Es wird darauf unten mit einem Worte einzugehen sein, weil die italienische Renaissance und Leonardo im Besonderen davon Anregungen erfuhren, bevor sie an der armenischen Kirchenbauart gesundeten und zur geschlossenen Einheit des Raumbaues vordrangen. Erst die Osmanen schlugen in Brussa und Konstantinopel wieder ähnliche Wege ein, wie einst von vornherein die Armenier.

Der Islam, den man auch bisher immerhin etwas besser kannte[3]) und berücksichtigte als die armenische Kunst, weil er, nicht nur wie diese durch ein fremdes Volk, die Goten, vielmehr von dem Erobervolke selbst bis an den Atlantischen Ozean getragen wurde und dort eine von der christlichen unabhängige Richtung vertrat, ist insbesondere bei Entstehung der Gotik als anregende Voraussetzung beachtet worden. So meinten Einzelne, daß der Spitzbogen von islamischen Bauten angeregt worden sein könnte[4]). Davon unten. Viel wichtiger wird eine vergleichende Untersuchung über die farbige Belebung des Innenraumes durch in das sogenannte Maßwerk der Fenster eingefügte bunte Gläser sein. Im Islam wird es durch ausgestochene Gipsplatten hergestellt, in der nordischen Kunst durch Steinmetzarbeit.

Uns beschäftigt hier viel mehr als Kernfrage, wie die islamische Kunst, aus der gleichen Quelle stammend wie die armenische, doch so ganz anders werden konnte. Es liegt das einmal in dem Gegensatze der Kultgebäude: Hof gegen Kuppel, dann im Baustoff begründet. In Armenien entwickelt sich trotz der übernommenen Verkleidung die glatte, durch lotrechte Wülste mit Bogen und wagrechte Friese gegliederte Wand, wohl infolge der von Anfang an wirksamen Steinverkleidung, im Islam dagegen werden alle jene Verkleidungsarten von dem Augenblick an übernommen, in dem der Säulenbau des Mittelmeerkreises, der Pfeilerbau Mesopotamiens und besonders der Hof mit Iwanen in den Achsen auf iranischem Boden verschmolzen werden. Der Islam kennt die glatte Wand nur in Ausnahmsfällen und sieht im Allgemeinen die Wand als künstlerisch unwirksam an, wenn sie nicht mit Zierat gefüllt ist. Die ungeheure Mannigfaltigkeit der in Iran in Stuck, in Teppichbehang, Fliesen, Holz und Metall entwickelten Schmuckformen geht von den nördlichen Gebieten auf den Islam über und lebt sich in der sogenannten Arabeske und der Vieleckzier aus. Die Muster sind nicht der Kleinkunst, sondern der Verkleidung von Bauten entnommen[5]), auch schreibt sich der ungeheure Vorrat solcher Muster nicht aus der Mischung im Wege der Leiturgien her, sondern eben

[1]) Vgl. Diez, »Churasanische Baudenkmäler«, S. 52 f.

[2]) »Die Kunst der islamischen Völker«, S. 81, Über Sängbäst vgl. auch »Altai-Iran«, S. 126 f.

[3]) Aber auch gern von der Antike herleitete. So selbst noch für die seldschukische Zeit Sarre. Vgl. dazu mein »Kleinasien«. S. 233 und »Transactiones of the R. Inst. of Brit. architects VII« (1891), S. 62.

[4]) Vgl. Zeitschrift für bildende Kunst XXII (1887), S. 86.

[5]) Vgl. dagegen »Der Islam« I, S. 133.

aus diesen von Iran nach dem Westen wandernden Formen der verschiedenen schöpferisch wirksamen Verkleidungsstoffe[1]). Die allmählich eintretende Vereinheitlichung der islamischen Kunst erklärt sich aus dem Zurücktreten der alten Mittelmeerüberlieferung und des mesopotamischen Einschlages gegenüber der iranischen Art, die auch in Steinländern wie in Kleinasien und Ägypten immer die Formen beibehält, die in anderen Baustoffen ausgebildet worden waren. Träger sind neben den Persern selbst (Fatimiden) türkische Stämme. Von der Glockenendigung der Dienste war oben Seite 439 f. die Rede; die reine Würfelendigung bleibt unbekannt. Die verzierte kufische und Neskhischrift kann gut als Leitmotiv der Wanderung verwendet werden[2]). Die Wellenlinie, geometrisch ausrankend, dient ihr als Zier, die Neigung zum Muster ohne Ende dagegen bestimmt die Ausbildung der flächenfüllenden Muster[3]). Es fragt sich, wie weit hier neben nordischen Voraussetzungen der religiöse Vorläufer des Islam, der Mazdaismus, vorgearbeitet hatte[4]).

C. Die Georgier.

Das Volk, das zuerst von der armenischen Bewegung mitgerissen wurde, ja, sie z. T. selbständig und auf Armenien zurückwirkend mitmachte, ist das dem Hochlande benachbarte am Südrande des Kaukasus gegen das Schwarze Meer zu sitzende Volk der Georgier. Das albanische Volk im Osten gegen das Kaspische Meer zu, lasse ich hier beiseite, weil ich nur die Träger nach Westen im Auge habe[5]). Der reiche georgische Denkmälerbestand ist oben bereits öfter herangezogen worden, ja, die Kreuzkirche von Mzchet (S. 84 f.), die allerdings von einem Armenier erbaute Kirche von Ateni (S. 88 f.) und die Kathedrale von Kutais (S. 765 f.)[6]) wurden ebenso unter die armenischen Denkmäler eingereiht wie Bana (S. 121 f.) und andere. Wie der Schöpfer der armenischen Schriftzeichen auch die georgischen geschaffen haben soll, so hat auch im Gebiete der bildenden Kunst zwischen Armenien und Georgien eine derart lebhafte Wechselwirkung bestanden, daß man zwar gut tut, das oben Seite 6 und 56 f. getadelte Zusammenwerfen von Armenischem und Georgischem aufzugeben, doch aber im einzelnen Falle stets beide Ströme nebeneinander im Auge zu behalten. Ich gestehe, daß meinem Gefühl nach die georgischen Denkmäler im vorliegenden Werke zu wenig für sich durchgearbeitet wurden; ich verließ mich darin auf Kluge (S. 13). Mir kam es ja gerade darauf an, dem bisher gern in den Vordergrund gestellten Georgischen gegenüber Armenien zur Geltung zu bringen. Die armenischen Gebiete sind noch schwerer zu erreichen als die georgischen. Das war wohl der Hauptgrund ihrer bisherigen Zurücksetzung, außerdem natürlich, daß Georgien nicht drei Mächten angehörte wie Armenien, daher mehr geschlossen zu erleben ist.

Die Georgier schoben sich immer mehr in jene fruchtbaren Gebiete am Schwarzen Meere vor, die das Hochland von Armenien von der See trennen. So kam es, daß sie als Träger von Kunstformen nach dem Westen zu manchen Zeiten mehr in Betracht kamen als die Armenier. Das gilt besonders in der Zeit der Begründung ihrer Klöster in Jerusalem, auf dem Sinai und dem Athos. Vorher aber, also vom 4. bis 7. Jahrhundert, müssen die Armenier zur See ebenso unmittelbar mit Südrußland verkehrt haben, wie später von Kilikien aus mit Europa.

Auch die Bearbeitung der georgischen Denkmäler leidet unter der Wahnvorstellung des überall als herrschend angenommenen byzantinischen Einflusses. Er mag auf allen anderen Gebieten durchschlagend gewesen sein, in der bildenden Kunst trifft das, soviel ich sehen kann, nicht zu[7]). Der byzantinische Einfluß mag wie in Armenien für das Gebiet der darstellenden Malerei gelten; in der Baukunst aber haben die Georgier, soweit sie nicht selbständig waren oder unter syrisch-persischem Einflusse standen — letzteres gilt insbesondere für die zierende Ausstattung — armenische Formen angenommen und verbreitet. Vor allem haben sie mit dem Norden Fühlung gehabt und in der Zeit nach der Christianisierung Rußlands von Kiew aus auf diesen gewirkt.

[1]) Vgl. dagegen »Der Islam« I, S. 60 f. und II, S. 393 f.

[2]) Vgl. »Altai-Iran«, S. 125 und 174 f., und dazu »Der Islam« VIII, S. 214 f.

[3]) »Altai-Iran«, S. 145 f. und S. 254 f.

[4]) Vgl. zusammenfassend auch meinen Aufsatz in den Mitt. d. Geogr. Ges. in Wien 61 (1918), S. 20 f. und 153 f. und »Ursprung der christlichen Kirchenkunst«, 1919.

[5]) Immerhin mag das südkaukasische Albanien einmal auf die Alanen, dann auf die Wolgabulgaren eingewirkt haben, die dann ihrerseits wieder Träger nach dem Westen wurden.

[6]) Vgl. dazu auch Schnaase III, S. 335. — [7]) Vgl. darüber auch A. Leist, »Das georgische Volk«, S. 91 f.

Die georgischen Denkmäler sind sehr sorgfältig bearbeitet, alle die Werke, die ich oben Seite 6 f. nannte, beschäftigen sich vornehmlich mit ihnen. Kondakov hat sie zusammenfassend darzustellen versucht in dem Werke, das Seite 56 über Pitzunda angeführt ist. Dann folgen die vielen Bände der Materialien zur Archäologie des Kaukasus der Gräfin Uwarov mit überaus reichen Abbildungsbelegen. Kluges Versuch einer systematischen Darstellung des altgeorgischen Kirchenbaues freilich enttäuscht. — Uns beschäftigen hier die Georgier nur, soweit sie als unmittelbare Nachbarn im ausgiebigsten Maße Träger des Armenischen wurden.

Eine Frage von einschneidender Bedeutung dürfte in Zukunft die Herleitung der Gattung von Vierpässen mit Umgang sein, die oben Seite 108 f. zusammengestellt wurden. Nerses III., der armenische Katholikos, der Zwarthnotz erbaute, stammt aus Ischchan am Olthi-Tschai, der wie der Tortum in den Tschoroch mündet und zum Flußgebiete des Schwarzen Meeres gehört. Aber die im Tschorochgebiete liegenden Städte Ardwin und Ardanusch sind armenisch und das gesamte Gebiet Taik, das bis an die Randgebirge des Schwarzen Meeres reicht[1]), muß nach den in der Wiener Mechitaristen-Kongregation zahlreich aus diesen Gegenden stammenden Armeniern auch heute noch eine dichte armenische Bevölkerung aufweisen. Für Nerses III. ist aber freilich bezeichnend, daß er mehr als andere armenische Katholikoi zu Byzanz hielt.

Es wäre wichtig, wenn jemand, wie ich es für Armenien getan habe, die altchristliche Kunst Georgiens im Besonderen bearbeiten und zeigen wollte, auf welchen Grundlagen sich dessen überaus zahlreichen Denkmäler des 10. bis 12. Jahrhunderts aufbauen. Dann erst wird eine klare Auseinandersetzung möglich und die Rolle der Georgier in der Ausbreitungsfrage genauer zu bestimmen sein. In dieser Richtung wird jedenfalls dem Kloster Iwiron auf dem Berge Athos eine besonders bedeutungsvolle Rolle zufallen[2]).

D. Die Goten.

Es sind nicht nur religiöse und kunstwirtschaftliche, sondern auch völkische Gründe gewesen, auf die das Vordringen des Ostarischen nach dem Westen zurückzuführen ist. So waren Träger gewisse Nordarier, die auf ihren Wanderungen durch Jahrhunderte mit dem Osten in Berührung standen und dann erst nach dem Westen zogen: so unter anderen die Goten. Der Nachweis dieser Spur kann geführt werden, wenn man von den Bauwerken der Goten im Abendlande ausgeht, die Tatsache aufgreift, daß manche nichts zu tun haben, weder mit den üblichen Mittelmeertypen, noch der breiten Schicht, in der sie auftreten, und dann fragt, woher diese Abart komme, ob sie etwa nordisch oder östlich sei.

Die erste Vorbedingung der Möglichkeit, solche im Westen auftretenden Ausnahmsfälle auf Armenien zurückführen zu können, müßte sein, daß sich Zwischenglieder auf dem Wege nachweisen ließen, den die Goten vom Schwarzen Meere nach Italien, Gallien und Spanien gezogen sind. Das wichtigste Durchgangsgebiet dieser Art wäre das heutige Bulgarien. Man lese den Bericht des Ammianus Marcellinus XXXI[3]) über den Donauübergang 376 nördlich von Marcianopolis (Schumla-Aboba) und wie dann bei der Ausbreitung auf Adrianopel zu ein christlicher Bischof als Sendbote auftritt. Bevor ich also den tatsächlichen Spuren der Ausbreitung nachgehe, muß einiges an sich Bedeutungsvolle über das Christentum der Goten vorangestellt werden, solange sie am Schwarzen Meere saßen.

Der wichtigste Einschlag in das gotische Christentum nämlich kommt von einer Seite, durch die von vornherein auch Armenien Einfluß gewonnen haben kann. Wulfila, der den Goten — wie Maschtotz den Armeniern — ein eigenes Alphabet gegeben hat und die Bibel übersetzte, stammt durch seine Großeltern aus Kappadokien, aus dem Dorfe Sadagolthina unfern der Stadt Parnassus[4]). Darüber berichtet Philostorgios, der, selbst um 365 in Kappadokien geboren, um 440 eine Fortsetzung der Kirchengeschichte des Eusebios im Sinne des Arianismus schrieb. Epit. II, 5 berichtet er von einem Einfalle der jenseits des Istros wohnenden Goten zur Zeit des Valerian und Gallienus in römisches Gebiet. Sie hätten auch nach Kleinasien übergesetzt und seien nach Galatien und Kappadokien

[1]) Vgl. oben (S. 6/7) die Karte (Abb. 5).
[2]) Vgl. darüber Brockhaus »Die Kunst in den Athosklöstern« S. 26 und unten.
[3]) Wietersheim-Dahn, Gesch. d. Völkerwanderung II, S. 35 f.
[4]) Vgl. Wietersheim-Dahn, S. 56 und für Parnassus Spruner-Menke, Geschichtsatlas XXV.

vorgedrungen, von wo sie Schätze und Gefangene, darunter Kleriker, mitbrachten. Zu diesen Kriegsgefangenen nun, welche nicht wenige Barbaren bekehrten, gehören auch die Vorfahren des Wulfilas, der später ihr erster Bischof wurde und die gläubigen Goten aus dem Lande jenseits des Istros auf römisches Gebiet überführte.

Der Einfall fand 257 statt, Wulfilas wurde 310/11 etwa geboren, kam vor 337 mit einer gotischen Gesandtschaft in das römische Reich, wurde um 341 von Eusebios zum Bischof der Goten geweiht und begab sich jenseits der Donau. Das alles ginge uns hier nichts an, wenn es nicht Sophus Bugge gelungen wäre, nachzuweisen, daß in der gotischen Sprache der Bibelübersetzung des Wulfilas armenische Elemente stecken[1]). Es würde also schon für die Sprache jener Fall vorliegen, den ich durch die auf dem Gebiete der bildenden Kunst vorliegenden Tatsachen seit Jahren anzunehmen gezwungen bin[2]).

Bugge erklärt die armenischen Einschläge in die Sprache des Wulfilas mit der Herkunft seiner Familie aus Kappadokien. Er zweifelt nicht daran, daß im 3. und 4. Jahrhundert n. Chr. in dieser Landschaft nicht nur griechisch gesprochen wurde. In ihr seien jetzt noch Armenier zerstreut. Auch im mittleren Stromgebiete des Halys, z. B. in Newschehr und Uergüb, fänden sich Armenier. Viele armenische Pilger besuchten Tatlar mit Felskammern, die zur Zeit der Verfolgungen von Christen bewohnt waren. In allen heutigen griechischen Dialekten Kappadokiens fänden sich armenische Elemente, die z. T. eine uralte armenische Grundlage voraussetzten. Somit sei auch außer Zweifel, daß im 3. und 4. Jahrhundert neben griechisch in Kappadokien, und zwar auch in der Umgebung von Parnassos, armenisch gesprochen wurde. Der Bericht des Philostorgios gebe also nur die natürliche Erklärung von armenischen Elementen in der Ulfilassprache. Es werde wohl ein armenischer Vulgärdialekt gewesen sein, der das Gotische beeinflußte.

Bugge hätte auch darauf hinweisen können, daß der armenische König Pap (368—374) den Römern mit der Behauptung drohte, Edessa, Caesarea und zehn andere Städte seien »unser« gewesen (Faustus V, 32, Langlois, S. 295) was wohl auch auf eine Bevölkerung armenischer Zunge hinweist. Wie in Nisibis und Edessa die führenden Geister, ein Bardesanes und Ephraim Armenier gewesen waren, so werden aller Wahrscheinlichkeit nach auch in Caesarea, das mit Armenien auffallend nahe verbunden blieb, eine größere Anzahl Armenier gelebt haben.

Neben der Erklärung Bugges darf nicht eine zweite Möglichkeit übersehen werden, die nämlich, daß die Armenier als Handelsleute, vielleicht auch als Missionäre unter den Goten gelebt und so Einfluß auf deren Kultur im Allgemeinen, Kunst und Sprache im Besonderen gewonnen haben könnten. Für die Zeit ihrer Seßhaftigkeit im südlichen Rußland liegen in dieser Richtung keine Spuren vor. Man wird unter den christlichen Kirchenbauten, die in Cherson ausgegraben wurden, zwar einschiffige Trikonchen bzw. eckige Kreuzbauten finden (darüber unten), aber solange nicht die Kuppel über dem Quadrat nachgewiesen ist, nicht auf unmittelbar armenische Einschläge schließen dürfen[3]). Dagegen kann der Einfluß Armeniens auf die Küstenländer westlich des Schwarzen Meeres heute schon, obwohl wir noch kaum angefangen haben, dieser Frage Beachtung zu schenken, nachgewiesen werden im Gebiete des heutigen Bulgarien. Die Donaumündung dürfte eben wie die Flußläufe im südlichen Rußland für das handeltreibende Armenien einen besonderen Anziehungspunkt gebildet haben. Tatsächlich ist das heutige Bulgarien eine reiche Fundgrube für die altchristliche Gewölbebaukunst, blieb aber bisher in dieser Hinsicht von der Kunstgeschichte gänzlich unberücksichtigt, ja droht jetzt sogar durch die Unkenntnis der ganzen Sachlage, womöglich noch als solche geleugnet zu werden[4]). Es war schon oben Seite 371 die Rede von einem Typus der ältesten armenischen Kuppelform, die auch die Kuppel der Sophienkirche in Sofia zeigt. Wir werden eine ganze Anzahl solcher vermittelnder Züge nachweisen können. Hier handelt es sich zunächst darum, den Träger solcher Übertragungen aufzuspüren. Die Goten, die in zwei Gruppen durch Jahrhunderte auf dem bulgarischen Boden saßen, kommen in dieser Richtung nicht allein in Betracht. Vor allem sind es eben die Armenier selbst gewesen, die im Wege des Verkehrs oder durch Auswanderung auf dem Balkan frühzeitig Fuß faßten. Dafür sollen weiter unten im Zusammenhange Belege vorgebracht werden.

[1]) »Indogermanische Forschungen« V (1895), S. 168 f. Vgl. über Wulfilas Bernhardt, »Wulfila« und Ressell, »Über das Leben des Ulfilas«. Dazu Kaufmann, Z. D. A. XXVII.

[2]) Vgl. meinen Aufsatz »Zur frühgermanischen Baukunst«, Zeitschrift für Geschichte der Architektur I (1908), S. 247 f.

[3]) Vgl. Ainalov, »Denkmäler des christlichen Chersones« (russ.) 1905.

[4]) Wulff, »Altchristliche und byzantinische Kunst«, S. 396.

Hier seien einige Gebiete der bildenden Kunst angedeutet, die mit den Goten nach dem Westen gewandert sein könnten. Da ist einmal der Steinbau und das in Italien ganz aus der Art fallende Grabmal des Theoderich. Ich erinnere an das Grabmal des Sanatruk, von dem Seite 644 die Rede war. Dann sind ebenso seltsam die Stuckaturen von S. Giovanni in fonte zu Ravenna. Sie erinnern in der Krönung der Arkaden an die Seite 626 besprochenen Türverkleidungen in Kaschmir. Ähnliche Rahmungen werden wir vielleicht auch im Innern der altarmenischen Kirchen zu erwarten haben (S. 529 f.). Dazu kommen andere Spuren. Im Laufe des letzten Jahrzehnts sind in Oberitalien, der Schweiz und in Spanien so viele Belege einer weiten Verbreitung der Stucktechnik aufgefunden worden[1]), daß das bisher vereinzelte nordische Beispiel aus der Gruft Heinrichs I. in der Stiftskirche zu Quedlinburg[2]) als der späte Vertreter einer breiten Schicht nachweisbar ist, deren Anfänge in ihrem eigenartigen Stil bis auf den Kalender des Philokalus von 354 und die Stuckaturen eben des orthodoxen Baptisteriums in Ravenna zurückgehen. In den altchristlichen Kirchen Armeniens habe ich solche Spuren in breiter Schicht nicht gefunden[3]). Die Ausbreitung scheint auf diesem Gebiete durch Perser selbst erfolgt zu sein, wie in der Zeit des Barock durch Italiener[4]). Doch scheinen im Gefolge der Goten auch Armenier selbst nach Italien gekommen zu sein. Davon wird unten anläßlich des Steinmetzen Theoderichs, Daniel, zu reden sein.

Eine andere Spur weisen vielleicht gewisse Chorbildungen. Ich sehe davon ab, wie weit schon die fünfseitige Ummantelung armenischen Ursprunges ist (S. 464, 549). In Armenien wurde eine sowohl vom Lateinischen wie vom Orthodoxen sehr wesentlich abweichende Bildung des Chores festgestellt. Vor die Apsis tritt eine bis zu 1 m hohe, reckteckig quergelegte Bühne, zu der seitlich schmale Stufen emporführen. Sie bildet mit der halbrunden Apsis dahinter einen geschlossenen Raum, das eigentliche Gotteshaus, das den Altar und die Sitze der Presbyter im Halbkreis aufnimmt. Diese Art der Chorbildung war bisher im Abendland unbekannt. Aber da hat am Anfange der neunziger Jahre der Pfarrer Deperis in Parenzo bei Ausgrabungen eine ganz ähnliche Bühne nachgewiesen, die unorganisch in die Basilika mit ihrer Apsis eingeschoben war, derart, daß nicht die Apsis selbst benutzt, sondern die Bühne mit eigener Apsis dafür angelegt schien. Im Laufe der letzten Jahre sind nun eine ganze Reihe von Parallelen freigelegt worden, nicht in Italien und dem Süden, sondern im Hinterlande von Aquileja auf dem Boden des österreichischen Noricum und südlich davon bis in das Gebiet von Pola und Salona reichend[5]). Man wäre geneigt zu glauben, daß eine weiter ausgreifende Untersuchung über das freistehende Presbyterium mit dem Altarrechteck davor, die Armenien mit berücksichtigt, lohnte. Auffallend ist die Übereinstimmung, wie im Jakobus Monachus das Allerheiligste gegeben ist[6]). Im Armenischen wäre ein Zusammenhang mit dem Judentum nicht ausgeschlossen. Man gedenke der Überlieferung von der Abstammung der Bagratiden (S. 581)[7]).

Soweit der Süden und der Arianismus. Andere Wege führen nach dem Norden. Die Goten haben ihre Beziehungen zum Norden nicht abgebrochen. Sie sind vielmehr auch dort nach Prokopios noch mehr vorwärtsgedrungen, so nach Skandinavien. Ihnen, den »Gautoi« folgen die von der Donau kommenden Heruler nach[8]). An der Hand der Goldfunde läßt sich der Weg des Verkehrs über die Weichsel und das östliche Norddeutschland noch ziemlich sicher feststellen[9]). Es ist der gleiche Weg, den möglicherweise schon in älterer Zeit die Runenschrift vom südlichen Rußland und dem Schwarzen Meere her gegangen war[10]). Vielleicht gibt dieser Weg auch die Erklärung der Ähnlichkeit skandinavischer Friedhöfe der römischen Eisenzeit mit solchen in Armenien. Man vergleiche daraufhin z. B. das Grabfeld bei Greby in Bohuslän oder die Bautasteine bei Björketorp in Blekinge mit armenischen Friedhöfen (S. 256)[11]).

[1]) Vgl. zuletzt Clemen, »Die romanische Monumentalmalerei in den Rheinlanden«, S. 48 f.

[2]) Vgl. zuletzt Zeller, »Die Kirchenbauten Heinrichs I.«, S. 32 f.

[3]) Vgl. übrigens Chatschik Dadian, Ararat 190 f.

[4]) Vgl. mein »Das orientalische Italien«, Monatshefte für Kunstwissenschaft I, (1908) S. 16 f., und Österreichische Monatsschrift für den Orient (1914), S. 684.

[5]) Die einschlägigen Denkmäler zusammengestellt von R. Egger, »Frühchristliche Kirchenbauten im südlichen Noricum«, S. 129 f.

[6]) Vgl. Stornajolo, »Miniature delle Omilie di Giacomo Monaco« (Urb. gr. 2), Tafel 37—40 und ähnliche Darstellungen im Menologium des Vatikan und sonst.

[7]) Vgl. über das Vorkommen der Juden im Kaukasusgebiet, vgl. Leist, »Das georgische Volk«, S. 95.

[8]) Montelius, »Kulturgeschichte Schwedens«, S. 215.

[9]) Ebenda S. 228. — [10]) Ebenda S. 208. — [11]) Ebenda S. 202/203.

Schließlich sind die Spuren einer Ausbreitung von armenischen neben mesopotamischen und kleinasiatischen Einschlägen recht auffallend in Spanien[1]). Es darf damit im Zusammenhange vielleicht darauf hingewiesen werden, daß dort auch noch am Ende der Westgotenherrschaft Fürsten mit armenischen Namen vorkommen. So macht mich E. Stein aufmerksam auf Artavasdes, Sohn des Westgotenkönigs Witiza, Bruder des vorletzten Königs Achila, der 710 nach dessen Absetzung durch Roderich mit Achila nach Marokko flieht. Von den Arabern erhält er nach dem Sturze des letzten Königs Roderich die Herrschaft über Cordova mit dem Titel eines comes. Seine Nachkommen sind gänzlich islamisiert[2]).

E. Auswanderungen der Armenier.

Die Armenier zeigen sich schon darin als ein Nordvolk, daß der Wandertrieb fast wie bei den Nomaden selbst in ihnen rege bleibt noch zu einer Zeit, in der sie längst ein eigenes Reich gebildet hatten. Das lag nun einmal in ihrem Blute. Dazu kommen Gründe geographischer und politischer Natur. Die Abgeschlossenheit des eigentlichen Armenien, das ist des Hochlandes, und die Abhängigkeit von anderen Kulturmächten bei der Bildung der Eigenkultur ließe bei oberflächlicher Beurteilung kaum eine kulturelle und künstlerische Ausbreitungsfähigkeit nach außen hin erwarten. Doch sind es gerade die Seite 606 f. geschilderten inneren Lebensbedingungen dieses Landes, die als natürliche Folge zur Ausbreitung des armenischen Lebens über die Grenzen des Landes hinaus führen mußten. Schon die beschränkte Besiedlungsfähigkeit des Bodens drängte in dem Augenblicke zu Ausbreitungsbestrebungen, als das Anwachsen der Bevölkerung mit der meist ungeheuer schwierigen künstlichen Fruchtbarmachung in keinem Verhältnisse mehr stand. In der Zeit der größten inneren Kraft des Reiches kam dies dadurch zum Ausdrucke, daß die Herrscher die Grenzen möglichst über die Hochlandsränder ausdehnten und besonders die fruchtbaren Ebenen des Araxes und des Kur dem Reiche einzuverleiben suchten. Doch waren solche Erweiterungen nie von langer Dauer. Der Mangel an Fruchtland war wohl die eine Hauptursache der armenischen Massenauswanderungen. Da der Osten durch größere Völkerbewegungen überhaupt nicht, der Süden und Südosten durch die Herrschaft eines anderen Bekenntnisses, des Islam, aber nur wenig in Betracht kommen konnte, waren die Auswanderer hauptsächlich auf die christlichen Länder des Westens angewiesen. Auch in dem zum großen Teile christlichen benachbarten Nordmesopotamien, waren es wohl diese Einwanderer, die die Überlieferungen der christlichen Kunst zusammen mit den Aramäern am längsten fortführten. Für die kulturelle Bedeutung der Armenier in diesen Ländern muß besonders ein Umstand hervorgehoben werden. Sie erscheinen dort als Handelsvolk in städtischen Kulturformen. Dies ist um so seltsamer, als sie dies im eigenen Lande nicht im gleichen Maße sind und nach dessen Natur auch nie recht sein konnten. Die Entwicklung aber, die ihnen das eigene Land nicht gewährte und dort hintangehalten wurde, gelangte in der Fremde zur Entfaltung und war wohl einer der inneren Antriebe für ihre Ausbreitung. Gerade darin liegt aber deren Wert, besonders in den Ländern, die zu solchen höheren Kulturformen nicht gelangt waren: vor allem in den osteuropäischen Gebieten des pontischen Kreises. Diese Länder waren und sind zum Teil noch bei ihrem Mangel an städtischem, das ist Markt- und Handelsleben ein günstiger Boden für alle jene Völker, bei denen der Handelstrieb eine Hauptfunktion ihres Lebens geworden war. Unter diesen mußten im Mittelalter für die östlichen Mittelmeer- und Pontusländer neben den Griechen und Juden vor allem die Armenier von Bedeutung werden. Während aber die Juden nur wirtschaftlich, nicht auch als Überbringer geistiger und künstlerischer Werte in Betracht kommen, da sie schon durch ihre Religion von jenen Völkern kulturell geschieden blieben, waren es Byzantiner, Syrer und Armenier, die eine solche Vermittlung auf Grund ihres eigenen künstlerischen Bestandes übernahmen. Die Bedeutung, die gerade in künstlerischer Beziehung den Armeniern im Besonderen zukommt, wird umsomehr zu beachten sein, als die bisherige Forschung nur mit Byzanz als dem allein maßgebenden Erreger für die Kunstentwicklung des europäischen Ostens rechnet.

Wichtiger noch als die geographischen und wirtschaftlichen Gründe, wenn auch durch sie bestimmt, waren zwingende politische Ereignisse. Es läßt sich feststellen, daß zunächst die armenischen

[1]) Vgl. Altamira in The Cambridge mediaeval history II (1913), 182—186 (dazu das Quellenverzeichnis, S. 734 f.).

[2]) Vgl. auch »Amida«, S. 2.

Nacharars dem Druck der Sasaniden auswichen und schon nach der ersten Teilung im Jahre 387 vom persischen auf das griechische Gebiet Armeniens übertraten. Vollzog sich diese Auswanderung noch innerhalb des Landes selbst, so läßt sich beobachten, daß die Armenier nach dem Persersturm im Jahre 571/72 und der zweiten Teilung im Jahre 591 überall im Westen auftauchen. Bald darauf erfolgte die Bedrängung durch den Islam, endlich im 11. Jahrhundert infolge des Seldschukeneinbruches die große Auswanderung nach Kilikien und den Karpathenländern. Die armenische Auswanderung erreicht damit ihren Höhepunkt.

Die weitaus wichtigste Bewegung ging schon seit dem 3. Jahrhunderte vor sich: Die Auswanderung der geistig Tüchtigsten des Landes. Man fand sie in Rom wie in Byzanz und den anderen Großstädten des Mittelmeeres. Erwähnt wurde das Auftreten des Prohairesios in Rom und der armenischen Studenten in Athen. Die nachfolgende Untersuchung wird noch ganz andere Ausblicke eröffnen. Mit dem Ende des 6. und im 7. Jahrhunderte gewinnen sogar die Erzeugnisse der neuen armenischen Literatur im Mittelmeerkreise Beachtung, damals wird Agathangelos ins Griechische übersetzt. Man wird es daher nicht verwunderlich finden, wenn ihre Kunstformen, vielleicht die bedeutendste und früheste selbständige Kulturschöpfung der Armenier, schon seit dem 3. und 4. Jahrhundert entscheidenden Einfluß gewannen. Freilich dachte bisher niemand daran. Die Armenier, in einem fernen Berglande am Rande der Alten Welt wohnend, sollten einst Einfluß auf die bildende Kunst in Rom und Ägypten, in Kleinasien und Konstantinopel, auf dem Balkan und in Europa gewonnen haben? Die Meinung, daß sie nur genommen, dem Westen nie selbst etwas gegeben hätten, ist ja auch heute noch die ausschließlich herrschende. Wie könnte auch z. B. das große, reiche Byzanz von jenen Bauern und ihren Zwingherren, den Nacharars, etwas gebraucht haben! Es ist die Sache, die ich einst in die Frage »Orient oder Rom« kleidete, in die Fassung »Armenien oder Byzanz« gebracht, um die es sich handelt[1]). Hier sei aus diesem Kreise nur die Gruppe herausgegriffen, die den Armenier als Träger seiner Heimatkultur nach den Mittelmeerküsten und dem Westen erscheinen läßt.

a) Jerusalem.

In den letzten Jahrzehnten sind in Jerusalem beim Ausgraben von Mosaikfußböden so zahlreiche Funde an armenischen Inschriften gemacht worden, daß an dem Auftreten der Armenier in breiter Schicht auf dem hl. Boden nicht mehr zu zweifeln ist[2]). Sebeos berichtet c. XXV f. von den Sendschreiben, die Modestos von Jerusalem mit dem Katholikos Komitas[3]) nach dem Persersturm wechselte und erwähnt auch der Pilgerzüge, die jährlich zu Ostern nach den hl. Stätten gingen. Aber darüber hinaus muß es bedeutende bleibende armenische Gründungen besonders am Ölberge gegeben haben. Über solche unterrichtet nun gut ein Text, den Alischan herausgegeben hat[4]). Er schreibt ihn dem 7. oder dem Anfange des 8. Jahrhunderts zu[5]). Die Schrift stammt von einem Anastasios aus Armenien und behandelt die 70 armenischen Klöster in Jerusalem, die er alle dem König Trdat und dem hl. Gregor zuschreibt und nicht genug damit: auch alle Kirchen seien angeblich von ihnen erbaut. Der Bericht nennt unter den Gründern auch den hl. Nerses (353—373).

Unter Justinian hätten die Nacharars durch Zahlung von sieben Talenten der Bedrückung des dortigen griechischen Patriarchen entgegengearbeitet. Trotzdem seien die Klöster verfallen. Die siebzig Klöster werden einzeln aufgezählt, darunter bekannte Namen. Es dürfte sich zum Teil wohl um Stätten handeln, die, tatsächlich von Armeniern gegründet, noch beim Einfall der Araber bestanden. Der hohe Zeitansatz verblüfft. Anastasios fährt dann fort, es gäbe viele ähnliche armenische Klöster in Alexandrien, in der Thebais, auf dem Berge Sinai, an den Ufern des Tiberiassees und in anderen Teilen Palästinas. Schreiber habe mehrere dieser Klöster während seines mehrjährigen Aufenthaltes in jenen Ländern selbst besucht. Es heißt er hätte dies im Auftrage des Prinzen Hamazasp Kamsarakan Pahlawid gegen Ende des 7. Jahrhunderts getan, nachdem die armenischen Mönche, durch die Griechen wegen ihres Antichalcedonismus verfolgt, vom Katholikos Johann II. (557—574) zum

[1]) Vgl. meine »Miniaturen des serbischen Psalters«, S. 87 f., und dazu Millet nach Byz. Zeitschrift, S. 656 f. und unten S. 748 f.

[2]) Vgl. darüber meinen Aufsatz »Das neugefundene Orpheus-Mosaik in Jerusalem«. Zeitschrift des deutschen Palästinavereines XXIV, S. 139 f.

[3]) Macler, »Histoire d'Héraclius«, S. 70 f.

[4]) »Deux descriptions arméniennes des lieux saints de Palestine«. Archives de l'Orient latin II, 2 1883 und 1896.

[5]) Die erhaltenen Handschriften aus dem 17. Jahrhundert (1624).

Verlassen des Landes aufgefordert worden und nur in zwölf Klöstern zurückgeblieben waren. Aus der Zwischenzeit stammt auch der Briefwechsel, den Kyrion mit dem Papste Gregor d. Gr. geführt hat, und der über Jerusalem ging[1]), der Brief des Patriarchen Johannes von Jerusalem an die Albaner[2]) und der Brief des Patriarchen von Jerusalem an Wrthanes, Bischof von Siunik[3]). Alle diese Belege bieten das Bild eines überaus regen Verkehres der Armenier mit Jerusalem im und vor dem 6. Jahrhunderte. Damit im Zusammenhang entsteht nun eine für die Kunstgeschichte bedeutungsvolle Überlegung.

Jerusalem liegt nahe an der Grenze zwischen dem Gebiete der holzgedeckten Basilika und der gewölbten Kirche des Ostens, der iranischen Kuppel (einer solchen über der Mitte in Armenien, mehrerer im Süden) und der mesopotamischen Tonne. Welchem dieser Ströme schlossen sich seine Bauten und vor allem die Konstantins des Großen an? Die Beantwortung dieser Frage soll uns wiederholt beschäftigen. Es wird darauf ankommen im Kreise von Jerusalem Gewölbebauten nachzuweisen. Schon die allgemeine Überlegung wird dann dafür sprechen, diese vom Osten abhängig zu sehen.

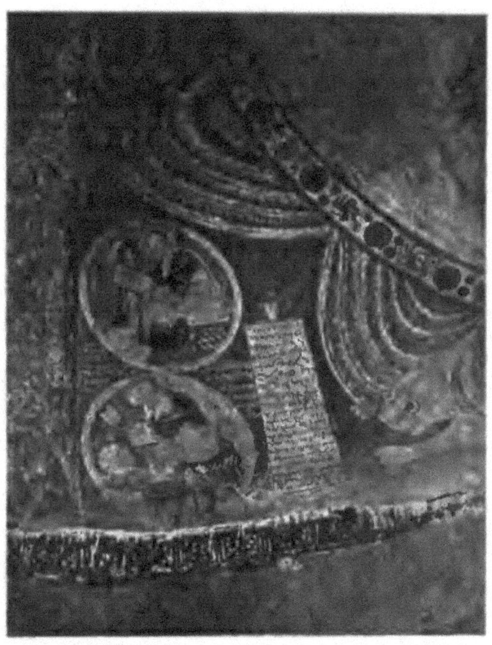

Abb. 692. Weißes Kloster bei Sohag: Einzelheit des Apsisbildes.

b) Ägypten.

Auch in Ägypten hat sich die christliche Volksreligion einer eigenen Schrift bedient, der koptischen. Die Kirche war trotzdem dort keine nationale Schöpfung in dem Sinne wie in Armenien. Es fehlte an einem Trdat und Gregor. Immerhin scheint vielleicht aus der Unabhängigkeitsabsicht Römern und Griechen gegenüber erklärlich, warum Schenute und die koptische Kunst mehr dem Syrischen und Armenischen als dem Griechischen und Römischen folgten[4]). Der Weg dahin ging durch die Klöster[5]) und über Jerusalem, wahrscheinlich schon seit dem 4. Jahrhundert. Einen sehr wertvollen Beleg aus späterer Zeit liefert jener Abu Salih, der Armenier, der zwischen 1173 und 1208 eine Schrift über die Kirchen und Klöster Ägyptens verfaßt hat[6]) und darin mit dem armenischen Kloster al-Basatin bei Kairo und dem armenischen Patriarchen von Ägypten beginnt, der 1172 mit allen Schätzen (Altargefäßen und 75 Handschriften, darunter einer mit Miniaturen der Wunder Christi) nach Jerusalem geht und sie dort im Sargiskloster unterbringt. Vom Basatinkloster sagt er, daß es mit seinem hohen Dome von weitem sichtbar gewesen sei. Die Armenier waren im 11. und 12. Jahrhundert in Ägypten zahlreich[7]). Der Kunstforscher hält ein wichtiges Zeugnis dieser Sachlage in Händen. Es sind die Malereien der Apsiden der Dreipaßkirche im Weißen Kloster bei Sohag in Oberägypten. Ich habe schon »Kleinasien, ein Neuland« S. 202 eine armenische Inschrift[8]) vorgelegt

[1]) Vgl. P. Nerses Akinian, Kyrion, S. 184 f.
[2]) Oriens christianus, N. S. II (1912), S. 64 f.
[3]) Von Conybeare, »Key of truth«, fälschlich Makarius d. Gr. zugeschrieben, vgl. oben S. 230 u. 239 f.
[4]) Später brachte die Abwehr des Chalcedonense diese Nationen noch näher. Vgl. über Alter und nationale Art der koptischen Kirche Leipoldt im Antiquariats-Kataloge von Rud. Haupt in Halle, 1905.
[5]) Vgl. »Amida«, S. 263 und 380.
[6]) Ausgabe von Evetts und Butler, Anecdota Oxoniensia, sem. series VII.
[7]) Vgl. Note 1, S. 3 der genannten Abu Salih-Ausgabe.
[8]) Vgl. »Der Dom zu Aachen«, S. 43 f. und 78 f.

und kann heute (Abb. 692) eine Photographie davon nachschieben. Sie lautet in der zwischen die beiden Evangelistenmedaillons und die große Mandorla aufgestellten Schrifttafel: »Theodoros, Maler und Schreiber aus der Provinz Kesun, nahe an der Brücke Sajeoy, aus dem Dorfe, welches Maxtlle genannt wird und mein Vater Christophor Steinmetz: Gott möge sich seiner erbarmen, sowie euer und unser, und möge heimsuchen alle Armenier, die wir im Dienste hier zu Ägypten sind, zur Zeit des Episcopates des Herrn Gregor, des Schwestersohnes von Gregoris, welcher Herr Vahram genannt wird.« P. Dashian datierte diese Inschrift 1073[1]). Zwischen den Kreisen stehen in den Zwickeln zwei andere armenische Inschriften: »Christus erbarme sich meiner, des Chatschatur, der ich in den Bergwerken geplagt bin« und »Christus erbarme Dich des Steinarbeiters, des Meisslers Sargis in den Bergwerken«. Der Maler Theodoros steht nicht allein in Ägypten. Man halte dazu die Nachricht des Abu Salih (S. 9 f.), wonach im Jahre 1177 ein anderer Maler, Ibn al-Hanfi, der Maler, die Apsis der Basatinkirche ausmalte, wovon Butler, Coptic churches I, p. 40, 112 etc. auch noch Reste nachweisen zu können glaubt. Ob Ibn al-Hanfi Armenier war, steht freilich nicht fest.

Die Einwanderungen von Armeniern werden nicht erst im zweiten Jahrtausend begonnen haben[2]). Es waren die Klöster, die zuerst vermittelten. Der Klostervorstand Moses, der 913—927, also etwa in der Zeit der Entstehung von Achthamar, das syrische Kloster der sketischen Wüste mit Prachttüren versah, nennt sich »aus der Stadt Nisibis«[3]), kommt also von der armenischen Grenze.

c) Kleinasien.

Als mein Buch »Kleinasien, ein Neuland der Kunstgeschichte« 1903 erschien, wurde eine Stimme laut, die behauptete, was wir da vor uns hätten, sei derart von den Armeniern überarbeitet worden, daß die altchristlichen Bestandteile kaum noch festzustellen wären. Es war der beste Kenner des altchristlichen Kleinasiens[4]), der so urteilte. Sir William mußte also von seinen vielen Reisen her wissen, wie stark die Armenier im Lande vorgedrungen waren. Dabei darf freilich nicht das armenische Königreich in Kilikien, das erst unten im Abschnitt über die Kreuzfahrer heranzuziehen sein wird, verwechselt werden mit dem Zustrom der Armenier in altchristlicher Zeit, wie er oben im Anschluß an Wulfila berührt wurde (S. 727) und von Caesarea aus im Anschluß an die Person Gregors des Erleuchters deutlich wird (S. 654). Die Armenier durchsetzen von Osten her Kleinasien. Daß sie in der bildenden Kunst den starken einheimischen, mit Mesopotamien zusammengehenden Zug nicht entwurzeln, ist der beste Hinweis darauf, Kleinasien nicht als von Armenien abhängig zu behandeln. Das macht sich besonders im Gebiete des Kuppelbaues geltend: in Kleinasien herrscht in der ältesten Zeit das Oktogon, dann die Kuppelbasilika mit Emporen, Bauformen, die Armenien selbst überhaupt nicht kennt. Die frühchristliche Kunst in Kleinasien bleibt also trotz aller Zusammenhänge des Gewölbebaues mit dem Osten eigenartig, erst später beginnen die Armenier sich auch dort entschieden geltend zu machen. Darüber wird unter den einzelnen Bautypen zu handeln sein.

d) Byzanz (Konstantinopel).

Eines der wichtigsten Probleme des Kunstforschers ist, die Wurzeln aufzudecken, aus denen eine so herrliche Schöpfung wie die der Sophienkirche erwachsen konnte. Armenien spielt dabei nicht die letzte Rolle. Wir sind jetzt trotz Sybel so weit, nicht mehr Rom und die Antike als den alleinigen Boden für alles Werden der christlichen Kunst anzusehen. Es ist aber vielfach ein Anderes an deren Stelle getreten, das zum alleinigen Ausgangspunkt aller möglichen Entwicklungen gemacht und als solcher bedeutend überschätzt und mißverstanden wird: eben Byzanz. Bei dem Streben z. B., die Kunsterscheinungen Armeniens abzuleiten, ist es geradezu, was das Verhältnis zu Byzanz anlangt, zu einer Umkehrung der Tatsachen gekommen. Bei den russischen Erforschern der armenisch-georgischen Denkmäler (Kondakov, Uwarov, Marr) hat sich die Meinung festgewurzelt, daß Byzanz für die ersten Epochen der armenischen

[1]) Gregoris, genannt Wahram, war der Sohn des Katholikos Gregor Magistros (um 1058), der im Jahre 1075 gelegentlich einer Reise nach Jerusalem auch Ägypten besuchte, wo er seinen Schwestersohn Gregor 1076 zum Bischof der 30.000 Armenier weihte. Vgl. die Liste der Katholikoi oben S. 599.

[2]) Gutschmid, Agathangelos, S. 49 sieht C. I. gr. 4821 schon den armenischen König Chosrov im Jahre 202 (nach der Liste S. 600: 222—250) in Theben verewigt.

[3]) Oriens christianus I (1901), S. 367.

[4]) Ramsay, Athenaeum 1905 (Nr. 3968), dazu Ramsay-Bell, »The thousand and one churches«, S. XI.

Baukunst der gebende Teil war[1]). Nachfolgend soll in dieser Richtung Klarheit zu schaffen gesucht werden. Nach all dem, was im vorliegenden Werke gesagt wurde, müssen die Dinge eher umgekehrt liegen. Einleitungsweise seien auch für Byzanz zunächst die Träger der Beziehungen ins Auge gefaßt.

Byzanz beteiligt sich wie Rom im 4. Jahrhundert nicht an der Bewegung im Gebiete des Gewölbebaues. Längsbauten mit Holzdach bilden den vorwiegenden Kirchentypus, ihr Bau wird δρομικός genannt[2]). Dann werden Kirchen mit hölzerner Kuppel (ξυλότρουλλος) erbaut[3]). Inzwischen mag wohl von Armenien aus der eigentliche Kuppelbau bekannt geworden sein. Er muß also unabhängig von Byzanz entstanden sein. Und in der Tat: Die Heranziehung des Ostens, vor allem der unmittelbaren Grenzgebiete dann im Süden und Westen genügt zur Erklärung der Kunstentwicklung Armeniens durchaus. Die Übersetzer freilich gingen dann nach Byzanz und suchten die armenische Kirche nachträglich stark im byzantinischen Sinne zu beeinflussen; die bildende Kunst ist ihnen darin nicht gefolgt. Die Bemühungen der Kirche, den Längsbau einzuführen, mußten sehr bald wieder der nationalen Art weichen. Gerade die Sophienkirche wird Anlaß geben, der Frage des Verhältnisses von Armenien und Byzanz nachzugehen. Hier sei nur dadurch vorgebaut, daß zunächst auf jene Männer verwiesen wird, die in den Jahrhunderten vor dem Bildersturm als Träger byzantinischer Macht auftreten, dabei aber Armenier waren. Dahin gehören alle, die den Namen Nerses tragen, darunter auch der berühmte Feldherr Justinians. Überraschend ist, daß auch der Vater des Kaisers Heraklios (610—641) aus Armenien gebürtig war[4]). Auf Ravenna gehe ich unten noch im Besonderen ein. Als Justinian im Jahre 528 das Heermeisteramt für Armenien schuf und zu dessen erstem Inhaber Tzittas, den Schwager der Theodora, ernannte, begann das Reislaufen der Armenier, das den Byzantinern die fähigsten Offiziere und genialsten Heeresleiter brachte[5]). Basileios I. bestieg als erster armenischer Kaiser 876 den Thron. Leo VI. folgte in üblicher Art, indem er den Patriarchensitz an Verwandte vergab, und Konstantin, der im Purpur geborene (913—959), bzw. Romanos Lakapenos (920—944) überließ die leitenden Militärstellen gern Männern armenischer Herkunft. So war schon Artavasdos, der Befehlshaber der armenischen Division unter Leo III. (716—740), vielleicht ein Pahlawunier und der hohe und der niedere Adel der Armenier in den romäischen Reiterregimentern[6]) zahlreich vertreten. Vor allem hat der armenische General Kurkuas (920—942), siegreich gegen den Islam kämpfend, dem Reiche Rettung gebracht. Gelzer läßt damit (S. 981) die Armenier zur Beherrschung der weltgeschichtlichen Situation gelangen. Nicht nur in der Generalität, auch im Kabinett des oströmischen Reiches hätten die klugen Söhne dieser Nation damals die leitende Stellung erlangt und in würdigster Weise behauptet[7]). Es ist die Zeit des Nikephoros Phokas (963—969), Johannes Tzimiskes (969—976) und Basileios, des Bulgarenschlächters (976—1025), die damit anbrach und in der auch Trdat zur Wiederherstellung der Sophienkirche berufen wurde. Neben den armenischen Kaisern selbst dürfen die armenischen Frauen an ihrer Seite nicht vergessen werden, so Maria, die Gattin Konstantins V. (740—775), Marina, die Gattin Konstantins VI. (780—797), des Sohnes der Irene, Euphrosyne, die Frau Michaels II. (820—829) und eine Mamikonierin Theodora, die Frau des Bilderstürmers Theophilos (829—842), die allerdings orthodox dachte, Theodosia, die Frau Leos VI., Helena Gabeghian, die Frau des Porphyrogenneten (919), endlich Theodora, die Frau des Tzimiskes (971), eine Artsrunierin. Auf die späteren gehe ich hier nicht mehr ein.

Es ist begreiflich, daß dieser starke Einschlag armenischen Blutes in die byzantinische Welt seine Früchte zeitigen mußte. In der Tat ist, wie wir sehen werden, im Gebiete der bildenden Kunst eine entschiedene Wandlung gerade in der Zeit deutlich, als nach den Kämpfen des Bildersturmes mit der armenischen Dynastie eine neue Kraft einsetzte. Sie führte armenische Formen in Byzanz ein (Kreuzkuppelkirche). Das zeigt sich auch später, wie auszuführen sein wird, besonders

[1]) Vgl. oben S. 56 f. und Materialien zur Archäologie des Kaukasus, hrg. v. d. kais. arch. Ges. in Moskau (russ.) p. 190 ff. u. a. O.

[2]) Vgl. Heisenberg, »Die Apostelkirche«, S. 103 f.

[3]) Vgl. Richter, Quellenschriften, S. 142, 144/45. Dazu Glück, »Das Hebdomon und seine Reste« (Mitt. d. ung. wiss. Instituts in Konstantinopel) 1919.

[4]) Theophylacti Sim. hist. III 1, 1 (ed. de Boor, S. 109 l. und 319).

[5]) Gelzer, »Die Genesis der byzantinischen Themenverfassung« (1899), S. 23 f.

[6]) Gelzer, ebenda S. 95 f.

[7]) Andererseits bleiben früh schon Rückschläge nicht aus. So vertreibt Philippicus Bardanes im Jahre 712 die Armenier aus dem byzantinischen Reiche; sie siedeln sich in der Gegend von Melitene und in Armenia quarta auf arabischem Gebiet an (Theophan. A M 6204 zu Anfang. Mich. Syr. II S. 481 Chabot). Mitteilung von E. Stein.

deutlich in dem Entstehen einer Schule von Hofarchitekten, die noch am Ende der »makedonischen«, d. h. armenischen Dynastie, zu zahlreichen Bauten in der Provinz ausgesandt wurde, so nach Chios als Zoë und Theodora, die letzten Nachkommen des Basileios, den Thron zu vergeben hatten. Diese Schule dürfte unter den Nachfolgern des Basileios geblüht haben — wenn nicht, wie ich oben Seite 594 f. annahm, um 989 ein neuer Anstoß durch den Baumeister von Ani, Trdat, gegeben wurde. Das Märchen von der Starrheit der byzantinischen Kunst, die nach dem Jahrhunderte des Bildersturmes keine neuen Formen mehr aufgewiesen habe[1]), ist gerade im Gebiete der Baukunst zu widerlegen. In ihr sind vielmehr grundsätzlich neue, eben armenische Formen unwiderleglich nachzuweisen. Davon unten. Im Gebiete der Darstellung mußte freilich die alte semitisch gefärbte Überlieferung von Edessa und Nisibis, d. h. der orientalische Hellenismus zur Geltung kommen. Die Armenier waren es ja, die den Kampf dagegen zugleich mit dem Islam ausgelöst hatten.

Das Grenzland Armenien bildete den Zankapfel zwischen dem persischen und dem Machthaber von Konstantinopel. Das Ergebnis war, daß als die Byzantiner Armenien politisch eroberten, dieses längst durch Jahrhunderte hindurch die mächtigste Bewegung im Rahmen der byzantinischen Kunst gefördert hatte, den Bildersturm. Es waren auch Armenier, die die Zukunft des orthodoxen Kirchenbaues bestimmten. Hier soll zunächst nur von den Trägern dieser Bewegung die Rede sein, die Tatsachen selbst kommen erst in späteren Abschnitten zur Sprache.

Der Bilderstreit (726—843). Soweit die Wurzeln des Bildersturmes in der bildenden Kunst selbst liegen, gehen sie zurück auf die Tatsache, daß schon die christliche Kunst in ihren Anfängen auf dem besten Wege war, die Art der religiösen Kunst des Islam anzunehmen, d. h. auf die Darstellung so gut wie ganz zu verzichten und sich nur auf zierenden Schmuck zu beschränken. Theologen wohl sind es gewesen, die den Wert der Darstellung erkannten, die dann besonders in Gebieten übernommen wurde, in denen die Kirche nicht in der Landessprache zu den Gläubigen reden konnte, sondern sich der anschaulichen Bilderschrift bedienen mußte, um in den breiten Schichten des Volkes wenigstens in ihren äußeren Zusammenhängen verstanden zu werden. Armenien scheint im Rahmen der christlichen Kunst dadurch, daß es im 4. Jahrhundert eigene, vom Mittelmeer unabhängige Wege ging, der Hort der vortheologischen Richtung geworden zu sein (S. 529 f.). Von dort aus und nicht nur von den islamischen Ländern her erhielten die Bilderfeinde immer wieder Anregungen und vielleicht auch die Vorlagen jener Kirchenausstattung, die dann an Stelle der Bilder trat[2]). Träger dieser Bewegung waren einmal die bilderfeindlichen Sekten und dann öfter, ohne ausgesprochen ikonoklastische Absicht, jene Armenier, die in Byzanz zu Macht und Ansehen gelangt oder dort künstlerisch tätig waren. Immer wieder aber sind es reformatorische Bestrebungen, die sich gegen die Ausbeutung der bildenden Kunst durch die Kirche und die Klöster richteten und so Bilderstürme auslösten, ob nun zu Luthers Zeiten oder in Byzanz, in Armenien selbst oder zur Zeit der Bogumilenbewegung im Mittelalter, die bis nach Frankreich hinübergriff. Es ist ganz einerlei, mit welcher Sekte ich die Bewegung beginnen lasse, ob mit den Manichäern oder einer andern: man hat erkannt, daß ihre Grundlage in den heidnischen Religionen des Orients zu suchen sei[3]). Der Kunsthistoriker sieht vielleicht noch weiter, erkennt in ihnen das Ringen zwischen Glauben und Aberglauben und in den Bilderstürmen letzten Endes den Kampf zwischen Nord und Süd[4]). Der vor dem Auftreten der syrischen und griechischen Übersetzer entwickelte Nationalismus hat Armenien und seine Kunst zum Vorkämpfer gemacht. Er scheint auch der Hort einer tieferen Religiosität geworden zu sein als sie bei den Byzantinern nach dem vierten Jahrhundert zu finden war. Daher ist wichtig, festzustellen, daß der Urheber des Bilderstreites, Kaiser Leo III. (716—740), gewöhnlich fälschlich der Isaurier genannt, aus Germanikia in Kommagene, einem Grenzlande zwischen Kilikien und Armenien stammte[5]). Dieses lag nahe der Sektenmetropole Samosata und es mag sein, daß er, der später auch einige Jahre in Armenien tätig war, dort schon mit den Paulikianern Fühlung nahm. Man erklärt sein Eingreifen gegen die Bilderverehrung einmal daraus, dann aus seiner Überzeugung, daß sie Gott ein Gräuel und der Islam ein Werkzeug des göttlichen Zornes sei. So erließ er das erste Edikt 725/26, verschärfte es 730 und sank im Bewußtsein des Sieges 740 ins Grab. Nachdem dann der erste Akt

[1]) Vgl. zuletzt Heisenberg, Neue Jahrbücher für das klassische Altertum, XXIII (1909), I, S. 206 f.
[2]) Vgl. Schlosser, »Die bilderstürmenden Kaiser« 1812, S. 184.
[3]) Ter-Mkrttschian, »Die Paulikianer«, S. 66 und 80.
[4]) Vgl. dazu im allgemeinen mein »Altai-Iran«, S. 145 f.
[5]) Schenk, Byzantinische Zeitschrift V (1896), S. 296 f., dessen Ausführungen ich auch im übrigen folge.

des Bilderstreites nach Konstantin V. (740—775) und Leo IV. (775—780) mit dem 7. Konzil von Nikäa beendet war und die Athenerin Irene die Gegenbewegung einleitete, ist bezeichnend, wie Leo V., der Armenier (813—820), bei seiner Thronbesteigung der griechischen Geistlichkeit erst ein Glaubensbekenntnis ablegen mußte, so sehr war er ihr als Armenier verdächtig. Und Tatsache ist, daß er mit der Synode von 815 den zweiten Teil des Bilderstreites einleitete, dessen stärkste Stütze dann Theophilos (829—842) wurde, der Hauptvertreter der phrygischen Dynastie, also wieder ein Kleinasiate. So ist der Bildersturm im wesentlichen von Armeniern und Kleinasiaten geführt worden[1]. Das gestattet im Rückblick einen Schluß auf die armenische Art der Kirchenausstattung, von der oben Seite 529f. in Form einer »Annahme« die Rede war.

Armenier auf dem Kaiserthrone. Am entschiedensten ist die Teilnahme der Armenier an der byzantinischen Kultur von Gelzer in seinem Abriß der byzantinischen Kaisergeschichte[2], von armenischer Seite von P. G. Ter-Sahakian in dem zweibändigen volkstümlich geschriebenen Werke »Die armenischen Kaiser von Byzanz«[3]) betont worden. Danach wird schon Maurikios (582—602) als Armenier geführt. Stephanos von Taron, II, 6, läßt ihn in Oschakan geboren sein (Gelzer-B., S. 105). Der monotheletische Kaiser Philippikos (711—713) war ein Armenier namens Wardan (Bardanes, vgl. oben S. 527, Anmerkung). Leo V., der Armenier (813—820) rettete Byzanz gegen Krum und Omurtag vor den Bulgaren (Gelzer, S. 967) und trat in der Kirche bilderfeindlich auf. Mit Basileios I. (867—886) leitet Gelzer Seite 974 einen Abschnitt »Der Höhepunkt oströmischer Machtfülle unter der armenischen Dynastie (867—1025)« ein. Er zweifelt nicht an der armenischen Herkunft dieser Dynastie. »Bereits der exilierte Photios verfertigte, um wieder persona grata am Hofe zu werden, einen Stammbaum, der die neue Majestät von Arsakes und Tiridates herleitete. Die armenischen Ritter und Soldknechte, welche in diesen Jahrhunderten mit ihrer Tapferkeit das römische Reich noch zusammenhielten, leiten sich alle von den alten Arsakiden und Pahlawiden her mit gerade so viel Recht, als zahlreiche Familien unseres Uradels, sich von den alten Kreuzfahrern oder Turnierhelden herleiten.«

In der zeitgenössischen »Vita Euthymii« 1, 18, wird ohne Fabelei bestätigt, was auch andere Schriftsteller zu berichten wissen, daß Basileios von Abkunft Armenier gewesen sei, wie die einen meinen, aus einer von Konstantin V. aus Melitene und Theodosiupolis (Karin, Erzerum) in Thrakien (Adrianopel) angesiedelten armenischen Familie, einem kleinen armenischen Fürstenhause, stammend[4]. Die Armenier lassen ihn aus Armenien selbst kommen. So berichtet Stephanos von Taron, II, 16 (Gelzer-B., S. 108): »Er baute in Konstantinopel eine große Kirche, die er mit Goldschmuck verzierte und nannte sie Kirche der hl. Krieger (die Nea?). Man sagte, er (der Kaiser) stamme aus dem Dorfe Thil in der Provinz Taron.«[5])

Mit Basileios setzt jedenfalls jene Bewegung ein, die Armenien allmählich zu einem Wesensteil der byzantinischen Macht werden läßt, bis es endlich dem Reiche einverleibt wird. Zugleich durchsetzen aber die in byzantinische Dienste tretenden Armenier das Reich immer stärker mit ihrem Geiste. Der Ersatz der Sachverständigen durch die Geschichtskundigen[6]) spielt dabei eine Rolle nur insofern, als Kirche und Wissenschaft in Betracht kommen; in anderen Lebenswesenheiten und so auch in der bildenden Kunst greifen die Armenier tatkräftig vorwärtsdrängend ein.

Unter Basileios und seinem Sohne Leo VI., dem Weisen (886–912) läßt sich unter anderem in Hellas ein durch Inschriften bezeugtes Wiederaufleben der Kunst feststellen, so in Theben 871/72, in Skripu 873/74, in Skyros 894/95[7]). Damit dehnt sich der erfrischende Strom, der mit den Armeniern vom Kaiserthron ausgeht, auch auf die Provinz aus. Der Niederschlag dieser Bewegung macht sich sehr auffällig auch in der Ausstattung der Kirchenbauten bemerkbar[8]).

Wie durchgreifend sich schon ältere Historiker das Auftreten der armenischen Feudalherren in Byzanz dachten, belegt eine Stelle bei Gfrörer, »Byzantinische Geschichten« III, Seite 390: »Alle griechischen Aristokraten, die es so machten (d. h. erst den Dienern des Basileios, dann ihm selber

[1]) Vgl. dazu Ter-Mkrttschian, »Die Paulikianer«, S. 112 f. und Dräseke, Byzantinische Zeitschrift IV (1895), S. 353 f.

[2]) Krumbacher, »Geschichte der byzantinischen Literatur«, 2. A., S. 911 f.

[3]) Venedig, S. Lazzaro 1905 (arm.).

[4]) Vgl. de Boor, »Vita Euthymii«, S. 130 f.; Gelzer bei Krumbacher, S. 974, und Neumann, »Weltstellung des byzantinischen Reiches«, S. 41.

[5]) Vgl Hübschmann, S. 326.

[6]) Vgl. Neumann, »Weltstellung«, S. 10 f.

[7]) Vgl. meinen Aufsatz »Inedita der Architektur und Plastik aus der Zeit Basilios I«, Byzantinische Zeitschrift III (1894), S. 1 f., und Millet, »L'école grecque de l'architecture byzantine«, S. 4, wo auch Quellenangaben. Dazu Monneret de Villard, »Inedita byzantina«, Il monitore tecnico 22 (1912). — [8]) Vgl. mein »Amida«, S. 365 f.

zu trotzen und auf ihr Schwert gestützt zu sagen wagten: Wir sind auch da und wollen gefragt sein): die Phokas, die Skleros, die von Malcina, die Kurkuas, die Komnenen u. s. w., hatten ihre Stammsitze auf kleinarmenischem Boden, in Kappadokien und dem Pontus. Wahrlich bei diesem Sachverhalt muß man der Vermutung Raum geben, daß die griechischen Herren irgendwie bei ihren Nachbarn, den eingewanderten Großarmeniern, in die Lehre gegangen seien«[1]).

e) Der Balkan.

Neben dem, durch Kaufleute und Goten ausgeübten armenischen Einflusse auf die Donauländer kommt dort auch Einwanderung selbst in Betracht. Sebeos berichtet wiederholt von der Verpflanzung von Armeniern nach Thrakien durch Kaiser Maurikios (582—602). Einmal c. VI[2]), wie er sich mit Chosrav zu einigen sucht, um die unruhigen Elemente aus Armenien zu entfernen, c. VIII, wie er eine ganze Armee unter dem Befehl eines Mamikoniers nach Thrakien überführt, um sie gegen die Feinde jenseits der Donau zu verwenden und endlich c. XX[3]), wie sein Nachfolger Phokas (602—610) am Beginn seiner Regierung ein Edikt erläßt des Inhalts, daß er 30.000 Reiter brauche als armenischen Tribut und befiehlt, daß sich 30.000 Familien versammelten und sich in Thrakien ansiedelten. Armenien wurde von der byzantinischen Regierung als Quelle der Mannschaftslieferung um 600 rücksichtslos ausgebeutet, woraus allein sich die Ausbreitung des armenischen Volkes nach dem Westen erklären ließe[4]). Von diesen Kolonisten wird gleich noch die Rede sein.

Über eine zweite Verpflanzung von Armeniern nach dem Balkan berichtet Stephan von Taron III c. 20 (Gelzer-B., S. 148) in der Zeit Basileios II (976—1025): als sich dessen Herrschaft beruhigt habe, »da wollte dieser diejenigen vom Volke der Armenier, welche unter seinem Schutze standen, nach Makedonien verpflanzen, zum Schutze gegen die Bulgaren, damit sie das Land bebauten. Und er führte sie hinüber und siedelte sie zahlreich in jenem Lande an«. Man sieht, es ist eine geradezu übliche Erscheinung, Armenier gegen die Slawen zu verwenden.

Die zwangsweisen Verpflanzungen armenischer Familien nach Thrakien unter Maurikios (582—602), von denen eben die Rede war, leiten eine Bewegung ein, die sich dann nach der Eroberung des Balkan durch die Slawen und Bulgaren offenbar überaus kräftig weiterentwickelte: Es muß nämlich ein sehr reger Verkehr zwischen Armenien und den Donauländern eingetreten sein. Was der Kunsthistoriker später in Polen und Böhmen beobachtet, hat eine sehr bezeichnende Parallele in den durch dieses Vordringen der Armenier in Bulgarien eingeleiteten Religionskämpfen, die allmählich vom Balkan aus bis nach Südfrankreich vordrangen, also eben den Weg nahmen, den ich unten für den slawischen Kuppelbau wahrscheinlich machen zu können hoffe. Die Armenier haben sich bis auf den heutigen Tag im Karpathengebiete unter Bischöfen geeinigt erhalten. Wo sie kleine Gemeinden bildeten, bauten sie sich zwischen dem 12. bis 17. Jahrhundert ihre Kirchen. Man vergleiche die um 1822 unternommene Reise nach Polen von Bjschkean (S. 743). Die Kirchen in Rumänien behandelt G. Goilav, Besericile armene de prin tările române (Revista pentru istorie, archeologie si filologie XII, 1911, I). In Lemberg und der Bukowina haben sie noch heute Bedeutung. Die Mechitaristenklöster in Wien[5]) und S. Lazzaro bei Venedig sind ihr geistiger Stützpunkt. In Klausenburg in Siebenbürgen wurde ein armenisches Museum begründet.

Der Mittelpunkt der armenischen Bewegung auf dem Balkan scheint Philipoppel gewesen zu sein. Dort werden durch Konstantin V (740—775) armenische Paulikianer angesiedelt und im 11. Jahrhundert ist die Stadt voll von Armeniern[6]). Im Jahre 810 erreichen sie bereits das Bürgerrecht und besitzen acht Kirchen. Es ist daher nicht zu verwundern, wenn hundert Jahre später die an den Paulikianismus anschließende bulgarische Bogumilenbewegung einsetzt. Bogumil (927—976) ist ihr Begründer. Mit den Katharern und Albigensern greift diese Strömung dann bekanntlich auf den Westen über[7]).

Der Athos und Dalmatien stehen nicht zurück. Die Georgier gründeten im 10. Jahrhundert auf dem Athos eine Art Hochschule für ihre Geistlichkeit, aus ihr gingen viele der hervorragendsten Kirchen-

[1]) Vgl. dazu auch L. Brentano, »Die byzantinische Volkswirtschaft« (Schmollers Jahrbuch 41, 1917), S. 58.

[2]) Macler, »Histoire d'Héraclius«, S. 30. Vgl. S. 34 f.

[3]) Macler, ebenda S. 54.

[4]) Vgl. über alle diese Dinge E. Stein, »Studien zur Geschichte des byzantinischen Reiches«, S. 127 f.

[5]) Vgl. den »Abriß der Geschichte der Wiener Mechitaristen-Kongregation«, Wien 1887.

[6]) Jireček, »Geschichte der Bulgaren«, S. 174, 212.

[7]) Vgl. Karapet Ter-Mkrttschian, »Die Paulikianer im byzantinischen Kaiserreiche« 1893, Hergenröther, Dogmengeschichte und Photios, Ficker, »Die Phundagiagiten«, S. 276. Vgl. auch Witting, »Westfranzösische Kuppelkirchen«, S. 1 f.

lehrer und Schriften hervor[1]). Es ist daher möglich, daß die an Bagaran anklingende, aber in einen Dreipaß umgesetzte Bauform der Klosterkirchen sich vom Kaukasus her auf dem Athos durchsetzte. Davon später. In Dalmatien wieder ist die Beobachtung gemacht worden, daß es dort eine ganze Schicht von Bauwerken gibt, die durch ihre Gesamtanlage, die Kuppel und einzelne Züge den Eindruck einer Verbindung mit dem Osten erwecken. Jelić ist in der Erklärung so weit gegangen, darin persische Einschläge und in den Alanen die Träger dieser Bewegung zu suchen[2]).

f) Italien.

Es ist oben Seite 479 und 491 gezeigt worden, daß der Bädersaal der Villa des Licinius Gallienus (260—268) in Rom der Gruppe der armenischen Strebenischenbauten anzuschließen ist und seine Bauform in Armenien durchaus in früherer Zeit entstanden sein kann. Hier ist nun der Ort ergänzend zu fragen, ob denn die Möglichkeit einer Übertragung armenischer Bauformen auf Rom in der ausgehenden Kaiserzeit überhaupt bestand. Seit Apollodoros von Damaskus und der Zeit des Trajan und Hadrian ist der Weg der Ausbreitung von Kunstformen aus der kilikischen Ecke her zweifellos offen. Natürlich wächst der Zustrom mit dem Überhandnehmen der Aufmachung westlicher Macht und der Einbeziehung östlicher Völker.

Rom[3]). Es wird wohl in den eigensten Absichten Roms gelegen haben, sich das ferne Armenien nahe zu bringen dadurch, daß ein möglichst reger Austausch von Personen und geistigen Gütern seiner Macht- und Wirtschaftspolitik die Wege ebnete. Wir sahen am Tempel von Garni Römer unbekümmert um heimische Art am Werke. Ähnliches werden sie beim Neubau von Städten wie Artaschat, das 59 n. Chr. Corbulo in Brand steckte[4]), und Wagharschapat[5]) getan haben. Zur Wiederherstellung des ersteren sandte Nero Tiridat I. Gold und Baumeister; aber seine Hoffnung, die Armenier würden sich an die neue Bezeichnung »Neronia« gewöhnen, erfüllte sich nicht[6]). Zu der Zeit als Gallienus seine Villa erbaute, weilte in Rom Tiridates III. (der unmündige Sohn des um 257 ermordeten Chosrov I.), der vor den Persern geflüchtet war[7]). Er blieb samt Gefolge bis 282/83 oder noch länger, jedenfalls Jahrzehnte am Tiber[8]). Dadurch muß ein reger Verkehr mit Armenien vermittelt worden sein. Ein Baumeister kann damals ebensogut wie der »rex eloquentiae« Prohairesios (vgl. oben S. 665) nach Rom gekommen sein.

Ravenna. Es wurde schon oben Seite 728 gesagt, daß iranische bzw. armenische Spuren in der Kunst der Goten in Ravenna nachweisbar scheinen. In der Tat hat es keine Schwierigkeiten, neben der vorherrschenden syrischen Kolonie, die ja im Kunstcharakter dieser Stadt geradezu den Ausschlag gab[9]), auch Armenier in Handel und Verkehr am Werke anzunehmen. Damit stimmt überein, daß der einzige bei Namen genannte Steinmetz des großen Theoderich, Daniel, Armenier gewesen sein soll[10]). Wenn sich das bewahrheiten sollte, wäre man geneigt, ihm den Sarkophag von Lambrate zuzuschreiben, der das älteste »Würfelkapitell« auf italienischem Boden zeigt[11]). Ich will auch hier nicht unerwähnt lassen, daß Narses, der nach Belisar in Ravenna seinen Sitz hatte, Armenier war[12]). In Ravenna lagen ein Jahrhundert lang (etwa 590—680) mindestens drei armenische Regimenter, der numerus felicum Persoarmeniorum, der numerus Armeniorum und der numerus equitum Armeniorum. Die Stärke des numerus ist 400 Mann und darüber, so daß also der armenische

[1]) Vgl. Leist, »Das georgische Volk«, S. 107.

[2]) Vgl. darüber mein »Altai-Iran«, S. 243.

[3]) Vgl. Asturian, »Die politischen Beziehungen zwischen Armenien und Rom« (arm.) 1912.

[4]) Tacitus 13, 34—41.

[5]) Mommsen, Römische Geschichte V, 40 .

[6]) Sueton, Nero 30, Dion 63, 6.

[7]) Zonaras XII, 21.

[8]) Vgl. Mommsen, Röm. Geschichte V, 442, Marquart, Philologus LV (1896), S. 221 f., Z D M G 1895, S. 651. Nach Clare Tisdall, The conversion of Armenia to the Christian faith (Oxford, 1897), S. 110, Asturian a. a O., S. 257 (Moses von Chorene II, 82) bis zum Jahre 287. Nach anderen (Gutschmid. Kl. Schriften III, 406 f.) ist das Jahr der Thronbesteigung 297.

[9]) Vgl. mein »Ravenna als Vorort aramäischer Kunst«, Oriens christianus N. S. V. (1915 f.), S. 83 f.; dazu Rjedin, »Die Mosaiken von Ravenna« (russ.),

[10]) Vgl. Dalton, »Byz. art and archeology«, S 141.

[11]) Vgl. oben S. 341 und Rivoira, »Origini« II, S. 363. Eine Abbildung unten.

[12]) Vgl. über diesen und andere Armenier in Italien Procop, de bello Got., bes. in der Bonner Ausgabe S. 199 f., 210. 212 f., 218, 231. 235, 257. 270, 291 f., 293/94. 297. 302. 303. 330 (Sahak). 349. 359. 457. bes. 390 f.. 405/06, 408, 410, 416, 439 f., 445. 452 f., 455. IV 554 f., 570 f., 585 (Artabanes in Sizilien), 591 (Johannes in Sardinien). 593. 604. 606 f.. 625 f., 633 f.

Einschlag schon durch den soldatischen nicht unbedeutend war. Im Jahre 710 sind diese Regimenter, wie Agnellus c. 140 zeigt, nicht mehr in Ravenna[1]).

In der gleichen Zeit hat auch ein Armenier die Führung der Staatsgeschäfte in Ravenna. Es ist jener Exarch Isaak (625—643), von dem auf dem für ihn wiederverwendeten bekannten Sarkophage gesagt wird: ὁ τῆς ἁπάσης 'Αρμενίας κόσμος μέγας, 'Αρμένιος ἦν γὰρ οὗτος ἐκ λαμπροῦ γένους [2]).

Mailand. Für den Kunsthistoriker hat neben Ravenna Mailand die größte Bedeutung. Ich habe schon in meinem Buche über Kleinasien die starke Wahrscheinlichkeit einer Vermittlerrolle Mailands beim Übergange des christlichen Gewölbebaues von Vorderasien auf Europa betont[3]). Sobald ich den Kuppelbau im Besonderen ins Auge fasse, gewinnt diese Annahme entschieden an Wahrscheinlichkeit. Ich will nicht davon reden, daß die »Magistri Commacini«, die etwa 650—1100 nachweisbar sind, ursprünglich vielleicht Leute aus Commagene, dem armenischen Grenzlande, waren und der bisher unerklärte Name auf diese Art seine Lösung fände[4]). Die großzügige, bodenständige Entwicklung des Kirchenbaues in Armenien mußte eine Architektenschule zeitigen und Handwerker bereitstellen, die, wenn sie erst einmal begannen in die Welt hinauszuziehen, durch ihre Meisterschaft im Gewölbebau alle Konkurrenz ähnlich niederschlugen, wie es die griechischen Künstler in der hellenistischen Welt, die Lombarden im frühen Mittelalter und die Italiener überhaupt in der Barockzeit in den nordischen Gebieten taten. Die Armenier sind nach dem Absterben der römischen Welt in der Entwicklung des altchristlichen Kuppelbaues die Führer geworden. Daran kann die Tatsache nichts ändern, daß die Sophienkirche in Konstantinopel von zwei Meistern aus Tralles und Milet gebaut worden ist; sie ist ohne Einwirkung des armenischen Konchenbaues ebensowenig denkbar wie S. Vitale in Ravenna und S. Lorenzo in Mailand. Davon unten. Wichtiger ist, daß sich, wie Rivoira in seinen »Origini della architettura lombarda« I selbst gezeigt hat, der Kuppelbau als entscheidender Einschlag im Lombardischen findet, und zwar in einer Form, die durchaus in den Bahnen der älteren armenischen Kunst geht. Das konnte Rivoira damals (1901) noch nicht wissen, hat es aber auch gelegentlich der Vorführung armenischer Denkmäler in seiner »Architettura musulmana« 1914 nicht erkannt. Ist S. Lorenzo ein Meisterwerk, so treten in karolingischer und der Zeit des Überganges zu den Kreuzzügen eine Menge kleinerer Handwerkerbauten auf, die unerklärlich für den sind, der die armenische Kunst nicht kennt. So z. B. S. Satiro in Mailand, dann die Baptisterien von Biella und Galliano, die beiden letzteren Vierpässe. Einzelne dieser Bauten treten auf mit Turmkuppel und Dreiecknische außen, alle mit Kuppeln nach armenischer Konstruktion, die sich auch im Langbau Oberitaliens durchsetzt. Es wäre zu erwarten, daß sich als Rückstand der gotischen Zeit in Oberitalien sowohl, wie im fränkischen Gallien und in Spanien Armenier nachweisen lassen. Aber auch unabhängig davon hat die Annahme von Armeniern in diesen Gebieten ebensowenig Schwierigkeiten wie für Ravenna. Auch dort treten die Syrer in Scharen auf[5]), in ihrem Gefolge sind die Armenier ohne weiteres wahrscheinlich. Auch weist Monnert de Villard bei Besprechung der lombardischen Oktogone, Il monitore tecnico XVII 1911, S. 112 f. auf den Bischof Eusebios von Vercelli hin, der in der zweiten Hälfte des 4. Jahrhunderts Kappadokien, Antiochia u. s. f. bereist hat, und daß im 5. Jahrhundert Bischöfe von Aosta Griechen waren.

Hier sei nur eines Denkmales gedacht, das wie Achthamar und Jurjev polskij auf das Wirken jener Flachbildner hinweist, deren Spur vorläufig noch in Dunkel gehüllt ist: die Westfassade von S. Michele in Pavia[6]). Das Bezeichnende ist, daß auch da drei Dienste die Aufteilung der Fläche der Höhe nach besorgen, dazwischen unten drei Türen und darüber Fenstergruppen gebrochen sind, wie wir

[1]) Ich danke diese Angaben E. Stein: 1. Taltanes v(ir) d(evotus) miles numeri felicum Persoarmin(iorum): Marini, Papiri diplomatici (1805), n. 122 vom Jahre 591. 2. Theodoracis v. d. mil(es) et scrib(a?) num(eri) eq(uitum) Arminiorum: Mar. 95 v. J. 639. 3. Paulacis v. d. miles numeri Arminiorum: ebenda v. J. 639. 4. (Se)rgius domesticus num. Armeniorum: Mar. 109 (Datum ungewiß). 5. Barbato, domestico numeri Armeniaci. 6. Anastasius (Cod. Padov. N. 4). — In Grado: CIL V 1591: Johannes milis de numero equit(um) Perso. Justiniani. Vgl. auch Hartmann, Untersuchungen z. Gesch. d. byz. Verwalt. in Italien (1889), S. 138 und Stein, Klio XVI, 1. Heft.

[2]) Vgl. Diltschke, Ravennatische Studien, S. 9 f. Dazu auch P. Johann Aucher im Basmawep, Band 68 (1910), S. 145 f. Für die Datierung Hartmann, Untersuchungen, S. 115.

[3]) »Kleinasien, ein Neuland«, S. 211 f.

[4]) Man könnte eine solche Annahme mit ebensoviel Recht machen, wie wenn Rivoira sie zu Nachkommen der Römer, Reber zu Langobarden stempelt. Unbeeinflußt sachlich haben Dehio und Bezold, S. 437 f., geurteilt. Vgl. über den Stand der Frage Streiter in der Allg. Zeitung, München 1903, Nr. 168, S. 189 f.

[5]) Vgl. Scheffer-Boichorst, Bréhier u. a. nach meinem »Kleinasien«, S. 231.

[6]) Vgl. Rivoira, »Origini« I, S. 233.

sie an Thalisch (S. 192) und Thalin (S. 170) kennengelernt und Seite 561 besprochen haben. Zu diesen an sich armenischen Zügen kommen nun vier wagrechte Streifen von Tierdarstellungen, die in ähnlicher Weise wie in Achthamar und Jurjev polskij ohne inneren Zusammenhang und irgendwelche Verbindung, etwa durch eine Ranke in Flachrelief auf die Wand gesetzt sind. Ein örtlich zu dieser Schöpfung des 12. Jahrhunderts vermittelndes Denkmal kenne ich in Saloniki an der Kirche des hl. Minas, doch sind die Tiere nicht mehr im alten Verbande erhalten, sondern bruchstückweise da und dort vermauert. Ich glaube im Jahre 1889 mehr davon gesehen zu haben als 1914. Einst hielt ich dort mit ein paar Strichen die Gestalten von Widder, Taube, Hase, Perlhuhn, Eidechse, Fisch, Bär, Rind, Schaf und Löwe fest, alle in ganzer Gestalt, nur die Widder waren im Oberkörper allein und größer erhalten. Der Priester meinte, es handle sich um die Darstellung der Arche Noah. So ganz unrecht dürfte er damit nicht haben, wenn wir uns der Inschrift von Achthamar erinnern (S. 294), die in die Mitte der Ostseite Adam stellt, dem sich alle Tiere und Bestien in einem Bande von Kragsteinen um die Kirche herum anschließen.

g) Westeuropa.

Lasteyrie, »Architecture religieuse en France à l'époque romane« 1912 vernachlässigt Armenien beim Versuch eines Aufbaues der Entwicklung vollständig[1]). Die Bauten werden unten bei den einzelnen Typen zu besprechen sein: Germigny-des-Prés steht in der Art von Bagaran an der Spitze, dann folgen ähnlich versprengte Beispiele des Drei-, Vier-, Sechs- und Achtpasses. Die breite Schicht beginnt im Süden mit den einschiffigen Vielkuppeln von Aquitanien und den tonnengewölbten Hallenkirchen und Basiliken. Was im Osten schon im 4. Jahrhundert im örtlichen Nebeneinander vorlag, das setzt sich ähnlich jetzt vom Meere aus in Frankreich und vielleicht auch den Landweg her, am Rheine durch. Spuren weisen für diese Gebiete auf alte Verbindungen mit Armenien. So war ein Gregor, der Armenier, im 9. bis 10. Jahrhundert Bischof in Deutschland (Acta SS), während anderseits Hildebrand in Armenien war (Finck). Man erinnere sich auch des Erzbischofs von Canterbury, Theodoros, und beschäftige sich mit der Person des hl. Quiricus. Der Weg, die Donau entlang zum Schwarzen Meer ist auch schon vor den Kreuzzügen begangen worden und es könnte das Auftreten des Dreipasses am Rhein und die in der Sophienkirche zu Sofia vorliegende Zwischenstufe für das »Romanische« auf diesem Wege Bedeutung erlangen. Die Kreuzzüge vollendeten nur, was sich schon seit den Pilgerzügen nach Jerusalem und durch den alten Handelsverkehr die Donau entlang ein halbes Jahrtausend früher angesponnen hatte. Ich kann auf diese Dinge hier nicht näher eingehen. Einiges kommt ohnehin unten zur Sprache.

F. Das kilikische Armenien und die Kreuzfahrer.

Kleinasien war in christlicher Zeit in enger Beziehung mit Armenien, Wulfilas kam ebenso aus armenisch durchsetzten Kreisen wie vor ihm schon Gregor in Caesarea Anschluß suchte. Anderseits muß mit Kilikien als einem frühen Ausbreitungsmittelpunkt gerechnet werden. Stammte doch jener Theodoros, der 667 den erzbischöflichen Thron von Canterbury bestieg, aus einem Kloster in Tarsus[2]). Für Armenien freilich gewann Kilikien erst später entscheidende Bedeutung. Als die Seldschuken das großarmenische Reich eroberten, flüchtete ein Teil der Bevölkerung über den Taurus nach Kilikien, wo Ruben, ein Verwandter des letzten Königs aus dem Hause der Bagratiden 1080 ein Fürstentum nördlich der kilikischen Ebene in den Bergen des Taurus gründete[3]). Auf Ruben (1080—1092) folgte Konstantin I. (1092—1100), unter dem die Kreuzfahrer im Reiche der Rubeniden anlangten. Zwischen ihren Fürsten und den Armeniern entwickelten sich — abgesehen von den gemeinsamen Kämpfen gegen die 1072 eingedrungenen Seldschuken — so enge Beziehungen, daß Fürst Leo II. 1198 durch den Legaten des Papstes unter Heinrich VI. bzw. seinem Nachfolger in Tarsus zum Könige gekrönt wurde[4]). Armenien konnte fast selbst für einen Kreuzfahrerstaat gelten. In der Kunstentwicklung mußte davon eine Wirkung zurückbleiben. Die Gründung des kleinarmenischen

[1]) Lasteyrie hilft sich S. 17 des genannten Buches damit, daß er als echter Akademiker die Tatbestände, weil sie zu unsicher, und meine »Theorien«, weil sie zu verbessern sind, beiseite läßt.

[2]) Vgl. mein »Kleinasien«, S. 232.

[3]) Vgl. für das Nachfolgende Ernst Lohmann, »Im Kloster zu Sis«, Ein Beitrag zu der Geschichte der Beziehungen zwischen dem Deutschen Reiche und Armenien im Mittelalter, Stuttgart.

[4]) Vgl. Sibiljan, Sitzungsber. der phil.-hist. Kl. der k. Ak. der Wiss. in Wien, VIII (1852), S. 276.

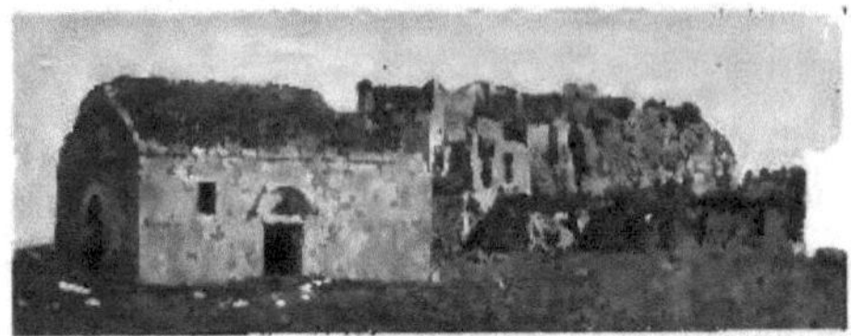

Aufnahme Bell.
Abb. 693. Anazarba, Burgberg: Gesamtansicht der Bauten.

Reiches erfolgte am Ende der Zeit, mit der sich dieses Buch beschäftigt. Es würden also die ersten Denkmäler des neuen Fürstentums, falls solche erhalten wären, noch gut in den Rahmen, den wir uns hier gesteckt haben, passen. Leider aber ist davon nur wenig, besser fast nichts, bekannt oder erhalten. Eine Zusammenstellung findet man bei Alischan, »Sissouan ou l'Arméno-Cilicie, Description géographiques et historique«, Venedig, S. Lazzaro 1899. Das Werk ist für den Kunsthistoriker leider wenig brauchbar. Der Krieg hat die Nachprüfung des christlichen und seldschukichen Bestandes verhindert; in besseren Zeiten (1912) hätte die Wiener Akademie der Wissenschaften mir die angesuchte Unterstützung leider versagt. Ein sicheres Werk der frühen Zeit ist die von Thoros I. (1100—1129) erbaute Kirche III von Anazarba, südlich der Hauptstadt Sis. Der kleine Bau ist noch gut erhalten: ein dreischiffiger, tonnengewölbter Längsraum auf zwei Pfeilern mit angeschobenem, etwas niedrigerem Chorteil[1]). Abb. 693 zeigt die Gesamtansicht der Bauten auf dem Burgberge. Im Hintergrund eine mächtige Ruine, davor die Kirche von Südwesten. Man sieht die Türen und rechteckigen Fenster, von ersteren zeigt Abb. 694 die der Südseite. Über ihr, unter der stark gebauchten Sima die armenische Inschrift, die unter dem Dach um den ganzen Bau herumläuft, wie an den altarmenischen Kirchen[2]): »Par la volonté de la très-Sainte Trinité, moi, Théodos ... Sébaste, fils de Constantin ... fils de Roupin, j'ai construit cette église ... (pour?) le salut de mon âme et en mémoire de mes parents, et durant la vie ... par l'intercession ... Souvenez-vous de Théodos, de mon fils Constantin, dans vos saintes et dignes prières, en J. C. notre Seigneur ... dans l'année ...« Die Tür selbst ist ohne Seitenpfosten mit geradem, profiliertem Sturz, entlastet durch einen Spitzbogen, dessen Keilsteine zweifellos von einem altchristlichen Denkmal genommen sind. Es ist also eine Bauwirtschaft festzustellen, wie sie in Armenien selbst unerhört wäre. Man denke an Garni, wo der Tempel unausgeraubt aufgedeckt wurde: in keiner der Kirchen des Ortes findet sich ein Stück davon wiederverwendet. Und die gleich unbedenkliche Handwerkerarbeit verrät auch der übrige Bau. Ich nehme Abb. 696, die Ostansicht. Man sieht die drei Fenster der drei Apsiden getrennt durch Nischen: sie sind halbrund und mit Profilen umzogen, aber niedrig und ohne die dreieckige Eintiefung. Am ehesten entspricht noch der armenischen Art das Innere (Abb. 695). Da sind nicht die kleinasiatischen kurzen Pfeiler mit Halbsäulen verwendet[3]), sondern die armenischen Rechteckpfeiler mit den einfachen Gesimsen aus Kehle und Plättchen. Darüber aber lagen Holzanker und auch die Hauptapsis hatte nur das einfache Kehlgesims.

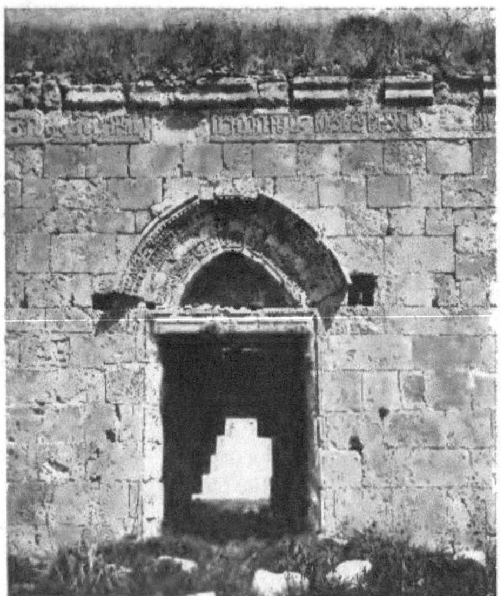

Aufnahme Bell.
Abb. 694. Anazarba, Thoroskirche: Südtür.

Wir haben also in Anazarba keinen um 1100 in Armenien typischen Bau vor uns, sondern eine zwischen Armenischem und Kleinasiatischem schwankende Handwerkerleistung[4]). Der Bau ist ein lebender Beleg für die oben Seite 237 abgedruckte Stelle des diesem kleinarmenischen

[1]) Vgl. Miß Bell in der Revue archéol. IV. sér. VII (1906), I, S. 24 f. Meine Abbildungen nach ihren Aufnahmen.

[2]) Vgl. Alischan a. a. O. S. 275. Dazu oben S. 32 f.

[3]) Vgl. mein »Kleinasien«, S. 179 f.

[4]) Vgl. als Parallele Bell, »The thousand and one churches«, Fig. 233 (Kaya Sarintsch). Über die griechische Inschrift an den Keilsteinen der Tür vgl. Bell-Ramsay ebenda, S. 11 f.

Kreise angehörenden Erzbischofs Nerses von Lambron (1196), der sagt, die Einwanderer hätten in der Hoffnung auf eine baldige Rückkehr in die Heimat zuerst nur kleine Kirchen gebaut. Später dürfte sich jedenfalls auch der Kirchenbau großartig in der Weise der Heimat entwickelt haben[1]). Der eben genannte Nerses von Lambron war der geistliche Berater jenes Leos II. (1185—1219), unter dem in der Hauptstadt des Reiches, Sis, die volle Blüte eintrat. Neben dem Königspalaste, Tarbas, stand eine Kathedrale, die gewiß nicht ohne Grund mit der Sophienkirche in Konstantinopel verglichen wurde[2]). Ich entnehme daraus nur, daß es sich um einen bedeutenden Kuppelbau gehandelt haben wird. Tatsächlich erzählt Indjidjian in seinem »Neuen Armenien« vom Tarbas, dem alten Palast der Rubenischen Könige, daß er ein kunstvoller Rundbau gewesen sei, »konstruiert aus mächtigen, ausgehauenen Steinen, davon jeder eine Größe von drei bis vier Klafter hat, mit Blei zusammengefügt«[3]). Nerses sagt ausdrücklich, daß noch zehn Jahre vor dem Regierungsantritte Leons das armenische Volk arm an Kirchen gewesen sei. Zu seiner Zeit aber zählte Sis allein 23, wovon eine ganze Anzahl neu erbaut worden sei. Bei Sis lag das Kloster Drasark, die Stätte einer wichtigen Miniatorenschule, die die ganze Welt mit Handschriften versorgte. Nach den erhaltenen Belegen wurden dort die alten Überlieferungen sehr hoch gehalten und nur im Ornament eine durchgreifende Neuerung eingeführt[4]). Wenn die Kirchenbauten ebenso an den überlieferten Typen festhielten und nur in der Ausstattung Neuerungen boten, dann stehen wir im kilikischen Reiche in der Kunst auf altchristlichem Boden. Leider scheint davon, wie gesagt, nicht mehr viel nachweisbar. Man sehe nach, welche Auskünfte Alischan gibt. In Tarsus allein sollen aus der Zeit des kleinarmenischen Reiches noch drei erhaltene Kirchen stammen[5]). Hoffentlich läßt die Forschung diese Dinge nach dem Kriege nicht länger unbeachtet.

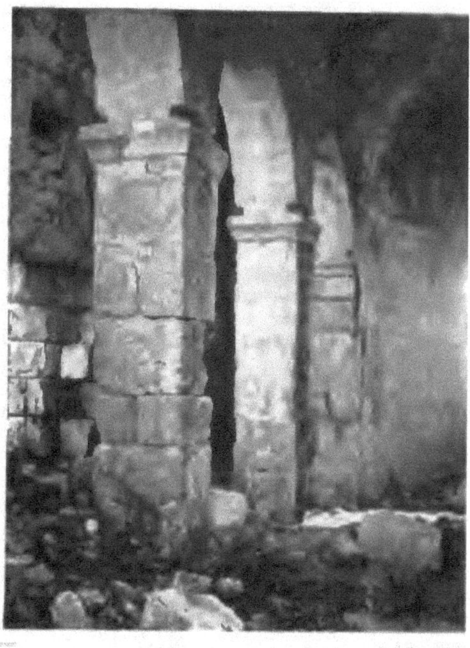

Aufnahme Bell.
Abb. 695. Anazarba, Thoroskirche; Inneres.

Eine nicht unwichtige Quelle für dieses armenische Gebiet könnten Eindrücke sein, die in Leonardos Schriften aus Anlaß eines großen Naturereignisses stehen, vielleicht der im Gefolge des Erdbebens von 1484[6]) auftretenden Bergstürze und

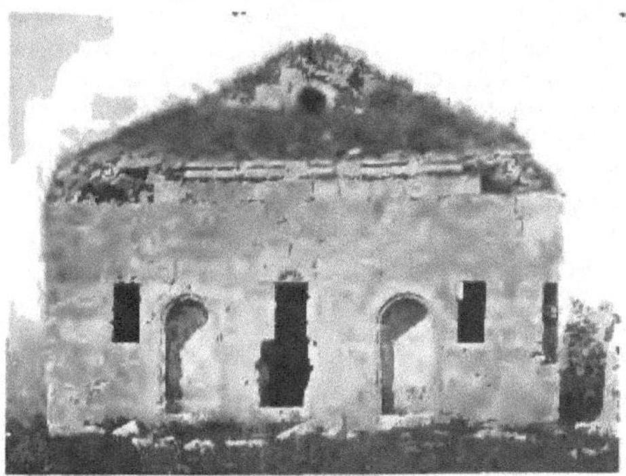

Aufnahme Bell.
Abb. 696. Anazarba, Thoroskirche; Ostansicht.

[1]) Vgl. dazu auch den in Marasch aufgenommenen Kreuzstein eines Sosthenes, den ich bei Grothe, »Meine Vorderasienexpedition« I, S. CCXIX f. veröffentlichte. Dazu oben S. 258. — [2]) Vgl. Lohmann a. a. O. S. 9. — [3]) Über weitere wichtige Angaben vgl. Lohmann a. a. O. S. 17 f. und Alischan.

[4]) Vgl. meine »Kleinarmenische Miniaturenmalerei«, Atlas zum Katalog der arm. Handschriften d. k. Universitätsbibl. zu Tübingen 2.

[5]) Vgl. auch Lohmann a. a. O. S. 25. Die Eski Dschami verdient genauere Untersuchung.

[6]) Vgl. oben (S. 664) dazu Seidlitz, Leonardo, S. 94 und die Literatur bei J. P. Richter, The literary works of Leonardo II, S. 266.

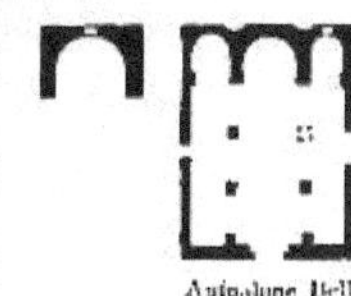

Aufnahme Bell.
Abb. 697. Anazarba, Thoroskirche; Grundriß.

Überschwemmungen, die den Schreiber mit den Eingeborenen in eine Lage brachte, daß sie, gleich einer Ziegenherde zusammengedrängt, in den Kirchenruinen Schutz suchen mußten. Ich gehe auf die Annahme einer Reise Leonardos nach dem Taurus hier nicht nochmals ein. Man findet einiges darüber in meinem Aufsatze in den Mitteilungen des Kunsthistorischen Institutes in Florenz 1918.

Seit der Kreuzfahrerzeit müssen die vornehmen Armenier in Frankreich geradezu ein wesentlicher Bestandteil des höheren Adels gewesen sein und auch der armenische Kaufmann dürfte ebensowenig wie in Italien gefehlt haben. Man sehe die Liste an, die Alischan von den gemischten Ehen zusammengestellt hat, soweit sie die regierenden Häuser der Kreuzfahrer und Armenier betreffen. Er führt elf Armenier mit französischen oder der Mehrzahl nach französischen Frauen und achtzehn Töchter, bzw. Schwestern armenischer Fürsten an, die mit Fremden, zumeist wieder Franzosen, verheiratet waren[1]). Die Erbschaft der Kreuzfahrer traten die italienischen Handelsherren, vor allem Venedig und Genua, an[2]). Im späteren Mittelalter sind Armenier in Italien weit verbreitet. Alischan, der darüber eine, nur die Zeit des kilikischen Königreiches umfassende Zusammenstellung gemacht hat, führt ihre Kolonien und Kirchen in zeitlicher Ordnung an. In Rom wurde die armenische Kirche 1240 gegründet, in Florenz 1250, in Rimini 1254, in Siena 1270, in Perugia 1271 u. s. f., in Mailand im 14. Jahrhundert[3]). Wie mir P. Nerses mitteilt, leben in Rom 1280—1310 armenische Mönche gemeinsam[4]), und 1345—50 befinden sich armenische Bischöfe in Pisa, wo sie die lateinische Meßliturgie übersetzen. Sollten in Italien keine armenischen Kuppelbauten entstanden sein?

Andererseits mag man, mit Marco Polo beginnend, die Reihe der Italiener durchgehen, die nach der kilikischen Ecke kamen, etwa an der Hand der Zusammenstellung in den Studi bibliografici e biografici sulla storia della geografia in Italia (Rom, 1875) oder bei Morelli, Dissertazione intorno ad alcuni viaggiatori eruditi (Venedig, 1803) oder lese auch nur, was Seidlitz, Leonardo I, S. 396, unter dem Schlagwort »Orientreisen« zusammenstellte. Ich füge dazu noch die Nachricht von der 1328 erfolgten Niederlassung der Dominikaner in Marago unter Bartholomäus, Bischof von Bologna. Das heilige Land, Rhodos und Zypern stehen bei diesem lebhaften Verkehr im Vordergrund und selbst Künstler gingen (wie Michelozzo) nach Zypern. Unter diesen Umständen hat es nichts Auffälliges, wenn wir hören, daß Michelangelo, als er 1506 mit dem Papst in Streit geriet, nach Condivi sowohl wie Vasari in den Orient gehen und die Brücke von Stambul nach Pera bauen wollte. Ein anderer Großer, Leonardo, ist wahrscheinlich schon lange vor dieser Zeit im kilikischen Armenien gewesen. Auf die Belege dafür in seinen Bauzeichnungen möchte ich später in einem eigenen Schlußabschnitte eingehen.

G. Die Westslawen.

Ich hatte bisher nur den Südstrom im Auge, der teils zur See von Kilikien, teils zu Lande durch die Goten vom Schwarzen Meer aus nach dem Westen gelangte. Daneben ist ein Nordstrom zu beachten, den schon die Goten bis nach Skandinavien leiteten (S. 728), der aber im wesentlichen an das Vordringen der Westslawen gebunden erscheint und entweder vom Balkan oder von Südrußland bis in die Gebiete der Polen, der großmährischen und tschechischen Völker vordrang. Die liebevollen Arbeiten von Lehner in seiner »Geschichte der Kunst des tschechischen Volkes, I. Die romanische Zeit, 1. Die Architektur« (Prag, 1903, tschechisch) lassen keinen Zweifel darüber, daß in Böhmen eine breite Schicht von Rundbauten an den Anfang des christlichen Kirchenbaues zu stellen ist, dort also, ähnlich wie in Armenien, nicht gleich der Längsbau herrschend wurde, wie sonst im Westen und Süden. Dazu stimmt, daß die Bekehrung durch Konstantin (Cyrill † 869) und Method († 885) vom Balkan aus mit südrussischem Einschlag erfolgte[5]). Die Forschungen Lehners haben ergeben, daß noch im 11. und 12. Jahrhunderte jene sechs Bauformen nebeneinander bestehen, die Abbildung 698 gibt. Der Rundbau ist an die Spitze gestellt, dann folgen vier einschiffige, qua-

[1]) Sissouan, S. 445. Dazu Lohmann a. a. O.

[2]) Über die Beziehungen zwischen Armenien und Venedig hat ausführlich, allerdings rein vom Standpunkte des Handelsverkehrs gehandelt Alischan, Armeno-Veneto oder die Beziehungen der Armenier und Venezianer im 13., 14., 15. und 16. Jahrhundert (arm.). S. Lazzaro 1896. Davon der erste Teil auch italienisch erschienen: »L'Armeno-Veneto. Compendio storico e Documenti delle Relazioni degli Armeni coi Veneziani I, secoli XIII—XIV.« 1893. — [3]) Sissouan, S. 446. — [4]) Vgl. Alex. Balgy, »Historia doctrinae catholicae inter armenos.« Viennae 1878, S. 59 f. — [5]) Vgl. Murko »Geschichte der älteren südslawischen Literaturen«, S. 36 f.

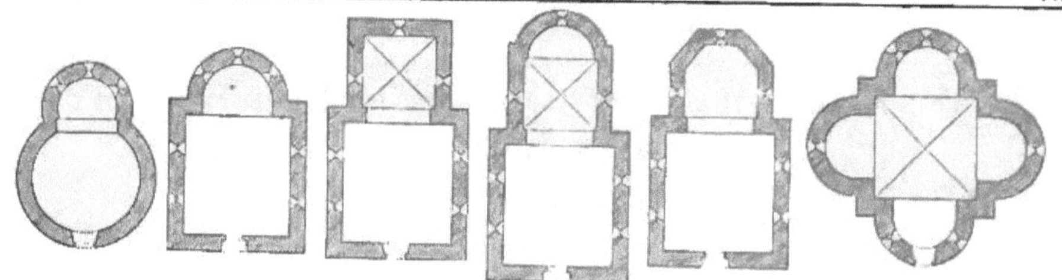

Abb. 698: Älteste Kirchenbauformen der Tschechen. Aufnahme Lehner

dratische Arten mit wechselnder Chorbildung, unter denen besonders der fünfte mit mehrseitiger Ummantelung, wie ich sie aus Armenien herleiten möchte (S. 549), auffällt. An sechster Stelle steht der rein armenische Typus des Konchenquadrates. Dazu kommt, daß neuerdings in Krakau ein ähnlicher Vierpaß ausgegraben wurde. Es besteht also eine Möglichkeit, nach der dem Westeuropäischen, das später bei den Westslawen völlig durchdrang, eine Schicht vorausging, die in engeren Beziehungen zu der Art der Holzbauten der Ukraina (S. 616 f.) oder der von Armenien ausgehenden Bewegung stand und unmittelbar oder durch Georgien auf den Balkan und Südrußland einwirkte, nicht ohne ihrerseits auch auf die dortigen Voraussetzungen einiges Licht zu werfen. Die Loslösung der Mährer, Tschechen und Polen vom Balkan erfolgte erst, seit sich der ungarische Keil einschob.

Über großmährische Kirchenbauten aus dem 9. Jahrhundert wissen wir vorläufig nichts. Dagegen glaubt Lehner, die erste tschechische, angeblich von Borivoj und Kaich auf der Burg Levy Hradec erbaute Kirche nach den Rundbauten von Budeč, der ältesten Veitskirche, mit der Adalbertkapelle, der Martinskapelle auf dem Wyschehrad u. s. w., als eine schmucklose Rundkuppel mit halbrunder Apsis vorstellen zu dürfen. Ich erinnere an die verwandten Karner, gehe aber dieser volkstümlich gewordenen Form hier nicht weiter nach. Sie soll im 11. Jahrhundert aufgegeben worden sein. Kommt der Rundbau im Westen sonst nur vereinzelt vor, so ist er also in den genannten Kreisen als Schicht nachweisbar. Die Herleitung aus Byzanz macht Schwierigkeiten, selbst die Rotunden von Salonik und Sofia, beide Georgskirchen, stehen heute noch zu vereinzelt, als daß man von einer Schicht von Rundbauten auf dem Balkan sprechen könnte. Im übrigen fangen wir ja erst an, in dieser Richtung zu beobachten. Die Neigung zur Rotunde in Südrußland wird unten berührt werden. In diese Richtung weist auch die Prokopkirche in Strzelno (Bezirk Bromberg)[1]) und die Tatsache, daß Konstantin und Method vor der mährischen Mission bei den Chazaren geweilt hatten und die erste Kirche in Levy Hradec eine solche jenes hl. Klemens war, dessen Gebeine sie aus dem Chersones mitbrachten.

Die vier quadratischen Bauformen wären für unsere Zwecke sehr wertvoll, wenn nur wirklich das Quadrat vorherrschte[2]) und so der Schluß auf die Kuppel nahe läge. Das ist aber nicht der Fall: die Regel ist das tonnengewölbte Langhaus, wie man bei Lehner, Seite 238 f., nachsehen möge. Sehr auffallend ist freilich, daß das Quadrat trotzdem, und sogar mit Strebenischen vorkommt (Abb. 698 rechts). Diese stützten jedoch in den allein vollständig erhaltenen Bauten ebenfalls nicht unmittelbar eine Kuppel, sondern das im Abendland übliche Kreuzgewölbe, über dem Lehner allerdings eine hohe Kuppel angibt. Ich möchte daher diese Bauform unter den Konchenquadraten mit Strebenischen in den Achsen besprechen. Hier aber sei darauf hingewiesen, daß die Bewohner von Ani bei der Eroberung durch Alp Arslan 1064 nach den Gebieten des Schwarzen Meeres und bis nach Lehastan (Polen) flüchteten. Andere folgten nach[3]). Wo sie hinkamen, bauten sie kleine armenische Kirchen. Doch könnten diese Wege schon seit der Bekehrung der Slawen wie früher durch den Handel betreten worden sein. Es ist zu bedauern, daß man die Armenier in Galizien — sie haben heute noch einen Erzbischof in Lemberg — nicht für die Herstellung einer Brücke zwischen ihrer Heimat am Rande Irans und den Mittelmächten zu schätzen weiß. Die Lage bei meinem letzten Besuch in Edschmiatsin (S. 18) war dafür bezeichnend. Der österreichisch-ungarische Konsul war wohl wirklich nur als Tourist anwesend.

[1]) Pamiętnik Akademii Umiejętności (Krakau) III. — [2]) Ähnliche Bedenken liegen für die Stabkirchen in Skandinavien vor und man möchte auch hier im Zusammenhange mit der Ukraina eine zusammenfassende Untersuchung der alten Holzkirchen wünschen. — [3]) Vgl. P. Minas (Bjeschkean) »Reise nach Lehastan«, 1830. Dazu Ritter »Erdkunde«, X, S. 507.

II. Wanderung der armenischen Bauform nach Europa.

Einleitung.

A. Stand der Kunstforschung.

Unsere Ansichten vom Werden des altchristlichen Gewölbebaues haben sich in den letzten Jahrzehnten sehr wesentlich geändert. Früher standen als Marksteine am Anfang etwa das Pantheon[1]) und die Konstantinsbasilika[2]), beide in Rom. Dann wurde der wissenschaftliche Boden unsicher; die holzgedeckte Basilika trat durchaus herrschend in den Vordergrund, und erst mit der sogenannten »romanischen« Bewegung kam die Forschung wieder auf festen Boden. Man hatte also vor Augen einen reinen Kuppelrundbau, dann die großartigste Vereinigung von Tonne und Kreuzgewölbe, endlich jene Entwicklung, die, von der Tonne ausgehend, schließlich folgerichtig mit dem Kreuzgewölbe jene Lösungen fand, die als die im Besonderen nordischen gelten könnten. Zwar waren auch im Abendland immer wieder vereinzelt Versuche gemacht worden, die Kuppel einzuführen, aber siegreich setzt die Bewegung doch erst mit der Renaissance in Italien ein, diesmal ausgehend nicht von der Häufung der Vielkuppel wie in Südfrankreich, sondern von der Einkuppel, dem Achteck und bald auch vom Quadrat. Die Forschung wußte zwar, daß diese Einheit schon der altchristlichen Kunst bekannt war, ja die erfindungsreichste Anwendung in der Sophienkirche gefunden hatte, war sich aber nicht klar über deren entwicklungsgeschichtliche Voraussetzungen und mußte staunend bemerken, daß auch die Sophia im Osten wie die großen Gewölbebauten Roms ohne unmittelbare Nachfolge blieb. Erst in der letzten Zeit wurde versucht, eine Notbrücke von ihrer Zeit herüberzuschlagen nach dem ausgebildeten Fünfkuppelbau der Byzantiner. Das sind so ungefähr die Vorstellungen, die der schulmäßig gebildete Vertreter der »Kunstgeschichte« bis vor kurzem hatte[3]).

Und nun tauchen allmählich im Osten Gestade aus dem Meere der Vergessenheit, die, bevor Islam, Slawen und Humanismus die Brücken zwischen West- und Ostariern abgebrochen haben, ausschlaggebender für die Entwicklung waren als jenes Mittelmeer, das die im eben umschriebenen Gedankenkreise festgeschmiedete Kunstforschung gebannt hält. Es war doch eine richtige Entdeckung, als in »Kleinasien, ein Neuland«, die ersten Spuren und dann im Amidawerke weitere Gebiete des gleichen Festlandes aufgezeigt wurden. Die Ungläubigen und Widersacher blieben nicht aus; es wiederholte sich damit nur, was schon bei weit größeren Entdeckungen immer wieder auftritt. Das neue Forschungsgebiet war das des tonnengewölbten einschiffigen und dreischiffigen altchristlichen Langbaues, von dem man im Abendlande zwar immer schon im »Romanischen« ein spätes Endstück vor Augen hatte, das aber im christlichen Osten schon in vorkonstantinischer Zeit entstanden sein muß. Die abendländische Baukunst des Mittelalters geht auf die Einwirkung dieser bisher unbekannten Grundlage vielleicht mehr zurück, als sich bis heute auch nur ahnen ließ.

Als ich mein Buch über Kleinasien schrieb, sah ich immer das Wunder der Konstantinsbasilika in Rom vor mir und konnte nicht begreifen, wie ein so großartiger Gewölbebau ohne alle Nachfolge in der altchristlichen Baukunst Roms geblieben sein mochte. Es muß wohl das Bedürfnis und die Möglichkeit, solche für Größe und Ewigkeit bestimmte Werke zu schaffen, im Abendlande aufgehört haben. Aus dieser Tatsache mag dann die seltsame Schulmeinung entstanden sein, daß es deshalb in frühchristlicher Zeit überhaupt keine Kunstkreise gegeben habe, die ausschließlich mit Gewölben

[1]) So noch für Clemen. Vgl. »Altai-Iran«, S. 291.

[2]) Vgl. mein »Kleinasien«, Vorwort.

[3]) Vgl. noch Wulff, »Altchristliche und byzantinische Kunst«.

bauten, das Gewölbe vielmehr erst allmählich, und zwar im Abendland entstand und von dort aus auf den Osten übergriff[1]). Es fanden sich Leute genug, die jene in Kleinasien und Mesopotamien nachgewiesenen Gewölbebauten zu Schöpfungen des Mittelalters herabdrücken wollten. Europa und der Mittelmeerkreis werden aber wohl auf dieses Verdienst, das ihnen einst die klassischen Philologen und ihr Anhang verliehen, verzichten müssen. Die Gewölbearchitektur jeder Art geht vom Osten aus, hat im Wege des Hellenismus Eingang in Rom gefunden, soweit nicht die Etrusker schon ihre Träger waren. Baukünstler, die seinerzeit in Rom unter Vorantritt des Apollodoros von Damaskus den Gewölbebau des Venus- und Romatempels, dann die Foren und Bäder, endlich die Basilika des großen Konstantin schufen, kamen, seit das Christentum in Jerusalem, Antiochia und Konstantinopel selbst erschöpfenden Bedarf an Baukräften hatte, gar nicht mehr nach dem zu einer Provinzstadt herabsinkenden Rom, sondern konnten ihre Kräfte einzig fast in den Dienst der eigenen orientalischen Heimat stellen. Dort im Osten, in den Großstädten und dem von der Küste weitabliegenden Hinterlande blieb der Gewölbebau herrschend, dorthin drang der Verfall der christlichen Baukunst in Rom und dem Abendlande nur teilweise oder gar nicht hin.

Soweit etwa waren die Vorstellungen durch die Arbeiten über Kleinasien und Amida geklärt. Man konnte annehmen, daß der Ausgangspunkt des Bauens von Kirchen mit Tonnengewölben im Gebiete der »hettitischen Ecke«, d. h. in Nordmesopotamien und der kappadokischen Mitte von Kleinasien zu suchen sei. Im vorliegenden Buche gehe ich nun einen Schritt weiter. Was für »Kleinasien« die Konstantinsbasilika war, das ist für das vorliegende Buch die Sophienkirche in Konstantinopel. Ich möchte ergründen, wie sie möglich wurde und warum sie keine Nachfolge in der byzantinischen Kunst fand. Es ist hier nicht mehr die Frage nach dem Ursprunge des Tonnenbaues, uns beschäftigt jetzt die Kuppel. Dafür aber müssen wir noch viel weiter nach dem Osten hinter jenen Schlagbaum zurückgehen, den man mit der Euphratgrenze für alles, was im Westen geschieht, aufzurichten beliebt.

Was da in Konstantinopel, in Unteritalien, Ravenna, Mailand, in Spanien, Gallien und am Rhein an Spuren des Kuppelbaues erhalten ist bzw. allmählich immer greifbarer ans Licht kommt, das sind nur die vereinzelten Ausläufer einer bahnbrechenden Bewegung im Osten. Von Armenien aus ist das große Rätsel, jenes Wunder der Sophienkirche zu lösen, das bis heute in seiner Entstehungsmöglichkeit unerklärt blieb, weil nur vereinzelte Bauten den Weg zu ihr zeigten, eine breite Schicht aber, als deren natürliche Krone sie erschiene, nicht nachgewiesen war. Ich konnte in Kleinasien und Mesopotamien wohl die Voraussetzungen für den nordischen Gewölbebau des Mittelalters, nicht aber den entwicklungsgeschichtlichen Untergrund für die Sophienkirche, den byzantinisch-orthodoxen und italienischen, wie den Kuppelbau überhaupt nachweisen. Auch dafür bietet jetzt der neue mit den Gewölbebauten der Ostländer zunächst aufgetauchte vorderasiatische Kontinent einen Fingerzeig. Die schöpferischen Persönlichkeiten, die das Entstehen einer so großzügigen Bauform wie der Sophienkirche möglich machten, waren Arier, d. h. als Urheber Iranier, als Fortsetzer Armenier und zuletzt als Vollender Griechen. Sie stießen, was ihnen von den Semiten in Mesopotamien, dann von Kleinasien aus im christlichen Tonnenbau vorübergehend aufgezwungen wurde, wieder aus und gingen von der rein iranischen Urform, der über dem Quadrat errichteten Kuppel, aus zu verstrebten Einkuppeln, in deren Entwicklungsverlauf sich als höfischer Prachtbau die Sophienkirche begreifen läßt. Damit soll nicht behauptet werden, daß Armenier oder Perser bei deren Erbauung unmittelbar beteiligt waren — obwohl es auch dafür Legenden gibt. Aber damit muß man jedenfalls rechnen, daß die Armenier für die altchristliche Zeit in der Baukunst das waren, was die großen italienischen Barockarchitekten für ihre Zeit und ganz Europa wurden: die Schöpfer und dauernden Anreger eines neuen eigenartigen Kunstempfindens. Wie man die neuere Baukunst im Norden nicht verstehen kann, ohne den Erreger in Italien zu kennen, so konnte man den christlichen Kuppelbau bisher nicht enträtseln, weil die Kenntnis seines Ausgangspunktes in Iran und Armenien fehlte. In diese Lücke nun tritt das vorliegende Werk ein.

Von Schnaase angefangen waren die Kunstforscher ausnahmslos der festen Überzeugung, daß die armenische Kunst sich nur als Ableger der byzantinischen verstehen lasse. Ich selbst habe diese Ansicht noch im »Edschmiatsin-Evangeliar« vertreten. Das ist über fünfundzwanzig Jahre her. Dann aber fiel es mir beim Aufsuchen der Hinterländer des Mittelmeeres allmählich wie Schuppen von den Augen, zunächst für den Tonnenbau in Kleinasien und Mesopotamien; die Forschungsreise nach

[1]) Rivoira, »Architettura musulmana«. Ähnlich Clemen, vgl. »Altai-Iran«, S. 290 f.

Armenien 1913 brachte endlich auch bezüglich des Kuppelbaues den Umsturz, die 1891 vertretene Anschauung mußte daraufhin geändert werden[1]).

Es ist bezeichnend, daß die Kuppelformen des reinen Rundbaues, des Achtecks mit freistehenden Mittelstützen und der Kuppelbasilika mit Emporen, die in Armenien fehlen, dafür z. T. aber am Mittelmeere ursprünglich herrschend waren, dort allmählich ganz aussterben und den mehr oder weniger rein armenischen Bauformen Platz machen. Hier muß das Gegeneinanderwirken zweier Entwicklungsreihen vorliegen, deren Ursprung einmal im sasanidischen und Mittelmeerkreise, das andere Mal im parthisch-armenischen Kreise zu suchen wäre. Als bezeichnend ist zu beachten, daß in jedem Fall die hellenistischen Formen des Rund- und Achteckbaues durch den quadratischen und Vierpfeilerbau verdrängt werden.

Daß manche Armenier seit dem Siege der Gregoridenpartei und seit Eznik aus Byzanz mit den Vorlagen für die Übersetzer zurückkehrte, mit der größten Sehnsucht nach dem Modemittelpunkt am Bosporus hinblickten, ist außer Zweifel. Araber und Türken sind ihnen darin ebenso gefolgt wie Bulgaren, Russen und Abendländer. Der Kunstforscher mag beachten, wie z. B. bei den Schriftstellern die Sophienkirche später als das höchste im Gebiete des Kirchenbaues gilt. Stephan von Taron erwähnt sie jeden Augenblick: wie Justin II, ihr Erneuerer, einen Armenier ehrt dadurch, daß er die Hauptpforte nach ihm benennt (S. 60),[2]) wie die Araber sich nichts Schlimmeres ausdenken können (S. 95), als die hl. Sophia zu zerstören bzw. zum Abort zu machen. Besonders bezeichnend ist wie Trdat sie wiederherstellt. Den Anlaß dazu bot das große Erdbeben von 989, über das Stephan, Seite 190, schreibt: »Und sogar in der kaiserlichen Stadt Konstantinopel selbst wurde der herrliche und glänzende Schmuck der prächtigen Säulen und Bilder zerstört und vernichtet und selbst die Sophia, welche die Katholikatskirche ist, zerbarst durch einen Riß von oben bis unten.« Auch die Apostelkirche ist Stephan (S. 102) bekannt. Von der Gründung Konstantinopels sprechend sagt er: »Darauf baute er in der Mutterstadt der Welt die große und berühmte Kirche, die er mit dem passenden Namen Apostel(kirche) nannte.« An dieser Stelle weist er die große und berühmte Kirche der hl. Sophia Justinian I. zu. Auch Nerses von Lambron, also ein kilikischer Kirchenschriftsteller des 13. Jahrhunderts, nennt einmal als hohe Vorbilder die große Kirche von Konstantinopel an der Spitze einer Reihe, in der folgen: die Kathedrale von Ani, die Sionskirche in Jerusalem, die Petruskirche von Antiochia und die hl. Sophia von Tarsos (oben S. 234).

Die entscheidende Tat der armenischen Baukunst geschieht schon in oder vor dem 4. Jahrhundert und ist darin zu suchen, daß die Armenier von vornherein eine andere Art von Zweckform für die christliche Kirche anwenden als später die vom Mittelmeer ausgehende Kunst des Abendlandes. Weder in dem einen noch in dem andern Gebiete freilich ist die Bauform der Kirche eine neue, aus dem rein religiösen Empfinden, sondern in beiden Fällen eine aus der Zweckforderung heraus entstandene. Nur befriedigt Armenien diese Forderung eben anders und früher als das Mittelmeer.

Die christliche Kirche ist wie der antike Tempel zwar Gotteshaus — Sinnbild dafür ist in gewissem Sinne der Altar; dazu aber kommt die ältere Forderung, nach der sie Gemeindehaus d. h. Versammlungsraum sein soll (S. 221 f.). Am Mittelmeere wird diese Forderung durch die dafür übliche Form der Basilika, in Iran und Armenien durch die dort ebenso übliche Form des Kuppelbaues befriedigt. Es ist ein wertvolles Zeichen für Alter und Entstehen der armenischen Bautypen, daß sie werden und festen Boden gewinnen konnten, bevor noch die vom Mittelmeere vordringende Basilikenform sich auch in Armenien durchzusetzen versuchte. Ihr Vorstoß von Mesopotamien und Kleinasien her ist vorübergehend im 5. und 6. Jahrhundert ganz deutlich zu merken, zugleich aber auch, wie dieses fremde Element des Längsbaues durch die Kuppel überwunden bzw. durchsetzt wird. Ich kenne kein anderes Gebiet altchristlicher Baukunst, in dem die entwicklungsgeschichtlichen Vorgänge sich so überzeugend klar beobachten ließen. Hoffentlich werden die nachgewiesenen Belege ihre Wirkung auf einsichtige Fachgenossen nicht verfehlen.

Was in diesem Schlußabschnitte in den Vordergrund treten soll, sind nicht diese Vorgänge in

[1]) Vgl. übrigens »Kleinasien«, S. 175 f., »Der Dom zu Aachen«, S. 33 f., »Kleinarmenische Miniaturmalerei«, S. 23 f., Huscharzan-Festschrift, S. 345 f. Ferner Diehl, »Manuel d'art byz.«, S. 315 f. und 441 f. Meine jetzige Auffassung findet man in »Die bildende Kunst des Ostens«, 1915, und einer Reihe von Aufsätzen aus den letzten Jahren vertreten. Die Armenier haben von den Byzantinern in der Baukunst nicht nur dauernd nichts übernommen; sie haben vielmehr allmählich viel an Byzanz abgegeben. Rom hatte einst von Hellas und dem Osten nicht weniger genommen. [2]) Vgl. oben S. 674. Stephan nennt Justinian.

Armenien — ihre Kenntnis wird jetzt vorausgesetzt — sondern die Art, wie die in Armenien ausgebildete Kuppelkirche im Mittelmeergebiete und Nordeuropa durchdringt. Wir werden wieder, der Anordnung des Typenkataloges entsprechend (S. 70 f.) zunächst dem reinen Kuppelbau nachgehen. Im Westen ist im allgemeinen mit der Herrschaft der Basilika zu rechnen und es entsteht zunächst die grundsätzlich wichtige Frage, ob nicht der Kuppelbau und alle zwischen Basilika und Kuppelbau vermittelnden Formen — soweit die christliche Kirche in Betracht kommt — ganz allgemein auf den Einfluß Irans bzw. der Armenier zurückzuführen sind, sobald darin die quadratische Grundform oder der reine Strebenischenbau im Sechs- oder Achteck den Ausgangspunkt bildet. An zweite Stelle treten in der nachfolgenden Untersuchung die Möglichkeiten einer Einflußnahme, die die armenische Kunst durch ihr eigenartig ausgebildetes Gewölbe- und Stützensystem auf die führende Bauform des Abendlandes, die Basilika, gewonnen haben könnte. An dritter Stelle endlich die Mischformen von Kuppel und Längsbau. Nach diesen Gruppen teilt sich die nachfolgende Untersuchung, soweit es sich um die lebendige Fortentwicklung der iranischen und altarmenischen Bauformen bis in die islamische, byzantinische und nordische Kunst des »Mittelalters« handelt. In einem vierten Teile wird die »Renaissance« zu behandeln sein, in der sich nicht nur eine lebendige, vom Osten ausgehende Entwicklung durchzusetzen scheint, sondern zugleich der Süden vor allem in der Ausstattung wieder rückschauend und den Norden zurückdrängend die Oberhand gewinnt. Dabei setzt sich die quadratische Kuppel mit Tonnenkreuz, bisweilen auch mit den vier Nischen siegreich durch. Die Verantwortung trägt Leonardo, der als forschender Architekt weit über den abendländischen Gesichtskreis hinauswächst.

Ich halte also nachfolgend zunächst einmal innerhalb der Gruppen an der Gattungseinteilung: Kuppel, Längsbau und Längsbau mit Kuppel fest, und gehe davon aus, daß die große Tat der armenischen Baukunst, die zielbewußte Ausbildung des Kuppelbaues zur christlichen Raumform ist. Hat sie die quadratische Kuppel auch selbst von der iranischen Kunst übernommen, so macht doch erst sie den entscheidenden Wert der Raumkunst daraus. Es wird zu untersuchen sein, ob nicht die regelrechte Anwendung auf die Mehrzahl von Bautypen der christlichen Mittelmeerkunst von ihr ausgeht. Die Nischenverstrebung, ursprünglich das Leitmotiv der einheimischen Entwicklung, weicht allmählich, mit dem Eintritt der Dreischiffigkeit, der Pfeilerverstrebung. Tritt der armenische Gewölbebau mit diesen Grundzügen nicht einen Siegeslauf durch die christliche Welt an? Wenn wir in der Sophienkirche zu Konstantinopel wie in der Peterskirche zu Rom die großzügigsten Verkörperungen des Gedankens der Vereinigung von Gottes- und Gemeindehaus zu den großzügigsten Denkmälern der östlichen und westlichen Christenheit bewundern, so dürfte die Erreichung dieser Höhepunkte im Wege der Kuppel, scheint mir, ohne die bahnbrechende Tat der altchristlichen Baumeister Armeniens kaum denkbar sein.

Dieser Ansicht steht freilich schroff entgegen, was der erste Kunstforscher, der sich ernstlich mit den armenisch-georgischen Denkmälern beschäftigt hat, Schnaase, über sie sagt (S. 321): sie könnten, »wenn ihnen auch keine Einwirkung auf die weitere Entwicklung der christlichen Kunst zugeschrieben werden kann«, durch Vergleichungen und Beziehungen mancher Art Aufschlüsse geben. Dabei ist es bis heute geblieben.

Ich hätte nachfolgend neben der Loslösung der Renaissance aus dem Zusammenhange der Einteilung nach Bauformen auch noch eine schärfere Unterteilung der drei ersten Gruppen nach den beiden zeitlich aufeinanderfolgenden Gattungen des Viernischen- und Viertonnenbaues eintreten lassen können. Der erstere beherrscht die Frühzeit im 4. Jahrhundert, der letztere tritt seit dem 7. Jahrhundert in den Vordergrund. Der Übergang vollzieht sich in Armenien selbst wohl schon im 6. Jahrhundert. In der Ausbreitung aber macht sich das Tonnenkreuz doch erst geltend, seit Armenier auf den byzantinischen Thron gelangten. Es scheint mir, daß das in der Teilung nach strahlenförmigem und längsgerichtetem Kuppelbau, beide getrennt durch den reinen Längsbau, zur Genüge deutlich wird.

Eine der nächsten Aufgaben wird wohl die Untersuchung der gesamten arischen Holzbaukunst sein müssen. Die Prähistoriker, ganz eingesponnen in ihr Dreiperiodensystem, lassen da im Stiche. Der Kunstforscher wird zurückschließend vorgehen müssen.

48*

B. Osten oder Byzanz.

In einer Arbeit über die Miniaturen des serbischen Psalters[1]) bin ich einer Frage auf die Spur gekommen, die seither rege Auseinandersetzungen gezeitigt hat, vor allem von seiten der Franzosen. Zuletzt hat Millet »L'école grecque dans l'architecture byzantine«[2]), ähnlich wie ich seinerzeit den kleinasiatischen und hier den armenischen, so den Denkmälerbestand von Hellas nach Bauformen zusammenzufassen gesucht, beginnend allerdings im Wesentlichen erst mit dem 11. Jahrhundert, also der Zeit, mit der ich aufhöre. In seiner »Conclusion« S. 291 f. sagt nun Millet, er habe im Einzelnen nachgeforscht, was Hellas von Konstantinopel übernommen haben könnte. Die griechische Schule schiene ihm zwar original; trotzdem hätte er seine Untersuchungen bis an die äußersten Grenzen des christlichen Orients ausbreiten müssen und da habe sich die Frage, »Orient oder Byzanz« bei jedem Schritte fast eingestellt. Da nun Millet unter dem äußersten christlichen Orient im Wesentlichen neben Mesopotamien Armenien versteht, das er leider näher nur aus den Jermakov-Photographien kennt, so bietet sich Gelegenheit zu anregenden Auseinandersetzungen, die befruchtend wirken werden. Ich möchte nur von vornherein sagen, daß Millets Auffassung, als wenn es auch noch im 11. Jahrhundert zwei Kunstströme gäbe, einen hellenistisch-byzantinischen und einen orientalischen, im Wesentlichen meines Erachtens nicht zutrifft. Zu dieser Zeit hat Armenien die meisten anderen Quellen bereits derart abgegraben, daß es kein Gebiet zum mindestens des Bauens mit einer Kuppel gibt, das nicht armenisch durchsetzt wäre. Das wird im Einzelnen durchzusprechen sein.

Was nun die Frage »Orient oder Byzanz« anbelangt, so hat Millet seit seinem Gegenstoß in der Revue archéologique 1908, I, Seite 171 f. »Byzanz et non Orient«[3]) eine bemerkenswerte Wandlung durchgemacht. Louis Bréhier hatte in der Revue des deux mondes 1909 I, Seite 650 f. in einem Aufsatze »L'Art du moyen-âge est-il d'origine orientale?« meine Arbeiten zusammenfassend behandelt und festgestellt: »C'est dans l'orient hellénistique, du IIe siècle avant Jésus Christ au VIe siècle après Jésus Christ que se sont élaborés toutes les formes, tous le motifs, tous les styles qui ont constitué l'art du moyen âge tant en Orient qu'en Occident: l'art byzantine, l'art arabe, l'art roman ne seraient que trois branches sorties d'un même tronc.« Man wird finden, daß ich diese Aufstellung in meinem »Altai Iran«, ausgebaut habe. Ich hoffe, sie in ihrer Fassung im vorliegenden Buche für das Gebiet der Baukunst dauernd begründen zu können.

Bréhier hatte schon 1906 das Problem »Orient ou Byzance?« in der Revue archéologique, Seite 396 f. aufgegriffen und damals eine reinliche Scheidung zwischen den älteren Versuchen von Viollet-le-Duc, de Vogüé, Courajod, Choisy u. a. gegenüber meinen damals neuen Aufstellungen versucht[4]). Er legte mit Recht den Nachdruck auf die Zerlegung des verschwommenen und strittigen Begriffes »Byzantinisch«, mit dem man sich alle Arbeit leicht gemacht hatte. Millet betritt jetzt diesen Weg mit aller Entschlossenheit einer gewandelten Überzeugung, sein neues Buch ringt danach, den Anteil Konstantinopels gegenüber dem Orient klarzustellen. Er konnte freilich mit dieser Aufgabe beim besten Willen nicht durchdringen, weil er keine Ahnung von den für die folgerichtige Gesamtentwicklung bahnbrechenden Grundformen, Gattungen wie Arten hat. Wäre sonst eine Behauptung möglich wie die Seite 71 anläßlich der Ursprungsfrage des kreuzförmigen Kuppeltypus aufgestellte, daß die Apostelkirche in Ani (Abb. 106) in Armenien ebenso vereinzelt dastehe wie in Anatolien und Kreta? Sie vertritt ja eine der ausgesprochensten Entwicklungsformen altarmenischer Baukunst und ist wahrscheinlich eine Nachahmung der ersten Kathedrale von Edschmiatsin (S. 334). Von solchen Punkten aus kann beurteilt werden, welche Verwirrung in der Kunstforschung zustande kommen muß, solange die Denkmäler und die Tatsachen der Entwicklung in Armenien unbekannt, daher unberücksichtigt bleiben. Wie wäre es auch möglich, klar zu sehen, wenn man nicht erkannt hat, daß die quadratische Kuppel nicht hellenistischen, sondern iranischen Ursprunges ist und nach Armenien, wie nach Mesopotamien und den Südweg bis Konstantinopel eben von Iran aus geht?[5])

[1]) Denkschriften der kais. Akad. d. Wiss. in Wien LII, (1906), S. 87 f.

[2]) Bibliothèque de l'école des hautes études, Sciences religieuses, XXVI.

[3]) Vgl. Byz. Zeitschrift XVII, (1908), S. 656 f.

[4]) Vgl. damit Clemen, »Die romanische Monumentalmalerei«, S. 671, dazu »Altai-Iran«, S. 290 und Byz. Zeitschrift XVII, (1908), S. 655.

[5]) Dagegen Millet, S. 72 f.

Die Hängekuppel ist noch lange nicht die Kuppel mit Hängezwickeln. Mag auch erstere schon in den römischen Bauten Syriens vorkommen (Abb. 307), so fehlt ihr doch u. a. die Fenstertrommel als entscheidendes Zwischenglied zwischen der Zwickelzone und der Halbkugelschale. Die Möglichkeiten ihres Enstehens sind — soweit wir bis jetzt Einblick haben — nur in Armenien gegeben, wenn sie auch in S. Constanza über dem Rund vorkommt. Millet wäre Seite 55 f. wohl auch schwerlich auf die Annahme geraten, das selbständige Chorhaus als eine Eigentümlichkeit der Kunst von Konstantinopel im Besonderen zu bezeichnen, wenn er die feste Fügung dieses Bauteiles, ob mit oder ohne vorgelagerter Tonne (S. 60) in Armenien beobachtet hätte. Man lese nach, was oben S. 224 f. über die liturgische Dreiteilung des Kirchenraumes und die Räume neben der Bühne der Hauptnische gesagt wurde. Diese starke Betonung des Chorbaues läßt sich kaum irgendwo früher als in Armenien nachweisen. Er hat wohl von dort aus seinen Weg nach Mesopotamien ebenso wie nach dem Westen genommen, ähnlich wie die syrische Form. Ausgesprochen armenisch scheint nur die fünfeckige Ummantelung (S. 464). An dieser Stelle tritt bei Millet auch die seltsame Vorstellung auf, daß er Armenien eigentlich nicht zum Osten rechnet, es sei denn als dessen Grenzzone (S. 59). Und doch gehört Armenien seiner bildenden Kunst nach zu Ostiran.

Bei Besprechung der Verdoppelung des Giebels in hellenischen Kirchen macht Millet Seite 144 die Beobachtung, daß eine solche Verdoppelung auch in Armenien bemerkbar sei, nennt dafür das Bodbijskij Monastir (Kakhet)[1]) und knüpft daran die Frage: »Est-ce par une simple coincidence qu'une pareille forme se rencontre au Caucase?« Er scheint die Antwort mit dem Hinweis auf die allgemeine Neigung vom Einfachen zum Vielfachen geben zu wollen. Ich möchte dazu bemerken, daß ich in den altarmenischen Denkmälern kein Beispiel eines Doppelgiebels kenne.

Für Millet gilt der Satz »La tradition hellénistique se continue à Constantinople« (S. 292) in dem gleichen, alles andere ausschließenden Sinne, wie ihn Heisenberg »Die Grundlagen der byzantinischen Kultur« vertreten hat, gegen den ich schon im Vorwort zu meinem »Amida« Stellung nahm. Was ich damals von Mesopotamien aus tat, hat das vorliegende Werk für Armenien ergänzt. Ich hoffe, daß wenigstens Millet, der am ehesten sachlich zu überzeugen ist, daraufhin anderen Sinnes werden wird.

Wie in dem vorhergehenden Abschnitte unzweideutig nachgewiesen wurde, daß im 5. Jahrhundert die hellenistische Form des Kirchenbaues, die Basilika, wenn auch nicht mit Holzdach in Armenien Eingang fand und es jahrhundertlanger Kämpfe bedurfte, um diese von der griechisch-syrischen Partei in der kirchlichen Bewegung Armeniens zwangsweise geradezu aufgenötigte Baugestalt durch die Kraft des Nationalen wieder aufzuheben, bzw. in heimischer Art umzubilden, so ist von vornherein ein ähnlicher Vorstoß der neuen armenischen Bauform mit einer Kuppel im Gebiete des Mittelmeeres ebenfalls schon im 5. Jahrhundert, wenn nicht früher, zu erwarten. Man ist nur deshalb nicht auf diesen Strom gekommen, weil man mit seinem Einsetzen entweder gar nicht oder, wie jetzt Millet, viel zu spät rechnete. Er hat dem Hellenismus den eigentlichen Todesstoß gegeben, soweit eben das Bauen an sich weit gewichtiger wirkt als viele Einzelvorstöße auf dem Gebiete der Kleinkunst. Bin ich letzteren in meinem »Altai-Iran« gefolgt, so wird hier der Nachdruck auf die Großkunst zu legen sein. Wenn ein Meister wie A. Riegl nicht sein Leben lang immer nur mit Denkmälern der Kleinkunst verkehrt und von dort aus am Schlusse seines Schaffens auch seine Vorstellung von der Entwicklung der Baukunst hätte begründen wollen, dann wären die Mißverständnisse, die seine »Spätrömische Kunstindustrie in Österreich-Ungarn« füllen, unmöglich gewesen.

Was Millet für Griechenland getan hat, das sollte für jedes einzelne Gebiet Europas durchgeführt werden, und zwar wie bei Millet auf entwicklungsgeschichtlicher Grundlage[2]), aber unter Richtigstellung der falschen zeitlichen Einschätzung der armenischen Baukunst. Ich will nachfolgend einige Andeutungen der dadurch veränderten Fragestellung machen, möchte aber, daß Millets Ergebnisse immer zum Vergleich zur Hand sind. Daher drucke ich sie hier im vollen Wortlaute ab[3]). »Constantinople exerce son influence sur les côtes d'Asie, surtout à Salonique, et par elle, au quatorzième siècle, sur la macédoine occidentale, d'Ochrida à Uskub. Encore, dans cette grande cité hellénistique,

[1]) Jermakov 13512. — [2]) Auch für die deutsche Kunst. Vgl. Dehio, Historische Zeitschrift 100. (1908). S. 473 f.

[3]) Mir ist leider Millets Buch bei der Korrektur nicht mehr zur Hand. Ich danke seine einmalige, ausgiebige Benutzung dem Entgegenkommen Paul Clemens.

pourra-t-on relever les signes d'un certain particularisme local: meneaux, arcatures des absides, hauteur et légèreté des coupoles, parement cloisonné. Cette action s'étend, dans une plus faible mesure, sur le Danube (Serbie, Valachie) et la Russie de l'Ouest, en laissant à la tradition orientale la région de Vladimir et de Suzdal. Aux temps de la splendeur byzantine, vers le dixième siècle, elle atteint la côte géorgienne et certains points du plateau d'Anatolie.

En Méditerranée, le courant parti d'Asie submerge la Crète et va baigner les côtes de Dalmatie, d'Italie, de Provence ou d'Espagne. Byzance exerce bien une action sur la Crète, pendant deux siècles, entre le départ des Arabes et l'arrivée des Vénitiens, mais une action aussi superficielle qu'en Lycaonie ou en Cappadoce.

Et la Grèce, qu'a t-elle reçu de Constantinople? Avant le quatorzième siècle, peu de chose. Rappelons les faits.

Si nous voulions retracer, dans un troisième tableau, la physionomie de l'École grecque, nous risquerions de lasser le lecteur par des redites. Les traits essentiels ont passé déjà sous ses yeux: basilique à nef centrale aveugle, à nef transversale, plan cruciforme apparenté à la basilique, trompes d'angle, annexes discrètes, façades unies, sans arcatures, fermeté des frontons, des absides à trois faces et des coupoles octogonales, portiques simples et sévères, berceaux en pierre, autant de motifs orientaux.

Mettons en regard l'apport de Constantinople. Quelques exemples isolés de son type cruciforme, de ses portiques, de son double narthex, de ses fenêtres, de ses voûtes d'arête ou de ses calottes, construites en briques, de ses corniches de dents, le tout ensemble forme un bagage léger. Fait plus grave: si la Grèce s'approprie un motif constantinopolitain, elle l'interprète, poussée, comme nos anciennes corporations, par le besoin impérieux de »faire oeuvre bonne et loyale«, c'est-à-dire de dégager des lignes franches, de suivre un parti net. Les arcatures des coupoles nous ont fait saisir cette tendance sur le vif. Et l'on aura remarqué que partout le motif constantinopolitain se transforme au contact de la tradition orientale. Si nous admettons que la Grèce a, pendant un temps, revêtu ses églises de pierres de taille, comme l'Arménie, l'Anatolie ou la Crète, nous comprendrons le caractère distinctif de ses parements, la sobriété, la tenue régulière du réseau de briques, la taille exacte des carreaux. Et, si elle en veut adoucir la sévérité par l'ornement céramoplastique ne va-t-elle pas demander aux Arabes leurs caractères coufiques, ou bien, imiter, par les lignes de dents, les moulures de pierre, qui, en Orient, épousent le cintre des fenêtres? Enfin, lorsqu'elle montre tant de srupule à ouvrir sur ses murs, comme elle a fait par exception à Saint-Luc, les larges fenêtres constantinopolitaines, lorsqu'elle préfère à la colonne le meneau étroit, lorsque, à Nauplie, à Merbaca, aux Blanchernes d'Élide, elle laisse les longues parois des côtés sans autre ouverture que celle du fronton, elle évoque dans notre pensée les sévères façades d'Arménie.

Nous avons parlé de Constantinople. Encore faut-il observer qu'entre Constantinople el la Grèce, nous avons plusieurs fois rencontré un intermédiaire: Salonique. La Grèce lui doit aussi quelques motifs hellénistiques, étrangers à Constantinople, tels que la basilique voûtée, éclairée par la grande nef, les meneaux et, sans doute, le modèle du »parement cloisonné«.

Ainsi, tout bien pesé, la balance penche du côté de l'Orient. Nous ne prétendrons point que l'École grecque ait copié les églises d'Arménie. Elle n'en a reproduit ni les coupoles coniques, ni les nervures, ni les parements de pierre, ni l'aspect massif, ni les hautes proportions: les divergences sautent aux yeux. La Grèce est byzantine, ses monuments portent le cachet de l'art byzantin. Mais, à qui sait observer les nuances, elle laissera voir, sous son enveloppe byzantine, des traits étrangers à Constantinople, elle laissera saisir le lien de parenté qui l'unit à l'Orient. Elle apparaîtra, ainsi que l'Anatolie et la Crète, comme une province frontière.

En revanche, au quatorzième siècle, à Mistra, Constantinople exerce une influence décisive. D'abord, l'antique tradition grecque avait doté la nouvelle cité de deux églises, Saints-Théodores, Métropole. Toutefois, déjà, la capitale imprime à la Métropole comme un cachet hellénistique. Puis, brusquement, son école entre en scène: le catholicon du Brontochion reproduit, dans la plus large mesure, le plan, la structure, les annexes, les arcatures, le parement, le décor céramoplastique de ses églises. Rien de plus significatif. Ensuite, sous son influence, on remanie la Métropole, on construit la Pantanasse, d'après le modèle du Brontochion. On greffe sur l'église cruciforme autochtone l'abside pentagonale, les portiques ou les galeries, et on la décore au moyen de motifs céramoplastiques, autrefois étrangers à la Grèce. Fait plus grave: le parement, non seulement, occupe moins de place sur les façades, cède devant le blocage façonné à la truelle, mais aussi, il perd cette rectitude qui fait tant d'honneur à l'ancienne tradition du pays. Pourtant, cette tradition est toujours vivante. Au cours du quatorzième ou du quinzième siècle, elle fait édifier les trois églises cruciformes avec des berceaux, sur les bas-côtés, et des frontons sans arcatures, aux extrémités de la croix. En un mot, l'action de Constantinople se produit sur le tard, à Mistra, et seulement à Mistra, comme un accident, dont l'effet reste localisé.»

C. Wandlungsursachen.

Die armenischen Bauformen sind bei ihrer Wanderung durch Europa nicht immer auf den ersten Blick zu erkennen. Sie machen Wandlungen durch, für die in erster Reihe neben der Größenänderung zwei Ursachen in Betracht kommen.

a) Forderungen des Gottesdienstes.

Da es sich um Kirchenbau handelt, so ist von vornherein zu erwarten, daß die Bauformen sich beim Überschreiten der Grenze von Armenien in die Gebiete anderer Kirchen nach deren Forderungen wandeln. Wir haben eine Probe oben Seite 225 anläßlich der Besprechung von Apsis, Bühne und Altar gegeben. Viel einschneidender waren natürlich Forderungen, die eine Anpassung der ganzen Bauform verlangten. Das war z. B. der Fall, wenn die griechische Kirche in größeren Gemeinden für die Unterbringung der Frauen die Empore (Gynaikonitis) verlangte, die die armenische Kirche, wie oben Seite 235 besprochen, nicht kannte. Ganze Gattungen und Arten wie richtige, eigenartige Einzelvertreter werden durch Einfügung dieses oberen Stockwerkes derart verändert, daß man die armenische Grundform kaum noch erkennt. Eine andere Wandlung wird herbeigeführt, wenn die lateinische Kirche so starr an der Forderung der Längsrichtung festhält, daß eine einzige den ganzen Raum beherrschende und in der Massenwirkung allein ausschlaggebende Kuppel über der Mitte wie in Armenien gar nicht in Betracht kommen konnte. Im ersteren Falle entstand die Kuppelbasilika, im zweiten Fall griff, wie wir sehen werden, der Kuppelbau in seiner ursprünglichen iranischen Anordnung als Vielkuppel ein, nicht in der wertvollen armenischen Läuterung als Einkuppel und vertrug sich auf diese Art auch mit der Forderung eines der Höhe nach überragenden Glockenturmes.

b) Ausstattungswandlungen.

Der Osten und Westen des Orients, vom Süden und Norden Europas zunächst nicht zu reden, verhalten sich ganz verschieden in der Art, wie sie Bauten ausstatten. Die Mittelmeergebiete treten noch in die christliche Zeit mit den griechisch-römischen Baugestalten ein, während der Osten, wie gerade Armenien deutlich zeigt, von ihnen ursprünglich nichts weiß und sie erst durch die Basilika vom Westen erhält, freilich nur, um sie zu überwinden und gänzlich auszustoßen. Ob das, was wir im 4./5. Jahrhundert in Armenien erleben, nicht im Laufe der nächsten tausend Jahre grundsätzlich auch für Europa zu gelten hat, wir also auch im Abendlande besser zuerst nach der nationalen Unterlage suchten, bevor wir die Wirkung des Südstromes verfolgen? Hat die Wiedergeburt der Antike auf italienischem Boden uns nicht rückwirkend die Erkenntnis verdunkelt?

Ich werde daher bei der Wanderung der armenischen Bauformen mit Bezug auf die Ausstattung zu beobachten haben, wie weit im Abendlande die durch die Basilika überlieferte Antike den Geschmack bereits festgelegt hatte, wie weit daneben im Süden die Schmuckart des Ostens auch ohne Armenien vorgedrungen war, und endlich wie weit seit der Völkerwanderung der Norden umwälzend einzugreifen begann. Dabei ist von vorläufig unübersehbarer Wichtigkeit, daß die armenische Ausstattung als eine im wesentlichen ostarische dem nordarischen Strome dem Geiste nach als geometrische Flächenfüllung ohne Absicht auf Darstellung eng verwandt ist und beide Strömungen sich daher in einzelnen Fällen wie in ganzen Schichten stark in die Hände gearbeitet haben können[1]).

In der Wandlung der Ausstattung ist eine Art besonders beachtenswert, die zusammenhängt mit der Neigung von Macht und Besitz, die bildende Kunst zur verblüffenden Aufmachung ihres Auftretens zu verwenden. So hat vor allem Konstantinopel die nüchterne Würde der altarmenischen Bauform mit einem Prunk überwuchert. der die Grundlage der erzielten baulichen Wirkung geradezu unkenntlich macht. Besonders die beiden Verkörperungen der Macht von Konstantinopel und Rom, die Sophien- und Peterskirche leisten darin so Überwältigendes, daß der Forscher nur mit Mühe hinter die aufgebauschte Grundursache der Wirkung kommt. Da aber beide Großbauten gerade in der Ausstattung für das ganze Gebiet ihres Machtbereiches Vorbilder wurden, so wird mit dieser prunkenden Einkleidung des baulichen Wertes in einschlägigen Fällen mit aller Entschiedenheit zu rechnen sein. Allerdings finden an sich Wandlungen der Ausstattung beim Übergang auf andere Kunstkreise statt, besonders auf Städte und Klöster wie in Oberitalien, Frankreich und Deutschland. Ihr Geschmack aber war jedenfalls ganz anders gerichtet als z. B. der Karl des Großen bei Errichtung seiner Palastkapelle in Aachen. Wie einst Salomo oder Justinian suchte er damit Rom und Byzanz zu überbieten. Ich habe den Eindruck, daß unter anderen auch Millet durch diese Wandlung getäuscht, das Armenische in Byzanz nicht erkannt hat. Er sieht nur den äußeren Gegensatz, nicht die innere Einheit. »Ainsi, sur tous les points, la tradition orientale s'oppose à celle de Constantinople. Dans les plans, dans les formes, dans la technique, elle réalise un idéal singulièrement austère. A Byzance, complexité ingénieuse, confort, lumière, effet pittoresque, impressionisme, disons le mot moderne, agrément et moindre effort. En Orient, simplicité, larges masses, lignes fermes, intérieurs obscurs, conscience et gravité. Il y a loin des rives riantes du Bosphore aux apres montagnes d'Arménie, qui endurcissent les hommes, habituent leurs yeux aux masses puissantes, aux lignes sévères, à la beauté de la pierre nue.« So schätzt Millet Seite 294 die Form von Armenien gegen diejenige von Byzanz ab. Voraussetzung ist dabei, daß Konstantinopel wirklich jene »grande cité hellènistique« ist, für die Millet sie ansieht und nicht vielmehr ebensogut von Armenien durchsetzt wie vom Hellenismus. Gilt also wirklich Millets Satz: »Ces deux traditions se sont partagé l'Orient chrétien« oder ist Armenien der Ausgangspunkt und was wir in Byzanz sehen nur zum guten Teil verblüffende Aufmachung?

Den Schlüssel zum Verständnis der Ausbreitung des Kuppelbaues und seiner Ausstattung bietet die Wahrscheinlichkeit, daß neben Armenien noch ein zweiter Herd in Betracht kommt, Iran selbst, und ein zweites Ausfallstor, Jerusalem. Ich stelle an den Anfang der Betrachtung den Gegensatz der iranischen und armenischen Art.

D. Kuppelquadrat.

Es gibt auf mesopotamischen Boden einen Kuppelbau, der unter armenischem Einfluß im 4. Jahrhundert entstanden sein dürfte und das Kuppelquadrat zwar noch in seiner iranischen Grundform ohne Nischenverstrebung, aber bereits, zum Teil wenigstens, nach armenischer Art freigestellt zeigt, das Grab des hl. Jakob von Nisibis († 338). Die Ergänzung der verstümmelten Gründungsinschrift führt auf den Nachfolger des Heiligen, den Bischof Volagesos, als Erbauer[2]). Das Grab hat eine Krypta und bildet ein reines Quadrat, das wohl von allen Anfang an wie heute mit Trichternischen in die Kugelschale übergeführt war. Abbildung 699, der Grundriß, zeigt vorgelagert eine Vorhalle, die in neuerer Zeit ebenso verbaut ist wie der Kirchenbau daneben. Der Längsschnitt (Abb. 700) läßt die alte, überaus reich im Sinne des persischen Hellenismus ausgestattete Südwand von innen mit ihren beiden Toren sehen[3]). In ähnlicher Art, nur vielleicht schon als richtige Konchenquadrate wird man sich auch die Gräber des Gregor, Trdat und ihrer Nachfolger in Thordan, Ani und Thil zu denken haben, freilich nach armenischer Art ausgestattet.

[1]) Vgl. darüber schon mein »Altai-Iran«.

[2]) Vgl. Glück, Repertorium für Kunstwissenschaft, 1918.

[3]) Vgl. über den Bau Preusser, »Nordmesopotamische Baudenkmäler«, S. 40 f. und Tafel 49 f.; Bell, »Churches and monasteries of the Tûr 'Abdîn«, S. 96 f. und Tafel XXIII.

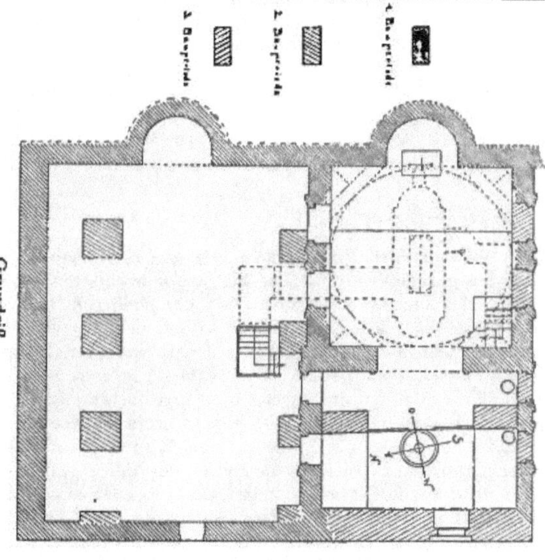

Abb. 699. Nisibis, Jakobsgrab: Grundriß. Aufnahme Preusser.

a) Iranische Kuppelgruppen.

Für die armenische Bauform ist oben Seite 552 f. der Grundsatz festgestellt worden: »Eine Kuppel als Mitte und Höhe«. Daneben besteht, sobald die Wanderung des Kuppelbaues verfolgt wird, eine zweite Baugestalt, die in Armenien nicht vorkommt und doch wie die armenische Kirche ebenfalls von Iran ausgeht: jene Baugestalt, die Kuppel gleichwertig an Kuppel reiht, ohne die Mitte und Höhe besonders zu betonen. Sie ist die übliche Bauart der iranischen Häuser (S. 365), die Kuppeln zu Gruppen vereinigte, nie eine Kuppel für sich allein freistellt und großzügig zur beherrschenden Raumeinheit erhebt.

In dieser Strömung sind wieder zwei Gattungen zu unterscheiden, die Aneinanderreihung von Kuppeln in der Längsrichtung allein, wobei drei, oder die Zusammenstellung in Kreuzform, wobei fünf Kuppeln genommen sind und eine die Mitte kennzeichnet, ohne die anderen namhaft unterzuordnen. Beide Gattungen nebeneinander kommen schon in den ukrainischen Holzkirchen vor (S. 616), was — wenn ich mit der Herleitung von einem altarischen Holzbau recht behalte — darauf hinweist, daß diese Ordnung zu drei und fünf Kuppeln in den Achsen schon weit in vorchristliche Zeit zurückreichen dürfte. Ich gehe dieser Bauform hier nur in einigen Andeutungen nach.

Das einfache Quadrat ohne Konchen ist freistehend außerhalb Armeniens in der christlichen Kunst sehr selten[1]). In kleinen Massen ausgeführt, hatte es in Iran den Ausgangspunkt der ganzen Bewegung gebildet und kehrt denn auch im Islam häufig für Grabbauten wieder. Aneinandergereiht findet es sich in nestorianischen Kirchen und in Aleppo (S. 480)[2]). Das Abendland verwendet es schon in romanischer Zeit im Anschluß an die orientalische Art aneinandergereiht, einzeln stehend aber erst seit der Frührenaissance. Die in der Längsrichtung aneinandergereihten Kuppeln der aquitanischen Kirchen sind am besten zusammengestellt bei Dehio und Bezold, »Die kirchliche Baukunst des

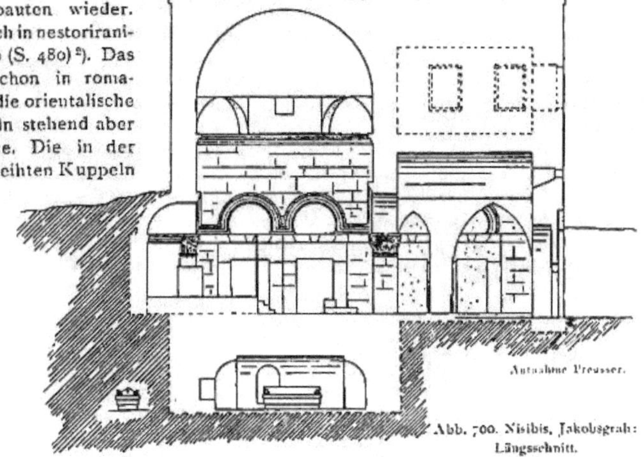

Aufnahme Preusser.

Abb. 700. Nisibis, Jakobsgrab: Längsschnitt.

[1]) Z. B. in Kreta, vgl. Gerola, »Mon. Veneti«, Abb. 259/260. Millet, »L'école grecque«, S. 100 f., hat zahlreiche Beispiele zusammengestellt.

[2]) Ausnahmsweise einmal auch an einer Kirche in Kleinasien, Ütschajak, wo zwei solche Kuppelquadrate nebeneinander gereiht sind. Vgl. mein »Kleinasien«, S. 32 f.

Abendlandes«, Tafel 101 f., dazu Text I, S. 335 f. Verneilh, »L'architecture byzantine en France« 1851, gab sie für byzantinisch aus. Unbyzantinisch und mehr dem Kreise angehörig, den auch Armenien vertritt, sind schon die anfangs durch Auskragung mit wagrechten Lagerfugen hergestellten Hängezwickel[1]). Die ins Kreuz gestellten Kuppeln der Apostelkirche in Konstantinopel kehren in S. Marco in Venedig und in Saint-Front in Périgueux wieder. Lasteyrie[2]) hat ganz recht, wenn er Saint-Front mit der Kathedrale von Angoulème, bzw. den aquitanischen Bauten zusammenbringt[3]). Sie zeigt den Kreuztypus der Anordnung, während die anderen Bauten die Kuppeln in der Längsrichtung ordnen.

b) Die armenische Einkuppel.

Machen wir uns klar: Der Ursprung der freistehenden Einzelkuppel, wie wir sie in Armenien beobachten, kann nicht gut im alten Vorderasien gesucht werden. Die Hettiter kennen sie ebensowenig wie die Mesopotamier. Dort herrscht schon in vorchristlicher Zeit der Breitraum[4]). Die christliche Kunst bleibt in Mesopotamien und Syrien bei dieser Einstellung, soweit nicht vom Mittelmeer her der Längsraum sich durchsetzt[5]). In Armenien ist weder der Breit- noch der Längsraum ursprünglich maßgebend, sondern es tritt vor diesen beiden eine dritte Form entscheidend auf, die strahlenförmige Anordnung im Anschluß an das Quadrat[6]). Sie wird erst nachträglich von Syrien und Kleinasien aus von Bestrebungen durchsetzt, die auf den Längsraum gerichtet sind; der Breitraum hat in Armenien nie Geltung gewonnen, es sei denn in der Anlage des Kuppelquerschiffes.

Die strahlenförmige Anordnung vom Quadrat aus ist in den für die Entstehung der christlichen Kunst in Betracht kommenden Gebieten neu. Die abendländische Kunst baut entweder die runde Kuppel über dem Mauerkreis oder die Kappenkuppel über dem Achteck. Das Pantheon und die Bauten des Palatin boten dafür typische Vorbilder[7]). In letzteren wird das Achteck durch vom Boden aus aufsteigende halbrunde Ecknischen in das Außenquadrat übergeleitet, eine Bauform, die auch noch in S. Giovanni in fonte in Ravenna auftritt, dort aber mit Tambur und runder Kuppel. Die Kappenkuppel kehrt wieder im Mittelalter und zusammen mit den Ecknischen, freilich ohne Außenquadrat, in oberitalienischen Bauten wie dem Baptisterium von Riva S. Vitale und Chieri und der Kirche von Ponzo Canavese[8]). Vom Achteck ummantelt war diese Form schon an den altchristlichen Nebenräumen von S. Lorenzo in Mailand verwendet worden.

Diese Kuppelbauformen blieben in Armenien unbekannt, weil dort der Ausgangspunkt von vornherein ein anderer war und dauernd herrschend blieb. Nicht der Kreis oder das Oktogon, sondern ausschließlich das Quadrat bilden dort den Kern. Seine Verwendung kann daher gut als Wegweiser für die bisher gänzlich unbeachtet gebliebenen Spuren des armenischen Einflusses dienen. Ich gehe diesen Spuren nachfolgend in der gleichen Ordnung nach, in der ich Seite 70 f. und 465 f. die armenischen Denkmäler vorgeführt habe und betone nochmals, daß ich methodisch beim Quadrat mit runder Kuppelschale, wo immer es auftritt, von vornherein iranische oder iranisch-armenische Voraussetzungen annehme. Im Abendlande, bzw. am Mittelmeere hatte bis dahin der runde und achteckige Kuppelbau allein eine wenn auch untergeordnete Rolle im Bade-, Grab- und Taufbau gespielt. Kirchen als Bauten mit einer einzigen Kuppel aufzuführen, scheint eben zuerst bei den Armeniern in Gebrauch gekommen zu sein, und zwar ursprünglich ebenso einzig auf diese Bauform beschränkt, wie der Mittelmeerkreis auf die Basilika. Wir können in diese altchristlichen Urzeiten kaum noch zurückblicken, haben fast ausschließlich die spätere Mischung vor uns. Ich gehe der Entwicklung des Kuppelbaues im Westen hier, unter Ausschluß des reinen Rund- und Oktogonalbaues, der wie gesagt in Armenien bezeichnenderweise fehlt, vom Quadrat aus nach, und zwar zunächst wieder den Einzelheiten.

[1]) Vgl. Witting, »Westfranzösische Kuppelkirchen«. Zur Kunstgeschichte des Auslandes XIX, S. 20 wird auf Enlarts Heranziehung von Bauwerken auf Cypern verwiesen. Damit ist der Weg nach Armenien richtig angetreten. Vgl. auch Gosset, »Les coupoles d'Orient et d'Occident«, der S. 24 auf Persien verwiesen hatte. Witting selbst ist S. 26 geneigt, in den aquitanischen Kuppelkirchen ein bodenständiges Gewächs zu sehen. Das war wohl nur so lange möglich als man in Byzanz suchte und Armenien nicht kannte. — [2]) »L'architecture religieuse en France«, S. 466 f. — [3]) Davon später. Vgl. vorläufig Lasteyrie a. a. O., S. 285 f. und S. 465 f. — [4]) Vgl. Reber, »Die Stellung der Hettiter in der Kunstgeschichte«, Sitzungsber. d. k. bayer. Ak. d. Wiss. Phil.-philol. und hist. Kl. 1910, 13. Abh., S. 46 f. — [5]) Vgl. Glück, »Der Breit- und Langhausbau in Syrien« (Arbeiten des kh. Inst. der Universität Wien, Bd. VI). — [6]) Vgl. oben S. 341 f. — [7]) Dehio und Bezold, Tafel I. — [8]) Vgl. Monneret de Villard im Monitore tecnico XVII (1911), S. 112 f., und Archivio storico lombardo XLI (1914), I, S. 1 f.

Trichternischen. Es ist Seite 361 f. ihr Ursprung und Seite 460 f. ihre armenische Art vorgeführt worden. Hier wäre ihre Vorherrschaft in der islamischen Kunst (S. 310) und ihre Umbildung zur aufrechtstehenden Nische nachzutragen. Gleich in der großen Moschee von Damaskus[1]) ist sie in der einen Mittelkuppel über dem Quadrat da[2]) und liefert den Beweis, daß hier von einem Anknüpfen an Byzanz nicht die Rede sein kann. Man lese über ihre Entwicklung im Islam nach, was ich »Amida«, Seite 180, angedeutet und Rosintal »Pendentifs, Trompen und Stalaktiten, Beiträge zur Kenntnis der islamischen Architektur«, 1912, ausführlich beigebracht hat. In Sizilien ist die einfache Trompe neben der Stalaktite heimisch geworden[3]). Uns beschäftigt hier mehr ihr Weg in der christlichen Baukunst.

Es ist bekannt, daß die Trichternische schon in den Wandbildern der Katakomben angedeutet und in S. Giovanni in fonte in Neapel über dem Quadrat, in S. Vitale in Ravenna als stehende Nische über dem Achteck angewendet ist[4]). Eine sichere Schicht ist dann in den Bauten lombardischer Meister und im französischen Mittelalter nachzuweisen. Es scheint möglich, daß einmal die Goten, daneben aber auch Armenier selbst die Träger gewesen sein könnten. In Theoderichs Grabmale sitzen in den Ecken der unteren Kreuzarme seltsame Steine mit eingemeißelten Muscheln über Eck, die ganz unverständlich wären, wenn man sie nicht als Ansätze eines ursprünglich anderen Bauwillens nimmt[5]). Am nächsten stehen vielleicht die Ansätze in Tekor (S. 370). Sie wären am Platze bei einer Decke, wie etwa im Konchensaal von Sarwistan oder in Amida[6]), bzw. in einzelnen dalmatinischen Kirchen. Jelić[7]) hat daraufhin persische Einflüsse in diesen Gegenden angenommen. Ich komme darauf zurück, wenn es sich um die Form dieser Bauten, den einschiffigen Dreipaß, handeln wird. Dagegen hat Frey (nach seiner mir handschriftlich vorliegenden Dissertation über Arbe) ähnliche Trichternischen in Dalmatien öfter vorgefunden.

Die wichtigsten Gebiete sind jedenfalls Oberitalien und das Westgoten- und Frankenreich. Man blättere daraufhin die Bearbeitungen durch, die Cattaneo, »L'architettura in Italia dal secolo VI al mille circa«, 1888, Seite 216 f. und Rivoira, »Le origini della architettura lombarda«, 1901, Seite 244 f., geliefert haben: ob ich nun Mailänder Bauten, wie S. Satiro, S. Ambrogio oder S. Babila nehme oder Biella und Galliano, immer ist mehr oder minder deutlich die Trichternische als Überleitung zur Kuppel verwendet. Und ebenso in Frankreich. Lasteyrie, »L'Architecture religieuse en France à l'époque romane«, 1912, Seite 266, hat sich eingehend mit den dortigen Beispielen und der Ursprungsfrage beschäftigt. Er weist die Ableitung Dieulafoys von Persien her zurück und fragt, warum die Franzosen so weit hätten gehen sollen. An die Goten als Träger dachte er nicht, noch weniger natürlich an die Armenier selbst, die er überhaupt nicht kennt. Rom oder Oberitalien sind auch hierin für ihn die Erreger (S. Vitale!). Daran, daß schon Germigny-des-Prés die Trichternische aufgewiesen hat (S. 275), erkennt er nur den Zusammenhang mit Italien. Nur wenn sie von Doppelsäulchen begleitet ist (S. 268), denkt selbst er an orientalischen Ursprung. Ich meine nach den oben vorgebrachten Belegen und den unten in langer Reihe folgenden Beweisen für die Wanderung einzelner Motive wie ganzer Bauformen vom fernen Osten her, wird man die Trichternische wohl als ein Hauptmerkmal iranisch-armenischen Einflusses im Abendlande gelten lassen. Hier sei nur darauf hingewiesen, daß die Kuppel mit Trichternische in Hellas nicht, wie Millet, »L'école grecque«, Seite 112, annimmt, aus dem Islam, bzw. seinen parthischen und sasanidischen Vorläufern übernommen sein muß, sondern auch über Armenien gegangen sein kann, worauf Millet keine Rücksicht nimmt.

Hängezwickel. Sie scheinen erst in der Ziegelarchitektur der hellenistischen Großstädte zur endgültigen Form gediehen zu sein[8]). Armenien hat nur beim Vierpaß die ersten unbewußten Schritte zu der späteren mathematischen Lösung gefunden (S. 360 f.). Ich glaube daher nicht, daß es

[1]) Die den Typus von Taq Eiwan ins Islamische übersetzt. Vgl. S. 508 f.

[2]) Saladin, »Manuel d'art musulman« I, S. 77, Diez, »Die Kunst der islamischen Völker«, S. 19.

[3]) Vgl Kutschmann, »Meisterwerke sarazenisch-romanischer Kunst in Sizilien und Unteritalien«; dazu Rivoira, »Arch. mus.«, S. 169 f.

[4]) Vgl. darüber »Amida«, S. 186 und Millet, »Revue arch.« V, 5 (1905 I.), S. 101, Rivoira, »Arch. mus.«, S. 128 f.

[5]) Phot. Ricci. 451, Haupt, »Das Grabmal Theoderichs«, S. 3 f., Abbildung 3 bis 5.

[6]) Vgl. Monatshefte für Kunstwissenschaft VIII (1915), Tafel 73, 2 und 76.

[7]) »Die Hofkapelle des hl. Kreuzes in Nin« (Hrvatski spomenici ninskoga područja) I, Tafel IV. Vgl. Byzantinische Zeitschrift XXII (1913), S. 286 f. und »Altai-Iran«, S. 243 und 253. Dazu oben S. 737.

[8]) Millet, »Revue arch.«, 1905, I, S. 102, verweist auf Choisy, »L'art de bâtir chez les Byzantins«, S. 159 f., der das Gebiet von Ephesus als Quellgebiet nachgewiesen hätte. Dort aber kommt in römischer Zeit nur die Hängekuppel, nie die Kuppel mit Hängezwickeln vor.

in dieser Richtung auf das Abendland gewirkt hat, die Verwendung vorkragender Schichten in der Art der Kugelschale mit dem umschriebenen Kreise mag immerhin vereinzelt gewandert sein. Besonders bezeichnend sind sie in den aquitanischen Kuppelkirchen (Witting S. 21). Die großzügigen Beispiele in Konstantinopel haben jedenfalls ebenso auf Italiener wie Türken und überallhin gewirkt.

Das Beispiel der Hängezwickel zeigt, wie sehr die Entwicklung einer Form abhängig ist von Stoff und Werk. Es wird daher notwendig sein, in jedem einzelnen Fall, in dem die armenische Kuppel über dem Quadrate mit Konchen verwendet, aber kaum zu erkennen ist, einen Hauptgrund der Wandlung auch im Baustoff, der von ihm bedingten Abänderung des Werkes und besonders, wie gesagt, der Ausstattung zu sehen. Ein zweiter Grund einschneidender Veränderungen können Steigerungen der Raumgrößen sein. Sie verlangen eine ganz andere Verstrebung. Es kann also die iranische Form, die in Armenien durch die Nischen verstrebt wurde, bei weiterer Übertragung, etwa nach Großstädten, bei allem Festhalten des fruchtbaren Baugedankens doch so wesentlich anders im Gewächs sowohl als auch im äußeren Kleide werden, daß nur sehr genaues Zusehen den Zusammenhang offenkundig machen wird.

Apsis. Außer der Überleitung des Quadrates ins Rund der Kuppel gibt es noch einige andere mit der Kuppel zusammenhängende Formen, die irgendwie mit Armenien zusammengehen könnten. So die außen fünfeckig abgeschlossene Apsis, die von Byzanz her, wie man gewöhnlich annimmt, ihren Weg nach dem Westen gefunden hat. Wir sahen, wie diese Art der Ummantelung der Konchen in Armenien die natürliche Form vor Einführung des Giebels war und dort auch dann noch festgehalten wurde, als man zugleich mit dem Giebel die Dreiecknische einführte. Die fünfeckige Ummantelung legt die längste Seite parallel zur Längsachse (S. 75 f.), was eine der Kuppelpyramide entsprechende Dachform über der Viertelkugel der Konchen ermöglichte. In Rom waren die Apsiden ursprünglich rund ummantelt. Warum hat man in Kleinasien zuerst nur zögernd[1]) und erst in Byzanz[2]) entschlossen, zur fünfeckigen Ummantelung gegriffen, die bei der armenischen Konchenkuppel, nicht aber bei der Anschiebung der Apsis an einen Längsbau begründet ist? Wohl weil sie gleichzeitig etwa mit der Kuppel über dem Quadrat gewandert ist. Wir wissen ja, daß aus Syrien ebenso eine andere Chorbildung nach Kleinasien, Byzanz und dem Westen gegangen ist. Rivoira[3]) leitet auch die eckige Ummantelung wieder aus Ravenna her.

Dach. Ebenso wandert mit der Kuppel die Dachform. Noch in Biella in der Lombardei werden wir das schräg gegen die Mitte ansteigende Dach finden, nicht den Giebel, wie am heutigen Germigny-des-Prés, wo er übrigens erst bei der Erneuerung hinzugekommen sein könnte. Wichtig für die Beibehaltung oder Abänderung der armenischen Formen wurde, wie sich zeigen wird, ob das Dach auf dem Gewölbe unmittelbar lag — wie über den Tonnensälen Südfrankreichs[4]) — oder erst durch einen eingeschobenen Dachstuhl aus Holz getragen wurde. Bis zu einem gewissen Grade hing davon auch die Entwicklung der Gewölbeformen ab, der Dachdruck auf den Scheitel des Rundbogens führte nicht zum Spitzbogen, der in Armenien selbst zwar da ist, aber jedenfalls durch derartige Überlegungen ebensowenig, wie das Kreuzgewölbe notwendig gefordert wurde.

Hufeisenbogen. Sehr auffällig ist im Abendlande das Auftreten des Hufeisenbogens. Über den Ursprung ist oben Seite 625 f. ein Wort gesagt worden. Hier kommt es nur auf die Ausbreitung an. Freilich, wenn man mit Rivoira annimmt, daß der arco oltrepassato lediglich una corruzione del gusto romano sei, dann ist die Sache sehr bequem erledigt. Aber warum müht sich dann Rivoira (»Architettura musulmana«, S. 248 f.) so sehr darum, zu zeigen, daß der Hufeisenbogen in den westgotischen Bauten nicht vorgekommen, sondern erst durch die Araber in Spanien eingeführt worden sei? Und doch sind gerade die Goten seine Träger, sie haben ihn auch in Italien hinterlassen, wie vereinzelte Spuren noch deutlich machen[5]), so z. B. der Kampanile von S. Maria della Cella in Viterbo[6]). Sein Hauptgebiet ist freilich Spanien; aber wir müssen schon hier, wie bei der Trichternische, feststellen, daß er den Bau von 806 in Germigny-des-Prés sowohl im Grundriß als auch im Aufriß vollständig beherrscht. Man sagt freilich, Theodulf sei Spanier gewesen (davon unten), aber die ganze Bauform ist zu deutlich mit Armenien verbunden, als daß wir nicht in die allgemeine Ablehnung des spanischen Ursprunges mit einstimmen sollten.

[1]) »Kleinasien«, S. 21 und 50. — [2]) Vgl. Guyer, »Rusapha«, S. 33. — [3]) »Arch. mus.«, S. 281, »Origini« I, S. 26 f. — [4]) Vgl. Dehio und Bezold I, S. 323. — [5]) Der Sarkophag der Villa Mattei in Rom, den Riegl, »Spätrömische Kunstindustrie«, S. 78, abbildet, kann dafür nicht verwendet werden, weil er aus Kleinasien stammt. — [6]) Rivoira, »Origini«, S. 278.

I. Strahlenförmige Kuppelbauten (S. 72 f.).

Ich scheide, wie gesagt, in der Vorführung der Ausbreitung des armenischen Kuppelbaues zeitlich und in gewissem Sinne auch örtlich zwei Gruppen, den strahlenförmigen und den längsgerichteten Kuppelbau, und füge bei dieser Trennung den längsgerichteten Tonnenbau des abendländischen Mittelalters, das »Romanische« u. »Gotische«, wie wir uns gewöhnlich ausdrücken, dazwischen ein. Der sehr einschneidende Unterschied in der Ausbreitung ist der, daß die Kuppel in altchristlicher Zeit nur von Byzanz in breit herrschender Schicht übernommen worden ist, das Abendland dagegen bis zum Eintritt der italienischen Renaissance nur vereinzelte Spuren von Kuppelbauten armenischer Art aufweist. Orthodoxe Kirche und Renaissance freilich führen die armenische Bauform, wie sie ursprünglich war, d. h. ohne Längsrichtung und Empore um so entschiedener, teils in Einzelfällen, teils in breiter Schicht ein. Der strahlenförmige Kuppelbau ist im Abendlande nicht unbekannt. Ich erinnere an die »Minerva medica« genannte Trümmerstätte in Rom, an S. Vitale in Ravenna, an S. Lorenzo in Mailand, an Germigny-des-Prés bei Orléans und schließlich an Bramantes Petersdom, den ich aber in diesem Abschnitte noch nicht in Betracht ziehe. Alle diese Bauwerke sind versprengte Ausläufer einer einzigen großen Entwicklung. Zu einer Übertragung der armenischen Kunst in breiter Schicht kam es vor der Renaissance nicht. Das ganze »Mittelalter« hindurch setzte sich die Kuppel im Abendlande nur vereinzelt gegen die Basilika durch, nie gelang es ihr, wie der Basilika in Armenien, eine Vereinigung von Basilika und Kuppel, wenigstens nicht mit einer einzigen richtigen Kuppel über dem Quadrat und ohne Dreischiffigkeit, durchzusetzen. Das blieb erst Vignola vorbehalten. Ich gehe nun die einzelnen Arten der Gattung des strahlenförmigen Kuppelbaues durch.

1. Kuppelquadrate mit Strebenischen (S. 74 f. und 464 f.).

Das Konchenquadrat ist auffallend selten nach dem Westen vorgedrungen, vielleicht, weil es in Armenien zu einer Zeit, im 4. Jahrhundert, herrschte, in der ein Verkehr armenischer Kunst mit Byzanz und dem christlichen Abendlande noch kaum angebahnt war. Trotzdem sind auch für die Ausbreitung dieser rein armenischen Bauform einzelne Belege nachweisbar, später sogar einmal in breiter Schicht.

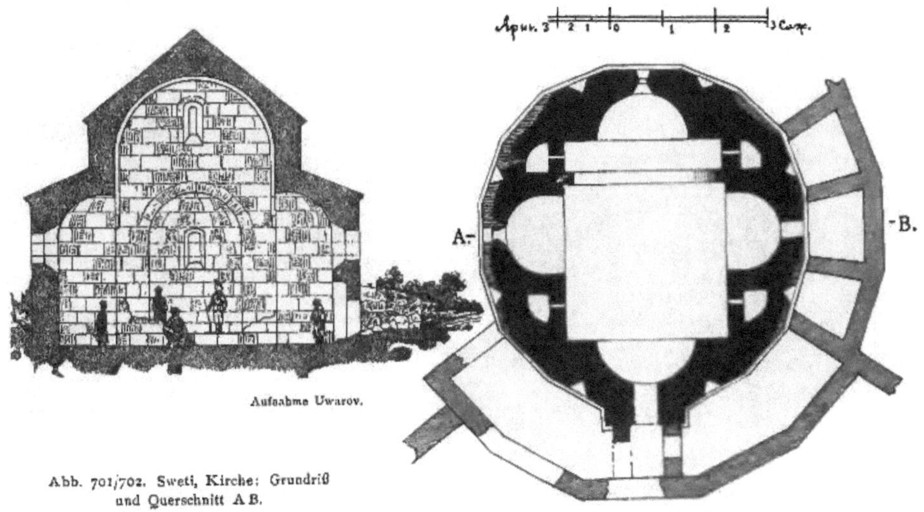

Aufnahme Uwarov.

Abb. 701/702. Sweti, Kirche: Grundriß und Querschnitt AB.

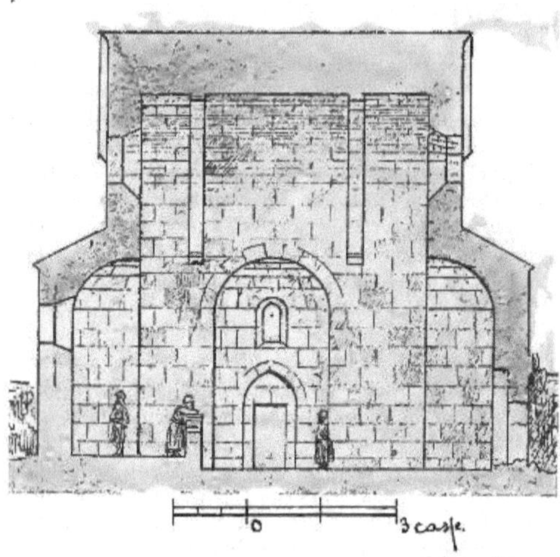

Aufnahme Uwarov.

Abb. 703. Sweti, Kirche: Längsschnitt.

A. Quadrate mit Strebenischen in den Achsen (S. 74 f. und 466 f.).

Seltsam, diese rein armenische Grundform von Mastara ist — trotz ihrer scheinbaren Einfachheit — in der Frühzeit christlicher Kunst in Kleinasien bis jetzt nicht nachweisbar, eine Abart fanden wir im syrischen Amman (S. 467). Das Konchenquadrat muß in Baustoff und Werk, Zweck, und Gestalt tief gerade in Armenien verankert sein. Freilich Scheinbauten dieser Art, aus einer zylindrischen Mauer ausgeschnitten, kommen auch sonst vor[1]), von einer Kuppelverstrebung durch Nischen ist bei ihnen nicht zu reden. Es sei in dieser Richtung auf zwei Bauwerke hingewiesen, die über Georgien nach der Dobrudscha führen. Abbildung 702 zeigt den Grundriß einer Kirche in der Festung Sweti bei Ardwin, also im Gebiete des unteren Tschoroch. Man sieht statt des Quadrates ein Rechteck und in den Achsen die Nischen, die aber, wie sonst nur bei reinen Strebenischenbauten, massig ummantelt und durch kleine Dreieckschlitze neben den Apsiden gekennzeichnet sind. Ebenso merkwürdig ist der Aufbau. Die Mitte krönt keine Kuppel, sondern eine in der Hauptachse aufgelegte Tonne, so daß nur der Querschnitt den Eindruck des richtigen Kuppelquadrates macht (Abb. 701), der Längsschnitt und die Außenansicht aber die sonderbarste Verknüpfung verschiedener Baugedanken aufweist (Abb. 703 und 704). Kluge hat ganz recht, wenn er von einer den Georgiern fremden Bauweise spricht und daß sie nicht recht gewußt hätten, wie sie diese neue Idee mit ihren bisherigen baulichen Erfahrungen vereinigen sollten[2]). In den Materialien der Gräfin Uwarov III, Seite 60 f., woher meine Aufnahmen stammen, wird der Bau dem Beginn des 11. Jahrhunderts, der Zeit des Bischofs Sawa von Tbet, zugeschrieben[3]).

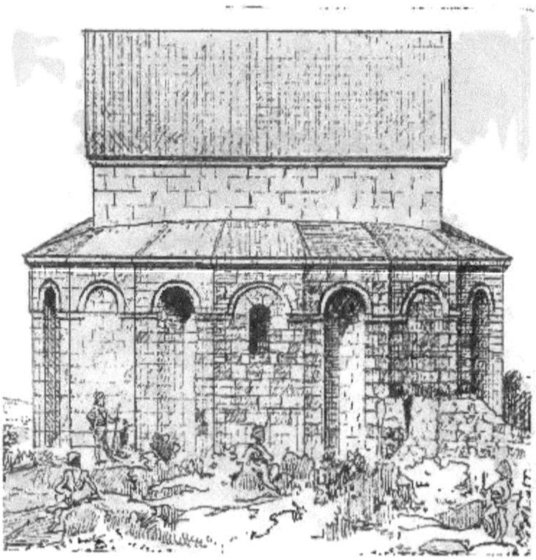

Aufnahme Uwarov.

Abb. 704. Sweti, Kirche: Außenansicht.

Der zweite Bau von der Art des Konchenquadrates wurde bei Ausgrabungen in der Nähe des Tropaeum Trajani gefunden, und zwar neben dem Atrium einer Basilika,

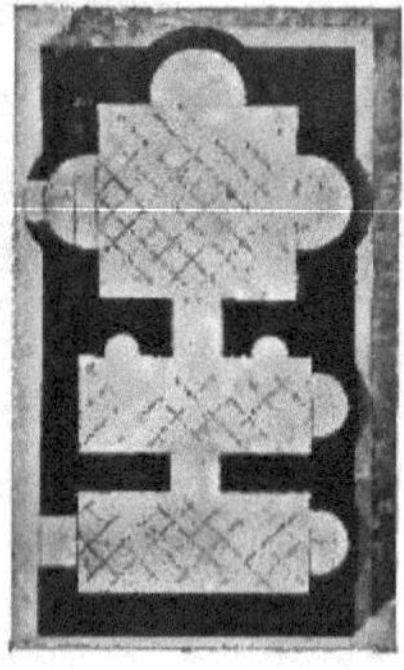

Aufnahme Coganeanu.

Abb. 705. Tropaeum: Baptisterium.

[1]) Auch das Bizzosgrab in Ruweha darf hier gestreift werden; Vogüé, La Syrie centrale, Tafel 68.

[2]) »Versuch«, S. 48.

[3]) Beachtenswert ist auch, daß die Kirche von Sweti eine jener georgischen Kirchen ist, die ihre Hauptachse von Norden nach Süden, also gegen Jerusalem, richten. Vgl. oben S. 223.

wird daher als Baptisterium gedeutet. Zwar fehlt die vierte Nische im Süden, wo sich zwei Vorräume mit nach Osten gerichteten Apsiden quer legen (Abb. 705 und 706). Auch hier ist eine massige Ummantelung genommen, die die Nischen fast ganz einschließt. Architekt Ceganeanu hat den Bau wohl richtig mit einer Kuppel über Trichternischen ergänzt[1]). Pârvan, »Cetatea Tropaeum«, Seite 109 f., setzt das Baptisterium in justinianische Zeit. Es steht in der Basilikenstadt einzig da.

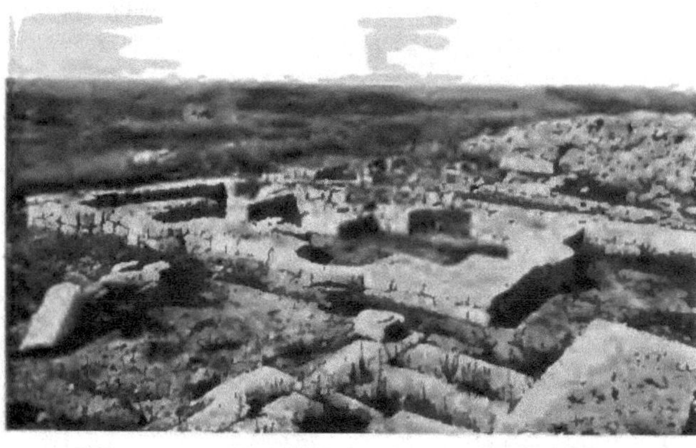

Abb. 706. Tropaeum: Baptisterium. Aufnahme Ceganeanu.

Es ist nun sehr merkwürdig, daß das Konchenquadrat mit Strebenischen geradezu in breiter Schicht bei den Westslawen auftritt. Seite 743 wurden die Grundrisse der ältesten Kirchenbauten bei den Tschechen vorgeführt. Unter ihnen als sechste Gruppe auch eine Form, die durchaus Mastara entspricht. Man möchte daher annehmen, daß es doch einen Weg gegeben habe, auf dem diese Bauform nach dem Westen gewandert ist. Vielleicht vermittelte ein Holzbau, wofür späte Belege in der Ukraine.

Ich bespreche vier bis jetzt bekanntgewordene Beispiele aus den tschechischen Gebieten. Řeporyje bei Prag (Abb. 707) ist im Grundriß mit einem 7·10 m Mittelquadrat und 4·22 m Strebenischen im Durchmesser sicher[2]). Der Bau könnte, wären nicht Mauerwerk und Fenster westlich gebildet, gut in Armenien stehen (vgl. oben S. 75 f.). Wichtiger ist die Kirche von Řeznovice in Mähren, obwohl dort die Westkonche fehlt (in Abb. 698 ergänzt). An ihr ist über dem Kreuzgewölbe noch die hohe Kuppel erhalten. Die beiden andern Vertreter, die Kreuzkirche auf Zábradlí in Prag und die Kirche von Vlňoves sind leider in letzter Zeit zerstört worden. Ich gebe Grundriß und Ansicht von Vlňoves (Abb. 708 und 709). Die Strebenischen sind dort durch kreuzgewölbte Rechteckarme ersetzt, eine Bauform, deren Verwandte auch weiter im Norden, zu Kallundborg in Dänemark (Liebfrauenkirche) in wechselnder Einwölbung mit eingestellten Mittelstützen wiederkehrt[3]). Die Kirche von Vlňoves hatte in der Dachbildung manches gemein mit der Kirche von Sweti (Abb. 704).

In Byzanz selbst gibt es erst um das Jahr 1000 etwa eine

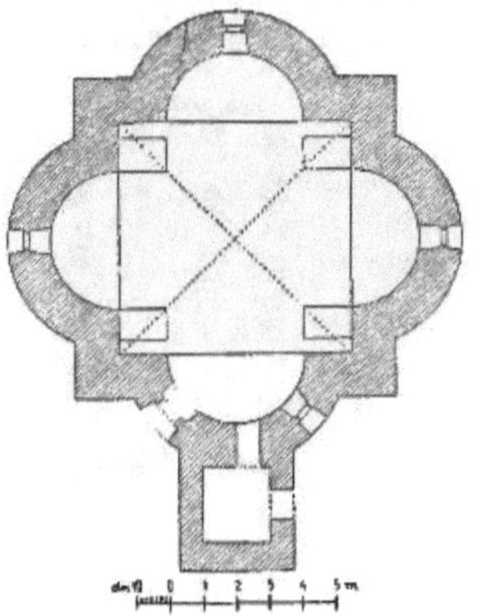

Aufnahme Lehner.

Abb. 707. Řeporyje, Kirche: Grundriß.

[1]) Vgl. Buletinul comisiunii monumentelor istorice IV (1911), S. 178, woher auch meine Abbildungen stammen. Dazu jetzt Stelzhammer, »Die christlichen Altertümer der Dobrudscha«, 1918, S. 264 f.

[2]) Vgl. für alle Einzelheiten das oben S. 742 genannte Buch von Lehner.

[3]) Vgl. Seeselberg, »Die frühmittelalterliche Kunst der germanischen Völker«, S. 88. Dort ist auch die Ulrichskapelle in Goslar a. H. vorgeführt mit der gleichen Kreuzform aus dem Vierpaß heraus.

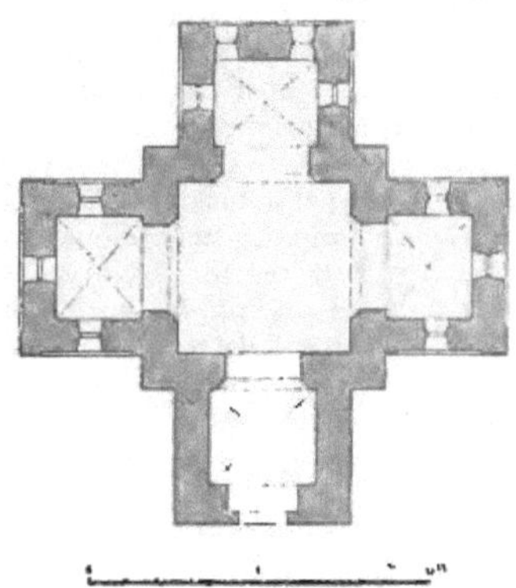

Aufnahme Lehner.

Abb. 708. Vlňoves, Kirche: Grundriß.

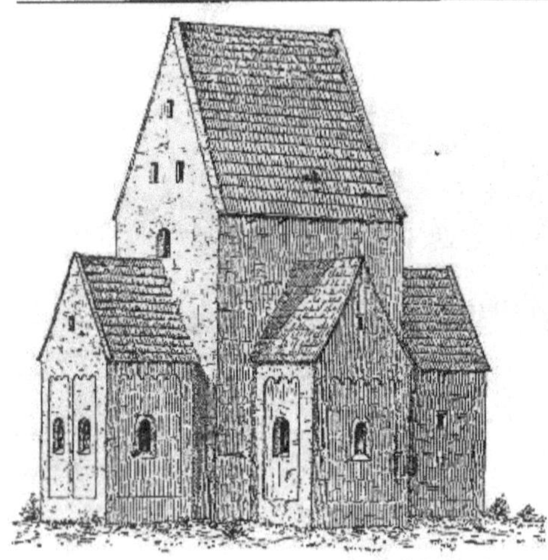

Aufnahme Lehner.
Abb. 709. Vlňoves, Kirche: Ansicht.

Gruppe von Bauwerken, die als Schicht vom armenischen Konchenquadrat ausgehen dürfte, dieses aber in einer Art umgebildet zeigt, die den Baugewohnheiten des fremden Bodens entspricht. Es handelt sich um jene zur Zeit der armenischen Dynastie im Einflußgebiete von Konstantinopel auftauchende Gruppe von Kuppelkirchen, die ich zuerst im Zusammenhange mit der Neamoni auf Chios behandelt habe[1]). Ihre erhaltenen Hauptvertreter sind die Klosterkirchen von Daphni und Hosios Lukas in Griechenland. Hofarchitekten sind offenbar deren treibende Kräfte, sie kommen aus Konstantinopel in die Provinz, um über kaiserlichen Auftrag diese Bauten auszuführen. Ihre von Armenien ausgehende Schulung ist im rein Baulichen ganz unzweideutig. Damit durchbrach offenbar ein neuer Geist jene »byzantinische Starrheit«, von der man so gern spricht. Das Problem »Orient oder Byzanz« ist damit um das Jahr 1000 durch eine unmittelbare Beeinflussung mittelalterlicher byzantinischer Kunst vom Osten her als berechtigt erwiesen[2]).

Wir lernen in diesen byzantinischen Bauten einen Typus kennen, der in Armenien selbst nicht zustande kommen konnte, weil die dort übliche Konchenverstrebung beim Übergange zur Pfeilerverstrebung, auf der sich die byzantinischen Beispiele aufbauen, durch den Einfluß des Längsbaues zur Kuppelhalle führte, in Konstantinopel dagegen als reiner Strahlenbau jene Umbildung erfuhr, die wir im »makedonischen«, d. h. armenischen Bautypus vor uns haben. Daß der Ausgangspunkt das armenische Konchenquadrat ist, belegen erstens die Größenverhältnisse der Kuppel (ohne Mittelstützen), auf die alle drei Ostapsiden münden, dann die Trichternischen, die oben die Quadratecken übersetzen und auf die Kuppel überleiten, endlich die Tatsache, daß die Gelenke des Baues jene acht Punkte des Quadrates sind, auf denen die Trichternischen aufruhen. Das hat zu dem Mißverständnisse geführt, als ob diese Baugruppe überhaupt vom Oktogon, nicht vom Quadrat ausginge[3]). In Wirklichkeit läßt gerade die Neamoni auf Chios den Zusammenhang noch ganz offenkundig werden. Ich ging seinerzeit von persisch-sasanidischen Parallelen aus, die armenischen, die ich damals noch nicht kannte, sind viel zwingender. Wenn daher Millet, »L'école grecque« (S. 106 und 114 f.) noch immer auf den Zusammenhang mit dem Oktogon, wie S. Sergios und Backchos oder das Oktogon des Gregor von Nyssa zurückkommt, so ist mir das heute wie vordem unbegreiflich[4]), noch mehr, wenn er die »hellenistische« Bauform auf eine Übertragung der Kuppel-Trichternische auf den kreuzförmigen Typus zurückführt (S. 104); in Wirklichkeit ist der letztere aus Bauten mit Trichternischen entstanden, und zwar nicht von Mesopotamien, sondern von Armenien her (S. 118).

Ich gehe aus von der Vorführung des Grundrisses und einer Einzelheit der Neamonikirche. Die Gruppe ist in letzter Zeit außer von mir wiederholt von Wulff behandelt worden[5]). Ich muß mich kurz fassen. Abbildung 710 zeigt deutlich den quadratischen Kuppelraum, auf den sich im Osten alle drei Apsiden

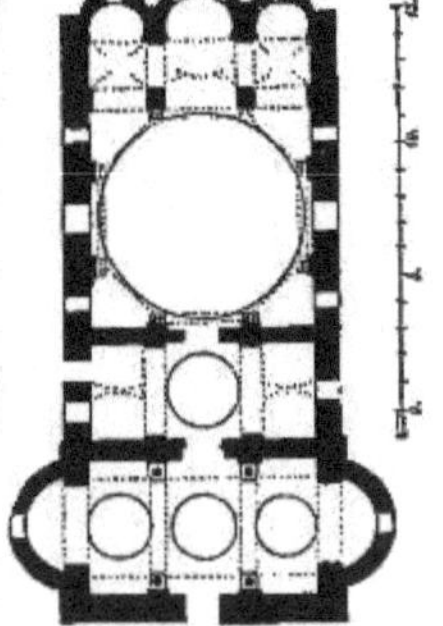

Aufnahme Wulff.
Abb. 710. Neamoni, Klosterkirche: Grundriß.

[1]) Byz. Zeitschrift V (1896), S. 140 f.

[2]) Vgl. dagegen Heisenberg, Neue Jahrbücher für das klass. Altertum XXIII (1909), S. 207.

[3]) Vgl. Millet, »Daphni«, S. 52 und danach Wulff, »Altchristliche und byzantinische Kunst«, II, S. 460 f., der dabei meine Zeitschrift f. Gesch. d. Architektur III (1909), S. 1 f. und »Amida«, S. 177 f. geführte Untersuchung unbeachtet ließ.

[4]) Vgl. Byz. Zeitschrift X (1901), S. 224.

[5]) »Das Katholikon von Hosios Lukas« (Die Baukunst II, Heft 11), »Altchristl. und byzant. Kunst«, S. 466.

öffnen. Mit 7·80 m Seitenlänge ist er kleiner als die um etwa 400 Jahre älteren armenischen Beispiele, aber etwa gleich groß wie in Daphni und Hosios Lukas. Man möchte glauben, daß es sich hier einmal um den seltenen Fall eines reinen Kuppelquadrates ohne Konchen handle. Abbildung 711 gibt dazu den allerdings sehr merkwürdigen Schlüssel. Die Konche kommt im Grundriß freilich nicht zur Geltung, schneidet aber oben in die 0·91 m dicke Wand ein. In den anderen Kirchen ist sie bereits nach byzantinischer Art durch Tonnen ersetzt. Echt iranisch-armenisch ist auch, daß der Ansatz der über die Ecken des Quadrates geschlagenen Nischen durch zwei Dienste, hier in zwei Paar Säulen übereinander aufgelöst, gekennzeichnet ist. Davon war oben (S. 438 f.) die Rede Man vergleiche den Grundriß von Artik (Abb. 63), wo das Beispiel eines Baues mit einem solchen Dienst noch erhalten ist. Dienstpaare sind an dieser Stelle gewiß auch in Armenien häufig gewesen[1]). Die Kuppel der Neamoni fand ich 1889 eingestürzt, doch gibt eine Abbildung von 1705 eine mehrseitige Fenstertrommel und darüber eine Faltkuppel, wie sie oben (S. 464) besprochen wurde[2]).

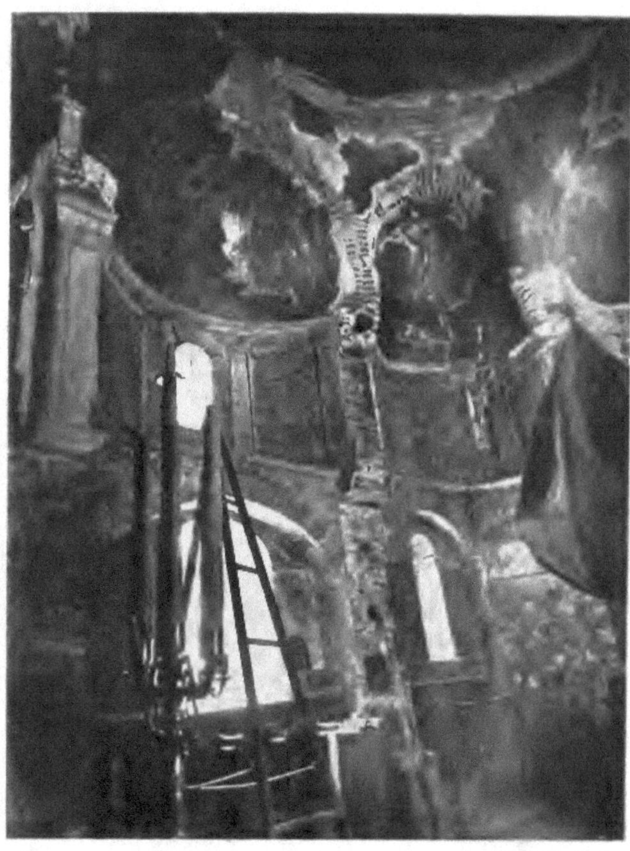

Aufnahme Strzygowski.
Abb. 711. Neamoni, Klosterkirche, Inneres: Nordostecke.

Der Verkümmerung der Konchen in der Neamoni gegenüber steht die große Prachtkirche des Hosios Lukas-Klosters in Hellas als die formkräftigste Umbildung der armenischen Art im byzantinischen Sinne da. Der Grundriß der Hauptkirche (Abb. 712) zeigt die mächtige, um 1035 vollendete, alles beherrschende Kuppel den drei Apsiden vorgelagert, in den Achsen verstrebt durch an Stelle der Konchen getretene byzantinische Kappen, dazwischen die großen Trichternischen über den Quadratecken. Ich gebe Abbildung 713 noch meine Aufnahme des Äußern. Sie zeigt den Baukörper aus den neuerdings hinzugekommenen Strebepfeilern emporsteigend: die Kuppel auf dem Quadrat und bis zu dessen Höhe emporsteigend die eckig umgebildete Konche. Die Wände darunter mit reichen Fensterdurchbrechungen, alles in sauberer Werkart mit Hackelsteinen, jeder von Ziegeln gerahmt,

[1]) Millet, S. 115, erklärt die Doppelsäulen auf eine seltsame Weise, indem er an die Säulen erinnert, die im Oktogon des Gregor von Nyssa und in der Zitadellenkirche zu Dijarbekr vor die Pfeiler gestellt erscheinen (»Kleinasien, ein Neuland«, S. 74 und 79. Bell, »Churches and monasteries of the Tûr 'Abdîn«, S. 93, Tafel XXI, 1 und Monatshefte für Kunstwissenschaft, VIII [1915], S. 352). Man sieht, wie befangen Millet in seinem Glauben der Ableitung vom Oktogon ist.

[2]) Wulff, »Die altchristliche und byz. Kunst« II, Abb. 396.

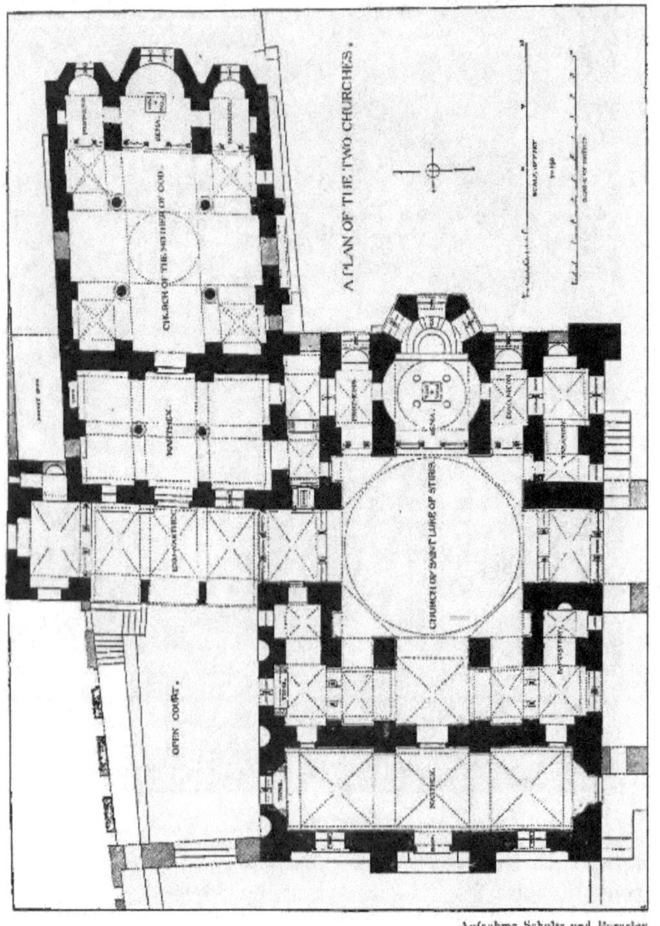

Aufnahme Schultz und Barnsley.

Abb. 712. Hosios Lukas, Die beiden Klosterkirchen: Grundriß.

und Ziegelbogen ausgeführt[1]). Die Wandlung ist gegenüber dem Armenischen so groß, daß es nicht noch des byzantinischen Prunkes der Innenausstattung (Abb. 714) und (wenigstens bei den beiden griechischen Hauptvertretern) der Einschiebung der Empore bedurft hätte, um die alte Grundform des fernen Ostens unkenntlich zu machen. Wenn wirklich, wie ich schon oben Seite 594 f. andeutete, Trdat, der armenische Oberarchitekt, der 989 nach Konstantinopel berufen wurde, um die Sophia wiederherzustellen, die Bauform mitbrachte und den Architekten des byzantinischen Hofes übergab, dann begreift man, wie der höfische Prunk die einfache armenische Grundform bei ihrer Wanderung überwuchert haben kann.

Man hat, ohne die armenischen Urformen zu kennen, behauptet, daß Leonardo den Typus des Kuppelquadrates mit Strebenischen in den Achsen nach dem Ausweise seiner Handzeichnungen gekannt habe. Möglich wäre das wohl. Aber was man bei ihm nur für die Kreuzung von Hilfslinien ansah, sind zumeist Pfeiler, so daß nicht das reine Konchenquadrat, sondern ein solches mit eingestellten Stützen herauskommt. Davon später[2]).

An dieser Stelle wäre das vereinzelte Beispiel eines Konchenquadrates mit Umgang, S. Lorenzo in Mailand, zu besprechen. Vielfach umgebaut, hat es jedoch seine ursprüngliche Form kaum rein bewahrt. Ich bespreche es daher erst an späterer Stelle (S. 775) unter den Vierpässen mit Umgang, wo es gut im Zusammenhange mit anderen Beispielen der Konchenkuppel mit Umgang die Möglichkeit der Wanderung der armenischen Bauform belegt. Vorläufig blicke man zurück auf die oben Seite 486 f. gegebenen Beispiele verwandter Bauten mit Umgang und beobachte an der Hauptkirche von Hosios Lukas (Abb. 712), daß hier im Grunde genommen auch ein Freistellen des Konchenquadrates vorliegt, allerdings weder in eine Umfassung durch Kreis, Vieleck oder Vierpaß, sondern in ein Quadrat bzw. Rechteck. Von der Kreuzkuppelkirche daneben später.

[1]) Näheres bei Schultz and Barnsley, »The monastery of Saint Luke«, 1901.

[2]) Vgl. vorläufig Frankl, »Die Entwicklungsphasen der neueren Baukunst«, S. 37 f.

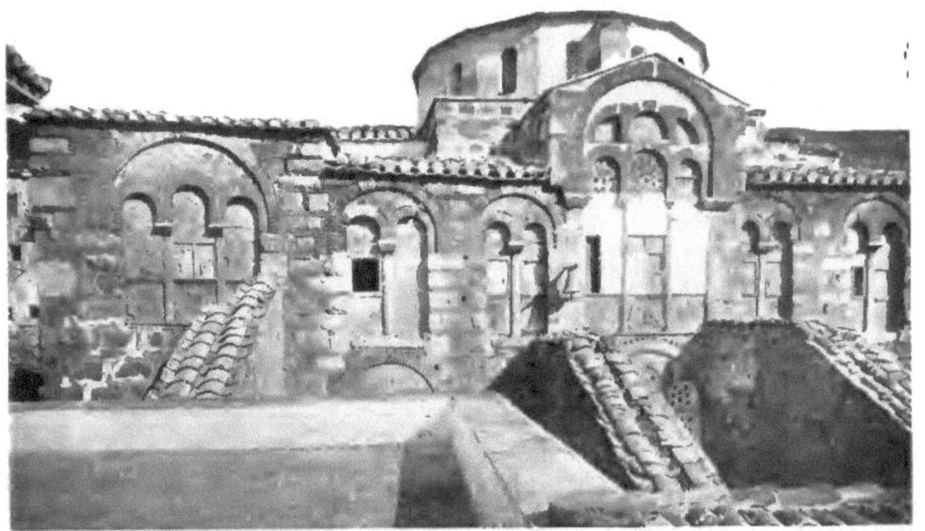

Abb. 713. Hosios Lukas, Hauptkirche: Südansicht. Aufnahme Strzygowski

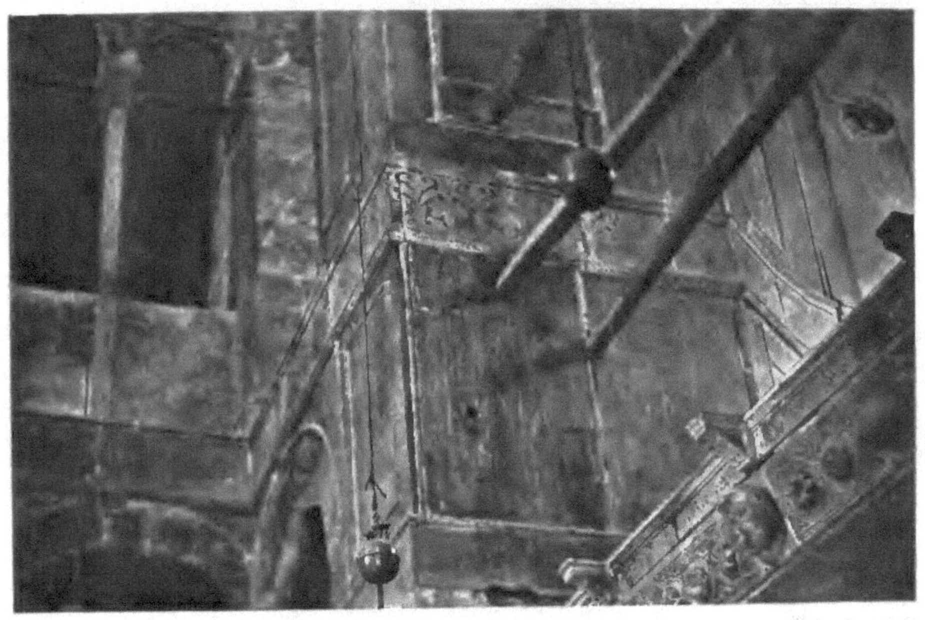

Abb. 714. Hosios Lukas, Hauptkirche: Innenausstattung. Aufnahme Strzygowski.

B. Quadrate mit Strebenischen in den Achsen und Ecken (S. 82 f. und 470 f.).

Schon Dubois (III, S. 380) hat angesichts der Hripsime gemeint, es wäre sehr wahrscheinlich, daß die Bauform auf die Zeit des Tiridates bzw. Konstantin zurückgehe und einer der ersten Versuche dieser Zeit sei, die Kuppel in die Mitte eines kreuzförmigen Gebäudes zu setzen. »Agathangelus, si je ne me trompe, raconte que 81 coupoles s'écroulèrent sous Constantin avant qu'on eût trouvé les justes proportions des pendentifs«[1]). Schnaase (III, 334) hält dagegen diese Datierung für völlig unbegründet. Für ihn ist der Hripsimetypus mit dieser Kirche um 618 entstanden, dann folge die einfachere Form der Gajane und erst im 10. Jahrhundert könnten weitere Fortschritte nachgewiesen werden. Er meint dabei die Kuppelhalle, für deren ältestes Beispiel er die Kreuzkirche von Haghbat (S. 197 und 594), 991 vollendet, ansicht. Schnaase hätte wohl anders geurteilt, wenn ihm der älteste Hauptvertreter dieser Art, die Kathedrale von Thalisch vom Jahre 668 (S. 190 f.) bekannt gewesen wäre.

Georgien. Ich habe schon gesagt — und oben im Typenkataloge (S. 72 f.) damit wie zu Armenien gehörig gerechnet —, daß Georgien gerade für das Konchenquadrat ein bis ins 10. Jahrhundert zu verfolgendes Ausbreitungsgebiet blieb, d. h. bis in eine Zeit, in der in Armenien selbst diese Bauform fast ausgestorben war. Dabei ist vielleicht eines zu beachten: die Kreuzkirche in Mzchet (S. 84 f.) steht auf der Höhe eines Berges und ähnlich noch im 10. Jahrhundert Ateni. Auch das armenische Haridscha könnte in diese Reihe gestellt werden. Ich kenne die Lage der Orte, an denen sich einst die ältesten christlichen Gräber der Armenier: Thordan, Ani und Thil befanden, nicht von Augenschein. Es scheint mir jedoch nach den Berichten von Reisenden möglich, daß die georgischen Beispiele das Konchenquadrat unmittelbar — nicht über das Araratgebiet, sondern von Westarmenien — übernahmen. Aus solchen Überlegungen entspringt dann auch der beliebte nationale Wettstreit nach dem Vortritt der armenischen oder georgischen Kunst. Eine Trennung beider Kreise scheint für die ersten christlichen Jahrhunderte in wesentlichen Punkten kaum möglich. Nur darin könnte vielleicht für Georgien schon zu dieser Zeit eine Sonderstellung angenommen werden, daß es stärker Einflüssen zugänglich gewesen sein mag als das Innere Armeniens, westlichen im Bauen, iranischen nach Einzelheiten der Ausstattung (S. 437 und 441). Die Ebene des Kur vermittelt ohne die großen Hindernisse und Gegensätze, die der Steilabfall des armenischen Hochlandes bietet, nach der persischen Hochebene hin. Ebenso wie diese reicht aber auch die Araxesebene bis tief in das armenische Hochland hinein. An diesen Stellen wird der Osten wie von zwei vorgestreckten Armen Irans umfaßt[2]) und ich möchte es daher für keinen Zufall ansehen, daß an den beiden Endpunkten dieser Arme, da wo sie auf das Gebirge stoßen, Denkmäler der gleichen Art entstehen, die Kreuzkirche bei Mzchet und Awan bzw. die Hripsime bei Edschmiatsin. Vielleicht ist das oftmalige Auftreten und längere Festhalten an der südlichen Vorhalle in Georgien (vgl. S. 393 und 789) ähnlichen Umständen zuzuschreiben. Mit dem Vordringen der türkischen Völker seit der zweiten Hälfte des ersten Jahrtausends tritt eine schärfere Scheidung der armenischen und georgischen Kunst ein. Auch da war es die Kurebene, die dem fremden Strome Vorschub leistete. Nach Masudi (943 n. Chr.)[3]) bildete das Gebirge wie immer auch hier bei den türkischen Völkern einen Widerstand für ihre Ausbreitung. In der Kurebene reichten sie bis Tiflis, im Norden waren aber der Kaukasus, im Süden das Hochland die Grenzen einer ausgiebigeren Beeinflussungsmöglichkeit. Auf diesem Wege konnte auch im 2. Jahrtausend der Ziegelbau in Georgien Geltung gewinnen, da die Diluvialgebiete des Kur und Rion dazu die Eignung boten. Man wird also in der Frage des Verhältnisses von Armenien und Georgien auch mit der Vermittlung eines dritten Kreises, eben des iranischen, rechnen müssen. Nur freilich in der Frage des Konchenquadrates ist, glaube ich, diese Erklärung nicht zulässig, weil die Anschiebung von Strebenischen erst in Armenien, nicht schon in Iran erfolgte, zusammen mit der Freistellung der quadratischen Kuppel und dem Anwachsen ihrer Größe.

Die Ausbreitung des Konchenquadrates mit Eckverstrebung ist bei Uwarov, »Materialien« III, Seite 46 f., in einer Übersicht vom Armenischen ausgehend auf georgischem Boden im Anschluß an Martwili verfolgt. Ich gebe hier nur die Geschichte der Kreuzkirche bei Mzchet etwas genauer, als es

[1]) Vgl. auch Ritter, X, S. 532. Ich weiß nicht, woher diese Forscher die angebliche Agathangelosstelle genommen haben. — [2]) Vgl. Die Karte Abb. 5. — [3]) Vgl. Dubois, Atlas I, pl. 13.

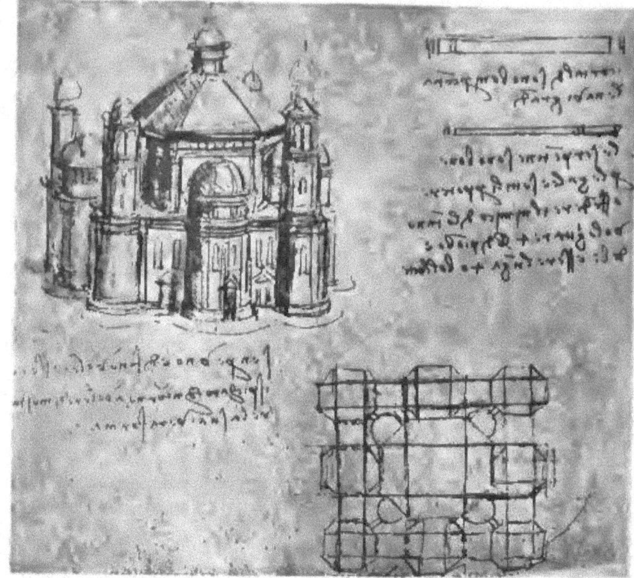

Aufnahme Richter.
Abb. 715. Leonardo, Handzeichnung: Achteckkuppel mit Achtecknebenräumen.

oben (S. 84 f.) hat geschehen können. Der Beiname »Dschwaris-sachdari«[1]) bedeutet Kettenkirche. Ein Heiligenname, dem sie gewidmet wäre, ist nicht bekannt. Die Stifterreliefs (S. 431 f.) weisen auf Stephan, über den die georgischen Geschichtsquellen berichten: Zur Zeit des ersten christlichen Königs von Grusien Mirian (265--342) ist auf dieser Stelle gegenüber der Stadt auf dem Felsen ein Kreuz aus Holz aufgestellt und sein Fest am 8. Tage der Ostern für alle Georgier festgesetzt worden. Kuropalat Guram (575—600) hat den Bau begonnen und ihn bis zu Manneshöhe etwa weitergeführt. Sein Sohn Dimitri (Bruder des Mtavars [Herrschers] von Georgien, Stephan I., 600—619) setzte den Bau fort. Der Nachfolger Stephans I., Mtavar Adarnasse I. (619—639), vollendete die Kirche. Mtavar Stephan II., Sohn des Adarnasse (639—663), umgab sie mit einer Mauer und baute Wohnräume. Vgl. dazu Anmerkung 2 auf Seite 84. Im 9. Jahrhundert zur Zeit Adarnasses II. (881—923) versuchten die Araber diese Kirche zusammen mit Mzchet zu verbrennen[2]).

Das Konchenquadrat mit verstrebenden, zu Eckräumen führenden Dreiviertelzylindern in den Diagonalen ist zwar, wie schon Seite 82 gesagt wurde, die ausgesprochenste armenische Sonderform und nicht über Georgien hinaus, soviel ich weiß, irgendwohin vorgedrungen[3]); zugleich aber ist es doch grundsätzlich und vom Standpunkte des Abendlandes aus gesprochen ein wichtiger Versuch geworden in der Richtung, dem Mittelraume strahlenförmig Nebenräume anzugliedern und so Bauformen zu zeitigen, die dann seit Leonardo und Bramante in der Baugesinnung des Abendlandes geradezu den Ausschlag gaben. Das ist so zu verstehen:

Wenn zur Art dieser Konchenquadrate gehört, daß die abgeschrägten Ecken mit Durchgängen auf Eckräume überleiten und der ganze Bau so sich aus dem Rund der Kuppel außen zerklüftet oder geschlossen ins Viereck umsetzt, dann liegt hier, vom Quadrat ausgehend, grundsätzlich das gleiche Drängen vor, das bei Leonardo im Anschluß an das Achteck wieder auftaucht, um endlich, auf das Quadrat übertragen, in den armenischen Weg einzulenken, mit dem Unterschiede freilich, daß der Armenier die abgetrennten Eckräume lediglich durch Türen verbindet — so auch Leonardo —, während sich später der Wille einer Zusammenziehung aller Raumteile zur Einheit als Grundsatz auch in diesem Typus durchsetzt. Freilich wendet das Abendland nie den Dreiviertelzylinder

[1]) Vgl. oben S. 84, Anmerkung 1.

[2]) Auszug aus: Bakradze, Der Kaukasus in den alten Denkmälern des Christentums (Notizen der Ges. der Liebhaber kauk. Archäologie), Bd. I (Tiflis 1875), S. 61 f. Als Literatur sind dort angegeben: Wakhucht, Descr. géogr., S. 213. 303. Dubois IV, S. 239—242, Brosset, Voyage archéol., 1. Rapp., S. 47—50. Resumé, S. 6, Bartholomaei, Lettres numismatiques et archéologiques relatives à la Transcaucasie, S. 77—82, Tafel III, Josselianu, Beschreibung der Heiligen der georgischen Kirche (russ.), S. 42 f., Brosset, Hist. de la Géorgie I, p. 72, 222, 224, 231, 232, n. I. 279, Chronique arm. in Addit. et Eclaircis. à l'hist. de la Géorgie 1851, S. 30.

[3]) Außer man rechnet etwa die verkümmerten Ecknischen der Neamoni (Abb. 711) hierher.

in der Ecke an, sondern nimmt lieber die halbrunde Nische und von vornherein das Achteck, das die armenische Kunst so auffallend vermieden hat, setzt also an Stelle einer im Osten beliebten Art die im Westen seit der Römerzeit übliche Grundform. Das Entscheidende bleibt die Durchbrechung oder Umgehung der Ecken und die viereckige Ummantelung außen.

Es ist zu beachten, daß diese Bauform im Rahmen der armenischen Entwicklung eine Sackgasse bedeutete (S. 555 f.), die bald aufgegeben wurde. Leonardo nahm sie wieder auf, aber Leben gewann der Typus erst, als an Stelle der räumlichen Getrenntheit der Teile die Einheit trat. Auf diesen Weg führte jedoch (in Armenien sowohl wie in Italien) nicht die strahlenförmige Anordnung um eine Mittelkuppel — von der man in vollem Erfassen der Einheit ausgegangen war —, sondern die einer Forderung der Kirche entsprechende nachträgliche Durchsetzung mit der Längsrichtung. Davon später.

Hier sei nur in einer Handzeichnung des Leonardo gezeigt, wie die abendländische Form vorzustellen ist. Abbildung 715 nach Handschrift B der Pariser Institutsbibliothek[1]) zeigt unten den Grundriß: ein Oktogon mit Ecknischen und, sowohl in den Achsen wie den Ecken, Oktogone angegliedert, die lediglich durch Türen mit dem Hauptkuppelraum verbunden sind. Die Achsen sind als Hilfslinien eingetragen. Oben die Ansicht des Baues mit der für das Abendland im Mittelalter bezeichnenden Kappenkuppel über dem Oktogon, kleineren Kuppeln in den Achsen und Türmen über den Ecken. Leonardo schreibt darunter: »sempre uno edifizio vole essere spiccato dintorno a volere dimonstrare la sua vera forma.« Leonardo stellt sich also gegen die Art der Hripsime auf den Standpunkt der Baumeister von Mzchet, Achthamar und Warag, zeigt das Äußere nicht einheitlich ummantelt, sondern läßt die Konchen ganz absichtlich außen hervortreten. Im übrigen wird über Leonardo erst später zusammenhängend zu reden sein. — Über ein Konchenquadrat mit in den Ecken eingelegten Nischen in Athen (Apostelkirche) Seite 768.

C. Konchenquadrate mit Mittelstützen (S. 95 f. und 475 f.).

Was die Konchenquadrate mit verstrebten Ecken für Leonardo, Bramante und den abendländischen Westen geworden sind, das bedeutet das einfache oder Konchenquadrat mit Mittelstützen für das orthodoxe Osteuropa. Man hat immer mit besonderem Nachdruck nach dem Ursprung dieser Bauform geforscht und als selbstverständlich geradezu angenommen, daß sie von Byzanz aus aufgekommen sei, selbst in Armenien. So war oben (S. 745) davon die Rede, wie sehr schon Schnaase ganz allgemein geneigt war, auch die armenische Baukunst auf die byzantinische zurückzuleiten. Am deutlichsten aber kommt das vielleicht zutage, wenn er S. 333, von der Kathedrale von Edschmiatsin (Abb. 332 f.) redend, mit Bezug auf ihre vier Pfeiler sagt: »Wir finden daher hier den byzantinischen Grundgedanken des Quadrates noch vorwaltend, aber schon in eigentümlicher Weise behandelt.« Er meint S. 334, diese einfachere, mehr byzantinische Anlage mit der auf vier freistehenden Pfeilern ruhenden Kuppel müßte bald nach der Hripsime, d. h. nach 618 aufgekommen sein, und sieht die Gajane, angeblich um 630, und Odzun(Usunlar) 718—729 gegründet, beide noch von altertümlicher Einfachheit, für die ersten Beispiele dieser Art an. Der

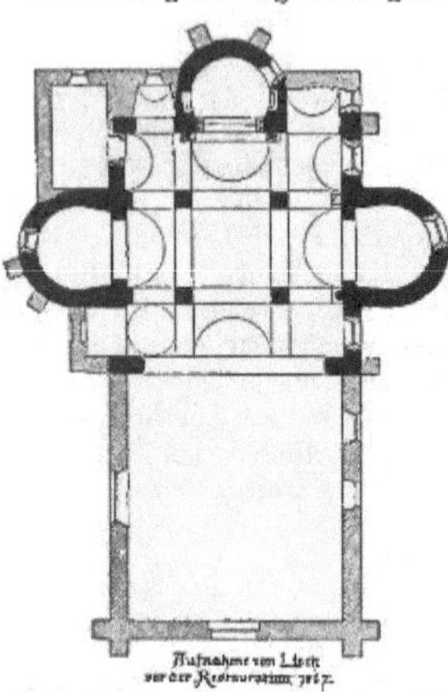

Abb. 716. Germigny-des-Prés: Grundriß.

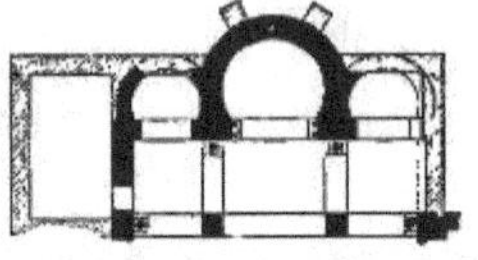

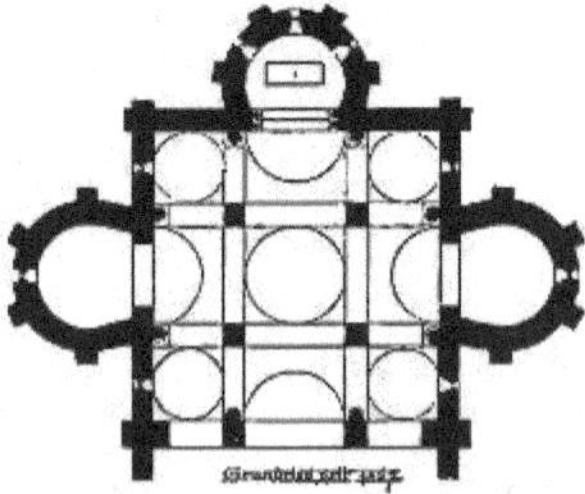

Abb. 717. Germigny-des-Prés: Grundriß.

[1]) Ausgabe Ravaisson-Mollien, fol. 39 v. Richter, The lit. works II, Taf. XCII, oben.

Ansatz ist viel zu spät und daraus ist wohl sein verkehrter Geschichtsaufbau entsprungen. Vor allem ist das Quadrat nach Armenien nicht vom Westen, sondern vom Osten gekommen und dann können wir den Übergang vom Quadrat ohne Mittelstützen zu dem mit solchen auf dem heimischen Boden derart überzeugend verfolgen, daß ein Zweifel an der ganz auf Armenien und seine iranischen Zuströme beschränkten Entwicklung kaum noch zulässig erscheint. Immerhin könnte die im 5. Jahrhundert eindringende Pfeilerbasilika auf armenischem Boden selbst dazu geführt haben, daß man dort auf den Gedanken gekommen sein mag, solche Pfeiler auch unter die Kuppel zu stellen. Aber auch dagegen spricht die Vision des Gregor (S. 653). Dauer und allgemeine Geltung hat diese Art freilich in Armenien selbst noch weniger gefunden als der Hripsimetypus, weil sie eben dem armenischen, auf Raumeinheit losgehenden Geschmacke widersprach. Dagegen dürfte die Begründung, warum ein in Armenien nur als Notlösung vorübergehend verwendeter Typus schon in Georgien und dem orthodoxen Gebiete, dann aber auch im Abendlande geradezu in breiter Schicht Aufnahme fand, darin zu suchen sein, daß man dort von der Säulenbasilika her das Verstellen des Raumes gewöhnt war. Auch der romanische und gotische Gewölbebau hielten noch daran fest.

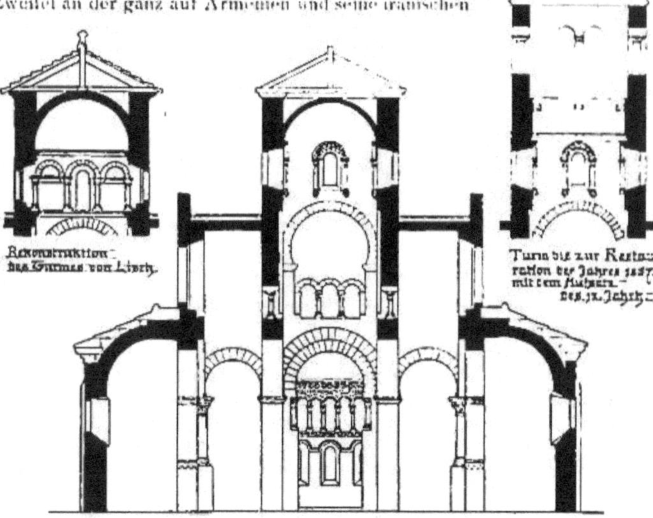

Abb 718. Germigny-des-Prés: Aufriß.

Diese in Armenien selbst nur noch in einem Baue, Bagaran, 624 bis 631 (S. 95 f.) erhaltene Bauform — Edschmiatsin ist ja nur durch Umbau ein Konchenquadrat mit Mittelstützen geworden — hat auffallend früh ihren Weg nach dem Westen gefunden. Gerade der entfernteste Vertreter (Abb. 716 f.) ist so sicher in seiner persisch-armenischen Art u. zeitlich so genau feststehend, daß ich bereits

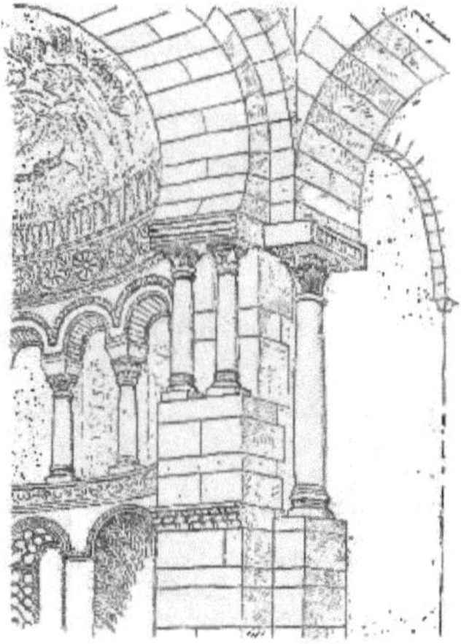

Aufnahme Haupt.
Abb. 719. Germigny-des-Prés: Einzelheiten der Apsisausstattung.

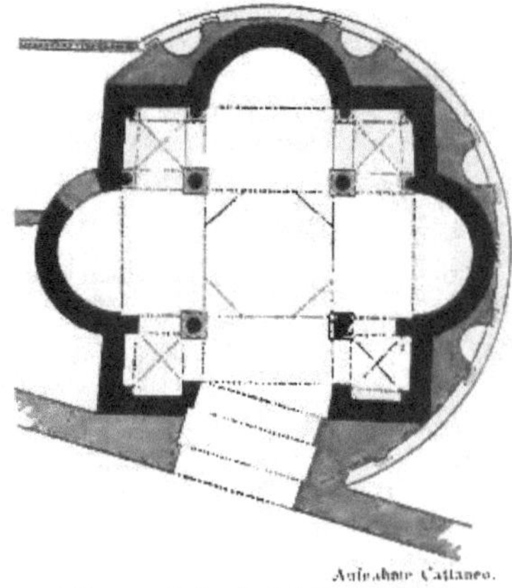

Aufnahme Cattaneo.
Abb. 720. Mailand, S. Satiro: Grundriß.

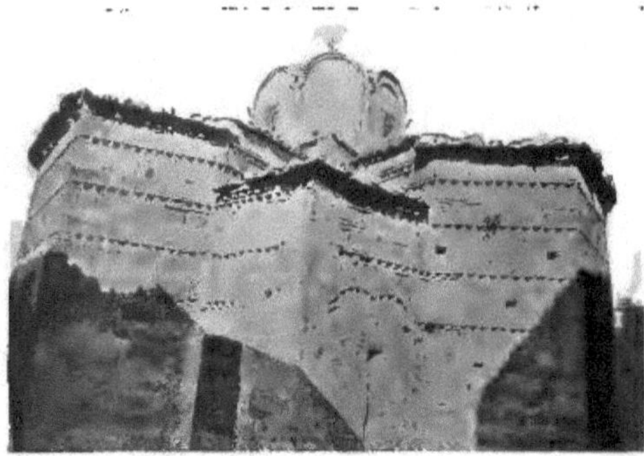

Aufnahme Strzygowski.
Abb. 721. Athen, Apostelkirche: Südostansicht.

wiederholt Gelegenheit nahm, auf ihn hinzuweisen. Es ist die kleine fränkische Kuppelkirche von Germigny-des-Prés bei Orléans[1]). Sie scheint geradezu eine Wiederholung des Bischofs Theodulf von 806 nach dem 624 bis 631 entstandenen armenischen Originale — vorausgesetzt, daß die Wiederherstellung von 1863 getreu dem alten Bestande durchgeführt wurde[2]). Es ist das umsomehr anzunehmen, als das armenische Beispiel damals noch völlig unbekannt war. Die erste Grundrißaufnahme von Bagaran habe ich »Die bildende Kunst des Ostens« 1916, Abbildung 15, veröffentlicht.

Abbildung 716/717 zeigt den Grundriß, Abbildung 718 den Aufriß von Germigny-des-Prés, wie sie nach verschiedenen Aufnahmen dankenswert von Clemen, S. 51/52, zusammengestellt wurden. Entscheidend ist die Einstellung von vier Pfeilern als Kuppelträgern zwischen vier Tonnenarme, von denen sicher drei, wahrscheinlich ursprünglich auch die vierte, in Nischen endeten. Lamperez y Romea[3]) leitete den Typus aus Spanien her, woher Theodulf stammte. Er hat dafür einige ähnliche Beispiele der Westgoten zusammengestellt. Notwendig ist dieser Zusammenhang nicht, die Goten können diese Bauart ebensogut in Gallien hinterlassen haben. Rivoira nahm Theodulf für einen Italiener und schlug S. Lorenzo in Mailand, bzw. das Grabmal der Galla Placidia als Ausgangspunkt vor[4]). Ich habe darüber schon im Anschluß an ähnliche Meinungen von Clemen, »Altai-Iran«, Seite 290 f., gehandelt. Heute nach dem Bekanntwerden von Bagaran wird wohl niemand mehr auf diesen Versuchen einer Ableitung bestehen, vielmehr ist das Bauwerk der stärkste Beleg für die Goten als Träger der Bauform von Westen nach Osten. Für diesen Zusammenhang sprechen auch Einzelheiten der Ausstattung. Abbildung 719 gibt eine Aufnahme von Haupt[5]). Man sieht, daß der Hufeisenbogen nicht nur im Grundriß, sondern auch durchwegs im Aufriß herrscht. Iranisch ist vor allem auch die Einstellung zweier Säulen unter den Triumphbogen. Manches in dieser fränkischen Kirche darf zum Nachweis der alten Innenausstattung der altchristlichen Kuppelbauten herangezogen werden. Selbst Rivoira gibt den orientalischen Charakter der Ausstattung zu, wenn er auch italienisch-französische Hände in der Ausführung sieht[6]). Über die persischen Anklänge in den Stuckaturen und das Mosaik später.

Nachdem so Bagaran (Abb. 84) die Wiederholung am andern Ende der christlichen Kulturwelt gegenübergestellt ist, suche ich nach Zwischengliedern auf dem langen Wege und finde deren eines in Oberitalien, das andere in Hellas, Gegenden, die leicht mit der Wanderung der Goten und ihren Nachwirkungen oder auf anderen

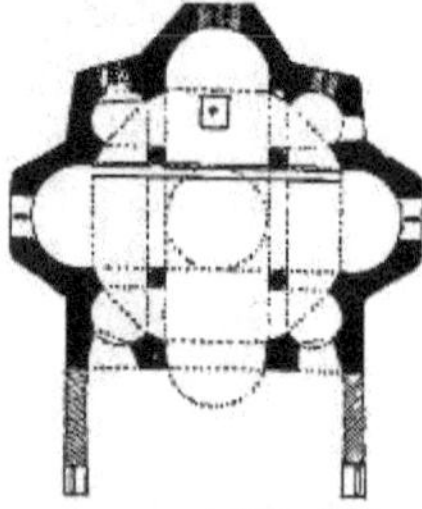

Aufnahme Schultz.
Abb. 722. Athen, Apostelkirche: Grundriß.

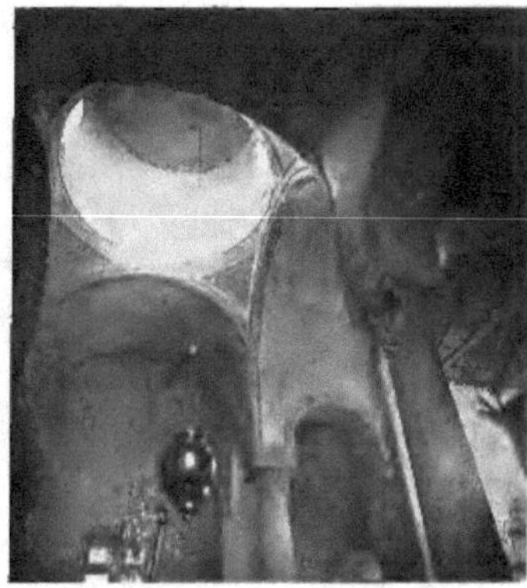

Aufnahme Strzygowski.
Abb. 723. Athen, Apostelkirche: Innenansicht.

[1]) »Der Dom zu Aachen«, S. 39 f., Zeitschrift für Geschichte der Architektur, VII (1915), S. 76. »Altai-Iran«, S. 290 f.

[2]) Vgl. Bouet, »Bulletin monumental« 1868, und zuletzt P. Clemen, »Die romanische Monumentalmalerei in den Rheinlanden«, S. 51 f. und 713 f., wo die ganze reiche Literatur aufgezählt und auch die Legende von der Abtragung richtig gestellt ist. Dazu mein »Altai-Iran«, S. 290.

[3]) »Revue hispanique« XVI, Nr. 49 (1907), S. 565 f.

[4]) »Arch. mus.«, S. 292.

[5]) »Die älteste Kunst, insbesondere die Baukunst der Germanen«, S. 240.

[6]) »Arch. mus.«, S. 293.

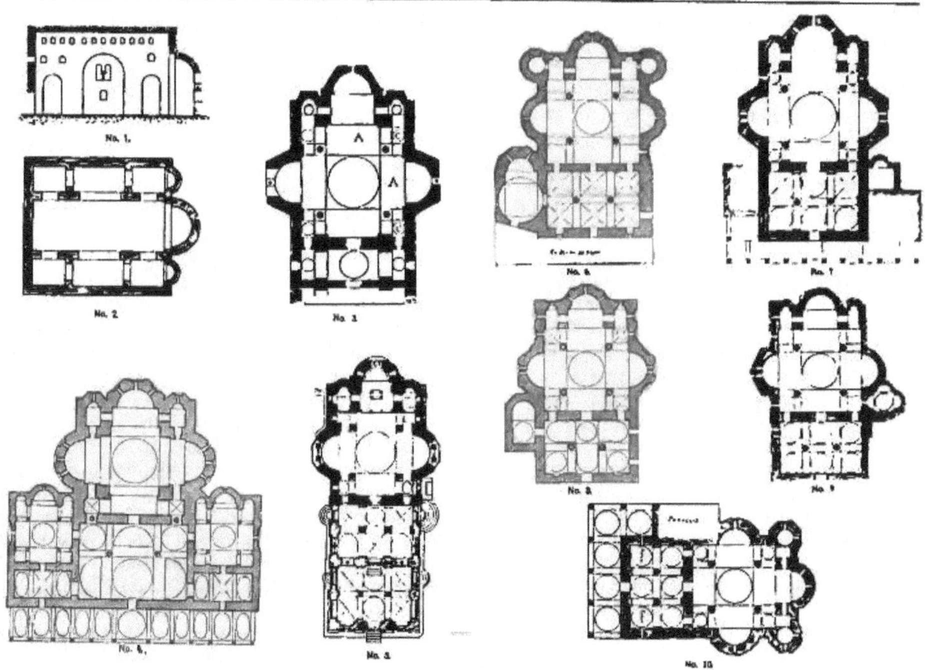

Abb. 724. Athos, Hauptkirchen: Grundrisse. Aufnahmen Bals.
1., 2. Protaton. 3. Watopädi. 4. Lawra. 5. Chilintar. 6. Dionysiu. 7. Iwiron. 8. Grigoriu. 9. Xenophu. 10. Kutlumus.

Wegen mit Armenien zusammen zu bringen sind. Das eine ist S. Satiro in Mailand, dessen Aufnahme Abb. 720 nach Cattaneo bringt[1]). Ursprünglich wohl ein reines Konchenquadrat mit eingestellten Säulen als Kuppelträgern, wurde es in der Zeit, als Bramante die bekannten Bauten daneben errichtete, außen und an der Eingangsseite verändert. Wir sehen wieder den Bagarantypus, nur, wenn Cattaneo richtig bestimmt, etwas jünger als Germigny vom Bischof Anspert, 879, erbaut[2]). Cattaneo nennt die Art neubyzantinisch, so daß man sich nicht wundern würde, dem Bau in Athen, Salonik oder Konstantinopel zu begegnen. In der Tat steht der zweite vermittelnde Bau in Athen. Es ist die Apostelkirche, die in neuerer Zeit durch Anfügung eines Langhauses an der Westseite verändert wurde. Der Bau stammt ursprünglich aus der Zeit jener mit kufischen Schriftornamenten ausgestatteten Kirchen, die ich »Amida«, Seite 370 f. zusammengestellt habe. Ich gebe den Grundriß nach R. W. Schultz (Abb. 722) und meine Aufnahme von Südosten vom Jahre 1889 (Abb. 721). Wir sehen die außen dreiseitig ummantelten Strebenischen und die Tonnen, die die Kuppel in die Mitte nehmen. Im Grundriß die vier Säulen (mit antiken Kapitellen) und dazu eine Abweichung in der Eckbildung des Außenquadrates: es sind halbkreisförmige Konchen eingelegt und außen im Winkel ummantelt, so daß von einer Verstrebung der Ecken etwa im Sinne der Hripsime gesprochen werden kann. Die Überleitung des Mittelquadrates in die Kuppel erfolgt durch Hängezwickel, wie meine Innenaufnahme vom Jahre 1889 (Abb. 723) zeigt. Darin rechts auch das Holzdach des neuen Anbaues. Wulff[3]) nimmt diese Apostelkirche für einen Beleg dafür, daß der tetrakonche Grundriß mit Mittelstützen Byzanz nicht ganz fremd geblieben sei. Er sieht den Hauptvertreter seltsamerweise in S. Lorenzo in Mailand, dessen Gründer, wohl Bischof Laurenzius († 512) sich der Dienste eines byzantinischen oder kleinasiatischen Baumeisters versichert haben möge. Wir werden dafür S. Satiro einsetzen und einen Armenier im

[1]) »L'Architettura in Italia dal sec. VI al mille circa«, S. 216. — [2]) Die Inschrift a. a. O. S. 179. — [3]) »Altchristliche und byzantinische Kunst«, S. 395.

Gefolge der Goten als denjenigen ansehen, der den Typus nach Oberitalien brachte. Die Bauform wurde um 1500 in einer Handzeichnung der Ambrosiana neuerdings verwendet[1]). Wenn man den Bautypus von Bagaran vor Augen hat, wird man auch die Möglichkeit von Kirchen verstehen, wie sie Millet, Seite 98, behandelt, wenn er vom Einlegen eines Tonnenstückes vor die Apsis und kleiner Kuppeln in den Ecken spricht. Diese Art entsteht nicht in Konstantinopel, sondern geht von Armenien dorthin und vielleicht auch unmittelbar, ohne die Reichshauptstadt zu berühren, nach Hellas.

Einen der wichtigsten Belege dafür bieten die Klosterkirchen auf dem Berge Athos. Es war oben von der Rolle die Rede, die das Kloster Iwiron in dieser Richtung spielt. Ich gebe Abbildung 724 eine Zusammenstellung der Grundrisse der wichtigsten Kirchen[2]). Nr. 7, rechts oben ist der Grundriß des georgischen Klosters. Man sieht, daß es durchaus die Art aller übrigen zeigt, auch Watopädi Nr. 3[3]) (das Bals fett heraushob) und das Hauptkloster Lawra Nr. 4 unterscheiden sich davon nicht. Letzteres schließt sich darin, daß es Pfeiler statt der Säulen zeigt, nur um so enger an die grundlegende armenische Art[4]). Freilich fehlt, wie heute in Germigny überall die vierte Strebenische; man wird es trotzdem vielleicht für berechtigt finden, daß ich die athonischen Kirchen hier in der Gruppe der Konchenquadrate mit Mittelstützen, statt später unter den Trikonchen bringe. Im Westen sind immer Vorhallen angeordnet und es wäre zu untersuchen, ob an ihrer Stelle sich nie vorher die vierte Konche befunden habe. Die armenische Gattung, von der die athonischen Kirchen ausgehen, steht heute noch in Bagaran (S. 95) vor uns. Lawra könnte ebenso wie Germigny in den Hauptzügen damit verwechselt werden.

Der Weg über Georgien ist freilich nicht so offenbar wie von diesem armenischen Bau aus. Die Trikonchen setzen die Kuppel gewöhnlich vor die Apsis, nicht über die Mitte. Aber Kutais (S. 167), das sich vermutlich an Dwin anschließt, gibt doch ein sicheres Beispiel des Auftretens dieser Art in Georgien. Die Nebenräume der Hauptapsis entsprechen in ihrer Tiefe den vor die Apsis gelegten Tonnen und haben ihre Eingänge da, wo sie später auch in Bagaran eröffnet wurden[5]).

In ähnlicher Weise, wie ich die athonischen Kirchen unter den Konchenquadraten mit Mittelstützen besprach, obwohl sie die vierte Strebenische vermissen lassen, möchte ich auch die Geburtskirche in Bethlehem an dieser Stelle nennen, obwohl sie schon in konstantinischer Zeit ein fünfschiffiges Langhaus bekam (S. 834). Ihr trikoncher Chor mit den eingestellten Pfeilern und Säulen erinnert aber so unmittelbar an Bagaran — das ja nur der späte Vertreter eines durch die Visionen des 5. Jahrhunderts schon für die voraufgehende Zeit bezeugten Typus ist — daß ich doch wenigstens auf die Möglichkeit irgendeiner Änderung während des Baues selbst oder später hinweisen möchte. Das Konchenquadrat ist Denkmalbau, und um einen solchen handelt es sich tatsächlich über der Geburtsgrotte. Ob hier ein Ausgleich zwischen der Bauform des Mittelmeeres und der armenischen vorliegt?

D. Ausstattung.

In dieser Gruppe gibt es einige Bauwerke, die für eine Wanderung persischer Stuckatoren nach dem Westen sprechen. So vor allem Germigny-des-Prés, über dessen Ausstattung man jetzt am besten Clemen, »Die romanische Monumentalmalerei«, Seite 54 f., vergleicht. Es finden sich mancherlei verwandte Züge mit der ausgezeichneten Stuckverzierung von S. Maria in Valle in Cividale, die ihrerseits wieder in der Behandlung des Akanthus zusammengeht mit Mschatta[6]). Über das Apsisbild von Tekor war schon oben Seite 298 die Rede, dort auch der Vergleich mit dem Mosaik von Germigny-des-Prés gezogen[7]). Diese iranische Art der Ausstattung wird verdrängt durch die höfisch-prunkvolle von Byzanz und seinem Kreis. Ich kann auf diese Dinge nicht näher eingehen, will ich das Buch nicht endlos erweitern.

1) Vgl. darüber Malaguzzi Valeri, »La corte di Lodovico il Moro«, II, S. 55.
2) Nach Bals im »Buletinul comisiunii monumentelor istorice«, Bukarest, VI (1912), Fasc. 21, S. 42/43.
3) Nur das Prataton in Karyäs Nr. 1/2 ist ein Längsbau.
4) Vgl. für die Bildung der Westseite besonders auch Kakh (Abb. 526) und die Kirchen der Klöster bei Sohag.
5) Für Lawra vgl. auch die georgische Kirche von Zaki bei Uwarov, »Materialien« III, S. 65.
6) Vgl. mein »Das orientalische Italien«, Monatshefte für Kunstwissenschaft I (1908), S. 16 f.
7) Vgl. Zeitschrift f. Gesch. d. Architektur VII (1913 f.), S. 76 f.

2. Reine Strebenischenbauten
(S. 99 f. und 482 f.).

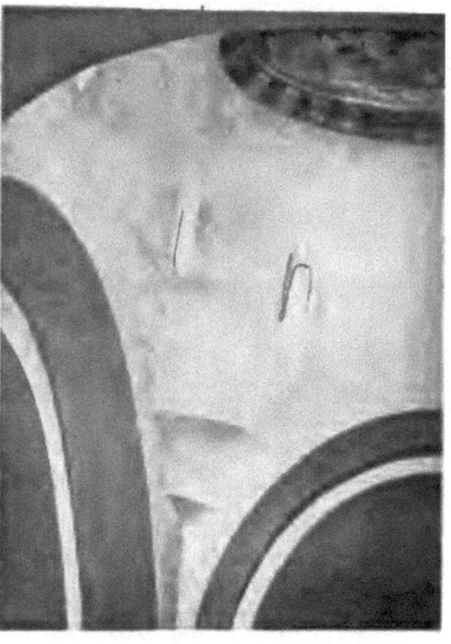

Aufnahme Rivoira.
Abb. 725. Biella, Baptisterium: Kuppelzwickel.

Sie sind dem Abendlande mehr bekannt geworden als die im Besonderen armenische Bauform der Konchenquadrate. Die sogenannte Minerva medica in Rom und Bauten wie S. Lorenzo in Mailand und S. Vitale in Ravenna führen Nischen um die Kuppel herum, in den beiden letzteren Fällen sogar begleitet von Trichternischen beim Übergange vom Quadrat oder Achteck in das Rund der Kuppel. Man könnte also unter Berücksichtigung des hohen Alters dieser Bauten annehmen, daß gerade diese Bauform, wenn sie im Mittelalter im Westen vorkommt, nicht unmittelbar von Armenien aus angeregt sein müsse. Trotzdem gibt es, ganz abgesehen von der Wahrscheinlichkeit armenischer Einschläge bei diesen Bauten selbst, Spuren genug, die gerade auch die reinen Konchenbauten als Zeugen für einen auf Oberitalien und das gotische Gallien übergreifenden armenischen Einfluß erscheinen lassen.

Man wird diesen Ursprungsfragen vielleicht um so eher Gehör geben, als sie sich ja berühren mit dem in meinem »Der Dom zu Aachen« behandelten Problem der Herkunft der Pfalzkapelle Karls des Großen. Ich hatte 1904 schon die Überzeugung ausgesprochen, daß in Gallien ein starker östlicher Strom lebendig gewesen sein müsse, wir es also nicht, wie man gern annimmt, mit einer Renaissance nach dem Vorbilde von S. Vitale zu tun haben, sondern mit einer Schöpfung aus dem lebenden Strome der Zeit heraus. Inzwischen hat diese Anschauung eine wertvolle Stütze gefunden durch den deutschen Altmeister der Geschichte der Baukunst des Abendlandes, durch Dehio selbst, der im Anschluß an die im Jahre 1897 unter der Stiftskirche zu Wimpfen im Tal entdeckten Sechseckbau mit Umgang auf die Zusammenhänge mit Syrien aufmerksam gemacht hat[1]).

A. Einfache Vierpaßbauten
(S. 99 f. und 684 f.).

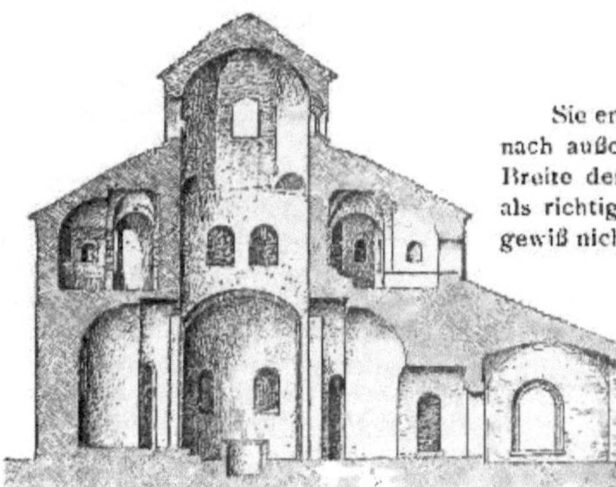

Aufnahme Rivoira
Abb. 726. Galliano, Baptisterium.

Sie entstehen dadurch, daß das Kuppelquadrat nicht mehr nach außen vortritt, die Nischen sich vielmehr in der vollen Breite der Quadratseite aneinanderschließen, also das Quadrat als richtigen Vierpaß nur stillschweigend einschließen. Es ist gewiß nicht Zufall, daß wir solche Bauformen wieder vereinzelt in der Lombardei und auf gotisch-fränkischem Boden nachweisen können, trotzdem ihnen dort Entwicklung und Zusammenhang fehlt, wie schon Dehio für die Zentralanlagen im Abendland überhaupt feststellte[2]). Aber gerade dieser Mangel einer Werdemöglichkeit im Westen spricht eben für vereinzelte Übertragung aus einem Gebiete, in dem diese

[1]) Zeitschrift für Geschichte der Architektur I (1907), S. 45 f. — [2]) Die kirchliche Baukunst I, S. 541

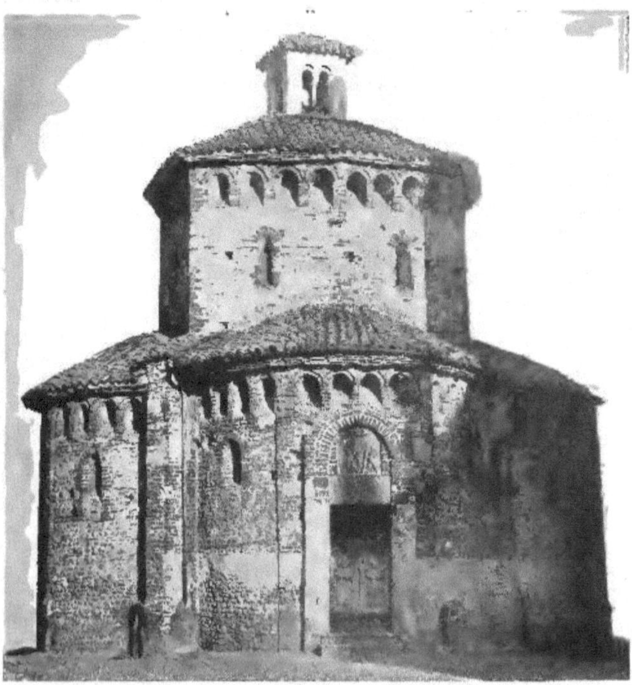

Abb. 727. Biella, Baptisterium: Westansicht. Aufnahme Rivoira.

Bauform sich von selbst aus der folgerichtigen Entwicklung eigenartiger Voraussetzungen ergeben hat. Das ist in Armenien der Fall; die Übertragung im Gefolge u. a. der Gotenwanderung bietet den Schlüssel zur Ausbreitung.

In Oberitalien sind wieder zwei hierhergehörige Bauten erhalten, wahrscheinlich aus dem 9. und 10. Jahrhundert. Die Bauform scheint dort für Baptisterien früh Eingang gefunden zu haben. Wichtig ist dabei, daß die Trichternische zur Überleitung aus dem Quadrat in die Kuppel verwendet ist. Rivoira[1]) nennt sie zwar »pennacchio lombardo«, mit welchem Recht, ist bereits Seite 361 f. besprochen worden. Ich gebe Abbildung 725 diese Überleitung in Biella. Man sieht, es ist die Art, wie sie öfter in Armenien und Georgien nachweisbar ist (S. 196): der durch Vorkragung hergestellte Hängezwickel, in den aus Gewohnheit noch der alte Bogen der Trichternische, hier doppelt, als Ansatz eingeschnitten ist. Vollkommen deutlich ist die Trichternische im Baptisterium zu Galliano (Abb. 726)[2]). Der Bau weist nur insofern einen unarmenischen Zug auf, als er eine Empore trägt. Im übrigen sind sowohl Biella wie Galliano reine Vierpässe, wobei die Nischen ausgesprochen in der Absicht verwendet sind, die Kuppel zu verstreben. Ich gebe Abbildung 728/29 die Aufnahmen Cattaneos nach Biella. Man halte Sarintsch oder Agrak daneben (oben S. 101 f.). Was fehlt, ist die vielseitige Ummantelung der Strebenischen und die Anfügung von Nebenräumen, die beim Taufhaus ohnehin überflüssig waren. Sonst sind gerade Biella und Galliano darin altarmenisch, daß sie den Giebel vermissen lassen (vgl. dagegen Germigny-des-Prés) und die unteren Dächer entsprechend der Dachpyramide schräg zum Mittellot aufsteigen lassen (Abb. 727 und 730, vgl. S. 19).

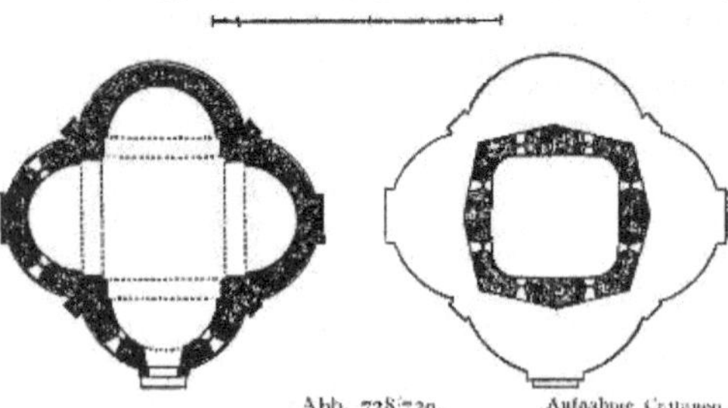

Abb. 728/729. Aufnahme Cattaneo.
Biella, Baptisterium: Grundriß des Erdgeschosses und der Kuppel.

Biella zeigt (Abb. 728) die vier Strebenischen halbrund mit vorgelegten Gurten, die Fenstertrommel achteckig um ein abgestumpftes Innenquadrat gelegt, in beiden Geschossen außen (Abb. 729) von jenen Rundbogen als Kranzgesims umgeben, wie wir sie an Agrak und sonst in Armenien und der vielleicht ältesten Gruppe beobachtet haben[3]). Damit sind Lisenen verbunden, die eine Mauergliederung herbeiführen,

[1]) »Origini« I, S. 289, wonach auch meine Abbildung.
[2]) Nach Rivoira, »Origini« I, S. 308.
[3]) Vgl. über diese Bogenleisten oben S. 328 und 435. Hier sind sie in der Art des Befestigungsbaues umgebildet.

wie sie in Armenien durch die Doppeldienste mit Blendbogen erzielt wird. Die Steinverkleidung ist eben in Oberitalien durch das Ziegelwerk ersetzt.

In Galliano kommt noch eine merkwürdige Tatsache hinzu, die für die Annahme armenischen Einflusses spricht: Dreieckschlitze im Äußern. Ich gebe Abbildung 730 die Aufnahme nach Rivoira, »Origini« I, Seite 307. Man sieht zwischen den vor die eine Nische gelegten Vorbau und die nächste Nische einen Sporen gelegt, der durch zwei Trichterschlitze in die Mitte genommen wird. Wir haben es mit richtigen Dreieckschlitzen und Nischenabschluß zu tun. Daß sie doppelt, also klein, nicht einfach und groß genommen sind, hängt vielleicht mit der Anordnung der Empore im Innern zusammen, die der Deutlichkeit der armenischen Grundform ohnehin stark Eintrag tut.

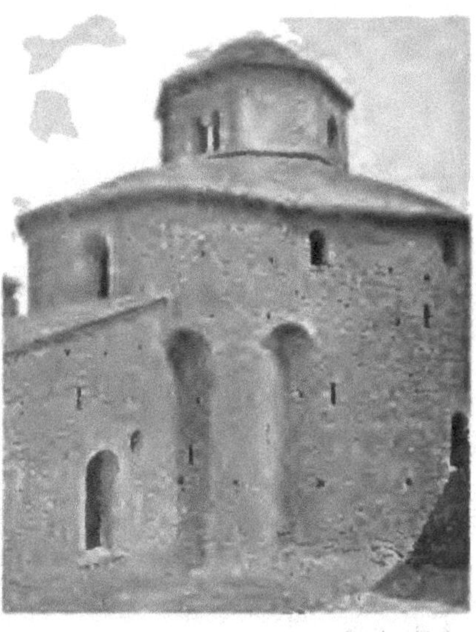

Aufnahme Rivoira

Abb. 730. Galliano, Baptisterium: Außenansicht.

Ich meine also, die Wahrscheinlichkeit, daß in Oberitalien eingedrungene armenische Überlieferungen auch noch in den späten Vertretern des Vierpasses wirksam sind, ist doch sehr groß. Auch auf französischem Boden läßt sich zum mindesten ein Vierpaß in der Kirche Saint-Croix bei Montmajeur aus dem Jahre 1019 nachweisen[1]). Es scheint, daß es sich um die Grabkapelle des Klosters handelt. Wir sehen das Mittelquadrat überdeckt durch eine Kappenkuppel, die außen durch einen Würfel überdeckt erscheint. Eine Vorhalle bereitet den Eingang in der Westkonche vor. Die Nischen sind auch außen beibehalten und an je zwei Punkten durch Pfeilervorlagen verstrebt. Sehe ich nun auch hier nach Zwischengliedern aus, so bietet sich reicher Vergleichstoff in den slawischen Gebieten Österreichs. Oben (S. 759) wurden die Konchenquadrate der tschechischen Gebiete besprochen. Ein Vierpaß gleicher Art findet sich in Galizien, nur bildet die Mitte kein Quadrat, sondern wie wir es bisweilen auch in Georgien und Südrußland finden werden, ein Kreis. Abbildung 733 zeigt diesen kürzlich auf dem Wawel in Krakau gefundenen Bau, den einige für die in den Annalen von Dlugosz erwähnte Kapelle der hl. Felix und Adauctus ansehen. In den Kellern des westlichen Palastteiles wurde 1917 ein aus Platten in Sandstein errichteter Bau ausgegraben, von dem noch 3 m und mehr unter dem heutigen Boden aufrecht standen. Vier im Grundrisse hufeisenförmige Nischen von 2·60 m Öffnung sind durch Kreissegmente getrennt, die sich zu einem Kreise von 4·82 m Durchmesser

[1]) Vgl. Viollet-le-Duc nach Jackson, Byzantine and romanesque architecture II. S. 76 f. Daher auch meine Abbildung.

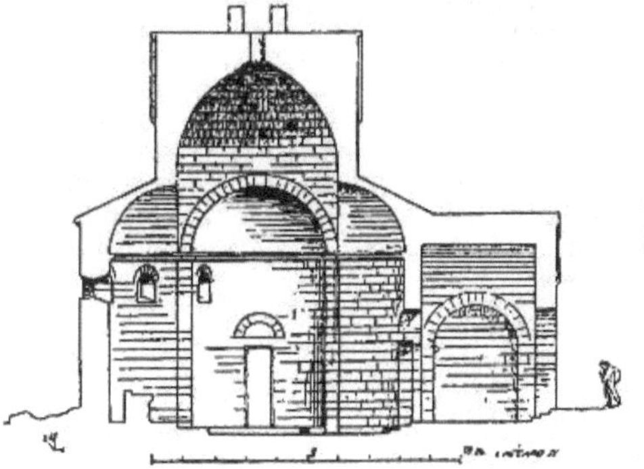

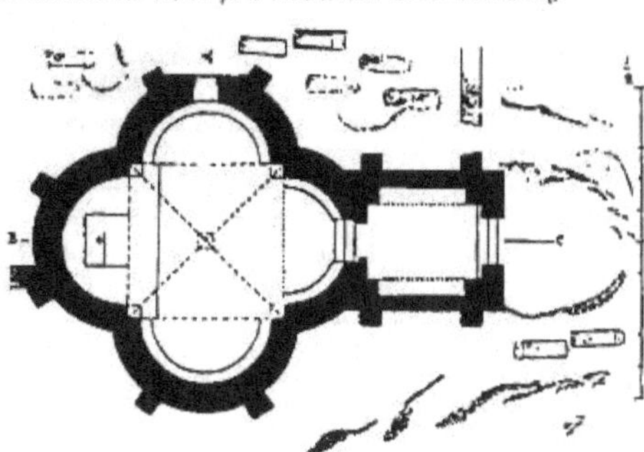

Aufnahme Viollet-le-Duc

Abb. 731/732.
Montmajeur, S. Croix: Grundriß und Längsschnitt.

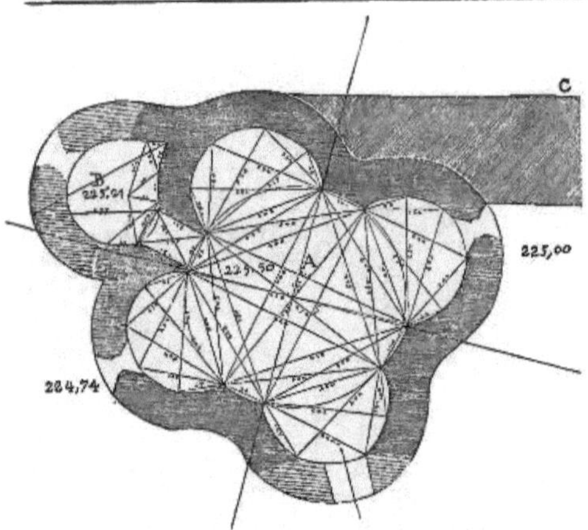

Aufnahme Szyszko-Bohusz.
Abb. 733. Krakau, Wawel, Vierpaß: Grundriß.

zusammenschließen und von 0·90 m dicken Mauern umschlossen sind, die außen in den Ecken eines Quadrates zusammenlaufen. In die Nordecke ist eine rundbogige Tür gebrochen, die Nordwest- und Südostnische weisen 3 m vom Fußboden kleine Fenster auf, die sich in der Mauermitte verengen und nach außen und innen rundbogig schließen[1]).

Manche Krakauer Lokalforscher zeigen sich geneigt, den Bau von einem heidnischen Tempel abzuleiten. Ich suche einen solchen u. a. für Armenien als Voraussetzung des sich im 4. Jahrhundert entwickelnden Kirchenbaues. Der Wawelbau geht ebensowenig in diese Frühzeit zurück wie die erhaltenen armenischen Bauten. Die Zeugenschaft an sich für eine einst bei den Westslawen bestehende und von der Basilika verdrängte Gattung ist wertvoll. Nach Einzelheiten in der Fügung der Mauern aus dünnen Steinplatten und den in der Mitte verengten Fenstern möchte ich schließen, daß der neuentdeckte Vertreter einer alten Bauart in Krakau nicht weit vor dem 11.—13. Jahrhundert entstanden ist. Für die eigentümliche Bauweise aus ziegelartigen Steinplatten, vergleiche man verwandte Bauten auf Gotland und in Schweden[2]).

B. Vierpaßbauten mit Umgang (S. 108 f. und 486 f.).

Die Berühmtheit dieser nach dem Hauptbau zu nennenden »Zwarthnotzgruppe« im Abendland ist S. Lorenzo in Mailand[3]). Zwar ist gerade der Kuppelraum 1574—1591 von Martino Bassi erneut, doch unter Festhaltung der alten Grundmauern[4]). Ebenso steht für den Aufbau fest, daß die Überleitung aus dem Quadrat ins Achteck der Kuppel durch Trichternischen bzw. einen Ersatz dafür, wie er heute trotz der Tragbogen noch zu sehen ist, vollzogen war. Man leitet sie gern auf den Umbau von 1124 bzw. 568 her[5]). Für uns ist allein maßgebend, daß es sich (Abb. 778, 3) um das ausgesprochene Konchenquadrat mit Umgang handelt, ähnlich dem Vierpaß in Zwarthnotz, nur ist dieser Umgang nicht kreisrund oder vieleckig um den Vierpaß herumgelegt, sondern hält dessen Grundform ein, so daß der Bau auch außen als Vierpaß erscheint (S. 489). Die vier Pfeiler sind nicht wie in Zwarthnotz an sich, sondern durch Ecktürme wie in Bana (S. 122 f.) verstrebt[6]). Es ist seltsam, daß der Vergleich nicht von Monneret de Villard durchgeführt und so der Schlüssel zur Geschichte des Bautypus gefunden wurde, obwohl dieser Zwarthnotz kannte und eine eingehende Untersuchung über den Ursprung der Bauform von S. Lorenzo veröffentlicht hat[7]). Ich gehe von dieser letzten Zusammenfassung des gesamten einschlägigen Denkmälerbestandes aus. Sie ist eine sehr gewissenhaft ergänzte Vorführung der Ergebnisse meines Buches »Kleinasien, ein Neuland«, unter besonderer Berücksichtigung der Bedeutung für die lombardische Kunst, daher eine erwünschte Vorarbeit für das, was hier ausgeführt werden soll. Da der Verfasser damals (1914) ebensowenig wie ich in meinem »Kleinasien« (1903) den armenischen Strebenischenbau im Zusammenhange kannte, blieb das Wesentlichste unberücksichtigt: die Entwicklung des Nischenbaues durch Verstrebung des Kuppelquadrates. Monneret de Villard leitet S. Lorenzo her vom römischen Rundbau, dessen Durchbrechung im

[1]) Vgl. Szyszko-Bohusz »Die Rotunde des hl. Felix und Adauctus auf dem Wawel« (polnisch), Rocznik Krakowski 1918. Er nimmt S. 24 auf meinen Vortrag in der Krakauer Akademie d. Wiss. vom 31. November 1917 Bezug, worin ich den Wawelbau in die armenischen Kuppeltypen über dem Quadrat einzuordnen suchte. Ich hoffe Szyszko-Bohusz wird sich überzeugen, daß er mich mißverstanden hat: ich führe durchaus nicht jeden Zentralplan in Europa auf Armenien zurück. — [2]) Roosval, »Die Kirchen Gotlands«, Tafel 61. — [3]) Das freilich zwischen den Strebenischen die Quadratecken hervortreten läßt, daher (vgl. S. 762) auch unter den Konchenquadraten hätte vorgeführt werden können. — [4]) Vgl. mein »Mschatta«, S. 234 f. — [5]) Vgl. Monneret de Villard, »La chiesa di S. Lorenzo in Milano«, Politecnico, Milano 1911, S. 16 f d. SA. — [6]) Vgl. auch Meiafarqin unten, Abb. 787. — [7]) Archivio storico lombardo XLI (1914), I. »Note di archeologia lombarda«. Vgl. Bollettino d'arte V (1911), S. 271 f.

Osten zu Formen wie S. Sergios und Backchos in Kpel und S. Vitale in Ravenna geführt haben soll. Den letzten Schritt in dieser Entwicklungsfolge bedeute S. Lorenzo[1]). Zu dieser Ableitung steht in offenem Gegensatz eine andere von Mauss, die Monneret de Villard am Schlusse seiner Arbeit (S. 67) bringt und die sich auf die geometrische Feststellung von Grundrissen aus dem Sechs- und Achteck bezieht[2]). Mauss glaubt zeigen zu können, daß der Plan auf Grund des Sechs- und Achteckes ausgeht von einem ursprünglichen Entwurf auf Grund des Quadrates. Nun anerkennt zwar M. de Villard, das Quadrat sei in der Tat die Grundlage der Kuppelkonstruktion im Oriente, läßt aber vorher in der Untersuchung selbst diese Tatsache völlig unberücksichtigt. Und doch bietet gerade sie, wie dieses Buch über Armenien zeigt, den Schlüssel zum Verständnisse der ganzen Entwicklung und bestätigt, was die Untersuchung über die Bautypen gelehrt hat, daß der quadratische Kuppelbau nicht von Rom (Rundbau) oder von Syrien und Kleinasien (Achteckbau) aus verstanden werden kann, sondern nur, wenn man die vorgeschichtlichen Voraussetzungen der asiatischen und vor allem der ostarischen Völker berücksichtigt.

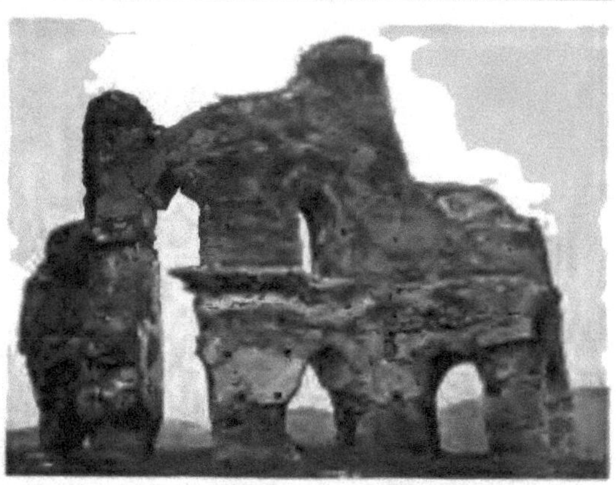

Aufnahme Strzygowski.
Abb. 734. Philippopel (Umgebung), »Rote Kirche«: Außenansicht des stehenden Nordteiles.

S. Lorenzo in Mailand und Zwarthnotz stehen heute örtlich nicht mehr ohne jede Vermittlung da. In den letzten Jahren ist durch Theodor Schmitt und Bogdan Filov einiges über altchristliche Bauten in Bulgarien bekannt gemacht worden. Unter ihnen erweist sich als wertvoll für den Nachweis einer Armenien und den Westen umfassenden Strömung die »Rote Kirche« bei Peruschtitza in der weiteren Umgebung von Philippopel. Die heute noch stehenden Ziegelmauern (Abb. 734) legen die Annahme eines Bauwerkes von der Art von Zwarthnotz nahe. Dem dortigen Grundquadrat von 13·80 m entspricht (Abb. 735) ein solches von 7·03 m. Der Bau ist also fast um die Hälfte kleiner. Die von sechs Säulen durchbrochenen 9·25 m breiten Strebenischen hatten in dem bulgarischen Bau 5·70 m Breite (nach der erhaltenen Nordkonche gemessen) und bildeten eine Wand, in der nicht Säulen, sondern zwei mittlere, innen 1·49 m breite Pfeiler drei Durchgänge von 1·40 m Breite ließen. Die Ausgrabungen, die nach unserem gemeinsamen Besuch im Herbst 1914 vorgenommen wurden, brachten nach den Mitteilungen von Direktor Filov an der Südseite den erwarteten (3 m breiten) Umgang zutage. Filov konnte mir auf wiederholte Anfrage nicht mitteilen, ob dieser Umgang rund oder im Vierpaß gehalten ist, also der Art von Zwarthnotz oder der von S. Lorenzo entspricht.

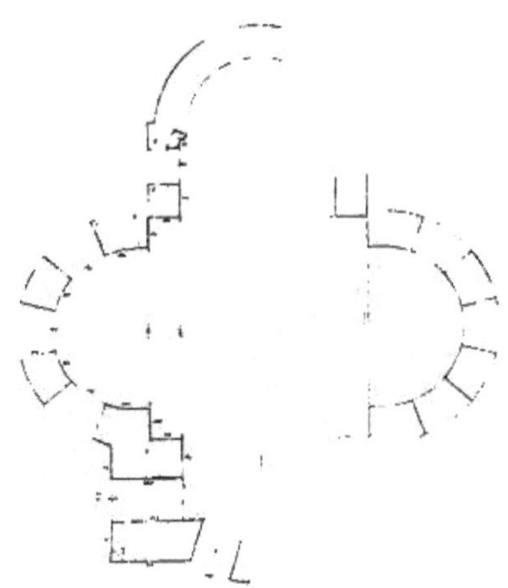

Aufnahme Schmitt.
Abb. 735. Philippopel (Umgebung), »Rote Kirche«: Grundriß ohne Umgang.

[1]) Vgl. für diese Ansicht auch Clemen, »Die romanische Monumentalmalerei in den Rheinlanden«, S. 693 und 714. Dazu mein »Altai-Iran«, S. 290 f.

[2]) »Note sur la méthode employée pour tracer les plans« etc. Revue archéol. 1888. Mauss war Mitarbeiter Dieulafoys.

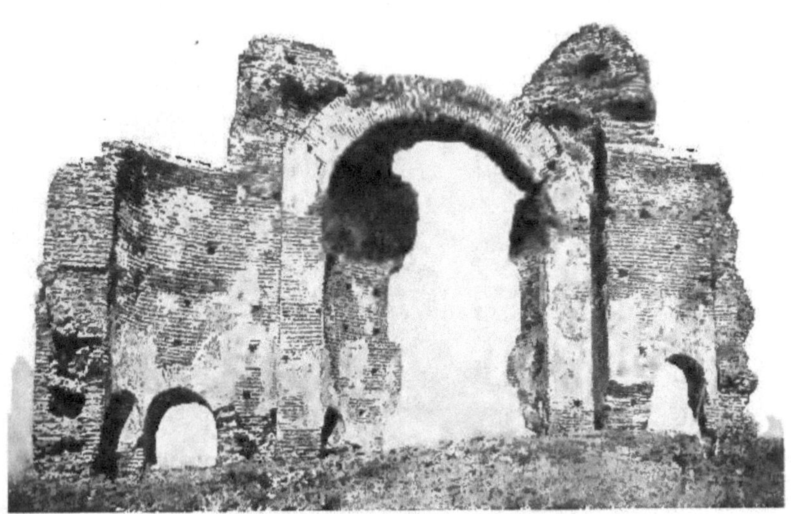

Aufnahme Filov.

Abb. 736. Philippopel (Umgebung), »Rote Kirche«: Innenansicht des stehenden Nordteiles.

Ich kann daher nur die alte Aufnahme von Schmitt bringen, in der die Andeutung dieses Umganges noch fehlt. Vor die Ostapsis legte sich der richtige »Vorchor«, ein 2·74 m tiefes Rechteck, von dem seitlich eine 1·26 m breite Öffnung nach den Seitenräumen ging. Im Westen setzte sich die Konche nach außen in starke Quermauern um, die einen 1·47 m breiten Durchgang nach Norden offen lassen. Soweit der Grundriß.

Im Aufriß bietet die Ruine zunächst den einen noch stehenden Tragbogen der Kuppel und damit in Verbindung zwei der Hängezwickel und Ansätze der Fenstertrommel. Dieser mächtig in die Höhe strebende Aufbau wurde auf allen vier Seiten gesichert durch die vier wie Strebepfeiler angelehnten Ausbuchtungen (Konchen), von denen die der Nordseite noch gut in Abbildung 736 sichtbar ist[1]). Sie hatte unter der Wölbung drei, den unteren Durchgängen entsprechende auffallend große Fenster und war dann selbst wieder verstrebt durch Gewölbe, deren Ansatz in der Außenansicht sehr deutlich ist. Die Ausgrabungen haben die entsprechende Umfassungsmauer nachgewiesen.

Ich hatte hier zunächst nur die Vierkonchenbauten in Ost und West zu vergleichen; es scheint aber, daß der Eindruck der Zusammengehörigkeit noch wächst, wenn man sie zusammenbringt mit anderen Kuppelbauten, in denen der innere Raum ebenfalls von einem Umgang umschlossen wird, z. B. den Achtecken von S. Vitale in Ravenna und dem Dome zu Aachen. Sie alle hatten neben dem Kultzweck auch noch den eines festlichen Versammlungsraumes. In Zwarthnotz fand nach Ghevond, wie Seite 683 erwähnt, jene große Nationalversammlung statt, in der 661 die Fürsten Armeniens die Unterwerfung unter die Omaijaden beschlossen, in der Palastkapelle Karls des Großen zu Aachen 936 die Wahl und Krönung Ottos I.[2]), und für S. Vitale in Ravenna hat neuerdings Prieß nachzuweisen gesucht, daß es die Gerichts- und Reichsversammlungshalle Theoderichs des Großen gewesen sei[3]). Die Kunstgeschichte sollte diesen Fragen vergleichend nachgehen,

[1]) Vgl. meine »Bildende Kunst des Ostens«, Abb. 18 zu S. 43 (durch ein Versehen leider im Gegensinn gedruckt) und Filov, »Die Sophienkirche von Sofia«, S. 136.

[2]) Dümmler, Jahrbücher der deutschen Geschichte Otto I., S. 34, Zeller, Kirchenbauten Heinrichs I., S. 5. Vgl. dazu mein »Der Dom zu Aachen«.

[3]) Zeitschrift f. Bauwesen LXIV (1914), S. 263 f.

nicht immer ausschließlich den Zweck als Kirche im Auge haben. Es wird sich dann herausstellen, daß die Kuppelbauten von Zwarthnotz, Ravenna und Aachen, scheint es, eingesprengt erscheinen in einen anderen rein weltlichen Kreis solcher Versammlungshallen, als deren Vertreter A. Haupt Santa Maria de Naranco in Spanien, die Königshalle des Westgoten Ramiros I. (842—850) nachwies [1]. Dem mit den Denkmälern des Ostens Vertrauten fällt diese Halle am entgegengesetzten Ende der arischen Welt als gleicher Palastteil auf, wie in dem oben Seite 508 besprochenen Taq Eiwan in Persien. Dieser unterscheidet sich von der heutigen spanischen Kirche nur dadurch, daß er nicht durchweg tonnengewölbt ist, sondern über der Mitte eine Kuppel hatte. Neben dieser Vereinigung von Längsschiff und Kuppel nun hat die armenische Kunst eine dritte Form geschaffen, die sich die Welt erobert, den Trikonchos. Davon später, ich bleibe zunächst bei den reinen Kuppelbauten. Ein solcher ohne Längsschiff war die Reichsthronhalle von Konstantinopel, der Trikonchos im Kaiserpalaste, ein Bau des Theophilos (829—842). »τρισὶ γὰρ κόγχαις μετεωρίζεται, μιᾷ μὲν κατὰ τὴν ἀνατολὴν τετρακιονοδομούμενος, ἥ καὶ ἐκ τεσσάρων κιόνων Ῥωμαίων ὑποστηρίζεται, δυσὶ δὲ ἐγκαρσίαις, κατὰ ἄρκτον καὶ μεσημβρίαν φημί. τὸ πρὸς δύσιν δὲ τοῦ οἴκου μέρος ὑπὸ δύο μὲν κιόνων ἀνέχεται, τριῶν δὲ πυλῶν τὴν ἔξοδον δίδωσιν« [2]). Diese drei Türen führen nach dem Sigma. Noch mehr vielleicht wird in den Kreis der Reichshallen ein zweiter Saalbau des Palastes, der prunkende Empfangssaal des Kaisers, zu ziehen sein, das Chrysotriklinion, das ein Achteck mit in der Art von Zwarthnotz durchbrochenen Konchen und Umgang war, erbaut von Justin I. (518—527) [3]. Man wird also bei der Ausbreitung der iranisch-armenischen Kuppelbauformen auch mit weltlichen Palastbauten zu rechnen haben, eine Spur, die ich bereits in meinem »Mschatta« verfolgt habe.

Unter dem Eindruck der vorgeführten Tatsachen möchte man fragen, ob nicht auch die Sophienkirche in Konstantinopel in dieser Reihe von Reichsversammlungshallen eine Rolle spielt. Sie erscheint heute als ein Längsbau. Wie wenn die durch Säulenwände verstellten Querräume der Kuppel ursprünglich für große Konchen gedacht, die Kirche in Vierpaßform geplant gewesen wäre und erst nachträglich ihre heutige Gestalt erhalten hätte? Die Anordnung der Seitenschiffe macht tatsächlich den Eindruck von etwas Gestückeltem und auch die formale Lösung, d. h. wie Gewölbe dieser Seitenschiffe an die Exedren stoßen, ist ganz und gar unbefriedigend. Die ursprünglich rein zentral geplante Anlage, wie sie in Armenien, z. B. in Zwarthnotz vorliegt und in Konstantinopel selbst in den späteren türkischen Moscheen wieder aufgenommen erscheint (Abb. 737), könnte durch unvorhergesehene Umstände oder einen höheren Willen wie in St. Peter zu Rom entstellt sein. Wie einst Salomo mit seinem Tempel die Nachbarn in Tyrus, Ägypten und im Zweiströmeland übertreffen wollte, so Justinian mit der Sophia Salomo. Sehen wir uns dieses Weltwunder auf seine Zusammenhänge hin etwas näher an.

Die Sophienkirche in Konstantinopel. In allen meinen Arbeiten habe ich es immer wieder versucht, die Möglichkeit der Entstehung einer so einzig dastehenden Schöpfung wie der Sophienkirche zu verstehen. Ich glaube der Lösung nie näher gewesen zu sein als jetzt von Armenien aus, weil sich dort allein jene breite, auf der quadratischen Kuppel aufgebaute Schicht mit Nischenverstrebung wiederfindet, die in der Sophienkirche ihre geistvolle Auswertung in einem ähnlichen Sinne findet wie in Zwarthnotz. Davon war schon oben Seite 569 die Rede. Hier möchte ich von der Herleitung ausgehen, die ich in meinem »Kleinasien«, Seite 133 f. [4]) gegeben habe.

»Es ist zu allen Zeiten bewundert worden, wie großzügig es der Erbauer der Sophienkirche verstanden hat, aus Kuppeln einen fortlaufenden Längsraum herzustellen. Was die römische Kunst und das nordische Mittelalter durch eine Folge von Kreuzgewölben erreichten, das ist hier dadurch geschaffen, daß sich an eine mittlere Hauptkuppel Halbkugelschalen vom gleichen Halbmesser anlehnen und so im Grundriß eine Art Oval, im Aufriß ein bewegtes Ansteigen der Höhenabmessungen von so natürlicher Vollendung entsteht, daß wir davon den Eindruck einer ganz einzigen wirkungsvollen Raumeinheit bekommen.

Wo hat nun diese Raumeinheit: Mittelkuppel mit angelehnten Halbkuppeln, ich möchte sie das ovale Kuppelschiff nennen, ihren Ursprung? Im Geiste des Anthemios von Tralles? Ist es ebenso

[1]) »Die älteste Kunst, insbesondere die Baukunst der Germanen«, S. 208 f.

[2]) Theophanes cont. III, 42 (Ausgabe Bonn, S. 140). Vgl. Unger-Richter, Quellenschriften II, S. 342, und die Rekonstruktionen der Bearbeiter des byzantinischen Kaiserpalastes.

[3]) Unger-Richter, Quellen II, S. 315 f.

[4]) Vgl. auch meine Byz. Denkmäler III, Einleitung.

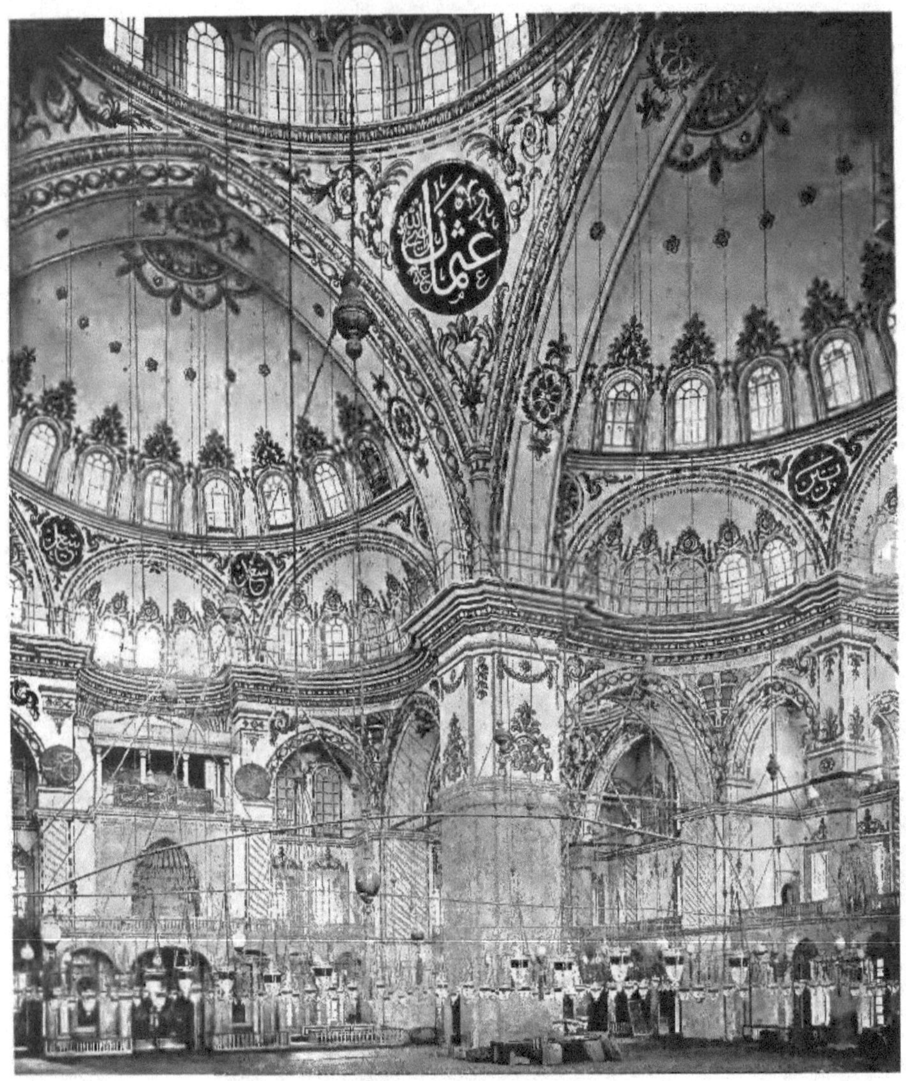

Abb. 737. Konstantinopel, Mehmedije: Innenansicht. Aufnahme Gurlitt.

fertig wie neu seinem Kopf entsprungen oder hat es Vorläufer? Eine bestimmte Antwort finde ich u. a. bei Dehio und Bezold[1]). »Die Baumeister gingen von dem Kompositionsmotive von S. Sergios und Bakchos aus, kombinierten es jedoch in sinnreicher Weise mit dem der großen römischen Thermensäle so, daß zwar beide Grundmotive noch erkennbar bleiben, doch aber ein wesentlich

[1]) »Die kirchliche Baukunst des Abendlandes« I, S. 29, und Tafel 6.

neues aus ihrer Vereinigung hervorgegangen ist.« Zur Erläuterung wird der Grundriß der Sophienkirche zusammengestellt mit dem der Konstantinsbasilika auf dem Forum in Rom (S. 510).

Auf unseren besonderen Fall angewendet scheint diese Ableitung unzulässig, denn die Konstantinsbasilika bildet ihr Hauptschiff, indem sie dreimal die Einheit »Kreuzgewölbe« gleichwertig nebeneinanderlegt und S. Sergios und Bakchos bildet seinen Raum durch eine einzige Mittelkuppel. Aus der Verbindung beider hätte man nur zum Aneinanderreihen dreier Kuppeln kommen können (also zur südpersischen Art der Apostelkirche), nicht zu einem einheitlichen Aufbau, wobei sich entgegen dem Verhältnis der Konstantinsbasilika 1 + 1 + 1 die Einheit ½ + 1 + ½ ergab. Die Einführung dieser neuen Einheit beruht also entweder auf einem überraschenden Einfall des Anthemios oder sie hat ihren Ursprung in einer andern als der Formenreihe, deren Glieder die beiden angezogenen Denkmäler bilden.

Es entsteht so unwillkürlich die Frage, ob sich denn das Kuppelschiff nicht auch sonst noch in der frühchristlichen Baukunst nachweisen lasse und es keine Beispiele dafür gibt, die älter wären als die Sophienkirche. Ich kenne allerdings keinen Bau, in dem das ovale Kuppelschiff den Hauptraum in der Richtung von Westen nach Osten bildet, wohl aber gibt es eine ganze Reihe von Kirchen, in denen diese Einheit eine Art Querschiff in der Richtung von Süd nach Nord abgibt. Da ist gleich in Konstantinopel selbst die jetzige Moschee Chodscha Mustafa Pascha[1]), früher eine Andreaskirche, deren Gründungszeit nicht feststeht[2]). Der durch das ovale Kuppelschiff gebildete Hauptraum ist quergelegt; an ihn legt sich im Osten, durch eine kurze Tonne vermittelt, die Hauptapsis, im Westen schließt der Raum mit Säulen ab.

Allgemein angewendet ist diese Art in den Kirchen der Klöster auf dem Athos[3]), doch hat er hier eine Änderung insofern erfahren, als zwischen die Hauptkuppel und die Halbkugelschalen zur Seite ein schmales Tonnengewölbe eingeschoben und der ganze Aufbau auf vier in den Ecken des Kuppelquadrates freistehende Säulen übertragen ist. Im Osten schließt auch hier die Apsis, im Westen unmittelbar die Eingangswand mit drei Türen an. Davor liegt dann der Narthex, in Docheiariu als eine auf vier Mittelsäulen ruhende Halle gebildet. In diesem Motiv gleichartig, im übrigen aber vereinfacht, zeigt diese Art der athonischen Klöster auch die Eliaskirche in Salonik[4]). Unter diesen Beispielen steht jedenfalls die Andreaskirche in Konstantinopel der Sophia am nächsten, weil dort die Einheit des ovalen Kuppelschiffes ohne das trennende Tonnengewölbe auftritt. Dagegen nähert sich die Andreaskirche den athonischen Beispielen wieder darin, daß der Kirchenraum aus dem quergelegten ovalen Kuppelschiff besteht und dann nach Westen sofort mit der Eingangswand abschließt.

Ist diese Bauform — der sich jetzt die el-Hadra in Khakh an die Seite stellt (oben S. 406) — nun in ihrem Ursprunge jünger oder älter als die Sophia? Von vornherein ist es eher wahrscheinlich, daß Anthemios von Tralles sein ovales Mittelschiff dieser Art entnommen und geistvoll umgestellt hat, als daß in den kleinen Kirchen das großartige Motiv der Sophia in einer Umkehrung festgehalten wurde. Auffällig ist die Tatsache, daß das ovale Kuppelschiff zur Art der Kirchen in der Mönchskolonie auf dem Athos gehört. Hat es dort einer der ersten Klostergründer des heiligen Berges geschaffen oder war es schon ihm als für Klosterkirchen feststehend überliefert? Um diese Frage zu beantworten, müssen wir nach den Ländern, in denen die ältesten Klöster entstanden sind, nach Kleinasien und vor allem nach Ägypten gehen. Dort in den Klöstern der nitrischen und thebaischen Wüste müßten sich, wenn von den ältesten Klöstern überhaupt etwas auf uns gekommen ist, Spuren dieser Bauart erhalten haben.«

So etwa war mein Gedankengang 1903. Ich kam damals von der Bearbeitung der ägyptischen Denkmäler her, fand dort das Kuppelschiff in den beiden Klöstern bei Sohag, dem weißen und roten, ebenso verwendet wie im Deir es-Surjani an den Natronseen und war daher geneigt, die Bauform im Wege der Klosterüberlieferung aus Ägypten herzuleiten. Damals war mir trotz der Vorarbeit über das »Edschmiatsin-Evangeliar« (1891) die armenische Denkmälerwelt, wohl in erster Linie wegen der ungeklärten Zeitstellung, noch nicht in ihrer vollen Bedeutung bewußt. Heute muß ich sagen, daß

[1]) Pulgher XV, 1, besser Choisy, »L'art de bâtir chez les Byzantins«, S. 130, Millingen, »Byzantine churches in Constantinople«, S. 106 f., bes. Fig. 37.

[2]) Paspates, S. 319, Kondakov, S. 160 ff., Millingen, a. a. O.

[3]) Typus Brockhaus, S. 17, Vatopaedi Choisy, S. 130, Docheiariu Brockhaus, S. 29. Eine Zusammenstellung aller Grundrisse des Athos von Bals im »Buletinul comisiunii monumentelor istorice« VI (1913), S. 42 f. Vgl. oben S. 769.

[4]) Texier, pl. 211.

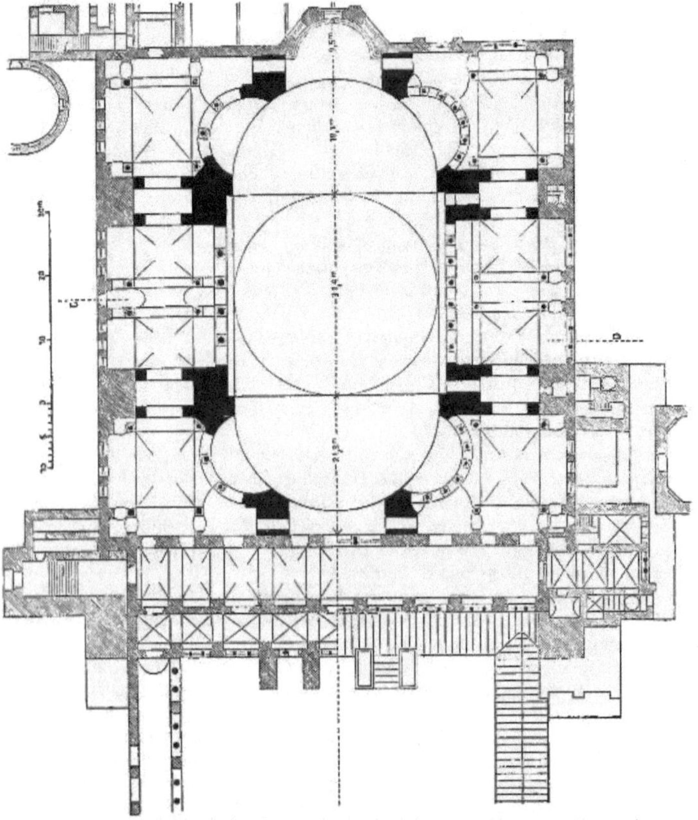

Abb. 738. Konstantinopel, Sophienkirche: Grundriß (links das Unter-, rechts das Obergeschoß). Aufnahme Salzenberg.

die besprochene Bauform nach dem Athos sehr wohl vom Kaukasus im Wege der Armenier oder Georgier ebenso herüber gewandert sein kann — man denke nur an das Athoskloster Iwiron, eine der ältesten Gründungen des heiligen Berges —, wie er von Armenien über Syrien und Jerusalem nach den Klöstern am Nil gekommen sein mochte. Was aber die Sophienkirche anbelangt, so werden Anthemios von Tralles bzw. Isidoros von Milet, als hellenistisch geschulte Mechaniker, die Bedeutung der armenischen Bauart ebenso wie später Leonardo und Bramante erkannt haben. Sie schufen mit den Mitteln ihres Kreises etwas, das heute noch wie ein Wunder am Goldenen Horn vor uns steht.

Es ist eine sehr merkwürdige Tatsache, daß die Sophienkirche von dem ersten, der sie nachahmte, nicht in ihrer hellenistischen Umbildung, sondern in ihrer armenischen Grundform gebracht wurde: von jenem Christodulos, der 1471—1473 für Muhammed den Eroberer die Mehmedije erbaute. Abb. 739 gibt den Grundriß nach Gurlitt neben Abb. 738 der Sophienkirche. Wie ist diese Rückübersetzung ins Armenische von Zwarthnotz zu erklären? Der armenische Vierpaß mit Umgang liegt, stillschweigend zwar, aber doch so durchsichtig in der Sophienkirche vor, daß der erste Nachahmer darauf verfallen konnte, die einfache Grundform aus der höfisch-hellenistischen Hülle vor allem durch Weglassung der Empore wieder herauszuschälen. Dabei muß auch noch in Betracht gezogen werden, daß die 537 geweihte Kirche nach dem Kuppeleinsturz 558 durch den jüngeren Isidoros verändert wurde: die Kuppel wurde erhöht, die Bögen und Widerlager verstärkt. Eine genaue Untersuchung dieser Änderungen steht leider noch aus[1]).

Die Sophienkirche zwingt zu der Annahme, daß die Voraussetzung ihrer Entstehung, die durch Nischen verstrebte Kuppel über dem Quadrat in ihrer Heimat, Armenien, älter als 532 sein muß. Ich komme also auch von dieser Seite rückschließend zur Bestätigung meiner Annahme, daß diese Bauform schon im 4. Jahrhundert vor dem Einsetzen des mittelmeerländischen Langhausbaues in Armenien voll entwickelt war. Ob freilich schon in dieser Frühzeit der Versuch gemacht worden

[1]) Vgl. indessen Lethaby and Swainson, »The church of Sancta Sophia«, 1894.

ist, den Vierpaß zu durchbrechen und mit einem Umgang zu versehen, oder Anthemios und Isidoros diesen Schritt zuerst machten? Wir haben oben Seite 491 die Trümmerstätte der sogenannten Minerva medica in Rom kennen gelernt, die wahrscheinlich ein Rest der Villa des Licinius Gallienus (260—268) ist. In ihr tritt die armenische Bauform, die völlig aus dem Rahmen der damals herrschenden römischen Art fällt, augenscheinlich in der Reichshauptstadt auf. Es hat keine Schwierigkeit, darin einen Armenier am Werke und so zwar einen bewährten Entwurf, aber dabei eine ungenügende Kenntnis der Leistungsfähigkeit des römischen Baustoffes vor sich zu sehen. Der Bau muß kurz darauf dem Einsturz nahe gewesen sein. Die Sophia erlitt bekanntlich ebenfalls dieses Schicksal. Auch dort war wahrscheinlich der armenische Entwurf nicht entsprechend im byzantinischen Baustoff überlegt worden. Es ist nun beachtenswert, wie sich im Falle des römischen Bauwerkes der armenische Baumeister der konstantinischen Zeit — es sieht wenigstens ganz so aus, als wenn es ein solcher (ob der Erbauer selbst?) gewesen wäre — zu helfen suchte: er legte an der schwächsten Stelle, und das war die in der West-Ost-Achse, wo die Strebenischen durch je zwei bzw. vier Säulen durchbrochen waren, zuerst einmal dreieckige Pfeiler als Verstrebung an, die er durch Nischen — wenn auch nicht dreieckige, so doch neben den halbrunden hellenistischen auch fünfseitige — in der Baumasse zu erleichtern suchte. Und an diese dreieckigen Mauerkeile, die in der armenischen Baukunst eine so große Rolle spielen, legte er (wie in Zwarthnotz) Strebenischen von mächtiger Spannung, die, an die Dreieckpfeiler angelehnt, mit ihren Wölbungen den Oberbau zu stützen hatten. Das ist, wenn auch zusammengestückelt, der Baugedanke, der dann Jahrhunderte später in der Sophienkirche in geordneter Form vorkommt. Er muß meines Erachtens schon in konstantinischer, d. h. in der Zeit bekannt gewesen sein, in der Trdat und Gregor die Kuppel in Armenien als herrschende Kirchenbauform eingeführt hatten. Die Wandlung in Kpel wurde in erster Reihe wie bei den Kuppelbasiliken (S. 839 f.) durch Einfügung der Empore herbeigeführt.

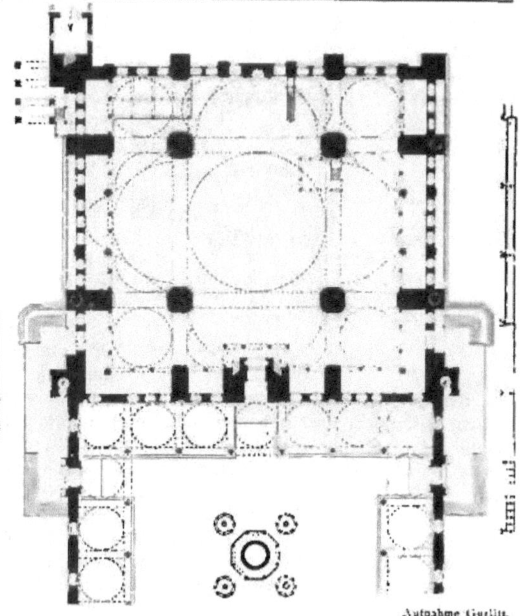

Aufnahme Gurlitt.

Abb. 739. Konstantinopel, Mehmedije: Grundriß.

C. Sechspässe (S. 126 f. und 489 f.).

Es sind schon oben Seite 130 und 490 einige Bauten genannt worden, die der Ausbreitung in Georgien angehören, vor allem Goguba, von dem eine Aufnahme oben Seite 2 gegeben wurde[1]). Ähnlich Kiaglis-Alty, das eine Tonnenvorlage vor der Ostapsis und am äußern Blendbogen hat[2]). Ich möchte hier noch zwei seltsame Bauten besprechen, die zeigen, wie üppig die Phantasie des Baumeisters unter Umständen die übliche Art umzugestalten weiß. Das wirft neuerdings Licht auf Änderungen, die, je weiter sich das Armenische vom Ausgangspunkt entfernt, beim Wechsel des Baustoffes, der Größe und des gesellschaftlichen Zusammenhanges zu erwarten sind.

So in Kumurdo. Das Dorf liegt 12 Werst südwestlich von Achalkalaki am Kur. Die Kirche stammt aus der zweiten Hälfte des 10. Jahrhunderts. Auch hier bildet das Sechseck zwar die

[1]) Vgl. Uwarov, »Materialien« XII. S. 73.
[2]) Ebenda, S. 87.

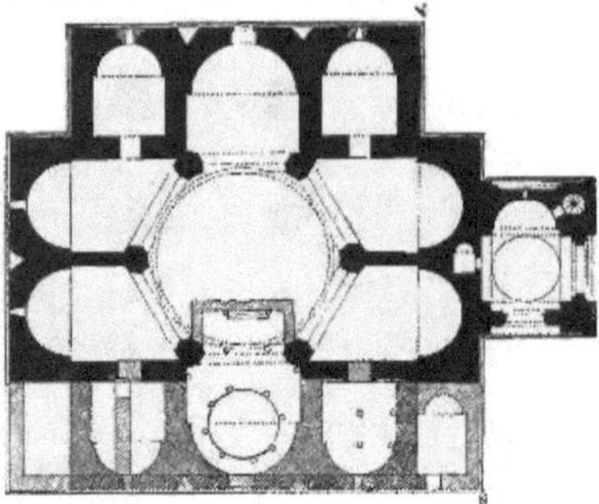

Aufnahme Brosset.

Abb. 740. Kumurdo, Kirche: Grundriß.

Grundlage, aber die Konchen im Norden und Süden legen sich nicht strahlenförmig um die Mitte, sondern vertiefen sich zu je einem Paar von Querschiffen, die senkrecht auf die Längachse zulaufen (Abb. 740[1]). In den Ecken des Sechseckes stehen achtkantige Pfeiler wie in Warzachan (S. 490), die oben mit Rundlappen abschließen (Abb. 741). Die Bogen sind leicht zugespitzt mit einem Wulst in der Stufe. In den Zwickeln, die durch Vorkragen gebildet werden, liegen wie in den Horomoskirchen (S. 196) Trichternischen mit füllenden Flachbildern. Die Kuppel ist eingestürzt. Das beachtenswerte Bauwerk ist in Gußmauerwerk mit Plattenverkleidung ausgeführt und auffallend durch sein steiles Giebeldach.

Noch eigenwilliger ist die Kirche von Nikorzminda bei Kutais. Sie stammt aus der Zeit Bagrats IV. (1027—1072) und zeigt eine Kumurdo verwandte Bildung darin, daß das westliche der beiderseitlichen Nischenpaare senkrecht auf die Achse herausgezogen ist[2]). Das zweite östliche Seitenpaar der Nischen legt sich strahlenförmig um die Kuppel. Wir haben es also in den beiden Bauten mit den Spuren einer Schicht zu tun, die armenisch im Ursprung (Kumurdo liegt noch auf armenischem Boden, vgl. die Karte S. 6 7), dann über Georgien weitergeht bis — und deshalb führe ich die Gruppe hier vor — Hellas.

In Attika hat sich bei Mendeli eine Klosterkirche, Dau, erhalten, die so auffallend der Art von Kumurdo entspricht — nur natürlich in den dort üblichen Baustoff übersetzt — daß man nicht gut anders als an eine Übertragung vom Osten her denken kann. Abbildung 742/743 zeigt die Aufnahme des Annuel of the British School of Athens IX (1902/3), S. 388 f.[3]). Der Bau ist kaum vor dem 14. Jahrhundert entstanden. Man sieht die runde Kuppel auf im Sechseck gestellten Pfeilern mit Vorhallen und dreiteiligem Chor, wie in Kumurdo. Was aber den Ausschlag gibt, ist, daß auch hier die seitlichen Nischenpaare senkrecht auf die Hauptachse herausgezogen und in ein rechteckiges Querschiff zusammengebracht sind, in Kumurdo freilich noch energischer als in Dau. Der Hauptunterschied in beiden Bauten liegt wie so oft nur darin, daß die attische Kirche der Landessitte entsprechend über das Erdgeschoß im Westen eine Empore legt (Abb. 744), die in Armenien ebenso selbstverständlich fehlt.

Georgien weist noch eine weitere beachtenswerte Umbildung der armenischen Gattung auf, die Kirche zu Kazkh. Sie ist schon von Brosset, Atlas, Tafel XVII, aufgenommen[4]). Wir sehen (Abb. 746) den üblichen Sechspaß mit Hufeisennischen derart in Mauern eingekeilt und auf drei Seiten von einem Umgange umschlossen, daß der Kern im Äußern (Abb. 745) kaum noch zu erkennen ist. Der Sechspaß ist zwölfseitig ummantelt, in die Mauerkeile wurden durch Türen zugängliche Rundschläuche gelegt, die gar keinen räumlichen Wert haben. Vor die im Kreis abschließenden

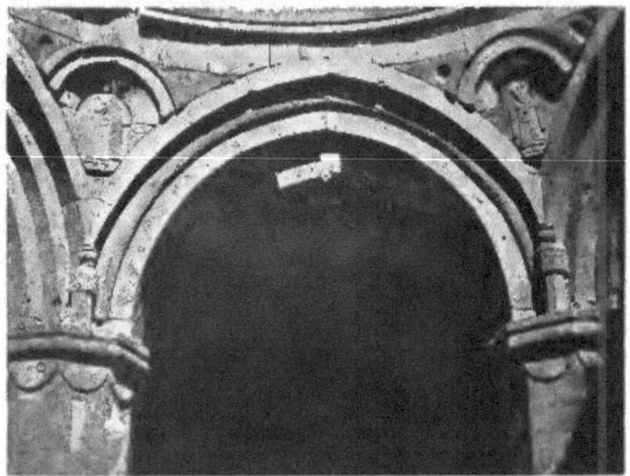

Aufnahme Uwarov.

Abb. 741. Kumurdo, Kirche: Bogen und Kuppelansatz.

[1]) Vgl. Brosset, Atlas, Tafel XV und Uwarov, »Materialien« XII, S. 35 f., wo auch Näheres über das Bauwerk und Anderweitiges zu finden ist.

[2]) Vgl. die Aufnahme bei Uwarov, »Materialien« IV, S. 128.

[3]) Vgl. Lampakis, Mémoire, S. 37 f., Fig. 53. Dazu Milchhoefer, Karten von Attika III, 38. »Zur Geschichte des Klosters Kampouroglu«, Μνημεῖα I, S. 86, II, S. 49, Ἱστορία Ἀθηνῶν I, S. 360 f. Dazu oben S. 131.

[4]) Geschichtliche Besprechung von Zereteli bei Uwarov, »Materialien« VII, S. 82.

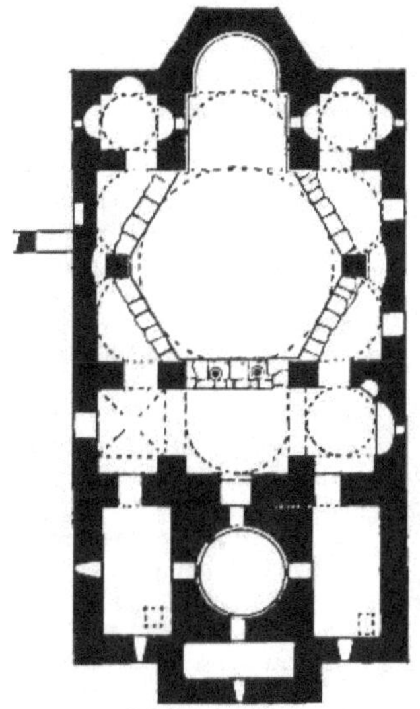

Aufnahme der Brit. Schule in Athen.
Abb. 743*). Dau (Attika), Klosterkirche: Grundriß.

Mauerkeile sind halbrunde Dienste gelegt. Dieses Zwöleck hebt sich hoch über die Vorhallen empor und wird wie die Kuppel durch Faltdächer eingedeckt, deren Giebel in schwerer Licht- und Schattenstreifung über dünnen Blendbogen auf Doppeldiensten liegen.

Was wir so in Georgien in breiter Schicht von Armenien übernommen sehen, das ist vereinzelt auch im Abendlande nachweisbar. So steht an der Via Appia als Grabmal ein Sechspaß armenischer Art, eine Nische ist als Vorraum rechteckig umgebildet[1].

Im Allgemeinen sind Sechspaßbauten mit umlaufenden Großnischen im Abendlande nicht verbreitet. Das eine Beispiel in Hellas aber scheint doch kaum auf selbständige Neuschöpfung zurückgehen zu können, wenn es auch manche Züge aufweist, die dafür angeführt werden könnten. Es sei bei dieser Gelegenheit ganz allgemein gesagt, daß es, wenn von Wanderungen armenischer Bauformen nach dem Balkan und Europa gesprochen wird, nicht das einzelne Beispiel macht, sondern die Gesamtheit der vorgeführten Belege und die Tatsache der Möglichkeit solcher Übertragungen. Im Augenblick gilt es vor allem, die Aufmerksamkeit auf diese Fragen zu lenken. Die Problemstellung an sich wird die Beobachtung schärfen und manche Belege zu Tage fördern, die mir entgangen sind oder wegen des Krieges in ihrer Spur nicht verfolgt werden konnten.

*) Abbildung 742 findet sich auf S. 600. Sie blieb bei Abschluß des Satzes übrig, während andererseits der Zinkstock 742 fehlte und S. 600 Platz fand.

D. Achtpaßbauten (S. 131 f. und 460 f.).

Es war oben Seite 494 davon die Rede, daß die Zwarthnotzgattung, d. h. der Vierpaß mit Umgang und Säulennischen auf dem Wege zwischen Antiochia und Taik auftritt. Hier ist nun der Ort, der Frage nachzugehen, ob nicht der Achtpaß eben auf dem gleichen Wege vom Oktogon in Antiochia beeinflußt, bzw. umgekehrt Armenien schon in konstantinischer Zeit dorthin zurückgewirkt haben könnte. Es wäre ja möglich, daß der Achtpaß schon 331 nicht ohne Bezug auf Armenien für einen Kirchenbau übernommen und dann in der entwickelten hellenistischen Form mit auf Säulen gestellten Nischen wieder nach Armenien zurückgewirkt haben könnte[2]. Man darf nicht vergessen, daß der christliche Kirchenbau im Osten, bes. in Edessa und Armenien, früher schon als im Gebiete des römischen Reiches selbständig auftrat. Dem steht nun freilich gegenüber die Tatsache, daß auch in Rom selbst in der »Minerva medica«

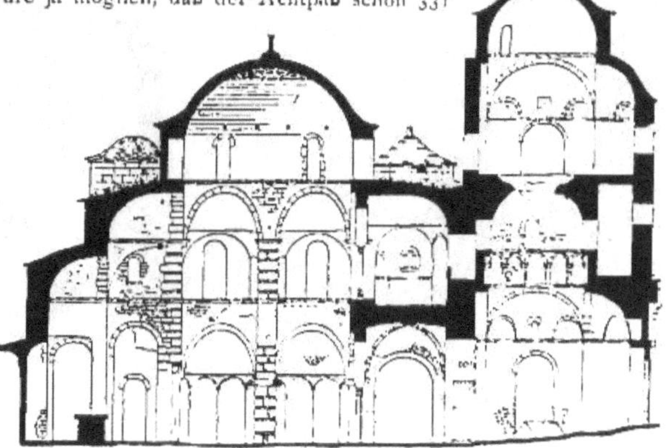

Aufnahme der Brit. Schule in Athen
Abb. 744. Dau (Attika), Klosterkirche: Längsschnitt.

[1]) Canina, »Gli edifizi di Roma antica« VI, Tafel XVI. Vgl. auch Serlio, »Opere di architettura« (nach Rivoira, »Le origini« I, S. 72, Fig. 114).

[2]) Vgl. »Altai-Iran«, S. 290.

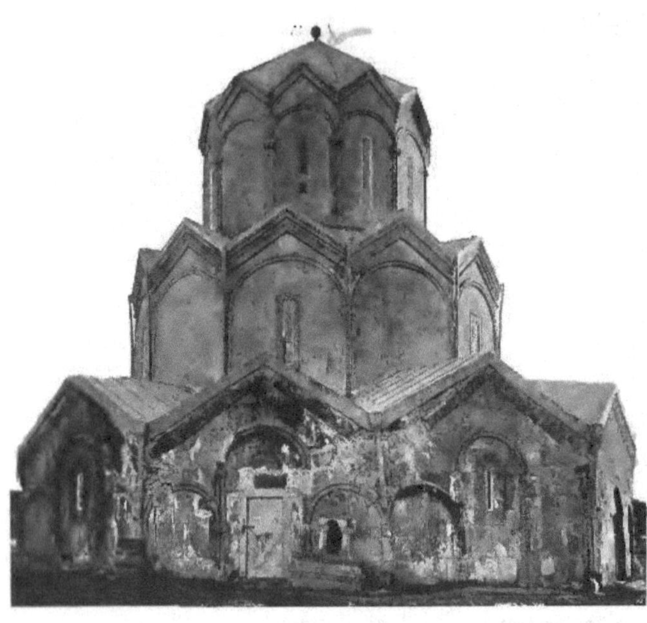

Aufnahme Jermakov 1800?.

Abb. 745. Kazkh, Kirche: Südwestansicht.

genannten Ruine ein solcher Bau aus dem 3. Jahrhundert erhalten ist (S. 491 f.). Aber freilich ist es keine Kirche. S. Vitale in Ravenna ist wahrscheinlich erst unter antiochenischem Einfluß entstanden. Solche Fragen tauchen jetzt auf bei der Neueinstellung, die die Kunstforschung durch die armenischen Denkmäler erfährt. Die Antwort freilich wird eine Zeit zu geben haben, die zunächst einmal über die Kenntnis der christlichen Kirche im Osten auf Grund von Ausgrabungen verfügt – also wohl in einer sehr fernen Zukunft liegt.

Von dem Oktogon in Antiochia, dem Dominicum aureum des Hieronymus wissen wir soviel sicher, daß es ein solches mit Umgang war, die Emporen belegen das[1]). Ob es freilich in der Art der Oktogone mit Emporen, wie Nazianz, Wiranschehr und Bosra, d. h. mit einfachen Öffnungen zwischen den Pfeilern oder wie die »Minerva medica« und S. Vitale mit durchbrochenen Konchen gebildet war, ist mit Sicherheit nicht auszumachen[2]). Mir scheinen die Gründe, die ich oben Seite 493 vorbrachte und die Tatsache, daß Ravenna stark im antiochenischen Fahrwasser ging, für letztere Annahme zu sprechen. Außerdem rühmt man das kostbare Material ihrer Säulen[3]). Ich meine also, daß in Konstantins Schöpfung ein auf der Nischenverstrebung beruhender Kuppelachtpaß denkbar ist. Ob nun der armenische Strom damals schon bestand, möchte vorläufig unentschieden bleiben und die Aufstellung der Gedankenreihe genügen, wenn nicht die »Minerva medica« genannte Ruine gestattete, einen Schritt weiter zu gehen.

Die »Minerva medica«, besser vielleicht der Baderaum in der Villa des Licinius Gallienus (260—268), ist ein Zehnpaß (S. 493) genau dem Baugedanken von Irind entsprechend (S. 131 und 490), nur in Baustoff und Werk in römischer Art unvollkommen ausgeführt. Die sehr bald notwendig gewordene Verstrebung

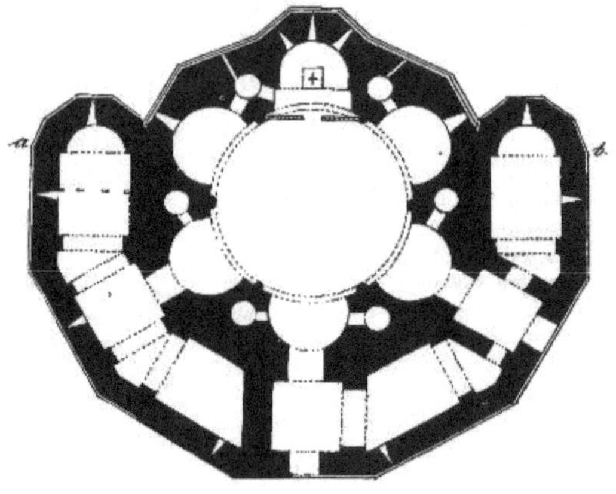

Aufnahme Brosset.

Abb. 746. Kazkh, Kirche: Grundriß.

[1]) Vgl. mein »Orient oder Rom«, S. 138.

[2]) »Altai-Iran«, S. 291.

[3]) Vgl. Unger, Enzykl. d. Wiss. 1. Sec. LXXXIV, S. 336.

erinnert in den dreieckigen Pfeilern an Zwarthnotz, ebenso wie durch die Anwendung von fünf-, statt dreiseitigen Nischen an die armenische Art überhaupt. Man möchte also glauben, daß diese Formen schon im 3. Jahrhundert in Armenien entwickelt waren und ihren Weg bis nach Rom gefunden hätten. Aber die römische Ruine scheint noch etwas mehr zu beweisen. Sie zeigt nämlich, daß auch die Seite 486 f. als stillschweigend vorhanden angesehene Neigung zur Umbildung der Strebenischen zu Exedren durch Einstellung von Säulen schon im oder vor dem 3. Jahrhundert bestanden haben muß. Der Typus von Zwarthnotz, einst am Achteck entwickelt, kann schon Anlaß zu der Bauform der Minerva medica gegeben haben, wo das Exedrenmotiv übrigens nicht durchgehends angewendet ist. Vollständig durchgeführt dürfte es im konstantinischen Oktogon zu Antiochia worden sein, wenn man als Beweis dafür auf Grund der damals üblichen Nachahmung solcher durch die Person des Gründers Konstantins d. Gr. als kanonisch geltender Bauten, S. Vitale in Ravenna gelten läßt.

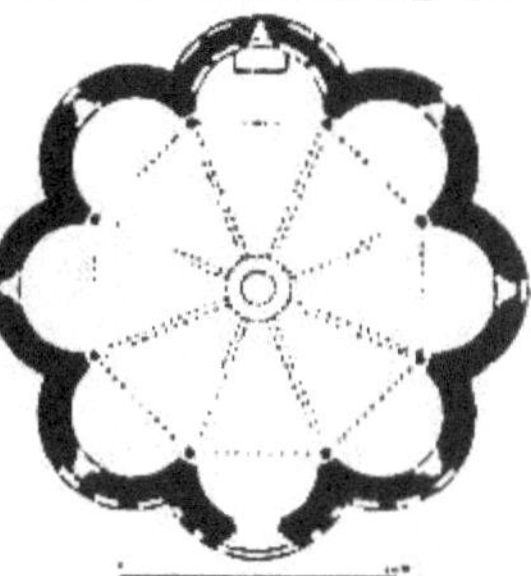

Aufnahme Lasteyrie

Abb. 747. Saint-Michel-Entraigues, Kirche: Grundriß.

Einen beachtenswerten Achtpaß stellt die Kirche Saint-Michel-Entraigues bei Angoulême aus dem Jahre 1137 dar[1]) (Abb. 747). Als abendländische Umbildungen sind zu betrachten die Kappeneinwölbung, die Fensterbildung und daß Blendbogen nur an der Westseite und der Hauptapsis angebracht sind, ferner der Eingang an der Westseite liegt und der Altar ohne Bühne an die Wand gerückt ist. Aber als Ganzes genommen, macht der Bau im Grundriß einen durchaus armenischen Eindruck. Die vor die Mauerkeile gestellten Säulen haben Abadie zur Annahme einer Decke geführt, die ursprünglich kaum in dieser Art ausgeführt war.

Die wichtigste Anwendung des Achtpasses liegt bei Leonardo in einer Zeichnung der Handschrift B, fol. 56 b vor (Abb. 748[2])). Gegenüber Saint-Michel liegt der Unterschied im Wesentlichen in der Ummantelung und Ersparnis der Baumasse durch Außennischen. Was Leonardo mit den in die Mitte gestellten acht Säulen wollte, ist nicht klar, jedenfalls hat er den Baugedanken erst in einer Einzelzeichnung darunter durchführbar zu Ende gedacht. Er schreibt ein Zwölfeck mit verstrebten Pfeilern vor. Die ursprüngliche Fassung fällt ohne Säulen — durchaus in die Reihe, die wir von Armenien bis Frankreich verfolgen konnten.

Dahin gehört auch der angefangene Bau des Brunelleschi in Florenz, das Achteck im Kloster degli Angeli (Abb. 751). Er ist nichts anderes als ein Vertreter der in Armenien in breiter Schicht nachgewiesenen Gattung des Achtpasses. Brunelleschi greift also in dieser Schöpfung den Faden der Überlieferung wieder auf, woher er ihn nimmt, bleibe vorläufig in Frage. Die Entscheidung wird grundsätzlich von Wichtigkeit sein, wenn man daneben hält, wohin schulmäßig herangebildete Mitarbeiter gelangen, die den entwicklungsgeschichtlichen Schlüssel nicht kennen und nun willkürlich nach Herleitungen suchen. Ein drolliger Versuch dieser Art liegt bei Folnesics, »Brunelleschi«, Seite 84 f., vor. Nachdem er die verschiedenen Versuche »auf dem Wege des Vergleiches mit sogenannten Vorbildern« zum Ziele zu gelangen, durchgesprochen hat, urteilt er, daß eher ein Bau Brunelleschis selbst Aufschluß geben könne: die Laterne der Domkuppel. Abbildung 749 zeigt seine Gegenüberstellung der Grundrisse: sie zeige so »überraschende Ähnlichkeiten im Konzept der Massen, daß der geistige Zusammenhang nicht zu verkennen« sei. Bei der Domlaterne sei die achteckige Gestalt gegeben; daß sie zehn Jahre später als das Tempio degli Angioli entstanden sei, tue dieser geistigen Abhängigkeit keinen Abbruch. Ich bringe die Sache nur vor, um die völlige Unerfahrenheit der herrschenden Schulrichtung in Fragen, die nur im Wege der auf die Entwicklung gerichteten Wesensvergleichung gelöst werden können, zu beleuchten. Im übrigen verweise ich auf die genaue Besprechung des Baues bei Fabriczy, Seite 250 f. Es ist der übliche Achtpaß, nur sind die Nischen in ovale Rechtecke umgebildet und dadurch eine Verstärkung der vortretenden Mauerkeile erzielt, die über die Möglichkeit hinausgeht, die der Hufeisenbogen bot. Außen die im Mittelmeerkreise üblichen Rundnischen an Stelle der armenischen Dreieckschlitze.

Ob nun Leonardo von diesem Bau des Altmeisters der Renaissance ausging oder von irgend-

[1]) Vgl. Dehio und Bezold I, S. 550 und Tafel 205, Lasteyrie, »L'Architecture rel. en France« S. 278.

[2]) Ravaisson-Mollien, »Les manuscrits de Leonard de Vinci«, Les manuscrits B et D.

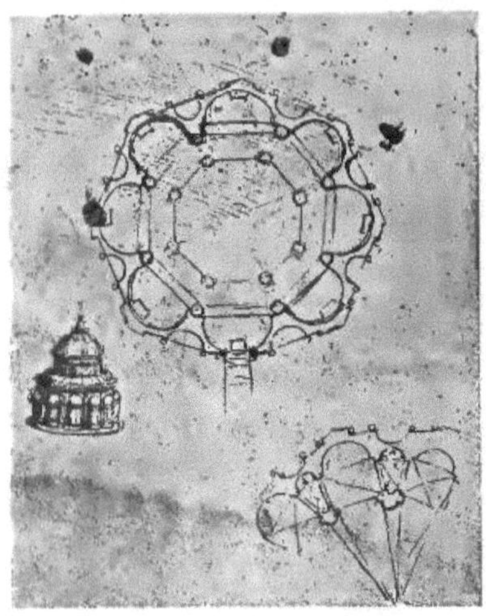

Aufnahme Ravaisson.
Abb. 748. Leonardo, Handzeichnung: Achtpaß.

einem älteren Bau armenischer Art, bleibe dahingestellt. Es kann außer der Minerva medica noch andere Vertreter dieser Gattung gegeben haben, vor allem in Badeanlagen. Ich verweise auf eine Handzeichnung Peruzzis in den Uffizien, die mit einem achteckigen »bagno« in der Mitte dafür bezeichnend ist [1]).

Ich fasse bezüglich des strahlenförmigen Kuppelbaues zusammen. Die aus dem 5. Jahrhundert erhaltenen Visionen, die des Gregor bei Agathangelos und die des Sahak bei Faustus belegen, daß um diese Zeit die Phantasie der Armenier bereits ausgefüllt war mit Vorstellungen von Kultbauten in Kuppelform. Wir werden ferner durch die Tatsache, daß die im 5. Jahrhundert nach Armenien vordringende Bauart des Mittelmeerkreises, die dreischiffige Längskirche, einheitlich mit Tonnen gewölbt, dort nicht dauernd aufkommt, darauf geführt, daß sie in Armenien auf eine bereits bestehende Kuppelkirche gestoßen sein muß, weil sich nur so der Widerstand und schließlich die Überwindung, bzw. Umbildung des Fremdkörpers verstehen läßt. Der Kuppelbau kann also nicht erst nachträglich entstanden sein, sondern muß bereits Jahrhunderte lang bestanden und sich jedenfalls vor dem 5. Jahrhundert eingebürgert haben. Im Grab-, Palast- und Bäderbau wird die Zweckform des Versammlungsraumes, von Iran aus angeregt, bestanden haben, die dann vom Kirchenbau übernommen wurde. Beweis das Auftreten dieser Bauform im 3. Jahrhundert in Rom durch die ganz aus der römischen Art fallende Ruine der sogenannten Minerva medica und das in der ersten Hälfte des 4. Jahrhunderts gleichzeitig etwa mit der Verstrebung der Minerva medica entstandene Oktogon in Antiochia. Stehen diese Bauten dort vereinzelt, so spricht die breite Schicht und der Zusammenhang, in dem sie in Armenien nachweisbar sind, dafür, daß sie dort heimisch waren und vom armenischen Hochland aus nach allen Richtungen weitergewirkt haben dürften. Ob nun die einzelnen im Abendlande nachgewiesenen Vertreter der armenischen Schichten tatsächlich mit Armenien zusammenhängen oder nicht, bleibe vorläufig Annahme. Es genüge, die Möglichkeit anzudeuten und zur genauen Untersuchung der einzelnen in Betracht kommenden Denkmäler anzuregen.

E. Ausstattung.

Wir sahen (S. 748 f.), wie stark sich das Byzantinische vom Hellenistischen unterscheidet und daß dieser Gegensatz kein in allmählicher Entwicklung aus dem Hellenistischen gewordener, sondern ein Wesensunterschied ist, der auf den Einbruch des Ostens und Nordens in das Mittelmeergebiet zurückgeht. Davon war ja in meinem »Altai-Iran«, Seite 223 f. ausführlich die Rede. Solange man von den darstellenden Künsten, der Malerei und Plastik, ausging, konnte der Wahn, das Byzantinische sei die Fortsetzung des Hellenistischen schlechtweg, wie ihn Heisenberg und andere vertreten, auch Wulff noch im Rahmen von Ainalov, halbwegs verständlich erscheinen. In dem Augenblick aber, in dem man erkennt, wie alle Darstellung zum naturfernen Vorstellen wird und die schöpferische Führung in der bildenden Kunst allein beim Monumentalbau und seiner Ausstattung liegt, muß die völlige

[1]) Vgl. Rivoira, »Le origini« I, S. 72, Fig. 113.

Abb. 749. Florenz, Domkuppel: Grundriß der Laterne.

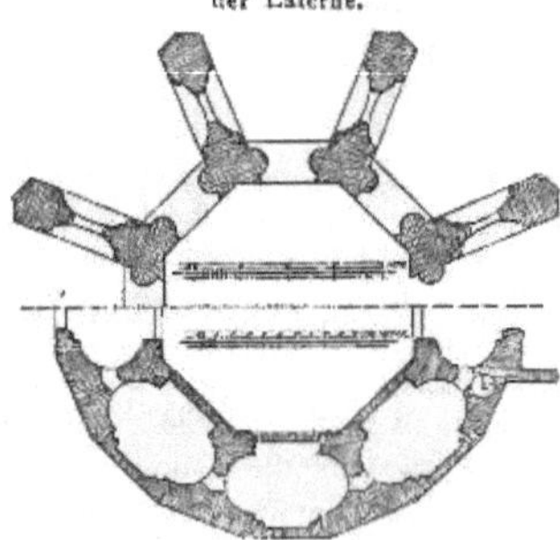

Abb. 750. Florenz, Kloster degli Angioli, angefangenes Achteck des Brunelleschi.

Neuorientierung, die auf diesen Gebieten eintritt, als vom Osten kommend zugegeben werden, auch für die Darstellung selbst, die gegenständlich in die Hände der Kirche gleitet — wie in Armenien das Bauwerk als solches[1]) — und künstlerisch nur als farbiger Fleck und großdekorativ ihre Wirkung tut. Ich möchte an dieser Stelle lediglich auf eine der vielen bedeutungsvollen Fragen, die im Zusammenhange durchzusprechen wären, mit ein paar Worten eingehen, auf die Wandlungen in Form und Ausstattung des byzantinischen Kapitells. Im 5. Jahrhundert beginnen aus den Steinbrüchen der Prokonnesos Kapitellformen hervorzugehen, die unter anderem nur durch eine Einwirkung von der neuen Landeshauptstadt zuströmenden Iraniern und Armeniern zu verstehen sind. Wir sahen oben Seite 315 und 430, daß zwei Formen, der Würfel und der Knauf, dazu das Bandgeflecht, die im Kuppelbau allein nachweisbaren Endigungen des Dienstes sind, das antike Kapitell dagegen nie mit dem Dienste verknüpft vorkommt, sondern erst durch die dreischiffigen Längsbauten vorübergehend eingeführt wurde (S. 407). Der Würfel setzt sich in der Art des byzantinischen Kämpferkapitells, der Knauf im sogenannten Korbkapitell durch, beide mit dem Schmuck des Bandgeflechtes. Der Versuch eines Beweises für diese Annahme ist eine Arbeit für sich. Hier sei nur darauf verwiesen, daß das durch die klassisch-armenische Literatur des 5. Jahrhunderts schon für die vorausgehende Zeit bezeugte Wort »chojak« (Pfeiler mit Widderverzierungen) auf den Bestand jener Korbkapitelle hinweist, die wir von Byzanz so gut seit dem 5. Jahrhundert her kennen[2]). Es wird sich da ursprünglich um den Widder als Hvarenah-Sinnbild, daneben um den in der iranischen Kunst auf Schritt und Tritt nachweisbaren Steinbock handeln[3]). Eine Bearbeitung des ganzen Stoffes ist in meinem Institute unterwegs, falls der Krieg und seine Folgen nicht auch noch die letzten Arbeitskräfte vernichtet.

3. Reine Längsbauten.

Man wird vielleicht überrascht sein, in die Frage der Ausbreitung des Armenischen auch den Längsbau ohne Kuppel hineingezogen zu sehen. Dieser ist ja, wenn ich recht behalte, etwas im Hochlande von außen Eingedrungenes, das dort sehr bald von der nationalen Bauweise wieder überwunden wird. Ich glaube auch nicht, daß Armenien wie im Kuppelbau gerade den Ausschlag auch im Längsbau gegeben habe, aber Armenien liefert doch etwas, was weder in Kleinasien noch in Mesopotamien, den von mir bisher in der Frage von Ursprung und Ausbreitung der gewölbten Längskirche herangezogenen Gebieten, für Fernerstehende überzeugend beizubringen war: sichere Nachweise für die ausschließliche Herrschaft des Tonnenbaues im 5. und 6. Jahrhundert als Folge einer alten Gewölbebaukunst im Osten. Die breite Schicht Armeniens, das eine Holzdecke überhaupt nicht kannte, entscheidet. Wie für die Kuppel Iran, so war für die Tonne Mesopotamien der Träger dieser Überlieferung, die mit dem Wandel der Pflanzendecke und der Notwendigkeit, schon in vorchristlicher Zeit vom Holz auf den luftgetrockneten Ziegel überzugehen, entstanden war. Mesopotamien hat die holzgedeckte Kirche, von der Mittelmeerkreis und Abendland ausgehen, kaum gekannt. Wie wir in Armenien sehen, vollzieht sich im Osten eine stetige Entwicklung des Gewölbebaues, eine Erkenntnis, die hoffentlich jetzt endlich angenommen wird. Die Folgen für die Kunstforschung werden unabsehbare sein. Die altchristliche Basilika des Mittelmeerkreises ist Säulenbau mit Holzdach, die mittelalterliche Kirche des Nordens (die Lombardei mit eingeschlossen) Pfeilerbau mit Gewölben. Die letztere Gruppe folgt zeitlich auf die entsprechenden Bauformen in den orientalischen Hinterländern Kappadokien und Mesopotamien. Ich habe schon vor Jahren versucht, den Zusammenhang zwischen Ost und West nachzuweisen und nehme diese Beweisführung hier neuerdings auf. Bisher war, von Armenien aus gesehen, bei Heranziehung des Abendlandes nur von den Ausnahmen des im übrigen herrschenden Basilikenbaues die Rede, den Kuppelbauten. Im vorliegenden Abschnitte soll versucht werden, deutlich zu machen, daß auch im Basilikenbau selbst Züge vorkommen, die es wünschenswert erscheinen lassen, die Möglichkeit eines armenischen, bzw. mesopotamischen oder kleinasiatischen Einschlags in Europa nicht länger abzuweisen.

Vor bald zwei Jahrzehnten wurde zu zeigen versucht, daß die römische Kunst eine Art Ableger der hellenistischen Strömung[4]), einige Jahre später, daß auch die »romanische Kunst« eigentlich

[1]) Vgl. für die Überlieferung Erman, »Ägypten«, S. 399. — [2]) Vgl. Alten, »Gesch. d. altchristl. Kapitells«, S. 82. — [3]) Vgl. mein »Amida«, S. 359, und »Altai-Iran«, S. 220. Dazu oben S. 506 u. 630. [4]) Vgl. mein »Orient oder Rom« 1901, Einleitung.

nichts anders als ein Zweig des christlichen Gewölbebaues im Osten war[1]). Indem ich heute den Faden wieder aufnehme, spinne ich ihn weiter auch in die Kunstbewegungen herüber, die wir als »Gotik« und »Renaissance« zu bezeichnen pflegen. Von Armenien aus läßt sich die Frage nach deren Ursprung in ebenso ausgiebiger Weise aufnehmen wie von Kleinasien und Mesopotamien her die Frage nach der Herkunft des Gewölbebaues an sich. Bei Behandlung des reinen Längsbaues tritt zunächst die Frage nach Ursprung und Ausbreitung der Tonnenwölbung in den Vordergrund. Wir sahen, daß auch Armenien nur sie (kein Holzdach) kannte, und zwar neben dem reinen Kuppelbau und später den Mischformen beider Gattungen. Es ist nun merkwürdig, daß in der Kunst des Abendlandes bei Einführung der Wölbung anfangs öfter Gebrauch von der Kuppel gemacht erscheint im Gegensatz zur rein nordischen Strömung (Gotik), die die Kuppel vollständig ausschließt, und der Renaissance, die gerade sie wieder vorzieht. Schon daraus könnte man auf eine wechselnde Verbindung mit den kuppelbauenden Ländern des Ostens, sei es Armenien, sei es Iran selbst oder den Gebieten der orthodoxen Kirche und des Islam, schließen. Doch — ich bleibe zunächst beim reinen Tonnenbau. Damit im Zusammenhange geht die Stützenbildung und die Ausstattung dieser Baugattung. Ich verfolge zunächst die Ausbreitung nach Georgien hin[2]), dann über Kleinasien nach Europa und gebe zunächst, da es sich um Längsbau handelt, H. Glück das Wort.

A. Georgien.
(Von Heinrich Glück.)

Auf dem Gebiete des Basilikalbaues bieten die beiden ältesten Hauptdenkmäler Georgiens guten Anlaß das Verhältnis von Armenien und Georgien zu prüfen. Es sind dies die beiden Episkopalkirchen von Urbnissi und Bolnissi. Beide sind meines Wissens noch nicht eingehender veröffentlicht, für beide fehlt vor allem eine Grundrißaufnahme; doch genügen die vorliegenden Aufnahmen zusammen mit den Beschreibungen in den Mat. z. Arch. d. Kaukasus, IV, S. 141 f., in den Notizen d. Ges. der Freunde d. kauk. Arch. hrg. von Berche u. Bakradze, S. 151 f., bei Dubois III. S. 183, Brosset IV, S. 13 ff., Wakhoucht, S. 145, 147 u. a. O. für unseren Zweck.

Urbnissi, 12 Werst westlich von Gori am Kur gelegen, spielt in der Geschichte Georgiens eine große Rolle[3]). Nach den dort gemachten Funden reicht die Siedlung weit ins Altertum zurück. Schon in der ersten Zeit des Christentums, im 4. Jahrhundert, wird in Urbnissi eine große Judengemeinde erwähnt. Schon in ältester Zeit ist Urbnissi Bischofssitz. Die Anlage des Forts, zu dem die Kirche gehörte, wird dem Uplis, einem der Söhne des Mzchet (4. Jahrhundert), die Gründung der Kirche selbst dem Tate, einem der dreizehn syrischen Väter (6. Jahrhundert) zugeschrieben. 730 wurde sie beim Einfalle Murwans zerstört und später unter einem Bischof Theodor unter Beihilfe des Architekten Mikeladze restauriert. Weitere Restaurationen geschahen unter dem 94. Zaren Grusiens, Vakhtang und 1668 unter der Zarin Mariam. Die Grundform der Anlage wurde bei diesen Erneuerungen beibehalten. Denn an den untersten Teilen ist noch das alte Steingemäuer erhalten, während der obere Teil der Mauern und die Wölbung in Ziegel ergänzt ist. Das Äußere des Baues (Abb. 751) zeigt die Form einer Basilika mit überhöhtem Mittelschiff und Lichtgaden. Spätere Strebemauern stützen die Außenwände von Süden und Norden. Die Reste einer Umfassungsmauer, in die ein Glockenturm einbezogen ist, stammen aus der Zeit des Wiederaufbaues im 17. Jahrhundert. Ebenso nach dem gleichen Baustoff zu schließen die oberen Teile des Baues. Im Innern werden die drei Schiffe durch Pfeilerarkaden geteilt. Der Apsis entsprechen zwei Seitenräume. Wenn wir von der neueren Ziegelwölbung absehen, die im Mittelschiff aus einem Kappengewölbe, in den Seitenschiffen aus Halbtonnen bestehen soll, so wäre die ursprüngliche Anlage leicht als ein Analogon der armenischen Basiliken herzustellen. Leider ist der Bau bis jetzt trotz seines Alters einer eingehenderen Untersuchung nicht gewürdigt worden.

Dafür kann wohl die Kirche von Bolnissi infolge der vorliegenden Photographien einen ungefähren Ersatz bieten (Abb. 752/753). Nach Wakhoucht ist sie Anfang des 5. Jahrhunderts von dem grusinischen

[1]) »Kleinasien, ein Neuland der Kunstgeschichte« 1903, und »Amida«, Beiträge zur Kunstgeschichte des Mittelalters von Nordmesopotamien, Hellas und dem Abendlande 1910.

[2]) Vgl. dazu, um den heutigen Stand kennen zu lernen, Millet, »L'école grecque«, S. 36 f.

[3]) Vgl. Uwarov, »Materialien« IV, S. 143 f.

Zaren Parsman (408—410), nach der grusinischen Chronik von der Gemahlin des Myrdat, Sohnes des Zaren Artschyl (410—434) und der Tochter des Barsabad Saduchty erbaut; von Vachtang Gurgaslan IV. (446—449) wurde sie zum Bischofsitz erhoben. Auch dieser Bau wurde einer weitgehenden Restauration unterzogen, die sich im Wesentlichen auf die Eindeckung und die oberen Teile erstreckt. Zum Unterschiede von Urbnissi zeigt das Äußere (Abb. 752) kein überhöhtes Mittelschiff. Doch ist schon aus der Außenansicht zu ersehen, daß der ganze obere Teil etwa in der halben Höhe erneuert ist. Die Größe der Quadern und die Wucht des unteren Mauerwerks erinnert an die der ältesten armenischen Bauten, so daß schon daraus die Datierung in den Anfang des 5. Jahrhunderts gerechtfertigt erscheint. Durch die Anlage einer südlichen Vorhalle mit dem Haupteingang und der sich nur wenig darüber erhebenden Seitenfront ähnelt das Äußere im stärksten Maße dem der Tûr 'Abdin-Kirchen. Dazu würde auch stimmen, daß wir bei der Art der Quaderfügung um das Gewände der spät eingefügten Westtüre (mit türkischen Ziegelkielbogen!) am ursprünglichen Bau kaum einen Eingang voraussetzen können. Hier sehen wir klar dieselbe Tradition der Breiträumigkeit wirken, wie in Armenien, und sehen zugleich noch deutlicher als an den dortigen Beispielen, wie auch die Basilika von ihr ergriffen wird (siehe S. 375 ff.). Im Innern (Abb. 753) trennen fünf Pfeilerpaare von der Form und einfachen Ausstattung der armenischen Kirchen die drei Schiffe. In der Längsrichtung waren die Pfeiler durch Hufeisenbogen verbunden (siehe Kassach, Abb. 170), die beiderseitigen Lisenenvorlagen, die ihnen Kreuzform verleihen, und die ihnen entsprechenden Pilastervorlagen der Seitenschiffswände lassen auf die ursprünglichen Gurtbogentonnen schließen. Die Gurten des Mittelschiffs konnten aber unmöglich in ihrer heutigen Höhe, d. i. in der der Arkadenkapitelle ansetzen, da die Tonne erst über dem Scheitel der Arkaden abgehen konnte. Es ist denn auch deutlich zu sehen, daß alle inneren Pfeilerlisenen in ihren oberen Teilen neu angesetzt (nicht eingebunden) und mit andersartigen Kapitellen mit geradlinigem Profil versehen sind. Der ursprüngliche Aufriß des Mittelschiffs wird wie in Kassach zu denken sein, siehe Abbildung 171, d. h. die inneren Lisenen setzten in der Höhe des Ansatzes der Längsarkaden mit einem entprechenden Kapitell ab, gingen aber dann vertikal bis zu deren Scheitelhöhe weiter und durch ein zweites Kapitell vermittelt in den Bogen über. Im jetzigen Zustand entspringen die Gurten schon am unteren Absatz, halten im Anfang die ursprüngliche, den Pfeilervorlagen entsprechende Breite bei, setzen dann aber in einer gewaltsamen Verschmälerung ab und schließen sich in schlampiger Ausführung teils als Rund teils als Spitzbogen. Die dadurch entstehenden Traveen sind

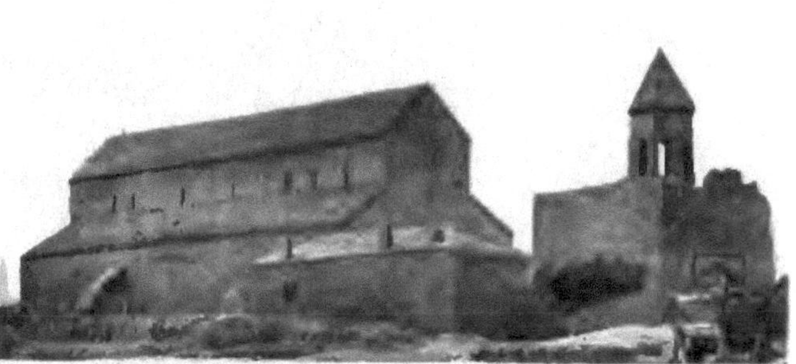

Abb. 751. Urbnissi, Basilika von Nordwest. Aufnahme Jermakow 1.(..)

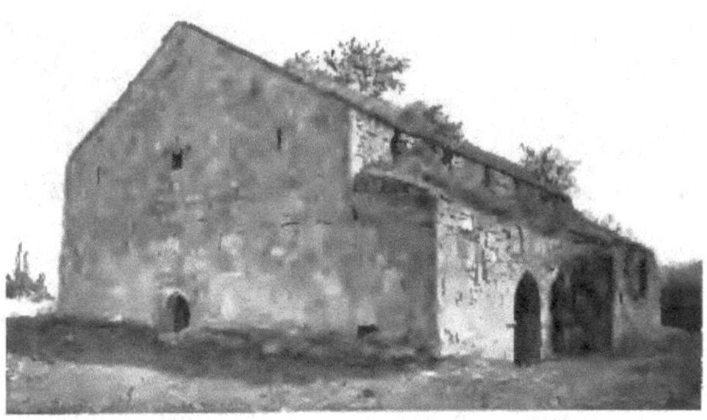

Abb. 752. Bolnissi, Kirche von Südwest. Aufnahme Jermakow 18(..)

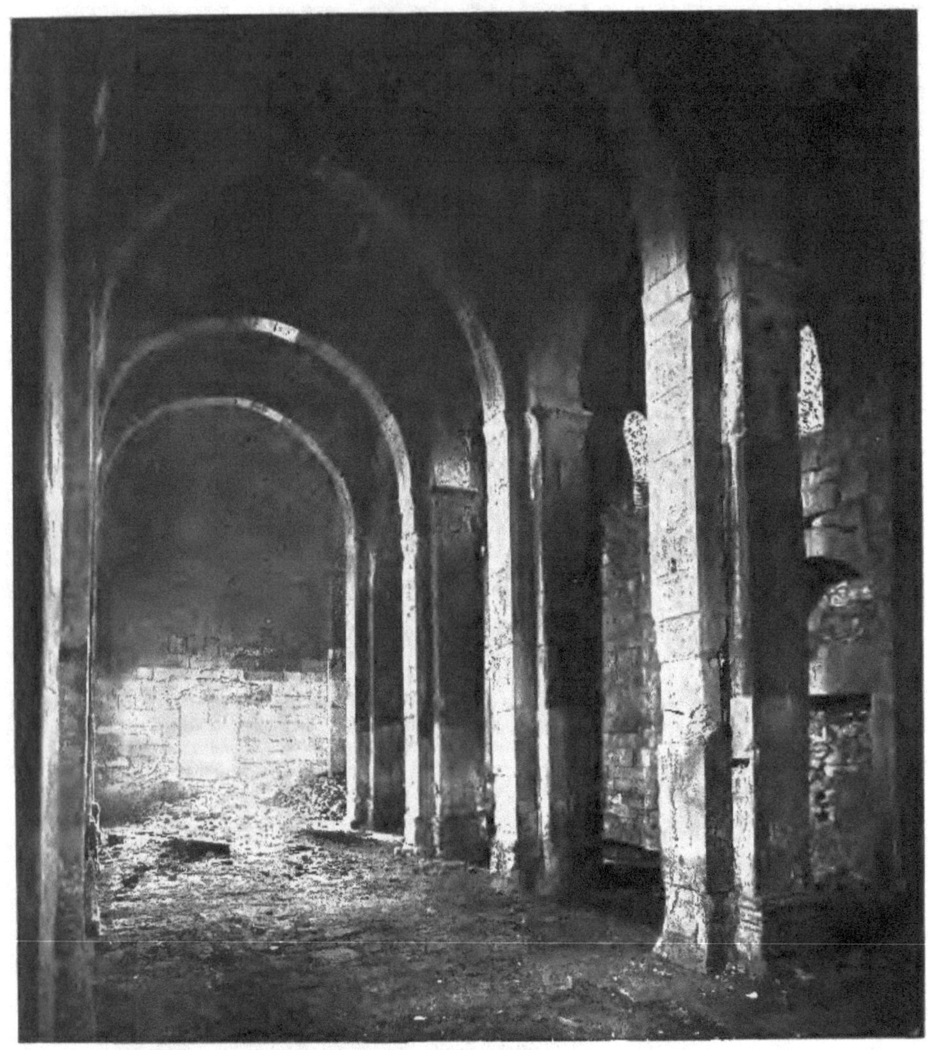

Abb. 753. Bolnissi, Kirche: Inneres gegen Westen. Aufnahme Jermakov 1815 8.

mit Kappengewölben in Ziegel eingedeckt, so daß die durch den jetzigen zu tiefen Gurtansatz entstehenden Zwickel pendentivartig gefüllt werden[1]). Ob nach all dem auch diese Kirche wie Urbnissi ein überhöhtes Mittelschiff mit Lichtgaden hatte, muß dahingestellt bleiben. Zur Zeit des Baues Bolnissis würde der orientalischen Tradition entsprechend eher ein Mangel an Beleuchtung anzunehmen sein, während Urbnissi (6. Jahrhundert) der Zeit der »Syrischen« Väter[2]) entsprechend wie Ereruk (5.) den syro-hellenistischen

[1]) Die Fenster in den Seitenwänden (Ziegel!) sind sicher erst zur Zeit der späteren Einwölbung wegen Lichtmangels hinzugekommen. — [2]) Vgl. Feist, »Das georgische Volk«, S. 97 f.

Einschlag offenbart (siehe S. 399). Das längere Anhalten der syrischen Tradition in Georgien gegenüber Armenien ist aus der späteren Nationalisierung Georgiens erklärbar. Wirkt doch auch der mesopotamische (Breiträumigkeit siehe oben und S. 375 ff.) Strom dort länger und deutlicher nach als im Hochland, wo beide Fremdströme fast zugleich mit ihrem Eintritt assimiliert und nationalisiert werden.

So zeigen diese beiden Beispiele, zu den armenischen Basilikalbauten in Beziehung gesetzt, daß die Frage der Priorität des einen oder anderen Kunstkreises im Grunde genommen wertlos ist. Denn den Anstoß zur Entstehung ihrer Architektur gab, was das Langhaus anlangt, in beiden Fällen das syrisch-mesopotamische Christentum, das der heimischen Art angepaßt wurde. Nur darin liegt der Unterschied, daß diese Anpassung in dem einen Falle früher (Armenien), in dem anderen (Georgien) später eintritt.

Zeitstellung der armenischen und georgischen Längsbauten.

Wenn wir nun nach den durch die Gesamtuntersuchung (S. 373 f.) gewonnenen Anhaltspunkten die einzelnen Denkmäler relativ einschätzen und im Verhältnis zu den datierten zeitlich einstellen, so ergibt sich folgende Zeitstellung für die armenischen Langhausbauten. Die wichtigsten kunsthistorischen Argumente sind beigesetzt:

4. **Jahrhundert:** Geringster hellenistischer Einfluß, deutlichstes Nachwirken der altorientalischen (mesopotamischen) Tradition.

1. **Diraklar:** Stufenunterbau, Nachwirken der Breiträumigkeit und des Komplexbaues durch Südtüren und apsidalen Seitenraum (mit Außenapsis). Wölbung noch ohne Gurten, Mangel an Beleuchtung, rechteckige Apsis.

Übergang vom 4. zum 5. Jahrhundert: Anwachsen des hellenistischen Einflusses.

2. **Eghiward, kleine Kirche:** Orientalische Tradition, weitergeführt in der Beibehaltung der südlichen Seitenkammer; Einfluß des Hellenismus, merkbar an: Betonung der Westfassade, Vorhalle mit Säulenverwendung, Anfang der Gurtengliederung, Apsis rundbogig, Inschrift noch nicht monumental.
3. **Garni:** Als Episkopalkirche (Subsellium) wohl sehr alt (Garni schon im 4. Jahrhundert Bischofsitz). Hellenistische Außendekoration und Gurteneinteilung. Südliche Außenapsis als Rest des Komplexbaues.
4. **Bolnissi** (408—410): (In Georgien tritt das Orientalische gegenüber dem Hellenistischen stärker hervor.) Südliche Vorhalle und Nebenraum als Nachwirken der Breiträumigkeit, Westfassade noch nicht ausgebildet.

5. Jahrhundert, erste Hälfte: Stärkster hellenistischer Einfluß.

5. **Ereruk:** Westfassade mit syrischer Turmvorhalle, Säulenportikus, Lichtgaden, Fenster, Ornament (siehe S. 397 f. und 412 ff.), griechische Inschrift.

5. Jahrhundert, Mitte: Anpassung des Hellenismus an den Wölbungsbau und Ausbildung des National-Armenischen.

6. **Tekor, ursprünglicher Bau:** Aufgeben des Lichtgadens, struktive Verwendung des Portikus, Aufgeben der Säule als struktives Glied und Umbildung des hellenistischen Ornaments (siehe S. 400 f. und 409 ff.).
7. **Kassach** (Basch-Abaran): ebenso; Portikus?

5. Jahrhundert, zweite Hälfte: Ausgleich des hellenistischen mit dem orientalischen Elemente.

8. **Schirwandschuk:** Die weitgehendste Vereinheitlichung des Baukörpers erreicht, Süd- und Westfront (Lang- und Breiträumigkeit) ausgeglichen, beschränkte Fensteröffnungen.
9. **Aschtarak:** Ebenso.

6. Jahrhundert: Vereinheitlichung der Fremdströme zur nationalen Form.

10. **Nachidschewan**: Monumentaler Inschriftfries.

11. **Eghiward, große Kirche**: Ebenso; weitgehendste Entwicklung des reinen dreischiffigen Langhauses, individuelle Apsislösung.

12. **Urbnissi**: 6. Jahrhundert? Nach Überlieferung von einem der dreizehn »syrischen« Väter gegründet Damit wäre das in Georgien länger anhaltende Einwirken des Hellenismus bestätigt, das in der Beibehaltung der Überhöhung des Mittelschiffes (Lichtgaden?) zum Ausdruck käme.

7. Jahrhundert, Anfang: Einsetzen des persischen Stromes im Langhausbau.

13. **Ani**, Palastkirche (622): Wölbung auf Blendnischen, untektonisches Ornament (siehe S. 420 f.), Doppelsäulen.

B. Der Weg nach Europa.

(Von Heinrich Glück.)

Wurde auch oben Seite 388 ff. gezeigt, daß die Basilika in Armenien keine Eigenschöpfung des Landes sein kann, sondern bloß eine veränderte, den heimischen Bedingungen angepaßte Form ist, die in der Folge kaum eine maßgebende Bedeutung für andere Kunstkreise gewinnen konnte, so gewährt die Darstellung dieser Baugattung doch vielfach Anhaltspunkte zur Entwirrung der Fäden der altchristlichen Baugeschichte. Habe ich mich oben Seite 388 ff. im Wesentlichen nur auf das Verhältnis der armenischen Basilika zu Kleinasien und Syrien als Nachbargebiete Armeniens beschränkt, so kann dies im Zusammenhange mit meiner Arbeit über den Breit- und Langhausbau in Syrien immerhin als ein Beitrag zur Behandlung jener Frage gelten, die seit dem Bestehen einer christlichen Archäologie immer wieder einer Lösung harrt, der Frage nach dem Ursprunge der christlichen Basilika. Heute, wo der Aufweis der Denkmälerschichten gerade in Bezug auf den Basilikalbau bis zu einem Grade gediehen ist, der maßgebende Verschiebungen des Gesamtbildes soviel wie ausschließt, könnte diese Frage wohl mit gutem Gewissen aufgenommen werden. Freilich fehlt es trotz der vorliegenden umfassenden Veröffentlichungen auf den einzelnen Gebieten an einer zusammenfassenden Verarbeitung des vorgelegten Denkmälermaterials. Eine solche wurde — was besonders die orientalischen Gebiete anlangt — nur für Kleinasien von Strzygowski und für Syrien von mir versucht. Das reiche Material von Ägypten (Butler, »Coptic churches«; Somers Clarke, »Christian antiquities in the Nile valley«) und Nordafrika (Gsell, »Les monuments antiques de l'Algére et de la Tunisi« u. a.) vor allem liegt noch völlig brach. — Hier soll und kann nun nicht eine solche zusammenfassende Behandlung des ganzen Stoffes gegeben werden, doch seien einige Richtlinien vorgebracht, die vom Standpunkte der Gesamtheit der christlichen Kunst (nicht nur der christlich-abendländischen) im Auge zu halten sind, sobald man der Frage nach dem Ursprung der christlichen Bautypen im Allgemeinen und der Basilika im Besonderen nachgeht.

Für die Entwicklung des monumentalen christlichen Kultbaues hat man immer mit der Tatsache zu rechnen, daß das Christentum erst nach etwa drei Jahrhunderten seines Bestandes sich jene Geltung errang, die es als ein offiziell anerkannter wirksamer Faktor sich der Aufgabe bewußt werden ließ, seine Macht auch äußerlich kundzutun und vor allem sich ein entsprechendes monumentales Kultgebäude zu schaffen. Wenn auch der Zeitpunkt, in dem das Christentum sich diese Geltung errang, in den verschiedenen von ihm bereits durchsetzten Gebietsteilen früher oder später fiel, so halten sich die einzelnen Daten doch in so engen Grenzen, daß das früher oder später für den Vortritt eines bestimmten Lokales bei der Ausbildung eines bestimmten kirchlichen Bautypus zunächst kaum in Betracht kommen kann. (Persien: Mani, gest. 276; Armenien, seit 286 Staatskirche; Rom, 313). Der Umstand, daß dieser Moment erst so spät eintrat, veranlaßte die Forschung dazu, in der vorhergehenden Epoche des Heranwachsens der christlichen Macht nach den Voraussetzungen für den christlichen Kultbau zu suchen und in den Versammlungsstätten der frühchristlichen Gemeinden die Vorbilder späterer Monumentaltypen zu sehen. So berechtigt dies von der einen Seite ist — denn nie ist das Neue die Schöpfung eines Augenblicks, sondern wurzelt oft in weit zurückführenden Zeiträumen — so ist doch zu bedenken, daß die Mannigfaltigkeit der frühesten Versammlungsorte, seien diese Privathäuser, Tempel, Synagogen, oder die unterirdischen Begräbnisstätten wohl manches von den Bauelementen aufwiesen, die später in der Monumentalarchitektur Verwendung fanden, daß aber die Übernahme des einen oder anderen dieser Elemente noch nicht genügt, um eine direkte Abkommenschaft dieses oder jenes weitverbreiteten Typus von jenen meist nur für ein engeres oder engstes Lokal giltigen und nur gelegentlich benützten Stätten zu erweisen.

Die weite Ausbreitung, die das Christentum in dem Zeitpunkte erlangt hatte, als es vor die Aufgabe gestellt war, sich einen monumentalen Kultraum zu schaffen, läßt von vorneherein schon in den Anfängen die größten Verschiedenheiten erwarten. Denn wenn wir uns die großen natürlichen, kulturellen und politischen Verschiedenheiten vor Augen halten, die die Gebiete des ersten Christentums hatten, und wenn wir bedenken, daß in fast allen diesen Ländern bereits eine starke Bautradition vorhanden war, so ist es notwendig, sie alle zunächst als gleichberechtigt für die Ursprungsfrage heranzuziehen und ihren Anteil an der Schaffung der Typen zu bestimmen. Folgende Lokale kommen dabei zunächst in Betracht: Syrien mit Palästina, Mesopotamien, Persien, Armenien, Georgien, Kleinasien, Griechenland (Byzanz), Adriaküste, Italien (und Alpenländer), Gallien, Spanien, Nordafrika und Ägypten. Es ist von größter Wichtigkeit sich diesen Umkreis im ganzen Umfange vor Augen zu halten. Denn jedem der gesamten Lokale muß in bestimmten Ausmaße sein eigener Anteil zugesprochen werden. Solange man deshalb das lokale Ganze nicht überschauen konnte, mußte jeder Versuch der Herleitung des einen oder andern Bautypus Konstruktion bleiben.

Aus dem Gesagten ergibt sich, daß die Einheit, die das Christentum selbst als Träger seines Kunstschaffens abgibt, nur bedingte Geltung besitzt. Gerade für die Ursprungs- und Entstehungsfragen der christlichen Baukunst muß bedacht werden, daß bei der durch die Unterschiede der Rasse, des Volkes, der kulturellen und sozialen Stellung gegebenen Vielseitigkeit dieses Trägers, ein gemeinsam und einheitlich Christliches nur schwerlich zur Entwicklung gelangen konnte[1]). Für die christliche Baukunst liegen die Verhältnisse vom Anfang an anders, als etwa für die altägyptische oder die griechische. Dort war es jedesmal ein einheitliches, wenig differenziertes Gebiet, ein Volk, ein Geist, der schaffend in Aktion trat, und die Religion war aus dieser Einheit geboren. Beim Christentum ist mit dem Zeitpunkte seines offiziellen Auftretens eine Vielheit in lokaler, ethnischer und kultureller Beziehung gegeben, die sofort dem einheitlichen Religionsgedanken entgegentritt, und diesen selbst zu differenzieren beginnt. Die Ausbildung der verschiedenen Nationalkirchen und die Sektiererei läßt dies schon von religionsgeschichtlichem Standpunkte aus erkennen. Dies ist auch der Grund, des immerwährenden künstlerischen Neuschaffens im Christentum. Denn während z. B. der Ägypter und der Grieche seine religiöse Bauform ein für allemal schuf und sie, soweit sie nicht in sich selbst entwicklungsfähig war, bis zum Untergange seiner kulturellen Macht im Wesentlichen beibehielt, hat das Christentum nicht nur mit dem Beginne seiner Bautätigkeit bereits mit einer Vielheit des Neuschaffens und der Entwicklung zu rechnen, wie sie der Vielheit der Voraussetzungen entsprach, sondern begann immer wieder vom neuen, sobald es neuen Kulturboden betrat oder eine neue kulturkräftige ethnische oder soziale Gemeinschaft zum Träger seiner Ideen wurde. Wohl blieb ein Gemeinsames vorhanden oder wurde bereits Vorhandenes fortgeführt, soweit überhaupt Kultur ein beständiges Wachsen und Verzweigen ein und desselben Stammes bedeutet. So wird es aber im strengsten Sinne kein einziges zeitlich etwa auf die ersten christlichen Jahrhunderte beschränktes Entstehungszeitalter der christlichen Architektur geben, ebenso wie auch nicht diesem oder jenem Gebiet allein das Recht auf die Schaffung der christlichen Architektur als Gesamtes zugesprochen werden kann. Immerhin kann mit gutem Grunde eine Zweiteilung eingehalten werden, die ein Entstehungszeitalter von einem Ausbreitungszeitalter scheidet. Als ersteres kann die Epoche gelten, in der das Christentum jene Ausbreitung beibehält, die es bereits in dem Momente des beginnenden baulichen Monumentalschaffens zur Zeit seiner Verstaatlichung innehatte (siehe oben), und in der alle damals christianisierten Gebiete zugleich an der Ausbildung der christlichen Architektur mitarbeiten. Mit Außerachtlassung der Ausbreitung nach dem Osten (Zentral- und Ostasien) kann die Zeit des Aufgehens der islamischen Macht als Abschluß des Entstehungszeitalters genommen werden. Von da an werden die südlichen und östlichen Mittelmeerländer für die christliche Eigenentwicklung durch den Islam ausgeschaltet, und das Christentum betritt sowohl im Westen (Romanik, Gotik) als auch im Osten (in der othodoxen Kirche) Nordeuropas in zwei selbständigen Zweigen neuen Boden. Mit

[1]) Aus diesem Grunde müssen auch alle rein vom liturgischen Standpunkte ausgehenden Erklärungsversuche scheitern.

dieser Ausbreitung beginnt die zweite Periode, die zum Teil auf dem Alten fortbauend den christlichen Kreis erweitert und in neue Bahnen lenkt.

Von diesen Voraussetzungen ausgehend, erscheint die Frage nach dem Ursprung der christlichen Bautypen und — worauf es hier im Besonderen ankommt — der christlichen Basilika[1]) sofort in ihrer ganzen Ausdehnung, aber auch in ihrer Beschränktheit, wenn man versucht, auf Grund der Gesamtheit der Denkmäler jene Gebiete abzugrenzen, in denen die Bauform von allem Anfange an ihre Ausbreitung hatte. Diese Grenzen lassen sich nach unserer heutigen Denkmälerkenntnis schon ziemlich genau bestimmen. Sie umfassen, kurz gesagt, als Schichte nur die Küstenländer des Mittelmeeres. Da die Grenzen im Süden an der afrikanischen Wüste, im Nordwesten an damals noch unchristianisiertem Gebiet verlaufen, so daß dort der Ausbreitung schon aus äußeren Gründen Schranken gesetzt sind, bieten nur die östlichen Grenzen ein besonderes Interesse, insoferne dort wohl christliches Gebiet anschließt, die Basilika aber keine Geltung gewonnen hat. Im Allgemeinen kann die arabische Wüste und die das Küstenland von dem kleinasiatisch-armenischen Hochlande trennenden Randgebirge als Grenzen des Basilikalbaues gegen Osten gelten. Wir erkennen sofort, daß es das ureigenste Gebiet der spätantiken (hellenistischen) Kultur, d. i. des ganzen Mittelmeerkreises ist, dem die Basilika entwuchs, während jenseits der Grenze die persische Weltmacht das äußere Zeichen für einen anderen Kulturkomplex bedeutet, auf dem das Christentum nicht weniger als im Westen Fuß faßte. Dieser östliche Teil greift in dem armenisch-kleinasiatischen Hochlande wie mit einem Fühler nach dem Westen, wobei sich als ein Übergangsgebiet zwischen diesen zentralen Teilen und den hellenistischen Küstenstrichen noch das nördliche Mesopotamien einschiebt. Gegenüber der geschlossenen östlichen Ländermasse (Irak und Iran) liegen diese drei vorgeschobenen ihrer Natur nach zum Osten gehörenden Gebiete (Nordmesopotamien, Zentral-Kleinasien und Armenien) noch einigermaßen im Bereiche der Mittelmeerkultur und sind damit — wie ja auch die politische Geschichte zeigt — von deren Geiste nicht unbeeinflußt geblieben. Wie sich der Kampf zwischen Hellenismus (holzgedecktes Langhaus) und Osten (tonnengewölbter Breitraum) in Nordmesopotamien abspielte, wurde Seite 374 ff. gezeigt. Wie die hellenistischen Züge (Säule, Holzdach, Lichtgaden u. s. w.) auch in jenen Teilen der Hinterländer eindrangen, wo die Natur dem Eindringen des Hellenismus den Weg freigab, habe ich a. a. O. gezeigt. In Kleinasien und Armenien sind die Tauruskettten die Grenze für eine intensivere Hellenisierung. Nur im südlichen Kappadokien gewährten die leichteren Übergänge dem Hellenismus und damit dem Langhaus ein weiteres Eindringen ins Innere, wobei sich aber sogleich der Wechsel in dem Übergange von hellenistischer Holzdecke zur östlichen Wölbung (Tonne) fühlbar machte (Binbirkilisse). Noch geringere Kraft hatte der Hellenismus naturgemäß in dem von Mittelmeer am weitesten abgelegenen Armenien, wo ebenso wie dort das Langhaus eindringt, sofort aber seiner hellenistischen Wesenszüge (Holzdecke, Säule, Lichtgaden) beraubt wurde[2]). Stehen somit das kleinasiatische und armenische Hochland ihrer natürlichen Zusammengehörigkeit und ihrer Zugehörigkeit zum östlichen Wölbungsgebiet den hellenistischen Küstengebieten als Einheit gegenüber, so haben wir doch innerhalb dieser Einheit ganz bedeutende Unterschiede an Zügen feststellen können, die einerseits Armenien, anderseits Kleinasien eigentümlich sind. Auch da ist es nicht schwer, die Entwicklung im Ganzen nach ihrer größeren oder geringeren Abhängigkeit vom Hellenismus zu bewerten. In dem leichter zugänglichen Kleinasien hatte der Hellenismus trotz der Taurusschranke immerhin noch mehr Gewalt als in Armenien, wenn er auch dort sein Wesen ändern mußte. Die Geschichte der beiden Länder, die teilweise wenn auch insulare Besiedlung mit griechischen Städten in Zentral-Kleinasien gegenüber dem einzigen Denkmal der Antike (Garni) in Armenien, die Reinheit, Zahl und verschiedene Dauer der griechischen Inschriften in beiden Ländern und die Stärke der nationalen Bewegung in Armenien gegenüber Kleinasien, dergleichen Tatsachen zeigen dasselbe Verhältnis wie die Kunsterscheinungen in beiden Ländern. In Kleinasien haben wir in der verhältnismäßigen Breite der Seitenschiffe, dem

[1]) »Basilika« als mehrschiffiger längsgerichteter Raumbau mit Holzdecke.

[2]) Armenien und Zentral-Kleinasien sind damit, was das Langhaus anlangt, nicht Ursprungs- sondern Ausbreitungsländer, wie etwa die als Ursprungsgebiet des Basilikalbaues bezeichneten Mittelmeerländer zum Teil auch Ausbreitungsländer des östlichen zentralen Wölbungsbaues wurden, wobei Armenien und Zentral-Kleinasien die Hauptvermittler waren. Dies wird deutlich, wenn man nicht, wie dies gewöhnlich geschieht, aus Einzeldenkmälern historische Schlüsse zieht, sondern die Gesamtheit im Auge hat. Erst das Aufweisen und die Erkenntnis geographischer Denkmälerschichten, soweit sie den Ursprung betreffen, können die Grundlage für die Erkenntnis historischer Ströme (Ausbreitung) abgeben. Vgl. mein »Breit- und Langhausbau«, S. 3.

Betonen der Langhausrichtung u. dgl. ein Festhalten am Hellenismus erkannt. Auch in der Verwendung jener eigentümlichen kleinasiatischen Säulenpfeiler der Schiffsarkaden ist leicht der geringere Widerstand abzuschätzen, den der Hellenismus fand. In Armenien wird dagegen die antike Säule kurzweg durch den Pfeiler ersetzt. Solche Beobachtungen würden sich folgerichtig weiterführen und vermehren lassen, wäre hier der Ort, darauf in Bezug auf die anderen Kunstkreise näher einzugehen. Hier sei nur noch ein Zug, die Wölbung, besonders herausgegriffen, der uns über den Rahmen der eben behandelten Ländergruppe hinausführen und in Parallele zu den Ergebnissen des Hauptteiles dieses Buches (Kuppelwölbung) hier, was die Tonne anlangt, eine zusammenfassende Darstellung erfahren soll.

Vergegenwärtigen wir uns nochmals die geographische Verteilung des holzgedeckten und gewölbten reinen Langhauses, so verläuft die Grenze zwischen beiden derart, daß die Trennungslinie das Küstengebiet des Mittelmeeres gegen das asiatische Binnenland abtrennt. Hier ist seit dem Altertum der Steinbau mit Holzdecke das Herrschende, dort bildet Mesopotamien den Ausgangspunkt des Tonnenbaues. Mit dessen Ausbreitung wird das kleinasiatisch-armenische Hochland, wie es seit jeher politisch und national den Puffer zwischen dem Westen und Osten bildete, auch künstlerisch ein selbständiges Ausgleichsgebiet zwischen beiden. Das Langhaus verbindet es mit der Mittelmeerkultur, die Wölbung mit der innerasiatischen Ländermasse. Die beiden Elemente werden dort erst durch das Christentum vereinigt. Auf Grund dieser geographischen Scheidung ist der geschichtliche Weg der Wölbung leicht zu ersehen. Sie dringt von Osten nach Westen vor. Mit dem Einsetzen des Christentums beginnt sie über ihre mesopotamischen Stammgebiete hinaus zudringen und nach dem Westen zu wandern. Die einzelnen Gebiete verhalten sich naturgemäß verschieden. Trotz des Ersatzes von Ziegel durch Stein, der durch Nordmesopotamien (Hatra, Tûr 'Abdin) ohne zeitliche Unterbrechung vorbereitet und vermittelt wird, erlangt die Wölbung im kleinasiatisch-armenischen Hochland gleich mit dem Einsetzen des Christentums allgemeine Gültigkeit. Die Einführung der Wölbung wurde bisher für Kleinasien durch die Schriftquellen belegt (siehe S. 391), nun bestätigen die frühesten armenischen Denkmäler, wenn auch eine inschriftliche Datierung aus dem 4. Jahrhundert noch nicht vorliegt, deren Vorhandensein zu dieser Zeit durch die Ausbildung und Kühnheit der Wölbungstechnik, wie sie z. B. in Ereruk erscheint. Mag auch dort am Anfange des 5. Jahrhunderts aus der Beibehaltung des Lichtgadens hervorgehen, daß man das Verhältnis von Tragfähigkeit der Mauern und Seitenschub der Wölbung noch nicht richtig einschätzen konnte, so ist gerade dieser Bau ein Beweis für den damals schon allgemein gewordenen Gebrauch der Wölbung, da sie sich selbst in einem Bautypus durchsetzen konnte, dessen Aufbau und Glieder bloß für die leichte Holzdecke berechnet waren. Damit rückt auch die Zeitstellung der kleinasiatischen gewölbten Langkirchen, die den Lichtgaden beibehalten, wie vor allem Birbirkilisse I[1]), deren Wölbung ohne Anlaß an die arabische Periode herangesetzt wird, in diese früheste Zeit als ein erster Versuch, die Wölbung der hellenistischen Basilika anzupassen.

Erhält also die Wölbung schon in den beiden ersten Jahrhunderten des offiziellen Christentums in diesen Gebieten allgemeine Geltung, so ist es leicht verständlich, daß die hellenistischen (Küsten-) gebiete an der Holzdecke festhalten. Behält auch die reine Basilika dort die Holzdecke immer bei, so zeigt sich doch bald gerade in den an die Wölbungsgebiete angrenzenden Ländern eine Einwirkung von dort aus, durch den Ersatz der Säule durch den Pfeiler. (Resafa, Zenobia, Ruweha, Kalb Luzeh etc.) im Gebiete des Djebel il 'Ala scheint sogar die mesopotamische Ziegeltonne im Basilikalbau Einfluß zu gewinnen[2]).

Ziehen wir nun den weiteren Kreis der christlichen Baukunst in Betracht, so ist insbesondere Byzanz ein Beweis für das allmähliche Vordringen des Wölbungsbaues von Osten nach Westen. Waren dort einzelne Vorläufer schon früher vorhanden (im Kuppelbau), so erreicht der Hauptstrom doch erst unter Justinian Konstantinopel. Man lese die auf diese Zeit bezüglichen Quellen zur Baukunst Konstantinopels[3]) und vergegenwärtige sich die Denkmäler, und man wird immer wieder den großen Umschwung bestätigt finden, der durch die Einführung der Wölbung das architektonische Stadtbild gänzlich umgestaltete. Allerdings ist es der Kuppel- und Zentralbau, den dieser

[1]) Strzygowski »Kleinasien«, S. 9 f.
[2]) »Breit- und Langhausbau«, S. 72.
[3]) Unger und J. P. Richter, »Quellen der byzantinischen Kunstgeschichte«.

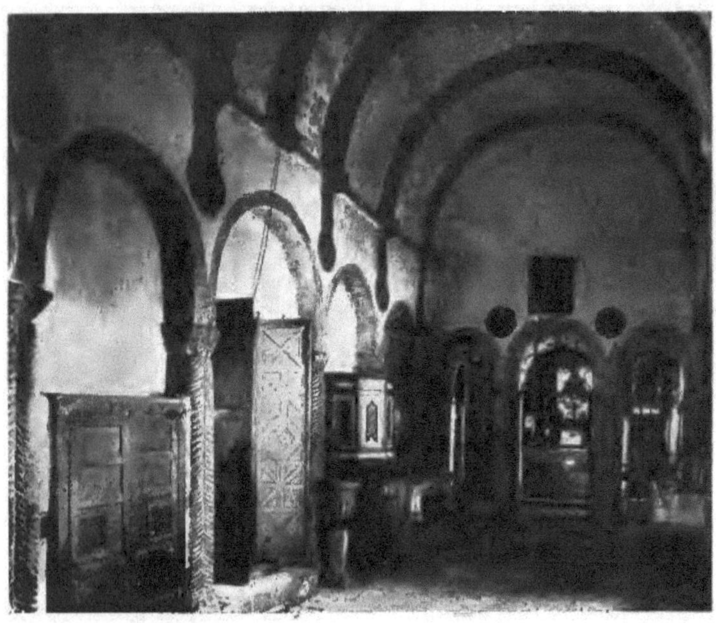

Abb. 754. Naranco, Sa. Maria: Inneres. Aufnahme Haupt.

Strom zum Herrschenden erhebt, und vereinzelte Vorläufer, z. B. San Vitale noch weiter nach dem Westen sendet. Die Basilika aber — und das ist für ihr hellenistisches Wesen bezeichnend — bleibt beim Holzdach (Ravenna) und findet ihr Weiterleben in den von dem ostwestlichen Hauptstrome noch nicht erreichten Gebieten der Adria und Italiens, ja ganz Westeuropas. Wenn nun am Anfang des Mittelalters in Frankreich und Deutschland die Wölbung im Basilikalbau allgemeine Geltung gewinnt, so entsteht die Frage, ob es dort nicht wieder derselbe Strom ist, der im Laufe der Jahrhunderte nach Westen vorgedrungen, die Verbreitung dieses Elementes mit sich brachte.

In Frankreich und Deutschland finden wir anfangs noch den holzgedeckten Langhausbau. Aber schon im Gefolge der Goten tritt in Südfrankreich, Spanien und der Lombardei neben der Wölbung das gewölbte Langhaus auf. Die Form der Wölbung ist die der Gurttonne, und gerade in Südfrankreich erhält sie sich noch lange, während im Norden die Weiterbildung zum Kreuz- und Rippengewölbe vor sich geht. Daß hier durch die Goten Vermittlung und Anregung gegeben wurde (Strzygowski, Aachen), kann nicht abgewiesen werden, wenn wir gerade in den Ländern ihres europäischen politischen Lebens (Norditalien, Südfrankreich und Spanien) die Erscheinungen finden, die eine Fortsetzung jenes ost-westlichen Stromes bedeuten. Zu diesen Erscheinungen gehört neben dem, was den Kuppel- und Zentralbau betrifft eben die Gurttonne.

Dabei ist die Frage zu erledigen: Woher haben die Goten die Gurttonne, konnte sie nicht auch dem europäischen Boden entsprungen sein? Wie konnte sie im Mittelalter eine solche Geltung erlangen, wo doch die Wölbungskunst Roms nach Konstantin aufhörte und die Tonne dort keine sonderliche Bedeutung hatte?[1]) Ohne daß hier eine Untersuchung im Einzelnen durchgeführt zu werden braucht, geben schon zwei Einzelmotive die Richtung für die Beantwortung der Frage. In jenen westgotischen Langbauten erscheint die Wölbung zusam-

[1]) Eine der vielumstrittenen Fragen findet damit in Kürze Erwähnung. Sie wird solange keine Lösung erfahren, als nicht die Kunstwissenschaft wie vor Jahrzehnten wieder die technisch struktive Entwicklung im Zusammenhang mit den Naturgegebenheiten einschätzen lernt. Man wird dann nicht z. B. die eine Wölbung (ob Tonnen- oder Kuppelwölbung etc.) hier und dort sehen, sondern Wölbung von Wölbung der Werkart nach scheiden und dann erst zur historischen Formulierung schreiten können. Daran scheint auch die Frage der römischen Wölbung zu hängen. Ob sie römisch oder östlich oder wie weit sie römisch oder östlich ist, muß eine Untersuchung ihres Systems und der Voraussetzungen desselben ergeben. In der heutigen Forschung haben Delbrück, Durm und Altmann dazu Grundlegendes beigeschafft. Die Lösung scheint in dem Sinne wahrscheinlich, daß der römische Boden wohl die Voraussetzungen für eine eigene Wölbungskunst hatte, daß es aber erst eines äußeren Anstoßes bedurfte, diese zur typischen Erscheinung zu bringen. Darauf werde ich in einer Arbeit über die Bäder Konstantinopels näher einzugehen haben.

men mit Hufeisenbogen und einem Ziergliede, mit dem die Wölbungsgurten ausgestattet sind: Die Gurten endigen nämlich in Scheiben, die durch einen schmäleren Hals vermittelt, wie an einem Bande beiderseits herabzuhängen scheinen (Abb. 745). Ist nun der Hufeisenbogen in den ersten christlichen Jahrhunderten ein im Besonderen dem kleinasiatisch-armenischen Hochland eigentümlicher Zug, so bilden jene Scheibenbänder einen Schmuck, der wiederholt als innere Ausstattung der armenischen Kuppeln zu finden ist (siehe z. B. Abb. 218). Armenien und die gotische Wanderung gibt also hier einen Schlüssel zu den Anfängen einer großen Entwicklung. Die Natur konnte dort der Aufnahme der Wölbung nicht im Wege stehen, wenn sie auch baulich nicht dazu drängte. Es bedarf allerdings erst genauerer Untersuchungen, ob der Boden aus Eigenem heraus der Einführung der Wölbung Vorschub leistete; die Diluvialebenen Galliens mochten im Besonderen für die Ziegelwölbung die Bedingungen bieten. Zu dem Übergange von der einfachen leicht herstellbaren Holzdecke zur Steinwölbung bedurfte es aber gewiß eines äußeren Anstoßes. Wenn aber die Möglichkeit dieses Anstoßes in der Zeit der Goten vorhanden war, wie kommt es dann, daß erst mit dem Beginn der »romanischen« Zeit die Wölbung zur Herrschaft gelangte? Auch hier war der nachwirkende Hellenismus der Grund dieses Hinausziehens. Wie in der Bildnerei und Malerei dieser Zeit dieser Hellenismus immer wieder seine Nachwirkungen geltend macht, so war es auch in der Baukunst. Solange man noch die antike Säule zur Verwendung hatte, solange wurde das Holzdach beibehalten. Als der Hellenismus besiegt war, gewann die bisher spontan fortlebende östliche Überlieferung ihre Kraft und wies der neuen Eigenkultur jenen Weg, der in der Gotik zur Befreiung führte.

Soweit Glück. Es verbindet sich zwar der europäische Mittelmeerkreis zu einem Ganzen, in dem die hellenistische Geistesmacht die Erscheinungen in ihrem Verhältnis zum vordringenden Osten bestimmt, aber daneben tritt in der Zeit der Völkerwanderungen ein Landweg, der bezeichnet wird durch die Goten und die in ihrem Gefolge ziehenden armenischen und kleinasiatischen Baumeister.

C. Die östliche Strömung im Westen (Romanische Kunst).

Der Wetteifer, der zwischen Armeniern und Georgiern bezüglich der Herleitung ihrer Bauformen besteht, kommt erst recht in Schwung, sobald auch noch das Abendland seine Erstgeburtsrechte in diesem Rahmen zu vertreten sucht. Italiener, Franzosen und Deutsche ringen hier um die Palme der Erfindung. Und doch ist der Streit zum guten Teil noch mehr hinfällig als im Osten, weil in Europa noch stärker das verbindende Dritte, der Norden in Betracht kommt. Er vermittelt wie der Drehpunkt eines Zirkelausschlages zwischen Europa und Asien, von allen in der Mitte und im Süden zwischen Osten und Westen wandernden Strömungen (S. 715), deren Träger vorgeführt wurden, abgesehen. Diese rein geographisch offensichtliche Tatsache wird gern grundsätzlich ausgeschaltet. Rivoira, der den Westen ganz in Abhängigkeit von Rom bringen will, wie die christliche Kulturwelt überhaupt, wagt seine Aufstellungen ja nur, weil er sich von der herrschenden humanistischen Strömung getragen fühlt. Hier tut Besinnung not und ich hoffe, daß sie das vorliegende Buch anbahnen wird. Renan hatte die Begabung der Deutschen für das Aufspüren der Ursprungszusammenhänge anerkannt, Mâle[1]) verwahrt sich heute dagegen: »Leurs romans ne resistent pas aux faits et ne tardent guere à devenir risibles.« Die Arbeit, die ich in Vorderasien im Laufe von Jahrzehnten geleistet habe, schützt mich hoffentlich vor dem Verdachte, daß ich Romane schreiben wollte. Zudem freue ich mich während der Kriegszeit selbst an einem der tüchtigsten Fachmänner Frankreichs, an Gabriel Millet, eine Stütze gefunden zu haben, wenigstens soweit der Südstrom in Betracht kommt. Obwohl er die Zeitstellung der armenischen Bauten kaum kennt, zieht er in seinem vorstehend oft erwähnten Werke »L'école grecque dans l'architecture byzantine« Schlüsse, wie ich sie »Amida«, Seite 274 f., in einem eigenen »Mesopotamien und das Abendland« betitelten Abschnitte vorgebracht hatte[2]). M. de Vogüé und Dieulafoy hatten von Syrien und Persien aus schon versucht, eine ähnliche Forschungsrichtung anzuregen, ersterer,

[1]) S. 499. Von ihm gleich ausführlich. — [2]) Vgl. auch »Der Ursprung der romanischen Kunst« (Zeitschrift für bildende Kunst XIV (1913), S. 295 f. Dazu »Kleinasien, ein Neuland«, S. 206 f. und schon »Der angebliche Stillstand der Architekturentwicklung von Konstantin auf Karl dem Großen« (Zeitschrift für Bauwesen LIII, 1903), S. 3. 629 f.

indem er 1865 in seinem »La Syrie centrale«, Seite 18 f., an den von ihm neu entdeckten Denkmälern, wie ich heute an den armenischen zu zeigen suchte, daß sie bereits vor den Kreuzzügen auf Frankreich gewirkt haben müßten, letzterer, indem er von Iran ausgehend, die Gotik auf Anregungen von Viollet le Duc hin bis nach Iran in ihren Voraussetzungen zu suchen begann[1]). Beide kannten Armenien nicht, damit auch nicht einer der unmittelbaren Vermittlungsträger in christlicher Zeit.

Sobald der entwicklungsgeschichtliche Weg über Armenien eingeschlagen wird und man Syrien und Iran zurücktreten läßt, bekommen die Bemühungen von Vogüé und Dieulafoy erst Hand und Fuß. Der Analogieschluß, den man bei Annahme der Bezeichnung »Romanische Kunst« nach dem Vorbilde der romanischen Sprachforschung gemacht hatte, sinkt in nichts zusammen. Die Kunst des frühen Mittelalters im Abendlande, die man noch im zweiten Viertel des 19. Jahrhunderts »byzantinisch« nannte, ist kein aus dem Römischen wie etwa die romanischen Sprachen aus dem Lateinischen entstandener Dialekt. Dem Fortleben des Lateinischen bei den Kirchenschriftstellern steht ein völliger Zusammenbruch der Baukunst gegenüber. An Stelle des hochentwickelten Gewölbebaues tritt der rein zweckmäßig volkstümliche Basilikenbau mit Holzdach. Aus diesem führt kein Weg zum Gewölbebau des Mittelalters. Völker, wie die Germanen, ahmen nicht nach, fangen nicht an, indem sie aus Trümmerstätten Tonnen- und Kreuzgewölbe nachbilden, wie wir gern annehmen, sondern geben sich nur einem lebendig wirksamen Strome gefangen.

Im allgemeinen dürfte die Entwicklung so verlaufen, daß die Bauformen, die im Osten schon im 4. Jahrhundert örtlich nebeneinander liegen, im Laufe der Jahrhunderte, von Einzelfällen abgesehen, in breiter Schicht hintereinander auftreten, wobei es bezeichnend ist, daß zuerst die holzgedeckte Basilika durch die von Mesopotamien ausgehende Wölbungsart ersetzt, dann allmählich die scheinbar armenischen Formen der Ausstattung und erst zuletzt — immer von dem Auftreten in breiter Schicht gesprochen — mit der Renaissance die Einzelkuppel der Armenier sich durchsetzt. Vorausgegangen war in Aquitanien der iranische Vielkuppelbau in der Längsrichtung oder im Kreuz.

Ich werde mich nachfolgend naturgemäß lediglich mit Fragen der Gestalt beschäftigen, d. h. mit dem, was im Rahmen der östlichen und nordischen Strömung des Abendlandes — wie ich die romanische und gotische Kunst nenne — fremder Einfluß ist. Ich hoffe damit die immer dringender notwendig werdende Scheidung zwischen Gestalt und Form auch für die Baukunst des Westens auf vergleichend entwicklungsgeschichtlichen Boden zu stellen. Während des Krieges ist in der Behandlung solcher Grundfragen der Kunstforschung eine Willkür und Verwilderung eingerissen, die nach sachlicher Ernüchterung schreit. Ich nehme daher absichtlich den unerhörtesten Fall einer solchen Herabwürdigung der Wissenschaft zum Ausgangspunkt.

Rivoira schon hatte in seinem Werke »Le origini della architettura lombarda« besonders im zweiten Bande gutartig übertrieben. Im Juli 1916 aber begann ein französischer Kunstforscher von Ruf, Emile Mâle, in der Revue de Paris eine Reihe von Aufsätzen, »Études sur l'art allemand«, in denen er aufgelegt feindselig[2]) zu zeigen unternahm, daß Deutschland auf dem Gebiete der bildenden Kunst nie etwas erfunden habe. Mâle beschränkte sich dabei auf die Kunst des Mittelalters, die er selbst eingehender durchgearbeitet hat. Was für das Mittelalter gelte, meint er verallgemeinernd, stimme auch für die neuere Zeit, der Beweis dafür würde leicht zu erbringen sein. Mâle setzt dabei »Deutscher« gleich »Germane« und beruft sich auf Fustel de Coulanges, der gezeigt habe, daß diese Barbaren in viel zu geringer Zahl in Gallien eindrangen, um die keltische Rasse ändern zu können.

Wie wäre es, wenn man ohne Voreingenommenheit untersuchte, inwieweit es berechtigt sei, dem Westen schöpferische Taten im Gebiete der bildenden Kunst des Mittelalters zuzuschreiben? Scheint es uns im Abendlande nicht nur so, als hätte die »romanische« Kunst ihren Ursprung und ihre vollendetste Entwicklung in Frankreich und am Rhein gehabt? Ist das, was wir dort beobachten, nicht die Übertragung einer älteren, im Osten nachgewiesenen Entwicklung auf europäischen Boden und sind nicht gerade die »Gallier« in der Baukunst Nachahmer und nicht Selbstschöpfer gewesen, außer etwa im Aufbringen wechselnder Moden? Haben wir es nicht in erster Reihe ihnen zu danken, daß Europa sich selbst verlor und der Wiederbelebung der alten Kunst des Mittel-

[1]) Vgl. den Schlußabschnitt seiner »L'art antique de la Perse« V, S. 145 f.: »Origines perses de l'architecture française du moyen âge.«

[2]) Vgl. die Antworten deutscher Kunstforscher in den Monatsheften für Kunstwissenschaft, 1917.

meerkreises Tür und Tor öffnete? Wenn die »gotische« oder wie ich sie nenne, die europäische Nordkunst so fest im gallischen Boden verwurzelt wie die griechische oder armenische in dem ihrigen, also eine wahrhaft nationale wäre, hätte man sie dann so leicht gegen die Renaissance aufgegeben? Sind nicht vielmehr alle »Stile«, die vom neueren Italien und Frankreich gemeinsam ausgehen, Moden gewesen, das Romanische ebenso wie die Renaissance u. s. w. bis zum 19. Jahrhundert? Solche Fragen bringt die Målesche Verstiegenheit in Fluß. Es wäre leicht, ihn durch die Aussagen seiner eigenen Landsleute zu schlagen. Für die »romanische« Kunst hat der angeführte Millet im Sinne meiner Arbeiten die Wege nach dem Osten als Ursprungsland geebnet. So zeigt er »L'école grecque«, Seite 40f., daß die Hallenkirche ohne Lichtgaden, also die ausgesprochen orientalische Gattung der dreischiffigen Tonnenkirche, wie sie in der Auvergne und im Poitou heimisch geworden ist, ihren Weg u. a. über Kreta und Hellas nahm[1]. Hatte ferner schon Magne darauf aufmerksam gemacht, daß die Kirchen der Haute-Loire und des Puy-de-Dôme aus dem 12. Jahrhundert die Art der Apsiden der Peribleptos von Mistra darin zeigen, wie die Apsidiolen auf Giebel oder Halbgiebel gestützt sind, und nahm er dabei eine Bewegung von West nach Ost an, so stellt wieder Millet, Seite 92, richtig: diese Art sei den orientalischen gewölbten Basiliken ohne Lichtgaden eigen und dringe vom Osten in das Innere Frankreichs. Hellas biete Belege dieses Überganges. Ich greife für meine Person zunächst in das rein bauliche Gebiet fallende Fragen heraus und gehe auf die Ausstattung erst später ein.

a) Gewölbe.

Für Mâle (S. 507 f.)[2] ist gleich die Gewölbekirche eine alleinige Erfindung der Franzosen. Die Lombarden hätten die durch Bogen verbundenen Lisenen, das Würfelkapitell, den Stützenwechsel, die Dreipaßanlage und die Nischen in den Konchen zuerst im christlichen Kirchenbau angewendet und nach Deutschland gebracht. Eines aber hätten sie selbst von den Franzosen übernommen, die Wölbung. Welche Folge übereilter Behauptungen! Alle die genannten Formen sind schon da, seit das Christentum in Armenien Staatsreligion wurde und die längsgerichtete Kirche mit Tonne, die im 5. Jahrhundert eingedrungen war, ist dort bereits wieder vom Kuppelbau zurückgedrängt, bevor sie noch in Frankreich überhaupt bestand. Sollte jeder Zusammenhang Armeniens, ob nun mit der Lombardei, den Franken oder Deutschen fehlen?

Mâle läßt nichts gelten, weil er die wichtigsten Tatsachen nicht kennt. Für ihn hat Abt Hugo 1088 in Cluny die erste Gewölbekirche in Angriff genommen. »Seule, de toute les nations de l'Occident la France à su résoudre le problème de l'église voutée.« Die Lombardei käme dafür nicht in Betracht. S. Ambrogio in Mailand habe erst kurz vor 1156 dank dem französischen, d. h. spitzbogigen Kreuzgewölbe (croisée d'ogives) die Wölbung, die lombardischen Kirchen überhaupt hätten die Anregung dazu von der Provence übernommen. Er ergießt eine Flut von Hohn über die Deutschen, die Speyer und Mainz in den Gewölben auf Heinrich IV. zurückführten, jenen Kaiser, der, indem er sich vor Gregor VII. verneigte, dem Genie von Cluny zwischen 1080—1100 huldigte. Lasteyrie und Rivoira erst hätten da zum Rechten gesehen; diese Kirchen seien holzgedeckt gewesen und hätten erst ein halbes Jahrhundert später das Ansehen französischer Dome gewonnen. Die erste Kirche dieser Art, Laach, sei eine Kopie von Vezelay. Es seien die Cistercienser gewesen, die das burgundische Kreuzgewölbe nach Deutschland gebracht hätten, bevor dann die spitzbogige Form ihren Einzug hielt. Ich überlasse es den Sonderforschern, sich im Einzelnen mit diesen Aufstellungen auseinanderzusetzen und mache nur eine allgemeine Einwendung.

Hätte Mâle sich etwas mit den Arbeiten über den christlichen Osten beschäftigt, dann wäre er vielleicht nicht so unüberlegt in seinen Behauptungen gewesen. Nicht Frankreich hat erst das Gewölbe im christlichen Abendland eingeführt, sondern schon die Goten. Die Zeiten sind wohl endgültig vorbei, in denen man die kaukasischen Gewölbebauten nur durch abendländische Einflüsse zu erklären wußte, den Tonnenbau mit Gurten aus dem Romanischen, den Spitzbogen und Bündelpfeiler aus dem Gotischen, so daß die hierher gehörigen Bauten natürlich über ein halbes Jahrtausend jünger gemacht werden mußten als sie es sind[3]. Wir wissen jetzt, daß der Tonnenbau der christlichen Kirchen von Meso-

[1]) Vgl. Gerola, »Monumenti veneti«, S. 188 f., Gazette des beaux arts, 59. Jahrg., 3. Per., XVII, S. 139.

[2]) Ich führe die französische Ausgabe an. Vgl. immer die deutsche Übersetzung in den Monatsheften für Kunstwissenschaft, im gegebenen Fall S. 30 des SA. — [3]) Vgl. oben S. 57 und 187.

potamien ausgeht, in Kleinasien und Armenien sich ausbreitet und können heute weitergehen: diese altchristliche Wurzel wurde auf verschiedenen Wegen, vor allem durch die Westgoten nach Oberitalien, an den Rhein, Gallien und Spanien verpflanzt. Es ist also ein unnützer Streit, Deutschland und Frankreich gegeneinander auszuspielen: beide übernehmen aus dem Strome, der schon seit dem 4. Jahrhundert von den Gewölbekirchen des Ostens herübergetragen wird. Die Wölbung kann ebenso unmittelbar vom Osten zu den Germanen gelangt sein, wie zu den Slawen (S. 742, 759, 773).

Freilich einfach ist ja der Beweis nicht. Selbst Konstantinopel beginnt seine religiöse Bautätigkeit mit der holzgedeckten Basilika, läßt diese aber bald auf[1]) und nach dem 5. Jahrhundert findet sie sich nur noch vereinzelt[2]). Es ist merkwürdig, daß selbst hier in der Reichshauptstadt des Ostens das Gewölbe nicht mit der Basilika Eingang gefunden hat[3]). Ja selbst Kuppelbauten in Holz hat es dort gegeben. Doch liegen in Ravenna z. B. Spuren des tonnengewölbten Längsbaues vor; so war die Basilika des Bischofs Ursus vom Ende des 4. Jahrhunderts vielleicht gewölbt[4]). Für Mailand und die Lombardei habe ich schon »Kleinasien«, Seite 211 f., auf Gewölbebauten seit der Zeit des heiligen Ambrosius geschlossen. Die Wölbung wird dorthin wie nach dem Balkan mit Umgehung der Hauptstadt unmittelbar vom Osten gewandert sein[5]). Und dieser Weg, sei es zu Wasser oder zu Lande um Konstantinopel — und Rom — herum, muß im Auge behalten werden, will man verstehen, warum weder die byzantinische noch die römische Kirche in ihrer Ausbreitung die tonnengewölbte Basilika mit sich führten. Eher könnte man an die Arianer denken, aber in dieser Richtung ist ja noch gar nichts gearbeitet. Jedenfalls wird in Spanien klar, daß dort durch die Westgoten der gewölbte Tonnenbau eingeführt wurde. Es werden daher, wie ich das schon »Kleinasien, ein Neuland«, Seite 206 f., »Amida«, Seite 275 f. und »Altai-Iran«, Seite 288 f. begann, alle Spuren zu sammeln sein, die auf Spaniens Verbindung mit dem Osten hinweisen. Auch Glück hat Seite 796 f. dazu Beiträge geliefert. Ich möchte hier nur noch auf einen Fall hinweisen, der Fäden zum armenischen Basilikenbau aufzudecken scheint[6]). Man vergleiche Abbildung 755, die westgotische Kirche San Juan von Baños de Cerrato[7]), die Rivoira erst für das 12. Jahrhundert gelten lassen will, die aber — ursprünglich oder ersetzt — eine Inschrift des Recesvinthus von 661 trägt und in der Wiederherstellung des ursprünglichen Planes von Alvarez mit dem Seite 340 gegebenen Grundriß der ersten Anlage von Tekor, übereinstimmt. Der rechteckige Chor in Tekor ist nach Thoramanian erst später durch den runden ersetzt worden, zugleich kamen die Seitenflügel und der Außenumgang dazu wie in Baños. Und noch mehr: auch Tekor zeigt den Hufeisenbogen, der in Baños durchgeht. Ich denke also, man wird doch etwas vorsichtiger mit der zeitlichen Entwertung der altspanischen Bauten vorgehen müssen, als es Rivoira tat, trotzdem er sich scheinbar eingehend mit Armenien beschäftigt haben will (vgl. dazu bes. S. 361). Ähnlich Dieulafoy »Geschichte der Kunst in Spanien« 1913, der sich auch zwischen Byzanz und dem Islam als Trägern keinen Rat weiß (vgl. bes. S. 102 f.).

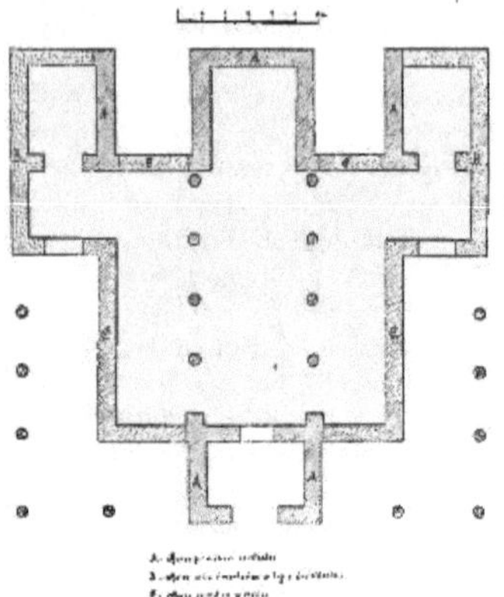
Aufnahme Alvarez.
Abb. 755. Baños, San Juan: Grundriß.

Das Kreuzgewölbe. Es tritt in Armenien nur ausnahmsweise gegenüber dem herrschenden Tonnengewölbe auf, schlägt dagegen letzteres im Abendlande völlig aus dem Felde, trotzdem das Tonnengewölbe auch dort ursprünglich vorherrscht. Dieses gegensätzliche Verhalten der beiden Gebiete wird gern auf den Einfluß der Denkmäler römischer Zeit zurückgeführt. Es lohnt die Mühe, die beachtenswerte Tatsache hier im Wege des Vergleiches vorzunehmen.

Abbildung 342 zeigte das Kreuzgewölbe über der Vorhalle von Irind (S. 131 f.). Es ruht auf Wandarmen ebenso wie im Westteil des Dreipasses von Alaman (S. 160). Beide Denkmäler gehören der altchristlichen Kunst an, Irind ist vielleicht älter als

[1]) Diehl, Manuel, S. 406.
[2]) Millet, »L'école grecque«, S. 15 f.
[3]) Vgl. oben S. 753.
[4]) Vgl. meinen Aufsatz »Ravenna ein Vorort aramäischer Kunst«, Oriens christianus N. S. V. (1916), S. 104 f.
[5]) Vgl. auch Millet, a. a. O.
[6]) Vgl. für die spanische Gruppe Vicente Lampérez y Romea, »Historia de la arquitectura cristiana española en la edad media«, Band I (1908) und die dort angegebene reiche Literatur. Dazu Rivoira, »Architettura musulmana«, S. 245.
[7]) Lampérez y Romea a. a. O., I, S. 145 f., Rivoira, S. 258.

Alaman, das 637 entstand. Das Kreuzgewölbe kommt auch sonst gern z. B. in den Nebenräumen der Apsis vor (wie in Artik, S. 76 f.) oder es liegt hinter den Pfeilern der Kuppel mit Mittelstutzen wie in Bagaran, S. 95 f.). Immer aber findet es sich nur in Kuppelbauten, nie an längsgerichteten Kirchen. Es ist also kein Einschlag, der etwa mit dem Römischen oder der griechisch-syrischen Strömung der Kirche nach Armenien gelangt, sondern eine dort im Zuge der nationalen Bewegung auftretende Werkform[1]). Warum hat sie nun in Armenien nicht den durchschlagenden Erfolg wie im Abendlande gehabt, warum blieb sie immer hinter den ursprünglichen Wölbungsarten von Tonne und Kuppel im Hintergrunde?

Die Lösung der Frage scheint mir einfach: Armenien geht vom Mauerquadrat aus und auch die Einführung der Basilika mit ihren Stützenreihen durchbricht diese Einstellung des Denkens nicht (S. 545). Dagegen geht das Abendland von der Stützenreihe aus, legt also die Decke nicht auf die Wand, sondern auf einzelne tragende Punkte. Das ist der Ausgangspunkt der Vorliebe für das Kreuzgewölbe, nicht die Nachahmung des Römischen[2]). Ich habe oben Seite 479 darauf angespielt, daß das Kreuzgewölbe mit dem iranischen Übereckgewölbe (S. 365 f.) in irgendeinem Zusammenhange stehen könnte. Mismiyeh gab den Anlaß dazu. Wie beim Hängezwickel mag die ursprünglich recht und schlecht hergestellte Form dann erst in den hellenistischen Großstädten mathematisch überlegt worden sein. Auch die mesopotamischen Tonnen mit in der Art des Kreuzgewölbes gelagerten Ziegeln (S. 385) kommen für den, der ernstlich alle Entstehungsmöglichkeiten des Kreuzgewölbes erwägt, in Betracht. Sofia bietet ein Beispiel des Weges nach Europa. Das Kreuzgewölbe muß daher nicht unbedingt von Frankreich nach der Lombardei und Deutschland gegangen sein; der natürliche Weg ist vielmehr bis ins 12. Jahrhundert der von Ost nach West.

b) Stützenwechsel.

Wenn ich den Ersatz der Art des Forschens von Riegl, Schmarsow und ihrer Anhänger, sagen wir der gedanklich aufbauenden Richtung, durch die geschichtliche Tatsachenarbeit und die Entwicklungsgeschichte fordere, so ist die Art, wie man das Aufkommen des Stützenwechsels zu erklären sucht, ein guter Anlaß diese grundsätzliche Frage zu erläutern. Mâle kämpft (S. 498 f.) gegen die deutschen Forscher, indem er ihnen die Herleitung des Stützenwechsels aus dem Holzbau in den Mund legt. In Gernrode sollen 961 Säulen zum erstenmale mit Pfeilern wechseln. Solchen Behauptungen habe Rivoira einen Riegel vorgeschoben durch den Nachweis, daß der Stützenwechsel in Gernrode erst aus dem 12. Jahrhundert stamme. Das älteste Beispiel sei vielmehr St. Michael in Hildesheim, im Jahre 1015 begonnen. Bernward habe das Motiv aus der Lombardei mitgebracht. Dort sei in S. Felice e Fortunato bei Vicenza der Stützenwechsel bereits 985 aufgewiesen und die Deutschen hätten diese Entdeckung von Cattaneo-Rivoira[3]) absichtlich verschwiegen. Schluß Seite 501: il est prouvé aujourd'hui que les Lombards ne sont pas les élèves des Germains mais leurs maitres.« Im gegebenen Falle gibt selbst Mâle zu, die Lombarden hätten vom Oriente gelernt. Seit dem 5. Jahrhunderte beobachte man den Stützenwechsel in S. Demetrios in Salonik, in Kleinasien und Syrien. Wo so viele Formen geboren seien, werde man eines Tages ohne Zweifel auch den Ursprung dieser Neuerung finden. Resafa wirke fast lombardisch, obwohl es sicher vorislamisch sei. Und nun gibt es für Mâle nur einen Weg: Im 11. Jahrhundert dringe das Lombardische nach Mittelitalien (S. Miniato 1013 begonnen), wie nach Deutschland (St. Michael 1015 begonnen), der hl. Bernward bringe den Stützenwechsel zugleich mit dem Würfelkapitell nach Hildesheim. Sein Bau mache Schule, daneben beginne der Zuzug von Lombarden selbst. Der Dom zu Zürich begonnen 1104 und der von Salzburg, Reichenhall, das Portal der Jakobskirche von Regensburg und der Dom zu Klosterneuburg (1114—1136) bezeichneten ihre Wege (S. 503).

Mâle urteilt wieder ganz einseitig. Die Antike hat den Stützenwechsel als Schicht ebensowenig gekannt wie die Kuppel über dem Quadrat. Beide setzen sich vom Osten aus in hellenistischer Zeit durch. Daneben ist bisher die Möglichkeit eines Landweges im Norden unbeachtet geblieben, obwohl auch der Stützenwechsel früher als in Gernrode 961 und der Michaelskirche zu Hildesheim nach 1015 daraus erklärt werden könnte.

[1]) Für Syrien vgl. Butler, Part II der amer. Expedition »Architecture an other arts«, S. 26.

[2]) Dagegen spricht schon, daß gerade Südfrankreich das Kreuzgewölbe ablehnt.

[3]) »L'architettura in Italia«, S. 228; »Le origini«, S. 290 f.

Ich lasse ganz dahingestellt, ob die Annahme des Stützenwechsels und der Pfeiler von Vicenza wirklich für das Jahr 985 beglaubigt sind. Mâle selbst weist auf die älteren Beispiele im nahen Oriente hin, ohne Armenien zu beachten. Auch hier wieder macht er den Leser glauben, in Deutschland sei nur eine Stimme darüber, den Stützenwechsel aus dem Holzbau zu erklären, indem man Holzsäule und Steinpfeiler wechseln ließ. Ich glaube, nicht einmal eine so wertvolle Arbeit wie Schmarsows »Kompositionsgesetze des Mittelalters« hätte Mâle hindern können, auf solche Trugspiegeleien zu verzichten.

In Wirklichkeit wird der Fall so liegen, daß der Stützenwechsel eine Erscheinung ist, die die Durchdringung des Gewölbebaues von Tonne oder Kuppel einerseits, der hellenistischen Basilika anderseits zeitigte. Ich habe, »Kleinasien«, Seite 110, auf Kodscha Kalessi, und »Amida«, Seite 274, auf Resafa hinweisen können. Der armenische Boden ist für die Frage insoferne wichtig, weil er stärker jedenfalls als das mit dem monolithen Steinpfeiler arbeitende Kleinasien, die andere Teilströmung der ganzen Bewegung, den gemauerten Pfeiler, vertritt. Wenn grundsätzlich erkannt ist, daß neben der holzgedeckten Säulenbasilika schon seit dem 4. Jahrhunderte die gewölbte dreischiffige Pfeilerbasilika besteht, in Armenien seit dem 5. Jahrhundert, dann wird man den Streit um den Ursprung des Stützenwechsels nicht auf dem Boden von Oberitalien, Frankreich, Deutschland oder Byzanz (wie Schmarsow) auskämpfen, sondern eben nach den Mittelgliedern auf dem Wege vom Osten nach diesen Ländern suchen [1]).

Fasse ich zusammen, so zeigt sich, daß eine ganze Reihe von Zügen, die als grundlegend für die »romanische« Kunst gelten können, im Laufe von Jahrhunderten durch die Klöster, die Goten, die Kreuzfahrer, im Wege des Verkehrs und nicht zuletzt durch wandernde armenische Künstler selbst vom Osten herübergewandert sind. Man wird daher gut tun, wenn auch nicht auf die verfehlte Bezeichnung »byzantinisch«, so doch auf die damit einst annähernd gegebene Richtung zurückzugreifen und von einer östlichen Kunst im frühmittelalterlichen Abendlande zu sprechen. Dabei ist freilich Voraussetzung, daß der Westen tatsächlich geneigt war, solche Zuflüsse von außen aufzunehmen. Darüber aber kann kein Zweifel sein, wenn man erhaltene Bauwerke wie das Grabmal des Theoderich, Germigny-des-Prés oder den Dom zu Aachen u. a. auf ihre Bodenständigkeit hin ansieht.

c) Ausstattung.

Die armenischen Kirchen, sowohl die ausschlaggebenden Kuppel- wie die Längskirchen, legen auf den Außenbau Gewicht, und zwar aus einem sehr einfachen Grunde: weil der Bau freisteht, nicht wie im Abendland in altchristlicher Zeit durch einen Hof eingeleitet wird. Es ist daher wahrscheinlich, daß die westliche Kunst schon in der ersten, vom Osten abhängigen Strömung in der Auflassung des Hofes und der Entwicklung von Schauseiten, dann aber auch in deren Ausstattung armenische Züge hervortreten läßt. Dazu kommen Einzelzüge. Wir sahen in Armenien an den Kuppelbauten zwei Kreise von Schmuckformen getrennt nebeneinander zuerst und dann vereint auftreten, die ein halbes Jahrtausend später den Kern der Bauausstattung des Abendlandes bilden: Bogenleiste, Bandgeflecht und Blendbogen, Dienst, Würfelende u. dgl. m. Dazu das trichterförmig abgestufte Eingangstor. Liegt da Übertragung vor, selbständige Entwicklung aus den gleichen Voraussetzungen, oder vermittelnd eine dritte Quelle, aus der um die Mitte des ersten Jahrtausends Armenien, am Beginn des zweiten der europäische Westen zuerst und dann der Steinbau des Nordens schöpft?

Ich habe mit dieser Aufzählung drei Möglichkeiten genannt, die wahrscheinlich alle drei nebeneinander bestehen. Die Hauptsache ist, daß wir ernstlich beginnen, dieser Art Forschung nachzugehen und die Vorstellung von dem angeblichen Stillstand der Kunstentwicklung in der Zeit von Konstantin bis Karl den Großen und an das Jahr 1000 heran aufzugeben [2]). Nicht verfallende und wiedererstehende Antike ist die Grundlage, auf der sich die Kunstblüte des Westens im Bauen der ersten Hälfte des ersten Jahrtausends entfaltet, sondern es scheint ausgesprochen die schöpferische Kraft des Nordens, die die neuen Wege einschlägt, ob nun im fernen Osten oder auf dem Boden der eigenen Heimat [3]). Eine so hingebungsvolle Arbeit wie die von Haupt, »Die älteste Kunst, insbe-

[1]) Vgl. dazu meine Besprechung von Schmarsow in der Theologischen Literaturzeitung 1916, Sp. 513 f.

[2]) Vgl. meinen Aufsatz, »Der angebliche Stillstand der Architekturentwicklung von Konstantin bis auf Karl den Großen«, Zeitschrift für Bauwesen LIII (1903), Sp. 629 f. — [3]) Vgl. »Altai-Iran«, S. 273 f.

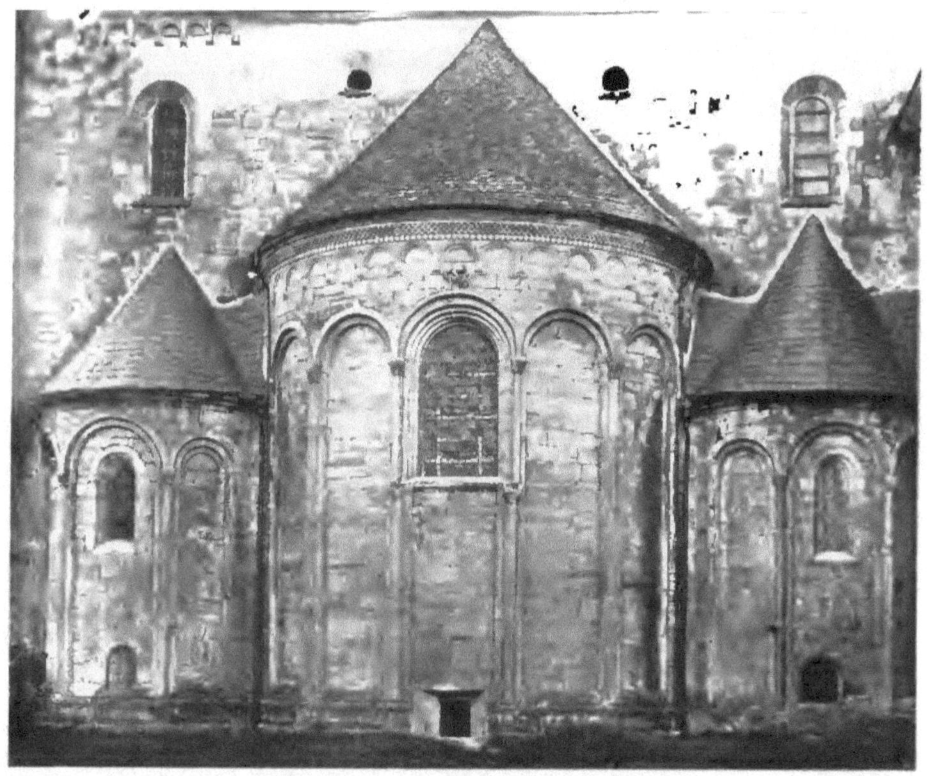

Abb. 756. Gurk, Dom, Ostseite: Die drei Apsiden. Aufnahme Wiha 1913.

sondere die Baukunst der Germanen«, 1909 mußte scheitern, weil darin der germanische Norden als ein für sich bestehendes Gebiet behandelt und nicht der notwendige Einblick in die Tatsache gewonnen war, daß der Norden noch in der Werdezeit seiner christlichen Kunst ein Bestandteil des eurasiatischen Gebietes ist, wir also kaum über seine Denkmäler urteilen können, ohne den Osten genauer zu kennen. Ich habe für diese Forschungsrichtung mit meinem »Altai-Iran und Völkerwanderung« die Bahn zu brechen gesucht. Haupt in seiner Besprechung des Buches anerkennt[1]) denn auch, daß es endlich ein Zusammenwirken der Ost- und Nordforscher zu gemeinsamem Endziel verspreche. Ich hoffe, daß Armenien einen tüchtigen Schritt vorwärts bedeutet, und möchte hier die Spuren auf dem Gebiete der Ausstattung kurz zusammenfassen. Dabei fällt doch sehr auf, daß die abendländische Kunst nicht die Formen der Ausstattung übernimmt, die in Armenien im tonnengewölbten Längsbau üblich waren, sondern ihre Längsbauten mit Zügen des armenischen Kuppelbaues ausstattet. Auch die durch den Islam nach dem Abendland übermittelten Zierate der iranischen Verkleidungskunst schließt sie in ihrer östlich gerichteten Zeit aus und hält sich gerade nur an die Steinverkleidung in Armenien, die sie im reinen Steinbau weiterführt. Vielleicht ist das nicht Zufall.

Der Steinbau. Ich habe schon »Altai-Iran«, Seite 288 f., darauf verwiesen, daß der Steinbau in Gallien und bei den Franken bis auf die Zeit der Gotik nicht nur durch die hellenistischen Voraus-

[1]) Kunstchronik 1916/17, Sp. 320.

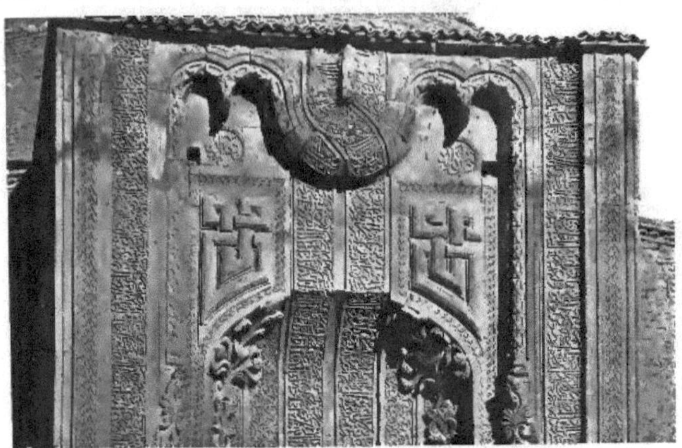

Aufnahme Berggren.
Abb. 757. Konia, Indsche Minareli Dschami: Oberer Abschluß des Torbaues.

setzungen, sondern nicht minder auf die Zuwanderung der Westgoten und ihr Gefolge (von unter anderen armenischen Künstlern) zurückzuführen sein dürfte. Der Gegensatz, den Venantius Fort. carm. II, 19, zwischen römischer und barbarischer Art macht, weist unmittelbar auf eine solche Sachlage hin. Die »Manus gothica« ist ebenso in Spanien und am Grabmal des Theoderich vorhanden, wie in den späteren romanischen und gotischen Bauwerken ex quadris oder sectis lapidibus nachwirkend. Ich habe schon, »Der Dom zu Aachen«, Seite 56, darauf verwiesen, daß auch die Meister und Werkleute, die Karl der Große für den Dombau de omnibus cismarinis regionibus berief, zum Teil aus Ländern stammen könnten, die nicht gerade nur jenseits des Kanals zu suchen sind, wo übrigens der Holzbau, das Opus scoticum, vorherrschte. Es ist selbstverständlich, daß der reine Steinbau Wandlungen gegenüber der Plattenverkleidung über Gußmauerwerk aufweisen muß. Die Magistri commacini könnten, wie Seite 442 und 738 angedeutet wurde, in Italien ebenso Träger der armenischen Art gewesen sein, wie die manus gothica in Gallien. Daß die Bezeichnung Commagene in dieser Zeit noch geläufig ist, bezeugt die Vita Severini, die einen Ort Comagenis bei Tulln a. d. Donau erwähnt[1]). Einen christlichen Gewölbebau aus Kaisum in Commagene findet man »Amida«, Seite 268 f., und Repertorium f. Kunstwiss. XXXV, S. 483 f. veröffentlicht (Dschindeirmene).

Bogenfriese. Es ist bekannt, welch ausgiebige Verwendung davon die romanische Baukunst gemacht hat[2]). Man wird daher fragen, ob die frühen Beispiele aus Armenien (S. 345) neben solche des Abendlandes — ich gebe als anschaulichen Beleg nachfolgend mehrere Aufnahmen des Domes zu Gurk in Kärnten — gestellt werden dürfen. In Armenien hängen die Bogen vom Dachrande herab, die Dreiviertelbogen sind wie aus einer Leiste geschnitten. Im Romanischen läuft der »Bogenfries« ebenfalls den Dachrand entlang, wenn er sich entfernt, wie in Abbildung 758, so ist das offenbar spätere Umbildung. Aber es besteht scheinbar ein sehr wesentlicher Unterschied von der armenischen Art: die Bogen sitzen im Abendlande gern auf Kragsteinen. Daher urteilen Dehio und Bezold I, Seite 705, sie stammten aus der Backsteintechnik. Mir will aber scheinen, daß der Kragstein doch nicht die ursprüngliche Voraussetzung des Bogenfrieses ist. Es gibt Beispiele genug, in denen er fehlt. Dehio und Bezold selbst bringen, Tafel 317, solche, ebenso Hasak, »Handbuch der Architektur« II, Seite 18, und andere, man blättere daraufhin auch Rivoira, »Le origini«, und Brauns Zusammenstellung durch. Es wird sich dann herausstellen, daß die armenische Art des ohne Wandarm hängenden Bogens im Wesentlichen lombardisch ist, also eher mittelbar von Armenien als unmittelbar aus der nordischen Holzbaukunst, woher ich ihn in Armenien leitete, übernommen ist. Es ist auch sehr bezeichnend, daß er an den skandinavischen Stabkirchen fehlt[3]). Daher zweifle ich, ob Haupt, »Die älteste Kunst«, Seite 157, mit der Herleitung aus der nordischen Holzbaukunst durchaus recht hat.

Neben solchen Familienzusammenhängen blieben immer Wanderungen von Künstlern, sei es abendländischer nach dem Oriente, sei es armenischer und anderer nach dem Westen anzunehmen. Ich möchte für letztere Annahme einen Beleg vorführen, der vielleicht zu weiterem Beobachten

[1]) Ed. Mommsen, Register.
[2]) Rivoira, »Le origini« II, S. 152 f., leitet sie natürlich aus Rom her.
[3]) Vgl. Dietrichson und Munthe, »Die Holzbaukunst Norwegens«.

Anlaß geben mag. Es handelt sich um den schmukken Karner zu Mödling bei Wien, der dem Rundbau nach Süden einen Torvorbau anlegt, in den unten das trichterförmige Tor, darüber eine Laube untergebracht ist[1]). Über den vier Spitzbogen dieser Laube erscheint als Abschluß der tiefliegenden Rahmung ein bewegter Fries, in dem drei herabhängende Lappen mit Lilien dazwischen wechseln. Der gleiche Fries auch am Rundbau selbst und der Apsis unter dem Dach. Mir fällt auf, daß die Einheit, aus der sich diese Friese zusammensetzen: herabhängende Rundlappen zwischen zwei in eine Spitze zusammenlaufende Bogen genau wie in Mödling als Abschluß des tiefliegenden Feldes eines Torvorbaues vor die Kuppel der Indsche Minareli Dschami in Konia vom Jahre 1258 etwa gelegt ist (Abb. 757[2]). Im altchristlichen Kirchenbau Syriens kommen ähnlich fortlaufende Bogen vor.

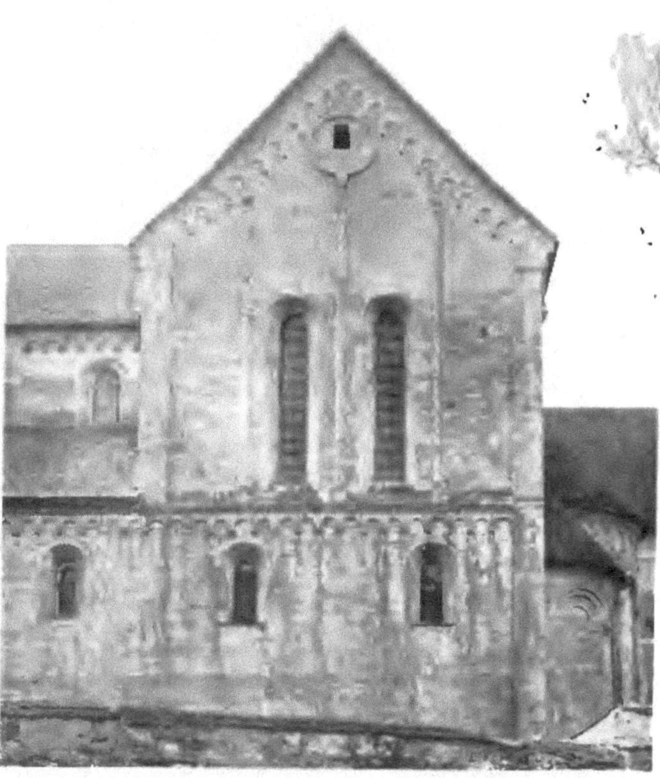

Abb. 758. Gurk. Dom: Südseite des Querhauses. Aufnahme Gisbart.

Mehrflächigkeit. An dem Karner zu Mödling wie an Gurk fällt eine Ausstattungsart auf, die ich als Mehrflächigkeit in einem ähnlichen Sinne bezeichnen möchte, wie davon schon »Altai-Iran«, Seite 204 f., im Rahmen der Kleinkunst die Rede war. In der Großkunst werden damit Wirkungen erzielt, die dem Mittelmeerkreise in griechisch-römischer Zeit unbekannt waren. Ich erinnere an ein besonders bezeichnendes Beispiel, die Westseite der Stiftskirche von Heiligenkreuz bei Wien[3]). Man sieht dort, wie die Mittelfläche der Wand zurücktritt, und aus diesem Abheben zweier Flächen ein wesentliches Ausstattungsmittel gemacht ist. Mancher dürfte den Eindruck gewinnen, daß ein solcher Gedanke nur entstehen konnte bei dem Bogenfries ohne Kragsteine, d. h. wenn die Bogen hängend empfunden wurden. Sie senken sich wie ein Vorhang über die Wandfläche herab.

Die gleiche Mehrflächigkeit nun ist Seite 442 f., 515 f., 502 f. auch in Armenien nachgewiesen worden. Man blicke zurück auf die Schauseiten der Kathedrale von Ani und wird neben dem bereits oben, Seite 528, erwähnten ⊓-förmigen Aufsatze, der in Abbildung 000 das Tor umfaßt und Abbildung 554

[1]) Bezüglich der Abbildungen verweise ich auf Band IV der Arbeiten meines Instituts: Donin, »Romanische Portale in Niederösterreich.« Ich gebe nachfolgend nur solche Abbildungen, die in diesem Werke nicht enthalten sind. Für Mödling vgl. Donin Tafel III und S. 61 f.

[2]) Vgl. meine »Bild. Kunst der Gegenwart«, S. 50 f.

[3]) Vgl. Donin, »Romanische Portale in Niederösterreich«, Fig. 48.

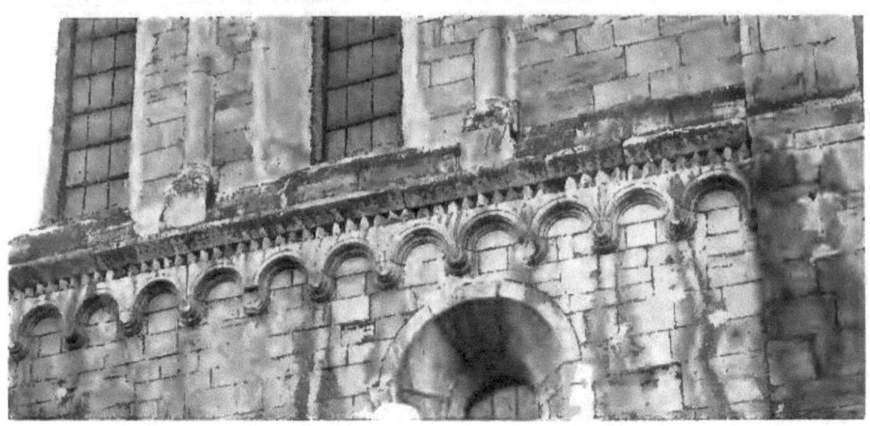

Abb. 759. Gurk, Dom: Einzelheit von der Südseite des Querhauses. Aufnahme Gnhart.

die Torwand oben zwischen Kreisfenster und Spitzbogen abschließt, vor allem die Tatsache feststellen, daß sowohl an Ani wie in Marmaschen (S. 515) die Blendbogen, die den ganzen Bau umziehen, in die Wand eingetieft sind, also die unter dem Dache beginnende Wand höher liegt als die Wandfläche unter den Bogen. Die Doppeldienste tragen die obere Wandfläche. Diese Zweiflächigkeit scheint mir die gleiche wie in Heiligenkreuz, nur sind dort die Dienste verkümmert und die ganze Arbeit nicht sinngemäß zustande gekommen bzw. erhalten. Besser fügt sich in den Rahmen des Vergleiches die Ausstattung der Südseite des Querhauses von Gurk (Abb. 758)[1]. Man sieht dort im Giebel den gleichen Vorhang, freilich derber und ohne Randprofil; aber der Zusammenhang nach der armenischen Art hin ist noch deutlich durch die dünnen Wülste mit ihren Würfelenden, die sich als Begleiter eines mittleren Kreisträgers wie ein Gespinnst über die Fläche legen. Ich gebe Abbildung 759 noch eine Einzelheit, den unter der Giebelwand hinlaufenden Bogenfries mit den Sägezähnen (ursprünglich in Persien über Eck gestellte Ziegel) und der Schräge darüber, die ein Geflecht aus vier dreistreifigen Bändern schmückt. Man nehme dazu das wie ein Trichterschlitz nach innen verjüngte Fenster darunter und sage dann, ob die Anklänge an armenische Art, wie sie in der Ausstattung stecken, reiner Zufall sein sollen[2]. Es gibt jedoch eine Baugruppe, die auch im Abendlande völlig in der armenischen Art vorgeht, das sind die bekannten Kirchenbauten des 11. bis 13. Jahrhunderts in Toskana, deren Mehrfarbigkeit ich schon mit Armenien zusammenbrachte[3].

Der Dom zu Pisa, am Anfange des 12. Jahrhunderts vollendet, das Baptisterium und der schiefe Turm zeigen alle die gleiche Blendbogenausstattung wie der Dom zu Ani und wie dieser mit einem Dienst, der die oben vorstehende Wand trägt und aufsteht auf drei Stufen, die wie an den armenischen Bauten außen an der Wand emporsteigen. Ich gebe den unteren Teil des Baptisteriums Abb. 760). Man wird zugestehen: es muß ausdrücklich, damit sich die Sachlage zu klären beginnt[4], gesagt werden, das sei nicht eine Einzelheit aus Armenien, sondern von den Dombauten zu Pisa. Die Toskanischen Bauten bekommen nur dadurch ein anderes Gesicht als die armenischen, daß auf die untere mehrflächige eine obere durchbrochene Wand gesetzt wird, eine Einführung, die von den Blendbogen angeregt sein mag, aber ihr Vorbild in den spätantiken Theater- und Denkmal-

[1]) Vgl. die Kunsttopographie des Herzogtums Kärnten und verschiedene Schriften Schnerichs.

[2]) Vgl. meinen Beitrag zu Ilgs »Charakterbilder aus Österreich-Ungarn«, S. 76. Dazu J. Wagners »Monographie«, der den lombardischen Einschlag durch die Inschrift auf einem Stein des Südportals zu erklären sucht, worin ein Wido = Witho, ein lombardischer Fürst genannt wird, der in der Verbannung die Kirche erbaut habe.

[3]) Vgl. Lehmann-Haupt, »Materialien zur älteren Geschichte Armeniens«, S. 74. Im christlichen Armenien freilich ist von der farbigen Ausstattung der Wände, wenigstens in dem Teile, den ich bereiste, wenig Gebrauch gemacht (S. 215); aber vielleicht ist es im Wangebiet anders. Achthamar gibt ja dafür Fingerzeige. Vom Islam ist dann jedenfalls die Farbigkeit völlig in der wahrscheinlich iranischen Art verbreitet worden, die wieder z. T. auf die Ausstattung des Zeltes zurückging.

[4]) Vgl. dazu schon mein »Amida«, S. 217 f.

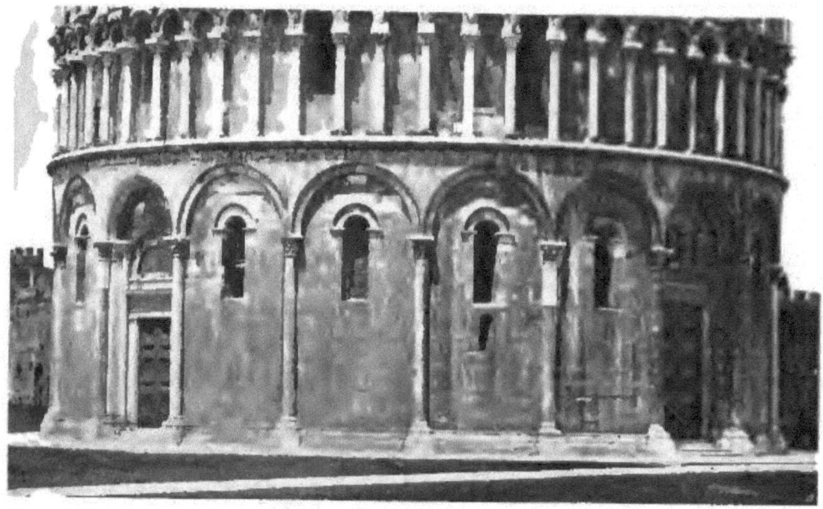

Abb. 760. Pisa, Baptisterium: Erdgeschoß. Aufnahme Alinari.

schauwänden hat, wie eines heute noch in La Turbie aufrecht steht[1]). Die Blendbogen gehen in Toskana zusammen mit der Verkleidung der Wände durch Marmorplatten (Inkrustation), so daß also auch das Werk selbst, nicht nur die Gestalt, auf das Herüberwirken armenischer Überlieferungen hinweist[2]).

Blendbogen. Haben die Blendbogen schon im Toskanischen eine wichtige Rolle seit dem Schluß des 12. Jahrhunderts gespielt, so fehlt ihre Kenntnis auch in der Baukunst des Nordens nicht. Ich gab als Beispiel die Ostansicht des Domes von Gurk (Abb. 756), die mich schon 1893 an armenische Bauten, wie den Dom zu Ani, denken ließ[3]). Die dünnen, wie ein Gespinst über die Wände gelegten Dienste mit ihren Knäufen sind durchaus in dem Geiste gehalten, den ich oben Seite 551 zu kennzeichnen suchte[4]).

Der Dienst. Es ist auffallend, daß sich im Abendlande der Dienst langsamer durchzusetzen scheint als in Armenien. Vielleicht zeigt sich eben darin die Vorherrschaft der mit der holzgedeckten Basilika im Norden eingeführten Säule und der nur allmähliche Übergang zur ausgesprochenen Flächenkunst, die in Armenien von vornherein den Ausschlag gab und gegen die auch die kirchlichen Bestrebungen des 5. Jahrhunderts auf die Dauer nichts ausrichten konnten.

Damit im Zusammenhange steht die Beibehaltung von Kapitell und Basis im Westen und daß es im Abendlande viel seltener ist, oberes und unteres Dienstende in gleicher Weise behandelt zu sehen. Ich kann aus diesen Fragen keine neue Untersuchung machen und will nur andeuten, wie sich die Dinge, von Armenien aus gesehen, darstellen.

Das Würfelende. Es war oben S. 441 f. davon die Rede, daß es sich beim Würfel um eine arische Urform in Holz handeln könnte. Armenien stünde dann im Osten in ähnlicher Weise am Schluß einer Osten und Westen vom Norden her umfassenden Entwicklung, wie wir uns auf der andern Seite die germanischen Völker daran teilnehmend denken müßten. Tatsächlich kommt das »Würfelkapitell« in der »romanischen« Kunst so häufig vor, daß es für diese Kunstrichtung als

[1]) Vgl. Daremberg-Saglio, Dictionnaire IX, S. 512 f. (Abb. nach Formigé). Dazu Neumann, Neue Heidelberger Jahrbücher V.

[2]) Vgl. Behne, »Der Inkrustationsstil in Toskana.« Dazu meine Besprechung, Byz. Zeitschrift XXII (1913), S. 298. Rupp, »Inkrustationsstil der romanischen Baukunst in Toskana« 1912 ist mir nicht zugänglich.

[3]) Bei Ilg, a. a. O. Die Arbeit von Fastenau »Romanische Bauornamentik in Süddeutschland« 1916 bietet reichen Vergleichsstoff. Man vergleiche u. a. Tafel XIII/XIV (Portale von Schloß Tirol) mit den oben S. 291 f. aus Achthamar gebrachten Belegen von Tieren übereinander. Vgl. auch Schöngrabern (Donin, Schöngraberns romanische Kirche).

[4]) Man vergleiche auch das schachbrettartige Zahnschnittmuster aus der kleinen Kirche von Thalin, oben S. 162.

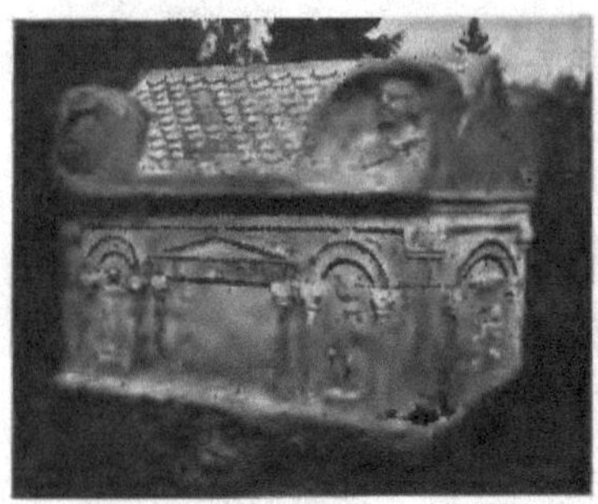

Aufnahme Rivoira.
Abb. 761. Lambrate, Sarkophag.

eines der Hauptmerkmale der Kennzeichnung verwendet wird. Nur über die Herleitung ist man nicht einig. Haupt sieht darin eine »Erfindung«, die das antike Kapitell ablöst und seine eigentliche Ausbildung erst in dem deutschen frühromanischen Stile erhalten hätte[1]). Er anerkennt nur Vorstufen, die der Drehbank ihren Anfang zu verdanken schienen. Das eigentlich Neue und Fruchtbringende sei in der Richtung zu finden, die schon das byzantinische Trapezkapitell eingeschlagen hätte. Vielleicht urteilt er anders, wenn ihm jetzt die breite Schicht der armenischen Würfelendigungen bekannt wird. Das byzantinische Kämpferkapitell ist nur eine Abart davon.

Ist es möglich, daß die Armenier das Würfelende nach der Lombardei brachten und es von dort aus nach dem Norden seinen Weg fand? Mâle läßt es, wie Rivoira (Le origini II, S. 593), unter Bezugnahme auf den Sarkophag von Lambrate (Abb. 761) in Oberitalien selbst entstanden sein (vgl. S. 441)[2]). Wahrscheinlich sei es schon an den ältesten lombardischen Kirchen aufgetreten, das älteste erhaltene Beispiel sei freilich erst an S. Abondio in Como, 1013 begonnen, zu finden. Das Würfelkapitell der Krypta von S. Marco zu Venedig[3]) sei jünger. In Bologna, Modena u. a. O. vorkommend, sei es in der Lombardei doch vor reicheren Formen zurückgetreten. Aber die lombardischen Meister hätten es überallhin verbreitet. So nach S. Chrysogono zu Zara, einer Kopie von S. Maria in Bergamo. Am Anfange des 11. Jahrhunderts hätten sie es nach Deutschland gebracht. St. Michael in Hildesheim sei im Oberbau (1033 vollendet) das früheste Beispiel. Es handle sich also um keine deutsche Erfindung; wenn auch die deutschen Forscher das Würfelkapitell vom Holzstil herleiteten. Während Frankreich nicht müde würde in immer neuen Erfindungen, glaube Deutschland durch zwei Jahrhunderte im Würfelkapitell das letzte Wort der Kunst gefunden zu haben.

Ich sehe von der Absicht, zu kränken ab und möchte nur zu dem Grundsatz Stellung nehmen, daß eine Form erklärt erscheint, wenn sie im Süden nachgewiesen ist. Sie gilt dann, nimmt man als selbstverständlich an, vom Süden nach dem Norden übertragen. Wie sieht diese Methode der alten Schule, für die Mâle ein leuchtendes Beispiel ist, im Lichte der neuen, in Armenien zutage gekommenen Tatsachen aus? Dort gehören die Würfelköpfe zum ältesten Bestande, werden wohl schon im 4. Jahrhundert angewendet und erst später dann durch den Knauf verdrängt. Nicht um vereinzelte Beispiele handelt es sich dabei, sondern um eine breite Schicht wie später in Oberitalien und Deutschland. Sollte da wirklich kein Zusammenhang bestehen, entweder durch vermittelnde Träger oder dadurch, daß in beiden Fällen der Norden der gebende Teil ist?

Unteres Ende, Eckverbindung. Die romanische Basis geht von der attischen aus. Sie wandelt sich, aber der Zusammenhang bleibt doch immer durchsichtig. Doch hat sie einen ihr durchaus allein eigentümlichen Zuwachs zu verzeichnen, jenes Glied, das Dehio und Bezold I, Seite 666, die Eckverbindung nennen. Sie leiten diese Eckzier, die den Übergang von der quadratischen Fußplatte zum runden Wulst herstellt, aus der Lombardei her. Ich möchte nun darauf aufmerksam machen, daß diese Eckverstärkungen in einzelnen Beispielen auch in Armenien nachweisbar sind. Ich ließ sie oben nur weg, weil sie eben nicht in breiter Schicht auftreten. Den Rest einer solchen Basis fanden wir vor der Apsis im Ostteil des Palastes von Zwarthnotz (S. 268). Abbildung 762 gibt eine flüchtige Zeichnung. Zwischen Platte und Wulst vermitteln Eckansätze, die so bestoßen waren, daß sich ihre ursprüngliche Form kaum noch feststellen ließ. Von einem zweiten Beispiele finde ich ein Lichtbild unter den Aufnahmen Thoramanians (Abb. 763). Hier sind die Eckverbindungen gut erhalten und stellen sich dar als

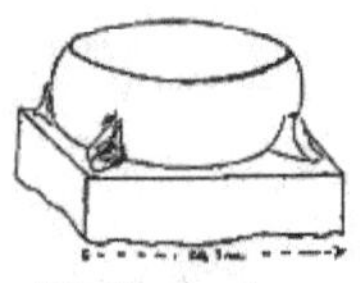

Abb. 762. Zwarthnotz, Palast: Unteres Dienstende.

[1]) »Die älteste Kunst«, S. 80. Worringer »Formprobleme der Gotik« S. 94 macht sich seine formpsychologischen Annahmen leicht, indem er die Tatsachen der Entwicklung wie einst etwa Bötticher beiseite schiebt.

[2]) Ich möchte hier erinnern an jenen Sarkophagsteinmetzen des Theoderich, Daniel, der Armenier gewesen sein soll. Vgl. S. 737. Wenn nicht er selbst, so könnte ein anderer armenischer Meister der Schöpfer des Sarkophags von Lambrate sein. Über die Zulässigkeit einer solchen Annahme vgl. meinen Aufsatz im Journal of hell. studies, XXVII (1907), S. 99 f. Ich leitete schon damals die ganze Gruppe aus der kilikischen Ecke her.

[3]) Vgl. auch Rivoira, »Le origini« II, S. 260, 523, 563.

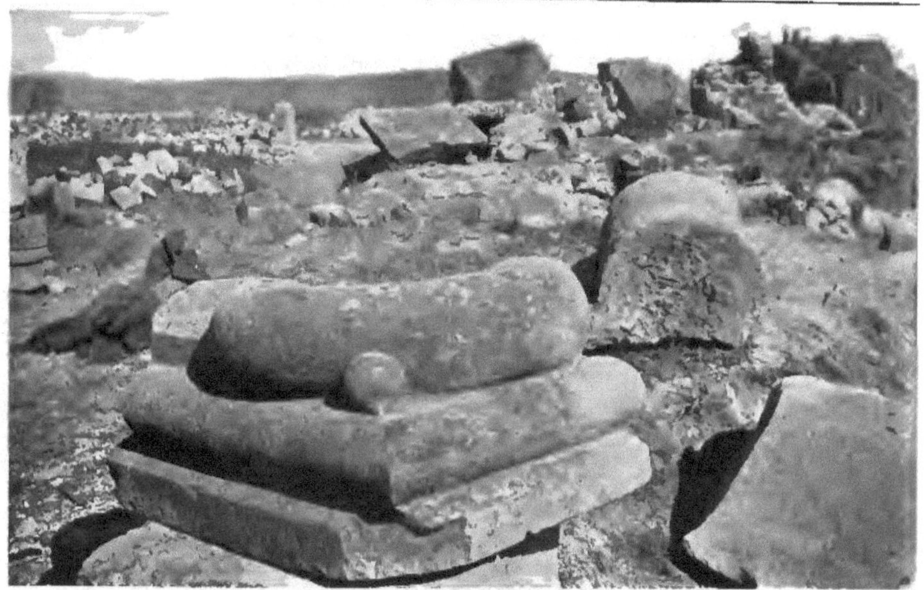

Abb. 763. Ani, Trümmerfeld beim gestürzten Minaret: Unteres Dienstende. Aufnahme Thoramanian.

nach der Ecke zugespitzte Kugeln. Der runde Wulst darüber und der quadratische darunter sitzen über einer niedrigen Fußplatte.

Das Trichtertor. Das romanische, die Tür nach außen trichterförmig verbreiternde Tor gehört zu den eigenartigsten Formen der bildenden Kunst des Mittelalters im Abendlande. Man hat sich vergeblich bemüht, das Werden dieser Ausdrucksform — denn der Trichter zieht den Nahenden geradezu in das Gotteshaus hinein — vorzuführen. In Armenien sieht man sein allmähliches Entstehen deutlich vor sich. Ich gebe Abbildung 764 noch ein Beispiel in Ketscharus aus dem 13. Jahrhundert (von der Nordseite der Kathoghike), an dem man die endgültige Form mit dem hufeisenförmigen Spitzbogen und drei in die Stufen gestellten Diensten vor sich hat. Die Neigung zur Trichterform, wie sie zuerst innen an den Kuppeltrichtern, dann außen an den Dreieckschlitzen auftritt, mag dazu geführt haben, diese Form auch bei Tor und Fenster anzuwenden. Nur bleibt zu erklären, warum das Fenster sich nach innen [1]), die Tür nach außen öffnet. Entscheidend wird wohl sein, daß in einem Fall mit dem Zustrom gerechnet wurde, während beim Fenster die Unbilden der Witterung von außen her fernzuhalten waren.

Ähnliche Gründe lagen auch im Abendlande vor, man lese nach, was Dehio und Bezold I, Seite 697 f. darüber sagen. Bei den bisherigen Versuchen, das Werden des romanischen Tores zu erklären, ist mit dem armenischen Tatsachenmaterial nicht gerechnet worden, auch nicht in der in meinem Institute ausgeführten Arbeit von Donin »Romanische Portale in Niederösterreich« [2]), weil damals die Sichtung des armenischen Stoffes noch nicht so weit vorgeschritten war. Bei der Hauptfrage, wie kommt der Dienst und die Stufe auf, wird wohl auf die Möglichkeit der Übertragung von Armenien in die Lombardei oder unmittelbar nach Frankreich und Deutschland in Zukunft Bedacht genommen werden müssen. Auch die armenischen Vorbauten sind zu beachten. Es scheint, daß dort unter den Trägern auch Löwen vorkamen. Man stößt öfter auf einzelne Steinlöwen, so in

[1]) Vgl. dagegen Gurk, oben Abb. 758 f.

[2]) Arbeiten des Instituts, Bd. V (erschienen im Jahrbuch der Zentralkommission für Denkmalpflege IX, 1915, wo die Nennung der Arbeitsstätte durch den Herausgeber verweigert wurde).

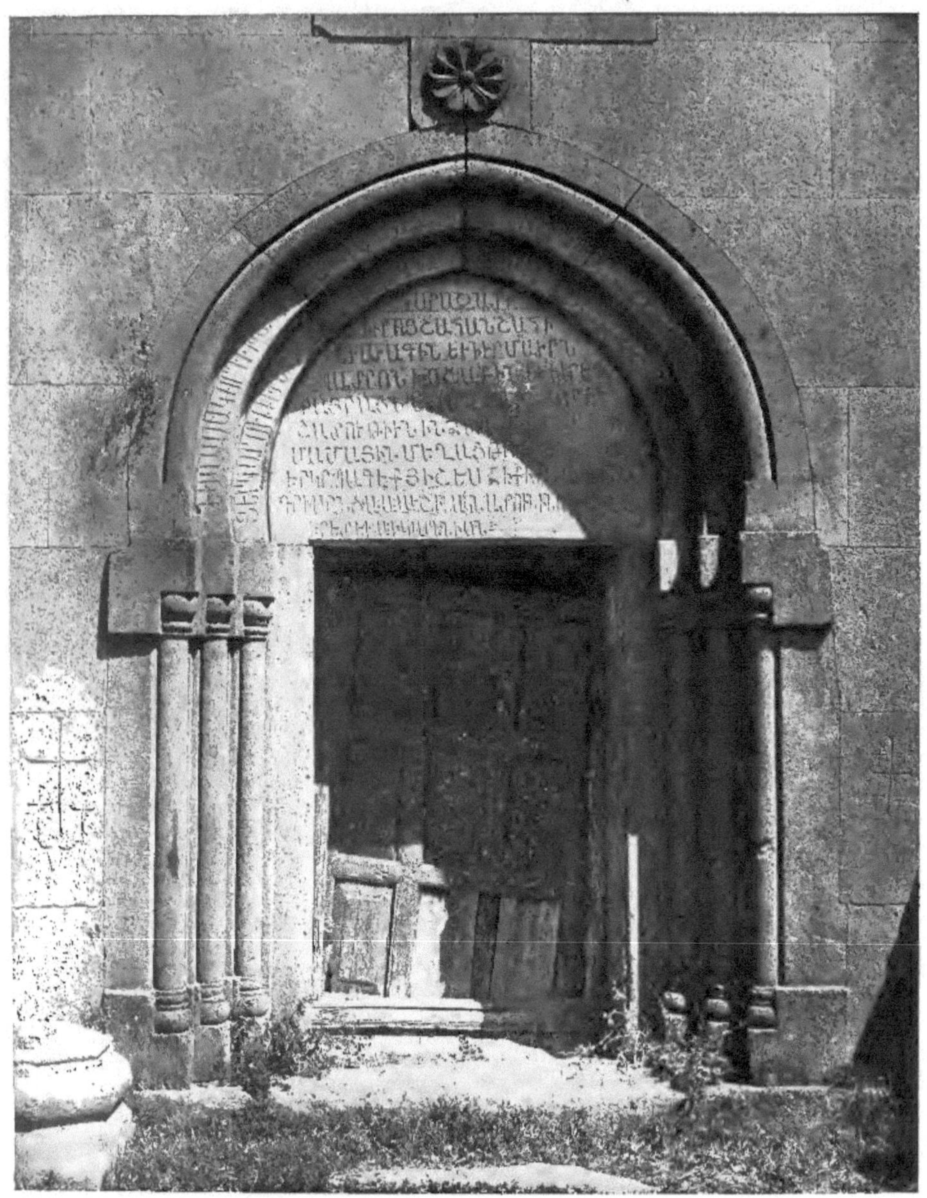

Aufnahme Jermakov 15853.

Abb. 764. Kloster Ketscharus, Kathoghike: Nordtür.

der Sammlung Karaniantz in Alexandropol[1]). Die Doppelsäulen an einzelnen lombardischen Portalen bis herauf zu Bramantes Portalbau von Abiategrasso (1496) sollten mit Armenien verglichen werden[2]).

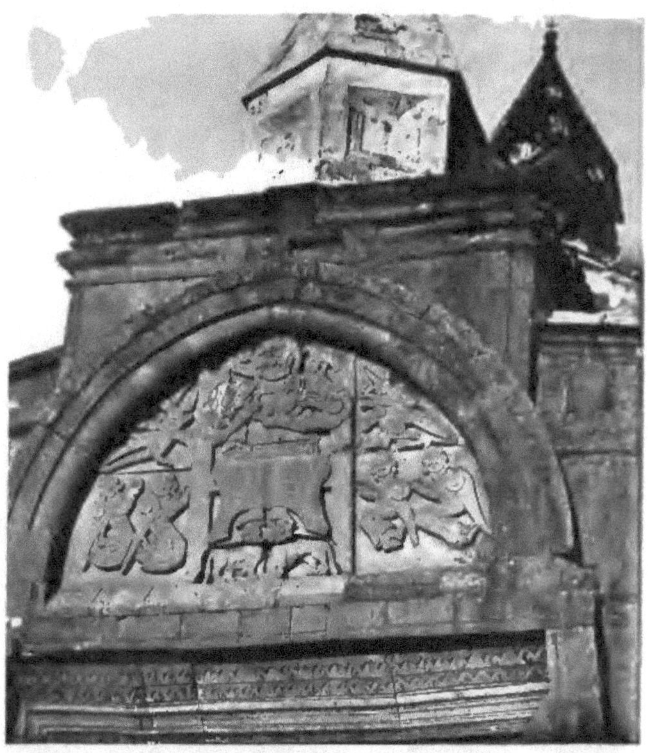

Abb. 765. Bartholomäuskloster, Kirche: Türaufsatz. Aufnahme Lalajan.

Bandgeflecht. Ich habe darüber so ausführlich in meinem »Altai-Iran« gehandelt, daß auch beim Vergleiche des Nordens von Morgen- und Abendland in der christlichen Kunst auf dieses Buch verwiesen werden kann[3]). Armenien vertritt jene Stufe, die die Lombarden als Nachfolger der Goten festgehalten haben; es macht den der Lautverschiebung in der Sprache zu vergleichenden Übergang zum Tiergeriemsel nicht durch, weil es früh zur Baukunst übergeht und so zu ähnlichen Aufgaben gelangt, wie sie dann auch in der Lombardei in den Vordergrund treten, während der hohe Norden noch länger bei der Führung durch den Holzbau und der Kleinkunst bleibt. Das Bandgeflecht ist in der Baukunst Rahmen und nimmt im Laufe der Jahrhunderte in Armenien immer mehr diese Wertung an, die Flächenfüllung geht auf die geometrische Ranke über. Im Abendlande wirken die antiken Formen nach, und als erst mit der Entwicklung im christlichen Kirchenbau der Gedanke des Wachstums wieder aufkommt (S. 576), ist die Zeit von Rahmen und Flächenfüllung vorüber. Armenien aber ist im Kern immer dabei geblieben. Der Gegensatz zwischen dem Armenischen und Nordischen in der Ausstattung spitzt sich auf dieses Beharren von der einen Seite, das Überwinden des Bandgeflechtes durch die Naturgestalt auf der anderen zu. Für das abendländische Bandgeflecht ein gutes Beispiel Abbildung 729 vom Dome zu Gurk. Es ist auch dort wie in Armenien auf die Schräge gelegt (vgl. oben S. 436 f.).

Armenische Flachbilder im »romanischen Stil«. Ich vertrete die Anschauung, daß die armenische Kunst in ihrem nationalen Kern keine darstellende war (S. 530 f.), sondern erst, seitdem das Syrische und Griechische Einfluß gewannen, auch Flachbilder und Malereien darstellender Art schuf. Im Zusammenhange mit dem Abendlande scheinen mir nun einige Zeugen dieser Richtung von Bedeutung, die, wie die Grabsteine mit Darstellung des Gekreuzigten, aus Waiotzdzor oder von der Südgrenze des Hochlandes stammen.

Abbildung 765 zeigt eine Einzelaufnahme von der Kirche des Bartholomäusklosters, mitten zwischen Wan- und Urmiasee bei Deir am großen Zab gelegen[4]). Die Kirche selbst ist eine Kreuz-

[1]) Vgl. dazu meine »Koptische Kunst« (Cat. gen. du musée du Caire), S. 94 f. — [2]) Vgl. Malaguzzi-Valeri, »La corte di Lodovico il Moro« II, S. 208 f. — [3]) Vgl. auch Lasteyrie, »L'architecture rel. en France«, S. 209 f. — [4]) Vgl. die Aufnahme von Bachmann, »Kirchen und Moscheen in Armenien und Kurdistan«, S. 23. Dort auch eine eingehende Beschreibung und der Versuch einer Zeitbestimmung. Vgl. Lynch I, S. 277.

51*

kuppel mit zwei freistehenden Pfeilern (S. 178f.) und mit dem Zamatun einheitlich erbaut, dürfte also kaum vor dem Jahre 1000 entstanden sein. Die Bauformen sind sehr eigenartig und weisen in Einzelheiten, wie dem Kerbschnittbande unten in Abbildung 765 auf den Tur Abdin[1]). Wenn also die Bartholomäuskirche auch in jeder Beziehung an der Grenze des Kreises steht, mit dem wir uns hier beschäftigen, so wird es bei den Kunstforschern doch Beachtung finden, daß die Bildhauerei in diesen Gegenden sich bis zu einem Grade vom antiken Natursehen entfernen konnte, wie man ihn auch in der romanischen Kunst, etwa in Moissac aus dem Anfange des 12. Jahrhunderts finden kann[2]). Dargestellt ist die Dreieinigkeit auf glattem Pfostenthrone. Die breite Gestalt setzt die Füsse auf den Löwen und Stier, auf der Schulter sitzen Engel und Adler, die Evangelistensymbole. In den Armen hält sie rechts die Taube des hl. Geistes, links Christus. Hinter den segnend vor die Brust gehaltenen Händen ein liegender Mensch. Zu Seiten des Thrones Engel verschiedener Ordnung anbetend. Das Ganze wird umzogen von einem dicken Wulste mit Würfelendigung und zwei Leisten, deren obere Bogenlappen gereiht zeigt. Darüber der auffallend sicher in schweren Wülsten profilierte Aufsatz, hinter dem man die Pyramide der Hauptkuppel und den Glockenaufsatz des Zamatun mit seinen Schallöchern hervorkommen sieht.

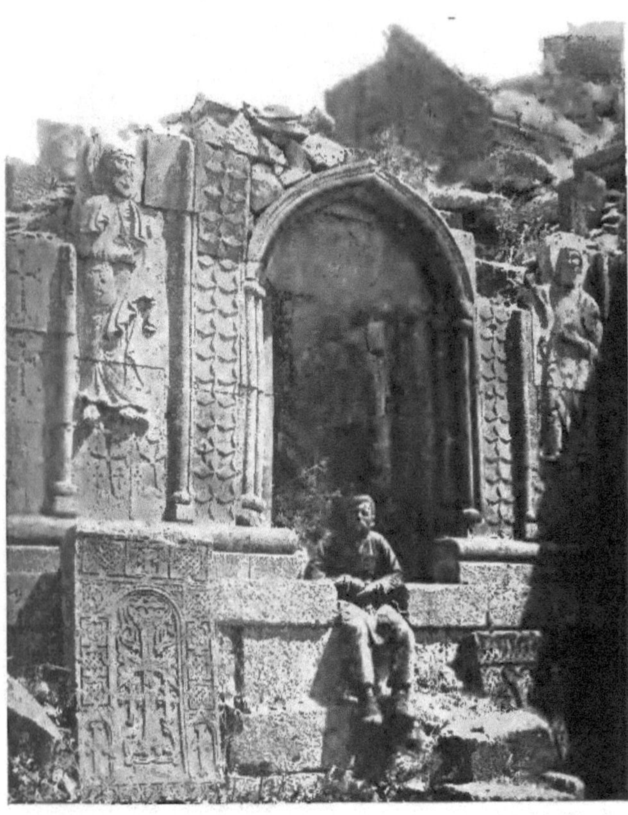

Aufnahme Jermakov 16306.

Abb. 766. Stephanskloster, Nordanbau: Schauseite mit Tür.

Die Gestalten sind so naturfern wie möglich rein als Zeichnung behandelt. Die Form aber ist so stark, daß keinerlei Tasten bemerkbar wird. Die Geraden des Thrones und die geschwungenen Umrisse der Körper, dazu die füllenden Parallelen der Falten geben ein durchaus einheitliches Empfinden, hinter dem die gegenständliche Mache völlig zurücktritt.

Abbildung 766 zeigt das zweite Beispiel aus dem Stephanskloster in Elindsche bei Garni. Es handelt sich um einen Anbau an der Nordseite der verfallenen Kirche, wahrscheinlich eine Grabkapelle[3]). Man sieht den massigen Aufbau und Reste von Stufen, die zu dem Tor emporführen. Dieses ruht spitzbogig mit Wülsten auf Diensten, die in Stufen gestellt sind. Die Knäufe als Endigungen wiederholen sich auch an den Diensten auf den Wänden, zwischen denen zwei Gestalten

[1]) Vgl. mein »Amida«, Tafel XX, IV, Abb. 3 (Arnas).

[2]) Vgl. Braun, »Romanische Baukunst in Frankreich«, Tafel 87 f. der franz. Ausgabe, für Petrus (im Stephanskloster) die Einzelaufnahme bei Worringer »Formprobleme der Gotik«, Tafel zu S. 110.

[3]) Vgl. Alischan, »Airarat«, S. 360.

einander zugewendet erscheinen. Nach dem Tor zu ein Flachmuster ohne Ende aus Rauten, einst vielleicht farbig gefüllt. Unten lehnen Kreuzsteine, Kreuze auch überall an den Wänden. Ich gebe die eine der beiden Gestalten, auf die es mir ankommt, nochmals in einer Aufnahme, die ich J. J. Smirnov verdanke. Es handelt sich um Petrus und Paulus[1]) Die Kopfbildung und der Schlüssel in der Hand des Petrus lassen darüber auch ohne Inschriften keinen Zweifel. Die vollkommen raumlose Anordnung in der Fläche, die sich durch das Fehlen einer Standfläche aufdrängt, wird durch die Wendung nach der Mitte nicht wesentlich beeinträchtigt. Auch sind die Körperformen durchaus flächenhaft empfunden und das bewegte Spiel der Falten so lebhaft vorherrschend, daß das Gegenständliche ebenso wie im Bartholomäuskloster zurücktritt. Meine Abbildung gibt die Gestalt rechts, Paulus. Naturferne und Formkraft wirken gleich stark.

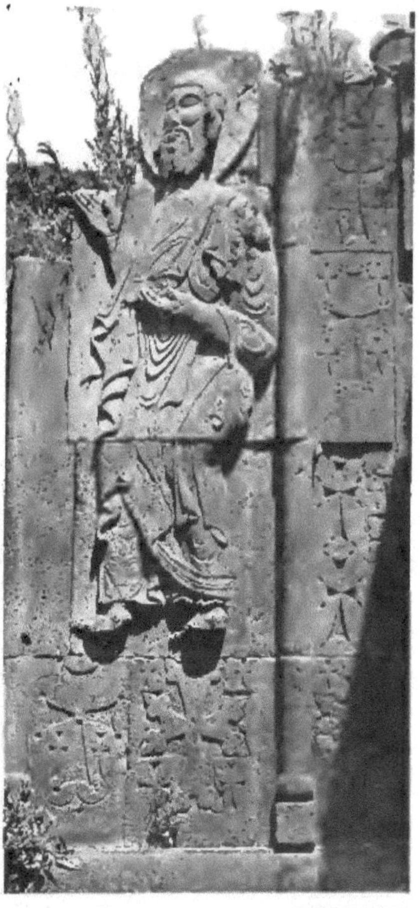

Aufnahme Smirnov.
Abb. 767. Stephanskloster, Anbau. Paulus.

Wenn ich diese Proben neben die oben Seite 716 f. von den ältesten Grabsteinen gebrachten stelle, dann zeigt sich Gegensatz und Richtung der Entwicklung: im Norden Armeniens die Übertragung der Werkart des mehrstreifigen Bandgeflechtes auf die menschliche Gestalt, im Süden der Beginn einer Fühlungnahme mit der Formengebung der »Darstellung«: selbständige Austeilung der durch den Gegenstand gegebenen Gestalten nach Formwerten, Gleichmaß der Masse, Bewegung der Linien des Umrisses und Faltenwurfes, wobei jedes Ansehen der Natur vermieden ist, der Schaffende lediglich aus der Vorstellung schöpft. Maßgebend dabei ist, wie die Kopfbildung von Petrus und Paulus zeigt, eine Südkunst. Ist es nun im Abendland anders? Die Langobarden und Iren bilden ihre Gestalten nach dem mehrstreifigen Bandgeflecht und erst im »Romanischen« setzt sich das formal selbständige Denken durch bei gleicher Naturferne. Immer wieder taucht der Gedanke auf, ob hier neben unmittelbaren Beziehungen, in der Hauptsache über die Lombardei und den Norden gehend, nicht eben die gleiche Entwicklung einer nordischen Strömung in ihrer allmählichen Auseinandersetzung mit dem Süden vorliegt. Diese Entwicklung geht nur so lange parallel, als nicht das Natursehen eigene neue Wege und damit dann auch den Weg zur Antike erschließt. Diesen Schritt tut im Abendlande die »Gotik«. Die Armenier sind bei ihrer grundsätzlichen Ablehnung der menschlichen Gestalt geblieben, ihre »Darstellungen« bleiben Ausnahmen.

Holzbau. In der armenischen Baukunst weist noch Vieles, nicht unmittelbar, doch durch Zwischenglieder auf den Holzbau als schöpferischen Ausgangspunkt hin. Ich sehe von der Art der Kuppelbildung ab und erinnere nur an die Leisten, die wie Holzverschalungen unter dem Dache hinlaufen, entweder hängend als Bogenzahnschnitt (S. 435) oder stehend als Schräge mit Bandgeflecht (S. 436, dazu Abb. 759), dann die Dienste als Fugenvorlagen (S. 438) und die Würfel und Knaufköpfe (S. 440). Der europäische Norden, mit der Lombardei beginnend, hat grundsätzlich die gleichen Gestalten benützt, und es wird wohl erst dann zu einem klaren Einblick in ihr Wesen kommen,

[1]) Ein solches Relief erwähnt auch Bagaran oben S. 36. Für das Schweben vgl. Journal of hell. studies XXVII, S. 117.

wenn wir ähnlich wie es hier für den armenischen Zweig des ostarischen Stammes geschehen ist, auch im Westen auf die Wandlung im Wesen der »romanischen« Bauweise eingehen werden, die auch dort an das Eindringen der altgewohnten Bauweisen in Holz anknüpfen mag und bald unter den Einfluß der stammverwandten christlichen Kunst des fernen Ostens kommt[1].

D. Armenien und der Ursprung der nordischen Kirchenbauform (Gotik).

Es ist wiederholt ausgesprochen worden, daß manche Forscher der Meinung waren. Bauten wie die Kathedrale von Ani forderten den orientalischen Ursprung der Gotik. Texier schon bemerkt (S. 112), der Bau wirke wie ein abendländischer des 13. Jahrhunderts[2]; er sei spitzbogig zu einer Zeit, in der bei uns noch durchaus der Rundbogen herrsche. Fergusson[3]) findet die baulichen Einzelheiten des Innern durchaus im ausgebildeten Spitzbogenstil, trotzdem er nicht an dem Datum 1001 zweifelt. Lynch I (Seite 372 und 390) tritt entschieden dafür ein, daß dieser Dom die Anzeichen der Gotik zeige »of which it establishes the oriental origin«. Schnaase hat an der Gründungsinschrift zweifeln müssen (oben S. 56f.), um diese Schlußfolgerung umgehen zu können. Seine Anmerkung darüber sei im vollen Wortlaute angeführt, weil sie Unheil genug gestiftet hat und es notwendig ist, sie im Rahmen dieses Buches genau zu überdenken. Schnaase beschreibt zunächst den Bau und meint, dieser erinnere noch mehr als die Kirche von Kutais an christliche Kirchen des Abendlandes, sowohl im Innern wie im Äußern, besonders in der Westseite (Abb. 564), an der die einwärtsgehenden Nischen fehlten und die niedrige Türe mit einer nach innen gehenden Reihe von je drei durch Rundbögen verbundenen Halbsäulen ausgestattet sei. Dazu nun die Anmerkung III, Seite 338:

»Der Anblick des Innern erinnert noch stärker an abendländische Bauten. Die Kuppel ruht nämlich auf Bündelpfeilern (Abb. 5·0), die völlig wie in unseren Kirchen des Mittelalters gegliedert sind und aus wechselnden Lagen schwarzer und gelber Steine bestehen, wie man ähnliches im 12. und 13. Jahrh. in Italien findet. Sie sind auch durch Spitzbögen verbunden und ihnen entsprechen an den Seitenwänden in Süden und Norden Halbpfeiler derselben Form, zu deren Bildung die außerhalb angebrachten einwärtsgehenden Nischen benutzt sind. Man würde das Innere (abgesehen von manchen Details) durchaus für das einer italienischen Kirche aus jener Zeit halten können, wenn nicht die Bedeckung durchweg tonnenartig (nicht im Kreuzgewölbe) ausgeführt wäre. Wegen dieser Übereinstimmung der bezeichneten Formen mit der abendländischen Architektur schrieb Texier in seinem ersten Aufsatze (a. a. O. p. 26) den Bau dem 13. oder 14. Jahrhundert zu. In dem zweiten (p. 97) fügt er sich der Autorität der Inschrift und deutet auf die Möglichkeit hin, daß diese Formen von armenischen Baumeistern nach der allgemeinen Auswanderung über Europa verbreitet seien. Eine Annahme, welche durchaus unhaltbar ist, teils weil diese Formen im Abendlande mit konstruktiven Rücksichten in Verbindung standen, welche dem armenischen Bau fremd sind, teils, weil gerade die Länder, wohin die ausgewanderten Armenier gelangten, Polen, Galizien, Südrußland diese Formen nicht zeigen, sondern solche Länder, wo, soviel wir wissen, keine Armenier hinkamen. Auch bemerken weder Dubois noch Texier, daß solche Formen auch in andern armenischen Bauten vorkommen. Viel wahrscheinlicher ist es, daß wirklich abendländische Baumeister (etwa infolge der Kreuzzüge, vermittelst der Verbindung mit dem armenischen Königreiche in Cilicien) hier im 13. Jahrhundert gewirkt haben. Unter der mongolischen Herrschaft waren in dieser Zeit die einheimischen Fürsten so wenig gehemmt, daß sie (wie ein späterer armenischer Schriftsteller Johannes Katholikos erzählt) Kirchen erbauen und reichlichst ausschmücken konnten. Es mag daher wohl sein, daß sie die verfallende Kirche ihrer Hauptstadt, vielleicht nur im Innern, mit Erhaltung der alten Mauern herstellen ließen und sich dazu europäischer Baumeister bedienten, welche sich aber in Beziehung auf technische Einzelheiten der Gewohnheit ihrer Arbeiter fügen mußten. Die Inschrift würde dann entweder mit der Mauer selbst erhalten oder aus der alten Kirche, als ein wichtiges Dokument, auf die neue übertragen worden sein. Dies ist umso weniger unwahrscheinlich, als, wie alle Reisenden bemerken, die Armenier einen Reichtum an Inschriften lieben, so daß die Gebäude damit bedeckt sind. Sehr möglich, daß in einer noch nicht übersetzten dieser schwer ver-

[1]) Vgl. auch A. Haupt, »Die Anfänge der germ. Baukunst«, Die Bauwelt VII (1916), Nr. 22, S. 11 f. — [2]) La façade . . . peut etre regardé comme le type de l'architecture allemande au moyen âge. Vgl. Lynch I, S. 390. — [3]) Hist. of Architecture II, S. 341.

ständlichen Inschriften auch der Name des späteren Restaurators erhalten ist. Erst die Zerstörung Anis durch Timur (1386) traf die alte Kapitale mit einem Schlage, von dem sie sich nicht wieder erholte. Erst hier ist daher die unzweifelhafte Grenze der Bautätigkeit.«

Soweit Schnaase. Man sieht, er hat die Richtigkeit der Angaben der Bauinschrift gar nicht untersucht, glaubt von vornherein nicht an die Möglichkeit ihrer Echtheit, weil sie dann seine ganze Entwicklungsannahme auf den Kopf gestellt hätte. Die Inschrift mußte unbedingt falsch sein. Entschuldbar ist diese Stellungnahme Schnaases nur dadurch, daß er glaubte, der Dom zu Ani stände in seiner Art und Zeit wirklich einzig da; Dubois und Texier bemerkten nichts über das Vorkommen solcher Formen in anderen armenischen Bauten. Sie kannten eben die ältesten Bauten ebensowenig, wie sie der Persönlichkeit des Trdat nachgegangen waren. Auch unterschätzte Schnaase die Ausbreitung der Armenier über den Süden Europas. Und ähnlich Kondakov; immerhin hatte er Texier und Dubois gegenüber die kunsthistorische Vorbildung und vor Schnaase den Vorteil voraus, daß er wenigstens die georgischen Kirchen in Wirklichkeit gesehen hatte. Kondakov stützt sich also bei dem Versuch, die Glaubwürdigkeit der Inschrift zu erschüttern, mehr auf beobachtete Möglichkeiten. In seiner Arbeit über die alte Architektur Georgiens schreibt er (S. 13): »In der Tat schätzt die grusinische Architektur die Inschrift als Ornament ein. Inzwischen kann jeder, der Gelegenheit gehabt hat, den Maueraufbau grusinischer Kirchen zu untersuchen, leicht bemerken, daß dieser Aufbau im Wesentlichen ein Belag ist aus dünnen Steinplatten. Dieser Belag zersetzt sich sehr schnell unter dem Einflusse der Temperatur und heute gibt es in Georgien keine einzige Kirche, vielleicht außer Mzchet, deren an vielen Stellen abgefallene Wände diese Bauart nicht zeigten. Mehr noch mußte diese Bauweise freilich durch die Wirkung des Feuers leiden, was z. B. besonders bemerkbar ist an der Kathedrale von Kutais. Darum ist es natürlich zu denken, daß die Wiederherstellung sich namentlich auf diese Teile der Gebäude bezog . . . . . .« So stellt sich Kondakov auch die Bauinschrift von Ani im Belag ausgewechselt d. h. als Ersatzinschrift vor; das aber ergäbe unsichere Tatbestände. Auch dieser Beweisführung gegenüber muß auf die Seite 57 f. und in dem Abschnitte über Trdat Seite 592 f. dargetane Tatsache hingewiesen werden, wonach die Angaben der Bauinschrift des Domes von Ani nach allen Seiten durch die Nachrichten gleichzeitiger Schriftsteller völlig gesichert, daher richtig sind, auch wenn es sich um eine Ersatzinschrift handeln sollte, worüber ich nicht urteilen kann, da ich die Inschrift weder selbst, noch in einem Lichtbilde gesehen habe.

Wenn aber die Inschrift zu Recht besteht, d. h. die Kathedrale von Ani wirklich vor 989 begonnen und im Jahre 1001 vollendet wurde, dann sind allerdings die Folgerungen zu ziehen, die schon Texier angedeutet hat und denen auszuweichen Schnaase und Kondakov sich bemüht haben dadurch, daß sie die Inschrift für unbrauchbar erweisen wollten. Und dann: bedürfen wir denn überhaupt des Domes zu Ani, um das Auftreten von Zügen der gotischen Baukunst in den altchristlichen Kirchen Armeniens festzustellen? Ist nicht die gotische Außenverstrebung der Gewölbe im armenischen Kuppelbau ausgebildet und anzuerkennen, daß auch die Sophienkirche in dieser Hinsicht mit der im Baukristall versteckten Pfeilerverstrebung grundsätzlich wenigstens ein gotischer Bau sei? Auf den Spitzbogen kommt es nicht an, eher auf das Rippengewölbe und die Bündelpfeiler der gotischen Bauten, die in der Sophienkirche fehlen. Kommen sie also in Armenien vor? Was den Bündelpfeiler anbelangt, so gibt ja die Kathedrale von Ani allein schon zur Genüge Auskunft (Abb. 550). Aber sie steht darin eben nicht allein und ein Überblick über die Entwicklung der armenischen Stütze zeigt, wie sich dort der Bündelpfeiler naturgemäß ausbilden mußte. Er geht wie später in der nordischen Bauweise zurück auf das Zusammentreten von Pfeilern mit auf den Gurtbogen vorbereitenden halbrunden Stäben, die am Triumphbogen und unter den Tragbogen wie am Portal in die Ecken von abgestuften Pfeilern kommen (S. 314)[1]. Um sicher zu gehen, sei schließlich noch das Bauwerk selbst im Anschluß an die Nachrichten über spätere Änderungen befragt. Trotz der Erdbeben[2]) von 1046, 1131 und 1319 werden in den Inschriften der Kathedrale keinerlei Erneuerungen verzeichnet, es sei denn, daß 1213 die Wiederherstellung einer Treppe gemeldet wird[3]). Die andern Inschriften betreffen Stiftungen für Messen, die Zuleitung von Wasser, Steuern u. dgl.[4]). Ich finde den erdrückenden Zeugnissen gegenüber keine ernstlich zu erwägende Spur, nach der die »gotischen« Züge der Kathedrale von Ani nicht der Bauzeit angehören sollten.

[1]) Vgl. dazu auch Millet, »L'école«, S. 300 zu 82, 8. — [2]) Zapiski der Ges. d. Liebhaber kauk. Archäologie, S. 28 f. — 1319 soll nach Orbeli, Führer, S. 39, die Kuppel eingestürzt sein. — [3]) Brosset, »Ruines d'Ani«, S. 27. — [4]) Brosset a. a. O. und Rapport 3, S. 93 f.

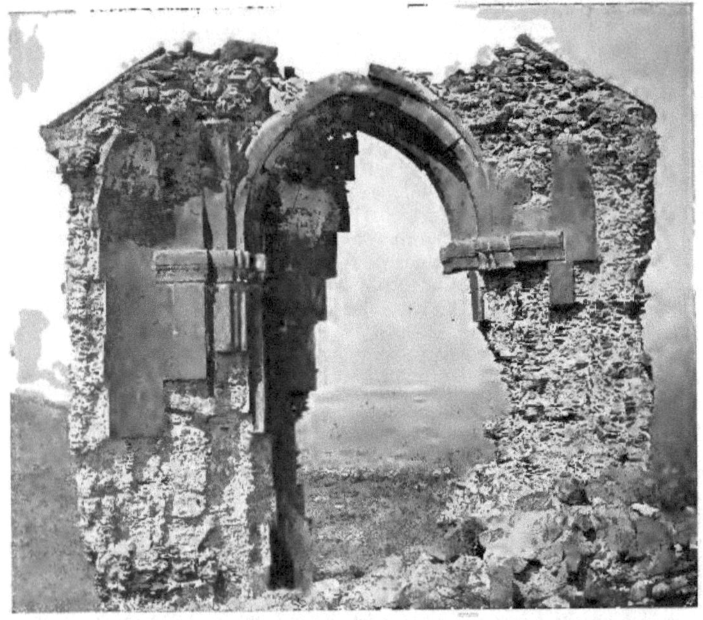

Aufnahme Thorsmanian.

Abb. 768. Rest einer armenischen Kirche: Dreipaß (?) mit spitzbogigen Gewölben.

a) Der Spitzbogen.

Er taucht überall im Osten für unterirdische Bauten schon vor Christi Geburt auf, doch fand ich ihn wenigstens in Theben (Deir el-Bahri) schon im Tempelbau verwendet[1]). Benndorf hat sich auch bereits anläßlich der lykischen Gräber Gedanken über seinen Ursprung gemacht[2]). Er leitet ihn aus dem Zelt und den Ästen her, die im Boden steckend, zusammengebogen Wand und Decke bildeten. Jedenfalls setzt er sich im Osten auch im Oberbau schon im ersten Jahrtausend nach Christus durch. Wieder gehen Armenien und der Islam ebenso voran wie Indien[3]). Diez leitet ihn aus Indien her, und zwar aus dessen Bruchsteinwerk, in dem er durch Überkragung entstanden sein soll; später habe man ihn symbolisch gewertet. In ähnlicher Weise sind wohl noch dutzendweise Annahmen gemacht worden.

Tatsache ist, daß er in Armenien allerorten auftaucht. Abbildung 768 zeigt ein besonders bezeichnendes Beispiel. Man vergleiche auch oben Abbildung 541 aus Ani. Hier und in der Kathedrale von Ani ist er an jenen vier Bogen verwendet, die die Kuppel tragen. Dieser Schritt scheint die bewußte Tat des Trdat (S. 187), denn auch in Argina (S. 591) finden wir den Spitzbogen an der gleichen Stelle. Das geschieht vor dem Jahre 1000. Trotzdem spricht Rivoira (»Arch. mus.«, S. 233) mit seltsamer Sicherheit aus: »e non fu l'Armenia a schiudergli od a spianargli le vie.« — Sollte wirklich das allgemein zu beobachtende Auftreten des Spitzbogens im Osten in der zweiten Hälfte des ersten Jahrtausends für sein Aufgreifen im Westen nach dieser Zeit ohne Bedeutung geblieben sein? Ich möchte in Abbildung 769 ein Beispiel der Auswertung des Spitzbogens im seldschukischen Kleinasien geben. Dargestellt ist die Mittelhalle des Sultan Han vom Jahre 1229, wiederhergestellt 1278[4]). Die Bauart ist die armenische, Gußmauerwerk mit Steinverkleidung Ein 5 m breites, 11·50 m hohes Tonnengewölbe wird durch neun niedrigere (8 m) Tonnengewölbe verstrebt, die untereinander durch je zwei Bogen verbunden sind. Über der Mitte sitzt über dem Quadrat mit Trichtern eine achteckige Fenstertrommel mit halbrunder Kuppel. Die Tonne nun wird durch spitzbogige Gurten auf Wandarmen gegliedert. Man wird sich dem Eindruck nicht entziehen können, daß die Entwicklung, die in altchristlicher Zeit in Armenien begonnen und von Trdat zur baulichen Vollendung geführt wurde, hier noch in verhältnismäßig später Zeit auf einem Boden in Blüte ist — der Han liegt südöstlich von Ikonium —, der von den Kreuzfahrern häufig betreten wurde. Die

[1]) Vgl. auch Steindorff, »Blütezeit«, S. 105.
[2]) Jahreshefte des österr. archäol. Instituts II, S. 25 f.
[3]) Vgl. die Zusammenstellung bei Rivoira, »Architettura mus«, S. 150 f. und mein »Mschatta«, S. 246 f.
[4]) Vgl. Sarre, »Reise in Kleinasien«, S. 71 f.

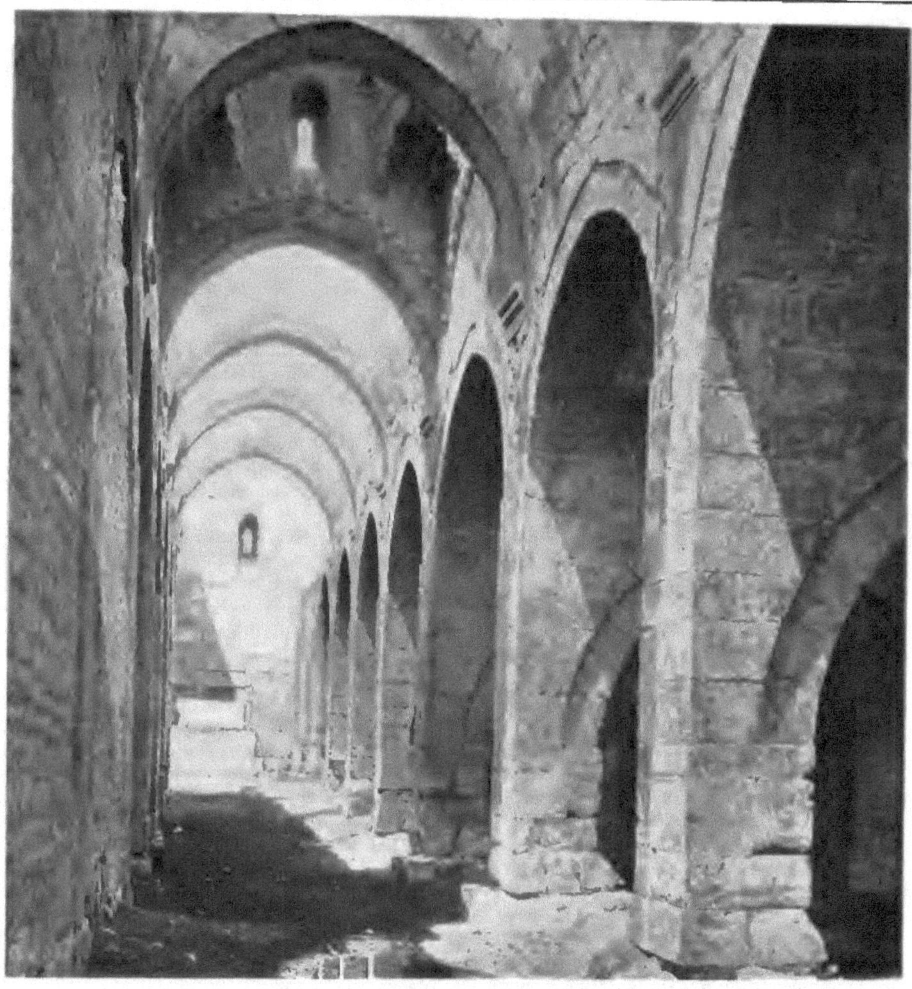

Abb. 769. Sultan Han, Mittelhalle: Spitzbogen. Aufnahme Berggren.

Bauformen selbst aber werden sie in Kilikien im unmittelbarsten Verkehr mit den dortigen Denkmälern und ihren Schöpfern aufgenommen und selbst oder durch armenische Künstler nach der Heimat vermittelt haben. Ich will damit den Spitzbogen im Abendlande nicht vom Osten ableiten, aber bezeichnend ist doch wieder, daß er dort zuerst wie die Kuppel in den Großbau eindringt und erst Jahrhunderte später nach dem Abendlande gelangt und dann eine Zeit lang die ausschließliche Herrschaft antritt, was im Osten nie der Fall war, wahrscheinlich auch wieder, weil im Osten immer die Mauer, im Westen wie beim Kreuzgewölbe (S. 800) die Stütze entschied.

Hier sollte nochmals ein Beispiel aus dem seldschukischen Kleinasien gegeben werden, auf das ich schon »Amida«, Seite 343, hingewiesen habe. Ist das, was dort Abbildung 291 zeigt, nicht »Gotik«? Und wenn solche Parallelerscheinungen im Morgen- und im Abendlande Tatsache sind, ist es dann zulässig, daß sich die Kunstgeschichte nicht darum kümmert, sondern immer macht, als wenn Europa schon im »Mittelalter« in der Enge des Gesichtskreises gelebt hätte, den die humanistischen Schulmeister im Laufe des 19. Jahrhunderts uns anerzogen haben? Es handelt sich um das südliche Westtor der großen Moschee von Diwrigi vom Jahre 1228/29[1]). Nicht nur der Spitzbogen ist daran beachtenswert, sondern vor allem die Unterschneidung der Profile und die kräftige Wirkung in Licht und Schatten. Man dürfte sich auch da wieder leicht über das Verblüffende einer solchen Tatsache hinwegzuhelfen suchen, indem man auf die gotischen Bauwerke der Kreuzfahrer und darauf hinweisen wird, daß der Islam gotische Kunst zu schätzen gewußt hätte (»Amida«, S. 141). Was wir in Diwigri im nördlichen Kleinasien, in der Nähe der letzten Bagratidenresidenz Siwas vor uns sehen, ist eine selbständige Schöpfung der asiatischen Kunst.

b) Verstrebung.

Der wichtigste Punkt, in dem die altchristliche Bauweise Armeniens als Schöpfer in der Richtung der später »gotischen« Art auftritt, liegt in dem der byzantinischen Baukunst unbekannten Grundsatz der ältesten armenischen Bauten, den inneren Aufbau und seine bestimmenden Kräfte außen augenscheinlich sichtbar zu machen. Legen die Sophienkirche und verwandte Bauten in Byzanz und Mesopotamien, wie die El-Hadra-Kirche in Khakh (Abb. 526) die Konchen in das Innere des kubischen Baukristalls, so sind die verstrebenden Ausbuchtungen in der armenischen Baukunst schon in der Keimform der ganzen Entwicklung, im Mastaratypus, außen völlig klar herausgehoben. Erst die Einführung des Giebels leitet hierin eine neue Bewegung ein, neben der aber das alte heimische Grundgesetz nie ausstirbt.

Selbst ein dem gotischen Bauempfinden so entgegengesetzter Zug wie der Dreieckschlitz in seiner Tiefendunkelwirkung weist den Beschauer am Äußern noch auf die Verstrebung hin, die an dieser Stelle im Innern (der Kuppelhalle vor allem) einsetzt. Es ist eben Tatsache, daß der Armenier nicht nur baulich notwendige, sondern in erster Linie auch rein künstlerische Mittel anwendet, um den Organismus darzulegen. Jedenfalls ist seine Art, die Mauer an der entscheidenden Stelle einzuziehen und den Pfeiler nach innen zu verlegen, wie es in der Gattung Kuppelhalle der Fall ist, zwar der gotischen tatsächlich entgegengesetzt, aber doch wieder in dem Sinne grundsätzlich verwandt, daß die Stelle des Gelenkes außen, und zwar räumlich auffallend sichtbar gemacht wird.

Graf, »Opus francigenum«, leitete schon 1878, von römischen Bauten ausgehend, und in Viollet-le-Duc fußend den Strebebogen grundsätzlich von der Strebenische her, ohne noch zu wissen, daß es eine Strömung gegeben hatte, die sich ganz auf der Nischenverstrebung der Kuppel aufbaute. Sobald ich daher seinem Gedankengange folge, so ist die Verstrebung, die den Grundzug der abendländischen Hochblüte des Mittelalters bildet, in Armenien von vornherein im Keim vorhanden. Wenn sie nicht recht zur Entfaltung kam, so liegt das an dem die nationale Entwicklung seit dem 5. Jahrhundert beeinflussenden Längsbau, der die Verwendung der Strebenische allmählich verdrängte und auf die Pfeilerverstrebung überging. Da man dabei aber an der Tonne festhielt, nicht wie das Abendland das Kreuzgewölbe übernahm, so konnte sich auch nicht eine Verstrebung entwickeln, wie wir sie von der Gotik her kennen. Und doch gibt es in Armenien, wenn auch nicht im eigentlichsten Kirchenbau selbst eine Art von Rippengewölbe, das möglicherweise nicht ohne Einfluß auf die Annahme dieser Werkart im Abendlande geblieben sein mag.

c) Ursprung des Rippengewölbes.

Die bahnbrechende Tat der Gotik liegt in der Annahme des Kreuzrippen-Gewölbes, darin also, daß die auf Rippen gelegte Last nicht auf die Mauer, sondern auf vier Stützen in den Ecken übertragen und alles Mauerwerk lediglich Füllung und Raumabschluß, nicht Träger und Kräftewerk ist. Es steht freilich außer Zweifel: dieser bedeutsame Schritt ist im Norden selbständig getan worden; trotzdem darf nicht die Möglichkeit übersehen werden, daß vorbereitende Schritte, die in Armenien mindestens ein Jahrhundert früher geschehen waren, durch die Kreuzfahrer vermittelt, anfeuernd mitgewirkt haben könnten. Auch in Armenien gibt es Rippengewölbe. Ich bespreche,

[1]) Vgl. van Berchem, Corpus inscr. arab. III, S. 70 f. und Tafel VI und XXXVII.

diese Tatsache erst hier, weil sie eben im Zusammenhange mit der nordischen Bewegung am stärksten zur Geltung kommt, in Armenien selbst aber — soweit erhaltene Denkmäler in Betracht kommen — erst nach der zeitlichen Grenze zur vollen Entwicklung gelangt, die für dieses Buch angenommen wurde.

Einschiffige Pfeilersäle. Neben den gewöhnlichen einschiffigen Tonnenkirchen, die oben Seite 137 f. besprochen wurden, kommen seltsame Formen in Betracht, die der Ausgangspunkt einer folgerichtigen, auf das Rippengewölbe zu führenden Entwicklung geworden sind. Dieses lebt sich freilich nicht im Tonnengewölbe, sondern in der Verbindung mit der Kuppel aus, aber der Ansatz ist doch zum Teil hier zu suchen.

Im Kloster Sanahin gibt es, zwischen die beiden Hauptkirchen eingekeilt, einen Raum, den Grimm 1864 »un couloir voûté servant aux moines de lieu de réunion« nannte, Grimm 1911 als »Auditoire du Magistre« bezeichnet (Nr. 5 des oben S. 67 gegebenen Planes). Abb. 770 gibt davon eine Innenansicht. Der etwa 3·90 m breite Raum wird durch auf hohen Stufen vortretende 0·50 m breite Wandpfeiler, zwischen denen man gern Sitze mit Nischen im Hintergrunde sieht, auf einen schmalen Gang von etwa 2·60 m Breite eingeschränkt. Uns beschäftigen die 6 bzw. 8 Gurtbogen, die diese etwa 1 m breiten Nischen trennen. Die Gewölbe zwischen ihnen müssen ziemlich hoch liegen, weil man über den Nischen noch ein durchlaufendes Band sieht. Möglich, daß diese Gurtbogen überhaupt durch Steinplatten abgedeckt sind. Sie wären dann nach syrischer Art behandelt. Ich habe das leider in Sanahin nicht untersucht. Dieser Einbau gehört dem 11. Jahrhundert an.

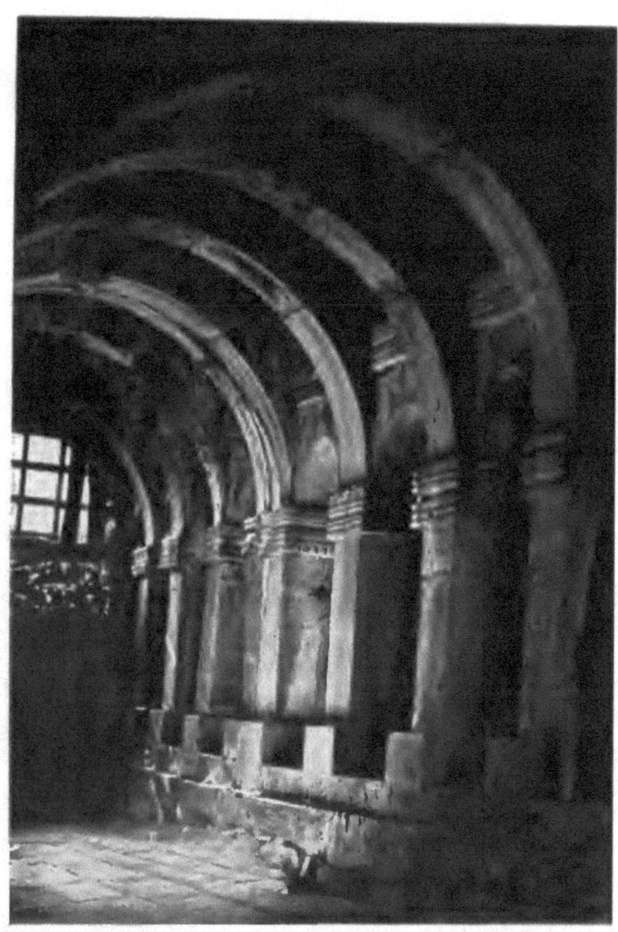

Aufnahme Jermakov.
Abb. 770. Kloster Sanahin, Raum zwischen den beiden Hauptkirchen.

Diesem gangartigen Raume steht ein ähnlicher, in Zwarthnotz ausgegrabener, in großzügigen Abmessungen gegenüber. Es ist der oben Abbildung 303/304 gegebene Saal mit drei weit vorspringenden Pfeilerpaaren, die durch mächtige Gurtbogen von 6·27 m Spannung verbunden zu denken sind. Hier haben wir also schon im 7. Jahrhundert jene Werkform, die in Sanahin, wenn auch in wesentlichen kleineren Abmessungen, vierhundert Jahre später noch lebendig ist. Über die Einwölbung der etwa 3 m breiten und 9·85 m langen Zwischenräume zwischen den Gurten ist auch in Zwarthnotz nichts bekannt. Es besteht die Möglichkeit, daß hier eine ähnliche Bauart vorlag, wie in dem öfter

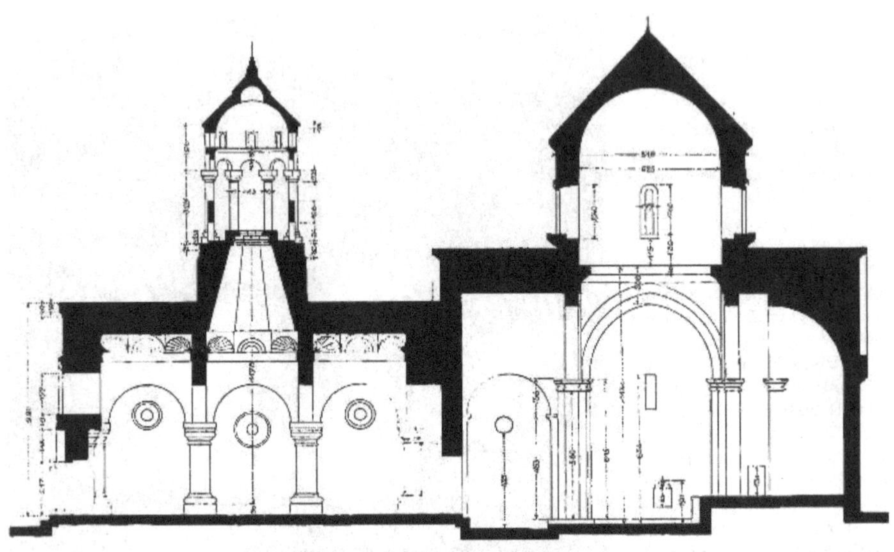

Abb. 771. Choschawank, Johanneskirche und Vorhalle: Längsschnitt. Aufnahme Thoramanian.

herangezogenen Bauwerke von ähnlichen Abmessungen, dem Taq Eiwan[1]), d. h. mit quergelegten Tonnen, wie sie Dieulafoy dort nach persisch-islamischen Werken von der Art des Khan Ortma in Baghdad ergänzt[2]). Dort ließe sich auf diese Bauart freilich nicht aus dem Grundrisse schließen, man würde glauben, einen glatten Längssaal mit Tonnengewölben von etwa 18 auf 9 m vor sich zu haben. In Zwarthnotz sind es 16·30 auf 9·85 m. Am Taq Eiwan setzen die Gurten in der Gewölbezone, nicht wie in Zwarthnotz als Streben schon am Boden ein.

Der Durchschnittstypus der armenischen Kirchen verwendet nur die Kuppel, die Tonne und vereinzelt das Kreuzgewölbe. Man könnte die Gurtbogen der Tonnen als Ausgangspunkt der Rippengewölbe nehmen. Sie kommen von Mesopotamien her mit dem Längsbau nach Armenien, nur tritt ein Wechsel der Technik darin ein, daß an Stelle des Ziegels das Gußmauerwerk mit Steinverkleidung eingeführt wird. Und wie auf diese Art in Rom, wo Gußmauerwerk mit Ziegel verwendet wurde, das Rippengewölbe ohne vortretende Rippen entstand, so in Armenien die Art, die dann der Norden (die Gotik) zur vollen Ausreifung brachte: die vortretende Rippe — freilich ohne die reiche Unterschneidung.

Rippen in den Achsen. Der Träger dieser Entwicklung ist nicht die armenische Kirche selbst, sondern die Vorhalle dieser Kirche gewesen, die ich oben Seite 236 f. nur gegenständlich besprach, weil sich alte Bauten dieser Gattung nicht erhalten haben. Ich gehe nunmehr aus von dem ältesten, zeitlich sichergestellten Baue dieser Art, den Thoramanian oben Seite 237 nennt, der 1038 erbauten Vorhalle der Johanneskirche von Choschawank, einer Schöpfung des Königs Johann (1020—1041). Es handelt sich in diesen Hallen ganz allgemein nicht um Kuppelbauten, sondern um Gewölbe in meist drei einander kreuzenden Schiffen mit einer Beleuchtungsvorrichtung über dem mittleren der neun Felder. Abbildung 266 zeigte den Grundriß nach einer Aufnahme von Thoramanian. Abbildung 771 gibt dazu den ergänzenden Schnitt. Eine Innenansicht (Abb. 772) nach Lynch I, Figur 975. Die kurzen Rundpfeiler stehen auf achteckigen Platten und haben profiliert vorquellende Häupter und Füße. Eine quadratische Deckplatte fängt die vier kreuz-

[1]) Dieulafoy, »L'art antique de la Perse« V, S. 80 f., Tafel VII—IX. Vgl. oben S. 508 f.

[2]) Vgl. dazu jetzt auch den Palast Ocheidir, Reuther, »Ocheïdir«, Tafel XI.

förmig zusammenstoßenden Gurtbogen auf. Diese sind in der Achse von West nach Ost durch über Eck gestellte Muschelnischen zur Decke übergeleitet. Das Mittelquadrat (Abb. 771) zeigt über diesen Muscheltrompen[1]) einen Pyramidenstutz aufgesetzt, der Licht einströmen läßt und jenen Kiosk trägt, von dem bei den Glockentürmen die Rede war (S. 243). Die Innenflächen des Stutzes sind hier in Choschawank mit Reliefs geschmückt, auf die ich nicht weiter eingehe.

Mit diesem Zamatun genannten Vorhallentypus[2]) tritt nun — wie gerade das Beispiel von 1038 gut zeigt — neben dem oben Seite 180 behandelten Kirchentypus eine zweite Art des Vierstützenbaues auf den Plan. Habe ich schon bei Bagaran an ein weltliches Vorbild gedacht, so liegt bezüglich des Zamatun die Meinung Ter-Mowsessians vor[3]), wonach dieses »Stundenhaus« herzuleiten sei aus dem armenischen Bauernhause. Ich gehe etwas weiter. Es handelt sich dabei nicht um einen geschlossenen Kuppelraum wie in Bagaran, sondern um einen Vierpfeilerraum, der die Mitteldecke zwischen den vier Stützen offen läßt. Das aber ist eine in Turkestan, Kaschmir und Indien weit verbreitete Hausform, von der bereits oben S. 622 f. die Rede war. Dort in Holz ausgeführt, erscheint sie in Armenien in Stein übertragen, behält aber die Betonung der Holzbalken, aus denen sich die Decke zusammensetzt, auch in Stein bei. So scheint hier in Armenien, einem Teilgebiete des arischen Ostens, das Gewölbe mit stark vortretenden Rippen entstanden zu sein, wie es dann im Norden des Abendlandes, in der Gotik, neuerdings eine so ausschlaggebende Rolle spielt. Unter Berücksichtigung dieser Bedeutung des armenischen Rippengewölbes überschreite ich etwas die für dieses Buch gezogene zeitliche Grenze und führe die Hauptbeispiele solcher Zamatunwölbungen vor. Es gibt ihrer mehrere Typen. Vorausgeschickt sei die einfache Vorhalle von Gregor Honentz in Ani, die etwa ein halbes Jahrhundert jünger als die 1215 gebaute Kirche selbst ist (Abb. 242 f.). Ihr Grundriß bei Texier, »Description de l'Arménie«, Tafel 21, ist ohne die von ihm ergänzten Mittelsäulen zu denken[4]). Abbildung 242 gibt eine Ansicht des Baues und zeigt, daß sich die Decke mittelst vier Ecktrichtern in die wohl offen zu denkende Mitte umsetzte. Hier fehlt also das Rippengewölbe. Seine Verwendung macht andere Voraussetzungen und ich habe diese Art auch nur vorgeführt, um daran den Gegensatz herausarbeiten zu können.

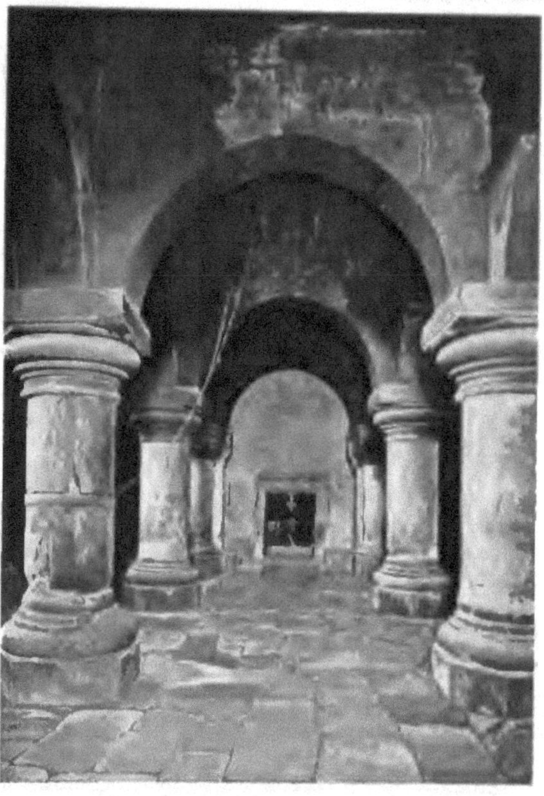

Aufnahme Lynch.
Abb. 772. Choschawank, Vorhalle der Johanneskirche: Innenansicht.

[1]) Zum Ornament vgl. Saladin, Manuel, S. 272 f.

[2]) Vgl. Millet, »L'école greque«, S. 122 f.

[3]) Sie sollte im »Azgagrakan Handes« erscheinen, ich finde jedoch — wohl wegen des Krieges — keinen Beleg dafür und stütze mich auf mündliche Mitteilungen des Bischofs.

[4]) Alischan, »Schirak«, S. 79 gibt die richtige Ansicht, obwohl er S. 77 den falschen Grundriß wiederholt.

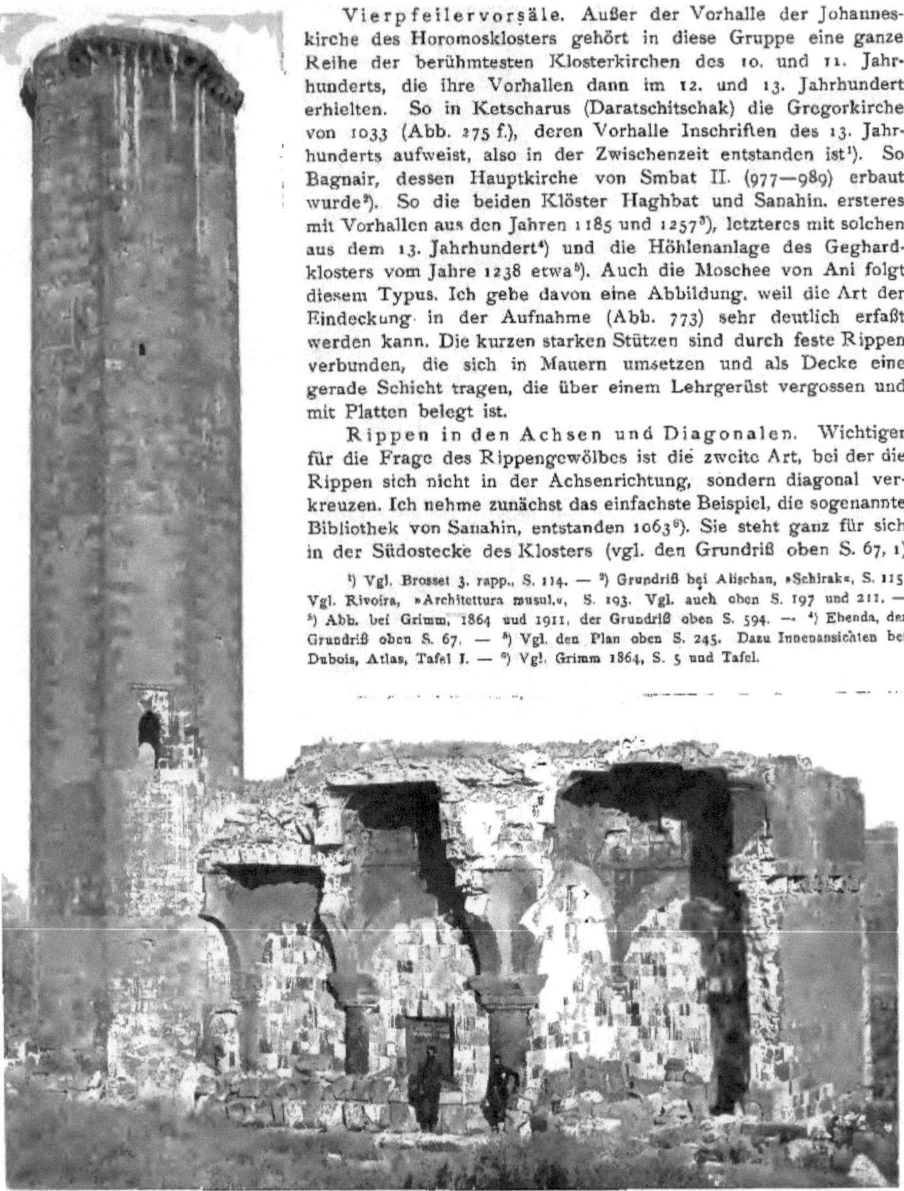

Vierpfeilervorsäle. Außer der Vorhalle der Johanneskirche des Horomosklosters gehört in diese Gruppe eine ganze Reihe der berühmtesten Klosterkirchen des 10. und 11. Jahrhunderts, die ihre Vorhallen dann im 12. und 13. Jahrhundert erhielten. So in Ketscharus (Daratschitschak) die Gregorkirche von 1033 (Abb. 275 f.), deren Vorhalle Inschriften des 13. Jahrhunderts aufweist, also in der Zwischenzeit entstanden ist[1]). So Bagnair, dessen Hauptkirche von Smbat II. (977—989) erbaut wurde[2]). So die beiden Klöster Haghbat und Sanahin, ersteres mit Vorhallen aus den Jahren 1185 und 1257[3]), letzteres mit solchen aus dem 13. Jahrhundert[4]) und die Höhlenanlage des Geghardklosters vom Jahre 1238 etwa[5]). Auch die Moschee von Ani folgt diesem Typus. Ich gebe davon eine Abbildung, weil die Art der Eindeckung in der Aufnahme (Abb. 773) sehr deutlich erfaßt werden kann. Die kurzen starken Stützen sind durch feste Rippen verbunden, die sich in Mauern umsetzen und als Decke eine gerade Schicht tragen, die über einem Lehrgerüst vergossen und mit Platten belegt ist.

Rippen in den Achsen und Diagonalen. Wichtiger für die Frage des Rippengewölbes ist die zweite Art, bei der die Rippen sich nicht in der Achsenrichtung, sondern diagonal verkreuzen. Ich nehme zunächst das einfachste Beispiel, die sogenannte Bibliothek von Sanahin, entstanden 1063[6]). Sie steht ganz für sich in der Südostecke des Klosters (vgl. den Grundriß oben S. 67, 1)

[1]) Vgl. Brosset 3. rapp., S. 114. — [2]) Grundriß bei Alischan, »Schirak«, S. 115. Vgl. Rivoira, »Architettura musul.«, S. 193. Vgl. auch oben S. 197 und 211. — [3]) Abb. bei Grimm, 1864 und 1911, der Grundriß oben S. 594. — [4]) Ebenda, der Grundriß oben S. 67. — [5]) Vgl. den Plan oben S. 245. Dazu Innenansichten bei Dubois, Atlas, Tafel I. — [6]) Vgl. Grimm 1864, S. 5 und Tafel.

Abb. 773. Ani, Moschee, heute Museum: Ansicht von der Stadtseite. Aufnahme Thoramanian.

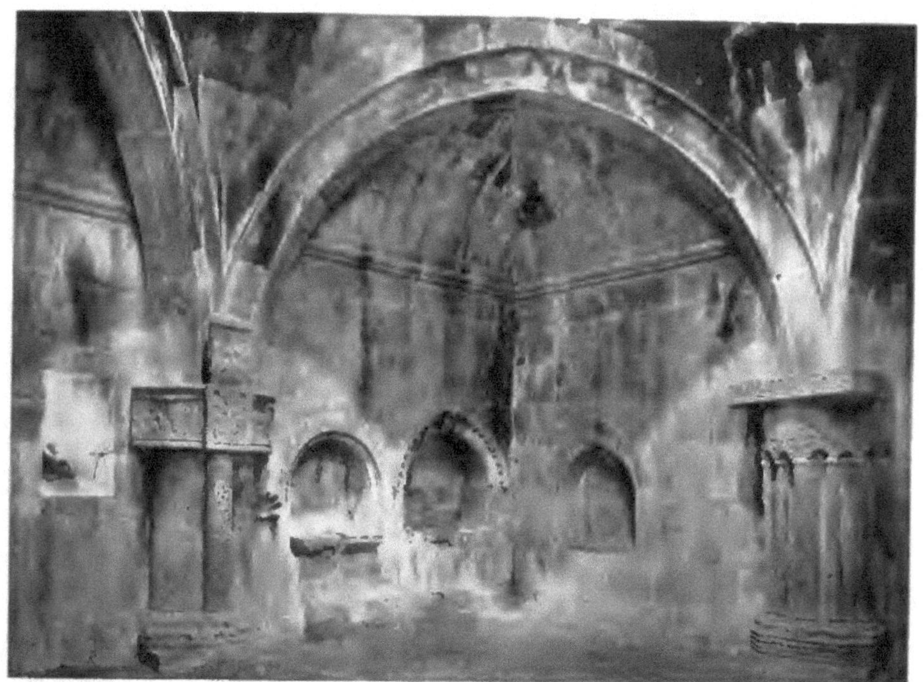

Abb. 774. Kloster Sanahin, Sogenannte Bibliothek: Innenansicht. Aufnahme Jermakov 1853.

und bildet ein Quadrat mit in der Mitte der Wände vortretenden Pfeilervorlagen. Abbildung 774 zeigt wie von diesen quer über die Ecken Gurtbogen geschlagen sind und so aus dem Grundquadrat eine mittlere Raute ausgeschnitten wird, die Ecken aber mit Kappen überwölbt erscheinen. In der mittleren Raute sind dann die Bogen durch Hängezwickel zum Achteck übergeleitet, das ohne Fenster aufsteigend sich zu einer offenen Wölbung zusammenschließt. Die Rippen sind überaus schwer und wuchtig in rechteckigem Querschnitt gebildet und leicht zugespitzt.

Die seltsamste Vorhalle hat die Apostelkirche in Ani (S. 107). Sie liegt wie die des Hamazasp in Haghbat an der Südseite. Man hat sie für einen Pahlawunierpalast ausgegeben, weil ihre erhaltene Ostfassade in islamischer Art unter Verwendung der armenischen Dreieckschlitze mit einem mittleren Stalaktitenportal ausgestattet ist[1]). Auch die Kuppel der Vorhalle ist mittels solcher Zellen eingewölbt. Sie sitzt über zwei Diagonalrippengewölben da auf, wo im Abendlande der trennende Gurtbogen angebracht wäre, also etwa nach dem Schema xox, wobei die beiden Bogen in der Mitte der Wand auf einer weit vortretenden Vorlage zusammenstoßen[2]). Abbildung 775 gibt eine Vorstellung nach einer der Fassade gegenüber, also vom Westen gemachten Aufnahme Thoramanians, die eine Ansicht der Gesamtruine der Apostelkirche bietet. Man sieht, der Westteil der Vorhalle und damit das eine Rippenkreuz ist eingestürzt. Um so besser durchschaut man die ganze Bauart. Breite Gurtbogen (1·60 m) laufen die Wände entlang, auf Doppelpfeilern aufruhend, die sich diagonal teilen. Darauf nun die Diagonalrippen im gleichwuchtigen Profil wie in Sanahin. Die Decke flach mit Ausnahme der Spitzkuppel über der Mitte[3]). Es sieht aus, als hätten die armenischen Baumeister sich

[1]) Lynch I, Figur 92. Vgl. oben Abb. 106 links.

[2]) Ein Grundriß bei Alischan, »Schirak«, S. 61.

[3]) Vgl. oben S. 107 und auch die Abbildung bei Lynch I, Figur 91. Eine Innenansicht der Kuppel in dem stereoskopischen Album von Kürkdschian Nr. 16.

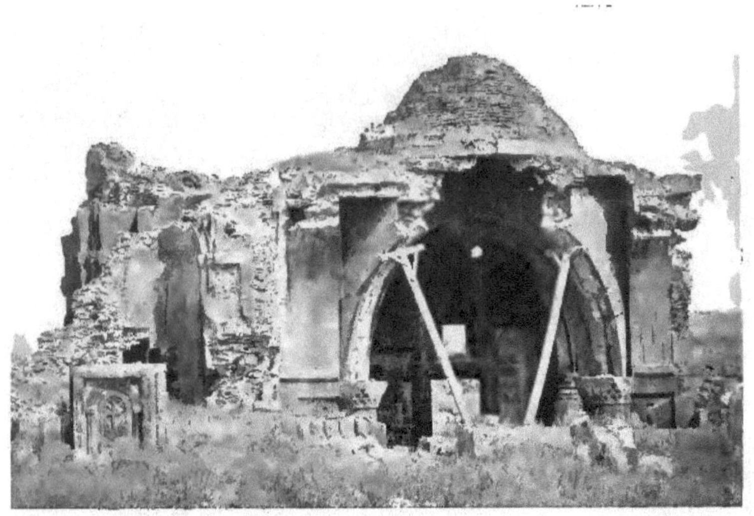

Aufnahme Thoramanian.

Abb. 775. Ani, Apostelkirche von Westen gesehen: links die Hälfte der Kirche, rechts die Vorhalle.

in der Erfindung immer neuer Spielformen solcher Rippengewölbe ebenso gefallen wie die Baumeister des Abendlandes. Die Kirchenbauten selbst wurden durch die Bischöfe in ihrer kanonischen Gebundenheit gehalten; dafür aber sind die Vorhallen ganz der freien Erfindung preisgegeben. Abbildung 776 gibt noch eine Innenansicht, gezeichnet von Thoramanian. Sie zeigt die beiden Kreuzrippengewölbe hintereinander, am Abschluß die Innenseite der seldschukischen Fassade. Auch die Halle selbst gehört dieser Spätzeit an. Zellenschmuck an den Kapitellen und in der kleinen Kuppel, dann das farbige Muster an der Decke sind dafür bezeichnend.

Ich bringe noch ein Beispiel aus dem Kloster Arates (Aisasi) im Gebiete südlich des Sewansees[1]). Der Hauptkirche ist eine Querhalle vorgebaut, die an den Längswänden zu Seiten des Einganges ein Pfeilerpaar, an der schmalen Nord- und Südwand nur einen aus der Wand vortretenden Pfeiler aufweist[2]). Die Ruine zeigt also (Abb. 619) ein paar mittlere, spitzbogige Rippen, die in der Mitte der Eingangsachse den kleinen achteckigen Aufsatz für die Beleuchtung tragen, auf den verstrebend von beiden Seiten die Einzelrippen von den Schmalseiten herüberkommen. Ob diese Rippengewölbe nach Osten hin noch Verbindung haben mit den gerippten Kuppeldecken Indiens?[3]) Andererseits wird niemandem einfallen, diese armenischen, von Rippen getragenen Decken den gotischen gleichsetzen zu wollen. Aber was hier — vielleicht im Anschluß an die Bildung ostiranischer Holzhäuser — in Stein bzw. Gußmauerwerk auftritt, ist doch grundsätzlich eine verwandte Art. Bauleute im Gefolge der Kreuzfahrer werden, stelle ich mir vor, solche Bauten in den armenischen Gebieten gesehen und dadurch erst recht in ihrer ebenfalls auf die Kreuzrippendecke gerichteten Gesinnung bestärkt worden sein. Das im Norden von Frankreich vollendete Scema novum wird so unter neuerlicher Einwirkung der Armenier, die vielleicht schon hinter der Manus gothica am Anfange der ganzen Entwicklung des christlichen Steinbaues im Westen zu suchen sind[4]), entstanden sein. Es frägt sich, ob nicht das Armenische der nordischen Kirchenkunst dadurch gegen Burgund in den Sattel geholfen hat, daß es die Möglichkeit einer Baukunst ohne Mittelmeereinschlag bestätigte.

Im übrigen sei darauf aufmerksam gemacht, daß der Zamatun, d. h. eine Vorhalle, die nicht wie der byzantinische Narthex mit dem Baukörper von Anfang an verbunden ist, sondern zumeist nachträglich angefügt erscheint, in diesem losen Zusammenhange mit der Kuppelkirche zu den Südslawen gewandert ist. Der pridvor, die liti[5]), ist offenbar entweder aus Armenien übernommen[6]) oder

[1]) Vgl. Alischan, »Sisakan«, S. 141 f. und den Text zu Lalajans Album des Gouvernements Wan. — [2]) Vgl. den Plan in den Photographien von Jermakov Nr. 18189. Ich wiederhole hier seine Aufnahme Nr. 16043. — [3]) Vgl. Diez, »Die Kunst der islamischen Völker«, S. 160 und Woermann, »Geschichte der Kunst«, 2. Auflage, II, Tafel 59, oben, Inneres der Moschee Altamschs zu Adschmir (1211—1235). — [4]) Vgl. »Altai-Iran«, S. 288 f. — [5]) Vgl. Bull. de corr. hell. XXIX (1905), S. 74. — [6]) Das die Auffassung Millets, »L'école grecque«, S. 122.

auf dem Balkan unter gleichen Voraussetzungen entstanden wie im Osten. Bezeichnend ist in beiden Fällen die Unabhängigkeit von Byzanz.

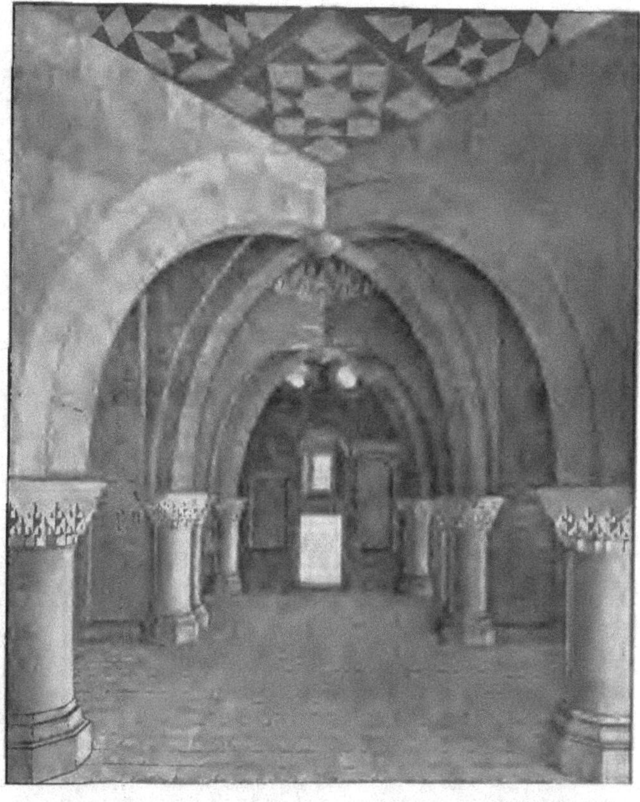

Aufnahme Thoramanian.
Abb. 776. Ani, Apostelkirche, Südvorhalle: Innenansicht nach Osten.

Die Architekturentwicklung des Abendlandes baut sich im Wesentlichen auf dem Typus der längsgerichteten dreischiffigen Kirche auf, als deren Hauptvertreter die Basilika gelten kann. Diese ist zuerst holzgedeckt, dann gewölbt. Sie beginnt wie im Oriente mit dem Tonnengewölbe und erreicht ihre eigenartige Höhe der Entwicklung mit Hilfe des Kreuzgewölbes. Der Übergang vom Mauer- zum verstrebten Pfeilerbau bedeutet den springenden Punkt im Werden des nordischen Systems. Die Kuppel hat in diesem Vorwärtsdrängen keine entscheidende Rolle. Die wichtigste Gegebenheit in der Entwicklung des abendländischen Langhausbaues ist vielmehr, daß er entgegen dem armenischen Kuppelbaue, der von den vier verstrebenden Nischen ausgeht, ein wagrechtes Übereinander von Emporen u. dgl. zuließ und damit seinen Drang nach der Höhe ähnlich befriedigt, wie der Osten mit der Kuppel. Zugleich bahnte sich damit aber eine Art der Verstrebung an, die erst in der im Kern unabhängigen nordischen Kunst, der sogenannten Gotik, an den Längsseiten zu jener Welt von Strebebogen führte[1]), die einzig in ihrer Art dasteht. Die Griechen hatten die Steinmasse aufgelockert durch Herumführung der Säule, der Nordländer leugnet sie ganz, indem er die Wand selbst auflöst und ebenso das Dach mit baumartig auslebenden Kräften überwuchert. Demgegenüber bietet Armenien einen ganz neuen Vergleichsstoff arischer Folgerichtigkeit.

d) Ausstattung.

Ich kann mich darüber kurz fassen. Wenn man nicht gerade das Maßwerk und seine farbige Füllung mit dem Islam oder die nordisch-arische Art mit der ähnlichen Überwucherung des Bauwerkes durch die menschliche Gestalt in Indien in Parallele bringt: mit dem Osten hat die »gotische« Ausstattung kaum etwas zu tun, am wenigsten mit dem jeder darstellenden Naturform, wie besonders der menschlichen Freiplastik geradezu feindlich (S. 530 f.) gegenüberstehenden Armenien. Dagegen bahnten sich gewisse Strömungen in der baulichen Ausgestaltung der Schauseiten grundsätzlich schon in Armenien an. Die ursprüngliche Erscheinung der armenischen Bauform in den strahlenförmigen

[1]) Vgl. dazu die Ansichten von Dieulafoy, »L'art antique de la Perse«, V, S. 145 f.

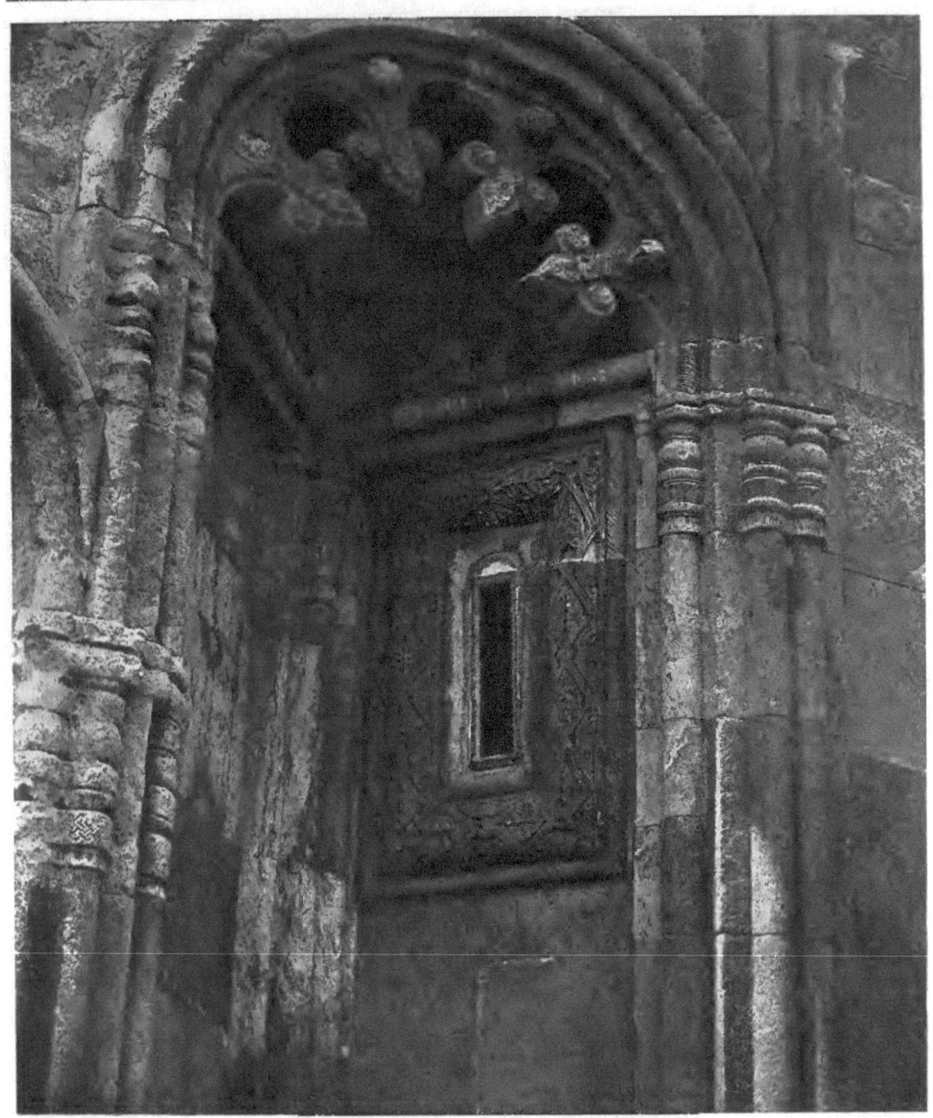

Abb. 777. Ikorta, Kirche: Trichterschlitz der Ostseite. Aufnahme Jermakov 16648.

Kuppelbauten (S. 70 f.) zeigte die vollständige Auflösung der Schauseiten durch das Vortreten der Strebenischen aus dem Grundquadrat. Denkt man sich dazu noch Torbauten vorgelegt, so entstehen räumlich derart in Grundriß und Höhe abgestaffelte Sternformen, daß von der Mittelmeerart, in Blockform zu bauen, nichts übrig bleibt und man sich eher erinnert fühlt an jene in Kaschmir aufgewiesene Bauform (S. 620 f.), die in der räumlichen Auflösung der Wand ihresgleichen grundsätzlich nur noch in der abendländischen Kunst des Nordens, eben der sogenannten Gotik hat. Als dann von Mesopotamien und dem Mittelmeere her die geschlossene Blockform auch in Armenien eindrang, sind es die Dreieckschlitze, die, tief in die Wand einschneidend, Licht und Schattenraum in die Wand legen, bis dann durch die Vereinigung des Schlitzes mit den Blendbogen eine Staffelung der Wand eintritt, die grundsätzlich den Weg des Abendlandes vorbereitet.

Als Beispiel, wie weit eine solche räumliche Auflockerung der Wand gehen kann, möchte ich in Ergänzung der gewöhnlichen Art wie sie z. B. Abbildung 325 oder 350 geben, hier noch einen georgischen Beleg beibringen (Abb. 777[1]). Man sieht, wie der Dreieckschlitz mit geradezu flamboyant wirkendem Maßwerk überschattet wird und ein feines Spiel von Lichtern im Helldunkel die Wirkung der Ziermuster hebt[2]). Der entscheidende Unterschied zwischen der kaukasischen und nordeuropäischen Art liegt nur darin, daß in letzterer die Außenverstrebung durch Pfeiler an Stelle jener armenischen Innenverstrebung, wie wir sie in der Kuppelhalle kennen lernten, tritt. So kehrt sich die ursprüngliche Art der national-armenischen Bauweise des 4. Jahrhunderts unter dem Einflusse des Längsbaues seit dem 5. Jahrhundert in ihr Gegenteil um. Anderseits geht der europäische Norden gegen die Gesinnung des Mittelmeerkreises zur Außenverstrebung, also in das ursprüngliche Fahrwasser Armeniens über. Eine ähnliche Umkehrung läßt sich bezüglich der Fenster beobachten, die, in Armenien ursprünglich groß, später immer kleiner wurden, während der Gewölbebau im Abendlande mit kleinen Fenstern beginnt und die »Gotik« später mit dem Fenster geradezu die Wand ersetzt.

Schließlich sollen in diesem Zusammenhange nicht die seltsamen Kragsteine in Tierform unerwähnt bleiben, die wir unter dem Jagdfriese in Achthamar dargestellt fanden (S. 534). Sie sammeln sich zur Einheit um Adam (S. 295) und der Priester von H. Minas in Salonik (S. 739) mag nicht so unrecht gehabt haben, wenn er an die Arche Noahs dachte. Hier beschäftigt uns nur die Art der Anbringung: aus der Wand vorkragend, springen Tiere einzeln um den ganzen Bau herum vor. Das wurde schließlich die Art des nordischen Wasserspeiers. Möglich, daß der Holzbau für beide Arten Urheber ist.

Für die an den nordischen Domen überwuchernde »Darstellung« bietet Armenien naturgemäß keine Parallele. Doch wird vielleicht bei Einzelheiten wie dem Brauch des Abendlandes, das Jüngste Gericht über der Tür anzubringen, an altiranische Vorstellungen und die Vorliebe der orthodoxen Kirche zu erinnern sein, das Jüngste Gericht an die Eingangswand oder wie in der Gregorkirche des Honentz in Ani (S. 300) in die Vorhalle zu verlegen[3]).

3. Längsbauten mit Kuppeln.

Hat das Verfolgen der Ausbreitung des strahlenförmigen Kuppelbaues in vereinzelten Spuren durch das ganze Abendland und der zweite Abschnitt über den reinen Längsbau auf gewisse Einzelheiten in Werk und Ausstattung der östlichen und nordischen Strömung in der mittelalterlichen Kunst des Westens geführt, so leitet der Längsbau mit Kuppel wieder zurück in das Gebiet von Byzanz und damit auf jene Weltmacht, die bis auf den Eintritt der Renaissance in Italien und des türkischen Sieges von allen Höfen als Vorbild hochgehalten wurde. Ob sie deshalb auch in der Baukunst der gebende Teil war, besonders im Gebiete der orthodoxen Kirche, soll nunmehr besprochen werden. Die Kuppel tritt zunächst in Byzanz nicht in breiter Schicht wie in Armenien auf, sondern auffallend sprunghaft. Schon das Nebeneinander von Sophien- und Apostelkirche beweist das Nebeneinander zweier Ströme, des armenischen auf eine Kuppel als Mitte und Höhe eingestellten und des iranischen, der mehrere Kuppeln in der Längsrichtung oder in Kreuzform nebeneinander ordnet. Aber auch im Rahmen der armenischen Art, die ich hier allein berücksichtige, bleibt noch zu unterscheiden, ob die armenische Bauform unmittelbar nachgebildet wird, etwa wie in Germigny d. h. wie Gagik Zwarthnotz nachahmte, oder ob sie lediglich den Anstoß zur

[1]) Vgl. über den Bau Uwarov, »Materialien« IV, S. 154 f.

[2]) Vgl. ähnliche Beispiele im kabenskischen Kloster, Jermakov 4809.

[3]) Vgl. für den Westen v. d. Mülbe, »Die Darstellung des Jüngsten Gerichts an den romanischen und gotischen Kirchenportalen Frankreichs«, 1911.

Ausbildung eigener byzantinischer Bauformen gegeben hat. Von letzterer Gattung lernten wir bereits ein Beispiel in jenen um Hosios Lukas und Daphni gruppierten Hofkirchen kennen, die in Hellas und auf den Inseln erhalten sind. Im vorliegenden Abschnitte werden wir eine unter Benützung des armenischen Anstoßes an den Grenzen Armeniens selbst geschaffene Form, die Kuppelbasilika, nachweisen, und eine zweite, die unmittelbar von Armenien ohne einschneidende Änderung übernommen ist, die Kreuzkuppelkirche.

Der Versuch übrigens, den Kuppelbau des Ostens mit dem Längsbau des Mittelmeerkreises zu durchsetzen, ist nicht erst in Armenien gemacht worden. Auch Rund- und Achteckkuppeln, also Formen, die in Armenien gar nicht vorkommen, sind auf diese Art den kirchlichen Forderungen entsprechend umgebildet worden [1]). Ich lasse auch diese Versuche hier ganz beiseite und gehe nur dem Kuppelbau über dem Quadrat bei Anwendung einer einzigen Kuppel nach.

A. Der Dreipaß.

Oben Seite 195 f. wurde darauf verwiesen, welche Bedeutung der Dreipaß für Europa gewonnen hat und wie groß die Zahl der Arbeiten ist, die sich mit seinen Wegen beschäftigen. Mit einem Aufsatze, »Der Ursprung des trikonchen Kirchenbaues«, habe ich mitten in diese Hochflut von Beleganhäufung und Meinungsäußerung die bis dahin völlig unbeachtet gebliebene armenische Tatsachenreihe geschoben [2]). Nach dem Erscheinen dieses Aufsatzes hat dann Mâle die Frage des Ursprungs der rheinischen Dreipaßkirchen wieder aufgenommen, ohne von dem Fortschritt unserer Denkmälerkenntnis zu wissen. Ich knüpfe an eine Zusammenstellung an (Abb. 778), wie sie Dehio und Bezold Tafel 14 ihres großen Werkes »Die kirchliche Baukunst des Abendlandes« vorgenommen haben. Die beiden oben untergebrachten Bauten (1 und 2) fallen freilich deshalb aus der Reihe, weil sie keine Kuppel über der Mitte aufweisen. Aber es ist ganz gut, wenn neuerdings darauf aufmerksam gemacht wird, daß für unsere Untersuchung nur geschlossene Innenräume und in erster Linie solche mit der Kuppel über dem Quadrat in Betracht kommen. Man wird vielleicht dieser Zusammenstellung gegenüber deutlicher als sonst empfinden, wie sehr die Forschung bisher ohne Kenntnis der armenischen Schichten im Dunkel tappte.

Mâle geht von S. Lorenzo in Mailand aus (Abb. 778, 3): »Un monument, que la Renaissance admira à ce point, ne pouvait laisser indifférent les architectes lombards du moyen âge«. Es ist der gleiche Wahn, der Karl den Großen im Dome zu Aachen S. Vitale in Ravenna nachahmen läßt. Die Menschen des 9. und 10. Jahrhunderts werden mit dem schwächlichen Maße gemessen, das wir seit der Renaissance anzulegen gewohnt sind und das darauf hinausläuft, sie hätten das Tote wieder lebendig machen wollen. In Wirklichkeit war damals in erster Linie noch eine starke vom Osten ausgehende Baukraft am Werke, die sich nicht in Renaissancen gefiel, sondern baute, wie sie nach christlicher Überlieferung d. h. aus eigener Kraft mußte und konnte. Nach Mâle freilich haben die Lombarden im 10. Jahrhundert S. Lorenzo in S. Fedele in Como nachgeahmt (Abb. 778, 6) [3]), und dann im 11. Jahrhundert den Dreipaß nach Köln übertragen (Abb. 778, 14). Dabei sei die Westkonche durch das Langhaus ersetzt worden. Daß das in Armenien schon im 5. bis 6. Jahrhundert geschehen war und ein- wie dreischiffige Beispiele seit dem 7. Jahrhundert in breiter Schicht dort noch heute aufrecht stehen, wird Mâle hoffentlich nachdenklich stimmen.

Das Bauen mit dem Dreipaß wird in einer Chronik über die heute noch erhaltene Krypta der Abteikirche von Rolduc »scemate longobardino« genannt (Mâle, S. 506). Wir wollen annehmen, daß Mâle recht hat, darin eine Bestätigung seiner Annahme sehen zu dürfen [4]). Uns beschäftigt hier ganz allgemein der Ursprung des Dreipasses im Abendlande. Wie der Vierpaß mit Umgang von S. Lorenzo, so stammt nach Mâle auch der einschiffige, z. B. der beiden Kirchen von Gravedona am Comersee

[1]) Vgl. dafür meine älteren Arbeiten, besonders über den Versuch von Wiranschehr »Kleinasien«, S. 96 f..

[2]) Zeitschrift für christliche Kunst XXVIII (1916), S. 181 f.

[3]) So auch Burkhardt, Gesch. 3. A., S. 21. Vgl. Dehio und Bezold I, S. 57 und Dartein 37/38.

[4]) Immerhin sei bemerkt, daß, wenn er sich dabei auch auf die Mauernischen beruft, die in der Apostelkirche in Groß-St.-Martin in Köln, ähnlich wie im Baptisterium zu Parma und der Sophienkirche zu Padua die inneren Wandflächen beleben, die Parallele auch hiefür in den um 1000 entstandenen Kathedralen von Ani und Marmaschen zu finden sind (S. 518 f.), also auch für dieses angeblich lombardische Motiv die Voraussetzungen in Armenien gegeben wären.

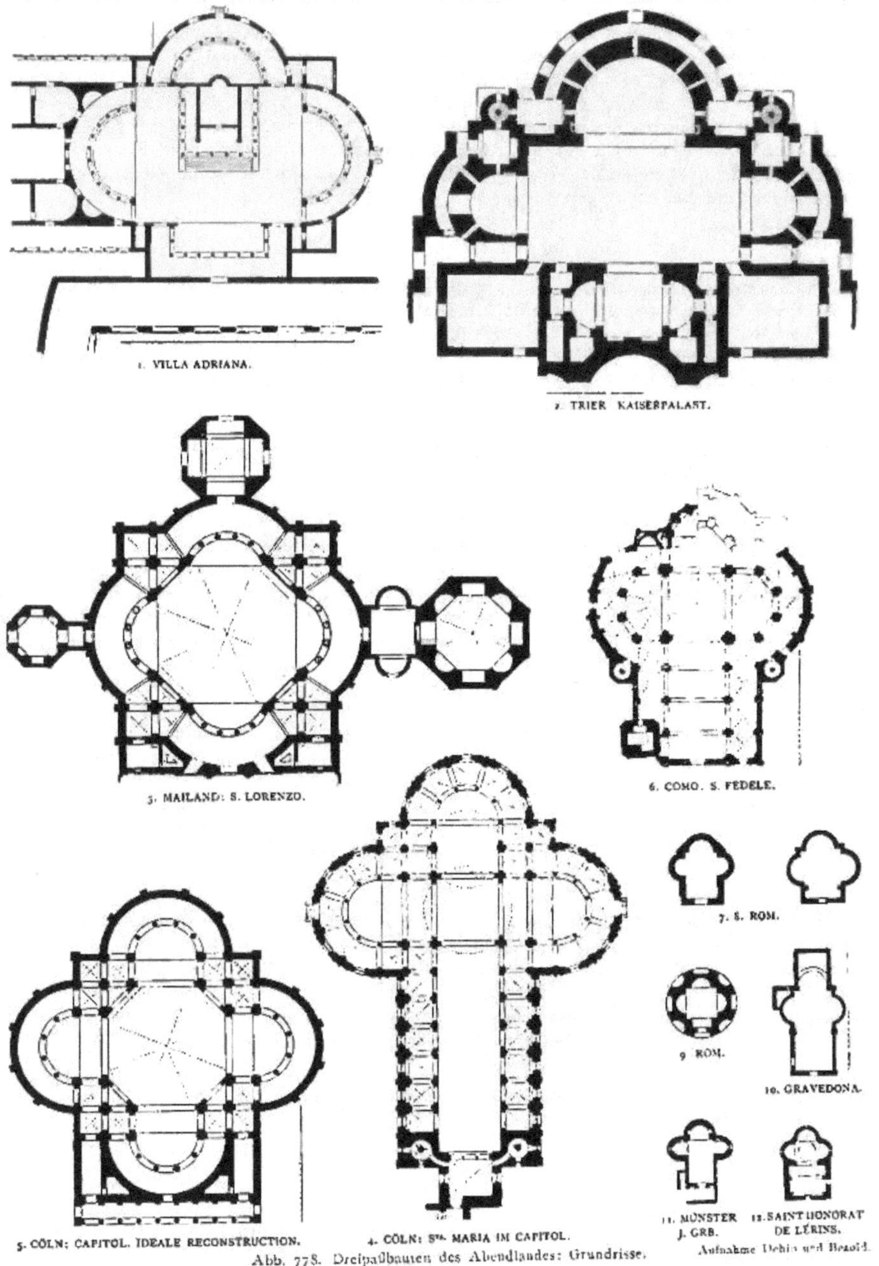

Abb. 778. Dreipaßbauten des Abendlandes: Grundrisse. Aufnahme Dehio und Bezold.

(Abb. 778, 10) von den cellae trichorae der römischen Katakomben (Abb. 778, 7—9). Die Lombarden hätten ihn von dort — also wieder eine Renaissance — genommen und nach Frankreich weitergegeben, wo Saint-Martin zu Londres (Hérault) ihn neben anderen lombardischen Zügen vertrete (vgl. Abb. 778, 12). Für mich ist die Frage die, ob nicht die Lombarden die Bauform fertig aus dem Osten übernommen haben[1]) und neben ihnen als Mittler nicht auch unmittelbar die Einwirkungen des Armenischen in Frankreich und am Rhein in Betracht komme. Man wird nicht erwarten, daß ich heute eine Antwort gebe; ich kann nur die Möglichkeit der Annahme einer solchen Einflußnahme des Armenischen zu zeigen versuchen.

a) Der einschiffige Dreipaß.

Zum Wesen des Dreipasses gehört, daß die Kuppel auf drei Seiten von Nischen verstrebt ist und die vierte Nische durch ein Längsschiff ersetzt wird. Öfter schieben sich zwischen Kuppel und Nische Tonnen, bisweilen bleiben sie allein übrig, die Nische verschwindet ganz und die reine Kreuzform mit eckiger Endigung, die Tonnenverstrebung der Kuppel tritt an Stelle der Nischenverstrebung. Es ist, wie ich schon »Orient oder Rom« gezeigt habe, möglich, daß hier nicht nur die armenische Dreipaßform, sondern eine ältere auf den Grabbau zurückgehende Entwicklung mit hereinspielt. Nach den oben Seite 715 f. über die Träger der Ausbreitung gegebenen Aufschlüssen wird es nicht schwer sein, zu verstehen, wie daneben ausgesprochen armenische Vertreter tätig gewesen sein können.

Sicher armenisch ist wohl der Dreipaß, den der Armenier Sophronios († 543) als Marienkirche im Theodosioskloster bei Jerusalem erbaut hat (oben S. 502 f.). Bei der starken Vertretung des armenischen Volkstums an den heiligen Stätten (S. 730) nimmt das nicht wunder. Der Dreipaß ist hier einschiffig. Von dem rechteckigen Vorraume der Apsis führen Türen zu den Seitenkammern. Das Längsschiff ist ersetzt (wie in Mschatta) durch einen dreischiffigen Vorbau, der als Vorhalle im Sinne der Seite 236 f. und 810 f. besprochenen Zamatune genommen werden könnte und dann einer der ältesten Belege für diese Bauform wäre, vorausgesetzt, daß er der Gründungszeit angehört oder nicht viel jünger ist. Darüber vgl. Weigand an dem Seite 495 angegebenen Orte.

Ich halte es nach den Seite 731 f. gegebenen Belegen für möglich, daß auch die Klöster Ägyptens von Armenien abhängig sind[2]). In dem einen, dem weißen Kloster bei Sohag haben wir oben S. 731 f. die Malereien des Armeniers Theodoros, allerdings aus wesentlich späterer Zeit nachgewiesen. Das syrische Kloster (Deir es-Surjani) ist ähnlich von dem Abt Moses von Nisibis ausgestattet[3]). Ich verweise für die Aufnahmen auf Somers Clarke »Christian antiquities in the Nile valley« und verfolge diesen Südstrom hier nicht weiter[4]).

Indem ich den Weg nach Byzanz nehme, kann ich für Kleinasien einfach auf die sehr sorgfältige Zusammenstellung von Bell »The thousand and one churches« S. 340 f., »The cruciform« und auf Rotts Zusammenfassung, Zeitschrift für Architekturgeschichte I (1908), S. 158 f., hinweisen. In Konstantinopel selbst taucht die Gattung, wie ich oben S. 777 ausführte, im sogenannten Trikonchos des Palastes auf[5]), also in der Bestimmung, von der oben vergleichend die Rede war. Dem Trikonchos vorgelagert war das Sigma mit den beiden Brunnen[6]). Im erhaltenen Kirchenbau wäre höchstens auf die alte Andreaskirche hinzuweisen, die in der Art etwa von Khakh (oben S. 496) drei Konchen an die Kuppel schiebt und diesen Raum ähnlich wie die ägyptischen Klöster bei Sohag von den Westräumen trennt[7]). Knapper zusammengehalten die Eliaskirche in Salonik[8]). Aber die Dreipaßform hatte nach der Beschreibung bei Theophanes auch die verschwundene Kirche in den Blachernen

[1]) Wie Paulinus von Nola sie 401—403 zusammen mit dem der Darstellung ausweichenden Mosaik von dort übernahm. Vgl. Kraus, Gesch. I, S. 390 f. Darüber in meinem Buche »Ursprung der christlichen Kirchenkunst«.

[2]) Ganz abgesehen von der Annahme »Amida« S. 263 und 380.

[3]) Vgl. meinen Aufsatz Oriens christianus I (1901), S. 356 f.

[4]) Vgl. über die armenischen Mosaiken in Jerusalem Zeitschrift des Deutschen Palästinavereines XXIV, S. 139 f.

[5]) Unger-Richter, Quellen II, S. 342.

[6]) Vgl. meinen Aufsatz Römische Mitteilungen XVIII (1903), S. 185 f.

[7]) Millingen, »Byzantine churches in Constantinople«, S. 106 f., Fig. 37.

[8]) Vgl. Millet, Bull. de corr. hell. XXIX (1906), S. 86. Dazu Choisy, Pulgher, Gurlitt, Ebersolt u. a. Ferner Texier and Pullan, Byzantine architecture, Tafel LII. Vgl. oben S. 779.

bei Konstantinopel, einer der bedeutendsten Bauten des Hofes. Sie erhielt diese Gestalt durch Justin II (575—578)[1]. Neben diesen spärlichen Beispielen fällt wie in den Klöstern Ägyptens und dem des Theodosios bei Jerusalem die immer wiederkehrende Anwendung des Dreipasses in den Klöstern des Athos auf[2]. Davon war bereits Seite 769 f. die Rede. Er hat dort kein Langhaus, gehört also grundsätzlich der oben Seite 496 besprochenen Gruppe an.

Ich folge nun dem Nordstrome. In Georgien kommt der einschiffige Dreipaß mit beachtenswert abwechslungsreichen Neuerungen vor. Ein treffliches Beispiel der reinen Dreipaßform bietet Saki, das zwei Joche statt des einen, in Armenien üblichen, an die Westseite legt. An der Südseite, wie in Thalin (S. 161) an der Nordseite, eine Außennische, vielleicht mit Umgang[3]. Diesem Bau des 10./11. Jahrhunderts tritt ein älterer mit eckigen Nischen in Opiza an die Seite, der gar fünf Joche an die Westseite legt (oben S. 153, 241, Kluge, 51). Sie werden durch reich gegliederte Pfeilervorlagen mit Gurten gebildet, die Kuppel auf Trichternischen. Die unteren Bogen spitz. Die Kuppel wohl erneuert; die ursprüngliche Anlage von Aschot d. Gr. (826) hatte sie nur in anderer Form aufgewiesen. Die Materialien der Gräfin Uwarov bringen noch eine ganze Reihe einschiffiger Dreipässe. Ich begnüge mich mit dem Hinweise auf eine Zusammenstellung bei Kluge, »Versuch«, S. 20/21, die zeigen mag, wie einfache und reichere Formen wechseln. Neben Jenirobat und Dolischane der Kreuzbau von Tbet mit eingestellten Achteckpfeilern und drei durch Nischen gegliederten Schauseiten.

Im Norden breitet sich der armenische Trikonchos zunächst über Südrußland aus[4]. Sehr frühe Belege dafür sind bei den Ausgrabungen in Cherson zutage gekommen. Ich übergehe die verschiedenen einschiffigen Kreuzkirchen und Dreipässe, die man bei Ainalov, »Denkmäler des christlichen Chersones« (russ.) nachschlagen mag, und hebe nur einen Bau heraus, ein Baptisterium, das Berthier de Lagarde in den Izvjestija der kais. russ. arch. Kommission XXI (1907), S. 70 f., behandelt hat. Waren die Beispiele in Palästina und Syrien mehr oder weniger in die Landesart übersetzt, so macht dieser chersonesische Bau den Eindruck, als wenn er von Meistern aus den kaukasischen Gebieten ausgeführt wäre. Abbildung 779 gibt den Grundriß. Dem Bau liegt freilich der Kreis, nicht das Quadrat zugrunde[5]. Aber die Art, wie die hufeisenförmigen Konchen in Mauerkeilen zusammenlaufen und außen mehrseitig ummantelt sind, erinnert so ausgesprochen an die Vier-, Sechs- und Achtpässe von Agrak bis zur Gregorkirche des Abughamrentz in Ani (S. 100 f.), daß man den Kreis als Unterlage für die Kuppel ruhig als Mittel mit in den Kauf nimmt, die hufeisenförmige Ausbuchtung der Konchen auf diesem Wege durchzusetzen[6]. Man muß sich die schräg zur Kuppeltrommel emporsteigenden Dächer ergänzen, um auch im Äußern das Bild von Mastara oder Artik vor sich zu sehen. An der vierten Seite ist die Strebenische ersetzt durch einen tonnengewölbten Längsarm. Der Bau wird durch Münzfunde zeitlich in den Anfang des 7. Jahrhunderts sichergestellt. B. de Lagarde hat dieses Bauwerk mit dem einzigen ihm bekannten Baue von einiger Verwandtschaft verglichen, der kleinen Dreipaßkapelle nördlich neben dem Chor von Parenzo[7] in Istrien. Dort ist die armenische Art insoferne reiner gewahrt, als die drei Konchen durch das Mittelquadrat verbunden werden; dagegen bildet die vierte Seite kein Längsschiff, sondern einen Querraum. Aber bevor ich auf das Abendland übergehe, noch einige Mittelglieder vom Balkan.

Unser Weg führt von Südrußland weiter auf heutigen bulgarischen Boden. Östlich von Sofia wurde ein einschiffiger Kreuzbau neuerdings durch das Nationalmuseum in Sofia ausgegraben und

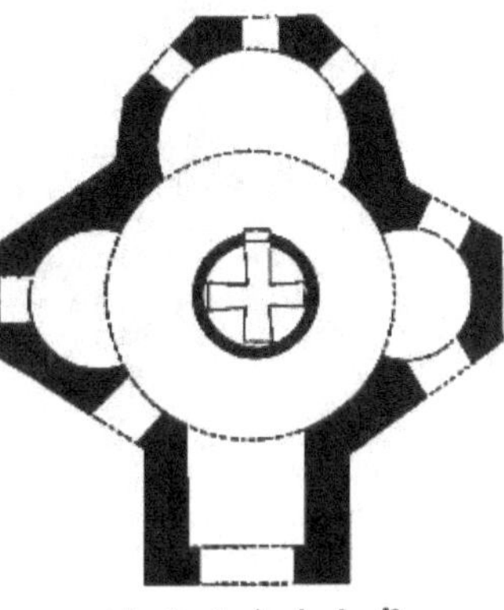

Aufnahme Berthier de Lagarde.

Abb. 779. Cherson, Baptisterium: Grundriß.

[1] Vgl. Unger-Richter, Quellen II, S. 165 f.

[2] Brockhaus, »Die Kunst in den Athosklöstern«, S. 17 f.

[3] Uwarov, »Materiallen« XII, S. 64 f. Vgl. Kluge, »Versuch«, S. 20.

[4] Vgl. die Kirche von Seuty in Kuban, Izvjestija der kais. russ. arch. Kommission 1902, S. 1 f.

[5] Dieser findet sich auch in Dranda in Abchasien. Vgl. Uwarov, »Materialien« III, S. 8 f.

[6] Vgl. auch den Bau auf dem Wawel in Krakau oben S. 774.

[7] Nuovo Bull. d'arch. crist. 1896, Tafel III, Dehio und Bezold, Tafel 16, 2. Vgl. Jackson, Dalmatia II, 326.

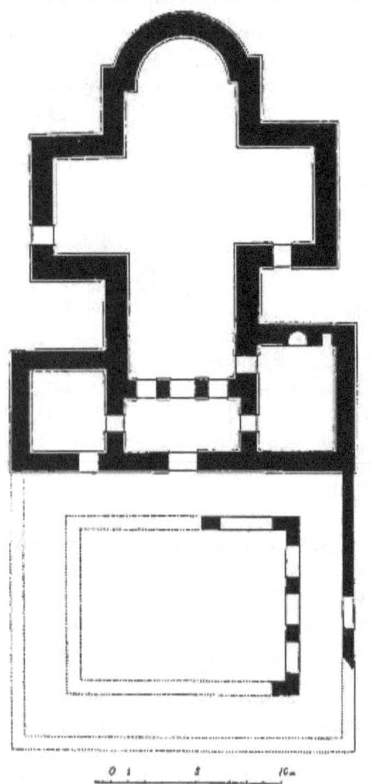

Aufnahme Mutaschtschiev.
Abb. 780. Klisseköi, Kirche: Grundriß.

von Mutaschtschiev veröffentlicht[1]). Es ist die Kirche im Dorfe Klisseköi, 10 km nordwestlich von einer größeren zweiten Kirche, die gleich zu besprechen sein wird, der Kuppelbasilika in Pirdop, die ich dank der Militärverwaltung von Sofia in einem Tage von Sofia aus 70 km westlich mittelst Auto besuchen konnte. Zunächst also Klisseköi. Abbildung 780 gibt den Grundriß der unter der Moschee freigelegten Mauern, die dem Dorfe den Namen »Kirchdorf« gegeben haben dürften. Man sieht das 6·30 m breite Langhaus von einem Querschiffe gekreuzt, dessen 5·50 breite Arme nicht gleich ansetzen. Wie in Sofia geht das Schiff dann noch weiter, hier 3·90 m und schließt mit einer runden Apsis von 2·65 m Durchmesser. Im Westen vermitteln zwei Pfeiler, d. h. drei Türen nach einer 2·85 m tiefen Vorhalle, an die seitlich kleine Nebenräume anschließen, rechts das Baptisterium, wie Mutaschtschiev wahrscheinlich macht, rechts ein Quadrat (4·68 m 4·38 m). Dem Ganzen vorgelagert war ein breiter Vorhof mit Pfeilerhallen. Die ganze Anlage war 44 m lang, ohne den Vorhof 27·60 m und in den Kreuzarmen 18·20 m breit. Die auffallende Dicke der Mauern von 1·55 m weist auf Wölbung und ich glaube, Mutaschtschiev hat recht, wenn er eher auf eine Kuppel als auf gekreuzte Tonnen schließt. Er zog zum Vergleich die Bauten heran, auf die ich »Kleinasien, ein Neuland«, hingewiesen hatte. Näher liegt es auch in diesem Fall Armenien mitsprechen zu lassen.

Der Dreipaß tritt dann sehr früh in Kreta und Unteritalien auf[2]), wobei er den Seeweg im Süden wandert. Auf dem Balkan verbindet er sich mit dem über das Schwarze Meer nach der Donaumündung gehenden Strome, zu dem sich dann noch der athonische gesellt. Die orthodoxen Kirchen des Südens wiederholen den Dreipaß immer wieder[3]). Die Folge dieses Zustroms von allen Seiten ist eine derart reiche Verwendung des Dreipasses auf dem Balkan, daß es vergebene Mühe wäre, dieser späten Bewegung im Rahmen dieses Werkes gerecht werden zu wollen. Ich möchte daher lediglich auf die letzte Literatur für die einzelnen Gebiete hinweisen. Millet, »L'école grecque«, Seite 94 f., hat darüber zusammenfassend gehandelt; dort auch die Nachweise über ältere Veröffentlichungen. Für Hellas im Besonderen findet man die Denkmäler zusammengestellt bei Lampakis, »Mémoire sur les antiquités chrétiennes de la Grèce« und Monneret de Villard, »Inedita byzantina« (Il monitore tecnico XXII, 1912), für Mazedonien bei Kondakov, »Makedonia, Archäologische Reise 1909« (russisch), für Serbien bei Pokryschkin »Rechtgläubige kirchliche Architektur des 12. bis 18. Jahrhunderts im heutigen Königreich Serbien«, 1906 (russisch) und in den Aufsätzen von Petkowicz u. a. in der Zeitschrift »Starinar«. Dazu die treffliche Zusammenstellung von Bals, »Arte Romaneasca« V. Für Bulgarien vgl. die Bände der Izvjestija der bulgarischen archäologischen Gesellschaft und für Rumänien das Buletinul comisiunii monumentelor istorice. Für die Bukowina Romstorfer, »Die moldauisch-byzantinische Baukunst« (Allg. Bauzeitung 1896). Ich möchte hier nur einige Zinkstöcke verwenden, die mir zur Hand sind, um eine Vorstellung der spätesten Vertreter (16./17. Jahrhundert) aus letzterem Gebiet zu geben[4]). Abbildung 597 zeigte die Kirche des Klosters Suczawitza von Südosten. Man sieht die drei Strebenischen um die turmartige Kuppel und dahinter den durch die Vorhalle verlängerten Westarm. Die reichste Form zeigt im

[1]) In den Izvjestija der bulg. arch. Gesellschaft (Bulletin de la société arch. bulgare) V (1915), S. 85 f.

[2]) Gerola, »Mon. veneti«, S. 210 f., Orsi, Byz. Zeitschrift VII (1898), S. 1 f., dazu mein »Kleinasien«, S. 223 f. und Bertaux, »L'Art dans l'Italie mér.«, S. 122 f., dazu Millet, Byz. Zeitschrift XIV (1905), S. 624 und »L'école grecque«, S. 47.

[3]) Vgl. für Hellas Millet, a. a. O., S. 94 und Lampakis »Mémoires«.

[4]) Vgl. meinen Aufsatz »Die österreichischen Kriegsschauplätze und die bildende Kunst«, Pädagogisches Jahrbuch XXXVIII, (1915), S. 37 f. und »Kulturarbeit in Bulgarien«, Österr. Monatsschrift f. d. Orient 40 (1914), S. 316 f.

Grundriß Abbildung 782 die Kirche des Klosters Dragomirna, in dem die Strebenischen in die Wand eingetieft sind und außen nur Pfeilervorlagen vortreten. Dazu die Vorhalle und ein halbrunder Westvorbau, das Ganze des außen durchgeführt unter strenger Wahrung armenischen Grundsatzes der einen Kuppel. Abbildung 781 gibt noch eine Südansicht der Kirche des Klosters Putna mit ihrem Dreipaß um die Kuppel und den Blendbogen an den Wänden, von denen unten noch Belege aus serbischen Klöstern zu bringen sein werden. Hier mag nur hingewiesen werden auf die zweifache Art der Ausstattung der rumänischen Kirchen in der Bukowina: Bemalung oder Bogenstellung. Es ist der Gegensatz zwischen der Art von Achthamar und der eigentlich armenischen.

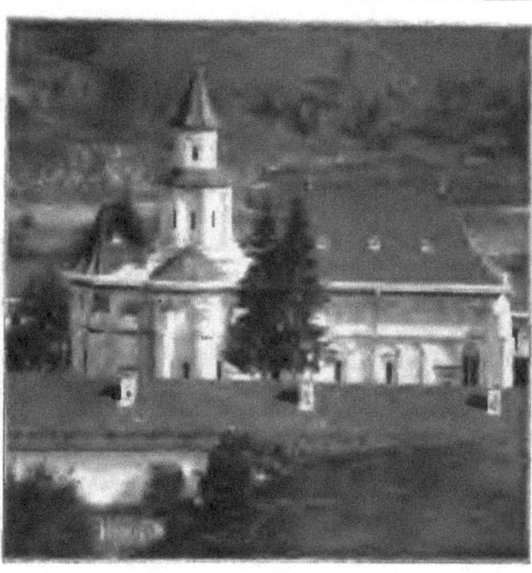

Aufnahme Strzygowski.
Abb. 781. Kloster Putna: Nordansicht.

So sehen wir also die Dreipaßform von Osten nach Westen wandern und kommen nun zu der Kernfrage, ob nicht auch die Goten sie auf ihren Wanderungen mit nach Oberitalien und Gallien gebracht haben könnten. In Oberitalien zunächst tritt der Dreipaß nicht in breiter Schicht auf. Der einschiffige Bau von S. Nazaro in Mailand und der dreischiffige Dreipaß von S. Fedele in Como[1]) sind offenbar versprengte Ausnahmen in der breiten Schicht des herrschenden Langbaues für Kirchen und der strahlenförmigen Kuppeln für Taufhäuser. Trotzdem läßt Mâle (S. 504 f.) die Lombarden zu Trägern des Dreipasses nach Deutschland werden.

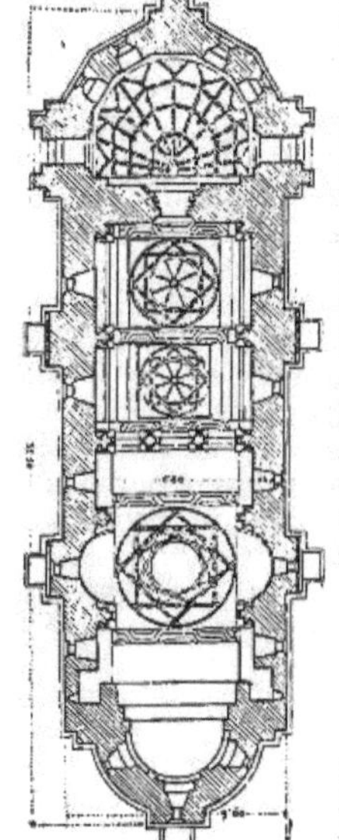

Aufnahme Komstorfer.
Abb. 782.
Kloster Dragomirna, Kirche: Grundriß.

Ich bezweifle nicht, daß die Lombarden an der Ausbreitung des Dreipasses beteiligt sein könnten, besonders wenn etwa die Magistri commacini mit Armenien in engerer Beziehung standen; wohl aber daran, daß sie in Anlehnung an S. Lorenzo oder die römischen cellae trichorae im Abendlande selbständig Schöpfer der Gattung geworden seien. Mâle hätte schon in meinem »Mschatta«, Seite 232 f., Vorsicht lernen können, noch mehr, wenn er den Streit um den Ursprung des Trichoros überhaupt verfolgt hätte (oben S. 495). Es ist immer die gleiche Erscheinung: wir sehen die Formen seit dem 4. Jahrhundert im Osten auftauchen und dann Jahrhunderte später im Westen. Ich nahm schon in meinem »Der Dom zu Aachen« Stellung gegen die beliebte Annahme von Renaissancen und sprach damals bereits die Überzeugung aus, daß es der lebendige, vom Osten herüberflutende Strom der altchristlichen Kunstformen gewesen sei, der den Ausschlag gab und grundsätzlich immer zuerst ins Auge gefaßt werden sollte.

b) Dreischiffige Dreipässe.

Auf die Ausbreitungsfrage dieser Bauform ging ich schon in meiner Mschatta-Arbeit (S. 232 f.) ein und hätte nur bezüglich des ältesten erhaltenen christlichen Vertreters etwas nachzutragen. Die Geburtskirche von Bethlehem, über die bereits eine ganze Literatur besteht[2]), ist in ihrem Dreipaßabschluß

[1]) Vgl. über beide Dehio und Bezold I, S. 44 f. und 57 und für S. Fedele oben Abb. 778, 6.

[2]) Vgl. zuletzt meine Besprechungen Byzantinische Zeitschrift XX (1911), S. 599 und XXI (1912), S. 344 f. Dazu »Mschatta«, S. 232 f.

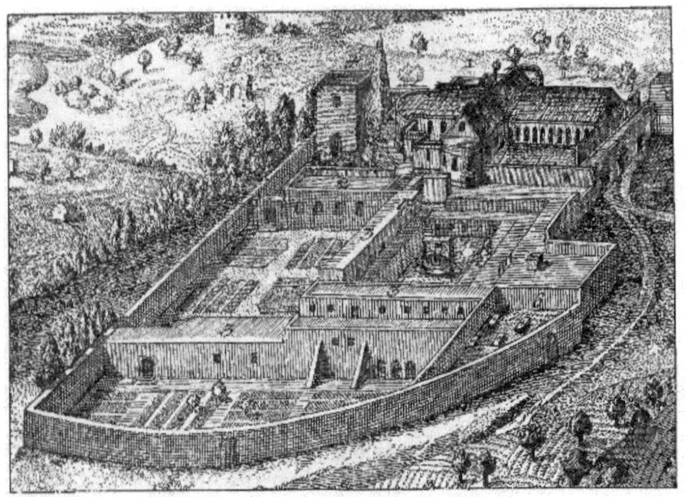

Abb. 783. Bethlehem, Geburtskirche: Kupferstich.

nur geplant gewesen, aber unausgeführt geblieben. Die Aufnahmen, zuletzt von Weyr-Schulz, »The church of the nativity at Bethlehem«, geben darüber jede nur wünschenswerte Klarheit. Ich ergänze die dafür bisher verwendeten Belege durch den Ausschnitt aus einem Kupferstiche (Abb. 783), der folgende Aufschrift hat: »Wahrer Abriß der Stadt Bethlehem sambt ihrer gegend, wie solche jetziger Zeit gegen Jerusalem anzusehen, wo besonders jene Heilige Orth bemerket welche noch heutiges Tags von denen Christen verehret und besuchet werden. acourat abgezeichnet worden von einem Religiosen ordinis Sti. Francisci einer Teutschen Provinz, der im Heil. Landt von 1749 bis 1752 getienet.« Dazu die Beschreibung: »1. der mit Bley gedeckte große Templ welcher in sich begreift das Heilige Geburts Orth unsers Herrn Jesu Christi. 2. Die Kirchen S. Catharinae wo sich das Kindt Jesus mit dieser Heil. durch Darreichung eines Himlischen Rings in Glauben vermählte. 3. Das Closter deren P. P. Franciscaneren. 4. Das Closter der Griechen. 5. Das Closter deren Armeneren. 6. Das Begräbnuß deren Catholischen Christen....« Den Südabschluß bildet die Geburtskirche, eine Kreuzbasilika mit Giebeldächern, die im Osten umschlossen ist von jenen drei durch zwei Mauerstufen verbundenen Apsiden, die wir aus den wissenschaftlichen Aufnahmen kennen[1]). Man könnte glauben, es handle sich um einen als Konchenquadrat begonnenen Bau, der später stehen gelassen wurde, weil man die Bauform des Mittelmeerkreises, eine Basilika dafür einschaltete. Tatsächlich aber nimmt bereits das Konchenquadrat darin Rücksicht auf die Fünfschiffigkeit, daß es nicht wie in Armenien die Quadratecke einfach hervortreten läßt (Abb. 197), sondern sie abstuft. Es muß daher von vornherein die Verbindung von Konchenquadrat und Basilika beabsichtigt gewesen, während des Baues aber ebenso fallen gelassen worden sein, wie die Einfügung einer Empore. Möglich wäre, daß ursprünglich Armenier mit der Aufführung des Denkmalbaues betraut waren, dann aber einem Vertreter des Mittelmeerkreises weichen mußten. Die Annahme, daß das Quadrat mit Strebenischen später hinzugefügt wurde, aber unvollendet blieb, die ich mit Vogüé zurückwies, hat sich auch durch ihre neuesten Verfechter nicht durchsetzen können[2]).

In die Frage des dreischiffigen Dreipasses sind nun auch Vertreter hineinzuziehen, die statt der runden Strebenischen solche von eckiger Form aufweisen, immer natürlich mit der Kuppel. Ein erhaltener Bau dieser Art ist die Basilika S. Salvatore bei Spoleto[3]), die freilich vielfach umgebaut, noch die alte Kuppel über der Vierung zeigt. Dagegen läßt sich diese Bauform für die Grabeskirche in Jerusalem nur noch aus Nachrichten erschließen. Ich gehe darauf erst später ein und möchte hier nur den wichtigsten, aber bisher falsch beurteilten Vertreter dieser Art des dreischiffigen Dreipasses besprechen. Er findet sich unter den altchristlichen Bauten des heutigen

[1]) Vgl. auch de Vogüé, »Les églises de la Terre sainte«, S. 46 f., R. Weigand, »Die Geburtskirche von Bethlehem«, 1911, Vincent et Abel, »Betléem, le sanctuaire de la nativité.« — [2]) Gegen sie auch Weigand, Zeitschrift des deutschen Palästinavereines 38 (1915). — [3]) Vgl. darüber die Dissertation von Hoppenstedt, Halle, 1912. Dazu Aufnahmen bei Mothes, »Die Baukunst des Mittelalters in Italien«, S. 185 f.

bulgarischen Gebietes, die eine vom Mittelmeere, Rom und Byzanz abgewandte Art zeigen. Sie blieben bisher in ihrer grundlegenden Bedeutung von der christlichen Kunstforschung unberücksichtigt, trotzdem sie ähnlich wie etwa der Palast von Spalato[1]) Marksteine der Entwicklung, wenn auch aus etwas jüngerer Zeit sind. Seite 775 f. wurde bereits der Vierpaß mit Umgang bei Philippopel, Seite 832 die Kreuzkirche von Kilisseköi besprochen. An vorliegender Stelle kommt die Sophienkirche in Sofia in Betracht, von der ich schon, als ich sie 1905 nach meinen kleinasiatischen Fahrten wiedersah, sagte, sie sei ein Bau von ganz einziger, entwicklungsgeschichtlicher Bedeutung, womöglich wirklich noch aus dem Zeitalter Justinians stammend[2]). Der sehr vorsichtige klassische Archäologe Filov stimmte dann diesem Zeitansatz in seiner Monographie über die Kirche auf Grund von Ausgrabungen zu[3]).

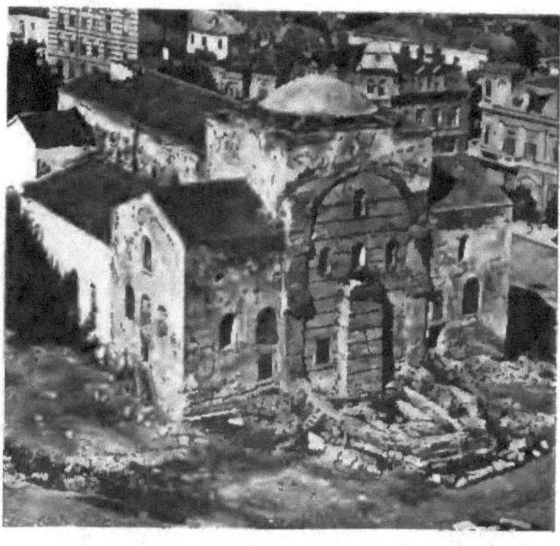

Aufnahme Filov.
Abb. 784. Sofia, Sophienkirche: Südostansicht.

Abbildung 784 gibt eine Gesamtansicht der Kirche. Sie liegt wie der Kern einer Akropolis auf einem Hügel, den heute auch die neue Kathedrale und die Sobranje krönt, bildet also mit diesen zusammen eine Art Nationalheiligtum der Bulgaren. Man sieht auf den ersten Blick, daß es sich um eine kreuzförmige Basilika mit Kuppel handelt, die Apsis wurde leider 1818 durch ein Erdbeben zerstört. Ihre Grundmauern liegen in Abbildung 784 noch zu Tage. Inzwischen wurde die türkische Schlußwand entfernt und das außen mit drei Seiten ummantelte Halbrund mit den beiden Gurten einer vorgelagerten Tonne[4]) wieder aufgebaut. Hoffen wir, daß der Bau nunmehr wirklich, wie ich vorschlug, ein Museum der christlichen Kunst wird.

Den Grundriß (Abb. 785) gebe ich nach Filov (Tafel IX) mit den eingezeichneten altchristlichen Gräbern. Es ist der Eindruck eines einheitlich geschlossenen Wurfes, den diese Basilika mit ihrer Vorhalle und den beiden Treppenhäusern, dem auf fünf Kreuzpfeilern ruhenden Schiff und dem Dreipasse mit seinen Eckpfeilern unter der Kuppel macht. Die 1·80 m starken Mauern sprechen von vornherein für die Wölbung und die großen, etwa 1·20 m breiten Fenster für eine ausgiebige Beleuchtung des Innern. Sie sind besonders gut in der Außenansicht (Abb. 784) zu bemerken, wo links neben der Apsis am Querhaus über diesen rundbogigen Öffnungen noch zwei kreisrunde erscheinen. Für diese Art der Beleuchtung möchte ich auf die in Armenien beliebte gleiche Art verweisen, wie sie in Abbildung 199 deutlich wird, der Ansicht des Domes von Thalin aus dem 6./7. Jahrhundert. Da der Bau (S. 167 f.) auch sonst neben die bulgarische Sophia gestellt zu werden verdient, sei hier gleich darauf hingewiesen, daß nicht nur die westliche Schauseite eine ähnliche Anordnung der Fenster zeigt, sondern Abb. 199, der Blick durch die eingestürzte Südwestecke, einen ähnlich basiliken Raum mit Kuppel über der Vierung enthüllt; nur endet das Querschiff nicht wie in Sofia rechteckig, sondern halbrund. Das Längsschiff von Thalin überdeckt ein Tonnengewölbe, das nach der in Armenien üblichen Art über einer Plattenschalung vergossen ist. Anders, aber dem Abendländer ebenso ungewohnt, ist nun auch das Tonnengewölbe der bulgarischen Hauptkirche hergestellt. Man sieht Filov Abb. 11/12 die Tonne im Mittelschiff rein halbrund durchlaufen und wird sich daher wundern, sie bei Filov (Tafel X) in der üblichen Art von Kreuzgewölben gezeichnet

[1]) Vgl. »Studien aus Kunst und Geschichte, Fr. Schneider gewidmet«, S. 323 f.
[2]) Österreichische Rundschau III (1905), S. 164. Vgl. Byz. Zeitschrift XXIII (1914), S. 344.
[3]) Filov, Sofijsakata crkva sv. Sofia, Materiali za istorjata na Sofia 1912.
[4]) Vgl. Izvjestija der bulg. arch. Ges. IV (1914), S. 248/9.

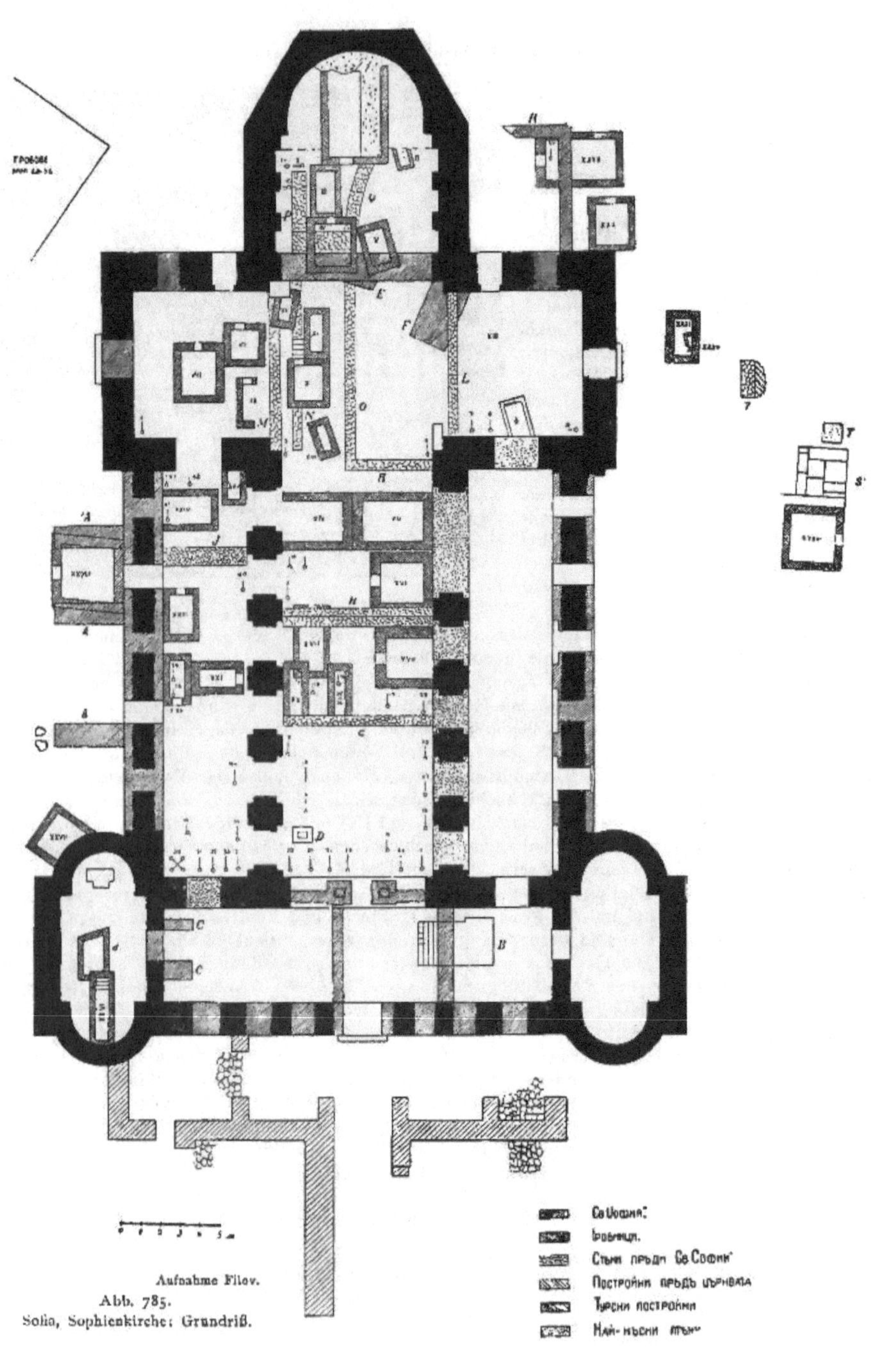

Aufnahme Filov.

Abb. 785.
Sofia, Sophienkirche: Grundriß.

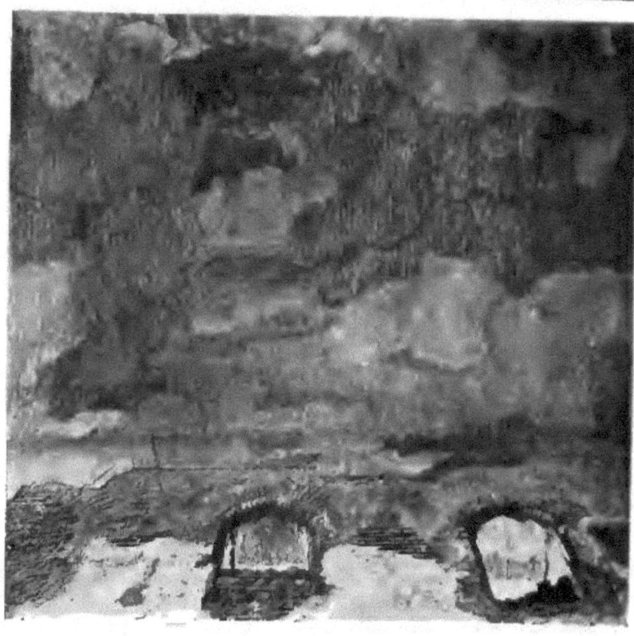

Aufnahme Filov
Abb. 786. Sofia, Sophienkirche: Tonnengewölbe des Mittelschiffes.

zu sehen. Der Irrtum ist leicht aufgeklärt, sobald die Einzelaufnahme bei Filov (S. 31) herangezogen wird (Abb. 786). Man wird dann erkennen, daß nur die Ziegel in der Art des Kreuzgewölbes gelegt sind, d. h. in vier durch die Diagonalen getrennten Abschnitten lotrecht auf die jeweilige Achsenrichtung. Das Gewölbe selbst ist trotzdem eine Tonne. Diese Art aber ist die ganz allgemein und immer wieder im Kernland des Tonnenbaues in Mesopotamien übliche Art, wie ich »Amida«, Seite 237 und 246, gezeigt habe[1]). Abbildung 420 gab davon eine Probe aus Mar Jakub in Salah. Man sieht das aus der Tonne durch zwei Gurten gesonderte Quadrat diagonal geteilt und die Ziegel dann hochkant senkrecht auf die Achsen angeordnet, in Sofia fehlt nur das aus Hohlziegeln am Rande hergestellte Band. Auch ist die Wölbung in Bulgarien rein aus Ziegeln gefügt, während in Mesopotamien der Ansatz in Stein allgemein üblich ist[2]).

Noch mehr Aufschluß über die Herkunft des Erbauers der Sophienkirche von Sofia bringt die Kuppel. Abbildung 784 gibt davon eine für das Äußere völlig genügende Vorstellung. Die Kuppel wächst als eine Art quadratischer Turm aus der Kreuzung der Schiffe hervor. Nur ganz oben sind die Ecken dadurch abgeschrägt, daß der letzte Teil sehr niedrig im Achteck gebildet ist. Daraus tritt heute die Rundung des Gewölbes hervor. Man stelle nun unmittelbar neben diese Tatsachen die entsprechenden von der Sargiskirche zu Tekor (Abb. 413), die, nach 486 als Pfeilerbasilika gebaut, im 6. Jahrhundert wohl die Kuppel erhalten hat. Die Kuppel hat dort nur 7 m gegen 8·50 in Sofia Durchmesser und steigt ebenfalls als quadratischer Turm auf, oben abgesetzt ins Achteck. Und in Tekor war auch ganz klar, wozu der Achteckansatz da war: lediglich als Unterlage für das pyramidale Dach, das also wohl auch für Sofia vorauszusetzen sein dürfte. Türkische Baugewohnheiten — die bulgarische Sophia war seit 1386 Moschee bzw. Arsenal — schufen die heutige Form ähnlich wie in der El-Hadra-Kirche in Khakh in Mesopotamien (Abb. 526), wo vor wenigen Jahren der pyramidale Aufsatz durch die »Kubba« ersetzt wurde[3]). Wie das Gewölbe der Sophienkirche also nordmesopotamisch, so ist die Kuppel altarmenisch.

Die vorgeführten Beziehungen der Tonnenwölbung und der Kuppel zu Kunstkreisen, die weit außerhalb des bulgarischen Bodens liegen, aber von Bulgarien aus zur See am andern Ende des Schwarzen Meeres zugänglich sind, werden als Fingerzeig dafür benutzt werden dürfen, den Bau von vornherein nicht vom Standpunkte des Abendlandes oder auch nur des bis Kleinasien reichenden Mittelmeerkreises aus zu betrachten, sondern mit diesem gewohnten Maßstab besser vorsichtig

[1]) Abb. 161 und 179. Vgl. Miss Bell, »Churches and monasteries of the Tûr 'Abdîn«, Tafel III, 2, V, 2, Preusser, »Nordmesopotamische Baudenkmäler«, Tafel 48. — [2]) Vgl. die bulgarische Art auch mit der in der Irenenkirche von Konstantinopel: Millingen, Byz. churches, Tafel XXII. — [3]) Vgl. mein »Amida«, S. 258 f. Miss Bell, »Churches«, Tafel IX, 3, gibt eine alte Aufnahme, in der das Dach über dem Quadrat liegt, also auch nicht alt gewesen sein kann.

zurückzuhalten. Diese Mahnung betrifft nicht nur den Kunstkreis, mit dem die Kirche in Beziehung zu bringen, sondern auch die Zeit, in die sie zu versetzen ist. Auch da heißt es, sich zunächst jenseits des Schwarzen Meeres umsehen. Das ist bisher nicht geschehen.

Nach dem Vorgebrachten möchte es eigentlich überflüssig erscheinen, noch ein Wort über die Zeitstellung der Sophienkirche zu verlieren, wenn nicht gerade darüber Meinungsverschiedenheiten beständen, bei denen allerdings meine eben vorgebrachten Gründe unbekannt waren. Schon ein Jahr vor Filovs Monographie erschien 1912 ein Buch von A. Protitsch: »Die architektonische Form der Sophienkirche« (bulg.)[1]). Ich würde die Sache schon nach der Antwort Filovs für erledigt halten, wenn nicht O. Wulff neuerdings ohne weitere Begründung urteilte, die Sophia sei »ein im hohen Mittelalter unter abendländischem Einfluß entstandener Bau«[2]). Protitsch kam zu dem Schluß, die Kirche sei von einem Griechen 1018—1186 unter dem Einflusse der Kreuzfahrer erbaut, also ein Ausgleich griechischer und romanischer Bauweise (S. 105) dadurch, daß der Baumeister vom lateinischen Kreuz im Grundriß ausging. Auch macht er die asketische Einfachheit der Ausstattung für die Zeit nach dem 8. Jahrhundert geltend (S. 101). Aber das sind Bedenken, die bezeugen, daß man bisher nur an das Abendland, Byzanz, höchstens Kleinasien als Ursprungsländer christlicher Kunst im ersten Jahrtausend dachte. Darauf hat schon Filov (S. 120 f.) geantwortet. Der Gesichtskreis dürfte sich im Anschluß an das vorliegende Werk sehr wesentlich ändern. Ganz abgesehen davon, daß der Vorraum vor der Apsis im Osten weit verbreitet und die reine Architektur ohne Schmuck einer der Adelstitel der ältesten armenischen Baukunst ist, dürfte auch den Laien überzeugen, daß die Tonne zwischen Kuppel und Apsis ein bauliches Erfordernis als Verstrebung der Kuppel ist. Das gehört zur Geschlossenheit von Grundriß und Aufbau dieser Art »Kuppelbasilika«[3]) und setzt sich schon in Armenien durch. Im übrigen habe ich auf die Bedeutung der Kuppel für die Entstehung des »Vorchores« schon in meinem »Kleinasien« (S. 223 f.) an der Hand süditalischer Bauten hingewiesen, wozu inzwischen Rott, »Kleinasiatische Denkmäler« (S. 303 und 329 f.) zu vergleichen ist mit den genauen Aufnahmen der Bauten von Myra, die ich »Kleinasien« (S. 132) gewünscht hatte. Auch beachte man den 21 m tiefen, auf drei Gurtbogen ruhenden Chor von Wiranschehr[4]).

Die Sophienkirche zu Sofia spielt auf dem Nordwege der Ausbreitung die gleiche Rolle wie die ursprünglich dreischiffig gedachte Roccella di Squillace an der kalabrischen Küste für den Südweg. Ich habe sie »Kleinasien, ein Neuland«, Seite 220 f., ausführlich besprochen und dann auch die in der Zeitschrift für Bauwesen LIV (1904), Seite 441 f., LV (1905), Seite 625 f. und LVII (1907), Seite 383 f., eingeleitete Auseinandersetzung von J. Gröschel durchgeführt, in der mich Prieß-Magdeburg mit der Annahme unterstützte, daß es sich um die in der zweiten Hälfte des 6. Jahrhunderts entstandene Kirche von Cassiodors Kloster Vivariense handeln könnte, jenes Cassiodor, der selbst einer ursprünglich aus der Gegend von Antiochia kommenden Familie entstammte, und sein Leben unter den Goten in Ravenna verbracht hatte. Es ist von Bedeutung, daß Gröschel den Zusammenhang südfranzösischer Kirchenbauten mit diesem Denkmale deutlich gemacht hat. Ich denke, die Belege, die ihm in meiner Beweisführung noch zu fehlen schienen, sind im vorliegenden Werk in ausreichendem Maße beigebracht. Ich habe die Trümmerstätte inzwischen selbst besucht und bin überzeugt, daß Ausgrabungen in der Kirche und deren Umgebung den reichsten Erfolg haben müßten[5]).

Ich weiß sehr wohl, daß weder die Kirche in Sofia, noch die in Squillace ausgesprochene Dreipässe sind, die unmittelbar zu den Vertretern dieser Bauart an den Ufern des Rheins überleiten könnten, als deren Stammutter Dehio und Bezold I, S. 486 f., S. Maria im Kapitol zu Köln bezeichnen (Abb. 778, 4). Ist auch ihre Ableitung dieser »Familie« von Bauten aus einem Zufall, dem mutmaßlichen Bestande eines spätestens im 8. Jahrhundert zur Kirche umgebildeten Zentralbaues nach den Untersuchungen von Rahtgens nicht zutreffend[6]), so sei doch Dehios Nebeneinanderstellung des Grundrisses der Kirche[7]) mit der von ihm zur Erklärung angenommenen »idealen Rekonstruktion«

[1]) Materiali za istorjata na Sofia II.

[2]) »Altchristliche und byzantinische Kunst« II, S. 396.

[3]) Die Sophienkirche hat keine Empore, vgl. Filov, S. 24/25 und Tafel XII.

[4]) »Kleinasien«, S. 97 f. und »Amida«, S. 220. Eine Abbildung auch oben S. 503.

[5]) Im Zusammenhange mit Armenien ist außer dem an der Roccella mit Ziegeln verblendeten Gußmauerwerk besonders zu erwähnen eine Trichternische, die hoch über den nördlichen Nebenapsiden da sitzt, wo man in Armenien den Dreieckschlitz findet.

[6]) »Die Kirche S. Maria im Kapitol« 1913.

[7]) Auch in der Entwicklung der neueren Baukunst nach den Zeiten der Renaissance hat der längsgerichtete Dreipaß noch Verwendung gefunden. Eine Lösung wie der Redentore in Venedig klingt noch immer nahe an Thalin an. Vgl. Abb. 197 und Frankl, »Die Entwicklungsphasen«, S. 51.

(Abb. 778, 5) als ihrer Voraussetzung wiederholt: man sieht, er kommt auf einen Bau der Zwarthnotzgruppe (S. 108 f.). Wie die Wanderung der armenischen Art sich vollzogen hat, ob in der ausgebildeten Form von Thalin (S. 169 f.) oder ob Vierpaß und Längsbau sich erst am Rhein neuerdings vereinigten, endlich ob Goten, Armenier, Lombarden oder andere Mittler in Betracht kommen, das zu durchschauen, kann als Frage die Forschung anspornen, ist aber heute noch nicht zu beantworten.

B. Die Kuppelbasilika.

Die Kuppelbasilika ist die mit Emporen ausgestattete armenische Einkuppelkirche über dem Quadrat. Sie kommt in Armenien selbst nicht vor, weil man dort keinen Bedarf an Emporen hatte (S. 235 f.), vielleicht auch, weil dort die Empore infolge der ursprünglich allein herrschenden Nischenverstrebung nicht Eingang finden konnte. Vielmehr sind dort nur Kreuzkuppelbasiliken nachweisbar, in denen der Querraum der Vierung ebenso offen ist, wie der Längsraum. Bei der Kuppelbasilika handelt es sich aber darum, die Seitenschiffe in ihrer ganzen Länge mit dem Mittelschiff parallel zu führen[1]). Das kann nur durch Einstellung von Stützen zwischen die Kuppelpfeiler geschehen. In der Tat gibt es in Armenien keine reine Kuppelbasilika, d. h. keine solche, die diese Forderung erfüllte (oben S. 163 f.). Es ist aber beachtenswert, wie verschieden die Randgebiete von Armenien, das eigentliche Mesopotamien, Syrien und Kleinasien die Empore einführten. Danach meine Einteilung.

Ich habe den Eindruck, daß zwei Arten der Gattung »Kuppelbasilika« von Mesopotamien ausgehen könnten und würde den Schlüssel dazu in Folgendem finden.

Die Kuppel ohne Konchenverstrebung, die ich in dem Beispiele von Solomon Qala (S. 73) vorgeführt habe, tritt außerhalb Armeniens, allerdings an dessen Grenze u. a. in der Jakobskirche zu Nisibis auf (Abb. 699). Ich glaube nicht, daß man diese später als das 4. Jahrhundert ansetzen kann. Sie wird wohl auf die Zeit des Stifters, den hl. Jakob selbst, zurückgehen, der 338 starb und die Kathedrale von Nisibis gebaut hat[2]). Vielleicht umschloß sie zugleich sein Grab oder enthielt dieses in einem Anbau. Die erhaltene Jakobskirche in Nisibis erfüllt diese Erwartungen. Die dort zu beobachtende Art Kuppel, nur mit einem Umgange versehen, steckt als Kern in der Kuppelbasilika, wie sie von Meiafarqin bis Salonik nachweisbar ist. Diese könnte also ursprünglich in ähnlicher Art ein das Nationalheiligtum ehrendes Martyrion gewesen sein, wie Zwarthnotz. Nur ging letzteres vom Grabe Gregors, einem Konchenquadrat, ersteres vielleicht vom Grabe Jakobs, einem einfachen Quadrat, aus. Doch ist das natürlich lediglich Annahme.

a) Die Empore über dem mesopotamischen Breitraum.

An der Südgrenze von Armenien, in der alten Hauptstadt Tigranocerta, dem heutigen Meiafarqin, fand Bell die El-Hadra-Kirche, deren Grundriß Abbildung 787 gibt. Das Innere (Abb. 788) ist zum Teil eingestürzt, doch steht die Ergänzung wohl außer Zweifel. Wir sehen also hier als Mitte die quadratische Kuppel, jeden ihrer Pfeiler verstrebt durch zwei Pfeiler in den Achsen, einen in der Diagonale, die vier Pfeilergruppen verbunden durch Bogenstellungen auf je zwei Säulen, nur die Apsis mit ihrem Vorraume blieb offen. Die Empore legt sich zunächst breit vor diese Mittelkuppel und entsendet auf zwei Seiten Längsarme, die unten nach den Seitenräumen der Apsis führen. Im Kuppelraum ringen Breite und Länge um die Vorherrschaft. Es ist beachtenswert, daß dieser gesteigert in jener per-

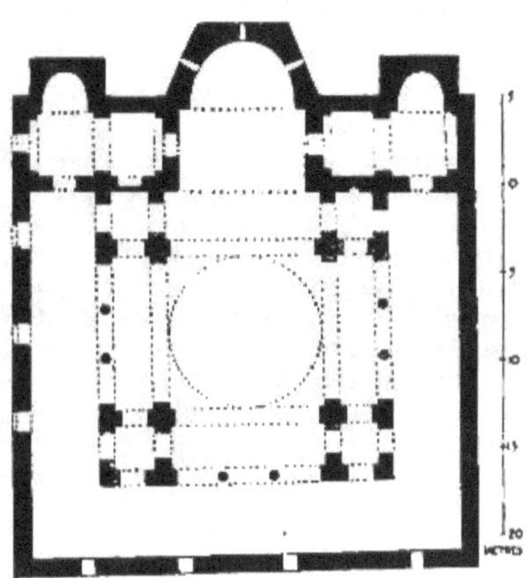

Aufnahme Bell.

Abb. 787. Meiafarqin, Marienkirche: Grundriß.

[1]) Vgl. mein »Kleinasien, ein Neuland«, S. 104 f.

[2]) Bell, »Churches and Monasteries of the Tûr 'Abdîn«, S. 98. Vgl. die Gründungslegende von Meiafarqin, »Handes Amsorya« 1916, Spalte 132.

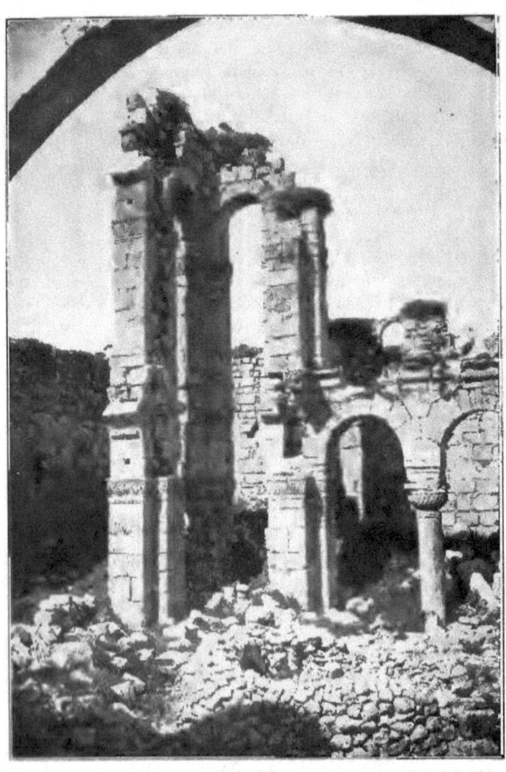

Abb. 788. Aufnahme Bell.
Meiafarqin, Marienkirche, Innenansicht: Blick in die Südwestecke.

sischen Art ausgestattet ist, die ich in meinem »Mschatta« S. 254 f. zu kennzeichnen suchte. Die Pfeiler tragen Kämpfer (Abb. 789), die, mit geometrischen Mustern ausgestattet, die Form zeigen, die in Mschatta noch mit Weinlaub bedeckt war (Mschatta, Abb. 36) und die Säulen weisen ein Kapitell auf, das auf die oben abgerundete Säule einen Flechtkorb setzt und mit gedrehtem Wulst und Weinlaub in die Deckplatte mit dreistreifigen Eckpalmetten überleitet (Abb. 790). Das sind Beispiele der sasanidischen Kirchenausstattung [1]). Bell (S. 92) wird wohl recht haben, wenn sie den Bau mit jener Marienkirche in Zusammenhang bringt, die Chosrav II. nach 591 in Meiafarqin erbaute.

Für diese Art der Kuppelbasilika, d. h. mit dem eingelagerten Breitraum, kenne ich außer dem Beispiel aus dem Tigrisgebiet nur noch ein zweites Beispiel aus wesentlich späterer Zeit, die Koimesiskirche in Nikäa, über die man mein »Kleinasien« (S. 106 f.) und die Einzelbearbeitung von Wulff »Die Koimisiskirche in Nicäa und ihre Mosaiken« heranziehen wolle.

b) Die Empore über dem mesopotamischen Längsraum.

Die Auseinandersetzung der armenischen Einkuppel über dem Quadrat mit dem Längsbau hat sich am Euphrat in Kasr ibn Wardan erhalten [2]). Die dort in Trümmern liegende Kirche darf nach der Inschrift des benachbarten Palastes als 565 erbaut gelten. Der mesopotamische Baustoff, Ziegel, führte zu einer andern Lösung als an der Grenze des armenischen Steinlandes. Zwar sind die Bauten eng verwandt, aber in dem syrischen Randbau verschwindet der Breitraum ganz und es bleibt nur die Kuppel über dem Längsraum übrig. Abbildung 791 zeigt im Erdgeschoß die zwischen die Kuppelpfeiler eingestellten Säulen nur an den Seiten, die Empore aber die Säulen auch an der Westseite. Der Zugang über eine Treppe in der Nordwestecke wie in Pirdop (S. 795). Die Kapitelle [3]) sind von einheimischer, zwischen Mesopotamien und Syrien stehender Art. Am meisten Beachtung verdient die Kuppel, die ich in der meines Erachtens falschen Wiederherstellung von Butler (S. 32) gebe (Abb. 792). Im Quadrat D ansetzend, wölben sich die Ecken allmählich vor und gingen wohl in einen konischen Abschluß wie in Tekor über, nicht wie Butler ergänzt in der Art der Sophienkirche in Konstantinopel in eine halbrunde Kugelschale.

Diese Art der Kuppelbasilika läßt sich über Kleinasien (Ephesos, Dere Aghzy und Myra wandernd bis nach dem Balkan verfolgen, wo die Sophienkirche in Salonik eine Lösung bringt, die zwischen der Art der mesopotamischen Breit- und Langhauslösung vermittelt [4]). Es ist selbstverständlich, daß

[1]) Vgl. meinen Aufsatz »Die sas. Kirche und ihre Ausstattung«, Monatshefte f. Kunstwiss. VIII (1915), S. 349 f.

[2]) Vgl. mein »Kleinasien, ein Neuland«, S. 121 f. und Butler, Publications of the Princeton University, Div. II, Ancient architecture in Syria, Section B, Northern Syria, Part I, S. 26 f. Dazu Byz. Zeitschrift, XVIII (1909) S. 278 f.

[3]) Vgl. mein »Kleinasien«, S. 127, dazu eines bei Butler a. a. O. S. 34.

[4]) Vgl. darüber meinen Aufruf Oriens christianus I, S. 155 f. und die »Kleinasien«, S. 115 angegebene Literatur. Dazu Wulff, »Altchristl. und byz. Kunst«, S. 385 f.

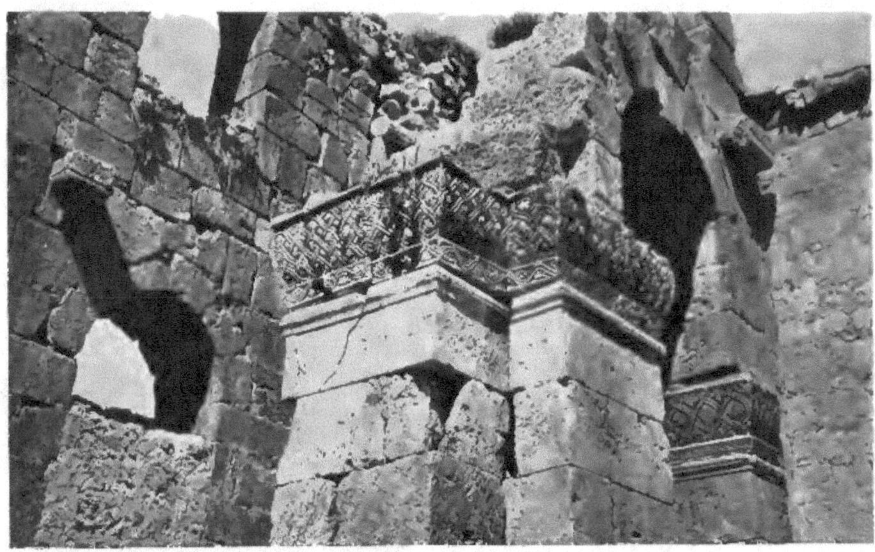

Abb. 789. Meiafarqin, Marienkirche: Die Nordostgruppe der Pfeiler. Aufnahme Bell.

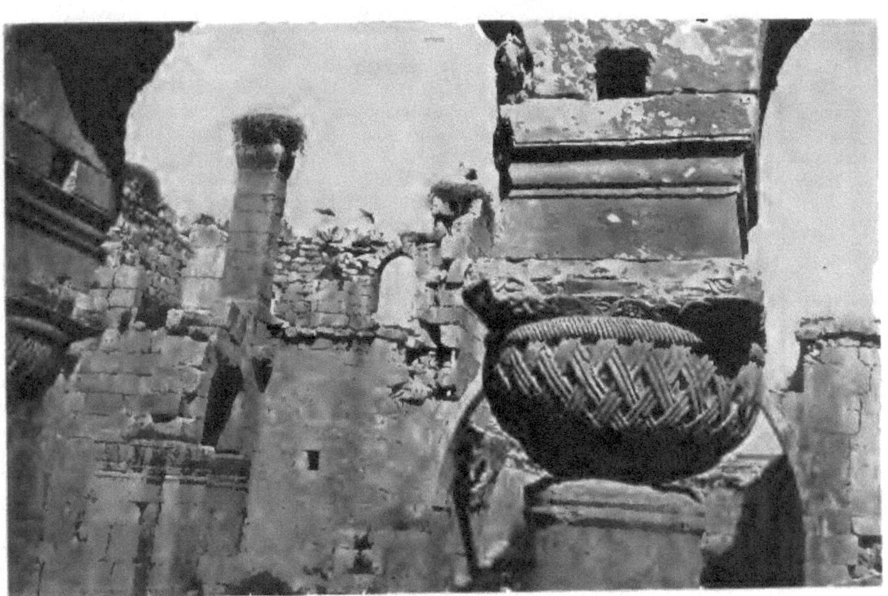

Abb. 790. Meiafarqin, Marienkirche, Innenansicht: im Vordergrunde die Säulen der Eingangsseite (Abb. 788), links im Hintergrunde die Pfeilergruppe Abb. 789. Aufnahme Bell.

ich hier nur die Gattung im Auge habe, nicht die einzelnen zufällig erhaltenen Denkmäler.

c) Die hellenistische Kuppelbasilika.

Sie entsteht auf der kleinasiatischen Seite von Armenien [1]).

Kodscha Kalessi in Kilikien zeigt eine Lösung mit dem Kuppelturm von Tekor und hellenistischen Einschlägen (Abb. 793). In der Art von Geghard (S. 245) ist die Kirche an die Felswand gebaut, bedarf also an dieser, der Nordwand, keiner Verstrebung. Im Süden aber treten drei richtige Strebepfeiler außen vor die Wand. Die Kuppel ist in der Längsachse zum Oval wie öfter in Armenien (S. 92 f.) gestreckt und wird außer von den vier Pfeilern durch zwei Paar dazwischen und zwei Paar davor gestellte Säulen getragen und durch Längstonnen übereinander seitlich verstrebt, in der Hauptachse durch das hohe Tonnengewölbe des Hauptschiffes. Zur Überleitung aus dem Rechteck in das Rund der Kuppel sieht man im Turm Säulenpaare in die Ecken gestellt. Sie tragen Trichternischen ähnlich wie im Erdgeschoß zu Artik (S. 78). Man darf solche Dienste dort auch in der eingestürzten Kuppel erwarten [2]). Das Vorkommen solcher Säulchen in der Kuppel in Ägypten und Germigny-des-Prés beweist, daß sie mit der armenischen Bauform wanderten. Den Bau von Kodscha Kalessi möchte ich um 400 setzen. Er würde dann eine Auseinandersetzung des Kuppelturmes mit der Tonnenverstrebung und der Forderung des Mittelmeerkreises nach der Längsrichtung in einer Zeit bedeuten, in der diese Auseinandersetzung in Armenien selbst noch nicht begonnen hatte.

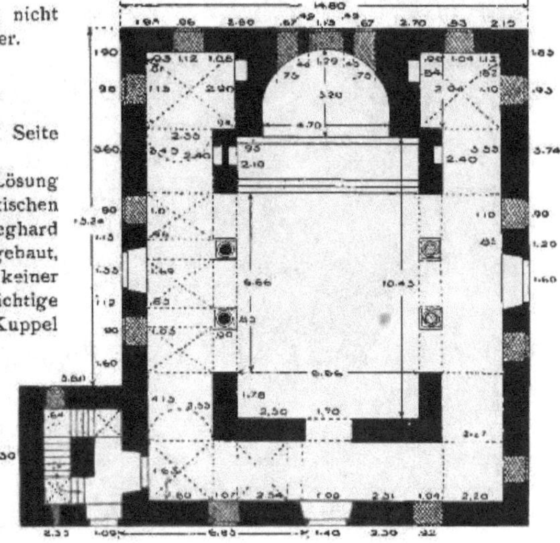

Aufnahme Butler.

Abb. 791. Kasr ibn Wardan, Kirche: Grundriß.

Außer dem viereckigen Turm von Tekor fand ich in Armenien selbst keine derartige Kuppel mehr erhalten. Wohl aber läßt sich von den Ausbreitungsgebieten her zurückschließen, daß es in Armenien Kuppeln gegeben haben muß, in deren Trommeln das Quadrat weiterging und erst über den Fenstern durch Trichternischen in das Rund übergeleitet war. Davon später aus Anlaß des »Vierungsturmes«.

Die Art der Kuppelbasilika von Kodscha Kalessi kennzeichnet sich gegenüber der mesopotamischen Gruppe, für die ich vom Euphrat und Tigris ausging, dadurch, daß dem Kuppelraum ein gleich tiefer Raum im Westen vorgelagert ist. Man vergleiche dafür armenische Bauten wie den Dreipaß von Thalin (S. 167 f.). Weder dort, noch in Kodscha Kalessi sitzt über diesem Westraum eine zweite Kuppel, vielmehr ist der armenische Grundsatz der einen Kuppel mit der Zuspitzung auf die Mitte und Höhe gewahrt. Die andern, bis jetzt unbeachtet gebliebenen Vertreter dieser Art schwanken in der einen oder andern Richtung, nur möchte ich glauben, daß sie alle an der einen Kuppel festgehalten haben. Der Weg führt nach Westen. Zunächst Kodscha Kalessi liegt

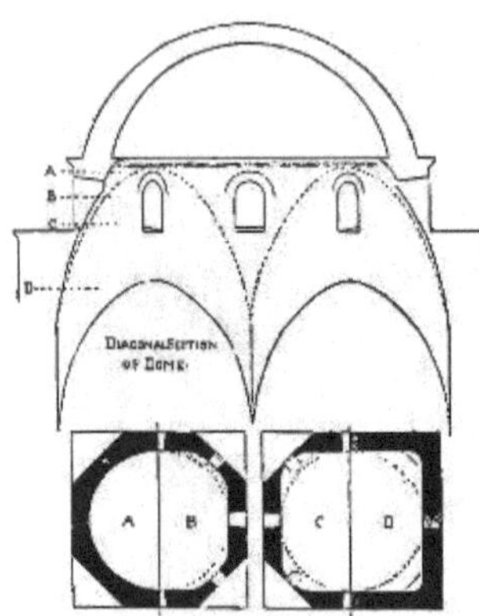

Abb. 792. Kasr ibn Wardan, Kirche: Die Kuppel nach Butler.

[1]) Immerhin vergleiche man, was Glück, »Der Breit- und Langhausbau in Syrien«, S. 73 f. sagt.

[2]) Vgl. »Kleinasien« S. 112 f.

Meriamlik, dessen Ausgrabung ich »Kleinasien« (S. 51) forderte. Das Ergebnis war unter anderm die Freilegung einer Kuppelbasilika[1]), deren Kuppel unmittelbar vor der Hauptapsis sitzt und seitlich von je vier Säulen zwischen den Pfeilern von den Nebenschiffen getrennt wird. Im Westraum stehen dafür je drei Säulen und vor der mittleren vielleicht wie in Kodscha Kalessi eine zweite Säule, ein deutlicher Beweis, daß keine zweite Kuppel zu ergänzen ist.

Das nächste Beispiel finden wir wieder auf bulgarischem Boden. Es ist die neuerdings ausgegrabene Kuppelbasilika von Pirdop[2]). Abbildung 794 gibt den Grundriß dieses sehr beachtenswerten Klosters, das auf einer Anhöhe über dem Elenska-Bach liegt und wie die armenischen Klöster (S. 247) von starken Mauern umwallt ist, die hier ausgezeichnet mit ihren Zugängen, Ecktürmen und der an der Nordseite der Kirche emporführenden Rampe erhalten sind. Der dreischiffige Hauptbau unterscheidet sich nicht nur durch das Ziegelwerk von den armenischen Kuppellängsbauten, sondern vor allem durch die Einschiebung von Empore und Narthex. Er ist ein wertvolles Bindeglied zu einem zweiten, gleich zu behandelnden Balkanvertreter dieser Art, den ich schon vor vielen Jahren veröffentlicht habe. Die in Abbildung 794 vorgenommene Ergänzung mit zwei Kuppeln scheint mir nicht richtig. Ich gebe Abbildung 795 den Tatbestand. Man sieht den armenischen Chorschluß vom Narthex getrennt durch ein paar Pfeiler und vergleiche zur Ergänzung wieder Thalin und Kodscha Kalessi: die Mitte wird also wohl eine Kuppel, der Westraum aber eine Tonne getragen haben. Es waren sowohl unter der Kuppel wie im Westraum zwischen die Pfeiler je zwei Säulen für die Emporen eingestellt. Die Notwendigkeit, sie anzuordnen, ergibt sich aus den stehengebliebenen Ostpfeilern (Abb. 796) und der in der Nordwestecke erhaltenen Treppenanlage. Abbildung 797 gibt die Nordostkammer von Norden gesehen. Unten die Nebenapsis, darüber der zweigeschossige Bau mit seinen Gewölbeansätzen. Das Mauerwerk sehr sauber aus Ziegeln mit dickerer Mörtelbettung aufgeführt, rechts oben noch der Ansatz der Kuppel mit Hängezwickelspuren. Man lese das Nähere über diese »Hirschenkirche« bei Mutaschtschiev nach, der den Bau in das Ende des 5. oder den Anfang des 6. Jahrhunderts setzt und einen Umbau durch Justinian annimmt.

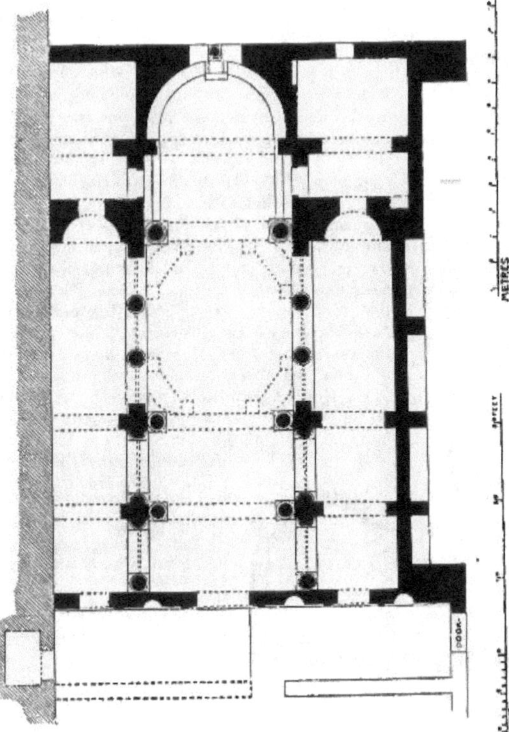

Aufnahme Headlam.

Abb. 793. Kodscha Kalessi, Kirche: Grundriß.

Die zweite Kuppelbasilika dieser Art ist in Resten bei Philippi erhalten und von mir, Byzantinische Zeitschrift XI (1902), S. 473 f., ausführlich abgebildet und besprochen worden. Ich wiederhole hier meine Grundrißaufnahme (Abb. 798), um die Verwandtschaft mit Pirdop und Meriamlik wie den armenischen Kirchen deutlich zu machen. Darin ist die früher angenommene Kuppel über dem Westteil weggelassen. Um eine Verbindung mit den nach armenischer Art angelegten Seitenräumen der

[1]) Leider unveröffentlicht. Ich urteile nach einer flüchtigen Aufnahme im Archäol. Anzeiger 1909, S. 441 f.

[2]) Vgl. oben S. 832. Mutaschtschiev, Izvjestija der bulg. arch. Gesellschaft V (1915), S. 20 f. Dazu auch Filov, »Die Sophienkirche in Sofia«, S. 139 f.

51*

Hauptapsis zu ermöglichen, müßten diese, falls sie ein Obergeschoß hatten, wie die Westseite von Thalin eingewölbt gewesen sein, was kaum denkbar ist (Abb. 799). Falls also bei Nachgrabungen nicht Säulenspuren zutage kommen, so würde es sich um eine Kreuzkuppelbasilika handeln. Der Bau stammt nach seiner Ausstattung aus Justinians Zeit. Die Kuppelbasilika hatte keine Entwicklungsmöglichkeit, weil sie die Kuppel in die Längsrichtung zwängt und seitlich zur räumlichen Verkümmerung verurteilt. Ihre Art wurde später noch einmal in der Blauen Moschee zu Täbris wieder aufgenommen[1]).

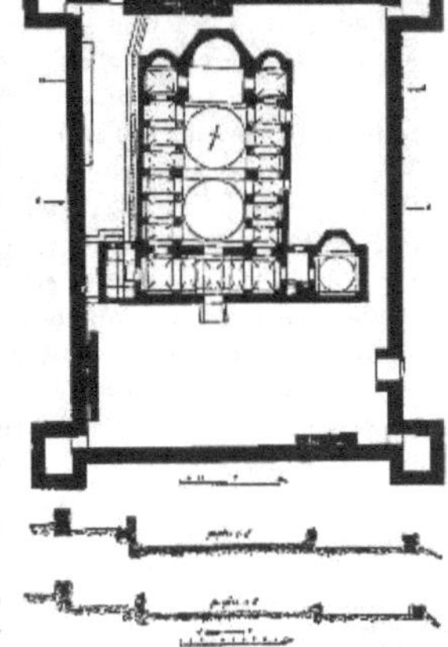

Aufnahme Mutaschtschiev.

Abb. 794. Pirdop, Kloster: Gesamtgrundriß.

d) Kreuzkuppelbasilika.

In der Ausbreitung der Kuppelbasilika spielt eine Art der Kreuzkuppelkirche eine Rolle, die öfter als Kuppelbasilika ausgegeben wird. Sie entsteht, wenn der Querarm der Kreuzkuppel im unteren Teil durch eine auf Säulen oder Pfeilern ruhende Empore verbaut ist. Sie sollte mit der eigentlichen Kuppelbasilika nicht verwechselt werden. Diese wölbt auch die Decke über der Empore nicht mit einer Quer-, sondern mit einer Längstonne. Das beste Beispiel ist die Theodosiakirche (Gül Dschami) in Konstantinopel[2]). Dieser Bauform scheint auch z. B. um 1031 die Erlöserkirche in Tschernigov anzugehören[3]) die Millet für eine Kuppelbasilika ansieht[4]). Sie ist eine Kreuzkuppel mit eingebauter Empore und deshalb beachtenswert, weil sie mit eines der ältesten Zeugnisse für die vier kleinen Kuppeln in den Ecken (Diagonalen) ist. Diese zwischen Kuppelbasilika und Kreuzkuppelkirche stehende Art durchsetzt bisweilen auch die oben als Kuppelbasilika geführte Gattung, so in Dere Aghzy in Kleinasien[5]). Auch die Irenenkirche in Konstantinopel würde hierher gehören, wenn die Enge ihrer Seitenschiffe nicht nach einer andern Richtung wiese. Ich werde sie unten

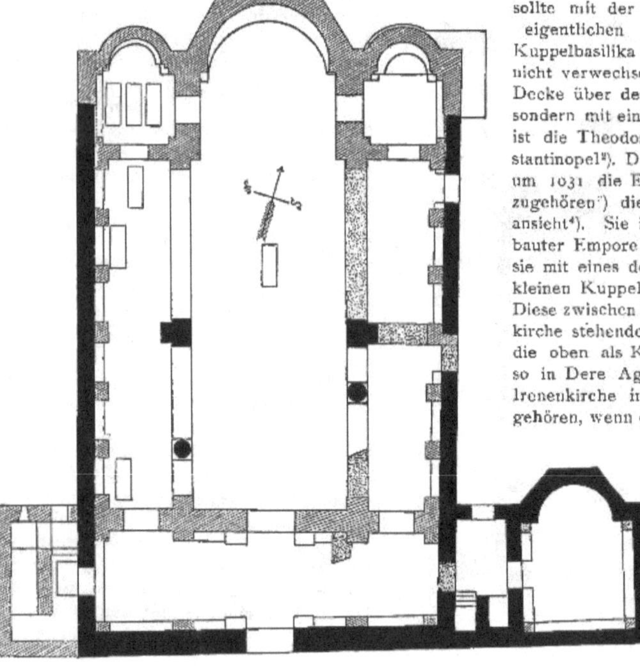

Abb. 795. Pirdop, Klosterkirche: Grundriß. Aufnahme Mutaschtschiev.

1) Vgl. Texier, »Description de l'Arménie«, Tafel 42, Diez, S. 93.

2) Vgl. mein »Kleinasien«, S. 132 f., dazu Millingen, »Byzantine churches«, S. 161 f.

3) Pavlinov, S. 8 f., Grabar, »Geschichte der russischen Kunst« (russisch) I, S. 149 f.

4) »L'école grecque«, S. 96.

5) Vgl. mein »Kleinasien«, S. 132, Rott, »Kleinasiatische Denkmäler«, S. 300 f., Wulff, »Altchristliche und byzantinische Kunst«, S. 392.

in dem Abschnitte über die Kuppelhalle behandeln.

Der wichtigste Beleg für die Ausbreitung der Bauform Dwin-Kutais (S. 163 f.) könnte die Basilika an der Agora von Antiphellus (Andifilo) gewesen sein, die Texier einst dort aufgenommen hat[1]). Sie ist ebenso wie das benachbarte Oktogon vom Erdboden verschwunden[2]). Sie zeigte vier Kuppelpfeiler in der Mitte, dazu eine Strebenische im Süden. Im Osten und Westen schlossen sich je zwei Säulenpaare an, im Osten zu der Apsis und einer Südnische daneben führend.

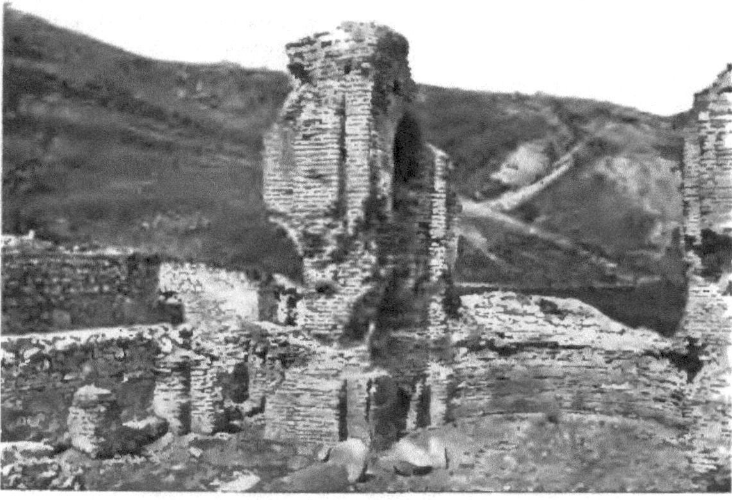

Aufnahme Filov.
Abb. 796. Pirdop, Klosterkirche: Blick auf die Hauptapsis und den Nordostpfeiler.

C. Die Kreuzkuppelkirche.

Das Nischenquadrat, sowohl das mit verstrebten Ecken wie das mit freistehenden Mittelstützen, schob zwischen die Nische und das Quadrat Tonnen ein. Man muß sehr bald daraufgekommen sein, daß diese Tonnen allein die Verstrebung leisteten, die Nische ganz wegfallen konnte. Das Ergebnis dieser Entwicklung war die von Byzanz und dem orthodoxen Kirchengebiet überhaupt allgemein angenommene Bauform der Kreuzkuppel. Ich behandle die Ausbreitung dieser Gattung gleich hier im Anschluß an die Nischenbauten, weil sie in Armenien, wo der Drang nach der einheitlichen Raumform sehr bald über sie hinaus zur Kuppelhalle führte, selten wurde, in der Ausbreitung aber geradezu den Ausschlag gab. Die beiden Arten, die oben Seite 95 f. und 178 f. getrennt wurden, nämlich die rein strahlenförmige und die in

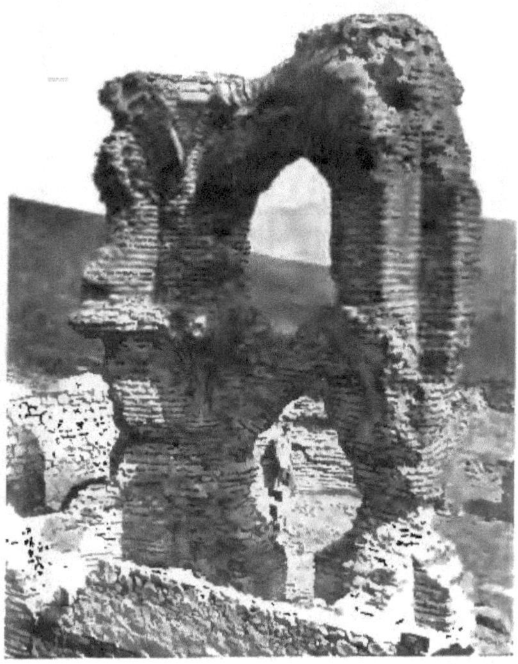

Aufnahme Filov.
Abb. 797. Pirdop, Klosterkirche: Nordostpfeiler von Norden gesehen.

[1]) »L'Asie mineure« III, S. 191/92. Vgl. mein »Kleinasien«, S. 114.

[2]) Nach Rott, »Kleinasiatische Denkmäler«, S. 299.

der Längsrichtung gedehnte Form werden also zusammengefaßt, ich unterscheide daher nicht, ob außen ein Quadrat oder ein Rechteck den Bau umschließt.

a) Der übliche Einkuppelbau.

Die Bauform breitet sich zunächst, wie schon oben Seite 480 gezeigt wurde, in die Grenzgebiete von Armenien aus, die Landkirche bei Resafa ist dafür ein gutes Beispiel. Andere findet man in meinem »Kleinasien«, Seite 156 und Bell, »The thousand and one churches«, Seite 399 f. zusammengestellt. An beiden Stellen wurde der armenische Einfluß nicht übersehen. Umso verwunderlicher ist es, daß Millet, Seite 72, trotzdem an Byzanz als Ausgangspunkt denkt.

Wichtiger ist der Nordstrom. An die Spitze gestellt muß die Tatsache werden, daß diese Bauform in Georgien eine Verbreitung fand, die die Möglichkeit naherückt, sie dort neben dem einfachen Längsbau für ebenso von der Kirche als kanonisch anerkannt zu sehen, wie die Kuppelhalle es in Armenien ist. Die Beispiele sind überaus häufig, und zwar in beiden Abarten, sowohl mit zwei wie mit vier Stützen (vgl. oben S. 178 f.). Die meisten gehören dem 11. Jahrhundert und der Zeit der nationalen Blüte Georgiens unter König David (1088—1125) und der Königin Thamar (1184—1212) an[1]. Als Beispiel gebe ich lediglich eine Ansicht des Klosters Gelati (Abb. 800). Man sieht, daß die Kuppel wie in Armenien für jeden Bau nur eine ist. Auch wahrt sie die Mitte, ist nicht unmittelbar mit der Apsis zu einer Raumeinheit verbunden. Die Ausstattung des Äußern mit Doppeldiensten nimmt stark überhand. Die Werke von Brosset, Grimm und das große Werk der Gräfin Uwarov sind so voll ausgezeichneter Beispiele, daß ich wohl auf eine eingehendere Besprechung verzichten kann[2].

Nur auf einen Bau sei hier etwas näher eingegangen, weil er uns überleitet nach Südrußland, auf Mokwi in Abchasien. Die Kirche ist im 10. Jahrhundert zur Zeit Leo III. († 957) entstanden[3]. Zur Zeit Brossets[4]) war der Bau ganz verfallen, jetzt ist er reizlos wiederhergestellt. Der Grundriß (Abb. 801) zeigt eine Kreuzkuppelkirche, die Mittelkuppel über dem Quadrat bildet die Mitte eines Langhauses, begleitet von Seitenschiffen, die in Apsiden münden, alles richtig dreischiffig durchgeführt. Immerhin liegt der Vergleich mit Odzun (S. 177) nahe, besonders wegen des Umganges, der in

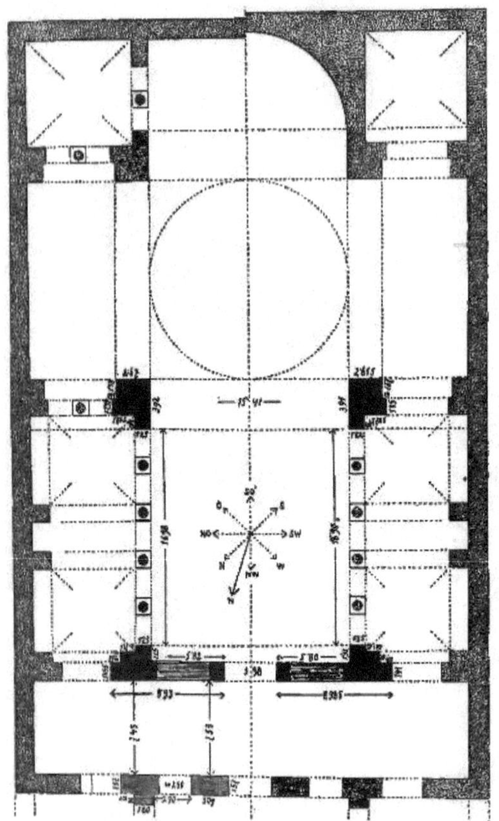

Aufnahme Strzygowski.

Abb. 798. Philippi, Kirche: Grundriß.

[1]) Vgl. Leist, »Das georgische Volk«, S. 112 f., Millet, »L'école grecque«, S. 82, stellt für das Entstehen dieses Typus in Georgien eine eigene Entwicklungsreihe auf.

[2]) Vgl. jetzt auch Kluge, »Versuch«, S. 27 f.

[3]) Vgl. die Literatur bei Uwarov, III, S. 14 f., woher ich auch meine Abbildungen nehme. Kluge, »Versuch«, S. 38, setzt den Bau zwischen 1089—1118, also in die Zeit Davids. Damals entstanden seine Malereien. Vgl. Kondakov-Tolstoi (russ. Ausgabe) IV, S. 55.

[4]) »Atlas«, Tafel XXXV; »Description géogr. de la Géorgie«, S. 401; »Histoire« I, S. 203, Rapport VIII, S. 111.

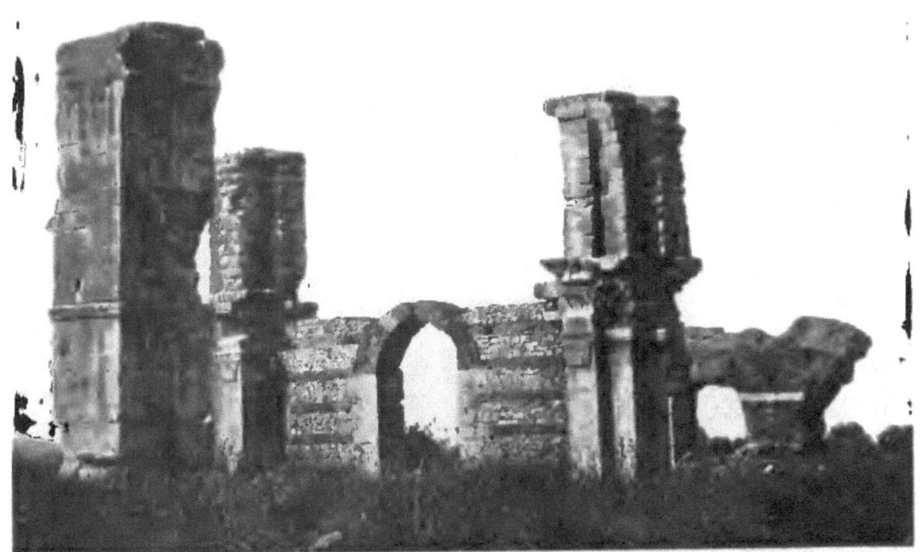

Abb. 799. Philippi, Kirche, Innenansicht: Blick auf den Eingang. Aufnahme Strzygowski.

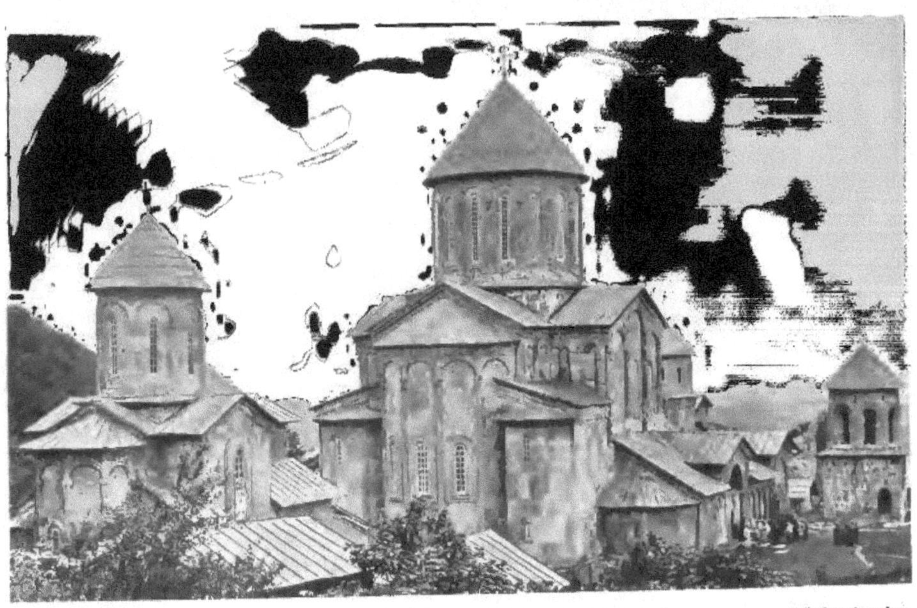

Abb. 800. Kloster Gelati: Gesamtansicht von Südosten her. Aufnahme Jermakov.

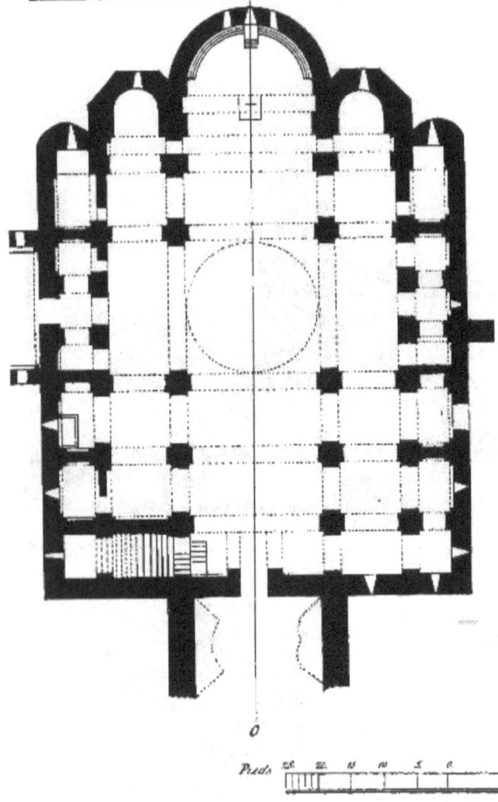

Abb. 801. Mokwi, Kirche: Grundriß.

Mokwi mit zum Kircheninnern gezogen ist. So sehen wir hier den armenischen Typus in Georgien bis zur letzten Folgerung zu einer geschlossenen Einheit ausgebildet. Der Unterschied liegt im Wesentlichen darin, daß in Georgien eine Empore eingeführt ist.

Die Kirche von Mokwi kehrt nun im Wesentlichen wieder in der Sophienkirche von Kiew, und zwar in dem ältesten Kern derselben, der dann im 17. Jahrhundert auf beiden Seiten der fünf alten Schiffe erweitert worden ist. Ein Blick auf den Grundriß[1]) (Abb. 802) gibt darüber Klarheit. Eine Ansicht des 17. Jahrhunderts, die Smirnov in den Trudy des XIII. Archäologischen Kongresses (Jekaterinoslav) veröffentlichte (Abb. 804), zeigt diesen alten Hauptteil durch fünf Kuppeln aus den Zubauten hervorwachsend. Der Unterschied gegenüber Mokwi ist nur der, daß das mittlere Querschiff mit zwei Säulen, nicht wie in Mokwi mit zwei Pfeilern endet. Die Sophienkathedrale von Kiew ist im Jahre 1037 vom Großfürsten Jaroslav erbaut. Die Geschichtschreiber versäumen nicht, wie es seinerzeit die islamischen für die Bauten der Omaijiden taten, byzantinische Arbeiter am Werke zu sehen. Es ist immer wieder die gleiche Art einer auf die herrschende Großmacht eingestellten Geschichtschreibung, die die Kunstgeschichte irreführt: der Zusammenhang zwischen Kiew und Mokwi ist ebenso unzweideutig, wie der zwischen Mokwi und den armenischen Kreuzkuppeln von basilikaler Art mit Umgang (S. 174 f.)[2]).

Ich knüpfe an die Zeichnung des 17. Jahrhunderts (Abb. 804) an, um überzugehen auf eine Eigentümlichkeit der russischen Kunst, die auch im Armenischen zu wurzeln scheint. Man sieht dort die Kirche, überragt von fünf Kuppeln mit hohen Fenstertrommeln. Die Neigung zu spielerischer Ausbildung des Motivs ist in Rußland so groß, daß die Kreuzkuppelkirche dort ohne solche runde Turmkuppeln mit der Zeit kaum denkbar wird. Ich gebe Abbildung 805 die Verkündigungskirche im Kreml zu Moskau[3]). Räumlich haben diese »Kuppeln« zumeist keinen Wert, sie sind oft rein als Dachreiter aufgesetzt. Aber der Ursprung ist wohl zweifellos, soweit nicht der Holzbau mitgesprochen hat, ein rein baulicher. Wir sehen, wie die Sophienkirche in Kiew darin voranging.

Diese Art widerspricht dem armenischen Grundsatz der Anwendung einer einzigen Kuppel. Und doch gibt es dort in der Entwicklung einen Ansatz, der die Fünfkuppelkirche als Ausnahme von der Regel auftretend zeigt. Er ist auf dem heimischen Boden ebensowenig in breiter Schicht weiter verfolgt worden wie die Art von Bagaran, das Konchenquadrat mit Mittelstützen. Immerhin lassen sich doch noch einige Spuren nachweisen.

[1]) Nach dem von der kaiserlich russischen archäologischen Gesellschaft in Petersburg herausgegebenen Tafelwerk, Tafel I. Vgl. Kondakov-Tolstoi IV, S. 113; Grabar, »Geschichte der russischen Kunst« (russisch) I. S. 145.

[2]) Vgl. dagegen die alte Meinung noch bei Wulff, »Altchristliche und byzantinische Kunst«, S. 480. obwohl ich bereits »Kleinasien, ein Neuland«, S. 176, auf die richtige Lage hingewiesen hatte. Vgl. auch oben S. 721.

[3]) Nach Suslov, »Denkmäler der altrussischen Baukunst« (russisch) II, S. 6.

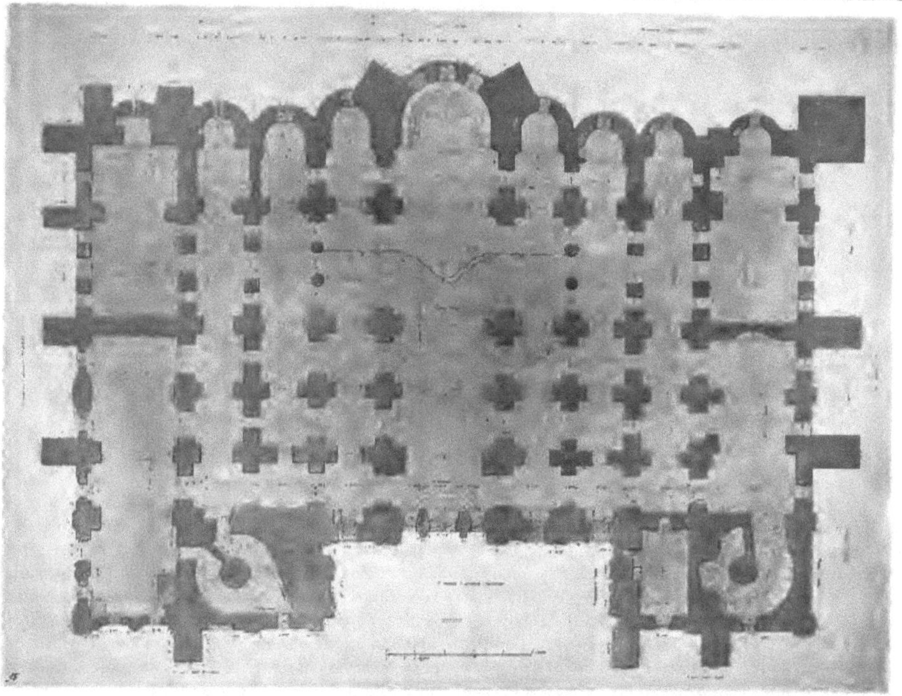

Abb. 802. Kiew, Sophienkirche: Grundriß. Aufnahme d. russ. arch. Ges.

b) Die Fünfkuppelkirche.

In der Zeit vor 1000 etwa, d. h. bevor die Apostelkirche in Ani entstand, muß es in Armenien Kuppelquadrate und Vierpaßbauten mit fünf Kuppeln in den Diagonalen gegeben haben. Der Fünfkuppelbau ist bei seiner Ausbreitung im wesentlichen freilich gebunden an die Bauform der strahlenförmigen Kreuzkuppelkirche. In Armenien aber ist noch ein Beleg aus der Gruppe der Vierpässe in der Apostelkirche zu Ani aus dem 10. Jahrhundert erhalten. Zwar sind auch dort die Kuppeln eingestürzt, aber der alte Tatbestand ist nach den genauen Aufnahmen von Thoramanian vollständig sicher. Der oben Seite 106 gegebene Grundriß dieser Apostelkirche zeigt in den vier Ecken kleinere Kuppeln von 2·95 m Durchmesser eingebaut, die den Vierpaß außen zum Quadrat ergänzen. Der Aufriß Thoramanians (Abb. 806) bringt diese kleinen Kuppeln mit hohen runden Fenstertrommeln zu Seiten der mächtig über die an Höhe und Umfang (8·21 m Durchmesser) emporwachsenden Hauptkuppel. Es war oben Seite 485 davon die Rede, daß diese Bauform in Armenien selbst bald wieder aufgegeben worden sein muß. Die Apostelkirche stammt immerhin aus den Jahren vor 1031, ist also ungefähr gleichzeitig mit der Sophienkirche in Kiew von 1037. Wie wahrscheinlich in Mokwi, so könnte auch dort ein Armenier am Werke gewesen sein. Wir werden die Armenier als die bevorzugten Baumeister selbst

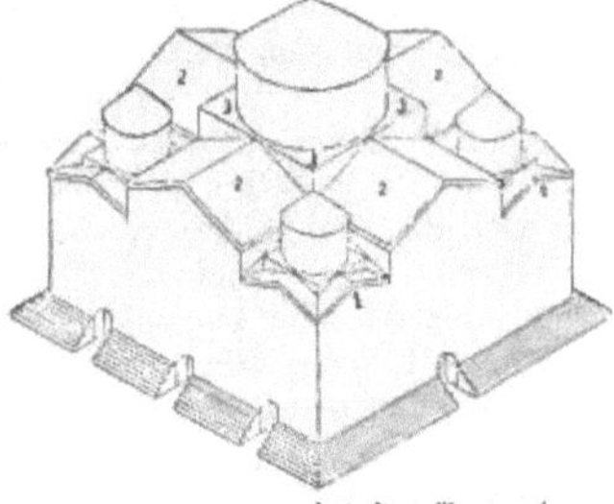

Aufnahme Thoramanian.
Abb. 803 Edschmiatsin: Kathedrale.

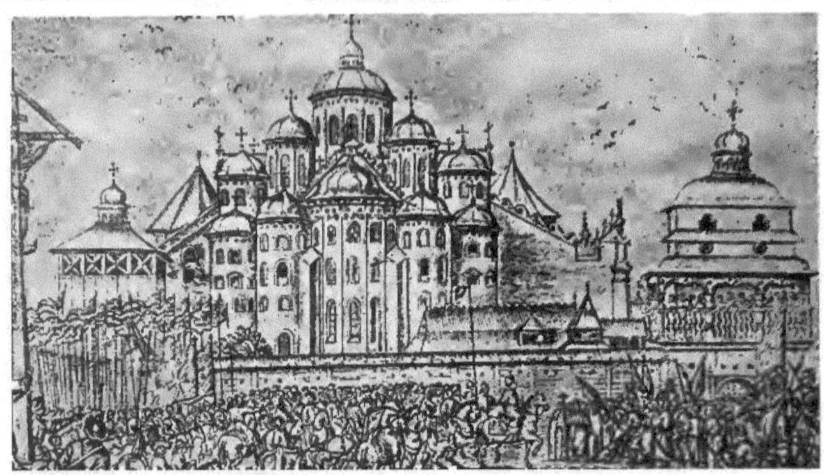

Abb. 804. Kiew, Sophienkirche: Ansicht des 17. Jahrhunderts. Aufnahme Smirnov.

in Byzanz kennen lernen. In Abchasien sei noch auf einen der Apostelkirche von Ani nahe verwandten Bau verwiesen, das Kloster Dranda, das die vier Eckräume, jedoch ohne die Kuppelaufsätze gibt[1]).

Übrigens steht die Apostelkirche in Ani mit ihren fünf Kuppeln nicht allein. Thoramanian läßt es offen, ob nicht auch ihr Vorbild, die alte Kathoghike von Edschmiatsin (S. 334), mit Nebenkuppeln ausgestattet war (Abb. 803)[2]); er läßt sich nicht nur durch Ani bestimmen. Auch die Kirche von Awan (S. 89 f.), ein Kuppelquadrat mit Strebenischen in den Achsen und Ecken, zeigt in den Ecken vier runde Kammern, die man sich mit überragenden kleinen Kuppeln ergänzen möchte, wie Thoramanian (oben Seite 485) tatsächlich annimmt. Es hat also wie zur Wahrung der Raumeinheit auch Kämpfe in der Entwicklung der Masseneinheit gegeben, bevor der armenische Grundsatz der Einkuppel siegreich zur Geltung kam. Die Apostelkirche von Ani beweist, daß der einst eingeschlagene Abweg auch später noch bisweilen, besonders dann betreten wurde, wenn man ein altes, geheiligtes Bauwerk nachahmte.

Diese Art Fünfkuppelkirche, d. h. mit Kuppeln in den Diagonalen, ist entschieden auseinanderzuhalten von der andern, bei der die Kuppeln in den Achsen stehen und von der Seite 615 f. in dem Abschnitte über die arische Urzeit die Rede war. In Rußland stehen beide Arten nebeneinander: die ukrainischen Holzkirchen mit fünf Kuppeln in den Achsen wie die Apostelkirche von Konstantinopel oder S. Marco, und die eigentlich russischen Kirchen mit fünf Kuppeln in den Diagonalen wie die Apostelkirche von Ani. Entscheidend für die Entwicklung war hier, daß ein Kaukasier in Kiew baute und der Diagonaltypus so neben den landesüblichen Achsentypus trat.

Millet hat sich Seite 72 auch mit dem Ursprunge der fünf Kuppeln in den Diagonalen beschäftigt und führt sie auf den Hellenismus zurück. Konstantinopel habe sie aus diesem und nicht aus Armenien bezogen. Er scheint Bauten, wie die Kuppelbasiliken in Nikäa und Myra[3]) für Belege dafür zu halten und kennt den Befund in der Apostelkirche zu Ani nicht, von der er über den Grundriß bei Alischan, »Schirak«, Seite 61, hinausgehend nur weiß, daß dort je eine »Chapelle isolée« vorkomme. Bei der Kuppelbasilika handelt es sich um Vor- und Endräume der Seitenschiffe, bei der Fünfkuppelkirche, ähnlich wie etwa bei Bagaran (Abb. 95 f.), um Verstrebungen der Kuppelpfeiler, die mit zum Baukern gehören. In Bagaran selbst sind dafür eigenartig behandelte Kreuzgewölbe genommen; es finden sich also dort durchaus nicht immer Tonnen, wie Millet, S. 68, annimmt.

[1]) Vgl. Uwarov, »Materialien« III, S. 8 f.

[2]) Wenn er auch in dem andern Wiederherstellungsversuch oben Abb. 381 darauf keine Rücksicht nimmt.

[3]) Vgl. mein »Kleinasien«, S. 106 und Rott, »Kleinasiatische Denkmäler«, S. 329.

Die Übertragung des Fünfkuppelbaues auf Byzanz. Seltsam ist, daß gerade diese Bauform auf Konstantinopel, und zwar ziemlich unverändert übergegangen ist. Der Verkehr setzt im größeren Ausmaße erst mit dem Emporkommen der Armenier in Konstantinopel ein, d. h. seit der Zeit, als mit dem Armenier Basileios I. (867—886) ein armenisches Herrscherhaus (867—1025) dauernd auf den Thron gelangte (vgl. oben S. 735). Es sind nunmehr Armenier selbst, die leitend in der Hauptstadt des byzantinischen Reiches auftreten.

So vor allen jener Baumeister, der unter Basileios I. die sogenannte Nea im kaiserlichen Palaste baute. Er hat damit, nehmen wir nach den erhaltenen spärlichen Mitteilungen über die Bauform an[1]), in Konstantinopel eben jene Kirchenart durchgesetzt, die dann in spätbyzantinischer Zeit und bei den Slaven kanonisch wurde, die Kreuzkuppelkirche mit vier Stützen und fünf Kuppeln, einer mittleren und vier kleineren in den Ecken. Da diese Bauform auf dem Boden von Konstantinopel neu war, neigen wir dazu, sie mit dem Besteller Basileios, bzw. seinem Armeniertum zusammenzubringen und es entsteht daher zunächst die Frage, ob die sachliche Berechtigung dazu tatsächlich zu erweisen ist[2]).

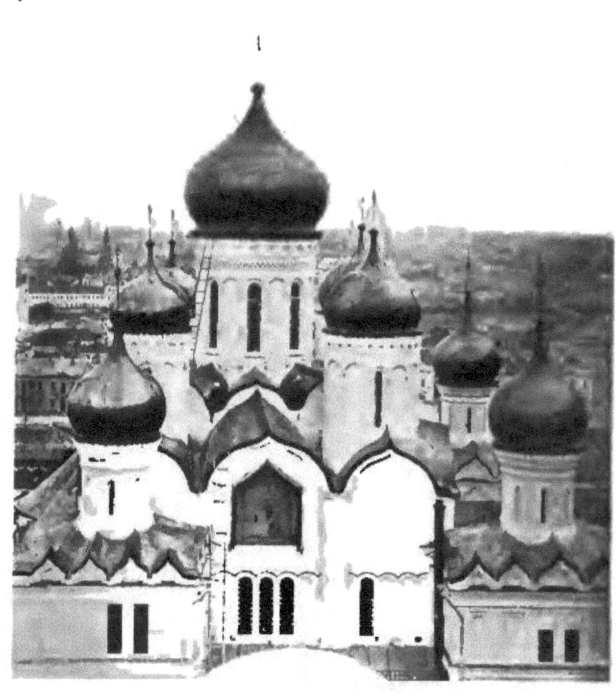

Aufnahme Suslov

Abb. 805. Moskau, Kreml, Verkündigungskirche: Kuppelansicht.

Die für die Bauform entscheidende Stelle bei Theophanes cont. V, 84 (ed. Bonn, 320) lautet: »Das aus fünf Kuppeln zusammengesetzte Dach[3]) schimmert von Gold (ὅ τε γὰρ ὄροφος ἐκ πέντε συμπληρούμενος ἡμισφαιρίων στίλβει χρυσῷ) u. s. f. Diese Angabe kann sich nur auf das Äußere beziehen, einmal, weil gleich darauf ausdrücklich gesagt wird, daß dieser Goldglanz außen vom Erzbelag herkomme: ἔξωθεν μετάλλοις ἐμφερεῖς χρυσίῳ χαλκῷ καλλυνόμενος; dann aber, weil bei der Beschreibung des Innern nur von einer Kuppel die Rede ist. Es heißt darüber bei Photius in seiner Rede zur Einweihung der Kirche (in der Bonner Ausgabe des Pseudo-Codinus, S. 199): »An der Decke[4]) ist ein männliches Bildnis in Gestalt Christi mittelst bunter Steinchen gebildet.« Und weiter: »In den kreisförmigen Abschnitten aber um das Gewölbe der Kuppel (ταῖς δὲ περὶ αὐτῇ τῇ ὀροφῇ ἡμισφαιρίῳ) ist eine Menge Engel, welche den gemeinsamen Herrn dienend umgeben, abgebildet.« Das ist genau der Bilderkreis, wie wir ihn später in den Kreuzkuppelkirchen üblich finden und dem

[1]) Zusammengestellt von Unger-Richter, »Quellen der byz. Kunstgeschichte« II, S. 352 f.

[2]) Vgl mein »Kleinasien«, S. 193 und »Der Dom zu Aachen«, S. 40. Dazu Millet, Revue arch., 1905. V, S. 106, Bell, »The thousand and one churches«, S. 300.

[3]) ὄροφος. Unger übersetzt Decke.

[4]) Diesmal ὀροφή. Unger, S. 357, übersetzt Gewölbe. Das Wort heißt bald Dach, bald Decke und kann im übertragenen Sinne natürlich auch Gewölbe heißen.

entspricht auch, was Photius dann unmittelbar von der Apsis sagt: »Die über dem Altar errichtete Chornische aber wird durch die Gestalt der Jungfrau erleuchtet.« Darunter Apostel, Märtyrer, Propheten und Patriarchen. Ich brauche jedoch gar nicht erst den Gemäldekreis zu Hilfe zu nehmen, die Angaben über die Decke genügen völlig. Wären weitere Kuppeln in den Achsen, etwa wie in der Apostelkirche von Konstantinopel und in S. Marco von Venedig da gewesen, dann müßte Photius sie jetzt nach der Hauptkuppel nennen: sein Schweigen bestätigt nur, was schon das Gegeneinanderhalten seiner Beschreibung der Außen- und Innenansicht nahelegt, daß die vier Kuppeln, die neben der einen Hauptkuppel in Betracht kommen, innen im Hauptraum unsichtbar waren, daher über den Eckräumen saßen[1]). — Die Kenntnis hoher turmartiger Fenstertrommeln ferner würde schon für die Zeit des Konstantin Porphyrogennetos (913—959) bestätigt durch das in seinem Zeremonienbuche (II, 15, ed. Bonn, S. 580 f) im Chrysotriklinion erwähnte »Pentapyrgion«; es scheint aber möglich, daß dessen »Türme« in den Achsen, nicht in den Diagonalen saßen wie später bei allen derartigen »Sionen«, die sich in der Art des Pentapyrgions in den orthodoxen Kirchen bis auf den heutigen Tag in Gebrauch erhalten haben[2]).

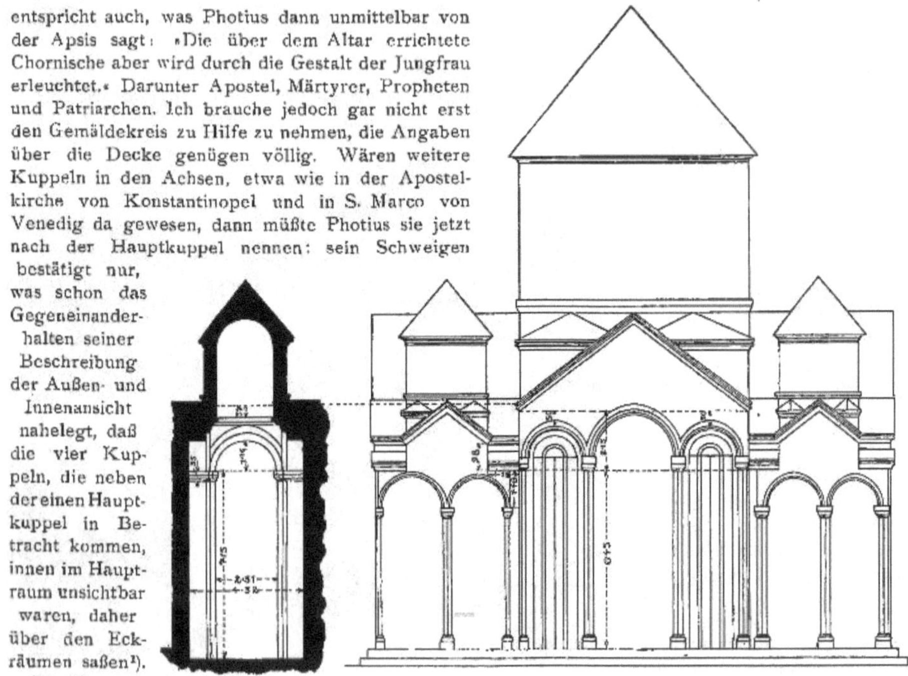

Aufnahme Thoramanian.

Abb. 806. Ani, Apostelkirche: Schnitt durch einen der Eckräume und Wiederherstellung des Ganzen.

Auch der hier zum erstenmal auftretende theologisch-dogmatische Bilderkreis der Mosaiken, der der ständig wiederkehrende der späteren byzantinischen und orthodoxen Kunst wurde, spricht für die Kreuzkuppelkirche mit Kuppeln in den Diagonalen. Sie kann unmöglich durch die Apostelkirche in Konstantinopel, die den Typus des südiranischen Kuppelbaues mit in den Achsen aneinandergereihten Kuppeln vertrat, angeregt sein[3]). Wir sahen diese Bilderfolge im Jahre 930 auf armenischem Boden im Kloster Tathev auftauchen (S. 705). Sie mag aus Konstantinopel im Anschluß an die Erbauung der Nea als Rückwirkung auf die Heimat der Bauform dahin gelangt sein, wenn nicht Edessa und Nisibis, die für die Schöpfung dieses Bilderkreises in Betracht kommen, schon früher unmittelbar eingewirkt hatten.

[1]) Vgl. zu der Frage Ebersolt, »Le grand palais de Constantinople«, S. 130, der in seinem Plan fünf Kuppeln in den Achsen anordnet, trotzdem er mein »Kleinasien«, S. 138 und 193, richtig für das Gegenteil anführt. Ferner Wulff, »Die Koimesiskirche in Nicäa«, S. 134, dann die Handbücher von Wulff, Diehl u. a.

[2]) Vgl. Beispiele ohne Abbildungen mit fünf Türmen bei Pokrowsky, Jerusaleme oder Sione in der Sophienschatzkammer zu Nowgorod (russ.). Dazu oben S. 657.

[3]) Vgl. auch Heisenberg, »Xenia zum 50jährigen Jubiläum der Universität Athen«, S. 132 f. Dazu Bees im Repertorium für Kunstwissenschaft 1916/17.

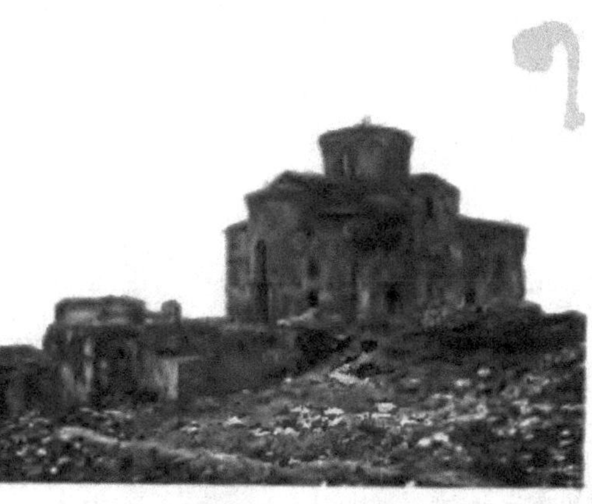

Aufnahme Glück
Abb. 807. Konstantinopel, Myrelaionkirche: Gesamtansicht von Nordosten.

Wie ein armenischer Bau auf byzantinischem Boden vorzustellen ist, bezeugt die Myrelaionkirche in Konstantinopel, heute Bodrum Dschami genannt[1]). Man darf sich freilich von vornherein keinen armenischen Gußbau mit Plattenverkleidung denken, sondern muß mit dem Baustoff der Kirchen von Konstantinopel rechnen. Die heute noch stehende Kirche ist errichtet von Romanos I. Lekapenos (920—944), einem armenischen Militär, den Porphyrogennetos zum Mitkaiser erhoben und dessen Tochter Helena er geheiratet hatte. Die Mitglieder seiner Familie wurden in diesem Kloster bestattet. Es fällt auf, daß man auch die Gebeine des »Armeniers« Kaiser Maurikios[2]) und seiner Kinder dorthin übertrug.

Das, was nach der Überlegung bezüglich Stoff und Werk an dem Bau armenisch sein kann, ist lediglich die Bauform (Abb. 807). Nun handelt es sich in der Tat um ein Kuppelquadrat mit eingestellten Stützen in der Art von Bagaran (vgl. oben S. 95 f.). Abbildung 808, 809 zeigt Grundriß und Aufriß nach Millingen, Seite 200. Wir sehen das etwa 3·50 m große Kuppelquadrat von vier Pfeilern getragen (Abb. 810). Die achteckige Fenstertrommel setzt über Hängezwickeln verhältnismäßig hoch (bei über 8·50 m) wie in Bagaran an und geht mit Melonenrippung in die Kuppel über[3]). Dieses Mittelquadrat ist durch ein Gewölbekreuz wie in Bagaran, aber ohne Nischen verstrebt. Auch sind nicht Tonnen, sondern Kreuzgewölbe verwendet. Versuche dafür sahen wir schon in dem armenischen Bagaran von 624 bis 631 in den Eckräumen angestellt. Im übrigen nimmt sich der Bau im Äußern (Abb. 807)[4]) wie ein armenischer Bau etwa in der Art der Kathedrale von Mren (S. 182 f.) aus, dem

[1]) Vgl. Millingen, »Byz. Churches of Constantinople«, S. 196 f., Pulgher, »Les églises byz.« Tafel XII, Trudy, Tafel II, Fig. 9. Ihren Namen führt sie nach der benachbarten Bodrum-Zisterne, die ich (Byz. Denkmäler II, S. 58 f.) veröffentlicht habe. Die Schriftquellen über Myrelaion bei Unger-Richter, Quellen II, S. 231 f.

[2]) Vgl. oben S. 735 und Millingen, S. 107.

[3]) Dr. Glück, der die Aufnahmen besorgte, macht auf die anläßlich neuer Straßenanlagen im Umkreise der Kirche zu Tage kommenden byzantinischen Fundstücke aufmerksam. — [4]) Das Minarett wurde weggelassen.

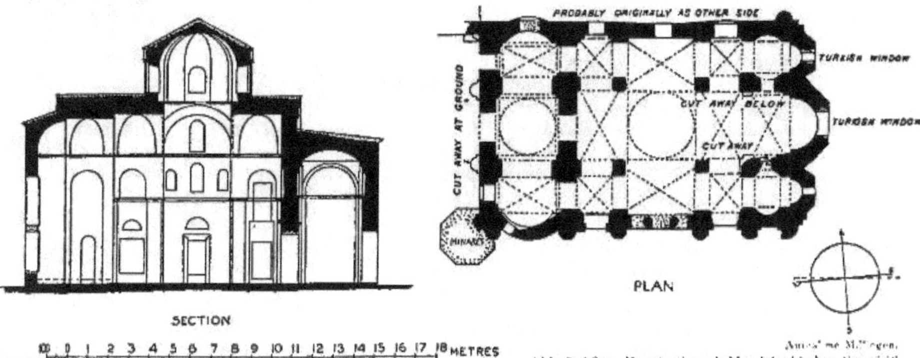

Aufnahme Millingen.
Abb. 808, 809. Konstantinopel, Myrelaionkirche: Grundriß und Längsschnitt.

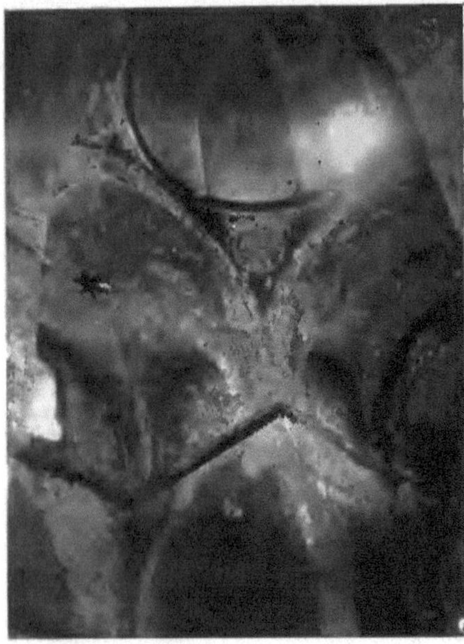

Aufnahme Glück.
Abb. 810. Konstantinopel, Myrelaionkirche: Nordostecke der Kuppel.

er auch, von der Verschiedenheit der Baustoffe abgesehen, sehr nahe steht[1]).

Für die Nea ist von Bedeutung, daß sie nach Theophanes cont. V, 83—86, und Const. Porphyr., de caer. I, 19, 13[2]), außen von Säulenhallen begleitet war, die Terrassen trugen, also in der Art etwa von Odzun (S. 177) oder Mokwi (S. 848), von Hallen umschlossen erschien, wie wir sie an den längsgerichteten Tonnenkirchen am besten in Ereruk (S. 153) kennen lernten.

Unter den vielen Hunderten von Kreuzkuppelkirchen des Balkans[3]), möchte ich nur eine einzige hervorheben, die im Jahre 871 erbaut wurde. Es ist die Kirche von Peristera, in den Bergen östlich Salonik gelegen[4]). Zugrunde liegt (Abb. 811) ein Kuppelquadrat mit eingestellten Säulen, dessen Tonnenarme wieder in Kuppeln enden, die ihrerseits von Dreipässen umschlossen werden. Von den ungleichen Kuppeln ist die Ostkuppel die größte und durch X-förmige Pfeiler von den Pastophorien getrennt. Dieser reich gegliederte Bau ist im Innern (Abb. 812) baulich so einfach gehalten, wie wir es von den altarmenischen Kirchen her gewohnt sind. Nach dem Äußern zu urteilen, ist er aus Feldsteinen mit Mörtel aufgeführt. Die Zeitstellung: erbaut 871 durch einen 882 bezeugten Mönch und Hegumenos Euthymios des Klosters Peristerai, ist sehr wertvoll. Sie wirft Licht auf die reichen Formen, die die armenische Bauart auf ihren Wanderungen annehmen konnte. Leonardo erst hat wieder ähnliche Lösungen gefunden.

D. Die Kuppelhalle.

Wir sahen (S. 584 f.), daß diese Bauform wahrscheinlich die nach dem Kanon 182 seit dem 11. Jahrhundert allein zugelassene Art der armenischen Kirche ist. Dazu scheint zu stimmen, daß man die Kuppelhalle in Georgien vergebens suchen wird.[5]) Sie gilt eben als die armenische Kirche schlechtweg, sie übernehmen, hieß wahrscheinlich armenisch (im kirchlichen Sinne) bauen. Ebensowenig wie in Georgien ist diese Bauform in Byzanz nachweisbar. Das bestätigt, wenn auch negativ, den Eindruck der Vermittlerrolle Georgiens zwischen Armenien und Byzanz und für das Gebiet der orthodoxen Kirche überhaupt. Es gibt nun freilich in Konstantinopel einen Bau, der vereinzelt dasteht und sich grundsätzlich dem der armenischen Bautypen nähert, die Irenenkirche. Man muß bei ihr wie bei der benachbarten

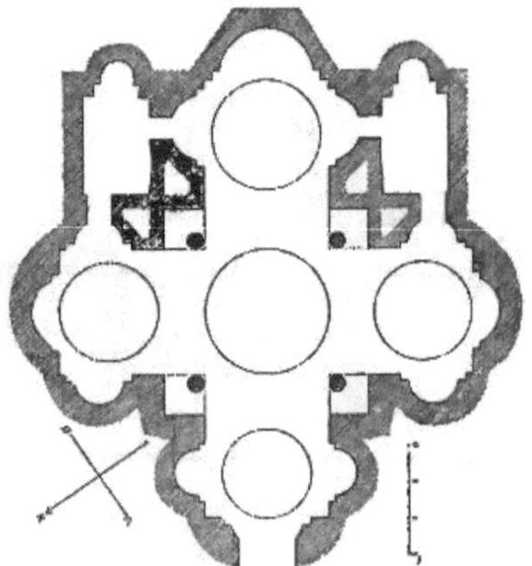

Aufnahme Kinch.
Abb. 811. Peristera, Kirche: Grundriß.

[1]) Vgl. auch die Aufnahmen bei Rivoira, »Le origini« I, S. 345.

[2]) Vgl. Ebersolt, »Le grand palais de Constantinople«, S. 134. Millet a. a. O., S. 133. — [3]) Vgl. Millet und die Seite 832 angeführte Literatur.

[4]) Vgl. Kinch in der Festschrift für Ussing (dänisch) 1900, S. 144 f. Dazu Byz. Zeitschrift XI (1902), S. 663.

[5]) Wenigstens in breiter Schicht.

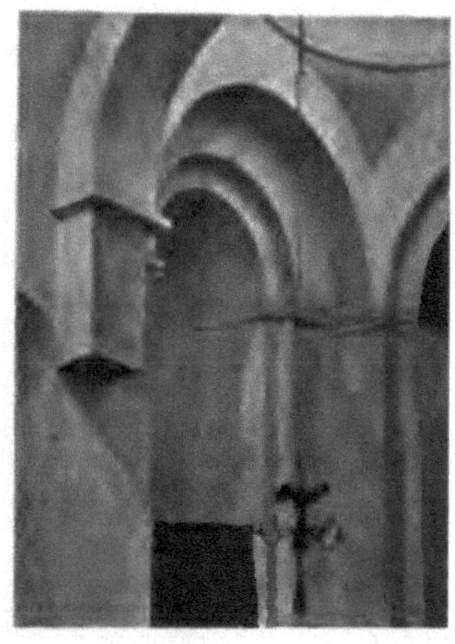

Aufnahme Baech
Abb. 812. Peristera, Kirche: Innenansicht.

Sophia damit rechnen, daß in der byzantinischen Residenz immer auch Einschläge der hellenistischen Kunst mit im Spiele sind, wir es also dort nie mit reinen Typen, vielmehr zumeist mit Grenzerscheinungen und Mischformen zu tun haben. Die Irenenkirche kann erst seit der verdienstvollen Aufnahme des Byzantine research fund als für die wissenschaftliche Bearbeitung brauchbar veröffentlicht gelten [1]. Sie ist nicht, wie wir bisher auf Grund der Aufnahmen von Salzenberg annahmen, eine Doppelkuppelkirche, sondern bewegt sich in der Richtung etwa der armenischen Kuppelhalle, d. h. einer auf vier starken vor die Wand tretenden Pfeilern ruhenden Kuppel mit vorgelagertem Westarm. Es sind zwar Übergänge zur Kuppelbasilika da — die Emporen vor allem auf eingestellten Säulen —, aber die vier Kuppelträger erscheinen doch mehr als Vorlagen mit Durchgängen, denn als selbständige Pfeiler, wie bei der Kuppelbasilika bzw. Kreuzkuppelkirche. Man vergleiche den Grundriß (George, Tafel II) etwa mit Thalisch und wird die nahe Verwandtschaft zugeben. Für eine solche Verbindung der Irene mit östlichen Baugewohnheiten spricht auch das die Apsis in Mosaik füllende Kreuz [2]. Die Irenenkirche ist eine Ausnahme auf byzantinischem Boden. Im Allgemeinen kann gelten, daß die Kuppelhalle ausschließlich auf Armenien beschränkt blieb. Sie mußte in Italien durch Vignola erst wie in Armenien als Lösung des Kampfes zwischen Kuppel und Längsrichtung von Neuem wiedergefunden werden, um dann die abendländische Welt zu erobern. Davon unten. Man darf nie vergessen, daß die Kuppelhalle eine Art der Kreuzkuppelkirche ist. Die Seitenräume sind dabei zu offenen Teilen des Hauptraumes geworden, die Pfeiler mit der Wand verbunden.

Auf französischem Boden findet sich eine Bauform, die wenigstens dem Grundriß nach an die Kuppelhalle anklingt, der einschiffige Saal, wie ihn Dehio und Bezold, »Die kirchliche Baukunst« I, Seite 321 f. als bezeichnend für die südfranzösische Kunst der ersten Jahrhunderte nach dem Jahre 1000 behandeln. Ich führe Abbildung 813 die Kirche von Orange [3]) vor. Sie zeigt freilich nicht drei Wandpfeiler im Innern wie die armenische Kuppelhalle, sondern vier, aber der Grundsatz der Innenverstrebung mit zwischen die Pfeiler gelegten Quertonnen ist doch der gleiche. Ich bemerke jedoch gleich, daß nur dieser eine Bau sich so eng mit der armenischen Art berührt und daß auch er eigentlich für den Vergleich nur entfernt in Betracht kommt, weil ihm das Hauptmerkmal der Kuppelhalle, die Kuppel nämlich, fehlt. Trotzdem scheint mir nicht ausgeschlossen, daß hier eine Nachwirkung der westgotisch-armenischen Frühzeit vorliegen könnte. Die Kathedrale von Orange ist 1085 bis 1126 entstanden, doch dürfte dieser Zeit nur noch der sichtlich ältere Chor — und über ihm sitzt allerdings eine Kuppel — angehören. Auffallend ist auch, daß diese Gurttonnen-Säle des hölzernen Dachgestühles entbehren, das Dach vielmehr wie in Armenien unmittelbar auf die Gewölbe gelegt zeigen. Auf die dem südiranischen Vielkuppelbau nahestehenden einschiffigen Kuppelsäle (S. Front, Perigueux) gehe ich in meinem Buche »Ursprung der christlichen Kirchenkunst« ein.

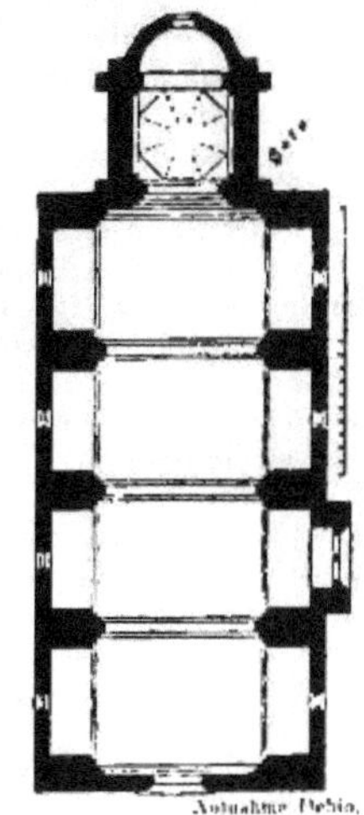

Aufnahme Dehio.
Abb. 813. Orange, Kathedrale: Grundriß.

Die Kuppelhalle hat im Mittelalter im Abendlande nie recht Eingang gefunden, wenn ihr auch die Konstantinsbasilika auf dem Forum in Rom hätte den Weg bahnen können. Aber an diese gewaltige Schöpfung der

[1]) Walter S. George, »The church of Saint-Eirene at Constantinople«. Vgl. auch Gurlitt, »Die Baukunst Konstantinopels«.
[2]) Vgl. darüber »Amida«, S. 273 und oben S. 534 f.
[3]) Dehio und Bezold, S. 328, Tafel 93 und 99.

Großstadt reichte eben Können und Wollen des Mittelalters nicht heran. Erst die Hochrenaissance griff diese Bauart wieder auf. Wir werden Vignola als ihren Träger kennen lernen. Ich habe in Armenien empfunden, wie recht Dehio und Bezold I, Seite 326, haben, wenn sie von den einschiffigen Sälen sagen: »Solchermaßen würden diese Interieurs in ihrer großen Schlichtheit etwas Dürftiges und Unentwickeltes behalten, wenn nicht ein höchst lebendiges Gefühl für Raumschönheit sie adelte«.

E. Ausstattung.

Im vorliegenden Abschnitte über Längsbauten mit Kuppeln habe ich bei Ausbreitung der armenischen Kunst nur von den Bauformen selbst gesprochen und kaum ein Wort über die Wanderung von Zügen der Ausstattung gesagt. Im Allgemeinen kann ja gelten, daß wie in den Handschriften[1]) die Darstellungen übernommen werden, die Verzierung aber nach Zeit, Ort und Gesellschaft wechselt, so auch die Bauformen wandern, die Ausstattung dagegen leicht landesüblich umgebildet wird. Am stärksten dürfte sich gerade in der Ausstattung der Gegensatz in der gesellschaftlichen Zusammensetzung und der Machtstellung geltend machen, wenn die armenischen Formen aus dem abgelegenen, in erster Linie von den Nacharars und der nationalen Kirche getragenen Gebieten des Hochlandes nach Konstantinopel gelangen und dort den tiefgewurzelten höfischen Ansprüchen genügen sollten. Es ist vorauszusehen, daß dann dem armenischen, schon durch Baustoff und gottesdienstliche Forderungen gewandelten Baukörper auch noch ein äußeres Kleid angelegt wird, das ihn völlig unkenntlich macht. Den besten Beleg dafür bilden die vom Hofe errichteten Klöster Neamoni, Daphni und Hosios Lukas. Die Verblendung der unteren Wandteile mit kostbaren Marmorsorten, der Gewölbe mit Mosaiken, gehört zu diesen Merkmalen, vor allem aber der Ersatz des bilderfeindlichen Schmuckes durch jene Bilderkreise, die in Armenien selbst vom Mittelmeere her eingeführt waren. Aus allen diesen Gründen ist es begreiflich, daß man auf den starken armenischen Einschlag in Byzanz überhaupt nicht kommen konnte, bevor man nicht die armenischen Bauformen selbst in ihrer folgerichtigen Entwicklung und frühen Zeitstellung kannte.

Anders in Ländern, die ähnlich wie Armenien nationale Sondergebilde darstellen und in denen sich das höfische und kirchliche Leben mit seinem Prunkbedürfnis erst allmählich im Sinne von Rom und Byzanz durchsetzte. Dort war es nicht die um die Machthaber gruppierte Oberschicht, sondern die Unterschicht, die, wenn sie auch die kirchlichen Bauformen auf dem gleichen Wege wie die Großstädte übernahm, doch in der Ausstattung eine Eigenart bewahrte, die nur aus Volkszusammenhängen und Wanderungen verstanden werden kann. Die spanischen Kirchen, Germigny-des-Prés und das Theodorichgrab sind Beispiele dafür, die bereits oben besprochen wurden. In breiter Schicht hat sich das Östliche nur in Rußland und auf dem Balkan durchgesetzt, wo ja schon die Volkskunst diesen Einschlag bis auf den heutigen Tag deutlich hervortreten läßt. Eingehende Untersuchungen stehen da von Seiten der Kunstforschung noch vollständig aus und können auch im Rahmen dieses Werkes nicht geführt werden. Ich streife nur kurz zwei sehr auffallende Beispiele, die Anregung zu weiteren eingehenden Untersuchungen bieten mögen.

In Rußland möchte ich die vormongolischen Kirchen hierher zählen, die nordöstlich von Moskau in Wladimir und Jurjev polskij erhalten sind (S. 721 f.). Es handelt sich in beiden Fällen um Kreuzkuppelkirchen. Die Demetriuskirche in Wladimir von 1165/66 zeigt die Außenseiten mit je drei abgestuften Blendbogen, durch Dienste getrennt, überzogen, so hoch, daß sogar das Dach von ihnen emporgehoben wird. Die oberen Wände sind über einer Zwerggalerie derart mit Tieren und Ranken übersponnen, daß kaum viel Platz für figürlichen Einschlag bleibt. Für uns ist beachtenswerter die Georgskirche in Jurjev polskij von 1230—1234, deren Mauerquadrat außer drei Apsiden im Osten an den drei anderen Seiten Vorhallen in Kreuzform angeordnet zeigt. Die Wände erscheinen entweder ganz oder in den Wandteilen unter der Zwerggalerie mit Flachbildern in der Art von Achthamar überzogen. Ich gab Abbildung 690 eine Einzelheit nach Grabar, »Gesch. der russ. Kunst« (russ.) I, S. 318. Man sieht eine ähnliche Streifenanordnung wie an der Kirche des 10. Jahrhunderts am Wansee, dabei aber jede Wand überdies durch vier Dienste mit Köpfen und übersponnenen Schäften in vier Felder zerlegt. Leider liegen allerhand Änderungen

[1]) Vgl. mein »Die Miniaturen des serbischen Psalters«, Denkschriften d. k. Ak. d. Wiss. in Wien, LII, S. 1 f.

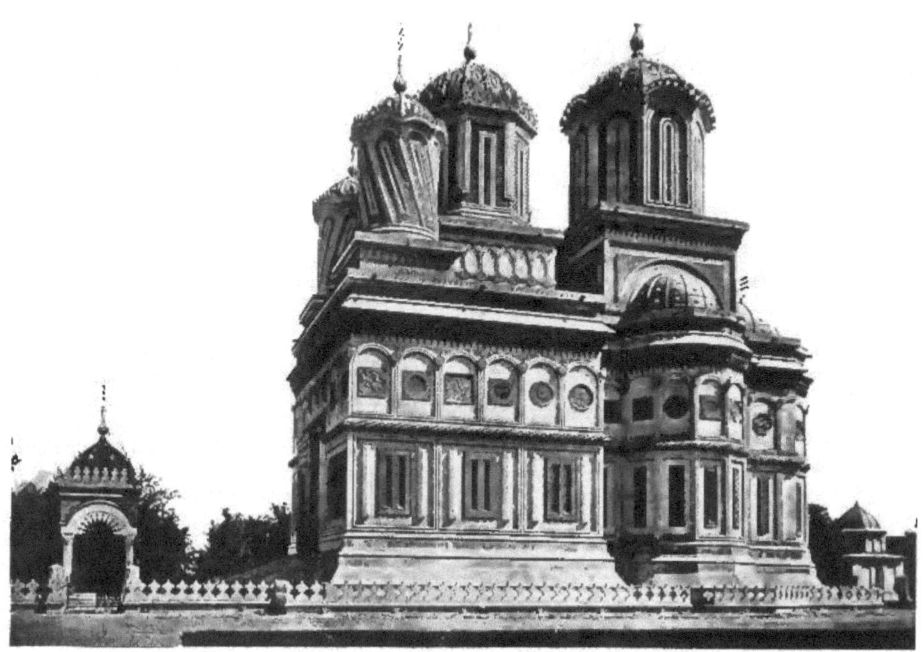

Abb. 814. Curtea de Arges, Kirche: Gesamtansicht. Aufnahme Jaffé.

und Wiederherstellungen vor, so daß die ursprüngliche Art nur durch genaue Untersuchungen an Ort und Stelle wird festgestellt werden können. Da nun Achthamar gewiß nicht als üblich armenisch gelten kann, so möchte man anzunehmen geneigt sein, daß sowohl am Wansee, wie vereinzelt sonst in den kaukasischen Gebieten und in den Kirchen um Wladimir Äußerungen vorliegen, die von einem dritten Kreise ausgehen. Der Strom, der hier zur Geltung kommt, läßt sich bis nach Halicz in Galizien verfolgen[1]) und wird wohl nicht ohne Zusammenhang sein mit den Tierfriesen an der westlichen Schauseite von S. Michele in Pavia[2]) wie dem islamischen Elfenbeinkästchen aus Silos im Provinzialmuseum von Burgos[3]). Man mag an den Abbildungen 585 und 651 beurteilen, wie nahe sich die Tierfriese dieses Kästchens mit Achthamar (S. 291 f.) berühren und danach über die Ursprungsfrage nachdenken, die oben Seite 666 in anderem Zusammenhange behandelt worden ist.

Die zweite Schicht läßt sich auf dem Balkan beobachten. Zur armenischen Bauart gehört ursprünglich, daß sie auf jeden reicheren Bauschmuck verzichtet, reine Architektur ist. Es gibt auf dem Balkan Bauten (S. 832 und 835 f.), die von vornherein darin einen Einschlag armenischer Art aufzuweisen scheinen. Bisher wurde freilich der armenische Zustrom gerade in der reichen Ornamentik gesucht, so in der rumänischen Curtea de Arges[4]) und den serbischen Kirchen wie Kalenitsch, Ljubostina u. a.[5]). Aber wer würde in Armenien selbst in der überreichen Verzierung

[1]) Vgl. Peleńskij, »Halicz, die alte Residenzstadt in Galizien in der Kunstgeschichte des Mittelalters« (polnisch) 1914.

[2]) Vgl. dazu Donin, Jahrbuch d. Zentralkomm. IX (1915), S. 13.

[3]) Vgl. A. de los Rios, Museo español VIII und Gazette des beaux-arts 1906, Juli.

[4]) Österr. Monatsschrift für den Orient XLI (1915), S. 46 f. Vgl. Jaffé, »Die bischöfl. Klosterkirche zu C. de A.« 1911.

[5]) Vgl. Bals, La cateva biserici din Serbia (Arte Romaneasca V, auch in franz. Übersetzung) und im besonderen Petkovic, Starinar.

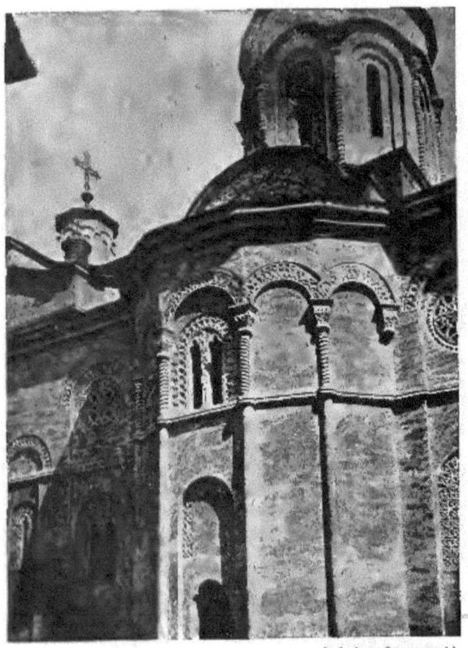

Aufnahme Strzygowski.
Abb. 815. Kloster Ljubostina, Kirche: Südostansicht.

der Spätzeit die schmucklose Bauart der Frühzeit wieder erkennen? Ich füge hier zwei mir zur Verfügung stehende Zinkstöcke ein, um den Leser durch den Vergleich mit armenischer Art zu einer Beurteilung der Stichhältigkeit solcher Annahmen anzuregen. Abbildung 814 gibt die Curtea de Arges, Abbildung 815 eine Einzelaufnahme von der Kirche des Klosters Ljubostina[1]).

F. Die Einzelkuppel im Längsbau des Abendlandes bis auf Brunelleschi.

Ich hatte im vorliegenden Abschnitte bisher von Längsbauten mit Kuppel im Oriente zu sprechen, nur die Sophienkirche in Sofia brachte uns auf den Weg nach dem Abendlande. Die ausgesprochen turmartige Vierungskuppel dieser dreischiffigen, mit einem Querschiff ausgestatteten Kirche (S. 835 f.) gibt Veranlassung, der Bauart nun auch im Westen nachzugehen.

Dehio und Bezold (I, S. 595) lassen die Vierungskuppel mit schwach überhöhtem achteckigen Tambur zuerst in Unteritalien und Sizilien auftreten, also nicht aus einem freiwilligen organischen Triebe hervorwachsen, sondern aus der Verquickung der lateinischen Basilika mit dem byzantinischen Kuppelbau. Das mag in Süditalien bis zu einem gewissen Grade zutreffend sein, in Oberitalien und Frankreich liegt der Fall doch etwas anders. Ich beginne mit der wahrscheinlich frühesten Form des Auftretens.

a) Der Vierungsturm.

Die armenische Baukunst muß zu einer Zeit auf das Abendland gewirkt haben oder mit diesem von einem gemeinsamen Kunststrom abhängig gewesen sein, als die Kuppel z. T. noch wie in Tekor oder über dem Grabmale der Galla Placidia in Ravenna zu einem hohen quadratischen Aufsatz, also turmartig, über der Kreuzmitte der Dächer aufstieg (S. 371). Es würde anzuknüpfen sein an die Gotenwanderungen im 4. Jahrhundert, in deren Gefolge sich ein neuer Landweg vom Schwarzen Meere und Armenien nach Oberitalien, Gallien und Spanien anbahnte. Als Belege dafür haben sich Bauten erhalten, die hier kurz in ihren Beziehungen zur armenischen Kunst zu besprechen sein werden. Bevor ich auf sie eingehe, ein Wort über den Ursprung dieser Art[2]).

Die Kuppel von Tekor hatte etwa 7 m Durchmesser. Von den gleichen Abmessungen ungefähr ist auch die Kuppel im nördlichen Mesopotamien, diejenige der alten Jakobskirche in Nisibis[3]). Ob sie im Original erhalten und der Raum von allem Anfang an als Kirche gedacht ist, mag zweifelhaft bleiben, bis Ausgrabungen Klarheit schaffen. Wahrscheinlich ist, daß die Kuppel als Grab neben einer Kirche lag (S. 752). Ich habe angenommen, daß der Mauerbau (seiner Ausstattung nach) aus der Zeit des Todes des Lokalheiligen, also aus dem 4. Jahrhundert stamme[4]). Nach den

[1]) Vgl. Pädagogisches Jahrbuch XXXVIII (1915), S. 50.

[2]) Türme erwähnt in Armenien Faustus von Byzanz, IV, c. LXIX und V, c. XXXVI in Ardian.

[3]) Preusser, »Nordmesopotamische Baudenkmäler«, S. 40 f., Bell, »Churches and monasteries of the Tûr 'Abdîn«, S. 96 f. Vgl. dazu Byz. Zeitschrift XXIII (1914), S. 329 f. und Oriental. Literaturzeitung XV (1912), Spalte 155 f.

[4]) Vgl. dazu die Gründungslegende von Meiafarqin, Handes Amsorya 1916, Spalte 13, 2.

Spuren von Wandarmen (vgl. Bell a. a. O., Tafel XXIII) möchte ich schließen, daß auch die ursprüngliche Kuppel schon Trichternischen hatte. Doch läßt sich darüber ohne die genaueste Nachprüfung an Ort und Stelle nichts sagen. Über den Aufbau der ursprünglichen Kuppel gibt einmal eine zweite, bis auf das Dach erhaltene Kuppel Nordmesopotamiens Auskunft, die sich ganz unmittelbar als Wiederholung neben die Kuppel von Tekor stellen läßt, die der Marienkirche von Khakh (Abb. 488), wenigstens soweit das Äußere in Betracht kommt. Sie zeigt den im Quadrat emporwachsenden Vierungsturm ebenso wie das kurze achteckige Zwischenstück unter dem Dache. Heute sitzt darüber leider eine moderne Qubba (oben S. 837). Neben Khakh ist auf der kleinasiatischen Seite Kodscha Kalessi zu stellen (S. 843), deren Vierungsturm noch die innere Einrichtung gut erhalten zeigt, wenn auch die Wölbung selbst fehlt. Für uns ist die Feststellung wichtig, daß auch diese beiden Kuppeln sich auf Ecknischen aufbauen[1]).

Auf dem Wege der Ausbreitung nach Westen folgt nun die der Sophienkirche in Sofia, von deren Bauform und Zeitstellung oben (S. 835) die Rede war. Sie steht dem armenischen Beispiele vielleicht noch näher als Khakh und Kodscha Kalessi[2]), wenn sie auch aus Ziegeln, nicht wie diese in Stein erbaut ist und statt der Trichternische eine Art Hängezwickel verwendet zeigt.

Das Entscheidende bei der hier an Kodscha Kalessi[3]), Tekor, Khakh und Sofia behandelten Art ist, daß die Trommel quadratisch gehalten ist und dadurch der Eindruck eines Vierungsturmes entsteht. In Armenien selbst wurde diese Turmkuppel sehr bald überwunden. Aber in Biella (S. 772), Germigny-des-Prés (S. 767) u. a. O. hat sie sich im Abendlande offenbar bis in karolingische Zeit und darüber hinaus erhalten.

b) Das Kuppelquerschiff.

Mâle beginnt seinen zweiten Aufsatz, indem er dem Deutschen zeigt, wie der Franzose an des Deutschen Stelle die Dome von Speyer, Worms und Mainz selbstliebend ausdeuten würde: er hat dabei ihre beiden Kuppelquerschiffe im Auge. Nehmen wir Speyer: die beiden Querschiffe mit der Turmkuppel und je zwei Glockentürmen zu deren Seite finde man in den romanischen Bauten Frankreichs als Altertümelei aus der karolingischen Zeit freilich nicht: Deutschland entlehne sie trotzdem von Frankreich, und zwar habe das Kloster des hl. Riquier (Centula) bei Abbeville diese Art aufgebracht. Dergleichen wäre vielleicht sehr alt in Gallien, sicher trete es dort zuerst, dann erst in Deutschland auf. Centula sei um 800, der ihm nach einer Miniatur des 11. Jahrhunderts Zug für Zug gleichende einstige Dom zu Köln[4]) 873 begonnen. Berward von Hildesheim habe die gleiche Art in St. Michael nach 1001 angewendet. Die schönsten Kirchen Deutschlands Worms, Mainz, Laach seien weitere Nachahmungen.

Es ist schon oben (S. 627) von Centula gelegentlich der Säulenkioske auf den Dächern armenischer Kirchen gesprochen worden. Wenn nun an S. Riquier (Centula) diese Kuppel- bzw. Turmaufsätze ein armenischer Einschlag waren und ebenso (wie schon Rivoira Seite 240 annimmt) die kegelförmigen Runddächer, dann fragt es sich, ob Centula nicht auch in der Hereinziehung der Kuppel überhaupt in den Strom der armenischen Ausbreitung gehört. Heute sind freilich Bauten von dieser Art in Armenien nicht mehr nachweisbar, auch dürfte Centula kaum jemals als ungemischt armenisch gelten können; aber wie aus der hellenistischen Basilika und den syrischen Türmen zusammen mit dem armenischen Kuppelmotiv ein Bau wie Centula entstehen konnte, das wird vielleicht mit der Zeit greifbar zu zeigen sein. Die Züge wandern einzeln vom Osten herüber, vereinigen sich dann unter ganz neuen Verhältnissen im Westen und so entstehen Mischformen, die von jedem Gebiete des Ostens etwas haben, aber selten vollständig mit einer der Ausgangsformen des einzelnen Motivs übereinstimmen. Die Wanderung beginnt, ganz abgesehen von der römischen Zeit, mit den Goten und dem Arianismus, ist noch in karolingischer Zeit lebendig und bildet so die Grundlage einer Entwicklung, die weitab von der holzgedeckten Basilika führt. Immer bleibt es fraglich, ob Oberitalien, Frankreich und Deutschland voneinander empfangen oder einzeln von

[1]) Vgl. »Amida«, Tafel XXIII, 1 und »Kleinasien«, S. 112 f.

[2]) Vgl. Filov, an dem oben S. 835 a. O., Tafel I f. und Text Abb. 26.

[3]) Die Art, wie Gregor von Nyssa (»Kleinasien«, S. 71 f.) die Kuppel beschreibt, als Kegel mit spitzem Dach, erinnert vielleicht an Tekor.

[4]) Vgl. Dehio und Bezold, I, S. 567.

den Ausgangspunkten im Osten abhängig sind. So kann es auch im Falle der rheinischen Kirchen sein, daß sie wie Centula unmittelbar an einem lebendigen, vom Osten einmündenden Strom anschließen. Nicht unbeachtet sollten dabei die ukrainischen Holzkirchen bleiben, die die Möglichkeit der Annahme nordischer Holzbauten in Kuppelart schaffen. Ob die rheinischen Kirchen ebenso wie Centula vielleicht von einer solchen ausgestorbenen Schicht abhängen, vermag heute noch kein Mensch zu beurteilen.

Was wir in Centula für die karolingische Zeit andeuten, das bietet heute noch der Dom zu Pisa aus den Jahren 1063–1118. Oben (S. 806) war bereits von seiner Ausstattung die Rede. Busketus und Rainaldus, seine Erbauer, handhaben das Kuppelquerschiff im Sinne von Thalin und viel entschiedener als Trdat im Dome zu Ani. Bezeichnend ist für ihre Art, daß sie eine Kuppel mit Trichternischen verwenden. Sie kommt auch in Frankreich öfter vor[1]). Lasteyrie (S. 266 f.) wehrt zwar ab, sie wie Morgan aus dem Persischen herzuleiten; warum hätten die französischen Architekten so weit gehen sollen? Nun, sie sind nicht nach Persien gegangen, es gab Träger genug, die sie aus christlichen Gegenden zu ihnen brachten (S. 755 f.). Oberitalien könnte eines der Becken gewesen sein, aus dem der Norden die armenischen Einschläge empfing; aber darüber darf die Möglichkeit unmittelbarer Übertragungen vom Osten nach dem Norden nicht unbeachtet bleiben. Man vergleiche die unter die Nische gestellten Doppelsäulchen in Le Puy[2]).

Ich habe hier nur zwei der wichtigsten Bauten des Abendlandes für die Bauform des Kreuzkuppelschiffes herausgehoben. In Wirklichkeit ist die Einfügung einer Kuppel über der Führung in Oberitalien, in gewissen Gebieten Frankreichs und am Rhein so allgemein verbreitet, daß man verwundert fragt, wie eigentlich diese weite Verbreitung zu erklären sei. Es scheint nun, daß dafür ein ganz besonderer Anstoß vorlag, der vom Süden über das Meer herüber kam.

Jerusalem als Mittler. Oben (S. 730 f.) wurde gezeigt, wie früh und wie rege die Armenier auf dem Boden des Wandelns und Leidens Christi auftraten. Es ist gar nicht ausgeschlossen, daß sie schon in der Zeit Konstantins bei dessen großartigen Denkmalbauten mitwirkten und den armenischen Bauformen auf diese Art ein neuer, mittelbarer Weg der Ausbreitung erschlossen wurde. Denn was Konstantin am Heiligen Grabe in Jerusalem, an der Stätte der Himmelfahrt auf dem Ölberge, dann über der Geburtsgrotte in Bethlehem (S. 834) erstehen ließ, das wurde der gesamten Christenheit zum Vorbilde und die Bauform von den Pilgern in alle Welt getragen. Da es sich aber in Jerusalem und Umgebung in erster Linie um Denkmalbauten handelte, so ließe sich begreifen, wenn man lieber zur Bauform Irans und der seit 300 etwa von Staats wegen christlichen Armenier griff als zu der am Mittelmeer und in Syrien fast alleingültigen Bauform der reinen, holzgedeckten Basilika.

Die wichtigste Rolle in der Ausbreitungsfrage spielte vielleicht die Grabeskirche in Jerusalem. Während der Korrektur dieses Werkes lerne ich eine Arbeit von K. Schmalz kennen[3]), die nachzuweisen sucht, daß die Grabeskirche Konstantins des Großen über jene beiden Merkmale, Kuppelquerschiff und quadratischen Vierungsturm verfügte, die uns in diesem Abschnitte beschäftigen. Selbst in Einzelheiten, wie der Bildung der inneren Ecken des Kuppelturmes, die in einer Nachbildung in S. Salvatore zu Spoleto wiederkehrt[4]), ist die Art von Tekor (S. 338, 371) gewahrt. Ob die Grabeskirche nun, wie Schmalz (S. 394) annimmt, gerade das Prototyp der Kuppelbasilika mit Querschiff oder, wie ich sie nenne, der Kreuzkuppelbasilika (S. 844) war, bleibe dahingestellt. Jedenfalls scheint die Form aus dem Zusammenwirken von Kuppel und Längsbau bei Forderung der Empore entstanden. Ob ferner der Baumeister, wie Schmalz will, aus einer der hellenistischen Großstädte, aus Ephesos, Alexandria oder Antiochia stammte oder ein Armenier sich mit der Bauweise des Mittelmeerkreises bekannt machte und so die Mischform zusammenbrachte, wird in der Entscheidung davon abhängen, wie weit sich der Kuppelbau über dem Quadrat bereits in konstantinischer Zeit in diesen Großstädten ohne Armenien durchzusetzen vermocht hatte. Wenn man nach Konstantinopel urteilt, so spricht alles für den Vortritt des fernen christlichen Landes. Ein sicheres

[1]) Vgl. Lasteyrie, »L'architecture rel. en France«, S. 267 f.

[2]) Jackson, »Byzantine and romanesque architecture« II, Tafel XCVIII, Lasteyrie a. a. O., S. 268.

[3]) »Mater ecclesiarum, Die Grabeskirche in Jerusalem, Studien zur christlichen Architektur und Ikonographie in Antike und Mittelalter.«

[4]) Vgl. Rivoira, »Origini« II, S. 604, vgl. auch Schmalz, S. 389.

Beispiel aus dem Jerusalem benachbarten Gebiete liegt auch erst bei Chorikios von Gaza[1]) für die dortige Sergiuskirche aus dem 6. Jahrhundert vor, doch hatte sie nicht mehr den viereckigen Kuppelturm, sondern das Quadrat ging in ein Achteck über, ob mit Trompen, wie Millet annimmt, ist nicht gesagt[2]). Auch das Konchenquadrat von Amman (S. 467 f.) gibt zu denken, Ausgrabungen werden dort Klarheit schaffen müssen[3]). Wenn der Bau eine Kuppel hatte, dann wird er sehr entscheidend in die Mschattafrage und den Werdegang der christlichen Bauschöpfungen in Jerusalem eingreifen.

Die Südfassade der Grabeskirche zeigt zugleich jenes kennzeichnende Durcheinander von Formen der Ausstattung, wie wir sie, durch die Kreuzfahrer herbeigeführt, für die Kunstentwicklung im Rahmen des Mittelmeeres annehmen müssen: antike Reste werden wiederverwendet an einer Schauseite, die in der Anordnung französische, aber in Einzelheiten ebensogut syrische, wie armenische Einschläge neben islamischen zeigt. Für armenisch in seiner Art sehe ich im Besonderen jenen frei herausgearbeiteten Laubfries an, der die oberen Fenster umzieht[4]). Man vergleiche ihn mit dem Jagdfriese von Achthamar (S. 534). An solchen Mischwerken bleibt unklar, wie die Bewegung eigentlich damals geht: vom Osten nach Westen oder umgekehrt.

Ich habe versucht Bausteine zu einer Geschichte der Wechselwirkungen zwischen Ost und West zusammenzutragen. Schließlich kommt es letzten Endes gar nicht darauf an, solche Beziehungen tatsächlich herzustellen. Der Vergleich allein wirkt klärend. Er zeigt, daß in der bisherigen, auf Italien und Frankreich, im besten Falle auf die Küsten des Mittelmeeres beschränkten Enge keine klare Einsicht zu gewinnen ist, einmal weil eben der Osten bis in die Zeit der Entstehung der italienischen Kuppelbauten des 15. und 16. Jahrhunderts vorauseilt bzw. mitspricht, dann aber — wenn das auch nicht der Fall wäre — weil kein Standpunkt genommen wird, der gestatten würde, die europäischen Vorgänge rein sachlich mit dem Maßstabe der Gesamtlage der Entwicklung der bildenden Kunst des Erdkreises zu beurteilen. Man darf nie vergessen, daß zwar das Griechisch-Römische in der Zeit, in der die mittelalterlichen Denkmäler des Abendlandes entstehen, nicht mehr am Leben ist, der Osten aber in dieser Zeit Blütezustände erlebt, die einzig dastehen: vom Chinesischen und Indischen zu schweigen, entfaltet sich damals das »Byzantinische« und Islamische, beide undenkbar ohne die große Bewegung in Iran und Armenien. Man kann doch Europa nicht als unvergleichlich und außerhalb dieser Gesamtlage stehend behandeln.[5]) Mein Bemühen geht darauf, die notwendige Erweiterung des Gesichtskreises und Maßstäbe für die Beurteilung durchzusetzen, die eine fachmännische Entwicklung der Forschung im Gebiete der bildenden Kunst anbahnen und sie allmählich über die bisherigen philologisch-historischen Methoden in doppelter Hinsicht hinausführen sollen, einmal eben durch Erweiterung des Gesichtskreises unserer Denkmälerkenntnis und zweitens dadurch, daß Geschichte nicht geschrieben wird, bevor nicht planmäßig das Wesen festgestellt und durch Vergleich in seinem Eigenwert erkannt ist.

4. Der Sieg der armenischen Kuppelbauformen in Europa.

Beim Rückblick auf die nachgewiesenen Spuren eines Übergreifens der armenischen Kunst auf Europa läßt sich erkennen, daß viele der vereinzelt wie eratische Blöcke über den Balkan, den italienischen und fränkischen wie den spanischen Boden verstreute Kuppelbauten, die man bisher in keinerlei Zusammenhang bringen konnte, durchaus in die Entwicklungsreihe des altchristlichen Kuppelbaues in Armenien gehören, von dort aus erst einheitlich zu erklären und als Glieder der gleichen Kette zu erkennen sind. Vom Ararat gehen also noch in verhältnismäßig naher geschichtlicher Zeit Wellen nach dem Westen, die das Bild der Kunstentwicklung beleben und die einseitige Einstellung des Abendlandes auf die Basilika unterbrechen. Die Beziehungen treten entweder vereinzelt oder in mehr oder weniger breiter Schicht auf. So lagert sich das Nischenquadrat ohne Mittelstützen zur Zeit des armenischen Herrscherhauses von Konstantinopel aus als breite Schicht über Hellas und die Inseln und die Kreuzkuppel wird die herrschende Bauform im Gebiete der orthodoxen Kirche. Nur

[1]) Ed. Boissonade, S. 85 f.

[2]) Revue arch. 1905, I, S. 100.

[3]) Wie sie schon »Mschatta«, S. 351, verlangt wurden.

[4]) Schmalz, S. 216 und mein »Orient oder Rom«, Abbildung 49.

[5]) Wie man ähnlich und mit gleichem Unrecht das Griechische als überhistorisch hinstellen möchte.

im Abendlande bleibt es bei vereinzelten Vorstößen. Die persische Art, durch Nebeneinanderlegen von Kuppeln einen Raum zu schaffen, wie ihn die nestorianischen Kirchen und diejenigen von der Art der Apostelkirche in Konstantinopel, dann S. Marco in Venedig, S. Front in Perigueux und auch die Schichten in den französischen Provinzen Puy und Aquitanien zeigen, weichen nur selten dem armenischen Einheitsbau. Immerhin gibt es auch dafür Spuren. Ich verweise vor allem auf den karolingischen Zentralbau in Eichstätt in Form eines griechischen Kreuzes[1]) und auf den gotischen Kuppelbau von Etall, ein Zwölfeck mit Umgang, von dem ich leider keine befriedigende Aufnahme kenne[2]). Verwandt auch der Chor der Elisabethkirche in Marburg[3]).

Zum vollen Durchbruche kam die armenische, auf eine einzige quadratische Kuppel eingestellte Baugesinnung im Abendlande erst als Brunelleschi, dann Alberti und endlich Leonardo den Weg von Bramante und St. Peter bereiteten. Da erst, mit der Domkuppel zu Florenz, setzt eine Bewegung ein, die das Abendland tausend Jahre nach dem Entstehen der ersten Blüte der armenischen Kirchenbaukunst auf deren Wegen zeigt Hatte der Kuppelbau bisher nur im Osten weitaus die Vorherrschaft, so kommt man jetzt mit einem Mal auch im Abendlande ganz allgemein zur Erkenntnis seiner künstlerischen Bedeutung. Es ist zu bedauern, daß der neue Weg nicht noch mit den Formen der »Gotik« versucht wurde und das Quattrocento vor dem Einsetzen der großen Bewegung im Gebiete des Bauens selbst schon in die antike Ausstattung zurückgefallen war. Die großen Baumeister der italienischen Renaissance setzen alle ihre Kräfte an die Befriedigung des Dranges, die Kuppel als Gipfel einer Raumeinheit wie in Armenien aufzubauen, ein Ziel, nach dem sich die Entwicklung der Baukunst des Abendlandes in den folgenden Jahrhunderten bis auf unsere eigene Zeit hin verfolgen läßt[4]).

Wohin immer die Künstler der Renaissance im Osten gerieten und man darf annehmen, daß sie vielfach durch eigene Reisen und Nachrichten unterrichtet wurden, fanden sie den Kuppelbau nahezu allein herrschend. Wenn also zu der durch Brunelleschi, Alberti, Leonardo und Bramante eingeleiteten Bewegung noch eine besondere Anregung von außen notwendig scheint, so lag sie vom Osten her reichlich genug vor. Der einen Kuppel die Mitte und Höhe: dieser armenische Grundsatz siegte nun auch im Abendlande.

Die mittelalterlichen Kuppelkirchen legten, wie schon oben, Seite 358, erwähnt, die Kappenkuppel über die Vierung vor dem Chor. In der Lombardei, in Frankreich und am Rhein sind die Beispiele dafür zahlreich. Nie beherrscht die Kuppel darin die Weite des Innenraumes. Erst bei Brunelleschi durchsetzt sie den Baukörper wenigstens im Ostteil zu einheitlicher Wirkung. Man nehme die Florentiner Domkuppel von Südosten: Das mächtige Achteck hebt sich mit seinen Rundfenstern aus den umschließenden Nischenanbauten heraus wie etwa die Kuppel eines armenischen Baues mit Strebenischen in den Achsen und Ecken, bei dem die Nischen noch nicht in einer rechteckigen Gesamtummantelung verschwinden. Der Weg, den Brunelleschi hier betreten hat, führte dann in der Gedankenwelt keines Geringeren als des Leonardo und seines Mailänder Arbeitsgenossen Bramante zu einer Fülle von Lösungen, die bei genauerem Zusehen in ihrer Folgerichtigkeit so sehr gleichen Schritt gehen mit den armenischen Reihen von Gattungen und Arten, daß aus diesem Einklang und dem streng logischen und künstlerischen Aufbau der Entwicklung auf Berührung der Grundsätze, die der Kuppelbau unter gewissen Voraussetzungen immer wieder befolgte, geschlossen werden möchte. In der nachfolgenden Untersuchung behandle ich zuerst Leonardos Entwürfe, dann Bramante, hierauf nochmals Leonardo und schließlich die spätere Zeit mit Vignola.

Es sind öfter die Gründe für die Annahme einer Armenienreise Leonardos dargelegt worden[5]), ohne daß der Kunstforscher dabei zu Worte gekommen wäre. Es könnte nun sein, daß gerade dieser jene Beweise zu erbringen in der Lage ist, die einige der bisherigen Leonardoforscher als wünschenswert bezeichnet haben, bevor man sich entscheiden könne. Ich halte mich dabei nicht auf, da mir nicht so sehr an dem Nachweis von Einflüssen als an dem der auffallend gleichen Entwicklung gelegen ist.

[1]) Vgl. Weise, »Zur Architektur und Plastik des früheren Mittelalters«, S. 63.

[2]) Vgl. Dehio und Bezold II, S. 342.

[3]) Vgl. Kunstchronik 1918, S. 149.

[4]) Vgl. zuletzt Frankl, »Die Entwicklungsphasen der neuen Baukunst«. Dazu meine Besprechung Theol. Literaturzeitung, XLI (1916), Spalte 61 f.

[5]) Vgl. zuletzt meinen Aufsatz: »Leonardo-Bramante-Vignola im Rahmen vergleichender Kunstforschung« Mitteilungen des Kunsthistorischen Instituts in Florenz, 1918.

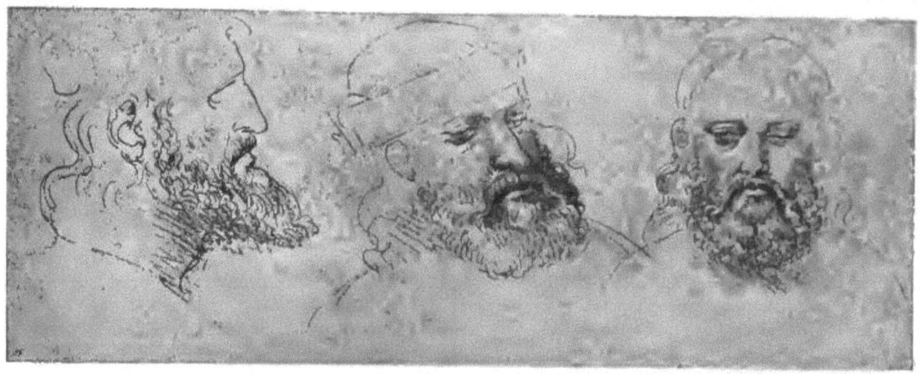

Abb. 816. Turin (Biblioteca reale). Leonardo, Handzeichnung: Armenischer Kopftypus[1]). Aufnahme Richter.

A. Leonardos Entwürfe für Kuppelbauten.

Es war wiederholt davon die Rede, daß Leonardo vielleicht als einer der Träger armenischer Baugedanken im Abendland in Betracht komme. Man versteht Leonardo als Architekten erst, wenn man einen längeren Aufenthalt im Osten annimmt. Die Beweisführung ist nicht leicht, vor allem, weil nur wenige sich die Mühe nahmen, Leonardo als Architekten zu beachten und die Beweise dafür zu sammeln. Immerhin hat sich im Laufe der Zeit doch eine kleine Literatur zusammengefunden und es scheint, daß es heute schon möglich ist, daraufhin zu sagen, was Leonardo gedacht und geplant hat und was ihm vergönnt war, wenigstens noch in den Anfängen der Ausführung zu überwachen.

Die Gedanken Leonardos zum Kuppelbau finden sich in der Hauptmasse vereinigt in der Handschrift B der Bibliothèque de l'Institut zu Paris[2]), zu der auch das Ashburnham Bruchstück der Bibliothèque nat. Nr. 2037 gehört[3]). Einige sehr wichtige Beiträge auch im Codex atlanticus in der Ambrosiana zu Mailand, die ich nach der Lichtdruckausgabe der Lincei[4]) anführe. Man findet die Hauptmasse der einschlägigen Zeichnungen, allerdings mit Hinweglassung des für unsere Zwecke gerade entscheidenden Hauptblattes im Cod. atl. fol. 37r, zusammengestellt in J. P. Richters »The literary works of Leonardo da Vinci« II. Seite 38f, und den zugehörigen Tafeln LXXXIVf. Geymüller, der sie dort bearbeitet hat, findet ihre Folge so reich, daß er schließt, Leonardo habe einen »Trattato delle Cupole« vorbereitet: Es handle sich um theoretische und ideale Entwürfe, die untereinander in Zusammenhang ständen, nicht um Studien für einen bestimmten, auszuführenden Bau.[5])

Wie im Gebiete des armenischen Kirchenbaues, so tritt auch bei Leonardo das Bestreben zutage, jede unter gewissen Voraussetzungen mögliche Art der Gruppierung einer Mittelkuppel zu ergründen. Beachtenswert ist dabei, daß auch er nicht von der späthellenistisch-römischen Art ausgeht. Die Gattung des reinen Rundbaues, des Achteckes mit Emporen und der Kuppelbasilika (mit Emporen) fehlt bei ihm oder tritt zurück wie in Armenien. Ob irgend eine Befruchtung seiner Gedankenwelt von Armenien her anzunehmen ist, bleibe vorläufig dahingestellt. Geymüller, der die armenischen Denkmäler nicht kennt, nimmt als Ausgangspunkt für Leonardo Dom, Baptisterium und Nunziata von Florenz, dazu S. Lorenzo in Mailand an. Das scheint mir insofern nicht zutreffend, als bei Leonardo sicher eine zweite Gruppe festzustellen ist, die mit diesen Bauten nichts zu tun

[1]) Vgl. Richter, II, Tafel CXX. Er reiht das Blatt S. 394/95 in die armenischen Briefe ein.

[2]) Lichtdruckausgabe von Ravaisson-Mollien, »Les manuscrit de Léonard de Vinci« 1888.

[3]) Vgl. ebenda zu Fol. 84—87 und die Ausgabe der Blätter von Ravaisson 1891.

[4]) Il codice atlantico.

[5]) Vgl. dazu die Meinung von Solmi (Boll. della soc. Pavese di storia patria. XI (1911). Danach soll B das Tagebuch Leonardos aus der Zeit seines Aufenthaltes 1490 in Pavia sein und die Kuppelstudien mit seinen Gutachten über die Kuppel des dortigen Domes zusammenhängen. Vgl. auch Ravaisson im Vorwort zu B S. 4 und Richter, Zeitschrift f. bild. Kunst 1881, S. 235.

hat. Ich folge in der Besprechung der Studien zunächst der Anordnung, die Geymüller bei Richter II, Seite 41f. getroffen hat.

Der Rundplan tritt ebenso zurück (Geymüller, Gruppe I) wie in Armenien, wo nur das Modell des Gagik und Zwarthnotz (im Außenbau) immerhin sich dem Rund nähern. Auch das reine Quadrat (Geymüller, Gruppe II), bereichert durch eine Außensäulenreihe, wird nur vorübergehend gestreift, ich erinnere für das Äußere an die ähnliche Ausstattung der Kuppel an der Marienkirche zu Khakh[1]). Der innere Aufbau hat mit Leonardos Entwurf freilich nichts zu tun. Es handelt sich nur um das Außenquadrat ohne Großnischen. Die Grundformen der armenischen Kunst: Das einfache Nischenquadrat und das Nischenquadrat mit Eckräumen oder eingestellten Mittelstützen (Geymüller, Gruppe III) übergehe ich vorläufig. Die Grundform, von der Leonardo in der einen Reihe ausgeht und die immer wieder als der eigentliche Träger seiner Gedanken auftritt, ist das Achteck (Geymüller, Gruppe IV), und zwar das auf allen vier Seiten durch gerade Wände geschlossene, nur durch Türen mit den umgebenden Nebenräumen in Verbindung gebrachte und selbst durch eine Kappenkuppel überdeckte Achteck. Schon Brunelleschi war in seiner Domkuppel weitergekommen. Das strenge Abschließen der Räume gegeneinander weckt den Eindruck, als wenn Leonardo in dieser Art von Entwürfen nicht recht von der Nachwirkung des Baptisteriums seiner Vaterstadt loskommen könnte. Den Weg darüber hinaus wies ihm, scheint es, dann Brunelleschi mit den Grundmauern von S. Maria degli Angeli, die Leonardo (Richter LXXXIV, 3) im Hauptraume geschlossen und nur durch Türen mit den umlaufenden Nebenräumen verbunden zeichnet[2]). Brunelleschi selbst freilich dachte sich den Kapellenkranz durch hohe Bogenstellungen gegen den Mittelraum geöffnet, diesen mit einer achteckigen Fenstertrommel und Halbkreiskuppel überwölbt (Fabriczy, S. 242). Das wäre eher armenische Art — man vergleiche die Achtpaßgruppe oben S. 131f. — als das unbegreifliche Vernachlässigen der Raumeinheitlichkeit bei Leonardo. Es ist bezeichnend, daß er in dieser Gruppe nie eine Innenansicht zeichnet, immer nur Grundriß und Außenerscheinung, also geometrische und Massenwirkung, nie den Raumeindruck[3]). Es will mir nun scheinen, daß Leonardo zu dieser Art von Kuppelbau nicht durch das tote Rom gekommen sei — man ging in seiner Zeit und Leonardo am wenigsten dem rein Baulichen der dortigen Trümmerwelt noch wenig nach, sondern begnügte sich im wesentlichen mit Aufnahme und Nachahmung ihrer zierenden Ausstattung. Zu seiner Zeit aber war das Bauen getrennter Räume um ein mittleres Achteck noch in der vollen Kraft des Lebens, freilich nicht in Italien. Im Osten aber, vor allem in Konstantinopel, sind gerade in dieser Zeit Bauten entstanden, die genau das geben, was wir in Leonardos Gedankenwelt lebendig sehen.

Ich beginne den Nachweis wieder von Armenien her. In Ani sind Reste eines Bades in der östlichen Stadtecke über dem Arpatschai erhalten, die ich bisher unbesprochen ließ. Abbildung 817 zeigt den Grundriß nach Alischan, »Schirak«, Seite 82. Wir haben das sog. griechische Kreuz mit der Kuppel über der Mitte vor uns. Die Arme sind durch starke Mauern von vier quadratischen Eckräumen getrennt, die ebenfalls von Kuppeln überdeckt sind. Das Auffallende nun ist, daß diese Räume ohne jeden räumlichen Zusammenhang stehen mit dem griechischen Kreuze, seiner Kuppel oder seinen Tonnen — im künstlerischen Sinne genommen; vielmehr bilden die einzige Verbindung Türen, die in die Ecken des Mittelquadrates gebrochen sind. Der Eingang ist von einem Kreuzarm aus, in einem andern führt eine Seitentür zu zwei rechteckigen Nebenräumen. Filarete hat den Entwurf für die Kathedrale seiner Idealstadt ähnlich gedacht.[4]) Doch handelt es sich in Ani um keine Kirche.

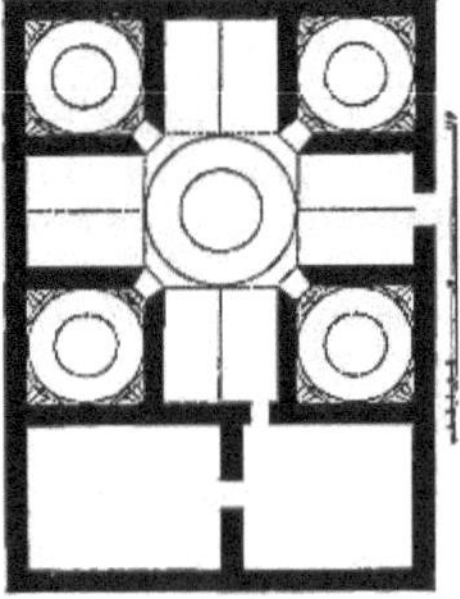

Aufnahme Alischan.

Abb. 817. Ani, Bad: Grundriß.

Mit den Bauformen, die wir bisher in Armenien kennen lernten, hat die Ruine (Abb. 817) nichts zu tun. Sie dürfte wohl auch jüngeren Ursprunges sein, wenigstens deutet die Zeichnung Alischans in den Zwickeln der Eckkuppeln eine Konstruktion an, die auf Zellenverband (Stalaktiten) schließen läßt. Abich, der den Bau 1844 im Grundriß aufnahm[5]), spricht denn auch von souterrainartigen, unter einem Trümmerhügel begrabenen

[1]) »Amida«, S. 259 und oben S. 446.
[2]) Vgl. über den Bau Fabriczy, »Filippo Brunelleschi«, S. 239f. Dazu oben S. 785f.
[3]) Eine Ausnahme macht nur Bibl. nat. 2037, Fol. 4 (Richter XCI, 1), ein mehrgeschossiges Gebäude in der Art von S. Sepolcro in Mailand, dessen »dentro il difitio di sopra« er zeichnet.
[4]) Vgl. Dohme im Jahrbuch d. preuß. Kunstsammlungen, III (1882), S. 121.
[5]) »Aus kaukasischen Ländern« I, S. 196.

inneren Räumen eines ebenso geschmackvollen als zweckmäßig angelegten Bades in arabischem Stile. Trotzdem nennen Inschriften als Erbauer des »Badehauses« denselben Tigran Honentz, der 1200 bis 1215 die Gregorkirche daneben gebaut hat[1]). Es war das sein väterliches Sommerbadehaus, das er dem Kloster schenkte, damit es davon eine Einnahmsquelle habe. In der gleichen Inschrift wird auch noch ein anderes Badehaus in der Nähe des Marktplatzes der Stadt erwähnt. Die Inschrift der Gregorkirche bestätigt die Schenkung.

Solche Anordnung von Tonnen im Kreuz um eine Kuppel mit Achtecken oder Kreisen in den Ecken konnte Leonardo freilich auch in Rom sehen, wie die Aufnahmen der folgenden Jahrhunderte zeigen[2]). Es fragt sich aber, ob er sich schon wie die Späteren baulich an Ruinen hielt, bzw. damals schon Rom kannte, das diese Bauformen selbst wohl vom hellenistischen Orient übernommen hatte[3]).

Zur Zeit des Leonardo entstanden in Konstantinopel und anderen Städten des Ostens Massen von Bädern. Sie setzten das Kreuz oder Achteck in die Mitte und umgaben es mit Nebenräumen, die mit der Mitte keine Raumeinheit bildeten, vielmehr mit ihr nur durch Türen verbunden waren. Dahin gehört z. B. das Bad Muhammeds des Eroberers, das Texier in Konstantinopel nach der Beschreibung des Gyllius wiederfand[4]). Ich gehe auf diese Dinge hier nicht näher ein, weil Assistent Dr. Glück darüber eine Einzeluntersuchung vorbereitet[5]). Schon die ersten Herausgeber haben bemerkt, wie nahe die Bauformen der türkischen Bäder sich im allgemeinen mit der Beschreibung römischer Bäder des Vitruv berühren. Im einzelnen bestehen freilich große Unterschiede.

Beachtenswert hat Leonardo schon in einer kleinen Unterabteilung dieser Gruppe Wege betreten, die ihn eine vorübergehend auch in Armenien eingeschlagene Bahn führten. Es sind jene Oktogone, die durch Anordnung von Nischen in den Diagonalen des Achteckes zur Bildung eines scheinbaren Quadrates überleiteten. Es entspricht das ungefähr der Art der Hripsimegattung, wo in die Ecken des Quadrates Dreiviertelzylinder gelegt sind. Leonardo hat schon B 25 v (Richter XC, 3/4) ohne Ecknischen einen Versuch in dieser Richtung gemacht, der wichtig ist, weil er die Entwicklung des sogenannten griechischen Kreuzes durch Einschiebung von Tonnen zwischen Kuppel und Strebenische hätte herbeiführen können und damit den Ansatz zu einheitlicher Raumzusammenziehung[6]). Leonardo aber bleibt bei seiner Abschließung, erst Bramante geht auf diesem Wege weiter. Das Scheinquadrat herrscht in solchen Entwürfen, in denen die Baumasse außen in eine quadratische Umfassungsmauer zusammengefaßt wird. Cod. atl. 340 v, LXXXIV, 3, B 22 r, XCIII, 2 und B 39 v, XCII, 1 sind die Hauptbeispiele. Zur letzten Zeichnung (oben Abb. 715) schreibt Leonardo ausdrücklich dazu: »sempre uno edifitio vole essere spiccato dintorno a volere dimostrare la sua vera forma.« Von besonderer Bedeutung ist B 30 r (das Richter nicht abbildet). Darin ist der Weg der armenischen Hripsimegattung auch insofern betreten, als Leonardo den umfassenden Mauermantel durch Nischen gliedert, freilich nicht nach armenischer Art durch Dreieck-, sondern durch halbrunde Nischen. An dieser Stelle wäre nun sofort die Weiterentwicklung dieser Art bei Bramante zu besprechen, doch bleibe ich hier zunächst aus planmäßigen Gründen bei Leonardo.

Bisher konnte nur der Unterschied zwischen der Art des Leonardo und der armenischen aufgewiesen werden. Er liegt im wesentlichen darin, daß Leonardo vom Achteck, die Armenier vom Quadrat ausgehen. Es gibt aber einige Spuren, in denen sich Leonardo der letzteren Art bedient, und die geeignet sind, die in meinem Aufsatze (S. 862, Anm. 5) vorgebrachten Gründe für eine Reise nach Armenien neuerdings in Erinnerung zu bringen. Man wird sich fragen, ob der Kunstforscher nicht vielleicht bisher unbeachtetes Beweismaterial für die Bejahung der Annahme in Händen hat.

In einem Buche über »Die bildende Kunst des Ostens«[7]) konnte ich eine Handzeichnung des Leonardo neben einen entsprechenden armenischen Kirchenbau stellen und möchte auch hier von

[1]) Alischan, »Schirak«, S. 75 und 81.

[2]) Vgl. die Werke von Montano und Mongeri, dazu Rivoira, »Arch. mus.«, S. 281.

[3]) Vgl. dagegen Rivoira a. a. O. und »Origini« II, S. 31 f.

[4]) Texier and Popplewell Pullan, »Byzantine architecture«, S. 161 f. Vgl. dafür auch meinen Aufsatz in den Mitt. d. Kunsthist. Instituts in Florenz, 1918.

[5]) Sie wird als Band XII der Arbeiten des kunsthistorischen Instituts der Universität Wien (Lehrkanzel Strzygowski) erscheinen.

[6]) Vgl. dazu auch Richter LXXXIV, 12, eine Form, die Geymüller, S. 49, von LXXXVII, 3, herleitet. Dazu auch LXXXIV, 13.

[7]) Bibliothek des Ostens, herausgegeben von W. Kosch, Bd. III, S. 47 f.

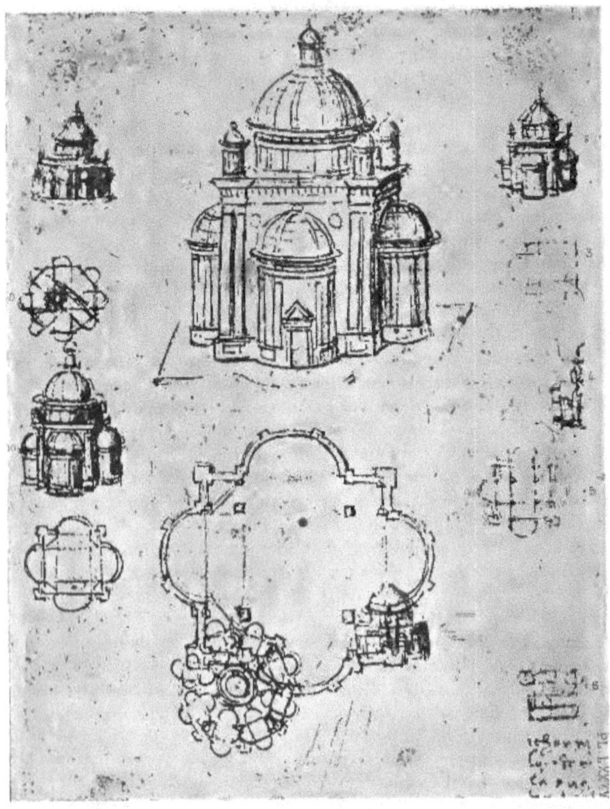

Aufnahme Richter.
Abb. 818. Leonardo, Ashburnham-Manuskript, Fol 3 v: Konchenquadrat mit Mittelstützen.

diesem Nebeneinander ausgehen. Abbildung 818 zeigt die Handzeichnung des Leonardo nach J. P. Richter, The literary works of Leonardo da Vinci II, Tafel LXXXV[1]). Sie befindet sich im Ashburnham - Manuscript, Fol. 3 v[2]) und stellt in der Mitte groß den Grundriß und die Ansicht einer Kirche dar. An den Seiten kleinere Entwürfe verwandter Art. Vergleicht man damit den Grundriß von Bagaran (oben S. 95), so möchte man, stände die Urheberschaft Leonardos nicht fest, angesichts der großen Übereinstimmung glauben, daß es sich um Studien jenes Baumeisters handle, der die armenische Kathedrale geschaffen hat. »Man sieht auch in Abbildung 818 in der Mitte unten ein Quadrat, aus dem auf allen vier Seiten Konchen vortreten, dazu die als Kuppelträger vor die Konchenecken gestellten Pfeiler. Der Meister überlegte hin und her, wie breit die Konchen zu nehmen wären — eine kleine Skizze rechts zeigt sie auf ein Drittel der Quadratseite beschränkt, zwei ebenso kleine Skizzen links verraten Überlegungen im Sinne einer Überleitung ins Achteck. Auch im Aufbaue stecken ausgesprochen armenische Züge, so z. B. sitzen wie in der Hripsimekirche von 618 auf den Ecken des Würfels neben der Hauptkuppel kleine Kuppeln (S. 92), die dort freilich zu Dreiviertelzylindern gehören, denen die Aufgabe zufällt, zu Nebenräumen überzuleiten. Solche ließ sich auch der Zeichner von Abbildung 818 durch den Kopf gehen, als er unten in der Mitte neben dem großen tetrakonchen Grundriß einzelne Gedanken zur Anschiebung von Erweiterungsräumen (?) zu Papier brachte.« Man lese vielleicht nach, welche Schlußfolgerungen aus dem Vergleiche der Handzeichnung Leonardos mit der armenischen Kirche im Zusammenhange meines für die Allgemeinheit geschriebenen Buches gezogen sind. Es läge nahe, ohne weiteres an den Aufenthalt in Armenien zu denken und damit die auffallende Gleichung zu erklären. In dem genannten Buche wurde dieser Schluß nicht gezogen. Die Frage liegt nicht so einfach, als sie unter Beschränkung auf das eine Beispiel erscheint.

Zunächst muß ein Einwand widerlegt werden, der gegen den in Rede stehenden Grundriß bei Leonardo gemacht wurde, bevor man noch dessen Bedeutung für die hier zu führende Untersuchung ahnen konnte. Ein um die Feststellung der Geschichte des Kuppelbaues in der Renaissance verdienter Forscher, P. Frankl[3]), hat die schon von Geymüller[4]) im Sinn eines Quadrates mit

[1]) Besser als in den »Manuscrits de Léonard« von Ravaisson-Mollien. — [2]) Bibl. nat. Ms. 2037. — [3]) »Die Entwicklungsphasen der neueren Baukunst«, S. 37. — [4]) Bei Richter, The lit. works II, S. 42.

vier Mittelstützen gegebene Deutung dieses Grundrisses in der Richtung angefochten, daß die vier kleinen Quadrate für eine Hilfskonstruktion anzusehen seien. Das mag in Fällen zutreffen, auf die ich später eingehe. Im vorliegenden Falle aber ist die Deutung Geymüllers und meine eigene schon deshalb richtig, weil Leonardo ja auch die Pfeilervorlagen zeichnet, die diesen Stützen gegenüber an der Wand den Ansatz der verstrebenden Bogen kennzeichnen. Auch sollte man sich bei Untersuchungen über Leonardos Handschriften nicht ausschließlich auf die durch die Veröffentlichung der verschiedenen Bände überholte Zusammenstellung von Richter aus dem Jahre 1883 allein berufen. Richter hat z. B. im gegebenen Falle ein sehr wichtiges Blatt des Codex atlanticus übersehen, das in der schwebenden Sache den Ausschlag gibt: Fol. 37 r[1]). Abbildung 819 sieht man den in Rede stehenden Grundriß in einem Teile rechts unten größer gezeichnet. Die Quadrate haben da auch ihrerseits Pfeilervorlagen nach den Wänden zu bekommen, so daß an ihrer Bestimmung als Kuppelstützen keinerlei Zweifel sein kann. Auch zeichnet Leonardo unmittelbar neben die Grundrißeinzelheit das entsprechende Stück des Aufbaues: man sieht den Pfeiler in die Ecke zwischen die beiden Tonnen gestellt und dahinter die zurücktretende Quadratecke mit den tiefen Schatten in ihrem Gewölbe. Die Pfeilervorlage ist als Halbsäule gebildet und trägt über der Tonne gerade Architrave. Darüber nicht Hängezwickel, sondern eine weitergehende Lotrechte. Leonardos Geist sprüht aus diesem Blatt Ideen. Links größer ein Innenraum dieser Art auf Säulen mit hoher, runder Fenstertrommel, daneben ein Achteck mit Strebenischen und Mittelkeilen[2]), dann mehrere Male das Konchenquadrat mit den besprochenen Hilfslinien, zweimal auch mit eingestellten Säulen.

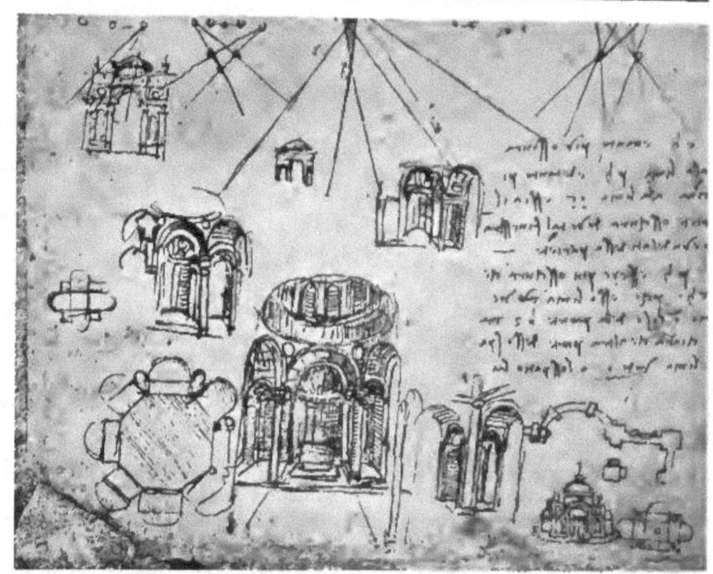

Abb. 819. Leonardo, Cod. atl. 37r: Konchenquadrat mit Mittelstützen. Aufnahme Lincei.

Ich habe das Blatt zunächst ganz kurz beschrieben. Das Merkwürdige daran ist, daß Leonardo, der sonst bei seinen typischen Achteckbauten nur Grundriß und Außenansicht zeichnet, hier nicht nur eine vollständige Innenansicht gibt, sondern gerade das entscheidende Bauglied, den Kuppelträger, ob Pfeiler oder Säule, gleich viermal nebeneinander in Innenansichten gibt. Es ist, als hätte sich eine Idee seiner bemächtigt, die außerhalb der gewohnten Reihe fällt und der er nun gleich in allen Einzelheiten nachgehen wollte. Es kann freilich sein, daß ihn S. Satiro (Abb. 720) anregte, aber dort stehen als Kuppelträger Säulen, keine Pfeiler. Diese kommen wohl einmal in Gallien, in Germigny-des-Prés vor, aber Leonardo wird dieses Verbindungsglied in seiner Mailänder Zeit kaum gekannt haben. Es könnte also eine Erinnerung an die armenische Art vorliegen. Die Zeichnung findet sich in dem gleichen Codex atlanticus, der auch die auf Armenien bezüglichen Briefe enthält. Weiter, d. h. zur Schlußfolgerung will ich vorläufig nicht gehen. Mir liegt nicht so sehr daran, zu

[1]) Lincei-Ausgabe, »Il codice atlantico«, Tafel CVII. Vgl. Malaguzzi-Valeri, »La corte di Lodovico il Moro«, II. S. 125
[2]) Vgl. in Armenien Irind, oben S. 131.

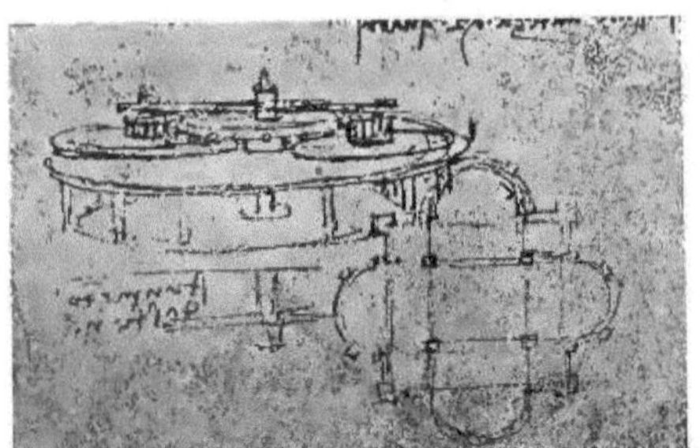

Aufnahme Richter.
Abb. 820. Leonardo, Manuskript B, 21 v: Konchenquadrat mit Mittelstützen (neben einem Uhrwerk).

zeigen, daß Leonardo in Armenien war und ein Typus ihm von dorther im Gedächtnis geblieben sei, als vielmehr daran, die gleiche Art der Bauformen in Armenien und tausend Jahre später in Italien aufzuweisen.

Der Typus von Bagaran findet sich bei Leonardo noch einmal B 21 v (Richter LXXXVIII, 3), dort derart (Abb. 820), daß man schließlich glauben könnte, es handle sich in den kleinen Quadraten wirklich nur um eine Hilfskonstruktion, wie Frankl annimmt: »Leonardo hat die für ihn sehr charakteristische Manier, wenn er Apsiden an die Seiten des Quadrates oder Achtecks zeichnet, die gegenüberliegenden Ansatzpunkte der Halbkreise zu verbinden. Ganz deutlich auf Tafel LXXXIV bei Richter-Geymüller (vgl. auch meine Abb. 818). Andere zeichnen in solchen Fällen, damit die Skizze Halt bekommt, die Mittellinien durch. Bei größeren Skizzen, wie auch auf Tafel LXXXV a. a. O. sieht man, daß er von der so entstehenden innersten Figur, hier einem Quadrat, ausging und man braucht nur diese Skizzen freihändig nachzuskizzieren, um zu sehen, daß diese Methode tatsächlich eine Erleichterung bietet. Daß die Kuppel auf den Schnittpunkten dieser Hilfslinien nicht aufsitzt, diese Schnittpunkte, die auf Tafel LXXXV kleine Quadratchen waren, weil den Doppellinien des Grundumrisses doppelte Hilfslinien entsprechen, keine Pfeiler vorstellen können, beweisen die perspektivischen Außenansichten; säße die Kuppel auf dem inneren Quadrat, so müßte sie genau so breit erscheinen wie die Apsiden; sie ist aber bedeutend breiter, sie ruht eben auf dem äußeren Quadrat, d. h. auf den Bogen der Quadratseiten, an die sich die Apsiden anlegen. Diese Skizzen stellen daher weder Raumgruppen zweiter Ordnung dar, noch Zentralbauten mit Umgang, sondern die einfachste Form eines Zentralbaues mit einer Zone koordinierter Apsiden.«

Ich habe diese Ausführungen Frankls im vollen Wortlaute gebracht, weil sie mich der Mühe entheben könnten, bei Leonardo das einfache Konchenquadrat, die Grundform, von der die ganze armenische Entwicklung ausgeht (vgl. oben S. 74 f.) nachzuweisen. Nachdem diese Grundform im Abendland unbekannt ist[1]), wäre damit ein entscheidender Beweis für die Kenntnis armenischer Denkmäler bei Leonardo erbracht. Daß Frankls Auffassung in einzelnen Fällen richtig sein dürfte, bezeugt nicht so sehr der Kuppeldurchmesser, worüber im einzelnen Falle zu streiten wäre, als die Angabe der Eckūberwölbung durch Trichternischen, wie man sie zwar überlegend in Abb. 818 unten links zweimal durch Doppellinien, nicht aber in dem entscheidenden Blatt Cod. atl. 37 (Abb. 819) und ebensowenig in B 21 v (Abb. 820) angegeben sieht. Leonardo könnte also, abgesehen von der Anregung, die ihm S. Satiro oder ein armenischer Bau von der Bagaranart gegeben hätte, auch durch eigenes Grübeln vom einfachen Konchenquadrat auf das mit eingestellten Mittelstützen gekommen sein, wie er ja tatsächlich auch nahe an den Hripsimetypus (S. 92 f.) streifte. Daß ihm übrigens der S. Satiro-Typus mit eingestellten Säulen geläufig war, bezeugen Entwürfe wie B 19 r und Asburnham (Bibl. nat. 2037) 5 v (Richter XCI, 2), worin Leonardo das mittlere Achteck durch acht Konchenquadrate mit eingestellten vier Säulen umgibt; dabei ist übrigens im letzteren Fall auch einmal an den Zweck insofern gedacht, als wenigstens eine Vorhalle angelegt erscheint. Im übrigen hat Leonardo weder an die Ausführung, noch an die Verwendung als Kirche gedacht. Man lese über seine rein geometrische Gesinnung Frey, »Bramantes St.-Peter-Entwurf«, Seite 76 nach. An dem Entwurf Ashburnham 5 v ist auch noch beachtenswert, daß Leonardo den Bau außen durch Nischen belebt wie der Armenier, aber allerdings mit Rundnischen, wie sie seiner im antiken Fahrwasser gehenden Ausstattung entsprechen.

Ausschlaggebend für die armenisch gerichtete Art der Entwürfe Leonardos ist nicht so sehr die Verwendung des Konchenquadrates, sei es mit oder ohne Mittelstützen, als der wenn auch mit Vorliebe vom Achteck ausgehende Grundsatz der strengsten strahlenförmigen Ordnung. Er war in der christlichen Kunst des Abendlandes bis dahin fast nur in den Beispielen bekannt, die oben (S. 744 f.) als von Armenien ausgehend besprochen wurden[2]).

[1]) Immerhin vergleiche man das Baptisterium zu Concordia, von dem ich erst bei der letzten Korrektur durch D. Frey nähere Nachricht erhalte. — [2]) Vgl. dazu auch Gazette des beaux arts LV (1915), S. 444.

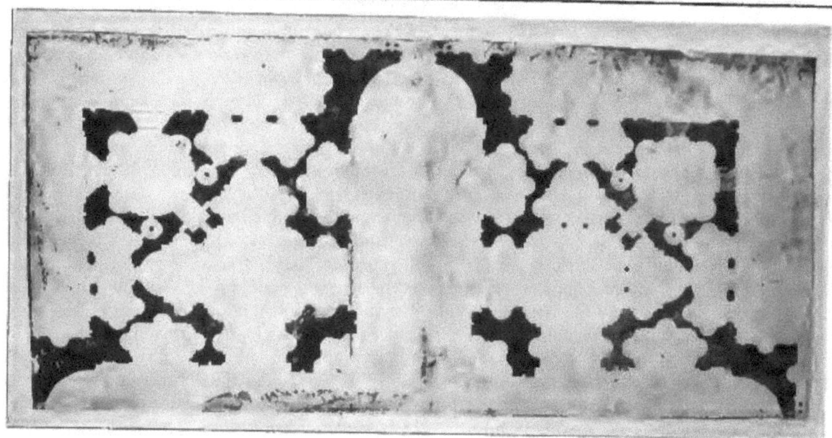

Abb. 821. Florenz, Uff. 1: Bramante, Pergamentplan von St. Peter. Aufnahme Egger-Frey.

B. Bramante.

Auffallend ist, daß Leonardo den Typus von S. Lorenzo in seinen Ideen nicht ausgiebiger verwendete. Geymüller macht zwar Seite 50 bei Richter eine eigene Gruppe V, die er »Suggested by S. Lorenzo at Milano« nennt, aber ich glaube, er hat sich dabei doch nicht genügend Rechenschaft gegeben über den Unterschied von Konchenquadrat und Vierpaß (S. 70), auf den das armenische Material klar hinweist. Leonardo hielt zwar S. Lorenzo öfter in der Zeichnung fest, aber er hat nicht neue Ideen darangeknüpft. Cod. atl. 7 v (Ausgabe der Lincei, Tafel XIX) gibt eine Innenansicht im Schnitt (Richter LXXXVII, 1), die deutlich die großen Trichternischen über den Quadratecken und die durchbrochenen Muschelkonchen dazwischen zeigt, von Emporen durchzogen. Ein Kranzgesimse mit den kleinen Zähnen der armenischen Rundbogenleiste schließt das Oktogon ab. Darüber die Kappenkuppel mit abgerundeter Spitze, so daß ein ovaler Schnitt entsteht, wie er etwa für Bagaran zu erwarten wäre. Es könnte sein, daß Fol. 271 v (Lincei DCCCCXIV) einen Grundriß von S. Lorenzo gibt: ein Quadrat und durchbrochene Nischen mit Außenkonchen zwischen vier Eckquadraten, das würde stimmen. Dazu vielleicht eine Außenansicht der Kuppel mit großen Fenstern und pyramidalem Dach, daneben einer der Türme. Ringsum Studien für einen Tetrakonchos mit vorgelagertem Atrium (S. Lorenzo?) und Kuppelstudien.

Bramante übernimmt (von Leonardo?) die strahlenförmige Anordnung der Kuppel, baut sie aber von vornherein in der armenischen Art auf dem Quadrat, nicht wie Leonardo auf dem Achteck auf. Der Gegensatz kam schon zur Geltung, als beide 1487—1490 ihr Gutachten über die Domkuppel zu Mailand abgaben. Bramante forderte das Quadrat: »Il quadro e molto piu forte; e meglio che l'ottavo[1].« Trotzdem wurde der »Tiburio« achteckig ausgeführt. Im Chor von S. Maria delle Grazie bildet Bramante ein Konchenquadrat und geht im St. Peter-Entwurf[2]) vom Vierpaß mit eingeschobenen Tonnen, also dem Typus aus, den man gern das griechische Kreuz nennt (Abb. 821)[3]). Die armenische Architektur verwendet diese Bauform sowohl im Typus des Konchenquadrates mit Eckräumen (oben S. 82 f.) wie beim richtigen Vierpaß. Man vergleiche z. B. die Kreuzkirche von Mzchet (Abb. 72) oder die Apostelkirche von Ani (Abb. 103). Wenn das nicht e i n Geist ist, dann wüßte ich nicht, wie nahe einander arische Schöpfungen stehen müßten, um von der gleichen Formkraft zu zeugen.

Die beherrschende Raumgröße im Entwurf von St. Peter ist die Mittelkuppel. Sie wirkt in Armenien noch einheitlicher als bei Bramante, weil die Tonnen der Kreuzarme dort kürzer sind und die Kuppel, unmittelbarer durch die Konchenhöhlungen aufgenommen, ebenmäßig niedergleitet.

[1]) Archivio stor. lombardo V (1878), S. 541.
[2]) Handzeichnungen der Uffizien Nr. 1. Geymüller, »Die ursprünglichen Entwürfe«, Tafel 3.
[3]) Der Zinkstock wurde von Prof. Egger freundlich aus dem ersten Hefte der Bramante-Studien zur Verfügung gestellt.

Insofern werden in Bramantes Plan wohl die Größenverhältnisse und allerhand Zweckforderungen störend mitsprechen. Man nehme zum Vergleich einen Bau wie die Madonna della Steccata in Parma, die, wie Vasari berichtet, nach Zeichnungen und Angaben Bramantes, nach anderen von einem andern erbaut und 1521 vollendet wurde[1]). Da kommt die Grundidee besser zum Vorschein als in St. Peter und der armenische Typus tritt fast rein zutage; die Mittelkuppel bekommt Tonnen in den Achsen in einem Ausmaße vorgelagert, daß sie nicht nur Kreuzungspunkt dieser Arme und von ihrem Ende fast unsichtbar, sondern Ausgangspunkt des einheitlichen Raumlebens bleibt. Da der Armenier mit der Trichternische aus dem Quadrat in die Fenstertrommel übergeht, so kann er die Ecken des Quadrates mehr auflösen als Bramante, der den Hängezwickel nimmt und die auf den Punkt bestimmte Ecke braucht. Immerhin ist ihm die Trichternische nicht unbekannt, vorausgesetzt, daß S. Maria di Canepanova in Pavia wirklich ein Werk seiner Frühzeit ist[2]). Hier baut Bramante ganz unmittelbar armenisch und man möchte ihn daher als den eigentlichen Bahnbrecher der neuen Gesinnung ansehen. Ob er nur zur Reife bringt, was Leonardo begonnen hat? Geymüller stellt ihn als Praktiker voran, Frey sieht gerade deshalb in Leonardo den Bahnbrecher, weil er seine Ideen rein theoretisch entwickle[3]), Marcel Reymond und Charles Marcel-Reymond sehen Bramante ausgesprochen für Leonardos Schüler an[4]).

Ohne Zweifel haben die beiden Meister in Mailand durch anderthalb Jahrzehnte nebeneinander gewirkt und sind wiederholt zu Gutachten über die gleichen Bauaufgaben herangezogen worden, so bei den Domkuppeln von Pavia sowohl wie in Mailand. Dann freilich gingen ihre Wege auseinander und Leonardo kam erst nach Rom im Todesjahre des Bramante. Man möchte fragen, warum er damals nicht an Bramantes Stelle in die Bauleitung von St. Peter trat. Aber es ist doch möglich, daß Bramante auch unabhängig von Leonardo seinen Weg nahm und die Beziehungen beider nur in der gleichen, dem Armenischen parallel gehenden Baugesinnung wurzeln. Ein neuerer Biograph meint, ohne das Vorbild von S. Lorenzo in Mailand (Abb. 778, 3) wäre St. Peter in Rom kaum denkbar[5]). Wenn damit das Vorprojekt (Abb. 821) gemeint ist, so erscheint diese Behauptung kaum verständlich, insofern als die gut armenischen Züge von S. Lorenzo, die entschiedene Herrschaft der Mitte, von Bramante geopfert wurde. S. Lorenzo konnte erst wirken in einer Zeit, die Raumeinheit über alles schätzte. In Bramantes Entwurf für St. Peter aber spricht bei aller Raumfreude doch in der strahlenförmigen Anordnung getrennter Zonen ein unmittelbarer Anschluß an Leonardo, der nichts mit S. Lorenzo zu tun haben kann. Dort ist die Verstrebung der Pfeiler durch vier Türme kaum als eigene Zone zu zählen, so untergeordnet ist die Rolle ihres Innenraumes. Nicht anders, als etwa in Bagaran (Abb. 84)[6]). Bei Bramante aber ist in der zweiten Zone ein ganzer Dom in Form eines griechischen Kreuzes und in der dritten die Sakristei in Form des Pseudoquadrates untergebracht. Die Zerklüftung der Masse im Äußern (vgl. die georgische Art, S. 84 f.) ist nur durch offene Hallen aufgehoben. Bei S. Lorenzo ist wie in der ausschlaggebenden Gesinnung der Armenier diese Masse viel straffer zusammengehalten. Eher könnte man S. Maria delle Grazie oder die Steccata mit S. Lorenzo bzw. seiner armenischen Art zusammenbringen. Den Kuppelbau an sich hat übrigens Bramante in Rom kaum noch von Mailand her übernehmen müssen; vielleicht bedeutet sein Nachgeben gegenüber dem Besteller zugleich auch ein Einwirken der römischen Thermen.

Vasari macht im Leben Bramantes an zwei Stellen die für uns beim Zusammenhalten der armenischen mit dessen Arbeitsart auffallende Bemerkung, Bramante habe erfunden, Wölbungen durch Holzbauten zu formen, die dann mit Kalk ausgegossen wurden, bzw. er hätte u. a. die Methode erfunden, Wölbungen durch Gipsguß herzustellen, eine Technik, die den Alten bekannt gewesen, durch Zerstörung ihrer Werke aber verloren gegangen sei. Man erinnere sich, daß die altchristlichen Kuppelbauten Armeniens nicht, wie man gern fälschlich annimmt, Steinbau, sondern ausschließlich geradezu Gußmauerwerk sind. Bramante wird auf die Vorteile dieser Technik vielleicht erst in Rom und durch die Puzzolanerde gekommen sein, Sangallo ließ diese später für die Kuppel von Loreto aus Rom kommen.

C. Leonardos orientalischer Palast.

Konnte es bisher strittig sein, wer eigentlich der geistige Urheber des Bramanteschen Entwurfes von St. Peter sei, Bramante selbst oder Leonardo, so schwänden manche Zweifel, sobald Leonardos

[1]) Durm, »Die Baukunst der Renaissance in Italien«, S. 489. — [2]) Vgl. Malaguzzi-Valeri, »La corte di Lodovico il Moro« II: Bramante e Leonardo da Vinci, S. 118 f., bes. Fig. 144/145. — [3]) »Bramantes St.-Peter-Entwurf«, S. 73. — [4]) Gazette des beaux-arts LV (1913), 1, S. 444. — [5]) Baum bei Thieme-Becker, Allg. Lexikon IV, S. 317. — [6]) Vgl. mit S. Lorenzo auch oben S. 122 Bana.

angeblich letzter, nach Bramantes Tode entstandener Baugedanke in die Frage mit hereingezogen werden dürfte, dessen Verständnis uns erst kürzlich Marcel Reymond und Charles Marcel-Reymond in ihrem Aufsatze »Léonard de Vinci, architecte du château de Chambord« zu erschließen suchten[1]. Wozu Leonardo der Papst nicht verhalf, das hat ihm Franz I. von Frankreich geboten, die Gelegenheit, einmal selbst im Großen als Baumeister schaffen zu können. Hat Bramante im Kirchenbau sein Höchstes geleistet, so Leonardo auf französischem Boden im Gebiete des Schloßbaues. Uns muß die Sache deshalb hier beschäftigen, weil, was bisher übersehen ist, Leonardos Plan von Chambord unmittelbar auf seinen Erfahrungen im Oriente fußen würde.

Das Schloß Chambord, das nach Viollet-le-Duc[2]) die einen den vollendetsten Renaissancebau, die andern »une fantaisie bizarre, un caprice colossal, une oeuvre qui n'a ni sens ni raison« nennen, Viollet selbst für ein »essai dans lequel on a cherché a réunier deux programmes sortis de deux principes opposés, à fondre en un seul édifice: le château fortifié du moyen âge et le palais de plaisance« ansicht, ist im Laufe der Zeit derart verändert worden, daß aus der Durchdringung zweier Grundsätze tatsächlich jener Unverstand wurde, der dem Besucher heute entgegentritt. Abb. 822 zeigt die Anordnung des Schlosses, dessen inneren Hauptteil ein Quadrat von 45 m bildet, das ein griechisches Kreuz, bestehend aus Tonnen mit einer achteckigen Fenstertrommel über der Mitte gliedert. Der Unsinn liegt nun darin, daß unter der so begonnenen Kuppel heute die berühmte Treppe aufgebaut ist[3]), die in die einst für die Kuppel bestimmte Laterne endigt. Ursprünglich war dieses zentrale Treppenhaus als Thronsaal gedacht[4]), in den als Raumeinheit gebende Mitte die vier Kreuzarme von 10 m Breite und 20 m Länge einmündeten. Nach einer Zeichnung Félibiens[5]) lag die Treppe ursprünglich in drei Läufen langgestreckt in einem der Kreuzarme.

Der bekannte Mailänder Brief des Marschalls von Amboise an den Gonfaloniere Soderini[6]) zeigt Leonardo schon 1506 im Dienste des Königs von Frankreich als Architekten tätig[7]). Franz I., der ihn 1516 zu sich berief, baute in Chambord sein Versailles[8]). Nun erinnert der Grundriß des Schlosses ohne die später eingebaute Treppe derart an St. Peter, daß man an den Aufenthalt Leonardos 1514 in Rom oder noch besser daran denkt, daß Leonardo überhaupt als geistiger Urheber des Bramanteschen Entwurfes (Abb. 821) in Frage kommt. Wenn bisher nicht von St. Peter, so läßt sich jetzt von Chambord aus zeigen, woher eine der Anregungen für die zugrunde liegende Bauform des griechischen Kuppelkreuzes mit sehr langen Armen in die Hände Leonardos, von diesem zu Bramante und so in die europäische Architektur überhaupt gekommen sein kann.

Ich kann den Nachweis antreten, von jener oben Seite 777 vorgebrachten Bemerkung ausgehend, daß Kirchen, wie Zwarthnotz, die Sophia, S. Vitale, S. Lorenzo in Mailand und der Dom zu Aachen im Nebenzweck auch Reichsversammlungshallen waren. Es heißt an dem Problem tasten, wenn die Reymond sagen, die tyrannische Symmetrie der Raumverteilung »fait oublier a Saint-Pierre les commodités du culte, comme a Chambord les commodités de l'habitation.« In Rom denkt eben der Papst, in Chambord der König von Frankreich nicht allein an Kult bzw. an das Wohnen, sondern an eine großartige Aufmachung einer Idee, in Rom derjenigen, die Rafael in seiner Disputa vor uns hinstellt, in Frankreich an die des Königtums. Die Kunst steht in beiden Fällen im Dienste der Macht. Und das ist es, was sie in Rom wie Chambord der Einführung orientalischer, von Leonardo aus Kairo, Syrien, Armenien oder Konstantinopel mitgebrachter Eindrücke geneigt gemacht hat. Hier entscheidet tatsächlich ein vom Besteller angeregtes Kunstwollen.

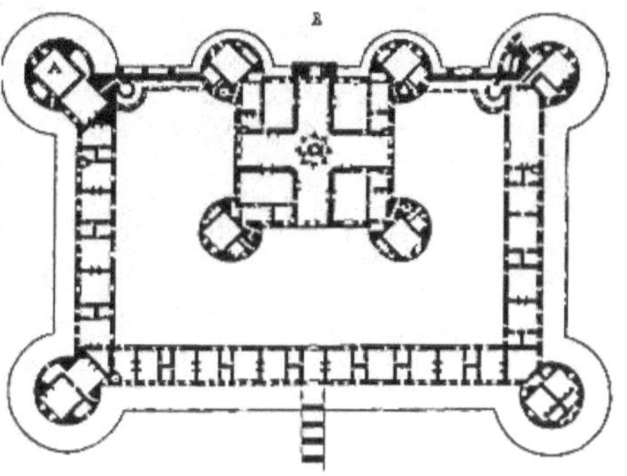

Aufnahme Viollet-le-Duc.

Abb. 822. Schloß Chambord: Gesamtplan.

[1]) Gazette des beaux arts LV (1913), I, S. 437 f.
[2]) Dictionnaire de l'architecture III, S. 187.
[3]) Vgl. Beschreibung und Abbildung des Schlosses von Palustre in Havards »La France artistique et monumentale«, IV, S. 161 f.
[4]) Vgl. Félibien, »Mémoires pour servir à l'histoire des maisons royales«. Publ. de la soc. de l'hist. de l'art franç. 1874.
[5]) Vgl. Lesueur, »Vues des châteaux du Blésois«, Paris 1911. Gazette des beaux arts LV, S. 441.
[6]) Gaye, »Carteggio« II. S. 94.
[7]) Vgl. dazu Malagguzzi-Valeri, a. a. O. II. S. 284 f.
[8]) Vgl. Laube, »Französische Lustschlösser (Houben, I, S. 94 f.).

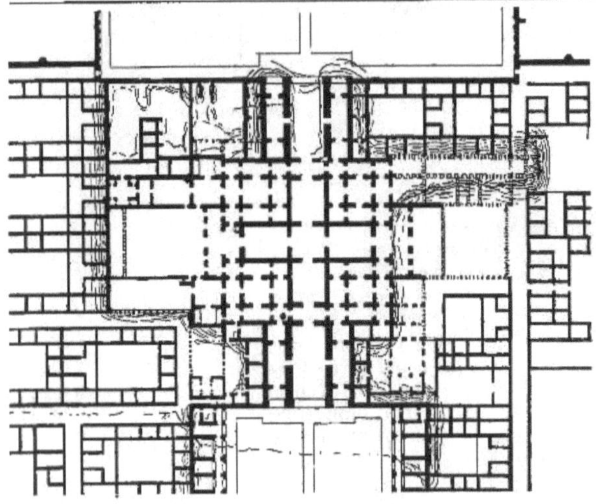

Aufnahme Herzfeld.
Abb. 823. Samarra, Balkuwara-Palast: Hauptteil des Grundrisses.

Man lese nach, was oben Seite 271 f. über die erhaltenen Spuren des Palastbaues in Armenien gesagt werden konnte. Sowohl im Burgpalaste von Ani wie in der Ruine von Tsikhedarbasi bildet das griechische Kuppelkreuz einen Hauptteil der Anordnung. Nirgends aber ist die Anlage von Chambord überzeugender als in der neuerdings ausgegrabenen Ruine von Balkuwara im Gebiete von Samarra am Tigris. Ich gebe Abbildung 823 den Mittelteil dieses Palastes, der zwischen 854 bis 859 vom Khalifen Mutawakkil für seinen Sohn Mutazz erbaut wurde[1]). Es ist bezeichnend, daß in diesem islamischen Baue das griechische Kreuz keine Raumeinheit bildet, sondern in fünf getrennte Säle zerfällt, die durch Türen in den Achsen mit dem Mittelsaal in Verbindung stehen. Die fünf Säle bildeten in Samarra die Räume für die öffentlichen Audienzen mit dem Thronsaal in der Mitte. Der armenischen Gesinnung dagegen entspricht es, daß sich dieser Mittelsaal in voller Breite nach den Kreuzarmen öffnet, also mit ihnen eine Raumeinheit bildet. Leonardo in Chambord und Bramante in der Peterskirche gehen mit der armenischen Art. Daß sie nicht die Großzügigkeit der Sophienkirche oder die der Türken erreichten, die in ihren Moscheen die Emporen wegließen und zum reinen Vierpaß zurückkehrten (S. 778 f.), liegt vielleicht darin begründet, daß beide als Maler in die Beschäftigung mit der Baukunst eintraten und zunächst mehr an die geometrische Schönheit des Grundrisses als an die Raumschönheit des aufzuführenden Baues dachten. Dann darf auch nie vergessen werden, daß der Armenier von vornherein in den Eigengesetzen der Kuppel dachte, die Abendländer aber sich erst von den Gewohnheiten der Basilika losringen mußten. Der Armenier beginnt im 4. Jahrhundert mit Kirchen wie den Konchenquadraten mit Strebenischen in den Achsen (Abb. 43) und den reinen Strebenischenbauten (Abb. 46 bis 48), für die der Grundsatz gilt: »Eine Kuppel, ein Raum«. Erst dann geht er, durch die Forderungen der wachsenden Raumabmessungen einerseits, die der Kirche nach Nebenräumen anderseits bestimmt, auf die Anbringung von Räumen in den Ecken über. Leonardo und Bramante haben gleich mit einem der Hripsime und Apostelkirche in Ani verwandten Types begonnen. Auch die Dachbildung war bei ihnen von vornherein durch die abendländische Überlieferung bestimmt. So erfuhr die armenische Art Wandlungen, wie sie oben Seite 751 f. von vornherein für die Ausbreitung angekündigt wurden.

D. Die Kuppelhalle (Vignola).

In St. Peter wirkte nicht nur Antike und Besteller gegen den armenischen Geist der Raumeinheit, wodurch der Kuppelbau in die gleiche Sackgasse geriet, wie in der Gruppe unserer Konchenquadrate und Vierpässe mit Eckräumen (S. 555): noch viel entschiedener warfen Kirche und Kult, was Bramante und dann Michelangelo gewollt, aus dem Geleise. Sie forderten genau wie in Armenien den Ersatz der strahlenförmigen Anordnung durch die ausgesprochene Längsrichtung gegen Osten. So kam in St. Peter jener dreischiffige Dreipaß zustande, den eigentlich schon die mittelalterlichen Dome unter der Einwirkung Armeniens erreicht hatten. Die Tat, die in Armenien der

[1]) Vgl. Herzfeld, »Erster vorläufiger Bericht über die Ausgrabungen von Samarra«, S. 33.

Schöpfer der Kuppelhalle zustande brachte, ist in Italien das Verdienst Vignolas. Und wie in Armenien nicht die Konchenquadrate und Vierpässe mit ihren Eckkapellen in der Entwicklung den Sieg errangen, sondern jene Bauform, die die Raumeinheit von Kuppel und Längsrichtung durchzusetzen wußte, so auch in Italien und Europa. Der bahnbrechende Bau ist hier der 1568 von einem Farnese begonnene und 1584 vollendete Gesù, die Ordenskirche der Jesuiten, die dann den Typus über alle Länder verbreiteten. Der älteste, heute noch erhaltene Bau dieser Art in Armenien, Thalisch von 668, ist ausgeführt von einem Mamikonier. Vielleicht hat auch dort ein Orden für die Entstehung und weite Verbreitung gesorgt. Bei der Ausbreitung könnte man wie bei der Roccelletta di Squillace an die Basilianer denken.

Vignola geht von vornherein auf Raumeinheit los und außer in dem Falle von S. Maria degli Angeli bei Assisi scheint ihm dieses Drängen in seinen Bauten nie entstellt worden zu sein. Seine reinen Kuppelbauten sind Muster räumlicher Geschlossenheit, die strahlenförmige Aufteilung in Zonen liegt bereits ganz außerhalb seines Gesichtskreises. Es ist bezeichnend, daß er (wie die Perser)[1]) auf die Kuppel über dem Rechteck kommt und Kuppel und Längsrichtung in ein Oval zusammenfallen läßt. So an S. Andrea fuori di Porta del Popolo und S. Anna dei Palafrenieri, beide in Rom[2]). Mich sollte nicht wundern, wenn solche Typen gelegentlich in Kirchen jenseits des Euphrat und Tigris auftauchten. Die entscheidende Tat des Vignola liegt aber in der Durchsetzung der Basilika mit der Kuppel zu einheitlicher Raumwirkung. In mehreren Versuchen schon ist die klare Absicht deutlich, Gesù ist nur die Krönung durch seine Größenverhältnisse und die der Bauform von Seite der Jesuiten gegebene Verbreitung.

Nach dem Grundriß (Abb. 824) setzt Vignola die Kuppel wie die mittelalterlichen Dome an den Abschluß der Längsbewegung, nicht wie in Armenien über die Mitte, so daß diese Bewegung jenseits der Kuppel vor dem Chore nochmals aufgenommen und so eine Dreiteilung (Thalisch, Abb. 228) bzw. Fünfteilung mit betonter Mitte (Thalin, Abb. 197), nicht wie im Abendlande eine Zweiteilung mit betontem Ende erreicht wird. Die Betonung der durch die Kuppel bezeichneten Mitte ist freilich auch im Abendlande vereinzelt nachweisbar[3]); die Hauptsache ist, Vignola bringt durch die Größenverhältnisse Schiff und Kuppel derart in eine Raumeinheit, daß die armenische Gesinnung auch im Abendlande zum Durchbruche kommt. Man vergleiche die Innenansicht des Gesù (Abb. 825) mit Thalisch (Abb. 14). Das Mittelschiff ist im Gesù derart in der Breite gewachsen, daß die Seitenschiffe nur wie materialsparende Nischen in den (das 17 m breite Gewölbe verstrebenden) Mauern erscheinen. Der Architekt von Thalisch (Abb. 228) konnte bei einer Schiffbreite von 9·72 m freilich weniger ängstlich vorgehen. Er legte Tonne wie Kuppel auf die durch vier mächtige Pfeiler getragenen, sich gegenseitig in der Längsrichtung verstrebenden Quertonnen und erreichte so nicht nur die Ermöglichung einer mit der Kuppel über der Mitte herrschenden Schiffsbreite, sondern zugleich die volle Öffnung der Räume zwischen den Pfeilern, so daß hier tatsächlich noch entschiedener als im Gesù die volle Einheit der Bauform erreicht ist. Im Gesù beginnt die Raumgrenze des Inneren doch schon mit den Schiffswänden selbst, besonders weil die erste Nischengruppe neben dem Kuppelpfeiler geschlossen ist, erst die folgenden sich im vollen Bogen öffnen, die oberen Teile aber auch da noch eine geschlossene Wand bilden. In Thalisch bildet die dünne Außenwand mit ihren großen Fenstern eine rein ideale Raumgrenze, sie ist für den Aufbau

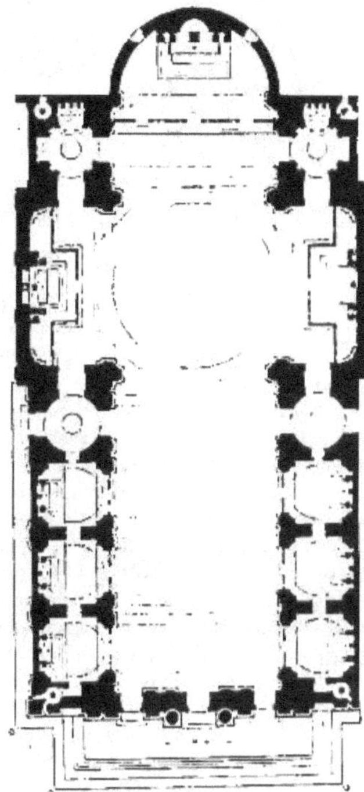

Aufnahme Letarouilly.
Abb. 824. Rom, Gesù: Grundriß

[1]) Vgl. Monatshefte f. Kunstwissenschaft VIII (1915), S. 352 f.

[2]) Vgl. Willich, »Die Kirchenbauten des Vignola«, S. 22 und 61.

[3]) Man durchblättere Frankl, Entwicklungsphasen, S. 46 f.

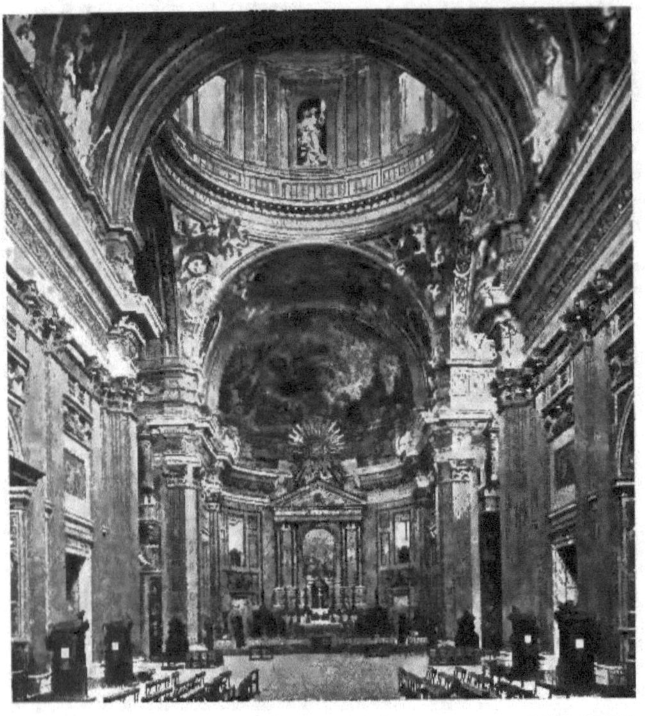

Abb. 825. Rom, Gesù: Innenansicht. Aufnahme Willich.

in keiner Weise notwendig. Stützen, Tonnen und Kuppel heben sich empor, spannkräftig in sich selbst ruhend, Dadurch eben entsteht jener trotz des kleinen Ausmaßes geradezu überwältigende Raumeindruck, den Gesù trotz seiner Größe vermissen läßt.

Endlich die Höhenverhältnisse. Das Schiff ist im Gesù derart emporgeführt und mit der Kuppel in Beziehung gesetzt, daß gleich vom Eingange aus der Einblick in die Kuppel, zum mindesten in die Fenstertrommel erschlossen wird. Man sieht also das Bestreben, die in der Peterskirche[1]) verfehlte Art unter Beibehaltung freilich der Anlage der Kuppel am Ende der Tiefenbewegung zu retten. Der armenische Architekt, unter den Nachwirkungen der alten nationalen Art gewohnt, die Kuppel als herrschend über der Raummitte thronen zu sehen, hat bei Anwendung der Längsrichtung gar nichts in den überlieferten Höhenverhältnissen ändern müssen. Die Wirkung seiner langgestreckten Halle wurde dadurch nicht beeinträchtigt, die drei Teile sind derart ausgewogen, daß der mächtigste Raumeindruck entsteht.

Die Kuppelhalle hat sich seit der bahnbrechenden Tat Vignolas über ganz Europa verbreitet. Noch die Sorbonne in Paris klingt an Thalisch an, wenn auch die Teile vor und hinter der Kuppel durch Pfeiler verstellt sind.

Die armenische Baukunst wurde wie das ganze Volk in der Entwicklung gehemmt durch die immer drückender werdende Unterjochung, dann aber auch durch die starren Vorschriften der Kirche, die schließlich nur eine Bauform anerkannte, die Kuppelhalle, und schon im 11. Jahrhundert, scheint es, selbst die altnationalen Typen nicht mehr zuließ, die noch in Ani ein so überaus reiches Bild gewährleisteten. Daß die Weiterentwicklung schon damals durch die Vorschrift des Kanon 182 unterbunden war, läßt ein Künstler von der Art des Trdat erkennen, der, auffallend flügellahm, gerade nur die eine Bauform der Kuppelhalle verwendet (Arginay, Kreuzkirche in Haghbat und schließlich eigentlich auch die Kathedrale von Ani). So ist es also Armenien nicht vergönnt gewesen, die Früchte der einst bahnbrechenden Tat — den Kuppelbau über dem Quadrat als einzige Kirchenbauform eingeführt, ihn dann mit der Längsrichtung durchsetzt und einer reifen Lösung zugeführt zu haben — voll auszuwerten. Mag sein, daß dafür auch die gesellschaftliche Grundlage zu einfach und nüchtern war und es der auf verblüffende Wirkung losgehenden Gegenreformation und der wetteifernden Fürstenhöfe Europas im 16. bis 18. Jahrhundert bedurfte, um die Kuppel als Ausdruck übergeordneter Macht zum vollen Sinnbild eines herrschenden Willens ausreifen zu lassen — wie einst in Byzanz[2]). Man hat bisher kaum an andere als die Zusammenhänge mit Rom und Italien gedacht.

[1]) Schon von Raffael und Sangallo. Vgl. Geymüller, »Die urspr. Entwürfe«, Tafel 26f.

[2]) Vgl. meine Besprechung von Frankl in der Theol. Literaturzeitung 41 (1916), Sp. 61 f.

Nun aber taucht da in einem fernen Lande, das bis jetzt kaum beachtet wurde, in Armenien, ein Kunstgewächs auf, das, ursprünglich im fernen Osten bis nach Chinesisch-Turkestan hin (Abb. 826) zu verfolgen ist, ohne Zusammenhang mit dem Mittelmeere zur Blüte gelangt und stark genug in Wurzel und Stamm wurde, um den Versuch der Kirche, andere Keime in den Boden zu senken, überwinden zu können. So wurde die Kuppel zum Siege über die Basilika geführt und die hellenistisch-syrische Ausstattung wieder ausgemerzt. Das armenische Volkstum blieb dauernd in seiner bildenden Kunst verkörpert, weil glücklicherweise seit dem Konzil von Chalcedon 451 eine immer weiter greifende Kluft die armenische Kirche von der griechischen schied und keine Macht stark genug war, diesen Protestantismus aus den Gemütern zu reißen. Auch war in Armenien kein Machthaber am Werke, die nationale Art durch Einfuhr von außen zum Zwecke des Bedürfnisses der Machtentfaltung zu zerstören. Wie in Hellas blieb auch in Armenien die bildende Kunst als gereifte Lebensäußerung des Volkes für lange Zeit unangetastet.

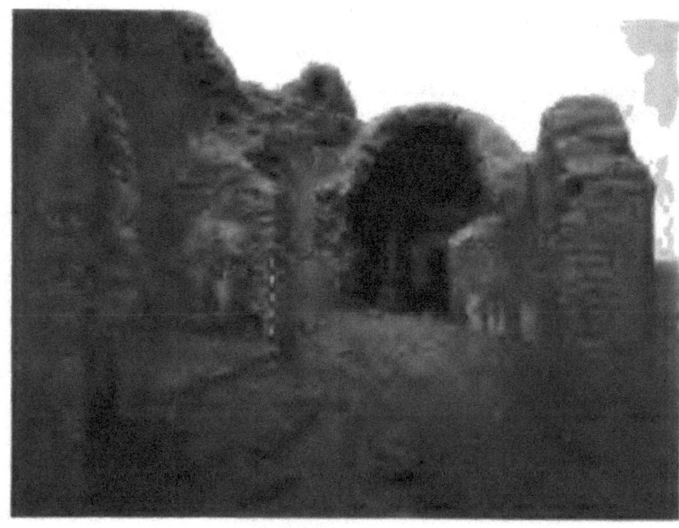

Abb. 826. Bäzäklik, Tempelterrasse: Kuppelbau. Aufnahme v. Oldenburg.

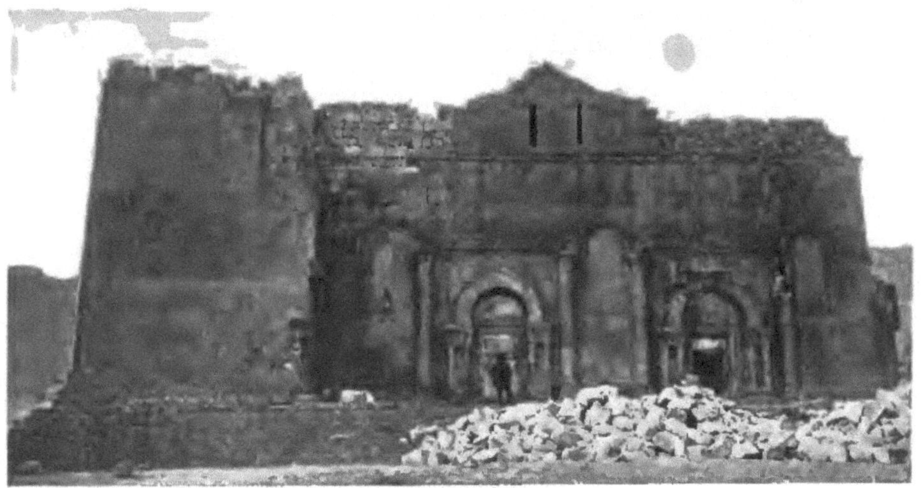

Abb. 827. Tekor, Nordansicht: Korinthische und iranische Ordnung.

E. Ausstattung.

Hatte die armenische Bauform in Byzanz das äußere Kleid der hellenistischen Hofkunst angenommen, die Westkunst aber im Mittelalter doch reiner an nordische gemeinsame Grundlagen angeknüpft, die es zuließen, daß manches aus dem armenischen Geschmack auch bei den eingewanderten Lombarden Eingang fand, so war jetzt für derartige Herübernahme kein Boden mehr: schon Leonardo sieht, darin ein echter Sproß der Frührenaissance, nur noch die antike Ausstattung als die allein gültige an. Deshalb sind ja auch seine Bauten so schwer auf ihre Verwandtschaft mit den armenischen Grundformen zu erkennen. Die für eine Baukunst ohne Gewölbe gedachte griechische Architektur wurde für Jahrhunderte hinaus zum geläufigen Muster und zugleich zum Hemmnis des Entstehens einer neuen eigenartigen Ausstattung im Norden, wie sie einst schon die »Gotik« gezeitigt hatte.

Der Armenier der national schöpferischen Zeit baut Raum und Masse, der Italiener Schaustücke. Ersterer verzichtet auf alle Darstellung, letzterer schauspielert dem Beschauer mit allen Mitteln der Ausstattung etwas vor und drängt damit die reinsten Aufgaben der Baukunst zurück. Zu diesen Mitteln, um derentwillen der Italiener Raum und Masse, Licht und Farbe in ihrer ursprünglichen Bedeutung opfert, gehören vor allem die antiken Baugestalten, die, wie das Studium der Natur, allmählich immer mehr mit unkünstlerisch-wissenschaftlichem Eifer betrieben, gegen den Geist des neuen Bauens mit Gewölben verstießen. Im 12. Jahrhunderte war der alte Mittelmeergeist in Burgund lebendig geworden, doch überwand ihn der Norden sehr bald. In Italien fehlte eine solche starke Gegenwirkung. Die ausgegrabene Überlieferung von Hellas und Rom überwog derart, daß sie, vom Humanismus als geistigem Träger überall zum Gesetz erhoben, Europa dauernd in den Zustand des Zurückblickens versetzte und jeder Besinnung auf das eigene Wesen des Nordens beraubte. Das 19. Jahrhundert bot ein Schauspiel völliger Auflösung alles persönlich Starken im Zwange der von den Geisteswissenschaften zum Gesetz erhobenen Vergangenheit. Die Italiener hatten dieser unheimlichen Macht dessen, was war, die Wege geebnet, die schweren Kämpfe nordischer Naturen, wie Leonardo[1]), Giorgione und Dürer, eines Michelangelo und Rembrandt, vermochten das gedankenlose Unheil, das die im Dienste von Macht und Besitz schaffenden Künstler und Denker brachten, ebensowenig aufzuhalten wie das Bemühen nordischer Volksmassen, den geistigen Druck aufzuheben.

[1]) Leonardo hat der Antike nur in Sachen der Bauausstattung nachgegeben. Als Maler geht er durchaus eigene Wege.

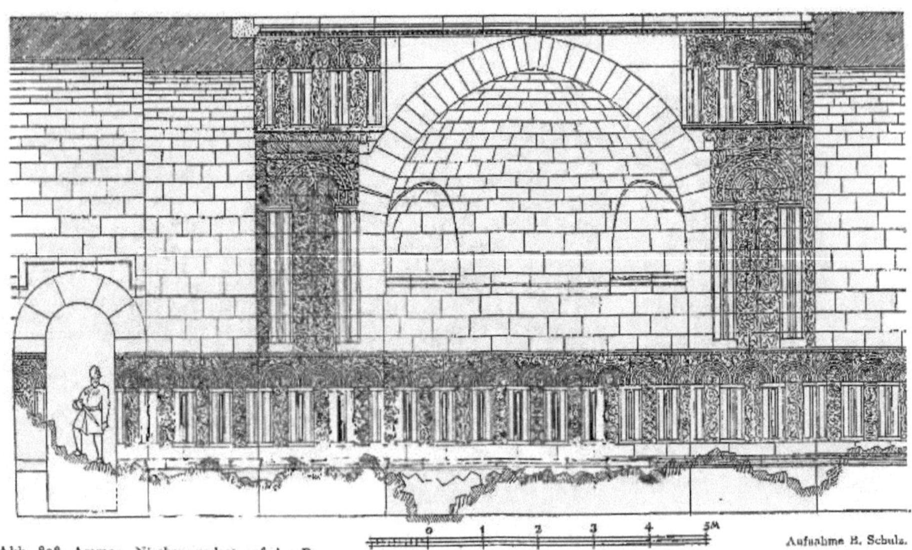

Abb. 828. Ammann, Nischenquadrat auf der Burg. Aufnahme B. Schulz.

So hat die Kunst aufgehört Volkssache zu sein und dem Norden zu bodenständiger Blüte zu verhelfen. Armenien, zwischen Hellas und der Gotik stehend, hat seine im 4. Jahrhunderte geschaffene nationale Art nur dauernd bewahren können, weil es nicht der griechischen, wie das Abendland der lateinischen Kirche unterlag. Versuche gleich dem an der Nordwand von Tekor (Abb. 827), wo wie später im Abendland eine antike Säulenordnung verwendet ist, schlagen nicht ein. Armenien geht seinen nationalen Weg in iranischen Voraussetzungen weiter, ohne sich durch die Antike beeinflussen zu lassen. Ich gebe zum Schluß in Abbildung 828 eine Probe der iranischen Ausstattung, die dauernd alle griechische Art zurückgedrängt hat: die Verkleidung der Wände durch Blendbogen mit reichem, alle dafür bestimmten Felder füllendem Schmuck.

Schlußwort.

Einer meiner Mitarbeiter hat ausgesprochen, daß an meinen Schriften als empfindlicher Mangel die rastlose Art empfunden werde, die ein liebevolles Eingehen auf das Einzelne, das Verweilen, vermissen lasse (Ostasiatische Zeitschrift, IV, 1915/16, S. 159). Ich denke, man wird das dem Armenienwerke nicht nachsagen. Wer meinen Lebensweg überblickt, dürfte erkennen, daß ich von Rom ausgehend nach den Wurzeln der Entwicklung der christlichen Kunst gesucht und überall zunächst Durchgangsgebiete gefunden habe. In Armenien zum erstenmale fühlte ich festen Boden unter den Füßen und nun erst konnte ich verweilen. Es scheint, daß damit meine Tätigkeit im Oriente, die mich suchend seit 1889 festgehalten hat, im Wesentlichen zu Ende sein wird. Ich kehre wieder nach Europa und Deutsch-Österreich zurück und will mir beide nun von dem außerhalb ihres Bodens gewonnenen Standpunkte ansehen. Der Weg war einsam und einsam finde ich mich auch bei der Rückkehr. Statt mit sachlichen Auseinandersetzungen, die beide Teile fördern könnten, begrüßt mich ein Wiener Kollege in den Mitteilungen der »Graphischen Künste«, 1918, Seite 48 f. derart mit persönlichen Ausfällen, daß ich sehe, die dreißigjährige Arbeit eines österreichischen Gelehrten ist an den Wiener Hofmuseen spurlos vorübergegangen. Auch die phil.-hist. Klasse der Akademie hat nur Unkenntnis und Hohn dafür. Hofluft und verknöcherter Humanismus haben die Geisteswissenschaften z. T. entnervt und unfähig gemacht, in gesunder Kraft zu wirken. Ich hoffe auf das Ausland und ein in seinen Grundfesten erneuertes Deutschland (»Altai-Iran«, S. 302 f.). Das Verschwinden der mittelalterlichen Mächte wird dort hoffentlich wieder den Geist lebendig machen, der zu Tage trat, als D. Schäfer und E. Gothein sachlich jenen Streit um das Wesen der Geschichte begannen, der dann immer weitere Kreise zog. Damals wäre verstanden worden, was ich mit planmäßiger Wesensforschung will. Armeniens Baukunst zeigt, daß die Entwicklung ausschlaggebend weder durch die politischen und religiösen Überzeugungen eines Volkes, noch allein durch seine alltäglichen Gewohnheiten und Gepflogenheiten, etwa im Handwerk entschieden wird, sondern vor allem durch die frische Tat, die da anhebt, wo die handelnde Persönlichkeit ihre Wurzeln hat. Die Kuppel konnte sich in Armenien und Europa durchsetzten, weil Gregor und Trdat an der einzigen Stelle, an der sich die Ost- und Westarier des Südens berühren, den Zweck des christlichen Kirchengebäudes mit einer iranischen Grundform befriedigten. Die beiden Arsakiden wurden so Werkzeug eines natürlichen Dranges d. h. einer nach Zeit, Ort und Gesellschaft zwanglos neuen Auseinandersetzung zwischen Welt und Mensch, die in Bedeutung und Erscheinung, sachlicher Gebundenheit wie persönlicher Freiheit Voraussetzungen (vgl. S. 206) und daraufhin künstlerische Werte von Dauer schuf. Möchte uns in Wien heute in schwerer Not eine ähnliche Tat erblühen.

Schlagwortreihe.

A

L

M

T

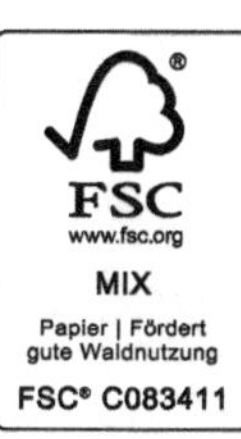

Zeitfracht Medien GmbH
Ferdinand-Jühlke-Straße 7
99095 Erfurt, Deutschland
produktsicherheit@kolibri360.de